Wichard Woyke / Johannes Varwick (Hrsg.)

Handwörterbuch Internationale Politik

Schriftenreihe Band 1713

Wichard Woyke / Johannes Varwick (Hrsg.)

Handwörterbuch Internationale Politik

13., vollständig überarbeitete und aktualisierte Auflage

Bundeszentrale für
politische Bildung

Prof. Dr. Dr. h. c. Wichard Woyke lehrte Politikwissenschaft an der Universität Münster.

Prof. Dr. Johannes Varwick lehrt Politikwissenschaft an der Universität Halle-Wittenberg.

Bonn 2016
Lizenzausgabe für die Bundeszentrale für politische Bildung
Adenauerallee 86, 53113 Bonn

Umschlaggestaltung: Naumilkat – Agentur für Kommunikation und Design, Düsseldorf
Umschlagfoto: © Andrea Ronchini / Demotix / Corbis

Satz: Beate Glaubitz Redaktion und Satz, Opladen
Druck: Friedrich Pustet, Regensburg

ISBN 978-3-8389-0713-0

www.bpb.de

Inhalt

Stichwörter

Anhang

Vorwort zur 13. Auflage

Die erste Auflage des ‚Handwörterbuchs Internationale Politik' ist vor fast 40 Jahren – im Jahr 1977 – erschienen. Seitdem hat sich die internationale Politik rasant verändert, was sich auch in einem Vergleich der Stichwörter von der 1. bis zur nun vorliegenden 13. Auflage zeigt. Unverändert geblieben ist jedoch der Anspruch des Bandes: Das Handwörterbuch will grundlegendes Wissen im Bereich der Politik jenseits staatlicher Grenzen bereitstellen und dabei in verständlicher und doch fachlich exzellenter Weise Begriffe, Probleme und Entwicklungen der internationalen Politik analysieren. Es versteht sich nicht als lückenloses Nachschlagewerk aller Begriffe der internationalen Politik, sondern es versucht, in seinen 62 Beiträgen die nach Auffassung der Herausgeber und der Verfasser wichtigsten Probleme abzuhandeln.

Die Herausgeber haben diese Neuauflage für eine gründliche Überarbeitung bzw. eine weitgehende Neukonzeption genutzt. Neben der Neukomposition der Themen und Autorenschaft bezieht sich dies auch auf die Ergänzung der langjährigen Herausgeberschaft von Wichard Woyke durch Johannes Varwick. Es ist uns beiden gleichermaßen eine Freude, dass diese Verbindung, die im Wintersemester 1991/92 an der Universität Münster ihren Anfang nahm – Wichard Woyke bereits damals als Professor für Politikwissenschaft, Johannes Varwick als Student derselben –, über die Jahre so gewachsen ist, dass dieses Standardwerk nun den Generationenwechsel vollzogen hat.

Gedankt sei an erster Stelle den 56 beteiligten Autorinnen und Autoren der 62 Beiträge, die dem Buch Substanz und Stil verleihen. Unser Dank gilt auch einer Reihe an Mitarbeiterinnen und Mitarbeitern in Halle (Saale) und Münster, die den Herstellungsprozess des Bandes in verschiedenen Stadien unterstützt haben: Lukas Jerg, Niklas Otten, Aylin Matlé, Robin Sköries, Christian Stock, Dr. Jana Windwehr, Manuel Wäschle und nicht zuletzt Sven-Hendrik Fries, der die redaktionelle Arbeit koordiniert hat. Unser abschließender Dank geht an Sarah Rögl vom Verlag Barbara Budrich, die den Band engagiert betreut hat.

Berlin/Münster, im Sommer 2015
Johannes Varwick/Wichard Woyke

Einführung (Johannes Varwick/Wichard Woyke)

In den vergangenen zwei Jahrzehnten hat sich nicht nur die weltpolitische Realität grundlegend gewandelt, sondern mit ihr auch die Disziplin Internationale Beziehungen (IB). Dies bringt neue Herausforderungen für alle mit sich, die sich mit internationaler Politik beschäftigen – und erhöht den Bedarf nach ‚Orientierungswissen' erheblich. Neue Themenfelder, Akteure und Problemkonstellationen gehen mit Innovationen, Relativierungen, Schwerpunktveränderungen, aber durchaus auch partieller Kontinuität in der wissenschaftlichen Beschäftigung mit den internationalen Beziehungen einher. Dies beeinflusst natürlich die Gegenstände, aber auch Theorien und methodische Ansätze der Disziplin erheblich.

Nachdem die Herausforderungen für das internationale System, die durch den Ost-West-Konflikt mitsamt seiner Blocklogik und seinen ‚Stellvertreterkriegen' bedingt waren, nicht mehr prägend sind (obgleich die Eiszeit im Verhältnis zwischen Russland und dem Westen seit der Annexion der Krim im Frühjahr 2014 manche Errungenschaften in Frage stellt), stellen sich international andere Gefahren und Herausforderungen, die im Wesentlichen in die Rubrik ‚globale Gefahren' eingeordnet werden müssen und alle mehr oder weniger zum großen Bereich des Nord-Süd-Konflikts gehören. Dabei handelt es sich vor allem um internationalen Terrorismus, Rüstung und Proliferation nuklearer und chemischer Waffen, Umweltgefahren, Bevölkerungsentwicklung, Energie- und Ressourcenprobleme, besonders den Zugang zu Wasser, Ernährungsprobleme, organisierte Kriminalität und Drogenhandel, Fundamentalismus sowie *failed* bzw. *failing states*.

Wenn Einigkeit darüber besteht, dass zunehmend internationale, transnationale und globale Probleme auf die National- bzw. Territorialstaaten zukommen, so wächst auch die Erkenntnis, dass diesen Problemen erfolgreich nur mit einem über einzelne Staaten hinausreichenden Ansatz begegnet werden kann. Da das internationale System aber durch eine Machtordnung gekennzeichnet ist, in der keine Instanz, wie es im nationalen politischen System der Fall ist, über das Gewaltmonopol verfügt, müssen allgemein verbindliche Verhaltensregeln aufgestellt werden, die auf dem Prinzip der Freiwilligkeit beruhen. Dies ist ein extrem mühsamer und voraussetzungsreicher Prozess. Internationale Organisationen und internationale Regime – mithin freiwillige institutionelle Arrangements auf Grundlage der Einsicht über den kollektiven Nutzen – könnten bei der zukünftigen Problemlösung an Bedeutung gewinnen.

Auf globaler Ebene wurde unter Ordnungspolitik bisher vorwiegend das System zwischenstaatlicher Beziehungen verstanden, doch heute müssen auch Nichtregierungsorganisationen vielfältiger Art einbezogen werden. Mit diesen Gruppen und Institutionen interagieren globale Massenmedien, deren Einfluss stetig wächst, aber auch die schwer berechenbaren, zugleich schwarmartig strukturierten Kommunikationsphänomene im Internet gewinnen stetig an Bedeutung. Nur wenn die Nationalstaaten und die sie vertretenden Gruppen die internationalen Herausforderungen auch als international, transnational und global begreifen, dürfte die internationale und transnationale Kooperation zur Lösung der Weltprobleme zunehmen. Ob die Steuerungsfähigkeit des internationalen Systems aufrechterhalten werden kann, ist jedoch fraglich. Denn die internationale Politik befindet sich gegenwärtig in einer Umbruchphase. Gekennzeichnet ist diese durch höchst widersprüchliche Entwicklungen:

- eine Erosion nationalstaatlicher Souveränität mit zunehmend funktionalen statt territorialen Handlungsräumen,
- aber auch Tendenzen einer Wiederkehr/Rückbesinnung der Kategorie des nationalen Interesses,
- eine steigende Bedeutung internationalisierter politischer Kooperationsformen bei allerdings unterschiedlichem Verrechtlichungsgrad in unterschiedlichen Regionen und Themenfeldern sowie
- einem zunehmenden Problemdruck in zahlreichen Politikfeldern (etwa der internationalen Sicherheits-, Umwelt-, Finanz-, Klima-, Energie-, Migrations- und Gesundheitspolitik).

Gerade im vergangenen, auf die Terroranschläge des 11. September 2001 folgenden Jahrzehnt ist ein eklatantes Versagen des Westens und seiner Führungsmacht bei der Herausbildung einer neuen globalen Ordnungspolitik zur Bewältigung immer drängenderer gemeinsamer Probleme zu konstatieren. Es ist eine fragmentierte Landschaft von Formaten, Institutionen und Programmen entstanden, zu der sich mit Recht die These vertreten lässt, dass die von den USA als Ordnungsmacht geprägte unipolare Ordnung schwindet. Die Welt wird – wie es Michèle Roth und Cornelia Ulbert formulieren – offenkundig ungeordneter und chaotischer, und globales Regieren wird in Zukunft von einem komplizierten Ausbalancieren unterschiedlichster ökonomischer und sicherheitspolitischer Interessen sowie divergierender normativer Vorstellungen geprägt sein. Dies hat mindestens drei Gründe:

- Erstens fühlen sich verschiedene Akteure nicht mehr den etablierten internationalen Regeln und Vereinbarungen verpflichtet und Multilateralismus wandelt sich ganz grundlegend und verliert zunehmend sein ‚westliches Gesicht‘;
- zweitens ist die Zahl bedeutender Akteure mit aufsteigenden Mächten wie den BRICS-Staaten und somit auch die Konkurrenz um Einfluss und Ressourcen auf internationaler Ebene stetig gestiegen;
- drittens haben Fehlschläge US-amerikanischer Außenpolitik im Nahen Osten das Vertrauen in die US-Politik geschwächt sowie die Akzeptanz seitens der internationalen Staatengemeinschaft für deren (Führungs-) Rolle als globale Ordnungsmacht geschmälert.

Die Welt ist also nicht (mehr) auf einen einfachen Begriff zu bringen. Neben einer ‚ersten Zone‘, die sich durch offene Grenzen, eine hohe Interaktionsdichte und einen stabilen Frieden auszeichnet, ist eine von Machtpolitik und kurzfristigen nationalen Interessen dominierte ‚zweite Zone‘ auszumachen, in der vornehmlich in Kategorien militärischer Stärke und geopolitischer Einflusszonen gedacht wird. Eine ‚dritte Zone‘ ist gekennzeichnet durch Machthohlräume und den Verlust politischer Steuerungsfähigkeit. Diesen Zonen sind zwar geographische Räume zuzuordnen – so beschränkt sich z.B. die dritte Zone im Wesentlichen auf Teile Afrikas und den Nahen Osten –, allerdings überlappen die Räume sich, und die daraus resultierenden Probleme sind nicht auf eine Zone zu begrenzen. Anders formuliert: Das Zeitalter frühmoderner Staaten, das 20. und das 21. Jhd. werden vermutlich gleichzeitig stattfinden. Die Ereignisse im Zusammenhang mit der Annexion der Krim und der anhaltenden Destabilisierung der Ukraine durch Russland seit dem Frühjahr 2014, aber auch Kriege wie z.B. in Syrien – bei dem von 2011 bis Sommer 2015 fast 250.000 Menschen getötet und über 12 Millionen Menschen vertrieben wurden – haben gezeigt, dass die ‚Landkarten‘ für diese Zonen längst nicht für die Ewigkeit geschrieben sind.

Die Frage nach internationaler Ordnung ist damit (erneut) in den Fokus der internationalen Politik geraten. Gleichzeitig verdüstern sich die Erfolgsaussichten wichtiger normativer Unternehmungen (‚G-zero‘, ‚Schutzverantwortung‘), und die Steuerungsfähigkeit, nicht nur seitens der Staaten, erscheint in vielen Fragen bestenfalls fragwürdig (z.B. Klimawandel, Welternährung). Dies ist angesichts der massiven Ungleichverteilung von Lebensentwicklungschancen sowie zahlreicher Krisen und Konflikte (von Ebola bis hin zur russischen Annexion der Krim) ein deprimierender Befund. Wie erfasst nun die wissenschaftliche Disziplin der Internationalen Beziehungen die internationale Politik?

Theorieentwicklung und methodische Trends

Auch wenn die IB eine vergleichsweise junge Disziplin sind, kann sie auf einige Vorläufer, häufig im Grenzgebiet zur politischen Theorie, zurückgreifen. Exemplarisch seien hier der griechische Historiker Thukydides oder auch Immanuel Kant angeführt. Zu einem eigenständigen Fach entwickelten sich die IB jedoch erst nach dem Ersten Weltkrieg. Zentraler Gründungsimpuls war die Frage, mit welchen Mitteln und auf welche Weise Krieg als Mittel der Politik ausgeschlossen bzw. reduziert werden könnte. Während zunächst die ‚erste große Debatte' zwischen Idealisten und Realisten um Menschen- und Staatenbild im Mittelpunkt stand, stritten in etwa seit den 1960er Jahren in der ‚zweiten großen Debatte' vordergründig Traditionalisten und *Szientisten/Behavioralisten* um methodische Fragen und den – erwünschten und erreichbaren – Grad der Annäherung an naturwissenschaftliche Maßstäbe. Als ‚dritte große Debatte' wird diejenige zwischen *Positivisten* und *Postpositivisten* seit etwa den 1980er/1990er Jahren bezeichnet, in der es um Wege zur und Ausmaß der möglichen Erkenntnis geht. Wenngleich diese Geschichte so oder ähnlich immer wieder kolportiert wird, ist dies doch nur die ‚*conventional story*', die die Unterschiede zwischen den Strömungen zum Teil über- und interne Divergenzen unterschätzt und die Annäherung der Großtheorien übersieht. Faktisch bestanden schon immer mehrere, auch in sich nicht homogene Strömungen nebeneinander – heute gilt das mehr denn je.

Die IB sind eine stark US-amerikanisch beeinflusste, über lange Zeit sogar dominierte Disziplin. Inhalte, Theorien und Methoden der *International Relations* (IR) beeinflussten maßgeblich auch die Entwicklung einer eigenständigeren IB in vielen europäischen Staaten. Deutschland gilt zwar u.a. aufgrund der Herkunft der entsprechenden Theoretiker als Ursprungsland des Realismus, dieser wurde jedoch im Land selbst eher skeptisch beäugt. In den 1960er bis 1980er Jahren übten die Friedensforschung und ein enger Austausch vor allem mit den skandinavischen Ländern einen großen Einfluss auf die deutsche IB aus, die aber deutlich innerhalb der Politikwissenschaft im Allgemeinen verhaftet blieb. Erst in den 1990er Jahren kam es zur Gründung erster IB-spezifischer Zeitschriften. Mit Voranschreiten der europäischen Integration ist zwar einerseits eine zunehmende genuin europäische – und auf Europa konzentrierte – Strömung innerhalb der IB zu verzeichnen, andererseits bleibt der Einfluss der *US-IR* trotz aller Emanzipationsbemühungen stark.

Die eine IB-Theorie gibt es nicht. Vielmehr haben sich im Laufe der Zeit einige große Stränge (im Wesentlichen Realismus/Neorealismus, Liberalismus, Institutionalismus und Konstruktivismus) herausgebildet, die im Sinne eines Theorienpluralismus weiterhin nebeneinander bestehen und zum Teil komplementär, zum Teil konkurrierend Anwendung finden. Dahinter standen scheinbar unversöhnliche sozialwissenschaftliche Grundpositionen, die sich auf die Frage nach den wesentlichen Elementen, Erklärungsfaktoren und Erkenntnismöglichkeiten bezogen. Trotz dieser Verwerfungen wurden die bestehenden Paradigmen nicht gestürzt, sondern bestehen – ergänzt und häufig weiterentwickelt – fort. Entgegen dem oftmals konstatierten Hang zur Abschottung und zur wenig problemlösungsorientierten Konfrontation zwischen den verschiedenen Theorieschulen findet in den vergangenen Jahren sogar verstärkt eine Diskussion über sinnvolle Anknüpfungspunkte zur Arbeitsteilung zwischen den verschiedenen Ansätzen statt. Dabei stellen Übereinstimmungen in zumindest Teilen der Grundannahmen, bspw. zwischen Institutionalismus und Neorealismus, sowie gemeinsam besser bearbeitbare Themenfelder starke Argumente für eine solche Zusammenarbeit dar, unterschiedliche ontologische (wie sind die Dinge/ist die Realität beschaffen?) und epistemologische (wie gelangen wir an Wissen?) Prämissen sowie Begriffsverwendungen bilden aber auch potentielle Stolpersteine. Insgesamt erscheint ein Fortbestehen der theoretischen Vielfalt, mal konfrontativ, mal komplementär, als das wahrscheinlichste Szenario.

Ebenso wenig wie die eine Theorie der Internationalen Beziehungen existiert, gibt es dort ‚die' dominierende Methode. Vielmehr herrscht ein Pluralismus von Methoden vor, der teilweise an bestimmte Theorien gebunden ist, teilweise jedoch in verschiedenen theoretischen Kontexten Anwendung findet. Zudem werden zunehmend Anleihen bei anderen Sozialwissenschaften genommen. So greift z.B. ein Strang der Außenpolitikanalyse auf die psychologische Profilbildung von Führungspersönlichkeiten (‚*leadership trait analysis*') zurück. Über lange Zeit bis in die Mitte der 1990er Jahre bestand in den IB – wie auch in den anderen Teilbereichen der Politikwissenschaft – das Bestreben, sich methodisch den Naturwissenschaften (hinsichtlich quasi-experimenteller Studiendesigns) und der Ökonomie anzunähern. Dies ist nicht allein auf den häufig bemühten Unterschied zwischen quantitativer und qualitativer Forschung zu reduzieren, wo es vor allem darum geht, ob die Empirie in Zahlen übersetzt bzw. ‚*codiert*' werden kann, um sie dann mittels mathematischer Methoden auszuwerten, oder nicht. Vielmehr geht es auch um die Frage, wie man aus Daten eine belastbare Aussage ableiten kann. Die ‚konstruktivistische Wende' hatte jedoch auch Auswirkungen auf die Entwicklung der Methoden. Dem ‚erklärenden' Ansatz, der – häufig auf statistische Weise – Zusammenhänge zwischen Variablen herstellt, wurde nun vermehrt ein ‚verstehender' Ansatz gegenübergestellt. Methoden wie das ‚*process-tracing*' zielen darauf ab, tiefere Kausalzusammenhänge (z.B. multiple Verursachung – X1 und X2 und X3 führen zu Y) an Stelle reiner statistischer Kontingenz freizulegen. Damit einhergehend wurden auch die klassischen hermeneutischen – interpretativen – Methoden, die lange als altmodisch-unwissenschaftlich verunglimpft worden waren, zu neuen Würden erhoben. Zudem sind mehr und mehr Methoden zu finden, die scheinbar gegensätzliche Ansätze verbinden, z.B. die Diskursanalyse, in der an den Untersuchungsgegenstand (z.B. die Verbreitung einer Norm) zwar interpretierend herangetreten wird, die eigentliche methodische Umsetzung jedoch quantitativ ausgeführt werden kann (z.B. durch das Erfassen und statistische Auswerten von Schlüsselbegriffen in Redemanuskripten). Mittlerweile setzt sich vermehrt die Einsicht durch, dass Methoden am Untersuchungsgegenstand bzw. der Fragestellung und an den genutzten Theorien ausgerichtet werden und nicht Gegenstand von ‚Glaubenskonflikten' sein sollten. Zudem bietet es sich in manchen Fällen an, Methoden-Triangulation zu betreiben, also sich dem Untersuchungsgegenstand durch verschiedene Zugriffe zu nähern. Ein klassisches Beispiel ist die Überprüfung von statistischen Trends durch einzelne Experteninterviews.

Was kann angesichts dessen die wissenschaftliche Beschäftigung mit internationaler Politik leisten? Sie kann zunächst einmal gesichertes Wissen bereitstellen und Orientierung im Wust der Fakten und divergenten Entwicklungen liefern und so daran mitwirken „dass ich erkenne, was die Welt im Innersten zusammenhält" (so der bereits vor 200 Jahren vergebliche Anspruch in Goethes Faust). Das löst noch keine Probleme, aber ist doch Voraussetzung dafür, die ‚richtigen' Probleme zu erkennen und Handlungsoptionen zu entwickeln.

Zur Nutzung des Buches

Alle Autorinnen und Autoren – die im Übrigen sehr unterschiedlichen Theorieschulen angehören und divergierende methodische Zugänge verfolgen – hatten die herausfordernde Aufgabenstellung, auf sehr knappem Raum in das jeweilige Thema einzuführen, d.h. Sach- und Problembewusstsein sowie Kritik zu vermitteln. Auf ein gesondertes Gesamt-Literaturverzeichnis wurde verzichtet, da am Ende jedes Beitrags – auf acht Titel begrenzte – weiterführende Literatur sowie Internetadressen zum jeweiligen Themenbereich genannt werden. Im Anhang findet sich zudem eine knappe Liste empfehlenswerter Einführungen/Grundlagenwerke/Theorieüberblicke im Bereich internationale Politik sowie Hinweise zu Fachzeitschriften, Recherchemöglichkeiten und Internetadressen.

Das Wörterbuch arbeitet mit einem Verweissystem. Pfeile → verweisen auf die eigene Behandlung eines Themas unter dem jeweiligen Stichwort. Am

Ende eines Beitrags wird auf andere im Zusammenhang mit diesem Stichwort lesenswerte Stichworte verwiesen. Die Anordnung der Beiträge erfolgt in alphabetischer und durchnummerierter Reihenfolge, diese lassen sich jedoch auch unter folgenden Problembereichen studieren:

1. Theorie/konzeptionelle Fragen

03 – Außenpolitikforschung
04 – Begriff und Funktionen von IB-Theorien
09 – Englische Schule als IB-Theorie
20 – Institutionalismus als IB-Theorie
21 – Integrationstheorien
29 – Konstruktivismus als IB-Theorie
31 – Liberalismus als IB-Theorie
42 – Politikvermittlung und internationale Politik
45 – Realismus als IB-Theorie
53 – Strategische Wissenschaft
58 – Völkerrecht/Internationales Recht
60 – Weltordnungsmodelle

2. Grundlegende Phänomene und Prozesse der internationalen Politik

02 – Aufstieg der Schwellenländer
14 – Frieden
16 – Global Commons
18 – Globalisierung
22 – Interdependenz
30 – Krieg
32 – Macht
36 – Multilateralismus
39 – Nord-Süd-Beziehungen
46 – Regionalisierung/Regionalismus
61 – Weltpolitische Zyklen

3. Problembereiche und Politikfelder der internationalen Politik

01 – Abschreckung
05 – Demokratisierungs- und Stabilisierungspolitik
06 – Digitale Souveränität
08 – Energiepolitik
10 – Entwicklungszusammenarbeit

11 – Europäische Sicherheitsstruktur
15 – Geopolitik
17 – Globale Gesundheitspolitik
19 – Handelspolitik
23 – Internationale Finanzarchitektur
25 – Internationale Strafgerichtsbarkeit
26 – Internationale Umweltpolitik
27 – Internationaler Terrorismus
28 – Klimapolitik
33 – Menschenrechte
34 – Migration
37 – Nahostkonflikt
40 – Organisierte Kriminalität/Korruption
44 – Proliferation von Massenvernichtungswaffen und Trägermitteln
47 – Religionen und internationale Politik
48 – Ressourcenpolitik
49 – Rüstungskontrolle und Abrüstung
50 – Schutzverantwortung/R2P
51 – Sicherheitspolitik
54 – Transatlantische Beziehungen
56 – Typen militärischer Interventionen
59 – Weltkulturerbe
62 – Weltwirtschaftssystem

4. Akteure

07 – Diplomatie
12 – Europäische Union
13 – Europäische Union als internationaler Akteur
24 – Internationale Organisationen
35 – Militärbündnisse
38 – NATO
52 – Staat/Staatlichkeit im Wandel
55 – Transnationale Akteure/Nichtregierungsorganisationen
57 – Vereinte Nationen

5. Geschichte der internationalen Politik seit dem Zweiten Weltkrieg

41 – Ost-West-Konflikt
43 – Prägende Konflikte nach dem Zweiten Weltkrieg

Verzeichnis der Tabellen

Verzeichnis der Abbildungen

Stichwörter

01 – Abschreckung (*Ulf von Krause*)

1. Definition

Abschreckung (A.) kann allgemein als Wirkung definiert werden, aufgrund derer eine Person, eine Institution oder ein Gemeinwesen von bestimmten Handlungsweisen Abstand nehmen, zu denen sie in der Lage wären, weil sie überzeugt sind, dass daraus für sie untragbare Konsequenzen entstünden (Gray 2001: 18). Abschreckung ist dabei ein in verschiedenen gesellschaftlichen Zusammenhängen zu beobachtender Regulationsmechanismus – beispielhaft sei auf die unterstellte Wirkung strafrechtlicher Normen verwiesen. Das Konzept wurde jedoch vor allem im Kontext der vorherrschenden Militärstrategie nach dem Zweiten Weltkrieg vor dem Hintergrund der Existenz von Nuklearwaffen vielfältig erforscht und ausdifferenziert (Senghaas 2007). In diesem Beitrag wird A. – in Anlehnung an Clausewitz – als potentieller Gebrauch von Gewalt bzw. als Androhung von Gewalt zum Erreichen eines politischen Zwecks verstanden, sie hat damit instrumentellen Charakter (Gray 2001: 18).

2. Die klassische Abschreckungstheorie: Abschreckung im Ost-West-Konflikt

Die Erfahrung von Hiroshima und Nagasaki und das anschließende nukleare Wettrüsten führten der Menschheit vor Augen, dass die Atombombe als „singuläre Waffe" mit ihrem unvorstellbaren Vernichtungspotential in „einzigartiger Weise die Konfliktfähigkeit der Menschen überfordere" (Eisenbart 2012: 8). Im Laufe der 1960er Jahre setzte sich daher die – allerdings nur zögerliche – Erkenntnis durch, dass Nuklearwaffen kein Mittel der Kriegführung sein dürften, sondern als politische Waffen ein Instrument der A. sind. Diese Vorstellung war bis 1990 das „Rückgrat des → Ost-West-Konflikts" (Senghaas 2007). Ab Beginn der 1960er Jahre wurde das Phänomen A. vielfach theoretisch analysiert und durchdrungen, es entstand die ‚klassische Abschreckungstheorie' (Überblick bei Zagare/Kilgour 2000: 3ff). Nach Snyder bestimmen in einer auf A. basierenden Konstellation vier Faktoren das Risikokalkül eines potentiellen Aggressors und damit die Wahrscheinlichkeit eines Angriffs:

- Die Bewertung der eigenen Kriegsziele,
- die Kosten, die er als Folge von Gegenreaktionen erwarten muss,
- die Wahrscheinlichkeit von verschiedenen möglichen Gegenreaktionen, und
- die Wahrscheinlichkeit, sein Ziel bei jeder möglichen Reaktion zu erreichen (Snyder 2001: 12).

Dabei kann der Angreifer über die Bewertungen und voraussichtliche Reaktionen der Abschreckungsmacht jedoch nur Vermutungen anstellen, so dass die Risikokalkulation des einen auf Vermutungen über die Risikokalkulation des anderen hinausläuft. Es handelt sich um eine Perzeption der Perzeption. Die Abschreckungswirkung ist somit sozial konstruiert.

Eine wesentliche Voraussetzung für das Funktionieren von A. liegt in der Glaubwürdigkeit einer Drohung mit dem Einsatz von hinreichend verfügbaren Mitteln. Das Problem wird dadurch komplex, dass nicht nur reale Phänomene wie militärische Fähigkeiten bzw. Potentiale (*capabilities*) zu berücksichtigen sind, sondern auch Werte, Absichten bzw. Interessen der Kontrahenten (*intentions*). Erstere unterliegen in der Regel der Geheimhaltung, letztere sind direkt und konkret überhaupt nicht erfassbar. Darüber hinaus können Informationen über beide Elemente auch durch bewusste Irreführung und Täuschung verfälscht werden. A. ist demzufolge eine Form strategischer Kommunikation, ein psychologisch-politischer Akt der „Diplomatie der Gewalt" (von Krause 2013: 94), der darauf abzielt, die Handlungsoptionen der anderen Seite zu manipulieren und so auf die politische Intention des Gegners so einzuwirken, dass dieser eventuelle Angriffsabsichten fallen lässt. Nach Snyder kann man dabei zwischen zwei Abschreckungsarten unterscheiden:

- *denial capability*: diese beruht auf der (primär konventionellen) Fähigkeit, dem Gegner Erfolge zu verwehren, indem man sich gegen einen Angriff militärisch erfolgreich und schadensbegrenzt verteidigt;
- *punishment capability*: diese basiert auf der Drohung und der Fähigkeit, ihn (primär nuklear) zu bestrafen (Snyder 1961: 4).

Die klassische A.stheorie umfasst einen strukturellen und einen entscheidungsorientierten Theoriensatz (Zagare/Kilgour 2000: 7ff.). Der strukturelle Ansatz basiert auf den Grundannahmen der (neo)realistischen Theorie der Internationalen Beziehungen, wonach in der anarchischen Struktur der Staatenwelt Stabilität am ehesten in Konstellationen mit Gleichgewicht der Machtressourcen zu erwarten ist (→ Realismus als IB-Theorie). Demnach tritt die Abschreckungswirkung ein, wenn Kontrahenten jeweils über die militärischen Mittel verfügen, um der anderen Seite großen Schaden zuzufügen. Militärische Mittel können sich zwar gegenseitig aufheben, aber nicht der zugefügte Schaden selbst. Der entscheidungsorientierte Ansatz stellt hingegen die Entscheidungsprozesse in den Mittelpunkt der Betrachtung. Dabei spielen die Fragen von Rationalität und Glaubwürdigkeit die zentrale Rolle.

2.1 Rationalität und Glaubwürdigkeit

A. beruht auf einem Kalkül desjenigen, der abgeschreckt werden soll. Ohne rationale Kosten- und Nutzenabwägung gibt es keine Abschreckungswirkung. Ein solches Kalkül wird im Kontext der nuklearen A. durch die sehr hohe Zerstörungswirkung von Nuklearwaffen dominiert, die im Falle einer Aggression die Kosten des Abzuschreckenden soweit in die Höhe treibt, dass diese bei vernünftigem Abwägen für ihn untragbar werden. Verfügen zwei Konfliktparteien jede über die Fähigkeit zum Nukleareinsatz, so gilt dieses für beide Seiten, es liegt ein nukleares ‚Gleichgewicht des Schreckens' vor. Darüber hinaus beruht die Abschreckungswirkung als sozialem Konstrukt wesentlich auf der Glaubwürdigkeit, dass der Abschreckende bereit sein würde, die ihm zur Verfügung stehenden Mittel tatsächlich einzusetzen. Dieses erscheint am ehesten nachvollziehbar, wenn eine Nation sich durch einen Aggressor existenziell bedroht fühlt, weil ein Angriff einen großen Teil der eigenen Bevölkerung vernichten bzw. das eigene Territorium weitgehend zerstören würde. Dann, aber nur dann, erscheint die Drohung mit nuklearen Einsätzen, die nukleare Gegenschläge herausfordern würden, plausibel. Glaubwürdigkeit im Gleichgewicht des Schreckens erfordert also, dem anderen die Bereitschaft zu signalisieren, in letzter Konsequenz die gemeinsame Vernichtung einzuleiten. Ob das rational ist, darüber wird gestritten. Eine solche Entscheidung ist ein „Amalgam von höchster Rationalität und einer vielgestaltigen Irrationalität" (Eisenhart 2012: 15). Diese Irrationalität kann jedoch die Abschreckung erhöhen, weil die Berechenbarkeit für den Gegner ab- und damit sein Risiko zunimmt (Schelling 1960:16ff.). Die Glaubwürdigkeit einer Drohung nimmt jedoch ab, wenn ein Einsatz von Nuklearwaffen signalisiert wird, ohne dass existenzielle Werte des Abschreckenden auf dem Spiel stehen. Denn mit dem Einsatz von Nuklearwaffen riskierte der Abschreckende in einem solchen Fall einen nuklearen Gegenschlag auf sein eigenes Territorium (Zagare/Kilgour 2000: 304f.).

2.2 Militärstrategische Folgerungen

In der ersten Zeit nach dem Aufkommen der Nuklearwaffen (→ Proliferation von Massenvernichtungswaffen und Trägersystemen) wurden deren gewaltige Zerstörungskraft und die daraus resultierenden Gefahren, nicht nur für die eigene Bevölkerung, sondern für die gesamte Menschheit, in den militärstrategischen Überlegungen zunächst nicht weiter problematisiert, wohl aber in der Gesellschaft. Das Konzept der massiven Vergeltung (*massive retaliation*) – seit 1957 die offizielle Strategie der → NATO – setzte den Schwerpunkt auf die Abschreckungsfunktion der nuklearen Streitkräfte durch *deterrence by punishment*. Es kam zu einer Überbetonung der Nuklearwaffen, die Bedeutung von deterrence *by denial* durch konventionelle Kräfte ging zurück. Aufgrund des gesteigerten Nuklearpotentials der UdSSR wuchsen die Zweifel, ob die USA für Europa das Selbstvernichtungsrisiko eingehen würden. Ab 1960 entwickelte sich daher eine Diskussion, die zur Strategie der flexiblen Reaktion (*flexible response*) führte, ab 1968 die offizielle NATO-Strategie. Sie sah für den Fall des Versagens der A. vor, Angriffe mit Direktverteidigung (*direct defense*) abzuriegeln. Falls diese keinen Erfolg gehabt hätte, sollten Rahmen und Intensität des Konflikts mit vorbedachter Eskalation (*deliberate escalation*) ausgeweitet werden, um die Kosten für den Angreifer soweit zu erhöhen, dass die A. wiederhergestellt würde (*intra war-deterrence*). Ein solcher Eskalationsprozess sollte möglichst kontrollierbar bleiben. Durch Optionsvielfalt bei der Planung von Direktverteidigung und Eskalation (konventionell und/oder mit selektiven Nuklearschlägen) wollte man die Risikokalkulation eines Gegners erschweren, die Unsicherheit sollte die Abschreckungswirkung erhöhen. Als Antwort auf einen massiven Nuklearschlag des Angreifers sah die Strategie als letzte Stufe die allgemeine nukleare Erwiderung (*general nuclear response*) vor. Aus diesem Strategiewechsel resultierte einerseits die Forderung nach dem Aufbau wirksamer konventioneller Kräfte als *denial capabilities*. Andererseits rückten auch Möglichkeiten zur Verbesserung der Kooperation ins Blickfeld. So wurde mit dem Harmel-Bericht von

1968 die Doppelstrategie ‚A. und Entspannung' begründet (von Krause 2013: 99f.). Und als Sicherungsmaßnahme gegen das unbeabsichtigte Auslösen eines Atomkrieges wurde eine Kommunikationsverbindung zwischen den USA und der UdSSR eingerichtet (‚Heißer Draht').

Auch unter der *flexible response* blieben die Nuklearpotentiale Garanten der A. Beide Seiten waren bestrebt, eine gesicherte Zweitschlagskapazität aufrecht zu erhalten, was bedeutete, dass nach einem nuklearen Erstschlag der anderen Seite noch so viele Waffen verfügbar sein sollten, dass einem Aggressor als Vergeltung nicht hinnehmbare Schäden zugefügt werden konnten (*mutual assured destruction* – MAD). Vor diesem Hintergrund wurden Waffenentwicklungen zur Abwehr von Interkontinentalraketen als kritisch für die A. bewertet, was u.a. 1972 zum ABM-Vertrag (*anti ballistic missile treaty*) führte (→ Rüstungskontrolle und Abrüstung). Es blieb allerdings das Glaubwürdigkeitsproblem, ob die USA bereit wären, für die Verteidigung Europas Nuklearwaffen einzusetzen und damit einen nuklearen Gegenschlag auf ihr eigenes Territorium zu riskieren. Die Antwort darauf waren die substrategischen Nuklearwaffen – SSNW – (*non-strategic nuclear weapons* – NSNW). In Europa stationiert sollten sie z.T. mit Trägern der europäischen NATO-Partner eingesetzt werden. In diesen Kontext gehört die jahrelang heftig umstrittene Nachrüstung gemäß dem NATO-Doppelbeschluss, die von 1983-1987 realisiert wurde. Da die SSNW jedoch – wie die in den USA stationierten Waffen – nur nach Freigabe durch den amerikanischen Präsidenten zum Einsatz gekommen wären, war die Logik nicht zwingend, dass mit ihnen eine ‚Abkoppelung' vom amerikanischen Nuklearpotential verhindert werden könnte.

2.3 Kritik

An Konzept und Realisierung der A. wurde vielfältige Kritik geübt. Zum einen aus Sicht der Friedens- und Konfliktforschung, wo argumentiert wurde und wird, dass die Abschreckungsdoktrin eine wesentliche Ursache für eine anhaltende Rüstungsdynamik sei und zu einer „monströsen Entwicklung in der zweiten Hälfte des 20. Jhds." geführt habe (Senghaas 2007). Vielmehr müsste an ihre Stelle ein Abbau der Konfliktursachen treten. Eine zweite Kritiklinie bezweifelt die angenommene Rationalität der Entscheidungsprozesse. Die Fallstudie zur Kubakrise 1961 von Allison und Zelikow von 1999 zeigt, dass bürokratische Strukturen alles andere als rational im Sinne der Theorieannahmen sein können. Und mehrere bekanntgewordene Ereignisse deuten auf die Anfälligkeit komplizierter Abschreckungssysteme für möglicherweise tödliche Irrtümer hin, so ein Fehlalarm im sowjetischen Frühwarnsystem am 26.09.1983, der nur durch das besonnene Handeln des Oberst Stanislaw Petrow nicht zum Atomkrieg führte, sowie die Fehlinterpretation der Nuklearübung der NATO *Able Archer* 1983 durch die UdSSR (von Krause 2013:116). Die Grundannahme der Abschreckungstheorie, dass „Leaders are assumed to be ready, willing, and able to engage in well-informed, dispassionate, rational, cost-benefit calculations, and to make their policy decisions accordingly", hält einer empirischen Prüfung nicht stand, vielmehr spielen persönliche Überzeugungen, Ziele und Werte der Entscheidungsträger eine große Rolle (Payne 2001: 35ff.). Hinzu kam die Gefahr, dass dem Kontrahenten implizit unterstellt wurde, er habe die gleiche Sichtweise und Logik wie die eigene Seite (*mirror imaging* – Payne

2001: 18ff.). A. vollzieht sich jedoch in einem strategischen Umfeld mit einer Vielzahl von interdependenten Einflussfaktoren, z.B. Menschen, Gesellschaft, Kultur, Politik, Ethik, Wirtschaft, Organisation, Militär, Informationen, Strategietheorien und Doktrinen, Technologie, Regierungs- und Verwaltungsstrukturen, Geografie, Friktionen, Operationsführung, Gegner und Zeit (Gray 2001: 24f.). Durch eine Verengung des Blickwinkels von Politikern und Strategen kam es zu fragwürdigen Folgerungen. Eine lautete, man müsse für wirksamere A. immer mehr und noch tödlichere Nuklearwaffen anschaffen – und das bei einer vielfachen Overkill-Kapazität beider Supermächte. Hier ist die Kritik der Friedensbewegung zutreffend.

Allerdings ist es eine Tatsache, dass die nukleare Katastrophe im Kalten Krieg letztlich verhindert worden ist. Die Folgerung, dieses sei ein Ergebnis der A., ist nicht unplausibel. Aber es gibt keinen logischen Beweis dafür, dass das Ausbleiben eines Nuklearkrieges kausal auf die A. zurückzuführen ist. Unterstellt man, eine solche Kausalität sei quasi ‚gesetzmäßig', dann besteht die Gefahr zu glauben, auf Grund dieser Erfahrung sei man nun ‚Experte in A.' (Gray 2001: 20f.) und könne diese auf alle Konflikte übertragen.

3. Abschreckung heute

Die veränderte Weltlage nach 1990 – die Stichworte lauten: → Globalisierung, Multipolarität, neue Nuklearmächte, neue Formen der Kriegführung (→ Krieg, → Typen militärischer Interventionen) – führte z.T. zu der Auffassung, dass A. überholt sei (Zagare/Kilgour 2000: 285). Das trifft wohl nicht zu, aber es ist davon auszugehen, dass die neuen Bedingungen zu Veränderungen und Erweiterungen von Abschreckungstheorie und -doktrin führen müssen.

Als erstes ist jedoch zu konstatieren, dass sowohl im strategischen Verständnis der USA und der NATO als auch Russlands die nukleare A. weiterhin ihren festen Platz hat. Die dahinter stehende Logik erscheint in der direkten Konfrontation und gegenseitigen A. zweier Nuklearmächte (*direct deterrence*) im Wesentlichen unverändert. Allerdings hat die Zahl der möglichen Kontrahenten zugenommen, ihre geostrategische Verteilung ist diversifiziert. Und wenn eine Bedrohung sich nicht primär gegen eine Nuklearmacht selbst richtet, sondern andere, nicht vitale Interessen im Spiel sind (*extended detererrence*), stellen sich die gleichen Fragen nach der Glaubwürdigkeit der nuklearen A. wie in Europa im Ost-West-Konflikt.

Eine jüngere Variante der Abschreckungsdoktrin zielt darauf, die Verengung des Blickwinkels durch *mirror imaging* zu überwinden und auch die strategische Kultur des Opponenten sowie weitere Faktoren der strategischen Situation mit in die Abschreckungskalkulation einzubeziehen (*tailored deterrence* – Lantis 2009). Eine Fallstudie über einen möglichen Konflikt der USA und Chinas um Taiwan (Payne 2000: 115ff.) verdeutlicht, wie Annahmen über die Ziel- und Wertvorstellungen der Akteure das Rationalitätskalkül verändern, insbesondere durch Berücksichtigung der Unterschiede zwischen amerikanischem und chinesischem Gesellschafts- und Regierungssystem. Ergebnis der Studie ist u.a., dass die nukleare A. Chinas durch die USA fraglich wäre, vielmehr könnten im Gegenteil die USA durch das nukleare Potential Chinas – wegen einer höheren Risikobereitschaft der chinesischen Führung – abgeschreckt werden. Die

Folgerung daraus lautet: klassische nukleare A. reicht in bestimmten Szenarien nicht aus. Vielmehr sind Möglichkeiten zur Neutralisierung der Abschreckungsmittel des Kontrahenten erforderlich (*deterring their deterrent*). Anders als unter den Annahmen im Kalten Krieg können damit defensive Systeme zur Raketenabwehr die A. erhöhen (Payne 2000: 185ff.). Und insgesamt steigt in dem komplexeren Umfeld die Bedeutung konventioneller Fähigkeiten.

Im Licht dieser Thesen erscheinen die von der → NATO auf ihrer Tagung in Wales im September 2014 beschlossenen Maßnahmen (*readiness action plan*/Speerspitze) als sinnvoll und notwendig, um *deterrence by denial* realisieren zu können. Darüber hinaus müssen im Kontext der neuen Konfliktformen auch Maßnahmen in die Überlegungen einbezogen werden, die nicht nur oder nicht vorrangig im militärischen Bereich liegen, wie die Sicherung kritischer Infrastruktur gegen Cyberangriffe. Hier ist der Begriff der *cyber deterrence* entstanden. Durch entsprechende Planungen zum Schutz dieser Infrastruktur sollen Cyberangriffe (→ Digitale Souveränität) erschwert bzw. verhindert werden; es liegt damit eine Sonderform von *deterrence by denial* vor (Stockton 2012). Für Kritiker der A. sind solche Analysen von abstrakten Konfliktszenarien allerdings Ausdruck einer „autistischen Selbst- und Fremdwahrnehmung“, die „weltpolitisch kontraproduktiv sind, weil sie [...] problematische Konstellationen herbeiführen bzw. [...] chronisch [...] vertiefen“ (Senghaas 2007). Andere halten sie hingegen für eine notwendige Weiterentwicklung der theoretischen Grundlagen der A. als Basis für sicherheitspolitische Entscheidungen.

Einen Sonderfall stellen die substrategischen Nuklearwaffen in Europa dar, über deren Abschaffung im Zuge der Abrüstungsinitiativen 2009/2010 diskutiert worden war. Es besteht unter den NATO-Partnern weitgehende Übereinstimmung über ihren geringen militärischen Wert. Gleichwohl haben sie eine politische Symbolwirkung, die allerdings unterschiedlich eingeschätzt wird. Insbesondere die neuen Mitgliedstaaten sehen in ihnen weiterhin die Basis für eine Verklammerung europäischer und amerikanischer Sicherheit – das alte Argument der klassischen Abschreckungstheorie. Ob diese Position valide ist, sei dahingestellt; angesichts der veränderten politischen Situation nach den Krisen um die Krim und die Ukraine, die das Bedrohungsgefühl der Mitglieder an der Ostgrenze des Bündnisses verstärkt haben, ist sie nachvollziehbar.

In einer zunehmend vernetzten Welt stellt sich die Frage der Glaubwürdigkeit in einem erweiterten Kontext. Neue Informationsmöglichkeiten fördern eine stärkere Einbeziehung der Weltöffentlichkeit und erhöhen die Transparenz, was Desinformation und Propaganda tendenziell erschwert. Allerdings zeigen die Konflikte der letzten Jahre auch die gegenteilige Entwicklung, nämlich hin zu intensiven ‚Informationskriegen‘, in denen die Konfliktparteien die Medien instrumentalisieren. Darüber hinaus beeinflussen die Gesellschaften und z.T. die Parlamente – zumindest in demokratischen Staaten – zunehmend die politischen Entscheidungsprozesse zum Einsatz von Militär, und wirken damit auch auf die Glaubwürdigkeit von A. ein. Die Diskussion in der *strategic community* seit der Jahrtausendwende macht deutlich, dass A. kein überholtes Phänomen ist. Zwar lässt sich die Abschreckungsdoktrin aus der Zeit der Ost-West-Konfrontation nicht einfach in die heutige Situation mit ihrer veränderten geopolitischen Konstellation und mit neuen Konfliktformen übertragen. Es gilt vielmehr, die

Überlegungen der klassischen A.stheorie fortzuentwickeln und dabei insbesondere die Engführung der Betrachtung auf Anzahl und Zerstörungskraft von nuklearen Waffen zu überwinden. A. im Kontext eines multidimensionalen Strategiebegriffs ist komplex, ihr Charakter als soziales Konstrukt erschwert sichere Aussagen, was durch die vielfältigen globalen Informationsmöglichkeiten sowie zusätzliche Akteure noch gesteigert wird. Das unterstreicht die Notwendigkeit, das Phänomen A. in der heutigen Zeit einerseits theoretisch neu zu durchdringen und andererseits durch konkrete Analyse von konfliktträchtigen Konstellationen Voraussetzungen für angemessene politische und militärstrategische Entscheidungen zu schaffen.

→ Ergänzende Beiträge

Englische Schule als IB-Theorie, Krieg, NATO, Ost-West-Konflikt, Proliferation von Massenvernichtungswaffen und Trägersystemen, Realismus als IB-Theorie, Sicherheitspolitik

Literatur

Eisenbart, Constanze (Hrsg.) (2012): Die Singuläre Waffe. Was bleibt vom Atomzeitalter? Wiesbaden.

Gray, Colin S. (2001): Deterrence and the Nature of Strategy, in: Manwaring, Max G. (Hrsg.): Deterrence in the 21st Century, London/Portland, S. 17-26.

Lantis, Jeffrey S. (2009): Strategic Culture and Tailored Deterrence: Bridging the Gap between Theory and Practice, in: Contemporary Security Policy (30), S. 467-485.

Payne, Keith B. (2001): The Fallacies of Cold War Deterrence and a New Direction, Lexington.

Schelling, Thomas C. (1960): The Strategy of Conflict, Cambridge.

Senghaas, Dieter (2007): Abschreckung nach der Abschreckung, in: Blätter für deutsche und internationale Politik (7), S. 825-835.

Snyder, Glenn H. (1961): Deterrence and Defense. Towards a Theory of National Security, Princeton.

Stockton, Paul N. (2014): Cyber Deterrence: Infratructure Resilience and Continuity Planning, in: Homeland Security Today Magazine (10/11).

von Krause, Ulf (2013): Die Bundeswehr als Instrument deutscher Außenpolitik, Wiesbaden.

Zagare, Frank C./Kilgour, D. Marc (2000): Perfect Deterrence, Cambridge.

02 – Aufstieg der Schwellenländer (*Andreas Nölke*)

1. Begriff

Als Schwellenländer (S.) versteht man gemeinhin Länder, die sich durch einen raschen und fortgeschrittenen Industrialisierungsprozess und im langjährigen Durchschnitt durch hohe Wachstumsraten auszeichnen, bei denen aber soziale Indikatoren wie beispielsweise das Bildungs- und Lohnniveau hinter dieser wirtschaftlichen Entwicklung zurückbleiben. Abgegrenzt werden S. damit einerseits von Entwicklungsländern und andererseits von Industrieländern (→ Entwicklungszusammenarbeit). Im Englischen sind Begriffe wie *emerging market* oder *emerging economy* gebräuchlich, falls der Fokus eher auf politischen Fragen liegt auch *emerging powers* oder *rising powers*. In der

Entwicklungsökonomie spricht man häufig auch noch von *newly industrializing countries* (NIC) bzw. *economies* (NIE), ein Begriff, der ursprünglich in den 1970er Jahren im Kontext des ökonomischen Aufstiegs der vier südostasiatischen Staaten Hong Kong, Singapur, Südkorea und Taiwan entstand und nun ausgedehnt wird. Mitunter gebräuchlich ist auch noch der Begriff der ‚Semiperipherie', eine Kategorie, die von der Weltsystemtheorie entwickelt wurde, in Abgrenzung von Zentrum (Industrieländer) und Peripherie (Entwicklungsländer).

Eine feste offizielle Abgrenzung von S.n existiert nicht, je nach Einteilung werden etwa 10-60 Länder zu dieser Kategorie gezählt. In den offiziellen Länderklassifikationen der Weltbank, des Internationalen Währungsfonds und des Entwicklungsprogramms der → Vereinten Nationen (UNDP) existiert keine feste Kategorie mit dieser Bezeichnung. Unterschiedlich gehandhabt wird in der Forschung auch die Einbeziehung der Transformationsstaaten im früheren Bereich des Warschauer Paktes – viele dieser Ökonomien werden teilweise zu den S.n gezählt, teilweise zu den Industrieländern und teilweise auch in einer Sonderkategorie belassen. Zu den in Bezug auf S. einflussreichsten Ländereinteilungen gehören in der Praxis jene von Unternehmen, die sich auf die Zusammenstellung von Börsenindizes spezialisiert haben, etwa die Liste von etwa 30 Ländern des *Emerging Market Index* des Unternehmens MSCI (einschließlich der EU-Mitgliedsländer Griechenland, Polen, der Tschechischen Republik und Ungarn).

Auch wenn nach vielen der oben genannten Klassifikationen deutlich mehr Staaten als S. definiert werden können, konzentriert sich die politikwissenschaftliche Diskussion über den Aufstieg der S. zumeist nur auf jene 11 großen Länder, die – gemeinsam mit den Industrieländern – Mitglied des *Global Governance*-Gremiums der G-20 sind, also Argentinien, Brasilien, China, Indien, Indonesien, Mexiko, Russland, Saudi-Arabien, Südafrika, Südkorea und die Türkei. Sehr häufig beschränken sich Diskussionen über S. in der internationalen Politik sogar auf eine noch kleinere Gruppierung, jene der BRICS, zu der sich Brasilien, Russland, Indien, China und – seit 2011 – Südafrika zusammengeschlossen haben. Es ist nicht ohne Ironie, dass die BRICS-Gruppierung 2001 zunächst als eine Kategorie zur Geldanlage entwickelt (von Jim O'Neill, dem damaligen Chefvolkswirt von Goldman Sachs) und erst später von den beteiligten Regierungen als Bezeichnung ihres Zusammenschlusses übernommen wurde. Inzwischen haben sich die jährlichen BRICS-Treffen zur wichtigsten Gegenveranstaltung zum Treffen der G7 der wichtigsten westlichen Industrieländer entwickelt, zumal sie zunehmend mit Beschlüssen zur Schaffung von eigenen Institutionen wie einer gemeinsamen Entwicklungsbank und eines Währungsreservefonds einhergeht. Die BRICS-Gruppierung ist allerdings nicht der einzige politische oder ökonomische Zusammenschluss von S.n. Weitere Formen der Zusammenarbeit zwischen den großen S.n ist die IBSA-Gruppierung (Indien, Brasilien und Südafrika), die v.a. der entwicklungs- und wirtschaftspolitischen Kooperation dient, oder die Shanghaier Organisation für Zusammenarbeit (China, Russland, Usbekistan, Kasachstan, Kirgisistan und Tadschikistan; Indien und Pakistan haben die Aufnahme beantragt), die sich mit der sicherheitspolitischen Kooperation beschäftigt, insbesondere im Bereich der Terrorbekämpfung.

2. Dimensionen des Aufstiegs

Wenn über den Aufstieg der S. gesprochen wird, ist damit im Regelfall deren wirtschaftlicher Bedeutungsgewinn gemeint. Die Dimensionen dieses Bedeutungsgewinns sind in der Tat eindrucksvoll. Im Vordergrund stehen insbesondere die drei großen S. Brasilien, Indien und China, die zwischen 1990 und 2010 ihren Anteil am globalen Bruttosozialprodukt verdoppelt haben, während der Anteil der etablierten Ökonomien der USA, Westeuropas und Japans deutlich zurückgegangen ist. Die S. gelten daher als eigentliche Gewinner der → Globalisierung, zumindest im Bereich der Gütermärkte. China ist bereits die zweitgrößte Volkswirtschaft der Erde, nach den USA, auch Brasilien und Indien gehören inzwischen zu den 10 größten Wirtschaften. Sowohl die Weltbank als auch die führenden Industriemanager erwarten, dass sich insbesondere der Prozess der Verlagerung der herstellenden Industrie in diese Länder mittelfristig fortsetzen wird und nicht nur China, sondern auch Indien und Brasilien die USA als führenden Produktionsstandort ablösen werden (Nölke et al. 2015).

Der wirtschaftliche Aufstieg dieser Länder ist allerdings keine uneingeschränkte Erfolgsgeschichte. Immer deutlicher werden die gravierenden Umweltschäden, die dieser Prozess mit sich bringt, nicht nur durch die Rodung von Regenwäldern in Brasilien und Staudammprojekte in Indien, sondern zunehmend auch durch die Umweltverschmutzung in chinesischen Metropolen wie Peking oder Shanghai (→ internationale Umweltpolitik). Mindestens genauso gravierend sind die zunehmenden sozialen Disparitäten in diesen Ländern. Auch wenn der wirtschaftliche Aufstieg dieser Länder dazu geführt hat, dass mehrere Hundert Mio. Menschen in den vergangenen Dekaden der bittersten Armut entkommen konnten, hat die soziale Ungleichheit in diesen Ländern – mit Ausnahme von Brasilien – deutlich zugenommen (May et al. 2014). Gerade die Kombination von Umweltbelastung und sozialer Ungleichheit könnte sich politisch noch als explosiv erweisen – so artikulieren die entstehenden Mittelschichten in China ihr Interesse an politischer Mitbestimmung gerade auch in Bezug auf diese Fragen.

Weniger bekannt ist bisher der Aufstieg der großen S. in Bezug auf andere Dimensionen potentieller → Macht in der internationalen Politik. In Bezug auf Militärausgaben kann zwar nur China (und Russland sowie Saudi-Arabien) führende Industrieländer wie Frankreich, Großbritannien, Deutschland und Japan hinter sich lassen, doch lag Indien auch in dieser Reihenfolge 2013 bereits auf dem neunten Platz, gefolgt von Südkorea (Brasilien liegt hier auf Rang 12). Auch in Bezug auf die *soft power*, also die Fähigkeit ein alternatives kulturelles Leitbild abzugeben, bemühen sich die BRICS-Länder darum, hier zu den führenden Industrienationen, insbesondere den USA, aufzuschließen, wie am Beispiel der Sportpolitik von den Olympiaden in Peking und Rio sowie den Fußball-WMs in Südafrika, Brasilien und demnächst in Russland deutlich wird. Hier fallen allerdings die wirtschaftliche und militärische Macht einerseits und kulturelle Ausstrahlung andererseits im Vergleich der großen S. deutlich auseinander – während insbesondere China erhebliche Mittel in eine ‚Charme-Offensive' insbesondere in Afrika und Lateinamerika investiert, ist Brasilien in dieser Hinsicht bisher deutlich erfolgreicher (Brand et al. 2014).

3. Ursachen des Aufstiegs

Im Vordergrund der Debatte über die Ursachen des Aufstiegs der S. in der Internationalen Politischen Ökonomie und der Entwicklungsländerforschung steht die Frage nach den wirtschaftspolitischen Strategien und Formen des Kapitalismus in diesen Ländern (→ Weltwirtschaftssystem). Dabei wird deutlich, dass sich in den großen S.n Formen des Kapitalismus herausgebildet haben, die sich deutlich von den Modellen des Kapitalismus in den Industrieländern unterscheiden. Während das Wirtschaftswachstum in einigen S.n vor allem ihrem Ressourcenreichtum geschuldet ist (z.B. Argentinien, Indonesien, Russland, Saudi-Arabien) und in anderen S.n v.a. auf einem von der zunehmenden Verschuldung der privaten Haushalte angetriebenen Konsumwelle beruht (z.B. Türkei, Südafrika, zum Teil auch Mexiko), hat sich insbesondere in China und Indien – mit Abstrichen in Brasilien – in den letzten Jahrzehnten ein relativ kohärentes Wirtschaftsmodell herausgebildet (May et al. 2014, Nölke et al. 2015). Diese neue Form des Staatskapitalismus zeichnet sich – in den Kategorien der Vergleichenden Kapitalismusforschung – durch folgende Merkmale aus: Dominanz nationalen Kapitals (Staat und Familien) in der Unternehmenskontrolle; eine von den Weltkapitalmärkten vergleichsweise unabhängige Unternehmensfinanzierung; ein großes Reservoir relativ gering entlohnter aber durchaus qualifizierter Arbeitskräfte; und ein Innovationssystem, das auf technologische Aufholprozesse durch Adaption von Technologien aus Industrieländern hin orientiert ist. Diese wirtschaftlichen Institutionen erlauben es diesen großen S.n, einerseits auf dem Weltmarkt relativ erfolgreich in Sektoren mit einer relativ hohen Arbeitsintensität und einem mittleren Technologieniveau konkurrenzfähig zu sein. Andererseits wird das Wachstum der großen S. maßgeblich durch die Produktion für die großen und ständig wachsenden Binnenmärkte in diesen Ländern angetrieben.

Zusammengehalten wird dieses Wirtschaftsmodell von einer besonders engen Kooperation zwischen den nationalen wirtschaftlichen und staatlichen Eliten. Im Gegensatz zum vom Westen abhängigen Kapitalismus in den mittelosteuropäischen Visegrád-Staaten und in Mexiko (und teilweise auch zu Südafrika), wird in Brasilien, Indien und China Wert darauf gelegt, die nationale Kontrolle über die Wirtschaft zu erhalten, um ein langfristiges nationales Entwicklungsprojekt ohne externe Einmischungen verfolgen zu können. Auf eine allzu große Öffnung gegenüber den globalen Kapitalmärkten wird in diesen drei großen S.n daher verzichtet. Zudem werden sehr umfangreiche Devisenreserven – zum Beispiel in Form von Staatsfonds – als Schutz in Krisenzeiten angelegt, insbesondere nach den Erfahrungen der Asienkrise 1997, bei denen Währungsspekulanten einige südostasiatische Länder dazu zwangen, Unterstützungsprogramme und Liberalisierungsauflagen des Internationalen Währungsfonds zu beanspruchen. Diese Auflagen führten zu einer tiefen Rezession in den betroffenen Ländern sowie zu einem Ausverkauf von wertvollen Unternehmen an westliche Investoren. Bestärkt wurden die drei großen S. in ihrem Kurs von der globalen Finanzkrise 2008, die sie deutlich besser überstanden haben als Länder, die sich eher einem liberalen Wirtschaftsmodell verschrieben haben, wie beispielsweise die westlichen Industrieländer (→ internationale Finanzarchitektur).

4. Grenzen des Aufstiegs? Die Schwellenländer und die US-Zinswende

Trotz des Beharrens auf nationaler Kontrolle und der Skepsis gegenüber den globalen Kapitalmärkten ziehen S. immer wieder in erheblichem Maße spekulatives Kapital an, das auf der Suche nach Renditen ist, die höher sind als in den etablierten Industrieländern. Solche Kapitalflüsse sind leicht reversibel und sie reagieren potentiell sehr empfindlich auf Veränderungen in der Wirtschaftspolitik in den Herkunftsländern. Zu solchen Veränderungen gehört beispielsweise die Beendigung der – zur Bekämpfung der globalen Finanzkrise – vorübergehend sehr expansiven Geldpolitik durch die US-Zentralbank und der entsprechende Kursanstieg des US-Dollars (→ internationale Finanzarchitektur). Bereits bei Ankündigung dieses Richtungswechsels 2014 wurden zum Teil Anlagen aus S.n sehr abrupt abgezogen und führten dort teilweise zu heftigen wirtschaftlichen Turbulenzen. Im Kontext dieser Turbulenzen wird vereinzelt die These vertreten, dass der seit mehr als zwei Jahrzehnten anhaltende Aufstieg der S. nun vorbei sei. Langfristig sei das liberale Wirtschaftsmodell des Westens ohnehin überlegen und dem Staatskapitalismus des Südens stünden jetzt schmerzhafte Strukturreformen bevor. In der Tat gibt es S., die ernsthafte wirtschaftliche Probleme haben. Dazu gehören etwa Argentinien, die Ukraine und Venezuela, bei denen die wirtschaftlichen Turbulenzen vor allem politische Gründe haben. Auch Südafrika und die Türkei sowie – mit Abstrichen Brasilien – sind in Bezug auf den Abzug spekulativen Kapitals verletzbar, da ein Gutteil der wirtschaftlichen Dynamik hier auf einer zunehmenden Verschuldung der Privathaushalte beruht (Nölke et al. 2014).

Für die großen S. Indien und China ist die Erwartung eines wirtschaftlichen Abstiegs aufgrund des Abzugs westlichen Kapitals aber irreführend. So ist China – dessen Wirtschaft größer ist als jene aller anderen S. zusammen – von den jüngeren Entwicklungen ohnehin nicht betroffen, da es seinen Finanzsektor durch Kapitalverkehrskontrollen und Handelsbeschränkungen für bestimmte Finanzprodukte gegen die meisten Turbulenzen schützt. China birgt in seinem einheimischen Kreditsektor zwar auch das Potential für eine schwere Krise, hat aber bereits mehrfach gezeigt, dass es solche Probleme durch eine Rekapitalisierung seiner Banken bewältigen kann. Aber auch die langfristigen Aussichten Indiens sind sehr robust, insbesondere in Bezug auf eine Ausweitung der verarbeitenden Industrie. Die globalen Kapitalmärkte sind für die Unternehmensfinanzierung in den großen S.n generell von relativ geringer Bedeutung. Dort wird westliches Anlagekapital zumeist nur als willkommenes Zubrot angesehen, das die Kontrolle nationaler Eigner oder auch des Staates nicht grundlegend in Frage stellt (May et al. 2014). Der Abzug dieses Kapitals kann vereinzelt Unternehmen schädigen, wird aber die Überlebensfähigkeit des staatskapitalistischen Wirtschaftsmodells nicht grundlegend in Frage stellen. Insgesamt sind die großen S. viel stärker binnenmarktorientiert als gemeinhin wahrgenommen und können daher weltwirtschaftliche Turbulenzen robust überstehen – robuster als die hochgradig von den globalen Finanzmärkten abhängigen Ökonomien des Westens, wie die globale Finanzkrise demonstriert hat .

5. Implikationen des Aufstiegs für die internationale Politik

Die Folgen des Aufstiegs der großen S. sind für den Westen zunächst aus einer wirtschaftlichen Perspektive relevant. Die deutsche Wirtschaft profitiert überproportional von der deutlich gestiegenen Nachfrage nach Investitionsgütern und hochwertigen Konsumprodukten wie zum Beispiel Luxusautomobilen. Für einige südeuropäische Ökonomien wie beispielsweise jene Italiens ist der Aufstieg dieser Länder hingegen eine erhebliche Herausforderung, aufgrund der Niedriglohnkonkurrenz im Bereich angestammter Exportprodukte wie etwa Möbel oder Textilien.

Aber auch aus der Sicht der internationalen Politik wirft der Aufstieg der großen S. eine Vielzahl von Fragen auf. Thematisiert wurde zunächst, ob diese Länder eine Rolle als regionale Führungsmächte übernehmen (Flemes et al. 2012). Viel diskutiert wird auch die Rolle der großen S. als Geberländer im Bereich der → Entwicklungszusammenarbeit (Nölke et al. 2014). Zudem wird zunehmend gefragt, wie sich der Aufstieg dieser Länder auf die Institutionen der *Global Governance* auswirken (Lesage/Van de Graaf 2015, Stephen 2014). Vereinzelt haben die großen S. sich hier bereits machtvoll artikuliert, insbesondere in der globalen Handels-, Energie- und Klimapolitik, zumeist in Opposition zu westlichen Initiativen. So haben große S. wie Brasilien und Indien maßgeblich zum Scheitern der Konferenz von Cancún im Rahmen der Doha-Runde der Welthandelsorganisation geführt, mit weitreichenden Konsequenzen für die weiteren Handelsgespräche (→ Weltwirtschaftssystem). Allerdings konzentrieren sich die S. bisher im Wesentlichen pragmatisch auf die Absicherung ihres ökonomischen Aufstiegs und haben weitgehend darauf verzichtet, detaillierte Alternativvorschläge zur Reform der globalen Institutionen vorzulegen, wie es etwa bei der neuen Weltwirtschaftsordnung im Rahmen des Nord-Süd-Konflikts in den 1970er Jahren geschehen ist (→ Nord-Süd-Beziehungen). Der Schwerpunkt der S.-Initiativen liegt bisher darauf, in diesen Institutionen angemessen repräsentiert zu werden, was mitunter vom Westen konterkariert wird – so ist zumindest die Rolle des US-Kongresses in Bezug auf die Reform der Stimmrechte im Internationalen Währungsfonds einzuordnen.

Der Kernfrage, die sich aus dem Aufstieg der S. für die internationale Politik ergibt, jene nach einem friedlichen oder konfrontativen Charakter dieses Aufstiegs, muss daher bislang vor allem mit starkem theoretischem und mitunter spekulativem Bezug beantwortet werden. Dabei standen sich in der Vergangenheit vor allem zwei konkurrierende Schulen recht unvermittelt gegenüber, wobei sich diese Diskussion zumeist auf den Aufstieg Chinas fokussiert und andere S. ignoriert (Nölke et al. 2015).

- Die erste Position erwartet einen konflikthaften Aufstieg Chinas. Diese Position wird vor allem aus der Sicht der ‚*Power-Transition*-Theorie' vertreten, wie sie insbesondere von A.F.K. Organski entwickelt wurde. Aus dieser Perspektive wird befürchtet, dass der Aufstieg von China zu einem Krieg mit den USA führt, da das typischerweise der Fall sei, wenn eine aufstrebende Macht eine Machtparität mit einer dominierenden Macht erreicht und mit dem Status Quo der internationalen Politik nicht einverstanden sei. Ähnlich konfliktbeladen wird der Aufstieg Chinas aus der Sicht von ‚offensiven Realisten' wie beispielweise John Mearsheimer gesehen, der fordert, dass die USA diesen Aufstieg verlangsamen sollten (→ Realismus als IB-Theorie).
- Die zweite Position erwartet insbesondere aus der Sicht liberaler, institutionalistischer oder konstruktivistischer Theorien der internationalen Politik, dass der Aufstieg China friedlich verlaufen wird (→ Liberalismus, Institutionalismus und Kon-

> struktivismus als IB-Theorie). Auch hier verbergen sich hinter dieser Erwartung unterschiedliche kausale Argumente. So wird einerseits darauf verwiesen, dass China und der Westen durch massive ökonomische Interdependenzen verbunden sind und dass ein größerer Konflikt schon wegen der massiven ökonomischen Schäden für beide Parteien vermieden würde. Ein anderer, konstruktivistisch angeleiteter Kausalzusammenhang verweist auf die Bedeutung anhaltender Lern- und Sozialisierungsprozesse auf Seiten der chinesischen Führung, der zu einer friedlichen Integration in die bisher westlich dominierte Weltordnung führen würde.

In jüngerer Zeit nimmt die Skepsis gegenüber diesen beiden sehr pauschalen Alternativen zu. Zunehmend wird darauf verwiesen, dass wir uns näher mit der inneren Verfasstheit großer S. wie China beschäftigen müssen, wenn wir abschätzen wollen, welche Herausforderungen vom Aufstieg dieser Länder für die globale Ordnung zu erwarten sind, zumal angesichts von deren Größe und der Binnenorientierung, die für Länder dieser Größe typisch ist (→ Weltordnungsmodelle). Hier wird also aus der Sicht einer *second image*-Perspektive (in der Terminologie von Kenneth Waltz) auf die Bedeutung innerer Determinanten eines friedlichen oder konflikthaften Aufstiegs verwiesen, im Gegensatz zur etablierten Hervorhebung globaler Machtstrukturen oder internationaler Institutionen. Im Rahmen dieser *second image*-Perspektive werden unterschiedliche Aspekte hervorgehoben, einerseits der Fokus auf das Wirken von Interessengruppen auf nationaler Ebene (Schirm 2010) und andererseits die Hervorhebung der spezifischen kapitalistischen Institutionen in diesen Ländern (Stephen 2014, Nölke et al. 2015). Außerdem wird vermehrt darauf verwiesen, dass die einseitige Fokussierung auf China möglicherweise zu kurz greift. Auf absehbare Zeit sei China weder willens, noch in der Lage, alleine die westliche Ordnung herauszufordern. Viel wahrscheinlicher sei, dass hier eine Kooperation der großen S. zum Tragen kommen könnte (Nölke et al. 2015). Aus dieser Sicht liegt es daher nahe, beim Nachdenken über die möglichen Konturen einer auch von den großen S.n mitgeprägten globalen Ordnung von den Gemeinsamkeiten dieser Länder auszugehen. In dieser Perspektive wird allerdings weniger an eine militärische Herausforderung gedacht, als an eine alternative Weltwirtschaftsordnung (→ Weltwirtschaftssystem).

Wie könnte also ein Rio-Delhi-Peking-Konsens, als Gegenentwurf zum bisher noch dominierenden *(Post-)Washington-Konsens* aussehen? An dieser Stelle kann diese Frage nur tentativ und selektiv beantwortet werden, hier am Beispiel der Unternehmensfinanzierung: Die existierende liberale Weltwirtschaftsordnung, die insbesondere durch die in der US-Hauptstadt angesiedelten Institutionen Weltbank und Internationaler Währungsfonds abgesichert wird, stellt beispielsweise die Freiheit des grenzüberschreitenden Anlagekapitals in den Vordergrund. Aus dieser Sicht sollten etwa Kapitalverkehrskontrollen verboten sein und Minderheitenaktionäre optimal geschützt werden, etwa durch transparente Unternehmensbilanzen nach der Maßgabe des ebenfalls liberal orientierten und in London ansässigen *International Accounting Standards Board* (Lesage/Van de Graaf 2015). Aus der Sicht der großen S. sollten die Institutionen der globalen Wirtschaftsordnung hingegen den Schutz von Prozessen nachholender Industrialisierung erlauben. Sie sollten es also interessierten Ländern ermöglichen, spekulative grenzüberschreitende Kapitalflüsse einzuschränken und dem Staat sowie nationalen Familienkapitalisten erlauben – von kurzfristigen Renditeansprüchen des transnationalen Anlagekapitals ungestört – langfristige Unternehmensstrategien zu verfolgen (Stephen 2014, Nölke et al. 2015).

Generell könnte das national kontrollierte und staatlich durchdrungene Alternativmodell der großen S. auch für viele Entwicklungsländer sowie jene S., die westlichem Kapital bisher noch recht offen gegenüber stehen, bei künftigen Turbulenzen auf den globalen Kapitalmärkten noch weiter an Attraktivität gewinnen. Es könnte sich daher noch deutlicher als merkantilistisches Gegenmodell zu dem bisherigen globalen Leitmodell des liberalen *Washington Consensus* profilieren. Diese Entwicklung dürfte auch Auswirkungen auf die globalen Wirtschaftsinstitutionen haben, denn eine weitere Vertiefung der bisher dominierenden liberalen Ordnung erscheint dann sehr unwahrscheinlich. Ob diese Entwicklung eintritt, hängt von vielen Faktoren ab, auch von den Gegenstrategien des Westens. Die Zuwendung der USA zu transatlantischen und transpazifischen Freihandelsinitiativen kann in diesem Zusammenhang als Versuch gedeutet werden, liberalen westlichen Normen auf anderer Ebene Geltung zu verschaffen, nachdem diese auf der globalen multilateralen Ebene aufgrund des Aufstiegs der S. nicht mehr durchsetzbar sind (Nölke et al. 2015).

→ Ergänzende Beiträge

Entwicklungszusammenarbeit, Globalisierung, Institutionalismus, Konstruktivismus, Liberalismus und Realismus als IB-Theorie, internationale Finanzarchitektur, Weltordnungsmodelle, Weltpolitische Zyklen, Weltwirtschaftssystem

Literatur

Brand, Alexander/McEwan-Fial, Susan/Muno, Wolfgang/Ribeiro-Hoffmann, Andrea (2014): Hegemoniale Rivalität: Brasilien, China und die USA in Lateinamerika, in: Nölke/May/Claar (2014), S. 395-412.

Flemes, Daniel/Nabers, Dirk/Nolte, Detlef (Hrsg.) (2012): Macht, Führung und Regionale Ordnung: Theorien und Forschungsperspektiven, Baden-Baden.

Lesage, Dries/Van de Graaf, Thijs (Hrsg.) (2015): Rising Powers and Multilateral Institutions, Houndmills.

Nölke, Andreas/May, Christian/Claar, Simone (2014): Die großen Schwellenländer: Ursachen und Folgen ihres Aufstiegs in der Weltwirtschaft, Wiesbaden.

Nölke, Andreas/ten Brink, Tobias/Claar, Simone/May, Christian (2015): Domestic Structures, Foreign Economic Policies and Global Economic Order: Implications from the Rise of Large Emerging Economies, in: European Journal of International Relations (im Erscheinen).

May, Christian/ten Brink, Tobias/Nölke, Andreas (2014): Institutionelle Determinanten des Aufstiegs großer Schwellenländer: Eine global-politökonomische Erweiterung der Vergleichenden Kapitalismusforschung, in: Politische Vierteljahresschrift, Sonderheft Nr. 54, S. 67-94.

Schirm, Stefan (2010): Leaders in Need of Followers: Emerging Powers in Global Governance, in: European Journal of International Relations (2), S. 197-221.

Stephen, Matthew D. (2014): Rising Powers, Global Capitalism and Liberal Global Governance: A Historical Materialist Account of the BRICs Challenge, in: European Journal of International Relations (4), S. 912-938.

Internetadressen
- Post-Western World: www.postwesternworld.com/
- The BRICS Post: http://thebricspost.com/
- Emerging Markets: www.emergingmarkets.org/

03 – Außenpolitikforschung (*Cornelia Frank*)

1. Begrifflichkeiten und Gegenstandsbereich

Die in den 1950er Jahren entstandene theoriegeleitete Außenpolitikforschung (A., engl.: *Foreign Policy Analysis*) zielt darauf ab, die Außenpolitik einzelner Staaten zu erklären, zuweilen auch die Außenpolitik anderer völkerrechtlich anerkannter Akteure wie → internationale Organisationen. Außenpolitik bezeichnet die Gesamtheit der Handlungen, mit denen völkerrechtlich anerkannte Akteure, meist staatliche Akteure, ihre machtpolitischen, wirtschaftlichen, militärischen und soziokulturellen Interessen gegenüber externen Akteuren (u.a. Staaten, → internationale Organisationen, nichtstaatliche Akteure) in ihrem Umfeld wahrnehmen. Die Interessenswahrnehmung von außenpolitischen Akteuren umfasst sowohl Initiativen zur Einwirkung auf externe Akteure als auch Reaktionen auf deren Äußerungen und Aktionen sowie von außen kommende strukturelle Einflüsse. Als *domaine reservée* der gouvernementalen Exekutiven wird die Außenpolitik maßgeblich von dieser bestimmt (→ Staat/Staatlichkeit im Wandel). Neben staatlichen Akteuren in Gestalt der gouvernementalen Exekutiven, insbesondere Kanzler/Premierminister in parlamentarischen Regierungssystemen bzw. Präsident in präsidentiellen Regierungssystemen, Fachminister sowie die jeweiligen Apparate der exekutiven Entscheidungsträger, Diplomaten und Parlamentariern können auch internationale Organisationen wie die → Europäische Union bzw. ihre außenpolitischen Repräsentanten eine Außenpolitik haben bzw. außenpolitisch handeln.

Hinsichtlich der Erscheinungsformen von Außenpolitik ist zwischen zwei Ebenen (rhetorisch/*behavioral*) und drei Ausprägungen (Entscheidung/Konzept/Strategie) zu differenzieren.

- Zum einen kann Außenpolitik mittels sprachlicher Äußerungen erfolgen, also außenpolitisches Handeln mittels Sprechakten politischer Entscheidungsträger; zum anderen qua Aktionen.
- Darüber hinaus umfasst Außenpolitik drei Ausprägungen: erstens konkrete außenpolitische Entscheidungen in Form von Routine-, Planungs- und Krisenentscheidungen; zweitens außenpolitische Konzepte für bestimmte Teilbereiche der Außenpolitik eines Staates und drittens eine die gesamte Außenpolitik des Staates umfassende Strategie.

Somit umfasst die Außenpolitik (von Staaten) sowohl einzelne Handlungen, Entscheidungen und Konzepte als auch ein übergeordnetes Beziehungsmuster, dem eine mehr oder weniger ausgereifte Gesamtstrategie unterliegt (Hellmann 2014: 143-152). Um zu erklären, welche Faktoren und Prozesse Staat bzw. Akteur A zur Außenpolitik B hinsichtlich des Themenfeldes bzw. Kontextes C veranlasst haben, bedient sich die A. in aller Regel einer analytischen Dreiteilung, die zwischen Entscheidungsträger, Entscheidungsprozess und Entscheidungsergebnis unterscheidet.

Die Analyse von außenpolitischen Entscheidungsprozessen (engl.: *Foreign Policy Decision-Making*) bildet einen Schwerpunkt der A. Hierunter wird das Zustandekommen von außenpolitischen Entscheidungen bzw. der außenpolitische Willensbildungsprozess verstanden (Seidelmann 2011: 7). Idealtypisch lassen sich außenpolitische Entscheidungsprozesse in sechs Phasen einteilen, die durch verschiedene Aspekte charakterisiert sind:

- Wahrnehmung und Einschätzung außenpolitischer Probleme seitens der Entscheidungsträger;
- Bestimmung der eigenen Interessen und Ziele;
- Identifizierung von Handlungsoptionen unter Berücksichtigung innenpolitischer und externer Handlungszwänge und -möglichkeiten;
- Erarbeitung von Problemlösungsoptionen und -strategien;
- Entscheidung für bestimmte Maßnahmen bzw. für eine bestimmte Option;
- Implementierung dieser Maßnahmen bzw. Entscheidungsoption und ggf. damit einhergehende Anpassungen von Taktiken und Strategie (Seidelmann 2011: 8).

Neben dem Zustandekommen von außenpolitischen Entscheidungen (Phase 1-6) untersucht die A. schließlich auch noch die Auswirkungen von außenpolitischen Entscheidungen, inklusive ihrer nicht-intendierten Konsequenzen. In diesem Zusammenhang hat sich in der vergangenen Dekade die sog.n ‚Fiasko-Forschung' als weiterer Schwerpunkt etabliert, die an alle drei grundlegenden Forschungszweige anknüpft.

2. Außenpolitikforschung: Gründergeneration, Forschungszweige und ihre Weiterentwicklung

Die theoriegeleitete A. ist in den 1950er Jahren als eine Teildisziplin der IB entstanden, und hat sich über mehrere Generationen hinweg zu einer facettenreichen Teildisziplin entwickelt, maßgeblich geprägt durch Forscher(teams) aus dem angelsächsischen Forschungsraum (Hudson 2012). Gleichwohl es sich um eine theoretisch und methodologisch sehr heterogene Forschungsperspektive handelt, gibt es zwei gemeinsame Kernanliegen:

- Auf welche Weise bewirken spezifische Prägungen von Nationen und deren individuellen Entscheidungsträgern Unterschiede im Verlauf und Ergebnis außenpolitischer Entscheidungen sowie außenpolitischem Verhalten (inkl. außenpolitischer Sprechakte)?
- Wie lassen sich Hypothesen entwickeln und überprüfen, die das Potential der Generalisierungsfähigkeit haben und Nationalstaaten übergreifend anwendbar sind?

Der nachfolgende Überblick über die ‚klassische' Phase der A. (Hudson 2012: 17-30) und die ‚neue' A. ab Mitte der 1990er Jahre (Neack 2013) konzentriert sich auf die Gründergeneration und ihre wegweisenden Arbeiten sowie deren Weiterentwicklung durch die zweite und dritte Generation der Außenpolitikforscher.

2.1 ‚Klassische' Phase der Außenpolitikforschung (bis 1993)

Zur Gründergeneration der A. (1950er bis 1970er Jahre) gehören Richard Snyder, H. W. Bruck und Burton Sapin, die ihr Augenmerk auf außenpolitische Entscheidungsprozesse kollektiver Akteure wie Regierungen, Regierungsausschüsse oder *ad-hoc*-Kleingruppen gerichtet haben. Sie öffneten die vormalige *black box* ‚Staat', um innenpolitische Einflussfaktoren auf außenpolitische Entscheidungen erfassen zu können sowie Entscheidungsträger als Vermittlungsinstanz zwischen internen und externen Einflussfaktoren (→ Staat/Staatlichkeit im Wandel). Diesem Forscherteam ist es zu verdanken, dass die Bedeutung des Prozessverlaufs für das Zustandekommen von außenpolitischen Entscheidungen in den Fokus der Außenpolitikanalyse gerückt ist, d.h. auch der Prozess als ein wichtiger Teil der Erklärung von außenpolitischen Entscheidungen betrachtet wird anstelle der ausschließlichen Fokussierung auf das Ergebnis als solches. Aus dieser paradigmatischen Arbeit ist der Theoriestrang der Entscheidungsprozessanalyse hervorgegangen, die von der zweiten Generation der Außenpolitikforscher (1970er Jahre bis 1993) in Form von Kleingruppenmodellen außenpolitischer Entscheidungsfindung weiterentwickelt wurde. Prominente Beispiele hierfür sind das Modell der bürokratischen Politik, das Modell des organisatorischen Prozesses und das *Groupthink-Modell.*

Der Theoriestrang der vergleichenden A. (engl.: *Comparative Foreign Policy Analysis*) wurzelt in den paradigmatischen Arbeiten von James Rosenau. Sein Anliegen war es, eine Theorie mittlerer Reichweite (→ Begriff und Funktion von IB-Theorie) zu entwickeln, bei der das außenpolitische Verhalten von Staaten durch akteursspezifische Hypothesen (bzgl. ihrer geographischen Größe, Wirtschaftskraft etc.) mit Hilfe von Ereignisdatenanalysen und statistischen Untersuchungen überprüft wird, um auf diese Weise zu generalisierbaren Aussagen zu gelangen. Die vergleichende A. ergründet den kausalen Zusammenhang zwischen bestimmten Erklärungsfaktoren bzw. Faktorenbündeln (unabhängigen Variable(n)) und dem Außenpolitikverhalten von Staaten (abhängige Variable). Um das zunächst recht abstrakte Phänomen der ‚Außenpolitik' für die A. analytisch fassbar zu machen, richten die vergleichenden Außenpolitikforscher in der Tradition Rosenaus ihr Augenmerk auf Ereignisse. Können diese doch, so die Auffassung des Gründervaters und der ihm nachfolgenden Generationen, anhand von Indikatoren wie den verwendeten diplomatischen, wirtschaftlichen, militärischen etc. Instrumenten, dem Ausmaß der mobilisierten Ressourcen oder den positiven bzw. negativen Effekten miteinander verglichen werden – und auf diese Weise auch die Außenpolitiken unterschiedlicher Staaten (Hudson 2012: 21-22).

Tab. 1: Generation der Außenpolitikforschung

Forscher(gruppe)	Richard Snyder et al.	James Rosenau	Harald und Margaret Sprout
Akteurstypen/ Forschungsgebiet	Kollektive Akteure (z.B. Regierungen, Regierungsausschüsse, *ad-hoc* Kleingruppen)	Nationalstaaten	Individuelle Entscheidungsträger (insb. ihr subjektiv wahrgenommener Entscheidungskontext, d.h. ihr ‚Psycho-Milieu')
Theoriestrang	Entscheidungsprozessanalyse	Vergleichende A.	Akteursspezifischer Zugang zur Entscheidungskontextanalyse
Mehrwert	Bedeutung des Prozessverlaufs für das Zustandekommen von außenpolitischen Entscheidungen	Entwicklung einer akteursspezifischen Theorie mittlerer Reichweite mit überprüfbaren, generalisierungspotenten Hypothesen zum außenpolitischen Verhalten von Staaten	Bedeutung der akteursspezifischen Beschaffenheit des Psycho-Milieus von Entscheidungsträgern
Weiterentwicklung in der 2. Generation der A. (1970er - 1993)	Kleingruppenmodelle, u.a. aufgegriffen im Modell der bürokratischen Politik, Modell des organisatorischen Prozesses und *Groupthink-Modell*	Integrative, Analyseebenen übergreifende Erklärungsmodelle auf Grundlage von Ereignisdatenanalysen	Individuelle Prägungen von Entscheidungsträgern, u.a. aufgegriffen in kognitionspsychologischen Ansätzen Nationale Prägungen, u.a. aufgegriffen in rollen- und identitätstheoretischen Ansätzen der strategischen Kulturforschung

Quelle: Eigene Zusammenstellung auf der Basis von Hudson (2012)

Das Verdienst von Harold und Margaret Sprout ist es, die Aufmerksamkeit der A. auf individuelle Entscheidungsträger und deren jeweilige Perzeption des Entscheidungskontextes gelenkt zu haben. Entscheidend für das Verständnis von staatlicher Außenpolitik ist den Sprouts zufolge, wie der Politiker den Entscheidungskontext wahrnimmt und interpretiert (‚Psycho-Milieu'), und nicht, wie er tatsächlich ist. Indem der Außenpolitikforscher auch die Akteursperspektive einnimmt, also die Welt durch die Brille des untersuchten Entscheidungsträgers betrachtet, eröffnet sich für ihn die Möglichkeit, auch kognitive Verzerrungen und deren Einfluss auf den außenpolitischen Entscheidungsprozess herauszuarbeiten. Somit lässt sich der akteursspezifische Zugang zur Entscheidungskontextanalyse Sprout'scher Prägung als eine Art Vorläufer der ‚kognitiven Revolution' der 1970er Jahre erachten. In deren Nachgang etablierten sich Individuums bezogene kognitionspsychologische Ansätze, die Kognitionen – verstanden als mentale Schablonen – als wichtige Erklärungsfaktoren von Außenpolitik erachten. Darüber hinaus griffen internationale Sicherheitsstudien die Vorstellung des Psycho-Milieus in Form von (Fehl)Perzeptionen nationaler Entscheidungsträger auf. Auf der gesellschaftlichen Ebene wurde die Sprout'sche Forschungstradition von rollentheoretischen und identitätsbasierten Ansätzen wie auch der strategischen Kulturforschung aufgegriffen.

2.2 ‚Neue' Außenpolitikforschung (ab 1993)

Von der überwiegenden Mehrheit der Politikwissenschaftler nicht antizipiert, fungierte das Ende des → Ost-West-Konflikts in zweierlei Hinsicht als Katalysator für die Weiterentwicklung der theorieorientierten A. In der ‚neuen' Phase der A. (Hudson 2012: 30-33; Neack 2013) rückten zum einen akteursspezifische Ansätze in den Fokus, welche die Binnenperspektive außenpolitischer Entscheidungsträger zu erfassen vermögen. Insbesondere die kognitive Dimension von politischen Führungspersönlichkeiten, d.h. ihre Perzeptionen, Überzeugungen, Heuristiken, Welt- und Denkbilder zogen verstärkt Aufmerksamkeit auf sich. Zum anderen wurden historisch geprägten, soziokulturell vermittelten Aspekten von staatlich verfassten Gesellschaften eine größere Bedeutung zugeschrieben, was sich in der Etablierung hierfür geeigneter theoretischer Zugänge niederschlug wie rollentheoretischer oder identitätsbasierter Ansätze. Im Zusammenhang mit der steigenden Anzahl von Studien zu immateriellen Erklärungsfaktoren rückten die rhetorische Ebene von Außenpolitik sowie die entsprechenden Methoden zur Analyse von Sprechakten außenpolitischer Entscheidungsträger (insb. inhaltsanalytische Verfahren und Diskursanalyse) zunehmend in den Fokus der A. Neben der Nutzung neuer Methoden bildete das Bemühen um Brückenschläge zwischen den drei Theoriesträngen der Gründergeneration, d.h.

- Entscheidungsprozessanalyse von Gruppen,
- vergleichende A. und
- psychologisch-soziologische Zugänge

ein weiteres Merkmal der ‚neuen' A. Anliegen der Außenpolitikforscher war es, integrative, komplementäre Erklärungsmodelle zu entwickeln, mittels derer Erklärungsfaktoren auf allen drei Analyseebenen, d.h. individuumsbezogene, innerstaatliche und externe Faktoren sowie mitunter materielle und immaterielle Faktoren bei der Analyse von Außenpolitik einbezogen werden. Seither sind eine Vielzahl von theoretischen Ansätzen entstanden bzw. weiterentwickelt worden, die im Folgenden behandelt werden.

3. Ansätze der Außenpolitikforschung

3.1 Modell der Analyseebenen und Akteurskonzepte

Bei der Erklärung von (staatlicher) Außenpolitik unterscheidet die A. entsprechend des ‚Modells der Analyseebenen' zwischen den drei Analyseebenen ‚Individuum', ‚Staat/Gesellschaft' und ‚System', den sog.n drei „images" (Waltz 1959).

- Auf der Analyseebene ‚Individuum' (*first image*) sind individuumsbezogene Erklärungsfaktoren von Außenpolitik verortet. Letztere umfassen sowohl personenbezogene Erklärungsfaktoren wie Präferenzen oder Verlustaversion als auch persönlichkeitspsychologische Erklärungsfaktoren wie Überzeugungen, Eigenschaften

oder Motivationen. Wenngleich bislang von der A. unzureichend reflektiert, besteht ein gravierender Unterschied zwischen personenbezogenen Erklärungsansätzen wie etwa dem Modell der bürokratischen Politik oder der *Prospect Theory* einerseits sowie persönlichkeitspsychologischen Erklärungsansätzen wie dem *Operational Code-Ansatz* oder *Leadership Trait Assessment-Ansatz* andererseits (s.u.). Einzig letztere öffnen die *black box* ‚Individuum' und erschließen sich bestimmte Aspekte der intrapsychischen Verfasstheit außenpolitischer Entscheidungsträger (wie etwa deren Überzeugungen, Eigenschaften und Motivationen), wohingegen dieser analytische Schritt von personenbezogenen Ansätzen nicht vollzogen wird, d.h. persönlichkeitspsychologische Prägungen nicht berücksichtigt werden.
- Die subsystemische Analyseebene ‚Staat/Gesellschaft' (*second image*) verweist auf innerstaatliche und innergesellschaftliche Erklärungsfaktoren von (staatlicher) Außenpolitik, u.a. politische Willensbildungsprozesse, historische und soziokulturelle Prägungen.
- Die systemische Analyseebene (*third image*) umfasst schließlich externe Einflussfaktoren auf (staatliche) Außenpolitik, d.h. Handlungsbeschränkungen bzw. Handlungsmöglichkeiten, die sich aus der Struktur des internationalen Systems ergeben.

Da der Gegenstandsbereich der theoriegeleiteten A. an der Schnittstelle von Innenpolitik und internationaler Politik liegt, ist seit ihrer Genese in den 1950er Jahren umstritten, ob individuellen, innenpolitischen oder internationalen Einflussfaktoren eine größere Bedeutung bei der Erklärung staatlicher Außenpolitik beizumessen ist oder insbesondere die Interaktionen zwischen internen und externen Einflussfaktoren entscheidend sind. In der Auseinandersetzung mit dieser unter dem Schlagwort *Levels of Analysis-Problem* geführten Grundsatzdiskussion ist in den vergangenen Dekaden eine Vielzahl theoretischer Ansätze entstanden. In Abhängigkeit von ihrem jeweils als zentral erachteten Erklärungsfaktor lassen sich diese der individuellen, subsystemischen oder systemischen Analyseebene zuordnen.

Darüber hinaus unterscheiden sich die außenpolitischen Analyseansätze hinsichtlich ihres zu Grunde liegenden Akteurskonzepts.

- Erstens das Akteurskonzept eines auf Kosten-Nutzen-Kalkulationen operierenden *homo oeconomicus*, das charakteristisch für rationale Erklärungsansätze wie das Modell der bürokratischen Politik, den (Neo)Realismus (→ Realismus als IB-Theorie) oder rationalen Institutionalismus (→ Institutionalismus als IB-Theorie) ist.
- Zweitens das konstruktivistischen Ansätzen zu Grunde liegende Akteurskonzept eines wert-, norm- und regelgeleiteten *homo sociologicus*, welcher der Handlungslogik der Angemessenheit folgt.
- Drittens das Akteurskonzept des *homo psychologicus*, der neben Kognitionen, Eigenschaften und Motivationen auch Emotionen umfasst (Frank 2015), die in psychologischen Ansätzen wie dem *Operational Code-Ansatz* oder dem *Leadership Trait Assessment-Ansatz* als zentrale Erklärungsfaktoren erachtet werden.

3.2 Verortung ausgewählter Ansätze der Außenpolitikforschung im Modell der Analyseebenen

Eine vergleichende Gegenüberstellung ausgewählter Ansätze der Außenpolitikforschung bzw. für die Außenpolitikanalyse nutzbar gemachter Großtheorien der Internationalen Beziehungen findet sich in Tab. 2. Entsprechend ihrer Verortung auf der individuellen, subsystemischen oder systemischen Analyseebene (Spalte 1) werden die hier behandelten Analyseansätze (Spalte 2) hinsichtlich ihres als zentral erachteten Erklärungsfaktors von Außenpolitik (Spalte 3) und zu Grunde liegenden Akteurskonzepts (Spalte 4) in der folgenden Tab. überblicksartig dargestellt. Daran schließt sich eine Vorstellung der theoretischen Zugänge anhand ihrer jeweiligen Kernaussagen an.

3.2.1 First Image-Ebene: Individuumsbezogene Ansätze

Unter dem Eindruck des Zweiten Weltkriegs entstand der (klassische) Realismus in kritischer Abgrenzung zum Fortschrittsoptimismus und Vernunftglauben des Idealismus (→ Realismus als IB-Theorie). Im Mittelpunkt des Realismus steht ein pessimistisches Menschenbild, gemäß dessen Staatsmännern ein *animus dominandi* (Morgenthau) innewohne, also das triebhafte Bedürfnis nach Machterwerb und Machtausübung konstitutiver Bestandteil der menschlichen Natur sei. Gleichsam einer Anthropologisierung staatlicher Außenpolitik, überträgt der Realismus die Machtlüsternheit von Individuen auf das außenpolitische Verhalten von Staaten, als deren übergeordnetes Ziel er den Erwerb und die Ausübung von Macht erachtet.

Gemäß des von Graham Allison entwickelten Modells der bürokratischen Politik ist die Außenpolitik von Staaten das Ergebnis eines Verhandlungsprozesses zwischen den Repräsentanten unterschiedlicher Bürokratien innerhalb der Regierung (Hellmann 2014: 141-142). Die außenpolitischen Präferenzen der Regierungsakteure sind bestimmt durch ihre bürokratische Position innerhalb der Regierung. Als zweckrational handelnde Akteure besteht ihr Ziel darin, ihre Machtposition in der Regierung sowie die Interessen ‚ihrer' Bürokratie (Zuständigkeiten, Budget, Personal etc.) zu erhalten oder auszuweiten. Anwendung in der Außenpolitikanalyse findet das Modell der bürokratischen Politik sowohl bei der Erklärung des Zustandekommens außenpolitischer Entscheidungen als auch deren Implementierung (Brummer/Oppermann 2014: 118).

Die *Prospect Theory* richtet ihren Fokus auf außenpolitische Entscheidungsprozesse unter den Bedingungen des Risikos. In kritischer Abgrenzung zur rationalistischen Annahme der Nettogewinn-Option als (vermeintlich) situationsübergreifender prioritärer Zielsetzung politischer Akteure, misst die *Prospect Theory* dem situativen Entscheidungskontext bei Risikoabwägungsprozessen eine besondere Bedeutung bei. Im Mittelpunkt der Theorie stehen die Erwartungen (*prospects*), die Akteure an verschiedene Handlungsoptionen knüpfen. Somit werden Entscheidungen unter Risiko als Wahl zwischen unterschiedlichen Erwartungen konzipiert. Hierbei bewerten Politiker außenpolitische Handlungsalternativen als Gewinne oder Verluste gegenüber einem Referenzpunkt, in aller Regel (wenn auch nicht zwingend) der *Status quo*. Sind die erwarteten Ergebnisse besser als der Referenzpunkt, gelten diese als Gewinne; sind sie schlechter, als Verluste. Gemäß der *Prospect Theory* wirkt sich die Verlustaversion von (politischen) Akteuren, die Verluste schwerwiegender einschätzen als vergleichbare Gewinne, auf ihre Risikobereitschaft aus. Demzufolge trifft ein Politiker risikoaverse Entscheidungen, wenn er Gewinne erwartet, wohingegen seine Risikobereitschaft drastisch steigt, wenn es um das Abwenden von Verlusten geht (Brummer/Oppermann 2014: 139-155; Frank 2015).

Tab. 2: Modell der Analyseebenen und Verortung ausgewählter Ansätze

Analyseebene	Analyseansätze	Erklärungsfaktor	Akteurskonzept
Individuum (*first image*) Fokus auf personen- oder persönlichkeitsbezogene Einflussfaktoren	Realismus	Machtstreben von Staatsoberhäuptern	*homo oeconomicus*
	Modell der bürokratischen Politik	Präferenzen bürokratischer Akteure	*homo oeconomicus*
	Prospect Theory	Verlustaversion von Entscheidungsträgern	*homo psychologicus*
	Polyheuristische Theorie	Heuristiken von Entscheidungsträgern	*homo psychologicus / homo oeconomicus*
	Operational Code-Ansatz	Überzeugungen von Entscheidungsträgern	*homo psychologicus*
	Leadership Trait Assessment-Ansatz	Kognitionen, Eigenschaften, Motivationen von Entscheidungsträgern	*homo psychologicus*
Staat/Gesellschaft (*second image*) Fokus auf innerstaatliche und innergesellschaftliche Einflussfaktoren	Organisationstheoretischer Ansatz	Organisatorische Routinen innerhalb der Exekutive	*homo oeconomicus*
	Liberalismus	Außenpolitische Präferenzen gesellschaftlicher Akteure	*homo oeconomicus*
	Rollentheoretische Ansätze	Nationales Rollenkonzept	*homo sociologicus*
	Strategische Kulturforschung	Strategische Kultur	*homo sociologicus*
	Identitäre Ansätze	Nationale Identität	*homo sociologicus*
	Groupthink-Modell	Unbewusste gruppenpsychologische Prozesse	*homo psychologicus*
System (*third image*) Fokus auf externe Einfluss-faktoren	Neorealismus	Relative Machtposition des Staates im internationalen System	*homo oeconomicus*
	Institutionalismus (rationalistischer und konstruktivistischer Strang)	Anreize/Beschränkungen durch institutionelle Mitgliedschaft (rationalistischer Strang) Normen, Werte, Prinzipien von internationalen Institutionen als politische Gemeinschaften (konstruktivistischer Strang)	*homo oeconomicus* *homo sociologicus*

Quelle: Eigene Zusammenstellung.

Die *Polyheuristische Theorie* (PHT) verbindet einen kognitiven und rationalistischen Ansatz zur Analyse außenpolitischer Entscheidungen im Zwei-Phasen-Modell mit jeweils spezifischen Entscheidungslogiken. In der ersten Phase des Entscheidungsprozesses betrachtet die PHT Heuristiken – verstanden als mentale Schablonen für kognitive Eilverfahren – als entscheidend. Sie ermöglichen dem Politiker, die bestehenden Entscheidungsoptionen rasch auf der Grundlage eines oder weniger Kriterien einzugrenzen. Als wichtigstes Kriterium für die Vorauswahl bzw. Elimination von Entscheidungsoptionen gilt die Verlustaversion, weshalb die PHT für die erste Phase des Entscheidungsprozesses ein nichtkompensatorisches Prinzip annimmt. Entsprechend der nichtkompensierbaren Verlustvariable eliminiert der Politiker in der ersten Phase des Entscheidungsprozesses alle Optionen, die seiner Ansicht nach in der von ihm prioritär behandelten Dimension – in aller die Regel die innen- bzw. machtpolitische – die Mindestanforderung nicht erfüllen. Für die zweite Phase des Entscheidungsprozesses nimmt die PHT das rationalistischen Ansätzen inhärente kompensatorische Entscheidungsprinzip eines umfassenden Abwägungsprozesses von Kosten, Nutzen und Risiken ohne die Nutzung von Heuristiken an. Gemäß dem Akteurskonzept des *homo oeconomicus* wählt der Entscheidungsträger unter den verbliebenen Optionen die ‚beste' aus. Insbesondere das Herzstück der PHT, nämlich das aus der Verlustaversion von (politischen) Akteuren abgeleitete nichtkompensatorische Entscheidungsprinzip in Phase 1, gilt als außerordentlich innovatives Merkmal. Liefert es doch eine überzeugende Erklärung für die rasche Fokussierung von außenpolitischen Entscheidungsträgern auf wenige, ‚ausreichend gute' Handlungsoptionen, die sich auf Grundlage des kompensatorischen Entscheidungsprinzips rationalistischer Ansätze nicht plausibilisieren ließe. Letzteres ist indes geeignet, um die Festlegung auf die ‚beste' Option in Phase 2 des Entscheidungsprozesses zu erklären (Brummer/Oppermann 2014: 175-191; Frank 2015). Wenngleich die PHT den *First Image-Ansätzen* der A. zuzurechnen ist, liefert sie keinen Zugriff zur Öffnung der *black box* ‚Individuum'.

Diesen analytischen wie auch explanatorischen Mehrwert kann der ebenfalls kognitionspsychologisch ausgerichtete *Operational Code-Ansatz* (OPC) für sie beanspruchen. Der OPC-Ansatz betrachtet die politischen Überzeugungen von Entscheidungsträgern als zentrale Einflussfaktoren bei der Gestaltung staatlicher Außenpolitik. Konstituiert wird der akteursspezifische ‚*Operational Code*' (OPC) von fünf philosophischen Überzeugungen, die Aufschluss darüber geben, wie der Akteur die externe Welt sieht, d.h. die Beschaffenheit der internationalen Politik oder seines politischen Gegenübers; sowie fünf instrumentellen Überzeugungen, die die interne Welt des Akteurs widerspiegeln, d.h. die von ihm präferierten Strategien im Umgang mit anderen Akteuren der internationalen Politik. Bezogen auf den Nexus zwischen dem OPC des Politikers und seinen außenpolitischen Entscheidungen verweisen OPC-Forscher auf zwei Arten von Neigungen: Zum einen diagnostische Neigungen, die das Ausmaß an Informationsaufnahme und deren Evaluation beeinflussen und die Situationsanalyse des Entscheidungsträgers in eine bestimmte Richtung lenken. Zum anderen (Aus)Wahlneigungen, die den Politiker dazu veranlassen, vertraue Handlungsalternativen anderen möglichen Entscheidungsoptionen vorzuziehen (Brummer/Oppermann 2014: 157-174).

Eine zweite Möglichkeit, die Black Box ‚Individuum' für die A. zu öffnen, bietet der *Leadership Trait Assessment-Ansatz* (LTA), der einen kognitions-, eigenschafts- und motivationspsychologischen Forschungsstrang vereint. Unter Rückgriff auf verschiedene Persönlichkeitsvariablen wie beispielsweise kognitive Komplexität, Machtstreben oder Misstrauen differenziert der LTA-Ansatz zwischen acht Typen von Führungspersönlichkeiten und ihren jeweiligen Führungsstilen, die als entscheidend für die Gestaltung von Außenpolitik erachtet werden. Die Ausprägung der Führungspersönlichkeit und des Führungsstils gibt LTA-Forschern zufolge Auskunft darüber, wie der außenpolitische Entscheidungsträger mit Beschränkungen umgeht (akzeptierend/herausfordernd) oder wie es um seine Offenheit gegenüber neuen Informationen bestellt ist (offen/geschlossen) etc. (Frank 2015).

3.2.2 Second Image-Ebene: Innerstaatliche und innergesellschaftliche Ansätze

Gleichwohl *Second Image-Ansätzen* unterschiedliche Akteurskonzepte und außenpolitische Handlungslogiken zu Grunde liegen, teilen sie die Auffassung, wonach innerstaatliche und innergesellschaftliche Erklärungsfaktoren als zentral für die staatliche Außenpolitik erachtet werden. Gemäß dem von Graham Allison entwickelten Modell des organisatorischen Prozesses ist die staatliche Außenpolitik das Ergebnis organisatorischer Routinen innerhalb der Regierung, und somit von einer sehr verregelten, arbeitsteiligen Prozesslogik bestimmt. Die Regierung wird – wie auch beim Modell der bürokratischen Politik – nicht als monolithischer Akteur betrachtet, sondern als ein Konglomerat komplexer Organisationen, das sich aus unterschiedlichen Ministerien, nachgeordneten Behörden (wie bspw. Geheimdienste, Streitkräfte) zusammensetzt. Um die Komplexität außenpolitischer Problemstellungen zu reduzieren, sind einzelne Organisationseinheiten für Teilaspekte zuständig, die unabhängig voneinander bearbeitet werden (Brummer/Oppermann 2014: 95-111). Zu Grunde liegt hierbei die Vorstellung eines begrenzt rationalen Akteurs, dessen kognitive Kapazitäten zur Aufnahme und Verarbeitung von Informationen beschränkt sind. Organisationseinheiten fungieren somit als Instrumente zur Vereinfachung von außenpolitischen Entscheidungssituationen für Regierungen.

Im Liberalismus (→ Liberalismus als IB-Theorie) wird die Außenpolitik von Staaten als Ergebnis des innerstaatlichen Präferenzbildungsprozesses von gesellschaftlichen Akteuren erachtet. Rational und risikoavers handelnd, schließen sich gesellschaftliche Akteure unter den Bedingungen materieller Knappheit, widerstreitender Wertvorstellungen und unterschiedlicher Einflussmöglichkeiten zur Durchsetzung divergierender Interessen zusammen. Die durchsetzungsstärksten Interessengruppen bestimmen die außenpolitischen Präferenzen des Staates, der als Transmissionsriemen gesellschaftlicher Interessen fungiert. Somit spiegelt die Außenpolitik von Staaten das jeweilige Kräfteverhältnis unterschiedlicher gesellschaftlicher Akteure im innerstaatlichen Wettbewerb wider.

Rollentheorie, nationale Identitätstheorie und strategische Kulturforschung sind prominente Ansätze der sozialkonstruktivistischen A., die sich im Zuge der ‚konstruktivistischen Wende' in den Theorien Internationaler Beziehungen Ende der 1990er Jahre etabliert hat (→ Konstruktivismus als IB-Theorie). Sozialkonstruktivistische Ansätze gehen davon aus, dass Akteure und Strukturen – und somit auch Staaten oder das internationale System – nicht etwas von außen Bestimmtes, quasi natürlich Gegebenes sind, sondern erst durch soziale Konstruktionsprozesse mit entsprechenden Bedeutungszuschreibungen geschaffen werden. Dieser Lesart zufolge sind auch nationale Rollenkonzepte und Identitäten wie auch strategische Kulturen soziale Konstrukte (des nationalstaatlich organisierten gesellschaftlichen Kollektivs), die als zentrale außenpolitische Einflussfaktoren betrachtet werden. In der deutschsprachigen A. maßgeblich durch die Beiträge von Hanns W. Maull und Sebastian Harnisch etabliert, erklärt die Rollentheorie das außenpolitische Handeln von Staaten unter Rückgriff auf die nationalen Rollenkonzepte. Letztere umfassen sowohl den *ego part* der Rolle, d.h. die Erwartungen aus der eigenen Gesellschaft (Eigenerwartungen) als auch den *alter part*, d.h. die Erwartungen anderer Staaten (Fremderwartungen). Das Ausmaß, in dem nationale Rollenkonzepte vom *ego part* bzw. *alter part* bestimmt sind, variiert in Abhängigkeit von den jeweiligen historisch-soziokulturellen Prägungen der Gesellschaft, außenpolitischen Lern- und sozialen Konstruktionsprozessen. Als wichtige Rollenträger werden die außenpolitischen Entscheidungsträger betrachtet, denen insbesondere im Falle divergierender Eigen- und Fremderwartungen eine entscheidende Bedeutung bei der (Re-)Konstruktion nationaler Rollenkonzepte beigemessen wird. Inwiefern letztere homogen beschaffen und konsolidiert oder heterogen beschaffen und gesellschaftlich umstritten sind, ist eine zentrale Frage in der rollentheoretischen A. Eine zweite Frage bezieht sich auf die Beständigkeit bzw. Veränderbarkeit nationaler Rollenkonzepte als eine mögliche Erklärung für Kontinuität bzw. Wandel in der Außenpolitik.

Mit der Frage der Homogenität bzw. Heterogenität und jener der Beständigkeit bzw. Veränderbarkeit von nationalen Identitäten bzw. strategischen Kulturen stehen sich auch die nationale Identitätstheorie und die strategische Kulturforschung konfrontiert. Der sozialpsychologisch geprägte Begriff der nationalen Identität bezieht sich auf gesellschaftliche Selbstbilder, die Überzeugungen darüber beinhalten, was das Kollektiv ausmacht, in welcher Beziehung es zu seiner Umwelt steht, welche Verhaltensweisen als angemessen erachtet werden, und von was bzw. wem es sich abgrenzt (Hellmann 2014: 187). Demnach steckt die nationale Identität den außenpolitischen Handlungsrahmen von Regierungen ab, der seitens der Gesellschaft als legitim erachtet wird. Die Grenzen des außenpolitischen Handlungsrahmens werden im Zuge gesellschaftspolitischer Diskurse festgelegt, bei denen sich bestimmte Identitätskonstruktionen gegenüber anderen durchsetzen. Die strategische Kulturforschung konzentriert sich vorwiegend auf nationale Spezifika, Gemeinsamkeiten und Unterschiede bei der militärischen Gewaltanwendung in der Außenpolitik, die unter Rückgriff auf die historisch geprägten, soziokulturell vermittelten Erfahrungen (‚strategische Kultur') erklärt werden.

Das von Irving Janis entwickelte *Groupthink-Modell* gründet auf sozialpsychologischen Überlegungen zu (unbewussten) psychodynamischen Prozessen und Zwängen innerhalb einer Entscheidungsgruppe. Unter bestimmten Bedingungen wie große Kohärenz einer sozial und ideologisch homogenen Gruppe, hoher Stresspegel und Erfolgsdruck können sich innerhalb der Entscheidungsgruppe (unbemerkt) *Groupthink-Symptome* wie Selbstüberschätzung, Engstirnigkeit und Uniformitätsdruck entwickeln. Diese beeinträchtigen die Qualität ihres Informations- und Entscheidungsfindungsprozess, was im schlimmsten Falle – wenn auch nicht zwingend – desaströse Fehlentscheidungen zeigt (Brummer/Oppermann 2014: 193-210, Frank 2015).

3.2.3 Third Image-Ebene: systemische Ansätze

Systemische bzw. *Third Image-Ansätze* verorten die zentralen Erklärungsfaktoren von staatlicher Außenpolitik auf der Ebene des internationalen Systems, das – entsprechend des theoretischen Zugangs – als materiell bzw. auch immateriell beschaffen angesehen wird. Beim Neorealismus handelt es sich um ein sehr facettenreiches, ausdifferenziertes Forschungsparadigma, innerhalb dessen sich unterschiedliche Theoriestränge (wie etwa defensiver Realismus Waltz'scher Prägung und offensiver Realismus nach Mearsheimer) entwickelt haben (→ Realismus als IB-Theorie). Gemeinsamer Ausgangspunkt neorealistischer Erklärungen von staatlicher Außenpolitik ist das als anarchisch angenommene internationale System. Dessen Struktur wird nach neorealistischer Lesart durch die Machtverteilung zwischen den Staaten bestimmt, die (mit Ausnahme des neoklassischen Realismus) als *Black Boxes* betrachtet werden. Zentraler Erklärungsfaktor für die Außenpolitik eines Staates ist seine relative Machtposition im internationalen System, die sich aus seinen relativen Fähigkeiten (*capabilities*) und der Polarität des internationalen Systems ergibt. Die relative Machtposition eines Staates bestimmt seine außenpolitischen Möglichkeiten und Restriktionen, was sich in spezifischen Verhaltensweisen wie etwa *bandwagoning* (Anlehnung an den Hegemon) oder internem *balancing* (durch Aufrüstung) bzw. externem *balancing* (durch Allianzenbildung) niederschlägt.

Der rationale Institutionalismus teilt mit dem Neorealismus die Sichtweise eines anarchisch strukturierten internationalen Systems, innerhalb dessen allerdings neben Staaten insbesondere internationale Institutionen als zentrale Akteure betrachtet werden. Aus institutionellen Mitgliedschaften ergeben sich sowohl Anreize als auch Beschränkungen für die staatliche Außenpolitik. Im Unterschied zum rationalen Institutionalismus sind Staaten gemäß des konstruktivistischen Institutionalismus nicht nur durch Austauschbeziehungen und wechselseitige Abhängigkeiten miteinander verbunden, sondern bilden darüber hinaus eine internationale Gemeinschaft, die sich durch gemeinsame Normen, Wertvorstellungen und Prinzipien konstituiert (Hellmann 2014: 98). Nach dieser Lesart bilden internationale Institutionen Sozialisationsstätten für ihre Mitgliedstaaten, deren Interessen und Identitäten – im Unterschied zu rationalistischen Ansätzen – als endogen bestimmt und somit veränderbar betrachtet werden. Handlungsleitend für staatliche Außenpolitik ist die Logik der Angemessenheit, derzufolge Akteure unter den identifizierten Entscheidungsoptionen jene auswählen, die – entsprechend der sie konstituierenden Normen, Wertvorstellungen und Prinzipien – am angemessensten ist (→ Konstruktivismus und Institutionalismus als IB-Theorie).

4. Außenpolitikforschung und praktische Außenpolitik

In seinen Überlegungen zur Nutzbarmachung wissenschaftlicher Erkenntnisse für die praktische Politik verweist der in vielerlei Hinsicht inspirierende Vordenker Max Weber darauf, dass keines unserer Gedankensysteme, derer wir zur Erfassung der jeweils bedeutsamen Bestandteile der Wirklichkeit bedürfen, ihren unendlichen Reichtum erschöpfen kann. All' diese Gedankensysteme – und somit auch die Analyseansätze der A. – sind Versuche, auf Grundlage „der uns jeweils zur Verfügung stehenden begrifflichen Gebilde, Ordnung in das Chaos derjenigen Tatsachen zu bringen, welche wir in den Kreis unseres Interesses jeweils einbezogen haben" (Weber 1968 [1904]: 207). Mithin: Mit der von Weber ausgeführten Selektions-, Ordnungs- und Erklärungsfunktion wissenschaftlicher Gedankensysteme (→ Begriff und Funktion von IB-Theorie) liefert die Wissenschaft wichtige Orientierungsmittel für das Zurechtkommen in der äußerst komplexen politischen Wirklichkeit. Über die Erkenntnisstiftung hinaus sollte die Wissenschaft im Allgemeinen und die A. im Besonderen in dreierlei Hinsicht ihrer gesellschaftspolitischen Verantwortung gerecht werden:

- Zum ersten kann die A. durch das Aufzeigen von Entscheidungsoptionen dazu beitragen, die mitunter unüberschaubare politische Gemengelage für den außenpolitischen Entscheidungsträger auf eine intersubjektiv nachvollziehbare Weise handhabbarer zu machen.
- Eine zweite Aufgabe besteht darin, die Folgen und Kosten der unterschiedlichen Entscheidungsoptionen herauszuarbeiten. Besondere Aufmerksamkeit sollte hierbei den nicht-intendierten negativen Konsequenzen zuteilwerden. Denn insbesondere letztere, mit denen sich u.a. die außenpolitische Fiasko-Forschung beschäftigt, drohen in Krisensituationen aus dem Blick politischer Entscheidungsträger zu geraten. Sehen sich diese doch häufig mit großem Zeit- und Handlungsdruck, hohem Stresspegel und enormem innenpolitischen wie auch internationalen Erwartungsdruck konfrontiert. Dies sind allesamt Bedingungen, die eine ausgewogene Aufnahme und gründliche Verarbeitung von Informationen seitens der außenpolitischen Entscheidungsträger stark beeinträchtigen und die Wahrscheinlichkeit erhöhen, dass kognitive Verzerrungen beim Entscheidungsfindungsprozess zum Tragen kommen.
- Eine dritte wissenschaftliche Verantwortung ist es, die Zweck-Mittel-Passung zu überprüfen, d.h. die Geeignetheit der zur Disposition stehenden Mittel für die Erreichung der außenpolitischen Zielsetzung.

Die „Abwägung selbst nun aber zur Entscheidung zu bringen, ist freilich nicht mehr eine mögliche Aufgabe der Wissenschaft" (Weber 1968 [1904]: 150), sondern obliegt dem außenpolitischen Entscheidungsträger, der sich für das Ergebnis seiner (wissenschaftlich begleiteten) Abwägungsprozesse dem *Demos* gegenüber zu verantworten hat.

→ Ergänzende Beiträge

Begriff und Funktion von IB-Theorie, Diplomatie, Englische Schule, Institutionalismus, Konstruktivismus, Liberalismus und Realismus als IB-Theorie, Integrationstheorien, Staat/Staatlichkeit im Wandel

Literatur

Brummer, Klaus/Oppermann, Kai (2014): Außenpolitikanalyse, München.

Frank, Cornelia (2015): Psychologische Ansätze in den Internationalen Beziehungen, in: Masala, Carlo/Sauer, Frank (Hrsg.): Handbuch der Internationalen Beziehungen, Wiesbaden, (i.E.).

Hellmann, Gunther ([2]2014): Deutsche Außenpolitik. Eine Einführung, Wiesbaden.

Hudson, Valerie M. ([2]2012): The history and evolution of foreign policy analysis, in: Smith, Steve/Hadfield, Amelia/Dunne, Tim (Hrsg.): Foreign Policy. Theories, Actors, Cases, Oxford, S. 13-34.

Neack, Laura (³2013): The New Foreign Policy. Complex Interactions, Competing Interests, Lanham et al.

Seidelmann, Reimund (2011): Außenpolitischer Entscheidungsprozess, in: Woyke, Wichard (Hrsg.): Handwörterbuch Internationale Politik, Opladen, S. 7-12.

Waltz, Kenneth (1959): Man, the State and War. A Theoretical Analysis, New York.

Weber, Max (³1968 [1904]): Die ‚Objektivität' sozialwissenschaftlicher und sozialpolitischer Erkenntnis, in: Winkelmann, Johannes (Hrsg.): Gesammelte Aufsätze zur Wissenschaftslehre von Max Weber, Tübingen.

04 – Begriff und Funktionen von IB-Theorien (*Reinhard Meyers*)

1. Theoriebegriffe

Um die eineindeutige Festlegung des Begriffes ‚Theorie' wird in der Lehre von den Internationalen Beziehungen (IB) seit über einem halben Jhd. gestritten. Der Streit verläuft zwischen den Eckbastionen ‚Verstehen versus Erklären' (Hollis/Smith 1990), ‚Einsicht versus Evidenz' (Knorr/Rosenau 1969) und ‚Realismus versus Konstruktivismus' (Watzlawick 1981). Den Gründern des Faches in den 1920er und 1930er Jahren galt als Ideal ein an geistes- und rechtswissenschaftlichen Vorbildern angelehnter, auf (vernunftgeleitete) Einsicht in und (nachvollziehendes) Verstehen von internationalen Sachverhalten zielender, aus überzeitlich gültigen Normen im Sinne einer politischen Tugendlehre (idealtypische) Handlungsanleitungen für die politische Praxis ableitender (deshalb auch ‚traditionalistischer') Theoriebegriff. Dessen Vertreter bedienten sich historisch-hermeneutischer Methoden; die explizite Formulierung von Werturteilen über die Gegenstände des Faches schlossen sie in ihre Aussagen ein. Durch die Expansionspolitik NS-Deutschlands und Japans in den 1930er Jahren und den Verlauf des Zweiten Weltkriegs wurde das mit diesem Theoriebegriff verknüpfte, auf Interessenausgleich, Kooperation der Akteure, Völkerbund, aber auch Gleichgewichtspolitik setzende nichtnullsummenspielartige Friedensmodell realpolitisch entwertet – und damit der traditionalistische Theoriebegriff selber aus den Angeln gehoben.

In der nullsummenspielartigen Konkurrenzsituation des → Ost-West-Konflikts galt nicht länger die Annäherung der faktischen Politik an ein Sein-Sollendes als generelles Interesse der IB, sondern zunächst die nüchterne, empirisch gehaltvolle, sich logisch konkludenter operationaler Begriffe und präziser Datenerhebungsmethoden bedienende Erfassung des Seienden (das im Sinne des erkenntnistheoretischen Realismus als eine unabhängig vom Beobachter – gleichsam ‚draußen' – bestehende Welt postuliert wurde). Mit dem Aufkommen des Behaviorismus in den Sozialwissenschaften seit den späten 1940er Jahren wird das Erkenntnisideal der IB angelehnt an das der Naturwissenschaften. Es zielt auf Beschränkung des Erkenntniszugriffs auf beobachtbare Fakten, Identifizierung und Beschreibung von Fakten in einer intersubjektiv gültigen, von vorgängigen theoretischen Prämissen unabhängigen Beobachtungssprache, methodologischer Ausschluss des Einflusses persönlichkeitsinhärenter Faktoren – insbesondere von normativen Prämissen und Werturteilen – auf die Formulierung des Untersuchungsergebnisses durch Kritik und Gegenkritik der Wissenschaftler, Wertfreiheit der Aussagen, methodologische

Einheit von Natur- und Sozialwissenschaften. Bis weit in die 1980er Jahre galt in der Lehre von den Internationalen Beziehungen insoweit eine konsensfähige Minimaldefinition des Begriffes ‚Theorie'. Wir verstanden darunter ein System beschreibender und erklärender Aussagen über Regelmäßigkeiten, Verhaltensmuster, Entwicklung und Wandel des internationalen Systems und seiner Akteure, Prozesse und Strukturen.

Der Anspruch, dass solche Aussagen die Bindung an spezifische Epochen, geographische Handlungsräume, Einzelereignisse und Einzelakteure überschreiten sollten, begründete ihren generalisierenden Charakter. Ihrer Form nach stellten sie ‚Wenn-dann-Aussagen' dar, denen zufolge eine Veränderung der Variable oder Eigenschaft X eine Veränderung der Variable oder des Verhaltensmusters Y notwendigerweise nach sich zog. Ihre Reichweite bezog sich auf Klassen von Sachverhalten, Ereignissen und (Kausal-)Beziehungen. Nicht das realhistorische Einzel-, sondern das gleichsam idealtypisierte Gattungsphänomen stand im Zentrum ihrer Aufmerksamkeit. Im Idealfall sollte eine solche Theorie in der Vielfalt einzigartiger Erfahrungstatsachen das Einheitliche, Ähnliche und Typische entdecken, die Erfahrungstatsachen fallweise auf Ausprägungen allgemeiner Aussagen oder Sätze zurückführen, und hinter diesen umfassende Gesetze auffinden, denen die Einzelphänomene ihre Existenz verdankten und die ihre Entwicklung bestimmten. Endziel: erklärende (in der Fachsprache: explikative), in sich konsistente und kohärente Theorien, die sowohl die Beschreibung empirischer Sachverhalte als auch deren Erklärung als schließlich auch die Prognose deren künftiger Entwicklungszustände oder Verhaltensweisen ermöglichen sollten (Burchill 2013: Kap. 1; Meyers 2011: 490-520).

Am explikativen Theoriebegriff müssen wir inzwischen aus mindestens vier Gründen grundsätzliche Zweifel anmelden.

- Erstens, weil schon seit der Kant'schen Verbindung von Rationalismus und Empirizismus klar sein sollte, dass das erkennende Subjekt keinen direkten Zugriff auf einen ihm externen Gegenstand leisten kann, sondern dazu vorgängig bestimmter apriorischer Denkformen, d.h. Kategorien der Quantität, der Qualität, der Relation und der Modalität bedarf, um seine sinnlichen Erfahrungen zu ordnen.
- Zweitens, weil Karl Popper schon in den 1930er Jahren in seiner Logik der Forschung (1976: 31ff) formuliert hat, dass die Theorie im Erkenntnisprozess das Netz sei, das wir auswerfen, um ‚die Welt' einzufangen – womit aber auch nicht ausgeschlossen werden kann, dass unterschiedliche Netze (sprich: unterschiedliche Theorien) unterschiedliche Welten einfangen.
- Drittens, weil der Aneignungsprozess von Wirklichkeit immer in einer bestimmten Sprache stattfindet, wir folglich an die Konnotationen, subkutanen Bedeutungen und Überlieferungen unseres Sprachsystems gebunden sind, das wir nicht wie Alice vor dem Spiegel in Richtung auf ein intersubjektiv gültiges Wunderland verlassen können.
- Viertens schließlich, weil seit der ‚konstruktivistischen Wende' der IB in den späten 1980er und frühen 1990er Jahren die ‚objektive' Wirklichkeit ‚draußen' nicht länger als durch sinnliche Erfahrung oder Kommunikationsakte unmittelbar passiv vermittelbar gilt – gleichsam wie durch eine mentale Kamera abfotografiert – sondern ihre kognitive Aneignung des aktiven Zugriffs des Erkenntnissubjektes bedarf.

> Insofern ist jede Wirklichkeit – im Sinne Paul Watzlawicks (1981) und seiner Kollegen – erfunden, konstruiert, kann Gültigkeit zunächst nur für den engen Lebensbereich ihres Konstrukteurs beanspruchen (→ Konstruktivismus als IB-Theorie). Dass wir dann tatsächlich in der Lage sind, durch eine weitere Gruppe von Wissenschaftlern anerkannte Behauptungen über ‚Tatsachen' der sozialen Welt zu formulieren, beruht auf einem Prozess der Konsensbildung innerhalb dieser Gruppe (deshalb auch: Sozialkonstruktivismus).

Je nach Erkenntnisinteresse der Wissenschaft, davon abhängiger Fragestellung, und davon wiederum abhängiger Konstruktion des Erkenntnisgegenstandes ist eine solche Konstitution des Erkenntnisobjekts jedoch nicht zwingend. Denn im Gegensatz zum erkenntnistheoretischen Realismus der eine vom Erkenntniszugriff unabhängige Wirklichkeit postuliert, eine objektive ontologische Realität, die im Erkenntnisprozess gefunden werden kann, hat es die konstruktivistische Theorie mit einer erfundenen Wirklichkeit zu tun, die gleichsam die Konstruktion jener ist, die diese Wirklichkeit zu entdecken und zu erforschen meinen (Watzlawick 1981: 9f, 16ff). Die in diesem Kontext formulierte Theorie nennen wir konstitutive Theorie.

Als Ergebnis dieser recht kursorischen Exkursion in die Geschichte des IB-Theoriebegriffs ist eines festzuhalten: den einen, einheitlichen und eineindeutigen Begriff ‚Theorie' hat es im Fach nie gegeben und wird es vermutlich auch nie geben. Vielmehr bündeln sich vor dem Hintergrund realpolitisch-gesellschaftlichen Wandels und dadurch angestoßener Veränderungen des internationalen Systems und seiner Akteure im Begriff ideengeschichtliche, sozialphilosophische, wissenschaftsgeschichtliche und wissenschafts-theoretische Elemente neben theorietypisierend – epistemologischen zu einem ganzen Begriffsfeld (vgl. Abb. 1).

Des Weiteren setzen dem einheitlichen Theoriebegriff Kontroversen über den Geltungsanspruch und die verschiedenen Möglichkeiten der Bewährung wissenschaftlicher Aussagen über internationale Sachverhalte zu, wie sie etwa im ‚Traditionalismus-Scientismus-Streit' in der angloamerikanischen, oder im Werturteilsstreit in der deutschen Sozialwissenschaft zu greifen sind (Schieder/Spindler 2010:10ff). Schließlich gerät er auch in den Sog einer Debatte über den Gegenstand der internationalen Beziehungen. In dem Maße, in dem dieser sich inhaltlich ausdifferenzierte, Elemente der traditionellen, nach den Formen, Ursachen und Randbedingungen von → Krieg und → Frieden, Konflikt und Kooperation, → Macht und Sicherheitsproduktion fragenden (freilich weitgehend dem machtpolitischen Nullsummenspiel des Kalten Krieges verhafteten) Agenda mit Elementen einer neuen Agenda vermischte, die die Verhältnisse der erstweltlichen → Interdependenz wie erst- und drittweltlichen Dependenz (→ Nord-Süd-Beziehungen) thematisierte und vor dem Hintergrund einer den Fortschritt der Produktivkräfte widerspiegelnden, im Sieg der (Echt-) Zeit über den Raum sinnfällig fassbaren → Globalisierung weltweite ökonomische und ökologische Verteilungs- und Herrschaftskonflikte reflektierte – in dem Maße musste auch ein Konsens über ‚den' Theoriebegriff des Faches ernsthaft ins Wanken geraten (paradigmatisch zur Fülle der unterschiedlichen ontologischen und epistemologischen Ausprägungen Dunne/Kurki/Smith 2013; Jackson/Sorensen 2013). Und: wenn wir davon ausgehen können, dass zwischen Realpolitik und Politikwissenschaft ein dialektisches Verhältnis besteht – dass m.a.W. Veränderungen der Realpolitik Veränderungen des Erkenntnisgegenstandes anstoßen, die wiederum Veränderungen des theoretischen Begriffsfeldes und der Forschungsinstrumente nach sich ziehen, andererseits aber auch wissenschaftliche Erkenntnisse Veränderungen der Realpolitik herbeiführen – dann lässt sich auch leichter eine Erklärung für die irrlichternde Fülle an Theoriebegriffen finden. In dem Maße, in dem die realpolitische Entwicklung – wie die historische – dem Kontingenzprinzip unterliegt, in dem Maße müsste auch die Theorieentwicklung einem Prinzip der wissenschaftsgeschichtlichen Kontingenz folgen.

Abb. 1: Begriffsfeld der IB-Theorie

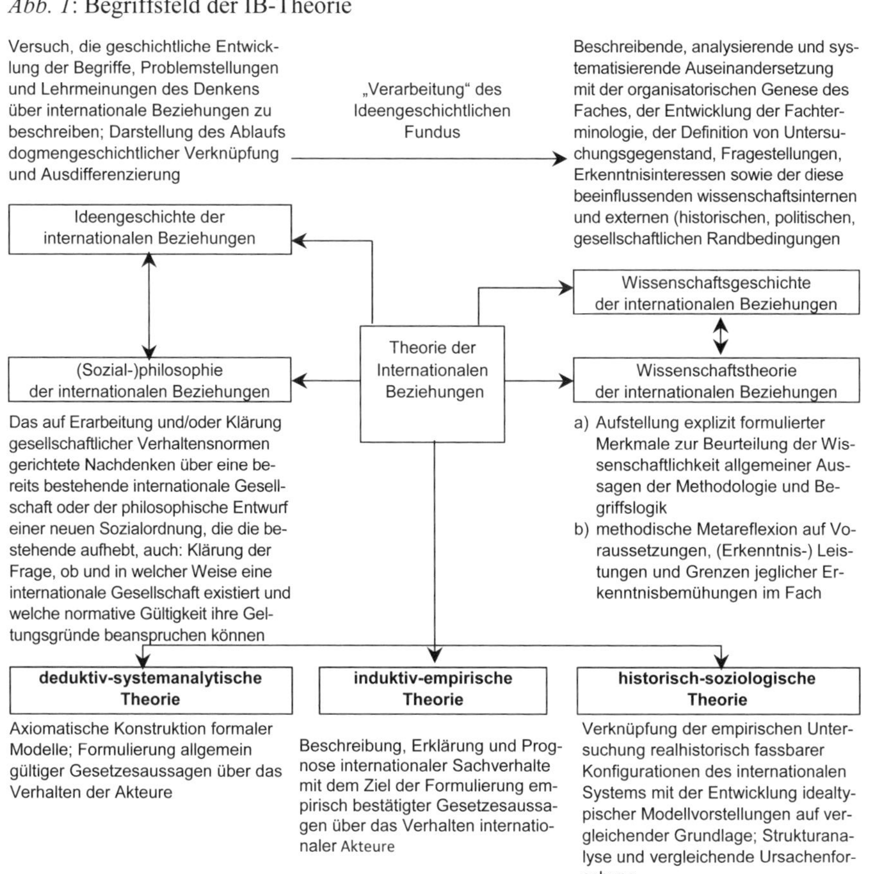

Quelle: Eigene Darstellung

2. Theoriefunktionen

Bei aller Verschiedenheit der ontologischen, d.h. die (bildhaften) Vorstellungen über die Gegenstände der IB jeweils konstituierenden Grundannahmen, bei aller Differenz der epistemologischen und der methodologischen, d.h. über die Gültigkeit wissenschaftlicher Aussagen und deren Zustandekommen befindenden Prämissen und Normen kann eine Durchmusterung der vielfältigen Theoriegebilde der IB doch einen Minimalkonsens im Fach festhalten. In diesem Sinne ist es Aufgabe von IB-Theorien, die verwirrende Mannigfaltigkeit der vielschichtigen und komplexen Phänomene, die in ihrer Gesamtheit den Gegenstand des Faches ausmachen, für den wissenschaftlichen Erkenntniszugriff zu ordnen und zu erschließen. Dementsprechend impliziert Theoriebildung ein Unternehmen der einheits- und sinnstiftenden Re-Konstruktion: je unterschiedliche Theorien erzeugen je unterschiedliche Vorstellungsbilder des Gegenstandes. Wir verweisen erneut auf die bereits zitierte Logik der Forschung Karl R. Poppers: Theorie ist das Netz, das wir auswerfen, um ‚die Welt' einzufangen, sie zu rationalisieren und zu erklären. Wenn dies zutrifft, muss aber auch zutreffen, dass unterschiedliche Netze unterschiedliche ‚Welten' einfangen und je verschieden erklären. Insbesondere gilt dies für die Bestimmung von Ursachen und Wirkungen, von Elementen der Konstanz und von Elementen des Wandels internationaler Phänomene, Prozesse und Strukturen ebenso wie von Kriterien der Geltung und Nicht-Geltung diesbezüglicher Aussagen. Sie sind keine objektiven Phänomene ‚an sich', in der ‚Außenwelt' unmittelbar fassbar: Erkenntnis ist grundsätzlich theoriegeladen (Hollis/ Smith 1990:61ff). Diese Feststellung begründet, warum es so wichtig ist, sich mit den verschiedenen Theorien der internationalen Beziehungen auseinanderzusetzen. Und sie erschließt uns eine Menge funktionaler Kriterien sowie eine (formale) Typologie, nach der Theorieelemente gemäß ihrer Bedeutung für den Erkenntnisprozess geordnet werden können.

Abb. 2: Theorieelemente und Theoriefunktionen

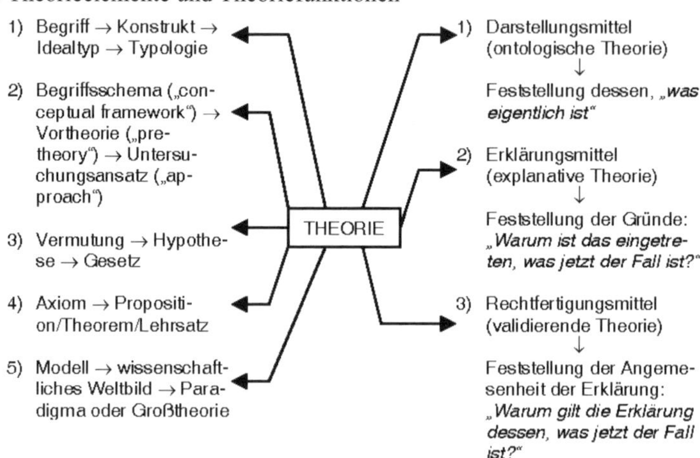

Quelle: eigene Darstellung

Eine besondere Rolle bei der Bestimmung von Theoriefunktionen spielen ontologische und/oder epistemologische Kriterien. Sie führen zu einer Reihe von Grundfragen an jede Theorie:

- Welche Vorstellungen, welches Weltbild erzeugt eine Theorie von der ‚Sache', d.h. vom Gegenstand der internationalen Beziehungen?
- Wie begründet und legitimiert eine Theorie ihre Aussagen über den Gegenstand, auf den sie sich bezieht?
- In welcher Relation steht eine bestimmte Theorie zur gesellschaftlichen Praxis und wie beantwortet sie die Fragen: ‚was soll ich tun?' und ‚wie kann ich mein praktisches Handeln rechtfertigen?'

In diesem Kontext ist oft vorgeschlagen worden, Theorien, die nicht nur ontologische und epistemologische, sondern auch normative Funktionen erfüllen, als ‚Großtheorien' zu bezeichnen. In epistemologisch-bewährungslogischer Hinsicht stellen sie Systeme generalisierender Aussagen über sprachlich konstituierte, je für real gehaltene Sachverhalte dar; in ontologischer Hinsicht sind sie eher konstruktivistische, in teleologischer Hinsicht praxisbezogene kognitive Komplexe, denen im Prozess der wissenschaftlichen Erkenntnis folgende Funktionen zukommen:

- Interpretationsfunktion: Strukturierung von Teilbereichen der (vermeintlich sinnlich erfahrbaren, de facto aber konstruierten und sprachlich überlieferten ‚Realität'.
- Orientierungsfunktion: Reduktion komplexer Sachverhalte auf vermeintlich einfache Zusammenhänge bzw. idealtypische Einsichten.
- Zielbeschreibungsfunktion: Anleitung zu praktischem Handeln in der ‚Realität'.
- Handlungslegitimationsfunktion: Legitimierung praktischen Handelns in der konstruierten und sprachlich überlieferten ‚Realität'.
- Epistemologische Funktion: Anleitung für die Formulierung wissenschaftlicher Aussagen über den von der Großtheorie konstituierten Realitätsausschnitt sowie Bestimmung von Kriterien für deren Geltung.

Bedeutsam ist, dass jede Großtheorie die Phänomene der internationalen Politik mit unterschiedlichem Erkenntnisinteresse und davon abhängiger Fragestellung auf der Grundlage je verschiedener anthropologischer, ethisch-normativer und methodischer Vorverständnisse zu erfassen sucht. D.h. die Großtheorien differieren einmal im Blick auf ihre ontologischen Grundannahmen. Ihre Differenzen betreffen den Charakter des internationalen Milieus und die Qualität der Akteure, die untereinander staatliche Grenzen überschreitende Interaktionsbeziehungen unterhalten; sie erstrecken sich ferner auch auf die von den Akteuren verfolgten Ziele ebenso wie auf die Mittel, die zur Verwirklichung dieser Ziele gemeinhin eingesetzt werden. Deutlich wird in diesem Kontext vor allem, dass – frei nach Popper – das Fischen mit unterschiedlichen (großtheoretischen) Netzen in der Tat unterschiedliche (wissenschaftliche) Welten(bilder) ans Ufer der Erkenntnis zieht. Exemplarisch verweisen wir in diesem Kontext auf jene bildhaften Repräsentationen des internationalen Milieus, die bekannten Großtheorien zugeschrieben werden: das ‚Billard-Ball-Modell' des Realismus, das ‚Spinnweb-Modell' des Idealismus und des Globalismus (→ Liberalismus als IB-Theorie), das

‚Schichttorten-Modell' marxistischer Ansätze oder das ‚Zentrum-Peripherie-Modell' dependenztheoretischer oder strukturalistisch-imperialismuskritischer Theoriebildungen.

Die Bedeutung solcher Großtheorien liegt allerdings nicht nur in ihrer Rolle als gedanklich-sprachliches Konstrukt, mit dessen Hilfe wir die ‚Fakten' der internationalen Beziehungen auswählen und interpretieren (bzw. auch darüber entscheiden, was denn überhaupt als ‚Fakt' gelten darf). Mit ihren je ontologisch unterschiedlichen wissenschaftlichen Weltbildern, bieten sie auch ideelle Kristallisationskerne für die Bildung von Traditionen, Schulen, oder Forschergemeinschaften, denen die Versammlung unter dem Dach eines gemeinsamen wissenschaftlichen Weltbilds erst die Abgrenzung gegen andere vergleichbare Gemeinschaften ermöglicht; damit spielen sie auch eine nicht zu verkennende Rolle bei der bildungsmäßigen Sozialisation des Nachwuchses in solche Gemeinschaften.

→ Ergänzende Beiträge

Außenpolitikforschung, Englische Schule, Institutionalismus, Konstruktivismus, Liberalismus und Realismus als IB-Theorie, Integrationstheorien, Macht, Weltordnungsmodelle

Literatur

Burchill, Scott/Linklater, Andrew (Hrsg.) (^{5}2013): Theories of International Relations, Basingstoke.

Dunne, Tim/Kurki, Milja/Smith, Steve (Hrsg.) (^{3}2013): International Relations Theories. Discipline and Diversity, Oxford.

Hollis, Martin/Smith, Steve (1990): Explaining and Understanding International Relations. Oxford.

Jackson, Robert/Sorensen, Georg (^{5}2013): Introduction to International Relations. Theories and Approaches, Oxford.

Knorr, Klaus/Rosenau, James N. (Hrsg.) (1969): Contending Approaches to International Politics, Princeton.

Meyers, Reinhard (^{12}2011): Theorien der Internationalen Beziehungen, in: Woyke, Wichard (Hrsg.): Handwörterbuch Internationale Politik, Opladen, S. 490-520.

Schieder, Siegfried/Spindler, Manuela (Hrsg.) (^{3}2010): Theorien der Internationalen Beziehungen, Opladen.

Watzlawick, Paul (Hrsg.) (1981): Die erfundene Wirklichkeit. Wie wissen wir, was wir zu wissen glauben? Beiträge zum Konstruktivismus, München.

05 – Demokratisierungs- und Stabilisierungspolitik (*Wilhelm Knelangen*)

1. Problemaufriss

Dass die innere Verfassung von politischen Systemen auch für die internationale Politik von Bedeutung ist, ist keine neue Erkenntnis (Czempiel 1998). Auf der einen Seite wird das außenpolitische Verhalten eines Staates bzw. seiner Regierung maßgeblich vom Charakter des jeweiligen Herrschaftssystems und der Struktur innergesellschaftlicher Konfliktlinien geprägt. Auf der anderen Seite bleiben die Auswirkungen problematischer Entwicklungen im Innern häufig nicht auf das jeweilige politische System beschränkt, sondern betreffen in mehr oder minder starkem Ausmaß auch das regionale Umfeld oder sogar das internationale System in Gesamtheit. Seit jeher haben Regierungen deshalb versucht, durch gezielten Eingriff in die inneren Strukturen anderer Staaten dort einen politischen, ökonomischen oder sozialen Wandel zu initiieren, zu unterstützen oder auch zu bremsen. In der Phase des → Ost-West-Konflikts folgten entsprechende Maßnahmen im Zweifel der Logik des machtpolitischen und militärischen Gegensatzes der beiden Blöcke. Nach 1989/90 wuchs jedoch nicht nur das Bewusstsein für die wechselseitige Verflechtung von Staaten und Gesellschaften im Prozess der → Globalisierung. Zugleich rückte die Frage nach Möglichkeiten, Grenzen und Legitimität einer externen Einflussnahme auf die Strukturen politischer Systeme an die Spitze der internationalen Agenda. Angesichts der Systemwechsel von der Diktatur zur Demokratie in Mittel- und Osteuropa, Lateinamerika und Südostasien ging es dabei:

- Erstens um die nachhaltige Stabilisierung der noch fragilen demokratischen Regierungsweise.
- Zweitens wurde seit den 1990er Jahren im Zusammenhang mit militärischen Interventionen die Frage diskutiert (→ Typen militärischer Interventionen), ob und in welchem Umfang nach dem Ende von gewaltsamen Konflikten mit Hilfe der Demokratisierung ein Beitrag zu einer dauerhaften Friedensordnung in zerrissenen Gesellschaften geleistet werden kann.
- Insbesondere nach dem 11. September 2001 richtete sich das Augenmerk der internationalen Gemeinschaft drittens auf die Stärkung schwacher bzw. auf den Wiederaufbau gescheiterter Staaten, die als eine Herausforderung für die internationale Sicherheitspolitik wahrgenommen wurden.
- Viertens entwickelte sich vor diesem Hintergrund eine sowohl völkerrechtliche als auch politische Debatte über die Zulässigkeit der (oder in einer anderen Perspektive auch: um die Verpflichtung zur) Intervention zum Schutz der Bevölkerung vor massiven Menschenrechtsverletzungen auch gegen den Willen der betroffenen Staaten (→ Schutzverantwortung/R2P).

2. Der Prozess der Demokratisierung

In Abgrenzung zum Regimetypus der Diktatur (oder auch: des autoritären Systems) gelten als elementare Merkmale einer Demokratie eine rechtsstaatliche Herrschaftsweise einschließlich der Garantie der Grund- und Freiheitsrechte sowie ein legitimer pluralistischer Wettbewerb um die politische Macht, der in der Regel über allgemeine und freie Wahlen entschieden wird. Politische Systeme sind jedoch nicht statisch, sondern unterliegen einem ständigen Prozess der Veränderung, der allgemein als Transformation bezeichnet wird und verschiedene Ausprägungen haben kann. Von einem Systemwandel wird gesprochen, wenn sich zentrale Struktur- und Funktionsmuster eines politischen Systems evolutionär verändern, ohne dass es zu einem Systemwechsel (*regime change*) kommt. Ein solcher Systemwechsel liegt erst vor, wenn der Übergang von einem Regimetypus zum anderen, also etwa von der Diktatur zur Demokratie, erfolgt. Vergleichsweise selten ist der Fall des Systemzusammenbruchs, bei dem ein politisches System seine Existenz vollständig verliert (z.B. DDR, UdSSR, Jugoslawien).

Die Transformationsforschung unterscheidet verschiedene Phasen des Übergangs von der Diktatur zur Demokratie, die in der Praxis freilich miteinander verschränkt sind (Merkel 2010). Am Anfang steht das Ende des autoritären Regimes, wobei der Systemwechsel – je nach den inneren Machtverhältnissen – von den alten Herrschaftseliten gelenkt, von der Opposition erzwungen oder zwischen beiden Seiten ausgehandelt werden kann. Wie in Italien, Deutschland und Japan nach dem Zweiten Weltkrieg oder im Jahr 2003 im Irak kann der Systemwechsel aber auch von außen mit militärischen Mitteln erzwungen werden. In der Phase der Demokratisierung geht es um die Vereinbarung einer neuen Verfassungsordnung, d.h. um die Einigung auf grundlegende politische und freiheitliche Rechte und auf ein institutionelles Gefüge für das politische System. Für das Gelingen des Systemwechsels entscheidend ist aber die Phase der Konsolidierung der Demokratie. Denn die neu geschaffenen Institutionen werden nur dann nachhaltig über Legitimität verfügen können, wenn sich stabile Strukturen von Interessenvermittlung und -ausgleich herausbilden und potentielle Veto-Mächte wie Militär oder alte Eliten sich gegenüber der neuen Ordnung loyal verhalten. Am anspruchsvollsten ist schließlich die Konsolidierung der Bürgergesellschaft, d.h. die Herausbildung einer aktiven Unterstützung des demokratischen Systems in der großen Breite der Gesellschaft.

Nicht alle Prozesse der Demokratisierung gelingen. So ist beispielsweise Weißrussland nach einer Phase der politischen Öffnung in den frühen 1990er Jahren in eine autoritäre Diktatur zurückgefallen. Häufiger verharren die Systeme jedoch in einer Grauzone zwischen Demokratie und Diktatur. Das ist beispielsweise in den meisten Staaten des ‚arabischen Frühlings' der Fall, bei denen sich nach den revolutionären Umstürzen 2010/11 autoritäre Strukturen sukzessive wieder durchgesetzt haben. Die Transformationsforschung bezeichnet mit den Begriffen ‚defekte Demokratie' oder ‚hybrides Regime' solche Systeme, in denen zwar regelmäßig Wahlen durchgeführt werden, die aber in den Bereichen Bürger- und → Menschenrechte, Gewaltenteilung oder Rechtstaatlichkeit erhebliche Funktionsdefizite aufweisen und deshalb nicht dem Typ der funktionierenden Demokratie zuzuordnen sind.

3. Externe Förderung der Demokratie

Es entspricht dem normativen Selbstverständnis von Demokratien, dass sie sich um der individuellen Freiheit der Menschen willen für eine Ausbreitung demokratischer Regierungsweise einsetzen. Dennoch wäre es falsch, ausschließlich humanitäre oder altruistische Motive für die Demokratieförderung anzunehmen (Sandschneider 2003: 15-22). So geht es dabei auch um die Gewinnung neuer Handels- und Wirtschaftspartner, weil die ökonomische Liberalisierung in der Regel mit der politischen Transformation einhergeht. Der Förderung der Demokratie liegt zugleich die Erwartung zugrunde, damit berechenbare Kooperationspartner für die Erreichung eigener Politikziele gewinnen zu können. Der empirische Befund zeigt, dass wichtige Bedrohungen wie z.B. religiöser Fundamentalismus, → Terrorismus oder die → Proliferation von Massenvernichtungswaffen – wenn sie staatlichen Ursprungs sind – von autoritär regierten Staaten ausgehen. Demgegenüber haben konsolidierte Demokratien institutionalisierte Verfahren für einen fairen Ausgleich widerstreitender Interessen geschaffen, womit im günstigen Fall Aufruhr und Bürgerkriegen der Boden entzogen ist. Demokratien gelten gemäß der Theorie des ‚demokratischen Friedens' (→ Liberalismus als IB-Theorie) schließlich als friedfertiger, weil sie untereinander keine Kriege führen und in der internationalen Politik die Kooperation der Konfrontation vorziehen. Die Förderung der Demokratie wird in dieser Perspektive zum Kern einer Friedensstrategie (→ Frieden).

Neben den Staaten sind es vor allem → internationale Organisationen wie → Vereinte Nationen, OSZE, → Europäische Union oder Weltbank, aber auch → transnationale Akteure/Nichtregierungsorganisationen, die versuchen, durch gezielte Einflussnahme von außen einen politischen, ökonomischen oder sozialen Wandel in Richtung der Demokratie zu unterstützen. Angesichts knapper Ressourcen und der unsicheren Aussicht, ob die – finanziell und möglicherweise auch politisch – kostspieligen Projekte gelingen, erfolgt die Festlegung des Ob und des Wie der Demokratieförderung in Abwägung mit anderen Interessen. Den Ausschlag für Art und Umfang des Engagements geben üblicherweise die geographische Nähe, das Ausmaß der politischen und wirtschaftlichen → Interdependenz sowie die internationalen Rahmenbedingungen, insbesondere mit Blick auf die Interessen Dritter (z.B. von Nachbarstaaten). Vor allem hängt die Entscheidung davon ab, wie die gesellschaftlichen und ökonomischen Ausgangsbedingungen im Zielland sind. Für ein politisches System, in dem eine reformorientierte Zivilgesellschaft einen Systemwechsel zur Demokratie durchgesetzt hat, muss offenkundig eine andere Strategie entworfen werden als für einen autoritär regierten Staat ohne jede demokratische Tradition.

Die Spannbreite der Instrumente der Demokratieförderung ist entsprechend groß und reicht vom politischen Dialog und Finanz- und Aufbauhilfen über Sanktionen, sie kann auch militärische Maßnahmen umfassen. Grob kann dabei zwischen ‚negativen' (bestrafenden) und ‚positiven' (belohnenden) Ansätzen unterschieden werden. Bei negativen Instrumenten wird die Unterstützung an die Erfüllung bestimmter Kriterien geknüpft und das Zuwiderhandeln mit Sanktionen bedroht. Weitergehend kann die Demokratisierung auch durch die politische und militärische Unterstützung von Oppositionsbewegungen oder sogar die Erzwingung der Demokratie durch → Krieg (→ Typen militärischer Interventionen) bestehen. Bei positiven Instrumenten geht es hingegen eher um die Förderung bereits erkennbarer Demokratisierungsprozesse mit finanziellen, technischen und personellen Mitteln. Darüber hinaus kann zwischen staatszentrierten und gesellschaftszentrierten Strategien der Demokratieförderung unterschieden werden. Diese zielen auf verschiedene Adressaten, unterscheiden sich aber auch hinsichtlich der Reformziele. Bei staatszentrierten Strategien (oder auch: *top down*-Strategien) steht die Unterstützung der Reform staatlicher Institutionen – Verfassung, Justiz, Gesetzgebung, Verwaltung – im Vordergrund. Gesellschaftszentrierte Ansätze (oder auch: *bottom up*-Ansätze) setzen hingegen auf die Unterstützung zivilgesellschaftlicher Akteure wie lokale Nichtregierungsorganisationen, unabhängige Medien, Gewerkschaften oder oppositionelle Parteien.

Wovon der Erfolg von externen Demokratisierungsbemühungen abhängt, ist umstritten. Angesichts der unterschiedlichen Ausgangsbedingungen ist die Entwicklung eines universell gültigen Modells der gelungenen Demokratisierung auch nicht zu erwarten. Die Ausübung politischen Drucks kann kurzfristig durchaus die gewünschten Ergebnisse (z.B. Durchführung von Wahlen, Verzicht auf eklatante Menschenrechtsverletzungen) befördern. Für die langfristige Durchsetzung der Demokratie scheinen jedoch intensive Verflechtungen der Zivilgesellschaft mit der internationalen Umwelt von größerer Bedeutung zu sein, weil dadurch die Aufmerksamkeit für den Zustand des Landes und die Behandlung der Opposition zunimmt und damit die Kosten für offenen Machtmissbrauch durch die Regierungen steigen. Eine Einflussnahme von außen kann deshalb eine bereits bestehende innergesellschaftliche Demokratiebewegung stärken. Hinsichtlich der externen Beiträge zur Konsolidierung der Demokratie ist das Bild hingegen weniger eindeutig. Sind die zivilgesellschaftlichen Grundlagen schwach, stehen sich mehrere Konfliktparteien unversöhnlich gegenüber oder versuchen andere externe Akteure, entsprechende Bemühungen zu konterkarieren, so stoßen Versuche der Demokratieförderung von außen systematisch an Grenzen.

4. Demokratisierung in Europa und die Rolle der EU

Die Förderung der Demokratie war schon 1981 bzw. 1986 ein zentrales Argument für die Aufnahme der ehemaligen Diktaturen Griechenland, Spanien und Portugal in die damalige Europäische Gemeinschaft. Auch nach dem Ende des → Ost-West-Konflikts gewann dieser Gedanke an Zustimmung, wenngleich erst der Europäische Rat von Kopenhagen im Juni 1993 den formellen Beschluss für eine Erweiterung der → Europäischen Union um die jungen Demokratien Mittel- und Osteuropas fällte. Zugleich formulierte der Gipfel ein Bündel von Kriterien, die seitdem von allen beitrittswilligen Staaten vor dem Beitritt erfüllt werden müssen. Neben der Maßgabe, dass die EU selbst einen Beitritt institutionell und politisch verkraften kann, besteht das erste Kriterium in dem Erfordernis einer funktionierenden Markwirtschaft, die dem Wettbewerbsdruck und den Marktkräften der EU standhalten kann. Zweitens erwartet die EU politische und institutionelle Stabilität unter Achtung der Grundsätze der Demokratie, der Menschenrechte, der Rechtsstaatlichkeit und des Minderheitenschutzes. Drittens wird erwartet, dass die Beitrittskandidaten ihr Einverständnis mit den Zielen der Politischen Union und der Wirtschafts- und Währungsunion erklären. Daraus leitet sich viertens ab, dass die neuen Mitglieder fähig sein müssen, die mit der Mitgliedschaft verbundenen Rechte und Pflichten zu übernehmen. Dieses Kriterium setzt die vollständige Übernahme des gemeinschaftlichen rechtlichen Besitzstandes (*acquis communautaire*) durch die Beitrittskandidaten voraus. Das zentrale Instrument der EU-Heranführungsstrategie stellen die ‚Beitrittspartnerschaften‘ dar, in denen zwischen EU und dem jeweiligen Beitrittskandidaten jährlich die Prinzipien und Prioritäten für die Übernahme des Besitzstandes festgelegt werden. Über die Zielerreichung wacht die Europäische Kommission, die in ihren jährlichen Berichten die Fortschritte eines jeden Bewerberlandes auf dem Weg zum Beitritt dokumentiert.

Im März 1998 begann die EU mit Estland, Polen, Slowenien, Tschechien, Ungarn und Zypern konkrete Verhandlungen über den Beitritt. Angesichts des Krieges gegen Jugoslawien und der erneuten Instabilität auf dem Balkan (→ Prägende Konflikte nach dem Zweiten Weltkrieg) erfuhr der Erweiterungsprozess Ende der 1990er Jahre eine sicherheitspolitische Akzentverschiebung. In der Folge wurde seit März 2000 auch mit Bulgarien, Lettland, Litauen, Malta, Rumänien sowie der Slowakei über den Beitritt verhandelt, die Türkei bekam den Status eines Beitrittskandidaten zugesprochen. Nach teils schwierigen Verhandlungen wurden schließlich am 1.5.2004 mit Estland, Lettland, Litauen, Malta, Polen, Slowenien, der Slowakei, Tschechien, Ungarn und Zypern zehn neue Mitglieder in die EU aufgenommen. Wegen deutlicher Rückstände bei den Beitrittsvorbereitungen folgten Bulgarien und Rumänien erst am 1.1.2007. Als 28. Mitgliedstaat trat am 1.7.2013 Kroatien der Union bei. Der Europäische Rat von Thessaloniki hatte den Staaten des ehemaligen Jugoslawien sowie Albanien im Sommer 2003 eine EU-Mitgliedschaft prinzipiell in Aussicht gestellt. Mazedonien (seit 2005), Montenegro (2010), Serbien (2012) und Albanien (2014) haben auch schon – im Unterschied zu Bosnien-Herzegowina und Kosovo – den Status eines Beitrittskandidaten erreicht. Alle genannten Staaten erhalten von der EU politische und finanzielle Unterstützung bei der Heranführung an die Unionsstrukturen. Doch weder bei den Staaten Südosteuropas noch im Falle der Türkei, mit der bereits seit 2005 Beitrittsverhandlungen geführt werden, ist in naher Zukunft mit einem Beitritt zu rechnen.

Das europäische Beispiel zeigt, dass politischer, sozialer und ökonomischer Wandel von außen unterstützt werden kann. Die seit 2004 der EU beigetretenen Mitglieder können heute als konsolidierte Demokratien gelten. Dazu hat die Unterstützung der EU, aber auch die identifizierbare Zielperspektive der Mitgliedschaft beigetragen. Andererseits zeigte sich aber auch, dass die Erfolgsaussichten der Hilfe wesentlich von den gesellschaftlichen, ökonomischen und politischen Voraussetzungen des Empfängerstaates abhängig waren (Schimmelfennig/Sedelmeier 2005). Das gilt insbesondere dann, wenn die EU ihre Bemühungen um eine Demokratieförderung nicht mit der Aussicht auf einen Beitritt verbinden kann. Die 2004 begonnene Europäische Nachbarschaftspolitik (ENP), die mittlerweile durch eine Mittelmeerunion und eine Östliche Partnerschaft ergänzt wird, verfolgt das Ziel, die östlichen und südlichen Nachbarn auf die Werte der EU zu verpflichten und sie in enge Kooperationsstrukturen einzubinden, ohne ihnen jedoch ein Beitrittsangebot zu machen. In partnerschaftlich ausgehandelten Aktionsplänen legen EU und Nachbarstaaten bilateral die Prioritäten für einen Zeitraum von drei bis fünf Jahren fest. Die EU gibt dabei vor, das Ausmaß ihrer Unterstützung und die Vertiefung der Zusammenarbeit von den Fortschritten der Nachbarstaaten auf dem Weg zu Demokratie, Rechtsstaat und Marktwirtschaft abhängig zu machen. Ob diese Strategie ohne den Anreiz einer EU-Mitgliedschaft erfolgreich sein kann, wird in der Forschung kontrovers beurteilt. Das gilt umso mehr als die Politik der EU widersprüchlich ist, denn in der Praxis wägt sie das Ziel der Demokratieförderung mit anderen eigenen Interessen ab, beispielsweise im Bereich der Migrationspolitik, der regionalen Stabilität oder der Interessen anderer Staaten wie Russland. Damit reflektiert die EU auch ihre Erfahrung, dass die Durchführung von freien Wahlen, die gemeinhin als zentrales Etappenziel der Demokratisierung gilt, in den Nachbarstaaten durchaus nicht immer zur Stärkung demokratisch gesinnter Kräfte geführt hat.

5. Staat, Staatsversagen, Staatszerfall

Nach der berühmten Definition Max Webers ist der moderne Staat „ein politischer Anstaltsbetrieb […] wenn und insoweit sein Verwaltungsstab erfolgreich das Monopol legitimen physischen Zwanges für die Durchführung der Ordnungen in Anspruch nimmt". Wenn dem politischen System einer Gesellschaft die Aufgabe zugeschrieben wird, mit Hilfe geeigneter Institutionen und Verfahren allgemeinverbindliche Entscheidungen in gesellschaftlich umstrittenen Fragen herzustellen, dann basiert diese Funktion nicht allein, aber entscheidend auf dem staatlichen Gewaltmonopol. Offenkundig wird das erst, wenn das Gewaltmonopol brüchig wird oder gar verloren geht, weil dann grundlegende Staatsfunktionen nicht mehr erfüllt werden können (→ Staat/Staatlichkeit im Wandel). Übereinstimmend wird dabei hervorgehoben, dass mit dem Verlust des Gewaltmonopols die Sicherheitsaufgabe – der Schutz von Leben, Unversehrtheit und Eigentum der Menschen – nicht mehr gewährleistet werden kann. Weil das Gewaltmonopol aber gleichfalls als eine Voraussetzung für die politische Gestaltung der Gesellschaft gilt, kann sich die Debatte über Staatszerfall nicht auf die Sicherheitsfunktion beschränken. Ein auf Repression oder Staatsterror basierendes Herrschaftssystem vermag nur oberflächliche Stabilität hervorzubringen. Als nachhaltig wird es sich erst dann erweisen, wenn es von den Staatsbürgern auch als legitim angesehen wird. Daher sind neben der Sicherheit auch die Wohlfahrtsfunktion (Verteilung von Waren und Dienstleistungen und soziale Wohlfahrt) sowie die Legitimitäts- und Rechtsstaatsfunktion (Partizipationsmöglichkeiten, funktionierende Justiz und Verwaltung) einzubeziehen. Auf dieser Grundlage lassen sich vier „Stufen der Staatlichkeit" (Schneckener 2006: 24-26) unterscheiden:

- Wenn Staaten die drei Kernfunktionen im Wesentlichen erfüllen, dann handelt es sich um konsolidierte Staatlichkeit, wie sie etwa in den demokratischen Verfassungsstaaten der OECD, aber auch z.B. in Costa Rica vorliegt.
- In Fällen schwacher Staatlichkeit (*weak states*) ist das Gewaltmonopol noch weitgehend intakt, aber in den anderen Bereichen liegen Defizite vor. Diese Konstellation ist z.B. in den meisten arabischen Staaten oder in Teilen Südamerikas zu finden, die zwar formale Stabilität aufweisen, aber nur über eine schwache Legitimationsbasis verfügen und wirtschaftlich wenig leistungsfähig sind.
- Bei versagender oder verfallender Staatlichkeit ist das Gewaltmonopol stark beeinträchtigt, während in den beiden anderen Funktionen noch eine gewisse Steuerungsfähigkeit festgestellt werden kann. Das ist beispielsweise in Staaten der Fall, deren Anspruch auf Kontrolle des Staatsgebiets von lokalen Autoritäten oder Mafiastrukturen erfolgreich eingeschränkt wird, die aber in der Lage sind, ein gewisses

Maß an wohlfahrtsstaatlicher Politik oder demokratischer Partizipation zu gewährleisten.

- Von gescheiterter Staatlichkeit (*failed states*) ist schließlich dann zu sprechen, wenn keine der drei staatlichen Funktionen mehr zentral erfüllt werden kann und damit ein effektiver Zerfall der Staatlichkeit vorliegt. Die politische Macht wird dann von rivalisierenden privaten Akteuren ausgeübt, die ihren Herrschaftsanspruch auf Gewalt und Unterdrückung stützen. Es sind *failed states* wie Somalia, Afghanistan, Demokratische Republik Kongo, Liberia, Sierra Leone oder der Irak nach dem Systemwechsel, die in den vergangenen Jahren besondere Aufmerksamkeit gefunden haben.

Die Versuche, eine funktionierende und legitime Staatlichkeit in schwach gewordenen, zerfallenden oder gar gescheiterten Staaten zu stärken bzw. wiederherzustellen, werden unter dem Begriff des *state building* (Staatsbildung) zusammengefasst. Während es hier um die staatlichen Kernfunktionen geht, ist das Konzept des *nation building* (Nationenbildung) wesentlich anspruchsvoller. Hier geht es um die Herausbildung gemeinsamer Identität und gegenseitiger Solidarität sowie um die gesellschaftliche Integration der „Staatsbürger" (Hippler 2004: 21-23). Beide Konzepte hängen unmittelbar miteinander zusammen, denn ein politisches System kann sich nicht stabilisieren, wenn Teile der Gesellschaft ihm dauerhaft ablehnend gegenüberstehen, sei es aus politischen, religiösen, ethnischen oder sozialen Gründen.

5.1 Zerfallende Staatlichkeit als Problem der internationalen Politik

Während in den 1990er Jahren die politische Aufmerksamkeit zumal in Europa der Idee der externen Unterstützung der Demokratisierung galt, richtete sich das Augenmerk insbesondere nach dem 11. September 2001 auf Staaten, die nicht einmal mehr die Grundvoraussetzungen für einen Transformationsprozess besitzen (→ internationaler Terrorismus). Zwar handelt es sich bei fragiler Staatlichkeit nicht um ein neues Problem, es ist allerdings traditionell vor allem in entwicklungspolitischer (→ Entwicklungszusammenarbeit) und humanitärer Perspektive betrachtet worden. Die Erfahrung zeigt in der Tat, dass ohne ein Mindestmaß an effektiver Staatlichkeit kaum Aussicht auf eine Verbesserung der humanitären Lage in Entwicklungsgesellschaften besteht. In der politischen Diskussion nach ‚9/11' ist diese Perspektive allerdings von der Einschätzung verdrängt worden, dass es sich bei gescheiterter Staatlichkeit um eine potentielle Gefährdung der nationalen und internationalen Sicherheit handelt (→ Sicherheitspolitik). So haben sowohl die USA als auch die EU gescheiterte Staatlichkeit in ihren Sicherheitsstrategien als zentrale Bedrohung ihrer Sicherheit eingestuft.

Bei genauerem Hinsehen zeigt sich freilich, dass es in der Regel nicht die gescheiterten Staaten selbst sind, von denen eine Bedrohung ausgeht. Vielmehr können die Bedingungen in zerfallenen Staaten von Akteuren genutzt werden, um das eigene Bedrohungspotential weitgehend ungehindert auszubauen. Dabei können mehrere Aspekte unterschieden werden, die sich in der politischen Realität freilich gegenseitig verstärken (Schneckener 2006: 11-16). Zerfallende Staaten bieten günstige Rahmenbedingungen für das Handeln von Terrorgruppen und kriminellen Akteuren (→ Organisierte

Kriminalität/Korruption), weil sie ihnen weite Handlungsmöglichkeiten und Bewegungsfreiheit bieten. Anomische Gesellschaften ohne wirtschaftliche Perspektive stellen zudem einen potentiellen Rekrutierungsraum für Terroristen dar. Weil keine Zentralgewalt mehr existiert und lokale oder regionale Akteure über einen begrenzten Raum die Kontrolle ausüben, eignen sich zerfallende Staaten als Trainings-, Rückzugs- und Vorbereitungsraum, weil hier vergleichsweise großer Schutz vor Strafverfolgung besteht. Dabei ergeben sich zur Aufrechterhaltung von Bürgerkriegsökonomien in ‚neuen Kriegen' neuartige Formen der Kooperation zwischen *warlords*, Strukturen der organisierten Kriminalität und Terrorgruppen auf Gegenseitigkeit, etwa in der Finanzierung durch Drogenhandel (→ Krieg). Zerfallende Staaten stellen daher nicht nur ein Problem für die regionale Stabilität dar. Von ihnen kann eine Bedrohung für die nationale Sicherheit von Staaten und Gesellschaften auch dann ausgehen, wenn diese Tausende Kilometer entfernt liegen. Nicht zuletzt fallen sie auch als Partner bei allen Versuchen aus, durch zwischenstaatliche oder internationale Kooperation gemeinsame politische Lösungen für Problemlagen zu finden, beispielsweise in der → internationalen Umweltpolitik oder im Bereich der transnationalen → Migration.

Die Ursachen für schwache Staatlichkeit und Staatszerfall sind vielfältig und liegen auf verschiedenen Ebenen (Rotberg 2004). Einen großen Teil der Fälle wird man aber durch die allgemeine Aussage abbilden können, dass es an legitimen Verfahren des Interessenausgleichs zwischen verschiedenen Teilen der Bevölkerung mangelt. Die Bevölkerungsgruppen sind nicht gegenüber der häufig von den Kolonialmächten vorgegebenen Staatsordnung loyal, sondern gegenüber anderen Strukturen bzw. Akteuren, etwa gegenüber separatistischen Bewegungen, ethnischen Gruppen oder lokalen *warlords*. Identität und Zusammengehörigkeitsgefühl, die als wichtige Voraussetzung einer funktionierenden Staatlichkeit gelten können, sind zu schwach ausgeprägt. Ebenfalls begünstigend wirken sich mangelnde wirtschaftliche Leistungsfähigkeit, Korruption und extreme Einkommensungleichheiten aus. Von den strukturellen Ursachen fragiler Staatlichkeit zu unterscheiden ist die Frage, welche Faktoren einen Zerfallsprozess auslösen oder diesen beschleunigen. Die Palette reicht hier von Bürgerkriegen, Unterdrückung einzelner Gruppen, wirtschaftliche Krisen bis zu Naturkatastrophen (Schneckener 2006: 26-30).

5.2 Strategien zur Stabilisierung von Staatlichkeit

Staatszerfall ist ein entwicklungspolitisches Problem mit sicherheitspolitischer Relevanz. Eingriffe von außen zur Stützung der fragilen Staatlichkeit sind äußerst voraussetzungsreich. Sie setzen eine genaue Kenntnis der lokalen Bedingungen und Konfliktstrukturen voraus. Das Motiv für ein Engagement der internationalen Gemeinschaft besteht zum einen darin, dass die Stabilisierung einzelner Staaten die Ursachen von Krieg und Konflikten in einer Region zu beseitigen hilft. Zum anderen, damit zusammenhängend, wird im Wiederaufbau von Staatlichkeit vielfach ein Beitrag zur Bekämpfung des transnationalen Terrorismus gesehen. Unterschieden werden kann dabei zwischen Maßnahmen zur Stabilisierung schwacher Staaten in präventiver Absicht und solchen Maßnahmen, die Bürgerkrieg und Konflikt in bereits zerfallenen Staaten beenden sollen. Welche Maßnahmen für die Stützung der Staatlichkeit angemessen sind, hängt von einer Vielzahl von Faktoren ab. Die Maßnahmen können auf einem Kontinuum verortet werden, das bei einer Intensivierung der diplomatischen Beziehungen (politischer Dialog) beginnt, über finanzielle und personelle Unterstützungsleistungen und Vermittlungsbemühungen in Konflikten bis zu Sanktionen reicht. Ein militärisches Eingreifen als Grundlage der Stabilisierung kann notwendig sein, um den Anspruch auf Stabilität und Ordnung und damit den Schutz der Bürger glaubwürdig abzusichern. Wenn die grundlegende Sicherheitsfunktion nicht gegeben ist, können Staatenbildungsprozesse nicht mit Aussicht auf Erfolg vollzogen werden. Ebenso kann Militär die Entwaffnung von Konfliktparteien überwachen und dem Wiederaufbau von Sicherheitskräften dienen.

Die militärischen Interventionen der vergangenen Jahre haben zwar die Grundlage für *state building*-Prozesse gelegt, dies war aber in der Regel nicht das eigentliche Ziel des Eingriffs. In den 1990er Jahren ging es in Bosnien-Herzegowina und im Kosovo beispielsweise darum, einen Krieg und eine humanitäre Katastrophe zu beenden bzw. ihr vorzubeugen. Afghanistan entsprach dem Typus des *failed state*. Das Ziel des Kriegs der US-geführten Truppen seit 2001/02 bestand darin, die Taliban, die dem *Al-Quaida*-Netzwerk Unterschlupf und Unterstützung gewährt hatten, zu zerschlagen und die Basis des Terrorismus zu zerstören. Weil aber ohne den Schutz internationaler Truppen mit einem Wiederaufflammen der Feindseligkeiten gerechnet werden musste, blieben die internationalen Truppen in den jeweiligen Staaten und sollten mit ihrer Präsenz die Basis für den staatlichen Wiederaufbau legen. Die Bilanz dieser Maßnahmen ist durchwachsen. Während es im ehemaligen Jugoslawien gelang, über die Stabilisierung der Verwaltungsstrukturen hinaus sogar einen Prozess der Demokratisierung einzuleiten, hatte sich die Lage in Afghanistan nicht grundlegend verbessert (→ Prägende Konflikte nach dem Zweiten Weltkrieg). Der Irak stellt insofern einen Sonderfall dar, weil es sich dabei um einen – durch Staatsterror – stabilisierten Staat handelte, in der Folge des Krieges gegen das Hussein-Regime im Frühjahr 2003 die staatlichen Strukturen aber vollkommen zusammenbrachen und neu aufgebaut werden mussten.

Für den Großteil der Aufgaben des Wiederaufbaus von Staatsstrukturen sind militärische Ressourcen wenig geeignet. Hier geht es vielmehr um die Wiederherstellung staatlicher Strukturen in Polizei, Verwaltung und Justiz und die Förderung der wirtschaftlichen Grundlagen. Diese Maßnahmen der Staatsbildung erweisen sich in der Praxis als außerordentlich anspruchsvoll. Sie bedürfen eines langjährigen finanziellen und politischen Engagements, das angesichts der unterschiedlichen Interessen der beteiligten Staaten oft nicht mobilisiert werden kann. Wie die Beispiele Afghanistan oder Irak zeigen, kann überdies nicht davon ausgegangen werden, dass die gesamte heimische Bevölkerung mit dem internationalen Engagement und den neuen Spielregeln einverstanden ist. Militärische Interventionen stellen keine ‚Stunde Null' dar, sondern eine von außen durchgesetzte oder garantierte Veränderung bedeutet eine Veränderung der etablierten Machtpotentiale und Einflusssphären in der Gesellschaft. Ein Eingriff von außen kann deshalb Widerstand hervorrufen und anstelle von Stabilität auch zum Gegenteil, zu einer Destabilisierung, führen. Aufstände von rivalisierenden Gruppen haben im Irak und in Afghanistan massive militärische Reaktionen entlang der Doktrin der *counter insurgency* notwendig gemacht; sie haben überdies die Erfolge im Bereich des *state building* nachhaltig gefährdet. Das zeigt sich insbesondere, wenn nach dem Abzug der internationalen Truppen mühsam erreichte Fortschritte rasch wieder erodieren.

6. Bilanz

Die Strategie der externen Einflussnahme zur Stabilisierung brüchiger Staatlichkeit hat die Frage nach der Reichweite staatlicher Souveränität mit neuer Dringlichkeit auf die Tagesordnung der internationalen Politik gesetzt. Das gilt insbesondere für jene Fälle, in denen die internationale Staatengemeinschaft die zentralen Staatsfunktionen vorübergehend oder längerfristig übernimmt. Denn als Ergebnis entsprechender Maßnahmen sind Staaten entstanden, „die ihre fortgesetzte oder neu gefundene Existenz nicht allein der Anerkennung durch die internationale Gemeinschaft verdanken, sondern vor allem auch deren physischer, sprich militärischer und administrativer Präsenz“ (Spanger 2002: 24). So waren Bosnien-Herzegowina und Kosovo *de facto*-Protektorate der internationalen Gemeinschaft. Die afghanische Regierung verdankte ihre Existenz über viele Jahre der Präsenz internationaler Truppen unter der Führung der NATO. Im Irak ist im Juni 2004 die Regierungsgewalt an eine Übergangsregierung übergeben worden, die jedoch einstweilen unter dem Sicherheitsschirm der USA bleiben wird.

Die Probleme des Wiederaufbaus verschärfen sich, wenn über die Wiederherstellung staatlicher Strukturen hinaus auch das Ziel verfolgt wird, von außen Prozesse des *nation building* einzuleiten. Denn *nation building* ist auf Voraussetzungen angewiesen, die externem Einfluss nur begrenzt offen stehen. Während die Förderung der Infrastruktur oder die kurzfristige Verbesserung der Sicherheitslage ein realistisches Ziel darstellen mögen, kann die Herstellung einer gemeinsamen Identität in einer ethnisch, religiös oder sozial fragmentierten Gesellschaft nur in langfristiger Perspektive angegangen werden. Wo sich schon die Wiederherstellung staatlicher Strukturen als schwierig erweist, so ist *nation building* eben „kein Zeichen politischer Bescheidenheit, sondern ein Schöpfungsakt ungeheuren Ausmaßes“ (Hippler 2004: 255), der große Mengen an Geld und Geduld benötigt, ein Prozess, der Rückschläge mit sich bringt und dessen Ausgang ungewiss ist.

→ Ergänzende Beiträge

Entwicklungszusammenarbeit, Europäische Union, Frieden, internationaler Terrorismus, Krieg, Liberalismus als IB-Theorie, Prägende Konflikte nach dem Zweiten Weltkrieg, Staat/Staatlichkeit im Wandel, Typen militärischer Interventionen

Literatur

Czempiel, Ernst-Otto ([2]1998): Friedensstrategien. Systemwandel durch internationale Organisationen, Demokratisierung und Wirtschaft, Paderborn u.a.

Hippler, Jochen (Hrsg.) (2004): Nation-Building. Ein Schlüsselkonzept für friedliche Konfliktbearbeitung, Bonn.

Merkel, Wolfgang ([2]2010): Systemtransformation. Eine Einführung in die Theorie und Empirie der Transformationsforschung, Opladen.

Rotberg, Robert I. (Ed.) (2004): When States Fail. Causes and Consequences, Princeton.
Sandschneider, Eberhard (2003): Externe Demokratieförderung. Theoretische und praktische Aspekte der Außenunterstützung von Transformationsprozessen, München.
Schimmelfennig, Frank/Sedelmeier, Ulrich (Eds.) (2005): The Europeanization of Central and Eastern Europe, Cornell.
Schneckener, Ulrich (Hrsg.) (2006): Fragile Staatlichkeit. ‚States at Risk' zwischen Stabilität und Scheitern, Baden-Baden.
Spanger, Hans-Joachim (2002): Die Wiederkehr des Staates. Staatszerfall als wissenschaftliches und entwicklungspolitisches Problem, Frankfurt/M.

06 – Digitale Souveränität (*Thorsten Benner/Isabel Skierka*)

1. Begriff

Im Zuge der Digitalisierung fast aller Lebensbereiche haben Staaten die Bedeutung des Internets für die Kernfunktionen politischer Kontrolle und ökonomischer Wertschöpfung erkannt. Aufgrund der grenzüberschreitenden und dezentralen Beschaffenheit des Internets sowie des großen technologischen Vorsprungs der USA (Militär, Geheimdienste, Silicon Valley-Unternehmen) sorgen sich demokratische wie autoritäre Staaten vermehrt um die Rückgewinnung oder den Erhalt ihrer ‚digitalen Souveränität' (oft ist mit ähnlicher Bedeutung von ‚technologischer Souveränität' die Rede). Insbesondere nach den Enthüllungen über die Überwachungs- und Spionagefähigkeiten der US-Geheimdienste im Sommer 2013 (→ transatlantische Beziehungen) hat der Begriff eine starke Konjunktur erfahren. Er wird vor allem politisch verwandt ohne eindeutig definierten rechtlichen und analytischen Kern. Je nach Verwendungskontext nimmt der Begriff verschiedene Bedeutungen an (mit jeweils unterschiedlichen politischen Handlungsempfehlungen). Eine Analyse der Verwendungskontexte kann dabei helfen, zentrale Aspekte der sich immer weiter verschärfenden Debatte um die Rolle von Staat, Unternehmen und Individuen im digitalen Raum zu beleuchten.

Je nach Verwendungszusammenhang ändert sich der Träger digitaler Souveränität. Im engeren Sinne ist der Staat (und dessen Hoheitsträger) der ‚digitale Souverän'. In einer breiteren Verwendung können auch Unternehmen oder Bürger als ‚digitale Souveräne' im Fokus stehen. Der Bürger als Souverän im Sinne des selbstbestimmten Handelns unter Kontrolle der eigenen Daten ist das Ziel der Bemühungen von Bürgerrechtsaktivisten. Insbesondere in Deutschland wird der Begriff auch als Metapher für die industrielle Unabhängigkeit und Wettbewerbsfähigkeit im Zeitalter von ‚Industrie 4.0' bzw. digitaler Plattformmärkte verwandt.

2. Digitale Souveränität in demokratisch regierten Ländern

Die Beweggründe und Ziele der Sorge um digitale Souveränität sind vom politischen Kontext abhängig. Für Staaten (und staatliche Hoheitsträger) lässt sich eine Orientierung nach außen und nach innen unterscheiden.

- Nach außen sorgen sich Staaten um den Schutz der Daten von staatlichen Hoheitsträgern, Unternehmen und (dies trifft vor allem auf freiheitliche Staaten zu) Bürgern vor Überwachung, Spionage und auch Hacking-Angriffen.
- Nach innen geht es Staaten um das Ermöglichen des Zugriffs von Strafverfolgungsbehörden auf vitale Daten. Unternehmen geht es um den Schutz ihrer Daten insbesondere vor Spionage.

Bürgerrechtler sorgen sich um das Recht auf digitale Selbstbestimmung und dem Schutz von persönlichen Daten vor Zugriff durch andere, sei es der eigene Staat, fremde Staaten oder Unternehmen. Die Vorschläge zur Stärkung oder Rückgewinnung digitaler Souveränität umfassen technische Maßnahmen wie zum Beispiel Datenlokalisierung, die sich direkt auf die technische Architektur des Internets auswirken können, und nicht-technische industriepolitische und gesetzliche Maßnahmen.

2.1 Datenlokalisierung

Nach dem Bekanntwerden des Abgreifens von auf Servern gespeicherten Daten durch ausländische Geheimdienste forderten Entscheidungsträger und Unternehmen in Deutschland, Frankreich und Brasilien 2013 die Einführung von Maßnahmen zur Datenlokalisierung. Gemeint ist damit die Begrenzung des Speicherns von Daten, der Datenströme und/oder der Datenverarbeitung innerhalb spezifischer geographischer Gebiete, Gerichtsbarkeiten oder Unternehmen (Chander/Le 2014, Hill 2014). Vorschläge in Europa für ein lokales nationales oder ‚Schengen-*Routing*' oder die Verwendung von lokalen Servern für ‚*Cloud*-Anbieter' in Europa und Brasilien sollten in erster Linie dem Schutz der Daten von Bürgern, Unternehmen und Regierungen vor Überwachung und Spionage dienen. Kritiker bestreiten jedoch deren Effektivität gegen ausländische Überwachung, da allein der Standort von Daten nicht vor Überwachung oder Kriminellen zu schützen vermag. Entscheidend für die sichere Übertragung von Daten ist nicht wo, sondern wie diese gespeichert oder übertragen werden. Datenlokalisierung könnte somit letztlich ein trügerisches Sicherheitsgefühl vermitteln (Maurer et al. 2014). Im Endeffekt wurden weder in Brasilien noch der EU Vorschläge zur Datenlokalisierung implementiert. Anstatt für lokale Server von ‚*Cloud*-Anbietern' wirbt die Europäische Kommission nun für gemeinsame Sicherheitsstandards und Qualitätssiegel für Datensicherheit im Rahmen der ‚*European Cloud-Initiative*'.

2.2 Verschlüsselung

Als effektivste technische Maßnahme wird die Verschlüsselung diskutiert. Technologien für die Ende-zu-Ende Verschlüsselung verschlüsseln Datenpakete bei ihrer Übertragung von Endgerät zu Endgerät. Außerdem existieren Möglichkeiten, Endgeräte und Server zu verschlüsseln. Große Internetunternehmen wie Google und Apple bieten bereits standardmäßig Methoden zur Verschlüsselung ihrer Endgeräte und Kommunikationsdienste, zum Beispiel E-Mail, an. Verschlüsselungstechniken sichern die Vertraulichkeit von Datenpaketen, ohne dabei die dezentralisierte Struktur und Funktionsweise des Internets einzuschränken. Führende Technologieunternehmen bezeichnen daher eine starke Verschlüsselung als Eckpfeiler der Sicherheit der modernen Informationswirtschaft. Zudem setzen sie sich verstärkt gegen den Einbau von Software-Hintertüren für Strafverfolger und Geheimdienste ein. Unternehmen und auch einige EU-Institutionen oder nationale Regierungsbehörden haben zur Nutzung und Weiterentwicklung von Verschlüsselungstechniken als Mittel zum Schutz von Bürgern, Unternehmen und Regierungen vor Überwachung aufgerufen. Regierungsvertreter, Strafverfolgungsbehörden und Geheimdienste kritisieren Vorstöße für die Verbreitung von einfach nutzbaren Verschlüsselungstechnologien jedoch mit dem Argument, sie könnten die Aufklärung krimineller Vorgehen behindern oder verhindern. Laut FBI-Chef James B. Comey drohen sie ‚uns an einen sehr dunklen Ort zu führen'. Der deutsche Verfassungsschutz-Chef Hans-Georg Maaßen gibt zu bedenken, dass dank Edward Snowden auch die islamistische Szene die Vorteile einer kryptierten Kommunikation begriffen habe. Das mache es für den Verfassungsschutz noch schwerer, an Informationen zu gelangen. Deshalb fordern Politiker einen standardisierten staatlichen Zugang zu verschlüsselten Informationen.

2.3 Datenschutz und Regulierung

In der Debatte um digitale Souveränität wird in Europa insbesondere die Bedeutung eines starken und einheitlichen Datenschutzes für Bürger hervorgehoben. 2012 hat die Europäische Kommission einen Gesetzentwurf für eine Europäische Datenschutzverordnung eingebracht, der nach heutigem Stand Ende 2015 verabschiedet werden soll. Ziel der Reform ist eine Vereinheitlichung europäischer Datenschutzstandards, die sich zurzeit noch aufgrund der unterschiedlichen Umsetzung der bisher geltenden Richtlinie in einzelnen Ländern unterscheiden. Das Ziel, persönliche Daten besser zu schützen, hat auch neue diplomatische internationale Kooperationswege und Allianzen geschaffen. 2013 und 2014 verabschiedete die Generalversammlung der → Vereinten Nationen zwei Resolutionen zum ‚Recht auf Privatheit im digitalen Zeitalter', die auf eine deutsch-brasilianische Initiative zurückgehen. Einzelne europäische Politiker haben außerdem zur Verhandlung eines internationalen Nicht-Spionage Abkommen aufgerufen, welches bisher politisch jedoch keinen Erfolg hatte. Völkerrechtlich ist Spionage nicht verboten. So ist es auch höchst unklar, ob etwa Deutschlands Geheimdienste den in der VN-Resolution genannten Prinzipien zum Recht auf Privatheit in ihren Abhörpraktiken Rechnung tragen.

2.4 Industriepolitik

Digitale Souveränität wird in Deutschland und Europa ebenfalls im Zusammenhang mit dem Schutz der einheimischen Industrie gefördert. Sichere national hergestellte Technologien sollen nicht nur vor Überwachung und Spionage schützen, sondern auch ein Gegengewicht zu dominanten Technologie-Industrien aus dem amerikanischen Silicon Valley oder China bieten. Politiker und Forscher diskutieren in diesem Zusammenhand den Vorschlag, einem deutschen oder europäischen ‚IT-Airbus' zu schaffen. Dieser Idee nach sollte Deutschland sicherheitskritische Technologien selbst herstellen und ein Gegengewicht zu großen IT-Herstellern aus den USA und Asien bieten.

3. Autoritär regierte Staaten

In autoritär regierten Ländern muss die Forderung für mehr digitale Souveränität im Kontext der Kontrolle von Informations- und Kommunikationstechnologien durch Regierungen gesehen werden. Durch Datenlokalisierung, Gesetze zur Regulierung des Internets und die Zensur von Inhalten versuchen autoritär regierte Länder, staatliche Kontrolle über die digitalen Aktivitäten der eigenen Bürger auszuüben.

- In einem 2011 in die VN-Generalversammlung eingebrachten Entwurf für einen zwischenstaatlichen Internet-Verhaltenskodex forderte Russland mit Unterstützung von China, Usbekistan und Tadschikistan, dass „die politische Autorität über öffentliche Belange mit Bezug zum Internet souveränes Recht der Staaten ist". In diesem Sinne sei die „Achtung der Souveränität, territorialen Integrität und politischen Unabhängigkeit aller Staaten" im Cyberspace zu bewahren.
- Ähnlich heißt es im bereits 2010 veröffentlichten chinesischen Weißbuch zum Internet in China, das nationale Internet stehe unter der Rechtsprechung chinesischer Souveränität, welche von allen Akteuren respektiert werden solle. Das bekannteste Beispiel für die Umsetzung dieses Anspruchs ist die sog. chinesische *Great Firewall*, die Nutzer in China von systemkritischen Inhalten abschottet.
- Der Iran verfolgt seit 2006 eine umfassende Agenda zum Aufbau des *National Information Network*, ein nationales Intranet mit einem national verwalteten E-Mailsystem und einer lokalen Serverinfrastruktur, die alle im Iran ansässigen Internetfirmen nutzen sollen.
- In Russland ist die Kontrolle der digitalen Aktivitäten der eigenen Bürger bisher weniger ausgeprägt als beispielsweise in China oder dem Iran. Jedoch ergreift Russland zunehmend Schritte, seine ‚digitale Souveränität' im Sinne der staatlichen Macht zu stärken. Im Jahr 2014 verabschiedete das russische Parlament unter anderem ein Datenlokalisierungsgesetz, unter dem Daten aller in Russland erzeugten personenbezogenen Daten auf Servern innerhalb Russlands gespeichert werden sollen. Derlei Maßnahmen begründet die russische Regierung als Reaktionen auf die Überwachung des Internetverkehrs durch amerikanische Geheimdienste. Digitale Souveränität wird hier ebenso zur Abschottung von ausländischen IT-Unternehmen und der Stärkung der eigenen Industrie instrumentalisiert. Das russische Datenlokalisierungsgesetz ist ein Schlag gegen ausländische in Russland operierende Unternehmen, die nun lokale Server und Infrastruktur in Russland betreiben müssen. In China hat die Regierung neue Regulierungen eingeführt, die den Marktzugang ausländischer Technologieanbieter erschweren. Zudem zensiert sie Inhalte ausländischer Internetanbieter und entwickelt Parallelstandards im Hard- und Softwarebereich. Langfristig will China so unabhängig wie möglich von ausländischen Technologien werden.

4. Ausblick

Die Debatte um digitale Souveränität wird in demokratischen und autoritären Systemen höchst unterschiedlich geführt. Mit der weiter zunehmenden Durchdringung der Digitalisierung wird sich diese Debatte weiter intensivieren. Offen ist dabei, welche Zukunft das oft beschworene ‚freie und offene' globale Internet hat. Experten und Politiker warnen vor einer drohenden Fragmentierung, oder ‚Balkanisierung' des Internets. Tatsächlich ist das Internet als Meta-Netzwerk bereits entlang geographischer, gesetzlicher und technischer Grenzen ‚fragmentiert'. Die kritische Frage ist eher das Ausmaß und auf welcher Ebene diese Fragmentierung das Internet in seiner Funktionsweise zum freien Austausch von Datenpaketen und damit Grundrechte auf freie Meinungsäußerung und Informationsfreiheit beeinträchtigt. Der Aufbau eines nationalen Intranets mit dem Ziel, die Kontrolle über digitale Aktivitäten der eigenen Bürger zu erhöhen, ist in vielen autoritär regierten Ländern wie China, Iran und auch Russland bereits eine reale Gefahr.

→ Ergänzende Beiträge

Globalisierung, Staat/Staatlichkeit im Wandel

Literatur

Chander, Anupam/Le, Uyen P. (2014): Breaking the Web: Data Localization vs. the Global Internet. UC Davis Legal Studies Research Paper No. 378.

Deibert, Ronald/Palfrey, John/Rohozinski, Rafal/Zittrain, Jonathan (eds.) (2008): Access Denied: The Practice and Policy of Global Internet Filtering, Cambridge.

Goldsmith, Jack/Wu, Tim (2006): Who Controls the Internet? Illusions of a Borderless World, Oxford.

Hill, Jonah Force (2014): The Growth of Data Localization Post-Snowden: Analysis and Recommendations for U.S. Policymakers and Industry Leaders, Lawfare Research Paper Series 2, no. 3.

Maurer, Tim/Morgus, Robert/Skierka, Isabel/Hohmann, Mirko (2014): Technological Sovereignty – Missing the Point? GPPi/New America Policy Paper, Berlin/Washington.

07 – Diplomatie (*Johannes Varwick*)

1. Begriff und Entwicklung

Unter dem Begriff Diplomatie (D.) werden diejenigen Handlungen verstanden, mit denen verschiedene Akteure versuchen, Angelegenheiten der internationalen Beziehungen durch unterschiedlichste Arten und Methoden der Kommunikation und der Verhandlung zu regeln und dabei die eigenen Interessen zu wahren. Obwohl die klassische D. Domäne der Nationalstaaten ist (so ist etwa die Aufnahme diplomatischer Beziehungen formale Anerkennung der staatlichen Souveränität) und in diesem Sinne als Gestaltung der nationalstaatlichen Außenpolitik verstanden werden kann, kann heute daraus kein staatliches Monopol diplomatischen Handels mehr abgeleitet werden. Vielmehr schlagen die Strukturveränderungen der internationalen Beziehungen auch auf Konzepte der D. durch (→ Globalisierung). Der von dem griechischen Wort *diploma* abgeleitete Begriff – die Abgesandten erhielten ein Beglaubigungsschreiben in Form eines Diploms und nannten sich diplomatische Agenten – entstand im 18. Jh., der damit bezeichnete Sachverhalt ist aber ungleich älter. Die frühesten Belege diplomatischer Beziehungen (u.a. Vertrag zwischen zwei Reichen und Einzelbestimmungen zum Erhalt des Friedens, Klauseln über Auslieferung von geflüchteten Personen) stammen aus dem Ägypten des 13. Jhs. v. Chr. (Krekeler 1965: 9-34). Nicht nur die Griechen und Römer, sondern auch alle außereuropäischen Hochkulturen kannten Formen diplomatischen Handelns, die sich jedoch vornehmlich auf *Ad-hoc*-Basis vollzogen. Spätestens mit der Renaissance veränderte sich die D. durch die Aufnahme ständiger Missionen qualitativ weiter. So unterhielten seit dem 15. Jh. Mailand, Florenz und Venedig ständige Vertretungen am französischen Hof, 1487 wurde von Spanien ein ständiger Gesandter nach London geschickt. Aus dieser Zeit stammen bereits zahlreiche diplomatische Regeln, von denen viele bis heute ihre Geltung behalten haben. Das erste moderne Außenministerium wurde 1626 in Frankreich gegründet, das britische *Foreign Office* nahm 1782 seine Arbeit auf.

2. Grundfunktionen heutiger Diplomatie

Mit der Entstehung der Nationalstaaten in Europa in Folge des Westfälischen Friedens (1648) bildete sich die D. mit ihren verbindlichen Verfahren und völkerrechtlichen Fixierungen in ihrer heutigen Form heraus (→ Staat/Staatlichkeit im Wandel). Auch wenn bereits seit dem Wiener Kongress (1815) zahlreiche Versuche unternommen wurden, die Rechtsstellung der Diplomaten und damit das diplomatische Handeln verbindlich zu regeln und zudem das Völkergewohnheitsrecht (→ Völkerrecht/internationales Recht) Normen ausgebildet hatte, wurde diese Entwicklung erst im 20. Jh. völkerrechtlich abgeschlossen. Die maßgebliche internationale Vereinbarung für diplomatisches Handeln ist das ‚Wiener Übereinkommen über diplomatische Beziehungen' (Wiener Konvention) vom April 1961, das 1963 durch die ‚Wiener Konsularkonvention' ergänzt wurde. Die Wiener Konvention stellt erstens einheitliche Rahmenbedingungen für die Arbeit der Diplomaten auf. So ist u.a. definiert, unter welchen Voraussetzungen ein Botschafter entsandt wird und welche Rechte das Botschaftspersonal im Gastland besitzt. Zweitens wird versucht, die diplomatische Arbeit gegen Beeinträchtigungen abzusichern. Dies bezieht sich u.a. auf die Unverletzlichkeit des diplomatischen Personals, von Gebäuden und Kommunikationsmitteln (die sog. Immunitäten) und drückt sich etwa darin aus, dass die Amtsgebäude der Botschaft und die private Residenz des Botschafters exterritoriales Gebiet sind, die Mitglieder des diplomatischen Personals nicht der Gerichtsbarkeit des Landes unterliegen und der Gaststaat für die Sicherheit der ausländischen Diplomaten verantwortlich ist. Ziel der Wiener Konvention ist mithin, das diplomatische Handeln nach international einheitlichen Regeln zu gestalten und die Voraussetzung dafür zu schaffen, dass Staaten miteinander diplomatische Beziehungen pflegen können.

Es lassen sich verschiedene Grundfunktionen diplomatischen Handelns ausmachen:

- Kommunikationsfunktion: Diplomaten sind Mittler zwischen den Verantwortlichen für die Außen- und Sicherheitspolitik eines Landes, die anderen Staaten offizielle Standpunkte und Strategien mitteilen und erläutern. Aufgrund von modernen Kommunikations- und Transportmitteln ist diese Funktion allerdings dem exklusiven Zuständigkeitsbereich der Diplomaten entzogen worden.

- Sammlerfunktion: Diplomaten sind Sammler und Verarbeiter von Informationen, die mehr wissen sollen als andere und dem Staat damit einen Informationsvorsprung beschaffen sollen. Auch diese Funktion hat angesichts des verbesserten Informationszugangs an Bedeutung verloren, allerdings besteht nach wie vor Bedarf an analytischer Beurteilung der Faktenlage.
- Konsularfunktion: Diplomaten sind Anwälte der eigenen Staatsbürger im Ausland wie auch Ansprechpartner für Bürger des Gastlandes in Visa-Angelegenheiten.
- Verhandlungsfunktion: Diplomaten sind Akteure in zwischenstaatlichen Verhandlungsprozessen zur Pflege und Ausgestaltung der bilateralen Beziehungen sowie zur Bearbeitung von zwischenstaatlichen Konflikten bzw. zur Interessenwahrnehmung eines Staates. Dazu bedarf es Diplomaten, die gekonnt verhandeln können.
- Partizipationsfunktion: Diplomaten stellen sicher, dass Staaten an multilateralen Institutionen und Konferenzen mitarbeiten können, denn für die internationale Politik wie auch für die Lösung konkreter Konflikte werden diese Entscheidungszentren immer bedeutsamer. Hier bedarf es ebenfalls in multilateralen Verhandlungstechniken geschulter Diplomaten.
- Dienstleistungsfunktion: Diplomaten sind Türöffner und Förderer eigener Unternehmen im Gastland.
- Mittlerfunktion: Diplomaten sind Akteure der auswärtigen Kulturpolitik, die einen eigenständigen Aufgabenbereich der D. darstellt sowie für die Organisation von Informationsreisen von Politikern oder sonstigen Entscheidungsträgern zuständig.

3. Diplomatie im Wandel

Die diplomatischen Verfahren haben sich in den vergangenen Jahrzehnten verändert. Begriffe wie ‚Kabinettsdiplomatie' oder ‚Geheimdiplomatie' (die im Übrigen nicht mit Formen der stillen D. zu verwechseln ist, die nach wie vor Konflikte verhindern bzw. lösen kann) sind zumindest in demokratischen Staaten aus der Sprachwelt der Diplomaten verschwunden. Zugenommen hat hingegen die ‚Gipfeldiplomatie', die in einer zunehmenden Multilateralisierung der internationalen Politik (→ Multilateralismus) begründet liegt und sich auch in einer wachsenden Bedeutung von → internationalen Organisationen und Regimen zeigt (so wirkt z.B. Deutschland in rd. 200 internationalen Gremien und Organisationen mit). Der Vernetzungsgrad zwischen den Staaten und Gesellschaften ist derart hoch, dass es kaum noch Politikbereiche gibt, die keinen internationalen Bezug mehr haben. Ehemals klassische Bereiche der Innenpolitik wie Verkehrs-, Landwirtschafts-, Gesundheits- oder Steuerpolitik lassen sich oftmals nur noch international gestalten und verlangen einen internationalen Blickwinkel. Die internationalen Beziehungen haben sich zudem nicht nur intensiviert, sondern auch in Spezialgebiete ausdifferenziert und verkompliziert. Internationale Verhandlungen, etwa im Bereich der → Abrüstung und Rüstungskontrolle oder der Finanzpolitik sind derart komplex, dass es erheblichen Expertenwissens bedarf, um mitverhandeln zu können. All dies verlangt gut ausgebildete, spezialisierte und durchsetzungsfähige Diplomaten.

4. Diplomatie in Deutschland

Nach Gründung der Bundesrepublik 1949 gab es zunächst keinen Auswärtigen Dienst, denn die Bundesrepublik verfügte anfangs über keine außenpolitische Souveränität. Dies hat sich erst mit dem Deutschlandvertrag und dem Ende des Besatzungsstatuts (Mai 1955) bzw. vollständig erst mit dem ‚Vertrag über die abschließende Regelung in Bezug auf Deutschland' (September 1990) geändert. In Deutschland ist für die Pflege der auswärtigen Beziehungen und damit für den diplomatischen Dienst gemäß Art. 32 Grundgesetz in erster Linie das Auswärtige Amt (AA) mit seiner Zentrale in Berlin und seinen derzeit (2015) 230 Auslandsvertretungen in 145 Ländern verantwortlich (Haushalt 2015: rd. 3,7 Mrd. EUR). Das 1951 gegründete AA geht auf das 1807 errichtete preußische ‚Ministerium für Auswärtige Angelegenheiten' zurück, welches 1871 zum ‚Auswärtigen Amt des Deutschen Reiches' wurde.

Seit 1991 hat die deutsche D. mit dem Gesetz über den Auswärtigen Dienst (GAD) eine rechtliche Grundlage. Aufgabe des Auswärtigen Dienst ist es nach dem GAD insbesondere, die Interessen der Bundesrepublik Deutschland im Ausland zu vertreten, die auswärtigen Beziehungen auf politischem, wirtschaftlichem, entwicklungspolitischem, kulturellem, wissenschaftlichem, technologischem, umweltpolitischem und sozialem Gebiet zu pflegen und zu fördern, die Bundesregierung über Verhältnisse im Ausland zu informieren, über die Bundesrepublik Deutschland im Ausland zu informieren, Deutschen im Ausland Hilfe und Beistand zu leisten und die die außenpolitischen Beziehungen betreffenden Tätigkeiten von staatlichen und anderen öffentlichen Einrichtungen der Bundesrepublik Deutschland im Ausland im Rahmen der Politik der Bundesregierung zu koordinieren. Der deutsche Auswärtige Dienst hat derzeit (2015) 5.864 Mitarbeiter (davon 2.864 im In- und 3.000 im Ausland), hinzu kommen ca. 5.400 Ortskräfte und ca. 1.100 Mitarbeiterinnen und Mitarbeiter, die von anderen Ressorts der Bundesregierung, den Bundesländern, der Wirtschaft und anderen Institutionen vorübergehend in den Geschäftsbereich des Auswärtigen Amts abgeordnet sind. Im Vergleich zum britischen (17.000) und französischen (20.000) Auswärtigen Dienst ist das eine bescheidene Größe, die sich auch am geringeren Anteil des Auswärtigen Amtes am Gesamthaushalt widerspiegelt (Deutschland: 1,0 und Großbritannien bzw. Frankreich jeweils 1,3 Prozent). Deutschland unterhält mit 192 Staaten diplomatische Beziehungen und ist bei zahlreichen internationalen Organisationen (u.a. → Europäischer Union, → NATO, → VN, OECD, OSZE) mit diplomatischen Vertretungen präsent. Weitere wichtige Akteure der Exekutive sind Bundespräsident und Bundeskanzler. Dem Bundespräsidenten kommt nach Art. 59 GG die völkerrechtliche Vertretung Deutschlands zu und er schließt im Namen des Bundes die Verträge mit auswärtigen Staaten und empfängt die Gesandten. Eine wichtige Rolle im außenpolitischen Entscheidungsprozess (→ Außenpolitikforschung) spielt auch das Kanzleramt, das dazu Referate und Abteilungen mit außenpolitischen Bezügen unterhält.

Auch der deutsche Auswärtige Dienst unterliegt seit einigen Jahren einem Veränderungsprozess. Die gestiegene Verantwortung des vereinigten Deutschlands und die daraus ableitbare wichtigere weltpolitische Rolle verlangen eine höhere Präsenz, Kompetenz und Effizienz deutscher D. und dies ist angesichts von Mittelkürzungen ein schwieriger Prozess. Die Eckpunkte des Reformprozesses sind eine organisatorische

Straffung, Verflachung der Hierarchien, und die Öffnung nach außen. Es soll ein neues Selbstverständnis des Auswärtigen Dienstes entwickelt werden, der bürgernah, leistungsfähig und mit konzeptionell-strategischem Denken zu einer überzeugenden *public-diplomacy* fähig sein soll. Mit insgesamt 90 Einzelmaßnahmen war die bereits im Jahr 2000 begonnene Reform die umfassendste Veränderung seit Wiedergründung des AA im Jahr 1951. Die Maßnahmen lassen sich in drei Gruppen einteilen: Modernisierung des Personalmanagements, Effizienzsteigerung bei Organisationsstrukturen und Arbeitsabläufen und Öffnung des Auswärtigen Dienstes hin zu anderen Akteuren im außenpolitischen Umfeld. Zudem gibt es seit 2000 jährliche Botschafterkonferenzen, an denen die Leiter aller Auslandsvertretungen in Berlin zusammenkommen und aktuelle außenpolitische Fragen diskutieren, ein Krisenreaktionszentrum, das für alle mit nichtmilitärischen Mitteln zu bewältigende Krisen die Federführung hat, Beratungsstellen für die Außenwirtschaft und es wird angestrebt, dass alle Auslandsvertretungen voll vernetzt sind. Mit der Öffnung des Auswärtigen Dienstes hin zu anderen Akteuren soll der Ideenfluss mit Akteuren der Zivilgesellschaft (→ Transnationale Akteure/Nichtregierungsorganisationen) verbessert werden. Im Jahr 2014 wurde ein weiterer umfassender *Review-Prozess* der deutschen Außenpolitik und auch des Auswärtigen Dienstes eingeleitet, der 2015 seinen vorläufigen Abschluss fand. In der Folge wurden u.a. die internen Abläufe und Strukturen im Auswärtigen Amt erheblich geändert.

Drastische Veränderungen resultieren auch aus der zunehmenden Europäisierung der deutschen Außenpolitik (→ EU als internationaler Akteur) und dem im Vertrag von Lissabon beschlossenen Aufbau eines europäischen diplomatischen Dienstes. Die seit längerer Zeit diskutierte Einrichtung eines Europaministeriums und die Verschmelzung des Auswärtigen Amts mit dem Ministerium für wirtschaftliche Zusammenarbeit und Entwicklung sind jedoch bisher nicht mehrheitsfähig. Des Weiteren verlangt der angestrebte ständige Sitz Deutschlands im Sicherheitsrat der → Vereinten Nationen als Grundvoraussetzung neben der Fähigkeit und der Bereitschaft zur Übernahme weltpolitischer Verantwortung eine professionellere und globaler ausgerichtete deutsche D.

5. Bilanz

D. ist ein Prozess der Kommunikation in weltpolitischen Angelegenheiten und gleichzeitig ein wichtiges Instrument der Außenpolitik eines Staates. Im Staatslexikon der Görres-Gesellschaft von 1908 heißt es zur Amtsführung der D.: „Sie hat nicht selbst Politik zu machen, vielmehr die ihr von den Lenkern der auswärtigen Politik erteilten Aufträge genau und scharf aufzufassen, [...] entgegenstehende Einwände zu entkräften oder durch Ermittlung Gegenkonzessionen auszugleichen, die Ehre und Würde des eigenen Staates überall zu wahren, tunlichste Zurückhaltung zu beobachten, um nicht zu früh gebunden zu sein und allfällige neue Chancen zur Erzielung größerer und weiterer Vorteile benutzen zu können" (1289). Damit wird ein Bild der D. gezeichnet, das zwar noch dem Klischee der Diplomaten entspricht, jedoch einiger Ergänzungen bedarf. In den oben genannten Entwicklungen zeigt sich vielmehr ein grundlegender Veränderungsbedarf der D. Auslandsvertretungen sind nicht mehr vornehmlich Verbindungsstellen für Regierungskontakte, bei denen die Öffentlichkeit weitgehend ausgeschlossen ist. Vielmehr versteht sich moderne D. auch als Dienstleister für die Staatsangehörigen bzw. Unternehmen im Ausland und versucht zudem vor Ort, in die Gesellschaft und Politik des Gastlandes hineinzuwirken. Dabei richtet sich diplomatische Tätigkeit im Sinne einer *public diplomacy* nicht nur auf politische Funktionsträger oder Eliten, sondern versucht die Politik des Heimatlandes auch einer breiteren Öffentlichkeit zu vermitteln und dabei die Interessen des eigenen Landes im Blick zu behalten. Der außenpolitische Alleinvertretungsanspruch des Auswärtigen Dienstes wird insgesamt durch eine koordinierende und steuernde Rolle abgelöst. Dies bedeutet allerdings nicht, dass klassische D. überflüssig geworden wäre. Im Gegenteil ist sie vielmehr eine Voraussetzung dafür, dass Staaten und Regierungen miteinander in Kontakt treten und auf formalisierte, zivilisierte Art und Weise ihre Interessen vertreten und mit denen anderer abgleichen und annähern bzw. auch durchsetzen können.

→ Ergänzende Beiträge

Außenpolitikforschung, Globalisierung, Multilateralismus, internationale Organisationen, Staat/Staatlichkeit im Wandel, Völkerrecht/internationales Recht

Literatur

Berridge, Geoff R. (⁴2010): Diplomacy. Theory and Practice, Basingstoke.
Bertram, Christoph/Däuble, Friedrich (Hrsg.) (2002): Wem dient der Auswärtige Dienst? Erfahrungen von Politik, Wirtschaft, Gesellschaft, Opladen.
Brandt, Enrico/Buck, Christian (Hrsg.) (²2005): Auswärtiges Amt. Diplomatie als Beruf, Opladen.
Cohen, Samy (Hrsg.) (2002): Les diplomates: Négocier dans un monde chaotique, Paris.
Duchardt, Heinz (2015): Der Wiener Kongress und seine ‚diplomatische Revolution'. Ein kulturgeschichtlicher Streifzug, in: ApuZ (22-24), S. 27-32.
Galluccio, Maurob (Hrsg.) 2015: Handbook of international negotiation. Interpersonal, intercultural and diplomatic perspectives, Berlin.
Jönssen, Christer (2002): Diplomacy, Bargaining and Negotiation, in: Carlsnaes, Walter/Risse, Thomas/Simmons, Beth A. (eds): Handbook of international relations, London, S. 212-234.
Krekeler, Heinz L. (1965): Die Diplomatie, München.

Internetadressen

Abschlussbericht des Reformprozesses des AA: www.auswaertiges-amt.de/cae/servlet/contentblob/699336/publicationFile/202955/Review_Abschlussbericht.pdf
Internationale Diplomatenausbildung des AA: https://diplomatie.alumniportal.com/
United Nations Treaty Collection: https://treaties.un.org/

08 – Energiepolitik (*Kirsten Westphal*)

1. Gegenstand und Bedeutung

1.1. Internationale Energieversorgung

Unsere modernen und hoch industrialisierten Volkswirtschaften basieren auf dem Einsatz moderner Energieformen. Ihre Leistungsfähigkeit ist somit eng an die Verfügbarkeit von Energieträgern und deren effiziente Nutzung gekoppelt (→ Ressourcenpolitik). Aufgrund ihrer Bedeutung für die Wirtschaft wird Energie als ein Produktionsfaktor neben Kapital, Boden und Arbeit gesehen. Die Energieversorgung setzt sich aus einem Mix verschiedener Energieträger (dem ‚Energiemix') zusammen. Als Primärenergieträger bezeichnet man diejenigen Rohstoffe, die wie Erdöl, Erdgas, Kohle, aber auch Sonnenenergie natürlichen Ursprungs sind und noch keinen technischen Bearbeitungsprozess durchlaufen haben. Diese Primärenergieträger werden z.B. in Strom umgewandelt und als Wärme, Licht und Bewegungsenergie in Industrie, privaten Haushalten, Handel und Verkehr genutzt. Dabei kommt es zu erheblichen Verlusten, z.B. durch Abwärme und Reibung beim Transport. Die unterschiedlichen Energieträger haben spezifische Eigenschaften (wie der geographische und geologische Charakter der Lagerstätten, Transportmöglichkeiten etc.), die auch ihre Nutzung (Kapital-, Technologieintensität) bedingen. Wegen der verschiedenen Bearbeitungs- und Umwandlungsstufen spielt die Wertschöpfungskette eine besondere Rolle. Deswegen haben Energiekonzerne gerade ein Interesse an einer vertikal-integrierten Organisation, die von Exploration, Produktion/ Erzeugung, Transport, über die Weiterverarbeitung bis zum Vertrieb alle Stufen einschließt um einen größtmöglichen Gewinn zu erzielen (→ Weltwirtschaftssystem). Ein Energiesystem umfasst die gesamten technischen Einrichtungen und wirtschaftlichen Tätigkeiten der Energiewirtschaft, die sich mit der Produktion, Umwandlung, Weiterverarbeitung und dem Verbrauch von Energie befassen. Dabei unterscheidet sich die Energiewirtschaft in einigen Punkten fundamental von anderen Wirtschaftssektoren: Sie ist bei der fossilen Energieproduktion standortgebunden (→ Geopolitik), die Verteilung von Strom und Gas ist leitungsgebunden, und der Bau von Produktions- und Verteilungsanlagen ist kapitalintensiv und langfristig angelegt.

Die weltweite Verbrauchsstruktur wird zurzeit und auch in näherer Zukunft von den fossilen Brennstoffen wie Erdöl zu über 31%, Kohle zu 29% und Erdgas zu über 21% dominiert. Atomenergie deckt den Energiebedarf zu knapp 5%, Biomasse und Abfälle zu rund 10% und andere erneuerbare Energiequellen zu rund 3% (IEA 2014: 58). Mit dem Ausbau von Erdöl und Erdgas im nationalen Energiemix sind die internationalen Verflechtungen gewachsen (→ Globalisierung, Interdependenz). Für die internationale Energiepolitik (E.) sind insbesondere Erdöl und Erdgas von strategischer Bedeutung, Kohle hingegen wird frei gehandelt und zudem oft auch im jeweiligen Land gefördert und verbraucht. Eine besondere Herausforderung für die E. entsteht wegen der mit ihr verbundenen Risiken aus der Nutzung von Kernenergie. Der Ausbau der erneuerbaren Energien und Bemühungen um Energieeffizienz gewinnen an Bedeutung. Die Preisveränderungen bei Energieträgern ziehen außerdem enorme Reichtums- und

Devisentransfers auf internationaler Ebene nach sich (→ internationale Finanzarchitektur). Die internationalen Energiemärkte haben erheblichen Einfluss auf das internationale Währungs- und Finanzsystem und *vice versa*. Der Weltenergiebedarf wird bis 2035 im Vergleich zu 2013 nochmals um 37% wachsen. Wenn das Energiesystem nicht konsequent nachhaltig umgebaut wird, werden auch dann die fossilen Energieträger zu etwa gleichen Teilen drei Viertel des Verbrauchs decken müssen (BP 2014; IEA 2014). Angesichts des Klimawandels (→ Klimapolitik) tut sich ein eklatanter Widerspruch zwischen Wissen und Handeln auf, da der Verbrauch der fossilen Brennstoffe in wesentlichem Maße zum antropogenen Klimawandel beiträgt (→ interationale Umweltpolitik).

Tab. 3: Weltenergieverbrauch nach Energieträgern in Mtoe (tatsächlich und projiziert)

	1965	1975	1985	1995	2005	2010	2015	2025	2035
Mineralöl	1.530	2.693	2.817	3.293	3.919	4.040	4.280	4.777	5.065
Erdgas	588	1.064	1.485	1.925	2.495	2.868	3.213	3.964	4.558
Kohle	1.432	1.592	2.072	2.236	2.926	3.469	3.816	4.366	4.564
Kernenergie	6	82	335	526	626	626	633	780	842
Wasserkraft	209	325	448	563	662	784	898	1.073	1.249
erneuerbare Energieträger	1	4	12	37	85	168	347	755	1.177

Quelle: eigene Darstellung nach Zahlen von BP, Statistical Review of World Energy 2014 und Energy Outlook 2035; Mtoe = Megatonne Öleinheiten/*million tonnes oil equivalent*, (1 Megatonne entspricht 1 Million Tonnen); Zahlen 2020 bis 2035 geschätzt

1.2. Ziele und Aufgaben der Energiepolitik

E. ist die Summe aller Maßnahmen mit denen ein Staat das Energiesystem, die Energiewirtschaft und die Form der Energieversorgung nach den Erfordernissen und Interessen einer Gesellschaft gestaltet und lenkt. E. ist Teil der Wirtschaftspolitik, vollzieht sich aber an den Schnittstellen zu anderen Politikfeldern wie der Umwelt- und Klima-, der Verkehrs-, Forschungs- und Sozialpolitik. Da der Energiehandel internationale Abhängigkeiten schafft, ist die E. ebenfalls mit der Außen- und → Sicherheitspolitik verwoben. Die Prioritätensetzung unterliegt innenpolitischen Leitvorstellungen als auch globalen Einflüssen. Das energiepolitische Zieldreieck setzt sich aus den Zielen Versorgungssicherheit, Wirtschaftlichkeit, Klima- und Umweltverträglichkeit zusammen. Zu den wichtigen staatlichen Aufgaben gehört daher, die unterbrechungsfreie Energieversorgung zu wettbewerbsfähigen und angemessenen Preisen und mit Blick auf ihre Nachhaltigkeit zu gewährleisten. Häufig befindet sich E. in einem Zielkonflikt, da die einzelnen Ziele unterschiedlich gewichtet werden und sich in ihrer Prioritätensetzung widersprechen können. Die Güterabwägung ist auch beeinflusst von den ordnungspolitischen Rahmenbedingungen, die sich aus der Wettbewerbs- und der Eigentumsordnung, der Sozial- und Verteilungspolitik, aber auch der Rolle des Staates in der Wirtschaft generell ergeben.

Wegen ihrer zentralen volkswirtschaftlichen und gesamtgesellschaftlichen Bedeutung hat die Energiewirtschaft eine besondere Stellung inne und unterliegt zudem einer starken Einflussnahme und Regulierung des Staates. Aufgrund ihrer Bedeutung ist die

Versorgungssicherheit ein ‚öffentliches Gut', dessen Herstellung und Aufrechterhaltung im Aufgabenbereich des Staates liegt (→ Global Commons). Dabei kann diese Aufgabe privaten Akteuren überantwortet werden. Der Staat muss aber für den politischen und regulativen Rahmen sorgen. Die Energieversorgung steht mithin in einem Spannungsfeld zwischen Staat und Markt. Seit der zweiten Hälfte der 1980er Jahre wurde die Energiewirtschaft in den OECD-Staaten liberalisiert und einem Wettbewerb ausgesetzt. Dies wurde als ein Mittel gesehen, Energie effizienter und kostengünstiger zu produzieren. Der Energiesektor trägt zu über 70% zu den CO_2-Emissionen bei und hat deswegen eine Schlüsselrolle zur Erreichung der Klimaziele inne. Seit dem vierten Klimabericht des Intergouvernementalen Panels der → Vereinten Nationen zum Klimawandel von 2007 und dem international formulierten Ziel, die globale Erwärmung auf zwei Grad gegenüber dem vorindustriellen Niveau zu begrenzen ist die Klimaverträglichkeit der Energieversorgung in vielen Ländern handlungsanleitend, zum Beispiel für die deutsche Energiewende. Global sind die zwei großen Herausforderungen, die es international zu bewältigen gilt, der Umbau hin zu einem nachhaltigen, kohlenstoffarmen Energiesystem und die Bekämpfung der Energiearmut. Das setzt im Grunde eine wirkliche globale Transformation der Energienutzung voraus, die auf die ‚drei Es' (Einsparung, Energieeffizienz und erneuerbare Energien) setzt.

Das Ziel der Versorgungssicherheit ist historisch eng mit geopolitischen Krisen verbunden: mit den Ölpreiskrisen 1973/74 und 1979 sowie aktuell mit den russisch-ukrainischen Gasstreits 2006, 2009 und der Russland-Ukraine-Krise seit 2014. Energiesicherheit hat neben dieser physischen Dimension der realen Verfügbarkeit der Energieträger auch die ökonomische Dimension, die die Preisentwicklung in den Vordergrund rückt, sowie die psychologische Dimension der gefühlten Sicherheit. Versorgungssicherheit wird meist über die Importabhängigkeit und die internationale Verflechtung definiert. Dabei muss die Versorgung über alle Stufen der Versorgungskette von der Förderung und dem Import von Primärenergieträgern, der Weiterverarbeitung und dem Transport, der Erzeugung von Strom oder Wärme bis hin zu Handel und Vertrieb sichergestellt werden. Da regenerative Energiequellen auch die Abhängigkeit von fossilen Brennstoffen und damit die Importabhängigkeit verringern, kommt ihnen eine wichtige Bedeutung für die Versorgungssicherheit zu. Damit entstehen aber auch neue Herausforderungen für die Systemstabilität der Netze und die Krisenfestigkeit der Energiesystems.

1.3 Akteure

Die Akteure der internationalen E. sind neben Staaten und Regierungsbehörden vor allem die Energiekonzerne. Neben den großen internationalen ‚Energiemultis' gewinnen nationale Energiefirmen aus Produzenten- und Verbraucherländern, die ganz oder zu signifikanten Teilen dem jeweiligen Staat gehören, an Bedeutung. Weit über 75% aller Erdöl- und Erdgasreserven befinden sich in den Händen staatlich dominierter Konzerne, die zunehmend auch in die nachgelagerten Wertschöpfungsstufen der Verarbeitung, des Handel und Vertriebs investieren. Investitionen und Handel unterliegen zunehmend politischen Interventionen. Der *Fracking*-Boom in den USA hat aber auch die Rolle von kleineren und mittleren Unternehmen in der Energieförderung gestärkt. Ähnliches gilt für den Bereich der erneuerbaren Energien und der Energieeffizienz, so dass sich unternehmerische Interessen im Energiesektor ausdifferenzieren. Besonders auf nationaler Ebene nehmen weitere gesellschaftliche Kräfte, die mit der Ausgestaltung des Energiesystems Interessen verknüpfen, indirekt Einfluss auf die politische Willensbildung (Parteien, Gewerkschaften, Medien, Wissenschaft, Unternehmen und ihre Verbände, Verbraucherorganisationen). In zunehmendem Maße engagieren sich auch Nichtregierungsorganisationen aus dem Menschenrechts- und Umweltbereich (→ Transnationale Akteure/Nichtregierungsorganisationen).

2. Internationale Problematik

2.1. Geographische Verteilung und Konzentration der fossilen Brennstoffe

Die Ungleichheit in der geographischen Verteilung der fossilen Rohstoffvorkommen stellt die zentrale Herausforderung in der E. dar. Entscheidend ist, dass die größten Verbrauchermärkte weit entfernt von den wichtigen Energiereserven liegen. Die Geographie der Öl- und Gasverkommen bietet daher Anknüpfungspunkte für geopolitische Strategien. Für die Region, die die größten konventionellen Energievorkommen besitzt, wurde die Bezeichnung der ‚strategischen Ellipse' geprägt. Sie umfasst Russland, die Kaspische Region und Zentralasien, den Iran sowie die Staaten des Nahen und Mittleren Ostens. Hier konzentrieren sich etwa 74% der konventionellen Weltölreserven und 70% der Weltgasreserven. Diese Region verfügt über die größten und am leichtesten zugänglichen Öl- und Gasfelder, die die niedrigsten Förderkosten aufweisen. Allerdings erschöpfen sich diese Felder langsam. Eine weitere Herausforderung ist mit den Besonderheiten der geographischen Verteilung der Reserven verbunden: Die Frage des sicheren und effizienten Transports. Der Öltransport, der sich mit Tankern, Rohrleitungen, Schienen- und Straßennetzen realisieren lässt, ist dabei wesentlich flexibler als der Erdgastransport. Gasmärkte sind regional strukturiert, denn Erdgas wird überwiegend über Pipelines transportiert. Knapp ein Drittel des Weltgastransportes wird als Flüssigerdgastransport (LNG) abgewickelt. Dieser Anteil wird in Zukunft noch etwas steigen und den Gashandel globaler und flexibler gestalten. Damit werden sich die unterschiedlichen regionalen Gaspreise stärker annähern. Dennoch bleibt der Pipelinetransport vorrangig, denn der Transport in Form von Flüssigerdgas ist wegen seiner hohen Kosten und technologischen Anforderungen erst ab einer Distanz von circa 3000 Kilometern ökonomisch rational. Die Frage der Pipelinerouten ist eine strategische Angelegenheit, denn eine einmal getroffene Entscheidung für den Bau einer Pipeline konstituiert auf lange Sicht ein Liefer- und Abnahmeverhältnis. Wegen der hohen Baukosten, die sich erst über einen längeren Zeitraum amortisieren, sind Alternativprojekte schwer realisierbar. Die Tatsache, dass sich durch den Bau einer Pipelineroute ein Langzeitabhängigkeitsverhältnis aufbaut, kann für Konsument wie Produzent von Vorteil oder Nachteil sein.

2.2 Steigende Nachfrage außerhalb des OECD-Raums

Seit den 2000ern hat die Nachfrage nach Energie in den großen Schwellenländern und vor allem in China zu einer Verengung der Märkte und zu erheblichen Preissteigerungen geführt (→ Aufstieg der Schwellenländer). Dieser Trend wird sich auch in den beiden nächsten Dekaden fortsetzen, denn über 90 Prozent des künftigen Nachfragewachstums nach Energie ist von Staaten außerhalb der OECD getrieben. China und Indien allein stehen für die Hälfte des Nachfragewachstums. Doch auch die Staaten Nordafrikas und des Nahen und Mittleren Ostens weisen einen stark ansteigenden Eigenbedarf an Energie auf. Diese energiereiche Region entwickelt sich damit auch zu einem Nachfragezentrum. Die Importabhängigkeit der EU von derzeit etwa 54% des Gesamtenergieverbrauchs wird weiter ansteigen, da sich die eigenen Erdöl- und Erdgasvorkommen erschöpfen. Die EU, die heute schon 88% ihres Erdöls und 65% ihres Erdgases importiert, verspricht aber keinen Wachstumsmarkt für fossile Brennstoffe, da der Verbrauch abflacht. Dagegen sieht sich die USA wie der gesamte NAFTA-Raum in den nächsten zwei Dekaden im Zuge des *Fracking*-Booms einer sehr komfortablen Versorgungssituation gegenüber. Der Schwerpunkt des Energiehandels verlagert sich wegen der größeren Nachfragedynamik zunehmend in den Pazifik.

2.3 Marktentwicklungen und wachsende Ungewissheiten

Drei globale Trends haben die Marktentwicklung geprägt: das Nachfragewachstum im asiatisch-pazifischen Raum, die steigende Nachfrage in den Energieförderländern des Arabischen Raums sowie die Fracking-Revolution in den USA. Wie diese Entwicklungen zusammenspielen, ist unklar und die beispiellosen Ungewissheiten führen zu erheblichem Stress auf den Energiemärkten. Noch in der ersten Dekade der 2000er Jahre war die Endlichkeit der fossilen Brennstoffe ein dominierendes Thema (*peak oil*). Tatsächlich ist je nach Region das Fördermaximum bei der konventionellen Erdölversorgung bereits überschritten oder wird zumindest bald erreicht sein. Mit der Weiterentwicklung der Technik (v.a. des *hydraulic fracturing* und horizontales Bohrens) und dem hohen Niveau der Ölpreise wurden aber vormals als Ressourcen eingestufte Vorkommen in klimatisch ungünstigeren und geographisch schwer zugänglichen Regionen oder komplexen geologischen Formationen, wirtschaftlich und technisch förderbar. Die steigenden Ölpreise zwischen 2003 und 2008 mit dem kurzen Einschnitt durch die Finanz- und Wirtschaftskrise 2008/2009 und die stabile Hochpreisphase von meist weit über 100 USD pro Barrel zwischen Mitte 2009 und Mitte 2014 erlaubten Investitionen in sog. nicht-konventionelle Vorkommen (wie Arktis, Tiefsee, Ölsande, Tight Öl, Schieferöl und -gas etc).

Zudem entwickeln sich die einzelnen Komponenten des Energiemix unterschiedlich dynamisch. Für die Entwicklung des künftigen Energiemixes ist insbesondere die Nachfrage nach Elektrizität prägend. Der Strombedarf weltweilt steigt doppelt so schnell wie der Gesamtenergieverbrauch. Im vergangenen Jahrzehnt wurde fast die Hälfte des Nachfrageanstiegs durch Kohle gedeckt, dem fossilen Energieträger mit den meisten Schadstoffemissionen, mit weitreichenden Folgen für das Klima und die (lokale) Umwelt. Sog. *fuel-switch Effekte* sind deswegen entscheidend für die Nachhaltigkeit der Energieversorgung. Wenn etwa bei der Verstromung Kohle durch Erdgas und/oder erneuerbare Energien ersetzt wird, fallen die Emissionen pro erzeugter Einheit. Auch im Mobilitäts- und Transportsektor könnte Erdöl gegenüber dem saubereren Erdgas und/oder Elektromobilität an Bedeutung verlieren. In der Industrie wird Erdgas zunehmend für die Prozesswärme und als Grundstoff (*feed stock*) verwendet. Wie sich das Verhältnis zwischen den fossilen Energieträgern untereinander sowie gegenüber den erneuerbaren Energien auspendelt, hängt von den Preisen, aber auch den politisch-regulativen Rahmenbedingungen ab. Erneuerbare Energien sind zwar aufgrund der niedrigen operativen Kosten zunehmend wettbewerbsfähig, da die Brennstoffkosten gleich null sind. Dennoch sind hohe Anfangsinvestitionen notwendig, die an vielen Standorten der Förderung bedürfen. Die Opportunitätskosten steigen zudem, wenn die Preise fossiler Brennstoffe sinken. Unklarheit besteht über die Rolle klima- und umweltpolitischer Maßnahmen auf nationaler wie internationaler Ebene für den Energieverbrauch und Energiemix. Es bedarf politischer Maßnahmen, die die fossilen Energieträger einschränken, Energieeinsparungen und eine effiziente Nutzung befördern und erneuerbare Energien ausbauen, um ein nachhaltiges Energiesystem, das eine wachsende Weltbevölkerung mit sauberer, sicherer und kostengünstiger Energie versorgt, zu schaffen.

2.4 Risiken und Chancen

Evident ist, dass das heutige globale Energiesystem weder nachhaltig mit Blick auf die Umwelt und das Klima noch auf die Versorgungssicherheit ist (→ Klimapolitik, → internationale Umweltpolitik). Das Trilemma von Energieversorgungssicherheit, Klima- und Umweltverträglichkeit sowie den Zugang zu bezahlbaren, modernen Energieformen stellt sich weltweit, allerdings in den einzelnen Ländern und Regionen unter ganz unterschiedlichen Voraussetzungen und Ausgangslagen. Energiesicherheit ist ein klassisches Thema der nationalen Souveränität, die klima- und umweltschädlichen Folgen des Energieverbrauchs sind grenzübergreifend, der Pro-Kopf-Verbrauch von Energie variiert weltweit erheblich. 1,6 Mrd. Menschen haben keinen Zugang zu Elektrizität. Die VN Klimaberichte machen deutlich, dass bis 2050 die klimaschädlichen Emissionen mittelfristig weltweit um mehr als 50% und in den Industrieländern um 80 bis 90% reduziert werden müssten, um die globale Erwärmung auf das als kritisch definierte Zwei-Grad-Ziel zu begrenzen. Daraus leitet sich ein dringlicher Handlungsbedarf für die E. ab. Gleichzeitig bringt der Umbau des Energiesystems neue Herausforderungen für die internationale Kooperation und Vernetzung, den Technologie- und *Know-How*-Transfer sowie den Schutz geistiger Eigentumsrechte mit sich. Das schafft neue Zwänge zu internationalen Zusammenarbeit und Verregelung.

Der Energiehandel birgt besondere Risiken, die die Politik auf internationaler Ebene bearbeiten und einhegen muss. Sie entstehen unter anderem aus Abhängigkeitsverhältnissen. An erster Stelle steht das Risiko einer physischen Unterbrechung von Energielieferungen durch terroristische Anschläge, Kriege oder auch Lieferstopps aus politischem Kalkül. Eng damit verbunden ist die Frage des sicheren Transports, denn Tankerrouten verlaufen z.B. durch sog. *Choke Points*. Zu diesen geographischen Engstellen zählen u.a. die Straße von Hormuz, der Bosporus und die Dardanellen sowie das Horn von Afrika. Die militärische Absicherung von Energiereserven und Exportrouten ist Teil der → Sicherheitspolitik einzelner Staaten und Staatenkoalitionen. Sie wurde bisher in weitem Maße von den USA gewährleistet. Die Verschiebungen auf den Energiemärkten haben geopolitische Implikationen, denn Interessenlagen und Vulnerabilitäten gegenüber Preisausschlägen und Versorgungsunterbrechungen verändern sich. Die USA verfügen über wachsende Handlungsspielräume im Energiehandel und gegenüber energiereichen Ländern, da ihre Abhängigkeit von Importen gesunken ist. Die EU dagegen sieht ihre relative Marktmacht eingeschränkt gegenüber China und Indien, die zudem Wachstumsmärkte versprechen. Die BRICS (Brasilien, Russland, Indien, China und Südafrika) beeinflussen zunehmend die Marktentwicklungen. Seit den arabischen Umbrüchen ab 2011 und mit der Russland-Ukraine-Krise mehren sich die geopolitischen Risiken in Energieförderländern. Die Abhängigkeit von diesen politisch instabilen Regionen stellt eine der größten Herausforderungen für die E. dar. Traditionell kennzeichnet die energiereichen Länder das Phänomen des ‚Ressourcenfluchs' und des ‚Rentierstaates', das sich auf politischer Seite in Machtkonzentration und autoritären bis totalitären Regimen und auf ökonomischer Seite in einer einseitigen Ausrichtung der Wirtschaft auf den Energiesektor niederschlägt. In solchen Rohstoffökonomien konzentriert sich häufig politische und ökonomische Macht in einigen wenigen Händen und mündet in Korruption, Klientelismus und wirtschaftlichen Fehlallokationen. Das sozio-ökonomische Grundproblem von Rohstoffökonomien besteht darin, dass sie kapitalintensiv sind, aber nur wenige Arbeitskräfte benötigen. Daraus ergibt sich ein Verteilungsproblem, dem die Eliten mit umfangreichen Sozialprogrammen und Machterhaltungsstrategien entgegenwirken, die teuer zu finanzieren sind und notwendige Reinvestitionen in die Energiesektoren verhindern. Die politischen Risiken liegen in einer möglichen politischen Erpressbarkeit der Verbraucherländer durch die Produzentenländer (→ Macht). Die Versorgung mit Öl und Gas kann dabei als politisches Druckmittel und außenpolitische Waffe eingesetzt werden, da die Unterbrechung von Energielieferungen enorme Auswirkungen auf die Leistungs- und Wettbewerbsfähigkeit einer Volkswirtschaft hätte.

Eng damit verbunden sind die Risiken von Preissprüngen, da allein die Androhung einer Lieferkürzung zu hohen Preisausschlägen auf den Märkten führen kann. Preisvolatilitäten sind sehr kostenintensiv für Volkswirtschaften, da sie immer wieder neue Anpassungsstrategien erfordern. Im Jahr der Finanzkrise 2009 fiel der Ölpreis, die Leitwährung für Energieträger vom Preishoch im Juli auf das Preistief Ende des Jahres um fast 100 US-Dollar das Barrel. Auch in der zweiten Hälfte 2014 halbierte sich der Ölpreis. Das ist für Produzenten und Konsumenten gleichermaßen problematisch.

Besondere Risiken sind auch mit der Nutzung der Kernenergie verbunden, wie die Reaktorunfälle von Tschernobyl 1986 und Fukushima 2011 zeigen. Allerdings hat in vielen Ländern die Kernenergie einen Aufschwung erfahren. Dabei wird auch das Argument fehlender Treibhausgasemissionen ins Feld geführt. Der Betrieb von Kernkraftwerken und die Entsorgung der Brennstäbe sind mit erheblichen ökologischen und sicherheitspolitischen Risiken wie der → Proliferation verbunden, denn wer über die Technologie der nuklearen Stromerzeugung verfügt, kann prinzipiell auch Nuklearwaffen herstellen.

Entscheidend für die Risikominimierung und die Versorgungssicherheit, aber auch die Wirtschaftlichkeit der Energieversorgung ist Diversifizierung. Diversifizierung hat drei Dimensionen.

- Erstens ist es wichtig, den Energiemix zu diversifizieren und nicht auf einen einzigen Energieträger zu setzen.

- Zweitens sollte Energie aus mehreren Ländern und Regionen bezogen werden, um nicht in ein einseitiges Abhängigkeitsverhältnis zu geraten, das vor allem über eine Monopolsituation zu höheren Preisen führen kann.
- Und drittens sind Transportwege und Transportmittel zu diversifizieren, um weniger verletzlich durch z.B. terroristische Anschläge zu sein.

Der Ausbau regenerativer Energien, emissionsarmer und effizienter Kraftwerkstechnologien und die Minimierung der Risiken durch Kooperation, Informationsaustausch, wirtschaftliche und finanzielle Verflechtung stellt eine Chance für die internationale Politik und die Einhegung von potentiellen Konflikten dar.

3. Entwicklungen im internationalen Energiesystem

3.1 Konflikte und Kooperation

Internationale Energiebeziehungen sind gekennzeichnet durch ein Spannungsverhältnis von Konflikt und Kooperation. Der Energiesektor ist ein strategischer Sektor, da dem Produktionsfaktor Energie eine wichtige Rolle für die Leistungsfähigkeit von Volkswirtschaften und deren Rolle in der Weltwirtschaft zukommt. Gleichzeitig hat die Verfügbarkeit von Energieressourcen auch Auswirkungen auf die militärische Macht und Verteidigungsfähigkeit eines Landes. Dies trägt dazu bei, dass Energieträger sowohl normale Handelsgüter als auch strategische Güter sind, die für politische Ziele und auch als Druckmittel instrumentalisiert werden können. Entscheidend sind dabei die Akteure, ihre jeweiligen Interessen und die Strukturen sowie die Steuerungsmechanismen im Energiehandel, die sich über die Zeit herausgebildet und verändert haben. Die Interessen der Produzenten- und Verbraucherländer können gleichgerichtet und komplementär, aber auch divergent und gegensätzlich sein. Internationale Energiebeziehungen verlangen nach Kooperation und Interessenausgleich, denn der Produzent möchte Energie verkaufen und der Konsument möchte Energie beziehen. Beide haben zudem ein Interesse, die Volatilität der Preise einzuhegen. Die Hauptsorge der Energiekonsumenten gilt also neben kostengünstiger Energie dem Ziel, die Risiken einer Lieferunterbrechung und -kürzung zu minimieren. Die Energieproduzenten haben ein Interesse an einer hohen, stabilen Nachfrage und an hohen Gewinnen aus den Energieverkäufen. Deswegen gibt und gab es auch immer Tendenzen, die eigene Marktposition durch Monopol- oder Kartellbildung zu stärken (→ Handelspolitik). Während also die Energiekonsumenten ein Interesse am Wettbewerb auf Produzenten- und Lieferantenseite haben und dies als ein Mittel sehen, die Energiepreise niedrig zu halten, liegt eine solche Wettbewerbssituation nicht im Interesse der Produzenten und Lieferanten. Die Gründung der Organisation Erdölexportierender Länder (OPEC) 1960 geht auf die Überlegungen zurück, die Preisstruktur zum eigenen Vorteil mitzubestimmen und über ein Quotensystem stabil zu halten.

3.2 Globale Steuerungsversuche und regionale Integration

Multilaterale Ansätze zur Verregelung und Steuerung in der internationalen E. sind – wenn überhaupt existent – zumeist auf Teilmärkte, bestimmte Aspekte oder einen exklusiven Teilnehmerkreis begrenzt. Damit sind *governance*-Strukturen im Energiebereich sehr fragmentiert. Zu den Produzentenorganisationen gehören die ‚Organisation Erdölexportierenden Länder' (OPEC) und das ‚Forum Gasexportierender Länder' (GECF), gegründet 2001. Als Verbraucherorganisation fungiert die ‚Internationale Energie Agentur' (IEA), die 1974 von Ländern der OECD als Antwort auf den ersten Ölpreisschock ins Leben gerufen wurde. Die IEA hat vor allem die Entwicklung und Unterstützung von Systemen zur Krisenbewältigung zum Ziel. Mit der Speicherung einer strategischen Erdölreserve von 30 Tagen hat sie einen wichtigen Krisenmechanismus etabliert. Außerdem stellt die IEA wichtige Informationen über die globale Energiesituation zusammen. Um den Produzenten-Konsumenten-Dialog zu stärken, mehr Informationen und Daten zu sammeln und transparenter zu machen, wurde 2003 das ‚Internationale Energie Forum' (IEF) mit einem permanenten Sekretariat in Riyad etabliert. Zu den Institutionen, die auf einzelne Sektoren fokussieren, gehört die ‚Internationale Atomenergiebehörde' (IAEA). Sie widmet sich der friedlichen Nutzung der Kernenergie. 2009 wurde die ‚Internationale Agentur für Erneuerbare Energien' (IRENA) auf Betreiben Deutschlands gegründet, mit dem Ziel, die Nutzung regenerativer Energieträger voranzutreiben. Die ‚Welthandelsorganisation' (WTO) ist für den Energiehandel deswegen wenig bedeutend, da Handelsrestriktionen vor allem den Export und weniger Fragen des Imports und Marktzugangs betreffen (→ Weltwirtschaftssystem). Den Versuch, die Regeln der Welthandelsorganisation erstmals auch für den Energiesektor einzuführen, machte 1991 die ‚Europäische Energie-Charta', die 1994 in den völkerrechtlich bindenden ‚Energie-Charta-Vertrag' mündete. Dieses Regelwerk ist der weitreichendste internationale Vertrag auf dem Gebiet der E., der sowohl den nicht-diskriminierenden Zugang für Investitionen in Transportnetze und die Streitschlichtungsmechanismen regelt. Allerdings wurde dieses Vertragswerk wegen unterschiedlicher Vorbehalte von den wichtigen Energieproduzenten Russland, Norwegen, USA, Saudi Arabien etc. nicht unterschreiben oder ratifiziert. 2015 wurde eine modernisierte politische Deklaration, die 'Internationale Energie-Charta' von 75 Staaten unterzeichnet.

Eigentlich ist eine integrierte Energie- und Klimapolitik vonnöten. Zwischen 2005 und 2009 hatten dabei die ‚Clubformate' der G8 und der G8+O5 eine gewisse Rolle. Mit der Verlagerung des Energiethemas in die G20 verlor dies aber an Dynamik. Ob nach dem Ausschluss Russlands aus ihrem Kreis 2014 die G7 das Thema auch global voranbringen, ist offen. Eine Weltenergieorganisation, die sich dem (Umbau des) Energiesystems widmet, gibt es nicht. Die Rolle der → Vereinten Nationen ist begrenzt, auch wenn mehr als 20 VN Behörden und Organisationen Energiefragen in ihrem Mandat haben. 2011 wurde die Initiative ‚Nachhaltige Energie für Alle' (SE4ALL) ins Leben gerufen, die universellen Zugang zu modernen Energieformen, die Verdoppelung der Energieeffizienz und die Verdoppelung des Anteils der erneuerbaren Energien am globalen Energiemix zum Ziel hat.

Unter bestimmten Voraussetzungen kann der Energiesektor auch die Integration in einer Region befördern (→ Regionalisierung/Regionalismus). Das hängt neben dem Energiemix und dem Ausbau der Infrastruktur vor allem von den regulativen Rahmenbedingungen ab. Ein Beispiel für weitgehende Kooperation liefert die ‚Europäische Gemeinschaft für Kohle und Stahl' von 1951, die sich aus der Idee entwickelt hat, die strategisch und militärisch bedeutende Montanindustrie gemeinsam zu kontrollieren. Damit stand Kooperation in Energiefragen auch am Beginn der europäischen Integration und mit der EURATOM folgte 1957 eine weitere Gemeinschaft für die friedliche Nutzung der Kernenergie im Rahmen der europäischen Einigung. Mit dem Inkrafttreten des Vertrags von Lissabon 2010 gewinnt die → Europäische Union Kompetenz in der E., Energiesolidarität unter den Mitgliedsstaaten wird Bestandteil des Primärrechts, neue Krisenkoordinationsmechanismen werden geschaffen und die Integration der bestehenden Teilmärkte in einem gemeinsamen Markt wird vorangetrieben. Die seit 2014 im Amt befindliche EU-Kommission unter der Präsidentschaft von Jean-Claude Juncker hat die Schaffung einer Energie-Union der EU-28 zu einer ihrer Prioriäten gemacht.

3.3 Aktuelle Entwicklungen

Die Energiemärkte unterliegen einem raschen Wandel und sind mit großen Unsicherheiten behaftet. Geopolitische Verschiebungen wie die Ausprägung eines multipolaren Systems werden dadurch noch verstärkt. Aufgrund der hohen Dynamik lässt sich zwar ein zunehmender Kommunikations- und Verregelungsbedarf in den internationalen Energiebeziehungen feststellen. Die *governance*-Strukturen dafür jedoch sind sehr fragmentiert und zunehmend von der Krise des → Multilateralismus betroffen. Da die E. der OECD-Staaten und der großen multinationalen Konzerne auf dem liberalisierten Zugang auch zur Produktion beruht, bedeuten die heute asymmetrisch strukturierten Märkte – auf der einen Seite staatliche Kontrolle, auf der anderen Seite ein liberalisierter Markt – eine große Herausforderung für die internationale E. Zunehmend werden Exploration, Förderung und Handel von Erdöl- und -gas durch staatliche Akteure und staatliche Unternehmen, den sog. *'Twelve Cousins'* kontrolliert. Dabei sind ökonomische Gesichtspunkte nicht immer maßgebend, auch politische Überlegungen und Einflussinteressen bestimmen die E. Die Rolle des Staates ist aber nicht nur in den Produzentenländern gewachsen, sondern auch in den großen neuen Verbraucherländern wie China und Indien. Für die OECD-Staaten stellt sich somit immer schärfer die Frage, in wie weit sie auf Marktmechanismen zur Sicherung ihrer E. setzen können.

Die großen Schwellen- und Produzentenländer erlangen mehr Marktmacht und politischen Einfluss, um die Spielregeln stärker als bisher mitbestimmen können. Gleichzeitig sind sie nur rudimentär in die bestehende Governance-Architektur eingebunden. Das erschwert auch globale Initiativen, um den Umbau des Energiesystems zu mehr Nachhaltigkeit und Klimaverträglichkeit voranzutreiben. 2015 werden die Ungewissheiten auf den Energiemärkten und für die gesamte Weltwirtschaft dadurch verstärkt, dass die Ölpreise durch einen Verdrängungswettbewerb der Förderländer gesunken sind und trotz geopolitischen Krisen im Nahen und Mittleren Osten und in der Ukraine auf relativ niedrigem Niveau verharren. Das erschwert in die Zukunft gerichtete Investitionen.

→ Ergänzende Beiträge

Handelspolitik, Klimapolitik, Global Commons, Internationale Umweltpolitik, Nord-Süd-Beziehungen, Vereinte Nationen

Literatur
BP (2014): Statistical Review of World Energy 2014, London.
BP (2014): World Energy Outlook 2035, London.
IEA (2014): World Energy Outlook 2014, Paris.
Lesage, Dries/Van de Graaf, Thijs/Westphal, Kirsten (2010): Global Energy Governance in a Multipolar World, Farnham/ Burlington.
Westphal, Kirsten (2014): Die Sicherheit der Energieversorgung. Herausforderungen für die deutsche Außen- und Sicherheitspolitik, in: Böckenförde, Stephan/Gareis, Sven Bernhard (Hrsg.): Deutsche Sicherheitspolitik. Herausforderungen, Akteure und Prozesse, Opladen/Toronto, S. 215-244.
Westphal, Kirsten/Dröge, Susanne (2015): Globale Energiemärkte im Umbruch: Auswirkungen auf Geopolitik, Wirtschaft und Umwelt, in: Stiftung Entwicklung und Frieden/ Institut für Entwicklung und Frieden/ Käte Hamburger Kolleg (Hrsg.): Globale Trends 2015, Frankfurt/Main, S. 249-268.

Internetadressen
Deutsche Energieagentur: www.dena.de
Energy Information Agency: www.eia.doe.gov
International Energy Agency: www.iea.org

09 – Englische Schule als IB-Theorie (*Joachim Krause*)

1. Definition
Mit dem Begriff der Englischen Schule (E.S.) ist keine den anderen Theorieschulen (→ Realismus, → Institutionalismus, → Liberalismus als IB-Theorie) entsprechende ‚Schule' der Wissenschaft von den internationalen Beziehungen (*International Relations* – IR) gemeint. Vielmehr ist die E.S. – ähnlich wie der → Konstruktivismus – aus dem Bemühen entstanden, einen Typus von Theoriedebatte zu schaffen, der sich von derjenigen der amerikanisch geprägten Politikwissenschaft grundsätzlich unterscheidet. Die E.S. ist in den 1950er und 1960er Jahren aus dem Unbehagen an dem Positivismus und der starken Ideologisierung der amerikanischen Theoriedebatte erwachsen. Ihre Vertreter kritisierten an der damals vorherrschenden realistischen Denkschule (ebenso wie an deren institutionalistischen und liberalen Kritikern), dass diese zum einen ihre weltanschaulichen Bezüge nicht reflektierten, und dass sie zum anderen wissenschaftstheoretisch gesehen einem kruden Positivismus anhingen. Ziel der E.S. war und ist es, den ideologischen Charakter der Theoriedebatte zu überwinden und wissenschaftliche Analyse zu liefern, die politisch relevant sind, weil sie normative Fragen aufgreifen. Ausgangspunkt der wissenschaftlichen Analyse internationaler Politik soll die Befassung mit erfolgreichen oder erfolglosen Ansätzen zur Schaffung politischer Gemeinschaftsbildung oder Ordnung sein. Diese Analyse müsse historisch-soziologisch und in hermeneutischer Art erfolgen.

2. Die Kritik an den herkömmlichen Theorien
Die wesentlichen Gedanken der E.S. wurden in den späten 1950er Jahren im Rahmen des *British Committee on the Theory of International Politics* entwickelt, welches von

dem Politikwissenschaftler Martin Wight (1913-1971) und dem Historiker Herbert Butterfield (1900-1979) begründet worden war (Dunne 1998). Martin Wight wurde dabei zum wichtigsten Vordenker der E.S. Er verfasste 1960 einen Aufsehen erregenden Aufsatz, in dem er sich kritisch zum Stand der Theoriediskussion äußerte (Wight 1960). Diese sei armselig und einfallslos und politisch ohne Belang. Sie sei in positivistischer Weise darauf ausgerichtet allgemeine Regeln der Politik zu erkennen, die über alle Phasen der Geschichte Gültigkeit beanspruchen sollen. Wer sich mit Geschichte auskenne, wisse, dass das nicht möglich sei. Es mache auch keinen Sinn, allgemeine Grundsätze zu diagnostizieren und darauf aufbauend Theoriegebilde zu entwickeln, die auf alle Fragen Antworten zu geben versprechen. Ein Ansatzpunkt für seine Kritik an dieser Art der Theoriebildung war die starke Betonung, die Theoretiker des Realismus dem Konzept der internationalen Anarchie zukommen ließen. Dass Anarchie – verstanden als die Abwesenheit einer übergeordneten internationalen Instanz – immer wieder ein Problem darstelle, wollte er nicht in Frage stellen. Aber viel wichtiger als das freihändige Aufstellen einer Theorie, die auf dem Axiom der Anarchie aufbaue, sei es zu fragen, wie in der Politik mit dem Problem der Anarchie umgegangen worden ist und umgegangen wird und welche Formen der Kooperation und auch der Gemeinschaftsbildung dabei beobachtet werden konnten. Nicht das Lamentieren über die Tragik der menschlichen Existenz angesichts der Aussichtslosigkeit der Überwindung der Anarchie sei der Auftrag der Wissenschaft, sondern die Analyse der Erfolge und Misserfolge der Staatenlenker bei dem Versuch, die Unwägbarkeiten der Anarchie zu minimieren. Das sei der Stoff der Geschichte, den es zu studieren gelte und aus dem Anregungen und vielleicht auch Regeln zu gewinnen wären.

Den damals vorherrschenden Theorien des Realismus, des Institutionalismus (damals Idealismus genannt) und des Liberalismus und Sozialismus sprach er die Qualität von Theorie ab. Sie würden eher allgemeine ideologische Richtungen widerspiegeln, aber seien keine ernsthaften wissenschaftlichen Ansätze. In einem weiteren, erst posthum veröffentlichten Papier (Wight 1991) hat er dieses Argument spezifiziert. Es gäbe drei allgemeine Einstellungen zu Themen der internationalen Politik (und der darin enthaltenen Frage, wie man → Frieden und Stabilität erhalten könne) und die moderne Theoriediskussion liefere häufig nur einen unkritischen Abklatsch der ersten beiden Vorstellungen. Er nannte folgende allgemeine Einstellungen:

- die realistische Tradition,
- die revolutionäre Tradition und die
- rationalistische oder Grotianische Tradition.

Die Tradition des Realismus gehe auf Machiavelli und Hobbes zurück und sei im Grunde eine zynische Anweisung für den Gebrauch von → Macht, die auf einem statischen Geschichtsverständnis basiere und Machtpolitik durch Pessimismus legitimiere. Die Schriften der meisten Theoretiker des Realismus seien dieser Ideologie stark verhaftet. Die revolutionäre Tradition bestehe aus sehr unterschiedlichen Denkern und Politikern, denen gemein sei, dass sie glaubten, dass es große Patentlösungen gibt, die alle Unwägbarkeiten des zwischenstaatlichen Verkehrs beseitigen könnten. Dazu zählte Wight nicht nur Karl Marx, sondern auch liberale Klassiker wie Adam Smith und

Richard Cobden oder auch Immanuel Kant. Allen sei gemein, dass sie glaubten Formeln benennen zu können, mit denen sich die internationalen Probleme und die Frage von Krieg (→ Krieg) und Frieden lösen ließen. Die heutigen Institutionalisten und liberalen Theoretiker kritisierte er dafür, dass diese ebenso unreflektiert wie die Realisten in dieser Tradition stünden und glaubten, man könne Formeln für politische Institutionen und gesellschaftliche Modelle entwickeln, die es erlauben würden, die Realität in einem Guss zu gestalten.

Die rationalistische oder Grotianische Tradition war für ihn der einzige Ansatzpunkt für eine seriöse wissenschaftliche Beschäftigung mit internationaler Politik. Diese Denkweise gehe davon aus, dass die zwischenstaatlichen Beziehungen voller Unsicherheiten wären, dass aber immer wieder Bemühungen zu beobachten seien, im Wege der Kooperation mit anderen zu Stabilität und damit auch zur Vermeidung von großen Kriegen beizutragen. Der holländische Philosoph und Völkerrechtler Hugo Grotius war für ihn ein solcher Denker, denn er habe eine wissenschaftliche Tradition begründet, der zufolge es darauf ankommt all diejenigen Bewegungen in der Politik zu registrieren und konzeptionell weiter zu entwickeln, die zu einer Beruhigung und Verstetigung der zwischenstaatlichen Beziehungen beitragen. Für Wight waren auch John Locke, Edmond Burke, William E. Gladstone, Franklin Roosevelt und Winston Churchill Vertreter dieser Denkrichtung. Wenn es eine anspruchsvolle theoretische Auseinandersetzung mit Themen der internationalen Politik geben soll, dann müsse diese an der rationalistischen Tradition ansetzen – was nicht ausschließe, dass man gute Gedanken bei Realisten oder bei Idealisten findet und diese übernimmt.

Ein wesentlicher Teil der Kritik der E.S. an der vor allem durch US-Wissenschaftler geprägten politikwissenschaftlichen Theoriedebatte war deren Orientierung an positivistischen, bzw. szientistischen Methoden. Für Wight ebenso wie seinen Mitstreiter Hedley Bull (1932-1985) war das Bemühen um das Herausfinden allgemeiner Gesetzmäßigkeiten des politischen Lebens sinnlos. Besonders die Entwicklung hin zum Szientismus (Singer 1973) wurde kritisiert. Dieser tauge nicht für die Lösung konkreter politischer Probleme, denn Wertneutralität und Grundlagenorientierung verunmöglichen die Nutzung der Ergebnisse für die Auseinandersetzung mit realen politischen und normativen Fragen. Aber auch der für den Szientismus charakteristische Versuch, Methoden für die Politikwissenschaft zu entwickeln, die möglichst eng an die Naturwissenschaften angelehnt sind und bei denen quantitative Verfahren mit hoher Nachprüfbarkeit verfolgt werden, sei wenig ergiebig. Grundsatzfragen der Politik ließen sich nicht szientistisch lösen, sie seien Fragen der politischen Entscheidung. Philosophische Argumentation erbringe oft bessere Ergebnisse. Szientismus erziele bestenfalls in Randgebieten Erkenntnisgewinne, die großen Themen der Politik könne man nicht damit beantworten. Auch sei Modellbildung kein Beitrag zur Theorie, denn Modelle seien zu abstrakt und zu weit von der Realität entfernt. Die Verabsolutierung des Quantifizierens führe zur Produktion von Banalitäten bei hohem methodischem Aufwand. Präzise Theoriebildung sei auch ohne quantitative Forschung möglich. Vor allem wird das Streben des Szientismus kritisiert, für alle Zeit gültige allgemeine Aussage anzustreben. Dieser Ansatz sei unhistorisch und führe zu grotesken Fehlinterpretationen. Stattdessen wird ein traditioneller Ansatz bevorzugt, bei dem versucht wird, wesentliche politische Entwicklungen durch die Berücksichtigung aller wesentlichen Aspekte zu erfassen. Das bedeutet sowohl eine historische wie eine strukturelle und eine ökonomische Dimension.

3. Kernkonzepte der Englischen Schule

Die E.S. hat sich in den 1970er, 1980er und 1990er Jahren in eine Richtung entwickelt, bei der Gemeinsamkeiten erkennbar waren, die auf die Anregungen von Martin Wight und Hedley Bull zurück gehen. Diese Gemeinsamkeiten betrafen

- das Forschungsprogramm, das heißt die Fokussierung der Forschungsarbeit auf internationale Kooperation, auf internationale Gesellschaften und Ordnungen und auf die Gefährdungen, die ihnen entstehen können,
- die Entwicklung bestimmter Kernkonzepte und Grundbegriffe,
- die Methode der wissenschaftlichen Analyse.

Was die Forschungsprogrammatik betrifft, so steht nicht die Analyse genereller Gesetzmäßigkeiten der internationalen Politik im Vordergrund, sondern die regionale oder überregionale zwischenstaatliche Kooperation und Gesellschaftsbildung bis hin zur Ordnungsbildung. Der theoretische Ausgangspunkt der E.S. ist die Annahme, dass sich trotz internationaler Anarchie immer wieder Muster der Kooperation zwischen Staaten (und auch nicht-staatlichen Akteuren) gebildet haben bzw. bilden und dass es darauf ankommt, dass diese Kooperation gefördert und stabilisiert wird, bzw. gegen Erosion geschützt wird. Sie zu studieren, ihre Stärken und Schwächen zu untersuchen und die Auseinandersetzung mit den realen Herausforderungen der Politik und einer sich verändernden gesellschaftlichen Realität analytisch zu begleiten – das ist das Kerngeschäft der E.S. Dies betrifft in erster Linie die historische Auseinandersetzung mit der europäischen Geschichte seit Beginn der Neuzeit, mit den vielen gelungenen und misslungenen Versuchen der internationalen Kooperation und Gesellschafts- und Ordnungsbildung – mit oder ohne Hegemonie (→ Weltpolitische Zyklen). Es betrifft aber auch die pragmatische Auseinandersetzung mit Kooperation unter Bedingungen von Konfrontation, die Natur von Sicherheitsproblemen sowie die Entwicklungstendenzen einer globalen Gesellschaft, die immer enger miteinander vernetzt ist.

Die E.S. steht somit für ein Forschungsprogramm, welches Analysen von internationaler Ordnung bzw. Gesellschaftsbildung betreibt und vor allem die Vielzahl der Kooperation zwischen Staaten im Blick hat. Damit wird sie zur theoretischen Leitfigur all der Studienaktivitäten, die in *Think Tanks* und Forschungsinstituten in politiknaher Weise zu internationalen Fragen verfasst werden. Dazu kann man auch Analysen von strategischen Fragen und Analysen des Zusammenwirkens von Politik und wirtschaftlichen Trends und deren wechselseitiger Dynamik zählen. Das Forschungsprogramm der E.S. wirkt in der Realität viel stärker als das der meisten szientistischen Theorien vorwiegend amerikanischer Provenienz.

Die Kernbegriffe und -konzepte der E.S. sind jene, die geeignet sind, diese Forschungsprogrammatik umzusetzen. Dazu gehören insbesondere der Gesellschaftsbegriff, die Begriffe ‚internationales System' sowie ‚internationale Ordnung' (→ Weltordnungsmodelle). Ausgangspunkt ist immer die Frage, wo Kooperation unter Bedingungen der Anarchie entsteht und wie sie sich entwickeln kann und was sie bedroht. Dort, wo derartige Kooperation eine gewisse Verstetigung erfährt, sprechen Vertreter der E.S. von einer Art primitiver Gesellschaftsbildung – der anarchischen Gesellschaft (Bull 1977). Diese kann die Form einer internationalen Ordnung bekommen. Internationale Ordnung wird abgegrenzt vom Konzept des internationalen Systems. Ein internationales System liegt dann vor, wenn es Interaktionen zwischen Staaten gibt (d.h. was in Staat A passiert hat Folgen für Staat B und andere Mitglieder des Systems), eine internationale Ordnung liegt erst dann vor, wenn die Mitglieder eines internationalen Systems Regeln für das gemeinsame Miteinander entwickelt haben und wenn sie diese Gemeinsamkeiten auch bewusst pflegen. Unterschiede gibt es was die Tiefe und Qualität internationaler Gesellschaften betrifft. Diese umfassen in der Regel nicht die gesamte Welt, sondern immer nur einen Teil davon (meistens eine Region) (→ Regionalisierung/Regionalismus). Eine internationale Gesellschaft kann pluralistisch sein oder solidarisch – pluralistisch ist sie dann, wenn staatliche Souveränität die Priorität vor Individualrechten hat, solidarisch ist sie dann, wenn Individualrechte oder der Schutz der Menschen vor staatlichen Akteuren im Vordergrund stehen. Ein wichtiger Kernbegriff ist der der ‚Institution'. Die E.S. verwendet diesen Begriff teilweise ähnlich wie die institutionalistische Schule (→ Völkerrecht, → Internationale Organisationen, internationale Regime und Normen sind Institutionen), aber auch Instrumente der → Diplomatie, Sanktionen sowie der Einsatz von militärischen Mitteln sind Institutionen.

Methodisch ist für die E.S. kennzeichnend, dass eine historisch-soziologische, vorwiegend hermeneutisch vorgehende Methode angewandt wird. Auch das ist logisch im Sinne der Forschungsprogrammatik, denn die Kooperation und vor allem die Bildung informeller Kooperationssysteme und internationaler Gesellschaften ist meist von Fall zu Fall sehr unterschiedlich und selten allgemeinen Regeln unterworfen. Viele Formen der Kooperation lassen sich nur verstehen, wenn man den jeweiligen Kontext (politisch, strategisch, technisch, wirtschaftlich, geographisch, akteursbezogen) einbezieht und auf allgemeine Aussagen verzichtet.

4. Entwicklungstendenzen

Die E.S. ist wiederholt totgesagt oder abgemeldet worden. Sie erfreut sich jedoch weiterhin großer Beliebtheit und wird vor allem unter jenen Wissenschaftlern geschätzt, die sich nicht primär mit Theoriefragen befassen, sondern die in der Auseinandersetzung mit realen Problemen der internationalen Politik stehen. Dessen ungeachtet hat sich in den vergangenen Jahrzehnten auch die E.S. verändert, ebenso das Umfeld der Theoriedebatte in den internationalen Beziehungen. Wenn Martin Wight noch leben würde, würde er vermutlich seine 1960 gemachten kritischen Aussagen über den Stand der Theorie über internationale Politik heute so nicht mehr wiederholen. Die institutionalistische, die liberale und die realistische Denkschule haben sich fortentwickelt und die konstruktivistische Theorie hat sich dazu gesellt. Es hat bei allen dieser Theorierichtungen fruchtbaren Austausch mit der E.S. gegeben. So gibt es in der realistischen wie in der institutionalistischen Theorie Autoren, die sich mit internationaler Ordnung in einer Weise befassen, die der Forschungsprogrammatik der E.S. sehr nahe steht (Robert Gilpin, G. John Ikenberry). Es hat sogar Versuche gegeben, E.S. und strukturellen → Realismus miteinander zu kombinieren, was eigentlich nicht möglich ist. Größer sind die Schnittmengen mit dem → Konstruktivismus. Allerdings würde sich Hedley Bull in seiner Kritik an der Realitätsferne vieler Theoriedebatten heute noch bestätigt sehen.

Die größte Herausforderung für die E.S. stellt jedoch die → Globalisierung und die damit verbundene Entwicklung hin zu globalen Gesellschaftsstrukturen dar. Die klassischen Konzepte der E.S. zu internationaler Gesellschaftsbindung betrafen die Kooperation unter Großmächten. Heute ist eine Lage gegeben, wo sich über Grenzen hinweg globale Gesellschaftsstrukturen entwickeln, die eine Überprüfung der Konzepte der E.S. erforderlich werden lassen (Buzan 2004). Andererseits liegt darin viel Potential für die E.S.

→ Ergänzende Beiträge

Institutionalismus, Konstruktivismus, Liberalismus und Realismus als IB-Theorie, Strategische Wissenschaft, Weltordnungsmodelle, Weltpolitische Zyklen

Literatur

Bull, Hedley (1977): The Anarchical Society. A Study of Order in the World, London.

Butterfield, Herbert/Wight , Martin (Hrsg.) (1966): Diplomatic investigations – essay in the theory of international relations, London.

Buzan, Barry (2004): From International to World Society? English School Theory and the Social Structure of Globalisation, Cambridge.

Dunne, Timothy (1998): Inventing International Society. A History of the English School, Basingstoke.

Leng, Russell J. (2002): Quantitative International Politics and Its Critics, in: Brecher, Michael/Harvey, Frank P.: Evaluating Methodology in International Studies, Ann Arbor, S. 116-131.

Wight, Martin (1960): Why Is There No International Theory? in: International Relations (1), S. 35-48.

Wight, Martin (1991): International Theory. The Three Traditions, edited by Gabriele Wight and Brian Porter, London.

Singer, David J. (1973): Die szientistische Methode. Ein Ansatz zur Analyse internationaler Politik, in: PVS (3), S. 471-498.

10 – Entwicklungszusammenarbeit (*Tobias Debiel/Elena Sondermann*)

1. Paradigmen und Strategien der Entwicklungszusammenarbeit im Wandel

Entwicklungszusammenarbeit (EZ) ist ein Bestandteil der → Nord-Süd-Beziehungen und beschreibt Maßnahmen und Kooperationspraktiken, mit denen die sozio-ökonomische Wohlfahrt in Ländern mit niedrigem und mittlerem Einkommen erhöht sowie Armut reduziert, aber auch weitere Ziele (so u.a. Nachhaltigkeit, Rechtsstaatlichkeit, demokratische Partizipation, Stabilität staatlicher Institutionen, Konfliktprävention) erreicht werden sollen. Der Begriff der ‚Entwicklungszusammenarbeit' grenzt sich von dem in den 1960er und 1970er Jahren noch üblichen Ansatz der ‚Entwicklungshilfe' ab, der allzu sehr einem paternalistischen Denken entsprang und Partner im Süden auf die Rolle passiver Empfänger reduzierte. Was genau Entwicklung meint und welche Strategien als angemessen betrachtet werden, ist in den verschiedenen historischen Phasen und institutionellen Kontexten stets ein kontroverser Aushandlungsprozess gewesen (Rist 2008). Das Politikfeld etablierte sich ab Ende der 1940er Jahre zunächst über spezielle Programme und Agenturen der → Vereinten Nationen und der Weltbank und wurde zudem maßgeblich durch die bilaterale Entwicklungshilfe der USA geprägt und vorangetrieben. Die Erfolge, die durch den Marshall-Plan beim Wiederaufbau Europas erreicht wurden, stärkten modernisierungstheoretische Ansätze. Sie rückten endogene Faktoren wie den Mangel an Kapital, technischem *know-how* und Infrastruktur, aber auch traditionelle Werte und Strukturen in den Vordergrund, die als zentrale Hindernisse in Entwicklungsgesellschaften identifiziert wurden. ‚Hilfe zum Aufholen' wurde über Kapitalzufuhr, Technologietransfer und entsprechende Investitionen, Infrastrukturprojekte und die Herausbildung von Humankapital angestrebt. Vielsagend erschien 1960 der modernisierungstheoretische ‚Klassiker' ‚*The Stages of Economic Growth*' von Walt W. Rostow mit dem Untertitel ‚*A Non-Communist Manifesto*' – womit überdeutlich wurde, dass es auch um ein kapitalistisches Gegenmodell zum sowjetischen Entwicklungsweg ging, der in dieser Zeit gerade für koloniale Befreiungsbewegungen und die jungen Staaten Asiens und Afrikas eine hohe Attraktivität hatte.

Freilich stellte sich Ende der 1960er heraus, dass eine nachholende Entwicklung, ob westlich-kapitalistischer oder sowjetisch-realsozialistischer Provenienz, mit Blick auf die Armutsbekämpfung weitgehend versagte. Infrastruktur- und Industrialisierungsprojekte ‚versandeten' mitunter buchstäblich; eine Transformation der Ökonomien im Sinne eines breitenwirksamen Konsums und breitenwirksamer Beschäftigung misslang. Vor diesem Hintergrund lösten in den 1970er Jahren Armutsbekämpfung und Grundbedürfnisstrategien, für viele überraschend mit der Weltbank als Speerspitze, das zuvor vorherrschende Paradigma ab. Freilich blieb EZ stark von ‚Staatsgläubigkeit' geprägt und hatte nur wenige Antworten auf das Aufblähen von Bürokratien und Staatsapparaten in vielen Entwicklungsländern. Mit der dramatischen Verschuldung in Lateinamerika und Subsahara-Afrika setzte dann in den 1980er Jahren ein regelrechter Siegeszug neoliberaler Ansätze ein, der nicht zuletzt durch das enge Zusammenspiel der britischen Premierministerin Margaret Thatcher mit US-Präsident Ronald Reagan begünstigt wurde. Die Strukturanpassungsprogramme (SAPs) des Internationalen Währungsfonds (IWF) und der Weltbank setzten in den 1980er Jahren auf Deregulierung, Privatisierung, Marktöffnung und die Abwertung der einheimischen Währungen (→ Weltwirtschaftssystem). Allerdings verfehlten die Rezepturen ganz weitgehend ihre Wirkung. Der lateinamerikanische Kontinent geriet in eine Stagnation, in Subsahara-Afrika waren sogar reale Rückgänge des Pro-Kopf-Einkommens zu verzeichnen. Dies und der gleichzeitige Aufstieg der ost- und südostasiatischen Tiger- und (später) Pantherstaaten (→ Aufstieg der Schwellenländer), die sich gängigen Entwicklungsstrategien entzogen, unterstützten den wachsenden Fokus auf Institutionen und

‚gute Regierungsführung' (*good governance*), dem Paradigma der 1990er Jahre. Bei allen Paradigmenwechseln blieben aber stets Zweifel an der empirisch nachweisbaren Wirksamkeit von EZ bestehen (Easterly et al. 2004).

2. Das hergebrachte System multilateraler Entwicklungszusammenarbeit
Mächtige *player* in der internationalen EZ waren seit ihrer Etablierung 1944 die Bretton-Woods-Institutionen, also IWF und die Weltbank, die nicht in das VN-System integriert sind und bei denen sich die Stimmrechte an den Kapitaleinlagen orientieren (→ Weltwirtschaftssystem, → Handelspolitik, → internationale Finanzarchitektur). Während der IWF mit der Lösung von kurzfristigen Zahlungsproblemen beauftragt wurde, fiel der Weltbank die Aufgabe zu, längerfristige Strukturanpassungsprobleme anzugehen. Die Rollen beider Institutionen haben sich im Laufe der Zeit verändert. Bemerkenswerterweise ist der IWF nach der Weltfinanzkrise 2008 und in der anhaltenden Eurokrise auch massiv im ökonomisch fortgeschrittenen Westen (und hier v.a. in EU-Ländern) aktiv, was in gewisser Weise sogar seiner Ursprungsaufgabe entspricht. Dabei haben sich die grundsätzlichen, neoliberal geprägten Rezepturen seit den 1980er Jahren trotz einiger Korrekturen und Anpassungen nicht substantiell verändert. Neu ist allerdings, dass sich nun nicht mehr allein Entwicklungs- und Schwellenländer, sondern auch Industrieländer den Vorgaben beugen müssen.

Die Weltbank ist zentral für die Vergabe von Kapital über günstige Kredite an Länder mittleren (über die *International Bank for Reconstruction and Development*, IBRD) und geringen Einkommens (über die *International Development Agency*, IDA). Darüber hinaus verfügt sie über ihre Forschungsabteilungen und die Anbindung international renommierter Ökonomen über nennenswerte Wissens- und Definitionsmacht. Die oben erwähnten Paradigmenwechsel in den Entwicklungsdekaden des 20. Jhds. waren stets mit Studien im Umfeld der Weltbank verbunden. Über den jährlich herausgegebenen ‚Weltentwicklungsbericht' (*World Development Report*) lanciert die Weltbank zudem Problemwahrnehmungen, Datenaufbereitung und handlungsstrategische Leitlinien. Besonders stark in die Kritik gerieten die beiden Institutionen und auch ihre verschränkte Macht im Zuge der SAPs in den 1980er Jahren (→ Nord-Süd-Beziehungen). Die aktuelle und zunehmende Kritik an den Entscheidungsstrukturen der beiden Institutionen macht sich an längst überholten Machtverhältnissen fest, die der *Organization for Economic Co-operation and Development* (OECD)-Staatengruppe beherrschenden Einfluss und der USA sogar eine Vetomacht-Position zusichern. Eine deutliche Botschaft sendeten die BRICS-Staaten Brasilien, Russland, Indien, China und Südafrika, als sie jüngst die *New Development Bank* (NDB) sowie einen Fonds zum Ausgleich von Währungsschwankungen (*Contingency Reserve Arrangement*, CRA) gründeten. Auch wenn die Ausstattung mit jeweils 100 Mio. US-Dollar (bei der NDB erfolgt die Kapitaleinlage in zwei Phasen) zunächst überschaubar ist, so verweist dieser ‚exklusive → Multilateralismus' von *emerging powers* doch darauf, dass institutionelle Alternativen zu den von den westlichen Staaten dominierten Einrichtungen wie Weltbank und IWF denk- und machbar sind (→ Aufstieg der Schwellenländer).

Neben den Bretton-Woods-Zwillingen spielt das System der → Vereinten Nationen auf globaler Ebene eine zentrale Rolle. Innerhalb der VN gab es mit der Ausrufung der ersten Entwicklungsdekade durch John F. Kennedy eine regelrechte Proliferation von Einrichtungen: Seit den 1960er Jahren wurden mehr als 50 VN-Sonderorganisationen, Unterorganisationen, Programme, Fonds und Ausschüsse gegründet. Besonders bedeutsam ist innerhalb der ‚VN-Familie' das 1965 ins Leben gerufene VN-Entwicklungsprogramm (UNDP). Es ist als Sonderprogramm dem Wirtschafts- und Sozialrat (ECOSOC) der Generalversammlung untergeordnet und hat nicht zuletzt die Aufgabe, die Programme unterschiedlicher VN-Organisationen untereinander und mit den Institutionen vor Ort zu koordinieren. UNDP ist zugleich ein eigenständiger Akteur der technischen Zusammenarbeit mit einer umfassenden globalen Präsenz (Sondermann/Debiel 2015). Neben der Beratung von Regierungsinstitutionen steht dabei der Aufbau institutioneller und personeller Kapazitäten im Vordergrund. Mit seinem ‚Bericht zur menschlichen Entwicklung' (*Human Development Report*) hat es UNDP zudem seit 1990 geschafft, die Themenführerschaft und diskursive Hegemonie der Weltbank herauszufordern. Bei der Messung von Armut und sozio-ökonomischer Wohlfahrt hat das Programm mit dem ‚*Human Development Index*' (HDI) nicht zuletzt einen Standard etabliert, der die Fixierung auf das Pro-Kopf-Einkommen überwindet und Differenzierungen nach Bevölkerungsgruppen erlaubt, so insbesondere über den nach Geschlechtern disaggregierten HDI (*Gender-related HDI*).

3. ‚Alte' und ‚neue' Geber

Staaten verstehen EZ häufig als Bestandteil der auswärtigen Politik (→ Außenpolitikforschung) und verknüpfen sie in der Regel eng mit der Wirtschafts-, → Handels- und zunehmend auch → Sicherheitspolitik. Entsprechend verwenden die meisten Geber trotz multilateralen Engagements mehr als die Hälfte ihrer Budgets auf bilateralem Weg, für die westlichen Industriestaaten sind es ca. 60 Prozent. Mit Blick auf den absoluten Umfang der Transfers stechen unter den ‚alten' Gebern die USA, Deutschland, Großbritannien, Frankreich und Japan hervor. Durchaus relevant sind aber auch mittlere und kleinere Staaten wie etwa die Niederlande, die skandinavischen Länder, Australien oder lange Zeit Kanada, insofern sie relativ zum BIP deutlich mehr für Öffentliche Entwicklungshilfezahlungen (*Official Development Assistance*, ODA) aufwenden als die ‚großen' Geber. Das bereits 1970 international vereinbarte Ziel, 0,7 Prozent des Nationaleinkommens für ODA zu verausgaben, haben bislang nur fünf Länder erreicht, darunter vier ‚kleinere Geber' (Dänemark, Luxemburg, Norwegen, Schweden) sowie das ‚Schwergewicht' Großbritannien. Seit 1960 versuchen die aus den westlichen Industriestaaten kommenden bilateralen Geber, sich im Rahmen des *Development Assistance Committee* (DAC) der OECD zu koordinieren, auch wenn dies den Trend der Aufsplitterung kaum aufhalten konnte. Die mittlerweile 29 DAC-Mitglieder (übrigens inklusive EU, die einen eigenen Mitgliedsstatus hat) berichten ihre EZ-Leistungen allerdings weiterhin über die im DAC verhandelte ODA-Definition aus dem Jahr 1969: Sie erfasst Ressourcen-, Technologie- und *Know-how*-Transfers aus dem öffentlichen Sektor, wenn ihr Hauptziel die Förderung wirtschaftlicher Entwicklung und der Wohlfahrt von Entwicklungsländern (*eligible* nach DAC-Liste) ist und sie ein Zuschusselement von mindestens 25 Prozent gegenüber kommerziellen Transaktionen aufweisen.

Zu den ‚neuen Gebern', die freilich mitunter schon seit Jahrzehnten aktiv sind, zählt zunächst eine Aufsteigergruppe, in der neben den BIC-Staaten (Brasilien, Indien, China) auch Indonesien und Venezuela sowie die beiden OECD-Staaten Mexiko und Türkei zu finden sind. Zweitens engagieren sich osteuropäische Staaten nach Ende des → Ost-West-Konflikts in der EZ. Sie lehnen sich eng an die DAC-Vorgaben an bzw. sind, wie die Slowakische und die Tschechische Republik, bereits DAC-Mitglieder. Nicht zuletzt zählen zu den ‚neuen Gebern' arabische Staaten wie Saudi-Arabien, aber auch die Vereinigten Arabischen Emirate (VAE), die allerdings bereits seit den 1970er Jahren in nennenswertem Maße und mit Konzentration auf die islamische Welt gerade humanitäre Hilfe geleistet haben. Die hohe Aufmerksamkeit insbesondere für die BIC-Staaten hängt mit dem wachsenden Volumen ihrer Unterstützungsleistungen zusammen, aber auch insgesamt mit ihrem weltwirtschaftlichen Gewicht und der deutlich gestiegenen Rolle der Süd-Süd-Kooperation im Welthandel. Diese ‚neuen Geber' sind, obgleich belastbare Daten nicht vorliegen, vermutlich mindestens ebenso stark bilateral orientiert wie ‚alte Geber'.

4. Private Akteure im Aufwind

Nicht-staatliche Akteure (→ Transnationale Akteure/Nichtregierungsorganisationen) sind bereits seit Beginn des 20. Jhds. in der Entwicklungshilfe tätig, so vor allem Kirchen und christliche Organisationen, aber auch private Stiftungen, z.B. die *Ford Foundation* und die *Rockefeller Foundation*. Schulen und Krankenhäuser standen anfangs im Vordergrund, später trat, gerade bei den Stiftungen, der Agrarsektor hinzu. In jüngerer Zeit sind zudem privatwirtschaftliche Unternehmen in entwicklungspolitischen Handlungsfeldern tätig geworden. Neben sozialen und philanthropischen Motiven sind zweifelsohne auch eigennützige Beweggründe relevant. Für die Privatwirtschaft sind dies etwa Reputationsgewinne bei Konsumenten und potentiellen Kunden, außerdem die Öffnung und Erschließung von neuen Absatzmärkten und Produktionsstandorten. Seit den 1990er Jahren hat sich die Bedeutung von *Non-governmental Organizations* (NGOs) in der EZ wie auch in der humanitären Hilfe ausgeweitet. Die Budgets etwa von *World Vision International*, *Care International*, *PLAN International* oder Oxfam sind dabei mittlerweile durchaus mit Entwicklungsleistungen kleinerer europäischer Geberstaaten vergleichbar (Ulbert 2014: 296, Abb. 2). Zudem beeinflussen NGOs die öffentliche Meinung über ihre Kampagnen- und Medienarbeit und tragen als Advokaten und *agenda setter* Themen und Anliegen in die internationale Politik hinein (→ internationale Organisationen). Neben erhöhter Relevanz hat sich aber auch die Rolle nicht-staatlicher Organisationen gewandelt. Mehr und mehr agieren sie auch als Durchführungsagenturen für bilaterale und multilaterale Geber, was mit nennenswerten finanziellen Abhängigkeiten einhergeht. Zudem agieren viele NGOs in Krisenregionen, in denen auch internationale Militär- und Friedenseinsätze durchgeführt werden (→ Typen militärischer Interventionen). Die Gefahren von Vereinnahmung und Instrumentalisierung sind evident.

5. Die Millennium und Sustainable Development Goals als neuer Fixstern

Die Debatten in den ersten anderthalb Jahrzehnten des 21. Jhds. waren maßgeblich geprägt durch die *Millennium Development Goals* (MDGs), die im Jahr 2000/2001 durch die VN-Generalversammlung verabschiedet worden waren und seitdem die Entwicklungspraxis und den internationalen wie nationalen Diskurs maßgeblich bestimmt haben. Armutsbekämpfung in ihren sozialen Dimensionen wurde als oberste Priorität der internationalen EZ verankert. Bis zum entwicklungspolitisch bedeutsamen Jahr 2015 sollten Vorgaben in acht Bereichen, konkretisiert in 78 Indikatoren, erreicht werden. Gerade zu Beginn erwiesen sich die MDGs als gleichermaßen öffentlichkeitswirksames wie kampagnentaugliches Instrument und ermöglichten weit über die *development community* hinaus eine beachtliche politische Mobilisierung. In ihrer Folge stieg die ODA deutlich an, laut Daten der OECD zwischen dem Millenniumsjahr 2000 und 2014 inflationsbereinigt um immerhin 66 Prozent. Trotz einer mittlerweile stark durchwachsenen und eher ernüchternden Bilanz (Collier 2007), gibt es kein Zurück hinter diesen Ansatz. Vielmehr ist jüngst, insbesondere im Kontext des VN-Gipfel vom September 2015, zentral gewesen, die MDGs als *Sustainable Development Goals* (SDGs) weiterzuentwickeln, also mit Konzepten der nachhaltigen Entwicklung zu verbinden, die in der Folge des Rio-Gipfels von 1992 in anderen institutionellen Zusammenhängen behandelt und operationalisiert wurden (→ internationale Umweltpolitik). Mithin umfassen die SDGs im Wesentlichen die bisherigen MDGs, heben aber die globale Dimension von Entwicklung hervor und adressieren u.a. auch das Konsumverhalten, die Produktionsverhältnisse oder auch das Thema *decent work*. Inwiefern bei dieser Neuausrichtung der Kampf gegen Armut in marginalisierten Bevölkerungsgruppen sowie den krisengeschüttelten Ländern der Welt weiterhin vorrangige Priorität genießt oder zu einem Ziel unter mehreren wird, wird strittig bleiben. Anlass zur Sorge gibt aus Sicht der Armutsbekämpfung aber, dass die ODA-Transfers der DAC-Geber an die ärmsten Länder in den letzten Jahren abgenommen haben, während die Gesamtleistungen stiegen bzw. gleich geblieben sind. Dabei ist in den entsprechenden Konsultations- und Aushandlungsprozessen deutlich geworden, wie stark sich EZ im Akteursspektrum gewandelt hat: Staaten wie China, Indien und Brasilien, die ehemals klar als ‚Empfänger' einzuordnen waren, sind zu einflussreichen Gebern im Rahmen von Süd-Süd-Kooperation geworden. Sie verfolgen dabei dezidiert eigene Strategien, die sie ausdrücklich nicht den DAC-Vorgaben zuordnen wollen. Demgegenüber hat etwa auch Südkorea seine Rolle ‚getauscht', ist aber mittlerweile ein fest etabliertes Mitglied des DAC. Auch Mexiko und die Türkei unternehmen Schritte Richtung DAC-Mitgliedschaft.

Daneben prägen eine große Zahl an nicht-staatlichen Akteuren von NGOs und Kirchen über philanthropische Stiftungen hin zu Unternehmen die EZ (s.o.). Gerade im Gesundheitsbereich hat etwa die *Bill and Melinda Gates Foundation* unterdessen eine enorme Bedeutung. Aber auch die Problemlagen werden neu wahrgenommen, überholte Denkmuster aufgegeben: Armut lässt sich, obwohl in Subsahara-Afrika in relativer Hinsicht besonders weit verbreitet und dramatisch ausgeprägt, nicht auf diesen Kontinent reduzieren. Vielmehr leben aus globaler Perspektive die meisten armen Menschen in Ländern mittleren Einkommens. ‚Einnahmen' aus ODA machen vor allem in diesen

Ländern bei weitem nicht die wichtigste Ressourcenquelle aus; stattdessen spielen *Foreign Direct Investments* (FDI) und Rücküberweisungen von Migranten (*remittances*) gerade hier eine zentrale Rolle (→ Migration). Im Schnitt auf alle Empfängerländer gerechnet, machen *remittances* mittlerweile über 30 Prozent, FDI über 20 Prozent und ODA ‚nur' gut 16 Prozent der externen Ressourcenzuströme aus, wobei die Unterschiede in der Bedeutung von ODA für sehr arme Länder (mit einem Anteil von bis zu 75 Prozent) und Länder mittleren Einkommens (in denen ODA nur wenige Prozent ausmacht) selbstverständlich bedeutsam ist. Zudem ist offensichtlich, dass über die Reform der häufig ineffizienten Steuersysteme und -bürokratien und die Eindämmung von Kapitalflucht der im Lande erzielte Mehrwert weitaus besser abgeschöpft werden kann.

Das Jahr 2015, in dem gleichermaßen Bilanz gezogen und Zukunftsperspektiven entwickelt werden, unterscheidet sich vor diesem Hintergrund von anderen Einschnitten. Waren die Entwicklungsdekaden des 20. Jhds. noch maßgeblich durch Paradigmen- und Strategiewechsel gekennzeichnet, so geht es heute darum, ‚Entwicklung' neu zu denken und unter den beteiligten Akteuren ein neues Verständnis über ihre Rollen und Verantwortlichkeiten zu erzielen. Dabei spielt eine verbesserte Koordinierung unter den verschiedenen Gebern eine entscheidende Rolle. Aber es wird auch deutlich, dass unter ‚Entwicklungsfinanzierung' heute weitaus mehr verstanden wird als die klassische ODA.

6. Koordinierung und Harmonisierung

Spätestens im Vorfeld der Verabschiedung der MDGs wurde Ende des 20. Jhds. deutlich, dass die Wirksamkeit von EZ nicht nur von genauen Zieldefinitionen und Eigenanstrengungen der Partnerländer, sondern zentral auch von einer effizienten Abstimmung unter den Gebern abhängt. Innerhalb der OECD und zum Teil auch darüber hinaus gelang es dem DAC in den 1990er Jahren, sich als Kernforum der Debatte um *Aid Effectiveness* und einer Systemreform zu etablieren. Parallel und eng verknüpft mit dem MDG-Prozess verständigten sich mehr als 100 internationale Organisationen, Staaten und NGOs mit der *Paris Declaration* von 2005 auf Kernprinzipien in der Organisation und Abwicklung von Entwicklungskooperationen: Im Mittelpunkt stand der Ansatz, den Empfängerländern mehr Eigenverantwortung über Entwicklungsstrategien (*ownership*) einzuräumen und die Geber zur Koordination mit ‚Partnerländern' und untereinander zu verpflichten (*alignment and harmonisation*). Ähnlich wie bei den MDGs spielen Ergebnisorientierung und die Vereinbarung von zu erreichenden Zielen auch in diesem Prozess eine wichtige Rolle. Die Konzepte sind aus der Entwicklungspolitik und dem Diskurs nicht mehr wegzudenken, auch wenn ihre Umsetzung und Effekte auf die EZ-Praxis als bestenfalls durchwachsen zu bezeichnen sind.

Dass in der ‚Partnerschaftsrhetorik' Verantwortung für Entwicklungsstrategien und -fortschritte stärker bei den Ländern des Südens verortet werden, kann einerseits begrüßt werden, insofern hiermit paternalistische Vorstellungen ein Stück weit über Bord geworfen werden. Zugleich wurde die EZ damit aber auch aus ihrem historischen Kontext gerissen. Kritische Einschätzungen, die auf das fortbestehende koloniale Erbe in den EZ-Strukturen und entsprechende Abhängigkeiten von den früheren Kolonialmächten verweisen, aber auch ungleiche Zugangs- und Gestaltungschancen in der

Weltwirtschaft, werden zunehmend ausgeblendet und von einer Management-Rhetorik überlagert. Zugleich wurde die Paris-Agenda von 2005 durch die Folge-Gipfel in Accra (2008), in Busan (2011) und in Mexiko (2014) deutlich weiterentwickelt und es gelang sowohl den ‚neuen Gebern' wie auch eher schwachen, fragilen Staaten ihre Vorstellungen von Entwicklungszusammenarbeit stärker einzubringen.

7. Entwicklungsfinanzierung: auch jenseits öffentlicher Entwicklungshilfe
Die ODA der DAC-Geber machte 2014 immerhin 135,2 Mrd. US-Dollar aus, wobei auf die multilaterale EZ ca. ein Drittel entfiel. Entwicklungsfinanzierung – und damit auch die Verantwortung und Verpflichtung wohlhabender Länder dafür – umfasst allerdings deutlich mehr als ODA-Leistungen, wie bereits der sog. *Monterrey Consensus* 2002 festhielt, der einen Meilenstein für die von der VN vorangetriebenen *Financing for Development-Agenda* (FfD-Agenda) darstellte. Neben der ODA wird zunehmend auch auf die Mobilisierung privaten Kapitals, auf Schuldenerlasse sowie sogenannte innovative Finanzierungsinstrumente (z.B. verschiedene Arten von Mischfinanzierungen) gesetzt. Entsprechend ist mittlerweile eine intensive Debatte über eine Neudefinition der ODA-Kriterien im Gange. Auch strukturelle Kritik an der Gestaltung des Welthandels und der mangelnden Mitsprache der Entwicklungsländer bei Entscheidungen in der → internationalen Finanzarchitektur fanden auf Betreiben der Entwicklungsländer Eingang in die Erklärungen. Zurzeit wird insbesondere von zivilgesellschaftlichen Organisationen gefordert, die Rolle der VN in diesen Fragen zu stärken, z.B. über die Etablierung eines *Global Economic Coordination Council*, wie ihn auch die Expertenkommission unter Leitung von Joseph Stiglitz in ihrem Bericht zur ‚Reform der internationalen Geld- und Finanzmärkte' 2009 gefordert hatte. Diese Ideen erinnern ein wenig an die Forderungen im Rahmen der Neuen Weltwirtschaftsordnung NWWO (→ Nord-Süd-Beziehungen) und haben im Nachklang der Weltfinanzkrise an Aktualität noch zugenommen, sind aber bislang ohne Reformfolgen geblieben.

Daneben geht es bei der FfD-Agenda um die Frage, wie Entwicklungsländer ihre eigenen Ressourcen z.B. über Steuereinnahmen mobilisieren können. Der Aufbau effektiver Steuersysteme war auch ein zentraler Punkt bei der Nachfolgekonferenz von Doha und der FfD-Konferenz von Addis Abeba im Sommer 2015. Ebenso geraten Umverteilungsfragen in den Blick, insofern über die Weltregionen hinweg Gesellschaften mit einer zunehmenden Konzentration von Vermögen in den Händen weniger konfrontiert sind. Dass, wie bereits erwähnt, ein Großteil der Armen mittlerweile in Ländern mittleren Einkommens lebt, wirft zudem Licht darauf, dass bevölkerungsreiche Länder wie China, Indien, Indonesien, Nigeria und Pakistan trotz hoher Wachstumsraten mit Bezug auf die Armutsbekämpfung stagnieren. *Shared prosperity*, also die Erreichung von Wohlstand für alle durch Teilen, ist dabei zu einem Leitbild von ganz unterschiedlichen Organisationen wie den VN, der Weltbank und zivilgesellschaftlichen Akteuren geworden und rückt, je nach Standpunkt, Fragen der (Um-)Verteilung oder der gezielten Einbindung einkommensschwacher Gesellschaftsgruppen ins Wirtschaftswachstum in den Mittelpunkt. Entwicklungsländer leiden darüber hinaus besonders stark unter Steuerflucht, sei es durch internationale Unternehmen, Einzelpersonen oder Banken. Der illegitime Abfluss von Kapital (*illicit financial flows*, IFF) aus Entwicklungsländern übersteigt deutlich ihre ODA-Einnahmen. Doch für effektive Regeln in diesem Bereich bedarf es internationaler Kooperation, z.B. über eine internationale Steuerorganisation oder einer Aufwertung des bestehenden VN-Expertenkomitees zur internationalen Kooperation in Steuerangelegenheiten hin zu einer regulären Kommission des ECOSOC mit repräsentativer internationaler Regierungsbeteiligung, wie dies z.B. von NGOs gefordert wird.

8. Post-2015: Perspektiven und Alternativen

Das Jahr 2015 wird entwicklungspolitisch weitgehend als Zäsur wahrgenommen, die von einer Bestandsaufnahme und Neuorientierung geprägt ist. Die Zeit danach wird maßgeblich durch die Umsetzung der SDGs geprägt sein. Diese begründen eine Art ‚Weltgemeinwohlpolitik', bei der Verantwortung für die Weltgesellschaft universell definiert ist (Brock 2015: 159-160). Die normative und inhaltliche Konsensbildung wie auch die Erhöhung der Verbindlichkeit und Nachprüfbarkeit der SDGs können zweifelsohne als Erfolg gewertet werden. Zugleich bleibt offensichtlich, dass die SDGs ebenso wie die MDGs einem sozialtechnologisch geprägten Entwicklungsbegriff verhaftet bleiben. Sie suggerieren ein Bild der Messbarkeit von Entwicklung und der Genauigkeit dieser Messprozesse, das methodisch problematisch bleibt. Aus dem Blick gerät zudem, dass Entwicklung stets ein umstrittenes gesellschaftliches und nicht zuletzt politisches Projekt ist. Die SDGs folgen demgegenüber *top-down* einem universell definierten Entwicklungsmodell, das maßgeblich durch Eurozentrismus geprägt ist (Müller/Ziai 2015). Dabei lassen sich nur bruchstückhaft lokale Prioritäten einbringen; alternative Wege, Entwicklung vor dem Hintergrund eigener kultureller und historischer Erfahrungen zu verstehen, auszuhandeln und zu erkämpfen, bleiben in diesen Vorstellungen randständig.

Klar ist aber zugleich auch, dass sich die herkömmliche Gegenüberstellung von entwickelten Geber-Staaten einerseits und weniger oder noch nicht entwickelten Empfängerländern andererseits angesichts der Ausdifferenzierung der Weltökonomie immer weiter auflöst. Freilich ist noch offen, ob die Machtverhältnisse, die mit dem Bedeutungszuwachs der *emerging economies* einhergehen, auch zu einer stärker horizontalen Kooperation führen werden. Vielmehr könnte EZ gerade in der bilateralen Form auch wieder verstärkt als interessengesteuertes Instrument der Konkurrenz und Einflussnahme gebraucht werden, wobei dann die Option von Finanz- und Wissenstransfers schlicht ein Anreiz- und Sanktionsmittel in asymmetrischen Akteurskonstellationen darstellt. In jedem Fall bleibt die Entwicklungszusammenarbeit ein dynamisches und spannendes Politikfeld, das in maßgeblicher Weise internationale Politik und globale Kooperation mitprägt.

→ **Ergänzende Beiträge**

Aufstieg der Schwellenländern, Handelspolitik, internationale Finanzarchitektur, internationale Umweltpolitik, Nord-Süd-Beziehungen, Ressourcenpolitik, Sicherheitspolitik, Weltwirtschaftssystem

Literatur

Brock, Lothar (2015): Globale Verantwortung: von der Entwicklungszusammearbeit zur Weltgemeinwohlpolitik, in: Kursawe, Janet u.a. (Hrsg.): Friedensgutachten 2015, Berlin, S. 149-160.

Collier, Paul (2007): The Bottom Billion: Why the Poorest Countries Are Failing and What Can Be Done About It, Oxford.

Easterly, William u.a. (2004): Aid, Policies, and Growth: Comment. American Economic Review (3), S. 774-780.

Müller, Franziska u.a. (Hrsg.) (2014): Entwicklungstheorien. Weltgesellschaftliche Transformationen, entwicklungspolitische Herausforderungen, theoretische Innovationen, Baden-Baden.

Müller, Franziska/Ziai, Aram (2015): Eurozentrismus in der Entwicklungszusammenarbeit, in: APuZ (7-9), S. 9-15.

Rist, Gilbert ([3]2008): The History of Development. From Western Origins to Global Faith, London.

Sondermann, Elena/Debiel, Tobias (2015): Entwicklung und Internationale Politik, in: Masala, Carlo/Sauer, Frank (Hrsg.): Handbuch Internationale Beziehungen, Wiesbaden (Online).

Ulbert, Cornelia (2014): 'More of the same' oder struktureller Wandel? Die neue Rolle nichtstaatlicher Akteure in der Entwicklungszusammenarbeit, in: Müller u.a. 2014, S. 290-322.

11 – Europäische Sicherheitsstruktur (*Hans-Georg Ehrhart*)

1. Begriff

Die europäische Sicherheitsstruktur (e.S.) ist ein Konstrukt, das sich aus den wesentlichen Sicherheitsbedingungen und Konstellationen von Sicherheitsakteuren zu einem relativ dauerhaften Muster ergibt. Sie ist zugleich Ergebnis und Rahmen komplexer gesellschaftlicher und internationaler Prozesse und unterliegt einem stetigen Wandel. Sie ist nicht identisch mit der europäischen Friedensordnung, denn sie beschränkt sich auf die strukturellen Bedingungen für die Gewährleistung europäischer Sicherheit und der normative Anspruch einer Friedensordnung ist zudem umfassender. Ein stabiles Sicherheitssystem entsteht nicht kurzfristig aus einem einmaligen Willensakt, sondern ist das Ergebnis historischer Entwicklungen und Brüche. Diese können zu unterschiedlichen Formen von Sicherheit führen, die sich in Institutionen für antagonistische, gemeinsame oder kollektive Sicherheit sowie kollektive Verteidigung oder in einem Konzert der Mächte materialisieren.

2. Entwicklung

Die moderne Entwicklung der e.S. beginnt 1815 mit dem Wiener Kongress. Dieser reorganisierte das nachnapoleonische Europa in einem erst vier, später fünf Großmächte umfassenden Machtkartell aus Vertretern des *ancien régime*, das auf Interessenpolitik, → Abschreckung, Gleichgewichtsprinzip und Bekämpfung des liberalen, nationalen und demokratischen ideologischen Gegners beruhte. Das Mächtekonzert überlebt die Revolutionen von 1830 und 1848 und die Staatsgründungen von Belgien, Italien und Deutschland. Es finden zwar militärische Konflikte statt, von einem Großkrieg bleibt

Europa aber lange verschont. Maximaler Eigennutz, überbordender Nationalismus, konkurrierender Imperialismus und ungehemmter Rüstungswettlauf münden in den Ersten Weltkrieg, der zu einer Neuordnung der e.S. führt.

Der Versailler Vertrag wird von den Siegermächten verhandelt, die Verlierer haben ihn anzunehmen. Er enthält neben vielen restriktiven Elementen die amerikanisch inspirierte Idee eines Völkerbundes, die auf den Prinzipien kollektiver Sicherheit, schiedsgerichtlicher Streitschlichtung und militärischer Abrüstung beruht (→ Rüstungskontrolle und Abrüstung). Doch wie soll er funktionieren, wenn Staaten wie die USA, die Sowjetunion und Deutschland fehlen? Der Zerfall der Vielvölkerreiche, das Entstehen neuer Staaten in Mittel- und Südosteuropa, zahlreiche Gebiets- und Grenzstreitigkeiten, der Konflikt zwischen revisionistischen und Status quo-Mächten, konkurrierende Bündnisse, zunehmende ideologische Gegensätze und die Weltwirtschaftskrise tragen dazu bei, dass die durch den Versailler Vertrag geschaffene Sicherheitsstruktur rasch zerfällt und nach zwanzig Jahren im Zweiten Weltkrieg mündet.

Angestoßen von den USA und Großbritannien gründen 51 Staaten 1945 die → Vereinten Nationen. Ihr Hauptauftrag ist, so die Präambel, die Welt von der „Geißel des Krieges“ zu befreien, und die europäische Sicherheit ist formal in ein globales System kollektiver Sicherheit eingebettet. Die Androhung und Anwendung von Gewalt wird mit zwei Ausnahmen untersagt: die Selbstverteidigung gegen einen bewaffneten Angriff und Zwangsmaßnahmen des VN-Sicherheitsrates. Die Umsetzung dieses Sicherheitssystems scheitert jedoch bereits früh am Konflikt zwischen den zwei eigentlichen Siegermächten des Zweiten Weltkrieges: den USA und der Sowjetunion. Sie üben in ‚ihrem‘ Teil Europas die militärische Kontrolle aus. Die Europa und Deutschland teilende Demarkationslinie verläuft zwischen zwei politischen, sozialen und ideologischen Systemen. Die militärische Absicherung gewährleisten die Verteidigungsbündnisse → NATO und Warschauer Vertragsorganisation (WVO). Sie werden angeführt von den jeweiligen Vormächten, die ihre Konkurrenz im Rahmen des → Ost-West-Konflikts weltweit austragen. Die wirtschaftliche Integration erfolgt durch die Europäischen Gemeinschaften (→ Europäische Union) und den Rat für gegenseitige Wirtschaftshilfe.

Der sukzessive Wandel von der antagonistischen zur gemeinsamen Sicherheit erfolgt vor allem aus der Einsicht in die nukleare Verwundbarkeit der USA und der Sowjetunion. Er verläuft auf der Basis der Anerkennung der territorialen und machtpolitischen Realitäten und besteht aus einer Kombination aus Entspannungs- und Verteidigungspolitik bei fortgesetztem ideologischem Wettstreit. Die 1975 gegründete Konferenz für Sicherheit und Zusammenarbeit in Europa (KSZE) ist als gesamteuropäischer Rahmen institutioneller Ausdruck dieser Politik des friedlichen Wettbewerbs der Systeme auf der Grundlage gemeinsamer Sicherheit. Wichtige Bausteine sind etwa die Verständigung über die Prinzipien und Normen europäischer Sicherheit, vertrauensbildende Maßnahmen im militärischen Bereich, wirtschaftliche und wissenschaftlich-technische Zusammenarbeit sowie menschliche Erleichterungen. Das durch die Reformpolitik von Michail Gorbatschow erleichterte Ende des bipolaren Sicherheitssystems eröffnet schließlich den Weg für eine radikale Veränderung der e.S.

3. Europäische Sicherheitsstruktur nach dem Ost-West-Konflikt

Die Frage nach den Ursachen für das Ende des → Ost-West-Konflikts kann hier nicht umfassend beantwortet werden. Neben der russischen und amerikanischen Politik spielten auch das gute transatlantische Verhältnis (→ transatlantische Beziehungen) und das durch die West- und die Ostpolitik angesammelte Vertrauenskapital Deutschlands eine wichtige Rolle. Schließlich war die Deutsche Frage seit der Gründung des Zweiten Deutschen Reiches immer auch ein europäisches Sicherheitsproblem.

3.1 Sackgasse kollektive Sicherheit

Die Voraussetzungen für die Errichtung eines Systems kollektiver Sicherheit (→ Sicherheitspolitik) scheinen zunächst günstig. Der machtpolitische Ost-West-Konflikt ist beendet, es gibt keine Sieger und Verlierer, die Flügelmächte USA und Sowjetunion sind Teil der neuen Ordnung, das wiedervereinte Deutschland bekräftigt den Verzicht auf Massenvernichtungswaffen und der ideologische Konflikt weicht gemeinsamen Werten und Normen. Die 1990 von 34 Staaten verabschiedete Charta von Paris für ein neues Europa verkündet „ein Zeitalter des Friedens, der Einheit und der gleichen Sicherheit". Die Staats- und Regierungschefs erklären die Spaltung Europas für beendet, verpflichten sich zur Demokratie als der einzigen Regierungsform und zur Gewährleistung der → Menschenrechte und Grundfreiheiten. Sie beschließen auch, neue Strukturen im Rahmen der KSZE zu schaffen. Nicht die Rede ist im Vertragstext von kollektiver oder von gemeinsamer Sicherheit. Stattdessen werden „gleiche Sicherheit für alle" und „ein neues Verständnis von Sicherheit" proklamiert, wozu ausdrücklich auch die freie Bündniswahl gehört. Das vielleicht kurzzeitig vorhandene Fenster für die Errichtung eines kollektiven Sicherheitssystems schließt sich angesichts der nur auf kooperative Sicherheit ausgerichteten Interessenlagen und gegenläufigen politischen Entwicklungen schnell.

Neben dem fehlenden Willen der westlichen Akteure tragen drei Entwicklungen dazu bei.

- Erstens führt der Zerfall der Sowjetunion 1991 zu fünfzehn neuen Staaten. Moskau regiert nur noch über 150 Mio. Einwohner und verliert erheblich an strategischer Tiefe. Die WVO, 1949 als Reaktion auf die NATO gegründet, löst sich 1991 auf. Eine schwere Wirtschaftskrise, ethnische Spannungen und das Ringen um nationale Identität schwächen Russland im Innern.
- Zweitens beginnt im selben Jahr der Balkankonflikt. Nach dem Scheitern der Friedensbemühungen der VN gelingt es schließlich vor allem den USA und der NATO, den Krieg 1995 beizulegen.
- Drittens wollen die ehemaligen mitteleuropäischen Mitglieder der WVO nicht nur einen gesellschaftspolitischen Regimewechsel. Sie streben angesichts ihrer negativen Erfahrungen mit der Sowjetunion und der instabilen Lage Russlands in die westlichen Strukturen.

3.2 Kooperative und asymmetrische Sicherheit

Die Entwicklung der europäischen Sicherheitsarchitektur verläuft vorrangig über die Reform und Erweiterung bestehender Organisationen. Es entsteht zwar ab Mitte der 1990er Jahre eine Debatte über ein gemeinsames Sicherheitsmodell für Europa im 21. Jhd., doch dient das eher zur Beschwichtigung Russlands. Während Moskau weiterhin ein kollektives Sicherheitssystem präferiert, favorisieren die anderen Staaten den Ausbau und die Verbindung existierender Organisationen. Die europäische Sicherheitsarchitektur nach 1989/90 umfasst inklusive Organisationen wie die Organisation für Sicherheit und Zusammenarbeit in Europa (OSZE) und den Europarat und exklusive Organisationen wie die NATO, die EU oder die Gemeinschaft Unabhängiger Staaten (GUS) sowie subregionale Organisationen.

3.2.1 OSZE

Die aus der KSZE 1995 hervorgegangene OSZE ist die wichtigste gesamteuropäische Sicherheitsorganisation. Zu den mittlerweile 57 Mitgliedsstaaten gehören neben den USA und Kanada auch fünf zentralasiatische Staaten und die Mongolei. Die OSZE hat eine differenzierte Entscheidungsstruktur bestehend aus dem periodisch stattfindenden Gipfeltreffen der Staats- und Regierungschefs als höchstem Beschlussorgan, dem aus den Außenministern gebildeten Ministerrat und dem einmal die Woche in Wien auf Botschafterebene tagenden Ständigen Rat. Ebenfalls wöchentlich tritt das Forum für Sicherheitskooperation zusammen. Es dient als Konsultations- und Verhandlungsrahmen für die Bereiche → Rüstungskontrolle und Abrüstung, vertrauensbildende Maßnahmen, allgemeine Sicherheitsfragen, Reduzierung von Konfliktrisiken und Umsetzung vereinbarter Maßnahmen. Wichtige operative Einrichtungen sind der amtierende Vorsitzende, der Generalsekretär und das Sekretariat in Wien, das Büro für demokratische Institutionen und Menschenrechte, der Hohe Kommissar für nationale Minderheiten und der Beauftrage für Medienfreiheit. Die OSZE ist durch vier Wesensmerkmale gekennzeichnet:

- Erstens versteht sie Sicherheit in einem umfassenden Sinne.
- Zweitens ist sie im doppelten Sinne inklusiv: sie schließt den gesamten Raum von Vancouver bis Wladiwostok ein und ihr Handeln ist nach innen richtet.
- Drittens entscheidet sie im Konsens, was ihren Entscheidungen einerseits hohe Legitimität verleiht, diese andererseits aber auch erschwert.
- Viertens verfügt sie über keine Rechtsfähigkeit.

Abb. 3: Die Europäische Sicherheitsstruktur im Jahr 2015

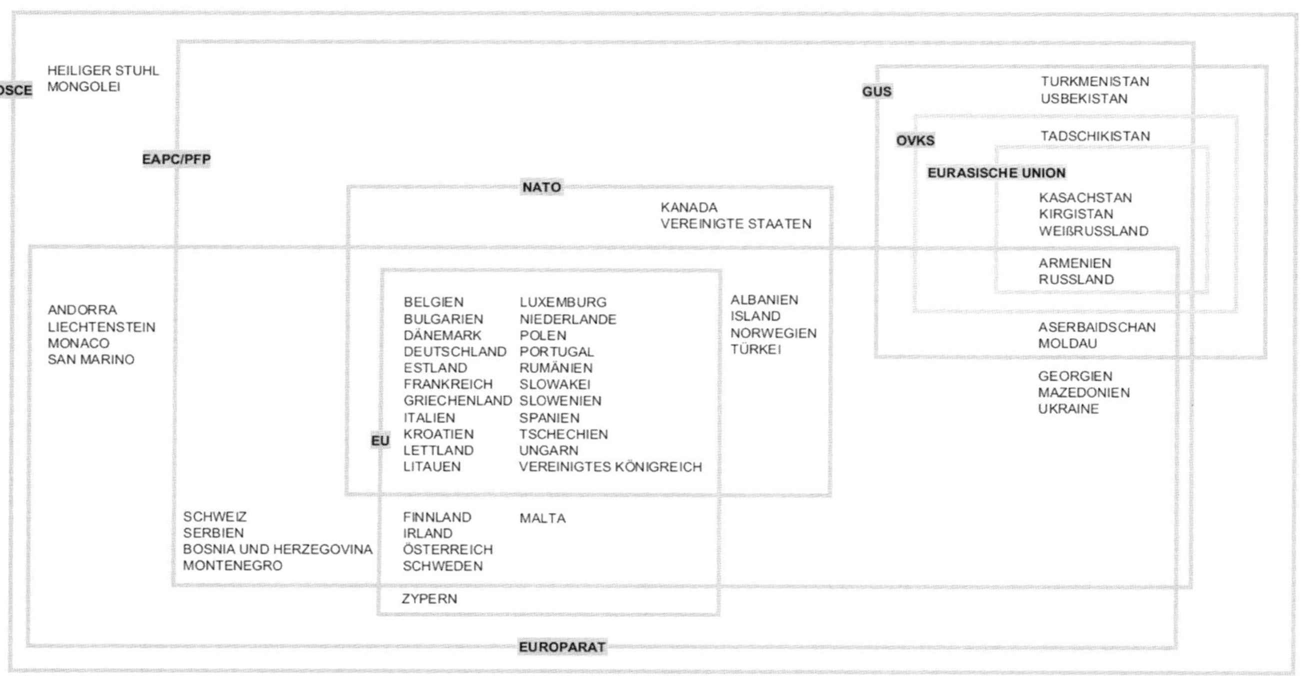

Quelle: eigene Darstellung

Früher eine Art Managementagentur für den Ost-West-Konflikt, durchläuft sie in der ersten Hälfte der 1990er Jahre eine Phase der Institutionalisierung. Höhepunkte sind die Verabschiedung der Charta von Paris, die zwei Jahre später erfolgte Entscheidung zur Institutionalisierung und 1995 die Umbenennung in OSZE. Die sich anschließende zweite Phase ist durch die Ausweitung des Aufgabenspektrums zur Lösung von Langzeitkonflikten gekennzeichnet. Die Verabschiedung einer Europäischen Sicherheitscharta im Jahre 1999 enthält das Bekenntnis zu einem freien, demokratischen und integrierterem OSZE-Gebiet. Zudem verabschieden die Teilnehmer eine Plattform für kooperative Sicherheit, um die Zusammenarbeit zwischen der OSZE und anderen internationalen Organisationen und Institutionen zu stärken. Die OSZE agiert als regionale Abmachung gemäß Kapitel VIII der VN-Charta insbesondere als eine Art Dienstleister für die friedliche Beilegung innerstaatlicher und regionaler Krisen. Ihr Kerngeschäft sind Feldoperationen, die sich vom Balkan über Osteuropa und den Südkaukasus bis nach Zentralasien erstrecken. Dabei kann sie auf Erfolge zurückblicken wie etwa die Regelung der Minderheitenkonflikte in Lettland und Estland, und auf Teilerfolge, wie im innertadschikischen Friedensprozess oder im drohenden mazedonischen Bürgerkrieg, aber auch auf Misserfolge, wie etwa im Tschetschenienkrieg oder im georgisch-russischen Konflikt.

Die Bedeutung der OSZE schwindet aber über die Jahre aus verschiedenen Gründen: die Erweiterungen und Reformen von EU und NATO tragen ebenso dazu bei wie das Desinteresse der USA und anderer Staaten an einer hervorgehobenen Rolle dieser Organisation. Insbesondere Russland, das ursprünglich auf die OSZE als prioritärer Rahmen für kollektive Sicherheit gesetzt hat, betrachtet sie zunehmend kritisch. Es wendet sich gegen die Betonung der menschlichen und die Vernachlässigung der militärischen Dimension, kritisiert die Relativierung staatlicher Souveränität zugunsten des Menschenrechtsschutzes und die einseitige Ausrichtung der OSZE nach Osten. Der 2008 erfolgte russische Vorschlag zum Abschluss eines europäischen Sicherheitsvertrags mit den Kernpunkten ‚gleiche Sicherheit' und ‚keine exklusiven Rechte für Staaten oder Organisationen in europäischen Sicherheitsfragen' (Medwjedew-Plan) führt zwar zum sog. Korfu-Prozess, dieser scheitert aber 2010 auf dem OSZE-Gipfel von Astana. Aus Moskauer Sicht bestätigt dies abermals die Missachtung russischer Sicherheitsinteressen, wie zuvor bereits etwa die fehlende Ratifizierung des angepassten Vertrages für Konventionelle Abrüstung (KSEa) durch die USA (→ Rüstungskontrolle und Abrüstung), deren Raketenabwehrpläne, die NATO-Erweiterung und die Einflussnahme des Westens während der ‚*color revolutions*' im postsowjetischen Raum.

3.2.2 Europarat

Der Europarat wird am 5.5.1949 von zehn Staaten gegründet. Heute besteht er aus 47 Staaten, einschließlich aller EU-Mitglieder. Seine Aufgabe beschreibt Art. 1 seiner Satzung als die Herstellung „einer engen Verbindung zwischen seinen Mitgliedern zum Schutze und zur Förderung der Ideale und Grundsätze, die ihr gemeinsames Erbe bilden, und ihren wirtschaftlichen und sozialen Fortschritt zu fördern". Im Mittelpunkt seiner Aktivitäten stehen weiche Sicherheitsfaktoren, vor allem die Einhaltung der → Menschenrechte, der Demokratie und der rechtsstaatlichen Grundsätze. Oberstes Beschlussorgan ist das aus den Außenministern oder deren Beauftragten bestehende Ministerkomitee. Die parlamentarische Versammlung unterhält Fachausschüsse, die bestimmte Fragen prüfen und der Versammlung Bericht erstatten. Seit 1994 gibt es zudem einen Kongress der Gemeinden und Regionen Europas. 1999 wird ein Kommissar für Menschenrechte eingesetzt. Der Europarat besitzt mit dem Europäischen Gerichtshof für Menschenrechte (EGMR) → und der Anti-Folter-Konvention wirksame Instrumente. Mit seiner Politik der Förderung der Rechtssysteme und der Unterstützung der mittel- und osteuropäischen Staaten auf den Feldern Demokratie, Menschenrechte und soziale Entwicklung, praktiziert er ein erweitertes Sicherheitskonzept. Darin nimmt die Zusammenarbeit mit anderen europäischen Organisationen, insbesondere mit der OSZE und der EU, eine wichtige Rolle ein. Die vom Europarat verfochtene Idee der demokratischen Sicherheit teilen nicht alle Staaten. So bleibt das autoritär regierte Belarus, das zwischenzeitlich einen Beobachterstatus innehat, ausgeschlossen.

3.2.3 NATO

Die → NATO ist integraler Teil europäischer Sicherheit. Die USA als die mit Abstand stärkste Macht ist de facto Führungsmacht und wirkmächtiger Garant für die Sicherheit der Mitgliedstaaten. Zugleich bleibt die NATO ein wichtiges Instrument amerikanischer Einflussnahme in Europa. Sie ist eine ‚pluralistische Sicherheitsgemeinschaft' im Sinne von Karl W. Deutsch, die sich insbesondere durch drei Merkmale auszeichnet:

- Gewalt zwischen den Mitgliedstaaten scheidet als Mittel aus;
- es gibt einen Konsens über die grundlegenden Werte und
- es existiert ein relativ hohes Maß an Erwartungsverlässlichkeit.

Die NATO durchläuft einen Anpassungsprozess, der sowohl die Flexibilität der Institution als auch den Willen der Mitgliedstaaten bezeugt, sie als zentrales Instrument ihrer Sicherheit zu erhalten. Der politische Charakter des Bündnisses tritt nach 1989/90 stärker hervor. Der Erweiterungsprozess der NATO und gesamteuropäische Formate scheinen Hand in Hand zu gehen. Zunächst bietet das Bündnis 1990, also als die Sowjetunion und die WVO noch existierten, deren Mitgliedsstaaten eine freundschaftliche Zusammenarbeit an. Durch den 2+4-Vertrag und die Mitgliedschaft des vereinten Deutschland wird die NATO erstmals nach Osten erweitert, auch wenn vereinbarungsgemäß bis heute keine Truppen und Einrichtungen des Bündnisses in Ostdeutschland stationiert werden. Im Dezember 1991 konstituiert sich aus den NATO-Mitgliedern und den ehemaligen Mitgliedern der WVO der Nordatlantische Kooperationsrat. Sechs Jahre später wird er zum Euro-Atlantischen Partnerschaftsrat aufgewertet. Darin nehmen mittlerweile 50 Staaten teil. 1994 beschließt der Nordatlantikrat die Partnerschaft für den Frieden (PfP). Ihr Schwerpunkt ist die verteidigungspolitische Zusammenarbeit. Ebenfalls 1994 erklärt die NATO ihre Bereitschaft zur Erweiterung.

1997 lädt sie trotz russischer Kritik Polen, Tschechien und Ungarn zur Aufnahme von Beitrittsverhandlungen ein. Ebenfalls 1997 wird die NATO-Russland-Grundakte über die gegenseitigen Beziehungen unterzeichnet und der ‚Gemeinsame Ständige NATO-Russland-Rat' (NRR) gegründet. Er fungiert als Konsultationsgremium und soll Vertrauen fördern, ist aber kein Gremium, das Moskau ein Mitentscheidungsrecht in Allianzfragen gibt. Die NATO konzediert lediglich und rechtlich nicht verpflichtend auf eine ständige Militärpräsenz in den neuen Mitgliedstaaten zu verzichten. Die ebenfalls 1997 gegründete NATO-Ukraine-Kommission ist ein weiteres bilaterales Konsultationsgremium. 2004 treten sieben weitere Länder der Allianz bei, davon drei ehemalige Sowjetrepubliken: Bulgarien, Estland, Lettland, Litauen, Rumänien, die Slowakei und Slowenien. 2008 beschließt die NATO den Beitritt Albaniens und Kroatiens, die Aufnahme von Georgien und der Ukraine in den 1999 beschlossenen ‚*Membership Action Plan*' scheitert u.a. am Widerstand Frankreichs und Deutschlands. Der russische Präsident Putin stuft die potenzielle Erweiterung um diese beiden Nachbarstaaten als Bedrohung ein. Gleichwohl wird sie im Prinzip beschlossen. Dafür müssen allerdings drei Voraussetzungen erfüllt sein: das betreffende Land darf nicht in ethnische, innerstaatliche oder territoriale Konflikte verwickelt sein, muss aktiv zur Sicherheitsgestaltung beitragen können und alle NATO-Mitglieder müssen einem Beitritt zustimmen.

3.2.4 Europäische Union

Die europäische Integration ist von Anfang an als gesamteuropäisches Friedensprojekt angelegt. Mitglied kann jeder europäische Staat werden, der die politischen, wirtschaftlichen und normativen Voraussetzungen erfüllt. Startete die → Europäische Union während des Ost-West-Konflikts als Zivilmacht, deren Sicherheit die NATO gewährleistet, so übernimmt sie zunehmend auch sicherheitspolitische Aufgaben. Nach integrationstheoretischer Logik (→ Integrationstheorien) befindet sie sich auf dem Weg zu einer amalgamierten bzw. verschmolzenen Sicherheitsgemeinschaft, also zu einem staatsähnlichen Gebilde. Mit wachsender Mitgliedschaft und größerer Interessenvielfalt sind aber auch zentrifugale Tendenzen erkennbar. Gleichzeitig verändert sich die Rolle der EU in Europa und in der Welt. Sie ist heute mehr denn je ein zentraler Akteur in der e.S.

Mit dem Vertrag von Maastricht (2003) lanciert die EU den schrittweisen Aufbau einer Gemeinsamen Europäische Außen- und Sicherheitspolitik (GASP), die in der im Lissabon-Vertrag 2009 enthaltenen Form den außen- und sicherheitspolitischen Handlungsrahmen beschreibt (→ EU als internationaler Akteur). Angesichts der Erfahrungen stark eingeschränkter Handlungsfähigkeit während des Balkankonflikts startet die EU 1999 das Projekt der Gemeinsamen Sicherheits- und Verteidigungspolitik (GSVP). Sie knüpft an die 1954 gescheiterte Europäische Verteidigungsgemeinschaft (EVG) an und macht die als Ersatzlösung gegründete Westeuropäische Union (WEU), die im Vertrag von Maastricht noch als militärischer Arm der EU vorgesehen ist, letztlich obsolet. Die GSVP ist integraler Teil der GASP und soll der EU eine zivile und militärische Operationsfähigkeit durch Missionen außerhalb der Union zur Friedenssicherung, Konfliktverhütung und Stärkung der internationalen Sicherheit möglichen. Sie strebt die Festlegung einer gemeinsamen Verteidigungspolitik an, die in eine gemeinsame Verteidigung münden kann, wenn der Europäische Rat das einstimmig beschließt. Bis Ende 2014 engagiert sich die EU in 34 eher kleinen zivilen und militärischen Operationen, an denen auch Nicht-EU-Staaten teilnehmen.

Von sicherheitspolitischer Relevanz ist auch der Erweiterungsprozess, trägt er doch zur Stärkung der Union und zur Stabilisierung der neuen mittel- und osteuropäischen Mitglieder bei. Nach der 1995 erfolgten Norderweiterung um Finnland, Schweden, Österreich folgen 2004 zunächst Estland, Lettland, Litauen, Malta, Polen, Slowakei, Slowenien, Tschechien, Ungarn und Zypern, drei Jahre später Bulgarien und Rumänien und dann 2013 Kroatien. Weitere vier Länder bereiten sich auf die Mitgliedschaft vor: Mazedonien, Montenegro, Serbien und die Türkei. Als potenzielle Beitrittskandidaten gelten des Weiteren Albanien, Bosnien-Herzegowina und Kosovo. Voraussetzung für den Beitritt sind institutionelle Stabilität und Demokratie, Marktwirtschaft und die Übernahme des EV-Rechts und seitens der EU die Zustimmung aller Mitgliedstaaten.

Die europäische Nachbarschaftspolitik (ENP) bildet den Rahmen für die Beziehungen zu den östlichen und südlichen Nachbarn der EU. Sie schließt Russland nicht ein, weil die bilateralen Beziehungen in einer strategischen Partnerschaft geregelt werden sollen. Diese hervorgehobene Partnerschaft wird bereits im Partnerschafts- und Kooperationsabkommen von 1994 beschworen und im 2003 beschlossenen Vorhaben der ‚vier gemeinsamen Räume' – Wirtschaft, Justiz und Inneres, äußere Sicherheit, innere Sicherheit – fortgesetzt. Allerdings kommt das Konzept über das Stadium guter Intentionen kaum hinaus. Die ENP wiederum ist als Alternative zur Erweiterung gedacht. Sie soll dazu beitragen, Wohlstand, Stabilität und Sicherheit in der Nachbarschaft zu fördern. Vor dem Hintergrund des russisch-georgischen Konflikts startet die EU 2008 die Östliche Partnerschaft, die sich an die sechs östlichen Nachbarn Armenien, Aserbaidschan, Belarus, Georgien, Moldau und Ukraine richtet. Sie soll mit Hilfe von bilateralen und multilateralen Instrumenten stabilisierend wirken, wird aber von Russland als politisches Konkurrenzprojekt zu seinen Integrationsvorhaben gesehen.

3.2.5 Russland und regionale Integrationsversuche

Für die europäische Sicherheitsarchitektur ist Russland ein wichtiger Akteur. Die Aussage, dass europäische Sicherheit nicht ohne und schon gar nicht gegen Russland möglich ist, hat viele Befürworter. Dafür spricht die Geografie, denn Russland ist das größte Land der Erde und liegt in Europa, allerdings auch in Asien. Dafür sprich auch seine Geschichte als europäische Großmacht und als Weltmacht mit ständigem Sitz im VN-Sicherheitsrat. Des Weiteren spricht sein Status als Militärmacht und vor allem als nukleare Supermacht dafür. Schließlich sieht es sich selbst als europäische und globale Macht, deren Sicherheitsinteressen es zu beachten gilt. Als europäische Macht hat es bis heute ein fundamentales Interesse an der Mitgestaltung der e.S. Es ist zwar Mitglied der OSZE und des Europarates sowie mit NATO und EU vertraglich verbunden, aber eben nicht als Mitglied. Europa als kollektives Sicherheitssystem ist nicht machbar, weil die meisten europäischen Länder die westlichen Sicherheitsorganisationen bevorzugen. Vor diesem Hintergrund baut Moskau auf andere regionale Organisationen, um seine Sicherheit und seinen politischen und wirtschaftlichen Einfluss zu gewährleisten.

Die größte und älteste ist die 1991 gegründete Gemeinschaft Unabhängiger Staaten (GUS). Ihr gehören zunächst drei (Russland, Belarus, Ukraine), dann elf (Armenien, Aserbaidschan, Kazachstan, Kirgisien, Moldau, Tadschikistan, Turkmenistan, Usbekistan) und später zwölf (Georgien) der ehemaligen Sowjetrepubliken außer den baltischen Staaten an. Eine wichtige Funktion der GUS ist die geregelte Abwicklung der zerfallenen Sowjetunion und die Schaffung institutioneller Strukturen für die Neuregelung der politischen, sicherheitspolitischen und wirtschaftlichen Zusammenarbeit.

Doch führen die Heterogenität der Mitglieder, Gebiets- und Nationalitätenkonflikte, unterschiedliche Interessenlagen und die strukturelle Dominanz Russlands dazu, dass sich die GUS nicht zu einem einflussreichen kollektiven Akteur entwickelt. Georgien tritt 2008 wegen des militärischen Konflikts mit Russland wieder aus. 1992 unterzeichnen nur sechs Staaten den Taschkenter Vertrag über kollektive Sicherheit: Armenien, Kazachstan, Kirgistan, Russland, Tadschikistan und Usbekistan. Aserbaidschan, Belarus und Georgien treten in den folgenden Jahren bei. Aserbaidschan, Georgien und Usbekistan weigern sich dann 1999, den abgelaufenen Vertrag zu erneuern, so dass die Organisation für kollektive Sicherheit wieder nur über sechs Mitglieder verfügt. Sie unterhält eine schnelle Eingreiftruppe und ein Antiterrorismuszentrum, ist aber bislang wegen existierender Souveränitätsvorbehalte nur bedingt wirksam. In der politischen Praxis hat Russland einen weitergehenden Ordnungsanspruch, indem es schon Anfang der 1990er Jahre vom ‚nahen Ausland' spricht und damit die ehemaligen Sowjetrepubliken der GUS meint. Diesen Anspruch spiegelt die Präsenz russischer Truppen in Armenien, Moldau, Tadschikistan und der Ukraine wider.

Mit unterschiedlichen Geschwindigkeiten verläuft auch die wirtschaftliche Integration des postsowjetischen Raumes. 1995 gründen Russland, Belarus und Kazachstan eine Zollunion, der sich Kirgistan (1996) und Tadschikistan (1999) anschließen. Diese fünf gründen 1996 die Gemeinschaft Integrierter Staaten (GIS), die die wirtschaftliche und soziale Zusammenarbeit vertiefen soll. 2000 bilden sie die Eurasische Wirtschaftsgemeinschaft. Nach dem Scheitern der 1994 gestarteten Freihandelszone wird diese 2011 von Armenien, Belarus, Kasachstan, Kirgistan, Moldau, Russland, Tadschikistan und der Ukraine gebildet. Vier Jahre später tritt der Vertrag über die Eurasische Wirtschaftsunion (EAWU) in Kraft. Ihr gehören Armenien, Belarus, Russland, Kazachstan und Kirgistan an. Ziel der nach dem Vorbild der EU gebildeten EAWU ist der freie Austausch von Waren, Kapital, Dienstleistungen und Arbeitskräften sowie die Koordinierung der Wirtschaftspolitik. Erwähnt sei schließlich noch die 2001 gegründete Schanghai Organisation für Zusammenarbeit (SOZ), bestehend aus Russland, China, Kazachstan, Kirgistan, Tadschikistan und Usbekistan. Sie strebt militärische, wirtschaftliche und kulturelle Zusammenarbeit an (→ Militärbündnisse).

4. Bilaterale Verträge

Die e.S. wird auch beeinflusst durch bilaterale Verträge, in denen oftmals grundlegende Beziehungsmuster zwischen Staaten festgelegt werden. Die wesentlichen Abkommen können in vier Gruppen verortet werden: deutsch-französische Abkommen, die Ostverträge, Abkommen infolge der Wiedervereinigung und französisch-britische Verträge.

- Der 1963 abgeschlossene Deutsch-Französische Freundschaftsvertrag (Elyssé-Vertrag) bildet die Grundlage für die bilateralen Beziehungen beider Staaten. Er verpflichtet die Regierungen zu Konsultationen in allen wichtigen Fragen der Außen- und Sicherheitspolitik. Auf dieser Vertragsbasis setzten Bundeskanzler Helmut Kohl und Staatspräsident Francois Mitterrand ab 1988 den Deutsch-Französischen Verteidigungs- und Sicherheitsrat ein. Die wichtigsten Aufgaben des Rates sind neben der Ausarbeitung gemeinsamer Konzeptionen auf dem Gebiet der Verteidigung und der Abstimmung in europäischen Sicherheitsfragen die Beschlussfassung hinsichtlich gemischter Militäreinheiten. Dazu gehört die Deutsch-Französische Brigade, die wiederum Teil des Eurocorps ist. Es ist das deklarierte Ziel des Abkommens, ein Nukleus für den Aufbau europäischer Sicherheitsstrukturen zu sein.

- Die bilateralen Ostverträge umfassen vier Verträge. Im Grundlagenvertrag zwischen der Bundesrepublik Deutschland (BRD) und der Deutschen Demokratischen Republik (DDR) vereinbaren beide Staaten 1972 u.a. die Entwicklung gutnachbarschaftlicher Beziehungen, sich zu den Grundsätzen der → Vereinten Nationen zu bekennen, Gewaltverzicht zu üben und sich am Prozess der Sicherheit und Zusammenarbeit in Europa zu beteiligen. Voraussetzung für den Grundlagenvertrag sind die zuvor unterzeichneten Verträge mit Moskau und Warschau. Im Moskauer Vertrag von 1970 zwischen der Sowjetunion und der BRD verpflichten sich beide Staaten dazu, den Frieden in Europa aufrechtzuerhalten, den Entspannungsprozess (→ Ost-West-Konflikt) zu fördern und die bestehenden Grenzen in Europa zu achten. Im Warschauer Vertrag von 1970 zwischen der BRD und der Volksrepublik Polen werden die Grundlagen der Normalisierung der bilateralen Beziehungen festgelegt. Die BRD erkennt die Oder-Neiße-Grenze an und verpflichtet sich, keine Gebietsansprüche zu erheben und bekennt sich zur Gewaltfreiheit im Sinne der VN. 1973 wird zudem der Vertrag von Prag abgeschlossen. Dieser deutsch-tschechoslowakische Vertrag erklärt das Münchener Abkommen von 1938 über die Abtrennung des Sudetengebiets an das Deutsche Reich für nichtig. Die Parteien erklären die Unverletzlichkeit der gemeinsamen Grenze, verzichten auf Gebietsansprüche und bekennen sich zur VN-Charta.
- Die Wiedervereinigung Deutschlands macht zwei bilaterale Verträge erforderlich. Der am 9.11.1990 unterzeichnete deutsch-sowjetische Nachbarschaftsvertrag ist der erste internationale Vertrag des vereinigten Deutschlands. Die Vertragspartner verpflichten sich darin, die territoriale Integrität, die souveräne Gleichheit und die politische Unabhängigkeit zu achten. Sie bekräftigen das Recht auf Selbstbestimmung ohne äußere Einmischung und bekennen sich zum Gewaltverzicht, zur Abrüstung und zu einem stabilen Gleichgewicht auf niedrigerem Rüstungsniveau (→ Rüstungskontrolle und Abrüstung). Der Prozess der Sicherheit und Zusammenarbeit soll weiter unterstützt werden mit dem Ziel, Frieden, Stabilität und Sicherheit in Europa zu festigen. Der deutsch-polnische Grenzvertrag von 1990 ist eine Vorbedingung der Alliierten für die deutsche Wiedervereinigung. Er garantiert die Unverletzlichkeit der Staatsgrenzen und bekräftigt den Gewaltverzicht. 1991 folgt der deutsch-polnische Nachbarschaftsvertrag, der den Grenzvertrag ergänzt.
- Die 2010 zwischen Frankreich und Großbritannien abgeschlossenen Verträge über eine engere Zusammenarbeit in der Verteidigungs- und Sicherheitspolitik sind bedeutsame Abkommen, die angesichts abnehmender Verteidigungsbudgets die gemeinsame Verteidigungsfähigkeit erhöhen und damit indirekt auch die NATO und die EU stärken sollen. Die beiden Atommächte beschließen erstmals eine Zusammenarbeit im nuklearen Bereich. Zudem verkünden sie konkrete rüstungs- und verteidigungspolitische Maßnahmen, wie die Aufstellung eines Expeditionscorps und die Entwicklung einer neuen Generation von Kampfdrohnen. Hatten beide Staaten

von 1998 auf dem bilateralen Gipfel von St. Malò wichtige Grundlagen für die Entwicklung der GSVP gelegt, so findet diese in den Verträgen keine Erwähnung.

5. Perspektiven: Zwischen Koexistenz und Konfrontation

Ein Vierteljahrhundert nach Ende des → Ost-West-Konflikts endet die Phase kooperativer Sicherheit 2014/15 in Europa. An ihre Stelle scheint ein neuer Zeitabschnitt zu treten, der eher von einer Mischung aus Koexistenz und Konfrontation bestimmt sein wird. Welche genauen Auswirkungen dieser Wandel auf die europäische Sicherheitsarchitektur haben wird, wird die Zukunft zeigen. Im Jahr 2015 sieht es so aus, dass kollektive Verteidigung und antagonistische Sicherheit dominieren. Kooperation findet nur noch in geringem Umfang statt. Katalysator dieses Prozesses ist die russische Annexion der Krim und der Ukrainekonflikt. Aber bereits zuvor gibt es Anzeichen für Konflikte: der latente Streit über die Osterweiterung der → NATO, der fehlende Wille westlicher Akteure ein europäisches System gleicher Sicherheit aufzubauen, der russische Anspruch auf strategische Tiefe und Aufrechterhaltung des hegemonialen Einflusses in der unmittelbaren Nachbarschaft, der sich nach dem Georgienkonflikt anbahnende wirtschaftliche Integrationswettlauf zwischen EU und Eurasischer Wirtschaftsgemeinschafts/EAWU, die verschärften Differenzen hinsichtlich Stellenwert und Auslegung von grundlegenden Normen, die noch in der Charta von Paris unstrittig schienen, und widerstreitende Ordnungs- und Machtansprüche zwischen den Akteuren sowohl des globalen Mächtedreiecks USA-China-Russland als auch innerhalb des OSZE-Raums.

Die Auswirkungen auf die sicherheitspolitischen Institutionen und ihr Verhältnis zueinander bleiben nicht aus. Die OSZE erfährt zumindest kurzfristig einen Bedeutungszuwachs. Wird sie noch im Georgienkonflikt zugunsten der EU Monitoring-Mission von Moskau politisch kalt gestellt, so übernimmt sie im Ukrainekonflikt eine wichtige Funktion als neutraler Beobachter, Verifikateur und Verhandlungspartner. Die russische Delegation im Europarat verliert 2014 ihr Stimmrecht wegen der Annexion der Krim und Russland erwägt den Austritt aus der Organisation. Dadurch unterläge es nicht mehr der Rechtsprechung des EGMR. Die NATO suspendiert die zivile und militärische Zusammenarbeit mit Russland, hält den politischen Kontakt im NRR aber aufrecht. Sie besinnt sich wieder auf ihre Kernfunktion der Bündnisverteidigung, verstärkt ihre (rotierende) Präsenz im Osten des Bündnisses und ihre Unterstützung für die Ukraine, und hält an ihrer Politik der offenen Tür für alle europäische Demokratien fest. Die EU schließt trotz heftiger Kritik aus Moskau 2014 mit Moldau, Georgien und der Ukraine ein Assoziierungsabkommen ab mit dem Ziel, diese Gesellschaften in ihrem Reformprozess in Richtung Demokratie und Marktwirtschaft zu unterstützen und sie enger an die EU zu binden. Sie beginnt mit Moskau Verhandlungen über mögliche negative Auswirkungen der Abkommen für Russland, hält aber an ihrer Politik der Östlichen Partnerschaft fest. Russland versucht die sicherheitspolitische und wirtschaftliche Integration in seinem Einflussbereich zu stärken, doch dies geschieht mehr auf dem Papier als in der Realität. Gründe dafür sind seine dominante Position in den jeweiligen Institutionen, gegensätzliche Interessen der Mitgliedstaaten und deren Schwanken zwischen Instrumentalisierung Russlands und dem Schutz nationaler Handlungsspielräume durch *balancing* und *bandwagoning*. 2014 verlässt die Ukraine die GUS.

Die Perspektiven der europäischen Sicherheitsarchitektur sind gekennzeichnet durch Wandel und große Unsicherheit. Gegenwärtig überwiegen Konfrontation und Koexistenz kooperative Ansätze. Konfrontation ist gefährlich, weil instabil und eskalationsträchtig, Koexistenz ist zwar ein Rückschritt verglichen mit der Zeit nach 1989/90. Es wäre aber vergleichsweise akzeptabel, wenn man sich auf gemeinsame Regeln einigt in der Hoffnung, dass wieder bessere Zeiten für die e.S. kommen. Solange sich aber der Westen und Russland wechselseitig als bedrohlich und unglaubwürdig wahrnehmen, dürften eher konfrontative Verhaltensmuster und die durch sie begünstigte Anpassung politischer und militärischer Konzepte die e.S. prägen.

→ Ergänzende Beiträge

Europäische Union, EU als internationaler Akteur, Menschenrechte, Militärbündnisse, NATO, Ost-West-Konflikt, Sicherheitspolitik, Vereinte Nationen

Literatur

Deutsch, Karl W. (1957): Political Community and North Atlantic Area, Princeton.

Ehrhart, Hans-Georg (2015): Unkonventioneller und hybrider Krieg in der Ukraine: zum Formenwandel des Krieges und als Herausforderung für Politik und Wissenschaft, in: Zeitschrift für Außen- und Sicherheitspolitik (i.E.).

Kreikemeyer, Anna (2012): Herrschaft statt Sicherheit. Die Organisation des Vertrags für kollektive Sicherheit, in: Osteuropa (5), S. 81-91.

Mutz, Reinhard (2011): Europäische Friedensordnung, in: Gießmann, Hans J./Rinke, Bernhard (Hrsg.), Handbuch Frieden, Wiesbaden, S. 225-235.

Mützenich, Rolf/Karáradi, Matthias Z. (2013): Die OSZE als euroatlantische und eurasische Sicherheitsgemeinschaft: theoretische Grundlagen, Voraussetzungen und Aussichten, in: IFSH (Hrsg.): OSZE-Jahrbuch 2012, Baden-Baden, S. 47-59.

Schneider, Heinrich (2007): Ausblick auf Europa: Was bleibt vom Europäischen Projekt?, in: Ehrhart, Hans-Georg/Jaberg, Sabine/Rinke, Bernhard/Waldmann, Jörg (Hrsg.): Die Europäische Union im 21. Jhd. Theorie und Praxis europäischer Außen, Sicherheits- und Friedenspolitik, Wiesbaden, S. 317-337.

12 – Europäische Union (*Wilhelm Knelangen*)

1. Begriff

Die Beantwortung der Frage, was die Europäische Union (EU) ‚eigentlich' ist, bereitet auch nach mehr als sechzig Jahren Integrationsgeschichte erhebliche Schwierigkeiten. Die EU ist zunächst eine → internationale Organisation, der ihre derzeit 28 Mitgliedstaaten auf der Grundlage völkerrechtlicher Verträge (→ Völkerrecht/Internationales Recht) zur Verfolgung gemeinsamer Ziele politische Handlungs- und Entscheidungsbefugnisse übertragen haben. Von herkömmlichen Organisationen unterscheidet sie sich aber durch eine außerordentliche Breite von Politikfeldern und eine besondere institutionelle Struktur, vor allem aber durch die Kompetenz, in den Mitgliedstaaten verbindliches Recht zu setzen. Daher wird die EU auch als supranationale Organisation bezeichnet. Zugleich trägt sie damit das zentrale Kennzeichen eines politischen Systems, das allerdings im Gegensatz zu nationalstaatlich verfassten Systemen keinen Staatscharakter hat und mehrere Ebenen (lokale, regionale, nationale, europäische) übergreift. Das Bundesverfassungsgericht hat die EU – in Abgrenzung zu den traditionellen Modellen des Bundestaates und des Staatenbundes – mit dem Begriff des ‚Staatenverbundes' gekennzeichnet. Aufgrund der Schwierigkeiten bei der typologischen Einordnung wird die EU auch als Organisation oder System *sui generis* bezeichnet.

2. Der Prozess der europäischen politischen Integration

Unter Integration kann allgemein ein Prozess verstanden werden, in dessen Verlauf politische Systeme, Gesellschaften und Volkswirtschaften friedlich und freiwillig über bislang bestehende nationale Grenzen hinweg zusammengeführt werden. Die politische Integration ist vor allem durch die gemeinsame Vorbereitung, Setzung und Durchführung von Entscheidungen gekennzeichnet. Dabei kann idealtypisch zwischen der Form der supranationalen Integration, bei der die Mitgliedstaaten souveräne Kompetenzen an die übergeordnete Ebene abgeben, und der intergouvernementalen Integration, bei der dieser Transfer unterbleibt, differenziert werden. Die politische Integration gilt als umso intensiver, je mehr Politikfelder einbezogen werden, je stärker die gemeinschaftliche Kompetenzausstattung in den Politikfeldern ist und je größer die territoriale Reichweite der gemeinsamen Politikgestaltung ist.

An ältere Pläne für eine engere Zusammenarbeit der Staaten Europas anknüpfend, gewann die Idee einer europäischen politischen Integration erst nach den furchtbaren Erfahrungen des Nationalsozialismus und des Zweiten Weltkrieges an Triebkraft (Loth 2014). In den Nachkriegsgesellschaften wurde das ‚Projekt Europa' als eine grundlegende Alternative zum nationalstaatlichen Ordnungsmodell wahrgenommen, das den Kontinent in der Folge des Westfälischen Friedens von 1648 geprägt hatte (→ Staat/Staatlichkeit im Wandel). Dabei können mehrere Motive unterschieden werden:

- Das wohl wichtigste Motiv war die Sicherung des Friedens, die durch eine Abkehr von der zwischenstaatlichen Konfrontation und die Durchsetzung umfassender Kooperation verwirklicht werden sollte.
- In diesem Zusammenhang war die deutsche Frage von herausragender Bedeutung, denn anders als nach dem Ersten Weltkrieg sollte dem Wiedererstarken eines aggressiven Deutschland durch eine Politik der institutionellen Einbindung vorgebeugt werden.
- Das dritte Motiv war die Erwartung, durch den Abbau von Handelsschranken und eine engere wirtschaftspolitische Abstimmung zu Wohlfahrtsgewinnen zu kommen.
- Als viertes Motiv kann die Sicherung einer freiheitlichen Ordnung gesehen werden, in der die Menschen- und Grundrechte einschließlich der grenzüberschreitenden Freizügigkeit gewährleistet werden.
- Hinzu kam schließlich das Motiv der Selbstbehauptung Europas, das seine ehemalige weltpolitische Dominanz mit dem Weltkrieg eingebüßt hatte, gegenüber den neuen Weltmächten USA und Sowjetunion. Je stärker der → Ost-West-Konflikt auch die europäische Politik dominierte, desto stärker konzentrierte sich die Integrationsbewegung freilich auf den westlichen Teil des Kontinents, dessen Staaten

sich überwiegend dem atlantischen Bündnis mit den USA anschlossen. Die mittel- und osteuropäischen Staaten befanden sich hingegen unter dem Einfluss der Sowjetunion und konnten erst nach 1990 an der europäischen Integration mitwirken.

Auf welchem Wege die Integration erreicht werden kann, war nach 1945 durchaus umstritten (→ Integrationstheorien). Den ‚Föderalisten', die den Aufbau einer bundesstaatlichen Ordnung forderten, standen die ‚Unionisten' gegenüber, die den damit verbundenen Verlust nationaler Souveränität ablehnten und stattdessen das Modell des Staatenbundes präferierten. Der am 5.5.1949 gegründete Europarat entsprach den föderalistischen Vorstellungen nicht, weil er dem intergouvernementalen Grundprinzip verpflichtet blieb. Als Ausgangspunkt des Integrationsprozesses gilt deshalb der Vorschlag des französischen Außenministers Schuman vom 9.5.1950, die Kohle- und Stahlproduktion Deutschlands und Frankreichs unter eine gemeinsame Aufsicht zu stellen und damit der nationalstaatlichen Kontrolle zu entziehen. Der daraus hervorgegangene Vertrag über die Europäische Gemeinschaft für Kohle und Stahl (EGKS) wurde zwischen den beiden Staaten sowie Belgien, Italien, Luxemburg und Niederlande am 18.4.1951 unterzeichnet. Die EGKS schuf einen gemeinsamen Markt für die damals kriegswichtigen Güter Kohle und Stahl und betrat institutionelles Neuland, weil sie erstmals dem Typ einer supranationalen Organisation entsprach. Wenn auch auf einen begrenzten Bereich beschränkt, konnte die EGKS für die Mitgliedstaaten verbindliches Recht setzen. Die Exekutivrechte hatte nach dem Vertrag die Hohe Behörde, die politischen Richtlinien- und Legislativrechte der Ministerrat. Daneben verfügte die Gemeinsame Versammlung aus Vertretern nationaler Parlamente nur über eingeschränkte Kontrollrechte, während der Gerichtshof über die Auslegung des Vertrages wachen sollte.

Das Scheitern des im Mai 1952 unterzeichneten Vertrages über eine Europäische Verteidigungsgemeinschaft (EVG) in der französischen Nationalversammlung im August 1954 war für den weiteren Integrationsprozess folgenreich. Nunmehr konzentrierten sich die Bemühungen auf die wirtschaftliche Zusammenarbeit und die Liberalisierung der Märkte, wohingegen Sicherheit und Verteidigung bis zum Ende des Ost-West-Konflikts weitgehend exklusive Aufgabe der → NATO blieben. Mit den Römischen Verträgen vom 25.3.1957 – die Sammelbezeichnung für den Vertrag über die Europäische Wirtschaftsgemeinschaft (EWG) und den Vertrag über die Europäische Atomgemeinschaft (EAG, auch: Euratom) – weiteten die sechs Gründungsstaaten das Modell der EGKS auf weitere Politikbereiche aus. Die EAG hatte den Zweck, die friedliche Nutzung der Atomenergie einschließlich der Belieferung mit Rohstoffen zu fördern. Als zentrale Ziele der EWG wurden eine gemeinsame Agrarpolitik, die Schaffung einer Zollunion und weitergehend die Errichtung eines Gemeinsamen Marktes mit freiem Waren-, Dienstleistungs-, Kapital- und Personenverkehr vereinbart. Die institutionelle Ordnung der EWG spiegelte, wie auch schon die EGKS, ein Spannungsverhältnis zwischen supranationalen (Kommission, Gerichtshof) und intergouvernementalen (Ministerrat) Elementen wider. Das Parlament blieb weiterhin ohne eigene Entscheidungskompetenz.

Der französische Präsident de Gaulle stand in den frühen 1960er Jahren der schrittweisen Vertiefung der Integration, wie sie die Römischen Verträge vorgesehen hatten, skeptisch gegenüber. Die ‚Politik des leeren Stuhls', mit der Frankreich 1965 die bevorstehende Einführung von Mehrheitsentscheidungen im Ministerrat blockierte, führte zur ersten schweren Krise des Einigungsprozesses. Der ‚Luxemburger Kompromiss' vom 27.1.1966 beendete diese Krise, sicherte aber bis weit in die 1980er Jahre hinein jeder Regierung ein faktisches Vetorecht bei Abstimmungen im Rat. Nachdem die EWG das Ziel der Zollunion 1968 erreicht hatte, sollte von der Haager Gipfelkonferenz im Dezember 1969 ein neuer Aufbruch ausgehen. Der Gipfel besiegelte die erste Erweiterung der EWG, die 1973 mit dem Beitritt Großbritanniens, Irlands und Dänemarks vollzogen wurde (in Norwegen hatte das Volk gegen die Mitgliedschaft gestimmt). Die ebenfalls in Den Haag beschlossene Schaffung einer Wirtschafts- und Währungsunion bis zum Jahr 1980 fiel allerdings den wirtschaftspolitischen Auswirkungen der Ölpreiskrise zum Opfer. Bescheidener im Anspruch und dadurch effektiver war das Projekt eines Europäischen Währungssystems, das auf eine Initiative Deutschlands und Frankreichs zurückging und zum 1.1.1979 in Kraft trat. Seit den frühen 1970er Jahren koordinierten die EWG-Mitglieder zudem ihre Außenpolitiken im Rahmen der Europäischen Politischen Zusammenarbeit (EPZ), die allerdings außerhalb der Gemeinschaftsinstitutionen organisiert war und strikt intergouvernementalen Mustern folgte. Die institutionelle Ordnung der EWG wurde seit 1974 mit dem Europäischen Rat als regelmäßigem Treffen der Staats- und Regierungschefs erweitert. Im Juni 1979 fand schließlich zum ersten Mal eine Direktwahl des Europäischen Parlaments statt. Mit der Direktwahl verschob sich das institutionelle Gleichgewicht der EWG nachhaltig, zumal die Kompetenzen des Parlaments durch die Vertragsreformen seit den 1980er Jahren sukzessive ausgebaut werden sollten.

Nach einer Phase der Lähmung in den späten 1970er und frühen 1980er Jahren, die als ‚Eurosklerose' wahrgenommen wurde, leitete die am 1.7.1987 in Kraft getretene Einheitliche Europäische Akte (EEA) eine Revitalisierung des Integrationsprozesses ein. Die EWG reagierte mit der EEA darauf, dass sie durch den Beitritt von Griechenland (1981) sowie Spanien und Portugal (1986) heterogener geworden war und deshalb neue Gemeinschaftspolitiken erforderlich wurden. Vor allem aber teilten die Regierungen den Wunsch, Westeuropa im ökonomischen Wettbewerb mit den USA und Japan besser zu positionieren. Neben der Einführung neuer Politikfelder (z.B. Umwelt-, Forschungs- und Technologiepolitik) sah die EEA daher insbesondere den Abbau nichttarifärer Handelshemmnisse und die Vollendung des Binnenmarktes bis zum 31.12.1992 vor. Durch das ‚Verfahren der Zusammenarbeit' wurde der Einstimmigkeitszwang im Rat durchbrochen und das Europäische Parlament erstmals – allerdings auf die Binnenmarktpolitik beschränkt – formell in den Entscheidungsprozess der EWG einbezogen, wenngleich der Ministerrat das letzte Wort behalten konnte. Mit einer deutlichen finanziellen Aufstockung der Regional- und Strukturpolitik und der (allerdings wenig verbindlichen) Sozialcharta wurde die 1993 tatsächlich termingerecht erfolgte Vollendung des Binnenmarkts flankiert.

Der Vertrag von Maastricht, den die Staats- und Regierungschefs am 7.2.1992 unterzeichneten, kann als eine Reaktion auf die neue Lage verstanden werden, die das Ende des Ost-West-Konflikts, die deutsche Vereinigung und der Systemwechsel in den mittel- und osteuropäischen Staaten mit sich brachten. Maastricht markierte den Übergang von der Europäischen Gemeinschaft zur Europäischen Union, die von drei Säulen getragen werden sollte. Die erste Säule war die Gemeinschaftssäule auf der Grundlage des EG-Vertrages (EGV), der den EWG-Vertrag umfassend fortschrieb. Die zweite Säule umfasste die Gemeinsame Außen- und Sicherheitspolitik (GASP), die dritte Säule beinhaltete schließlich die Regelungen über die Zusammenarbeit in der Innen- und Justizpolitik, die erstmals eine vertragsrechtliche Grundlage erfuhr. Während die erste Säule supranationalen Charakter hatte, waren die zweite und dritte Säule vom Prinzip der intergouvernementalen Kooperation geprägt, d.h. hier hatten die Mitglieder keine Kompetenzen auf die Union übertragen. Durch den Vertrag weiteten die Mitgliedstaaten die Bereiche der Zusammenarbeit erneut aus (z.B. Entwicklungspolitik, Gesundheitspolitik, Verbraucherpolitik) und legten mit dem Plan zur Schaffung der Wirtschafts- und Währungsunion den Grundstein für ein neues Leitprojekt der Integration. Mit der neuen Unionsbürgerschaft war die Einführung des Wahlrechts bei Kommunalwahlen und bei den Wahlen zum Europäischen Parlament für EU-Ausländer verbunden. Auch in institutioneller Hinsicht bedeutete der Maastrichter Vertrag einen Meilenstein. Das Europäische Parlament erhielt das Recht, die Kommission auf Vorschlag des Europäischen Rates zu bestätigen. Vor allem aber wurde es im Rahmen des neu geschaffenen Mitentscheidungsverfahrens in zahlreichen Politikbereichen neben dem Rat zu einem gleichberechtigten Akteur in der Rechtsetzung.

Trotz der weit reichenden Reformschritte symbolisiert der Maastrichter Vertrag in der Rückschau einen Wendepunkt zu einem kritischeren Verständnis der EU. Die Haltung der Bevölkerungen zum Integrationsprozess wurde lange mit dem Begriff des *permissive consensus* (Lindberg/Scheingold) gekennzeichnet, wonach die politischen Eliten eine stillschweigende Akzeptanz der europäischen Politik voraussetzen konnten. Nunmehr sanken die Zustimmungswerte, und die mangelhafte demokratische Legitimation, die fehlende Transparenz des politischen Prozesses und die Dominanz wirtschaftsliberaler Politik fanden in der sog. ‚Post-Maastricht-Krise' stärkere Aufmerksamkeit als zuvor. Das dänische Volk lehnte den Vertrag in einer Abstimmung zunächst ab, in Frankreich gelang die Zustimmung nur knapp, und in Deutschland erfolgte die Ratifikation erst, nachdem das Bundesverfassungsgericht im Maastricht-Urteil seine Vereinbarkeit mit dem Grundgesetz festgestellt hatte. Deshalb trat der Vertrag erst am 1.11.1993 in Kraft.

In der Reformdebatte nach Maastricht ging es um die Verbesserung der demokratischen Legitimation der EU, um eine größere Handlungsfähigkeit und um die Vorbereitung der Aufnahme neuer Mitglieder. Österreich, Schweden und Finnland traten am 1.1.1995 bei, während Norwegen nach einem ablehnenden Volksentscheid wiederum außen vor blieb. Nach anfänglichem Zögern verständigten sich die Mitgliedstaaten im Juni 1993 auf die ‚Kopenhagener Kriterien' und machten den jungen Demokratien Mittel- und Osteuropas ein Beitrittsangebot. Wie schwer es ihnen gleichwohl fiel, die EU auf die früher oder später bevorstehende Erweiterung und die damit verbundene Zunahme der Heterogenität der Mitgliedschaft vorzubereiten, zeigte sich schon während der Verhandlungen zum Amsterdamer Vertrag, der im Oktober 1997 unterzeichnet wurde und am 1.5.1999 in Kraft trat. Denn wenngleich das Mitentscheidungsverfahren auf weitere Politiken ausgeweitet wurde und das Parlament an Entscheidungskompetenzen gewann, gelang bei der Größe der Kommission, der Sitzverteilung im

Parlament und der Stimmgewichtung im Rat kein Durchbruch. Inhaltlicher Schwerpunkt des Vertrages war das neue Vertragsziel des ‚Raumes der Freiheit, der Sicherheit und des Rechts', das die nunmehr in die Gemeinschaftssäule überführte Visa-, Asyl- und Einwanderungspolitik ebenso umfasste wie die in der dritten Säule verbliebene polizeiliche und strafjustizielle Kooperation.

Der Vertrag von Nizza, der im Dezember 2000 beschlossen wurde und am 1.2.2003 in Kraft trat, verdeutlichte einmal mehr die Schwächen, die eine Vertragsänderung durch zwischenstaatliche Regierungskonferenzen hatte. In der sensiblen Frage des Stimmgewichts im Rat gelang beispielsweise nicht etwa eine Vereinfachung des Verfahrens, sondern eine weitere Verkomplizierung durch die Einführung einer dreifachen Mehrheit aus gewichteten Stimmen sowie Staaten- und Bevölkerungsmehrheit. Vor diesem Hintergrund einigten sich die Mitgliedstaaten darauf, einen Post-Nizza-Prozess über die Zukunft der EU einzuleiten, der vom üblichen Prinzip der Regierungskonferenz abweichen sollte. Die Vorbereitung der Vertragsreform wurde einem Europäischen Konvent übertragen, der sich im Kern aus Vertretern der Regierungen und Parlamente der Mitgliedstaaten (und mit beratender Stimme der Beitrittskandidaten) sowie aus Abgeordneten des Europäischen Parlaments zusammensetzte. Dieses Verfahren hatte sich bereits bei der Ausarbeitung der Charta der Grundrechte im Jahr 1999/2000 bewährt. Etwa eineinhalb Jahre nach dem Beginn der Beratungen legte der Präsident des Konvents, der ehemalige französische Präsident Giscard d'Estaing, am 18.7.2003 dem Europäischen Rat von Thessaloniki den Entwurf für einen Vertrag über eine Europäische Verfassung vor, der deutlich über das hinaus ging, was die Regierungen in Amsterdam und Nizza zu akzeptieren bereit waren. Nach einigen kleineren Korrekturen einigte sich die Regierungskonferenz am 29.10.2004 in Rom auf den Verfassungsvertrag. Zuvor hatte am 1.5.2004 mit der Aufnahme von Estland, Lettland, Litauen, Malta, Polen, der Slowakei, Slowenien, Tschechien, Ungarn und Zypern die große Erweiterung der EU stattgefunden. Bulgarien und Rumänien folgten aufgrund ihres politischen und ökonomischen Rückstandes erst am 1.1. 2007, bevor am 1.7.2013 Kroatien als 28. Mitgliedstaat aufgenommen wurde.

Der Verfassungsvertrag sah nicht nur eine systematische Neuordnung des Vertragstextes, sondern auch eine klarere Abgrenzung der Kompetenzen und für die weitaus meisten Politikfelder die Einführung eines Gesetzgebungsverfahrens vor, bei dem das Parlament mit dem Rat gleichberechtigt ist. Die in der Säulenstruktur angelegte Trennung zwischen gemeinschaftlicher und unionsrechtlicher Politik sollte überwunden werden, wenngleich die Sicherheits- und Verteidigungspolitik weiterhin intergouvernemental blieb. Auch wenn von ihm durchaus eine Verbesserung der demokratischen Grundlagen der Politikgestaltung ausgegangen wäre, fand der Vertrag bei den Bevölkerungen keine ungeteilte Zustimmung. Im Frühjahr 2005 wurde er bei Volksabstimmungen in Frankreich und den Niederlanden abgelehnt. Erst nach einer längeren Reflexionsphase gelang es der deutschen Präsidentschaft im ersten Halbjahr 2007, die Zustimmung für ein Verhandlungspaket zu erringen, das den Kern des Verfassungsvertrages – Reform der institutionellen Ordnung, Ausbau der Kompetenzen des Parlaments, Einführung des ordentlichen Gesetzgebungsverfahrens – rettete, ihn aber der Staatssymbolik entkleidete (z.B. Verzicht auf die Begriffe Verfassung, Außenminister, Gesetz).

Am 13.12.2007 beschlossen die Staats- und Regierungschefs in Lissabon einen Reformvertrag, der nach dem Vorbild von Maastricht, Amsterdam und Nizza wieder ein Änderungsvertrag war. Er besteht aus dem fortgeschriebenen Vertrag über die Europäische Union (EUV) und dem Vertrag über die Arbeitsweise der Union (AEUV), der an die Stelle des EGV tritt. Die Charta der Grundrechte wurde in das Primärrecht der Union aufgenommen. Nachdem ein ablehnendes Votum des irischen Volks Zugeständnisse an Irland notwendig gemacht hatten (dauerhaftes Anrecht auf einen Kommissar für alle Mitgliedstaaten) und das deutsche Bundesverfassungsgericht eine bessere Beteiligung des Bundestages in Fragen der europäischen Politik verlangt hatte, gelang in allen Mitgliedstaaten die Ratifikation. Das Inkrafttreten des Lissabonner Vertrages am 1.12.2009 wurde jedoch von der Staatsschulden- und Eurokrise überschattet, die in der Folge der globalen Finanzkrise die mangelnde Tragfähigkeit der institutionellen Regeln der Wirtschafts- und Währungsunion offenkundig gemacht hatte.

Abb. 4: Meilensteine der europäischen Integration

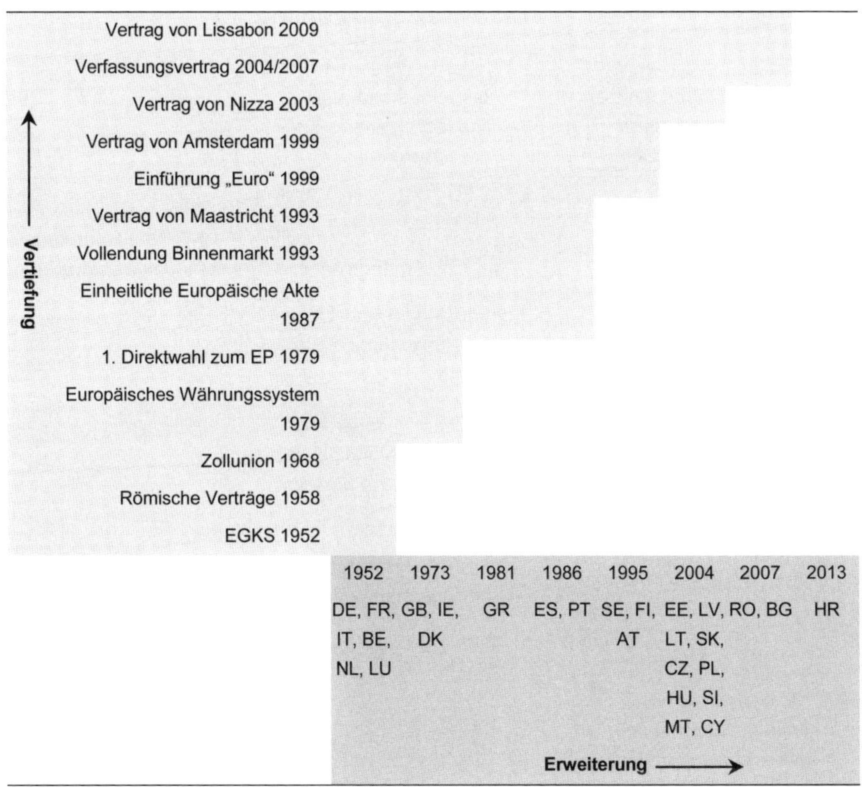

Quelle: eigene Darstellung

3. Rechtliche Grundlagen

Nach Art. 49 EUV kann jeder europäische Staat die Mitgliedschaft in der EU beantragen, der die Werte der Achtung der Menschenwürde, Freiheit, Demokratie, Gleichheit, Rechtsstaatlichkeit sowie der Wahrung der Menschenrechte achtet und sich für ihre Förderung einsetzt. Die EU versteht sich mithin als eine Wertegemeinschaft der demokratischen Verfassungsstaaten. Seit dem Lissabonner Vertrag besteht nach Art. 50 EUV erstmals die Möglichkeit eines Austritts aus der EU. Von ursprünglich sechs Gründungsstaaten hat sich die EU über mehrere Erweiterungsrunden hinweg auf mittlerweile 28 Mitglieder erweitert.

Abb. 5: Ordentliches Gesetzgebungsverfahren der EU

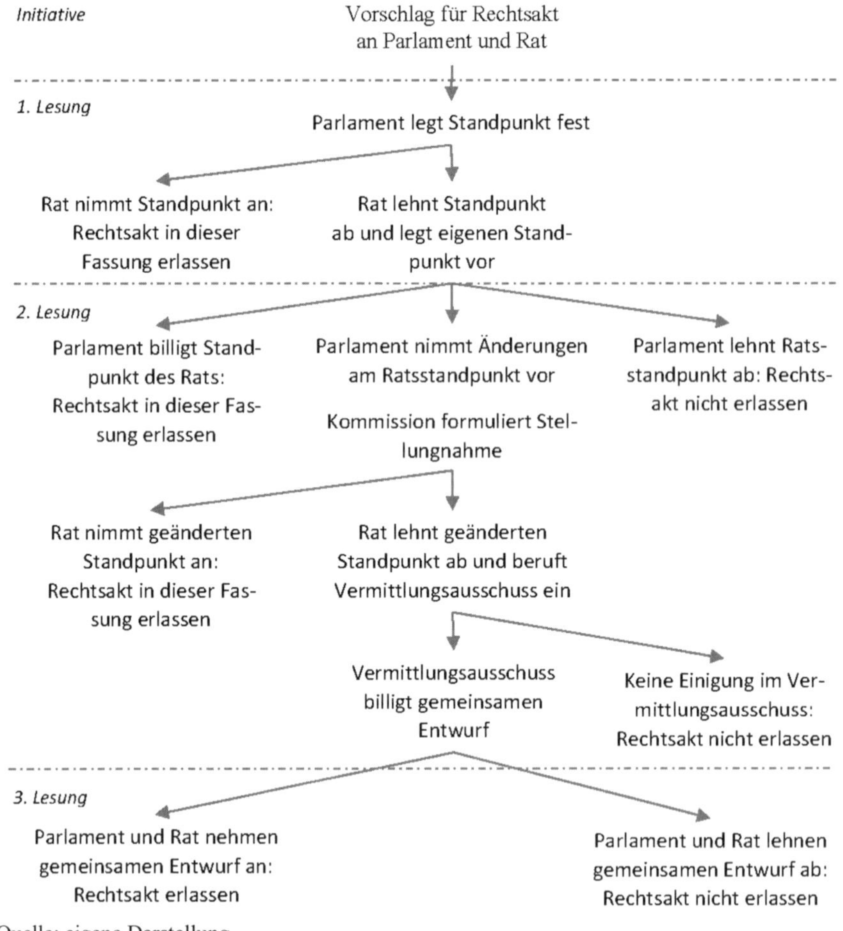

Quelle: eigene Darstellung

Nach dem ‚Prinzip der begrenzten Einzelermächtigung' (Art. 5 [1] EUV) darf die EU nur innerhalb jener Zuständigkeiten tätig werden, die die Mitgliedstaaten ihr in den Verträgen zur Verwirklichung der Unionsziele übertragen haben. Die vertraglichen Grundlagen des Handelns finden sich im Vertrag über die Europäische Union (EUV) und im Vertrag über die Arbeitsweise der Europäischen Union (AEUV) in der Fassung des Lissabonner Vertrages (Bieber/Epiney/Haag 2015). Während der EUV die grundlegenden Ziele der Union, die Grundsätze ihres Handelns und die Stellung der Unionsorgane regelt, finden sich im AEUV die näheren Bestimmungen zu den Politikbereichen und zu den Entscheidungsregeln. Neben den beiden Grundverträgen gehören auch die Anhänge und die 37 Protokolle sowie die Grundrechtecharta zum Primärrecht der EU. Die Charta ist nicht Teil des Vertragstextes, wird aber gemäß Art. 6 (1) EUV von der Union als geltendes Recht anerkannt. Änderungen der Verträge bedürfen der Zustimmung aller mitgliedstaatlichen Regierungen und der Ratifikation nach den auf nationaler Ebene üblichen Verfahren. Das Sekundärrecht umfasst die Gesamtheit der beschlossenen Rechtsakte der EU. Es werden verschiedene Typen von Rechtsakten unterschieden. Die Verordnung richtet sich an alle Mitgliedstaaten, natürliche und juristische Personen und ist in allen Teilen verbindlich. Richtlinien, die sich an alle oder einzelne Mitgliedstaaten richten können, sind hinsichtlich ihres Zieles verbindlich, überlassen den Adressaten aber einen mehr oder minder großen Spielraum bei der Umsetzung dieses Zieles. Wenn nur einzelne Mitgliedstaaten oder Personen adressiert werden sollen, steht das Instrument des Beschlusses zur Verfügung. Empfehlungen und Stellungnahmen sind nicht verbindlich.

4. Institutionelle Struktur

Die institutionelle Struktur der EU weist ein Nebeneinander von repräsentativ-demokratischen, supranationalen und intergouvernementalen Elementen auf (Tömmel 2014).

- Der Europäische Rat verkörpert in besonderer Weise die intergouvernementale Seite. Er setzt sich aus den Staats- und Regierungschefs der Mitgliedstaaten, dem Präsidenten der Europäischen Kommission und dem Präsidenten des Europäischen Rates zusammen. Die Hohe Vertreterin für Außen- und Sicherheitspolitik nimmt an seinen Arbeiten teil (→ Europäische Union als internationaler Akteur). Dieses Amt hatte es bereits seit dem Amsterdamer Vertrag gegeben, aber seit Lissabon ist die Hohe Vertreterin sowohl Vorsitzende des Rates der Außenminister als auch Vizepräsidentin der Kommission. Der Präsident des Europäischen Rates bereitet die Tagungen vor und vertritt den Europäischen Rat nach außen. Seine Amtszeit beträgt zweieinhalb Jahre mit der einmaligen Möglichkeit der Wiederwahl. Der Europäische Rat gilt als zentrales Führungsgremium der europäischen Politik. Nach Art. 15 (1) EUV gibt er der Union die für ihre Entwicklung erforderlichen Impulse und legt die allgemeinen politischen Zielvorstellungen für diese Entwicklung fest, wird aber nicht gesetzgeberisch tätig. Beschlüsse des Europäischen Rates werden i.d.R. einstimmig gefällt. Er entscheidet über die konstitutionelle Entwicklung, d.h. über die vertragliche und außervertragliche Reform der institutionellen und politischen Ordnung der EU. Der Europäische Rat ist aber auch in weniger zentralen Fragen zu einer *de-facto*-Entscheidungsinstanz geworden, wenn auf Ebene der Minister keine Einigung erreicht werden kann.

- Die Europäische Kommission kann als Exekutive der Union verstanden werden, die den Interessen der Union verpflichtet ist und die supranationale Seite der EU repräsentiert. Sie ist gemäß Art. 17 EUV für die Durchführung der von Rat und Parlament beschlossenen Rechtsakte verantwortlich und führt den Haushaltsplan aus. Außerdem überwacht die Kommission die Einhaltung des Primär- und Sekundärrechts. Dabei kann sie Verstöße gegen das EU-Recht bis vor den Europäischen Gerichtshof bringen. Deshalb wird die Kommission auch als ‚Hüterin der Verträge' bezeichnet. Die Kommission ist aber auch an der Legislative beteiligt, denn (mit wenigen Ausnahmen) besitzt sie das alleinige Recht, Rat und Parlament Initiativen zur Verabschiedung von Rechtsakten vorzuschlagen. Damit ist die Kommission als ‚Motor' der europäischen Integration und Herrin des Verfahrens in der Gesetzgebung eine Schaltzentrale für weite Teile der EU-Politiken. Im engeren Sinne besteht sie aus derzeit 28 Mitgliedern (1 pro Mitgliedstaat), im weiteren Sinne wird unter der Kommission die gesamte Institution mit ihren mehr als 33.000 Beschäftigten in mehr als 40 Generaldirektionen und Diensten verstanden. An der Spitze der Kommission steht der Präsident, der mit qualifizierter Mehrheit vom Europäischen Rat (unter Berücksichtigung der Wahlen zum Europäischen Parlament) vorgeschlagen und anschließend für fünf Jahre Amtszeit vom Parlament mit der Mehrheit seiner Mitglieder gewählt wird. Die übrigen 27 Kommissare werden von den Regierungen der Mitgliedstaaten im Einvernehmen mit dem bereits gewählten Kommissionspräsidenten benannt und bedürfen ihrerseits als Kollegium der Zustimmung des Parlaments. Jedes Kommissionsmitglied hat die Zuständigkeit für einen Politikbereich. Die Kommission kann durch ein Misstrauensvotum des Parlaments zum Rücktritt gezwungen werden.
- Der Rat (oder auch: Ministerrat) ist das zentrale Entscheidungs- und Legislativorgan, dessen Bedeutung sich allerdings aufgrund der zusätzlichen Kompetenzen des Europäischen Parlaments gewandelt hat. Im Rat kommen die Außenminister bzw. die jeweils zuständigen Fachminister als weisungsgebundene Vertreter der Mitgliedstaaten zusammen. Damit gehört der Rat zur intergouvernementalen Seite der EU. Gegenwärtig gibt es neben dem Rat für Allgemeine Angelegenheiten neun Ratsformationen, die die Politikbereiche der EU abdecken. Der Ratsvorsitz wird von dem Fachminister übernommen, dessen Herkunftsland die halbjährlich wechselnde Präsidentschaft der EU innehat. Lediglich der Rat Auswärtige Angelegenheiten hat mit der Hohen Vertreterin für Außen- und Sicherheitspolitik einen ständigen Vorsitz. Administrative Unterstützung erhält der Rat vom Generalsekretariat mit etwa 2.800 Beschäftigten. Die Sitzungen des Rates werden vom Ausschuss der Ständigen Vertreter und, diesem zuarbeitend, etwa 150 Arbeitsgruppen vorbereitet. Im Regelfall kann im ordentlichen Gesetzgebungsverfahren mit qualifizierter Mehrheit entschieden werden. Dafür muss seit dem 1.11.2014 eine doppelte Mehrheit (55 Prozent der Mitgliedstaaten, 65 Prozent der Bevölkerungen) erreicht werden. Auf Antrag eines Mitgliedstaates kehrt der Rat bis zum 1.11.2017 zu den Ab-

stimmungsregeln des Vertrages von Nizza zurück, bei dem jedes Land eine gestufte Anzahl von Stimmen von 3 bis 29 Stimmen hat. In wenigen, dafür aber jeweils bedeutenden Bereichen ist weiterhin Einstimmigkeit erforderlich, so etwa in der Außen- und → Sicherheitspolitik oder bei sozialer Sicherheit und Steuern. Aber selbst wo diese vertraglich nicht notwendig ist, dominiert im Rat eine Konsensorientierung.

- Das Europäische Parlament wird seit 1979 in allgemeiner, unmittelbarer, freier und geheimer Wahl für eine Amtszeit von fünf Jahren gewählt. Damit ist es das einzige direkt legitimierte Organ der EU. Es verkörpert die repräsentativ-demokratische Seite der EU. Das Parlament hat 751 Mitglieder, darunter 96 deutsche Abgeordnete. Die Sitzungen des Parlaments finden in Brüssel und Straßburg statt. Das Parlament ist neben dem Rat das Legislativorgan der EU und hat in den vergangenen Jahrzehnten einen bemerkenswerten Kompetenzzuwachs erfahren. Es übt gemeinsam mit dem Rat die Haushaltsbefugnisse aus und ist in der großen Mehrheit der Politikfelder im ordentlichen Gesetzgebungsverfahren mit dem Rat gleichberechtigt, d.h. Entscheidungen kommen nur im Konsens beider Institutionen zustande. Im Unterschied zu nationalen Parlamenten besitzt es kein förmliches Recht der Gesetzesinitiative. Überdies gibt es weiterhin Felder, bei denen das Parlament nicht mitentscheiden kann (z.B. Währungspolitik, soziale Sicherheit, Steuern). Beitritten neuer Mitglieder und internationalen Übereinkommen muss das Parlament zustimmen. Es wählt den Präsidenten und bestätigt das Kollegium der Kommission und kann ihr mit Zweidrittelmehrheit das Misstrauen aussprechen. Die Abgeordneten des Parlaments haben sich seit seinen Anfängen in gemischtnationalen Fraktionen zusammengefunden. Die beiden größten Fraktionen stellen traditionell die christdemokratisch-konservative Europäische Volkspartei (EVP) sowie die Sozialdemokraten (heute: Fraktion der Progressiven Allianz der Sozialdemokraten). Das Parlament entspricht dem Typ eines Arbeitsparlaments, d.h. der Schwerpunkt der Beratungen liegt in den Ständigen Ausschüssen, die die Abstimmungen des Plenums vorbereiten. Weil auch die großen Fraktionen einerseits keine eigene Mehrheit für Beschlüsse haben, andererseits aus dem Parlament keine Regierung nach nationalem Muster hervorgeht (der eine Opposition gegenüber stünde), ist die Praxis der parlamentarischen Arbeit von fraktionsübergreifenden Kompromissen und Konsensstrategien geprägt.
- Der Gerichtshof der Europäischen Union ist das judikative Organ der EU mit Sitz in Luxemburg. Nach Art. 19 EUV besteht er aus dem Europäischen Gerichtshof (EuGH), dem Gericht erster Instanz (GeI) sowie dem Gericht für den öffentlichen Dienst. Von besonderer Bedeutung ist der EuGH, der sich in seiner Aufgabenstellung und Arbeitsweise mit den obersten Gerichten der Mitgliedstaaten vergleichen lässt. Er setzt sich aus 28 Richtern (1 Richter je Mitgliedstaat) und elf Generalanwälten zusammen, die im gegenseitigen Einvernehmen der Mitgliedstaaten ernannt werden. Ihre Amtszeit beträgt 6 Jahre, wobei eine Wiederernennung zulässig ist. Aus ihrer Mitte wählen die Richter des EuGH für eine Amtszeit von drei Jahren einen Präsidenten. In den meisten Verfahren wird der EuGH durch eine Kammer von drei oder fünf Richtern vertreten, seltener durch die Große Kammer mit 15 Rich-

tern oder das Plenum. Die Urteile des Gerichtshofs sind bindend für alle Verfahrensbeteiligten. Im Falle des Vertragsverletzungsverfahrens (Art. 258-260 AEUV) überwacht der Gerichtshof die Einhaltung des Primär- und Sekundärrechts durch die Mitgliedstaaten. Eine Nichtigkeitsklage (Art. 263-264 AEUV) kann erhoben werden, um die Rechtmäßigkeit der Handlungen von Unionsorganen überprüfen zu lassen. Das Vorabentscheidungsverfahren (Art. 267 AEUV) wird von nationalen Gerichten initiiert, die für die Beurteilung eines Rechtsstreits vorab eine Frage zur Auslegung des europäischen Rechts dem EuGH zur Entscheidung vorlegen. Die Entscheidung ist für das nationale Gericht verbindlich. Auf diesem Weg arbeiten nationale Gerichte und der EuGH bei der Wahrung der Einheit des europäischen Rechts zusammen. Der Gerichtshof hat durch seine Urteile nicht nur die Einheit des europäischen Rechts gesichert, sondern starken Einfluss auf die Entwicklung des Integrationsprozesses genommen. Zentrale Prinzipien wie die ‚unmittelbare Anwendbarkeit' und der ‚Vorrang' des Unionsrechts gehen auf Urteile des EuGH zurück.

- Die Arbeit der Hauptorgane wird durch zwei beratende Institutionen ergänzt. Im Ausschuss der Regionen (AdR), der durch den Maastrichter Vertrag geschaffen worden ist, werden die Anliegen der regionalen und lokalen Gebietskörperschaften von 350 Vertretern repräsentiert. Für die Bundesrepublik sind dort 24 Plätze vorgesehen, davon 21 für die Bundesländer und drei für Vertreter der Städte, Gemeinden und Kreise. Der Wirtschafts- und Sozialausschuss (WSA) hat ebenfalls 350 Mitglieder, die nach dem gleichen nationalen Verteilungsschlüssel wie beim AdR vergeben werden. Die Mitglieder des WSA sind den drei Gruppen Arbeitnehmer, Arbeitgeber oder andere Interessen zugeordnet. Beide Ausschüsse haben ihren Sitz in Brüssel. Im Entscheidungsprozess verfügen sie nicht über Mitentscheidungsrechte, müssen aber in zahlreichen Politikbereichen angehört werden. Der Europäische Rechnungshof schließlich sitzt in Luxemburg und hat die Aufgabe, die Einnahmen und Ausgaben der Union zu prüfen.

Die Versuche, die Logik des politischen Systems der EU mit Hilfe der klassischen Kategorien der Vergleichenden Regierungslehre zu typologisieren, stoßen rasch an Grenzen. Die EU weist zwar Ähnlichkeiten zu parlamentarischer oder präsidentieller Regierungsweise auf, doch gibt es ebenso deutliche Unterschiede. Vor allem besitzt die EU allenfalls Ansätze einer europäischen Öffentlichkeit und eines gemeinsamen Parteiensystems, die als Grundbedingung demokratischer Regierungsweise gelten können. Zu beachten ist auch, dass Gerichtshof, Rat, Parlament und Kommission (einschließlich der dazugehörigen Kanäle der Interessenvermittlung) nicht isoliert von den nationalen, regionalen und lokalen Ebenen funktionieren. Im Gegenteil: Bei der EU handelt es sich um ein Mehrebenensystem, d.h. um ein politisches System, in dem die Akteure über die verschiedenen Ebenen hinweg vielfältig miteinander verflochten sind.

Abb. 6: Das politische System der EU

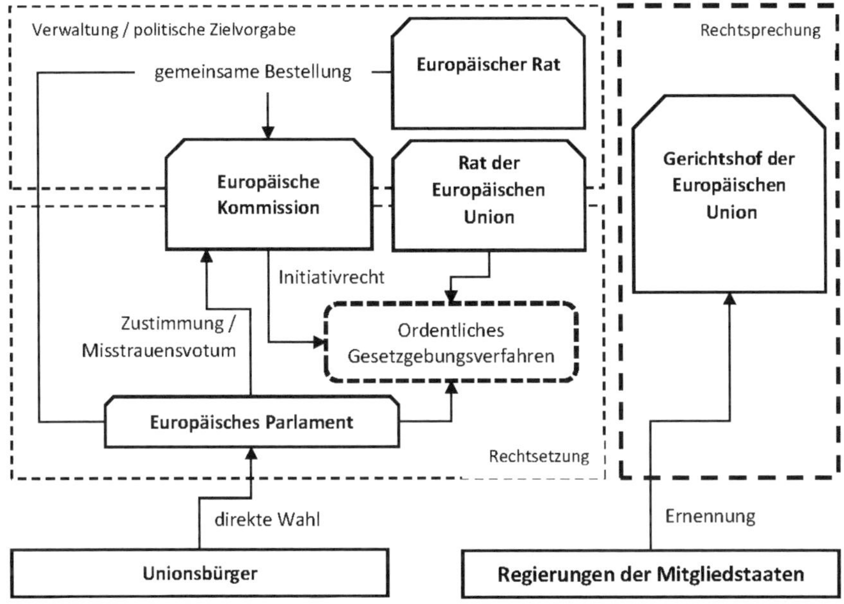

Quelle: eigene Darstellung

5. Politisches Profil der EU

In den Mitgliedstaaten gibt es kaum einen Bereich der Politik, der nicht durch das rechtliche, politische oder finanzielle Handeln der EU beeinflusst wäre. Die Forschungen zur ‚Europäisierung' zeigen aber auch, dass es ein starkes Gefälle zwischen den einzelnen Politikfeldern gibt. Diese Unterschiede reflektieren auch die Eingriffstiefe der EU-Politik, die von Politikfeld zu Politikfeld variiert. Die Mitgliedstaaten haben der EU in sehr unterschiedlichem Ausmaß Kompetenzen übertragen. Das Spektrum reicht vom

- supranational-hierarchischen Regieren ohne formale Mitwirkung der Mitgliedstaaten (z.B. in der Geld- oder Wettbewerbspolitik)
- über die Gemeinschaftsmethode für viele Felder der alten ‚ersten Säule' der EU (z.B. Agrarpolitik, Regionalpolitik),
- über Politikfelder, die weiterhin starke trans- bzw. intergouvernementale Elemente aufweisen (z.B. polizeiliche und strafjustizielle Zusammenarbeit, Außen- und Sicherheitspolitik, aber auch Steuerpolitik),
- bis hin zur offenen Methode der Koordinierung (z.B. Beschäftigungs- oder Sozialversicherungspolitik), bei der sich die formale Politikgestaltung auf gegenseitige Berichterstattung beschränkt (Scharpf 2000).

Das politische Profil der EU weist darüber hinaus eine Dominanz der ‚negativen Integration' gegenüber der ‚positiven Integration' auf, denn während die Politiken der Liberalisierung und Deregulierung von Märkten auf europäischer Ebene stark ausgebaut sind, sind die marktkorrigierenden bzw. sozialpolitisch gestaltenden Politiken vergleichsweise schwach geblieben.

Die EU finanziert ihre Ausgaben durch sog. ‚Eigenmittel'. Der weitaus größte Anteil der Eigenmittel wird von den Mitgliedstaaten finanziert (insbesondere durch einen prozentualen Anteil am Bruttonationaleinkommen und einen Anteil des Mehrwertsteueraufkommens). Nur noch wenig mehr als zehn Prozent der Einnahmen kommt aus Zöllen und Abgaben. Mit einem Haushalt mit Mitteln für Zahlungen von etwa 135 Mrd. EUR (2014) ist der EU-Haushalt deutlich kleiner als die Haushalte der großen Mitgliedstaaten. Das hat wesentlich mit der unterschiedlichen Ausgabenstruktur zu tun. Der europäische Haushalt kennt keine großen Budgets für soziale Sicherheit und Altersversorgung, Verteidigung oder auch für die Zinslast – die EU darf keine Schulden aufnehmen. Die beiden größten Posten des Haushaltes machen vielmehr die Agrarpolitik mit etwa 42 Prozent und die Struktur- und Regionalpolitik mit etwa 38 Prozent aus. Die Agrarpolitik gehört zu den ältesten Unionspolitiken, sie dient der Versorgung der Bevölkerung mit Lebensmitteln sowie der Förderung der Produktivität und der Gewährleistung angemessener Einkommen in der Landwirtschaft. Die Regional- und Strukturpolitik zielt auf die Verbesserung des wirtschaftlichen und sozialen Zusammenhaltes der EU durch eine Verringerung regionaler Disparitäten.

Unter der Überschrift des ‚Raumes der Freiheit, der Sicherheit und des Rechts' werden die innen- und justizpolitischen Maßnahmen der EU zusammengefasst. Innerhalb der EU sind die Personenkontrollen an den Binnengrenzen weitgehend aufgehoben (für beigetretene Staaten erst nach einer Übergangsphase), während die Union die Kontrollen an den Außengrenzen deutlich verschärft hat. Während für die Garantie der Freiheitsrechte weiterhin die nationale Ebene maßgeblich ist, hat die EU in den vergangenen Jahren mit der Asyl- und Einwanderungspolitik, der Visapolitik, der justiziellen Zusammenarbeit in Zivilsachen sowie der polizeilichen und strafjustiziellen Zusammenarbeit an Kompetenzen gewonnen. Zur Unterstützung der nationalen Behörden wurden das Europäische Polizeiamt Europol, die staatsanwaltschaftliche Koordinierungsstelle Eurojust und die Grenzschutzagentur Frontex eingerichtet. Der Vertrag sieht sogar die Möglichkeit einer europäischen Staatsanwaltschaft vor. Damit bestimmt die EU die Rahmenbedingungen in Politikfeldern mit, die traditionell als eng mit der staatlichen Souveränität verbunden galten. Entsprechend schwierig stellt sich die Politikgestaltung in diesen Feldern häufig dar. So setzt die EU beispielsweise an ihren Außengrenzen auf eine Abschreckung der flüchtenden Menschen, wohingegen eine humanitäre Asyl- und Einwanderungspolitik mit einer fairen Lastenteilung zwischen den Mitgliedstaaten an den unterschiedlichen Interessen der Regierungen scheitert.

Das Rückgrat der EU sind die ‚vier Freiheiten' des Gemeinsamen Marktes, d.h. die Freiheit des Verkehrs von Waren, Dienstleistungen, Kapital und Personen in einem Raum ohne Binnengrenzen (→ Handelspolitik). Im innereuropäischen Handel sind damit Zölle sowie – mit wenigen Ausnahmen, die der öffentlichen Sicherheit oder dem Gesundheitsschutz dienen – nicht-tarifäre Hemmnisse (z.B. mengenmäßige Kontingentierungen oder einseitig wirkende technische Normen) ebenso untersagt wie Diskriminierungen von Marktteilnehmern, etwa durch unterschiedliche Besteuerung oder unerlaubte Beihilfen. Um die Funktionsfähigkeit des Binnenmarktes zu gewährleisten, besitzt die EU zudem die Kompetenz in der Wettbewerbspolitik. Arbeitnehmer haben innerhalb der EU das Recht der Freizügigkeit, und auch Selbständige und Unternehmen dürfen sich innerhalb der EU frei niederlassen. Weil die EU einen gemeinsamen Außenzoll erhebt, erwächst ihr eine bedeutende Rolle in der Handelspolitik, bei der es um die Vertretung der Außenhandelsinteressen gegenüber dritten Staaten und internationalen Organisationen wie der Welthandelsorganisation WTO geht (→ EU als internationaler Akteur).

Die Einführung der gemeinsamen Währung Euro erfolgte für zunächst elf Mitgliedstaaten am 1.9.1999 (Bargeld ab 1.1.2002). Mittlerweile gehören der Eurozone 19 Mitgliedstaaten an. Sie haben ihre geldpolitischen Kompetenzen auf die Europäische Zentralbank mit Sitz in Frankfurt am Main übertragen, die dem Ziel der Preisstabilität verpflichtet ist. Die Kompetenzen in der Fiskal- und Wirtschaftspolitik verblieben in der Maastrichter Konstruktion allerdings bei den Mitgliedstaaten. Um sich für den Euro zu qualifizieren, müssen die EU-Mitglieder die sog. Konvergenzkriterien erfüllen, die sich neben der Inflationsrate und den langfristigen Zinssätzen insbesondere am Ausmaß der öffentlichen Verschuldung (Haushaltsdefizit höchstens drei Prozent, Gesamtverschuldung höchstens 60 Prozent des Bruttoinlandsprodukts) orientieren. Mit den Regeln des Stabilitäts- und Wachstumspaktes sollten die Staaten der Eurozone auf eine dauerhafte Einhaltung der Konvergenzkriterien und damit auf eine stabilitätsorientierte Fiskalpolitik verpflichtet werden. Dass sich die Volkswirtschaften der Eurozone in den 2000er Jahren aber sehr unterschiedlich entwickelten, wurde vollends in der ‚Eurokrise' nach 2009 offenkundig, als die Mitgliedstaaten als Reaktion auf die globale Finanz- und Wirtschaftskrise schuldenfinanzierte Ausgabenprogramme und Stützungen ihrer Bankensysteme auflegten. Die Kombination von rasch wachsender Staatsverschuldung und schwacher wirtschaftlicher Wettbewerbsfähigkeit führte einige Eurostaaten (Griechenland, Portugal, Irland, Italien, Spanien) bis an den Rand der Zahlungsunfähigkeit, weil die internationalen Finanzmärkte immer höhere Zinsen als Risikoprämie für Staatsanleihen verlangten (→ internationale Finanzarchitektur). Kurzfristig reagierte die EU (in Zusammenarbeit mit dem Internationalen Währungsfonds) mit einem ‚Rettungsschirm', bei dem die Vergabe von zinsgünstigen Krediten an die Einleitung von Strukturreformen und die Kürzung von Staats- und Sozialausgaben gekoppelt wurde. Die Europäische Zentralbank hat durch den großflächigen Ankauf von Staatsanleihen die Stützungspolitik mitgetragen. Längerfristig wirken sollen die Vereinbarung strikterer Regeln für den Stabilitäts- und Wachstumspakt und ein Fiskalpakt, der strenge Schuldengrenzen vorsieht. Mit dem Europäischen Stabilitätsmechanismus wurde überdies ein dauerhaftes Instrument zur Finanzhilfe für in Zahlungsschwierigkeiten geratene Euroländer institutionalisiert.

6. Perspektiven

Die EU kann als das wechselseitige Versprechen der Mitgliedstaaten verstanden werden, die Auswirkungen des eigenen politischen, sozialen und ökonomischen Handelns und gemeinsame Interdependenzprobleme in einem dafür geschaffenen institutionellen Rahmen kooperativ zu bearbeiten. Dass es dabei zwischen den Mitgliedstaaten zu Auseinandersetzungen über die Prioritäten und die Richtung der europäischen Politik kommt, ist nicht verwunderlich, sondern gehört zu den Ausgangsbedingungen des Integrationsprozesses. Dennoch ist während der Eurokrise nach 2009 die Frage, was die EU zusammenhält und wie weit der Konsens für gemeinsames Handeln reicht, mit neuer Intensität diskutiert worden. So ist fraglich, ob die Maastrichter Konstruktion der Währungsunion (supranationale Geldpolitik, nationale Fiskal- und Sozialpolitik) für eine dauerhafte Stabilität des Euro sorgen kann. Auch die institutionelle Ordnung steht zur Debatte, denn die Staats- und Regierungschefs haben wichtige Entscheidungen während der Eurokrise außerhalb des vertraglichen Entscheidungssystems getroffen. Die ohnehin schon dominante Rolle der Exekutiven ist dadurch gestärkt, die repräsentativ-demokratischen Strukturen der EU sind geschwächt worden. Nicht zuletzt hat sich in der Folge der Eurokrise eine Vertrauenskrise in der EU manifestiert, denn die seit den 1990er Jahren brüchig gewordene Akzeptanz der EU bei den Bürgerinnen und Bürgern hat in den letzten Jahren weiter abgenommen (Knelangen 2015). Das hat erkennbar Auswirkungen auf die Gestaltungsfähigkeit der Union, denn Regierungen und Parlamente halten sich nach der Erfahrung des gescheiterten Verfassungsvertrages erkennbar mit Reforminitiativen zurück – das gilt jedenfalls solange sie dafür die Zustimmung der Bevölkerung erlangen müssen.

→ Ergänzende Beiträge

EU als internationaler Akteur, Institutionalismus, Integrationstheorien, internationale Organisationen, Ost-West-Konflikt, Regionalisierung/Regionalismus

Literatur

Bieber, Roland/Epiney, Astrid/Haag, Marcel ([11]2015): Die Europäische Union. Europarecht und Politik, Baden-Baden.

Knelangen, Wilhelm (2015): Die Europäische Union und die Bürgerinnen und Bürger: Stimmungsschwankungen oder handfeste Vertrauenskrise? In: Oberle, Monika (Hrsg.): Die Europäische Union erfolgreich vermitteln. Perspektiven der politischen EU-Bildung heute, Wiesbaden, S. 13-26.

Loth, Wilfried (2014): Europas Einigung. Eine unvollendete Geschichte, Frankfurt a.M.

Scharpf, Fritz W. (2000): Notes toward a theory of multilevel governing in Europe, Köln (Max-Planck-Institut für Gesellschaftsforschung Discussion Paper 00/5).

Tömmel, Ingeborg ([4]2014): Das politische System der EU, München.

Wallace, Helen/Pollack, Mark A./Young, Alasdair R. (Eds.) ([7]2015): Policy-making in the European Union, Oxford.

Weidenfeld, Werner/Wessels, Wolfgang (Hrsg.) ([13]2014): Europa von A bis Z, Baden-Baden.

Internetadressen

Offizielle Homepage der Europäischen Union: www.europa.eu
Institut für Europäische Politik: www.iep-berlin.de
EurActiv: www.euractiv.de

13 – Europäische Union als internationaler Akteur (*Nicolai von Ondarza*)

1. Begriff

Die → Europäische Union ist ein komplexer Akteur in der internationalen Politik. Sie hat eine eigene Rechtspersönlichkeit, ist mit eigenen Handlungskompetenzen und -ressourcen ausgestattet und vertritt zum Teil direkt die Interessen ihrer Mitgliedstaaten in anderen internationalen Foren. Unstrittig ist auch, dass die EU in der internationalen Politik an Bedeutung zugenommen hat – als größter Binnenmarkt der Welt spielt sie eine prägende Rolle in der internationalen → Handelspolitik, ist in ihrer Nachbarschaft zum wichtigen Anknüpfungspunkt geworden und sowohl mit eigenen Krisenmanagementoperationen als auch mit Sanktionen und Verhandlungsführung an internationalen Krisen wie in Syrien, der Ukraine/Russland oder dem iranischen Atomprogramm beteiligt. Trotz dieser gewachsenen Bedeutung der Union sind ihre Handlungsmöglichkeiten als eigenständiger Akteur weiterhin beschränkt. Zentrale Grundlage zum Verständnis der EU in der internationalen Politik ist daher

- erstens, dass ihre Mitgliedstaaten ihr nur beschränkte Kompetenzen übertragen haben. Insbesondere im Bereich der harten Außen- und Sicherheitspolitik bleibt die EU primär ein unterstützender Akteur, der nur bei Einstimmigkeit seiner Mitgliedstaaten sowie der Bereitstellung von ihren Ressourcen handlungsfähig ist;
- zweitens sind die Kompetenzen der Union in verschiedenen Bereichen der Außenbeziehungen auch weiterhin sehr unterschiedlich, was sich in komplexen Abstimmungsprozessen und einer hohen Varianz in der Außenvertretung wie Handlungsfähigkeit der EU widerspiegelt.

So verfügt die Union etwa in der Handelspolitik über ausschließliche Kompetenzen und steht bei Verhandlungen wie über das transatlantische Handels- und Investitionsabkommen (TTIP) auf Augenhöhe mit den USA in Alleinvertretung ihrer Mitgliedstaaten (→ Transatlantische Beziehungen). Die Gemeinsame Außen- und Sicherheitspolitik (GASP) hingegen ist ein primär intergouvernementaler Politikbereich geblieben, und die Mitgliedstaaten vertreten hier ihre Interessen weltweit weiterhin parallel zur EU.

2. Akteursqualität und institutionelle Grundlagen

Die traditionellen Theorien der internationalen Beziehungen (→ Begriff und Funktion von IB-Theorien) konzentrieren sich auf Staaten als zentrale Akteure der internationalen Politik. Die EU bzw. ihr Vorgänger, die Europäischen Gemeinschaften (EG), warf daher schon früh nach ihrer Entstehung die Frage auf, ob und in wie weit sie trotz mangelnder Staatlichkeit als internationaler Akteur zu qualifizieren ist. Auch weiterhin gilt, dass sie dem Vergleich mit klassischen Nationalstaaten nicht standhält. Die EU wird heute vielmehr als ‚Akteur im Werden' bzw. Akteur *sui generis* verstanden, der zwar keine Staatsqualität, durchaus aber eine Akteursqualität entwickelt hat. Festgestellt wird dies zum einen am völkerrechtlichen Status der Union sowie politisch den institutionellen Fähigkeiten, eigene Prioritäten zu setzen, mit Dritten zu verhandeln und *policy* Instrumente einzusetzen, wodurch sie auch von Dritten als handelnder Akteur akzeptiert wird (Bretherton/Vogler 2006: 12-36).

2.1 Rechtspersönlichkeit

Aus rechtlicher Perspektive ist die Frage nach dem Status der EU als internationaler Akteur (mittlerweile) leicht zu beantworten. Das → Völkerrecht/internationale Recht kennt nicht nur für Staaten, sondern auch → internationale Organisationen eine eigenständige Rechtspersönlichkeit als Völkerrechtssubjekt, solange dies ihnen entweder in ihrem Vertragswerk explizit zugewiesen oder sie von den anderen Völkerrechtssubjekten implizit anerkannt werden. Bis 2009 fiel die EU komplexerweise in beide Kategorien: Auf der einen Seite verfügte die damalige erste Säule der EU, die EG, bereits seit dem Vertrag von Maastricht (1993) über eine eigenständige Rechtspersönlichkeit, etwa zum Abschluss von Handelsverträgen. In der zweiten und dritten Säule hatten die Mitgliedstaaten der EU als Ganzes diese Rechtspersönlichkeit nicht übertragen, einschließlich der Gemeinsamen Außen- und Sicherheitspolitik (GASP), obgleich die Union auch hier von Dritten als Partner akzeptiert worden ist. Diese komplexe Zweiteilung wurde mit dem Vertrag von Lissabon aufgehoben, welcher der EU als Ganzes Rechtspersönlichkeit verliehen hat (Art. 47 EUV).

2.2 Institutionelle Grundlagen

Die EU verfügt über ein umfangreiches institutionelles Gerüst, welches ihr auch in den Außenbeziehungen die Fähigkeit zu gemeinsamen Entscheidungen und Vertretung nach außen verleiht. Auf der einen Seite sind die Mitgliedstaaten direkt in der Ratsstruktur der EU vertreten. Im Europäischen Rat, dem Gremium der Staats- und Regierungschefs, werden die zentralen Leitlinien der EU festgelegt, wie etwa die Europäische Sicherheitsstrategie. Im Rat der EU treffen die Minister die tagtäglichen Entscheidungen in allen Politikbereichen der EU, in den Außenbeziehungen in der Regel im Rat für Auswärtige Angelegenheiten. Je nach Politikfeld und Rechtsgrundlage entscheiden die Mitgliedstaaten hier entweder einstimmig (z.B. über militärische EU-Operationen) oder mit qualifizierter Mehrheit (z.B. über Handelsabkommen). Auf der anderen Seite spielen auch die supranationalen Institutionen der EU in ihrer internationalen Politik eine Rolle. Dies ist insbesondere die Europäische Kommission, das Exekutivorgan der EU, welches sowohl ihr Initiativmonopol in den wirtschaftlichen Außenbeziehungen einnimmt (z.B. → Energiepolitik und → Klimapolitik) als auch die finanzielle Programme in diesen Bereichen ausführt und die EU nach außen vertritt. Zuletzt ist das Europäische Parlament (EP) zwar mit dem Vertrag von Lissabon gleichberechtigtes gesetzgebendes Organ neben dem Rat geworden. Dementsprechend hat es eine starke Rolle in den wirtschaftlichen Außenbeziehungen, wenn es über die Zustimmung zu Abkommen voll mitentscheidet. In der GASP spielt das EP jedoch weiterhin nur eine untergeordnete Rolle.

Neben der Beschlussfassung verfügt die EU auch in der Außenvertretung über ein komplexes Instrumentarium. Die Außenvertretung der EU sollte mit dem Vertrag von Lissabon weitgehend auf dem Amt der Hohen Vertreterin der EU für Außen- und Sicherheitspolitik vereint werden, die gleichzeitig Vorsitzende im Rat für Auswärtiges und Vize-Präsidentin der Kommission (Doppelhut) ist. Sie vertritt die EU damit in Fragen der GASP und allgemeinen Außenbeziehungen auf Ministerebene. Daneben nehmen aber zum einen auch der Kommissionspräsident (wirtschaftliche Außenbeziehungen) und der ständige Präsident des Europäischen Rates (GASP) auf Ebene der Staats- und Regierungschefs die Außenvertretung etwa in Konsultationen mit strategischen Partnern wie den USA oder den G7/G20 wahr. Zudem ist die Außenvertretung der EU in einzelnen Politikbereichen wie Handel, Nachbarschaft oder Energie und Klima auch bei den jeweiligen Kommissarinnen und Kommissaren verblieben, die jedoch seit 2014 in ihren Tätigkeiten von der Hohen Vertreterin koordiniert werden. Die Hohe Vertreterin und die anderen Außenrepräsentanten der EU werden dabei vom 2010 eingerichteten Europäischen Auswärtigen Dienst (EAD) mit seinen mehr als 140 Delegationen weltweit unterstützt.

2.3 Gemeinsame Außen- und Sicherheitspolitik

Den klassischen Fragen der Außen- und Sicherheitspolitik im Rahmen der GASP hat sich die EU erst spät in ihrem Integrationsprozess gewidmet. Zwar war schon die Gründung der Europäischen Gemeinschaft für Kohle und Stahl (1951) ein sicherheitspolitisches Projekt, in dem die ersten sechs Mitgliedstaaten Sicherheit voreinander durch Integration von Schlüsselwirtschaftszweigen schafften. Die Sicherheits- und Verteidigungspolitik war lange jedoch der → NATO vorbehalten und die außenpolitische Kooperation aus der EU-Integration ausgeklammert. Zwei Faktoren haben zum schrittweisen Aufbau der GASP geführt:

- Erstens bleibt die Außen- und Sicherheitspolitik ein von starken Souveränitätsvorbehalten geprägter Politikbereich, in dem insbesondere die großen Mitgliedstaaten den Transfer eigenständiger Kompetenzen an die EU-Ebene größtenteils ablehnen. Die erste institutionelle Struktur auf (west-)europäischer Ebene zur Außen- und Sicherheitspolitik, die 1973 eingerichtete ‚Europäische Politische Zusammenarbeit' (EPZ) war daher ein rein informelles Forum zur unverbindlichen Koordination zwischen den EG-Außenministern. Auch bei der Gründung der EU mit dem Vertrag von Maastricht wurde die GASP als zweite Säule explizit institutionell von der supranationalen EG abgetrennt, um den intergouvernementalen Charakter der GASP zu betonen und zu schützen.
- Der zweite prägende Faktor in der Ausgestaltung der GASP sind die weiterhin stark divergierenden strategischen Prioritäten und Kulturen der Mitgliedstaaten, wodurch für ein gemeinsames EU-Außenhandeln nach wie vor komplexe Kompromisse nötig sind. Besonders ausgeprägt war dies in der Frage, ob die EU militärisch auf die NATO bauen oder eigene, autonome Fähigkeiten aufbauen soll. So wurde die GASP 1993 noch ohne militärische Komponente gegründet, und erst nach den Erfahrungen der Balkankriege einigten sich die EU-Staaten 1999 auf die Einrichtung einer eigenen Europäischen Sicherheits- und Verteidigungspolitik. Dennoch verhindern die Differenzen insbesondere der großen Mitgliedstaaten in großen sicherheitspolitischen Fragen immer wieder ein gemeinsames Handeln, wie etwa 2011 bei der NATO-Operation in Libyen.

Die GASP hat ihren eindeutig intergouvernementalen Charakter beibehalten. GASP-Beschlüsse werden nahezu ausschließlich einstimmig im Rat getroffen, so dass jeder Mitgliedstaat ein Vetorecht innehat, während das EP nicht mitbestimmt. Die wenigen Ausnahmen betreffen Umsetzungsbeschlüsse oder erlauben einem Mitgliedstaat, sich konstruktiv zu enthalten. Beide Ausnahmeformen werden in der Praxis jedoch kaum bis gar nicht genutzt. Entscheidungen mit großer Tragweite werden regelmäßig von den Staats- und Regierungschefs im Europäischen Rat ebenfalls mit Einstimmigkeit getroffen. Eine wichtige Rolle in der Beschlussfassung der GASP spielen zum einen die Hohe Vertreterin, die nicht nur seit dem Vertrag von Lissabon den Rat für Auswärtige Angelegenheiten leitet, sondern – neben den Mitgliedstaaten – ein Initiativrecht inne hat. Zudem ist sie anders als die nationalen Außenminister direkt im Europäischen Rat vertreten und kann dort als Stimme der Außenminister eine wichtige Rolle bei strategischen Beschlüssen spielen. Zum anderen nimmt das Politische und Sicherheitspolitische Komitee (PSK) eine wichtige Funktion ein, welches unterhalb des Außenministerrats angesiedelt ist. Hier treffen sich die PSK-Botschafter der Mitgliedstaaten zwei- bis dreimal pro Woche in Brüssel um GASP-Beschlüsse vorzubereiten und sich zu allen wichtigen Fragen der internationalen Politik zu koordinieren. Die GASP hat so ein effektives Koordinationssystem entwickelt, in dem die Mitgliedstaaten sich zumindest durchgängig informiert halten und abstimmen.

3. Außenpolitische Instrumente der EU

Im Rahmen dieser Institutionen verfügt die EU mittlerweile über ein ausgefächertes Instrumentarium zum Handeln in der internationalen Politik.

- Dies sind erstens deklaratorische Mittel, sowohl in Form von Schlussfolgerungen des Europäischen Rates bzw. des Rates der EU als auch direkten Stellungsnahmen der Hohen Vertreterin im Namen der EU.
- Daneben ermöglicht die GASP die Koordination der Mitgliedstaaten in internationalen Organisationen, insbesondere der → Vereinten Nationen und der OSZE.
- Wichtigstes außenpolitisches Instrument sind für die EU in den vergangenen Jahren Sanktionen geworden. Diese reichen von vereinzelten Einreiseverboten für ausgewählte Führungspersönlichkeiten bis hin zu umfangreichen Wirtschaftssanktionen, welche auf Grund der weiterhin großen Wirtschaftskraft der EU besonders einschneidend sein können. So hat die EU in den letzten Jahren sowohl gegenüber Russland im Ukraine-Konflikt als auch gegenüber mehreren autokratischen Regimen in ihrer Nachbarschaft (Syrien, Libyen unter Gaddafi) umfangreiche Sanktionsregime aufgestellt.
- Mit der Einrichtung der GSVP hat sich die EU zudem die Fähigkeiten zu „Missionen außerhalb der Union zur Friedenssicherung, Konfliktverhütung und Stärkung der internationalen Sicherheit“ (Art. 42 (1) EUV) gegeben. Die GSVP ist integraler Bestandteil der GASP und nutzt daher dieselben intergouvernementalen Beschlussfassungsmechanismen. Hierüber kann die EU sowohl zivile als auch militärische Operationen ins Leben rufen. Seit Beginn der 2000er-Jahre hat die Union so in über 30 Operationen weltweit zum Krisenmanagement beigetragen, wobei der Großteil

der Operationen auf den Westlichen Balkan und Afrika entfiel. Für die Durchführung dieser Operationen ist die EU vollständig auf die Ressourcen ihrer Mitgliedstaaten angewiesen. Mangels eigener Kräfte oder gar einer ‚Europäischen Armee' gilt das Freiwilligkeitsprinzips, d.h. dass jeder Mitgliedstaat freiwillig entscheidet, ob er eigene Kräfte entsenden will. In Deutschland ist hier für militärische EU-Operationen ebenso wie in der NATO ein Bundestagsmandat erforderlich. In der Praxis findet daher vor jeder zivilen wie auch militärischen EU-Operation ein langwieriger Aushandlungsprozess zwischen den einsatzwilligen Mitgliedstaaten statt, um das geplante Kontingent zusammen zu bringen.

In der traditionellen territorialen Verteidigung, welche für mehrere EU-Mitgliedstaaten seit der russischen Annexion der Krim und Unterstützung der Separatisten in der Ostukraine wieder oberstes Ziel der Sicherheits- und Verteidigungspolitik geworden ist, spielt die EU bisher jedoch noch keine Rolle. Zwar hat der Vertrag von Lissabon mit Art. 42 (7) eine Verpflichtung zum gegenseitigen Beistand bei einem bewaffneten Angriff eingeführt. Diese Beistandsklausel ist jedoch der NATO untergeordnet, so dass 22 der 28 EU-Staaten ihre gemeinsame Verteidigung im Rahmen der transatlantischen Allianz organisieren.

4. Die wirtschaftlichen Außenbeziehungen der EU

Wesentlich weiter integriert und handlungsfähiger als in der GASP ist die Union im wirtschaftlichen Bereich, in dem sie zudem als größter Binnenmarkt der Welt über wesentliche größere Ressourcen verfügt. Grundsätzlich entwickelten sich die starken EU-Kompetenzen in diesem Bereich in Konsequenz aus ihrer wirtschaftlichen Integration im Innern. Am weitesten ausgeprägt ist die Rolle der Union in der Außenhandelspolitik, die gemäß Art. 3 AEUV zu den wenigen ausschließlichen Kompetenzen der EU gehört. Diese vollständige Übertragung war die logische Konsequenz aus der Schaffung des gemeinsamen Binnenmarkts und der Zollunion, so dass sie bereits 1970 vollzogen wurde. Hier setzt der Rat nicht nur einheitliche Zolltarife für die Mitgliedstaaten fest, sondern auch andere Instrumente der → Handelspolitik wie Einfuhrbeschränkungen, Strafzölle oder Gewährung von präferiertem Marktzugang können nur von der EU als Ganzes beschlossen werden. In der Folge vertritt die EU in Form der Kommission ihre Mitgliedstaaten auch international bei multilateralen Handelsverhandlungen und der Welthandelsorganisation (→ Weltwirtschaftssystem). In den vergangenen Jahren hat die EU dabei ein weltweites Netz von bi- und multilateralen Freihandelsabkommen ausgehandelt, von denen insbesondere die geplante Transatlantische Handels- und Investitionspartnerschaft (TTIP) in der Öffentlichkeit hoch umstritten ist.

Eine besondere Form der Wirtschaftsbeziehungen sind die Assoziations- und Kooperationsabkommen. Diese Abkommen hat die EU zunächst auf Grund nationaler Partikularinteressen getroffen, weil ausgewählte Mitgliedstaaten wie Frankreich, Belgien oder später Großbritannien ihre besonderen Wirtschaftsbeziehungen zu ehemaligen Kolonien in den EU-Rahmen übertragen wollten. Insgesamt unterhält die EU heute mit 78 Staaten Afrikas, der Karibik und dem pazifischen Raum vertraglich vereinbarte Wirtschaftsbeziehungen, in denen diesen Staaten nicht nur ein präferierter Zugang zum EU-Markt gewährt wird, sondern in der Regel auch ein institutionalisierter politischer Dialog sowie Finanzhilfen gebunden an die Erfüllung von politischen Kriterien wie Einhaltung der → Menschenrechte und demokratische Prinzipen enthalten sind. Daneben unterhält die EU vor allem mit den Staaten ihrer Nachbarschaft besondere Wirtschaftsbeziehungen. Neben der Zollunion mit der Türkei sind die Staaten des Europäischen Wirtschaftsraums (Norwegen, Liechtenstein, Island) sowie die Schweiz über bilaterale Abkommen in den EU-Binnenmarkt integriert. Mit zahlreichen südlichen wie östlichen Nachbarstaaten reichen die Abkommen bis hin zu sehr enger wirtschaftlicher Anbindung mit tiefgreifenden Freihandel und politischer Kooperation (z.B. Republik Moldau, Ukraine).

Eine koordinierende und ergänzende Kompetenz hat die Union zudem in den Bereichen → Entwicklungszusammenarbeit, humanitäre Hilfe und wirtschaftliche Zusammenarbeit. So vergibt die EU bei Naturkatastrophen und humanitären Krisen weltweit eigene Hilfen und koordiniert gleichzeitig die Hilfen der Mitgliedstaaten. 2014 beispielsweise wurden die Maßnahmen der EU-Mitgliedstaaten zur Bekämpfung der Ebola-Epidemie in Teilen Zentralafrikas von der EU koordiniert (→ Globale Gesundheitspolitik). Die finanziellen Hilfen der EU werden auch im sicherheitspolitischen Bereich eingesetzt, z.B. zur Unterstützung der Afrikanischen Union bei Krisenmanagementoperationen im Sudan (→ Typen militärischer Interventionen). Nicht zuletzt agiert die EU mittlerweile in nahezu allen Politikbereichen, in denen sie intern aktiv ist, auch als Verhandlungs- und Kooperationspartner mit Dritten extern. Rechtlich kann die EU hier zu allen Belangen, die sie intern regelt, Vereinbarungen mit Dritten schließen. Angesichts der zunehmenden → Interdependenz von interner und externer Sicherheit hat die EU auf Basis ihrer Kompetenzen in der Innen- und Justizpolitik beispielsweise mit den USA, aber auch mit Nachbarstaaten im arabischen Raum Abkommen über den Austausch von Daten und/oder die Zusammenarbeit in der Bekämpfung von Terrorismus geschlossen. Ebenso ist die Union zentraler Akteur in den internationalen Klima- und Energieabkommen (→ internationale Umweltpolitik). Intern arbeitet die EU zudem an dem Aufbau einer Energieunion, zu der auch ein gemeinsames Auftreten bei der Energiesicherheit und dem Sichern von Zugängen zu zentralen Ressourcen gehört (→ Energiepolitik).

5. Die EU als Akteur in ihrer Nachbarschaft

Eine besondere Rolle nimmt die EU als Akteur in ihrer Nachbarschaft ein. Zum einen hat sie mit ihrem Beitrittsversprechen maßgeblich zur Stabilisierung und Demokratisierung in Europa beigetragen (→ Demokratisierungs- und Stabilisierungspolitik), was seinen Höhepunkt bei der Erweiterung um 12 mittel- und osteuropäische Staaten 2004/07 fand. Auch auf dem Westlichen Balkan war die EU-Beitrittsperspektive und die schrittweise Heranführung an die Union wesentlicher Bestandteil der Konfliktbeilegung nach den Balkankriegen der 1990er Jahre (→ Prägende Konflikte nach dem Zweiten Weltkrieg), einschließlich einer Annäherung zwischen Serbien und dem Kosovo. Unter dem Eindruck der Wirtschafts- und Finanzkrise sowie der zunehmenden EU-Skepsis innerhalb der Union ist der Beitrittsprozess jedoch ins Stocken geraten. Nach dem Beitritt Kroatiens 2013 strebt die EU zwar eine Weiterführung der Beitrittsgespräche mit der Türkei und den noch verbliebenen nicht-EU-Staaten des Westlichen Balkans an, wird aber bis mindestens 2020 keine weiteren Beitritte tatsächlich vollziehen und war bis dato nicht bereit, der Ukraine oder der Republik Moldau eine konkrete Beitrittsperspektive zu geben.

Zur Ergänzung der Erweiterungspolitik hat die EU daher nach der großen Erweiterungswelle 2004/07 die ‚Europäische Nachbarschaftspolitik' (ENP) ins Leben gerufen, mit der sie ihre südlichen wie östlichen Nachbarstaaten an sich binden und einen ‚Ring befreundeter Staaten' um sich schaffen wollte. Die ENP ist nach dem Modell der Erweiterungspolitik geformt. Im Kern bietet die EU ihren Nachbarstaaten sektorale wirtschaftliche Integration und Marktöffnung, die von der Visa-Liberalisierung bis hin zur vollen Integration in den Binnenmarkt reicht. Im Gegenzug verknüpft sie diesen Zugang konditionell mit politischen und wirtschaftlichen Reformen nach dem europäischen Modell sowie Finanzhilfen. Eine Beitrittsperspektive oder institutionelle Einbindung bietet sie hingegen nicht, schließt langfristig für die europäischen Staaten aber auch keinen Beitritt aus. Mit diesem geringeren Anreiz war die ENP wesentlich weniger erfolgreich als die Erweiterungspolitik. Denn auf der einen Seite ist es der EU nicht gelungen, nach den Umbrüchen ab 2011 im arabischen und nord-afrikanischen Raum zur Demokratisierung und Stabilisierung der Region beizutragen. Auf sicherheitspolitische Herausforderungen wie die Bürgerkriege in Syrien und Libyen aber ist die ENP mit ihren wirtschaftlichen Anreizen nicht ausgerichtet, während die EU gegenüber wichtigen Partnerstaaten wie Ägypten trotz Rückkehr zu einem autoritären Regime die Konditionalität angesichts großer Eigeninteressen nicht durchgesetzt hat. Auf der anderen Seite ist die EU in ihrer östlichen Nachbarschaft zunehmend in eine Integrationskonkurrenz mit Russland geraten. So wurde das für Ende 2013 geplante Assoziationsabkommen mit der Ukraine seitens Russlands als inkompatibel mit dessen wirtschaftlicher und politischer Integration in Form der Eurasischen Union gesehen. Der folgende Kampf um die Ukraine, einschließlich der Annexion der Krim sowie des bewaffneten Konflikts um die Ostukraine mit russischer militärischer Unterstützung für die Separatisten hat die EU als Akteur in ihrer Nachbarschaft völlig neu herausgefordert (→ Europäische Sicherheitsarchitektur).

6. Transatlantische Beziehungen und Strategische Partnerschaften der EU

Sowohl in der direkten Nachbarschaft als auch in der internationalen Politik bleibt der wichtigste Partner der meisten ihrer Mitgliedstaaten die USA (→ Transatlantische Beziehungen). Hinzu kommt die enge transatlantische Bindung zumindest 22 der 28 EU-Staaten in der Verteidigungspolitik über die NATO. Dennoch hat in den letzten Jahren auch die bilaterale Zusammenarbeit EU-USA deutlich an Intensität gewonnen. Erstens verhandeln die beiden (noch) größten Wirtschaftsblöcke über TTIP, was nicht nur die größte Freihandelszone der Welt schaffen würde, sondern auch die Vormachtstellung des Westens in regulatorischen Fragen festigen soll. Zweitens haben die EU und die USA eine Reihe von Abkommen zum Austausch von Daten und zur Kooperation in der Bekämpfung des → internationalen Terrorismus und organisierter Kriminalität getroffen, die jeweils auch die EU im Namen ihrer Mitgliedstaaten anstelle von 28 Einzelabkommen ausgehandelt und abgeschlossen hat. Nicht zuletzt koordinieren sich Union und USA zunehmend in internationalen Fragen, um ein gemeinsames Vorgehen zu ermöglichen, etwa in der Sanktionspolitik gegenüber Russland oder den Verhandlungen über das Nuklearprogramm des Irans (→ Diplomatie).

Neben den USA unterhält die EU insgesamt zehn ‚strategische Partnerschaften'. Die Spannbreite reicht dabei von klassischen Partnern wie Kanada oder Japan über aufstrebende Mächte wie China und Indien bis hin zu konfrontativen Beziehungen wie zu Russland. Jenseits des gemeinsamen Labels ist diesen Partnerschaften gemein, dass die EU regelmäßige bilaterale Gipfel mit diesen Staaten durchführt, die auf Ebene der Staats- und Regierungschefs plus Außenminister zusammen mit den Präsidenten von Kommission und Europäischem Rat sowie Hoher Vertreterin stattfinden. Die Dichte der Beziehungen und die Inhalte unterscheiden sich jedoch von Partner zu Partner deutlich. Im Gegensatz zu den USA konzentrieren sich beispielsweise die EU-China Konsultationen auf wirtschaftliche Fragen, während sicherheitspolitische Themen, aber auch Menschenrechtsdialog, weitgehend ausgeklammert werden.

Zuletzt verfolgt die EU das Ziel, multilaterale Foren zu stärken und unterhält in diesem Sinne enge Partnerschaften mit anderen → internationalen Organisationen. So hat sie nach dem Vertrag von Lissabon einen erweiterten Beobachterstatus in der VN-Generalversammlung mit eigenem Rederecht und arbeitet eng mit den VN im Krisenmanagement zusammen. Darüber hinaus kooperiert die EU mit anderen regionalen Organisationen wie der Afrikanischen Union, Mercosur oder ASEAN, mit denen sie regelmäßig multilaterale Gipfeltreffen abhält.

7. Die EU als internationaler Akteur im Werden

Mehr als 20 Jahre nach Gründung der Gemeinsamen Außen- und Sicherheitspolitik bleibt die EU international ein ‚Akteur im Werden'. Institutionell haben sich ihre strukturellen Stärken und Schwächen gefestigt. Institutionell haben sich in der Zeit ihre institutionellen Fähigkeiten gefestigt, aber dennoch ist die Union weit von ihrem selbstgesteckten Ziel eines starken, global handlungsfähigen Akteurs entfernt.

- Auf der einen Seite haben die EU und ihre Mitgliedstaaten vor allem im Bereich der GASP mit der Hohen Vertreterin der EU und ihrem Europäischen Auswärtigen Dienst die Voraussetzungen geschaffen, um sich sowohl bi- als auch multilateral an zentralen internationalen Verhandlungen zu beteiligen. Die EU verfügt nunmehr sowohl in der GASP als auch den internationalen Wirtschaftsbeziehungen über das institutionelle Gerüst, eigene Präferenzen zu entwickeln und nach diesen zu Handeln. Über die Verknüpfung mit ihrer Wirtschaftskraft ist die EU über Erweiterung, Nachbarschaftspolitik und GSVP-Krisenmanagement zudem schrittweise zum Stabilitätsanker in Europa geworden. In der Folge ist die EU selbst für die größten Mitgliedstaaten in der internationalen Politik zu einem unverzichtbaren Multiplikator und Koordinationsrahmen geworden. Nicht zuletzt ist sie über ihre direkte Beteiligung an den Weltwirtschaftsverhandlungen und ihrem Netz an bi- und multilateralen Handelsverträgen zentraler Bestandteil der internationalen Wirtschaftsordnung.
- Auf der anderen Seite zeigen die Konflikte des Jahres 2014/2015, wie weit die EU von ihren Zielen in der internationalen Politik entfernt ist. In der GASP/GSVP bleibt sie vom Konsens und den Ressourcen ihrer Mitgliedstaaten abhängig, wenn sie sich diplomatisch, zivil oder militärisch engagieren will. In zentralen außen- und sicherheitspolitischen Herausforderungen tritt sie daher weiter regelmäßig ge-

spalten (z.B. Libyen 2011) und zögerlich (z.B. Syrien) auf, während selbst bei partieller Einigkeit wie gegenüber Russland in 2014/2015 die großen Mitgliedstaaten international die Führungsrolle übernehmen. Wirtschaftlich ist die Union gleichsam nach mehr als fünf Jahren europäischer Schuldenkrise geschwächt, wodurch zumindest ihre internationale Glaubwürdigkeit geschwächt ist. Nicht zuletzt ist die EU den großen außenpolitischen Herausforderungen zum Trotz auf Grund der Schuldenkrise integrationspolitisch auf die Wirtschafts- und Währungsunion fokussiert, so dass ihre Stabilität und ihr Zusammenhalt zunehmend vom Innern bedroht sind.

→ Ergänzende Beiträge

Demokratisierungs- und Stabilisierungspolitik, Europäische Union, Handelspolitik, Integrationstheorien, Institutionalismus als IB-Theorie, internationale Organisationen, NATO, Transatlantische Beziehungen

Literatur

Boening, Astrid /Kremer, Jan-Frederik/van Loon Aukje (Hrsg.) (2013): Global Power Europe, Berlin.

Bretherton, Charlotte/Vogler, John ([2]2006): The European Union as a global Actor, London.

Bungenberg, Marc/Hermann, Christoph (Hrsg.) (2011): Die gemeinsame Handelspolitik der EU nach Lissabon, Baden-Baden.

Koops, Joachim/Macaj Gjovalin (Hrsg.) (2015): The European Union as a diplomatic Actor, Basingstoke.

Howorth, John ([2]2014): Security and Defence Policy in the European Union, Basingstoke.

Ratka, Edmund (Hrsg.) (2012): Understanding European neighbourhood policies: concepts, actors, perceptions, Baden-Baden.

Simonis, Georg/Elbers, Helmut (Hrsg.) (2011): Externe EU-Governance, Wiesbaden.

Smith, Karen E. ([3]2014): European Union foreign policy in a changing world, London.

Internetadressen

Europäischer Auswärtige Dienst: http://eeas.europa.eu/
EU Institut für Sicherheitsstudien : www.iss.europa.eu/
European Council on Foreign Relations: www.ecfr.eu
Stiftung Wissenschaft und Politik, Forschungsgruppe EU/Europa: www.swp-berlin.org/europa

14 – Frieden (Reinhard *Meyers*)

1. Begriffe

Pax optima rerum – ‚Frieden (F.) ist das höchste Gut'. Zwischen dieser im 1. Jhd. in seinem Werk über den zweiten Punischen → Krieg geäußerten Einsicht des Silius Italicus, wieder aufgegriffen 1517 von Erasmus von Rotterdam in seinem Werk ‚Die Klage des F.s', stilisiert als Umschrift einer auf den Westfälischen F. von 1648 zu Münster geprägten goldenen Schaumünze (Meyers 1994) – und der seit Mitte der 1980er Jahre vielfach zitierten Lehrmeinung des Tübinger Politikwissenschaftlers Volker Rittberger ‚F. ist mehr als kein Krieg' oszillieren die Versuche der Wissenschaft, Begriffe und Phänomen des F.s dingfest und handhabbar zu machen. Dass ihr dabei die Politik öfters in die Quere kommt, und ganz andere Inhalte des Begriffes F. beschwört, erhellt nicht nur aus dem Einsatzmotto des *Strategic Air Command* der US-Luftwaffe: *‚peace is our profession'*, sondern auch aus der von deutschen Politikern (Verteidigungsminister Volker Rühe in den 1990er Jahren, Verteidigungsminister Peter Struck z.B. 2004) sowie Kirchenmännern (z.B. Kardinal Meisner) gern gepflogenen Praxis, die Bundeswehr als die größte deutsche Friedensbewegung zu bezeichnen. Aber auch die Wissenschaft selbst ist an der Ambivalenz, Mehrdeutigkeit und Komplexität des Begriffes nicht ganz unschuldig. Unter dem Dach einer bürgerlich-liberalen Friedenstheorie (→ Liberalismus als IB-Theorie), stützt sie den F.

- in der Innenpolitik der Staaten auf Rechtsstaatlichkeit, Marktwirtschaft, Schutz der Menschenrechte und Minderheiten sowie demokratische Willensbildung und repräsentativ-verantwortliches gutes Regierungshandeln;
- im Verhältnis der Staaten untereinander auf Freihandel und Kooperation, Anerkennung eines durch Vertrag und Gewohnheit begründeten Völkerrechts, Respekt für die Erwartungsverlässlichkeit künftigen Akteurshandelns und Akzeptanz der Existenzberechtigung sozialer Großgruppen und ihrer Normen, Gebräuche, Weltanschauungen, Wertsysteme und Identitäten im Geiste gegenseitiger Toleranz und Koexistenz.

Dabei postuliert diese bürgerlich-liberale Friedenstheorie eine Reihe je nach intellektueller Tradition, gesellschaftlich-politischen Prämissen und praktischen Konsequenzen (Richmond 2014: 19ff) unterscheidbare Friedensvarianten – nämlich:

- den ‚Sieg(er)Frieden' als einen negativen – d.h. durch die Abwesenheit organisierter militärischer Gewaltanwendung zwischen gesellschaftlichen Großgruppen gekennzeichneten – Zustand der Beziehungen zwischen Siegern und Unterlegenen nach Kriegsende;
- den ‚konstitutionellen F.', in dem Demokratie, Rechtsstaatlichkeit, Freihandel und Marktwirtschaft als Grundorientierung staatlichen Regierungshandelns und der durch solches Handeln über Zeit erzeugten Strukturen gelten;
- den ‚institutionellen F.', in dem insbesondere internationale regierungsamtliche politische sowie Handels- und Finanz-Institutionen nebst sonstigen internationalen Akteuren auf der Grundlage allseits anerkannter völkerrechtlicher Übereinkünfte und Regelwerke (Regime) Normen, Entscheidungsverfahren und Prinzipien ihres Handelns und den Umgang der beteiligten Akteure untereinander sowie mit bestimmten Aufgaben festlegen und dadurch Stabilität, Ordnung und Erwartungsverlässlichkeit des Akteurshandelns im internationalen System sicherstellen;
- den ‚zivilgesellschaftlichen F.', in dem nichtgouvernementale nationale, transnationale und internationale Organisationen sowie sonstige Akteure der Zivilgesellschaft (bis hin zu einflussreichen und wirkmächtigen Individuen) als Korrektiv der drei eben genannten Friedensformen agieren und im Sinne einer *citizen diplomacy* insbesondere auf die Identifizierung, Bearbeitung, Schlichtung und/oder Überwindung gesell-

schaftlicher, sozioökonomischer und politischer Konfliktgründe abheben, um damit künftige Konflikte zu vermeiden oder zumindest kleinzuarbeiten (Webel/Galtung 2009).

Nicht nur das: die Wissenschaft stellt sich auch die Frage, ob es denn überhaupt nur einen allgemeinverbindlichen Begriff des F.s geben könne – und beantwortet diese Frage im Lichte kritischer, konstruktivistischer und postmoderner Theorieansätze eindeutig mit Nein: Friede ist je unterschiedlich raum-zeitlich, geographisch-kulturell, geistesgeschichtlich-traditionell, handlungspragmatisch verfestigt und in den verschiedensten Erfahrungs- und Erwartungshorizonten dieser Welt – und nicht zuletzt in deren unterschiedlichen Sprachsystemen – je verschieden konnotiert (Dietrich u.a. 2014). Ein Verständnis ‚des' F.s bedürfte folglich einer hermeneutischen Zusammenschau all dieser unterschiedlichen Überlieferungstraditionen und Erfahrungshorizonte – und das ist vom Einzelnen kaum zu leisten. Und: selbst wenn man in der euro-atlantischen, stärker von Empirismus, Rationalismus, Reduktionismus und Zweckrationalität geprägten Wissenschaftstradition verbliebe: allein schon in diesem Kontext ließe sich zeigen, dass jede wissenschaftliche Disziplin vom → Völkerrecht/internationales Recht über die *war studies* (→ Strategische Wissenschaft) bis zur Konfliktforschung, mehr noch jede Großtheorie Internationaler Beziehungen (→ Begriff und Funktion von IB-Theorie) mit ihrem je eigenen Friedensbegriff, ihrem je eigenen Friedensverständnis operiert (Richmond 2008: 154ff). Erläutert wird dies paradigmatisch am Beispiel einiger klassischer bürgerlicher IB-Theorien (vgl. Rab. 4).

2. Ausdifferenzierung des Begriffsfeldes

Eine Durchmusterung der einschlägigen Veröffentlichungen der vergangenen drei Jahrzehnte (Belege in Meyers 2011) lässt erkennen, dass auch in inhaltlicher Hinsicht das Begriffsfeld F. eine profunde Ausdifferenzierung erfahren hat: die Ansatzebenen reichen vom globalen F. zwischen den Nationen und Gesellschaften bis zum inneren F. des Individuums mit sich selbst und seiner Umwelt, die Handlungsvorschläge von der Sicherstellung der Abwesenheit organisierter militärischer Gewaltanwendung zwischen gesellschaftlichen Großgruppen (negativer Friede) bis zum Neuentwurf komplexer ganzheitlicher Gesellschaftsmodelle, die in je unterschiedlicher Weise das ‚Mehr' des F.s, der mehr ist als kein → Krieg, nachhaltig zu realisieren versuchen. Insofern ließen sich dem Begriff F. wenigstens vier Charaktereigenschaften zuschreiben; er verkörpert

- einen ‚Wertkomplex' (z.B. aus Freiheit, Gerechtigkeit, Toleranz und Respekt für den Nächsten, Wohlfahrt, guter Regierung, ökologischer Nachhaltigkeit usw.)
- einen ‚Prozess' (nämlich der politisch-ökonomisch-gesellschaftlichen Reduzierung des gewaltsamen Konfliktaustrags durch dessen Verrechtlichung bei zunehmender Gleichverteilung menschlicher Entwicklungschancen)
- einen ‚Zustand' (des gewaltfreien und gerechten nachhaltigen Interessenausgleichs zwischen Konfliktparteien)
- eine ‚Vision' (zunächst der Gemeinsamkeit der Überlebensbedingungen der Menschheit im Zeitalter des nuklearen Holocausts, sodann weiterreichend des F.s der Menschen mit sich selbst und der gesamten Schöpfung).

Freilich: all diese wertvollen und selbstevidenten Charaktereigenschaften haben einen Grundnachteil: sie sind bezeichnet durch Formalbegriffe, über deren je kontext- und epochenabhängige inhaltliche Füllung sich trefflich streiten lässt. Die Bestimmung des ‚Mehrs', das den F. über die Abwesenheit organisierter militärischer Gewaltanwendung hinaus ausmacht, wird von einer übergeordneten auf viele nachgeordnete Denk- und Argumentationsebenen verschoben; das Definitionsproblem wird dadurch aber nicht einfacher. Fazit einer knapp hundertjährigen wissenschaftlichen Diskussion über den Friedensbegriff: „It is clear that peace is essentially contested as a concept. Inevitably, and following on from this, it is a subjective concept, depending on individual actors for definition, different methods and ontologies, and indeed different epistemological approaches. Its construction is a result of the interplay of different actors' attempts to define peace [...] according to their relative interests, identities, power and resources" (Richmond 2008:16). Eine nähere, auf einen je raum-zeitlich bestimmten Erfahrungs-, Entscheidungs- und Handlungshorizont rückgebundene Bestimmung des Begriffes F. bedarf also nicht nur der vorgängigen Klärung ihrer ontologischen und epistemologischen Hintergründe und Bezugsrahmen, sondern vor allem auch der Bestimmung der ihr unterliegenden Interessen:

- Warum wird F. so definiert, wie er in einem bestimmten Kontext oder in einer bestimmten Epoche definiert wird,
- wer erschafft, befördert und verbreitet ihn in wessen Interesse,
- wem dient er, wen schließt er ein, und wen schließt er aus?

3. Orientierungslinien und ideengeschichtliche Entwicklungen

Diese Fragen nun können im Rahmen eines knappen Lexikon-Artikels nicht zufriedenstellend beantwortet werden. Was geleistet werden kann, ist, einige Orientierungslinien für die Suche nach solchen Antworten aufzuzeigen. Es soll zunächst knapp verwiesen werden auf den von Johan Galtung vielfach apostrophierten Zusammenhang von F. und Gewalt und dessen Unterscheidung zwischen dem ‚negativen F.' als Abwesenheit direkter oder personaler, durch eine Subjekt-Objekt-Beziehung zwischen Gewalttäter und Gewaltopfer gekennzeichneter Gewaltanwendung, und dem ‚positiven F.' als Abwesenheit indirekter oder struktureller, in politischen, ökonomischen, gesellschaftlichen oder kulturellen Verhältnissen wurzelnder Gewalt. In strukturellen Gewaltverhältnissen lassen sich in aller Regel noch die Objekte oder Opfer, nicht aber mehr die (Einzel-)Subjekte oder Täter der Gewaltausübung konkret benennen. Strukturelle Gewalt begreift sich als Macht der gesellschaftlichen Verhältnisse, zeigt sich in Marginalisierung, Abhängigkeit, Unterdrückung, Ausbeutung, Verweigerung von Lebensoptionen und Entwicklungschancen.

Tab. 4: Friedensschaffende Leitprinzipien klassischer Großtheorien

	Realismus	**Rationalismus**	**Liberaler Internationalismus**
Akteure	Nationalstaaten	Nationalstaaten	Individuelle, gesellschaftliche, nationalstaatliche Akteure
Prozesse	Nullsummenspielartige Konkurrenz um Macht, Einfluss und Ressourcen	Konflikt und Kooperation im Rahmen gemeinschaftlich anerkannter Verhaltensregeln und (informeller wie formeller) Institutionen	Internationale Arbeitsteilung und funktionale Vernetzung als Ergebnis wie als Voraussetzung wissenschaftlicher, technischer, ökonomischer und politischer Modernisierung
Strukturprinzip	Sicherheitsdilemma	Kontrolle des Machtstrebens und der Machtausübung der Akteure in der internationalen Anarchie	Kooperation und Interdependenz
Milieu	Staatenwelt als internationaler anarchischer Naturzustand	Staatenwelt als rechtlich verfasste internationale Staatengesellschaft	Staaten- und Gesellschaftswelt als Friedensgemeinschaft liberaler Demokratien
Friedenskonzept	Sicherheit des Akteurs (als Voraussetzung seines Überlebens)	Garantie der Erwartungsverlässlichkeit des Akteurshandelns in der internationalen (Rechts-) Ordnung (‚*pacta sunt servanda*')	Fortschreitende Verwirklichung von Freiheit, Gerechtigkeit, Wohlfahrt als menschliche Existenzbedingungen plus Intensivierung der internationalen Kooperation plus Förderung der Modernisierung als Bedingung moralischer Perfektibilität wie zunehmender Wohlfahrt der Menschheit
(Erklärungs-) Ansätze	(außengerichtetes) Aktions-/Interaktionsverhalten der Akteure (‚*unit-level-explanation*')	Vergesellschaftung/Systembildung der Akteure; Phänomen der ‚*governance without government*'	Politische/sozioökonomische Binnenstruktur der Akteure (‚*inside-out-explanation*')
Mittel	Machtakkumulation, (gewaltsame) Selbsthilfe zur Durchsetzung von Eigeninteressen, Abschreckung, Gleichgewichtspolitik	Ausbildung eines Konsenses der Akteure über gemeinschaftliche Interessen, (selbstbindende Verhaltens-)Regeln und Institutionen; insb. Anerkennung/Befolgung von Verhaltensregeln, die die Gewaltausübung in der Staatengesellschaft einhegen, beschränken, reduzieren	Freihandel, Förderung der internationalen Organisationen und kollektiven Sicherheit, Demokratisierung der Akteure im Lichte von Rechtsstaatlichkeit und Menschenrechtsverwirklichung, Aufklärung über gemeinsame (Menschheits-) Interessen und Erziehung zu kompromisshafter, interessenausgleichender Konfliktbearbeitung
Schlagwort	Abschreckungsfrieden unter Anarchie	(Rechts-)Ordnungsfrieden unter regulierter Anarchie	Demokratischer Frieden unter Kooperation

Quelle: eigene Darstellung

Kennzeichen beider Friedensbegriffe ist ihre Orientierung auf einen politisch-gesellschaftlichen (Ideal-)Zustand, der ähnlich wie der Begriff der Gesundheit in der Medizin durch das Nichtvorhandensein wie auch immer im einzelnen definierter Störfaktoren beschrieben wird. Über diese Störfaktoren – etwa Gewalt, Not, Unfreiheit, Ausbeutung – lässt sich Konsens in Politik wie Wissenschaft relativ einfach herstellen. Demgegenüber trifft die positiv-inhaltliche Definition dessen, was diesen (Ideal-)Zustand ausmacht – wie bereits oben dargestellt – auf erhebliche Schwierigkeiten, ist abhängig von den je verschiedenen moralisch-ethischen Grundannahmen, Normen und Rechtsvorstellungen, von den gesellschaftlich-politischen Werthorizonten und Erwartungshaltungen der Individuen oder Gruppen, die sich mit dem Friedensbegriff auseinandersetzen. Über den minimal konsensfähigen negativen Friedensbegriff hinaus gibt es im Prinzip daher so viele positive Friedensbegriffe, wie es Weltanschauungen und (politische) Glaubensbekenntnisse, Gesellschafts- und Politikmodelle, wissenschaftliche Weltbilder und natürlich auch (Friedens-)Theorien gibt (klare Exposition bei Richmond 2008).

Es wird des Weiteren auf die Möglichkeit verwiesen, in der ideengeschichtlichen Entwicklung des Friedensgedankens zwei idealtypisierend-vereinfachende Argumentationsstränge (vgl. Abb. 7) herauszuschälen:

- Friede wird entweder begriffen als kosmisches Ordnungsprinzip, als überhistorischer, gleichsam konzentrierter Ausdruck einer Weltordnung. Diese findet ihren letzten Flucht- und Legitimationspunkt erst in Gott, dann als Folge der Säkularisation des politischen Denkens nach der Reformationszeit in der allen Menschen natürlich gegebenen Vernunft.
- Oder Friede wird begriffen als Ausdruck der menschlichen Willensüberzeugung, als ein rational begründbares politisches Kulturprodukt. Dieses bedarf der ausdrücklichen Stiftung durch vertragliche Vereinbarungen (Landfriedenseinungen, Gesellschaftsvertrag) ebenso wie des Schutzes durch die öffentliche Gewalt.

Mit dieser dualen Argumentationsstruktur verbunden ist die Frage nach dem Verhältnis von F. und Gerechtigkeit, *pax* und *iustitia*: Entweder ist die Gerechtigkeit dem F. vorgeordnet, gilt Friede als ihre naturwüchsige Frucht. Oder die gesellschaftlich-politische Friedensordnung ist durch die Herrschaft der öffentlichen Gewalt erst herzustellen und zu sichern. Dann ist die Gerechtigkeit als Legitimationsprinzip einer gegebenen gesellschaftlichen Ordnung, die jedem das Seine zuteilt, dem F. nachgeordnet, auch ohne F. nicht zu verwirklichen. Schließlich: im Kontext des ersten Argumentationszuges erscheint der → Krieg als Unterbrechung, als Störung des naturwüchsigen F.s. In der zweiten Traditionslinie ist der Krieg – Folge menschlichen Verfehlens und sündhafter Willensfreiheit – gleichsam der inner- und zwischengesellschaftliche Normalzustand. Friede ist Nicht-Krieg. Schon diese unterschiedlichen Positionen in der dualen Argumentationskette zeigen, dass es eine geschichtliche epochenübergreifende, vom jeweiligen ethisch-normativen und/oder politisch-philosophischen Kontext losgelöste Allgemeindefinition von F. nicht gibt. Wenn überhaupt, lässt sich der Positivgehalt von F. nur im Rückgriff auf ein je bestimmtes Politik- und Gesellschaftsverständnis festlegen. Statt allgemeinverbindlich, wird der Begriff F. damit notwendigerweise politisch, fordert den Benutzer zur Überprüfung der eigenen Position, zu Zustimmung oder Ablehnung heraus.

Abb. 7: Duale Argumentationsstruktur des Friedensgedankens in der Ideengeschichte

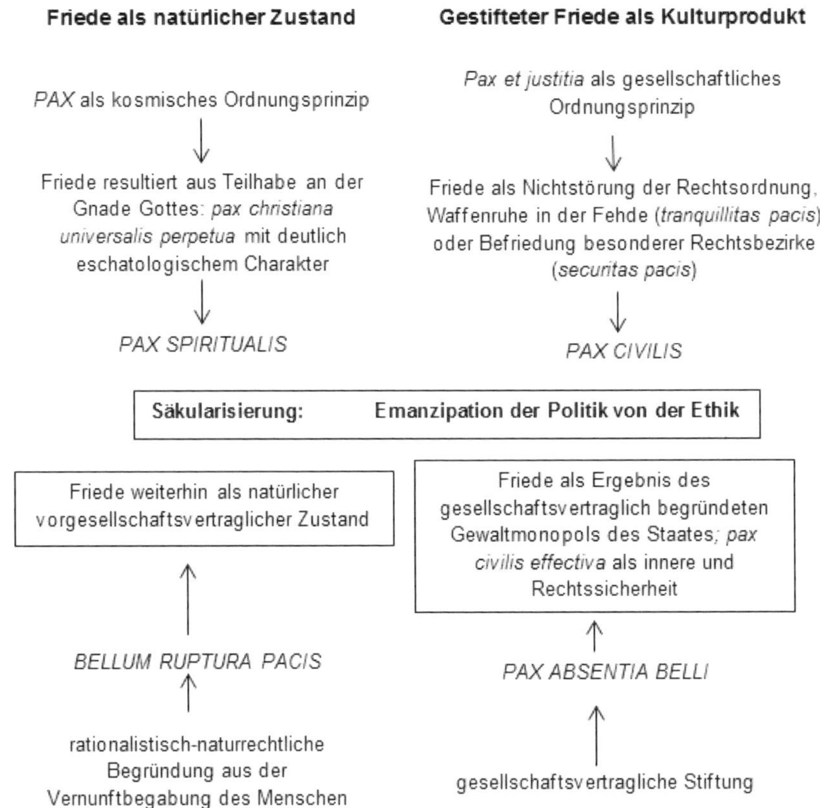

Quelle: eigene Darstellung

Dem Dilemma einer gleichsam zeit- und kontextimmanenten, je epochenmäßig inhaltlich differenten konstruktivistischen Verortung von Krieg und F. sucht die Friedens- und Konfliktforschung gern dadurch zu entgehen, dass sie F. weniger als (Ideal-) Ziel oder Zustand gesellschaftlichen Handelns begreift, sondern als einen in der Geschichte sich entwickelnden Prozess. In diesem Prozess geht es um die Institutionalisierung dauerhafter, gewaltfreier Formen der Konfliktbearbeitung, nicht allerdings – manch landläufigem Verständnis zuwider – um die Abschaffung des Konfliktes als einer gesellschaftlichen Verhaltensweise an sich. Vielmehr soll die Bearbeitung von Konflikten durch kontinuierliche Verrechtlichung ihrer Austragungsweise zivilisiert werden. Durch zunehmende

Gewaltfreiheit des Konfliktaustrags eröffne sich in dieser Perspektive die Chance zum Abbau von Gewaltsamkeit zunächst im Binnenverhältnis der Einzelgesellschaften, sodann aber auch in der internationalen Politik, im Verhältnis der staatlich verfassten Einzelgesellschaften untereinander. Zumindest im europäisch-atlantischen Raum lässt sich der Prozess der Zivilisierung des Konfliktaustrags zweifach beispielhaft fassen:

- Einmal in der Entwicklung des Staates zum unbedingten Friedensverband;
- zum anderen in der Entwicklung des Völkerrechts als Mittel zur Einhegung und Verrechtlichung des Krieges: Voraussetzung der Wandlung des Friedens von einem labilen Zustand vorübergehend ruhender zwischenstaatlicher Gewalttätigkeit zum Ergebnis eines Prozesses, in dem sich zunehmend von der Anwendung organisierter militärischer Gewalt befreite Formen internationaler Konfliktbearbeitung durchsetzen.

Die Entwicklung des (früh-) neuzeitlichen Staates zum Friedensverband steht in enger Verbindung zur gebietsrechtlichen Verfestigung politischer Herrschaft, wie sie im Wandel des feudalen Personenverbandsstaates des hohen Mittelalters zum institutionellen Flächenstaat der frühen Moderne greifbar wird. Mit der Delegitimierung der mittelalterlichen Fehde als Mittel rechtlicher Selbsthilfe, dem Aufbau eines landesherrlichen Gerichtswesens, dem Abschluss von Landfriedenseinungen und der Durchsetzung der Verkehrswegesicherheit bilden die Fürsten seit dem 14./15. Jhd. ihre Landesherrschaft als Friedensraum aus und setzen in den Grenzen ihrer Territorien öffentliche Sicherheit und Rechtsfrieden durch. Erst dieser innere Friede garantiert die Unverletzlichkeit der Person und des Eigentums, damit aber auch die rationale Planbarkeit und Berechenbarkeit des Wirtschaftshandelns. Territorialherrschaft und Sicherheitsgarantie, Rechtssicherheit und innerer Friede legitimieren Existenz und Handeln des modernen Staates. Fassbar im Anspruch auf Souveränität und in der erfolgreichen Behauptung des Monopols legitimer physischer Gewaltsamkeit im Staatsinnern, schließt sich der territoriale Friedensverband seit dem 17. Jhd. gegen andere gleichartige räumlich-politische Einheiten durch feste Grenzen ab. Damit wird nicht nur die begriffliche Scheidung von ‚innen' und ‚außen', von Innen- und Internationaler Politik ermöglicht. Vielmehr wird auch deutlich, dass der innere F. mit dem äußeren Unfrieden notwendigerweise Hand in Hand geht: Denn die Staaten erkennen aufgrund ihres Souveränitätsanspruchs im Außenverhältnis keine ihnen übergeordnete, Recht, Ordnung und F. in der Staatengesellschaft vermittels eines Gewaltmonopols durchsetzende Autorität an (→ Staat/Staatlichkeit im Wandel).

4. Bilanz

Für die internationale Politik heute wird damit zur Gestaltungsaufgabe, in Analogie das nachzuholen, was die Staaten der Moderne im Binnenverhältnis bereits hinter sich haben: die Entwicklung institutionalisierter Verfahren immer gewaltärmerer, schließlich dann gewaltfreier Konfliktbearbeitung. Mit Blick auf das Kriegsvölkerrecht ist dieses größtenteils gelungen: der Delegitimierung der Fehde als Mittel der Selbsthilfe entspricht die Einschränkung der legitimen Gründe (*ius ad bellum*) zum, dann die Kodifizierung des Rechts im Kriege (*ius in bello*), schließlich das völlige Verbot zwischenstaatlicher Gewaltanwendung durch Art. 2 Abs. 4 der VN-Charta (→ Vereinte Nationen). Mit Blick auf die zentrale Leistung des territorialen Friedensverbands jedoch – Garantie der (Rechts-)Sicherheit durch Behauptung des Monopols legitimer physischer Gewaltsamkeit – wird zugleich deutlich, welch weiten Weg die internationale Politik bis zur analogen Verwirklichung eines solchen (Friedens-)Zieles noch zu gehen hätte. Dass sie dabei durch neuere Entwicklungen des Krieges – asymmetrische Neue Kriege, Privatisierung des Gewaltmonopols, Formen hybrider Kriegführung – empfindlich beeinträchtigt werden kann und wird (→ Krieg), lässt gelegentlich am Diktum Hegels zweifeln, demzufolge die Vernunft die Welt beherrsche, dass es also auch in der Weltgeschichte vernünftig zugehe.

→ Ergänzende Beiträge

Begriff und Funktion von IB-Theorie, Krieg, Liberalismus als IB-Theorie, Staat/Staatlichkeit im Wandel, Sicherheitspolitik, Strategische Wissenschaft, Vereinte Nationen, Völkerrecht/Internationales Recht

Literatur

Dietrich, Wolfgang u.a. (Hrsg.) (2014): The Palgrave International Handbook of Peace Studies. A Cultural Perspective, Basingstoke.

Gießmann, Hans J./Rinke, Bernhard (Hrsg.) (2011): Handbuch Frieden, Wiesbaden.

Imbusch, Peter/Zoll, Ralf (Hrsg.) ([5]2010): Friedens- und Konfliktforschung. Eine Einführung, Wiesbaden.

Meyers, Reinhard (1994): Begriff und Probleme des Friedens, Opladen.

Meyers, Reinhard (2011): Krieg und Frieden, in: Gießmann/Rinke (2011), S. 21-50.

Richmond, Oliver P. (2008): Peace in International Relations, London.

Richmond, Oliver P. (2014): Peace. A very short introduction, Oxford.

Webel, Charles/Galtung, Johan (Hrsg.) (2009): Handbook of Peace and Conflict Studies, Abingdon.

15 – Geopolitik (*Niels Werber*)

1. Entstehungsgeschichte

Den Begriff Geopolitik (G.) hat der schwedische Staatswissenschaftler Rudolf Kjellén in einer Arbeit geprägt, die Friedrich Ratzels Anthropogeographie zu einer Staatsbiologie weiterentwickelt, die den Leviathan der politischen Theologie zu einem lebenden Wesen erklärt. In seinem Hauptwerk ‚Der Staat als Lebensform‘ liefert er folgende einflussreiche Definition: „Die G. ist die Lehre vom Staat als geographischem Organismus oder als Erscheinung im Raum: also der Staat als Land, Territorium, Gebiet oder, am bezeichnendsten, als Reich. Als politische Wissenschaft hat sie ihr Augenmerk stets auf die staatliche Einheit gerichtet und will zum Verständnis des Wesens des Staates beitragen; während die politische Geographie die Erde als Wohnstätte für ihre menschliche Bewohnerschaft in ihren Beziehungen zu den übrigen Eigenschaften der Erde studiert“ (Kjellén 1924: 45). Kjellén bekennt sich ausdrücklich „zu Ratzels Anschauung“, in dessen Politischer Geographie (1897) sich nahezu gleichlautende Formulierungen finden: Ratzel betrachtet den Staat als „bodenständigen Organismus“, als eine distinkte Lebensform, deren „biogeographische“ Dimension die Politische Geographie zu erfassen sucht, die sich damit als Lebenswissenschaft versteht, die den „Staat der Menschen als eine Form der Verbreitung des Lebens auf der Erdoberfläche“ untersucht (Ratzel 1903: 3). Jeder Staat, jede Stadt, jeder Weg sei „immer ein Stück Menschheit oder ein menschliches Werk und ein Stück Erdboden“, und daher müsse der Staat als „Organismus“ betrachtet werden, dessen spezifische Eigenschaften von der „Größe, Lage“ und den „Grenzen“ sowie von der „Art und Form des Bodens“ abhingen (4f). Der Staat ist für Ratzel ein Medium, das die „Verbindung“ des „Volkes“ mit dem „Boden“ in permanenter „Wechselwirkung“ verkörpert (6).

Alle bedeutenden oder einflussreichen Vertreter der G. im deutschsprachigen Raum vom Ersten Weltkrieg bis zum Ende des ‚Dritten Reiches‘ stehen in der Tradition der zitierten Definitionen und ihrer Implikationen, doch fanden in der zeitgenössischen deutschen Gelehrtenwelt zunächst weder Kjelléns Begriffsschöpfung noch das dahinter stehende disziplinäre Projekt Zustimmung. Ratzel, Kjellén und die von ihnen vorbereitete G. erleben erst nach 1914 einen geradezu triumphalen „Durchbruch“ (Werber 2014, 74ff). G. wird im → Krieg und vor allem in den 1920er Jahren populär, in den Wissenschaften wie in der Politik und der Publizistik, und erlebt ihre Hochkonjunktur im ‚Dritten Reich‘. Nachweisbar sind Spurenelemente dieser Auffassung der Politik nach 1945 zwar bis heute, und vor allem was die metaphorische Dimension angeht, man denke nur an solche Bilder wie die bedrohte Lebensader oder das amputierte Territorium; allerdings verliert der Biologismus des Denkbildes in der Epoche des → Ost-West-Konflikts erheblich an Bedeutung. Eine *Balance of Power*-Doktrin oder eine Aufteilung der Welt in stabile Einflusssphären widersprächen dem geopolitischen Diskurs grundsätzlich: Denn die Doktrin, das alles Leben wachse, erklärt Gleichgewichtszustände für ungesund. Den Raum für sein naturgemäßes Wachstum müsse sich ein Staat daher zur Not mit Gewalt verschaffen, wenn er denn ‚gesund‘ bleiben wolle. Alles Lebendige kämpfe ums Dasein. Was nicht wächst und kämpft, stirbt. Dieser Biologismus wurde bereits 1925 aus soziologischer Sicht von Otto Haußleiter überzeugend als Simplifikation kritisiert, die mit biologistischen Analogien, nicht mit politologischen Modellen Komplexität reduziere. Aber gerade die organizistischen Metaphern und Analogien verleihen der G. bis heute Evidenz und erzeugen Resonanz.

2. Zentrale Prämissen zentraler Werke

Am Beispiel Ratzels und Kjelléns lassen sich die wichtigsten Elemente des geopolitischen Diskurses herausarbeiten. Karl Haushofer und der Kreis um die Zeitschrift für G. teilen die hier vorgestellten Denkvoraussetzungen. Der Staat wird als Organismus oder Lebensform bezeichnet und seine spezifische Entwicklung und Ausprägung als dynamisches Produkt der Interaktion mit seiner Umwelt und der in ihr lebenden Bevölkerung aufgefasst. Staaten seien „Organismen“ und „Großmächte biologische Tatsachen“, stellt Kjellén fest, und „in ständigem Wettbewerb miteinander, also im Kampf ums Dasein und durch eine natürliche Auswahl stehen auch sie auf der Erdoberfläche da“ (Kjellén 1924: 37). Darwins Schlüsselbegriffe werden hier zitiert: *universal com-*

petition, natural selection und *struggle for existence.* Seine Evolutionstheorie, teils über den Umweg Herbert Spencers, wird in die Politische Geographie importiert (Werber 2014: 53-56). Staaten als „Lebensformen" zu betrachten, heißt, „die Gesetze ihrer Entwicklung" in einem „biopolitischen Studium" zu erforschen (Kjellén 1924: 38). Der Staat sei denselben „Grundgesetzen des Lebens unterworfen" wie alle Organismen (175). Zum Darwinismus bekennen sich die meisten G.er ganz explizit.

Für Ratzel wird „der Kampf ums Dasein im Grunde immer um Raum geführt" (Ratzel 1903: 381). Die Antagonisten sind „Mächte", „Völker", „Nationen" oder „Staaten", die sich in Analogie zu Darwins Arten den knappen ‚Lebensraum' streitig machen. Die immer nur vorläufigen Gewinner dieses Kampfes verstanden diese Räume für das eigene Wachstum besser und zu Lasten der Konkurrenz zu nutzen als die Verlierer. Die Entfaltung des einen hemmt oder versperrt die Entwicklung des anderen. Pflanzen, Tieren und Staaten sei „Wachstum" eben natürlich, und sie stoßen daher früher oder später im Verlaufe ihrer „Expansion" auf die hemmenden Kräfte konkurrierender Organismen (Ratzel 1903: 130f). Des einen Gewinn ist dann zugleich des anderen Verlust. Wer nicht auf Kosten des anderen wächst, geht unter. Dies sei das Gesetz „allen Lebens" (Ratzel 1903: 3).

Weder Staatsform noch die Zusammensetzung einer Koalitionsregierung, weder Parteiprogramme noch Verfassungen, weder individuelle Akteure noch internationale Verträge (→ Völkerrecht/internationales Recht) seien entscheidend für das Verständnis des Wesens und der Entwicklung der Staaten als Lebensformen, sondern die Lage. Sie prägt die „Individualität" der Reiche (Ratzel 1903: 261) und ihre Biogegraphien (3). Eine politische Lebensform evoluiere in einer Insellage vollkommen anders als im Hochgebirge, auf fruchtbaren Böden anders als in kargen Steppen. Es gebe „vortreffliche" und „unglückliche" Lagen (264), aber es kommt für den Zoologen Ratzel nicht nur auf die geographischen Fakten an, sondern darauf, wie ein Staat die „natürliche Lage" (262) für seine Entwicklung fruchtbar macht. Lage und Leben stehen in Wechselwirkung. Raum und Lage stellen die „natürlichen Grundlagen" der Evolution eines „Staates als Organismus" (Ratzel 1903: 5), der sie entweder als Chance nutzt oder in ihren Möglichkeiten verkennt. Die Lage determiniert nichts, dies ist ein Missverständnis (Werber 2014: 9f), vielmehr erweisen sich in der „Schule des Raums" die einen als „gelehrig", die anderen bleiben „zurück" (Ratzel 1903: 371). „Schlechte Schüler" sind dann irgendwann „verschwunden", man sieht sie „aussterben" (389). Sie haben ihre Lage verkannt. Den Staat zum Erkennen der Lage und zu einer „raumbezogenen Politik" (Maull 1936: 31) zu bewegen, ist die erklärte Mission der deutschen G..

Die Lage ist entscheidend, denn die „Organbildung des Staates" vollziehe sich an der „Seeküste" anders als im „Binnenland" und in den „Gebirgs- und Flachlandprovinzen" anders als in „feuchten und trockenen", „östlichen und westlichen", „peripherischen und zentralen" oder „dicht und dünn bevölkerten Gebieten" (Ratzel 1903: 19). Die funktionale Ausdifferenzierung der Gesellschaft fasst Ratzel topographisch: Die „Teilung der Arbeit" orientiert sich an den geographischen „Gegensätzen", und je nach Lage prosperieren oder kränkeln die „Organe" des Gemeinwesens (19). Großbritannien und das Deutsche Reich sind derart von ihrer insularen bzw. kontinentalen Lage geprägt, dass sie sich trotz aller ethnographischer und sprachlicher Ähnlichkeiten geopolitisch fundamental unterscheiden. Für Maull führen „festländische" und „maritime" bzw. „insulare" Lagen zu „wesensverschiedenen Raumauffassungen" der „Raumorganismen" (Maull 1936: 40). Welche raumpolitische Aufgabe sich ein Staat zu stellen habe, liege hier, in der spezifischen „Raumidee" oder „Raumperspektive" begründet (40). Der Staatsorganismus Englands habe sich trotz der unabänderlichen geographischen Beschränkung des „räumlichen Wachstums" deshalb zur „größten Macht der Gegenwart" entwickelt, weil es die von der Insel gesetzten „Schranken des Raumes überwunden" (Ratzel 1903: 659), die ganze Welt von der See aus erschlossen und nun „in allen Erdteilen und Meeren besetzt" habe (660). Obschon die britischen Inseln sehr viel kleiner sind als die Landmasse des Deutschen Reichs, sei die Machtstellung Englands gewichtiger, weil es seine geographische Lage höchst vorteilhaft zu nutzen wisse und seine Seesuprematie über eine Reihe von Stützpunkten wie Gibraltar, Malta, Suez, Aden, Singapur, Hongkong global projiziere. Keine Landmacht kann England den Weg nach Kanada, Australien, Indien oder Südafrika versperren (660). Und da der Inselstaat keine großen Armeen benötigt, um sich vor einer Invasion zu schützen (661f), kann das Empire seine Energien in eine Flotte investieren, die für seine Seeherrschaft nicht das Meer flächendeckend besetzen muss, sondern allein einige Stützpunkte an wichtigen Standorten, um die Meeresstraßen und Meerengen zu schützen (667). Dass England eine große Flotte hat, wurde aber nicht etwa vom Raum ‚determiniert', sondern beweist, dass diese politische Lebensform sich ihre Lage zunutze machen wusste.

Eine kontinentale Macht, die an andere Landmächte grenzt, kann sich mit einigen Stützpunkten und Verbindungen nicht begnügen, sondern muss seine Grenzen durchgängig sichern und sein Territorium vollständig beherrschen. Straßen und Eisenbahnen sind die Verkehrsmittel einer Landmacht, und anders als Schifffahrtslinien, die Häfen verbinden, aber den Schiffen große Freiheiten dabei lassen, ihr Ziel zu erreichen, setzen Verkehrsinfrastrukturen voraus, dass der Staat auf seinem Gebiet „Ruhe, Sicherheit und Ordnung" herstellt (C. Schmitt). Wie Lawrence von Arabien im Partisanenkrieg gegen die osmanische Türkei demonstriert hat, ist jeder Meter einer Eisenbahnlinie ein möglicher Angriffspunkt für einen irregulären Feind. Für eine Landmacht ist es höchst aufwendig, alle seine Verkehrslinien militärisch zu sichern. Eine Seemacht benötigt dagegen nur eine Flotte. Zwar hat das Deutsche Reich niemals die Invasion einer Seemacht befürchten müssen, doch die Sorge der G.er galt den Fähigkeiten der Royal Navy, eine Blockade der deutschen Häfen durchzusetzen und das Reich vom Rest der Welt abzuschneiden.

Deutschland gilt als Landmacht, deren ‚Raumschicksal' die Mittellage sei. Rudolf Kjellén vertritt im Ersten Weltkrieg mit allem pseudonaturwissenschaftlichen Nachdruck die These, es habe schlechtere (weniger Gebirge, Meere oder Ströme als ‚natürliche' Grenzen) und längere Grenzen (in Relation zur Gesamtgröße) als seine Nachbarn, was jeder mit Karte und Lineal ‚objektiv' nachrechnen könne. Vom geopolitischen Standpunkt aus gesehen, weise Deutschlands Lage und Fläche – im Unterschied zu Russland, Frankreich, England oder den USA – gleich in dreifacher Hinsicht Mängel auf: (1) Das Reich sei zu klein, (2) es verfüge über keinen blockadefreien Zugang zum Weltmeer, und (3) es müsse ohne sicheren Zusammenhang mit seinen in Afrika zerstreuten, unverbundenen Kolonien auskommen. Wie solle ein politischer Organismus in einer solchen Umwelt prosperieren? Nach dem von Ratzel und Kjellén formulierten Gesetz der wachsenden Räume (Werber 2014: 111, 130) wäre er zur Stagnation und damit letztlich zum Untergang verurteilt.

Das vielbeschworene ‚Raumschicksal' des Deutschen Reiches, eben seine prekäre Mittellage, lässt sich freilich auch ganz anders deuten. Isaiah Bowman weist 1921 in seiner *Political Geography* darauf hin, dass Deutschland im Krieg zwar von Feinden, im Frieden allerdings von Kunden umzingelt sei, die Lage für eine Exportnation also nicht schlecht, sondern günstig sei. Von einer objektiven, weltanschauungsfreien Lagebeurteilung aufgrund erkannter ‚Gesetzmäßigkeiten' kann gar keine Rede sein. Haußleiter ist zuzustimmen: die G. fällt ‚politische Werturteile'. G.er kommen in der gleichen Sache zu ganz gegensätzlichen Schlussfolgerungen. Ihr eigenes Selbstverständnis einer naturwissenschaftlich fundierten exakten Wissenschaft behaupten sie dennoch mit großem Erfolg, jedenfalls bis zum Ende des Zweiten Weltkriegs.

Eine Vision für eine erfolgreiche Landmacht hat der britische Geograph Halford J. Mackinder entworfen. Die gigantische, eurasiatische Steppe, die sog. „pivot region" bzw. das „heart-land" der Welt (Mackinder 1904: 431, 434), sei von Eisenbahn- und Telegraphenlinien erschlossen, die die gesamten Ressourcen einer einzigen „land-power" zur Verfügung stellten, die vom Baltikum bis zur Japanischen See reiche. Diese „pivot region" kann von einer Seemacht nicht tangiert, also auch nicht eingedämmt werden: „that vast area […] is inaccessible to ships" (434). Dass dieser Raum nunmehr von einem „network of railways" erschlossen wird (434), mache deutlich, dass sich hier neue „conditions of a mobility of military and economic power" herausbilden, die die alte europäische „balance of power" bedrohen (434f). Die „pivot area" könnte nach der Weltherrschaft greifen, und dies würde dann wahrscheinlich werden, „if Germany were to ally herself with Russia" (436). Denn wer die „pivot area" beherrsche, kommandiere die Welt.

Die berühmte Karte der „natural seats of power" setzt die eurasische Landmasse ins Zentrum. England findet sich vom Zentrum an den Rand gedrängt bzw. ‚marginalisiert'. Die USA erscheinen bedeutungslos. Die Erfolgsgeschichte dieser Karte beginnt nach dem Ersten Weltkrieg im Haushofer-Kreis rund um die Zeitschrift für G. (Haushofer 1941: 33). Wenn es einer Macht gelänge, die „pivot area" zu organisieren und sie bis an die Küsten und Häfen auszudehnen, wäre die See- und Weltmacht Großbritannien bedroht (Mackinder 1904: 437). Wer die ungeheuren kontinentalen Kräfte nutzen könnte, um eine Flotte zu bauen, werde auch die amerikanische „Monroe doctrine" erfolgreich herausfordern und die Welt dominieren (436).

Abb. 8: Karte der natural seats of power

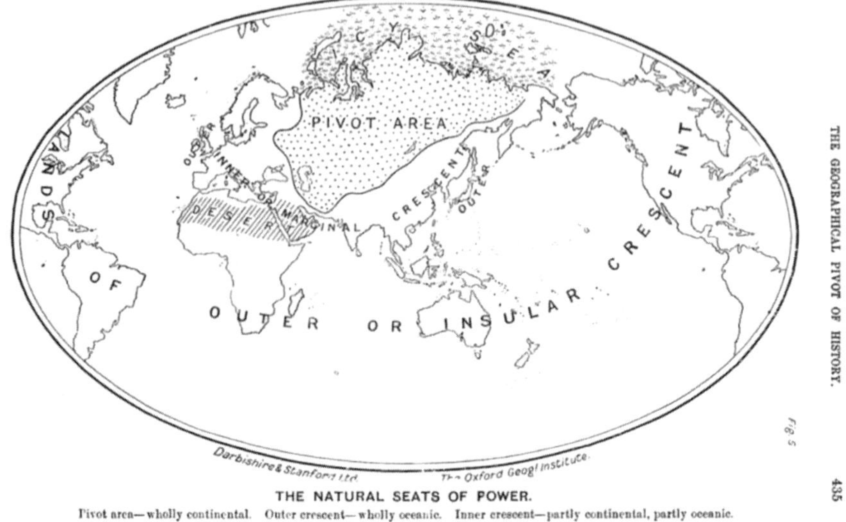

Quelle: Mackinder 1904: 435

Karl Haushofer hat sich mehrfach zu Mackinders Ansatz bekannt. Von seiner Lektüre führt die Forschung gelegentlich eine Linie zum Hitler-Stalin-Pakt vom 26. August 1939. Anders als die Seemächte, die den Ersten Weltkrieg gewonnen hätten, habe Haushofer Mackinders Thesen aufgegriffen, um dem Deutschen Reich den Weg zur Weltmacht zu weisen (Werber 2014: 68f). Ausgewachsen ist eine politische Lebensform für G.er also erst, wenn sie im evolutionistischen *struggle for existence* alle anderen Organismen auf der Welt verdrängt hat und Weltmacht geworden ist.

Es lässt sich nun resümieren, was den geopolitischen Diskurs in seiner hegemonialen Phase ausmacht:

- die Auffassung des Staates als lebenden Organismus
- die Biologisierung der Wissenschaften vom Staat,
- der Darwinismus, der alle Staaten in einem *struggle for existence* sieht,
- die existentielle Zuspitzung der Nullsummenspiele konkurrierender Staaten zu einem Kampf auf Leben und Tod, den weltpolitisch letztlich nur einer zu entscheiden vermag,
- die lückenlose Totalisierung und → Globalisierung dieser Auseinandersetzung,
- die Unterscheidung von Landmächten und Seemächten und ihren unterschiedlichen ‚Raumideen‘,
- die Auffassung der ‚Lage‘ als ‚Schicksal‘, dem eine politische Lebensform im Verlauf der Evolution gerecht werden müsse (andernfalls geht sie unter),
- die ungeheure Reduktion von Komplexität durch die Ausblendung soziologischer, politologischer, historischer, kultureller oder ökonomischer Sachverhalte.

Der Diskurs hat überdies eine normative Dimension. Den Organismus-Begriff übernimmt Ratzel von Carl Ritter und versteht darunter eine harmonische, integrale „Vereinigung" der „Glieder" in einem „Ganzen" oder „der Einzelnen" in einer „Gesamtheit" (Ratzel 1903: 11). Was sich hier nicht „harmonisch" fügt, gilt, mit Ritter, als „beschränkt", „einseitig", defizitär.

Entsprechend unterscheidet die Politische Geographie dann „organisches" bzw. „gesundes" „Staatenwachstum" von „unorganischen" bzw. ungesunden Ausbildungen (188f). Die Folgen sind ganz handfest: Ratzel kritisiert beispielsweise den „unorganischen Zusammenhang" Galiziens mit Österreich und empfiehlt anderen Staaten die Arrondierung innerhalb überzeugender Grenzen (188). Über völkerrechtlich garantierte Grenzen setzt sich die G. im Namen der Natur hinweg.

Der geopolitische Wettbewerb wird als Nullsummenspiel aufgefasst, das Leben der politischen Organismen als ‚Kampf ums Dasein'. Nur im → Krieg gehe es um Sein oder Nichtsein, um die schiere Existenz der staatlichen Organismen, denn allein im Ernstfall setze ein Volk alles, was es hat und weiß, aufs Spiel. Wer dazu nicht bereit sei, werde von aggressiveren, tüchtigeren Lebensformen erst verdrängt und dann ersetzt. Jede Friedensordnung gilt nur als historisch bedeutungslose Zwischenphase und jede Sicherheitsarchitektur als Stillstand, denn nicht im Frieden, nur im Krieg erfüllt die politische Lebensform ihren essentiellen Daseinszweck. „Nie also zeigt sich die organische Natur der Reiche klarer als im Kriege. Der Krieg ist gleichsam ein Experimentalgebiet für die G., gleich wie für alle Politik, und die Generalstäbe sollten wissenschaftliche Akademien sein" (Kjellén 1924: 58). Der Krieg ersetzt die fehlenden Möglichkeiten für Laborversuche und wird als empirisches Experiment begrüßt und gerechtfertigt.

Dies alles erklärt den dezidierten Revanchismus der deutschen G. nach dem Ersten Weltkrieg. Der polnische ‚Korridor' beispielsweise wird als widernatürliche Verstümmelung des Staatsorganismus betrachtet, dessen Heilung nur durch eine erneute, wie auch immer friedlich oder kriegerisch betriebene Eingliederung in das Reich zu erzielen wäre. Die über alle künstlichen Grenzen hinweg fest miteinander ‚verwurzelten' Menschen und Regionen Deutschlands warteten gemeinsam auf eine Korrektur des Grenzrahmens und ihre Wiedervereinigung in einem neuen, größeren Reich. Alles andere wäre ungesund. „No German believes that such a territorial contrivance can long stand", stellt der Direktor der Amerikanisch-Geographischen Gesellschaft Isiaah Bowman 1921 in seinem Aufriss der Neuen Weltordnung über die neuen Grenzen fest (Werber 2014: 116ff).

3. Nachkriegsgeopolitik

„Ebenso vollständig wie der Bankrott des Dritten Reiches war der Konkurs seiner G.", stellt Peter Schöller 1957 fest. „Raum und alles, was mit ihm zu tun hatte, war nach 1945 obsolet, ein Tabu, fast anrüchig", erinnert Karl Schlögel. „Mit dem Ende des Zweiten Weltkriegs haben in Deutschland die Semantik des Raumes und der geopolitische Diskurs ein abruptes Ende gefunden", konstatiert auch Werner Köster. Die These wird allgemein geteilt und gelegentlich sehr viel weiter gefasst: Kaum ein Wissenschaftler „used the term geopolitics for nearly 40 years following the defeat of Nazi Germany in 1945", meint Klaus Dodds. Eine ganze Generation politischer Geographen in aller Welt habe den Begriff aus ihren Texten verbannt (Werber 2014: 138f).

Dies trifft für die deutsche akademische Landschaft nicht ganz zu. Carl Schmitts Nachkriegswerk vom Nomos der Erde bis zur Theorie des Partisanen setzt die geopolitische Tradition fort und wird in den in den Rechts- und Staatswissenschaften bis heute rezipiert. Auch Haushofers Weggefährten stehen zumindest in den 1950er Jahren für eine personelle und gedankliche Kontinuität. Selbst ein so kritischer Autor wie Peter Schöller trennt die „wissenschaftliche" Fachgeographie von der „unwissenschaftlichen" G. ab, um erstere zu exkulpieren. Und obschon Schöller die biologistische Lehre des Staats als Lebensform scharf kritisiert, kommen seine Texte nicht ohne das von ihr geprägte Vokabular aus. Dies ist symptomatisch. Wenn es um internationale Beziehungen oder Konflikte geht, werden Staaten nach wie vor wie Lebensformen behandelt, denen man die Luft abschnürt, die vitalen Verbindungen unterbricht, das Hinterland abschneidet oder Gebietsteile amputiert etc. Noch der deutsche Außenminister spricht von der „geopolitischen Lage" der Ukraine und dem „Abschnüren der Luft" durch Russland (NZZ vom 14.04.2014). Doch macht ihn dies nicht zu einem Schüler Ratzels oder Haushofers. Klaus Dodds hat wohl recht: „most people using the term geopolitics have little interest in understanding that contorted intellectual history" (Werber 2014: 140f). Dies liegt aber nicht an der Tabuisierung des Begriffs, der wird gerne verwendet, sondern an dem Aufkommen eines völlig neuen geostrategischen Denkens, das die ‚klassische' G. ablöst, die hier skizziert worden ist und in deren Zentrum das Konzept der politischen Lebensformen mit all seinen Implikationen steht.

Die sog. Nachkriegsgeopolitik, *Cold War Geopolitics* oder kritische G. haben mit diesem Diskurs und seinen Regeln nicht mehr viel gemein. Gerade die Ausnahmen bestätigen die Regel, denn selbst Autoren, die Elemente des geopolitischen Diskurses bewusst übernehmen und ‚klassische' Autoren zitieren, betreiben keine Biologie politischer Lebensformen. Sie können sich, wie etwa Samuel Huntington, ein friedliches, multipolares Gleichgewicht durchaus vorstellen. Die G., die auf dem Boden des ‚Gesetzes der wachsenden Räume' ihre Analysen fertigt, kann dies nicht.

→ Ergänzende Beiträge

Krieg, Macht, Ressourcenpolitik

Literatur

Haushofer, Karl (1941): Wehr-Geopolitik. Geographische Grundlagen einer Wehrkunde, Berlin.

Kjellén, Rudolf (1924): Der Staat als Lebensform, Berlin [Stockholm 1916].

Mackinder, Halford J. (1904): The Geographical Pivot of History, in: The Geographical Journal (4), S. 421-437.

Mackinder, Halford J. (1930): Britain and the British Seas. With Maps and Diagrams, [1906] Oxford.

Maull, Otto (1936): Das Wesen der Geopolitik, Leipzig/Berlin.

Ratzel, Friedrich (1903): Politische Geographie oder die Geographie der Staaten, des Verkehrs und des Krieges, München/Berlin [1897].

Springenschmid, Karl (1937): Deutschland kämpft für Europa. Geopolitische Bildreihe, Leipzig.

Werber, Niels (2014): Geopolitik. Zur Einführung, Hamburg.

16 – Global Commons (*Julian Voje*)

1. Begriff und Grundproblematik

Waren, Wissen und Personen können in der heutigen globalisierten Welt, die nicht mehr im Blockdenken des → Ost-West-Konflikts gefangen ist, weite Distanzen überwinden. Dabei sind sie jedoch auch den neuen Gefahren ausgesetzt und durchqueren ungeschützte Transportrouten, die weder unter nationale noch internationale Hoheit fallen – die *Global Commons* (GC). Mittlerweile umrunden Personen, Waren und auch Informationen den Globus in immer kürzeren Zeiten und bilden dadurch die Grundlage wirtschaftlichen Wohlstandes vieler Staaten (→ Handelspolitik). Zeitgleich hat sich aber auch das Umfeld internationaler Politik gewandelt. Räumliche Entfernungen haben inzwischen auch für die → Sicherheitspolitik ihre Bedeutung verloren. Globale Konflikte wirken sich immer schneller auf weite Teile der Staatengemeinschaft aus.

Die Bruchstelle zwischen wirtschaftlicher und sicherheitspolitischer → Globalisierung bringt die ‚Achillesferse' der Globalisierung zum Vorschein – die GC. Der Begriff GC – oder auch Allmende, Gemeinschaftsgüter, Kollektivgüter, globale öffentliche Güter etc. – wird in unterschiedlichen Wissenschaftsdisziplinen uneinheitlich verwendet. Ursprünglich stammt der Begriff aus den Wirtschaftswissenschaften der 1950er Jahre bzw. der Theorie der Öffentlichen Güter des späteren Nobelpreisträgers Paul Samuelson (→ Weltordnungsmodelle). Eine einfache Definition lautet: GC sind Gebiete oder Güter, die nicht der souveränen Kontrolle oder Jurisdiktion einzelner Staaten unterliegen. Diese globalen öffentlichen Güter setzten sich aus vier ‚öffentlichen Räumen' zusammen: der hohen See, dem Luft-, Welt- sowie Cyberraum. Gemeinsamer Aspekt der GC ist, dass sie durch keine oder nur schwer von einer höheren (staatlichen oder internationalen) Instanz kontrolliert werden können. Gleichzeitig jedoch werden sie von vielen Staaten als Transportwege genutzt. Diese Staaten sind dabei zugleich von dem ungehinderten Zugang zu ihnen abhängig. Darin liegt zugleich die größte Schwachstelle der GC, denn ungeschützt können sie zum Ziel von Gewaltakteuren verschiedener *Couleur* werden. Terroristen, Kriminelle oder feindlich gesinnte Staaten – ihnen allen kann aus verschiedenen Gründen daran gelegen sein, diese Lebensadern der Globalisierung zu blockieren.

2. Global Common als das ‚Schmieröl' der Globalisierung

Die → Globalisierung ließ die Welt in den vergangenen Jahrzehnten auf vielen Ebenen näher zusammenrücken. Preiswerte Flüge ermöglichen es tausenden von Menschen, tagtäglich Distanzen zu überwinden, die noch in den 1990er Jahren einigen Wenigen vorbehalten waren. Das Internet – dessen Verbreitung bereits als ähnlich bahnbrechend für die Menschheit, wie die industrielle Revolution gehandelt wird – lässt geografische Distanzen gänzlich verschwinden (→ Digitale Souveränität). Neuigkeiten verbreiten sich in Sekundenschnelle um den Globus, digitalisierte Bücher sind unabhängig von ihrem physischen Lagerungsort zugängig und eine Arbeitswelt ohne E-Mail-Verkehr scheint heutzutage schlichtweg undenkbar. Zeitgleich haben sich Produktionsketten internationalisiert. Für die eng vernetzte Weltwirtschaft macht der Transport auf dem

Seeweg mit 80 Prozent der Menge nach den größten Teil aller gehandelten Güter aus (→ Weltwirtschaftssystem). Weltweit spielt der Warenaustausch im Luftraum im rein quantitativen Vergleich eine geringere Rolle. Schaut man auf die Menge an per Frachtmaschinen versendeten Gütern, würde ihr Anteil nur ein Prozent des weltweiten Warenaustauschs ausmachen. Allerdings ändert der Blick auf den relativen Warenwert die Bedeutung auch dieses GC deutlich: Er liegt bei 40% der global gehandelten Güter. Zusätzlich spielt der bereits erwähnte weltweite Personenverkehr eine nicht zu unterschätzende Rolle. Mit über 20 Mio. Flügen nutzten allein im Jahr 2010 über 2 Mrd. Menschen den Luftraum. Im Jahr 2010, als der Vulkan *Eyjafjallajökull* in Island ausbrach, musste der Flugverkehr über zwei Monate hinweg drastisch eingeschränkt werden. Dieser Ausfall führte der Weltwirtschaft vor Augen, welcher hohe wirtschaftliche Bedeutung das Fluggeschäft hat. Ihre Verluste lagen bei 148 Mio. EUR – täglich.

Betrachtet man folglich erstens die enge globale wirtschaftliche Verflechtung, von der Deutschland als Exportnation in besonderem Maße profitiert und zweitens die veränderte weltweite sicherheitspolitische Lage, durch die Sicherheit nicht mehr nur geografisch definiert wird (→ Sicherheitspolitik), zeigt sich, dass die heutige Welt in doppeltem Sinne ‚flach' geworden ist:

- flach, da eine Blockade ihrer Lebensadern, der Waren- und Datenströme, aber auch des Reiseverkehrs, an einem beliebigen Ort auf der Welt direkte Auswirkungen auf die Weltwirtschaft und damit auch die Prosperität der Bundesrepublik hätte;
- flach, da geografisch weit entfernte Ereignisse, wie z.B. in Afghanistan oder auch die Anschläge auf das *World Trade Center* in den USA, die internationale Politik sowie auch die Sicherheit eines Landes wie Deutschlands direkt beeinflussen können.

Die GC stellen einerseits das ‚Schmieröl' dieser Globalisierung dar. Ohne die uneingeschränkte Nutzung der vier ‚öffentlichen Güter' würde die eng verknüpfte internationale Wirtschaft zum Erliegen kommen. Andererseits bilden sie eine Schwachstelle eben dieser Weltwirtschaft, da sie, ungeschützt, anfällig für äußere Eingriffe sind.

Die GC stellen als eine für jeden Nutzer frei zugängliche Ressource ein (nicht reines) öffentliches Gut dar. Laut volkswirtschaftlicher Definition zeichnen sich reine öffentliche Güter durch die Eigenschaften der ‚Nicht-Ausschließbarkeit' und ‚Nicht-Rivalität' aus. Dies bedeutet, dass sie für Jedermann frei zugänglich, unendlich vorhanden (daher das Merkmal der Nicht-Rivalität, da ein weiterer Nutzer nicht die Ressource seines Vorgängers aufbraucht) und von niemandem kontrolliert werden. Für die vier GC trifft dies nur in Teilen (daher sind sie ‚nicht reine öffentliche Güter') zu, da sie gewissen Einschränkungen sowohl im Bereich der Nicht-Ausschließbarkeit und Nicht-Rivalität unterliegen. In der Praxis lassen sich heutzutage bei vielen globalen öffentlichen Gütern Nutzer von vorneherein ausschließen. Auch wenn das Internet z.B. per Definition ein für alle Nutzer gleichermaßen offener Raum ist, können Zugänge von staatlicher Seite (zumindest kurzfristig) gezielt unterbunden werden. In der → Entwicklungszusammenarbeit und der → internationalen Umweltpolitik spielt die Übernutzung, die aus der Endlichkeit bestimmter globaler öffentlicher Güter herrührt, eine besondere Rolle. Hierbei stehen allerdings primär die natürlichen Ressourcen im

Mittelpunkt, z.B. die Verminderung eines weltweiten CO_2 Ausstoßes, oder die Vermeidung einer Überfischung der Weltmeere. In der Volkswirtschaftslehre wird dieses Phänomen der Übernutzung eines begrenzten öffentlichen Gutes auch als die ‚Tragödie der Allmende' (*Tragedy of the Commons*) beschrieben. Die hier betrachteten GC stehen allerdings als eigenständige Ressource – als ‚Transporträume' – im Fokus. Denn anders als natürliche Ressourcen, wie z.B. Gas oder Kohle (→ Ressourcenpolitik), erlangen sie ihre Bedeutung allein aufgrund ihrer räumlichen Lage. Die hohe See wird als Transportroute zu einer eigenständigen Ressource für die Schifffahrt, der Luftraum für den Flugzeugverkehr, der Cyber- und Weltraum für den Datenverkehr. Somit beherbergen die GC zwar einerseits natürliche und damit ‚raumabhängige' Ressourcen (z.B. der Luftraum: saubere Luft; der Weltraum: Satelliten; der Cyberraum: Information) werden allerdings als Transporträume zu einer eigenständigen Ressource.

Verbindendes Element aller vier GC ist, dass sie erst durch den rasanten technischen Fortschritt des 20. Jhds. in ihrer heutigen Form nutzbar wurden. Dabei sind alle vier Räume eng miteinander verknüpft. Ohne funktionierende Satelliten im Weltraum könnte keine Kommunikation im Internet stattfinden. Zugleich wäre ohne die Nutzung von GPS-Satelliten und den sekundenschnellen Informationsaustausch über das Internet der globale *just-in-time*-Warenaustausch des 21. Jhds. via Schiff und Flugzeug nicht möglich. Ähnlich der ‚Tragödie der Allmende' liegt die ‚Tragödie der GC' darin, dass es für sie – anders als bei national bereitgestellten öffentlichen Gütern, wie z.B. der Gesundheitsversorgung oder nationalen Verteidigung – keine übergeordnete Gewalt gibt, die sie kontrollieren und einen freien Zugang zum jeweiligen Transportraum garantieren könnte. Denn auch wenn in einigen Bereichen, wie z.B. der See- oder Luftfahrt, internationale Vereinbarungen existieren, ist keine staatliche oder überstaatliche Institution dauerhaft fähig, weltweit den freien, ungehinderten Zugang zu den GC zu gewährleisten und im Notfall durchzusetzen. Das Gebiet, das es im jeweiligen Bereich zu überschauen gilt (inkl. des Cyberraums) macht eine flächendeckende Überwachung schlichtweg unmöglich.

Darin liegt die größte Schwachstelle – ihre ‚Achillesferse' – im Umgang mit den GC: Einerseits können alle Akteure frei darüber bestimmen, wie sie diese globalen öffentlichen Güter nutzen, andererseits können sie auch anderen Nutzern den Zugang erschweren – oder im Extremfall ganz verwehren. Für den Erhalt der GC müssen alle beteiligten Akteure zusammenarbeiten. Allerdings stellt dies aus drei Gründen eine besondere Herausforderung dar:

- Einzelne, insbesondere kleinere, Staaten teilen nicht zwangsweise die Definition der GC. Manche seeseitigen Transportrouten liegen, wie z.B. an der vielbefahrenen Straße von Malakka im Einzugsbereich von Küstenstaaten, die Ansprüche auf dieses Gebiet erheben. Die Definition eines Gebietes in ihrer direkten Nähe als öffentliches Gut scheint ihnen nur ein Vorwand größerer Staaten, keine Transitgebühren zahlen zu müssen. Auch im Cyberraum kommt es (z.B. bei Firmen, wie Google oder bei Server-Providern und Fragen der Netzneutralität) zu Spannungen zwischen der Definitionshoheit um das Interesse der Allgemeinheit und der Gewinnmaximierung einzelner Akteure.

- Manche Akteure folgen der Logik eines Nullsummenspiels, bei der sie kurzfristig ihren eigenen Gewinn maximieren wollen, anstatt auf einen langfristigen Erhalt dieser Lebensadern zu setzen. Machtrivalitäten – wie z.B. zwischen Russland, China und den USA sichtbar – rücken dabei in den Vordergrund. Die Androhung des Iran, die Straße von Hormus, einen der wichtigsten Knotenpunkte des globalen Schiffverkehrs, zu blockieren oder der Wettkampf um Ressourcen in der Arktis sind zwei Beispiele dafür.
- Eine der größten Herausforderung bei der Nutzung der GC liegt in der Einbindung privater Akteure. Denn viele der technischen Voraussetzungen für ihre Nutzung liegen in der Hand privater Unternehmen. So ist der Schiffsverkehr abhängig von Häfen, das Internet von Kabeln und Servern, der Lufttransport von Flughäfen und Satelliten-Signale brauchen korrespondierende Stationen auf der Erde. Anders als staatliche Institutionen maximieren Firmen ihren Gewinn und haben nicht *per se* Interesse am Allgemeinwohl. Die ‚Tragödie der GC' hierbei ist, dass ein Einzelakteur (z.B. ein Hafen) seinen Service aus wirtschaftlichen Überlegungen einstellt, oder schlecht ausführt (z.B. seinen Server nicht genügend vor Hackern schützt) und damit den Zugang zu einer wichtigen Transportroute für die Allgemeinheit unterbindet.

Im Folgenden wird nun der Blick auf die vier GC – die hohe See, der Luft-, Welt-, sowie der Cyberraum – gerichtet, um ihre globale Relevanz zu verdeutlichen.

2.1 Global Common Hohe See

Die Wassermassen der Ozeane bilden nicht nur 70 Prozent der Weltoberfläche, sie stellen zugleich den ältesten Transportkorridor der vier GC. Seit den Zeiten Christopher Columbus wurde die hohe See zu einem der wirtschaftlich bedeutendsten Transiträume. Auch heutzutage wird ein Großteil der weltweit gehandelten Waren per Schiff verfrachtet. Die Quantität der transportierten Waren macht dieses GC auch besonders vulnerabel: 75 Prozent der Handelsrouten durchlaufen enge Passagen in Küstennähe, wie die Straße von Hormuz oder Malakka und sind dort besonders anfällig für Störungen. Die Fragilität des seewärtigen Handels wird besonders bei dem Phänomen der Piraterie deutlich. Kriminell motivierte Überfälle privater Akteure traten in den vergangenen Jahren vor allem am Horn von Afrika und seit geraumer Zeit auch an der westafrikanischen Küste auf (→ Organisierte Kriminalität/Korruption). Die Bandbreite der Piratenüberfälle reichte dabei von kurzfristig durchgeführten *hit-and-run*-Attacken an Häfen bis hin zu von langer Hand geplanten Entführungen ganzer Handelsschiffe auf hoher See. Diese wurden dann wiederum als ‚Mutterschiffe' für kommende Angriffe genutzt. Anti-Piraterie-Missionen wie z.B. ATALANTA, an der auch Deutschland beteiligt ist, stellen Versuche dar, die freien Seewege und damit auch den ungehinderten Warenverkehr zu schützen. Doch auch Terroristen und anderen Gewaltakteuren kann daran gelegen sein, Nadelöhre des globalen Handels ‚lahmzulegen'. Enge Durchfahrten, wie die Straße von Malakka oder Hormus, eignen sich theoretisch als einfache Ziele für Akteure, die mit geringen Mitteln möglichst großes Unheil stiften wollen. Ein Anschlag, z.B. durch die Sprengung eines großen Tankers, würde genügen, um eine dieser mitunter sehr schmalen Durchfahrtsrinnen zu blockieren. Innerhalb kürzester Zeit würden Schäden in Milliardenhöhe entstehen und die – speziell von Terroristen erwünschte – weltweite Signalwirkung wäre gegeben (→ Internationaler Terrorismus). Doch nicht nur Privatakteuren wie Terroristen ist daran gelegen, die Sperrung von Lebensadern der Weltwirtschaft für ihre Zwecke zu nutzen. Auch ein Staat, wie im Fall des Iran bereits geschehen, kann aus politischem Kalkül damit drohen, Transportrouten zu blockieren. Auch auf anderen Ebenen können Staaten eine Rolle im Umgang mit diesem globalen öffentlichen Gut spielen. Frei-werdende Bodenschätze, wie z.B. in der Arktis oder Konflikte bezüglich unklaren Besitzansprüchen, wie im südchinesischen Meer, können zu Machtrivalitäten zwischen verschiedenen Staaten führen. Auch wenn sie nicht zwangsläufig in eine direkte Auseinandersetzung münden müssen, stehen sie konträr zu der für die Erhaltung der GC zwingend nötigen Zusammenarbeit.

2.2 Global Common Luft- und Weltraum

Der Luft- und der Weltraum sind in vielfacher Hinsicht eng miteinander verbunden. Auf praktischer Ebene, da es keine genaue Definition dafür gibt, wo genau der Luft- und wo der Weltraum beginnt. Eine weltweit akzeptierte Einteilung setzt die Trennlinie bei 80 km über der Erdoberfläche an, dem letzten Punkt, an dem ein Flugobjekt noch aerodynamischen Auftrieb bekommt. Beide Räume sind aber auch durch den Austausch von Daten miteinander verbunden. So ist der Luftraum auf Satelliten-gestützte Kommunikation angewiesen, denn kein Flug – sowohl kommerzieller als auch militärischer Art – kommt ohne den ununterbrochenen Einsatz von GPS-Signalen, genauen Wettervorhersagen oder einer Live-Luftraumüberwachung aus. Ähnlich, wie auf Hoher See, gibt es auch in der Luftfahrt eine internationale Flugzone, die als öffentliches Gut allen Nationen zur Nutzung freisteht. Im Weltraum hingegen gibt es keinen Bereich einer internationalen Jurisdiktion. Der 11.9.2001 hat der Welt in drastischer Weise aufgezeigt, wie anfällig das eng verknüpfte internationale Flugnetz ist. Nach den Anschlägen wurden sämtliche Transatlantikflüge eingestellt und der Luftraum über London, Washington und New York geschlossen. Auch die bereits erwähnten Ausfälle aufgrund des Vulkanes in Island hatten nicht nur Auswirkungen auf den internationalen Flugverkehr. Die Aschewolke über Europa kostete z.B. der Tourismusbranche weltweit über 1,7 Mrd. EUR. Auch kleinere, stundenweise Ausfälle an einem einzelnen Flughafen können sich auf hunderte andere Flüge auswirken. Ähnlich wie im maritimen Bereich, kann ein relativ leicht durchzuführender Anschlag auf einen großen internationalen Flughafen, oder ein einzelnes Flugzeug, einen weltumspannenden Schaden nach sich ziehen. Auch im Bereich der Luftfahrt ist die Signalwirkung sehr groß. Der Abschuss der Passagiermaschine MH17 über der Ukraine oder das Verschwinden des Fluges MH370 im Jahr 2014 sorgten für weltweite Besorgnis.

Das Weltall stellt – auch wenn es aufgrund seiner Größe nicht so erscheint – einen äußerst fragilen Bereich dar. Der nutzbare Raum über unserem Planeten ist beschränkt und bereits jetzt bis an seine Belastungsgrenze gefüllt. Geschätzt kreisen ununterbrochen über 1.100 verschiedene Satelliten um die Erde. Dabei genügt schon die Kollision mit einem Gegenstand von der Größe eines Euro-Cents, um eines dieser technischen Geräte zu zerstören. Weltraumschrott, der in großer Zahl um den Planeten kreist, stellt daher eine reelle Gefahr für die Technik im Orbit und die damit verbundene Kommunikation auf der Erde dar. Würde z.B. das GPS-Signal ausfallen, würde nicht nur die Navigation mit dem privaten Handy darunter leiden und der Schiffs- und Flugverkehr eingeschränkt. Der US-Rechnungshof rechnete z.B. vor, dass bei einer ungenaueren Ortung andere oder mehr Munition vom Militär verwendet werden müsse, um die gleichen Trefferquoten zu erzielen und dadurch die Kosten steigen würden. Dass manche Staaten bereits gezielt an Anti-Satelliten-Raketen oder -Satelliten (ausgestattet mit Greifarmen) forschen, zeigt, dass staatliche Auseinandersetzungen zukünftig auch im Weltall fortgeführt werden könnten.

2.3 Global Common Cyberspace

Der Cyberraum stellt das jüngste Glied in der Kette der GC dar. Seitdem das Internet 1991 erstmals der Öffentlichkeit vorgestellt wurde, hat es sukzessive alle Lebensbereiche verändert. Umso mehr steht es damit in besonderem Maße im Spannungsfeld zwischen weltweiter Vernetzung und Verwundbarkeit. Denn auf der einen Seite nutzen Mio. von Menschen täglich Google, Facebook oder Youtube, um sich auszutauschen oder an Informationen zu gelangen. Mio. Nutzer lagern ihre privaten Daten in der *Cloud*, digitalen Speicherplätzen im Internet, aus. Das Netz stellt damit ein für die Allgemeinheit wichtiges, öffentliches Gut dar. Andererseits spielen private Akteure im Cyberraum eine besonders große Rolle. Viele der Server, die Daten im Netz transportieren, oder die Seiten eines Anbieters wie Google, sind im Besitz privater Dienstleister. Die Diskussion um die Abgabe des *Internet Corporation for Assigned Names and Numbers* (ICANN) Vorsitzes von den USA zeigt eine weitere Herausforderung dieses GC auf. Denn während die Struktur des Internets grundsätzlich dezentral gegliedert ist, gibt es mit dem *Domain Name System* (DNS) eine zentrale Instanz, um die Namensvergabe im Internet zu verwalten. Bis *dato* verwalteten die USA das DNS-System und planen nun, den Vorsitz – an wen, oder welche Instanz ist noch nicht endgültig geklärt – abzugeben. Der Cyberraum ist zwar ein ‚öffentlicher' Raum, um funktionieren zu können, ist er aber zwingend auf die Unterstützung privater und im Falle von ICANN auf staatliche Strukturen angewiesen (→ Digitale Souveränität).

Da das Internet als GC einerseits einen schier unüberschaubaren Raum darstellt (Teile, wie das sogenannten *Darknet*, das komplett im Verborgenen liegt, kommen noch hinzu) und anderseits auf private Dienste als Rückgrat angewiesen ist, ist es in seiner Gänze sowohl unkontrollierbar als auch besonders anfällig für Störungen. Auch wenn Staaten oder Firmen versuchen, Barrieren entlang von Ländergrenzen zu errichten, sind diese doch mit relativ wenig Aufwand zu umgehen. Ein eigenes ‚sicheres' europäisches Netz, das nach außen abgeschottet wäre, ist technisch so gut wie unumsetzbar. Da das Internet alle Lebensbereiche durchdrungen hat, besitzt auch die Frage nach Sicherheit im Cyberraum – *Cybersecurity* – eine hohe Relevanz für Politik, Wirtschaft und private Nutzer. Die gezielten Abhöraktionen der amerikanischen *National Security Agency* (NSA) haben verdeutlicht, wie staatliche Institutionen sich bemühen, die Unkontrollierbarkeit dieses GC für sich zu nutzen. Die Cyber-Angriffe auf Estland im Jahr 2007 sowie der Einsatz des *StuxNet-Virus* gegen den Iran 2010 (dessen Ursprung nicht gänzlich geklärt werden konnte) haben verdeutlicht, dass das Internet auch für militärische Zwecke genutzt werden kann: Als Vehikel, um gezielt einen Staat anzugreifen. Auch die Angriffe auf den Bundestag 2015 ließen erkennen, das sich der Cyberraum als ein Einfalltor eignet, mit dem gezielt Schaden auf staatlicher Ebene angerichtet werden kann.

Cybersecurity beschäftigt allerdings auch den privatwirtschaftlichen Sektor. Gezielte Angriffe auf Firmen sowie Industriespionage gehören in Deutschland zum ‚Alltagsgeschäft'. Durch die Angriffe werden Schäden in Milliardenhöhe verursacht. Insbesondere die organisierte Kriminalität hat den Cyberraum als ein lukratives Ziel für sich entdeckt. Mit nur geringen Einstiegskosten (z.B. durch *Phishing Emails*) können in kurzer Zeit große Gewinne erzielt werden. Das Grundproblem aller Cyberattacken besteht darin, dass der oder die Angreifer nur schwer oder gar nicht zu identifizieren sind. Selbst wenn Jemand mit relativer Sicherheit ausfindig gemacht worden ist, bleibt die Frage, wie und womit darauf geantwortet werden soll. Soll z.B. ein Staat einen anderen Staat ebenso mit Cyberwaffen angreifen, wenn ein Hacker in den Landesgrenzen ausfindig gemacht worden ist? Sowohl die → Europäische Union als auch die Bundesregierung haben Strategien für den Umgang mit Cyberbedrohungen veröffentlicht. Beide Dokumente legen einen Schwerpunkt auf die Einbindung möglichst vieler Akteure. Sowohl private Nutzer, die Wirtschaft als auch die gesamte Gesellschaft müssen demnach bei der Eindämmung von Gefahren aus dem Internet aktiv werden. Auf lange Sicht kann Bedrohungen in diesem GC nur durch ein internationales Regelwerk Einhalt geboten werden.

3. Fazit

Die heutige globalisierte Welt ist in vielerlei Hinsicht tatsächlich ‚flacher' geworden. Sowohl die → Sicherheitspolitik als auch die Weltwirtschaft (→ Weltwirtschaftssystem) sind eng verknüpft. Konflikte in entlegenen Regionen der Welt können in kürzester Zeit globale Auswirkungen entfalten – sowohl auf politischer als auch auf wirtschaftlicher Ebene. Diese Verbindung von Wirtschaft und Sicherheitspolitik unterstreicht die besondere Bedeutung der GC: Ohne den freien Zugang aller Staaten zur hohen See, zum Luft-, Welt- sowie Cyberraum kann die moderne, globalisierte Welt nicht funktionieren. Dies bedeutet, dass alle Staaten, die Interesse an der freien Nutzung der GC haben, bereit sein müssen, akute Beeinträchtigungen in einem der vier *commons* aktiv zu verhindern. Die EU-Mission ATALANTA zur Eindämmung der Piraterie vor der Küste Somalias ist ein gelungenes Beispiel für den gemeinsamen Einsatz eines Staatenverbundes zur Sicherung eines GC. Des Weiteren müssen bestehende internationale Vereinbarungen verbessert werden und z.B. Küstenanrainern Rechtssicherheit gewähren. Für Räume, die noch weitestgehend rechtsfrei sind, wie z.B. den Weltraum oder Teile des Internets, müssen gemeinsame Regeln zur Nutzung gefunden werden. Die → Vereinten Nationen könnten dafür einen Rahmen bieten. Nur durch die Festlegung auf gemeinsame ‚Verhaltensregeln' kann gewährleistet werden, dass Niemand von der Nutzung ausgeschlossen wird und Lösungen für gemeinsame Herausforderungen (wie z.B. Weltraumschrott im All oder Cyberattacken im Internet) entwickelt werden. Dabei müssen sowohl staatliche als auch private Akteure zusammenarbeiten.

Nur durch gemeinsame Anstrengungen kann somit auch in Zukunft die nachhaltige Nutzung der GC gewährleistet werden.

→ Ergänzende Beiträge

Digitale Souveränität, Globalisierung, Handelspolitik, Multilateralismus, Ressourcenpolitik, Sicherheitspolitik, Weltordnungsmodelle, Weltwirtschaftssystem

Literatur

Barrett, Scott (2011): Why cooperate? The incentive to supply global public goods, New York.
Friedman, Thomas (2005): The World Is Flat, A Brief History of the Twenty-first Century, New York.
Kocks, Alexander (2010): Die Theorie der globalen öffentlichen Güter. Forschungsstand und Perspektiven, in: Zeitschrift für Internationale Beziehungen (2), S. 235-266.
Scheinmann, Gabriel/Cohen, Raphael (2012): The Myth of Securing the Commons, in: The Washington Quarterly (1), S. 115-128.
Scott, Jasper (ed) (2012): Conflict and cooperation in the global commons: a comprehensive approach for international security, Washington.
Stang, Gerald (2013): Global Commons: Between cooperation and competition, EU-Institute for Security Studies Brief (1).
Wijkman, Per Magnus (1982): Managing the global commons, in: International Organizations (3) 1982, S. 511-536.

17 – Globale Gesundheitspolitik (*Elke Schäffner/Ilona Kickbusch*)

1. Von der internationalen zur globalen Gesundheitspolitik

Die Vielzahl von Definitionen von ‚globaler Gesundheit' (eng. *Global Health*) zeigt, dass die Begriffsbildung in Deutschland und auch international weiterhin einem Prozess unterliegt. Im Zentrum der globalen Gesundheitspolitik (g.G.) stehen Entwicklungen und Auswirkungen einer zunehmend globalisierten Welt (→ Globalisierung) auf die Gesundheit und damit zusammenhängend die Erarbeitung politischer Strategien, den Herausforderungen gerecht zu werden. Zentrale Zielsetzung von globaler Gesundheit ist ein gleich guter und gleichberechtigter Zugang zu Gesundheit in allen Regionen der Welt (Kickbusch 2002). Das beinhaltet nicht nur den Kampf gegen Krankheiten, sondern auch den Aufbau von Gesundheitsdiensten und die Schaffung von gesundheitsförderlichen Lebensbedingungen. G.G. ist weit mehr als ein medizinisches Unterfangen, sie ist sowohl integraler Teil der globalen Armutsbekämpfung und der → Entwicklungszusammenarbeit als auch der gemeinsamen Absicherung gegen zunehmend transnationale Gesundheitsrisiken. Ihre wachsende Bedeutung hat in jüngster Zeit die außenpolitischen Dimensionen der globalen Gesundheit deutlich in den Vordergrund gerückt.

Global Health hat inzwischen im englischen Sprachraum den Begriff *international Health* weitgehend abgelöst, auch wenn beide Begriffe nicht deckungsgleich sind. *International Health*, 1851 mit den ersten internationalen Gesundheitsverhandlungen entstanden, bezieht sich vornehmlich auf zwischenstaatliche Beziehungen, häufig im Kontext → internationaler Organisationen. *Global Health* hingegen umfasst auch das transnationale Handeln und die Einbeziehung nichtstaatlicher Akteure, deren Anzahl und Einfluss in den vergangenen 20 Jahren signifikant gestiegen ist (→ transnationale Akteure/Nichtregierungsorganisationen). Die wissenschaftliche Literatur bezeichnet die *Globalization of public health* als ein neues Paradigma, das von *International Health* zu *Global Health* führt (Yach/Bettcher 1998).

G.G. geht davon aus, dass in einer „Weltrisikogesellschaft" (Beck 2007) Organisationen, Mechanismen und Instrumente erforderlich sind, um grenzüberschreitende Gesundheitsprobleme gemeinsam lösen zu können. Richtungsweisend für die *globalization of public health* waren die globale AIDS Epidemie und die Befassung des Sicherheitsrates der → Vereinten Nationen im Jahr 2000 hierzu sowie die SARS Krise von 2003, die im Jahr 2005 zur Verabschiedung der grundlegend überarbeiteten Internationalen Gesundheitsvorschriften (*International Health Regulation*, IHR) geführt hat. Diese kosmopolitischen Momente schufen kurzfristig ein politisches Umfeld, in dem die staatlichen Akteure zu der Einsicht kamen, dass sie kollektiv und global handeln müssen, um ein Problem zu lösen. Die Ebola-Pandemie von 2014/2015 könnte hierfür ein weiteres Beispiel werden.

2. Der neue Multilateralismus und die globalen Strukturen zur Gesundheitssteuerung

Gesundheit ist zu einem grenzüberschreitenden und globalen Politikfeld geworden und lässt sich nicht mehr nur national und sektoral verstehen. Die globale Gesundheitsarchitektur zeichnet sich dadurch aus, dass es eine für Gesundheit zuständige Fachorganisation der → Vereinten Nationen gibt: die Weltgesundheitsorganisation (WHO). Sie steht aufgrund der sich verändernden globalen Herausforderungen im Bereich der Gesundheitspolitik, ihrer traditionellen Organisationsstruktur und großer Finanzierungsdefizite vor großen Herausforderungen. Inzwischen gibt es eine Vielzahl von neuen Organisationen, finanzstarken philanthropischen Handlungsträgern und eine unübersichtliche Anzahl von nicht-staatlichen Organisationen, die in der globalen Gesundheit an Bedeutung gewonnen haben. Es ist von über vierzig bilateralen Geldgebern, 25 VN Organisationen, 20 globalen und regionalen Fonds und 90 globalen Gesundheitsinitiativen auszugehen. Diese verbinden und vernetzen sich auf unterschiedlichste Weise, formell wie informell durch eine komplexe *network governance*. Obwohl einige Analysen auch für die globale Gesundheit ein ‚post-westfälisches Zeitalter' (→ Staat/Staatlichkeit im Wandel) prognostiziert haben, zeigt sich doch, dass auch im ‚neuen → Multilateralismus' Staaten weiterhin eine entscheidende Rolle in der Politik und der Finanzierung der globalen Gesundheit einnehmen und – in verschiedenen Organisationen und Formaten – die Normen setzen. Staaten erbringen auch weiterhin den Großteil des (noch) wachsenden Finanzierungsvolumens der globalen Gesundheit. Das *Institute of Health Metrics and Evaluation* (IHME) errechnet 31,3 Miliarden US-Dollar an Entwicklungshilfebeiträgen für Gesundheit im Jahr 2013.

Es lassen sich drei große Handlungsbereiche der g.G. identifizieren (Kickbusch/Szabo 2014).

- Die *global health governance* umfasst alle Organisationen, die explizit mit Gesundheitsaufgaben betraut sind, z.B. die WHO sowie die nachfolgend dargestellten neuen Organisationen wie GFATM, UNAIDS, GAVI usw.
- Zunehmend aber richtet sich der Blick auf *global governance for health*, d.h. die internationalen Organisationen, deren Entscheidungen Auswirkungen auf die Gesundheit und ihre Determinanten haben. Ausgeführt wird dieser Ansatz in dem Bericht der *Commission on Global Governance for Health*, in dem sieben politische Handlungsfelder für die g.G. identifiziert wurden: Finanzkrisen, intellektuelles Eigentum, Investitionsabkommen, Nahrungsmittelsicherheit, transnationale Konzerne, Migration und bewaffnete Konflikte (Ottersen/Frenk/Horton 2011). *Global governance for health* beinhaltet demnach gesundheitsrelevante Entscheidungen in Bezug auf den Welthandel (→ Weltwirtschaftssystem, → Handelspolitik), Umwelt (→ internationale Umweltpolitik, → Klimapolitik), die soziale Sicherheit und auch die Nahrungsmittelsicherheit.
- *Governance for global health* als dritter Bereich umfasst die Institutionen und Prozesse, welche die globalen Entscheidungen auf Ebene der Nationalstaaten vorbereiten und umsetzen. So bedürfen internationale Abkommen wie das Rahmenübereinkommen zur Eindämmung des Tabakgebrauchs einer Ratifikation. Einige Länder – so auch Deutschland – haben zur nationalen politischen Verankerung globale Gesundheitskonzepte und Strategiepapiere vorgelegt, die als Entscheidungsgrundlage dienen sollen.

G.G. befasst sich mit allen drei Steuerungsbereichen, die Steuerung der komplexen politischen Prozesse wird als ‚Gesundheitsdiplomatie' (→ Diplomatie) bezeichnet. Kohärenz wird als strategische Herausforderung für die g.G. immer bedeutsamer. Es bedarf einer besseren Verzahnung der nationalen, bi- und multilateralen Politik und auf der nationalstaatlichen Ebene einer besseren interministeriellen Abstimmung.

3. Die wichtigsten Akteure in der globalen Gesundheitspolitik

Zu den wichtigsten Akteuren der g.G. zählen die WHO und die VN, Staaten, politische Fora, *Public Private Partnerships* und verschiedene Akteure der Zivilgesellschaft sowie multilaterale Entwicklungsbanken.

3.1. Die Weltgesundheitsorganisation (WHO)

Die WHO stellt als führende und koordinierende VN-Sonderorganisation für den Bereich Gesundheit nach wie vor die Kerninstitution für das internationale öffentliche Gesundheitswesen dar. Laut Verfassung der WHO ist ihr Ziel die Verwirklichung des bestmöglichen Gesundheitsniveaus bei allen Menschen. Gegründet 1948, umfasst die WHO heute 194 Mitgliedsstaaten (Stand 2015). Das höchste Entscheidungsorgan ist die Weltgesundheitsversammlung, die sich einmal im Jahr in Genf trifft. Der Exekutivausschuss umfasst 34 Regierungsvertreter, welche für einen dreijährigen Turnus von der Weltgesundheitsversammlung gewählt werden. Der Hauptsitz der WHO ist in Genf, hinzukommen sechs Regionalbüros sowie 147 Länderbüros. Die zentrale Aufgabe der WHO ist es, Leitlinien, Standards und Methoden in gesundheitsbezogenen Bereichen zu entwickeln, zu vereinheitlichen und weltweit durchzusetzen. Dafür kann sie auch internationale Abkommen abschließen, die für alle Mitgliedsländer verpflichtend sind. Bisher gibt es zwei solcher Abkommen: die ‚Rahmenübereinkommen zur Eindämmung des Tabakgebrauchs' und die ‚Internationalen Gesundheitsvorschriften'. Letztere weisen der WHO eine besondere Rolle bei der Bestimmung von Notlagen der öffentlichen Gesundheit von internationalem Belang zu, ein Bereich ihrer Zuständigkeit, der immer bedeutsamer wird. Die WHO unterstützt ihre Mitgliedstaaten bei der fachlichen Umsetzung von Gesundheitsprogrammen, sie überwacht und bewertet gesundheitliche Trends, erhebt und analysiert regelmäßig weltweite Gesundheits- und Krankheitsdaten, fördert die medizinische Forschung und leistet Soforthilfe bei Katastrophen. Des Weiteren gehören die weltweite Koordination der Bekämpfung übertragbarer Erkrankungen sowie Programme zur Eindämmung gesundheitlicher Risikofaktoren wie Rauchen und Übergewicht zu ihren Aufgaben. Historisch hat die WHO etwa eine führende Rolle bei der Ausrottung der Pocken gespielt.

Die Rolle der WHO ändert sich in einer Welt, die immer mehr von → Globalisierung und einer steigenden Anzahl von Akteuren geprägt ist. Dazu aber gibt es unter den Mitgliedsländern keine einheitliche Auffassung: Während ein Teil der Länder die normative und koordinierende Rolle gestärkt sehen möchte, wollen andere ihre entwicklungspolitischen Aufgaben besonders über die Länderbüros gestärkt sehen (→ Entwicklungszusammenarbeit, → Nord-Süd-Beziehungen). Viele sehen die WHO als nicht mehr zeitgemäß, unterschätzen damit aber ihre normsetzende Funktion. Diese wiederum ist stark von dem Willen der Mitgliedsstaaten abhängig, kollektiv Vereinbarungen zu treffen und diese zu befolgen. Vom WHO Exekutivrat wurde deswegen 2011 der WHO Reform-Prozess in die Wege geleitet. Die Erwartungen an die WHO und ihre Aufgaben haben zugenommen, ihre Finanzierung aber ist weiterhin prekär und ungenügend: Mit 2 Mrd. US-Dollar im Jahr an Haushaltsmitteln sind die Aufgaben nicht zu bewältigen. Angesichts der Ebola-Krise 2014/2015 in Westafrika ist erneut die Reaktionsfähigkeit der WHO in Krisenfällen kritisch ins Blickfeld geraten (Klingebiel/Bindenagel 2014).

3.2. Staaten

Die nationalen Regierungen sind die Entscheidungsträger in der WHO sowie in den anderen internationalen Organisationen, die g.G. gestalten. Sie müssen also stets mit im Blickfeld sein, nicht zuletzt in Hinblick auf die Umsetzung der Empfehlungen, die sie selbst in den Gremien verabschiedet haben. Federführend in der WHO sind die jeweiligen Gesundheitsministerien, mit eingebunden sind jedoch in vielen OECD-Ländern auch die Entwicklungshilfeministerien. Hinzu kommt die Einbeziehung staatlicher Forschungs- und Fachinstitutionen, von Instituten zur Sicherung der öffentlichen Gesundheit sowie von Entwicklungsbehörden. Die neuerdings in wachsendem Ausmaß involvierten Außenministerien spiegeln nicht nur das gestiegene Bewusstsein für die grenzüberschreitende Bedeutung globaler Gesundheitsfragen wider, sondern auch die objektiv gewachsene ökonomische und politische Bedeutung der globalen Gesundheit als Teil von Sicherheits-, Handels- und Investitionspolitik. Wichtige Machtverschiebungen zwischen den Ländern spiegeln sich auch in der Prioritätensetzung innerhalb der WHO wider (→ Aufstieg der Schwellenländer). Die vorrangige Frage bleibt die Bereitschaft von Staaten, kollektiv zu handeln – Erfahrungen zeigen, dass sich dieser politische Wille meist nur in Krisenzeiten manifestiert.

3.3. Die Vereinten Nationen

Die Verabschiedung der Millenniumentwicklungsziele (MDGs) im Jahr 2000 (drei von acht Zielen beziehen sich auf Gesundheit) hat die Bedeutung der globalen Gesundheit auch im VN-System signifikant erhöht. Eine Vielzahl von Entwicklungsorganen und -programmen sowie Fonds der → Vereinten Nationen tragen zur globalen Gesundheit und zur Erreichung der MDGs bei, darunter spielen UNICEF, der *UN Population Fund* (UNFPA) und das VN Development Programme (UNDP) eine große Rolle (→ Entwicklungszusammenarbeit, → Nord-Süd-Beziehungen). Eine Besonderheit stellt UNAIDS dar, ein gemeinsames Programm der VN, in welchem 6 VN Organisationen gemeinsam die AIDS-Epidemie bekämpfen. Aber auch andere VN Organisationen und Programme – wie etwa die *Food and Agriculture Organization* (FAO) – tragen mit zur globalen Gesundheit bei, und auch die Auswirkungen des Klimawandels auf die Gesundheit (→ Klimapolitik) werden zunehmend zum VN-Thema. Globale Gesundheit war zweimal Thema des VN Sicherheitsrates: 2000 AIDS und 2014 Ebola. Derzeit wird der Stellenwert von Gesundheit im Rahmen der *Sustainable Development Goals* (SDGs) verhandelt, die im Herbst 2015 verabschiedet werden sollen. Noch ist Gesundheit kein wirkliches Schwerpunktthema in diesem Zielekatalog.

3.4 Politische Fora

Die politische Bedeutung globaler Gesundheit spiegelt sich darin wider, dass sie zunehmend Thema wichtiger globaler politischer Fora ist. Sowohl die G7/G8 als auch die G20 haben Gesundheitsallianzen und -programme lanciert (→ Multilateralismus). Ein Beispiel ist die *Muskoka Initiative* des G8 Gipfels im Jahr 2010 mit dem Ziel, 10 Mrd. US-Dollar zusätzliche Mittel für die Mutter/Kind-Gesundheit weltweit zu mobilisieren. Auch neue internationale Organisationen und Vereinigungen wie die der BRICS Staaten (→ Aufstieg der Schwellenländer) haben Gesundheit als einen ihrer Schwerpunkte. Im Rahmen der Ebola Krise hat z.B. auch die Afrikanische Union ihre Aktivitäten deutlich verstärkt. Auch für die EU ist globale Gesundheit ein Thema, das eng mit anderen politischen Prioritäten verbunden ist, z.B. der EU-Entwicklungspolitik.

3.5 Public Private Partnerships (PPP)

Innerhalb der vergangenen fünfzehn Jahre wurden eine Vielzahl innovativer Organisationen im Bereich der g.G. gegründet, die sich in erster Linie durch eine Hybridstruktur auszeichnen: ihr Kennzeichen ist die Zusammenarbeit zwischen öffentlicher Hand und Privatwirtschaft, aber darüber hinaus auch häufig mit Vertretern der Zivilgesellschaft und Stiftungen. Vorreiter sind Organisationen wie der *Global Fund* zur Bekämpfung von AIDS, Tuberkulose und Malaria (GFTAM), die Impfallianz GAVI (*Global Alliance for Vaccination and Immunisation*) und UNITAID als internationale Einrichtung zum Erwerb von Medikamenten gegen HIV/AIDS, Malaria und Tuberkulose. Diese Organisationen stellen vorrangig Finanzierungshilfen für Länder mit spezifischen Programmen zur Krankheitsbekämpfung zur Verfügung, finanzieren aber auch Forschung und Produktentwicklung. Ihr innovativer Charakter zeigt sich auch an neuen Finanzierungsmodellen, etwa durch Bündelung der Nachfrage nach Impfstoffen, Wettbewerbsförderung, sozialen Wirkungskrediten oder Solidaritätsabgaben auf Flugtickets zur Finanzierung von UNITAID. Während diese Organisationen deutliche Erfolge verweisen können, haben sie gleichzeitig durch abgegrenzte und eigenständige Programme zu einer ‚Vertikalisierung' der globalen Gesundheit beigetragen und die Investition in integrierte Gesundheitssysteme dadurch verzögert. Diese Problematik ist heute eine der zentralen Herausforderungen der g.G.

3.6 Zivilgesellschaft

Die Zahl der Nicht-Regierungsorganisationen (→ Transnationale Akteure/Nichtregierungsorganisationen) in der globalen Gesundheit hat signifikant zugenommen, global, regional und national. Sie leisten zum einen wichtige Beiträge zur Themensetzung in der globalen Gesundheit – insbesondere in Hinblick auf Ungleichheit, Gerechtigkeit und Menschenrechte und ‚Gesundheit für Alle'. Sie sind aber auch immer bedeutsamer für die Erbringung von Gesundheitsleistungen vor Ort, so zum Beispiel ‚Ärzte ohne Grenzen', ‚Oxfam International' oder ‚CARE international'. Auch das ‚Internationale Rote Kreuz' spielt weiterhin eine bedeutende Rolle, da es eine zunehmende Überschneidung der humanitären Hilfe mit Gesundheitsherausforderungen gibt. Der Einfluss von NGOs auf die Gesundheitspolitik ist in den vergangenen Jahren deutlich gewachsen. Beispiele hierfür sind Kampagnen für einen besseren Zugang zu Medizinprodukten oder die Wahrnehmung einer Kontrollfunktion gegenüber den Regierungen, den internationalen Organisationen, den großen Stiftungen und der globalen Gesundheitsindustrie.

3.7 Multilaterale Entwicklungsbanken

Die Weltbank als internationale Finanzierungsinstitution hatte seit den 1980er Jahren einen deutlichen Anteil bei der Kredit- und Darlehensgewährung von Gesundheitsfinanzierung. Sie sieht sich aber zusammen mit dem IWF weiterhin der Kritik ausgesetzt, während der Phase der ‚strukturellen Anpassungsprogramme' in den Entwicklungsländern durch Kürzung der Gesundheitsausgaben signifikant zu den derzeitigen Problemen beigetragen zu haben (→ internationale Finanzarchitektur). Sie engagiert sich zunehmend im Bereich globale Gesundheit und ist seit 2012 mit einem Finanzierungvolumen von 12 Mrd. US-Dollar zwischen 2009 und 2012 der zweitgrößte multilaterale Geldgeber (nach dem GFATM) für globale Gesundheit. Ihr Schwerpunkt liegt bei der Armutsbekämpfung und deswegen derzeit beim Aufbau von Systemen der universellen Gesundheitsversorgung (*Universal Health Coverage* UHC). Durch die Förderung privatwirtschaftlicher Unternehmen in Entwicklungsländern (*private sector development*) bzw. *partnerships* wird generell die Förderung der Gesundheitswirtschaft betrieben. Die Rolle der regionalen Entwicklungsbanken ist im Vergleich zur Weltbank weniger ausgeprägt, es ist auch noch nicht deutlich, in welchem Maße neue Entwicklungsbanken – z.B. die Asiatische Infrastrukturbank – im Gesundheitsbereich tätig sein werden. Es muss jedoch im Sinne der *global governance for health* im Auge behalten werden, dass viele der anderen Infrastrukturinvestitionen der Entwicklungsbanken und ganz besonders ihre Armutsbekämpfungsprogramme ebenfalls positive, aber auch negative Auswirkungen auf die Gesundheit haben können.

3.8 Philanthropische Stiftungen

Die Rolle von Stiftungen in der globalen Gesundheit ist historisch nicht neu. So hat die *Rockefeller Foundation* Anfang des 20. Jhds. in der internationalen Gesundheit eine zentrale Rolle gespielt, nicht unähnlich der Vorrangstellung, die heute die *Bill & Melinda Gates Foundation* (BMGF) einnimmt. Die BMGF gehört ihrem Finanzierungsvolumen nach zu den größten Stiftungen dieser Art, kann damit Schwerpunkte setzen und hat signifikant dazu beigetragen, die innovativen Organisationen in der globalen Gesundheit zu ermöglichen. Diese Dominanz aufgrund gewaltiger finanzieller Ressourcen (seit 2001 über 2 Mrd. US-Dollar im Jahr) wird auch als Philanthrokapitalismus bezeichnet und von einigen Kritikern als Ausdruck der neoliberalen Phase der globalen Gesundheit gewertet, die den Schwerpunkt von staatlichen Akteuren hin zu privaten Trägern verschiebt. War die BMGF ursprünglich auf einige übertragbare Krankheiten und die Mutter-Kind-Gesundheit konzentriert, so ist die Stiftung nun auch im Bereich der Anti Tabak Kampagnen und der reproduktiven Gesundheit aktiv und will nun auch im Bereich der *health security* aktiv werden. Andere finanzstarke Stiftungen sind die *Bloomberg Foundation*, die *Clinton Foundation* und die *UN Foundation* – alles US amerikanische Stiftungen. Die Kritik setzt dabei bei ihrer Konzentration auf ‚vertikale' Programme zu einzelnen Krankheiten an, wobei eine breitere Förderung des öffentlichen Gesundheitswesen (z.B. *universal health coverage*) sinnvoller sein könnte. Ferner wird ihre Fokussierung auf den Privatsektor kritisch gesehen.

3.9. Privatindustrie

Der globale Gesundheitsmarkt umfasst eine breite Spanne von Branchen und ist wichtiger Bestandteil der globalen Gesundheit. Das Finanzvolumen wird inzwischen auf etwa 8-10 Billionen US-Dollar geschätzt. Die pharmazeutische Industrie ist eine der bedeutendsten, inklusive der wachsenden Generika-Industrie. Indien spielt hier als ‚Apotheke der Armen' eine besondere Rolle, auch hinsichtlich der Auseinandersetzungen um den Patentschutz für Medikamente innerhalb der WTO. Indische Firmen haben z.B. den Zugang zu Medikamenten und Impfstoffen weltweit sehr stark ausgeweitet, der Durchbruch kam 2001 mit der Entwicklung eines Generikums des Herstellers Cipla zur Behandlung von HIV. Erst dadurch ist Behandlung von Aidskranken im großen Stil (und damit auch die Arbeit des GFATM) in armen Ländern möglich geworden. Die Industrie ist auf vielfältige Weise in die neuen PPPs eingebunden, was von vielen NGOs sehr kritisch gesehen wird. Inzwischen gilt das Augenmerk aber auch jenen Industrien, deren Produkte als gesundheitsgefährdend angesehen werden: Tabak-, Alkohol-, Ernährungs- und Süßgetränkeindustrie (*big tobacco, big alcohol, big food and big soda*). Ihre Regulierung ist nun ein Anliegen sowohl der WHO als auch vieler NGOs.

3.10 Akademische Institutionen

Der Einfluss der akademischen Öffentlichkeit in Form von Universitäten und Forschungsinstituten auf die globale Gesundheit hat deutlich zugenommen. Noch sind diese Institutionen und *Think Tanks* vor allem in den Industrienationen – und vorrangig in den USA und England – zu finden. Die Folge ist eine angelsächsische Vorrangstellung, die sich durch die Dominanz der Geldgeber aus diesen Ländern verstärkt. Europa hat einen großen Nachholbedarf in der Schaffung von Studiengängen, Forschungsprogrammen und Weiterbildungsangeboten zur globalen Gesundheit, aber auch in den Schwellen- und Entwicklungsländern muss mehr in Lehre und Forschung investiert werden.

4. Die transnationale und intersektorale Dynamik der globalen Gesundheit

Ausgangspunkt der Diskussion um g.G. ist wie beschrieben der Megatrend → Globalisierung und die transnationale Dynamik, die dadurch in vielen Bereichen ausgelöst wird. In der g.G. besteht für Staaten ein zunehmender Handlungsdruck vor allem in Bezug auf drei Handlungsbereiche: sicherheitspolitische Aspekte, wirtschaftliche Interessen und ethische Verantwortung.

- Für eine Reihe von Staaten wurde die Bedrohung durch globale Seuchen zu einem wichtigen Teil der → Sicherheitspolitik. Im Kern geht es um das Ziel, die eigene Bevölkerung vor Schaden zu schützen, aber auch durch Krankheitsbekämpfung in Entwicklungsländern eine sicherheitspolitisch relevante soziale Destabilisierung zu vermeiden. Als Beispiel galt lange ein hoher Durchseuchungsgrad mit HIV/AIDS. Die Ebolakrise in drei fragilen westafrikanischen Staaten (Guinea, Sierra Leone, Liberia) hat diese Zusammenhänge erneut dramatisch verdeutlicht – entsprechend wurde Ebola vom VN Sicherheitsrat zur ‚Bedrohung für Frieden und Stabilität' erklärt. Diese Entwicklung wird von Sicherheits- und Gesundheitsexperten ambivalent gesehen: die einen befürchten eine Medikalisierung von Sicherheitsbelangen, die anderen eine *securitization* oder gar Militarisierung der Gesundheit.
- Im entwicklungspolitischen Diskurs (→ Entwicklungszusammenarbeit) ist zunehmend akzeptiert, dass eine gesunde Bevölkerung eine zentrale Vorbedingung der wirtschaftlichen Entwicklung und einer der vielversprechendsten Wege aus der Armutsfalle ist. Aber auch die signifikanten wirtschaftlichen Auswirkungen von Pandemien geben Anlass zur Sorge. SARS und auch die verschiedenen Influenza Ausbrüche der vergangenen Jahre sowie die Ebola-Pandemie 2014 und 2015 haben signifikanten wirtschaftlichen Schaden verursacht. Neben den Infektionskrankheiten spielen jedoch auch nicht-übertragbare chronische Erkrankungen (z.B. *Diabetes mellitus*, Bluthochdruck, Krebs) als globale Herausforderung eine zunehmende wirtschaftliche Rolle. Berechnungen gehen davon aus, dass in den nächsten 20 Jahren die Kosten dieser Erkrankungen weltweit mehr als 30 Billionen US-Dollar betragen werden; die Auswirkungen auf Wirtschaft und Produktivität, Gesundheitssysteme und Lebensqualität werden enorm sein, vor allem in den Schwellenländern.
- Als Folge der AIDS-Epidemie wurden Gesundheitsfragen zunehmend zu einem der anschaulichsten und fassbarsten Gegenstandsbereiche der Bewegung für den Abbau globaler Armut und Ungerechtigkeit. Gesundheit wird als Menschenrecht auf-

gefasst (→ Menschenrechte). Dabei gilt das Augenmerk den sozialen Determinanten der Gesundheit, dem Zugang zu Impfstoffen und Medikamenten zur Krankheitsbekämpfung für die Ärmsten und der Umsetzung der MDGs. Themen wie die → Migration des Gesundheitspersonals gewinnen an Bedeutung, ebenso wie die Schaffung sozialer Sicherungssysteme.

Ein verbreiteter internationaler Index zur Bedeutung verschiedener Krankheiten für eine Gesellschaft ist das ‚*Disease-adjusted Life Years Concept*' (DALY). Es wurde erstmals Mitte der 1990er Jahre von der Weltbank verwendet. Es kommt zustande durch eine Berechnung der durch die Krankheit verlorenen Lebensjahre in Kombination mit der krankheitsbezogenen Sterblichkeit. Somit beschreibt der Index den (krankheitsbedingten) Ist-Zustand im Gegensatz zum idealen Soll-Zustand, der das individuelle Leben in Gesundheit entsprechend der altersbezogenen Lebenserwartung darstellt. Mit Tab. 5 sind die erwarteten (geschätzten) Veränderungen von 2004 zu 2030 dargestellt.

Tab. 5: Die zehn verbreitetsten Ursachen der Krankheitslast weltweit 2004 und 2030

Rangliste 2004		**Rangliste 2030**	
1	Unterer Atemwegsinfekt	**1**	Unipolare Depressive Störungen
2	Durchfallerkrankungen	**2**	Ischämische Herzerkrankung
3	Unipolare Depressive Störungen	**3**	Unfälle im Straßenverkehr
4	Ischämische Herzerkrankung	**4**	Zerebrovaskuläre Erkrankungen
5	HIV/AIDS	**5**	Chronisch obstruktive Lungenerkrankung
6	Zerebrovaskuläre Erkrankungen	**6**	Unterer Atemwegsinfekt
7	Frühgeburt bzw. Untergewicht bei Geburt	**7**	Hörverlust, Altersdiabetes
8	Geburtsasphyxie/Geburtstrauma	**8**	Refraktionsfehler der Augen
9	Unfälle im Straßenverkehr	**9**	HIV/AIDS
10	Neonatale Infektionen	**10**	Diabetes mellitus

Quelle: Weltgesundheitsorganisation

5. Ausblick

Globale Gesundheitspolitik ist durch die Vielzahl der beteiligten Akteure und deren Interdependenzen zu einem komplexen Politikfeld geworden. Es gilt bei ihrer Umsetzung, die oben beschriebene Intersektoralität ebenso zu berücksichtigen wie die grenzüberschreitenden Dimensionen der gesundheitlichen Herausforderungen. In den vergangenen Jahren haben die ‚nicht-übertragbaren (Zivilisations)Krankheiten' (NCDs) mehr Aufmerksamkeit erlangt, vor allem wegen ihrer rapiden Zunahme auch in Entwicklungs- und Schwellenländern. Entgegen der Erwartungen vieler Experten steigt allerdings die Zahl Neuerkrankter mit vermeintlich beherrschten Infektionskrankheiten in den vergangenen Jahren wieder an. Beispiele hierfür sind Masernausbrüche in Westeuropa oder die wachsende Anzahl Tuberkulose-Kranker weltweit. In Verbindung mit dem Klimawandel (→ Klimapolitik) verschiebt sich auch die geographische Verteilung von Krankheiten, so die Verbreitung von Malaria. Ebenso nehmen plötzliche Epidemien von Infektionskrankheiten mit hoher Sterberate zu, wie zuletzt die Ebola-Epidemie 2014/15. Besondere Besorgnis gilt auch der zunehmenden ‚antimikrobiellen Resistenz', die eine effektive Behandlung bestimmter Keime erschwert.

Die globale AIDS-Epidemie oder die Ebola-Epidemie haben mit hinreichender Deutlichkeit den Wirkungszusammenhang zwischen einer effektiven Gesundheitspolitik und staatlich-gesellschaftlicher sowie wirtschaftlicher Stabilität verdeutlicht. Die Gesundheit der Bevölkerung zu sichern, gehört zu den zentralen Aufgaben eines Staates, und ein Mangel an Gesundheitsversorgung und Gesundheitspersonal kann sich in einer interdependenten Welt negativ auf die Gesundheit ganzer Regionen oder auch weltweit auswirken. Darauf muss die g.G. politisch und finanziell bessere Antworten finden als bisher, da vielen Ländern der Aufbau solcher Institutionen nicht aus eigener Kraft gelingen wird. Die Bereitschaft der Länder zur Zusammenarbeit bei der Bekämpfung von Krankheit und Erhaltung von Gesundheit als Voraussetzung für Sicherheit und Stabilität wird zunehmend an politischer Bedeutung gewinnen.

→ Ergänzende Beiträge

Entwicklungszusammenarbeit, Globalisierung, Internationale Organisationen, Nord-Süd-Beziehungen, Transnationale Akteure/Nichtregierungsorganisationen, Vereinte Nationen

Literatur

Beck, Ulrich (2007): Weltrisikogesellschaft, Frankfurt a.M.

Bundesministerium für Gesundheit (2013): Konzept der Bundesregierung Globale Gesundheitspolitik, Berlin.

Frenk, Julio/Moon, Suerie (2013): Governance Challenges in Global Health, in: New England Journal of Medicine (10), S. 936-942.

Kickbusch, Ilona (2002): Global Health. A definition, Yale.

Kickbusch, Ilona/Szabo, Martina M. (2014): A new governance space for health. Glob Health Action (7), http://dx.doi.org/10.3402/gha.v7.23507 (15.4.2015).

Klingebiel, Stephan/Bindenagel, Annamarie (2014): Eine funktionsfähigere globale Gesundheitspolitik: Empfehlungen für den Umgang mit Ebola, Bonn.

Ottersen, Ole Petter/Frenk, Julio/Horton, Richard (2011): The Lancet-University of Oslo Commission on Global Governance for Health, in: The Lancet (9803), S. 1612-1613.

Yach, Derek/Bettcher, Douglas (1998): The Globalization of Public Health, II: Convergence of Self-Interest and Altruism, in: American Journal of Public Health (5), S. 738-741.

Internetadressen

Institute for Health Metrics and Evaluation: www.healthdata.org
Weltgesundheitsorganisation: www.who.org

18 – Globalisierung (*Johannes Varwick*)

1. Begriff

Globalisierung (G.) ist zu einem Schlagwort geworden, das in politischen, publizistischen und wissenschaftlichen Debatten seit längerer Zeit inflationär gebraucht und dabei einerseits als ‚Bedrohung', andererseits als ‚Chance' betrachtet wird. Umstritten ist aber sowohl, was unter G. zu verstehen ist, als auch die Frage, was G. von reiner Internationalisierung und dem generellen Bedeutungsverlust nationalstaatlicher Grenzen unterscheidet. So regte Michael Zürn (1998) bereits vor Jahren an, den Begriff „ungleichzeitige Denationalisierung" dem der G. vorzuziehen, andere Autoren sprechen von sich internationalisierender Politik. In der wissenschaftlichen Debatte verläuft die Trennlinie vor allem zwischen jenen, die im Zuge der G. das Ende des Nationalstaates (→ Staat/Staatlichkeit im Wandel) samt seiner etablierten Steuerungs- und Legitimationsmechanismen prognostizieren, und jenen, die dem Nationalstaat weiterhin die zentrale Rolle in der internationalen Politik beimessen. Unabhängig davon ist G. ein dynamischer realhistorischer Prozess, der zwar in seinen Ausprägungen in verschiedenen Weltregionen stark asymmetrisch verläuft, gleichwohl als globaler Trend verstanden werden muss. Nicht zuletzt die internationale Finanz- und Wirtschaftskrise 2008/2009 (→ internationale Finanzarchitektur), die hinsichtlich ihres Bedrohungspotenzials für internationale Stabilität durchaus mit der Weltwirtschaftskrise von 1929 verglichen werden kann, ist ein Beleg für die globale → Interdependenz und für das Ausmaß der G.

G. kann allgemein als ein Prozess zunehmender Verbindungen zwischen Gesellschaften und Problembereichen dergestalt definiert werden, dass Ereignisse in einem Teil der Welt in zunehmendem Maße Gesellschaften und Problembereiche in anderen Teilen der Welt berühren. Bei diesen Verbindungen ist

- erstens eine quantitative Zunahme,
- zweitens eine qualitative Intensivierung und
- drittens eine räumliche Ausdehnung

feststellbar. Dabei erodiert zunehmend jene Kongruenz von Staatsgebiet, Staatsvolk und Staatsmacht, von Territorialität und Souveränität, die den Nationalstaat kennzeichnet. Handlungsrelevante Räume sind somit vor allem funktional bestimmt und reichen über nationalstaatliche Grenzen hinweg. Neben Staaten und → internationalen Organisationen treten mit transnationalen Konzernen und einer transnational vernetzten Zivilgesellschaft (→ transnationale Akteure/Nichtregierungsorganisationen) neue Akteure auf die Bühne der Weltpolitik.

Kaum ein anderer Begriff der internationalen Beziehungen hat derart viele hitzige Debatten ausgelöst, Erklärungsansätze hervorgerufen und Missverständnisse erzeugt. Zwar bedarf ein solch vielschichtiges Phänomen wie G. einer multikausal orientieren Analyse, die Debatte leidet aber unter der überzogenen Breite der Definitionsversuche, die eine Verständigung erschwert, an dem mangelnden Konsens über Gegenstandsbereich und Ursachen und erst recht den Folgen und geeigneten Begleitstrategien der G. Eine einheitliche Definition von G. muss schon daran scheitern, dass sie – je nachdem welche Perspektive gewählt wird – unterschiedlich wahrgenommen und gedeutet werden kann und werden muss. Diese Perspektiven beziehen sich nicht nur auf die zeitlich gestreute Verwendung, sondern auch und vor allem auf die unterschiedlichen inhaltlichen Dimensionen von G. Allen Definitionsversuchen ist allerdings gemein, dass die Vorstellung, in geschlossenen und abgrenzbaren Räumen von Nationalstaaten zu leben und zu handeln, der Vergangenheit angehört. Als eine weite Definition des Globalisierungsprozesses kann die empirisch feststellbare Ausdehnung, Dichte und Stabilität wechselseitiger regionaler und globaler Beziehungsnetzwerke einschließlich ihrer massenmedialen Selbstdefinition sowie sozialer Räume auf wirtschaftlicher, kultureller, ökologischer und politischer Ebene gelten. Dabei gilt es, bei einer Analyse die Folgen der G. nicht zu Definitionsbestandteilen zu machen.

2. Entwicklung

In historischer Perspektive (Fäßler 2007) ist G. kein grundlegend neues Phänomen. Schon vor 150 Jahren umschrieben Karl Marx und Friedrich Engels im Kommunistischen Manifest diesen Tatbestand: „Das Bedürfnis nach einem stets ausgedehnteren Absatz für ihre Produkte jagt die Bourgeoisie über die ganze Erdkugel. [...] Die uralten nationalen Technologien sind vernichtet worden und werden noch täglich vernichtet. Sie werden verdrängt durch neue Industrien, [...] die nicht mehr einheimische Rohstoffe, sondern den entlegensten Zonen angehörige Rohstoffe verarbeiten und deren Fabrikate nicht nur im Lande selbst, sondern in allen Erdteilen zugleich verbraucht werden. [...] An die Stelle der alten lokalen und nationalen Selbstgenügsamkeit und Abgeschlossenheit tritt ein allseitiger Verkehr, eine allseitige Abhängigkeit der Nationen voneinander. Und wie in der materiellen, so auch in der geistigen Produktion". Eine erste Globalisierungsphase, in der sich eine arbeitsteilige Weltwirtschaft (→ Handelspolitik, → Weltwirtschaftssystem) herauskristallisierte, mag also bereits mit Beginn des industriellen Zeitalters eingesetzt haben. Sie wurde aber im Wesentlichen von nationalen Volkswirtschaften getragen, so dass die nationalen politischen Systeme über hinlängliche Instrumente verfügten, die Rahmenbedingungen zu setzen und diesen Prozess aktiv zu gestalten. Auch waren die technischen Voraussetzungen für die Überwindung geographischer und sozioökonomischer Räume nicht in heutiger Weise gegeben, obwohl die marktreife Entwicklung von transozeanischen Telegrafverbindungen (1866), die Installierung grenzüberschreitender Telefonverbindungen (1891) oder die erste grenzüberschreitende Linienflugverbindung (1919) bereits in diese Richtung deuteten. G., die einen Prozess von derartiger Intensität darstellt, dass sie zu fundamentalen Veränderungen im Verständnis weltpolitischer Prozesse führt, kann jedoch als relativ neues Phänomen gelten.

3. Erklärungsansätze

Über die Ursachen für die zunehmende G. herrschen unterschiedliche Auffassungen. Im Dickicht der vielschichtigen und multikausalen Ursachenforschung lassen sich vereinfachend zwei Extrempositionen ausmachen.

- Die eine sieht in der G. einen exogenen Prozess mit einer eigenständigen Logik. Triebfedern sind dabei vor allem der technologische Fortschritt, der Fortschritt der Produktivkräfte und die tief greifende Veränderung der Produktionsverhältnisse einschließlich der Entstehung transnationaler Konzerne, die Ausdifferenzierung der internationalen Arbeitsteilung, sowie der grundlegende soziale und kulturelle Wandel. So verstanden ist G. Bestandteil eines ‚Modernisierungs-, bzw. ‚Verwestlichungsprozesses', bei dem sich ein tendenziell globaler Übergang von ‚traditionalen' zu ‚modernen' Gesellschaften vollzieht, der zudem relativ unabhängig von politischen Entscheidungen verläuft.

- Eine zweite Extremposition betont, dass Staaten die Rahmenbedingungen geschaffen haben, unter denen sich G. vollzieht. Sie ist demnach kein ‚Naturgesetz‘, sondern folgt einer politischen Logik in der Tradition der liberalen IB-Theorie (→ Liberalismus als IB-Theorie), die als Handlungsmilieu auf einen universalen Weltstaat mit horizontaler Schichtung zielt. Die Vernetzung der Märkte etwa wäre selbst bei den gegebenen technischen Voraussetzungen nicht ohne die politisch gewollte Deregulierung möglich gewesen. Wie auch immer die einzelnen Ursachen zu bewerten sind, es dürfte unumstritten sein, dass – wenn einmal in Gang gesetzt – der Globalisierungsprozess eine Eigendynamik besitzt.

4. Befunde

Aufgabe eines rationalen Globalisierungsdiskurses ist es, zunächst die verschiedenen Dimensionen der G. zu dechiffrieren. Für alle Dimensionen gilt gleichwohl eine Reihe von Vorbehalten, die Generalisierungen so schwer machen; der Globalisierungsgrad variiert je nach Region und Sachbereich:

- Erstens unterliegen nicht alle Weltregionen in gleichem Maße der G. Die abnehmende Bedeutung von Zeit und Raum betrifft zuerst – wenn auch nicht ausschließlich – die um die asiatischen Schwellenländer erweiterte OECD-Welt. Phänomene wie transnationale Konzerne sind weitgehend auf diese Region beschränkt, wenngleich auch andere Regionen davon betroffen sind. Nicht zuletzt die Weltwirtschaftskrise 2008/2009 hat jedoch einen Prozess der Verschiebung geopolitischer Gewichte beschleunigt, an dessen Ende die gewachsene Dominanz der OECD-Welt in der Weltpolitik und der Weltwirtschaft abnehmen dürfte (→ Aufstieg der Schwellenländer).
- Zweitens bedeutet G. nicht globale Vereinheitlichung. Kulturelle Diversifikation kann im Gegenteil sogar als Reaktion auf kulturelle Hegemonialbestrebungen im Zuge der G. verstanden werden.
- Drittens hat G. nicht das ‚Ende der Geographie‘ gebracht. Es werden vielmehr neue supraterritoriale Räume geschaffen, die bestehende Grenzen nicht bedeutungslos werden lassen, sondern allenfalls ergänzen und überlagern.
- Viertens greifen monokausale Erklärungsansätze wie technischer Fortschritt, Modernisierung, Fortschritt der Produktivkräfte oder Deregulierung als alleinige Bezugspunkte zu kurz.
- Fünftens ist G. weder ein Allheilmittel zur Erklärung internationaler Politik, noch bedeutet sie den als ‚Ende der Geschichte‘ bezeichneten weltweiten Siegeszug liberal-demokratischer Regierungssysteme.

4.1. Ökonomische Globalisierung

Zentraler Befund bei der ökonomischen G. ist die Ablösung von Staatsräumen durch Wirtschaftsräume (→ Weltwirtschaftssystem). Im ökonomischen Bereich hat insbesondere der rasante Aufstieg von China und Indien, aber auch die Integration der ehemaligen Ostblockstaaten in die Weltwirtschaft, zu erheblichen Veränderungen geführt. Um diese Dimension zu erfassen, muss G. in mehrere Unterdimensionen (Handel, Investitionen, Finanzmärkte, Akteure) unterteilt werden. Sie zeigt sich zunächst darin, dass sich die nationalen Volkswirtschaften immer stärker integrieren. Auch wenn in Folge der globalen Finanz- und Wirtschaftskrise 2008/2009 zumindest vorübergehend ein starker Rückgang des Volumens grenzüberschreitender Aktivitäten im ökonomischen Bereich feststellbar war, wächst der Welthandel seit Jahrzehnten stärker als die Weltproduktion, Investitionen werden weltweit geplant, eine zunehmende Zahl an transnationalen Konzernen, sog. ‚*global players*', gestalten den Wirtschaftsprozess, Produkte und Dienstleistungen werden für einen weltweiten Bedarf hergestellt, Kapital kann frei über den Globus fließen und sucht sich die günstigsten Anlagebedingungen.

- Erstens: Handelsverflechtung – Schon Kurt Tucholsky bemerkte in den zwanziger Jahren des vergangenen Jhds., ‚was die Weltwirtschaft angeht, so ist sie verflochten'. Allerdings ist die Reichweite der internationalen Handelsverflechtung auch heute keineswegs global. Regionalisierung (→ Regionalisierung/Regionalismus) bzw. Internationalisierung ist zur Kennzeichnung dieser Unterdimension angemessener als G. Gleichwohl ist das weltweite BIP inflationsbereinigt seit Beginn der 1960er Jahre mit einer mittleren jährlichen Rate von 3,5% gewachsen, der Welthandel mit 7,1% pro Jahr, also fast mit der doppelten Rate. Während im Jahr 1948 weltweit ein Wert von knapp 60 Mrd. US-Dollar exportiert wurde, war es 2013 mehr als das dreihundertfache. Der Anteil der exportierten Waren und Dienstleistungen am Weltsozialprodukt erhöhte sich zwischen 1950 und 2007 von rd. 8 auf mehr als 31 Prozent.
- Zweitens: Internationalisierung ausländischer Direktinvestitionen – Ein weiterer Beleg für die Internationalisierung der Ökonomie ist die Entwicklung der grenzüberschreitenden Direktinvestitionen, die permanent zunehmen. Die globalen Investitionsflüsse konzentrieren sich allerdings auf wenige Länder und fließen vor allem zwischen den OECD-Staaten. Obwohl die Entwicklungsländer (→ Entwicklungszusammenarbeit) ihren Anteil an den internationalen Direktinvestitionen steigern konnten, entfällt der größte Teil dieser Investitionen auf die Industriestaaten. Innerhalb der Gruppe der Entwicklungsländer entfallen zudem rd. 95 Prozent auf 20 Staaten (inkl. China), während auf die übrigen Staaten unter fünf Prozent der Investitionen entfallen. Nur weniger als zwei Prozent der globalen Direktinvestitionen gehen nach Afrika. Zudem haben sich die ausländischen Direktinvestitionen seit den 1990er Jahren mehr als verfünffacht, die täglichen Umsätze an den Devisenmärkten liegen bei rd. 1,2 Billionen Dollar und sind damit um ein Vielfaches höher, als dies für die Abwicklung der Handelsströme erforderlich wäre. Die internationalen Finanzmärkte sind derartig verflochten, dass bei nationalen Wirtschafts- und Finanzkrisen – wie etwa in Mexiko (1994), Asien (1997/98), Brasilien (1999) oder Argentinien (2002/03) – die gesamte internationale Finanzarchitektur in Mitleidenschaft gezogen werden kann und sich die Frage nach einer Reform der → internationalen Finanzarchitektur stellt.
- Drittens: G. der Finanzmärkte – Die internationalen Finanzmärkte lassen sich unter den gegebenen technischen und organisatorischen Bedingungen nicht mehr kontrollieren und sind daher zunehmend krisenanfällig. Wächst der Welthandel schneller als die Weltproduktion, so wächst das Volumen der Finanztransfers nochmals um ein Vielfaches schneller als der Welthandel. Daraus folgt, dass sich die Finanzmärkte zunehmend von der realwirtschaftlichen Entwicklung entkoppeln. So

sind von den rd. 2000 Mrd. US-Dollar, die täglich weitgehend computergesteuert an den Devisenmärkten bewegt werden, weniger als 15 Prozent für den Welthandel notwendig. Diese Entwicklung zu einem ‚Kasino-Kapitalismus' kann als grundlegendes Kennzeichen der G. der Finanzmärkte gelten. So werden an den Börsen in San Francisco, New York, London, Frankfurt, Bahrain, Singapur, Hongkong und Tokio täglich und rund um die Uhr Summen bewegt, die mehr als doppelt so hoch sind wie die Währungsreserven aller Zentralbanken der Welt. Den Hauptanteil halten dabei kurzfristige Kapitalanlagen der rein spekulativen Art, sog. Derivate. Aus diesem Strukturwandel resultieren ein rasanter Bedeutungsverlust nationalstaatlicher Steuerungspotenziale und ein erhöhter Bedarf an internationalen Regelungen.

- Viertens: neue Akteure – Sind die Finanzmärkte der zentrale ‚Ort', können die transnationalen Konzerne (TNK) als zentrale Akteure der ökonomischen G. gelten. Ihre Zahl hat sich seit den 1970er Jahren mehr als verfünffacht, wobei etwa die Hälfte der *global players* aus nur fünf Ländern (Deutschland, Frankreich, Großbritannien, Japan, USA) stammt. Die TNK, die im Zuge zahlreicher Fusionen an Zahl und Bedeutung zunehmen, wickeln derzeit rd. zwei Drittel des Welthandels ab. Die Konkurrenz auf dem Weltmarkt verschiebt sich damit von nationalstaatlichen zu transnationalen Akteuren, die allerdings zunehmend die Nationen in einen Wettbewerb um die beste ‚Standortqualität' drängen. Da zudem fast die Hälfte der Welthandelsströme innerhalb der TNK (Intra-Konzernhandel) abläuft, werden Gewinne zunehmend dort veranlagt, wo die niedrigsten Steuersätze geboten werden. Hinzu kommt, dass ein Strukturwandel hin zum tertiären Sektor erfolgt ist. Fluggesellschaften, Versicherungen oder Banken können arbeitsintensive Bereiche mit Hilfe moderner Kommunikationsmittel in andere Weltregionen verlagern, ohne ihren heimischen Standort völlig aufzugeben. Solange internationale Transaktionen stofflicher Art waren, waren sie bei Grenzübertritt staatlicher Kontrolle unterworfen. Wenn aber nicht in erster Linie Warenströme, sondern Datenströme die Weltwirtschaft abbilden, verliert der Staat – selbst bei hinreichendem politischen Willen – die Möglichkeit zur Regulierung.

4.1.1. Szenarien ökonomischer Globalisierung

Die etablierten westlichen Industrie- und Wohlfahrtsstaaten verstehen die Entwicklung zu ‚nationalen Wettbewerbsstaaten' meist als ‚Bedrohung', andere Staaten hingegen sehen darin in erster Linie die ‚Chance', ihren Anteil an der Weltgüterproduktion zu erhöhen. Somit lassen sich zwei Lesarten der ökonomischen G. ausmachen:

- Erstens: Bedrohungsszenario – Aus einer ‚erstweltlichen' Perspektive wird die ökonomische G. zunächst als vertiefte Integration der südlichen Schwellen- und Entwicklungsländer in die Weltwirtschaft interpretiert (→ Nord-Süd-Beziehungen). Diese Länder sind überdurchschnittlich mit weniger qualifizierter Arbeit ausgestattet, das Lohnniveau liegt weit unter dem Niveau der nördlichen Industrieländer. Im Zuge des Globalisierungsprozesses kommt es deshalb idealtypisch zu einer Ausweitung und stärkeren Nutzung des weltweit verfügbaren Angebotes an ‚Einfacharbeit', weil der Export von einfach-arbeitsintensiven *Low-Tech*-Gütern erleichtert wird. Dies hat zur Folge, dass – Produktivitätsunterschiede eingerechnet – die Nachfrage an Einfacharbeit in den Industrieländern sinkt, in den Entwicklungs- und Schwellenländern steigt. Nach dem Faktorpreisausgleichstheorem fallen demnach in der Tendenz die Löhne für diese Art von Arbeit im ‚Norden' und steigen im ‚Süden'. Da die Arbeitsmärkte in den Industrieländern aber aus verschiedenen Gründen mehr (im Falle Europas) oder weniger (im Falle der USA) inflexibel sind, kommt es zu Anpassungsproblemen. In einigen europäischen Ländern verlaufen diese Anpassungsmechanismen in erster Linie über die Menge (steigende Arbeitslosigkeit), in den USA über den Preis (Lohndifferenzierung und wachsende Einkommensungleichheit).

- Zweitens: Chancenszenario – Wiederum aus einer ‚erstweltlichen' Perspektive sind für die Industrieländer gleichwohl ökonomische Chancen auszumachen. Im Zuge der G. ist ein Markterweiterungseffekt feststellbar, der Absatz- und Wachstumschancen für *High-Tech*-Güter bietet. Daher ist es keineswegs zwingend, dass der mit der G. einhergehende Strukturwandel zu Arbeitsplatzverlusten führen muss. Die anhaltend hohen Handelsbilanzüberschüsse etwa Deutschlands belegen, dass gerade Industriestaaten von der G. profitieren können.

4.2. Kulturelle und gesellschaftliche Globalisierung

Der steigende Verflechtungsgrad der Ökonomien und die darauf bezogene Ausweitung des Welthandels, die Internationalisierung der Produktion sowie der Bedeutungsverlust von Raum und Zeit haben erhebliche Folgen für Kulturen, Identitäten und Lebensstile. Für die These von der Konvergenz globaler Kultur steht das Schlagwort einer ‚*McDonaldisierung*' der Welt. Durch die Verbreitung und Verbilligung moderner Massenkommunikationsmittel, die gestiegene Mobilität, die weltweite Standardisierung von Produktpaletten und die ebenfalls weltweite Anziehungskraft des ‚westlichen Wohlstandsmodells' entstünde ein neu begründetes ‚globales Bewusstsein' wie auch ein ‚Zusammenwachsen der Welt'. Kulturelle und gesellschaftliche G. allerdings als Universalisierung zu verstehen, geht fehl. Allenfalls kann von einer Relativierung statt einer Zentralisierung von Kulturen gesprochen werden. Ein ‚Linearitäts-Mythos', der kulturelle Konvergenz als unmittelbare Folge ökonomischer und kommunikationstechnischer Vereinheitlichung versteht, ist analytisch nicht tragfähig. Den weltweiten Modernisierungsprozessen folgen zwar wachsende Gemeinsamkeiten im Sinne anerkannter, universaler Wertvorstellungen (→ Menschenrechte), doch lösen sie auch Prozesse der kulturellen und ideologischen Fragmentierung aus, die bis zum Zerfall von politischen Strukturen reichen. Die Bedrohung historisch gewachsener Identitäten begünstigt damit zweifellos partikulare Tendenzen, die ihre Ausprägung in fundamentalistischen und ethno-nationalistischen Bewegungen finden (→ Internationaler Terrorismus).

4.3. Ökologische Globalisierung

Besonders deutlich wird G., verstanden als weltweite Vernetzung von Problembereichen, im Bereich der Ökologie (→ Klimapolitik, internationale Umweltpolitik). Nicht nur der schlichte Befund, dass Schadstoffe an staatlichen Grenzen keinen Halt machen, sondern vor allem das Wissen um die Grenzen der Belastungsfähigkeit des globalen Ökosystems kennzeichnet diese Dimension. Die Risiken industrieller Entwicklung sind zwar so alt wie diese Entwicklung selbst, im Zeitalter der G. kommt diesen Risiken aber eine neue Qualität zu. Der Ort der Entstehung ist nicht mehr identisch mit dem Ort der Betroffenheit, sie heben die traditionellen Kategorien und Grenzen staatenzentrierter Politik zunehmend auf.

4.4. Globalisierung der Politik

Die Ausprägung der genannten Globalisierungsdimensionen kann internationale Politik nicht unberührt lassen. Zentraler Befund bei der G. der Politik ist die feststellbare Erosion nationalstaatlicher Souveränität. Die Einheit von Entscheidungsmacht und Entscheidungswirkung, die der umfassenden Dispositionsgewalt des Staates über gesellschaftliche Verhältnisse zugrunde lag, gehört in vielen Bereichen der Vergangenheit an. Handlungsrelevante Räume sind heute somit in erster Linie funktional und nicht mehr territorial bestimmbar. Bestandteil dieses Prozesses ist:

- erstens sowohl die steigende Bedeutung internationalisierter politischer Kooperationsformen, die im Einzelfall supranationale Entscheidungsmechanismen entwickeln können (→ internationale Organisationen, → Multilateralismus), als auch
- zweitens die zunehmende Sektoralisierung der internationalen Politik in grenzüberschreitenden Problemfeldern wie Sicherheitspolitik, Umweltpolitik, Finanzpolitik u.a.m., bei denen deutlich wird, dass der Nationalstaat als alleiniger Handlungsrahmen ausgedient hat.

Das internationale System besteht gegenwärtig aus weniger als 200 Staaten, von denen – mit steigender Tendenz – rd. 60 Prozent als Demokratien zu bezeichnen sind. Dazu kommen nach Zählweise der *Union of International Associations* (UIA), die jährlich das *Yearbook of International Organizations* herausgibt, rund 26.000 internationale Verträge, 5.200 Regierungsorganisationen, über 15.000 Nichtregierungsorganisationen und etwa 40.000 transnationale Konzerne. Die sog. *United Nations Treaty Collection* – der nach Art. 102 der VN-Charta alle bi- und multilateralen Verträge und internationalen Übereinkünfte, die ein Mitgliedstaat nach dem Inkrafttreten der VN-Charta geschlossen hat, gemeldet werden – umfasst rd. 52.000 Einträge (März 2013). Diese Zahlen relativieren sich etwas, wenn man nach der klassischen Definition zählt: So kommt die UIA für das Jahr 2012 auf 257 völkerrechtsfähige IGOs und auf 8.198 INGOs mit weltweiter oder regionaler Mitgliedschaft. Ernst-Otto Czempiel (2002) hat vorgeschlagen, die Analyse weltpolitischer Prozesse anhand der Koordinaten ‚Wirtschaftswelt', ‚Gesellschaftswelt' und ‚Staatenwelt' zu verorten. Die Lösungskompetenz internationaler Politik beschränkt sich dabei weitgehend auf die Belange der ‚Staatenwelt'. Die Verdichtung globaler Verflechtungen in den Bereichen Wirtschaft, Kultur, Ökologie, aber auch Technologie, Kommunikation, Verkehr, Migration u.a.m. hat gleichwohl zu abnehmender Steuerungsfähigkeit des einzelnen Staates geführt. Eine breite Palette von Problemen ist nur noch auf dem Weg internationaler Zusammenarbeit zu regeln. Dabei zwingt die G. nationalstaatliche Politik nicht zuletzt in einen Wettbewerb um ‚globalisierungstaugliche' Wirtschafts-, Sozial- und Gesellschaftssysteme. Gerade dieser Wettbewerb – bei dem es, wie bei jedem Wettbewerb, Gewinner und Verlierer geben wird – macht einen Großteil der Befürchtungen aus, die mit dem Begriff G. verbunden werden. Unter globalisierten Rahmenbedingungen ist eine abnehmende Fähigkeit und Bereitschaft von Staaten zu konstatieren, durch Umverteilung von Ressourcen Wohlfahrt zu stiften. So verstanden, deckt G. auch ‚Konstruktionsmängel' von nationalen politischen und sozialen Systemen auf, die bei weniger offenen Märkten nicht derart zutage getreten wären. In Folge der globalen Finanzkrise 2008/2009 zeigte sich zudem, dass die in der Gruppe der 7 (G7) organisierten wichtigsten westlichen Industrienationen gezwungen wurden, wichtige Schwellenländer in eine ‚Gruppe der 20' einzubinden und auf Gipfeltreffen die Grundrisse einer neuen internationalen Finanz- und Wirtschaftsarchitektur zu erarbeiten. Auch wenn dieser Prozess noch nicht abgeschlossen ist, das Gewicht der neuen Akteure im ‚G-20-Club' wird zunehmen und die internationale Politik verändern.

5. Global Governance als Ausweg aus der ‚Globalisierungsfalle'?

Einen erheblichen Teil des gegenwärtigen Weltordnungsdiskurses macht die Frage aus, ob über zwischenstaatliche Politik hinaus verbindliche Regelungen geschaffen werden können und müssen, die die in zahlreichen Politikfeldern erodierende nationale Souveränität im globalen Interesse relativieren und gleichzeitig die Fähigkeit zur Steuerung grenzüberschreitender Probleme zurückgewinnen. In einer kleiner werdenden Welt existiert ein Bedarf an Leistungen, die traditionell durch den Staat erbracht worden sind und heute nicht mehr durch diesen übernommen werden können. Wie dieser Bedarf gedeckt werden könnte, wird in der Politikwissenschaft kontrovers diskutiert. Vertreter der realistischen Schule (→ Realismus als IB-Theorie) sehen insofern keinen Handlungsbedarf, als G. zwar das ökonomische, soziale und kulturelle Leben erheblich verändern mag, der Nationalstaat aber zentrale Instanz in der internationalen Politik bleibt. Vertreter der liberalen Schule (→ Liberalismus als IB-Theorie) bewerten diesen Befund anders. Für sie bedeutet G. eine fundamentale Transformation weltpolitischer Prozesse, die realistische Vorstellungen zunehmend obsolet erscheinen lässt. Internationale Beziehungen stellen sich für sie als Spinnwebmodell dar, in welchem der Staat als ein (wichtiger) Akteur unter vielen verstanden wird, der aber nicht mehr in der Lage ist, das Geschehen auf seinem Territorium isoliert zu bestimmen. Da aber gleichwohl hoher Regelungsbedarf für grenzüberschreitende Probleme gesehen wird, wird nach alternativen Steuerungsmodellen in der globalisierten Welt gesucht.

Ein Versuch zur Bewältigung der globalen Herausforderungen wird unter dem Schlagwort *Global Governance* diskutiert, welche insbesondere durch die Arbeit der von Willy Brandt angeregten ‚Kommission für Weltordnungspolitik' (*Commission on Global Governance*) bekannt wurde. Diese unabhängige Kommission griff in ihrem 1995 vorgelegten Abschlussbericht die bereits zuvor in der Wissenschaft geführte Debatte auf und versuchte den Begriff inhaltlich zu füllen. Sie definiert *Global Governance* als die Gesamtheit der zahlreichen Wege, auf denen Individuen sowie öffentliche und private Institutionen ihre gemeinsamen Angelegenheiten regeln. Der Begriff umfasst sowohl formale Institutionen und mit Durchsetzungsmacht versehene Herrschaftssysteme als auch informelle Regelungen. Grunderkenntnis ist dabei, dass sich bei G. der Probleme auch ‚die' Politik globalisieren muss, was sich jedoch nicht nur auf die klassische Zusammenarbeit zwischen den Staaten bezieht, sondern auch auf die Entwicklung eines neuen Politikmodells jenseits eines simplen Mehr an Multilateralismus und globalem Denken zielt, bei dem staatliche und nichtstaatliche Akteure auf verschiedenen Ebenen neuartig zusammenarbeiten. Das Konzept hat seitdem zahlreiche Wissenschaftler zu Definitionsversuchen und einer inhaltlichen Ausarbeitung angeregt, deren erste Gemeinsamkeit ist, dass sie sich bewusst von den weltföderalistischen Vorstellungen einer Art Weltregierung abgrenzen. Somit meint *Global Governance*, verstanden im Sinne der deutschen Übersetzung als ‚Weltordnungspolitik':

- erstens die Neudefinition staatlicher Souveränität, mit der die Basisprinzipien des Souveränitätskonzeptes (Unverletzbarkeit der Grenzen, Verbot der Einmischung in ‚innere' Angelegenheiten, alleinige Verfügungsgewalt des Staates über gesellschaftliche Verhältnisse) in Frage gestellt werden;
- zweitens die Verdichtung und Verrechtlichung der internationalen Beziehungen durch internationale Organisationen und Regime, die als institutionalisierte Formen des norm- und regelgeleiteten Verhaltens bei der politischen Bearbeitung von Konflikten in unterschiedlichen Sachbereichen verstanden werden und die auf gemeinsamen Prinzipien, Normen, Regeln und Entscheidungsverfahren aufbauen sowie
- drittens die Fokussierung auf die Erweiterung des Kreises der Akteure über die Staaten und klassischen internationalen Organisationen hinaus und die Entwicklung eines neuen Politikstils.

Im Mittelpunkt globaler Strategiekonzepte stehen das System der → Vereinten Nationen, andere internationale Organisationen wie etwa die Welthandelsorganisation (WTO), internationale Regime wie etwa das zur Nichtverbreitung von Atomwaffen oder das Klimaschutzregime, regionale Zusammenschlüsse wie etwa die → Europäische Union, die als Kerne einer solchen Entwicklung wirken könnten, aber auch verschiedene globale Netzwerke. Die tragenden Akteure solcher globalen Netzwerke sind → transnationale Akteure/ Nichtregierungsorganisationen der sog. internationalen Zivilgesellschaft. Die Einsicht in die Unzulänglichkeit rein zwischenstaatlicher Kooperationsprozesse wie auch die oft bescheidenen Politikergebnisse klassischer internationaler Organisationen sollen dabei den Grundstein für das Entstehen neuer Kooperationsformen zwischen öffentlichen und privaten Akteuren auf dem Weg zu einer *global public policy* bilden. Zunehmend rückt dabei auch die Kooperation mit Unternehmen der Privatwirtschaft in das Blickfeld. Ob jedoch eine grundlegende Machttransformation (*power shift*) von der Staatenwelt zu einer transnational vernetzten Zivilgesellschaft feststellbar ist, muss mit einigen Fragezeichen versehen werden. Zumindest muss hier erneut nach Politikfeldern, aber zusätzlich auch nach Weltregionen differenziert werden. Selbst die globalisierte Welt lässt sich nicht über einen Kamm scheren.

6. Ausblick

G. lässt sich auch als ein Hinweis auf die sich beschleunigende erdumspannende Vernetzung von Akteuren und Aktionsfeldern verstehen. Dabei sind insbesondere die Problembereiche, die sich nicht (mehr) national bearbeiten lassen, ein zuverlässiger Indikator für den bereits erreichten Stand der G. Somit besteht die zentrale Herausforderung für die Disziplin der Internationalen Beziehungen darin, nach grenzüberschreitenden Substituten für die abnehmende Steuerungsfähigkeit auf der nationalstaatlichen

Ebene zu suchen. Wie unter diesen Voraussetzungen demokratisches und effektives Regieren jenseits des Nationalstaates möglich sein kann, gehört zu den offenen Fragen der Politikwissenschaft. Das Einfordern ‚intelligenter' Mechanismen für diesen Problembereich bedeutet nichts anderes, als dass diese noch nicht gefunden sind.

→ Ergänzende Beiträge

Aufstieg der Schwellenländer, Global Commons, Handelspolitik, Interdependenz, internationale Finanzarchitektur, internationale Organisationen, Multilateralismus, Regionalisierung/Regionalismus, Weltwirtschaftssystem

Literatur

Baylis, John/Smith, Steve/Owens, Particia (eds.) ([5]2011): The Globalization of World Politics. An Introduction to International Relations, Oxford.
Commission on Global Security, Justice & Governance (2015): Confronting the Crisis of Global Governance, The Hague.
Czempiel, Ernst-Otto (2002): Weltpolitik im Umbruch. Die Pax Americana, der Terrorismus und die die Zukunft der internationalen Beziehungen, Frankfurt a.M.
Fäßler, Peter (2007): Globalisierung. Ein historisches Kompendium, Wien.
Osterhammel, Jürgen/Petersson, Nils P. (2003): Geschichte der Globalisierung, München.
Roth, Michèle/Ulbert, Cornelia/Debiel, Tobias (Hrsg.) (2015): Globale Trends. Perspektiven für die Weltgesellschaft, Frankfurt a.M.
Schirm, Stefan (Hrsg.): Globalisierung. Forschungsstand und Perspektiven, Baden-Baden.
Zürn, Michael (1998): Regieren jenseits des Nationalstaates. Globalisierung und Denationalisierung als Chance, Frankfurt a.M.

Internetadressen

Bundeszentrale für Politische Bildung, interaktives Themenheft zu Globalisierung: http://www.bpb.de/nachschlagen/zahlen-und-fakten/globalisierung
Stiftung Entwicklung und Frieden, Publikation Globale Trends www.globale-trends.info
United Nations Treaty Collection: https://treaties.un.org/

19 – Handelspolitik (*Martin Klein/Jan Engelhardt*)

1. Begriff

Die Handelspolitik umfasst im weitesten Sinne alle politischen Tätigkeitsbereiche, welche die Regulierung, Steuerung oder Begrenzung des internationalen (also grenzüberschreitenden) Handels betreffen. Die Handelspolitik ist Teil der Außenwirtschaftspolitik. Gelegentlich werden diese beiden Begriffe synonym verwendet, weil die Außenwirtschaft in der Vergangenheit *de facto* ausschließlich aus Warenhandel bestand. Für den Welthandel ist dies heute zwar nicht mehr komplett der Fall, aber doch überwiegend, denn der Warenhandel bewegt weltweit erheblich größere Werte als der Dienstleistungshandel. Durch die Zunahme grenzüberschreitender Direktinvestitionen sind neue Bereiche der Außenwirtschaftspolitik hinzugekommen, die durch die Handelspolitik im engeren Sinne nicht erfasst werden. Die Handelspolitik gehört zu den klassischen

Politikbereichen von Nationalstaaten seit Beginn der Neuzeit. Sie hat viele Berührungspunkte mit der Außenpolitik (→ Außenpolitikforschung). Der Einsatz wirtschaftlicher Macht zur Erreichung politischer Ziele und umgekehrt sowie der Einsatz der Außenpolitik zur Erlangung wirtschaftlicher Vorteile haben eine lange Tradition. Die Handelspolitik hat auch Berührungspunkte mit der staatlichen Haushaltspolitik, wobei der Aspekt der Einnahmenerzielung im Vordergrund steht. In Industrieländern, in denen dieser Aspekt in den Hintergrund tritt, hat die Handelspolitik in zunehmendem Maße Berührungspunkte mit der Industriepolitik, der Strukturpolitik und der Standortpolitik.

2. Ziele und Instrumente

Bekanntestes und traditionell wichtigstes Instrument der Handelspolitik ist der Importzoll, im Wesentlichen eine Steuer auf Warenimporte. Importzölle waren eine wichtige Einnahmequelle früher Nationalstaaten und sind es für viele Entwicklungsländer heute noch (→ Entwicklungszusammenarbeit). Neben der Erwirtschaftung von Einnahmen für den Staatshaushalt war die Zollpolitik schon immer von dem Ziel geleitet, die heimische Wirtschaft vor ausländischer Konkurrenz zu schützen bzw. sie gegenüber dieser zu stärken. Importzölle werden deshalb auch als Schutzzölle bezeichnet, wobei in der Sache zwischen Importzöllen und Schutzzöllen kein Unterschied besteht. Moderne Importzölle haben ihre historischen Wurzeln in mittelalterlichen Wege- und Brückenzöllen. Viele davon standen als *Regalien* (Königsrechte) dem Herrscher zu. Sie wurden innerhalb eines Landes an all jenen Stellen erhoben, wo der Zugriff auf wirtschaftliche Werte möglich war (z.B. Brücken). Neu an der nationalstaatlichen Handelspolitik der Neuzeit war, dass diese Abgaben nur noch an der Landesgrenze erhoben wurden. Damit begann auch die Differenzierung der Zollpolitik von der Steuerpolitik im Inneren des Landes, obwohl Zölle sich in der Einnahmenwirkung und in der Art der Erhebung nicht wesentlich von Steuern unterscheiden (→ internationale Finanzarchitektur).

Ein weiteres wichtiges Instrument der Handelspolitik ist die Importquote. Im Gegensatz zum Importzoll, der die Importe indirekt dadurch zurückdrängen will, dass er sie verteuert und preislich weniger wettbewerbsfähig macht, bewirkt eine Importquote direkt eine Begrenzung bzw. einen Rückgang der Importmenge. Das Einnahmeziel tritt in den Hintergrund, primäres Ziel ist der Schutz heimischer Anbieter vor ausländischer Konkurrenz. Ein wichtiges Ergebnis der ökonomischen Außenhandelstheorie besagt, dass Importzölle und -quoten unter gewissen Voraussetzungen zum selben Marktergebnis führen. Wird eine Importquote durch Vergabe von Importlizenzen administrativ umgesetzt, so können durch den Verkauf oder die Versteigerung dieser Lizenzen auch Einnahmen für den staatlichen Haushalt erzielt werden. In Entwicklungsländern wird die Vergabe von Importlizenzen oft mit Korruption in Verbindung gebracht, weil Lizenzen unter Wert oder gar völlig kostenlos vergeben werden. Die gezielte Vergabe von Importlizenzen an politische Freunde und Unterstützer kann dazu dienen, die politische Macht eines Regimes abzusichern.

Importzölle und -quoten gehören heute zum klassischen Instrumentarium protektionistischer Handelspolitik (Protektionismus). Ihre Schutzwirkung wird allerdings in der modernen Weltwirtschaft immer fragwürdiger. Industrielle Produktion findet heute zunehmend im Rahmen von grenzüberschreitenden Wertschöpfungsketten statt (→ Globalisierung). Die moderne Automobilproduktion bietet dafür die besten Beispiele. Vorprodukte werden importiert, als Komponenten in Automobilen verbaut, die dann exportiert werden. Eine Verteuerung der Importe durch Schutzzölle verteuert damit die in der heimischen Industrie verbauten Komponenten, was deren Wettbewerbsfähigkeit auf den ausländischen Absatzmärkten schwächt. Somit kann ein Schutzzoll, der ursprünglich zum Ziel hatte, die heimische Wirtschaft zu stärken, am Ende die gegenteilige Wirkung entfalten. Solche Untersuchungen sind Gegenstand der Theorie der effektiven Protektion.

Auch Subventionen können ein Mittel der Handelspolitik sein. Sie sind generell von dem Ziel geleitet, die heimische Wirtschaft gegenüber der ausländischen Konkurrenz zu stärken. Als Exportsubventionen bieten sie inländischen Unternehmen Hilfe bei dem Zutritt zu Auslandsmärkten oder beim Bestehen gegen die Weltmarktkonkurrenz auf diesen Märkten. Sogar Subventionen für inländische Unternehmen, die ausschließlich auf inländischen Märkten tätig sind, können handelspolitischen Zielen dienen, indem sie nämlich diese Unternehmen gegen die Importkonkurrenz aus dem Ausland stärken. Man spricht dann von Subventionen zur Begünstigung von Importsubstitution. Sehr häufig werden Subventionen in der Standortpolitik eingesetzt, indem Staaten Unternehmen Unterstützung anbieten, wenn sie einen Wirtschaftsstandort in dem betreffenden Land wählen. Eine klare Trennung zwischen Handelspolitik und Standortpolitik kann in solchen Fällen kaum vorgenommen werden. Subventionen fließen selten in Form staatlicher Zahlungen an die Begünstigten, sondern häufig als Steuererleichterungen, verbilligte Kredite oder Kreditgarantien, oder – vor allem bei Standortsubventionen – durch staatliche Sachleistungen in Form von Infrastrukturmaßnahmen zur Erschließung oder Anbindung von Standorten.

Die bisher beschriebenen handelspolitischen Instrumente blicken auf eine teilweise Jhd.e alte Geschichte zurück. Instrumente eher neueren Datums sind *Anti-Dumping*-Verfahren. *Dumping* liegt vor, wenn Unternehmen ihre Produkte auf ausländischen Absatzmärkten unter den Einstandskosten verkaufen. Die dabei anfallenden Verluste werden in Kauf genommen, um Konkurrenten vom Markt zu verdrängen. *Dumping* muss im Rahmen einer öffentlichen Untersuchung mit Anhörung der betroffenen Unternehmen nachgewiesen werden. Der Anstoß zu solchen Untersuchungen geht in der Regel von den betroffenen Konkurrenten aus. Wenn *Dumping* nachgewiesen wird, dann können gegen die Verursacher *Anti-Dumping*-Zölle erhoben werden. Dies sind im Wesentlichen Strafzölle, die darauf abstellen, den Verursachern die durch Dumping erlangten Preisvorteile wieder abzunehmen.

Nationalstaatliche handelspolitische Instrumente sind im Rahmen der Welthandelsordnung der Welthandelsorganisation (WTO) internationalen Regeln unterworfen (→ Weltwirtschaftssystem). Die Mitgliedsländer der WTO haben sich verpflichtet, Importzölle möglichst transparent und nach dem Meistbegünstigungsprinzip zu erheben. Dies ist das fundamentale Anti-Diskriminierungsprinzip der Welthandelsordnung, wonach ein Land alle Zollsenkungen oder sonstigen Vergünstigungen, die es einem Handelspartner gewährt, in gleichem Maße auch seinen anderen Handelspartnern in der WTO gewähren muss. Subventionen sind in der WTO zwar nicht grundsätzlich verboten, aber strengen Regeln unterworfen. Dazu gehört insbesondere, dass sie nicht spezifisch auf die Exportförderung heimischer Unternehmen abzielen dürfen. Im Gegenzug zu diesen Beschränkungen nationaler Handelspolitik stellt die WTO ihren Mitgliedsländern zusätzliche handelspolitische Instrumente zur Verfügung. Dazu gehören insbesondere *Antidumping*- und Antisubventionsverfahren, mit denen sich Länder gegen unfaire Konkurrenz wehren können.

Wichtige Rechts- und Verhaltensregeln der Welthandelsordnung sind durch Sublimierungsprozesse aus nationalen handelspolitischen Praktiken entstanden. Das Meistbegünstigungsprinzip, heute grundlegende *Fairness*-Regel im Welthandel, war Teil der Handelspolitik des britischen Empire im 19. Jhd. mit dem Ziel der langfristigen Anbindung von Handelspartnern. In ähnlicher Weise sind *Anti-Dumping*-Verfahren seit über 100 Jahren Teil der Außenhandelspolitik in Kanada und in den Vereinigten Staaten, wo sie eingeführt wurden, um die Verfahren zur Festlegung von Schutzzöllen zu vereinfachen und gleichzeitig demokratischer Kontrolle zu unterwerfen. Erst 1967 wurde *Anti-Dumping* in das Regelwerk der Welthandelsordnung aufgenommen, wodurch sich auch für andere Länder die Notwendigkeit ergab, sie in nationales Recht umzusetzen. Diese beiden Beispiele sind symptomatisch für einen umfassenderen Tatbestand: der heutige Ordnungsrahmen des Welthandels geht in beträchtlichem Maße auf die Praktiken der großen Wirtschafts- und Handelsnationen USA und Großbritannien zurück.

In der Handelspolitik ist die → Europäische Union ein Zwitterwesen zwischen Nationalstaat und → internationaler Organisation. Einerseits hat sie handelspolitische Instrumente ihrer Mitgliedsländer an sich gezogen, andererseits tritt sie gegenüber ihren Mitgliedsländern als Ordnungsmacht auf, die den Einsatz der verbliebenen handelspolitischen Instrumente einer europäischen Disziplin unterwirft. Importzölle und -quoten sowie *Antidumping*- und Antisubventionsmaßnahmen gehören zu den handelspolitischen Maßnahmen, die in der EU vergemeinschaftet wurden. Die Zuständigkeit dafür haben die Mitgliedsländer in vollem Umfang an die Europäische Kommission abgegeben (→ EU als internationaler Akteur). Die Subventionspolitik andererseits liegt zumindest teilweise noch nationaler Souveränität, ist aber der Kontrolle durch die Europäische Kommission unterworfen, die darauf achtet, dass Mitgliedsländer ihre Subventionspolitik nicht dazu einsetzen, sich in unfairer Weise Vorteile gegenüber anderen Mitgliedsländern zu verschaffen.

3. Theorien und Fakten

Die Analyse der Bestimmungsgründe, der Struktur und der Auswirkungen von Handel und Handelspolitik auf Volkswirtschaften und ihre Wohlfahrt befasst Denker und Wissenschaftler bereits seit geraumer Zeit. Dabei haben die Außenhandelstheorien eine evolutorische Entwicklung hinter sich, in der einige Theorien weiterentwickelt und andere verworfen wurden.

Den Ausgangspunkt der klassischen Ansätze der Außenhandelspolitik bildete Adam Smith mit seinem Werk ‚Wohlstand der Nationen'. Er grenzt sich in seiner Theorie klar zum Merkantilismus ab, indem er vom gegenseitigen Vorteil von (Frei-)Handel ausgeht. Voraussetzung dafür ist, dass ein Staat einen absoluten Kostenvorteil bei einem Gut hat. In diesem Fall ist eine Spezialisierung und anschließender Tausch durch Handel wohlfahrtssteigernd für die beteiligten Parteien. Zur damaligen Zeit stellte dies einen Dogmenwechsel dar. Diese bahnbrechende Theorie wurde im 19. Jhd. von David Ricardo aufgegriffen und weiterentwickelt. Ricardo konstatiert, dass nicht nur die Existenz eines absoluten, sondern auch eines komparativen, also relativen, Kostenvorteils ein Land zur Teilnahme am Handel qualifiziert. Dies stellt eine bedeutende Weiterentwicklung dar, da es den Kreis potenzieller Handelspartner deutlich erweitert und auch Handel zwischen unterschiedlich stark entwickelten Volkswirtschaften rational macht, was zu veränderten Politikempfehlungen führte. Das Konzept des komparativen Vorteils stellt bis heute ein wichtiges Konzept in der Volkswirtschaftslehre dar. Das Konzept wurde auch in der Heckscher-Ohlin Theorie, welche das Ende der klassischen Ansätze zur Außenhandelstheorie darstellt, von Beginn des 20. Jhds. weiter genutzt. Unterschiede gibt es jedoch in dem Grund für diesen komparativen Vorteil. Sah Ricardo den Grund für komparative Kostenvorteile in unterschiedlicher Arbeitsproduktivität in verschiedenen Sektoren und Ländern, so liegt dieser im Heckscher-Ohlin Modell in der unterschiedlichen Faktorausstattung von Ländern. Zusätzlich zum Produktionsfaktor Arbeit, kommt in der H-O-Modellwelt noch das Kapital als zweiter Produktionsfaktor hinzu. Die Heckscher-Ohlin Theorie stellt damit eine Erweiterung des Modells und eine Anpassung an die (sich verändernde) Realität dar. Trotzdem deckten sich die Schlussfolgerungen des Modells nur teilweise mit der realen Struktur des Welthandels. Die aus dem Modell abgeleitete Schlussfolgerung, dass sich kapitalreiche Länder auf die Produktion von kapitalintensiven und arbeitsreiche Länder auf die Produktion von arbeitsintensiven Gütern spezialisieren und das jeweils andere Gut importieren, ist empirisch nicht zu belegen. Auch der intra-industrielle Handel, also das Tauschen ähnlicher bzw. gleichartiger Güter und Dienstleistungen, kann vom Modell nicht erklärt werden.

Unter anderem aus diesem Grund bildeten sich neuere, moderne Ansätze der Außenhandelstheorie, die der steigenden Komplexität des Weltwirtschaftssystems Rechnung tragen sollten und Ansätze der betriebswirtschaftlichen Forschung integrierten. Hier zu nennen sind die in den 1960er entwickelte Theorie der technologischen Lücke und die Produktlebenszyklustheorie. Diese Theorien stellten den bisher kaum beachteten Faktor des technischen Fortschritts ins Zentrum ihrer Betrachtungen. Spätere Ansätze setzten einen stärkeren Fokus auf die Nachfrageseite und integrierten Präferenzunterschiede und Produktdifferenzierungen. Immer stärkere Bedeutung kam dabei der Erklärung des intraindustriellen Handels zu. Zur Erklärung existiert aktuell eine Vielzahl von Ansätzen.

Insgesamt ist festzuhalten, dass die moderneren Ansätze der Außenhandelstheorie der Dynamik des Handels und der Handelspolitik besser Rechnung tragen als klassische Ansätze. Sie sind jedoch in unterschiedlichem Ausmaß Erweiterungen der klassischen Ansätze. Einen Ansatz um einen umfassenderen Einblick in die Struktur des globalen Warenhandels zu bekommen, bietet der ‚*Made in the world*-Ansatz‘ von der WTO und der OECD. Dabei wird von der konventionellen Art des Messens von Handel abgewichen und nunmehr die Wertschöpfung betrachtet, die ein Land einem Produkt oder einer Dienstleistung hinzufügt. Dies erlaubt deutlich genauere Einblicke in Handelsbeziehungen zwischen Staaten, was mittelfristig Auswirkungen auf die Handelspolitik haben wird.

4. Institutionen und Organisationen

Handelspolitik wird von verschieden Akteuren auf regionaler, nationaler und globaler Ebene beeinflusst. Dazu zählen öffentlich-rechtliche Vertretungen ebenso wie Unternehmensnetzwerke und multinationale Unternehmen im Allgemeinen. Die fortschreitende globale Verflechtung sorgt besonders für eine stetig wachsende Bedeutung multinationaler Unternehmen und ihrer globalen Unternehmensnetzwerke. Abb. 9 veranschaulicht die verschiedenen Akteure der Handelspolitik.

Eine herausragende Bedeutung kommt der Welthandelsorganisation zu, welche in erster Linie den Handel auf globaler Ebene verhandelt und somit eine Welthandelsordnung schafft und verwaltet (→ Weltwirtschaftssystem). Eine bedeutende Rolle nimmt die WTO jedoch auch bei interregionaler und intraregionaler Handelspolitik ein, indem sie an Verhandlungen zu und an der Verwaltung von bilateralen und multilateralen Freihandelsabkommen beteiligt ist. In dieser Welthandelsordnung bewegen sich weitere Institutionen, welche die globale Handelspolitik gestalten. Auf globaler Ebene zu erwähnen sind die Weltbank, der IWF und die → Vereinten Nationen, die ergänzt werden durch regionale Zusammenschlüsse und Institutionen wie die EU, die NAFTA sowie die ASEAN-Staaten. Weitere mögliche wichtige Player der Handelspolitik könnten in Zukunft die zurzeit in Verhandlung befindliche *Transatlantic Trade and Investment Partnership* (TTIP) und die *Trans-Pacific Partnership* (TPP) werden. Ein erfolgreicher Abschluss dieser Abkommen könnte die weltweite Handelspolitik verändern. Auf nationaler Ebene kommen Staaten sowie ihre Körperschaften und Interessenvertretungen hinzu. Die wichtigsten wirtschaftlichen Akteure für die globale Handelspolitik, deren Bedeutung mit Hinblick auf globale Wertschöpfungsketten stetig zunimmt, sind bereits erwähnte Unternehmen- und Unternehmensnetzwerke. Ihnen gegenüber stehen ebenfalls an Bedeutung gewinnende zivilgesellschaftliche Akteure wie Interessenvertretungen und NGOs.

Abb. 9: Akteure der Handelspolitik

Quelle: Eigene Darstellung

5. Rechtsrahmen

Der Rechtsrahmen der Handelspolitik wird von den verschiedenen bereits erwähnten Akteuren gestaltet bzw. beeinflusst (→ Weltwirtschaftssystem). Einen umspannenden Rechtsrahmen, gewissermaßen die Welthandelsordnung, wird hierbei von der WTO und ihren Abkommen definiert. Allen voran zu nennen sind die drei Hauptabkommen der Welthandelsorganisation. Zunächst das GATT, welches seit 1948 in Kraft ist und in erster Linie den Handel mit Gütern regelt. Dazu ergänzend existieren seit Gründung der WTO im Jahr 1995 das GATS, welches speziell den Handel mit Dienstleistungen regelt und das TRIPS, welches den Schutz geistigen Eigentums rund um den Handel mit Gütern und Dienstleistungen anstrebt. Das TRIPS schreibt den WTO-Mitgliedsstaaten ein Mindestmaß an Schutz geistigen Eigentums vor. Diese drei Abkommen spannen eine Wirtschaftsordnung auf, denen alle WTO-Mitgliedsstaaten in ihrer Handelspolitik unterliegen. Innerhalb dieser Welthandelsordnung gibt es zahlreiche weitere Verträge und Abkommen, welche den Handel zwischen Staaten und Regionen regeln. Dazu zählen bestehende Freihandelsabkommen, wie das Nordamerikanische Freihandelsabkommen (NAFTA), sowie bilaterale Freihandelsabkommen und bi- sowie multilaterale Investitionsschutzabkommen. Die EU beispielsweise regelt in ihren Verträgen die Handelspolitik ihrer Mitgliedsstaaten, denn diese haben weitreichende Kompetenz im Bereich der Handelspolitik an die EU abgegeben. Der Einsatz der verbleibenden Instrumentarien muss bei grenzüberschreitendem Handel mit europäischem Recht im Einklang stehen. Innerhalb der Nationalstaaten verbleibt eine Vielzahl weiterer Regelungen, die Relevanz für den Handel und die Handelspolitik haben. In Deutschland beispielsweise zu erwähnen das Subventionsgesetz (SubvG). Der WTO kommt innerhalb der Welthandelsordnung eine Streitschlichtungsfunktion zu, es bietet seinen Mitgliedsstaaten ein Streitschlichtungsverfahren, das sog. *Dispute Settlement Understanding*. Im Zentrum dieses Verfahrens steht der *Dispute Settlement Body* (DSB) der WTO. An diesen können sich die Mitgliedsstaaten wenden, sollten sie der Meinung sein, dass ein anderer Mitgliedsstaat ein in der WTO getätigtes Abkommen oder eine Verpflichtung verletzt.

6. Ausgewählte Einzelfragen

Die Handelspolitik ist in vielfältiger Weise durch die Dynamik der → Globalisierung betroffen. Institutionelle Veränderungen, wie z.B. die Schaffung des europäischen Binnenmarktes oder die Gründung der WTO als Nachfolgerin des GATT, haben ihre Instrumente und ihren Rechtsrahmen tiefgreifenden Veränderungen unterworfen. Als genereller Trend lässt sich eine Abnahme der handelspolitischen Souveränität auf nationalstaatlicher Ebene beobachten und die Abwanderung von Zuständigkeiten oder zumindest von Aufsichtsfunktionen auf die internationale Ebene. Gleichzeitig entstehen neue Themen, die die Handelspolitik vor neue Herausforderungen stellen. Dazu gehören Wirtschafts- und Handelssanktionen, also der Einsatz wirtschaftlicher Macht im Außenhandel für nichtwirtschaftliche Ziele. Akute Krisen (z.B. in der Ukraine) haben zu einem Einsatz von Wirtschaftssanktionen geführt, die im geltenden Recht der WTO nicht befriedigend geregelt sind. Ein weiterer Problembereich, der der Handelspolitik in der Weltwirtschaft erwächst, betrifft die Logistik des Welthandels, also den Transport der Handelswaren um die Welt. 90 Prozent davon werden durch den Schiffsverkehr abgewickelt. Politische Unsicherheit, fragile Staaten und Piraterie bedrohen die Seeverkehrswege (→ Global Commons). Die Sicherung der Verkehrswege wird damit zumindest mittelbar zu einer Aufgabe der Handelspolitik. Umweltprobleme, wie z.B. die Vermüllung der Weltmeere oder der Klimawandel, schaffen in der Öffentlichkeit neue Themen, die die Handelspolitik vor neue Herausforderungen stellen (→ internationale Umweltpolitik). Und schließlich gewinnt die → Ressourcenpolitik zunehmend an Bedeutung. Ihr Ziel der Sicherung des Zugangs zu strategisch wichtigen Rohstoffen berührt sich in vielen Bereichen mit der Handelspolitik. Diese erhält somit eine geopolitische Komponente.

→ Ergänzende Beiträge

Aufstieg der Schwellenländer, Global Commons, Entwicklungszusammenarbeit, Globalisierung, internationale Organisationen, internationale Finanzarchitektur, Institutionalismus, Liberalismus und Realismus als IB-Theorie, Weltwirtschaftssystem

Literatur

Beckert, Sven (2014): King Cotton: Eine Globalgeschichte des Kapitalismus, München.

Büter, Clemens (2013): Außenhandel: Grundlagen internationaler Handelsbeziehungen, Berlin.

Hahn, B. (2009): Welthandel: Geschichte, Konzepte, Perspektiven, Darmstadt.

Klump, Rainer (2013): Wirtschaftspolitik. Instrumente, Ziele und Institutionen, München.

Krugman, Paul/Obstfeld, Maurice/Melitz, Marc (2011): Internationale Wirtschaft. Theorie und Politik der Außenwirtschaft, Hallbergmoos.

Rivoli, Petra (2006): Reisebericht eines T-Shirts: Ein Alltagsprodukt erklärt die Weltwirtschaft, Berlin.

Ziegler, Bernd (2008): Geschichte des ökonomischen Denkens: Paradigmenwechsel in der Volkswirtschaftslehre, München.

Internetadressen

Europäische Kommission, Generaldirektion für Handel: www.ec.europa.eu/trade/

Europäische Kommission, Generaldirektion Binnenmarkt: www.ec.europa.eu/internal_market/

North American Free Trade Agreement: www.nafta-sec-alena.org

United Nations Conference on Trade and Development: www.unctad.org

World Trade Organization: www.wto.org

Der Zoll: www.zoll.de/

20 – Institutionalismus als IB-Theorie (*Wilhelm Knelangen*)

1. Entstehung und Begriff

Institutionalistische Theorien in der Politikwissenschaft gehen von der Annahme aus, „dass die Weise, wie das politische Leben organisiert ist, einen starken Einfluss darauf hat, wie Einzelne oder Organisationen sich verhalten und welches Ergebnis schließlich aus ihrem Verhalten resultiert“ (Keck 1991: 637). Institutionen, so die Kurzform dieser Theorierichtung, machen für das Handeln der Akteure einen Unterschied (*institutions matter*). Dabei wird grundsätzlich von einem weiten Institutionenbegriff ausgegangen, der neben formellen Institutionen (z.B. Verfassungsnormen, Entscheidungsregeln, aber auch Gerichte oder Parlamente) auch informelle Praktiken wie routinisierte Verfahrensabläufe, politische Vereinbarungen oder internalisierte Verhaltensnormen einbezieht. Als Theorie der Internationalen Beziehungen (→ Begriff und Funktionen von IB-Theorie) geht es dem Institutionalismus (I.) vor allem darum, die Entstehung, die Funktionsweise und die Wirkung von bi- und multilateralen Formen der Zusammenarbeit von Staaten (bzw. von deren Regierungen) zu erklären. Das zentrale Argument lautet, dass von Institutionen eine kooperationsfördernde Wirkung ausgeht, weil sie die Transaktionskosten der Zusammenarbeit senken: sie sorgen für größere Transparenz über die Interessen der Partner und halten Instrumente zur Überwachung der Regeleinhaltung sowie – im besten Fall – zur Sanktionierung bei Regelbrüchen bereit. Institutionen können daher das wechselseitige Vertrauen der Staaten in die Belastbarkeit der Kooperation generell erhöhen und dadurch die Logik der Anarchie im internationalen System durchbrechen. Der I. grenzt sich somit insbesondere vom Realismus bzw. vom Neorealismus ab (→ Realismus als IB-Theorie), der die Chancen auf tragfähige Kooperationsbeziehungen pessimistischer einschätzt.

Der Gedanke, dass internationale Institutionen einen Beitrag dazu leisten können, die konfliktträchtige Konkurrenz von Staaten um → Macht, Ressourcen und Prestige zu vermindern, findet sich in der Ideengeschichte der IB an vielen Stellen. So hat beispielsweise Hugo Grotius bereits im 17. Jhd. über die Perspektiven einer völkerrechtlichen Einhegung des internationalen Staatenhandelns nachgedacht (→ Völkerrecht/Internationales Recht). Ebenso hat Immanuel Kant in seiner Schrift ‚Zum Ewigen Frieden‘ von 1795 nicht nur auf die republikanische Staatsform, sondern auch auf die friedensfördernde Wirkung eines ‚Föderalismus freier Staaten‘ und damit eines rechtlich verfassten und institutionalisierten Ordnungssystems hingewiesen. Eine systematisch-empirische Analyse der Wirkung von Institutionen fand nach 1945 zunächst im Kontext der Forschung zur regionalen Integration statt (→ Integrationstheorien). Vor allem am Beispiel der europäischen Gemeinschaften wurde diskutiert, warum die Mitgliedstaaten nicht nur bereit waren, eng miteinander zu kooperieren, sondern zu diesem Zweck sogar souveräne Kompetenzen auf die europäische Ebene zu verlagern. Die vor allem von Ernst B. Haas entwickelte Theorie des Neofunktionalismus erklärte die Dynamik der Integration mit dem Verweis auf die institutionellen Wirkungen der einmal begonnenen Kooperation, die mehr oder minder zwangläufig – so die optimistische Annahme – zur Herausbildung einer supranationalen Gemeinschaft führen werde. Die gewachsene ökonomische Interdependenz der 1970er Jahre führte zu einer erneuten Beschäftigung mit den Bedingungen für Kooperation in einem anarchisch geprägten System. Die Arbeiten des rationalen bzw. neoliberalen I. von Robert O. Keohane und Joseph Nye (Keohane/Nye 1977; Keohane 1984) zeigten, dass Staaten zwar – entlang realistischer Ausgangspositionen – egoistische und interessegeleitete Akteure sind, dass diese aber unter den Bedingungen wechselseitiger Abhängigkeit stabile Kooperationsformen etablieren können, wenn durch geeignete Institutionen die Transaktionskosten der Zusammenarbeit kontrolliert werden können. Der historische I., der in den IB und insbesondere in der Integrationsforschung seit den 1990er Jahren weite Beachtung findet, hat demgegenüber auf die Pfadabhängigkeit des Institutionenwandels verwiesen und damit dem Faktor ‚Zeit' eine eigenständige Erklärungskraft zugeschrieben (Pierson 1996). Dass institutionalisierte Kooperation sowohl die Interessen als auch die Identitäten der beteiligten Akteure verändern kann, ist schließlich das zentrale Argument des soziologischen I., der Ideen, Überzeugungen und Wissen in sein Erklärungsmodell einbezieht. Damit steht dieser Ansatz in direkter Nähe zum → Konstruktivismus als IB-Theorie.

2. Rationaler bzw. neoliberaler Institutionalismus
Die Variante des I., die auf den Annahmen von Theorien rationalen Handelns (*rational choice*) basiert, fokussiert das Problem der Kooperation zwischen strategisch handelnden Akteuren. Dabei wird angenommen, dass Akteure unter Abwägung von Vor- und Nachteilen jeweils jene Alternative wählen, die das individuell günstigste Ergebnis verspricht. Da die Akteure davon ausgehen, dass auch die anderen Akteure egoistisch handeln und eigennützige Ziele verfolgen, geraten sie in ein Kooperationsdilemma, wenn sich durch kooperatives Handeln – also die Gewährung gegenseitiger Vorteile – ein größerer Nutzen erzielen lässt als durch die unilaterale Option. Da bei gemeinsamem Handeln die Gefahr besteht, von anderen Akteuren durch den Bruch von Vereinbarungen benachteiligt zu werden, konzentrieren sich die Bemühungen der Beteiligten darauf, Instrumente zu entwickeln, mit denen die Unsicherheit über das Verhalten der einzelnen Partner verringert werden kann.

An diese Grundüberlegungen knüpft die Debatte über internationale Regime an, die man als Formen norm- und regelgeleiteter Kooperation verstehen kann, die im Unterschied zu → internationalen Organisationen nicht eigenständig handeln können (Hasenclever/Mayer/Rittberger 1997). In der Perspektive des neoliberalen I. (Keohane 1984) werden Regime wie das Welthandels- oder das Klimaregime als Institutionen interpretiert, die das oben angesprochene *collective action*-Problem internationaler Kooperation verringern. Die Leistung der Institutionen besteht darin, dass sie die Erwartungshaltungen der Akteure stabilisieren, dadurch die den Akteuren zur Verfügung stehenden Verhaltensoptionen reduzieren und als Resultat den Erfolg der Kooperation zu gegenseitigem Nutzen wahrscheinlich werden lassen. Regime erleichtern die Bereitstellung und den Austausch von Informationen über das zu bearbeitende Problemfeld wie auch über das Ausmaß der Regeleinhaltung durch die beteiligten Akteure. Fortgeschrittene Institutionen bieten darüber hinaus Verfahren, die Streitigkeiten zwischen den Parteien einem geregelten Austrag zuführen. Regelbrüche führen deshalb nicht direkt zu einem Ende der Kooperation, sondern die zuvor festgelegten Verfahren (z.B. gerichtliche oder gerichtsähnliche Verfahren), die teilweise sogar Sanktionen vorsehen, lassen den Konflikt um die Auslegung berechenbar erscheinen. Kooperation ist nicht folgenlos. Vielmehr wird davon ausgegangen, dass durch dauerhafte Formen der Zusammenarbeit Lernprozesse induziert werden und Vertrauen zwischen den Akteuren gebildet werden kann. Die – am Ausgangspunkt der Betrachtung stehende – Anarchie des internationalen Systems wird daher mit Hilfe von Institutionen (jedenfalls teilweise) aufgebrochen. Die Regelung von Konflikten wird nicht mehr ausschließlich bzw. nicht mehr primär nach dem Prinzip der Selbsthilfe, sondern in institutionalisierter, d.h. regelgeleiteter Form ausgetragen.

Für die Erklärung der Ausgestaltung des institutionellen Designs ist aus Sicht des rationalen I. die Annahme grundlegend, dass die Akteure über einen stabilen Satz von Präferenzen verfügen. Eine institutionalisierte Kooperation beeinflusst zwar die Wahl der Akteursstrategie, ein tatsächlicher Einfluss der Institution (bzw. des Regimes) auf die Präferenzenbildung wird indes verneint. Institutionen gelten daher primär als das Ergebnis von Verhandlungen über Präferenzen zwischen autonomen Akteuren, internationale Regime sind also das Resultat zwischenstaatlicher Aushandlungsprozesse. Als dominanter Verhandlungsmodus in den Verhandlungsrunden wird das *bargaining* angesehen, d.h. die politikfeldbezogenen Machtpotentiale der Akteure sind letztlich entscheidend für die Gestalt der Institution. Welches Gewicht die Akteure in die Waagschale werfen können, hängt zum einen davon ab, wie glaubwürdig sie mit der Option ‚*exit*' drohen können, also über eine attraktive Handlungsalternative verfügen; zum anderen ergibt sich ihre Position aus der Bedeutung, die ihre Teilnahme für den Erfolg der Kooperation hat. Die Beziehung zwischen der Institution und den beteiligten Staaten wird auf der Grundlage der *principal-agent*-Theorie erklärt. Danach reflektieren Institutionen (*agents*) die langfristige Interessenlage der Staaten (*principals*). Dabei behalten die Staaten die Kontrolle über die Institution. Eine Verselbständigung der Institution, die mit der Interessenstruktur der Kooperationspartner nicht vereinbar ist, kann und wird durch erneute Verhandlungen oder eine Vertragsrevision zurückgeholt.

3. Historischer Institutionalismus

Dass Staaten versuchen, ihre eigenen Interessen möglichst umfassend durchzusetzen, wird von vielen Vertretern des historischen I. nicht prinzipiell bestritten. Wenn aber der rationale I. gewissermaßen die Einmaligkeit einer spezifischen Situation modelliert, in der bestimmte Interessen einem Ausgleich zugeführt werden, betont die historische Variante, dass sich die Wirkungen der einmal begonnenen Kooperation erst in einer längerfristigen Perspektive eröffnen. Während sich in einer Momentaufnahme eine direkte funktionale Beziehung zwischen staatlichen Akteurspräferenzen und Institution mit den Annahmen der rationalen Handlungstheorie vergleichsweise einfach nachweisen lässt, offenbart erst eine diachrone Perspektive, dass das Verhältnis zwischen Akteuren und Institution selbst einem Wandel unterliegt. Der historische I. bestreitet die Bedeutung von Präferenzen als handlungsleitende Motive mithin nicht grundsätzlich, verweist aber darauf, dass diese vor dem Hintergrund der Pfadabhängigkeit des politischen Prozesses formuliert und verfolgt werden.

Am Beispiel der → Europäischen Union hat Pierson (1996) beispielsweise gezeigt, dass die Staaten die Kontrolle über die Institution nur mit starken Einschränkungen behalten können. Er kritisiert die Annahme der *principal-agent*-Theorie, nach der die institutionellen Akteure die langfristigen Interessen der Prinzipale verfolgen und argumentiert stattdessen, dass es zu Lücken der mitgliedstaatlichen Kontrolle kommt, die nur schwer zu schließen sind. Ein zentrales Argument lautet dabei, dass viele Implikationen politischen Handelns erst mittel- bis langfristig deutlich werden, während sich der Zeithorizont politischer Entscheidungsträger in liberalen Demokratien eher an den nächsten nationalen Wahlen und damit an den kurzfristigen Konsequenzen ihrer Handlungen orientiert. Die langfristigen Folgen einmal getroffener Entscheidungen sind vielfach nicht-intendiert und widersprechen den ursprünglichen Interessen der beteiligten Regierungen. Dabei ist auch in Rechnung zu stellen, dass Regierungen ihre Präferenzen ändern können, sei es als Reaktion auf veränderte Umweltbedingungen oder als Folge eines Regierungs- bzw. Politikwechsels. Dass eine Regierung die internationale Zusammenarbeit nicht im Sinne ihrer Präferenzen steuern kann, kann seine Ursache also schlicht darin haben, dass sie eine Situation vorfindet, auf deren Entstehung sie keinen Einfluss hatte. Die Möglichkeiten, die internationale Institution nach den nun neuen Präferenzen zu verändern, sind indes begrenzt. Denn die Zusammenarbeit erfolgt üblicherweise auf der Grundlage des Einstimmigkeitsprinzips. Was auf der einen Seite die nationale Souveränität umfassend schont, bedeutet auf der anderen Seite eben auch, dass es schwer ist, einen *policy*-Wechsel durchzusetzen. Das zentrale Argument des historischen I. besteht mit anderen Worten in der Pfadabhängigkeit des politischen Prozesses. Damit wird eine aus der vergleichenden Systemforschung gewonnene Einsicht für die Analyse der internationalen Politik nutzbar gemacht: „Es gibt *Policy*-Hinterlassenschaften, *Policy*-Traditionen, die wie Gebirge in der Landschaft stehen und die Möglichkeiten nachfolgender Planungen von Politikinhalten präjudizieren oder behindern. Sie stecken weitgehend den Rahmen dessen ab, was nach ihnen politisch machbar ist oder erscheint" (Windhoff-Héritier 1994: 79).

4. Soziologischer Institutionalismus

Dass Entscheidungen für oder gegen Kooperation vor allem anderen von einer Abwägung der zu erwartenden Vor- und Nachteile abhängig sind, wird von der konstruktivistischen Theorie der IB grundsätzlich in Frage gestellt. Vielmehr wird argumentiert, dass für die Präferenzenbildung nicht nur eine Kalkulation der Absichten anderer Beteiligter, sondern auch eine Interpretation der Realität, d.h. eine Einschätzung der Umstände und der sozialen Situation, notwendig ist. Während von einem moderaten Konstruktivismus der Einfluss von Ideen, Wissen und Überzeugungen auf die Konstruktion von Interessen hervorgehoben wird, ziehen radikalere Ansätze die Bedeutung von Präferenzen als handlungsleitendes Motiv für Akteure prinzipiell in Zweifel. Vielmehr wird davon ausgegangen, dass letztlich nicht die Konvergenz von Interessen, sondern eine intersubjektiv geteilte Einschätzung der Situation und der Problemlage die Grundlage für internationale Kooperation darstellt.

Der soziologische I. setzt hier an und betont, dass in internationalen Institutionen spezielle Wertvorstellungen und Überzeugungen gewissermaßen ‚eingepflanzt' sind, die über lange Zeit erstaunlich stabil bleiben und für die Akteure innerhalb des Kooperationszusammenhangs sozialisierenden Charakter haben (Schimmelfennig u.a. 2006). Staaten sind demnach nicht allein, vielleicht nicht einmal in erster Linie, Nutzenmaximierer, sondern handeln als Träger von sozialen Rollen. Sie folgen damit nicht, wie vom rationalen und überwiegend auch vom historischen I. vertreten, einer Logik der Konsequentialität (also der zu erwartenden Folgen einer Entscheidung), sondern einer Logik der sozialen Angemessenheit des Handelns (March/Olsen 1989). Die Akteure handeln nicht in einem regellosen Naturzustand, sondern in einer bereits normativ vergelten Umwelt. Sie verfahren in dieser Perspektive nicht so, dass sie ihre eigenen Präferenzen festlegen und daraufhin ihr Handeln kalkulieren. Stattdessen findet eine

Orientierung an dem von dem Akteur erwarteten und als angemessen geltenden Verhalten statt. Institutionen haben in dieser Perspektive vor allem drei Funktionen: Erstens bieten sie den Akteuren einen Maßstab für angemessenes Verhalten. Zweitens verleihen sie dem Handeln von Akteuren durch anerkannte Verhaltensregeln Legitimität. Drittens teilen Institutionen den Akteuren Rechte, Pflichten und angemessene Mittel zu und ermächtigen damit zu Handlungen.

Tab. 6: Die drei Spielarten des Institutionalismus

	Rationaler Institutionalismus	**Historischer Institutionalismus**	**Soziologischer Institutionalismus**
Akteure	rationale, nutzenmaximierende Akteure	rationale, nutzenmaximierende Akteure, die in einem institutionalisierten Umfeld agieren	Akteure mit begrenzter Rationalität; soziale Einbindung beeinflusst die Vorstellungen der Akteure über Rationalität
Gründung und Dauerhaftigkeit der Institution	Institutionen senken Unsicherheit und damit Transaktionskosten; dauerhafter Nutzen der Beteiligten für die Verfolgung ihrer Ziele sichert den Bestand der Institution	wie rationaler I., aber die Kontrolle der Akteure über die Institution ist begrenzt; Institutionen haben Handlungsspielräume für autonomes Handeln	Institutionen sind Ausdruck gemeinsamer kultureller Werte und Normen und werden durch das gemeinsame Verständnis stabilisiert
Institutionenwirkung	Institutionen beeinflussen die Strategie der Akteure, indem sie die Möglichkeiten zur Durchsetzung der Interessen verändern	Präferenzen der Akteure werden in einem institutionalisierten Kontext gebildet; Handlungsfreiheit der Akteure ist eingeschränkt	Institutionen haben sozialisierende Wirkung, sie können die Präferenzen und Identitäten der Akteure verändern
Institutionenwandel	Sicherstellung der Leistungsfähigkeit der Institution nach Maßgabe der Interessen der Beteiligten	Pfadabhängigkeit des Institutionenwandels	Institutionenwandel reflektiert Veränderungen der Werte und Normen

Quelle: eigene Darstellung.

5. Ausblick

Die Spielarten des I. bieten unterschiedliche Angebote für die Erklärung der Entstehung und der Stabilität der zahlreichen Formen zwischenstaatlicher Zusammenarbeit im internationalen System. Je stärker die Weltpolitik durch → Interdependenz und → Globalisierung geprägt ist, desto stärker scheint daher die Überzeugungskraft dieser Theorierichtung zu sein. Andererseits hat der Überblick gezeigt, dass von einem einheitlichen Programm des I. kaum die Rede sein kann. Die vorgestellten Richtungen weisen vielmehr eine mehr oder große Nähe zu den Großtheorien des Realismus und des Konstruktivismus auf. Gemeinsam ist den institutionalistischen Spielarten, dass sie Institutionen eine kooperationsfördernde Wirkung zuschreiben. Unterschiedlich wird dagegen ihr Einfluss auf die Präferenzenbildung der Akteure – und damit die Reichweite ihrer Wirkungen – beurteilt. Während sie innerhalb der OECD-Welt in mehreren Studien nachgezeichnet werden konnten, bleiben die Möglichkeiten, kooperative Problemlösungen zwischen demokratischen und autoritären Systemen durch Institutionen zu erleichtern, offenbar begrenzt.

→ Ergänzende Beiträge

Begriff und Funktionen von IB-Theorie, Europäische Union, Konstruktivismus, Liberalismus und Realismus als IB-Theorie, Integrationstheorien

Literatur

Hasenclever, Andreas/Mayer, Peter/Rittberger, Volker (1997): Theories of International Regimes, Cambridge.

Keck, Otto (1991): Der neue Institutionalismus in der Theorie der internationalen Politik, in: Politische Vierteljahresschrift (4), S. 635-653.

Keohane, Robert O./Nye, Joseph (1977): Power and Interdependence, Boston.

Keohane, Robert O. (1984): After hegemony. Cooperation and Discord in the World Political Economy, Princeton.

March, James G./Olsen, Johan P. (1989): Rediscovering Institutions. The Organizational Basis of Politics, New York.

Pierson, Paul (1996): The path to European integration: A historical institutionalist analysis, in: Comparative Political Studies (2), S. 123-163.

Schimmelfennig, Frank/Engert, Stefan/Knobel, Heiko (2006): International Socialization in Europe. European Organizations, Political Conditionality and Democratic Change, Basingstoke u.a.

Windhoff-Héritier, Adrienne (1994): Die Veränderung von Staatsaufgaben aus politikwissenschaftlich-institutioneller Sicht, in: Grimm, Dieter (Hrsg.): Staatsaufgaben. Baden-Baden, S. 75-91.

21 – Integrationstheorien (*Hans-Jürgen Bieling*)

1. Einleitung

Theorien haben die Funktion, die wissenschaftliche Analyse und Interpretation gesellschaftlicher Verhältnisse anzuleiten, d.h. Zusammenhänge zu ergründen und verallgemeinerbare Aussagen zu liefern. Dies gilt auch für Theorien der europäischen Integration (→ Europäische Union), die sich mit den Triebkräften, Mechanismen und Implikationen regionaler Vergemeinschaftung befassen. Beschränkte sich die Diskussion in den Nachkriegsjahrzehnten noch auf wenige Paradigmen, so stellt sich das Spektrum integrationstheoretischer Angebote inzwischen sehr breit und vielschichtig dar (als Überblick Rosamound 2000, Diez/Wiener 2009, Bieling/Lerch 2012). Die Ausdifferenzierung stützt sich auf unterschiedliche Aspekte der Theoriebildung (→ Institutionalismus, Konstruktivismus, Liberalismus und Realismus als IB-Theorie):

- So divergieren erstens die Annahmen über die Beschaffenheit des Untersuchungsgegenstandes, also die prägenden Strukturen, treibenden Kräfte und zentralen Akteure des Integrationsprozesses (ontologische Dimension).
- Zweitens arbeiten die Theorien auch mit spezifischen Konzeptionen der Wissens- und Erkenntnisproduktion, die zum Teil recht unterschiedliche Ziele verfolgen und

methodisch erklärend, verstehend oder dekonstruierend ausgerichtet sind (epistemologische Dimension).
- Und drittens orientieren sich die verschiedenen Paradigmen mit Blick auf den Charakter und die Ziele der europäischen Integration zumindest implizit auch an spezifischen Werten oder Leitbildern (normative Dimension).

Die konkurrierenden, zuweilen aber auch komplementären Theorieangebote lassen sich anhand des Zusammenspiels der benannten Dimensionen vergleichend betrachten und systematisieren (vgl. Tab. 7). Die Frage, welche Prozesse ihrerseits die Theoriebildung vorangetrieben haben, ist damit allerdings noch nicht beantwortet. Ganz allgemein lassen sich drei Faktorenbündel identifizieren, die im Laufe der zurückliegenden Jahrzehnte wiederholt zu theoretischen Innovationen geführt haben:

- So hat sich der Untersuchungsgegenstand selbst – in Gestalt neuer Integrationsschritte oder offenkundiger Krisen und Konflikte – wiederholt gewandelt und damit neue begriffliche Konstruktionen angeregt (objektive Faktoren).
- Darüber hinaus gab es integrationswissenschaftliche Kontroversen oder auch Impulse aus den benachbarten wissenschaftlichen Diskursfeldern, wie z.B. den Internationalen Beziehungen, die direkt oder indirekt die integrationstheoretischen Reflexionen stimuliert haben (intersubjektiv-akademische Faktoren).
- Neben den genannten Einflüssen spielen schließlich auch die besonderen Erfahrungen, Sichtweisen und Präferenzen einzelner Wissenschaftler eine Rolle, vor allem wenn sie spezifische Entwicklungen sehr treffend auf den Begriff gebracht haben (subjektive Faktoren).

Tab. 7: Dimensionen und Erkennungsmerkmale integrationstheoretischer Paradigmen

	Ontologie	**Epistemologie**	**Normative Orientierung**
Föderalismus	verfassungspolitische Vergemeinschaftungsinitiativen seitens transnationaler Bewegungen und aufgeklärter Regierungen	Historische Rekonstruktion	Überwindung der zwischenstaatlichen Rivalität; Vereinigte Staaten von Europa
Neofunktionalismus	Inkrementelle Vergemeinschaftung durch funktionale, politische und kultivierte *Spillover*-Effekte	Positivismus, Überprüfung von Hypothesen	Vereinigte Staaten von Europa
Transaktionalismus	Verdichtung der transnationalen Kommunikationen (Herausbildung von Sicherheitsgemeinschaften)	Interdisziplinär, Fallstudien	Abschwächung zwischenstaatlicher Konflikte und Kriegsgefahr
Intergouvernementalismus	Regierungen als Repräsentanten nationaler Interessen mit einer begrenzten Bereitschaft zur Vergemeinschaftung	Historische Soziologie Konstellationsanalysen	Europa der Vaterländer

	Ontologie	Epistemologie	Normative Orientierung
Marxistische Politische Ökonomie	Gesellschaftliche Kräfteverhältnisse und zwischenstaatliche Konflikte/Kooperationsmuster	Kapitalistische Klassen- und Krisenanalyse	Sozialistische Kooperationsgemeinschaft
Supranationalismus	Initiativrolle supranationaler Akteure (EU-Kommission, EuGH, EU-Parlament)	Positivismus, Überprüfung von Hypothesen	Stabilisierung der Integration durch eine supranationale *Polity*
Liberaler Intergouvernementalismus	Regierungen als Repräsentanten einflussreicher sektoraler Interessengruppen	Positivismus, Überprüfung von Hypothesen	Nationalstaatliche Kontrolle und Demokratie
Multi-Level-Governance	Netzwerk-vermitteltes Zusammenspiel unterschiedlicher Handlungsebenen	Primär qualitative Politikfeldanalysen	Evolution eines ‚Systems sui generis'
Neo-Institutionalismus	Interaktion von Akteuren und Institutionen: a) Rationale Interessen, b) Institutionelle Pfadabhängigkeiten, c) Kommunikative Einbettung von Akteuren	Spannungsfeld von quantitativ-positivistischen und qualitativ-diskursanalytischen Studien	Föderale Struktur (unterschiedlich ausgeprägt)
Integration durch Recht	performative Bedeutung des Primär- und Sekundärrechts	Dynamik der europäischen Rechtsentwicklung	Legitimität und Identität in der integrierten EU
Konstruktivismus	Betonung von Ideen und Diskursen in der europäischen Politik	Postpositivismus: wiss. Erkenntnis als (inter-) subjektive Konstruktion	Unspezifisch, divers, oftmals ‚normative power Europe'
Feministische Perspektiven	Bedeutung und Transformation patriarchaler Verhältnisse	Fallstudien in genderrelevanten Handlungsfeldern	Gleichberechtigte Einflussnahme und Mitsprache
Kritische Politische Ökonomie	Transnationale Klassenbeziehungen und politökonomisch induzierte Krisenprozesse	Strukturhistorische Betrachtungen und Fallstudien	Soziale Reformen und Demokratisierungsprozesse
Gouvernementalitätsstudien	Europäische Formen der (Selbst-)Kontrolle und (Selbst-)Überwachung	Dekonstruktion der etablierten Governance-Formen anhand von Fallstudien	Infragestellung vorherrschender Machtverhältnisse

Quelle: eigene Darstellung

In welchem Maße und Mischungsverhältnis die aufgeführten Faktorenbündel den Verlauf der integrationstheoretischen Diskussionen genau geprägt haben, lässt sich hier nicht präzise darlegen. Sehr grob können jedoch, wie nachfolgend dargelegt wird, mehrere, durch spezifische Schwerpunkte und Kontroversen gekennzeichnete Phasen der Theoriebildung identifiziert werden.

Abb. 10: Entwicklungslinien der integrationstheoretischen Diskussion

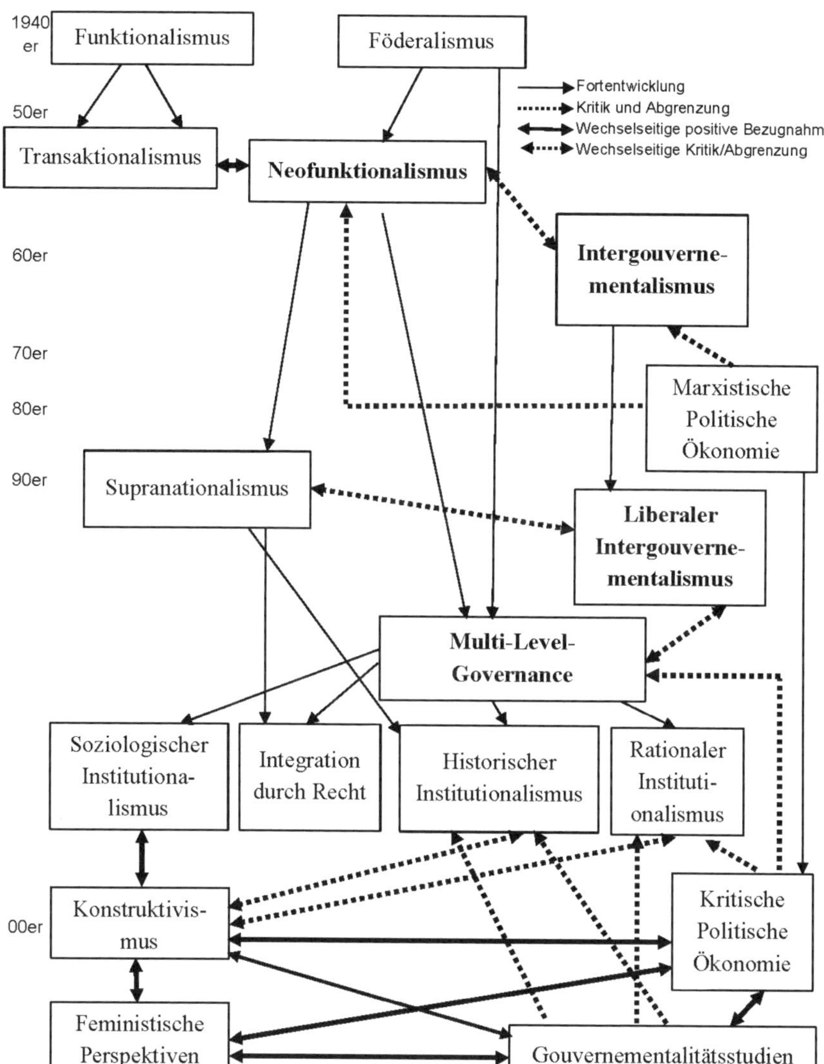

Quelle: eigene Darstellung

2. Frühe integrationstheoretische Paradigmen

Der Ausgangspunkt der integrationstheoretischen Diskussion ist nicht ganz leicht zu bestimmen. Unstrittig ist jedoch, dass bereits zum Ende des Zweiten Weltkriegs, also bevor praktische Integrationsschritte ergriffen wurden, erste nachhaltig wirkende Überlegungen angestellt worden sind. Im Prinzip speiste sich die integrationstheoretische Diskussion vor allem aus zwei Quellen.

- Die eine Quelle bildeten die konzeptionellen Entwürfe der föderalistischen Bewegung. Deren Vordenker propagierten zur Überwindung der zwischenstaatlichen Rivalität und Vermeidung zukünftiger Kriege ein föderal strukturiertes europäisches Gemeinwesen, also einen Bundestaat, der durch einen verfassungsbildenden Prozess und vielfältige politische Partizipationsformen demokratisch legitimiert werden sollte.
- Die andere Quelle repräsentierte der von David Mitrany konzeptualisierte Funktionalismus. Dieser forderte zur Friedenssicherung ebenfalls die Etablierung transnationaler Macht- und Herrschaftsstrukturen ein, wollte diese aber keineswegs auf Europa begrenzt sehen. Außerdem setzte der Funktionalismus nicht auf einen konstitutionellen, sondern auf einen inkrementell-technokratischen Prozess grenzüberschreitender Verflechtung und Kooperation.

Die offenkundige normative Stoßrichtung der frühen Theoriebildung trat in den 1950er und 1960er Jahren mehr und mehr in den Hintergrund. Die nachfolgenden Konzeptionen orientierten sich zwar implizit noch immer am Leitbild der Vereinigten Staaten von Europa, waren nun aber – geprägt durch die von Jean Monnet praktizierte Integration der kleinen Schritte und die behavioristische Akademisierung der Diskussion – sehr viel stärker empirisch-deskriptiv oder analytisch ausgerichtet. Dies galt bereits für das Föderalismus-Verständnis von Carl J. Friedrich, das im Kontrast zum konstitutionalistischen Föderalismus den Prozesscharakter der europäischen Integration fokussierte, und auch für den Transaktionalismus von Karl W. Deutsch, der die Herausbildung transnationaler (Sicherheits-)Gemeinschaften auf eine zunehmende Verdichtung grenzüberschreitender Kommunikationsprozesse zurückführte. Noch prägender war das empirisch-szientistische – klassifizierende und Hypothesen testende – Forschungsperspektive für das neofunktionalistische Paradigma, das zunächst vor allem von Ernst B. Haas entwickelt worden war.

Doch nicht nur mit Blick auf die normativen und epistemologischen Annahmen, auch ontologisch steht der Neofunktionalismus zu den älteren Paradigmen des Föderalismus und Funktionalismus in einem Spannungsverhältnis. So bezieht sich der Neofunktionalismus durchaus auf die föderalistische Perspektive einer regionalen politischen Gemeinschaft, betrachtet diese aber nicht als das Produkt eines ‚großen Wurfes', sondern wie der Funktionalismus als eine inkrementell-technokratische Vergemeinschaftung, die durch wiederholte funktionale Entscheidungszwänge angestoßen wird. Allerdings, und dies ist eine gewisse Differenz zum Funktionalismus, führen diese Impulse häufig nicht automatisch, sondern vermittelt über das Handeln politischer Akteure – der Regierungen und gesellschaftlichen Interessengruppen – zu konkreten Integrationsschritten. Dies erfolgt in erster Linie in den Bereichen der sog. *low politics*, in denen die grenzüberschreitende Verflechtung bereits systemisch entwickelt ist, so dass Souveränitätsvorbehalte kaum, mutmaßliche wohlfahrtssteigernde Effekte aber sehr wohl eine wichtige Rolle spielen.

Um die Dynamiken einer schrittweisen, allenfalls schwach politisierten Vergemeinschaftung genauer zu bestimmen, haben die Vertreter des Neofunktionalismus die Konzeption des *Spillovers* entwickelt. Systematisch werden drei Formen des *Spillovers* unterschieden: erstens der funktionale *Spillover*, der dadurch ausgelöst wird, dass die anfängliche, sektorale Vergemeinschaftung weitere Integrationsschritte in angrenzenden Handlungsfeldern nahelegt, um die ursprünglich verfolgten Ziele und potenziellen Wohlfahrtseffekte zu realisieren; zweitens der politische *Spillover*, der darauf beruht, dass eine erfolgreiche grenzüberschreitende Kooperation bei den beteiligten Akteuren Lernprozesse und eine loyale Haltung gegenüber den europäischen Institutionen fördert; und drittens schließlich den kultivierten *Spillover*, der vor allem dadurch entsteht, dass die supranationalen Institutionen und Akteure zunehmend selbst die Initiative ergreifen, also ihrerseits engagiert darauf hinwirken, die gemeinsamen europäischen Interessen zu stärken.

Die skizzierten *Spillover*-Effekte bildeten gleichsam den Kern des Neofunktionalismus. Dieser drängte die föderalistischen, funktionalistischen und transaktionalistischen Perspektiven mehr und mehr beiseite und entwickelte sich im Laufe der 1950er und 1960er Jahre zum dominanten integrationstheoretischen Paradigma. Die Gründe für den Erfolg des Neofunktionalismus sind zum Teil in den Veränderungen in der akademischen Forschungslandschaft – der allgemeinen Hinwendung zum Szientismus – zu suchen. Noch wichtiger waren allerdings die Dynamiken der europäischen Integration selbst, die nicht selten, benannt nach dem ersten Präsidenten der Hohen Behörde, als ‚Methode Jean Monnet' charakterisiert worden sind. Diese setzte vor allem auf eine sektorale, inkrementell-technokratische und zugleich stetige, nachhaltig wirksame Ausweitung europäischer Kompetenzen, entsprach also in hohem Maße den Annahmen und Konzeptionen der neofunktionalistischen Theorie.

3. Infragestellungen der neofunktionalistischen Hegemonie

Die dominante Rolle des Neofunktionalismus als Integrationstheorie *par excellence* wurde im Laufe der 1960er und 1970er Jahre dann allerdings wiederholt hinterfragt und herausgefordert. Dies lag zum einen daran, dass die szientistische Perspektive innerhalb der Sozialwissenschaften keineswegs allseits geteilt wurde (→ englische Schule als IB-Theorie). Zum anderen konnte sich auch der inkrementell-technokratische Integrationsmodus nicht mehr so reibungslos entfalten wie zuvor. Im Gegenteil, der Prozess der europäischen Integration wurde vermehrt – zwischenstaatlich wie gesellschaftlich – politisiert, was sich auch in alternativen theoretischen Konzeptionen niederschlug.

Die Prozesse der zwischenstaatlichen Politisierung, wie sie insbesondere Charles de Gaulle in Bezug auf die → NATO, die Gemeinsame Agrarpolitik (GAP), die Beitrittsgesuche Großbritanniens und den avisierten Übergang zu Mehrheitsentscheidungen (‚Politik des leeren Stuhls') artikulierte, standen im Zentrum des von Stanley Hoffmann konzeptualisierten Intergouvernementalismus. Der Intergouvernementalismus repräsentierte keine Integrationstheorie im eigentlichen Sinne, sondern interessierte sich vornehmlich für die Grenzen der europäischen Integration. Diese traten für Hoffmann insbesondere dann hervor, wenn der Bereich der *low politics* überschritten wurde. Das Scheitern der Vergemeinschaftung im Bereich der *high politics* wurde allgemein durch die fortbestehenden sozialen, institutionellen und politisch-kulturellen Differenzen innerhalb Europas sowie die Souveränitätsvorbehalte der nationalen Regierungen erklärt. Im Zentrum des Intergouvernementalismus stand entsprechend die

Konzeption des ‚nationalen Interesses'. Dieses war inhaltlich dadurch bestimmt, dass führende nationale Regierungspolitiker – unter Berücksichtigung der weltpolitischen Kontextbedingungen und der gesellschaftlichen Gegebenheiten – die nationale Situation ihres Landes interpretierten und entsprechende machtpolitische Ziele und Strategien definierten. Als Produkt intergouvernementaler Kompromisse schritt die europäische Integration nur in dem Maße voran, wie die nationalen Interessen und die nationale Souveränität nicht beeinträchtigt, sondern gestärkt und gefördert wurden. Sie geriet jedoch rasch an ihre Grenzen, sobald derartige Erwartungen nicht gegeben waren. Der Intergouvernementalismus von Hoffmann profilierte sich gegenüber dem neofunktionalistischen Paradigma demzufolge durch eine alternative Ontologie, d.h. Gegenstandsbeschreibung. Er stützte sich aber auch auf eine spezifische Epistemologie, die sich als historisch-soziologischer Realismus beschreiben lässt und im Kontrast zu formalistisch-szientistischen Perspektiven die Eigenarten historischer Akteurs- und Handlungskonstellationen zu erschließen bestrebt war.

Doch nicht nur der Intergouvernmentalismus, auch die neo-marxistische Politische Ökonomie, so z.B. Ernest Mandel, setzte sich ab Ende der 1960er, Anfang der 1970er Jahre intensiver mit dem Prozess der europäischen Integration auseinander. Den historischen Hintergrund bildeten einerseits die in Frankreich entwickelten konzeptionell-strategischen Überlegungen – z.B. das Buch ‚Die amerikanische Herausforderung' von Servan-Schreiber –, den europäischen Wirtschaftsraum zu stärken, andererseits aber auch die Prozesse einer gesellschaftlichen Politisierung, so vor allem die durch den Aufschwung der Arbeiter- und Studentenbewegung sowie der Linksparteien genährte Perspektive eines sozialistischen Europas. Die neo-marxistische Politische Ökonomie kritisierte am Neofunktionalismus, dass dessen Sachzwang-Logik die sozialen Auseinandersetzungen übergehe, die durch die kapitalistische Akkumulation, d.h. durch die Konzernstrategien und die wirtschaftlichen Krisenprozesse, generiert werden, indessen der Intergouvernementalismus die wirtschaftlichen Restriktionen nationalstaatlichen Handelns unterschätze. Die neo-marxistische Fokussierung der kapitalistischen Akkumulation stellt sich mit Blick auf die europäische Integration grundsätzlich ambivalent dar: Auf der einen Seite stützt sich der Integrationsprozess auf eine immer engere, grenzüberschreitende kapitalistische Verflechtung, die eine weitere Stärkung supranationaler politischer Staatsformen plausibel macht. Auf der anderen Seite verläuft die kapitalistische Akkumulation jedoch regional ungleich und ist durch vielfältige Abhängigkeiten gekennzeichnet, die ihrerseits eine weitergehende Vergemeinschaftung erschweren. Die partielle Überwindung dieser Hindernisse bildete eine grundsätzlich offene Frage, über deren Beantwortung unterschiedliche Kapitalgruppen und die nationalen Regierungen insbesondere in Zeiten der Krise strategisch miteinander rangen und verhandelten; und wodurch sich das Terrain des Klassenkampfes zugleich perspektivisch veränderte.

Die intergouvernementalistischen und neo-marxistischen Kritiken und Deutungen wirkten – indirekt – auf den Neofunktionalismus zurück. Dieser präsentierte sich zunehmend selbstkritischer und modifizierte und differenzierte wiederholt die ihn stützenden Spillover-Konzepte. Die diversen Anpassungen und Korrekturen konnten aber nicht verhindern, dass das neofunktionalistische Paradigma an Ausstrahlungskraft einbüßte. Angesichts des Scheiterns ambitionierter Integrationsprojekte mündeten die gesellschaftspolitischen und akademischen Diskussionen der 1970er Jahre in eine Phase der integrationstheoretischen Enthaltsamkeit. Diese Phase hielt relativ lange an. Sie wurde eigentlich erst überwunden, nachdem im Zuge des Integrationsschubs ab Mitte der 1980er Jahre – dem EG-Binnenmarktprojekt und der Einheitlichen Europäischen Akte (EEA) sowie der Wirtschafts- und Währungsunion (WWU) und dem Vertrag über die Europäische Union – erneut nach passenden theoretischen Erklärungsangeboten Ausschau gehalten wurde.

4. Theoretische Brückenschläge und modifizierte Erkenntnisinteressen

Die Wiederbelebung der integrationstheoretischen Diskussion knüpfte zunächst an die älteren Paradigmen an. Auf der einen Seite bezog sich der von Wayne Sandholtz und Alex Stone Sweet entwickelte Supranationalismus sehr positiv auf den Neo-Funktionalismus. Dies betraf sowohl die positivistische Epistemologie, d.h. die Formulierung und empirische Überprüfung spezifischer Hypothesen, als auch ontologisch die Fokussierung erweiterter supranationaler Regierungsmodi. Wie beim Neofunktionalismus stützt sich diese Entwicklung auf die Prozesse grenzüberschreitender Verflechtung und die alltäglichen Praktiken europäischer Politik, wobei den strategischen Kalkülen und Handlungen transnationaler und supranationaler Akteure eine größere Bedeutung beigemessen wird. Für den Supranationalismus treiben z.B. die Europäische Kommission und der EuGH die europäische Normbildung und Vergemeinschaftung aktiv voran. Sie profitieren zugleich davon, dass dem EU-System eine Eigendynamik eingeschrieben ist, die den nationalen Regierungen die Kontrolle über europäische Entwicklungen zunehmend entzieht.

Die Gegenposition zum Supranationalismus nahm auf der anderen Seite der Liberale Intergouvernementalismus von Andrew Moravcsik ein. Dieser stützte sich ebenfalls auf eine positivistische Epistemologie. Ansonsten interessierte er sich jedoch weniger für die europapolitische Alltagspraxis als vor allem für die großen integrationspolitischen Übereinkünfte, d.h. wegweisenden Projekte und vertraglichen Vereinbarungen; und diese wurden vor allem als ein zwischenstaatlich ausgehandelter Prozess analysiert. Im Unterschied zum klassischen Intergouvernementalismus spielen für Moravcsik nicht geopolitische, sondern wirtschaftliche Erwägungen eine zentrale Rolle. Im Kern stützt sich der Liberale Intergouvernementalismus demzufolge auf ein dreistufiges Erklärungsmodell: erstens auf eine liberale Konzeption der Präferenzbildung mit Blick auf die national dominanten sektoralen Wirtschaftsinteressen; zweitens auf eine Konzeption zwischenstaatlicher Verhandlungen nach Maßgabe ihrer relativen Machtpotenziale; und drittens auf eine Konzeption des institutionellen Designs, das zwar auch eine supranationale Dimension umschließt, die ihrerseits jedoch die Souveränität der Nationalstaaten nicht begrenzt.

Die Diskussion verharrte nicht allzu lange in diesem Zustand einer dichotomen Gegenüberstellung von supranationalistischen und liberal intergouvernementalistischen Erklärungen. Schon gegen Ende der 1980er, Anfang der 1990er Jahre hatten einige Autoren regimetheoretische Überlegungen aufgegriffen und auf die europäische Integration angewandt. Die EG/EU stellte demnach einen spezifischen Regime-Mix dar, d.h. ein Set komplexer, sich überlappender regulativer Netzwerke, deren Operationsweise –

im Vergleich zu anderen Regimen – in besonderem Maße durch gemeinschaftliche Institutionen abgestützt wird. Die Genese der europäischen Regime wurde zum Teil interdependenztheoretisch-funktional, zum Teil aber auch stärker interessen- und machtpolitisch bestimmt. Zugleich wurde das Verhältnis von nationaler und supranationaler Regulation nicht als substitutiv, sondern als grundsätzlich komplementär begriffen. Letzteres weist darauf hin, dass Nationalstaaten durchaus an – vergemeinschafteter – politischer Gestaltungsmacht gewinnen können, wenn sie Kompetenzen an die supranationale Ebene abtreten.

Dieser Brückenschlag zwischen intergouvernementalen und supranationalistischen Perspektiven ist mit der Entwicklung des *Multi-Level-Governance* (MLG) Ansatzes im Laufe der 1990er Jahre aufgegriffen und weiterentwickelt worden. Der MLG-Ansatz profilierte sich zwar vornehmlich gegenüber dem Liberalen Intergouvernementalismus, indem er die EU als eine netzwerkbasierte *Polity*-Struktur, ein System *sui generis*, unter Einschluss partizipations- und kooperationsbereiter zivilgesellschaftlicher Akteure und Interessengruppen konzeptualisierte, gleichzeitig förderte er aber auch als eine heuristische Plattform den integrationstheoretischen Dialog (Jachtenfuchs/Kohler-Koch 1996). Dieser Dialog bezog sich nicht nur auf das institutionelle und regulative Gefüge, sondern umschloss in wachsendem Maße – gleichsam als eine zweite Dimension des Brückenschlags – auch die Bedeutung und Interaktion von Ideen, Leitbildern und Diskursen auf der einen und materiellen Interessen auf der anderen Seite. Um nicht missverstanden zu werden: Die Spannungen zwischen konstruktivistischen und rationalistischen Perspektiven sind durch den MLG-Ansatz keineswegs aufgehoben worden. Es wurden jedoch vermehrt Anstrengungen unternommen, mit Blick auf die Modi des europäischen Regierens das Zusammenspiel von ideen- und interessengeleitetem Handeln, d.h. von diskursiven Konstruktionen und rationalen Strategien, genauer auszuleuchten.

Die angedeuteten Brückenschläge verweisen darauf, dass dem MLG-Ansatz ein recht umfangreiches Forschungsprogramm mit veränderten integrationstheoretischen Leitfragen zugrunde lag. Waren die klassischen Paradigmen noch vornehmlich kausalanalytisch ausgerichtet gewesen, hatten sich also für die Ursachen, Triebkräfte und Barrieren der europäischen Integration interessiert, so rückten mit dem MLG-Ansatz und der Annahme einer spezifischen *EU-Polity* seit den 1990er Jahren mehr und mehr die Fragen nach den Modi des europäischen Regierens in den Vordergrund. Wenig später wurde diese Leitfrage im Kontext der Europäisierungs-Diskussion nochmals erweitert. Fortan ging es vermehrt auch darum, die – institutionell, regulativ, diskursiv und auch politökonomisch vermittelten – Rückwirkungen zu untersuchen, die die europäische Integration für die nationalstaatlichen Diskussions- und Entscheidungsprozesse mit sich brachte.

5. Ausdifferenzierung der Diskussion: verschiedene Varianten des Institutionalismus

Der durch den MLG-Ansatz intensivierte Dialog zwischen unterschiedlichen Ansätzen bildete eine markante Entwicklung der 1990er und 2000er Jahre. Eine andere Tendenz bestand zugleich in der relativen Dominanz neo-institutionalistischer Perspektiven, die sich bereits in den 1980er Jahren herausbildeten und die institutionelle Strukturierung politischer Prozesse betonten. Die neuen Institutionalismen unterschieden sich vom alten Institutionalismus, der sich vornehmlich auf die formalen, nationalstaatlich organisierten Regeln und Verfahren konzentrierte, dadurch, dass sie die gesellschaftlichen und supranationalen Institutionen in die Untersuchungen mit einbezogen und auch die vielfältigen informellen Prozesse beachteten. Gestützt auf diese Modifikationen wandten sich viele Neo-Institutionalisten verstärkt der Analyse des europäischen Mehrebenensystems zu, grenzten sich dabei allerdings ontologisch und epistemologisch nach wie vor wechselseitig voneinander ab. Allgemein wird zwischen drei Varianten des Neo-Institutionalismus unterschieden (Bache et al. 2011: 21ff):

- Der rationalistische Neo-Institutionalismus arbeitet mit einem eher ‚dünnen' Verständnis von Institutionen. Diese repräsentieren gleichsam den Handlungsrahmen, innerhalb dessen die politischen Akteure bestrebt sind, ihre Interessen durchzusetzen. Ihre jeweiligen Strategien und Praktiken werden durch das institutionelle Setting – je nach formaler, kompetenzrechtlicher Handlungskonstellation – gefördert oder aber begrenzt. Die verschiedenen Varianten des rationalistischen Neo-Institutionalismus – z.B. der Akteurszentierte Institutionalismus von Fritz W. Scharpf oder die *Principal-Agent-Modelle* von Mark Pollack – thematisieren integrationstheoretisch nicht nur die vertragsrechtliche und praktische Delegation und Supranationalisierung politischer Kompetenzen, sondern auch die Erosion der Kontroll- und Gestaltungsmacht der nationalen Regierungen, was nicht wenigen Autoren demokratiepolitisch, also normativ bedenklich erscheint.
- Etwas ‚dicker' ist der Institutionen-Begriff im historischen Institutionalismus konzipiert. Das für diesen charakteristische Konzept der ‚Pfadabhängigkeit' politisch-institutioneller Entwicklungen verweist darauf, dass die formalen und informellen Institutionen materielle, rechtliche, ideelle und normative Klebe-Effekte für die in ihnen handelnden Akteure generieren. Letztere agieren gleichsam innerhalb – und nicht jenseits – der gegebenen institutionellen Bedingungen. Diese werden ihrerseits durch die alltäglichen Praktiken der Akteure zuweilen auch modifiziert. In der Vergangenheit wurden z.B. durch die Aktivitäten und Erwägungen supranationaler Akteure – hier gibt es einige Berührungspunkte zum Supranationalismus und zur juristischen Perspektive der Integration durch Recht – sog. ‚Sperrklinken-Effekte' etabliert, die integrationspolitische Rückschritte zumindest schwierig machen.
- Die dritte Variante des Neo-Institutionalismus, der soziologische Institutionalismus, treibt das ‚dicke' Institutionen-Verständnis noch etwas weiter. In Übereinstimmung mit dem Konstruktivismus, der ansonsten eher als metatheoretische Konzeption fungiert, betont er die symbolischen, bedeutungsgenerierenden und normativen Dimensionen von Institutionen. Im Kontrast zum instrumentellen, effizienzorientierten Kalkül der Rationalisten, hoben soziologische Institutionalisten demzufolge die kulturellen, identitätsprägenden und soziale Legitimität erzeugenden Effekte einer schrittweise gestärkten europäischen Vergemeinschaftung hervor.

6. Kritische Analyseperspektiven

Die hier nur knapp aufgeführten Spielarten des Neo-Institutionalismus fügen sich allesamt ein in den *Governance-Turn*, der die Europaforschung und auch die integrationstheoretische Diskussion seit den 1990er Jahren dominiert. Allerdings ist diese Dominanz nicht unwidersprochen geblieben. Da der soziale Charakter und die Macht- und Herrschaftsbeziehungen der Integration in der Governance-Diskussion allenfalls punktuell thematisiert werden, haben sich kritische integrationstheoretische Perspektiven zu Wort gemeldet. Diese entstammen unterschiedlichen Traditionen, stimulieren sich in der Kritik der europäischen Integration zuweilen aber auch wechselseitig (Manners 2007).

Unter dem Dach der kritischen politischen Ökonomie versammeln sich unterschiedliche Theoriestränge. Prominent sind vor allem die Regulationstheorie und die neo-gramscianische Internationale Politische Ökonomie. Diese knüpfen zum Teil an die ältere neo-marxistische Diskussion an, thematisieren also die Dynamiken der kapitalistischen Akkumulation – die Prozesse der Klassenbildung, der → Globalisierung und ungleichen Entwicklung sowie damit korrespondierende Krisenprozesse –, und heben darüber hinaus hervor, dass sich die hiermit verbundenen integrationspolitischen Implikationen nur unter Berücksichtigung (trans-)nationaler zivilgesellschaftlicher Diskurse und Auseinandersetzungen erschließen. In der jüngeren kritischen Politischen Ökonomie kommt hegemonie- und politiktheoretischen Überlegungen demzufolge eine ganz zentrale Bedeutung zu.

Hierbei zeigen sich auch einige Berührungspunkte zur europäischen Governementalitätsstudien, die durch den späten Michel Foucault inspiriert worden sind. So wird dargelegt, dass die Struktur und Operationsweise des europäischen Mehrebenensystems vornehmlich durch eine marktliberale Governementalität – verstanden als Kombination von Regieren und Denkweise – gekennzeichnet ist, die eine sozial orientierte und demokratische Organisation der europäischen Gesellschaften unterminiert. Die Governementalitätsstudien adressieren sowohl die tendenzielle Autonomisierung des EU-Systems als auch die den europäischen Diskurs prägende Ideologie der Wettbewerbsfähigkeit und marktliberal orientierte Benchmarking-Verfahren.

Einen etwas anderen Fokus haben hingegen feministische Ansätze. Diese kritisieren die vorherrschenden Perspektiven in erster Linie dahingehend, dass sie die Machtbeziehungen zwischen den Geschlechtern als eine zentrale Komponente europäischer Entwicklungen ausblenden oder zumindest geringschätzen. Im Umkehrschluss richtet sich die Aufmerksamkeit feministischer Arbeiten auf die genderspezifischen Implikationen der europäischen Integration: zum einen mit Blick auf die Prozesse der sozioökonomischen Teilhabe (z.B. im Bereich der Arbeits- und Sozialpolitik), zum anderen aber auch in Bezug auf die politisch-institutionellen Partizipationsformen, d.h. eine auf gleiche Beteiligungschancen und Emanzipation ausgerichtete Reorganisation der nationalen und europäischen Politik.

Die aufgeführten kritischen Analyseperspektiven differenzieren sich intern vielfach weiter aus. Sie zeichnen sich übergreifend dadurch aus, dass sie jenseits der Modi des politisch-institutionellen Regierens explizit auf gesellschaftliche Macht- und Herrschaftsbeziehungen verweisen. In diesem Sinne repräsentieren sie zwar keine Integrationstheorien im eigentlichen Sinne, befassen sich aber mit spezifischen sozialen Verhältnissen und politökonomischen Dynamiken, die für den Fortgang der Integration – zumindest indirekt – von Bedeutung sind.

7. Ausblick

Die Rekonstruktion der zentralen Linien der integrationstheoretischen Konzeptionen lässt erkennen, dass sich die Diskussionslandschaft deutlich verändert hat. Stellte sich diese in den Nachkriegsjahrzehnten noch recht übersichtlich dar, so richtete sich angesichts des verlängerten Integrationsschubs und der gewachsenen Komplexität des EU-Systems seit den 1980er Jahren der Blick vermehrt auf die Analyse und Interpretation neuer *Governance-Formen*. Darüber hinaus kam es zu einer Pluralisierung und Ausdifferenzierung der integrationstheoretischen Perspektiven, was für spezifische empirische Studien wie auch für kontroverse theoretische Reflexionen vorteilhaft war. Nicht selten reproduzierten sich aber auch die Schwierigkeiten der inter-paradigmatischen Kommunikation, da den konkurrierenden Ansätzen zum Teil recht unterschiedliche ontologische und epistemologische Annahmen und auch spezifische normative Orientierungen zugrunde lagen.

Seit Ende der 2000er Jahre sind vor dem Hintergrund der anhaltenden politökonomischen Krisenprozesse die analytischen und zeitdiagnostischen Grenzen der institutionalistischen *Governance-Ansätze* verstärkt erfahrbar geworden. Die drängenden europapolitischen und analytischen Fragestellungen haben sich verschoben, zumindest erweitert: Sie richten sich nicht zuletzt auf das widersprüchliche Spannungsverhältnis zwischen einer forcierten, währungs-, wirtschafts- und finanzpolitisch motivierten institutionellen Integration auf der einen und den zunehmenden Tendenzen einer sozialen und politisch-kulturellen Desintegration auf der anderen Seite; und sie verweisen in dem Zusammenhang darauf, dass die politische Bearbeitung des innereuropäischen Integrationsgefälles, d.h. der Zentrum-Peripherie-Beziehungen, intensivierter theoretischer Anstrengungen und kritischer Reflexionen bedarf.

→ Ergänzende Beiträge

Begriff und Funktion von IB-Theorie, Europäische Union, Institutionalismus, Konstruktivismus, Liberalismus und Realismus als IB-Theorie, Internationale Organisationen, Regionalisierung/Regionalismus

Literatur

Bache, Ian/George, Stephen/Bulmer, Simon ([3]2011): Politics in the European Union, Oxford.

Bieling, Hans-Jürgen/Lerch, Marika (Hrsg.) ([3]2012): Theorien der europäischen Integration, Wiesbaden.

Diez, Thomas/Wiener, Antje (Hrsg.) ([2]2009): European Integration Theory, Oxford.

Jachtenfuchs, Markus/Kohler-Koch, Beate (Hrsg.) (1996): Europäische Integration, Opladen.

Manners, Ian (2007): Another Europe is Possible: Critical Perspectives on European Union Politics, in Jørgensen, Knud Erik/Pollack, Mark A./Rosamond, Ben (Hrsg.): Handbook of European Union Politics, London, S. 77-95.

O'Neill, Michael (1996): The Politics of European Integration, London/New York.

Rosamond, Ben (2000): Theories of European Integration, New York.

22 – Interdependenz (*Manuela Spindler*)

1. Begriff

Interdependenz (I.) bedeutet wechselseitige Abhängigkeit – in der Regel eine wechselseitige Abhängigkeit zwischen (‚*inter*') Akteuren. Zentrales Merkmal ist die Abhängigkeit der Handlungsfähigkeit eines Akteurs von den Entscheidungen und Handlungen anderer in den gemeinsamen Beziehungszusammenhang eingebundenen Akteure. So sind beispielsweise die weltweiten Verflechtungen und Vernetzungen im Bereich Handel (→ Handelspolitik) und Finanzen (→ internationale Finanzarchitektur), der globale Klimawandel (→ Klimapolitik) oder globale Sicherheitsbedrohungen (→ Sicherheitspolitik) Beispiele für Beziehungszusammenhänge, deren Merkmal I. ist: Akteure (z.B. Staaten, Unternehmen, zivilgesellschaftliche Akteure) sind in ihren handelspolitischen, finanzpolitischen, umweltpolitischen und sicherheitspolitischen Entscheidungen und Handlungen voneinander abhängig. Eine protektionistische Handelspolitik (beispielsweise in Form erhöhter Import-Zölle), die strategische Auf- oder Abwertung nationaler Währungen, eine klimaschädliche Wirtschaftspolitik oder sicherheitspolitische Fehleinschätzungen im Umgang mit terroristischen Bedrohungen (→ internationaler Terrorismus) haben Auswirkungen für alle in den Beziehungszusammenhang eingebundenen Staaten und Gesellschaften.

2. Interdependenz in der internationalen Politik

Das Nachdenken über Ursachen und Folgen wechselseitiger Abhängigkeiten war bereits Bestandteil wirtschaftswissenschaftlicher Betrachtungen im Rahmen der Freihandelstheorie und des politischen Liberalismus wie von Adam Smith, David Ricardo oder John Stuart Mill. Hier wurden internationale Abhängigkeiten im Bereich des Welthandels und der Währungspolitik und die durch internationale Verflechtung entstehenden wechselseitigen Gewinne und Verluste diskutiert. In der Politikwissenschaft des 20. Jhds. geht das Nachdenken über I. auf den Idealismus zurück (→ Liberalismus als IB-Theorie).

Im Kontext der 1960er Jahre kann zunächst ein weltpolitischer Interdependenzbegriff im Zusammenhang mit dem → Ost-West-Konflikt ausgemacht werden, durch den sich I. als Weltfriedensproblem darstellte. Hintergrund war die Entwicklung von Interkontinentalraketen und damit die enorme Verkürzung der ‚Distanz' zwischen den Staaten, mit der Folge, dass eine sicherheitspolitische Isolation oder Autonomie illusorisch wurde. Diese sicherheitspolitische bzw. militärisch-strategische I. war damit Merkmal eines globalen Wirkungszusammenhangs, der durch den Konflikt zweier sich gegenseitig ausschließender Konzeptionen von Weltpolitik und die Existenz von Nuklearwaffen als (angedrohtes) Mittel des Konfliktaustrags entstand (→ Abschreckung). Bedeutsamer – und für die politikwissenschaftliche Theorieentwicklung nachhaltig prägend – war jedoch das Verständnis von I., das gegen Ende der 1960er und vor allem in den 1970er Jahren aus den weltwirtschaftlichen Krisenerscheinungen und Konflikten in den Beziehungen der westlichen Industrieländer resultierte (→ Weltwirtschaftssystem). Mit dem Zusammenbruch des Währungssystems von Bretton Woods, d.h. des

Grundsatzes fester Wechselkurse auf der Basis vereinbarter Goldparitäten in Folge der Aufhebung der Gold-Dollar-Konvertibilität durch die US-Administration im August 1971, vor allem aber durch die Ölpreiskrisen (1973, 1979) erlebten die westlichen Industriestaaten zwei gravierende ökonomische ‚Schocks'. Hintergrund der ersten Ölkrise von 1973 war das im Zusammenhang mit dem arabisch-israelischen Krieg (Oktoberkrieg) (→ Nahostkonflikt) von der OPEC gegen die USA und andere Industrieländer wegen ihrer Unterstützung Israels verhängte Ölembargo sowie die drastische Erhöhung der Ölpreise, in deren Folge die westlichen Industriestaaten in einen Stagflationsprozess gerieten und es im Kampf gegen Rezession und Inflation untereinander zu Konflikten über die ‚richtige Wirtschaftspolitik' kam. Die Staaten des Westens benutzten bis dahin z.T. sehr unterschiedliche wirtschaftspolitische Instrumente um das Ziel allgemeinen Wirtschaftswachstums zu erreichen. Individuelle – und damit wenig vorhersehbare – nationalstaatliche Reaktionen auf die Krisenerscheinungen – und damit Konflikte – waren die Folge. Auch die gegenwärtigen Versuche einer politischen Bewältigung der weltweiten Finanz- und Staatsschuldenkrise und der Euro-Krise sind durch Konflikte über die ‚richtigen' Koordinationsmechanismen und Kooperationsformen (z.B. in der Frage der Notwendigkeit einer Europäischen Wirtschaftsregierung), über Art und Umfang der Maßnahmen zur Bankenregulierung und Finanzmarktreform sowie durch nationale Alleingänge (beispielsweise in der Sparpolitik) geprägt.

Durch I. ausgelösten Krisenerscheinungen wird seit den 1970er Jahren i.d.R. mit politischen Bemühungen um einen weltwirtschaftlichen Koordinationsprozess entgegenzutreten versucht. So wurden 1975 beispielsweise die ‚Weltwirtschaftsgipfel (heute G7/G8) ins Leben gerufen. Mittlerweile wird nicht mehr nur in der G7/G8, sondern im Rahmen der G20 um eine weltwirtschaftliche Koordination der gegenwärtigen Krisenmaßnahmen gerungen. Das Problem des politischen Umgangs mit den aus wechselseitigen Abhängigkeiten resultierenden Effekten wurde also zum Kernproblem internationaler Politik und stellt seitdem eine wachsende Herausforderung für die politische Steuerungs- und Gestaltungsfähigkeit der Staaten und zwischenstaatlichen Institutionen dar.

3. Konzept und Theorie der Interdependenz

Eingang in die politikwissenschaftliche Theoriebildung im engeren Sinne fand der Terminus I. trotz intellektueller Vorläufer recht spät. Dabei kann I. für die Entstehung von IB-Theorien geradezu als konstitutiv betrachtet werden, da der Bedarf an intensiver theoretischer Reflexion über zwischenstaatliche Beziehungen erst mit der Erfahrung einer politischen und gesellschaftlichen Bedeutsamkeit zwischenstaatlicher Abhängigkeiten (sei es im Sinne von Wohlfahrtsgewinnen durch Handel oder auch durch das Bewusstsein militärischer Bedrohung von Sicherheit) einherging (Osiander 1995). Historische Voraussetzung dafür war die Herausbildung von Nationalstaaten und deren sukzessive zwischenstaatliche Verflechtung im Europäischen Staatensystem der Neuzeit (Westfälisches System, → Staat/Staatlichkeit im Wandel)). Die Grundannahme des Staates als zentraler, gestaltender Akteur in einem – zunächst europäischen – später internationalen Staatensystem – erweist sich in theoretischer Hinsicht bis heute als entscheidend für das politikwissenschaftliche Verständnis wechselseitiger Abhängigkeiten. So wird in den zentralen Interdependenztheoretischen Arbeiten wechselseitige Abhängigkeit grundlegend als ein Wandel, eine Veränderung in den Strukturen des internationalen Systems gefasst, dessen Merkmal eine Beschränkung der Handlungsfähigkeit von Staaten – also ein Verlust an politischem Steuerungsvermögen – mit Konsequenzen für das Erreichen nationaler wirtschaftlicher und politischer Ziele aufgrund wechselseitiger Abhängigkeiten ist. Gefragt wird nach den Handlungsmöglichkeiten nationalstaatlicher Politik unter diesen Bedingungen, also nach den geeigneten politischen Instrumenten, auf diesen Wandel zu reagieren. Wichtige Impulse für eine wissenschaftliche Konzeptualisierung von I. kamen insbesondere aus den Arbeiten des amerikanischen Wirtschaftswissenschaftlers Richard Cooper (1968) und einer Reihe von Aufsätzen von Edward Morse (1969). Zentral und wegweisend für die politikwissenschaftliche Konzeptualisierung von I. wurden jedoch die Arbeiten von Robert O. Keohane und Joseph S. Nye, insbesondere ihr 1977 erschienenes Buch ‚*Power and Interdependence. World Politics in Transition*'.

3.1 Politischer Interdependenzbegriff

Robert O. Keohane und Joseph S. Nye entwickelten ihr Konzept der I. in Abgrenzung zum Konzept der Verbundenheit (*interconnectedness*). Der Interdependenzbegriff von Keohane und Nye (wie auch der von Morse und Cooper) hebt nun auf die politische Signifikanz der empirischen Interaktionen (also von Verbundenheit) ab – und damit auf einen Aspekt, der sich direkter Messbarkeit entzieht. I. ist dabei gerade nicht abhängig von Umfang und Ausmaß der Transaktionen, sondern von der ihr zugeschriebenen politischen Bedeutsamkeit. Dieser Unterschied zwischen Verbundenheit und I. wird von Keohane/Nye über das Kriterium der Kosten definiert: Dort, und nur dort, wo Interaktionen wechselseitig Kosten verursachen, liegt I. vor. Wo Interaktionen keine wesentlichen Kosten verursachen, besteht einfach eine wechselseitige Verbundenheit, also „interconnectedness" (Keohane/Nye 1977: 9). Diese Unterscheidung zwischen Verbundenheit und I. über das Kriterium der Kosten ist zentral für das Verständnis der Politik der I. Das Problem für die Politik ergibt sich daraus, dass I. immer ‚kostspielig' ist: Sie beschränkt die politische Handlungsautonomie von Staaten, die z.B. in der Geld- und Währungspolitik, Steuerpolitik, Unternehmensregulierung oder bei der Umsetzung redistributiver Programme nicht mehr autonom agieren können und erfordert damit eine Anpassungsleistung an die veränderten Bedingungen. Hier wird von den Autoren noch eine Abstufung eingeführt, indem sie zwei Formen von I. unterscheiden: I.-Empfindlichkeit (*sensitivity*) und I.-Verwundbarkeit (*vulnerability*):

- „Sensitivity involves degrees of responsiveness within a policy framework – how quickly do changes in one country bring costly changes in another, and how great are the costly effects?" (Keohane/Nye 1977: 12). Gemeint sind also Kosten, die entstehen, wenn es keine politische Gegenreaktion eines Staates gibt, der von Veränderungen in einem anderen Staat betroffen ist, Politik mithin also konstant bleibt.
- „Vulnerability can be defined as an actor's liability to suffer costs imposed by external events even after policies have been altered" (Keohane/Nye 1977: 13). Die Verwundbarkeits-Dimension von I. liegt also in den Kosten, die zu tragen sind,

auch wenn politische Gegenmaßnahmen ergriffen werden – wenn also über einen bestimmten Zeitraum hinweg wirksame Anpassungen an eine veränderte Umwelt vorgenommen werden müssen.

Um die zentrale Frage nach den Handlungsmöglichkeiten des Staates unter den Bedingungen von I. beantworten zu können, konstruieren Keohane/Nye (1977: 24-37) zunächst mit dem Konzept der ‚komplexen I.' einen dem Realismus entgegengesetzten Idealtypus des internationalen Systems, indem sie die Grundanahmen des Realismus (→ Realismus als IB-Theorie) umkehren: Demnach

- sind Staaten keine in sich geschlossenen Einheiten und nicht alleinige Akteure in der Weltpolitik. Neben den klassischen zwischenstaatlichen Beziehungen spielen transnationale Beziehungen eine wichtige Rolle (→ Transnationale Akteure/Nichtregierungsorganisationen), d.h. neben den Staaten existieren weitere einflussreiche Akteure wie z.B. multinationale Konzerne, Banken oder wissenschaftliche Expertengruppen (*multiple channels of contact*);
- besitzt militärische Macht in durch komplexe I. gekennzeichneten Beziehungszusammenhängen nur eine untergeordnete Bedeutung als Mittel der Politik;
- gibt es keine vorgegebene Hierarchie in der Rangfolge von Zielen in der internationalen Politik: militärische Sicherheit ist nicht mehr *a priori* höherrangig als Ziele im Bereich Wohlfahrt, vielmehr existiert eine Vielfalt unterschiedlicher Problembereiche (*issue areas*).

Für Keohane/Nye fallen ‚reale Situationen' in der internationalen Politik in der Regel irgendwo dazwischen. Komplexe I. ist manchmal realitätsnäher als das realistische Modell (→ Realismus als IB-Theorie). Wenn das der Fall ist, dann sind für die Autoren ‚traditionelle' – also realistische – Erklärungen nicht mehr anwendbar. Auf der Basis einer Einschätzung, in welchem Maße die Annahmen des Realismus oder aber komplexer I. eine konkrete Situation charakterisieren, muss nach Meinung der Autoren vom Forscher eine Entscheidung getroffen werden, welches Erklärungsmodell er für diese Problemsituation zur Anwendung bringt (Keohane/Nye 1977: 24). Internationale Politik unter Bedingungen komplexer I. ist im Vergleich zum Realismus grundlegend durch andere politische Prozesse gekennzeichnet. Im realistischen Erklärungsmodell bestimmt die allgemeine Machtüberlegenheit eines Staates direkt die Ergebnisse internationaler Politik. Unter Bedingungen komplexer I. stellen Keohane/Nye dagegen eine Diskontinuität zwischen allgemeiner Machtverteilung und den Politikergebnissen in konkreten Verhandlungssituationen fest: Je mehr sich eine Situationsstruktur der komplexen I. annähert, desto weniger lässt sich die generelle Machtüberlegenheit eines Staates (*overall power structure*) in die politischen Ergebnisse innerhalb einzelner Politikbereiche ‚übersetzen', denn zwischen Machtressourcen und Macht als Kontrolle über Politikergebnisse ‚wirkt' I. als intervenierende Variable (Keohane/Nye 1977: 29-37):

- Es ist unter diesen Bedingungen schwieriger für militärisch starke Staaten, ihre allgemeine Dominanz zur Kontrolle in Politikbereichen zu nutzen, in denen sie nicht überlegen sind. Die Machtverteilung und der Grad der Verwundbarkeit in spezifischen Problemfeldern werden also bedeutsam bei der Analyse der politischen Prozesse.

- Die Möglichkeiten der Gestaltung von Agenden der internationalen Politik (*agenda setting*) verändern sich. Eine erhöhte I. führt dazu, dass z.B. innerstaatliche Gruppen oder transnationale Akteure bestimmte Probleme politisieren können, die zuvor als innerstaatlich betrachtet wurden und die nun Eingang in internationale Agenden finden.
- Unter diesen Bedingungen kommt es zu einer neuen und bedeutsamen Rolle internationaler Organisationen in der internationalen Politik. → Internationale Organisationen nehmen Einfluss auf die Gestaltung von Agenden, regen Koalitionsbildungen an oder fungieren als Arenen für die Artikulation von Interessen eher schwacher Staaten.

Zusammengefasst, beruht der politische Interdependenzbegriff auf der Annahme rationaler, aufgrund von egoistischem Eigeninteresse und Kosten-Nutzen-Kalkülen handelnder Akteure (Staaten), die in Folge von I. unter nunmehr veränderten Bedingungen agieren müssen, denn I. legt der Realisierung ihres jeweils egoistischen Eigeninteresses Beschränkungen auf. Das Konzept ist damit angesiedelt im Spannungsverhältnis zwischen einer staatenzentrierten Sichtweise des Realismus und der konstatierten Herausbildung von Verflechtungszusammenhängen, die sich dem einzelstaatlichen Steuerungsvermögen entziehen und für die daher neue politische Organisationsformen gefunden werden müssen. Machtpotenziale und damit Handlungsmöglichkeiten entspringen unter diesen Bedingungen dem Umstand, dass es sich in den einzelnen Politikfeldern in der Regel um asymmetrische I. handelt. Das heißt, Staaten sind in verschiedenen Politikfeldern unterschiedlich verwundbar, die Anpassungskosten also nicht gleichmäßig auf die in den Beziehungszusammenhang eingebundenen Akteure verteilt. I.-Verwundbarkeit beinhaltet damit eine strategische Dimension: Für Staaten in Positionen relativer Unverwundbarkeit (relativ, d.h. im Vergleich zu den anderen in den Beziehungszusammenhang eingebundenen Akteuren) eröffnet sich die Möglichkeit der Manipulation des internationalen Systems zur Verwirklichung ihres Eigeninteresses. Sie werden versuchen, asymmetrische I. als Machtquelle zu nutzen und internationale Organisationen zu ihren Gunsten zu beeinflussen. Das Problem stellt sich für Keohane/Nye auf zwei Ebenen:

- „From the foreign-policy standpoint, the problem facing individual governments is how to benefit from international exchange while maintaining as much autonomy as possible" und
- „From the perspective of the international system, the problem is how to generate and maintain a mutual beneficial pattern of cooperation in the face of competing efforts by governments (and nongovernmental actors) to manipulate the system for their own benefit" (Keohane/Nye 1987: 730).

3.2. Machtpolitik der Interdependenz

Erklärtes Ziel der Arbeiten von Keohane und Nye ist die Optimierung amerikanischer Außenpolitik angesichts der sich spätestens Anfang der 1970er Jahre offenbarenden *autonomy illusion*, indem sie dem bis dahin vorherrschenden realistischen Modell eine alternative wissenschaftliche Politikempfehlung entgegensetzen. Sie unterscheiden grundsätzlich drei Typen von *international leadership* – Hegemonie, Unilateralismus und → Multilateralismus – und sprechen sich angesichts des Verlustes amerikanischer Hegemonie und der Unwirksamkeit von Unilateralismus unter Interdependenzbedingungen für Multilateralismus als wissenschaftliche Empfehlung für eine Politik der I. aus. Empfohlen wird eine aktive und führende Rolle der USA im Bemühen um internationale Politikkoordination, basierend auf der Überzeugung, dass internationale Kooperation und deren ‚Verstetigung' durch die Bildung und Stabilisierung von → internationalen Organisationen und Regimen eine geeignete Strategie sind, die aus I. resultierenden Konflikte einer für alle Seiten gewinnbringenden kooperativen Bearbeitung zuzuführen. Durch I. charakterisierte Beziehungszusammenhänge v.a. im wirtschaftlichen und ökologischen Bereich bergen grundsätzlich die Möglichkeit gemeinsamer Gewinne durch internationale Kooperation (Keohane/Nye 1977: 32). Dies resultiert daraus, dass die Verwirklichung der Ziele der einzelnen Staaten von den Entscheidungen aller in den interdependenten Beziehungszusammenhang eingebundenen Staaten abhängt (*collective action problem*). Durch die unilaterale Verfolgung der Ziele bleibt die Erzeugung oder Verteilung eines erstrebten Gutes (wie wirtschaftlicher Reichtum, Sicherheit, Umweltschutz) für alle Staaten unter dem Optimum – also ein unbefriedigendes Resultat für alle. Für Keohane/Nye führt I. daher unter bestimmten Bedingungen zu einem Interesse der rational handelnden ‚Egoisten' an Kooperation (Keohane 1984: 8). I. ist dabei beides: die Bedingung der Möglichkeit von Kooperation und die Ursache des Bedarfs für Kooperation. Die Einsicht in diese Beziehungsstruktur bildet die Voraussetzung für kooperatives Verhalten.

4. Zusammenfassung, Ausblick und Kritik

Mit dem politischen Konzept der I. wurde durch Keohane/Nye für die 1970er und 1980er Jahre eine politikwissenschaftlich fundierte Basis für das politische Bemühen der westlichen Industriestaaten unter Führung der USA um eine Politikkoordination in multilateralen internationalen Institutionen (wie beispielsweise dem GATT oder dem IWF) gelegt. In theoretisch-konzeptioneller Hinsicht erwiesen sich die Arbeiten von Keohane/Nye von enormer Prägekraft für nachfolgende Generationen von Wissenschaftlern und Wissenschaftlerinnen in den IB und führten zur Etablierung eines komplexen neoliberalen Forschungsprogramms mit nicht nur theoretischer, sondern mit ihrem Plädoyer für Multilateralismus und internationale Institutionen auch hoher praktisch-politischer Relevanz. Eine intensive Auseinandersetzung mit dem Konzept von I. ist also nicht nur von theoretischem Interesse. Die aus I. folgende, theoretisch-konzeptuell untermauerte Empfehlung einer globalen ‚Politik der I.' durch internationale Kooperation und Politikkoordination ist, wie allein das Beispiel der gegenwärtigen Bewältigungsversuche der weltweiten Finanzkrise und der Euro-Krise zeigt, von nach wie vor hoher politischer Relevanz.

Die seit den 1990er Jahren geführte Globalisierungs- und *Governance*-Debatte verdeutlicht dabei eindrucksvoll die Vielzahl von mit der I.-Analyse gemeinsamen Problemstellungen in Bezug auf eine abnehmende politische Handlungs-und Gestaltungsmacht des Staates. Die von Keohane/Nye konstatierte Tauglichkeit der I.-Analyse für eine wissenschaftlich begründete Ableitung von Strategien politischen Handelns auch im Kontext der → Globalisierung bedarf jedoch kritischer Betrachtungen. Es ist naheliegend, dass die sich dramatisch verändernden machtpolitischen Parameter des gegenwärtigen internationalen Systems, insbesondere durch die wachsende weltpolitische und weltwirtschaftliche Bedeutung Chinas oder auch Indiens bzw. den Aufstieg Asiens als Weltregion zu veränderten Rahmenbedingungen für eine auf globale institutionalisierte Kooperation setzende ‚Politik der I.' führen werden (→ Aufstieg der Schwellenländer). Das wiederholte Scheitern von Verhandlungen zum Klimaschutz belegt dies eindrucksvoll. Zunehmend ist vor dem Hintergrund des schleppenden Verlaufs der Doha-Runde der WTO, von der durch die Finanzkrise sichtbar gewordenen Reformbedürftigkeit von Weltbank und IWF oder dem Versagen der VN angesichts einer Vielzahl von Konflikten (wie beispielsweise in Darfur) von einer Krise der multilateralen Institutionen die Rede. Deutlich wird nicht nur im Nord-Süd-Gefälle (→ Nord-Süd-Beziehungen), dass kooperatives Verhalten von Staaten und eine erfolgreiche internationale Politikgestaltung durch Institutionen perspektivisch anderer Begründungszusammenhänge und Argumente bedarf, als sie ein politikwissenschaftlicher Ansatz bereit stellen kann, der wechselseitige Abhängigkeiten ausschließlich zwischen-staatlich betrachtet und auf eine globale Machtpolitik der I. setzt.

→ Ergänzende Beiträge

Globalisierung, Handelspolitik, Liberalismus und Realismus als IB-Theorie, internationale Finanzarchitektur, internationale Organisationen, Multilateralismus, Weltordnungsmodelle, Weltwirtschaftssystem

Literatur

Cooper, Richard N. (1968): The Economics of Interdependence: Economic Policy in the Atlantic Community, New York u.a.

de Wilde, Jaap (1991): Saved from Oblivion: Interdependence Theory in the First Half of the 20th Century, Aldershot u.a.

Delaisi, Francis (1971) [1925]: Political Myths and Economic Realities, Washington.

Keohane, Robert O. (1984): After Hegemony. Cooperation and Discord in the World Political Economy, Princeton.

Keohane, Robert O./Nye, Joseph S. (³2001) [1977]: Power and Interdependence, New York u.a.

Morse, Edward L. (1969): The Politics of Interdependence, in: International Organization (2), S. 311-326.

Osiander, Andreas (1995): Interdependenz der Staaten und Theorie der zwischenstaatlichen Beziehungen. Eine theoriegeschichtliche Untersuchung, in: Politische Vierteljahresschrift (2), S. 243-266.

Spindler, Manuela (³2010): Interdependenz, in: Schieder, Siegfried/Spindler, Manuela (Hrsg.): Theorien der Internationalen Beziehungen, Opladen, S. 97-130.

23 – Internationale Finanzarchitektur (*Christian Tietje*)

1. Begriff und Bedeutung

Mit jeder weltweiten Krise auf den Finanzmärkten kommt zwangsläufig der Ruf nach einer Reform der internationalen Finanzarchitektur (i.F., englisch *international financial architecture*) auf. Man muss auf dieses politische Ritual nicht gleich so reagieren wie es Paul Krugman (2001: 244) in seiner ihm eigenen, direkten und wenig diplomatischen Art in der Nachfolge der Asien-Krise 1997/98 tat, als er hervorhob, dass der erste Schritt einer Reform der i.F. „is to find out who is responsible for that pompous phrase, and punish him". Von dieser Kritik abgesehen, steht fest, dass der Begriff der i.F. erstmals öffentlich vom damaligen US-amerikanischen Finanzminister Robert E. Rubin in einer Rede am 14. April 1998 an der *Brookings Institution* in Washington D.C. mit dem Titel *Strengthening the Architecture of the International Financial System* gebraucht wurde. Schon kurze Zeit nach der Etablierung des Begriffes durch Rubin erschienen mehrere Veröffentlichungen angesehener *think tanks*, die sich mit der i.F. befassten; in der politischen, politikberatenden und wissenschaftlichen Diskussion ist der Begriff seither fester Bestandteil des einschlägigen Wortschatzes. Eine umfassende Definition der i.F. konnte bislang nicht erarbeitet werden. Regelmäßig werden aber zunächst vier Elemente der i.F. genannt:

- Erstens geht hiernach um eine bestimmte Anzahl internationaler Standards für globale Finanzmärkte (*International Financial Standards* – IFSs), die Finanzkrisen, insbesondere solche mit sog. systemischen Auswirkungen, verhindern oder jedenfalls entschärfen sollen, sowie
- zweitens um die verschiedenen internationalen staatlichen, nicht-staatlichen und intermediären Organisationen, die mit der Ausarbeitung der entsprechenden Standards befasst sind und sich um ihre innerstaatliche Implementierung bemühen;
- drittens kommen in einem weiteren Sinne zu diesen beiden Elementen noch die Maßnahmen und Akteure hinzu, deren Aufgabe es ist, internationale Finanzkrisen zu lösen;
- viertens sind die Maßnahmen und internationalen Standards erfasst, die sich auf die Integrität und Transparenz der Finanzmärkte beziehen, u.a. mit Blick auf die Bekämpfung der Geldwäsche und die Finanzierung terroristischer Aktivitäten sowie im Hinblick auf einen möglichst umfassenden Informationsaustausch in Steuerangelegenheiten (Giovanoli 2010: 4).

Wie ersichtlich, ist diese Aufzählung auf die Krisenprävention und das Krisenmanagement bezogen. Eine Umschreibung der i.F. muss indes die maßgeblichen Akteure sich real vollziehender globaler Finanztransaktionen, also in erster Linie private Wirtschaftssubjekte, mit einbeziehen. Überdies ist der Begriff der i.F. nicht auf den Handel mit Wertpapieren und vergleichbaren Finanzinstrumenten zu beschränken. Vielmehr zeigen die realen Entwicklungen auf den globalen Finanzmärkten immer wieder, dass Staatsschulden und damit auch das Währungsrecht in die Diskussion über eine i.F. zu integrieren sind.

2. Historische Entwicklung

In historischer Perspektive sind jedenfalls Teilbereiche der heutigen i.F. eng mit der Entwicklung des Konzeptes staatlicher Souveränität verbunden (→ Staat/Staatlichkeit im Wandel). So kam es erst im 18. Jhd. überhaupt zu frühen Ansätzen der Etablierung eines staatlichen Währungsmonopols. Im Bereich der Staatsschulden ist es mit dem Aufkommen des Territorialstaates in der Folge des Westfälischen Friedens von 1648 durchgängige Praxis, dass Staaten nicht mehr ihre Auslandsverbindlichkeiten bedienten, also in moderner Terminologie Insolvenz anmeldeten. So setzte z.B. Spanien in der Zeit zwischen dem 16. und dem 19. Jhd. 13-mal seine Schuldverpflichtungen aus. In derselben Zeit erklärten Frankreich acht Mal sowie Portugal und die deutschen Staaten jeweils sechs Mal, dass sie ihre Schulden nicht mehr erfüllen könnten. Auch die lateinamerikanischen Staaten sowie das Osmanische Reich erklärten im 19. und 20. Jhd. mehrfach, dass eine Erfüllung ihrer Schulden nicht mehr möglich sei. Überhaupt ist das 20. Jhd. nahezu kontinuierlich von bis zu 20 Fällen einer Staateninsolvenz pro Jahrzehnt geprägt. Trotz dieser empirischen Relevanz konnte sich allerdings kein internationales Recht zu Staatsschulden herausbilden. Die Durchsetzung von Forderungen privater oder staatlicher Gläubiger erfolgte dem Schuldnerstaat gegenüber durch die Instrumente des diplomatischen Schutzes, einschließlich ggf. der Anwendung militärischer Gewalt. Ob Staatsanleihen als zentrales Finanzierungsinstrument für Staaten überhaupt rechtliche Verbindlichkeit hatten, wurde lange Zeit bezweifelt.

Auch die privaten Finanzmärkte waren lange Zeit nicht im Fokus internationaler Ordnungs- und/oder Regelungsanstrengungen. Es gab zwar in der Geschichte schon immer Bankenkrisen, diese hatten indes lange Zeit keine globalen systemischen Auswirkungen. Eine grenzüberschreitende Dimension erlangten Finanzmärkte erst mit dem faktischen Wegfall von Kapitalverkehrskontrollen im 19. Jhd. und der zunehmenden Finanzierung von Staatshaushalten durch internationale Großbanken und andere private Kreditgeber in der Form von Staatsanleihen. Während die Gläubiger von Staatsanleihen zunächst wenige große institutionelle Anleger waren, kam es nach dem Ersten Weltkrieg zunehmend dazu, dass Staatsanleihen breit gestreut von zahlreichen privaten Gläubigern, auch vielen Kleinanlegern, gehalten wurden. Ein über Staatsanleihen hinausgehender, rein privater internationaler Finanzmarkt existiere hingegen nicht; grenzüberschreitende Finanztransaktionen vollzogen sich im Regelfall auf Staatsanleihen bezogen und hatten insofern immer zumindest auf einer Seite einen staatlichen Vertragspartner. Es gab daher auch kein Bedürfnis für eine internationale Finanzmarktregulierung.

Auch die Bretton Woods Konferenz 1944 war von der Vorstellung geprägt, dass private Finanzmärkte der Regelungshoheit der Staaten unterfallen und keine Notwendigkeit für eine internationale Regulierung bestehe. Die Internationale Bank für Wiederaufbau und Entwicklung (im Folgenden: Weltbank) und der Internationale Währungsfond (IWF), die beide in Bretton Woods gegründet wurden, hatten kein Mandat, das sich auf die internationalen Finanzmärkte bezog (→ Weltwirtschaftssystem). Die Weltbank sollte eigentlich für internationale Investitionen zuständig sein, wandelte sich aber sehr schnell zu einer reinen Entwicklungsorganisation (→ Entwicklungszusammenarbeit). Der IWF war im Wesentlichen auf Gesichtspunkte der Währungsstabilität beschränkt. Indem nach Art. VI Abschn. 3 IWF-Abkommen „[d]ie Mitglieder [...] die zur Kontrolle internationaler Kapitalbewegungen notwendigen Maßnahmen treffen [dürfen]“, wurde der gesamte Finanzmarktbereich in der souveränen Entscheidungsgewalt der Staaten belassen.

3. Auf dem Weg zu einer ‚New International Financial Architecture I‘ (NIFA I)
Während die Bretton Woods Organisationen und das außerhalb des Systems gegründete Allgemeine Zoll- und Handelsabkommen (GATT) sich in der Nachkriegszeit erfolgreich etablierten (→ Handelspolitik), spielten private internationale Finanzmärkte zunächst keine große Rolle. Aufgrund von Kapitalverkehrsbeschränkungen in vielen Staaten bestand wenig Möglichkeit zu nicht staatlich kontrollierten internationalen Finanztransaktionen. Diese Situation änderte sich erst ca. Ende der 1960er Jahre, als private Finanzmärkte erstmals eine sichtbare internationale Dimension erlangten. Das ist in erster Linie auf die im Jahre 1963 aufkommende neue Anleiheform der sog. *Eurobonds* zurückzuführen. Es handelt sich hierbei um Anleihen in einer Währung, die nicht der Währung des Staates, in dem sie platziert werden, entsprechen und die oftmals an mehreren nationalen Kapitalmärkten gleichzeitig und von Großbanken oder Bankenkonsortien abgewickelt werden. Eurobonds gelten als „genuin entterritorialisierte Finanzierungsform“ (Szodruch 2008: 52). Das bis in die 1960er Jahre dominierende Bild mehr oder weniger vollständig staatlich kontrollierter internationaler Finanzmärkte löste sich so langsam auf. Der private Finanzsektor wurde zum tatsächlichen Akteur auf den Finanzmärkten. Diese Entwicklung geht einher mit dem Übergang von festen zu freien Wechselkursen und einer entsprechenden Änderung des IWF-Abkommens. Dem IWF wurde nunmehr auch die (begrenzte) Aufgabe übertragen, das internationale Währungssystem auf makroökonomische Strukturfragen hin zu überwachen. Ebenfalls weitgehend zeitgleich hierzu sind die 1970er Jahre von einem fundamentalen Wandel der Strukturen der internationalen Staatsschulden geprägt: Durch die Ölpreiskrise Anfang der 1970er Jahre bedingt, kam es zu erheblichen Devisengewinnen der erdölexportierenden Staaten. Diese sog. *Petrodollars* wurden auf dem Eurodollarmarkt, also auf Konten von britischen Filialen großer US-Banken, angelegt. Die Banken ihrerseits investierten mit diesem Geld insbesondere in die Staaten Lateinamerikas, und zwar in bis dahin unbekannten Größenordnungen. Risikovorsorge wurde dabei weder auf Kreditnehmer- noch auf Kreditgeberseite getroffen. Damit war eine unübersehbare Verknüpfung privater internationaler Finanzmarkttransaktionen mit der Stabilität von Staatshaushalten hergestellt. Es zeichnete sich bereits ab, dass Staatsschuldenkrisen zugleich Finanzmarktkrisen sein werden.

Die Bretton Woods Organisationen blieben von dem rasanten Bedeutungszuwachs privater internationaler Finanzmärkte weitgehend unberührt. Vielmehr begann sich eine informelle Parallelstruktur zu Bretton-Woods zu entwickeln, und zwar zunächst unter dem Dach der bereits 1930 gegründeten Bank für Internationalen Zahlungsausgleich (BIZ). Hier kam es 1974 durch die Zentralbankchefs der G10 und der Schweiz zur Gründung des *Standing Committee on Banking Regulations and Supervisory Practices*, das seit 1990 *Basel Committee on Banking Supervision* genannt wird. Ziel war schon damals, internationale Standards für die globalen Finanzmärkte zu schaffen. Eine ähnliche Entwicklung vollzog sich im Bereich der Wertpapierregulierung, wo ebenfalls im Jahre 1974 von der Weltbank und der Organisation amerikanischer Staaten die regionale *Inter-American Association of Securities Commissions and Similar Organizations* als informelles Gesprächsforum gegründet wurde. Hieraus entstand im Jahre 1983/84 die *International Association of Securities Commissions* als heute wichtigstes Forum für die globale Wertpapierregulierung. Ebenfalls Mitte der 1970er Jahre, um ein weiteres Beispiel zu geben, begannen Bemühungen in der OECD und im Rahmen der → Vereinten Nationen um eine Harmonisierung der Rechnungslegung. Zugleich kam es am 29. Juni 1973 zur Gründung des privatrechtlich organisierten *International Accounting Standards Committee*, dessen Aufgaben im April 2001 vom *International Accounting Standards Board* (IASB) übernommen wurden.

Mit der Gründung der genannten Institutionen setzt insgesamt eine intensive Entwicklung der Etablierung zahlreicher privater oder intermediärer Foren der Standardisierung, Kooperation und Koordinierung in Einzelbereichen der internationalen Finanzmärkte ein. Es kann insofern konstatiert werden, dass mit dem zunehmenden Internationalisierungsgrad der Finanzmärkte (→ Globalisierung) ab den 1970er Jahren die quantitative und inhaltliche Komplexität informeller intermediärer und nicht-governementaler Kooperations- und Koordinationsforen im Finanzmarktbereich stetig zunahm. Der Grundstein für ein beachtliches sektorales globales Steuerungsnetzwerk im Sinne dessen, was heute u.a. als *Global Administrative Law* (GAL) bezeichnet wird, war damit gelegt. Ergänzt wurde die eher technisch-administrative Netzwerkstruktur dabei durch eine politische Parallelstruktur der heutigen G7 bzw. G20, die sich ab 1973 etablierte.

Insgesamt bildete sich so im Zusammenspiel technischer (administrativer) und politischer (gubernativer) Steuerungsinstitutionen und -instrumentarien in den 1970er und 1980er Jahren eine Struktur heraus, die die Grundlage für die Etablierung der sog. *New International Financial Architecture I* (NIFA I) ab ungefähr den 1990er Jahren bildete. Diese hat ihren Ausgangspunkt darin, dass die G7 ab 1992 in Reaktion auf verschiedene Finanzkrisen in zunehmender Intensität das Thema der Finanzmarktstabilität in den Mittelpunkt ihrer Bemühungen rückten. Zum G7-Gipfel in Birmingham im Mai 1998 legten die G7-Finanzminister einen Bericht mit dem Titel *Strengthening the Architecture of the Global Financial System* vor. Damit war, so jedenfalls die Vorstellung der G7, auch terminologisch eine neue Dimension der multilateralen Zusammenarbeit mit Blick auf globale Finanzmärkte etabliert. Den tatsächlichen Hintergrund bildete freilich weniger analytische Einsicht, als vielmehr sehr konkret insbesondere die *‚Tequila-Krise'* in Mexiko 1994, die Asienkrise 1997 sowie die Brasilien- und die Russlandkrise 1998/99. Auch vor dem Hintergrund dieses tatsächlichen Handlungsdrucks konnten bis ca. zum Jahr 2000 durchaus Erfolge in der Ausformung der ersten neuen i.F. verzeichnet werden, u.a. im Bereich der Überwachung, der Standardisierung, der Transparenz und des Informationsaustausches. Institutionell sind hierbei insbesondere die Gründung des *Financial Stability Forum* (jetzt *Financial Stability Board* – FSB), des *Financial Sector Assessment Program* (FSAP) und die *Reports of the Observance of Standards and Codes* (ROSCs) als gemeinsamer Einrichtung bzw. Initiativen von Weltbank und IWF sowie die Erweiterung der G7 zur G20 der Finanzminister zu nennen. Auch der

IWF wurde auf der Arbeitsebene an verschiedenen Stellen reformiert, so dass die Organisation zunehmend selbst zu einer Standardisierungsorganisation für Finanzmarktfragen wurde.

Die Finanzmarktarchitektur der 1990er Jahre war allerdings nicht von Kohärenz geprägt, sondern blieb fragmentarisch. Während auf private Finanzmärkte und ihre Akteure bezogen durchaus informelle Regulierungsfortschritte zu verzeichnen waren, blieben die gesamte Problematik der Staatsschulden sowie die Integration von Handels- und Währungsfragen ausgeklammert. Auf Staatsschulden bezogen ist es insbesondere das strukturelle Phänomen des sog. *private sector involvement* und damit eine historisch gesehen völlig neue Dimension der Verflechtung von privaten internationalen Finanzmärkten und faktischen Staateninsolvenzen, das die eigentlichen Herausforderungen bedingte und bis heute bedingt. Im Wesentlichen geht es hierbei darum, dass sich ab ungefähr 1989 immer deutlicher zeigte, dass der bis dahin immerwährende Kreislauf von großvolumigen Konsortialkrediten einer begrenzten Anzahl internationaler Großbanken an insbesondere Schwellenländer, Zahlungsausfall des Schuldnerstaates, Hilfsmaßnahmen durch den IWF und Umschuldung mit neustrukturierten Konsortialkrediten, wiederum Zahlungsausfall etc. durchbrochen werden musste. Das geschah durch eine radikale Neustrukturierung der globalen Staatsschuldenmärkte auf der Grundlage des nach dem damaligen US-Finanzminister benannten *Brady-Plans*. Nach dem *Brady-Plan* wurden, vereinfacht ausgedrückt, bestehende Konsortialkredite an Schwellenländer verbrieft und die entstandenen sog. *Brady-Bonds* wurden auf den Kapitalmärkten breit gestreut und gehandelt. Damit änderte sich die Gläubigerstruktur für Schwellenländer radikal (→ Aufstieg der Schwellenländer). Während früher in erster Linie wenige Großbanken auf der Gläubigerseite auftraten, dominierten von nun an Staatsanleihen, die über die großen Kapitalmarktplätze der Welt breit bestreut wurden. Seither sind Staatsschuldenkrisen immer auch unmittelbare und nur noch schwer zu begrenzende Finanzmarktkrisen. Von vereinzelten Regelungsanstrengungen wie der Ermöglichung von *Collective Action Clauses* (CAC) in innerstaatlichen Rechtsordnungen abgesehen, blieben internationale Regulierungsreaktionen auf diese neue Herausforderung aus. Insbesondere die im Jahre 2001 von der damaligen stellvertretenden Generaldirektorin des IWF, Anne Krueger, artikulierte Notwendigkeit der Schaffung eines *Sovereign Debts Restructuring Mechanism*, also eines strukturierten Umschuldungsmechanismus für Staatsschulden, fand keine politische Unterstützung. Schließlich wurde ebenfalls nicht auf die Herausforderungen reagiert, die sich aus dem WTO-Beitritt Chinas im Jahre 2001 und den hieraus folgenden Exporterfolgen des Landes ergaben (→ Handelspolitik). Konkret gab es keine internationalen Regulierungsüberlegungen im Hinblick auf die chinesischen Devisenreserven, die umfangreich in den USA angelegt wurden und dort eine Niedrigzinspolitik ermöglichten, die eine wesentliche Ursache für die Finanzkrise der Jahre 2007/2008 war.

4. Die heutige internationale Finanzarchitektur (‚New International Financial Architecture II‘?)

Der unvollständige und letztlich fragmentarische Charakter der ersten i.F. zeigte sich in aller Deutlichkeit spätestens mit Ausbruch der globalen Finanzkrise 2007. Es war daher nur konsequent, dass mit Ausbruch der Finanzkrise die international koordinierten Regelungsanstrengungen schnell auf eine ‚neue neue' i.F. – eine *New International Financial Architecture II* – abzielten. Zur konkreten Formulierung dieser Zielsetzung bediente man sich der eigentümlichen Governance-Struktur, die sich mit der ersten neuen i.F. in Gestalt eines *Patchworks* technisch-administrativer Standardisierungs- und Koordinierungs- bzw. Überwachungsforen unter dem politischen Dach der G20-Finanzminister herausgebildet hatte. Inhaltlich ließen sich die G20 zumindest im unmittelbaren zeitlichen Umfeld der Finanzkrise dabei durchaus von der Erkenntnis leiten, dass der Schnittstellenproblematik im Hinblick auf die Einzelbereiche des internationalen Wirtschaftssystems (private Finanzmärkte, Staatsschulden, Handel, Investitionen) zentrale Bedeutung zukommt. Konkret konnten so Fortschritte im Bereich verschiedener Standardisierungs- und verbesserten Kooperations- sowie Überwachungsinstrumentarien erzielt werden. Weiterhin wurde institutionell das Mandat des ehemaligen *Financial Stability Forum* FSF – nunmehr in *Financial Stability Board* (FSB) umbenannt – gestärkt, was unabhängig von Finanzmarktgesichtspunkten ein interessantes, durchaus z.B. mit der Entwicklung von der KSZE zur OSZE vergleichbares Beispiel für das völkerrechtliche Erstarken einer ehemals reinen *soft law institution* ist. Hiermit einhergehend wurde die Aufgabentrennung von IWF und FSB unter der Auflage enger Kooperation beider Institutionen klarer geregelt. Der IWF soll sich primär mit der makroökonomischen Finanzmarktüberwachung befassen, während dem FSB Aufgaben der mikroökonomisch orientierten Standardisierung zukommen. Die G20 wiesen dem IWF dabei die „leading role in drawing lessons from the current crisis, consistent with its mandate" zu, was mit einer verbesserten Ressourcenausstattung des Währungsfonds, aber ggf. auch anderer internationaler Währungs- und Finanzinstitutionen einher gehen soll. Der IWF selbst erweiterte seine Aufgaben im September 2012 durch eine umfassende *Financial Surveillance Strategy*, die auf die sog. makroprudenzielle Überwachung der Finanzmärkte abzielt. Schließlich wurde die bisherige institutionelle Basis der i.F. dahingehend modifiziert, dass in allen wichtigen Institutionen zur G20 und zum FSB spiegelbildliche und damit deutlich erweiterte Mitgliedschaftsstrukturen eingeführt wurden. In diesem Zusammenhang einer verbesserten, die heutige Struktur des → Weltwirtschaftssystems angemessener repräsentierenden Mitgliedschaftsstruktur, steht auch die von den G20 im November 2010 in Seoul beschlossene, auf eine Entscheidung während der IWF-Frühjahrstagung 2008 zurückgehende Modifikation der Quoten- und Stimmrechte im IWF.

Obgleich die tatsächlichen Auswirkungen auf die Stabilität der internationalen Finanzmärkte strittig sind, wird die Rolle der G20 oftmals als zentrale Neuerung und wesentlicher Eckpfeiler der heutigen i.F. angesehen. Stützen lässt sich diese Bewertung im Wesentlichen auf den empirischen Befund, dass es der G20 seit dem ersten Gipfeltreffen im November 2008 effektiv gelungen ist, mit hoher Autorität versehene politische Leitentscheidungen und zum Teil auch technische Detailregelungen im Interesse der Wiederherstellung und der Gewährleistung der Stabilität der internationalen Finanzmärkte zu formulieren. Auch die G20 selbst sehen sich als, wie es der indische Finanzminister Palaniappan Chidambaram nach dem ersten Gipfeltreffen ausdrückte,

„the single most important forum to address the financial and economic issues of the world".

Institutionell hatte die G20 der Finanzminister und Zentralbankchefs ihre Grundlage in den G7/G8, deren eher exklusive Zusammensetzung bereits im Zusammenhang mit der Asien-Krise als problematisch angesehen wurde. Allerdings fanden Vorschläge, z.B. des ehemaligen kanadischen Premierministers Paul Martin, die G20 der Finanzminister zu einer L20 der Staats- und Regierungschefs aufzuwerten, nie Unterstützung. Insofern bedurfte es tatsächlich erst der Krise, damit es zu einer Aufwertung der G20 von der Fachminister- auf die Regierungschefebene kam. Die analytische Charakterisierung der Stellung und Bedeutung der G20 im internationalen System fällt nicht leicht. Eine immer wieder bemühte Analogie zur Charakterisierung der G20 verweist auf das europäische Konzert der Mächte des 19. Jhds. Allerdings ist das, was gerne unterschlagen wird, kein besonders innovativer Vergleich. Schon die G7/G8 wurden frühzeitig als neuzeitliches Äquivalent des europäischen Konzerts charakterisiert. Zugleich zeigen diese und ähnliche Umschreibungen, wie schwer es fällt, die G20 präzise zu erfassen. Über die allgemeine Einordnung in globale Ordnungsstrukturen hinausgehend, finden sich zwar verschiedene politikwissenschaftliche Erklärungsansätze, ob diese hilfreich sind, soll hier indes offen bleiben. Auch völkerrechtlich sind Versuche, die G20 in Entsprechung zur Kategorie des *soft law* als *soft organization* oder als „network of networks" (Anne-Marie Slaughter) einzuordnen, wenig hilfreich. Wahrscheinlich ist es am überzeugendsten, die G20 letztlich doch als internationale Organisation auf informeller Basis einzustufen (→ internationale Organisationen).

Insgesamt spricht also vieles dafür, die G20 ihrem Selbstverständnis und ihrer Bedeutung entsprechend als rechtserhebliches Steuerungssubjekt und damit Völkerrechtssubjekt im internationalen Wirtschaftssystem einzuordnen. Mit Blick auf seine Aufgaben stellt sich die G20 dabei als funktionales Substitut des *Economic and Social Council* (ECOSOC) der VN in seiner ursprünglichen, 1944 in Bretton Woods noch vorgesehenen Rolle, die er bis heute nicht wahrgenommen hat, dar. Materiell ist die G20 im Sinne eines erweiterten Verständnisses von Völkerrechtssubjektivität auf internationale Gemeinwohlbelange, wie sie insbesondere in der Charta der → Vereinten Nationen zum Ausdruck kommen, verpflichtet.

5. Aktuelle Entwicklungen und Bewertung

Im Ergebnis zeigt sich, dass es schwer fällt, unter dem Begriff i.F. ein umfassendes, normativ fundiertes und kohärentes Regel- und Ordnungssystem zu verstehen. Das gegenwärtige internationale Finanzsystem ist fragmentarisch und eher durch Neben- als durch Miteinander gekennzeichnet. Wie auch immer ein solches internationales Finanzsystem rechtlich und in seiner politischen Machtkonstellation ausgestaltet ist, man kann recht sicher konstatieren, dass seine Konstruktion in der Nachfolge der Asien-Krise in den 1990er Jahren die globale Finanzkrise 2007/2008 nicht verhindern konnte. Ob die Neuorganisation der i.F. ab dem Jahr 2008 dazu geeignet ist, eine systemische Krise im erfahrenen Ausmaße zu verhindern oder jedenfalls zu managen, muss fraglich bleiben. Das ergibt sich schon daraus, dass bislang nahezu ausschließlich Gesichtspunkte der Finanzmarktregulierung und -aufsicht auf internationaler Ebene thematisiert wurden. Die Verflechtungen von Realwirtschaft und Finanzmärkten und daraus folgende Konsequenzen in der rechtlichen Kooperation von Handels- und Finanzmarktrecht standen bislang, von wenigen Ansätzen u.a. im Rahmen von G20-Treffen der Finanzminister und Zentralbankchefs sowie den Jahrestreffen von IMF und Weltbank abgesehen, nicht oder kaum auf der Tagesordnung. Ebenso wenig wurden Anstrengungen unternommen, den IWF tatsächlich zu einem *lender of last resort* auszugestalten.

Etwas Bewegung ist in jüngerer Zeit indes in die Staatsschuldenproblematik gekommen. Die *United Nations Conference on Trade and Development* (UNCTAD) hat bereits im Jahr 2009 einen Diskussionsprozess zum verantwortungsvollen Umgang mit Staatsschulden gestartet. UNCTAD konnte sich hierbei auf die Generalversammlung der Vereinten Nationen berufen, die immer wieder deutlich gemacht hat, wie wichtig ein verantwortungsvoller Umgang mit Staatsschulden auf Gläubiger- und Schuldnerseite ist. Am 10.1.2012 wurden dann die *UNCTAD Principles on Promoting Responsible Sovereign Lending and Borrowing* verabschiedet, die zwischenzeitlich durch Arbeiten an einem sog. *Debt Workout Mechanism* (DWM) ergänzt werden. Mit einer Resolution der VN-Generalversammlung vom 9.9.2014 mit dem Titel "Towards the establishment of a multilateral legal framework for sovereign debt restructuring processes" (A/RES/68/304), die als Ziel einen völkerrechtlichen Vertrag zur Staateninsolvenz vorsieht, wurden die rechtspolitischen Bemühungen um eine juristische Konkretisierung der Staatsschuldenproblematik fortgesetzt. Die Resolution kann als Meilenstein in der langjährigen Diskussion über den rechtlichen Umgang mit Staatsschuldenkrisen gewertet werden.

Nur in der → Europäischen Union wurden bereits verschiedene systematische regulatorische Ansätze ergriffen, um Staatsinsolvenzen und ihre Auswirkungen auf die Stabilität der Währung sowie die Finanzmärkte insgesamt besser kontrollieren zu können. Überdies hat die EU weitreichende gesetzgeberische Initiativen ergriffen, um das Bankensystem sowie die Finanzmärkte insgesamt zu stabilisieren. Allerdings zeigen sich im Bereich der Banken- und Finanzmarktregulierung in der EU bereits deutliche Ansätze einer Überregulierung. Die richtige Balance zwischen Regulierung und notwendiger Marktfreiheit ist insofern auch hier noch nicht gefunden.

→ Ergänzende Beiträge

Aufstieg der Schwellenländer, Entwicklungszusammenarbeit, Globalisierung, Handelspolitik, Weltwirtschaftssystem

Literatur

Arner, Douglas W./Buckley, Ross P. (2010): Redesigning the Architecture of the Global Financial System, in: Melbourne Journal of International Law (2), S. 1-56.

Cottier, Thomas/Lastra, Rosa M./Tietje, Christian/Satragno, Lucía (Hrsg.) (2014) 2014: The Rule of Law in Monetary Affairs, Cambridge.

Giovanoli, Mario (2010): The International Financial Architecture and its Reform after the Global Crisis, in: ders./Devos, Diego (Hrsg.): International Monetary and Financial Law – The Global Crisis, Oxford.

Krugman, Paul (2001): Analytical Afterthoughts on the Asian Crisis, in: Negishi/Ramachandran/Mino (Hrsg.): Economic Theory, Dynamics and Markets: Essays in Honor of Ryuzo Sato, Boston u.a., S. 243-255.

Szodruch, Alexander (2008): Staateninsolvenz und private Gläubiger: Rechtsprobleme des Private Sector Involvement bei staatlichen Finanzkrisen im 21. Jhd., Berlin.

Tietje, Christian (2012): Architektur der Weltfinanzordnung, in: Fassbender, Bardo/Wendehorst, Christiane/de Wet, Erika u.a. (Hrsg.): Paradigmen im internationalen Recht. Implikationen der Weltfinanzkrise für das internationale Recht, Heidelberg, S. 243-281.

Internetadressen

IWF: www.imf.org

Weltbank: www.worldbank.org

Bank für Internationalen Zahlungsausgleich: www.bis.org

UNCTAD Principles on Responsible Sovereign Lending and Borrowing (PRSLB) und Debt Workout Mechanism (DWM): www.unctad.info/en/Debt-Portal/Project-Promoting-Responsible-Sovereign-Lending-and-Borrowing/About-the-Project

24 – Internationale Organisationen (*Katja Freistein/Julia Leininger*)

1. Begriffsverständnis

Internationale Organisationen (i.O.) sind besondere Formen zwischenstaatlicher Kooperation, die sich neben Staaten (→ Staat/Staatlichkeit im Wandel) und nichtstaatlichen Gruppierungen (→ Transnationale Akteure/Nichtregierungsorganisationen) als Akteure internationaler Politik etabliert haben. Formal kann eine i.O. definiert werden „als ein auf völkerrechtlichem Vertrag beruhender mitgliedschaftlich strukturierter Zusammenschluss von zwei oder mehreren Völkerrechtssubjekten (meist Staaten), der mit eigenen Organen Angelegenheiten von gemeinsamem Interesse besorgt“ (Klein/ Schmahl 2010: Rn. 12). Diesen formalen Gemeinsamkeiten stehen eine Vielfalt unterschiedlicher Organisationstypen, Aufgabenfelder und Entwicklungen i.O. gegenüber. In der einschlägigen Forschungsliteratur zu internationaler Politik hat sich auch wegen dieser Vielfalt keine durchweg gebräuchliche Definition von i.O. durchgesetzt. Oft werden auch die Begriffe i.O. und internationale Institution als austauschbar behandelt oder je nach theoretischer Perspektive unterschiedlich definiert. Umstritten bleibt auch die Frage, ob es sich bei i.O. um Akteure, Instrumente oder Arenen internationaler Politik handelt (Rittberger et al. 2012). Ohne dies zu entscheiden, können i.O. am ehesten als Sonderform internationaler Institutionen begriffen werden. Internationale Institutionen sind beständige Mengen von (formalen und informellen) Regeln, die Verhaltensmuster vorschreiben, Handeln beschränken und Erwartungen formen (Keohane 1989: 3f.).

1.1 Intergouvernementale Organisationen

Klassisch werden drei verschieden stark verregelte Typen internationaler Institutionen unterschieden (vgl. Abb. 11):

- Ungeschriebene Regeln (d.h. soziale Konventionen);
- zumindest teilweise explizite Regelsysteme, auf die sich Staaten einigen, um ein Politikfeld zu regulieren (Regime); und
- schließlich internationale Organisationen.

Organisationen verfügen über eine eigene formale Struktur, d.h. zum Beispiel über ein Budget und einen administrativen Apparat, durch die sie als Akteur in der internationalen Politik auftreten können. I.O. können den Status eines völkerrechtlich anerkannten Rechtssubjekts (→ Völkerrecht/internationales Recht) erlangen, der mit bestimmten Privilegien, aber auch rechtlichen Pflichten einhergeht, beispielsweise den bindenden Abschluss von Verträgen und die Mitgliedschaft in anderen i.O.; so ist etwa die → Europäische Union bislang als einzige Einheit Vertragspartei in Abkommen der → Vereinten Nationen, die selbst aus unterschiedlichen Mitgliedsstaaten besteht.

In der Regel wurden i.O. von Staaten gegründet, die wiederum Mitglieder dieser Organisation werden können; daher wird auch von intergouvernementalen, also zwischenstaatlichen Organisationen (IGOs) gesprochen. Organisationen, in denen Mitgliedsstaaten Teile ihrer Souveränität an gemeinsame Institutionen abtreten, werden als supranational oder auch überstaatlich bezeichnet. Sie verfügen über eine eigenständige Rechtsordnung, die in bestimmten Politikbereichen Vorrang über nationales Recht der Mitgliedsstaaten hat. Die derzeit einzige supranationale Organisation im engen Sinne ist die EU.

Abb. 11: Typen internationaler Institutionen

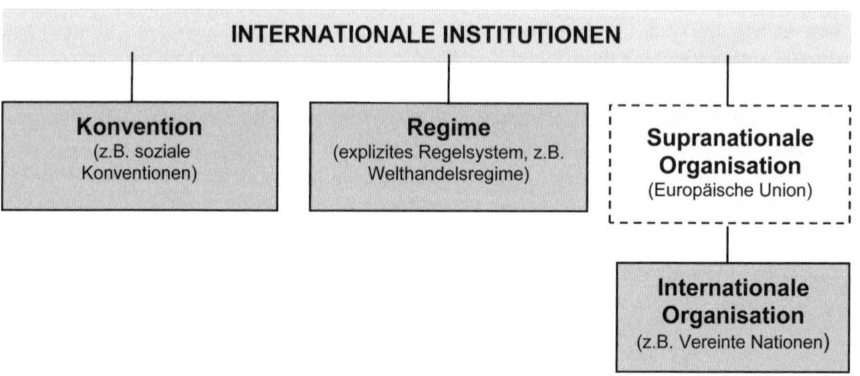

Quelle: Peters/Freistein/Leininger (2012): 8.

1.2 Abgrenzung von Nichtregierungsorganisationen

Neben intergouvernementalen Organisationen (IGOs), die hier im Mittelpunkt stehen, sind auch internationale Nichtregierungsorganisationen (INGOs) zunehmend aktiver Teil globaler Politik (→ Transnationale Akteure/Nichtregierungsorganisationen). Bekannte Beispiele solcher Nichtregierungsorganisationen sind *amnesty international*, *Greenpeace* oder *Oxfam*. Auf globaler Ebene werden zivilgesellschaftliche und andere nichtstaatlich organisierte Vertreter diverser Interessen (z.B. Gewerkschaften oder profitorientierte transnationale Unternehmen) an der Arbeit von i.O. beteiligt. Man kann sie einerseits als Sonderfall i.O. verstehen, andererseits als eigenständige Form internationaler Kooperation von zwischenstaatlichen i.O. abgrenzen. Dabei nehmen INGOs mit unterschiedlichen Rollen an der Politikgestaltung von Staaten und internationalen Organisationen teil.

- Sie treten oft als Vermittler zwischen Organisation und nationalstaatlichen Gesellschaften auf (Repräsentationsfunktion).
- INGOs sensibilisieren und mobilisieren für relevante gesellschaftspolitische Themen, um sie auf die Agenda internationaler Politik zu setzen (*agenda setting*-Funktion).
- INGOs tragen Expertenwissen zu Fachfragen in der Politikformulierung oder zur Erarbeitung neuer Themenfelder bei, beispielsweise bei der Etablierung von Sozialstandards in der Organisation für Ernährung und Landwirtschaft oder der Berichterstattung über Krisensituationen im VN-Sicherheitsrat (Expertenfunktion).
- INGOs kontrollieren und überprüfen als *watch dogs* die Umsetzung internationaler Vereinbarungen, z.B. die Einhaltung von Menschenrechten auf nationalstaatlicher Ebene (Kontrollfunktion).

Die Inklusion von INGOs in globale Politik und die Arbeit i.O. hat mehrere Gründe. Die Vertreter/innen von INGOs – wie andere zivilgesellschaftliche Gruppen – dienen durch die Bereitstellung wichtiger (Wissens-)Ressourcen nicht allein einer bestmöglichen Politik, sondern auch den nationalen Interessen von Staaten. Nichtstaatliche Vertreter/innen werden zur Legitimierung von Entscheidungen an Gipfeltreffen oder der Vorbereitung programmatischer Dokumente beteiligt, um der Kritik am Demokratiedefizit internationaler Politik zu begegnen. Gerade in Prozessen, die strittige und umkämpfte Themen verhandeln, wie etwa der globale Klimaschutz (→ Klimapolitik) oder die Umsetzung bestimmter → Menschenrechte, wird die Beteiligung von INGOs als Absicherung gegenüber einer kritischen Weltöffentlichkeit genutzt. Jedoch kann die Beteiligung von INGOs an globaler Politik nicht die grundlegenden Defizite zwischenstaatlicher Politik überwinden. Wenn sie zum Beispiel fachlich hoch spezialisiert sind, entfremden sie sich häufig von ihren Basisgruppen und können keine Repräsentationsfunktion auf globaler Ebene übernehmen. Diese ambivalente Rolle von (I)NGOs ist in der Forschung mittlerweile bekannt und wird auch von INGOs selbst immer wieder kritisch diskutiert. Wenn im Folgenden von i.O. die Rede ist, sind zwischenstaatliche Organisationen gemeint.

2. Entstehungsgeschichte internationaler Organisationen

Gemeinsame Anstrengungen zur Verbesserung von Beziehungen zwischen politischen Einheiten, zumeist in Form von Zusammenschlüssen, gab es bereits vor der Moderne. Als früheste Beispiele in der damals noch kaum zwischenstaatlich zu nennenden Politik können der Attische Seebund aus dem 5. Jhd. v. Chr. oder die Hanse (ab dem 12. Jhd. n. Chr.) gelten. Erste Ansätze zur Koordinierung zwischenstaatlicher Politik, die als tatsächliche Vorläufer heutiger i.O. gesehen werden können, sind im Wiener Kongress von 1814/1815 zu sehen, aus dem u.a. die Zentralkommission für die Rheinschifffahrt hervorging, die erste moderne i.O. Bereits in dieser frühen Organisation war der Trend zu problemspezifischer Kooperation angelegt. Bis heute hat die Mehrzahl i.O. Ziele, die nur einzelne oder zumindest wenige Politikfelder umfassen, folglich inhaltlich begrenzte Mandate und klar definierte Mitgliedschaftskriterien. Regionalorganisationen wie die Afrikanische Union und die Arabische Liga oder problemspezifisch definierte Organisationen wie die Internationale Arbeitsorganisation (ILO) oder die Internationale Organisation für Normung (ISO) gehören zu dieser großen Gruppe.

Jedoch gibt es auch umfassende i.O., die universale Mitgliedschaft anstreben und ihre Aufgabenbereiche möglichst breit definieren. Die → Vereinten Nationen sind das einschlägigste Beispiel für eine solche universale Organisation, die gerade durch die enge Verschränkung unterschiedlicher Politikbereiche die bestmögliche Koordinierung internationaler Politik zu erreichen sucht und als größte i.O. gilt. Ihre Vorgängerorganisation, der Völkerbund, verkörpert die Schwierigkeiten, die eine solch umfassende Mitgliedschaft mit sich bringen kann. Das Scheitern des Völkerbunds (1919-1946), der mit der Motivation gegründet wurde, einen erneuten Weltkrieg zu verhindern, kann als symptomatisch für eine generelle Skepsis gegenüber i.O. gelten. Obwohl allen Mitgliedsstaaten, die sich unter dem Eindruck des Ersten Weltkriegs im Völkerbund zusammenfanden, ein generelles Interesse an → Frieden unterstellt werden kann, war der Völkerbund als Organisation nicht in der Lage, die sehr unterschiedlichen, widerstreitenden Politikziele seiner Mitglieder in Einklang zu bringen. Spätestens mit Beginn des Zweiten Weltkriegs war der Völkerbund damit gescheitert. Als Organisation, die aufgelöst wurde, weil sie ihre selbstgesteckten Ziele nicht erreichte, bleibt der Völkerbund eher eine Ausnahme; Organisationen werden in der Regel eher reformiert als gänzlich aufgegeben. Doch nicht nur das öffentliche Scheitern setzt i.O. oft großer Kritik aus. Sowohl Staaten als auch Experten stehen der Notwendigkeit und Leistungsfähigkeit i.O. zum Teil eher skeptisch gegenüber. In Teilen der Literatur beispielsweise werden i.O. als ‚Epiphänomene' kritisiert, also als bloße Verlängerung staatlicher Interessen ohne eigene Gestaltungsmacht.

Was die reine Anzahl von Organisationen angeht, sehen wir einen nahezu sprunghaften Anstieg der Zahl i.O. vor allem seit dem Ende des Zweiten Weltkriegs. Heute gibt es weit mehr i.O. als Staaten (vgl. Abb. 12). Während die Zahl i.O. zwischen 1920 und 1940 fast konstant bei knapp 70 lag, stieg sie schon 1945 auf 99. 1971 gab es erstmals mehr als 200 i.O. und bereits 1986 mehr als 300 (bei gegenwärtig rund 190 Staaten).

Dies belegt, dass sich i.O. als Modelle zwischenstaatlicher Koordinierung und Zusammenarbeit bewährt haben – zunächst unabhängig von der Leistung, die man ihnen zugesteht. Als Organisationsform zumindest haben sich i.O. in der modernen Staatengesellschaft durchgesetzt. Ob Organisationen die geeignetsten Instrumente zur Bearbeitung von konkreten Problemen sind, ist eine andere Frage, deren Beantwortung von ganz unterschiedlichen Aspekten abhängt.

Abb. 12: Zahl internationaler Organisationen 1815-2005

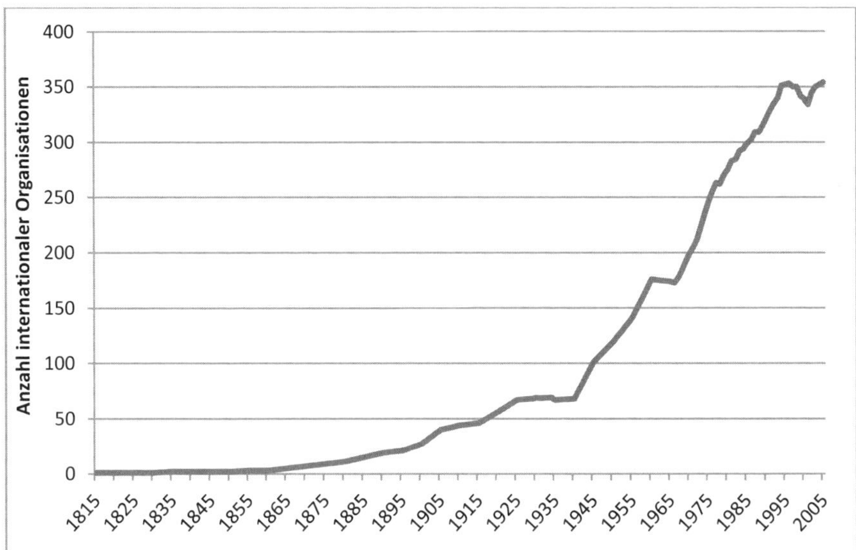

Quelle: Correlates of War IGO Dataset V2.3 (Pevehouse et al. 2004), eigene Darstellung

Die Forschungsliteratur zu i.O. geht daher ganz verschiedenen Fragen nach. Unter anderem, nach welchen sozialen Regeln die Mitglieder einer Organisation sich verhalten (soziologischer Institutionalismus); in welchem Verhältnis Staaten und Bürokratie stehen (Debatten um *Prinzipal-Agent*-Verhältnis/Autonomisierung von Bürokratien); oder wie man die Struktur von Organisationen am besten gestaltet, um sie möglichst leistungsfähig zu machen (Debatte um institutionelles Design). Auch die Entwicklung gemeinsamer Identitäten und die Funktion i.O. als Instanzen staatlicher Sozialisation (sozialkonstruktivistische Institutionenforschung) oder der Ablauf von Verhandlungen im Rahmen von Organisationen werden in der Forschung thematisiert. Damit kann der Fokus einerseits auf der möglichen Leistung von Organisationen, andererseits auf deren (sozialer) Beschaffenheit und Funktionsweise liegen.

3. Funktion und Reichweite als wesentliche Merkmale

Im Wesentlichen können moderne i.O. nach zwei Kriterien voneinander unterschieden werden, nämlich auf Basis ihres jeweiligen Aufgabenbereichs und mit Blick auf ihre geographische bzw. demographische Reichweite. Die VN gelten als i.O. mit dem höchsten Anspruch auf ein umfassendes Mandat, insbesondere mit ihrer Vielzahl an hoch spezialisierten Unterorganisationen – sie ist damit sowohl mit Blick auf ihre Aufgabenbereiche als auch auf ihre Mitgliedschaft (nahezu) global und universal.

3.1 Aufgabenbereiche internationaler Organisationen

Die Aufgabenbereiche i.O. folgen der funktionalen Differenzierung globaler Politik in zunehmend komplexe Felder. Zu diesen Feldern gehören Bereiche wie Sicherheit, Bildung, Umwelt, Handel oder Gesundheit, die wiederum in Aufgabenbereiche unterteilt werden können, beispielsweise mit Blick auf den Zugang zu atomarer Energie, die Verregelung von Fischerei oder nukleare Sicherheit. Während Organisationen mit dem Gründungsakt ihre Ziele und Aufgaben definieren, können sich diese über Zeit wandeln. Die Einführung neuer Aufgaben und Zielsetzungen folgt in der Regel auf einen komplexen Prozess des *agenda-settings* und der Problemverständigung über die Relevanz (welt)gesellschaftspolitischer Themen. In diesem Prozess spielen nichtstaatliche wie staatliche Akteure eine tragende Rolle. Die Aufnahme neuer Aufgaben kann langfristig zu einer Verrechtlichung von Handlungsfeldern globaler Politik führen.

Um ein besonders einschlägiges Beispiel zu nehmen, kann man sich das System der → Vereinten Nationen ansehen. Unter ihren Unterorganisationen finden sich globale Organisationen mit spezifisch umrissenen Aufgaben wie etwa die Weltgesundheitsorganisation (WHO) oder das VN-Entwicklungsprogramm (UNDP), die zwar zum Teil miteinander kooperieren, aber zunächst eine eigene auf zumeist einen Bereich zugeschnittene Agenda verfolgen (→ Entwicklungszusammenarbeit). Im Rahmen des *Bretton-Woods*-Systems haben sich mit der Weltbankgruppe (→ Weltwirtschaftssystem) und dem Internationalen Währungsfond (→ internationale Finanzpolitik) eine Reihe von Finanzinstitutionen herausgebildet, deren Agenda zunächst enger definiert war, sich in den letzten Jahrzehnten aber immer wieder erweitert hat. Auch regional tätige internationale Sicherheitsorganisationen wie der Nordatlantikpakt (→ NATO) oder die Organisation für Sicherheit und Zusammenarbeit in Europa (OSZE, → Europäische Sicherheitsstruktur) haben ihr einstmals engeres Mandat erweitert. Zum einen sind es externe (historische) Entwicklungen, wie etwa das Ende des → Ost-West-Konflikts, zum anderen aber auch organisationsinterne Entwicklungen, wie Veränderungen des Mitgliederkreises die zu solchen Mandatserweiterungen führen können. Oft entsteht Regelungsbedarf durch Veränderungen in der Umwelt von Organisationen, die diese nicht vorhergesehen hatten, oder durch die Veränderung von staatlichen Interessen ergeben sich neue Herausforderungen. Beispielsweise war das Fortbestehen der NATO über das Ende der Ost-West-Konfrontation keineswegs eine Selbstverständlichkeit, sondern wurde möglich, weil die NATO ihr Mandat beständig erweiterte (zum Beispiel um *out-of-area*-Einsätze jenseits des NATO-Territoriums) und damit ihre Existenzberechtigung begründen konnte. Die Neugründung von Organisationen kann sich so ebenfalls aus dem Regelungsbedarf eines neuen Problems ergeben, z.B. Regulierung des Internets (→ Digitale Souveränität), oder aber daraus, dass bestehende Organisationen im gleichen Aufgabenfeld als nicht mehr zureichend betrachtet werden.

3.2 Reichweite internationaler Organisationen

Gleichrangig zu problemfeldspezifischen lassen sich i.O. finden, die vor dem Hintergrund geographischer oder demographischer Kriterien gegründet wurden. Hier ist die Mitgliedschaft nicht an Kriterien gebunden, die im Prinzip jeder Staat erfüllen kann – anders als bei aufgabenspezifischen Organisationen. Als wichtigste systematische

Gruppe von geographisch definierten i.O. gelten Regionalorganisationen, zu denen die Afrikanische Union (AU), die Vereinigung südostasiatischer Staaten (ASEAN), die Arabische Liga (AL), die Organisation Amerikanischer Staaten (OAS) und die → Europäische Union sowie weitere Organisationen zählen (→ Regionalisierung/Regionalismus). Fast alle geographischen Regionen verfügen über Regionalorganisationen mit unterschiedlichem Geltungsbereich und Aufgaben; im Mandat enthalten sein können engere Ziele wie die Einrichtung einer gemeinsamen Freihandelszone oder weitreichende Leistungen in Bereichen wie Sicherheit, Entwicklung und Menschenrechte. Auch hier ist bei einigen Organisationen seit ihrer Gründung eine Ausweitung der jeweiligen Mandate zu beobachten – so haben mehrere Organisationen regionale Gerichtshöfe gegründet (wie etwa der inter-amerikanische Menschenrechtsgerichtshof) oder Truppen zur Friedenssicherung aufgestellt (etwa in der Afrikanischen Union). Gerade regionale Organisationen in nicht-westlichen Regionen streben durch die Zusammenarbeit oft nach mehr Autonomie gegenüber dem Einfluss westlicher Staaten und dienen als Schnittstellen oder sogar Mittler zwischen globaler und nationaler Politik, zum Beispiel durch die eigenständige, lokale Deutung (‚Lokalisierung') bestimmter Normen im Sicherheitsbereich (→ Typen militärischer Interventionen) oder im Umweltschutz (→ internationale Umweltpolitik).

Analog zur Erweiterung von Mandaten dehnen regionale Organisationen auch nicht selten ihre Mitgliedschaft geographisch aus. Die Europäische Union und die NATO haben nach Ende des Ost-West-Konflikts beide Prozesse der sog. Osterweiterung durchlaufen, die noch nicht abgeschlossen sein müssen. Dabei sind zum Beispiel die EU Staaten, die ehemals zum Ostblock gehörten, beigetreten, sobald sie deren Mitgliedschaftskriterien erfüllten. Strittig war bislang die Frage, ob der Türkei längerfristig eine Mitgliedschaft in der EU in Aussicht gestellt werden kann oder nicht. Dabei können Fragen der Leistungsfähigkeit bei Erweiterungen ebenso eine Rolle spielen wie Identitätsfragen oder Deutungen der geographischen Region, die eine i.O. repräsentiert. Auch andere Regionalorganisationen wie die südostasiatische ASEAN sind gewachsen. In Südostasien waren es zum Teil ehemals kommunistische Staaten, die in den vergangenen Jahrzehnten beigetreten sind. Je nachdem, welche Art von Kriterien an die Mitgliedschaft in i.O. jeweils gilt, können geographische Erweiterungen mehr oder weniger belastend für die Kooperation werden. Massive ökonomische, kulturelle oder politische Unterschiede zwischen Mitgliedern, wie etwa im Fall der ASEAN, können eine enge Zusammenarbeit erschweren. Vorteile versprechen sich Mitglieder von einem erleichterten Handel untereinander oder engeren wirtschaftlichen Beziehungen und erleichtertem Personenverkehr.

Andere Formen i.O., die aufgrund demographischer Kriterien Mitgliedschaft begrenzen, findet man in glaubensbasierten Organisationen, wie beispielsweise der Organisation Islamischer Kooperation (OIC), deren Mitglieder Staaten mit (nicht notwendigerweise überwiegend) muslimischer Bevölkerung umfassen. Auch die OIC hat mehrere Reformperioden durchlaufen und ihr Mandat etwa um die Unterstützung der Allgemeinen Erklärung der → Menschenrechte erweitert.

3.3 Schnittmenge aus Reichweite und den Aufgabenfeldern internationaler Organisationen

An der Schnittstelle zwischen ihrer geographischen Reichweite und ihren Mandaten differenzieren sich i.O. danach aus, wie weit jeweils ihre Aufgabenfelder verstanden werden und ob die geographische Reichweite subregional, regional oder global definiert ist (vgl. Abb. 13). Daraus ergeben sich fünf Typen internationaler Organisationen (Peters et al. 2012: 20f.):

- Global und zugleich universell agierend, existiert weltweit nur eine internationale Organisation, nämlich die Vereinten Nationen. Sie dient als Forum für internationale Diskussionen und ist in vielen Aufgabenfeldern stark von den sehr unterschiedlich gewichteten Interessen ihrer Mitgliedsstaaten abhängig. In einzelnen Bereichen treten VN-Organe-, Programme und Sonderorganisationen jedoch als Akteure globaler Politik auf.
- Global – also offen für jeden Staat, der die Aufnahmekriterien der jeweiligen Organisation erfüllt – und zugleich in speziellen Aufgabenfeldern tätig, ergibt die größte Gruppe internationaler Organisationen. Beispiele solcher Organisationen finden wir in den Bereichen Ernährung (FAO), Sicherheit (IAEO), Arbeit (ILO), Finanzen und Handel (IWF, Weltbank, WTO), Entwicklung (OECD, UNDP, Weltbank), Menschenrechte (OHCHR), Umwelt (UNEP) und Gesundheit (WHO).
- Regionale Organisationen mit umfassenden Aufgabenfeldern, die je nach Region unterschiedliche Schwerpunkte haben, entsprechen den fünf Weltregionen. Ihr Integrationsgrad ist sehr unterschiedlich ausgeprägt. Den größten verbindlichen Einfluss auf die nationalstaatliche Politik ihrer Mitglieder übt die EU aus. Eine weitere europäische i.O., der Europarat, spricht im Bereich der Einhaltung von Menschenrechten zwar verbindliches Recht, kann sein Mandat aber keineswegs so eigenständig umsetzen. Eine Mischung aus regionalem Forum und Akteursqualitäten in spezifischen Arbeitsbereichen bieten die Regionalorganisationen in Afrika (AU), im arabischen Raum (Arabische Liga), Asien (ASEAN) und Nord-, Mittel- und Südamerika (OAS).
- Regionalorganisationen, die allen Staaten einer Region offen stehen und zugleich sehr spezifische Tätigkeitsfelder haben, existieren in unterschiedlichen Bereichen wie Wirtschaftskooperation oder Sicherheitspolitik (NATO, OSZE). Insbesondere sind hier die regionalen Entwicklungsbanken zu nennen (ADB, AfDB, EBRD, IDB), die mit zu den ältesten i.O. gehören.
- Auf subregionaler Ebene bildeten sich in Anlehnung an Regionalorganisationen Organisationen, die zumeist in mehr als einem begrenzten Politikfeld Kooperation ermöglichen (Afrika: ECOWAS, SADC; Asien: SAARC; Lateinamerika: Andengemeinschaft, Mercosur). Die Aufgabenfelder sind zwar umfassend, häufig sind sie aufgrund eingeschränkter Leistungsfähigkeit auf bestimmte Schwerpunktbereiche begrenzt. Exemplarisch kann man hier die *Shanghai Cooperation Organisation* (SCO) nennen, mit der ihre Mitglieder vor allem sicherheitspolitische Kooperationen anstreben. Mitglieder von subregionalen Organisationen gehören gleichzeitig Regionalorganisationen an. Wenngleich die Gefahr besteht, dass sich auf der subregionalen Ebene Aufgaben doppeln und Konkurrenzen zur regionalen Ebene ent-

stehen, verstehen sich diese Organisationen komplementär zu den Regionalorganisationen und zielen darauf ab, Integrationsprozesse zu beschleunigen.

Abb. 13: Ausgewählte internationale Organisationen

GEOGRAPHISCHE REICHWEITE	AUFGABENFELDER	
	Universell	**Speziell**
global	Vereinte Nationen	FAO IAEO ILO IMF OECD OHCHR UNDP UNEP Weltbank WHO WTO
regional	AU Arabische Liga ASEAN EU Europarat OAS	ADB AFDB EBRD IDB NATO OSZE
subregional	Andengemeinschaft ECOWAS Mercosur SAARC SADC SCO	

Quelle: Peters/Freistein/Leininger (2012: 19)

4. Herausforderungen internationaler Organisationen in der globalen Politik

Gerade weil i.O. sich in den vergangenen Jahrzehnten so stark in der globalen Politik etabliert haben, kämpfen sie mit etlichen – zum Teil neuen – Herausforderungen und stehen oft in der öffentlichen Kritik. Zur Kritik gehören Massenproteste von sog. Anti-Globalisierungsbewegungen gegen die Politik der großen Entwicklungsbanken, Demonstrationen gegen die Interventionen der NATO in Drittstaaten oder Sorge um die mangelnde Bürgernähe regionaler Organisationen. Systematische Krisen und Problemkonstellationen bestehen in mindestens drei Bereichen, die im Folgenden aufgezeigt werden, nämlich Legitimitätsfragen, der Wandel globaler Akteurskonstellationen und die Konkurrenz formaler und informeller Institutionen. Darüber hinaus existieren eine Vielzahl weiterer neuer und bleibender Herausforderungen, etwa in der fehlenden Ausstattung mit materiellen Ressourcen, dem Konkurrenzdruck zwischen Organisationen in ähnlichen Politikfeldern oder dem schwierigen Spannungsverhältnis zwischen staatlichen und Organisationsinteressen (Conceição-Heldt et al. 2015).

4.1 Repräsentativität und Legitimität internationaler Organisationen

Neben der immer wiederkehrenden Skepsis an der Leistungsfähigkeit von i.O.werden aus unterschiedlichen Perspektiven auch Fragen nach ihrer Legitimität gestellt. Legitimität kann sowohl die Prozesse betreffen, die zu einer Entscheidungsfindung führen (*input* und *throughput*), als auch deren Ergebnisse (*output*). Dabei stehen i.O. als einseitig dominierter Teil globaler Politik (oder *Global Governance*) in der Kritik. Gerade die Machtkonzentration in einzelnen Organen i.O., wie beispielsweise im VN-Sicherheitsrat, oder die Verteilung von Stimmrechten, wie im Rahmen des Internationalen Währungsfonds, spiegeln ungleiche globale Verhältnisse wider statt sie zu überwinden. So ist die mangelnde Repräsentation von Entwicklungsländern in Entscheidungsgremien großer globaler Organisationen seit langem ein Einwand gegen die Legitimität ihrer Politik (→ Nord-Süd-Beziehungen). Auch die bereits erwähnte Feststellung eines Demokratiedefizits, das insbesondere im Kontext der EU beklagt wird, zielt in eine ähnliche Richtung, nämlich die einer mangelnden öffentlichen Repräsentation.

Solche Ansprüche auf (demokratische) Legitimierung und Repräsentation gesellschaftlicher Interessen haben in dem Maße zugenommen, wie i.O. stärker als eigenständige Instanzen internationaler Politik auftreten. So sind beispielsweise die Maßnahmen des Internationalen Währungsfonds nicht allein in den Ländern des globalen Südens, sondern auch gegenüber westlichen Ländern wie aktuell in der globalen Finanzkrise beispielsweise gegenüber Griechenland massiver Kritik ausgesetzt. Während einerseits die Beiträge einer i.O. zu ihrem jeweiligen Politikfeld Bemessungsgrundlage für ihren Erfolg bleiben, hängt die kritische Beurteilung von i.O. andererseits auch daran, ob sie gesellschaftlichen Interessen entsprechen oder zuwiderlaufen. Öffentliche Proteste und Demonstrationen richten sich so nicht mehr allein gegen Regierungen, sondern auch gegen einzelne Organisationen oder ihre Organe, wie beispielsweise die Weltbank oder die Europäische Zentralbank, die stärker als Vertreter bestimmter Ideologien und nicht als Repräsentanten breiter gesellschaftlicher Interessen wahrgenommen werden. An der Kritik zeigt sich zum einen, dass die allgemeine Bedeutung von i.O. zugenommen hat – und dass zum anderen diese dementsprechend nach ähnlichen Maßstäben, etwa Legitimität und Zurechenbarkeit von politischen Entscheidungen (als *input* und *output*), beurteilt werden wie bislang nur Staaten.

4.2 Wandel globaler Akteurskonstellationen

Mit dem Aufstieg großer Staaten des globalen Südens wie China, Indien oder Brasilien (→ Aufstieg der Schwellenländer) werden zunehmend Stimmen laut, deren Gewicht in i.O. zu vergrößern. So ist die Debatte um die Erweiterung des Sicherheitsrats der VN bzw. dessen ausgewogenere Repräsentation unterschiedlicher Regionen nur eine von vielen in diesem Zusammenhang. Der Sicherheitsrat hat seit Jahrzehnten Kritik auf sich gezogen, die ihn als Relikt einer Nachkriegsordnung sieht, die längst überwunden sein sollte. Organisationen wie der IWF, in dem nach wie vor die westlichen Staaten als die wohlhabenderen Entscheidungsgremien dominieren, gelten daher als Machtinstrumente wirtschaftlich einflussreicher Staaten. Da viele andere Organisationen zumindest teilweise abhängig von den Interessen ihrer Geberstaaten sind und Organisationen um Zuwendungen konkurrieren, kommen solche Ungleichgewichte nicht selten zustande, bei denen westlich dominierte Geberstaaten stärkeren Einfluss auf eine Agenda nehmen als die restlichen Staaten der Welt.

Nicht nur mit Blick auf die Legitimität von i.O., sondern auch in Hinblick auf Gerechtigkeitsfragen sind Ungleichheiten im Zugang zu Entscheidungen bedeutsam. Wenn i.O. keine Möglichkeit zur Überwindung bewährter Machtmuster bieten, sondern einen *status quo* nur weiter verfestigen, sind sie für Entwicklungs- und Schwellenländer auf Dauer unattraktiv. Daher haben Staaten des globalen Südens immer wieder eigene Initiativen ins Leben gerufen, über neue Institutionen die Unzulänglichkeiten bewährter Organisationen auszugleichen. Die BRICS-Gruppe aufsteigender Schwellenländer beispielsweise zeichnet sich dadurch aus, dass die Staaten einerseits über das Potential zu großem Wirtschaftswachstum verfügen, andererseits aber als ehemalige Entwicklungsländer politisch über wenig Einfluss in i.O. verfügen – mit der Ausnahme Chinas und Russlands, die ständige Mitglieder im Sicherheitsrat der VN sind. So verfolgen die BRICS mit der Neuen Entwicklungsbank (*New Development Bank*) das Projekt einer nicht-westlichen globalen Entwicklungsbank, um eine Alternative zur Weltbank und dem Internationalen Währungsfonds anzubieten, in der alle Mitglieder gleichwertig organisiert sein sollen. Damit sollen Hierarchien zwischen entwickelten und weniger entwickelten Staaten aufgehoben werden (→ Handelspolitik, → internationale Finanzpolitik).

Immerhin bieten i.O. gerade kleineren Staaten und Entwicklungsländern auch Chancen, die sie ohne solche Kooperationsforen nicht hätten. Regionalorganisationen etwa bündeln Interesse und mögliche Ressourcen von sehr diversen und unterschiedlich entwickelten Staaten; und auch andere i.O. ermöglichen es kleinen Staaten, ihr Gewicht auf der internationalen Bühne zu erhöhen. Eine Mitgliedschaft in der EU oder der NATO beispielsweise ist für viele Staaten attraktiv, weil sie sich über materielle Subventionen hinaus auch Zugang zu globalen Verhandlungen versprechen, von denen sie sonst ausgeschlossen wären.

4.3 Formale versus Informelle Institutionen in der globalen Politik

Spätestens mit Gründung der G7 (bzw. G8) hat sich 1975 eine neue Form von Institution in der globalen Politik etabliert (auch: *club governance*), die an der Rolle von internationalen Organisationen in der Weltpolitik rüttelt. Auch die Erweiterung auf die G20 im Jahr 1999, die Industrie- und Schwellenländer einschließt, hat dieses Problem nicht grundsätzlich behoben. Denn beide Foren sind zwar letztlich mit der Absicht gegründet worden, effektiv globale Fragen zu bearbeiten – können aber bereits existierende Entscheidungs- und Verhandlungsgremien unterwandern, insbesondere das inklusivste aller Foren, nämlich die VN-Generalversammlung aller Mitglieder. Auch die G20 als inklusivere Institution trifft eine Auswahl, welche Staaten Mitglieder sein können und schließt eine Mehrzahl anderer Staaten aus, die nicht repräsentiert werden. Sieht man es als Errungenschaft in der globalen Politik, die Machtpolitik von Staaten durch formale Regeln und Prinzipien in internationalen Organisationen gezähmt zu haben, müssen solche informellen Institutionen beinahe als Rückschritt gesehen werden. Positiv gewendet können Sie aber auch zur Positionierung einzelner Staatengruppen im Rahmen formaler Entscheidungsprozesse dienen. Die Tendenz, formale Regeln zu unterwandern, ist auch in anderen Zusammenhängen immer wieder zu beobachten. In der Welthandelsorganisation (WTO) beispielsweise ist es zur Routine geworden, dass formale Abkommen etwa über Handelszölle für alle Mitglieder immer wieder durch informelle Übereinkommen weniger Mitglieder unterlaufen werden (→ Weltwirtschaftssystem). Viele Organisationen bauen von vorne herein Sonderrechte für bestimmte Mitglieder in ihre Gründungsvereinbarungen ein. Wo diese fehlen, sind Tendenzen zur Informalisierung nicht selten zu sehen, die wiederum meistens den ohnehin mächtigeren Staaten nützen.

Hier lässt sich eine Art Doppelbefund über die Rolle i.O. festhalten. Zum einen schaffen Staaten sich (informelle) Ausweichmöglichkeiten, weil sie Effizienzverluste durch umfassend inklusive Entscheidungsfindungsprozesse und Eingriffe in ihre Autonomie durch zu starke Organisationen fürchten. Dabei kann es sowohl um den Wunsch nach der bestmöglichen Lösung eines Problems gehen oder allgemeiner um Souveränitätsbedenken. Dies spricht für eine bindende Wirkung von i.O. gegenüber staatlicher Politik, also eine Verselbständigung i.O. Zum anderen aber bleibt weiterhin der Vorwurf gegenüber i.O. erhalten, dass bestimmte Staaten i.O. ihren Interessen unterwerfen könnten und einseitig dominieren. Beispielsweise lässt sich das an der Kritik an der mangelnden Repräsentation bestimmter Staatengruppen festmachen. I.O. kann aber auch ein Mangel an Durchsetzung gegenüber staatlichen Interessen unterstellt werden. Ob es bei diesen Bewertungen jeweils auch um unterschiedliche Organisationen geht oder ob die Erwartungen an die möglichen Leistungen von i.O. sich je nach Perspektive einfach stark unterscheiden, lässt sich nicht leicht beantworten. Schließlich ist zu erwähnen, dass die Kooperation zwischen i.O. und eine daraus resultierende globale Arbeitsteilung eine bereits praktizierte Alternative zur Informalisierung globaler Politik darstellt (Conceição-Heldt et al. 2015).

5. Ausblick

Bei allen Herausforderungen, denen sich i.O. aktuell und in Zukunft stellen müssen, ist es wichtig zu betonen, wie wenig selbstverständlich wir es nehmen sollten, dass i.O. in der globalen Politik nahezu gleichrangige Akteure zu Staaten geworden sind. Als Ressourcen für Wissen und Expertise, als Foren für die Zusammenarbeit unterschiedlichster Staaten und als Instanzen nicht rein machtbasierter Politik (→ Macht) kommt ihnen eine besondere Rolle zu. In der Erstellung und Interpretation von Daten beispielsweise, die globale Vergleiche ermöglichen und zur Präzisierung von Politikzielen beitragen sollen, sind i.O. unverzichtbar geworden. Wenn etwa eine epidemische Krankheit grenzüberschreitend Menschenleben bedroht (→ Globale Gesundheitspolitik) oder im Klimaschutz von Regierungen die Einhaltung von Grenzwerten gefordert werden (→ Klimapolitik), sind i.O. oft mit ihrem Wissen und ihren Informationen gefragt. Sie verfügen mittlerweile über Ressourcen, die nur wenige Einzelstaaten aufbringen können. In einigen Politikfeldern sind sie mit der Entwicklung von Problemlösungen betraut, mit denen Staaten allein keine Erfahrungen haben oder von denen sie überfordert sind.

Schließlich führt die Konkurrenz zwischen einer gewachsenen Zahl i.O. nicht zuletzt dazu, dass diese ihre Sichtbarkeit gegenüber einer Weltöffentlichkeit erhöhen und ihre Alleinstellungsmerkmale sowie komparativen Vorteile plausibel machen müssen. So verfügen Regionalorganisationen wie ASEAN oder EU über eigene Symbole wie Flaggen, Hymnen oder sogar Maskottchen, mit denen sie wiedererkennbar sein wollen. Obwohl i.O. etablierte Akteure globaler Politik geworden sind, werden sie sich auch in

Zukunft behaupten müssen. Oft sind Politikergebnisse i.O. wie die ISO so alltäglich oder die Folgen ihres Handelns so unscheinbar, dass ihre Wirkungsmacht erst deutlich würde, wenn sie nicht mehr existierten.

→ Ergänzende Beiträge

Frieden, Globalisierung, Institutionalismus als IB-Theorie, Regionalisierung/Regionalismus, Transnationale Akteure/Nichtregierungsorganisationen, Völkerrecht/internationales Recht, Weltordnungsmodelle, Vereinte Nationen

Literatur

Archer, Clive (1994): International Organisations, London.

Conceição-Heldt, Eugénia/Koch, Martin/Liese, Andrea (Hrsg.) (2015): Internationale Organisationen. Autonomie, Politisierung, interorganisationale Beziehungen und Wandel, Politische Vierteljahresschrift, Sonderheft 49.

Freistein, Katja/Leininger, Julia (Hrsg.) (2012): Handbuch internationale Organisationen. Theoretische Grundlagen und Akteure, München.

Klein, Eckart/Stefanie Schmahl ([5]2010): Die Internationalen und die Supranationalen Organisationen, in: Graf Vitzthum, Wolfgang (Hrsg.): Völkerrecht, Berlin, S. 263-387.

Keohane, Robert O. (1989): International Institutions and State Power: Essays in International Relations Theory, Boulder

Peters, Dirk/Freistein, Katja/Leininger, Julia (2012): Theoretische Grundlagen zur Analyse internationaler Organisationen, in: Freistein, Katja/Leininger, Julia (Hrsg.): Handbuch internationale Organisationen. München, S. 3-28.

Rittberger, Volker/Zangl, Bernhard/Kruck, Andreas (2012): Internationale Organisationen, Wiesbaden.

Internetadressen

Union of International Associations: www.uia.org
Global Policy Forum: www.globalpolicy.org
What's in Blue: www.whatsinblue.org
UN Watch: www.unwatch.org

25 – Internationale Strafgerichtsbarkeit (*Norman Weiß*)

1. Begriff

Die internationale Strafgerichtsbarkeit (i.S.) ist ein wichtiges Instrument zur Durchsetzung des Völkerstrafrechts. Sie besteht aus dem Internationalen Strafgerichtshof (IStGH), den lokal und zeitlich begrenzt zuständigen Ad-hoc-Tribunalen für Ruanda (ICTR) und das ehemalige Jugoslawien (ICTY) sowie sog. hybriden Strafgerichtshöfen, die sich aus nationalen und internationalen Richtern zusammensetzen, wie in Sierra-Leone oder Kambodscha. Das materielle Völkerstrafrecht, dem die i.S. zur Geltung verhelfen soll, besteht in erster Linie aus den sog. völkerrechtlichen Kernverbrechen: Völkermord oder Genozid, Verbrechen gegen die Menschlichkeit, Kriegsverbrechen und Aggressionskrieg (→ Krieg). Das Völkerstrafrecht begründet unmittelbar völkerrechtlich die Strafbarkeit der jeweiligen Täter. Da es sich bei der Ausübung von S. um eines der zentralen Elemente staatlicher Hoheitsgewalt handelt, sind primär die Staaten zur Durchsetzung des Völkerstrafrechts im Wege der Strafverfolgung aufgerufen. Welcher Staat hierfür zuständig ist, bestimmt sich nach den Koordinationsregeln des sog. internationalen Strafrechts, bei dem es sich um rein nationales Recht handelt. Hierbei wird üblicherweise an den Ort der Tatbegehung (Territorialitätsprinzip) oder die Staatsangehörigkeit von Täter oder Opfer (aktives oder passives Personalitätsprinzip) angeknüpft. Von zunehmender Bedeutung ist das Weltrechtsprinzip, das unter Aufgabe der klassischen Anknüpfungspunkte die nationale Strafgewalt für Verbrechen, die gegen die Grundwerte des Völkerrechts (→ Völkerrecht/internationales Recht) gerichtet sind, begründet. Erst wenn der oder die zuständigen Staaten nicht willens oder in der Lage sind, ihrer Pflicht zur Strafverfolgung nachzukommen, kann der komplementär zuständige IStGH tätig werden.

2. Historische Entwicklung

In der Westfälischen Völkerrechtsordnung seit 1648 war wenig Raum für eine unmittelbare Strafbarkeit individuellen Handelns. Vorrangiges Ziel war die stabile Koexistenz von Staaten, die ihre Beziehungen auf der Grundlage souveräner Gleichheit im gegenseitigen Einvernehmen gestalteten (→ Staat/Staatlichkeit im Wandel). In diesem staatenorientierten System war der Einzelne mediatisiert, empfing seine Rechte und Pflichten also nur aus dem staatlichen Recht. Demzufolge entwickelten sich weder materielles Völkerstrafrecht noch die Institution einer i.S. Die ältere spanische Völkerrechtsschule folgte demgegenüber einer naturrechtlichen Orientierung und konstruierte eine Weltgemeinschaft (*communitas orbis*; Francisco di Vitoria), die die Menschen auch politisch und moralisch zusammenschließe. Verstöße gegen die Grundlagen dieser moralischen und politischen Gemeinschaft sollten völkerrechtliche Verbrechen darstellen (*delicta iuris gentium*; Francisco Suárez).

Diese Vorstellung konnte sich zwar in der Phase, in der sich die Territorialstaatlichkeit immer stärker konsolidierte und sich die staatliche Souveränität neben der Fähigkeit zur Kriegsführung (→ Krieg) vor allem auch in der staatlichen – und nicht mehr länger privaten – Ausübung der Strafgewalt manifestierte, nicht durchsetzen. Gleichwohl griff die Westfälische Völkerrechtsordnung die Idee einer Gemeinschaft insofern auf, als sie den Piraten als ‚Feind des Menschengeschlechts' (*hostis humanis generis*) und damit als außerhalb dieser Gemeinschaft stehend begriff. Dies ermöglichte die Strafgewalt jedes Staates, der eines Piraten habhaft wurde, ohne dass ein einzelner Staat Strafgewalt und damit souveräne Hoheitsrechte über die Hohe See hätte ausüben können (und dürfen). Hoheitsgewalt wurde somit nur auf der Hohen See im Sinne des Gemeinschaftsinteresses Pirateriebekämpfung ausgeübt. Darin liegt die erstmalig akzeptierte Abkehr vom Territorialitäts- und vom Personalitätsprinzip. Sie erfolgte freilich in erster Linie, um überhaupt eine Strafverfolgung zu ermöglichen. Als in der zweiten Hälfte des 19. Jhds. auch der Sklavenhandel auf Hoher See in vergleichbarer Weise geächtet wurde, spielten ethische Motive eine weitaus größere Rolle.

In Art. 227 des Versailler Vertrages vom 28. Juni 1919 heißt es, dass die Siegermächte den ehemaligen Deutschen Kaiser, Wilhelm II., „wegen schwerster Verletzung des internationalen Sittengesetzes und der Heiligkeit der Verträge unter öffentliche Anklage" stellen. Eine solche Anklage kam allerdings nicht zustande, da die Niederlande dem früheren Monarchen Asyl gewährten. Die sog. Leipziger Prozesse, bei denen Kriegsverbrecher zwischen 1921 und 1927 vor dem Reichsgericht zur Verantwortung gezogen wurden, waren ein eher kümmerlicher Ersatz für die ursprünglich angestrebte Strafverfolgung durch die Alliierten: Nur ein geringer Bruchteil der ins Auge gefassten mehr als 800 Personen wurde angeklagt, nicht einmal zwanzig wurden zu leichten Strafen verurteilt.

Nach dem Zweiten Weltkrieg und der nationalsozialistischen Gewaltherrschaft fanden von 1945 bis 1947 die Nürnberger Prozesse statt (→ Menschenrechte). Hier wurden in einem Hauptkriegsverbrecherprozess vor dem Internationalen Militärtribunal und zwölf Nachfolgeprozessen vor Militärtribunalen der Siegermächte über 200 Personen angeklagt. Rechtsgrundlage waren das Londoner Viermächteabkommen vom 8. August 1945 und auf diesem basierende Gesetze. Kritikpunkte wie der Vorwurf einer selektiven Siegerjustiz und der Verstoß gegen das strafrechtliche Rückwirkungsverbot wurden in der historischen Situation nicht nur machtpolitisch überwunden. Vielmehr markieren die Nürnberger Prozesse (und die vergleichbaren Prozesse von Tokio) die rechtliche Etablierung des Völkerstrafrechts. Die Konvention über die Verhütung und Bestrafung des Völkermords vom 9. Dezember 1948 (Genozidkonvention) erklärt dementsprechend den Völkermord zu einem „Verbrechen gemäß internationalem Recht" (Art. 1 Genozidkonvention), das durch nationale Gerichte zu bestrafen ist. Zu einer Etablierung einer i.S. ist es während des → Ost-West-Konflikts ebenso wenig gekommen wie zu einer weitergehenden Kodifizierung des materiellen Völkerstrafrechts.

3. Der eingeschränkte Normalfall: Internationaler Strafgerichtshof

Mit dem Inkrafttreten des Römischen Statuts (IStGH-Statut) am 1. Juli 2002, das heute für 123 Staaten gültig ist (Stand: 30. Juni 2015), wurde ein neues Kapitel in der Geschichte der i.S. aufgeschlagen. Die sog. Kernverbrechen des materiellen Völkerstrafrechts haben seither ebenso eine vertragsbasierte Rechtsgrundlage wie Institution und Verfahren der i.S. Der Gerichtshof verfügt über Völkerrechtspersönlichkeit (Art. 4 IStGH-Statut) und ist mit den → Vereinten Nationen durch ein Beziehungsabkommen verbunden (Art. 2 IStGH-Statut). Der Gerichtshof mit Sitz in Den Haag (Art. 3 Abs. 1 IStGH-Statut) besteht gemäß Art. 34 IStGH-Statut aus Präsidium, drei richterlichen Abteilungen, Anklagebehörde und Kanzlei. Der Gerichtshof hat achtzehn Richter, darunter einen Präsidenten und zwei Vizepräsidenten. Diese drei bilden das Präsidium, das gemäß Art. 38 IStGH-Statut die Gerichtsverwaltung beaufsichtigt. Dabei wird das Präsidium von der Kanzlei unterstützt (Art. 43 IStGH-Statut). Die Richter sollen die großen Rechtssysteme der Welt repräsentieren; bei ihrer Auswahl ist auf ein ausgewogenes Geschlechterverhältnis ebenso zu achten wie auf eine gerechte geographische Verteilung. Das Gericht besteht zur Hälfte aus Experten auf dem Gebiete des Strafrechts, die andere Hälfte setzt sich aus Experten in den relevanten Gebieten des Völkerrechts zusammen; alle Richter sollen über eine ausreichende Berufspraxis verfügen. Es werden Vorverfahrens-, Hauptverfahrens- und Berufungskammern gebildet. Die

Anklagebehörde ist ein selbstständiges und unabhängiges Organ des Gerichtshofs (Art. 42 IStGH-Statut), das – wie die Staatsanwaltschaft in Deutschland – auch entlastende Umstände ermittelt. Ihr steht der Ankläger (*prosecutor*) vor.

3.1 Voraussetzungen der Strafverfolgung

Der IStGH ist sachlich (*ratione materiae*) für die Verfolgung der Kernverbrechen nach Art. 5 IStGH-Statut zuständig (s.u.), die zeitlich nach dem Inkrafttreten des Statuts generell (2002) bzw. für den betroffenen Staat (z.B. Tschechische Republik als damals letzter Mitgliedstaat der EU: 2009) begangen wurden (*ratione temporis*). Der Gerichtsbarkeit des IStGH unterliegen (*ratione personae*) natürliche Personen (Art. 25 Abs. 1 IStGH-Statut), die bei Tatbegehung das 18. Lebensjahr vollendet hatten (Art. 26 IStGH-Statut). Die Jurisdiktion oder Rechtsprechungshoheit des Gerichtshofs leitet sich nicht direkt aus dem Weltrechtsprinzip her, sondern wird von derjenigen der Staaten nach den Prinzipien des Internationalen Strafrechts abgeleitet. Der Tatortstaat (Territorialitätsprinzip) oder der Heimatstaat des Tatverdächtigen (aktives Personalitätsprinzip) müssen Vertragspartei des Statuts sein (Art. 12 Abs. 2 IStGH-Statut) oder dem Verfahren ad hoc zugestimmt haben (Art. 12 Abs. 3 IStGH-Statut). Nach dem die Souveränität der Vertragsstaaten schonenden Komplementaritätsprinzip (Art. 17 IStGH-Statut) darf der Gerichtshof aber nur tätig werden, wenn der (eigentlich) zur Strafverfolgung zuständige Staat nicht willens oder nicht in der Lage ist, selbst die Strafverfolgung zu übernehmen. Hierfür genügen zwar bereits ernsthafte Ermittlungen, doch kann der Gerichtshof überprüfen, ob es am Willen oder der Fähigkeit zur nationalen Strafverfolgung mangelt (Art. 17 Abs. 2 und 3 IStGH-Statut).

3.2 Anwendbares materielles Strafrecht

Die völkerrechtlichen Kernverbrechen sind nach Art. 5 Abs. 1 IStGH-Statut Völkermord oder Genozid, Verbrechen gegen die Menschlichkeit, Kriegsverbrechen und Aggression(skrieg). Nur das letzte Verbrechen nimmt auf die zwischenstaatliche Rechtsordnung Bezug, die ersten drei behandeln schwerste Verletzungen individueller Rechtspositionen. Damit wird der gestiegenen Bedeutung des Menschen im heutigen Völkerrecht Rechnung getragen.

- Völkermord oder Genozid (Art. 6 IStGH-Statut) zielt auf die vollständige oder teilweise Zerstörung einer Gruppe von Menschen, die durch ein oder mehrere gemeinsame Merkmale charakterisiert wird (Nationalität, Sprache, Religion, Ethnizität). Tathandlungen müssen sich gegen Personen als Angehörige der Gruppe richten und in der Absicht erfolgen, die Gruppe ganz oder teilweise zu zerstören.
- Sog. ethnische Säuberungen stellen per se keinen Genozid dar, weil es nicht um die Vernichtung einer Gruppe, sondern (nur) um ihre Vertreibung aus einem konkreten Siedlungsgebiet geht. Solche Vorkommnisse sind als Verbrechen gegen die Menschlichkeit oder gegebenenfalls als Kriegsverbrechen zu bewerten. Vertreibungen können aber als Mittel zum Genozid dienen (z.B. im Rahmen der Niederschlagung des Hereroaufstands 1904-1907 durch deutsche Kolonialtruppen im damaligen Deutsch-Südwestafrika).

- Verbrechen gegen die Menschlichkeit (Art. 7 IStGH-Statut) umfassen Tathandlungen, die gegen Angehörige der Zivilbevölkerung als solche – und nicht als Mitglieder einer geschlossenen Gruppe – begangen werden. Hierzu gehören vorsätzliche Tötung, Versklavung, Vertreibung, Freiheitsentziehung, Folter, sexuelle Gewalt, Verschwindenlassen, etc. Die Taten müssen freilich in einem ausgedehnten oder systematischen Begehungszusammenhang erfolgen, damit sie von gewöhnlicher Kriminalität unterschieden werden können.
- Kriegsverbrechen (Art. 8 IStGH-Statut) sind schwere Verstöße gegen das humanitäre Völkerrecht; hier reichen entgegen der missverständlichen Formulierung auch Einzeltaten aus.

Das Verbrechen der Aggression war in den Nürnberger Prozessen von großer Wichtigkeit gewesen, hatte aber in den Bürgerkriegssituationen, die zu Errichtung der Ad-hoc-Tribunale zu Ruanda und dem ehemaligen Jugoslawien keine Rolle gespielt. In Art. 5 IStGH-Statut wurde aber die Jurisdiktion des Gerichtshofs über die Aggression begründet, die Ausgestaltung des Verbrechenstatbestands aber einer nachfolgenden politischen Konsensfindung der Vertragsparteien überantwortet. Was zunächst nach einer Verschiebung ins Ungewisse ausgesehen hatte, endete mit der Vereinbarung neuer Vorschriften auf der ersten Überprüfungskonferenz des IStGH-Statuts in Kampala im Juni 2010. Der neue Art. 8 IStGH-Statut enthält einen an die Aggressionsdefinition der VN-Generalversammlung aus dem Jahre 1974 angelehnten, auf die politisch-militärische Führungsebene beschränkten Tatbestand, der nur Handlungen oberhalb einer bestimmten Erheblichkeitsschwelle erfasst. Zudem schränkt das neue IStGH-Statut die Gerichtsbarkeit des Gerichtshofs zeitlich ein und räumt den Staaten die Möglichkeit eines *opting out* ein.

3.3 Verfahrensgang und Verfahrenshindernisse

Art. 13 IStGH-Statut, der die Verfahrenseinleitung regelt, kennt drei verschiedene Formen: durch einen Vertragsstaat, der dem Ankläger eine Situation zur Untersuchung unterbreitet (lit. a), die Überweisung durch den UN-Sicherheitsrat (lit. b) und die Einleitung von Amts wegen (*proprio motu*) gemäß lit. c. Im dritten Fall ist die Aufnahme der Ermittlungen durch die Vorverfahrenskammer erforderlich. Der Ankläger leitet die Ermittlungen, ist dabei in vielen Fällen auf die Zusammenarbeit mit den Vertragsstaaten angewiesen und braucht für Maßnahmen mit Eingriffscharakter (z.B. Haftbefehl, Art 58 IStGH-Statut) eine Genehmigung der Vorverfahrenskammer. Nach dem Abschluss der Ermittlungen wird im Vorverfahren über die Eröffnung des Hauptverfahrens entschieden; hierzu findet eine mündliche Verhandlung, üblicherweise im Beisein des Beschuldigten und seines Rechtsbeistandes, nach Art. 61 IStGH-Statut statt. Die Hauptverfahrenskammer führt eine mündliche Verhandlung durch, die dem kontinentaleuropäischen Verfahrensmuster folgt. Das Urteil (Art. 74ff. IStGH-Statut) wird mündlich und öffentlich verkündet, es enthält neben Schuldspruch und Strafmaß auch Grundsätze zur Opferentschädigung. Rechtsmittel sind an die Berufungskammer zu richten; insgesamt sind die Verfahren rechtsstaatlich strukturiert und räumen den Beschuldigten wichtige Verfahrensrechte ein. Es werden zeitige Freiheitsstrafen verhängt;

die Todesstrafe ist ausgeschlossen. Um dem Versöhnungsauftrag der i.S. zu entsprechen, werden auch den Opfern weitgehende Beteiligungsrechte eingeräumt.

Damit der Gerichtshof effektiv arbeiten kann, ist er auf die Zusammenarbeit mit den Vertragsstaaten angewiesen; diese sind u.a. zur Überstellung von Verdächtigen und anderen Rechtshilfehandlungen verpflichtet (Art. 89ff. IStGH-Statut). Auch die Strafvollstreckung erfolgt in Kooperation mit den Vertragsstaaten. Wichtige Strafverfolgungshindernisse resultieren aus zwei Quellen: einerseits aus den Rechten des Beschuldigten und andererseits aus der staatlichen Souveränität. Das Verbot der Doppelbestrafung (*ne bis in idem*) ist ein grundlegendes, menschenrechtlich etabliertes Verfahrensrecht. In seiner traditionellen Ausformung schützt dieses Verbot nur vor der zweifachen Verurteilung durch die Gerichte desselben Staates (vgl. Art. 4 Protokoll Nr. 7 zur EMRK); innerhalb der → Europäischen Union schützt Art. 50 Grundrechtecharta grenzüberschreitend vor einer Doppelbestrafung. Art. 20 IStGH-Statut schützt vor einer doppelten Bestrafung durch den IStGH selbst; dessen Verurteilungen sperren aber auch eine nachfolgende Befassung nationaler Gerichte. Umgekehrt schließen wegen des Komplementaritätsgrundsatzes nationale Strafverfahren die nachfolgende Befassung des IStGH aus; dies gilt allerdings nicht bei Scheinverfahren. Die Bundesrepublik Deutschland liefert Deutsche an den IStGH aus (Art. 16 Abs. 2 Satz 2 GG), soweit rechtsstaatliche Grundsätze gewahrt sind. Aus der staatlichen Souveränität folgt die Immunität von Amtsträgern (wie Staats- und Regierungschef, Außenminister). Bei schweren Menschenrechtsverletzungen sehen sich seit dem Fall Pinochet (1999) ehemalige Amtsträger dem Risiko der Strafverfolgung in anderen Staaten ausgesetzt; solange sie sich im Amt befinden, genießen sie diesbezüglich Immunität (so der IGH 2002 im Yerodia-Fall), müssen aber gemäß Art. 27 Abs. 2 IStGH-Statut eine Verfolgung durch den Gerichtshof gewärtigen. Eine entsprechende Praxis hat sich mittlerweile etabliert.

3.4 Tätigkeit

Derzeit (Sommer 2015) befasst sich der Gerichtshof mit Vorkommnissen in acht Staaten, den sog. ‚Situationen'. Darunter sind die Vertragsstaaten Kenia, Uganda, die Zentralafrikanische Republik und die Demokratische Republik Kongo. Die Situationen in Libyen und im Sudan wurden dem Gerichtshof durch Resolutionen des UN-Sicherheitsrates überwiesen; die Ermittlungen zur Elfenbeinküste und Kenia wurden *proprio motu* vom Ankläger eingeleitet. Zusätzlich laufen in einer Reihe weiterer Staaten Vorermittlungen; zuletzt, im Januar 2015, wurden Vorermittlungen zur Situation in Palästina eingeleitet. Am 14. März 2012 wurde im Verfahren gegen den früheren kongolesischen Milizenführer Thomas Lubanga das Urteil – gleichzeitig das erste des IStGH – gesprochen. Lubanga wurde wegen der Rekrutierung und des Einsatzes von Kindersoldaten für schuldig befunden; der Gerichtshof verhängte eine Freiheitsstrafe von 14 Jahren.

4. Begrenzte Zuständigkeiten und punktuelle Lösungen: die Sonderfälle internationaler Strafgerichtsbarkeit

4.1 Ad-hoc-Tribunale für Ruanda und das ehemalige Jugoslawien

Die beiden Ad-hoc-Tribunale stellen die jeweilige Reaktion auf zwei Krisensituationen mit heftigen Gewaltausbrüchen dar, in denen der Staatengemeinschaft eine internationalisierte, gerichtliche Aufarbeitung angezeigt schien. Der jahrzehntelang stagnierende Prozess der Weiterentwicklung des Völkerstrafrechts und der i.S. bekam auf diese tragische Weise einen entscheidenden Impuls, der nicht sofort wieder steckenblieb, sondern binnen weniger Jahre zur Ausarbeitung des Statuts von Rom führte. Mit Resolution 827 vom 25. Mai 1993 richtete der VN-Sicherheitsrat das Jugoslawientribunal (ICTY) als sein eigenes Nebenorgan mit Sitz in Den Haag (Niederlande) ein, um zeitlich und gegenständlich beschränkt auf die Geschehnisse während der Jugoslawienkriege zu reagieren und einen Beitrag zur Wiederherstellung und Aufrechterhaltung des Friedens zu leisten. Ein Jahr später wurde nach gleichem Muster durch Resolution 955 vom 8. November 1994 das Ruandatribunal (ICTR) mit Sitz in Arusha (Tansania) errichtet, um zeitlich und gegenständlich beschränkt auf die Geschehnisse zu reagieren, die im Jahr 1994 in Ruanda und angrenzenden Gebieten passierten. Beide Gerichte bestehen jeweils aus einer Anklagebehörde, richterlichen Abteilungen und einer Kanzlei. Aus Gründen der Sparsamkeit und Effektivität wurde die Berufungskammer des ICTR in Den Haag eingerichtet.

Das Ruandatribunal hat Prozesse gegenüber 90 Personen verhandelt, davon wurden 61 zu Freiheitsstrafen verurteilt. Zu seinen Rechtsprechungsleistungen gehört es, die Genoziddefinition weiterentwickelt und um die Tatbegehungsvariante der Vergewaltigung ergänzt zu haben. Außerdem wurden erstmals Mitarbeiter von Medien verurteilt, deren Sendungen Hetze verbreitet hatten, die zu Genozidhandlungen aufstachelte. Die letzte Hauptsacheentscheidung wurde am 20. Dezember 2012 verkündet, seither ist nur noch die Berufungskammer tätig. Vor dem ICTY wurden mehr als 160 Personen angeklagt; sie entstammen allen Führungsebenen und kommen aus allen beteiligten ethnischen Gruppen. Derzeit arbeitet das Tribunal noch in unverminderter Besetzung, konzentriert sich allerdings auf die größten und bedeutendsten Fälle, um in nicht allzu ferner Zukunft seine Tätigkeit einzustellen (sog. *completion strategy*). Das ICTY hat ebenfalls wichtige Beiträge zur Konturierung des materiellen Völkerstrafrechts geleistet; in der Rechtssache Tadić wurde erstmals eine Resolution des Sicherheitsrates auf ihre Rechtmäßigkeit hin überprüft. Beide Ad-hoc-Tribunale lassen sich nur schwierig bewerten. Vor allem die friedensstiftende Wirkung innerhalb oder zwischen den betroffenen Gesellschaften dürfte geringer ausgefallen sein als zunächst erhofft wurde.

4.2 Hybride Strafgerichte

Eine andere Antwort auf diese schweren Völkerrechtsverbrechen wurde in Sierra Leone, Kambodscha, Timor-Leste und dem Libanon gefunden. Hier und für partielle Situationen im Kosovo und in Bosnien-Herzegowina richteten die Vereinten Nationen sog. hybride Straftribunale ein, die sowohl auf der materiellrechtlichen als auch auf der institutionellen Ebene internationale und lokale Elemente miteinander verbanden. Ein

Grund hierfür war, dass die Staatengemeinschaft nicht bereit war, weitere teure Gerichte nach dem Modell von ICTY und ICTR einzurichten und zu finanzieren. Mit diesem neuen Modell sollte aber auch eine höhere Akzeptanz der betroffenen Gerichte und ihrer Entscheidungen erreicht werden. Konkret bedeutet dies, dass Richter und Staatsanwälte sowohl international rekrutiert werden als auch aus dem betroffenen Staat kommen. Hierbei und in der Ausgestaltung des Rechtscharakters der Gerichte gibt es jedoch Unterschiede zwischen den Gerichten: Das Tribunal für Sierra Leone ist ein internationales Gericht mit eigener Rechtspersönlichkeit, das Tribunal für Kambodscha ist ein kambodschanisches Gericht mit internationaler Beteiligung. Dies kann sich durchaus auswirken. Das angewandte Recht ist ebenfalls internationaler und nationaler Herkunft. Die Verankerung der Gerichte in der lokalen Tradition und die Vertrautheit mit den Geschehnissen vor Ort, kulturellen Besonderheiten und nicht zuletzt die Sprachkenntnisse der gerichtlichen Akteure machen es für die Menschen in den betroffenen Staaten wesentlich einfacher, deren Tätigkeit zu verstehen und anzunehmen.

Dieser Weg ist aber nicht von vorneherein erfolgversprechend, wie das Beispiel des Sondergerichts für Timor-Leste zeigt, das seine Tätigkeit nach wenigen Jahren und ohne nennenswerte Ergebnisse wieder einstellte. Hingegen wird die Tätigkeit des Sondertribunals für Sierra Leone positiver beurteilt, weil es hier recht zügig zu entscheidenden Verurteilungen kam. Allerdings bereitete die unzureichende Finanzierung stets Schwierigkeiten. Das Khmer-Rouge-Tribunal in Kambodscha hatte große Anlaufschwierigkeiten, weil sich bereits die Verhandlungen zu seiner Errichtung hinzogen und viele Kompromisse nötig machten, die sich hemmend auswirken können. So kann die kambodschanische Richtermehrheit die internationalen Richter zwar nicht überstimmen, aber Entscheidungen blockieren. Auch deren Unabhängigkeit von der Regierung ihres Landes wurde immer wieder angezweifelt.

5. Bilanz

Die Weiterentwicklung der i.S. und des Völkerstrafrechts kam gegen Ende des 20. Jhds. überraschend zustande, befördert durch schlimme Geschehnisse und ermöglicht in der Aufbruchssituation, in der sich die Vereinten Nationen nach dem Ende des → Ost-West-Konflikts in den 1990er Jahren befanden. Die Bereitschaft, das Statut des Internationalen Strafgerichtshofs zu ratifizieren, war überraschend groß und ist Ausdruck einer generellen Akzeptanz des Gerichtshofs und des zugrundeliegenden Ansatzes. Die vom IStGH untersuchten Fälle konzentrieren sich auf Subsahara-Afrika, wofür es Gründe gibt: Andere Konflikte lagen zeitlich vor dem Inkrafttreten und können wegen des Rückwirkungsverbots nicht vom Gerichtshof bearbeitet werden oder wurden den unter oben genannten Sondertribunalen überantwortet. Die USA und Israel sind dem IStGH bislang ebenso ferngeblieben wie China, Russland, Indien, Pakistan oder die Türkei, aus nicht unbegründeter Sorge, militärische und politische Führer aus diesen Staaten würden sich vor den Schranken des Gerichts wiederfinden.

Ob internationale Strafgerichte eine befriedende Wirkung haben können, muss vor diesem Hintergrund differenziert beantwortet werden. Gerade für den Sondergerichtshof für Sierra Leone lässt sich eine erhöhte Akzeptanz belegen, die der friedensstiftenden Funktion zugutekommt. Der Versuch, zur Friedenssicherung durch gerichtliche

Aufarbeitung von schweren Völkerrechtsverbrechen beizutragen, ist sinnvoll. Die gerichtsöffentliche Thematisierung von staatlich begangenem Unrecht ist gerade für die Opfer und ihre Angehörigen enorm wichtig. Die Bestrafung der Täter nach einem rechtsstaatlichen Verfahren schafft die Art von Genugtuung, die nicht nach Rache der anderen Seite ruft. Gleichwohl kann eine Befriedung von Gesellschaften nachhaltig nur gelingen, wenn die Beteiligten selbst den Willen dazu haben. Der internationalen Gemeinschaft steht es gut an, dazu unterstützend beizutragen. Die i.S., die zu diesem Zwecke hinreichend ausgestattet sein muss, kann hierzu einen wichtigen Beitrag leisten.

→ Ergänzende Beiträge

Menschenrechte, Staat/Staatlichkeit im Wandel, Vereinte Nationen, Völkerrecht/internationales Recht

Literatur

van Heeck, Stefan (2006): Die Weiterentwicklung des formellen Völkerstrafrechts. Von den ad hoc Tribunalen der Vereinten Nationen zum Internationalen Strafgerichtshof unter besonderer Berücksichtigung des Ermittlungsverfahrens, Berlin.

Nitsche, Dennis (2007): Der Internationale Strafgerichtshof ICC und der Frieden. Eine vergleichende Analyse der Befriedungsfunktion internationaler Straftribunale, Baden-Baden.

Werle, Gerhard (³2012): Völkerstrafrecht, Tübingen.

26 – Internationale Umweltpolitik (*Tanja Brühl*)

1. Entstehung des Politikfeldes

Die internationale Umweltpolitik (i.U.) ist im Vergleich zu anderen Politikfeldern (→ Handelspolitik, → Nord-Süd-Beziehungen, → Sicherheitspolitik) ein noch junger Bereich. Umweltpolitische Fragen werden erst seit Ende der 1960er Jahre auf der weltpolitischen Bühne diskutiert. Den Auftakt bildete die Konferenz der → Vereinten Nationen über die Umwelt des Menschen (*United Nations Conference on the Human Environment*), die 1972 in Stockholm stattfand. Seitdem hat es drei weitere Weltkonferenzen gegeben, sind hunderte von bi- und multilateralen Verträgen (→ Völkerrecht/Internationales Recht) vereinbart worden und haben zunehmend auch private Akteure einen Beitrag zum Schutz der Umwelt geleistet. I.U. findet dabei zumeist im Rahmen der VN statt. Die Organisation hat zu Verhandlungen eingeladen, die zum Teil in Verträgen mündeten. Vereinbarungen begleitet sie in Form von konventionsspezifischen Sekretariaten; das Umweltprogramm stellt Informationen zur Verfügung.

Vor der Stockholmer Umweltkonferenz 1972 hatten nur wenige Industrieländer nationale Maßnahmen zum Umweltschutz ergriffen. Erneuerbare wie nicht-erneuerbare Ressourcen (→ Ressourcenpolitik) waren bis dahin selbstverständlich benutzt worden, Umweltverschmutzung oder Umweltdegradation waren lediglich als lokale und temporäre Phänomene wahrgenommen worden. Erst als die Luft- und Wasserverschmutzung in den 1960er Jahren in den Industrieländern immer offensichtlicher wurde, verankerten die ersten Staaten nationale Umweltschutzgesetze. Zudem wurde immer deutlicher, dass die Umweltverschmutzung grenzüberschreitend wirkt. So verschlechterte sich zum Beispiel die Wasserqualität von skandinavischen Seen so dramatisch, dass diese ‚umkippten', obwohl in der Nähe keine industriellen Anlagen waren. Diese Beobachtung griffen die Umweltbewegungen auf, die in den ersten Staaten entstanden. Sie forderte ein Umdenken und Umlenken der Politik ein.

Die Selbstverständlichkeit, mit der Ressourcen ungeregelt genutzt wurden, ist aus heutiger Sicht schwer nachvollziehbar. Schließlich ist spätestens seit der industriellen Revolution offensichtlich, dass die Nutzung von natürlichen Ressourcen auch die natürliche Umgebung verändert. Das Ausmaß der Beeinflussung ist stark angestiegen. So hat die Menschheit insbesondere in den vergangenen 100 Jahren den gesamten Planeten verändert (Biermann 2015: 1). Die menschlichen Aktivitäten haben das Ökosystem in einem Ausmaß und in einer Tiefe beeinflusst, wie es zuvor noch nie der Fall war. Die Ergebnisse sind gemischt: einerseits ist der globale Wohlstand stark angestiegen, andererseits ist dieser extrem ungleich verteilt (→ Nord-Süd-Beziehungen); zudem stößt die Regenerationsfähigkeit des Ökosystems an ihre Grenzen. Zwei Faktoren haben besonders stark zur stärken Nutzung bzw. Übernutzung der Ressourcen beigetragen (MEA 2005: 74):

- Erstens hat sich die Weltbevölkerung in den vergangenen 40 Jahren mehr als verdoppelt. Rund die Hälfte der Bevölkerung lebt dabei in städtischen Gebieten und beansprucht massiv Ressourcen.
- Zweitens haben sich die globalen wirtschaftlichen Aktivitäten in der Zeit von 1950-2000 fast versiebenfacht. Der wirtschaftliche Wohlstand führt zu mehr Konsum und damit einer stärkeren Ressourcennutzung. Während die Weltbevölkerung sich ‚nur' verdoppelt hat, haben sich die Ausgaben des privaten Konsums zwischen 1960 und 2000 vervierfacht (Chasek/Downie/Brown 2014: 4).

Die Staatengemeinschaft hat zunächst mit einem sektoralen Ansatz auf die Umweltzerstörung reagiert (Brühl/Rosert 2014: 340): Spezifische Probleme wie die Luft- und Wasserverschmutzung, die Wüstenbildung, der Verlust der biologischen Vielfalt oder der Klimawandel (→ Klimapolitik) wurden jeweils durch einzelne internationale Verträge zu regeln versucht. Hierzu wurden jeweils spezifische multilaterale Umweltabkommen ausgehandelt. Heute gibt es rund 500 solcher multilateraler Abkommen, wobei die meisten regionaler Natur sind. Die neueren Abkommen haben allesamt Institutionen für einen Nachfolgeprozess integriert. Sie sehen regelmäßige Konferenzen der Vertragsparteien vor, die durch ein Sekretariat vor- und nachbereitet werden. Das Ozon, das Klima- und das Biodiversitätsabkommen sind daher Rahmenvereinbarungen, die durch nachträglich vereinbarte Protokolle angepasst und verschärft werden können. So schreibt z.B. die Klimarahmenkonvention (1992) nur vor, dass die Treibhausgaskonzentration in der Atmosphäre auf einem Niveau zu stabilisieren ist, die eine gefährliche Störung des Klimasystems verhindert. Erst das Kyoto-Protokoll (1997) legte fest, dass die Industrieländer hierzu ihre Treibhausgas-Emissionen um durchschnittlich 5,2% reduzieren sollen. In Paris 2015 soll ein neues Protokoll verabschiedet werden, über das derzeit aber noch kontrovers debattiert wird.

2. Internationale Umweltpolitik als dynamisches Politikfeld

Die i.U. hat die Aufgabe, der Umweltverschmutzung bzw. der Verminderung der Umweltqualität (*Degradation*) Einhalt zu gebieten. Da sich die (wahrgenommenen) Probleme verändern, muss die Politik reagieren. Daher ist das Politikfeld i.U. höchst dynamisch. Die Dynamik drückt sich erstens darin aus, dass die Anzahl der multilateralen Umweltabkommen enorm zugenommen hat (Abb. 14). Auffällig ist, dass seit Anfang des neuen Jhds. kaum neue sektorale Abkommen verabschiedet worden sind. Ein Grund hierfür ist eine thematische Verschiebung innerhalb der i.U., die sich auch in den Debatten der Weltkonferenzen ausdrückt.

Abb. 14: Multilaterale Umweltabkommen und deren Mitglieder 1970-2012

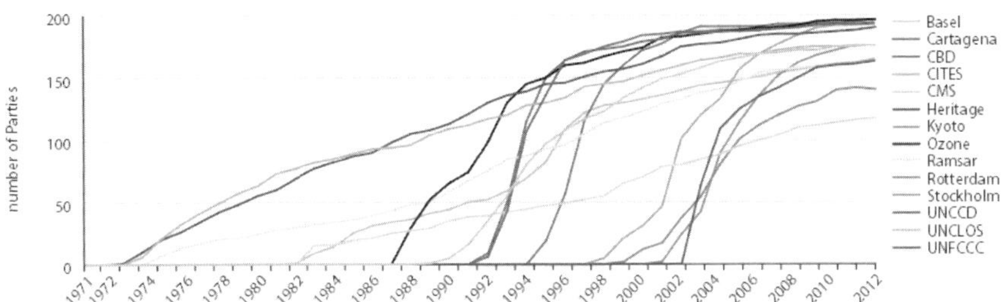

Quelle: UNEP 2013: 62

Weiterhin sind seit Etablierung der i.U. neue Akteure in die Regulierung einbezogen worden und haben sich neue Steuerungsformen etabliert. Die i.U. ist daher heute ein Politikfeld, in dem es neben zwischenstaatlichen regulativen Maßnahmen eine Reihe von nichtstaatlichen, privaten Vereinbarungen und Absichtserklärungen gibt. Nichtstaatliche (→ Transnationale Akteure/Nichtregierungsorgsanisationen) wie staatliche Akteure arbeiten zusammen, um Wege zu einer nachhaltigen Entwicklung zu finden.

2.1 Veränderung der thematischen Schwerpunkte

Ein Blick auf die Themen der vier Weltkonferenzen zeigt, dass neue Themen auf die Agenda kamen. Bei der ersten Umweltkonferenz 1972 debattierten die Staaten darüber, ob die Umweltzerstörung überhaupt ein von allen gemeinsam zu bearbeitendes Problem darstellt, wie es zuvor die Industrieländer formuliert hatten. Die Länder des ‚Globalen Südens' argumentierten, dass die Industrieländer für die Umweltzerstörung verantwortlich seien und daher geeignete Maßnahmen ergreifen müssten. Sie betonten ihr Recht auf industrielle Entwicklung und wirtschaftliches Wachstum. Die Verabschiedung der Stockholmer Erklärung und des Aktionsplans ist angesichts dieser konträren Interessenlage als Erfolg zu werten: die Staaten einigten sich auf zwei Dokumente und setzten somit den Startpunkt für einige nationale Umweltgesetzgebungen, sowie für die Gründung der i.U. Die VN-Generalversammlung verabschiedete nämlich ausgehend vom Stockholmer Aktionsplan noch im Dezember 1972 eine Resolution, mit der das

VN Umweltprogramm (*United Nations Environment Programme*, UNEP) eingesetzt wurde. Diese in Nairobi angesiedelte VN-Institution hat die Aufgabe, Wissen über die Qualität der Umwelt zusammenzutragen, zu deren Management beizutragen und Politikempfehlungen zu geben (Brühl/Rosert 2014: 330).

Zwanzig Jahre nach Stockholm fand die zweite Umweltkonferenz statt, um über das Leitbild der nachhaltigen Entwicklung zu diskutieren. Zuvor, im Jahr 1986, hatte sich die von der VN eingesetzte Weltkommission für Umwelt und Entwicklung für eine neue Art des Wirtschaftens ausgesprochen, die nachhaltige Entwicklung. Hierbei sollen soziale, ökologische und ökonomische Ziele gemeinsam gedacht bzw. angestrebt werden. Weiterhin sind die Bedürfnisse der Gegenwart zu befriedigen, ohne zu riskieren, dass künftige Generationen ihre eigenen Bedürfnisse nicht befriedigen können. Beim sog. Erdgipfel in Rio einigten sich die Staaten darauf, dass nachhaltige Entwicklung das neue Leitbild des Handelns sein sollte. In der Agenda 21, einem fast 300 Seiten umfassenden Programm, hielten sie fest, wie sie es auf allen politischen Ebenen implementieren wollen. Der Konflikt über die Vorrangstellung von Umweltschutz *versus* Entwicklung sollte durch das Leitbild der nachhaltigen Entwicklung überwunden werden. Die Staaten verabschiedeten außerdem zwei rechtlich unverbindliche Erklärungen: die Rio-Erklärung und die Walderklärung, die Prinzipien der nachhaltigen Waldnutzung festschreibt. Darüber hinaus unterzeichneten die Staaten die Klimarahmen- und die Biodiversitätskonvention. Die Verhandlungen über diese beiden Verträge waren zuvor außerhalb der VN-Konferenz geführt worden.

Tab. 8: Weltkonferenzen in der internationalen Umweltpolitik

Jahr	Name	Thematische Schwerpunkte	Ergebnisse
1972	VN-Konferenz über die Umwelt des Menschen	Spannungsfeld Umwelt vs. Entwicklung; Vorschlag zur Gründung von UNEP	Stockholmer Erklärung Aktionsplan
1992	VN-Konferenz über Umwelt und Entwicklung	Nachhaltige Entwicklung als neues Leitbild verankert	Rio-Deklaration Agenda 21 Walderklärung Unterzeichnung Klimarahmen- und Biodiversitätskonvention
2002	Weltgipfel für Nachhaltige Entwicklung	Umsetzung der Nachhaltigen Entwicklung, hierzu auch Type II-Partnerschaften; insb. Wasser, Energie, Gesundheit, Landwirtschaft und Biodiversität	Politische Erklärung Umsetzungsplan von Johannesburg
2012	VN-Konferenz über Nachhaltige Entwicklung	Green Economy Nachhaltigkeitsziele Reform UNEP bzw. Institutionen in der UP	Abschlusserklärung

Quelle: eigene Darstellung

Die Ergebnisse von Rio sollten zehn Jahre später in Johannesburg evaluiert werden. Der VN-Generalsekretär legte zur Konferenz einen ernüchternden Bericht vor. Demnach waren die umweltpolitischen Fortschritte langsamer und deren Erfolge geringer ausgefallen, als es in Rio avisiert war. Den Staaten gelang auch in den Verhandlungen in Südafrika kein Durchbruch. Daher führt der Umsetzungsplan von Johannesburg zwar über 30 Ziele auf, die es zu erreichen galt. Die meisten dieser Ziele, wie etwa die Verlustrate der biologischen Vielfalt bis 2010 zu halbieren, waren jedoch schon in anderen Zusammenhängen wie z.B. den Millenniumsentwicklungszielen (→ Entwicklungszusammenarbeit) vereinbart worden. Es fehlten Vorreiterstaaten, die sich für die nachhaltige Entwicklung einsetzten und die darüber hinaus bereit waren, finanzielle Mittel bereitzustellen. In Rio fand weitere zehn Jahre später, 2012, wiederum eine Umwelt- bzw. Nachhaltigkeitskonferenz statt. Auf der Agenda standen zwei Themen, die zuvor noch nicht ausgiebig diskutiert worden waren: die *Green Economy* und der institutionelle Rahmen für die nachhaltige Entwicklung. Das Ziel einiger Industrieländer, die *Green Economy* zum neuen Leitbild des Wirtschaftens zu machen, erfüllte sich genauso wenig wie der Versuch von Staaten des ‚Globalen Südens', das Thema ganz von der Tagesordnung zu streichen. Die Abschlusserklärung führt daher die *Green Economy* auf, enthält aber keine Ausführungen zur genauen Ausgestaltung und Umsetzung. Ähnlich vage ist auch das Ergebnis in Bezug auf die institutionelle Struktur im Bereich der nachhaltigen Entwicklung. Zwar einigen sich die Staaten darauf, ein neues Gremium, das *High Level Political Forum*, bei der Generalversammlung anzusiedeln. Jedoch soll das genaue Mandat und die Arbeitsweise erst im Nachfolgeprozess festgelegt werden.

Es wird somit deutlich, dass sich die Inhalte der internationalen Umweltpolitik verändert haben. Während zu Beginn noch über die Frage debattiert wurde, ob diese überhaupt global nötig ist, einigten sich die Staaten nachfolgend auf das Leitbild der nachhaltigen Entwicklung, wonach Umwelt und Entwicklung gemeinsam zu denken sind. Allerdings ist das Leitbild nur zögerlich umgesetzt worden, weshalb bei der letzten Konferenz mit der *Green Economy* sowohl ein alternatives Paradigma wie auch institutionelle Möglichkeiten zur Verankerung der nachhaltigen Entwicklung debattiert wurden.

2.2 Zunehmende Akteursdiversität

Die zweite Dynamik des Politikfeldes bezieht sich auf die Akteure, die an der Festlegung von neuen Normen und Regeln bzw. deren Umsetzung mitwirken (→ Transnationale Akteure/Nichtregierungsorganisationen). Klassischerweise macht die Interaktion von Staaten die internationale Politik aus. In der i.U. haben jedoch erstens nichtstaatliche Akteure von Anbeginn an mitgewirkt. Zweitens nehmen immer mehr Nichtregierungsorganisationen (NGOs) bzw. Personen an den internationalen Verhandlungen als Beobachter teil (Brühl/Rosert 2014: 319ff.). So reisten schon rund 250 NGOs zum ersten Umweltgipfel 1972. Beim Erdgipfel in Rio waren es rund 1.400 NGOs. In Johannesburg versuchten rund 8.000 VertreterInnen von NGOs und Verbänden Einfluss auf die Verhandlungen zu nehmen; in Rio 2012 waren es sogar 10.000 Personen, die aus 844 NGOs kamen. Diese Zahlen beziehen sich jeweils auf die offiziell bei den Konferenzen angemeldeten, sog. akkreditierten Verbände bzw. deren VertreterInnen. Hinzu kamen jeweils noch mehrere Tausend Personen, die an parallelen Veranstaltungen, den sog. ‚Gegengipfeln', teilnahmen. Bei diesen von zivilgesellschaftlichen Akteuren organisierten Konferenzen bzw. Zusammenkünften werden ambitioniertere bzw. radikalere Forderungen erarbeitet, die einen politischen Wandel möglich machen sollen. In Rio 1992 kamen rund 30.000 Menschen im Globalen Forum zusammen, nach Johannesburg reisten 25.000 Personen zur zivilgesellschaftlichen Konferenz und in Rio 2012 nahmen allein 20.000 Menschen an einer vom *People's Summit*, dem Parallelgipfel, organisierten Demonstration teil, um ihre Kritik am herrschenden Weltwirtschaftssystem zum Ausdruck zu bringen. Eine ähnliche Dynamik zeigt sich bei den Verhandlungen zur Klimarahmen- und zur Biodiversitätskonvention. Hier sind die Ausgangszahlen aufgrund der spezifischen Thematik geringer. An den Biodiversitätsverhandlungen haben anfangs rund 170 NGOs teilgenommen, ihre Zahl hat sich zwischenzeitlich mehr als verdoppelt. Noch dynamischer ist die Entwicklung in der → Klimapolitik. Hier nahmen Anfang der 1990er Jahre noch nicht einmal 100 NGOs an den Verhandlungen teil; bei der Klimakonferenz 2009 in Kopenhagen waren mehr als 1.000 NGOs, rund 15.000 Personen, akkreditiert. Aufgrund von räumlichen Beschränkungen des Konferenzzentrums konnten nur wenige von ihnen den Verhandlungen beiwohnen. Sowohl bei den Weltkonferenzen, wie auch bei den spezifischen Verhandlungen nimmt nicht nur die Zahl, sondern auch die Diversität der Akteure zu. Während anfangs vor allem klassische Naturschutz-NGOs anwesend waren, reisen seit den 1990er Jahren auch Verbände von indigenen Gemeinschaften oder anderen lokalen Gruppen zu den internationalen Konferenzen. Somit sind Interessen der Zivilgesellschaft aus dem Süden etwas besser vertreten als es früher der Fall war. Zur Vielfalt der Interessenrepräsentation trägt auch bei, dass ebenfalls seit den 1990er Jahren Verbände von Industrieunternehmen bei den Konferenzen aktiv sind. Obwohl es sich um Zusammenschlüsse von profitorientierten Akteuren handelt, gelten sie im VN-Kontext als NGOs. Der Verband selbst ist nämlich nicht profitorientiert. Ein Beispiel ist die *Global Climate Coalition*, in der sich viele Öl- und Kohleunternehmen zusammengeschlossen hatten. Der Verband bemüht sich, verbindliche Reduktionen von Treibhausgasen zu verhindern.

Verkürzt ausgedrückt, gibt es also ‚grüne' wie auch ‚graue' NGOs, die Einfluss auf die i.V. nehmen möchten. Hierbei ist die Phase der Normsetzung von der Phase der Umsetzung zu unterscheiden. Die Normsetzung suchen die verschiedenen Akteure durch zwei verschiedene Strategien zu beeinflussen. Einerseits nehmen sie als Beobachter an den internationalen Verhandlungen teil. Je nach Verhandlungssituation geben die VertreterInnen der NGOs und Verbände schriftliche wie auch mündliche Stellungnahmen ab. Andererseits versuchen sie die Staaten auch außerhalb des Konferenzraumes durch Informationen und/oder Lobbying von ihren Positionen zu überzeugen. Protestformen, wie Gegengipfel und Demonstrationen, stellen eine weitere Form der versuchten Einflussnahme dar. Zunehmend engagieren sich die nichtstaatlichen Akteure auch bei der Umsetzung der internationalen Normen und Regeln. Dies wurde beim Gipfel in Johannesburg 2002 besonders deutlich. Hier setzte die VN erstmals auf Dialogrunden (*multi-stakeholder dialogues*), in denen auch die VertreterInnen von NGOs und Verbänden ihre Positionen darlegen konnten. Ein Ergebnis hiervon ist, dass sog. Type II-Partnerschaften von der VN als Konferenzergebnis festgehalten worden sind. Der Name zielt darauf ab, dass die üblichen zwischenstaatlichen Vereinbarungen (Type I) von den neuen, freiwilligen und kooperativen Beziehungen zwischen öffentlichen (Staaten, internationale Organisationen) und privaten Akteuren (Unternehmen, zivilgesellschaftlichen Gruppen) zu unterscheiden sind. In Johannesburg wurden rund 350 Type II-Partnerschaften vereinbart, die an der Umsetzung der nachhaltigen Entwicklung mitwirken sollten. Bislang haben sich die Erwartungen auf eine schnellere Umsetzung nicht erfüllt. So haben die privaten Akteure weder in nennenswertem Umfang neue Finanzmittel über die Partnerschaften in die nachhaltige Entwicklung investiert, noch sind die neuen Partnerschaften transparenter oder effektiver in ihrer Wirkungsweise als klassische staatliche Implementationsmaßnahmen (Brühl/Rosert 2014: 327).

2.3 Neue Governance-Formen

In Bezug auf die neuen Themen und die neuen Akteure ist schon angeklungen, dass sich die Formen des Regierens (*governance*) verändern. Neu ist an den *Governance*-Formen dreierlei:

- Internationale Regime haben die klassischen internationalen Verträge abgelöst;
- nichtstaatliche Akteure wirken stärker mit und haben zum Teil eigene Governance-Formen etabliert;
- und schließlich ändert sich die Regulierung selbst, kommt es zu mehr Freiwilligkeit.

Die Staaten als zentrale Akteure der i.U. haben eine große Zahl an internationalen Verträgen geschlossen. Diese haben zunächst Normen und Regeln für ein bestimmtes Problem festgelegt. Sie haben einen sektoralen Ansatz verfolgt, also für jedes Umweltproblem eine eigene Konvention entwickelt (→ internationale Organisationen). In einer zweiten Phase haben dynamische Elemente Eingang in die Verträge gefunden. Es wurden also Verfahren verankert, wie die Verträge überwacht und zukünftig angepasst werden können. Damit hat eine neue *Governance*-Form Einzug in die i.U. gehalten: Internationale Regime. Die Staaten verständigen sich darauf, wie angemessenes Verhalten in einem konkreten Problembereich aussieht. Hierzu legen sie gemeinsame Prinzipien, Normen, Regeln und Verfahren fest. Das Ozon, das Klima- und das Biodiversitätsregime sind die bekanntesten internationalen Regime. Das Ozonregime ist das älteste der drei Institutionen. Schon 1985 einigten sich die Staaten mit der Wiener Konvention auf gemeinsame Prinzipien, nämlich dass die Ozonschicht zu schützen ist. Nachfolgend verabschiedeten sie bei Vertragsstaatenkonferenzen mehrere Protokolle, die Reduktionsraten für die ozonschichtschädlichen Stoffe (insb. FCKW) festschrieben. Das Ozonregime gilt als effektiv, da die Dichte (Anzahl der Normen und Regeln) und die Tiefe (Genauigkeit der Regeln) der Verregelung immer weiter angestiegen sind.

Heute können Regime-Komplexe beobachtet werden. Ein Regime-Komplex wird von drei oder mehreren internationalen Regimen gebildet, die in benachbarten Themenbereichen entstanden sind und in denen überschneidende Mitgliedschaften bestehen. Befördern sich die internationalen Regime wechselseitig in ihrer Arbeit, so wirken die Regime-Komplexe effektivitätssteigernd. Staaten können hierzu bewusst auch neue internationale Regime schaffen (*forum linking*). Widersprechen sich dagegen die Prinzipien, Normen und Regeln der verschiedenen internationalen Regime, so können diese auch eine angemessene Bearbeitung der vorliegenden Probleme verhindern. Staaten können in diesen Fällen die Regime-Komplexe strategisch nutzen, um wahlweise die Institution zu wählen, innerhalb derer die eigenen Interessen bestmöglich durchzusetzen sind (*forum shopping*). Oder aber sie verschieben Themen bewusst von einem Forum in das nächste, um dort die eigenen Interessen besser abbilden zu können (*forum shifting*).

In den Verhandlungen zum Ozonregime, aber auch in anderen internationalen Verhandlungen, haben nichtstaatliche Akteure versucht, Einfluss auf die Formulierung neuer Normen und Regeln auszuüben. Die nichtstaatlichen Akteure wirken darüber hinaus, wie für die nachhaltige Entwicklung gezeigt, auch in der Umsetzung der internationalen Vereinbarungen mit. Neu ist, dass nichtstaatliche Akteure auch eigene Normen und Regeln setzen, mittels derer sie zum Schutz der Umwelt beitragen wollen. Bekannte Beispiele sind erstens die Zertifizierungen, wie sie in der Forstwirtschaft (*Forest Stewardship Council*) oder der Fischerei (*Marine Stewardship Council*) vorliegen. In beiden Fällen haben Nichtregierungsorganisationen gemeinsam mit wirtschaftlichen Akteuren Standards ausgehandelt, die einzuhalten sind, damit es zu einer nachhaltigen Nutzung der Ressourcen kommt. Zweitens unterliegen große Staudammbauten, die insbesondere in den 1980er und 1990er Jahren aufgrund der massiven Folgen für Menschen und Umwelt kritisiert wurden, nun auch internationalen Regeln. Die unabhängige Weltstaudammkommission hat Richtlinien erarbeitet, die es bei dem Bau neuer Staudämme einzuhalten gilt. In der Kommission arbeiten VertreterInnen von Nichtregierungsorganisationen gleichberechtigt mit Staudammbetreibern bzw. Konzernen, und Staaten zusammen. Dies wird als *Public-Private-Partnership* (PPP) bezeichnet.

Die engere Zusammenarbeit von privatwirtschaftlichen Akteuren, NGOs und Staaten wird unterschiedlich bewertet:

- Einerseits besteht die Hoffnung, dass in den PPPs monetäre wie auch ideelle Ressourcen gebündelt werden, die zur Problembearbeitung benötigt werden.
- Andererseits gehen eine größerer Selektivität und ein geringerer Verpflichtungsgrad mit den neuen *Governance*-Formen einher. PPP entstehen schließlich nur in ausgewählten Bereichen, da es keine Gesamtsteuerung gibt. Zudem setzen die PPP stark auf eine Eigenverpflichtung der Beteiligten und verfügen in der Regel über keine Mechanismen der Regeldurchsetzung.

3. Konfliktlinien in der internationalen Umweltpolitik

Seit Beginn der i.U. besteht eine Konfliktlinie, die bis heute alle Verhandlungen stark beeinflusst: Staaten des ‚Globalen Nordens' und die des ‚Globalen Südens' streiten über die Frage, wer welchen Beitrag zur i.U. leisten muss (→ Nord-Süd-Beziehungen). Im Vorfeld des Stockholmer Gipfels 1972 diskutierten die Staaten darüber, ob eine i.U. überhaupt nötig ist. Die Länder des ‚Globalen Südens' wiesen darauf hin, dass sie die Umweltprobleme nicht verursacht haben, und dass sie ein Recht auf eine industrielle Entwicklung und damit einhergehender Ressourcennutzung haben würden. Die VN-Generalversammlung hielt daraufhin 1970 in einer Resolution fest, dass Umweltschutz immer im Kontext von ökonomischer und sozialer Entwicklung zu sehen ist. Erst 1992 konkretisierten die Staaten, was damit gemeint war. Sie einigten sich auf das ‚Prinzip der gemeinsamen, aber unterschiedlichen Verantwortung'. Dies bedeutet, dass die Staaten einerseits anerkennen, dass alle gemeinsam die Verantwortung haben, die Umwelt zu schützen. Andererseits teilen sie die Auffassung, dass sie in unterschiedlichem Umfang für die Umsetzung von Maßnahmen und Zielen verantwortlich sind. In einigen Umweltabkommen werden Staaten daher in Gruppen eingeteilt, die jeweils spezifische Beiträge zum Umweltschutz leisten. So mussten im Klimaregime gemäß dem Kyoto-Protokoll nur die Industrieländer ihre Emissionen reduzieren. Im Biodiversitätsregime müssen die Länder des Globalen Südens nur in dem Umfang zum Schutz der biologischen Vielfalt beitragen, wie sie es aufgrund eines Transfers von Technologie und Finanzen aus dem Norden können.

In den vergangenen Jahren steht das Prinzip der gemeinsamen, aber unterschiedlichen Verantwortung wieder auf dem Prüfstand. So haben die Staaten sowohl in Rio 2012, wie auch in nachfolgenden Verhandlungen zur Post-2015 Agenda und den Klimaverhandlungen darüber diskutiert, ob oder in welcher Form sie in neuen Vereinbarungen auf das Prinzip verweisen. Insbesondere die USA stellen das Prinzip in Frage. In der → Klimapolitik werden sie dabei von Kanada und Japan unterstützt. Aus Sicht der Länder des ‚Globalen Südens' soll das Prinzip auch zukünftig gelten. In den Klima- und Post-2015-Verhandlungen vertreten sie als Gruppe der 77 (G77) die Auffassung, dass die Aufteilung in die zwei Staatengruppen mit unterschiedlichen Verpflichtungen beizubehalten ist. Der Kontroverse liegen divergierende Auffassungen über die Gerechtigkeit zugrunde. Die Position der G77 ist insofern nachvollziehbar, als dass die Ressourcennutzung in der Vergangenheit stark asymmetrisch war. So verbrauchen die reichsten Staaten der Welt, in denen 18% der Weltbevölkerung leben, fast die Hälfte aller Energie (Chasek/Downie/Brown 2014: 6). Es sind jedoch Verschiebungen zu beobachten. So ist der Anteil der OECD Staaten am weltweiten Energieverbrauch (→ Energiepolitik) zwar immer noch weit überdimensional hoch und liegt bei knapp 40%, 1973 waren es aber noch rund 60%. Die Verschiebung geht u.a. auf den Zuwachs bei China zurück (→ Aufstieg der Schwellenländer), das 1973 nur knapp 8% des globalen Energieverbrauchs verursacht hatte, 2014 dagegen schon 19% (IEA 2014: 30). Das spiegelt sich auch in den Emissionen wider: Der Anteil der CO_2-Emissionen der OECD Staaten sinkt von 66% (1973) auf 38% (2012); in China steigt er von 6% auf 26% an (IEA 2014: 45). Die internationale Energieagentur rechnet damit, dass der OECD Anteil auf 27% weiter absinken, während China moderat auf ebenfalls 27% aufsteigen wird (IEA 2014: 47). Vor diesem Hintergrund scheint es geboten, das Gerechtigkeitsprinzip neu zu diskutieren. Die unterschiedlichen politischen und sozio-ökonomischen Fähigkeiten der Staaten sollten ebenso wie das Verursacherprinzip auch zukünftig eine Rolle spielen; das Prinzip der gemeinsamen, aber unterschiedlichen Verantwortung jedoch differenzierter angewandt werden.

4. Umweltkriege? Konflikte in Folge von Umweltveränderungen

Der Klimawandel stellt eine Bedrohung der Menschheit dar. Ob der Klimawandel jedoch ebenso wie die Umweltverschmutzung oder der Ressourcenverbrauch zu innerstaatlichen oder zwischenstaatlichen Kriegen führt, ist umstritten. Aussagen, nach denen es zu ‚Klimakriegen' kommt, sind daher mit Vorsicht zu behandeln. Statt einer einfachen kausalen Beziehung liegen hier komplexe Ursache-Wirkungsketten vor. Diese unterscheiden sich je nach Gegenstand. So verstärkt der Klimawandel Mechanismen, die ihrerseits zu Unsicherheit und Gewalt führen. Vier verschiedene Konfliktkonstellationen machen einen gewaltsamen Konfliktaustrag wahrscheinlicher (WGBU 2007):

- So kommt es aufgrund des Treibhauseffektes zu einer klimabedingten Degradation von Süßwasserressourcen, was das Wassermanagement der Staaten vor eine Herausforderung stellt und infolgedessen zu Verteilungskonflikten führen kann.
- Weiterhin geht die Nahrungsmittelproduktion zurück, weil die Wasserverknappung, die Bodenversalzung und die Desertifikation voranschreiten.
- Infolgedessen kann es zu Ernährungskrisen und dadurch zu gewaltsamen Konflikten kommen.
- Es ist außerdem zu beobachten, dass die Zahl der Sturm- und Flutkatastrophen zunimmt.

Da von solchen Katastrophen insbesondere Staaten betroffen sind, die schwache ökonomische und politische Kapazitäten haben, wird es zu schwer steuerbaren Migrationsprozessen kommen (→ Migration). Diese Migrationsströme können in den Transit- und den Zielländern dann zu Konflikten und Krisen führen, wenn diese ebenfalls von Dürren, Bodendegradation, steigender Wasserknappheit und instabilen Institutionen sowie Armut betroffen sind. Kurzum: Der Klimawandel kann zu Einbrüchen bei der landwirtschaftlichen Produktion führen, Extremwetterereignisse können vermehrt auftreten und als Folge die Migration zunehmen. Die dadurch angestiegenen ökonomischen Kosten können insbesondere die vom Klimawandel besonders betroffenen Staaten des ‚Globalen Südens' nicht oder nur schwerlich tragen. Die Gefahr, dass soziale Konflikte gewaltförmig ausgetragen werden, steigt an. Insofern ist der Klimawandel selbst keine direkte Konfliktursache, aber er kann zu Kriegen beitragen, indem er andere Faktoren negativ beeinflusst.

Welche Auswirkungen die Ausbeutung von erneuerbaren wie auch nicht erneuerbaren Ressourcen auf die gewaltsame Konfliktaustragung hat, ist in der Forschung ebenfalls umstritten (Koubi et al. 2014: 229). Eine Knappheit an erneuerbaren Ressourcen kann einerseits in Einzelfällen zu so einem gewaltsamen Konfliktaustrag führen. Andererseits ist Wasserknappheit eher eine Ursache von Kooperation als von Konflikt. So gibt es eine Reihe von Abkommen zur gemeinsamen Nutzung von Wasser bzw. von Flüssen. Etwas eindeutiger ist die Aussage in Bezug auf nicht-erneuerbare Ressourcen. Hier ist feststellbar, dass Ressourcenreichtum sich als Fluch erweisen kann und Konflikte eher begünstigt. Der Grund hierfür ist, dass Bürgerkriegsparteien beispielsweise Diamanten ausbeuten, um ihre Kämpfe zu finanzieren. Ressourcenreiche Staaten mit dysfunktionalen politischen und ökonomischen Institutionen tendieren dazu, dass hier innerstaatliche Konflikte häufiger auftreten (Koubi et al. 2014: 233).

Innovativ ist der Versuch, die Nutzung der verschiedenen Ressourcen in Bezug auf Konflikte zusammenzusehen. Hierfür steht der Ausdruck ‚Ressourcen-Nexus' (→ Ressourcenpolitik). Er beschreibt das Wirkungsgeflecht der Inanspruchnahme von Energie, Nahrungsmitteln, Wasser, Land und mineralischen Rohstoffen. Nutzt ein Akteur eine Ressource, so ist es wahrscheinlich, dass dies auch Auswirkungen auf andere Ressourcen haben wird (Bleischwitz 2015: 11). Der ‚Ressourcen-Nexus' kann zu innerstaatlichen Konflikten beitragen, wenn bewaffnete Gruppen und die organisierte Kriminalität ein Interesse an Einnahmen aus der Ressourcennutzung haben. Die Aktivitäten gehen dann leicht in → Terrorismus und Sezessionismus über, wie es in der Demokratischen Republik Kongo, im Jemen und im Sudan zu beobachten ist. Aber auch zwischen Staaten kann es aus der Perspektive des ‚Ressourcen-Nexus' zu Konflikten kommen. Demnach kann zukünftig vermehrt ein ‚Ressourcennationalismus' auftreten. Dieser umfasst nicht nur die einseitige Vertragsaufkündigung und die Nichtanerkennung von Prinzipien offener Märkte und geregelter Außenwirtschaftsbeziehungen, sondern auch die latente und offene Androhung von militärischer Gewalt (Bleischwitz 2015: 14). Zu erwarten ist er insbesondere in den Schwellenländern, China, Russland, Brasilien und Indien. Die konzeptionellen Annahmen zum ‚Ressourcen-Konflikt-Nexus' sind zukünftig mit empirischen Daten zu überprüfen.

5. Ausblick

Zukünftig ist zu erwarten, dass die Anzahl der (friedlich ausgetragenen) Konflikte zwischen den beteiligten Akteuren in der i.U. zunehmen wird. Einerseits kann davon ausgegangen werden, dass die Positionsdifferenzen zwischen den Staatengruppen verhärten werden. Hierzu trägt auch bei, dass derzeit kein Staat bzw. keine Staatengruppe als ‚Vorreiter' in der i.U. auftritt. Dies ist problematisch, weil ein Vorreiter, oder auch *norm entrepreneur*, die Kooperationsbereitschaft der anderen Akteure positiv beeinflussen kann. Fehlt er, so ist die Wahrscheinlichkeit von langen Verhandlungen ohne substanzielle Ergebnisse hoch. Andererseits werden die Konflikte zwischen den verschiedenen nichtstaatlichen Akteuren voraussichtlich zunehmen. Schließlich vertreten zivilgesellschaftliche Akteure und Unternehmen bzw. deren Verbände *qua* Herkunft unterschiedliche Interessen. Hier ist ein Interessenausgleich wichtig. Dieser kann durch die → Vereinten Nationen mit vorbereitet werden. Insofern ist eine weiterhin zentrale Rolle der Weltorganisation wünschenswert.

→ Ergänzende Beiträge

Energiepolitik, Entwicklungszusammenarbeit, Global Commons, Klimapolitik, Nord-Süd-Beziehungen, Ressourcenpolitik, Transnationale Akteure/Nichtregierungsorganisationen, Vereinte Nationen

Literatur

Biermann, Frank (2015): Erdsystem-Governance. Ein neues Paradigma der globalen Umweltpolitik, in: Zeitschrift für Außen- und Sicherheitspolitik (8), S. 1-8.

Bleischwitz, Raimund (2015): Der Ressourcen-Nexus als Frühwarnsystem für zukünftige zwischenstaatliche Konflikte, in: Zeitschrift für Außen- und Sicherheitspolitik (8), S. 9-22.

Brühl, Tanja/Rosert, Elvira (2014): Die UNO und Global Governance, Wiesbaden.

Chasek, Pamela S./Downie, David L./Welch Brown, Janet (^{6}2014): Global Environmental Politics, Boulder.

IEA (International Energy Agency) (2014): Key World Statistics, Paris.

Koubi, Vally/Spilker, Gabriele/Böhmelt, Tobias/Bernauer, Thomas (2014): Do Natural Resources Matter for Interstate and Intrastate Armed Conflict?, in: Journal of Peace Research (2), S. 227-243.
Millennium Ecosystem Assessment (2005): Ecosystems and Human Well-Being: Current State and Trends, Washington.
United Nations Environment Programme (2013): UNEP Year Book. Emerging Issues in Our Global Environment 201, Nairobi.
Wissenschaftlicher Beirat der Bundesregierung Globale Umweltveränderungen (2007): Welt im Wandel: Sicherheitsrisiko Klimawandel, Berlin/Heidelberg.

27 – Internationaler Terrorismus (*Kai Hirschmann*)

1. Definition und Abgrenzungen

Terrorismus (T.) wird in der Wissenschaft definiert als eine andauernde und geplante Gewaltanwendung mit politischer Zielsetzung, um mit 'terroristischen Mitteln' das (politische) Verhalten des Gegners zu beeinflussen. Häufig sind terroristische Aktionen aber nicht das einzige Betätigungsfeld von Gewalttätern, die sich z.B. auch auf den Feldern der Organisierten Kriminalität, legaler Geschäftsaktivitäten sowie im gesellschaftlichen Bereich engagieren (→ Organisierte Kriminalität/Korruption).

Es gibt zwei Begründungsstränge für Terroranschläge der vergangenen fünfzig Jahre: Zum einen den säkularen ‚ethno-nationalen T.', bei dem es um separatistische Forderungen bis hin zu einem eigenen Staat geht. Zum anderen den ‚ideologisch-weltanschaulichen T.', der sich aus politisch-gesellschaftlichen Ideologien ableiten und in zwei Richtungen aufteilen lässt. Erstens in den säkularen ‚sozialrevolutionären T.', der aus rechts- bzw. linksextremistischen Bestrebungen hervorgeht. Zweitens in den ‚religiös inspirierten T.', der in sektenartigen Strömungen die Buchreligionen Christentum, Judentum und Islam missbräuchlich interpretiert oder Gewalt zur Erfüllung pseudoreligiöser Heilslehren (z.B. Glaubensgemeinschaften, Kulte, Sekten) anwendet (→ Religionen und internationale Politik). Während der ethno-nationale T. eher national ausgeprägt ist, findet sich bei beiden Arten des ideologisch-weltanschaulichen T. aufgrund der Inhalte eine ausgesprochen starke internationale Orientierung.

Seit den 1990er Jahren sind innerstaatliche Konflikte und der Zerfall von Staatlichkeit zur wichtigsten Herausforderung internationaler Politik aufgestiegen (→ Staat/Staatlichkeit im Wandel). Sie haben ihre Ursachen in ethnischen bzw. gesellschaftlichen Spannungen und deren politischer Instrumentalisierung, in Verteilungskämpfen um knappe Ressourcen (→ Ressourcenpolitik) oder auch in wirtschaftlicher und sozialer Ungleichheit. Zwei der wichtigsten Ursachen für Staatsschwäche und -zerfall weltweit liegen in willkürlichen Festlegungen von Staatsgrenzen nach Interessen Dritter und nachfolgenden nicht-demokratischen Herrschaftssystemen (Diktaturen etc.). Während der verschiedenen Phasen des Staatszerfalls setzt sich ein Desintegrationskreislauf in Gang, der Staaten in ‚konstruierten' Grenzen zu fragilen Gebilden macht. Die Gefahr des Zerfalls und der Etablierung konkurrierender Parallelstrukturen (z.B. durch Gebietsherrscher oder Systemveränderer wie Islamisten oder Ultra-Nationalisten) ist hoch.

Zunehmendes Staatsversagen ist als Prozess schon vor dem teilweisen oder vollständigen Zusammenbruch anhand mehrerer Merkmale festzustellen, beginnend mit der Rückbesinnung und Reaktivierung lokaler bzw. religiöser Autoritäten über die Herausbildung von Parallelstrukturen bis hin zum vermehrten Auftreten privater Akteure, die um politische und wirtschaftliche Macht ringen. Die Auflösung von Staatlichkeit ist ein sich stufenweise entwickelnder Prozess, in dem der Staat durch abnehmende Stabilitätsgrade schließlich zerfällt.

Tab. 9: Das Magische Viereck des Staatszerfalls

Staatsregierung (meist autoritäre Regime) Ziel: politische und wirtschaftliche Kontrolle im gesamten Staatsgebiet	**Gebiets- und Stammesherrscher** (Warlords) Ziel: politische und wirtschaftliche Kontrolle in einer Region anstelle des Staates
Organisierte Kriminalität (Menschen-, Waffen- und Drogenhandel) Ziel: Wirtschaftliche Kontrolle komplementär oder substitutiv zur Staatsregierung	**Ideologische Systembeseitigung** (politisch und religiös) Ziel: Systembeseitigung & Etablierung einer eigenen politischen und/oder religiösen Weltanschauung

Quelle: eigene Darstellung

Fragile Staaten ermöglichen privaten (Gewalt-)Akteuren eine Entfaltung ihrer Aktivitäten. Das durch Staatsschwäche und -zerfall entstehende Machtvakuum versuchen in der Regel drei Arten von Akteuren zu füllen:

- Gebiets- und Stammesherrscher (Warlords) mit dem Ziel der Kontrolle eines Teils des Staatsgebietes, denen es um wirtschaftliche und politische Macht geht.
- Kriminelle Banden, die die Staatsschwäche nutzen, um eigene wirtschaftliche Vorteile zu realisieren. Daher geht Staatszerfall auch einher mit der Ausbreitung Organisierter Kriminalität (OK).
- Politisch-ideologische Gruppen, denen es um eine politische Systemveränderung geht. Solche Bewegungen wie z.B. Islamisten propagieren ein anderes Politik- und Gesellschaftssystem.

Da häufig zum staatlichen Akteur diese drei privaten, interaktiven Akteure hinzutreten, kann auch von einem ‚Magischen Viereck des Staatszerfalls' gesprochen werden. Dieses ‚Magische Viereck' ergibt sich bei allen Staatszerfallsprozessen unabhängig von der Region oder Kultur. Die *Player* des ‚Magischen Vierecks' eint das Ziel, die Regierung von der Macht zu drängen. Genutzt wird dabei das Machtvakuum, das die Staatsregierung durch ihre Schwäche schafft. Zwei der neuen Akteure (Gebietsherrscher und Organisierte Kriminalität) agieren in den etablierten Staatsstrukturen. Der dritte neue *Player* hat das Ziel der Destabilisierung bzw. Beseitigung des politischen und gesellschaftlichen Systems sowie der Realisierung eigener ideologischer Vorstellungen. Dabei sind die Interpretation und der Missbrauch des Islam für eigene politische Zwecke (Islamismus) die derzeit wichtigsten Motivlagen ideologischer Systembeseitiger in Staatszerfallsprozessen.

2. Formen des internationalen Terrorismus

2.1 Der Islamismus als rückwärtsgewandte Weltanschauung

Es besteht ein unmittelbarer Zusammenhang zwischen Staatszerfall und islamistischem Fundamentalismus (und T.) als einem Akteur des ,'Magischen Vierecks'. Einerseits können unter den Bedingungen von Staatszerfall lokale, terroristische Gewaltstrukturen entstehen, anderseits bieten sich ,staatsfreie Gebiete' als Rückzugs- und Ruheräume, als Orte für Trainings- und Ausbildungscamps, zur Rekrutierung oder als Transiträume an. Damit politisches Gewaltpotential entsteht, müssen mehrere religiöse, politische, wirtschaftliche und soziale Faktoren zusammenkommen. Politische Gewalt kommt dann zur Anwendung, wenn bereits gesellschaftliche Ungleichgewichte bestehen, die dann gewaltsam beseitigt werden sollen.

Der religiöse Fundamentalismus ist in allen Religionen eine Geisteshaltung, die zu den Anfängen des ,reinen Glaubens' zurückkehren möchte, was aber ohne Bekämpfung und Zerstörung der herrschenden Ordnung nicht möglich ist. Eigene Interpretationen und Überzeugungen werden als ,Gott gewollt' angesehen. Hierbei betreiben Islamisten eine Art ,Steinbruch-Exegese', das heißt, es werden nur Stellen aus der Heiligen Schrift und aus dem Zusammenhang genommen, die das eigene Weltbild stützen. Der Islamismus beruht somit auf einer Selektion religiöser Lehren durch sektenartig strukturierte kleine Minderheiten. Fundamentalismus hat es immer z.B. bei den Anhängern der abrahamitischen Buchreligionen (Judentum, Christentum, Islam) gegeben. Immer wieder fanden sich Gruppierungen, die die Heiligen Schriften missbrauchten, um Gewalt zu rechtfertigen. Dies ist mithin nicht nur im Islam anzutreffen (→ Religionen und internationale Politik).

Der Islamismus ist nicht nur eine politische Ideologie antagonistisch zu westlichen Ordnungs- und Wertvorstellungen, die für sich beansprucht, die wahre Auslegung des Glaubens darzustellen. Der Islamismus ist zugleich auch eine Protestbewegung gegen die autoritären Regierungen in muslimischen Ländern und die Einflussnahme des ,Westens' (zu deren Gunsten), die für sozioökonomische Probleme, kulturelle ,Überfremdung' und politisches Versagen in der islamischen Welt verantwortlich gemacht werden. Islamistische Oppositionsgruppen entwickeln daher ihre Ideenmuster als radikalen Gegenentwurf zur herrschenden Ordnung, die sie beseitigen wollen. Sie werden entsprechend ihrer Ideologie immer versuchen, Staatszerfallsprozesse zu initiieren bzw. zu beschleunigen und politische Macht zu gewinnen, indem sie die Politik weltlicher Parteien unterminieren und Nationalismus mit religiösen Begriffen neu definieren. Dabei ist die Perspektivlosigkeit der Bevölkerung das Fundament, auf dem religiös-ideologische Gruppen ihre Konzepte zur Ergreifung der Macht und/oder die Legitimation zur Gewaltanwendung aufbauen. Noch radikalere Extremisten sehen dadurch die Chance, die Ideologie des Dschihad aus ihren Konsolidierungsräumen gewaltsam zu verbreiten. Die Grundidee hierbei ist, Modernisierungs- und Entwicklungsprozesse in kulturellen, sozialen und politischen Systemen aufzuhalten bzw. rückgängig zu machen. Islamisten gehen davon aus, dass die islamische Lehre neben moralischen Werten auch manifeste Handlungsanweisungen für die Gestaltung von Politik, Wirtschaft und Gesellschaft bietet. Ihr Vorwurf ist, dass sich die Regierungen und Gesellschaften in den muslimischen Ländern vom Islam abgewandt und eine an den Werten von ‚Ungläubigen' ausgerichtete Ordnung begründet hätten. Diese ‚gottlosen' Strukturen und Systeme hätten zu Fehlentwicklungen und dem Niedergang der muslimischen Gesellschaft geführt. Die Zielsetzung der Islamisten ist daher, in einem ‚Islamischen Staat' (Kalifat) zu den von ihnen definierten ‚Wurzeln des Islam' zurückzukehren, Entwicklungen zurückzudrehen und eine ‚wahre islamische Gemeinschaft' nach eigenen Vorstellungen wiederherzustellen.

Der Islamismus im 20. Jhds. war ursprünglich eine breite Reformbewegung, die durch eine Umgestaltung der Gesellschaft die Spaltung und Rückständigkeit der islamischen Gemeinschaft überwinden wollte. Während sich Teile der islamistischen Bewegungen an Wahlen beteiligen und zur Zielerreichung eines islamischen Gottesstaates nicht auf Gewalt setzen, will eine Minderheit der Islamisten die herrschenden Regierungen in muslimischen Staaten mit Gewalt beseitigen und die Einflüsse des ‚Westens' auf die Muslime bekämpfen (Dschihadisten). Das geistige Fundament liefern dabei drei islamische Reform- und Erweckungsbewegungen: Die mittelalterliche Bewegung der ‚*Salafiyya*', die Bewegung der ‚*Wahhabiyya*' beruhend auf den Lehren Mohammad b. Abd al-Wahhabs (1703-1792) aus dem heutigen Saudi-Arabien sowie die ‚moderne Salafiyya' des 20. Jhds. (heute bekannt als ‚Salafismus').

2.2 Der Dschihadismus als internationalisierte Gewaltanwendung

Der Begriff ‚*Dschihad*' wird in der zeitgenössischen Literatur häufig falsch mit ‚Heiliger Krieg' übersetzt. Tatsächlich bedeutet er im Koran aber ‚Anstrengung' bzw. ‚Bemühung auf dem Wege Gottes' und steht in keinerlei Zusammenhang mit terroristischer Gewalt. Der Religionsmissbrauch der *Dschihad*-Ideologen besteht darin, einen Glaubensbegriff mit Gewaltinhalten neu zu definieren. Ihr Ziel der ‚Verteidigungsbemühungen' (*Dschihad*) ist die gewaltsame Errichtung einer politischen und gesellschaftlichen Ordnung nach islamistischer Denkschule. Ein solches Regime, das angeblich einen Idealzustand und den Willen Allahs darstelle, haben aus islamistischer Sicht z.B. die Taliban in Afghanistan (1995 bis 2001) oder der sog. ‚Islamische Staat' (IS; auch ISIS) in Syrien/Irak (ab 2013) verwirklicht.

Gewalt als Mittel zur Durchsetzung der Ziele war zunächst kein Bestandteil islamistischer Überlegungen. Das änderte sich vor allem nach Gründung der Muslimbruderschaft in Ägypten 1928. Die Ideologie für eine islamische Weltordnung und gewaltsame ‚Verteidigungsanstrengungen' (*Dschihad*) entstammt vor allem den Arbeiten der Gelehrten Maududi, al-Banna und Qutb. Das neue islamistische Denken begann in den 1920er Jahren in Ägypten und Indien/Pakistan. Sayyid Abul Ala Maududi (1903-1979) propagiert als Ziel den ‚Islamischen Staat'. Wichtigstes Mittel hierzu ist der gewaltsame Dschihad, für den er die Muslime zum Kampf aufruft. „Zieht aus und kämpft! Entfernt die Menschen, die sich gegen Gott aufgelehnt haben, aus ihren Führungspositionen und errichtet das Kalifat", fordert er. Hassan al-Banna (1906-1949), Gründer der ägyptischen Muslimbrüder, lehrte, dass der Tod im ‚*Dschihad* des Schwertes' die höchste Form des Martyriums sei. Al-Banna schuf mit einem weit verbreiteten *Dschihad*-Essay eine der ideologischen Grundlagen der Gewaltanwendung. Auch das Motto der Muslimbrüder steht für eine eindeutige Richtung: „Allah ist unser Ziel. Der

Prophet ist unser Führer. Der Koran ist unser Gesetz. Dschihad ist unser Weg. Sterben auf dem Wege Allahs ist unsere größte Hoffnung."

Der *Dschihadismus* heutiger Prägung als ideologischer Grundlage aller weltweit agieren Dschihad-Gruppen erhielt seine Ausrichtung und Qualität durch die grundlegenden Arbeiten von zwei Ideologen:

- Dem ägyptischen Lehrer und Theologen Sayyid Qutb (1906-1966), der ab den 1950er Jahre eine führende Rolle in der ägyptischen ‚Muslimbruderschaft' einnahm (3-2-1-Modell des *Dschihad*), sowie
- dem palästinensischen Lehrer und Theologen Dr. Abdullah Azzam (Schüler und Mitstreiter Qutbs), der in und seit den 1970er und 1980er Jahren zum Vordenker des ‚globalen *Dschihad*' wurde (Modell der Zweigleisigkeit des *Dschihad*).

Sayyid Qutb propagierte einen Kampf gegen den Westen, die Ablehnung seiner Werte und der kulturellen Moderne. Sein Buch „*Ma'alim fi-l Tariq*" (Zeichen auf dem Weg des Herrn), in dem er 1964 seine Lehren zusammenfasst, hat eine eigenständige Dschihad-Ideologie begründet. Qutb fordert, dass die (religiöse) ‚Wiedererweckung' der islamischen Länder in einem gewaltsamen *Dschihad* durch eine Bewegung zurück zu den Wurzeln des Islam betrieben werden müsse. Seine Schriften gelten noch heute als geistiges Fundament der Mudschahiddin (*Dschihad*-Kämpfer) weltweit. Die Gewaltkomponente der Ideologie besteht aus einem 3-2-1-Modell:

- Es existieren drei Feinde, die Fehlentwicklungen, Unterlegenheit und Unterdrückung in der muslimischen Welt zu verantworten haben. Es handelt sich um die ‚Handlanger' (autoritäre muslimische Regierungen), die sie unterstützenden ‚Kreuzfahrer' (westlich-christliche Staaten) sowie die ‚Juden' (Staat Israel).
- Den Feinden werden zwei Angriffsarten unterstellt: Zum einen unterdrücken sie die Bevölkerung in muslimischen Ländern mit Streitkräften und Sicherheitsapparat (physischer Angriff). Zum anderen übertragen sie ihre Werte und Verhaltensmuster auf muslimische Staaten und unterdrücken damit die einheimische Kultur (psychischer Angriff).
- Gegen die Feinde und ihre Angriffe sei zur Verteidigung eine gemeinsame Anstrengung (*Dschihad*) erforderlich.

Nach diesem Modell müssen aus dem gesamten Bereich der muslimischen Welt (*Umma*) freiwillige Kämpfer (*Mudschahiddin*) zum Dschihad zusammengeführt werden, um als ‚*dschihadistische* Elite' ihrer vermeintlich religiösen Pflicht nachzukommen. Gewalt wird als einziger Weg gesehen, eine neue, islamistische Politik-, Wirtschafts- und Gesellschaftsordnung zu etablieren. Sayyid Qutbs ideologische Grundlagen eines ‚gewaltsamen Dschihads' propagierte er seit den 1950er Jahren als Chefideologe der ägyptischen Muslimbruderschaft. Sie wurden nach seiner Hinrichtung in Ägypten 1966 konkretisiert und in Richtung der heutigen Dschihad-Interpretation von weiteren Vordenkern verfeinert. Scheich Ahmad Jassin (1936-2004) wendete Qutbs Dschihad-Ideologie auf Palästina an und gründete die Hamas. Scheich Omar Abdel Rachman (geb. 1938) wurde zur Inspirationsquelle und zum geistigen Vater der ägyptischen-*Dschihad*-Gruppen, eine davon geführt von Ayman al-Zawahiri (heute Chef der *Al-*

Qaida). Die größten Impulse der Weiterentwicklung und Implementierung gingen allerdings von Abdullah Azzam (1941-1989) aus, der in den 1970er und 1980er Jahren zum Vordenker des ‚globalen *Dschihad*' wurde. Er lehrte in den 1970er Jahren an der Universität Dschidda in Saudi-Arabien, wo er akademischer und theologischer Lehrer Osama bin Ladens während dessen Studium wurde. Azzams internationalisierte Vision des ‚*Dschihad*' übte großen Einfluss auf viele Mudschahiddin aus: „Jedes Prinzip braucht eine Vorhut, die große Opfer auf sich nimmt. Diese Vorhut bildet das starke Fundament (*al qaeda al-sul-bah*) für die Gesellschaft, auf die wir warten" (Azzam). Dabei ist der Azzam-Begriff *'al qaeda al-sul-bah'* die Grundlage für die Namensgebung und das Selbstverständnis der ‚*Al-Qaida*' und ihrer heutigen Regionalcluster.

Abdullah Azzam gilt als Vater des islamischen Dschihad in seiner modernen Form. Er wendete die Ideologie auf die Besetzung Afghanistans durch die Sowjets an. 1984 gründete er in Peschawar mit bin Laden und Zawahiri ein Büro für *Mudschahiddin*-Dienste (Vorläufer *Al-Qaida*). Bis 1984 entwickelte er in seinen Schriften den *Dschihad*-Begriff zur heute gängigen Form. Besondere Bedeutung hat das Buch „Die Verteidigung der muslimischen Gebiete", in dem der ‚*Qutb-Dschihad*' konkretisiert und das ‚Prinzip der Zweigleisigkeit' entwickelt wird. Demnach muss es zunächst zahlreiche Organisationen weltweit geben, die als Dienstleister (*Provider*) Leistungen wie Waffen, Sprengstoffe, Training, Logistik, Kontakte und Finanzmittel für die Muschahiddin bereit stellen, damit diese ihre ideologischen Ideen in die Tat umsetzen können. Nur eine unter vielen war dabei *Al-Qaida*. Auf diesem Fundament muss es dann zu einem ‚zweigleisigen Dschihad' kommen:

- Erste Schiene – Der *Dschihad* in Krisenregionen: Hierzu müssen kampfbereite Muslime als Vorhut aus der ganzen Welt in einer Krisenregion zusammenströmen, um die behaupteten Besatzer und Handlanger-Regierungen durch Bürgerkrieg und terroristische Gewalt zu vertreiben. Im Anschluss muss eine ‚Regierung des wahren Islam' nach eigener Ideologie etabliert werden.
- Zweite Schiene – Die Nadelstiche in Feindesländern (= Terroranschläge): Durch Gewaltaktionen als Nadelstiche gegen die despotischen Machthaber in muslimischen Staaten und die sie unterstützenden Länder des Westens sollen die Feinde zu einer Änderung ihrer Politik bewegt werden.

Für die ‚erste Schiene' der regionalen Dschihads konnte Abdullah Azzam in Afghanistan und darüber hinaus noch den ‚Grundstein' legen. Es gelang ihm aber nicht mehr, auch die ‚zweite Schiene' seiner operativen *Dschihad*-Vorstellungen ‚in Betrieb' zu nehmen. Diese Aufgabe übernahmen die regionalen *Dschihad*-Dienstleister, die zu einer weltweiten Konsolidierung und Verbreitung der Ideologie entscheidend beitrugen.

2.3 Die Verbreitung des religiös inspirierten Terrorismus

Seit mehr als zwei Jahrzehnten gibt es weltweit geradezu einen Popularitätsschub für die *Dschihad*-Ideologie gewaltbereiter Islamisten. Beste Voraussetzungen bestehen dort, wo sich Länder im Staatszerfall befinden und gemäßigte Muslime unterdrückt bzw. von der Macht fern gehalten werden. Die Instrumentalisierung und Infiltrierung von Regionalkonflikten, die dann durch eigene Kämpfer übernommen werden, wurde seit den 1990er

Jahren vorangetrieben. Beste Voraussetzungen dafür bestehen überall dort, wo sich Länder im Staatszerfall befinden und gleichzeitig gemäßigte Muslime unterdrückt bzw. von der politischen Macht fern gehalten werden. Hierbei kann die ‚trockene' Ideologie durch Tatsachen und Taten unterlegt und der muslimischen Öffentlichkeit der notwendige Kampf gegen die ‚Unterdrücker' begründet werden. Der Präzedenzfall hierzu und damit die Wurzel der heutigen *Dschihad*-Netzwerke ist im *Dschihad*-Kampf gegen die Sowjet-Invasion in Afghanistan 1980-1988 zu sehen. Die Organisation, das Vorgehen und die Taktik mit der Gründung einer ‚kampfbereiten Elite' (*Al-Qaida*), der aus Sicht der *Mudschahiddin* erfolgreich endete, sind noch heute Vorbild für die operativ-taktische Ausrichtung der *Dschihadisten*. Der Widerstand gegen die behaupteten Besatzer und deren Regierung wurde in einen ‚*Dschihad*' nach dem 3-2-1-Modell umgedeutet.

Die Behauptung in Afghanistan wie auch in den späteren Regionalkonflikten lautete, dass ungläubige Feinde ein muslimisches Land angegriffen und besetzt hätten und dass sich die Muslime dagegen in einer gemeinsamen Anstrengung (*Dschihad*) verteidigen müssten. Dem Werben der Rekruteure folgten Tausende aus den muslimischen Staaten und der Diaspora weltweit. Die ‚Moslem-Internationale' gegen die Sowjets war in den 1980er Jahren ein Wachstumsmodell. Osama Bin Laden baute mit seinem Geld und *Know-how* Trainings-Camps und Bunkersysteme, Abdullah Azzam lieferte das ideologische Dach. Beide Elemente verschmolzen zu einer Dienstleistungsorganisation ‚*Al-Qaida*' (Namensgebung und Weltanschauung entsprechend Azzam-Lehren), die für die angekommenen *Dschihad*-Kämpfer (*Muschahiddin*) Leistungen wie Waffen, Logistik, Ausbildung, Obdach und Geld bereitstellte. So entstand in Afghanistan ein Netzwerk persönlicher Kontakte unter den *Mudschahiddin*, das auch nach ihrer Rückkehr in die Heimatländer weiter funktionierte. Der Kampf in Afghanistan wurde damit zum Referenzmodell für regionale Dschihads. Dabei sind den ‚Unterwanderungs-Klassikern' Afghanistan und Kaschmir seit Anfang der 1990er Jahre z.B. mit Bosnien-Herzogowina, Tschetschenien, Zentralasien, Südostasien (Indonesien, Thailand, Malaysia, Süd-Philippinen), Somalia, dem Jemen, Süd-Algerien und Mali, Nigeria, dem Irak und Syrien sowie als bislang letztes Glied der Kette 2014 Libyen gefolgt. Das Ziel ist immer vergleichbar: das Meinungs-, Handlungs- und Gewaltmonopol zu erringen, um später einen ‚wahren islamischen Staat' zu gründen (Talibanisierung der muslimischen Welt).

Doch auch die ‚zweite Schiene' der *Dschihad*-Aktivitäten nach den Lehren Abdullah Azzams wurde seit Beginn der 1990er Jahre massiv ausgebaut. *Dschihad*-Kämpfer verübten seither regelmäßig Terroranschläge als Nadelstiche auf symbolische Ziele mit möglichst hohen Opferzahlen wie z.B. den Anschlag auf das *World Trade Center* im Februar 1993 sowie auf die US-Botschaften in Kenia und Tansania im August 1998. Nach dem Massenmord des 11.09.2001 hat sich die Frequenz mittelgroßer *Dschihad*-Anschläge (10-200 Tote) weltweit noch einmal deutlich erhöht. Hierzu kommen die vereitelten Aktionen, Festnahmen von Schläfern und Sympathisanten aus dem Speckgürtel des Islamismus. Islamistische Terroristen mit der *Dschihad*-Ideologie sind auf der Welt zuhause, auch in Europa. Ausgebaute Strukturen sind z.B. auch in Deutschland anzutreffen, das nicht nur als Ruhe- und Vorbereitungsraum genutzt wird, sondern auch zum Operationsgebiet (‚Feindesland') erklärt wurde. Was die Kämpfer betrifft, zeigt sich die Bewegung sehr flexibel: Nicht nur *Dschihadisten* aus dem muslimischen

Raum und der westlichen Diaspora werden rekrutiert, sondern auch konvertierte Europäer ins Netzwerk eingebunden.

2.4 Taktikänderungen und die Clusterung der Dschihad-Aktivitäten

Mit zunehmender Stärke der *Dschihad*-Fanatiker sind seit Mitte der 2000er Jahre auch zwei Taktikänderungen zu beobachten. Zum einen findet im Bereich der Terroranschläge als Nadelstiche (zweite Kampfschiene) eine verstärkte Personalisierung und Simplifizierung statt. Während früheren Anschlägen meist eine lange Planung und Organisation der Täter vorausging, werden heute mit Stich- oder Schnellfeuerwaffen ohne große Vorbereitung Anschläge durchgeführt. In mehreren Aufrufen seit Mitte 2014 haben sowohl die ‚*Al-Qaida-Cluster*' als auch der sog. ‚Islamische Staat' (IS) zu ‚Einsamer-Wolf-Angriffen' im Westen aufgerufen. Bei den Angriffen sollen einzelne Täter in einem persönlichen *Dschihad* ohne Unterstützung von *Dschihad*-Netzwerken (kleinere) Anschläge durchführen, damit Polizei und Geheimdienste die Taten nicht verhindern können. Eines unter mehreren Beispielen für diese veränderte Taktik ist der Anschlag auf die Redaktion des französischen Satire-Magazins *Charlie Hebdo* in Paris im Januar 2015. Zum anderen werden im Rahmen der regionalen *Dschihads* (‚erste Kampfschiene') verstärkt militärische Flächenoperationen in zerfallenden Staaten für das Ziel der gewaltsamen Errichtung eines fundamentalistischen Gottesstaates durchgeführt. Hierzu findet seit einigen Jahren eine beunruhigende *‚Clusterung'* terroristischer Aktivitäten statt. Es gründeten bzw. erweiterten sich verschiedene *Dschihad-Cluster* wie

- die ‚*Hindukusch-Al-Qaida*' mit ihren Kooperationspartnern afghanische und pakistanische Taliban, *Haqqani*-Netzwerk, Islamische Union Usbekistan sowie *Lashkar-e-Teiba* (‚Armee der Reinen', Kashmir),
- die ‚*Al-Qaida im Islamischen Maghreb*' (AQIM). Es handelt sich um einen regionalen Zusammenschluss verschiedener *Dschihad*-Gruppen aus Marokko, Algerien, Tunesien und Libyen, der sich 2007 gründete. Mit der AQIM sind zahlreiche Kooperationspartner und *Offshots* verbunden wie z.B. die ‚Bewegung für Einheit und Dschihad in Westafrika' (MUJWA) oder die *Ansar Dine* (Unterstützer des Glaubens) – beide in Mali,
- die ‚*Al-Qaida der Arabischen Halbinsel*' (AQAP), die sich 2009 als Zusammenschluss der *Al-Qaida in Saudi-Arabien* und der *Al-Qaida im Jemen* gründete. Die AQAP gilt als innovativ in Bezug auf Kommunikation und Strategie mit starker Nutzung des Internets für Ausbildung, Propaganda und Rekrutierung sowie Etablierung des *Dschihad*-Internet-Magazins INSPIRE, dessen Hauptanliegen die Anstiftung zu einem *Open Source Jihad* (‚Jedermann-*Dschihad*') darstellt,
- die ‚*Al-Qaida im Irak*' (AQI), die sich 2004 nach dem Sturz des Regimes Saddam Hussains als Zusammenschluss irakischer Dschihad-Gruppen gründete, sich später aus den *Al-Qaida-Clustern* lossagte und als ISIS bzw. ‚Islamischer Staat' firmierte,
- die ‚*Al-Shabaab*' (Bewegung der *Mudschahiddin*-Jugend) in Somalia; ihr Ziel ist die Errichtung eines islamischen Staates am Horn von Afrika und die Beteiligung an einem weltweiten *Dschihad.* Im Februar 2012 schwor ‚*Al-Shabaab*' Aiman al-Zawahiri, dem Anführer der ‚*Hindukusch-Al-Qaida*', die Gefolgschaft und gilt seitdem als regionaler *Al-Qaida*-Ableger,

- ‚*Boko Haram*' (Westliche Bildung ist Sünde) im Norden Nigerias, die sich 2004 gründete und seit 2010 durch steigende *Dschihad*-Gewaltanwendung in Nigeria und den Nachbarstaaten Niger, Tschad und Kamerun auffällt. Ausgeführt wird auch hier eine Kombination militärischer Flächenoperationen (Eroberung von Dörfern und Städten) und Terroranschlägen,
- das ‚*Kaukasus-Emirat*', ein von *Dschihad*-Kämpfern proklamierter islamischer Staat im russischen Nordkaukasus. Das Kaukasus-Emirat wurde 2007 vom tschetschenischen Dschihad-Führer Doku Umarow ausgerufen; es umfasst Tschetschenien, Dagestan, Inguschetien und Ossetien.

Besonders deutlich können in jüngster Zeit Prozesse des Staatszerfalls und die versuchte Systemänderung durch *Dschihad*-Gruppen in Syrien/Irak (ISIS), Libyen (AQIM & ISIS), Mali (AQIM), Nigeria (Boko Haram), Somalia (Al-Shabaab) und Jemen (AQAP) herausgearbeitet werden – einschließlich der Verdrängung säkularer Widerstandsgruppen und militärischer Flächentaktiken. Dabei wird deutlich, wie Dschihad-Gruppen muslimische Gebiete als Einheit begreifen und willkürliche Staatsgrenzen aufheben wollen (→ Sicherheitspolitik).

Abb. 15: Dschihad: Operations- und Verbreitungsgebiete 2015

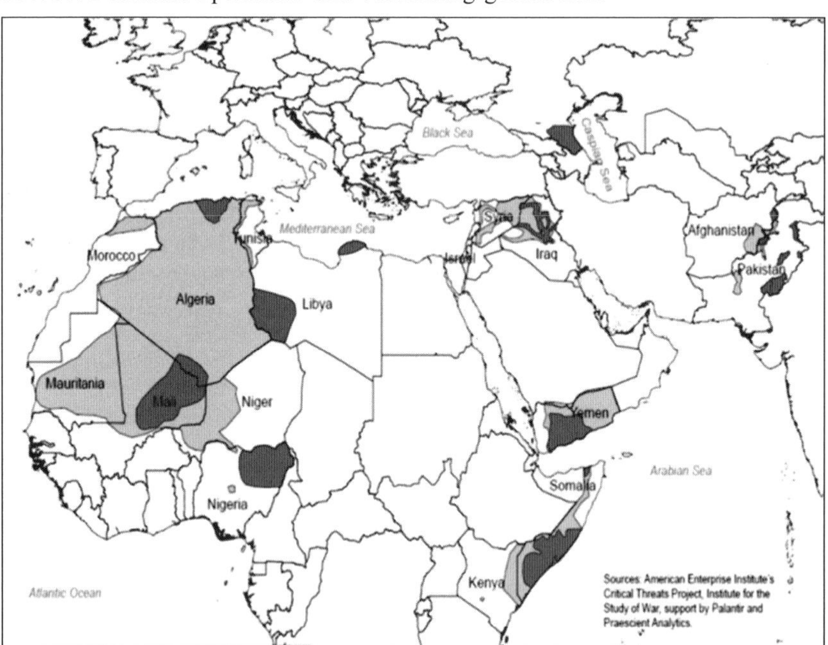

Operationsgebiete = schwarze, Verbreitungsgebiete = graue Schattierung
Quelle: ISW (Institute for The Understanding von War)

Doch das Bild einer harmonischen internationalen *Dschihad*-Holding hat seit 2011 erhebliche und gefährliche Risse bekommen, denn es ist eine mit den *Al-Qaida*-Bewegungen rivalisierende Dschihad-Gruppierung auf den Plan getreten: Der sog. ‚Islamische Staat' in Syrien/Irak (ISIS), der auch im zerfallenden Libyen bereits Fuß gefasst hat. Der Ursprung der Terrorgruppe IS liegt im Jahr 2004, als die Gruppe ‚*Tawhid und Dschihad*' – geführt vom Jordanier Abu Mussub al-Sarkawi – gegründet wurde. Der Vision der Errichtung eines Kalifats von Syrien bis zum Golf folgend, schloss diese sich ein Jahr später als ‚*Al-Qaida im Irak*' (AQI) der ‚*Dschihad-Holding*' *Al-Qaida* an. Im Oktober 2006 ging hieraus die Gruppe ‚Islamischer Staat im Irak' (ISI) hervor. Beginnend ab 2007 kommt es zu einer sehr hohem Frequenz von Terroranschlägen (zumeist Selbstmordattentate) im Irak, die bis heute anhält. Mitte Mai 2010 erklärte ISI Abu Bakr al-Baghdadi zu ihrem neuen Anführer. Im Zuge der Unruhen in Syrien ab 2011 sah der ISI die Chance gekommen, auch in dieser Staatszerfallsregion die eigene Ideologie durchzusetzen. Al-Baghdadi entschloss sich 2012 in Syrien zu intervenieren, um dort unter dem Namen ‚*Al-Nusra-Front*' einen Regionalableger der *Al-Qaida* mitzugründen. Später wollte al-Baghdadi sie mit dem ISI vereinigen und verkündete den Zusammenschluss im April 2013 unter dem Namen ‚Islamischer Staat in Irak und Syrien' (ISIS). Der syrische Dschihad-Anführer Dschulani allerdings opponierte dagegen und sicherte sich die Unterstützung der *Hindukusch-Al-Qaida*, die al-Baghdadi aufforderte, sich aus Syrien zurückzuziehen. Als Ergebnis sagte sich al-Baghdadi von der *Al-Qaida* los, weitete seine Operationen in Syrien aus und begann, die *Al-Nusra Front* zu bekämpfen. Am 29.06.2014 kam es erneut zu einer Namensänderung, bei der sich die Gruppe, die inzwischen auch aus einem großen Anteil zugereister ausländischer Kämpfern besteht, den Namen ‚Islamischer Staat' (IS) gab.

Die Machtbasis des IS bildete ursprünglich eine Gruppe von ehemaligen sunnitischen Offizieren der irakischen Armee, die sich von der schiitisch dominierten irakischen Regierung benachteiligt fühlten und zu Dschihadisten geworden sind. Sie nutzten die Situation aus, dass der Irak als Staat seit 2003 erheblich destabilisiert ist, stürmten irakische Armeedepots mit modernen Waffen und begannen neben Terroranschlägen auch militärische Flächenoperationen (Zwei-Schienen-Lehre Azzams). Nachdem sich 2011 im Zuge der Umbrüche im arabischen Raum auch der Staatszerfall in Syrien beschleunigte, dehnte der IS seine Operationen dorthin aus und bediente sich ebenfalls aus Waffendepots der syrischen Armee. Nach militärischer Eroberung eines zusammenhängenden Gebiets im Nordwesten des Irak und im Osten Syriens rief der IS am 29.06.2014 einen als *Kalifat* bezeichneten Staat aus. Er zeichnet sich durch eine Organisations- und Administrationsprofessionalität aus, die weder Syrien noch der Irak zur gleichen Zeit aufwiesen. Zudem setzte sich eine intensive Rekrutierungmaschinerie für *Dschihad*-Kämpfer in Gang. Neben lokalen Kräften wurden bis Ende Februar 2015 über 12.000 ausländische Kämpfer angeworben, darunter neben nordamerikanischen, australischen, chinesischen (Uiguren) und russischen (Kaukasus) auch mehrere Tausend aus Europa und 650 aus Deutschland.

Der ‚Islamische Staat' hat Mitte 2014 auch damit begonnen, seine Macht auf weitere arabische Staaten mit instabilen politischen Verhältnissen auszuweiten, so etwa auf den Jemen und Libyen. Hier konkurriert der IS seither mit den jeweiligen *Al-Qaida*-

Clustern. In der Küstenstadt Derna in Libyen hatte sich Ende 2014 ein Brückenkopf des IS mit ca. 800 Kämpfern festgesetzt und rivalisiert mit den AQIM-nahen Gruppen rund um Bengasi. In einer Audiobotschaft des ‚Islamischen Staates' vom 14.11.2014 verkündete IS-Führer Abu Bakr al Bagdadi die Ausbreitung der IS-Dschihad-Organisation außerhalb Syriens und des Irak: „Oh Moslems freut Euch über die frohen Neuigkeiten, dass der IS sich weiter ausgedehnt hat, bis in andere Länder wie Saudi-Arabien, Jemen, Ägypten, Libyen und Algerien. Hiermit erklären wir die Annahme der Gefolgschaft der Gruppen in diesen Ländern und wir annullieren die einheimischen Namen dieser Gruppen, erklären diese Länder zu IS-Emiraten und setzen unsere Gefolgsmänner dort ein". Somit sind weitere intensive interne Machtkämpfe zwischen dem IS und den *Al-Qaida*-Organisationen zu erwarten.

3. Dschihad 2.0: Weltweite Propaganda und Rekrutierung

Die Kommunikationsstrategien terroristischer *Dschihad*-Gruppierungen wurden immer professioneller. Mittlerweile haben sie mit Videobotschaften und Internetauftritten ein Niveau erreicht, das nahezu den Kriterien einer integrierten Kommunikationsstrategie gerecht wird. Die Dschihad-Terrornetzwerke verfügen mittlerweile über ein globales Kommunikationsnetzwerk, das sich aller Medienplattformen (TV, Radio, Internet etc.) und Medienträger bedient. Sie platzieren ihre Botschaften geschickt und strategisch in den öffentlichen Medien und bereiten sie für diese auf. Terroristen brauchten zudem ein Verbreitungsmedium, mit dem Bekennerbotschaften und Propagandamitteilungen ungefiltert verbreitet werden können. Das Aufkommen des Internets – speziell der Sozialen Netzwerke wie Facebook, Youtube und Twitter – und weltweit rasch steigenden Nutzerzahlen bot ihnen das. Daher kann heute auch vom einem ‚virtuellen *Dschihad*' oder ‚*Dschihad 2.0*' gesprochen werden. Das Internet wird genutzt für Anleitungen für Autodidakten, Anleitungen zum Bomben- und Waffenbau, Informationen über den Dschihad, Informations- und Ausbildungsfilme, Transport des Gedankenguts in ein virtuelles Unterstützerumfeld sowie vor allem als Kontaktbörse und Rekrutierungsplattform. Neben persönliche Kontakte treten Prozesse der digitalen Vergemeinschaftung in sozialen Netzwerken. Der ‚*Dschihad 2.0*' leistet heute das, was früher allein Prediger, Gebetszirkel oder Koranschule boten. Jeder kann sich ihm passend erscheinende ideologische Elemente beliebig zusammenstellen, was neue Möglichkeiten der Rekrutierung geschaffen hat. Zugleich werden individuelle Radikalisierungsverläufe ermöglicht. Daher verwundert es kaum, dass die *Dschihad*-Ideologen eine weltweit erfolgreiche Synthese aus ideologischer Indoktrinierung, persönlicher Betreuung und virtueller Internetwelt geschaffen haben, mit der Menschen aus allen Ländern zusammengebracht, radikalisiert und als Kämpfer für regionale Krisengebiete rekrutiert werden können.

→ Ergänzende Beiträge

Organisierte Kriminalität/Korruption, Krieg, Nahostkonflikt, Sicherheitspolitik, Staat/ Staatlichkeit im Wandel, Religionen und internationale Politik

Literatur

Bergen, Peter L. (2001): Heiliger Krieg Inc. Osama bin Ladens Terrornetz, Berlin.
Burke, Jason (2005): Al-Qaida. Wurzeln, Geschichte, Organisation, Düsseldorf/Zürich.
Dietl, Wilhelm/ Kai Hirschmann/ Rolf Tophoven (2006): Das Terrorismus-Lexikon. Täter, Opfer, Hintergründe, Frankfurt a.M.
Hirschmann, Kai (2016): Wenn Staaten scheitern. Die Herausforderung Staatszerfall, Berlin.
Hirschmann, Kai/Tophoven, Rolf (2010): Das Jahrzehnt des Terrorismus, Berlin.
Kepel, Gilles (2002): Das Schwarzbuch des Dschihad. Aufstieg und Niedergang des Islamismus, München.
Musharbash, Yassin (2006): Die neue al-Qaida. Innenansichten eines lernenden Terrornetzwerks, Köln.
Said, Behnam T./Fouad, Hazim (Hrsg) (2014): Salafismus. Auf der Suche nach dem wahren Islam, Freiburg i.Br.
Steinberg, Guido (2015): Kalifat des Schreckens: IS und die Bedrohung durch den islamistischen Terror, München.

28 – Klimapolitik (*Dagmar Kiyar*)

1. Gegenstand, Herausforderung und Bedeutung

Der weltweite Ausstoß von Treibhausgasen, der einen Anstieg der globalen Durchschnittstemperatur und mannigfache lokale Auswirkungen zur Folge hat, bildet die politische Handlungsgrundlage für die Klimapolitik (K.). Wie im Umweltgutachten des Sachverständigenrates für Umweltfragen (SRU) erörtert, stellen diese weltweit ungebremsten Emissionen von Treibhausgasen ein sog.s ‚persistentes' Umweltproblem dar (→ internationale Umweltpolitik); ein Problem also, bei dem „umweltpolitische Maßnahmen über einen längeren Zeitraum hinweg keine signifikanten Verbesserungen herbeizuführen vermochten" (SRU 2004: 517). Die folgenden vier Charakteristika kennzeichnen diese Probleme:

- Sie sind nicht Teil des traditionellen Kompetenzbereichs der Umweltpolitik, es gibt für sie keine technische Lösung. Vielmehr ist eine Veränderung der Funktionslogik verursachender Wirtschaftssektoren und der Gesellschaft vonnöten;
- Die Probleme sind hochgradig komplex, treten als ‚schleichende Verschlechterung ein' und die Schäden treten sowohl in räumlicher wie auch in zeitlicher Distanz zum Verursachungsort, bedingt durch eine Vielzahl von Verursachern, auf;
- Unmittelbar bedingt durch die anstehenden grundlegenden Änderungen in Wirtschaft und Gesellschaft und die gleichzeitige Komplexität und damit fehlende direkte Wahrnehmbarkeit und Zurechenbarkeit ist eine nur begrenzte Akzeptanz für einschneidende umweltpolitische Maßnahmen gegeben;
- Zumeist haben persistente Umweltprobleme eine globale Dimension, sind nicht regional begrenzt. Effektive Antworten müssen also auf internationaler Ebene gefunden werden – mit der damit verbundenen Vielzahl an Akteuren und Interessen und dementsprechenden komplexen Verhandlungsprozessen.

Erschwerend kommt in der K. hinzu, dass es für das wichtigste Treibhausgas Kohlendioxid (CO_2) keine Rückhaltetechnik durch Filter oder Katalysatoren gibt, auch wenn für stationäre CO_2-Quellen wie Kraftwerke über die Abscheidung und Speicherung nachgedacht wird (*Carbon Capture and Storage* – CCS).

Der Klimawandel hat sich von einem „Gegenstand überwiegend wissenschaftlichen Interesses zu einem Thema des täglichen und weltweiten gesellschaftlichen Diskurses“ (Hulme 2014: 26) entwickelt und findet heute auf allen politischen Ebenen Beachtung. So gibt es lokale und regionale Klimaschutzkonzepte, auf Bundesländer-Ebene gibt es beispielsweise das Klimaschutzgesetz NRW, auf Bundesebene hat Deutschland sich dazu verpflichtet, seine Treibhausgasemissionen bis 2020 um 40 Prozent gegenüber 1990 zu reduzieren. Zudem haben im Oktober 2014 die EU-Staats- und Regierungschefs ihr bestehendes Energiepaket mit Zielen für 2030 erweitert; darin ist verbindlich festgeschrieben, den Ausstoß von CO_2 bis 2030 um mindestens 40% im Vergleich zu 1990 zu reduzieren. Auf internationaler Ebene schließlich findet K. vor allem unter dem Dach der → Vereinten Nationen statt; im Dezember 2015 findet in Paris die jährlich stattfindende Vertragsstaatenkonferenz zum 21. Mal statt (*Conference of the Parties*, COP). Grundlage dieser Verhandlungen ist das 1992 verabschiedete Rahmenübereinkommen der Vereinten Nationen über Klimaänderungen (*United Nations Framework Convention on Climate Change*, UNFCCC), kurz die ‚Klimarahmenkonvention' (KRK); in Art. 2 ist das Ziel der Konvention festgeschrieben: „Das Endziel dieses Übereinkommens (...) ist es, die Stabilisierung der Treibhausgaskonzentrationen in der Atmosphäre auf einem Niveau zu erreichen, auf dem eine gefährliche anthropogene Störung des Klimasystems verhindert wird.“

Als Politikfeld ist die K. noch verhältnismäßig jung. Die wissenschaftlichen Zusammenhänge des anthropogen verursachten Klimawandels sowie die Abschätzung der Folgen sind verstärkt erst mit der Ausweitung der Klimaforschung in den 1980er Jahren untersucht und verstanden worden. Doch in ihrer Reichweite hat sich die K. inzwischen zu einem der wichtigsten Politikbereiche überhaupt entwickelt. Sie hat u.a. unmittelbare Auswirkungen bzw. Wechselwirkungen mit den folgenden Politikfeldern:

- Auswirkungen auf die → Energiepolitik: Die weltweite Energieversorgung basiert im Wesentlichen auf den fossilen Energieträgern Kohle, Öl und Gas, bei deren Verbrennung das bedeutendste Treibhausgas CO_2 freigesetzt wird. Konflikte sind vorprogrammiert, wenn ein ‚Verzicht auf fossile Energieträger' oder der ‚Übergang von einem kohlenstoffbasierten bzw. fossilen Wirtschaftsmodell zu einer nachhaltigen bzw. klimaverträglichen Gesellschaft' (WBGU 2011) angemahnt wird.
- Auswirkungen auf die Wirtschaftspolitik: Auf der überwiegend fossilen Energieversorgung bzw. der kostenlosen Nutzung der Atmosphäre durch Emissionen von Treibhausgasen fußen heutige wirtschaftliche Entwicklung und Wohlstand. Die Bepreisung der Belastung der Atmosphäre bzw. des Ausstoßes des Treibhausgases CO_2, um die negativen externen Effekte zu internalisieren, ist der Versuch, das Verursacherprinzip anzuwenden und eine wirtschaftlich effiziente Lösung für die Klimaproblematik zu finden. Der vielbeachtete *Stern-Report* beschreibt den Klimawandel dementsprechend als eine einzigartige Herausforderung für die Wirt-

schaft, als „*the greatest example of market failure we have ever seen*" (Stern Review 2006: 1). Eindringlich wird vor den wirtschaftlichen Folgekosten des Klimawandels gewarnt, die die Weltwirtschaft Billionen von Euros kosten würde, sollte nicht umgehend gehandelt werden. In einem neueren Bericht (*Better Growth, Better Climate: The New Climate Economy Report*), an dem Nicholas Stern mitgewirkt hat, wird aufgezeigt, dass weltweiter Klimaschutz und Wirtschaftswachstum bei zielgerichteten Investitionen keinen Zielkonflikt auslösen und gemeinsam realisiert werden können.

- Auswirkungen auf die → Sicherheitspolitik: Die Folgen des Klimawandels, also beispielsweise eine Verknappung wichtiger Ressourcen (→ Ressourcenpolitik) oder Migrationsbewegungen (→ Migration), haben direkte Auswirkungen auf die Sicherheitspolitik. Aus diesem Grund wurde der Klimawandel u.a. im Rahmen der 51. Münchener Sicherheitskonferenz im Februar 2015 diskutiert. 2012 hat das US *National Intelligence Council* seinen Global Trends 2030-Bericht veröffentlicht, in dem die wachsende Nachfrage nach Ressourcen (Nahrung, Wasser und Energie) und Migrationsbewegungen thematisiert werden, Themen, die durch den Klimawandel an Bedeutung gewonnen haben. Bereits 2009 hat die CIA das *Center on Climate Change and National Security* eröffnet. Zudem hat im Juli 2011 erstmalig der VN-Sicherheitsrat den Klimawandel als Gefährdung für den Weltfrieden bezeichnet.
- Auswirkungen auf die Entwicklungspolitik (→ Entwicklungszusammenarbeit, → Nord-Süd-Beziehungen): Schließlich spielt bei den internationalen Klimaverhandlungen immer auch die Frage nach der wirtschaftlichen Entwicklung der Entwicklungsländer eine zentrale Rolle. Dies findet Ausdruck in Finanzierungsmechanismen wie beispielsweise dem *Green Climate Fund*, der die Finanzierung von Klimaprojekten in Entwicklungsländern zum Ziel hat, oder Themen wie Technologiekooperationen oder Technologietransfers, die auf den Konferenzen thematisiert werden.

Trotz der inzwischen wissenschaftlich belegten Erkenntnisse zum Klimawandel, klimapolitischen Bestrebungen auf regionaler, nationaler, europäischer und internationaler Ebene sowie des zivilgesellschaftlichen Engagements und der medialen Aufmerksamkeit, war die K. bislang nicht in der Lage, der zentralen gesellschaftlichen und umweltpolitischen Herausforderung Klimawandel in ausreichendem Maße zu begegnen.

2. Ziele und wissenschaftliche Grundlagen der Klimapolitik

Der natürliche Treibhauseffekt ermöglicht das Leben auf der Erde; ohne diesen Treibhauseffekt läge die bodennahe Durchschnittstemperatur der Erde nicht bei etwa 14°C, sondern bei ca. -18°C. Ursache dafür ist die Tatsache, dass nicht die komplette Sonneneinstrahlung von der Erde wieder in den Weltraum abgegeben, sondern teilweise von der Atmosphäre wie in einem Treibhaus zurückgehalten wird. Anthropogene Faktoren, zum Beispiel das Verbrennen fossiler Rohstoffe, die Abholzung von Waldflächen oder industriell betriebene Landwirtschaft, erhöhen die Menge an Treibhausgasen und Aerosolen kontinuierlich. Der natürliche Treibhauseffekt wird so verändert; seit Beginn des Industriezeitalters (1750) hat dies zu einer Erwärmung des Klimas geführt. Abb. 16 zeigt die Veränderung der global gemittelten Erdoberflächentemperatur:

Abb. 16: Veränderung der global gemittelten Erdoberflächentemperatur

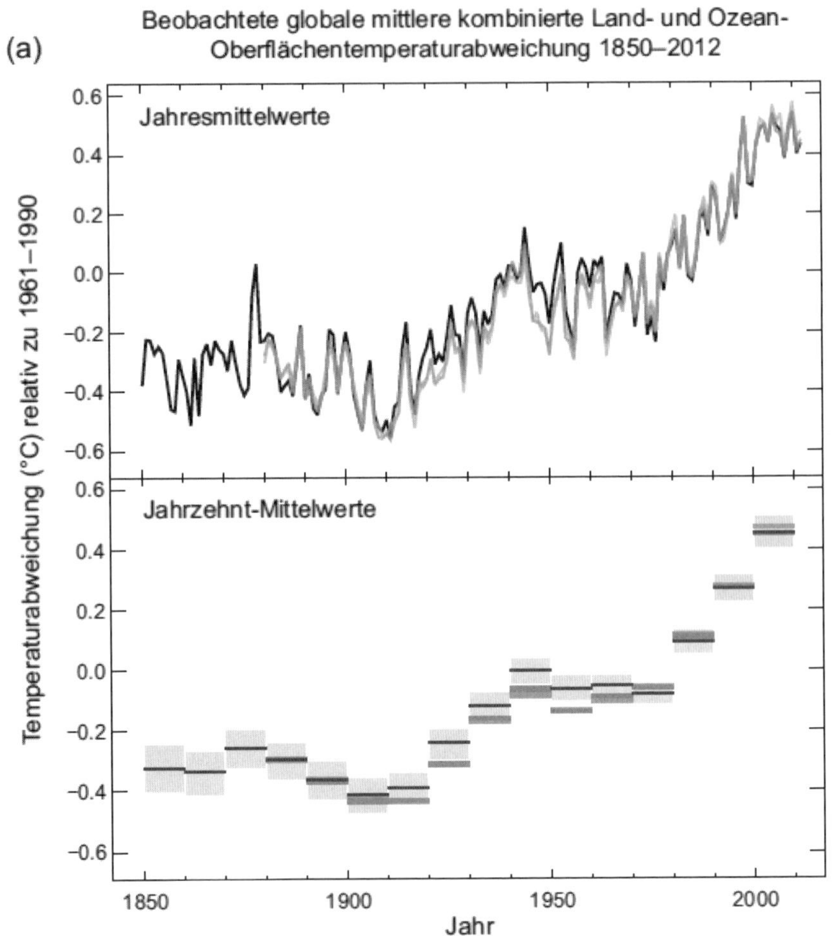

Quelle: IPCC 2013: 4

2.1 Intergovernmental Panel on Climate Change

1988 wurde der IPCC (*Intergovernmental Panel on Climate Change*) gegründet, der Zwischenstaatliche Ausschuss für Klimaänderungen oder auch Weltklimarat. Als zwischenstaatliches Gremium des Umweltprogramms der Vereinten Nationen (UNEP)

und der Weltorganisation für Meteorologie (WMO) ins Leben gerufen, setzt er sich aus internationalen Experten und Expertinnen zusammen, die die klimatischen Auswirkungen des erhöhten Kohlendioxidaustausches seit der Industrialisierung in der Erdatmosphäre untersuchen. Dabei betreibt er keine eigene wissenschaftliche Forschung, sondern trägt die aktuelle wissenschaftliche, technische und sozioökonomische Literatur, die zum Thema veröffentlicht wird, zusammen. Um das Klimasystem zu verstehen, und insbesondere, um Aussagen über künftige Entwicklungen zu treffen, die ein heutiges Handeln erforderlich machen, bedient sich der IPCC Beobachtungen, Studien von Rückkopplungs-Prozessen und Modellsimulationen.

2013 und 2014 wurde der inzwischen fünfte Sachstandsbericht (*Fifth Assessment Report*, AR5) vorgestellt. Die Treibhausgaskonzentration, gemessen in der Einheit ppm, parts per million, also Anteile an Treibhausgasen in einer Million Moleküle Luft, lag diesem Bericht zufolge in 2011 bei 391 ppm und übertraf damit den vorindustriellen Wert um rund 40% (IPCC 2013: 9). Für den Bericht wurden Modellsimulationen des Klimasystems mit Hilfe einer Reihe von Szenarien, den Repräsentativen Konzentrations-Pfaden (*Representative Concentration Pathways*) (RCPs) durch das Weltklimaforschungsprogramm durchgeführt. Anders als in der Vergangenheit bilden nicht sozioökonomische Faktoren den Ausgangspunkt dieser Szenarien, sondern die Treibhausgaskonzentration sowie der Strahlungsantrieb.

2.2 Das 2°C-Ziel

In der K. wird zumeist das sog. 2°C-Ziel als oberste Grenze für eine noch tragbare Veränderung des Weltklimas genannt. Gemeint ist, die globale Erwärmung auf nicht mehr als zwei Grad gegenüber dem Niveau vor Beginn der Industrialisierung ansteigen zu lassen. 1990 wurde das 2°C-Ziel in einem Bericht der Advisory Group on Greenhouse Gases (AGGG) genannt und hat seitdem in der klimapolitischen Diskussion zunehmend an Bedeutung gewonnen. In Deutschland und auch auf EU-Ebene gab es bereits 1995 bzw. 1996 breite politische Zustimmung für dieses Ziel, im Dezember 2010 haben sich in Cancún schließlich auch alle 194 Mitgliedstaaten der UNFCCC (*United Nations Framework Convention on Climate Change*) auf dieses Ziel verständigt. Indes handelt es sich hierbei um ein politisches Ziel, keine wissenschaftliche Zielgröße, die es exakt zu treffen gilt. Schätzungen zufolge beträgt die Differenz der globalen Durchschnittstemperatur zwischen der vorindustriellen Zeit und heute bereits knapp 0,8°C, und auch wenn die globalen Emissionen unmittelbar auf Null zurückgefahren werden würden, wäre aufgrund der Langlebigkeit der Treibhausgase und der Trägheit des Klimasystems ein weiterer Temperaturanstieg auf insgesamt 1,3°C unvermeidlich (WBGU 2009).

Sollte sich die globale Temperatur weiter erhöhen und sog. *tipping points* also ‚Kipppunkte' überschritten werden, droht die Gefahr, dass sich das Weltklima unabsehbar und vor allem unumkehrbar verändert. Die nachstehende Grafik des Potsdam-Institut für Klimafolgenforschung (PIK) zeigt die wichtigsten Kipppunkte auf und unterteilt sie in die drei Kategorien schmelzende Eiskörper, sich verändernde Strömungssysteme der Ozeane und Atmosphäre sowie bedrohte Ökosysteme von überregionaler

Bedeutung. Die Fragezeichen markieren dabei diejenigen Kipppunkte, die wissenschaftlich noch nicht gesichert sind.

Abb. 17: Kippelemente – Achillesfersen im Erdsystem

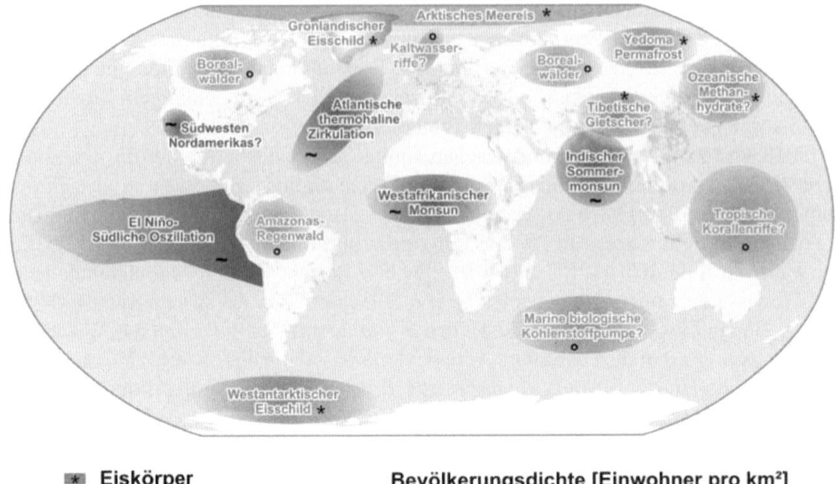

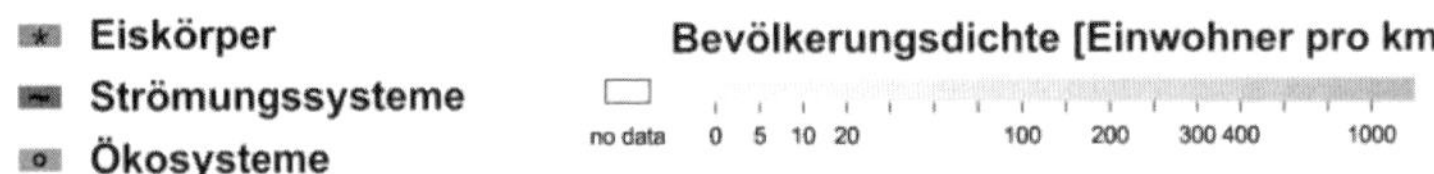

Quelle: Potsdam-Institut für Klimafolgenforschung: (https://www.pik-potsdam.de/services/infothek/kippelemente)

Das 2°C-Ziel ist heute eine allgemeine Leitlinie der K. Gleichwohl gibt es viele Staaten, die bei den internationalen Klimaverhandlungen für eine Verschärfung auf mindestens 1,5°C drängen, insbesondere die zur *Alliance of Small Island States* (AOSIS) zusammengeschlossenen Inselstaaten sowie die am wenigsten entwickelten Länder (LDCs). Auch in der Klimawissenschaft gibt es starke Befürworter für das 1,5°C-Ziel bzw. entsprechend für eine Begrenzung der Konzentration der Treibhausgase auf 350 ppm, also eine Reduktion im Vergleich zum heutigen Niveau. Auch Greenpeace oder das *Climate Action Network International*, ein Netzwerk von weltweit mehr als 900 Nichtregierungsorganisationen, sprechen sich für das 1,5°C-Ziel aus.

2.3 Carbon Budget – Kohlenstoffbudget

Die Atmosphäre ist ein globales Gemeinschaftsgut (→ Global Commons), das von allen genutzt wird. Sie gleicht dabei allerdings einem Allmendegut, einem Gut also, bei dem aufgrund seiner Eigenheiten ein Anreiz zur Übernutzung vorliegt (*tragedy of the commons*). Weil niemand von der Nutzung der Atmosphäre ausgeschlossen werden kann, wird sie stärker in Anspruch genommen, als für alle Beteiligten vorteilhaft bzw. als zuträglich, um einen gefährlichen Klimawandel abzuwenden. Damit dieses Ziel bzw. das 2°C-Ziel mit einer Wahrscheinlichkeit von 66% erreicht wird, dürften kumulativ seit Beginn der Industrialisierung ca. 2.900 Gt CO_2 emittiert werden. Mehr als die Hälfte, nämlich rund 1.900 Gt CO_2 sind bereits emittiert (IPCC 2014: 10). Sollte das aktuelle Tempo beibehalten werden (rund 54 Gt CO_2e in 2012 (UNEP 2014: xviii)), wäre dieses sog. Kohlenstoffbudget in kürzester Zeit aufgebraucht. CO_2 macht einen überwiegenden Teil der Emissionen aus. Eine etwaige Hoffnung, dass sich das Problem durch die Endlichkeit der fossilen Vorräte lösen lässt, ist jedoch unbegründet – bereits die geologisch sicher bestätigten und mit derzeitiger Technik zu fördernden Reserven setzen bei ihrem Einsatz mehr CO_2 frei als nach heutigem Kenntnisstand tragbar ist; derzeit nicht rentabel zu fördernde Ressourcen sowie durch weitere Exploration zu erschließende Reserven sind hier noch gar nicht einbezogen.

3. Klimapolitische Grundlagen, Instrumente und Akteure

Die Folgen des Klimawandels sind zum Beispiel klimabedingte Ernteausfälle, Ausbreitung von Wüsten oder zunehmende Migrationsströme, die wiederum Auswirkungen auf die Entwicklung, Stabilität und Sicherheit von Regionen und ganzen Ländern haben. Dabei sind diejenigen Staaten, die historisch am wenigsten zum Klimawandel beigetragen haben, die Staaten, die am meisten von den Auswirkungen betroffen sind.

In den internationalen UN-Klimaverhandlungen wurde bei der Frage der Lastenverteilung historisch deshalb das Prinzip *Common But Differentiated Responsibilities* – ‚Gemeinsame, aber unterschiedliche Verantwortung' angewendet. Es findet sich in Art. 3 der KRK: „Die Vertragsparteien sollen auf der Grundlage der Gerechtigkeit und entsprechend ihren gemeinsamen, aber unterschiedlichen Verantwortlichkeiten und ihren jeweiligen Fähigkeiten das Klimasystem zum Wohl heutiger und künftiger Generationen schützen. Folglich sollen die Vertragsparteien, die entwickelte Länder sind, bei der Bekämpfung der Klimaänderungen und ihrer nachteiligen Auswirkungen die Führung übernehmen." Das Prinzip ist zudem Grundlage für das 1997 im japanischen Kyoto beschlossene Kyoto-Protokoll, in dem sich die sog. Annex I-Staaten, die Industrieländer, verpflichteten, im Zeitraum 2008-2012 ihre Emissionen um insgesamt 5,2% gegenüber 1990 zu senken. China und Indien sind hingegen nicht Annex I-Staaten, unterlagen damit auch laut dem Kyoto-Protokoll keiner Reduktionsverpflichtung; die USA haben das Kyoto Protokoll zwar unterzeichnet, aber nie ratifiziert und sind dem Protokoll deshalb nie beigetreten, Kanada ist im Dezember 2011 sogar aus dem Protokoll ausgestiegen.

Heute ist dieses Prinzip Anlass für eine der grundlegendsten Kontroversen bei den internationalen Klimaverhandlungen zwischen den Staaten des Südens, die zum Teil noch daran festhalten möchten, und den Industrieländern, die es in der bisherigen Form ablehnen. Die USA und China sind gemeinsam für rund 42% der weltweiten CO_2-Emissionen (36.131 $MtCO_2$) verantwortlich. Während China mit Blick auf die CO_2-Emissionen pro Kopf auch heute noch deutlich hinter den USA liegt, hat es die EU-28 mit 6,8 t CO_2/pro Kopf inzwischen überholt.

3.1 Die UN-Klimaverhandlungen

Die internationalen Klimaverhandlungen sind in ihrer nun mehr als zwanzigjährigen Geschichte durch eine Reihe von historischen Konferenzen gekennzeichnet – so wird die japanische Stadt Kyoto oftmals in Verbindung mit dem sog. Kyoto-Protokoll genannt, die Konferenz von Kopenhagen häufig als Synonym für enttäuschte Erwartungen an die Klimaverhandlungen verwendet. Tab. 10 listet einige wesentliche Konferenzen und Ereignisse internationaler K. sowie deren Wirkungen bzw. Beschlüsse auf.

Tab. 10: Konferenzen und Ereignisse internationaler Klimapolitik

Jahr	Konferenz/Ereignis	Wirkung/ Beschlüsse
1979	1. Weltklimakonferenz in Genf	Anreicherung von CO_2 in der Atmosphäre wird problematisiert Weltklimaprogramm (WCP, World Climate Programme) unter der Leitung der WMO wird ins Leben gerufen
1985	Konferenz der World Meteorological Organisation (WMO), Villach, Österreich	Warnung vor dem anthropogenen Einfluss auf die Veränderung des Weltklimas
1988	Klimakonferenz in Toronto	Aufruf zu CO_2-Reduktionen von 20% bis 2005; Technologietransfer zwischen Staaten des Nordens und des Südens wird diskutiert
1988		Gründung des IPCC (Intergovernmental Panel on Climate Change)
1990	1. Assessment Report des IPCC	Forderung nach internationalen Verträgen zum Schutz des Klimas
1992	UNCED in Rio de Janeiro „Weltgipfel" oder „Erdgipfel"	Unterzeichnung der UNFCCC durch mehr als 150 Staaten
1995	Erste UN-Klimakonferenz (COP 1), Berlin	Berliner Mandat; Verpflichtung von mehr als 160 Staaten, 1997 ein verbindliches Protokoll zu verabschieden
1997	COP 3 Kyoto	Kyoto-Protokoll (160 Unterzeichner-Staaten); Annex I-Staaten verpflichten sich ihre Treibhausgasemissionen in einem Zeitraum von 2008 bis 2012 um 5,2% gegenüber 1990 zu senken
2001	COP 6.2 Bonn	Bonner Beschluss – Industrieländer ohne USA und Entwicklungsländer einigten sich auf Grundsätze der Umsetzungsregeln für das Kyoto-Protokoll; Verwendung der flexiblen Mechanismen CDM und JI beschlossen
2001	COP 7 Marrakesch	Übereinkommen von Marrakesch, endgültige Regelung zur Ausgestaltung und Umsetzung des Kyoto-Protokolls
2005	Inkrafttreten Kyoto-Protokoll (Voraussetzung erfüllt: mindestens 55 Staaten müssen ratifizieren, die im Basisjahr (1990) zusammen mindestens 55% der Treibhausgase emittiert haben)	Klimakonferenzen nicht mehr nur die Vertragsstaatenkonferenz der Klimarahmenkonvention (COP), sondern auch die Unterzeichnerstaaten des Kyoto-Protokolls
2007	COP13/CMP3 Bali	Bali-Aktionsplan, Start von Verhandlungen über umfassendes Klima-Abkommen, das in Kopenhagen (2009) zum Abschluss gebracht werden soll
2009	COP15/CMP5 Kopenhagen	Kopenhagen-Vereinbarung; kein verbindliches Abkommen, sondern politische Erklärung, nicht von allen Staaten akzeptiert

2010	COP16/CMP6 Cancún	Cancún-Übereinkommen, 2°C-Ziel wird als Messlatte für die internationalen Klimaschutzaktivitäten beschlossen
2011	COP17/CMP7 Durban	Durban-Paket; „Arbeitsgruppe zur Durban-Plattform“ (ADP); 2012 mit Verhandlungen für ein rechtsverbindliches Klimaschutzabkommen aller Staaten beginnen, die bis 2015 abgeschlossen werden und ab 2020 anwendbar sein sollen
2012	COP18/CMP8 Doha	Einigung über zweite Verpflichtungsperiode des Kyoto-Protokolls (allerdings ohne Staaten wie USA, Kanada, Russland, Japan)
2013	COP19/CMP9 Warschau	Warschau-Mechanismus für klimawandelbedingte Verluste und Schäden

Quelle: eigene Darstellung

3.1.1 Das Kyoto-Protokoll und die flexiblen Mechanismen

Bis heute ist das wohl bekannteste Ergebnis einer internationalen Klimakonferenz das Kyoto-Protokoll, das im Jahr 1997 beschlossen wurde. Wesentliche Kontroverse bei den Verhandlungen zu Kyoto war bereits ein grundsätzlicher Nord-Süd-Konflikt (→ Nord-Süd-Beziehungen), der sich auch durch die Folgejahre hindurch zog: Insbesondere wurde über die Verpflichtungen der einzelnen Staaten und deren jeweilige Verantwortung für den Klimawandel diskutiert. Während die Entwicklungsländer gemäß dem Berliner Mandat von 1995 verbindliche Verpflichtungen für die Industrieländer diskutieren wollten, bestanden die USA darauf, dass ebenfalls über bindende Emissionsziele für Entwicklungsländer verhandelt werden sollte. Im Ergebnis einigte man sich jedoch nur auf Emissionsziele für industrialisierte Länder: Laut Art. 3 des Kyoto-Protokolls hatten diese in einem Zeitraum von 2008 bis 2012 die Treibhausgasemissionen um mindestens fünf Prozent gegenüber dem Niveau von 1990 zu senken; die Kyoto-Reduktionsverpflichtung von durchschnittlich 5,2% ergibt sich aus den in Annex B festgehaltenen Länderverpflichtungen. Die Reduktionsverpflichtung kann nicht nur durch die Reduktion von CO_2-Emissionen erfüllt werden, sondern auch durch Reduktionen der Emissionen eines sog. ‚Korbs‘ von sechs Gasen: Kohlendioxid (CO_2), Methan (CH_4), Distickoxid (NO_2) (Lachgas), wasserstoffhaltige Fluorkohlenwasserstoffe (FKW), perfluorierte Fluorkohlenwasserstoffe (PFC), Schwefelhexafluorid (SF6)).

Um die Erfüllung der Reduktionsverpflichtungen beurteilen zu können, wird CO_2 als Standardgröße herangezogen. Die anderen Treibhausgase werden mittels ihres Treibhauspotenzials (*Global Warming Potential*) entsprechend naturwissenschaftlicher Erkenntnisse, die vom IPCC bereitgestellt werden, in CO_2-Äquivalente (CO_2e) umgerechnet. Ferner muss die Reduktionsverpflichtung des jeweiligen Landes nicht komplett im eigenen Land erbracht werden. Das Kyoto-Protokoll sieht sog. flexible Mechanismen zur Erfüllung vor: *Joint Implementation* (‚Gemeinsame Umsetzung‘, Art. 6), *Clean Development Mechanism* (‚Mechanismus für umweltverträgliche Entwicklung‘, Art. 12) und *Emissions Trading* (‚Emissionshandel‘, Art. 17). Nach weiteren Verhandlungen insbesondere zu der Ausgestaltung der flexiblen Mechanismen und der Berücksichtigung der sog. Senken, also beispielsweise Wälder, die CO_2 speichern, wurden 2001 in Marrakesch die Voraussetzungen für das Inkrafttreten des Protokolls beschlossen. Nachdem genügend Staaten das Protokoll ratifiziert hatten, trat es schließlich am 16. Februar 2005 in Kraft.

3.1.2 Die Akteure bei den internationalen Klimaverhandlungen

Alle Vertragsstaaten der UNFCCC haben bei der jährlichen und beschlussfassenden COP eine Stimme. Ihren Interessen folgend haben sich die Staaten nicht zuletzt deshalb seit jeher in den Verhandlungen zusammengeschlossen. Über die Jahre haben sich diese Gruppen allerdings durchaus gewandelt; insbesondere die G77 + China als Bündnis aller Entwicklungsländer verliert aufgrund der Interessensgegensätze ihrer Mitglieder zunehmend an praktischer Bedeutung.

- Die wichtigsten Schwellenländer China und Indien, andere asiatische Staaten wie Pakistan, Ölförderstaaten wie Saudi-Arabien, sowie linksgerichtete lateinamerikanische Staaten wie Bolivien artikulieren sich in den jüngsten COPs vorwiegend in der *Group of Like-Minded Developing Countries* (LMDC). Die LMDC stellen mehr als 50% der Weltbevölkerung und treten stark dafür ein, die Unterscheidung zwischen Annex I und non-Annex I-Staaten, also grob gesagt zwischen Industrie- und Entwicklungsländern, aufrecht zu erhalten.
- Die → Europäische Union tritt bei den internationalen Klimaverhandlungen, trotz der sehr unterschiedlichen nationalen Voraussetzungen in den Mitgliedstaaten, mit einer Stimme auf. So gab es im Rahmen des Kyoto-Protokolls eine gemeinsame Reduktionsverpflichtung für die damalige EU-15, die *Burden-Sharing*-Vereinbarung, die eine Reduktion der Emissionen um 8% vorsieht. Die EU gilt als Vorreiter bei den Verhandlungen und hat sich für das neue Klima-Abkommen darauf geeinigt, ihre Emissionen bis 2013 um mindestens 40% gegenüber 1990 zu reduzieren.
- Die ehemalige JUSSCANNZ-Gruppe (Japan, USA, Schweiz, Kanada, Australien, Norwegen und Neuseeland), ein informeller Zusammenschluss von Industrieländern, die nicht Teil der EU sind, firmiert heute weitestgehend unter dem Namen *Umbrella Group*, wenngleich die Schweiz inzwischen gemeinsam mit Mexiko, Südkorea, Liechtenstein und Monaco der *Environmental Integrity Group* (EIG) angehört. Die JUSSCANNZ-bzw. *Umbrella-Group* ist häufig als Bremser in den internationalen Klimaverhandlungen aufgetreten; die EIG setzt sich für ein globales Klimaabkommen ein, das einerseits hohe Treibhausgasreduktionen beinhaltet und andererseits die Entwicklungsländer in ihrer Anpassung an den Klimawandel unterstützt.
- Eine Gruppe, die sich insbesondere durch ihre unmittelbare Betroffenheit durch den Klimawandel zusammengeschlossen hat, ist die Gruppe der kleinen Inselstaaten (*Alliance of Small Island States* – AOSIS).
- Daneben gibt es noch die Gruppe der *Least Developed Countries* (LDCs), die ebenfalls stark von den Folgen des Klimawandels betroffen sind, oder auch die *Association of Independent Latin America and Caribbean States* (AILAC). Letztere setzt sich für ein neues Klima-Abkommen ein, in dem alle Staaten ihren fairen Beitrag leisten sollen.

- Neben den Regierungsvertretern nehmen auch zahlreiche Vertreter der Zivilgesellschaft an den Verhandlungen teil (→ Transnationale Akteure/Nichtregierungsorganisationen) , berichten über diese, können aber beispielsweise durch Positionspapiere und Veranstaltungen auch Einfluss auf den Verlauf der Verhandlungen nehmen. Hierzu zählen auch die breit aufgestellten NGOs, wie u.a. *Research NGOs* (RINGOs), *Environmental NGOs* (ENGOs), *Trade Unions* (TUNGOs), *Youth Organisations* (YOUNGOs), *Business NGOs* (BINGOs), *Gender* CC oder *Indigenous People.*
- Daneben sind auch weitere UN-Sekretariate und Organisationen als Beobachter anwesend, wie UNDP, UNEP oder UNCTAD, sowie zugehörige Organisationen wie die GEF oder die WMO/UNEP. Auch intergouvernementale Organisationen wie die Internationale Energieagentur (IEA) oder die OECD sind vertreten.

3.1.3 Verhandlungselemente

Um das in Art. 2 der KRK formulierte Ziel der Stabilisierung der Treibhausgaskonzentration in der Atmosphäre auf einem Niveau zu erreichen, das eine gefährliche anthropogene Störung des Klimasystems verhindert, werden im Rahmen der UN-Verhandlungen weit mehr als nur die Debatten über die von den einzelnen Staaten zu erzielenden Treibhausgasminderungen geführt.

- Eine Vielzahl an Maßnahmen, Programmen und Diskussionssträngen sind in den beiden grundlegenden Bereichen *Mitigation*, also Vermeidung von Treibhausgasen, und Adaptation, also Anpassung an den Klimawandel, untergebracht. *Nationally Appropriate Mitigation Actions* (NAMAs) umfassen alle Maßnahmen der Entwicklungsländer im Klimaschutz, von Einzelprojekten bis hin zu umfassenden Programmen, die entweder von den Ländern selbst oder mit Unterstützung der Industriestaaten durchgeführt werden. REDD-PLUS steht für *Reducing Emissions from Deforestation and Forest Degradation and the role of conservation, sustainable management of forests and enhancement of forest carbon stocks in developing countries*, also verkürzt gesagt das Waldschutzprogramm.
- Im Bereich Finanzierung, Technologie und *Capacity Building* sind die u.a. vielen finanziellen Mechanismen wie beispielsweise der *Green Climate Fund* (Grüne Klimafonds) zusammengefasst, dessen Struktur seit Lima besteht und für den inzwischen 10,2 Mrd. US-Dollar zur Unterstützung von *Mitigation*- und Adaptation-Maßnahmen zugesagt worden sind.
- Im Bereich der ökonomischen Instrumente sind vor allem die flexiblen Mechanismen des Kyoto-Protokolls, CDM, JI und der Emissionshandel zusammengefasst.
- Die *National Communications*, die die Annex I-Staaten alle vier bis fünf Jahre einreichen sowie die *National Greenhouse Gas Inventories*, die die Industriestaaten jährlich einreichen, werden unter dem Begriff *Transparency of action and support* geführt. Hierzu zählen auch die *National Communications* der Nicht-Annex I-Länder, die seit Cancún ebenfalls in einem festen Turnus vorzulegen sind, sowie die *biennial reports* der Annex I-Länder und *biennial update reports* der nicht-Annex I-Länder.

- Mit Hilfe des *Review-Prozesses* 2013-2015 wird untersucht, inwiefern sich die Vertragsstaaten auf dem Zielkurs 2°C befinden und ob das langfristige Ziel gegebenenfalls auf 1,5°C verschärft werden kann.

3.2 Klimapolitik außerhalb der Vereinten Nationen

Neben den internationalen Klimaverhandlungen im Rahmen der Vereinten Nationen hat es in der Vergangenheit eine ganze Reihe von Initiativen, Allianzen, etc. gegeben, die sich der Klimathematik angenommen haben. Zu nennen sind hier beispielhaft das *Major Emitters/Economies Forum* (MEF), das 2009 ins Leben gerufen wurde und dem 17 große Industrie- und Schwellenländer angehören, der Zusammenschluss *Gobal Methane Initiative*, der aus derzeit 43 Staaten besteht und sich die Reduzierung der Methanemissionen zum Ziel gesetzt hat, oder der *Action Plan on Emissions Reduction der International Civil Aviation Organization* (ICAO), in dem die Organisation die Absicht, die CO_2-Emissionen aus der zivilen Luftfahrt zu reduzieren, festgeschrieben hat.

4. Bisherige klimapolitische Hindernisse, Ergebnisse und Perspektiven

Es gibt sicher vielerlei Gründe dafür, dass die Emissionen trotz mehr als zwanzigjährigen Bemühens der internationalen K. weiter steigen. So hält sich beispielsweise bis heute die Auffassung, dass sich wirtschaftliche Entwicklung einerseits und Klimaschutz andererseits entgegenstehen. So werden die Verhandlungen als ‚Schwarzer-Peter-Spiel' wahrgenommen, bei dem das Land, das die höchsten Emissionsreduktionen übernimmt, den Schwarzen Peter zieht bzw. ist vom ‚Klima-Mikado' die Rede, wer sich zuerst auf die anderen zubewegt, verliert. Hinzu kommen innenpolitische Bedingungen, die in die Verhandlungen wirken; hier sei nur beispielhaft auf die USA verwiesen, wo selbst eine recht klimafreundliche Regierung wie die Obamas durch republikanische Mehrheiten in Kongress und Senat an wirksamer K. gehindert wird. Neuere ökonomische Berichte wie *Better Growth, Better Climate: The New Climate Economy Report* zeigen jedoch, dass ambitionierter Klimaschutz und Wirtschaftswachstum durchaus Hand in Hand gehen können. Auch die erneuerbaren Energien, zentraler Baustein für die Überwindung des fossilen Energiesystems, sind inzwischen in vielen Teilen der Welt wirtschaftlich konkurrenzfähig.

Der → Multilateralismus der internationalen Klimaverhandlungen steht zudem in der Kritik: Träge Verhandlungen mit beinahe 200 Staaten seien nicht zielführend; warum sollen nicht nur die großen Emittenten miteinander verhandeln, die für die Emissionen von Bedeutung sind? Oder aber nur die Staaten, die bereit sind, sich zu beteiligen? Denn da bei den Klimaverhandlungen im Konsensprinzip entschieden wird, können Staaten, die kein Interesse an weitreichenden Klimazielen haben, Veto einlegen und den gesamten Prozess bremsen, wenn nicht sogar blockieren. Zudem sei die Themenbreite inzwischen viel zu ausufernd, so dass die Forderung aufkommt, die einzelnen Aspekte separat zu diskutieren. Als eine mögliche Lösung werden Klimaclubs oder 2°-Clubs diskutiert. Ziel ist es, K. durch klimapolitische Vorreiterstaaten voranzutreiben. Ein solcher Club braucht eindeutige Bestimmungen für die Teilnahme und muss zudem für Staaten interessant sein, beispielsweise durch Technologietransfer oder Handelsvorteile. In der im November 2014 von China und den USA abgegebenen bilateralen Erklärung zum Klimaschutz haben die Staatschefs beider Staaten Emissionsreduktionen zugesagt: die USA wollen ihre Emissionen bis 2025 um 26-28% gegenüber 2005 reduzieren, China strebt erstmalig einen Peak im Jahr 2030 an, dann werden die Emissionen sinken. Auch wenn es ein wichtiges Signal für die Klimaverhandlungen ist, sind die Ziele nicht weitreichend genug für das 2°C-Ziel.

In Paris soll nun im Dezember 2015 ein neues Klimaabkommen beschlossen werden, das 2020 in Kraft tritt. Insgesamt ist eine deutliche Kehrtwende bei den internationalen Verhandlungen festzustellen; anstelle von international vereinbarten und rechtlich verbindlich Verpflichtungen wie im Kyoto-Protokoll werden, wie auf der COP20/CMP10 in Lima, Peru beschlossen, für das Paris-Abkommen national festgelegte ‚Beiträge' der einzelnen Länder zusammengetragen (*Bottom-up-Ansatz*). Alle Staaten sollen diese Beiträge im Laufe des Jahres 2015 der UNFCCC mitteilen. Es wird allgemein erwartet, dass die gesammelten Beiträge nicht ausreichen werden, um ein Überschreiten der 2°-Grenze zu verhindern. Wichtig wäre jedoch, dass mit dem Pariser Abkommen ein Prozess beginnt, der so ausgestaltet wird, dass das Ambitionsniveau in zukünftigen Verpflichtungs- oder Beitragsperioden sukzessive gesteigert werden kann. Dies könnte auch durch eine Weiterentwicklung der Verpflichtungen hin zu multidimensionalen Verpflichtungen erreicht werden, d.h. Verpflichtungen jenseits von CO_2. Diskutiert werden hier z.B. Ziele für erneuerbare Energien und Effizienzziele (Sterk/Hermwille 2013).

→ Ergänzende Beiträge

Energiepolitik, Entwicklungszusammenarbeit, Global Commons, Internationale Umweltpolitik, Nord-Süd-Beziehungen, Transnationale Beziehungen/NGO's, Vereinte Nationen

Literatur

Hulme, Mike (2014): Streitfall Klimawandel. Warum es für die größte Herausforderung keine einfachen Lösungen gibt. München.

Sachverständigenrat für Umweltfragen (SRU) (2004): Umweltgutachten 2004.

Sterk, Wolfgang; Hermwille, Lukas (2013): Does the Climate Regime Need New Types of Mitigation Commitments? in: Carbon and Climate Law Review (4), S. 270-282.

Stern Review: The Economics of Climate Change (2006) http://webarchive.nationalarchives.gov.uk/20100407011151/http://www.hm-treasury.gov.uk/sternreview_index.htm

United Nations Environment Programme (UNEP) (2014): The Emissions Gap Report 2014. A UNEP Synthesis Report. November 2014.

Wissenschaftlicher Beirat der Bundesregierung für Globale Umweltveränderungen (WBGU) (2009): Klimawandel: Warum 2°C? Factsheet Nr. 2, Berlin.

Wissenschaftlicher Beirat der Bundesregierung für Globale Umweltveränderungen (WBGU) (2011): Welt im Wandel: Gesellschaftsvertrag für eine Große Transformation, Hauptgutachten, Berlin.

Internetadresen

Global Carbon Atlas: www.globalcarbonatlas.org/?q=en/emissions

Klimarahmenkonvention: http://unfccc.int/resource/docs/convkp/convger.pdf

United Nations Framework Convention on Climate Change: http://unfccc.int/focus/overview/items/7879.php

Zwischenstaatlicher Ausschuss für Klimaänderungen (IPCC) (2013): Klimaänderung 2013: Wissenschaftliche Grundlagen. Beitrag der Arbeitsgruppe I zum Fünften Sachstandsbericht des Zwischenstaatlichen Ausschusses für Klimaänderungen (IPCC). Zusammenfassung für politische Entscheidungsträger. http://www.de-ipcc.de/_media/IPCC_AR5_WG1_SPM_deutsch_WEB.pdf

Zwischenstaatlicher Ausschuss für Klimaänderungen (IPCC) (2014): Climate Change 2014. Synthesis Report. Summary for Policymakers. https://www.ipcc.ch/pdf/assessment-report/ar5/syr/AR5_SYR_FINAL_SPM.pdf

29 – Konstruktivismus als IB-Theorie (*Cornelia Ulbert*)

1. Entstehungsgeschichte

Konstruktivistische Ansätze haben sich im Theorienspektrum der Internationalen Beziehungen (IB) seit Mitte der 1990er Jahre fest etabliert. Für deren schnelle Verbreitung gibt es sowohl historische als auch disziplininterne Gründe: Mit dem Fall der Berliner Mauer und dem Ende des → Ost-West-Konflikts wurde die Kritik immer lauter, warum IB-Forscher diesen fundamentalen Wandel nicht vorhersehen konnten und wie dieser zu erklären sei. Hinzu kamen sozio-ökonomische und politische Entwicklungen wie → Globalisierung, Umweltveränderungen, das Bewusstsein um die Herausbildung von Wissensgesellschaften und die veränderte Rolle des Staates (→ Staat/Staatlichkeit im Wandel). Die Antwort bestand darin aufzuzeigen, wie sich das Verständnis von so zentralen Konzepten wie Souveränität oder Anarchie und die damit verbundenen Identitäten von Akteuren gewandelt hatten.

Allerdings hatte sich bereits in den 1980er Jahren eine theoretische Debatte in den IB abgezeichnet, die vielfach als die ‚dritte große Debatte' nach den Auseinandersetzungen zwischen Realismus und Idealismus sowie Traditionalismus und Behaviourismus bezeichnet wurde (→ Begriff und Funktionen von IB-Theorie). Kennzeichen dieser Debatte zwischen sog. ‚positivistischen' und ‚post-positivistischen' Ansätzen war eine intensive Auseinandersetzung mit den wissenschaftstheoretischen Grundlagen der Disziplin, durch die zahlreiche Annahmen über die Beschaffenheit des Untersuchungsgegenstandes in Frage gestellt wurden. In den 1980er Jahren hatte bereits der Neo-Institutionalismus Einzug in die theoretischen Debatten der Disziplin gehalten (→ Institutionalismus als IB-Theorie). In diesem Zusammenhang führte Robert Keohane (1998) in einem viel beachteten Aufsatz die Unterscheidung zwischen rationalistischen und reflexiven institutionalistischen Ansätzen ein, die grundlegend für die weitere Diskussion über alle von einem nicht-positivistischen Wissenschaftsverständnis oder von interpretativ-verstehenden Methoden geprägten Ansätzen war. Für die Herausbildung einer konstruktivistischen Perspektive war es somit anfänglich grundlegend, sich von rationalistischen Ansätzen abzugrenzen, in deren Mittelpunkt, der *homo oeconomicus*, ein rein nutzenmaximierender Akteur stand. Dies war auch kennzeichnend für die deutschsprachige Debatte, die durch einen Beitrag von Harald Müller (1994) in der

'Zeitschrift für Internationale Beziehungen' angestoßen wurde, in dem er sich mit der Frage nach dem Stellenwert von Kommunikation und verständigungsorientiertem Handeln in Anlehnung an Jürgen Habermas auseinandersetzte. Der Begriff 'Konstruktivismus', den Nicholas Onuf (1989) verwandte, setzte sich jedoch erst in der zweiten Hälfte der 1990er Jahre durch. Unter dieser Bezeichnung wurden sämtliche theoretische Ansätze zusammengefasst, die einerseits intersubjektive – also die zwischen Individuen gemeinsam geteilten – Vorstellungen über die Beschaffenheit der sozialen Welt und die gegenseitige Bedingtheit von Akteur und Struktur betonten und andererseits die Rolle von Ideen, konstitutiven Regeln und Normen sowie Interessen und Identitäten, die sich erst im Verlauf eines Interaktionsprozesses herausbilden, in den Vordergrund ihrer Analysen stellten.

2. Zentrale Prämissen und Varianten/Spielarten

Das Spektrum der als 'konstruktivistisch' etikettierten theoretischen Ansätze ist sehr breit. Deren gemeinsamer kleinster Nenner besteht in der Ausgangsannahme, dass sich uns das, was wir als 'Realität' erfahren, nicht unmittelbar erschließt. 'Soziale Welt', wie sie uns zugänglich ist, wird vielmehr durch die Art und Weise konstruiert, wie wir mit anderen handeln, welche gemeinsam geteilten Vorstellungen über 'Welt' wir haben und wie wir unsere Umwelt erfahren. Wie alle theoretischen Ansätze, die auf bestimmten erkenntnistheoretischen Annahmen beruhen, werden dann in der konkreten Anwendung unterschiedliche Schwerpunkte gesetzt, je nachdem, ob Aussagen darüber im Vordergrund stehen,

- wie Welt beschaffen ist (ontologische Dimension),
- wie Wissen über die Beschaffenheit von Welt überhaupt erlangt werden kann (epistemologische Dimension)
- oder wie man die gewonnenen Erkenntnisse nachvollziehbar machen kann (methodische Dimension).

So liegen konstruktivistischen Ansätzen in den IB Vorstellungen über den Untersuchungsgegenstand (Ontologie) zugrunde, die von der Konstruktion von sozialer Welt ausgehen. Diese Konstruktionen manifestieren sich in Ideen und Praktiken. Damit gehen erkenntnistheoretische Annahmen (Epistemologie) einher, die auf der Einsicht beruhen, dass Wissen sozial konstruiert wird, also immer erst im Austausch mit anderen über die Bedeutung von Beobachtungen entsteht. Ziel sämtlicher konstruktivistischer Bemühungen ist es letztendlich, mit Hilfe unterschiedlicher, schwerpunktmäßig text- und diskursanalytischer Methoden zu beschreiben und zu erklären, wie und im Rahmen welcher Prozesse diese Konstruktionen erzeugt werden.

An dieser Charakterisierung kann man allerdings bereits erkennen, dass der 'Konstruktivismus' ebenso wie der 'Rationalismus' nicht eine spezifische Theorie der internationalen Beziehungen ist, sondern zunächst eine Meta-Theorie, also eine Theorie über Theorien, die sich auf alternative Erklärungsansätze und mögliche systematische Forschungsprogramme bezieht. Mit Hilfe einer Meta-Theorie lassen sich Erkenntnisziele genauer festlegen und Anleitungen gewinnen, wie Theorien formuliert, angewandt und überprüft werden können. Im Laufe der Jahre wurden zunehmend inhaltlich angereicherte, substanzielle konstruktivistische Theorien entwickelt, etwa bezogen auf die zentrale Frage, wie internationale Normen entstehen und durchgesetzt werden können.

2.1 Die soziale Beschaffenheit von Welt: Wendts Sozialkonstruktivismus

Über Jahre hinweg prägten die Aufsätze von Alexander Wendt das Verständnis davon, was als ‚Konstruktivismus' angesehen wurde und trugen dazu bei, dass sich konstruktivistische Ansätze über eine rege wissenschaftliche Debatte schnell verbreiten und weiterentwickeln konnten. Ein zentraler Ausgangspunkt der Arbeiten von Wendt lag in der Auseinandersetzung mit dem Neorealismus, so wie er von Kenneth Waltz geprägt wurde (→ Realismus als IB-Theorie). Ebenso wie dieser unternahm auch Wendt in seinen Arbeiten den Versuch, Phänomene der internationalen Politik aus der Struktur des internationalen Systems heraus zu erklären. Der entscheidende Unterschied zu Waltz lag jedoch darin, dass für Wendt nicht allein materielle Faktoren wie ökonomische Ressourcen oder militärische Fähigkeiten, sondern auch immaterielle Faktoren wie Ideen, Normen und Identitäten bei der Erklärung von internationaler Politik entscheidend waren. Aufeinander aufbauend lassen sich drei zentrale Fragestellungen in den Arbeiten von Wendt herauslesen, die seinen strukturalistischen Ansatz prägten:

- Erstens die Frage, wie ‚Struktur' theoretisch konzeptualisiert sein muss, um Vorgänge der internationalen Politik hinreichend erklären zu können – weshalb Wendt sich dem Akteur-Struktur-Problem widmete.
- Ausgehend von der neorealistischen Annahme, Anarchie sei das entscheidende strukturelle Ordnungsprinzip, das für Staaten im internationalen System handlungsleitend wirke, schloss sich für Wendt zweitens die weiterführende Frage nach dem Stellenwert von Anarchie zur Erklärung staatlichen Handelns an. Diese Auseinandersetzung gipfelte für ihn in der mittlerweile viel zitierten Erkenntnis, „Anarchy is what states make of it", die er als Titel eines seiner Aufsätze wählte.
- Wenn nun aber Anarchie nicht der entscheidende Erklärungsfaktor für staatliches Handeln in der internationalen Politik ist, so stellte sich für Wendt zwangsläufig in einem dritten Schritt die Frage, worauf das Handeln von Staaten dann eigentlich basiert. Diese Überlegungen und die Formulierung von Modellen internationaler Politik, die sich aus unterschiedlichen ‚Kulturen' sozialer Interaktion ableiten lassen, sind der Kern seines 1999 veröffentlichten Buches, das er in Anlehnung an und Abgrenzung zu Waltz' Hauptwerk „Social Theory of International Politics" nannte (Wendt 1999).

Auffällig an Wendts ‚Sozialkonstruktivismus', der als ‚moderate' Variante des Konstruktivismus angesehen wird, ist jedoch die ‚Sprachlosigkeit', durch die sich seine Akteure, nämlich Staaten, auszeichnen. Die fehlende Reflexion der Rolle von Sprache und Argumentationsprozessen wurde an Wendts Arbeiten daher mit einiger Berechtigung kritisiert. Aus einer europäischen Perspektive werden stärker (wissens-) soziologische und sprachphilosophische Traditionslinien sichtbar, die eine größere konstruktivistische Variantenvielfalt ermöglichen, in der sprachliche Wirklichkeitskonstruktionen und deren Vermittlung ins Zentrum rücken.

2.2 Sprache als Grundlage regelgeleiteten Handelns

Eine Reihe von konstruktivistischen Ansätzen weisen Sprache als Mittel des Denkens, Erkennens und Deutens von Wirklichkeit eine wesentliche erkenntnistheoretische Funktion zu und bewegen sich damit auf einer anderen Ebene als diejenigen Ansätze, die wie der Wendt'sche Sozialkonstruktivismus den Schwerpunkt auf die ontologische Frage nach der Beschaffenheit des Untersuchungsgegenstandes legen. Dazu gehören grundlegend die Arbeiten von Nicholas Onuf (1989) und Fritz Kratochwil (1989), die auf das von Wendt nicht gelöste Problem, über welchen Mechanismus vermittelt die wechselseitige Beeinflussung von Akteuren und Strukturen hergestellt wird, antworten: Regeln und Normen sind das entscheidende Bindeglied in dieser Beziehung. Und dadurch, dass Regeln den Akteuren Handlungs- und Wahlmöglichkeiten eröffnen, verleihen sie diesen erst ihre Qualität als Akteure, sind also für sie konstitutiv. Da Regeln handlungsanleitend sind, verbinden sich bestimmte Praktiken mit ihnen. So ist beispielsweise Souveränität eine der wesentlichen Praktiken im internationalen System. Damit gehen bestimmte Regeln einher wie das Nichteinmischungsgebot in innere Angelegenheiten eines Staates, aber auch bestimmte Rechte und Pflichten, die diesem zugewiesen und auferlegt werden. Zugleich beinhaltet Souveränität, dass damit wichtige Merkmale von Staaten festgelegt werden, wodurch diese als Akteure bestimmt werden. Sprache und Kommunikation sind dabei zentrale soziale Handlungen, mittels derer gemeinsam geteilte Bedeutungsinhalte – wie etwa Souveränität – erschaffen werden.

Sind Regeln der Ausgangspunkt der Argumentation, eröffnet sich auch eine andere Sichtweise auf Anarchie als dem Fehlen einer zentralen Ordnungsinstanz im internationalen System. So hatte bereits die rationalistische Regimeforschung gezeigt, dass es zahlreiche internationale Institutionen gibt, durch die zwischenstaatliche Interaktion geregelt wird (→ internationale Organisationen). Folglich kann es auch ohne zentrale Regelungsinstanz sehr wohl ‚Ordnung' im internationalen System geben, die allerdings jenseits hierarchischer Muster der Steuerung entsteht (→ Weltordnungsmodelle).

2.3 Internationale Beziehungen als kommunikatives Handeln: Überzeugung und Diskurs

Angestoßen durch den bereits erwähnten Aufsatz von Harald Müller (1994) etablierte sich ab Mitte der 1990er Jahre eine Debatte um unterschiedliche Handlungsrationalitäten, in der im Vordergrund stand, auf welche Art und Weise neue Normen geschaffen wurden. Neben den *homo oeconomicus*, den Nutzenmaximierer, und den *homo sociologicus*, den Akteur, der nach der Logik der Angemessenheit handelt, trat als dritte Handlungslogik das Habermas'sche ‚verständigungsorientierte Handeln', also der Akteur, der im wechselseitigen Austausch von Argumenten im Rahmen eines rationalen Diskurses mit anderen Akteuren zu einer Übereinkunft gelangt. Im Nachgang zu dieser theoretischen Debatte entstanden vielfältige empirische Untersuchungen zu internationalen Verhandlungsprozessen, in denen nach der unterschiedlichen Rolle von ‚Verhandeln' (*bargaining*) und ‚Argumentieren' (*arguing*) gefragt wurde. In diesem Zusammenhang wurden auch die institutionellen Bedingungen analysiert, unter denen sich

Akteure erfolgreich von der Gültigkeit einzelner Normen überzeugen ließen. Zudem rückte in den Mittelpunkt, wie Akteure der internationalen Politik so sozialisiert werden konnten, dass sie bestimmte Normen als handlungsleitend anerkannten.

Bereits mit dem Rückgriff auf Habermas erlangte der Diskursbegriff als Form des institutionalisierten kommunikativen Austausches Bedeutung in konstruktivistischen Analysen. In den verschiedenen Formen der Diskursanalysen, die seither in zahlreichen empirischen Fallstudien zu Verhandlungsprozessen, sei es im VN-Sicherheitsrat oder bei der Entstehung neuer Normen wie Kinderrechte oder die Ablehnung von Walfang, angewandt wurden, wurde nicht nur auf das Habermas'sche Diskursverständnis zurückgegriffen, als der Raum, in dem die Macht des besseren Arguments zum Tragen kommt. Ebenso entstanden zahlreiche Studien, in denen unter Bezug auf Foucaults Diskurstheorie, die Produktion und Institutionalisierung von Wissen(sbeständen) über diskursive Prozesse thematisiert wurden, bei denen vor allem die Machtbeziehungen interessieren, die in Diskursen manifest werden und sich darüber verfestigen (Holzscheiter 2014).

2.4 Handeln als bedeutungsstiftendes Element: Praxistheoretische Ansätze

Die starke Betonung von Sprache wurde ab den 2000er Jahren zunehmend kritisiert. Unter Rückgriff auf soziologische Theorien sozialer Praktiken hielten praxistheoretische Ansätze Einzug in die konstruktivistische Theorienlandschaft (Adler/Pouliot 2011). Mit diesen sollte Praxis nach der ‚linguistischen Wende' wieder in den Mittelpunkt gerückt werden (Neumann 2002), also Handeln über Sprechakte hinaus betrachtet werden. Stehen bei diskursanalytischen Ansätzen die Bedeutungen und ihre Auswirkungen auf die Akteure im Vordergrund, so wandelt sich die Perspektive aus der Sicht von Praxistheorie: Über Praktiken werden Handlungsmuster in sozialen Kontexten deutlich. Praktiken gehen damit über individuelle Akte des Handelns hinaus. Da Praktiken Teil eines sozialen Kontextes sind, verleihen sie diesem Bedeutung und strukturieren Interaktionen. Damit werden sie zum Verbindungsglied zwischen Diskursen und der materiellen Welt. Praxistheoretische Ansätze nehmen Anleihen bei den soziologischen Theorien von Pierre Bourdieu und Anthony Giddens, aber auch bei verschiedenen ethnomethodologischen Ansätzen und kulturtheoretischen Varianten. Empirisch wurden in den IB anfänglich stärker diplomatische Praktiken wie etwa die G7/8-Treffen untersucht (→ Multilateralismus), aber auch nukleare → Abschreckung oder → Rüstungskontrolle/Abrüstung wurden als relevante Praktiken im Sicherheitsbereich identifiziert, ebenso wie in neuerer Zeit das Phänomen der Piraterie (→ Sicherheitspolitik).

3. Abgrenzung und Anknüpfungspunkte zu benachbarten (Groß-) Theorien

Nachdem Theorieentwicklung immer in einem realhistorischen und wissenschaftssoziologischen Kontext stattfindet, ist auch das Spektrum konstruktivistischer Ansätze stark von der Auseinandersetzung mit anderen theoretischen Strömungen geprägt. Der Ausgangspunkt konstruktivistischer Theorien liegt in der Abgrenzung zum (Neo-) Realismus und Rationalismus, wie die obige Rekonstruktion der Entwicklung unterschiedlicher konstruktivistischer Varianten gezeigt hat (→ Realismus als IB-Theorie). Als

‚Wegbereiter' kann aber, wie ebenfalls bereits ausgeführt wurde, die Debatte um die Rolle von Institutionen gelten, durch die das Augenmerk der Disziplin wieder stärker auf die normativen und ideellen Grundlagen gelegt wurde (→ Institutionalismus als IB-Theorie). In Abgrenzung zum rationalen Institutionalismus, nach dem Institutionen lediglich als intervenierende Variable zwischen Interessen und dem Verhalten von Akteuren gesehen wurde, wies demgegenüber der ‚soziologische' Institutionalismus, der als dessen konstruktivistische Variante angesehen wird, Normen eine eigenständige handlungsleitende Funktion zu, über die Akteure konstituiert und ihre Interessen und Identitäten definiert werden. In einem konstruktivistischen Verständnis sind Interessen und Identitäten nicht vorgegeben, sondern entstehen immer erst im Prozess der sozialen Interaktion. Auch hier führte die konstruktivistische Perspektive zu einer Weiterentwicklung einer anderen großen IB-Theorie, nämlich des Liberalismus (→ Liberalismus als IB-Theorie). In dessen rationalistischer Variante beruht Wandel in der internationalen Politik auf veränderten (innenpolitischen) Interessen. Demgegenüber stehen aus einer konstruktivistischen Perspektive sogenannte Norm- und Wissensunternehmer im Vordergrund, die durch Argumentations- und Überzeugungsprozesse zu einem Wandel von Positionen und als relevant eingestuften Themen beitragen.

4. Rezeption und Kritik

Aufgrund ihrer Nähe zu wissenssoziologischen, kulturtheoretischen und sprachanalytischen Ansätzen, wurden konstruktivistische Ansätze in der deutschen, skandinavischen oder auch angelsächsischen IB relativ schnell aufgenommen und weiterentwickelt. In der US-amerikanischen Debatte verlief anfänglich jahrelang eine Konfrontationslinie zwischen ‚dem Rationalismus' und ‚dem Konstruktivismus'. Doch auch diese Dichotomie kann mittlerweile als überwunden gelten, zumal die US-amerikanische IB-Disziplin nun ebenfalls die Vorteile eines ‚analytischen Eklektizismus' für sich erkannt hat. Dass sich konstruktivistische Ansätze auch in den USA etablieren konnten, liegt daran, dass sie durch eine Reihe von ontologischen Annahmen gekennzeichnet sind, aus denen sich Fragestellungen ableiten lassen, die sich aus der Perspektive rationalistischer Ansätze so nicht stellen würden, wie die Debatte um die Auflösung des → Ost-West-Konflikts gezeigt hat.

- Ein ‚dünner' (*thin*) Konstruktivismus begnügt sich allerdings auch damit, lediglich den eigenständigen Status von immateriellen Faktoren wie Ideen und Normen anzuerkennen, und ist daher als ergänzende Alternative oder Weiterentwicklung traditioneller theoretischer IB-Perspektiven willkommen.
- Ein etwas ‚dichterer' (*thick*) Konstruktivismus ist jedoch auch von einer konstruktivistischen erkenntnistheoretischen Position geprägt und trägt damit zur Debatte bei, wie ‚Wissen' produziert wird und wie gemeinsam geteilte Bedeutungs- und Wirklichkeitskonstruktionen zustande kommen und auf soziale Praxis wirken. Aus dieser Perspektive eröffnet sich auch der Blick auf die Herausbildung von Machtbeziehungen und deren Fortwirken. Erst diese ‚weitergehenden' konstruktivistischen Ansätze haben zu einer erfreulichen Ausweitung des methodischen Spekt-

rums in den IB geführt, indem auch stärker text- und diskursanalytische interpretative Methoden Anwendung finden.

Das neu erweckte Interesse der IB an der Transformation von sozialen und politischen Ordnungen – auch auf globaler Ebene – hat in den letzten zehn Jahren zur Gründung einer Reihe neuer Zeitschriften wie *International Political Sociology* oder *International Theory* geführt, in denen über Disziplingrenzen hinweg ein reger theoretischer Austausch stattfindet. Letztendlich haben konstruktivistische Ansätze mit ihren zahllosen Anleihen bei den unterschiedlichsten sozialwissenschaftlichen Theorien, auch dazu geführt, dass poststrukturalistische oder postkoloniale Ansätze, die jenseits eines konsensualen *middle ground* liegen, mittlerweile auch als IB-theoretische Perspektiven anerkannt sind. Das führt allerdings dazu, dass man im Falle des Konstruktivismus weniger denn je von einer ‚einheitlichen' (Groß-) Theorie in den IB sprechen kann. Das ist jedoch der Preis, den man zwangsläufig theoretisch zahlen muss, wenn man die soziale Welt empirisch durchdringen möchte.

→ Ergänzende Beiträge

Begriff und Funktionen von IB-Theorie, Englische Schule, Institutionalismus, Liberalismus und Realismus als IB-Theorie, Integrationstheorien, Weltordnungsmodelle

Literatur

Adler, Emanuel/Pouliot, Vincent (2011): International Practices, in: International Theory (1), S. 1-36.

Holzscheiter, Anna (2014): Between Communicative Interaction and Structures of Signification: Discourse Theory and Analysis in International Relations, in: International Studies Perspectives (2), S. 142-162.

Keohane, Robert O. (1988): International Institutions: Two Approaches, in: International Studies Quarterly (4), S. 379-396.

Kratochwil, Friedrich V. (1989): Rules, Norms and Decisions. On the Conditions of Practical and Legal Reasoning in International Relations and Domestic Affairs, Cambridge.

Müller, Harald (1994): Internationale Beziehungen als kommunikatives Handeln. Zur Kritik der utilitaristischen Handlungstheorien, in: Zeitschrift für Internationale Beziehungen (1), S. 15-44.

Neumann, Iver B. (2002): Returning Practice to the Linguistic Turn: The Case of Diplomacy, in: Millennium (3), S. 627-651.

Onuf, Nicholas G. (1989): World of Our Making. Rules and Rule in Social Theory and International Relations, Columbia.

Wendt, Alexander (1999): Social Theory of International Politics, Cambridge.

30 – Krieg (*Reinhard Meyers*)

1. Begriff

In seinem Klassiker ‚Vom Kriege' hat der preußische General Carl v. Clausewitz vor zwei Jhd.en einmal ein Charakteristikum des Krieges beschrieben, das eines seiner wenigen überzeitlich gültigen Kennzeichen sein dürfte: seine Wandlungs- und Anpassungsfähigkeit und die damit verbundene Entwicklung immer neuer Kriegsformen (Übersicht Strachan/Scheipers 2013; Beyrau u.a. 2007). Vom ritterlichen Zweikampf über den duellartigen absolutistischen Staatenkrieg, den Volkskrieg der *levée en masse* der Revolutionszeit nach 1789, den mit Blick auf Mobilisierung, Organisation und Kontrolle sich an Prinzipien der Industrialisierung orientierenden Krieg der zweiten Hälfte des 19., die totale, fließbandmäßige, auf den Weltzusammenhang ausgedehnte Massenschlächterei des 20. Jhds. bis zu ihrem absurden Höhepunkt: der Drohung mit der Vernichtung des gesamten Globus im Zeichen einer gegenseitig gesicherten nuklearen Zweitschlagsbefähigung der Supermächte (→ Abschreckung, Ost-West-Konflikt) – stets war die Entwicklung des Krieges:

- Reaktion auf den Fortschritt der Produktivkräfte und dessen dialektischen Zwilling, die Entwicklung der Destruktionsmittel,
- Antwort auf die gesellschaftlichen Veränderungen der politischen Verkehrsweisen und der von ihnen über Zeit hervorgebrachten wechselnden Strukturen,
- Reflex auf die damit verknüpften Veränderungen seiner Zielsetzungen und in der Folge der zu deren Umsetzungen notwendigen Mittel (Wandel der Zweck-Mittel-Relation),
- Qualitätswandel mit Blick auf die Erweiterung des Kreises seiner Akteure und der Verschiebungen in der völkerrechtlichen Beurteilung der Legitimität ihres Handelns,
- Privatisierung und Kommerzialisierung ehemals staatlicher Gewaltmonopole,
- Asymmetrisierung organisierter bewaffneter Gewaltanwendung,
- Ausbildung von Bürgerkriegs- und ethnischen Konfliktökonomien und deren transnationaler Verknüpfung zu kontinentumgreifenden, wenn nicht gar einen Weltzusammenhang konstruierenden, Kriegführende und organisierte Kriminalität miteinander verschmelzenden Gewaltmärkten (vgl. Tab. 11).

Kurz: weil er in jedem Einzelfall seine Natur (etwas) ändert, erscheint der Krieg nicht nur Clausewitz als „ein wahres Chamäleon" (Buch I, Kap.1. Abschn. 28).

Tab. 11: Elemente einer historischen Formenlehre von Krieg und Frieden

Epoche	Kriegsform	Charakteristik	Politische Organisation	Ökonomische Struktur	Friedensideen
Mittelalter	Individualisiert	Fehde, Ritterlicher Zweikampf	Lehnswesen, Feudalsystem: Herrschaft im Personenverband	Grundherrschaft, Fernhandel, Zunft- und Verlagswesen	Gottesfrieden, Landfrieden (als personale, temporale, regionale Exemptionen)
Renaissance	Kommerzialisiert	Söldnerheere, Schusswaffen	Radizierung von Herrschaft im Prozess der Territoriumsbildung	Frühkapitalismus, Mittelmeer- und Orienthandel	Ausbildung eines verbindlichen Rechtssystems im Innern und Einschränkung des *ius ad bellum* im Außenverhältnis

Epoche	Kriegsform	Charakteristik	Politische Organisation	Ökonomische Struktur	Friedensideen
Neuzeit	Etatisiert, systematisiert	Übergang zu stehenden Heeren, Einheitlichkeit von Uniformierung und Ausbildung	Territorialstaat, Ständestaat	Manufaktur, Entdeckungen, Überseehandel, Kolonialismus	Zivilisierung des Krieges durch Kodifizierung und Einhegung des *ius in bello*
Absolutismus	Bürokratisiert	Staatsheere und (dynastische) Kabinettskriege	Anstaltlich-bürokratisch verfasster Flächenstaat	Steigerung der staatlichen Wirtschafts- (und Militär-) Potenz durch Merkantilismus	Rechtsstaat als Überwindung despotischer Regierungsformen; Freihandel
Französische Revolution	(Radikal-) Demokratisiert	*Levée en Masse*, Völkerkriege	Republik	Kriegswirtschaft, Kontinentalsperre, merkantilistische Autarkie	Demokratisierung von Herrschaft als Teilhabe der Bürger an Entscheidungen über Krieg und Frieden
19. Jhd.	Industrialisiert	Wehrpflichtarmee; generalstabsmäßig geplante Massenmobilisierung; Intensivierung der Mobilität (Eisenbahn) und der Kontrolle (Telegraph)	Konstitutionalismus	industriewirtschaftlich geprägter liberaler Kapitalismus	Förderung der internationalen Arbeitsteilung; Freihandel
20. Jhd.	Totalisiert	Volkskrieg unter Einschluss der Zivilbevölkerung	Parlamentarismus und Demokratie; Totalitäre Regime	Finanzkapitalismus mit sozialstaatlichen Momenten	Individueller Widerstand gegen den Krieg als Pazifismus
nach 1945: Ost-West-Konflikt	Nuklearisiert, *Mutual Assured Destruction*	Bedrohung der gesamten Schöpfung	dito	Sozial- oder Daseinsvorsorgestaat	gesellschaftlicher Widerstand gegen den Krieg: Anti-Atomtod/ Friedensbewegungen
nach 1990	Neue oder Kleine Kriege; Asymmetrie der Akteure	(Re-)Privatisierung organisierter militärischer Gewaltanwendung	*Failing States*; patrimonialer Klientelismus	Einbindung in (globalisierte) Schattenökonomien, Deinvestitionsspirale	*State building, Good Governance*, Entwicklungszusammenarbeit, *Human Security*
Beginn 21.Jhd.	Hybride oder nicht-lineare Kriegführung	Verschmelzung traditioneller und unkonventioneller Mittel, irregulärer Kampf, unklare Fronten in dichten Lebensräumen	Ausweitung militärischen Handelns in zivile Bereiche, Autokratiebildung	Verwundbarkeit von Gesellschaften aufgrund globaler Interdependenzen bei Rohstoffen, Energieversorgung, Transport, elektronischem Nachrichtenverkehr	noch sehr unbestimmt: zunächst hybride Sicherheitspolitik als Stärkung von Resilienz, Abschreckung, Verteidigung

Quelle: eigene Darstellung

Aus konstruktivistischer Perspektive (→ Konstruktivismus als IB-Theorie) ergäbe sich dafür eine einfache Erklärung: Begriff und Phänomen des Krieges sind sprachlich-gesellschaftliche Konstrukte – Produkte der Anschauungen, Erwartungen und Glaubenssätze, der Perzeptionssysteme und *mind maps*, der als legitim und illegitim postulierten Handlungsoptionen und Handlungsmittel, der formalen und informellen Gesetzmäßigkeiten und Gebräuche einer je bestimmten historischen Epoche (Vasquez 2009: 14-51). Mit dem Wandel all dieser Randbedingungen wandelt sich auch die Sicht auf den und das Bild vom Kriege.

Ein weiteres, seit Machiavelli, Clausewitz und Jomini oft eingefordertes, gelegentlich aber auch bewusst ignoriertes Charakteristikum verkörpert das Postulat vom Krieg als einem Instrument der Politik (Heuser 2010: 33ff). Altertum, Mittelalter und Neuzeit gleichermaßen galt der Krieg als Grundtatbestand menschlichen Konfliktverhaltens, als „Akt der Gewalt, um den Gegner zur Erfüllung unseres Willens zu zwingen", ihn „niederzuwerfen und dadurch zu jedem ferneren Widerstand unfähig zu machen". Clausewitz (Buch I, Kap.1, Abschn. 2) prägte die klassisch-instrumentelle Sicht: „Gewalt, d.h. die physische Gewalt (denn eine moralische gibt es außer dem Begriff des Staates und Gesetzes nicht), ist also das Mittel, dem Feinde unseren Willen aufzudringen, der Zweck. Um diesen Zweck sicher zu erreichen, müssen wir den Feind wehrlos machen, und dies ist dem Begriff nach das eigentliche Ziel der kriegerischen Handlung". Und: nicht wie im totalen Krieg mit seiner Kriegszielprämisse der Vernichtung des Gegners (Heuser 2010: 225ff) wird die Politik dem Kriege untergeordnet, sondern die kühle Rationalität des Clausewitz'schen Konstrukts hält am unbedingten Primat der Politik fest: der „Krieg ist eine bloße Fortsetzung der Politik mit anderen Mitteln" und „die politische Absicht ist der Zweck, der Krieg ist das Mittel, und niemals kann das Mittel ohne Zweck gedacht werden" (Buch I, Kap.1, Abschn. 24).

Seit der Entstehung gesellschaftlicher Großorganisationen, d.h. seit der Bildung der ersten Hochkulturen der Frühgeschichte, lässt sich der Krieg mithin als der Versuch von Staaten, staatsähnlichen Machtgebilden oder gesellschaftlichen Großgruppen begreifen, ihre machtpolitischen, wirtschaftlichen oder weltanschaulichen Ziele mittels organisierter bewaffneter Gewalt durchzusetzen (→ Macht). Allerdings war in der Geschichte auch immer wieder umstritten, wann eine bewaffnete Auseinandersetzung als Krieg zu bezeichnen sei: im Laufe der Entwicklung können wir eine Einengung des ehedem auf Duell, Fehde, Stammesauseinandersetzungen, Gewaltkonflikte zwischen Städten und deren Bündnissystemen oder gar bewaffnete Streitigkeiten zwischen geistlichen und weltlichen Herrschaften abhebenden Begriffs konstatieren. Mit der Ausbildung des souveränen Territorialstaates und in seiner Folge des als Gemeinschaft souveräner Nationen begriffenen internationalen Staatensystems seit dem 17. Jhd. (→ Staat/Staatlichkeit im Wandel) galt eine gewaltsame Auseinandersetzung nur dann als Krieg,

- wenn daran geschlossene Gruppen bewaffneter Streitkräfte beteiligt waren und es sich zumindest bei einer dieser Gruppen um eine reguläre Armee oder sonstige Regierungstruppen handelte,

- wenn die Tätigkeit dieser Gruppen sich in organisierter, zentral gelenkter Form entfaltete, und
- wenn diese Tätigkeit nicht aus gelegentlichen, spontanen Zusammenstößen bestand, sondern über einen längeren Zeitraum unter regelmäßiger, strategischer Leitung anhielt.

Der neuzeitliche Kriegsbegriff stellt darüber hinaus darauf ab, dass die am Krieg beteiligten Gruppen in aller Regel souveräne Körperschaften gleichen Ranges sind und untereinander ihre Individualität vermittels ihrer Feindschaft gegenüber anderen derartigen Gruppen ausweisen. Indem dieser Kriegsbegriff einen (völkerrechtlichen) Rechtszustand bezeichnet, der zwei oder mehreren Gruppen einen Konflikt mit Waffengewalt auszutragen erlaubt, schließt er Aufstände, Überfälle oder andere Formen gewaltsamer Auseinandersetzung zwischen rechtlich Ungleichen aus, vermag damit aber solche Tatbestände wie Bürgerkrieg, Befreiungskrieg und Akte des → internationalen Terrorismus nicht oder nur ungenügend abzudecken. Da die Abgrenzung des Krieges gegen andere gewaltsame Aktionen (bewaffnete Intervention, militärische Repressalie, Blockade) in der Praxis der Staaten oft verhüllt wurde, war der Kriegsbegriff im → Völkerrecht/internationalen Recht lange umstritten. Erst die Genfer Fünf-Mächte-Vereinbarung vom 12.12.1932 ersetzte den ursprünglichen Ausdruck ‚Krieg‘ durch den eindeutigeren der ‚Anwendung bewaffneter Gewalt‘ (Art. III). Die Charta der → Vereinten Nationen folgte dieser Tendenz, indem sie die Anwendung von oder Drohung mit Gewalt in internationalen Beziehungen grundsätzlich verbot (Art. 2, Ziff. 4) und nur als vom Sicherheitsrat beschlossene Sanktionsmaßnahme (Art. 42) oder als Akt individueller oder kollektiver Selbstverteidigung (Art. 51) erlaubte.

2. Wesen des Krieges

Trotz aller völkerrechtlichen Klärungsversuche: in politischer Hinsicht bleibt die Ungewissheit darüber, was das Wesen des Krieges ausmacht und wo er seine Grenzen findet, bestehen. Freilich hat Clausewitz die lange Zeit gültige Auffassung vom Kriege als eines funktionalen Mittels der Politik entwickelt, das zwar seine eigene Logik hat, grundsätzlich aber den Primat der Politik gelten lässt, seine Berechtigung allein gewinnt in einem von der Politik geprägten, der Durchsetzung der Interessen der Staaten nach außen dienenden Ziel-Mittel-Verhältnis. Aber: was diese Auffassung nicht erfasst, ist die Wandlung des Krieges von einer – für die Zeit Clausewitz’ noch typischen – Auseinandersetzung zwischen Souveränen und ihren Armeen – wie sie am deutlichsten in der Form der mit begrenzter Zielsetzung und unter weitgehender Schonung von Non-Kombattanten und produktiven Sachwerten geführten Kabinettskriege des 18. Jhs. aufscheint – zum totalen Krieg: zu einer – auch durch die Konkurrenz jeweils exklusive Geltungsansprüche behauptenden Weltanschauungen geprägten – Auseinandersetzung zwischen hochindustrialisierten Massengesellschaften.

Ausgehend von der *levèe en masse* der französischen Revolutionskriege, erstmals deutlich manifest im Amerikanischen Bürgerkrieg 1861-1865, erreicht sie im Ersten und im Zweiten Weltkrieg ihre Höhepunkte. Mobilmachung aller militärischen, wirtschaftlichen und geistig-weltanschaulichen Ressourcen für die Kriegführung; Missachtung der völkerrechtlichen Unterscheidung zwischen kriegführenden Streitkräften (Kombattanten) und nichtkämpfender Zivilbevölkerung; Zerstörung kriegs- und lebenswichtiger Anlagen im Hinterland des Gegners; Mobilisierung gewaltiger Propagandamittel, um die eigene Wehrbereitschaft zu steigern und die des Gegners zu zersetzen – all diese Elemente haben nur ein Ziel: die völlige Vernichtung des zum absoluten Feind erklärten Gegners. Der totale Krieg kehrt das Clausewitz'sche Zweck-Mittel-Verhältnis von Politik und Krieg geradezu um, setzt – im Sinne der These Ludendorffs vom Krieg als der höchsten Äußerung völkischen Lebenswillens – die äußerste militärische Anstrengung absolut (Heuser 2010: Kap. 3). Damit aber wird der Krieg der politischen Operationalisierbarkeit beraubt, werden Staat und Politik zum Mittel des Krieges erklärt, wird der Krieg stilisiert zum Medium der Selbststeigerung und Überhöhung: des Kriegers sowohl als auch der kriegführenden Nation.

Mit der Entwicklung nuklearer Massenvernichtungswaffen (→ Proliferation von Massenvernichtungswaffen und Trägersystemen) stellt sich die Frage nach der politischen Instrumentalität des Krieges vor dem Hintergrund des thermonuklearen Holocausts erneut. Der Clausewitz'schen Lehre von der politischen Zweckrationalität des Krieges ist in einem Zeitalter, in dem in der Politik der → Abschreckung durch auf gesicherte Zweitschlagspotentiale der Supermächte gestützte gegenseitige Totalzerstörungsoptionen (*mutual assured destruction*) die Vorbereitung auf den Krieg zur Dauermaxime politischen Handelns wird, der Grundsatz entgegenzuhalten, dass Krieg kein Mittel der Politik mehr sein darf. Denn: sein Charakter hat einen qualitativen, irreparablen Bruch erfahren: das Katastrophale, Eigendynamische organisierter militärischer Gewaltanwendung ist auf in der Geschichte bis zum Jahre 1945 nie dagewesene Weise gesteigert worden. Die Möglichkeit des nuklearen Weltuntergangs verändert den Charakter des Krieges von einem idealerweise rationalen Entscheidungskriterien verpflichteten Werkzeug der Politik zu einer vom Menschen ausgelösten Naturkatastrophe. Oder anders: wo das Mittel den Zweck, dem es dienen soll, im Falle seines Einsatzes obsolet macht, führt es sich selber *ad absurdum*.

3. Wandel des Krieges

Allerdings: nicht erst seit dem terroristischen Angriff islamischer Fundamentalisten auf New York und Washington am 11. September 2001, sondern schon seit den (Bürger-) Kriegen im ehemaligen Jugoslawien der 1990er Jahre (→ Prägende Konflikte nach dem Zweiten Weltkrieg) sehen sich politische Entscheidungsträger mit der ernüchternden Einsicht konfrontiert, dass die Weltpolitik auch weiterhin gekennzeichnet ist durch den Einsatz organisierter militärischer Gewalt zur Durchsetzung politischer, ökonomischer und ideologischer Interessen. Während des → Ost-West-Konflikts hatten mögliche Großkriege zwischen nuklear bewaffneten, zweitschlagbefähigten Militärblöcken unser Konflikt-Denken ebenso wie die Militärplanung von → NATO und Warschauer Pakt mit Beschlag belegt und für andere, außerhalb des Ost-West-Gegensatzes sich entwickelnde Konfliktformen desensibilisiert. Blockantagonistische Großkriege sind nach dem Ende des Ost-West-Konflikts obsolet geworden. Der klassische Staatenkrieg wird seit Ende des Zweiten Weltkriegs zu einem historischen Auslaufmodell. Was bleibt, ist eine Vielzahl regionaler und lokaler Waffengänge. Keiner der 2014 weltweit

21 Kriege wird zwischen Staaten ausgetragen; 347 weniger intensiven innerstaatlichen Konflikten stehen 77 zwischenstaatliche gegenüber; der Anteil innerstaatlicher Konflikte am Welt-Gesamtkonfliktaufkommen beträgt seit Jahren etwa 80% (Conflict Barometer 2014: 16). Gut zwei Drittel bis knapp drei Viertel aller im letzten Jhd. weltweit geführten Kriege waren keine Staaten-, sondern innerstaatliche oder transnationale Kriege. Seit dem Westfälischen Frieden 1648 innerhalb ihres Territoriums Inhaber des Monopols legitimer physischer Gewaltsamkeit, dem Anspruch nach Alleinvertreter (*gate-keeper*) ihrer Bürger und deren gesellschaftlicher Zusammenschlüsse gegenüber der Außenwelt, müssen sich die Staaten in zunehmendem Maße parastaatlicher, gesellschaftlicher, privater Gewalt-Konkurrenz erwehren. Lokale Warlords, Rebellen- und Guerillagruppen, Befreiungsarmeen, internationale Terrornetzwerke, privatwirtschaftliche Söldnerfirmen betätigen sich je länger desto mehr als Kriegsunternehmer, treiben die Entstaatlichung und Privatisierung des Krieges und die (Re-)Vergesellschaftung organisierter militärischer Gewalt voran.

Seit der Auflösung der Kolonialreiche in den 1950er und 1960er Jahren tritt mehr und mehr an die Stelle des klassischen zwischenstaatlichen Krieges als zeitlich begrenzter Eruption organisierter Gewalt, nach Clausewitz gipfelnd in der Entscheidungsschlacht zur Niederringung des Gegners, der langdauernde Bürgerkrieg in der Form des *low intensity conflict* oder *low intensity warfare*. Aus einem Instrument der Durchsetzung staatlichen politischen Willens, der Realisierung staatlicher politischer, territorialer, ökonomischer, weltanschaulicher Interessen wird der Krieg zu einer Form privatwirtschaftlicher Einkommensaneignung und Vermögensakkumulation, zu einem Mittel klientelistischer Herrschaftssicherung und semi-privater Besetzung und Behauptung von nur unter den besonderen Bedingungen einer spezifischen Kriegsökonomie überlebensfähigen Territorien, Enklaven, Korridoren, Kontrollpunkten. In einer Gemengelage von privaten Bereicherungs- und persönlichen Machtbestrebungen, Interventionen Dritter zur Verteidigung bestimmter Werte, aber auch zur Durchsetzung je eigener Herrschafts- und Ausbeutungsinteressen, der gegenseitigen Durchdringung und Vermischung kriegerischer Gewalt und organisiertem Verbrechen (→ Organisierte Kriminalität/Korruption) verliert der klassische Staatenkrieg seine überkommenen Konturen. Partisanen- und Guerillaaktionen, Selbstmordattentate, terroristische Gewaltexzesse unterlaufen die Trennung von Schlachtfeld und Hinterland, von zivilen und militärischen Zielen. Die Ausbildung eines ‚Lumpenmilitariats' (tagsüber Soldaten, in der Nacht Gangster) durchdringt die Trennlinie zwischen Kombattanten und Nichtkombattanten. Das Nacheinander bewaffneter Kämpfe, fragiler Kompromisse und Waffenstillstände, und erneuter bewaffneter Auseinandersetzungen hebt die zeitliche Unterscheidung von Krieg und Nicht-Krieg auf. Das genuin Neue an dieser Welt reprivatisierter Gewaltanwendung ist allerdings nicht so sehr das Aufeinandertreffen staatlicher und nichtstaatlicher, gesellschaftlicher Gewaltakteure im selben Raum- und Zeithorizont, die Asymmetrie des Akteursverhältnisses. Charakteristisch scheint vielmehr die Fähigkeit lokal agierender Rebellen, Condottiere, Warlords, Kriegsunternehmer, ihr Handeln durch effiziente Nutzung globalisierter Relationen und Prozesse zu optimieren und entweder Formhülsen der Staatsgewalt wie moderne Freibeuter zu kapern oder staatsfreie Räume einzurichten und zu behaupten, die einer informellen Ökonomie und der organisierten Kriminalität den zur Finanzierung des Krieges notwendigen Freiraum verschaffen. In Abwandlung jenes berühmten Zitats des Generals von Clausewitz: der Krieg erscheint nicht länger mehr als Fortsetzung des politischen Verkehrs, sondern als Fortsetzung des Beutemachens unter Einmischung anderer Mittel (vgl. Abb. 18).

Abb 18: Die Auflösung des klassischen Kriegsbildes

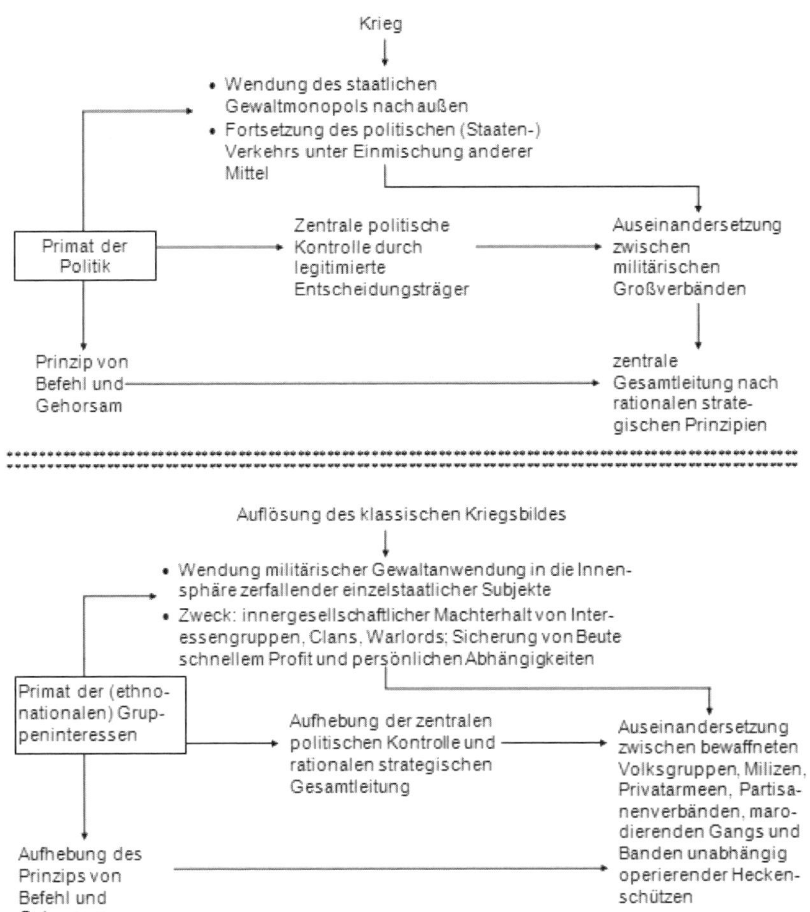

Quelle: eigene Darstellung

Freilich – nicht nur die Gewinnprivatisierer und Beuteprofiteure, die kleptokratischen Herrschaftseliten, Oligarchencliquen und privilegienbehauptenden Nomenklatura-Ethnokraten machen sich die Möglichkeiten transnationaler Gewaltökonomien vor dem

Hintergrund von Staatsversagen vor allem in der ‚Dritten Welt' zunutze; teils sind es auch die Staaten – genauer: ihre Entscheidungsträger – selber, die mittels hybrider Kriegführung – Kulmination überkommener Methoden irregulärer Kriegführung (Jordan 2008: Kap. 5) unter Einmischung informationstechnologischer Mittel und Handlungsoptionen – klassische Staatsziele territorialer Expansion oder regionaler Dominanzsicherung vorantreiben, ohne dafür eine politische oder gar völkerrechtliche Haftung übernehmen zu wollen. Bei der hybriden Kriegführung sind konventionelle und unkonventionelle Streitkräfte, Kombattanten und Zivilisten, offene und verdeckte Operationen, diplomatischer Druck und wirtschaftlicher Zwang, Propaganda, Desinformation und Cyberattacken, physische Zerstörung und Untergrabung der gegnerischen Moral derart miteinander verflochten, dass die Grenze zwischen Krieg und Nichtkrieg verwischt, die klassischen Regeln der Haager Landkriegsordnung unterlaufen werden. Zum Erreichen politischer und strategischer Ziele gelten nichtmilitärische Mittel in vielen Fällen als wirksamer als Waffen; die erste Regel einer solchen ‚nichtlinearen', uneingeschränkten Kriegführung ist, dass es keine Regeln gibt.

4. Umgang mit militärischer Gewalt

Vor diesem Hintergrund stellt sich die Frage nach dem Umgang mit militärischer Gewalt wie der Bearbeitung kriegerischer Konflikte im internationalen System neu. Im Spannungsbogen der klassischen zwischenstaatlichen und der post-nationalstaatlichen, ‚Neuen Kriege' entwickelt sich – vor der Kulisse einer auf immer modernere, präzisere und schnellere konventionelle Militärtechnologien rekurrierenden *revolution in military affairs* – der hochtechnisierte, computergestützte, gleichsam auf virtuelle Schlachtfelder ausgreifende postmoderne *cyberwar* einerseits, der weitgehend in prämodernen Formen verharrende oder zu ihnen zurückkehrende ‚Kleine Krieg' andererseits. Das klassische Milieu zwischenstaatlicher Politik – der nullsummenspielartige anarchische Naturzustand – wird zumindest in schwachen und zerfallenden Staaten gespiegelt durch einen innerstaatlichen oder besser: innergesellschaftlichen Naturzustand, dessen Akteure in zunehmendem Maße substaatliche und transnational organisierte gesellschaftliche Gruppen sind. Dies hat vor allem Konsequenzen für die Ziele, Motive und das Handlungsumfeld der Konfliktakteure. So wie sich mit fortschreitender → Globalisierung, mit der Kommerzialisierung und Übernahme vormals staatlicher Handlungsfelder durch transnationale Unternehmen und nichtgouvernementale Organisationen die Weltpolitik zunehmend entstaatlicht und privatisiert (→ Transnationale Akteure/Nichtregierungsorganisationen), so entmonopolisiert, dereguliert, privatisiert sich auch die Anwendung militärischer Gewalt. Damit aber wird der Prozess der rechtlichen Einhegung und Verstaatlichung des Krieges, der die Geschichte Europas von der Frühen Neuzeit bis zum Zweiten Weltkrieg gekennzeichnet hat, wenigstens teilweise rückgängig gemacht.

→ Ergänzende Beiträge

Abschreckung, Frieden, Menschenrechte, NATO, Schutzverantwortung/R2P, Staat/Staatlichkeit im Wandel, Sicherheitspolitik, Strategische Wissenschaft, Typen militärischer Interventionen, Vereinte Nationen, Völkerrecht/Internationales Recht

Literatur

Beyrau, Dietrich/Hochgeschwender, Michael/Langewiesche, Dieter (Hrsg.) (2007): Formen des Krieges. Von der Antike bis zur Gegenwart, Paderborn.
Clausewitz, Carl von ([18]1973): Hinterlassenes Werk Vom Kriege, hrsg. von Werner Hahlweg, Bonn.
Heuser, Beatrice (2010): Den Krieg denken. Die Entwicklung der Strategie seit der Antike, Paderborn.
Jäger, Thomas/Beckmann, Rasmus (Hrsg.) (2011): Handbuch Kriegstheorien, Wiesbaden
Jordan, David, u.a. (2008): Understanding Modern Warfare, Cambridge.
Lindley-French, Julian/Boyer, Yves (Hrsg.) (2014): The Oxford Handbook of War, Oxford.
Strachan, Hew/Scheipers, Sibylle (Hrsg.) (2013): The Changing Character of War, Oxford.
Vasquez, John A. (2009): The War Puzzle Revisited, Cambridge.

Internetadressen

Conflict Barometer des Heidelberg Institute for International Conflict Research: http://hiik.de/en/konfliktbarometer/pdf/ConflictBarometer_2014.pdf
The Revolution in Military Affairs Debate: www.comw.org/rma/index.html

31 – Liberalismus als IB-Theorie (*David Groten/Michael Staack*)

1. Entstehungsgeschichte

Von dem einen, spezifischen Liberalismus (L.) in der Lehre von den Internationalen Beziehungen (IB) zu sprechen ist problematisch und wird der Komplexität und Heterogenität dieses Ansatzes mit seinen verschiedenen Strömungen sowie seinen weit gefassten ideengeschichtlichen Hintergründen aus über drei Jhd.en nur bedingt gerecht. Keinem liberalen Theoretiker ist es bislang gelungen ein mehrheitlich anerkanntes, kohärentes theoretisches Modell zu entwerfen; am ehesten gelang dies Andrew Moravcsik mit seinem Ansatz des Neuen L. (1997; 2008). Einleitend werden die dem heutigen Verständnis von L. als IB-Theorie nach relevantesten (zumeist klassischen) Theorievarianten und Beiträge kurz dargestellt.

Rückblickend hat die Liberale IB-Theorie ihren Ursprung im Klassischen L. des 17. und frühen 18. Jhds. und geht zurück auf Philosophen wie Locke, Bentham und Kant sowie die Ursprünge des modernen liberalen Staates. Der Klassische L. zeichnet sich durch eine optimistische Sicht auf die Welt und die Natur des Menschen, sowie durch den Glauben an gesellschaftlichen und individuellen Fortschritt sowie Freiheit in Gestalt von Moral, Souveränität, Wohlfahrt, Rechtstaatlichkeit und Kapitalismus aus. Nach Auffassung des Klassischen L. ist es die Aufgabe des rational handelnden, modernen liberalen Staates den aus diesen normativen, individuellen Freiheitsidealen abgeleiteten Interessen seiner Bürger gerecht zu werden. Dem auf Adam Smith (1776) und David Ricardo (1817) zurückgehenden klassischen Freihandelsliberalismus des späten 18. und frühen 19. Jhds. (englische Freihandelsschule) nach sind es insbesondere freier Handel und die durch Handel und offene Märkte entstehenden Interdependenzen, die zu einem friedlicheren außenpolitischen Verhalten führen; je stärker Freihandel Verbreitung findet und je höher der Industrialisierungsgrad von Staaten, desto unwahrscheinlicher seien kriegerische Auseinandersetzungen.

Der Liberale Imperialismus des späteren 19. Jhds. und dessen bekanntester Referenztheoretiker John Stuart Mill unterscheiden zwischen zivilisierten und barbarischen Völkern. Demzufolge haben zivilisierte Völker eine Art fortschrittsfördernde Entwicklungsmission gegenüber den unterentwickelten Völkern wahrzunehmen. Der insbesondere auf Immanuel Kant und seine Schrift ‚Zum ewigen Frieden' (1795) sowie auf Thomas Paine (1796) zurückgehende Republikanische L. schreibt der inneren Verfasstheit eines Staates eine besondere Bedeutung im Hinblick auf seine auswärtige Politik zu. Demnach verfolgen partizipatorische, auf liberalen Prinzipien (Freiheit des Einzelnen, Rechtstaatlichkeit, Gleichheit der Bürger) aufbauende Herrschaftssysteme wie Republiken generell eine friedfertigere Außenpolitik als Herrschaftsformen mit geringerem Maße an politischer Repräsentation und Partizipation der Regierten. Partizipation erfordere Konsensbildungsmaßnahmen und diese wirkten sich mäßigend auf die Außenpolitik einer Republik durch die Regierenden aus, nicht zuletzt aufgrund der hohen Kosten, die eine kriegerische Auseinandersetzung beziehungsweise eine aggressive Außenpolitik für die Regierten zur Folge habe. Eine Friedensgarantie per se gebe es laut Kant zwar nicht, eine friedliche Außenpolitik ließe sich jedoch insbesondere durch die Herrschaftsform einer Republik, den Zusammenschluss von Republiken zu einer Föderation freier Staaten sowie die Einführung eines Weltbürgerrechts begünstigen.

In den 1970er Jahren entwickelte sich im Zuge neuer liberaler Theoriebildung allmählich das heutige Verständnis liberaler IB-Theorie in der deutschen Friedensforschung sowie im Kontext der Entspannungspolitik; und zwar in klarer Abgrenzung zu, beziehungsweise als Antwort auf den Neorealismus und IB-Institutionalismus (→ Realismus als IB-Theorie, → Institutionalismus als IB-Theorie). Außerdem ist die sog. ‚dritte Demokratisierungswelle' ab Anfang/Mitte der 1970er Jahre für einen Aufschwung Liberaler IB-Theorie zu dieser Zeit mitverantwortlich (→ Demokratisierungs- und Stabilisierungspolitik). Im deutschsprachigen Raum war es insbesondere Ernst-Otto Czempiel, der mit seinen Friedensstrategien, nämlich ‚Friede und Herrschaft', ‚Friede und Internationale Organisation', ‚Friede und Wohlstand' sowie ‚Friede und Völkerrecht' (Czempiel 1986) und seinem auf dem ‚Spinnennetz Modell' nach Burton (1972) aufbauenden ‚Gitternetzmodell' (Czempiel 1981) die neuere liberale IB-Theoriebildung voranbrachte. Czempiel trug mit Friedensstrategien (→ Frieden) ebenfalls zur Theorieentwicklung des Demokratischen Friedens bei. Das Theorem des Demokratischen Friedens beschäftigt sich, wie bereits der Republikanische L., mit dem Zusammenhang zwischen der Herrschaftsform eines Staates und dessen Außenpolitik, ist jedoch im Vergleich zu den klassischen Vorläufern wesentlich ausdifferenzierter, bezieht sich eindeutig auf Demokratien und beschränkt die pazifizierende Wirkung demokratischer Herrschaftssysteme auf die Beziehungen zwischen demokratischen Staaten. Im englischsprachigen Raum begannen Wissenschaftler ab den 1960er und insbesondere den 1970er Jahren, sich quantitativ und qualitativ mit dem Demokratischen Frieden zu beschäftigen, eine Theorie aus diesem Ansatz zu entwickeln und diese auf ihre Validität hin zu testen. Der empirische Doppelbefund des Demokratischen Friedens lautet,

- dass Demokratien (fast) nicht gegeneinander in den Krieg ziehen und
- diese Kausalität jedoch nicht für Beziehungen zwischen Demokratien und autoritären Staaten gilt.

Dieser Doppelbefund baut auf zwei unterschiedlichen Theorievarianten auf: Zum einen auf der *monadischen* Theorie des demokratischen Friedens, die besagt, dass Demokratien *per se* friedfertiger sind als Nicht-Demokratien, und zum anderen auf der *dyadische* Variante, die der Annahme folgt, dass Demokratien zwar (fast) nicht gegeneinander in den → Krieg ziehen, ihr Konfliktverhalten gegenüber Nicht-Demokratien jedoch aufzeigt, dass Demokratien nicht inhärent friedlich sind. Die verschiedenen Erklärungsansätze für den empirischen Doppelbefund, die sich jeweils den beiden Theorievarianten zuordnen lassen, reichen von der politischen Kultur (normativ-kultureller Erklärungsansatz) in einem demokratischen Staat, die sich in der Norm einer friedlichen Konfliktlösung äußern kann, über strukturell-institutionalistische Erklärungsversuche, die das Desinteresse von Bürgern an Kriegen und deren Kontrollfunktion in demokratisch verfassten Staaten in den Vordergrund stellen, bis hin zu gemeinsamen moralischen Werten (→ Konstruktivismus als IB-Theorie) zwischen demokratischen Staaten sowie wirtschaftlicher Kooperation und → Interdependenz als weiteren erklärende Variablen. Jene Befunde sind jedoch umstritten und werden von der empirischen (historischen) Forschung nur teilweise gestützt. Ein Großteil der Kritik befasst sich mit methodisch-konzeptionellen Unklarheiten, etwa der Definition und Kategorisierung von Demokratien und Krieg (Layne 1994: 51;55), theoretischen Problemen wie der Auslassung von Drittvariablen und Scheinkorrelationen sowie theoretischen Erweiterungen wie der Rekonzeptualisierung des Demokratischen Friedens als hegemonialer Frieden oder demokratischer Kriege als Antinomien des Demokratischen Friedens (Geis/Müller/Brock 2006).

In der Theorievariante des Soziologischen L. hingegen sind es die ausgeprägten transnationalen Beziehungen zwischen gesellschaftlichen Akteuren, die eine kooperativere Außenpolitik nahelegen, nicht primär die Beziehungen zwischen souveränen Staaten. Gesellschaftliche Akteure können gleichzeitig mehreren Gruppen angehören, sowohl nationalen als auch transnationalen. Die daraus resultierenden, sich überlappenden Zugehörigkeiten und Interessen zwischen den verschiedenen Individuen, über staatliche Grenzen hinweg, führen zu friedlicheren, kooperativeren Beziehungen, so die Annahme. Das verstärkte Interesse dieser Gruppen an friedlichen Beziehungen untereinander fließt in den innergesellschaftlichen Wettbewerb um Interessen ein und wird, wenn dominant genug, von den Staaten aufgenommen. Dadurch wird verhindert, dass diese Staaten als einheitliche Akteure agieren und ihre eigenen, eventuell konfliktbevorzugenden, Interessen in auswärtiges Verhalten übersetzen können. Anhänger des Soziologischen L. haben diese Annahme zum Anlass genommen, unterschiedliche Modelle und Konzepte zu entwerfen. Zu nennen sind hier das *cobweb model* (Burton 1972), in dem Burton versucht, die sich überlappenden Zugehörigkeiten und Interessen zu visualisieren und konzeptualisieren, aber auch das Konzept der Sicherheitsgemeinschaft (Deutsch et al. 1957). Darüber hinaus ist der Beitrag Rosenaus zu erwähnen, der den Soziologischen L. um die Makroebene erweiterte, indem er insbesondere die Signifikanz nicht-staatlicher Akteure auf der internationalen Ebene in den Mittelpunkt rückte (Rosenau 1990). All diese Modelle und Konzepte haben die Annahme gemein, dass eine große Anzahl an transnationalen Netzwerken und sich überlappende Zugehörigkeiten und Präferenzen zu bestimmten gesellschaftlichen Gruppierungen die Wahrscheinlichkeit von Konflikten zwischen Staaten senkt (→ Transnationale Akteure/Nichtregierungsorganisationen).

Ende der 1980er Jahre griff Robert D. Putnam eine weitere elementare, und bis zu diesem Zeitpunkt kaum präzisierte, Frage Liberaler IB-Theorie auf, nämlich die der nationalen Interessendurchsetzung von Staaten, beziehungsweise Regierungen, im Rahmen internationaler Verhandlungen, wie beispielsweise in den → Vereinten Nationen. Dies geschah im Kontext einer zunehmenden Vergesellschaftung und wachsender Interdependenzen in den IB. Bis dahin tat sich Liberale IB-Theorie sehr schwer, jene Prozesse, die im Endeffekt entscheiden, welche innerstaatlichen und gesellschaftlichen Interessen wann und warum Einfluss auf die Herausbildung nationaler Interessen und Präferenzen und damit auf die Außenpolitik beziehungsweise die Verhandlungsführung einer Regierung auf der internationalen Bühne haben, zu untersuchen (→ Außenpolitikforschung). Mit seinem Zwei-Ebenen-Ansatz versuchte Putnam dieses Erklärungsvakuum zu füllen. Demnach sitzen Regierungen, beziehungsweise ihre Verhandlungsführer, parallel an zwei Verhandlungstischen: einmal auf der nationalen und einmal auf der internationalen Ebene. Hierbei beeinflussen die Präferenzen der (dominanten) gesellschaftlichen Interessengruppen und anderer Akteure den Verhandlungsspielraum (*win-set*) der Verhandlungsführer und damit der jeweiligen Regierung erheblich und zwar über direkte und indirekte Ratifikationsmechanismen. Beispiele für solche Mechanismen sind institutionelle Erfordernisse, wie Parlamentsbeteiligungen, die Zustimmung oder Nicht-Ablehnung durch wichtige nationale Interessengruppen oder öffentliche Meinung. Laut Putnam sind es also neben diesen dominanten gesellschaftlichen Präferenzen sowie politischen und gesellschaftlichen Machtkoalitionen insbesondere auch nationale Institutionen und Entscheidungsstrukturen, die mitverantwortlich dafür sind, welche Politik ein Staat verfolgt (Putnam 1988).

Nach Ende des → Ost-West-Konfliktes erlebte die Liberale Theorie eine Renaissance. Ein Hauptgrund dafür war das fehlende Erklärungsvermögen des (Neo-)Realismus, diese Entwicklung vorherzusehen und zu erklären, da er ausschließlich systemische Einflussgrößen zum Gegenstand der Analyse macht, sowie eine generelle Zunahme von Kritik an systemischen Ansätzen. Andrew Moravcsik fasste mit seinem Präferenzorientierten- oder Neuen L. die verschiedenen Strömungen und Konzeptionen des L. zusammen, reduzierte diesen auf einige grundlegende Annahmen und Kriterien und konzipierte somit einen Analyseansatz im Sinne klassischer IB-Theorie wodurch er den L. endgültig im IB-theoretischen Diskurs etablierte. Seine Grundannahmen werden im nächsten Abschnitt erläutert.

2. Zentrale Prämissen

Es ist die liberale Vorstellung von einem pluralistischen Staat und einer pluralistischen Gesellschaft, die alle Strömungen liberaler Theorie eint. Im Mittelpunkt des liberalen Analyseschemas steht demnach die Konfiguration gesellschaftlicher Präferenzen, die letztendlich staatliches (also auch außenpolitisches) Handeln bedingen, und zwar insbesondere durch die Beziehung zwischen Staaten und ihren jeweiligen nationalen und transnationalen gesellschaftlichen Akteuren. In den späten 1990er Jahren war es dann vor allem Andrew Moravcsik mit seinem Neuen L., der auf dem breiten Fundament Klassischer Liberaler Theorie, insbesondere auf dem Republikanischen L. und Soziologischem L., aufbaute. Dabei war es Moravcsik ein Anliegen, sich explizit von den teilweise stark normativen und idealistischen Elementen des Klassischen L. loszusagen, und sich auf die Erklärung staatlicher Außenpolitik zu beschränken (Moravcsik 1997: 513-515). Staatliche Präferenzen entsprechen nach Moravcsik's Präferenzorientiertem L./Neuen L. dem Aggregat dominanter, innerstaatlicher und transnationaler Einzelinteressen gesellschaftlicher Akteure. Die Interessen, Mittel und Ziele von Staaten, also staatliche Präferenzen, sind das Ergebnis ihres gesellschaftlichen Kontextes. Demnach werden insbesondere die materiellen und ideellen Interessen und Forderungen der dominanten gesellschaftlichen Akteure durch Präferenzbildungsprozesse zwischen Gesellschaft und Staat durch den Staat aufgenommen und in staatliche Präferenzen übersetzt. Staaten haben nach Moravcsik, anders als im Neorealismus, keine ihnen eigenen, von gesellschaftlichen Akteuren unabhängigen Interessen: „For liberals, the configuration of state preferences matters most in world politics – not as realists argue, the configuration of capabilities and not, as institutionalists [...] maintain, the configuration of information and institutions" (Moravcsik 1997: 513; 2008: 234)

Aufbauend auf einem positivistischen Wissenschaftsverständnis leitet Moravcsik aus dieser grundlegenden Prämisse drei Kernannahmen ab, die ihm zufolge zugleich die Grundlage jeglicher sozialer IB-Theorie sind, da sie sich mit der Natur gesellschaftlicher Akteure, dem Staat und dem internationalen System beschäftigen (Moravcsik 1997: 516-521):

- Grundannahme 1: Die Hauptakteure Internationaler Politik sind gesellschaftliche (auch transnationale) Individuen und private Gruppierungen, nicht Staaten und unterschiedliche Machtverhältnisse, Institutionen oder die Struktur des internationalen Systems (methodologischer Individualismus, Moravcsik 1997: 516f.). Diese Individuen und Gruppierungen verhalten sich für gewöhnlich risikoavers und sind – mit wachsendem Interesse, je größer der wahrgenommene Vorteil – daran interessiert, ihre jeweiligen normativen und/oder ökonomischen Interessen durch den Staat vertreten zu lassen.
- Grundannahme 2: Staaten und politische Institutionen allgemein repräsentieren einen (dominanten) Teil der innerstaatlichen Gesellschaft und fungieren somit als eine Arena, in welcher die Eigeninteressen gesellschaftlicher Akteure miteinander konkurrieren. Sie setzen staatliche Präferenzen basierend auf den Interessen dieses dominanten Teils der gesellschaftlichen Akteure fest. Staaten sind dementsprechend keine einheitlichen Akteure mit eigenen Präferenzen, sondern stets bestrebt, effizient und rational die dominanten gesellschaftlichen Anforderungen aufzunehmen und umzusetzen (Moravcsik 1997: 518-520).

- Grundannahme 3: Die Art der Struktur unabhängiger staatlicher Präferenzen sowie das institutionelle Verhältnis zwischen Gesellschaft und dem politischem System eines Landes bestimmen staatliches Handeln (Moravcsik 1997: 520-521).

Vor dem Hintergrund dieser Grundannahmen dient das Konzept der *policy interdependence* (Moravcsik 1997: 520) als theoretische Verknüpfung zwischen dem Prozess der staatlichen Präferenzbildung eines Staates und dem auswärtigen Verhalten anderer Staaten. Diesem Konzept entsprechend sind es nicht die nationalen Interessen dominanter gesellschaftlicher Akteure allein, die durch den Staat in staatliche Präferenzen übersetzt werden und damit staatliches Handeln bedingen, sondern ebenfalls externe Faktoren und Zwänge, wie die Konstellation der interdependenten Präferenzordnungen: Wenn ein Großteil der Präferenzen der staatlich organisierten Gesellschaften verschiedener Staaten (inkl. transnationalen Gesellschaften) miteinander kompatibel sind, ermöglicht dies zwischenstaatliche Kooperation. Kooperation und kooperatives staatliches Handeln, und zwar über staatliche Grenzen hinweg, dienen diesen kollektiven Interessen in der Regel mehr als → Krieg und Konflikt. Wenn diese dominanten gesellschaftlichen (und damit staatlichen und zwischenstaatlichen) Präferenzen verschiedener Länder dennoch stark differieren, wächst die Wahrscheinlichkeit zwischenstaatlicher Konflikte. Die Ursache hierfür sind dominante gesellschaftliche Gruppierungen eines Landes, die ihre Präferenzen mit staatlichem Handeln durchsetzen und dadurch Kosten für gesellschaftliche Gruppen in anderen Ländern auslösen. Bei komplementären sowie weniger stark divergierenden Präferenzen besteht jedoch, bei ausreichend vorhandenen Kooperationsanreizen, die Möglichkeit einer Kompromissfindung durch zwischenstaatliche politische Koordinierungsmaßahmen (inkl. Rückkoppelung mit gesellschaftlichen Gruppen wie Verhandlungen) mit dem Ziel eines Präferenzausgleichs unter Berücksichtigung der verschiedenen gesellschaftlichen Gruppierungen auf innerstaatlicher Ebene. Konflikte zwischen Staaten entstehen dieser Logik folgend also insbesondere bei stark divergierenden, staatlich repräsentierten innerstaatlichen Präferenzen zwischen mindestens zwei Ländern, bei denen Maßnahmen der Politikkoordinierung fehlgeschlagen oder gar nicht erst zur Anwendung gekommen sind (Moravcsik 2008: 239f.).

Insgesamt ist der Neue L. – im Gegensatz zu seinen klassischen Vorläufern – als strukturelle Theorie bestrebt, systemische Faktoren, also etwa die Beziehungen und Wechselbeziehungen zwischen Staaten (sowie zwischen ihren gesellschaftlichen Gruppierungen), mit in die Analyse einzubeziehen sowie auf jegliche Art von Staats- und Gesellschaftsform anwendbar zu sein. Das Alleinstellungsmerkmal moderner Liberaler IB-Theorie ist schlussendlich die Annahme, dass sich staatliche Handlungsoptionen durch die Überführung gesellschaftlicher Präferenzen in staatliche Präferenzen herausbilden.

3. Varianten/Spielarten

Der Neue L. und dessen Referenztheoretiker Moravcsik unterscheiden zwischen drei Varianten, dem Ideationalen L., dem Kommerziellen L. und dem Republikanischen L. Letztere differieren insbesondere in Bezug auf die Hierarchie ihrer Einflussfaktoren und deren Unvereinbarkeit sowie in ihrer jeweiligen Logik außenpolitischer Präferenzbildung, ohne sich dabei jedoch gegenseitig auszuschließen.

- Vertreter des Ideationalen L. sind der Auffassung, dass sich außenpolitische Präferenzen durch ein „set of preferences shared by individuals concerning the proper scope and nature of public goods provision, which in turn specifies the nature of legitimate domestic order by stipulating which social actors belong to the polity and what is owed them" (Moravcsik 1997: 525) herausbilden. Es geht also um Muster sozialer und sozioökonomischer Identitätsbildung und Werte innerhalb gesellschaftlicher Gruppen eines Staates, die durch legitime politische Institutionen, Wohlfahrtregulierung und öffentliche Güter entstehen und deren Übereinstimmung oder Divergenz innerhalb eines Staates zu zwischenstaatlicher Kooperation, respektive Konfrontation, führen kann.
- Der Kommerzielle L. beschäftigt sich im Kern mit den wirtschaftlichen Interessen nationaler und transnationaler (Wirtschafts-)Akteure. Er baut dabei, wie der Freihandelsliberalismus, auf der Annahme einer Kausalbeziehung zwischen wachsender ökonomischer Abhängigkeit, Gewinnen aus internationaler Arbeitsteilung (und deren Antizipation) und internationalem Handel sowie steigender (ökonomischer) Nachteile eines Einsatzes militärischer Gewalt und damit einer konfrontativen staatlichen Außenpolitik, insbesondere für Wirtschaftsakteure, auf. Daher präferieren Letztere eine kooperative Außen- und Außenwirtschaftspolitik und drängen den Staat ihre eigenen Präferenzen in staatliches Handeln zu überführen. Die entscheidenden Variablen dieser Variante sind die Marktstruktur und die Verteilungsstruktur beziehungsweise der Marktzugang (Marktchance/Marktposition) eines Staates (Moravcsik 1997: 524ff.; 2008: 242ff.). Allerdings gibt Moravcsik zu bedenken, dass Staaten durchaus auch mit Zwangsmaßnahmen wirtschaftliche Interessen verfolgen können. Dieses Verhalten erklärt er ebenfalls mithilfe der Variablen Marktstruktur und Verteilungsstruktur.
- Beim modernen Republikanischen L. hingegen steht die Art der Repräsentation der gesellschaftlichen Akteure (z.B. gesellschaftliche Eliten und Institutionen) im Mittelpunkt. Laut Moravcsik hat ein gesellschaftlicher Akteur dann einen signifikanten Einfluss auf das auswärtige Handeln eines Staates, wenn die soziale Gruppe dieses Akteurs an den signifikanten Entscheidungsprozessen direkt beteiligt ist, etwa weil sie Bestandteil der relevanten Entscheidungsgremien ist, und wenn diese Gremien gut vor externen Einflüssen geschützt sind (Moravcsik 1997: 30). In diesem Zusammenhang ist es auch entscheidend, wie groß der Einfluss dieser Gruppierungen jeweils auf politische Entscheidungsfindungsprozesse ist, wie und nach welchen Regeln und Mechanismen diese Prozesse in welchen Institutionen ablaufen und wie stark bestimmte Gruppen jeweils in den hierfür zuständigen Gremien repräsentiert sind. Wenn der Zugang und der Einfluss der Akteure relativ gleichmäßiger Natur ist, so die Annahme des Republikanischen L., dann ist ein kooperatives außenpolitisches Verhalten die Folge, da die Mehrheit dieser gesellschaftlichen Akteure zu Kooperation und Konflikt- beziehungsweise Risikovermeidung tendiert. Bei einer ungleichmäßigen Verteilung sowie der Möglichkeit einer überrepräsen-

tierten Minderheit, sich von der unterrepräsentierten Mehrheit abzukapseln, kann jedoch eine konfrontative Außenpolitik die Folge sein, da diese Minderheiten weniger auf Legitimation angewiesen sind und die Kosten für eine konfrontative Außenpolitik überproportional auf die unterrepräsentierte Mehrheit übertragen können, bei gleichzeitiger Nutzbarmachung der damit einhergehenden Vorteile (materiell, ideell) einer solchen Politik für sich selbst (Moravcsik 1997: 530; 2008: 244ff.).

4. Abgrenzung und Anknüpfungspunkte zu benachbarten (Groß-)Theorien

Der Neue L. teilt einige Ausgangspunkte mit dem Neorealismus. So gehen sowohl Anhänger des Neorealismus als auch des Neuen L. davon aus, dass das internationale System grundsätzlich von Anarchie geprägt ist. Allerdings unterscheiden sich beide Gruppen insbesondere in ihrem Umgang mit dieser Erkenntnis. Der offensichtlichste Unterschied besteht zunächst darin, dass dem systemischen Neorealismus zufolge Staaten die zentralen Akteure darstellen, die wiederum als *black box* betrachtet werden; dagegen möchte der primär subsystemische Neue L. genau diese *black box* öffnen und sich die innerstaatlichen Akteure und Strukturen genau ansehen. Vor diesem Hintergrund argumentiert der Neorealismus, dass Anarchie ein strukturelles, nicht überwindbares Problem ist, zu Unsicherheit führt und damit nachhaltigen Kooperationsmöglichkeiten im Wege steht. Dagegen sagt der Neue L., dass die Beziehungen zwischen Staaten durch nachhaltiges kooperatives Verhalten durchaus, als Ergebnis überlappender gesellschaftlicher Präferenzen oder erfolgreicher Politikkoordinierung, einem Positivsummenspiel entsprechen können. In einem solchen Szenario ziehen alle Seiten einen Vorteil aus Kooperation und das Unsicherheitsproblem könnte, zumindest selektiv in Teilen der Welt, überwunden werden. Dennoch ist der Neue L. in der Lage zu erklären, dass Staaten um ihre eigene Sicherheit besorgt sind, allerdings ist es Letzterem zufolge kein dem Staat eigenes und konstantes Bestreben als Folge von Unsicherheit oder einem Mächteungleichgewicht wie im Neorealismus, sondern das Ergebnis spezifischer, wandlungsfähiger, durch Staaten in staatliche Präferenzen übersetzter gesellschaftlicher Präferenzen.

Zwischen dem Neuem L. und dem Institutionalismus bestehen ebenfalls eine Reihe von Übereinstimmungen, was sich teilweise dadurch erklären lässt, dass der Institutionalismus und dessen Unterformen, wie die Regimetheorie, ursprünglich dem (klassischen) liberalen Verständnis zugeordnet wurden. Die Grundannahmen der Regimetheorie sind allerdings nur sehr bedingt mit dem Neuen L. kompatibel. Neben der Tatsache, dass der Neue L., anders als der Institutionalismus, eine *bottom-up* Kausalrichtung einnimmt, sind es hier eben nicht die Machtverhältnisse und die Art der Zusammensetzung von und zwischen Institutionen oder der identitätsstiftende und ganz eigene Präferenzen herausbildende Charakter von Institutionen, die ausschlaggebend für eine bestimmte Politik sind, sondern die Konfiguration gesellschaftlicher Präferenzen (Moravcsik 1997: 513). Die Möglichkeit der Politikkoordinierung durch institutionelle Koordinierungsmaßnahmen mit Blick auf das *policy interdependence* Konzept von Moravcsik ist dagegen ein Beispiel für die vorhandene Schnittmenge zwischen beiden Theorien. Ähnliches gilt für die Bedeutung gesellschaftlicher Akteure, denen im Neuen

L. die primäre und im Institutionalismus neben dem Staat nur eine sekundäre Rolle zukommt, sowie die Annahme, dass sich Anarchie einhegen lässt. Die neorealistische Kritik am Neuen L. und insbesondere der Variante des Republikanischen L. ist, dass das Herrschaftssystem eines Staates keine Konstante sein muss, sondern es sich mit der Zeit verändern kann. Dies gelte auch, wenn es zutreffen sollte, dass mit einer bestimmten Herrschaftsform eine kooperativere, friedlichere Außenpolitik (zumindest zwischen Demokratien) einhergeht. Da Anarchie und Sicherheitsdilemmata in den Augen der Neorealisten im bestehenden internationalen System nicht überwindbar sind, kann es daher nie eine Garantie dafür geben, dass ein (demokratischer) Staat sich nicht eines Tages gegen einen anderen Staat stellt (→ Realismus als IB-Theorie).

Für Anhänger konstruktivistischer IB-Theorie hingegen wird der Identitäts-Faktor durch den Neuen L. zu sehr vernachlässigt oder einfach als stabil angenommen. Identitäten, so die konstruktivistische Sichtweise, sind nicht immer stabil und identisch, schon gar nicht länderübergreifend. Darüber hinaus bilden sich Identitäten häufig in Abgrenzung zu einem Gegenpol heraus, beispielsweise in Abgrenzung zu anderen nationalen Identitäten, Normen oder Kulturen. Institutionen und/oder Sicherheitsgemeinschaften, die Czempiel zufolge zwischen Ländern und Akteuren, die sie inkludieren, Frieden schaffen können, gehen in der Regel mit Exklusion einher, da sie die Mitglieder dieser Institutionen von den Nicht-Mitgliedern abgrenzen. Gemeinsame Identitäten können demnach zwar stabilisierend wirken, haben in der Regel jedoch Nebenwirkungen, insbesondere gegenüber Staaten oder Gesellschaften, die diese Identitäten nicht teilen oder von denen sich andere Staaten oder Gesellschaften durch deren eigene Identitätsbildungsprozesse abgrenzen (→ Konstruktivismus als IB-Theorie).

Neben theoriegeleiteten Kritikpunkten am Neuen L. und seinen Theorievarianten wie dem Kommerziellen L. erfolgt Kritik auch unter Bezug auf die Empirie. So scheinen die zwischenstaatlichen Beziehungen der wirtschaftlich unablässig wachsenden Region Ostasien, in der ökonomische Interdependenzen rasant zunehmen und immer mehr Akteure von diesem wirtschaftlichen Aufschwung profitieren (→ Aufstieg der Schwellenländer), nicht nachhaltig zu kooperativeren außenpolitischen Verhaltensweisen Chinas, Japans und anderer Staaten der Region zu führen.

5. Rezeption und (externe) Kritik

Der Versuch von Moravcsik, mit dem Neuen L. eine strukturelle Liberale IB-Theorie zu formulieren, geht mit einigen allgemeinen Herausforderungen einher. Eine Erkenntnis ist, dass das Spektrum an Theorievarianten nach wie vor relativ breit ist, selbst wenn man sich auf den Neuen L. nach Moravcsik mit seinen drei teils komplementären Varianten beschränkt und ebenfalls den Demokratischen Frieden und den Zwei-Ebenen-Ansatz als weitere Konzepte miteinschließt. Ein weiterer Kritikpunkt ist, dass der Neue L. aufgrund der von ihm bezeichneten dynamischen, vielfältigen und sich ständig wandelnden Einflussfaktoren und abhängigen Variablen für eine substantielle Analyse internationaler Politik und Außenpolitik außerordentlich komplex ist. Das hat auch damit zu tun, dass spezifische Variablen als Einflussfaktoren (je nach Theorievariante unterschiedlich) und Grundannahmen definiert werden, der Forscher jedoch bei der Anwendung der Theorie auf die Empirie häufig in Sachen Überprüfbarkeit, Nachvollziehbarkeit und Durchführbarkeit an Grenzen stößt (→ Begriff und Funktion von IB-Theorie). Gesellschaftliche Präferenzen und insbesondere präferenzdominierte Entscheidungsfindungsprozesse sind oftmals sehr intransparente Angelegenheiten und daher für Wissenschaftler nur schwer aufzuarbeiten und zu analysieren; oftmals ist dies, wenn überhaupt, nur mit Jahren Verzögerung möglich, beispielsweise wenn demokratische Regierungen ihre Archive für Wissenschaftler und die Öffentlichkeit öffnen. Ähnliches gilt für die Überprüfung der Grundannahme, dass staatliches Handeln das Ergebnis eines innerstaatlichen Wettbewerbs um Interessenvertretung ist, also das reine Aggregat dominanter gesellschaftlicher Präferenzen (→ Außenpolitikforschung). In diesem Kontext erscheint der Gedanke, dass Staaten und deren Exekutiven *quasi* ausschließlich daran interessiert sind, gesellschaftliche Präferenzen in staatliche Präferenzen und schließlich in staatliches Handeln zu übersetzen, stark vereinfacht. Auch scheinen einige intervenierende Variablen, wie Eigeninteressen und Ideologien der Bürokratie, die Rolle von Institutionen – etwa für die Herausbildung von Identitäten und Handlungspräferenzen – , Persönlichkeit und persönliche Interessen der Regierungseliten oder (außenpolitische) Verhaltensweisen anderer Staaten nur teilweise aufgegriffen zu werden. Zudem wird die Anwendung des Neuen L. auf noch weniger transparente, undemokratische Entscheidungsstrukturen in Nicht-Demokratien zusätzlich erschwert, auch wenn der Neue L. als strukturelle Theorie den Anspruch hat, auch auf diese Verhältnisse anwendbar zu sein.

Der große Mehrwert moderner Liberaler IB-Theorie liegt darin, die Einflussnahme und Einflussmöglichkeiten gesellschaftlicher (nationaler und transnationaler) Akteure, eingebettet in ihr jeweiliges politisches System und ihre Beziehung zu formalen Entscheidungsträgern zu untersuchen und miteinander in Bezug zu setzen. Dafür gibt sie eine Reihe an interessanten Variablen, Prämissen, zu untersuchenden Kausalitäten, Lösungsvorschlägen und Forschungsperspektiven an die Hand, wozu die anderen IB-Großtheorien nicht in der Lage sind.

→ Ergänzende Beiträge

Außenpolitikforschung, Begriff und Funktion von IB-Theorie, Interdependenz, Konstruktivismus, Institutionalismus und Realismus als IB-Theorie, Transnationale Akteure/Nichtregierungsorganisationen

Literatur

Czempiel, Ernst-Otto (1981): Internationale Politik. Ein Konfliktmodell, Paderborn.

Czempiel, Ernst-Otto (1986). Friedensstrategien: Systemwandel durch internationale Organisationen, Demokratisierung und Wirtschaft, Paderborn.

Deutsch, Karl W. (1957): Political community and the North Atlantic area; international organization in the light of historical experience, Princeton.

Geis, Anna/Brock, Lothar/Müller, Harald (2006): Introduction: Democratic Wars. Looking at the Dark Side of Democratic Peace, Houndmills.

Kant, Immanuel (1795): Zum Ewigen Frieden: Ein Philosophischer Entwurf.

Layne, Christopher (1994): Kant or Cant: The Myth of the Democratic Peace, in: International Security (2), S. 5-49.

Moravcsik, Andrew (1997): Taking Preferences Seriously. A Liberal Theory of International Politics, in: International Organization (4), S. 513-533.
Moravcsik, Andrew (2008): The New Liberalism, in: Reus-Smit, Christian/Snidal, Duncan (Hrsg.): The Oxford Handbook of International Relations, Oxford, S. 55-266.
Putnam, Robert D. (1988): Diplomacy and domestic politics: the logic of two-level games, in: International Organization (3), S. 427-460.
Rosenau, James N. (1990): Turbulence in World Politics. A Theory of Change and Continuity, Princeton.

32 – Macht (*Christian Hacke*)

1. Begriff und Dimensionen

Macht (M.) ist *per definitionem* und in der politikwissenschaftlichen Umsetzung und Operationalisierung ein schillernder Begriff. So wie für die Rechtswissenschaft die Norm, für die Volkswirtschaft der Nutzen, für die Finanzwissenschaft das Geld, für die Physik die Energie so gilt M. als Fundamentalbegriff der Sozialwissenschaften. Die Definition von Max Weber (1922: 28) mag als Ausgangspunkt gelten: M. als „jede Chance, innerhalb einer sozialen Beziehung den eigenen Willen auch gegen Widerstreben durchzusetzen, gleichviel worauf diese Chance beruht." Webers Definition bleibt maßgebend, weil sie für alle sozialen Beziehungen offen ist, die Formen der Machtausübung nicht festlegt, sondern nur das Ergebnis der Interaktion bestimmt: Ein Akteur setzt seinen Willen gegen den Widerstand durch. M. wird damit festgelegt auf eine Beziehung und auf die Zuordnung von Ursachen und Wirkung der Durchsetzung des Willens. Raymond Aaron (1986: 63) übernahm diese Definition für die Akteure in den internationalen Beziehungen. Für ihn ist M. auf dem internationalen Schauplatz die Fähigkeit einer politischen Einheit, den anderen Einheiten ihren Willen aufzuzwingen. M. ist also vor allem relational und bedeutet Handlungsmacht, umfasst alle Formen von Aktionen zur Veränderung des sozialen, natürlichen und politischen Umfelds und bezieht sich auf Personen, Strukturen und Organisationen. Im menschlichen Zusammenleben umschreibt sie die Fähigkeit von Institutionen, Gruppen oder Einzelnen, das Verhalten und Denken anderer in ihrem Sinne zu bestimmen, d.h. anderen für spezifische Zwecke einen heteronomen Willen aufzuerlegen, falls notwendig, gegen deren eigenen Willen. Machtausübung kann, muss aber nicht über Zwang erfolgen. In Verbindung mit Machtmissbrauch erhält M. eine negative Konnotation. Positiv dagegen wird das Gewaltmonopol der Nationalstaaten (→ Staat/Staatlichkeit im Wandel) bewertet, welches sich innenpolitisch in der Ausübung der Polizeifunktion und außenpolitisch als militärisches Mittel zur Verteidigung, Selbstbehauptung und Allianzbildung sowie als politisches Mittel zur Sicherung nationaler Interessen zeigt.

Des Weiteren wird M. als Kraft ausgelegt, für Veränderungen bzw. das Ausbleiben von Veränderungen zu sorgen. Der angrenzende Begriff ‚Einfluss' setzt ähnliche Fähigkeiten voraus, aber ohne den Zusatz der dominanten fremden Willensbestimmung. ‚Einfluss' kann subjektives Verhalten bestimmen, aber nicht gegen den Willen des Subjekts. Ein implizites Über- und Unterordnungsverhältnis sowie Sanktionsfähigkeit verweisen auf den Befehlscharakter von M. Der Zwang durch angedrohte Strafen oder sonstige Konsequenzen gehört ebenso zum Machtbegriff. Eine subjektive Wahrnehmung von M. erschwert zusätzlich eine objektive Analyse. Deshalb einigt man sich in Wissenschaft und Politik auf ein Minimum zur Erklärung, nämlich auf einen lockeren Index von vorwiegend militärischen, ökonomischen, technischen, also quantitativen Daten. Ein solcher Machtindex wird verkompliziert durch soziale, wirtschaftliche, technologische und andere Veränderungen, die dementsprechend den Machtfaktor verändern. Da M. folglich kaum exakt zu messen ist, kann sie nur abgeschätzt, aber nicht klar definiert werden.

Staaten benötigen M., um ihre Ziele zu verfolgen, wobei es drei Hauptwege für einen Staat gibt, M. auszuüben: Durch den Gebrauch oder die Androhung von Gewalt, durch Belohnung von Gefolgsamkeit oder durch *soft power*, durch gewinnende → Diplomatie für die Werte und Interessen des eigenen Landes. M. ist vor allem Ausdruck von Souveränität im Sinne voller Handlungsmacht bzw. Handlungsfreiheit. Politischer Macht- und Unabhängigkeitswille hängt auch mit dem Streben nach Ehre, Prestige und nationaler Selbstbehauptung zusammen (Weber). Dadurch wird M. in erster Linie zum Selbstzweck, zur Grundlage für Prestige, Souveränität und Handlungsfreiheit. Michael Mann (1994) unterscheidet verschiedene Quellen und Organisationsformen von M:

- Ideologische M.: Wer eine Ideologie verkörpert und politisiert, übt kollektive und distributive M. aus. Vor allem über die Ideologien des Kommunismus und Nationalsozialismus wurde im 20. Jh. enorme M. ausgeübt.
- Ökonomische M.: Wer das Herrschaftsmonopol über Produktion, Distribution, Tausch und Konsum besitzt, erlangt kollektive und distributive Macht. Auf diese Weise können überlegene Handelsstaaten im → Weltwirtschaftssystem ökonomische Macht ausüben.
- Militärische M.: Sie leitet sich aus dem Bedürfnis und der Notwendigkeit nach organisierter physischer Verteidigungsnotwendigkeit ab. Militärische Organisationsmacht ist das konzentrierteste und zugleich gröbste Instrument menschlicher M., dessen Wirksamkeit in Kriegszeiten am deutlichsten sichtbar wird.
- Politische M.: Sie entspringt der Rationalität einer zentralisierten, institutionalisierten, territorialisierten Reglementierung und Eingrenzung von sozialen Verhältnissen und politischen Organisationen. Territorial ist sie vorrangig national-staatlich organisiert, wobei zwischen innenpolitischer und außenpolitischer M. unterschieden werden kann.

Dabei erscheint das Phänomen der M. typologisch in drei unterschiedlichen Gestalten: Im elementaren Sinne als ‚Handlungsmacht', als Fähigkeit, etwas ins Werk zu setzen. Darüber hinaus wird M. als ‚Herrschaft' verstanden, die sich in der Beeinflussung oder Kontrolle anderer äußert. Schließlich ist M. Ausdruck einer fundamentalen ‚Gemeinsamkeit', die als unabdingbare Bedingung jeglicher politischer Organisation verstanden werden muss. Nur gemeinsam sind wir stark, – diese Formel verweist auf den kollektiven Charakter von Handlungs- oder auch Vetomacht.

2. Historische Genese und politische Philosophie von Macht

Die oberste Macht- bzw. Entscheidungsgewalt im Verständnis von souveräner M. und Handlungsfreiheit bezieht sich auf den Kern des Begriffes: Die Entdeckung der Handlungsmacht. Im Laufe der Geschichte entwickelten sich alle möglichen Machtgebilde in den internationalen Beziehungen – Stadtstaaten, Imperien und Nationalstaaten – im Wechsel von Einheit und Fragmentierung, im Spannungsfeld von Gleichgewicht und Hegemonie, unter dem Gesetz von Aufstieg und Fall (→ Staat/Staatlichkeit im Wandel). Dabei entfaltete sich die weltweite Machtdialektik im Spannungsfeld von Zivilisation und Barbarei, theokratischer und autokratischer Machtausübung, zwischen Zentrum und Peripherie, zwischen direkter und indirekter Machtausübung, zwischen Machtzentrum und Machtvakuum, zwischen Expansion und Kollaps (→ weltpolitische Zyklen).

Als ursprüngliche Quelle von M. lokalisiert Mann (1994) die Ausbreitung von Heilsversprechen in Weltreligionen (→ Religionen und internationale Politik) sowie den Ausbau militärischer M. Laut Mann war M. ursprünglich keine individuell-menschliche Eigenschaft, sondern stellte sich erst im Zuge sozialer und gesellschaftlicher Beziehungen und Bedürfnisbefriedigung ein: M., Prestige und Führung entwickelten sich hierarchisch im Zuge organisatorischer Notwendigkeiten, wobei Mann sechs Machtaspekte unterscheidet:

- Unter distributiven Aspekten entwickeln sich Machtbeziehungen als Nullsummenspiel: Gewinnt A an M., verliert B entsprechend, gerade wenn es um begrenzte Güter geht, beispielsweise bei der Besetzung eines Territoriums durch Gewalt.
- Diesem konfrontativen Moment steht der kollektive Aspekt von M. gegenüber, wenn M. kooperativ-kollektiv ausgeübt wird.
- Extensive M. betont das Vermögen von vielen Menschen, weite Räume kollektiv organisiert zu beherrschen.
- Intensive M. betont das Vermögen weniger Menschen zur straffen Organisation von M. mit dem Ziel der Führung und dem Erreichen solidarischer Gefolgschaft.
- Autoritative M. beruht auf Anerkennung und Zustimmung.
- Diffuse M. verteilt sich spontan, unwillkürlich und dezentral, bewegt sich also in Richtung Kraft.

Prinzipiell haben Imperien bis hin zur Sowjetunion mit militärischen Mitteln territoriale Besitzziele angestrebt, während hegemoniale Großreiche wie das britische und amerikanische, mit wirtschaftlicher indirekter Durchdringung ihre Machtambitionen durchzusetzen versuchten. Hier schimmert auch der Gegensatz zwischen (militärischer) Landmacht und (ökonomischer) Seemacht hindurch. Auch der Begriff der ‚Supermacht' oder ‚Weltmacht' in Abgrenzung von Groß- und Mittelmächten hat einen imperialen Nachhall: Arnold Wolfers hat die Machtambitionen in der Staatenwelt einerseits als Milieuziele der Akteure definiert, andererseits diesen die Besitzziele gegenübergestellt. Letztere streben ein bestimmtes, direktes Ergebnis an wie territoriale Machtvergrößerung, während erstere indirekt eine Region durchdringen und die Struktur nachhaltig durch dominante Machtaktion prägen wollen. Für Thukydides ist der Machtzuwachs Athens die zunächst hegemoniale, dann imperiale Triebkraft für systemische Entwicklung der griechischen Stadtstaatenwelt. M. wird erstmals zum konstituierenden und regulierenden Faktor und Politik als ewiger Konflikt zwischen Prinzipien, M. und Gewalt im Dienst der eigenen Interessen erfasst. Thukydides' außenpolitischer Machtbegriff bezieht sich weniger auf Gewalt oder Herrschaft, sondern auf Handlungsfreiheit. M. als Handlungskompetenz, vor allem als kollektive Handlungsmacht, nivelliert das Rechtsempfinden der Athener, die ihre machtpolitische Überlegenheit rücksichtslos ausspielen. Die von Machtgier getriebene menschliche Natur ist für Thukydides zentral, Frieden kann nur relativ und Krieg darf keine Überraschung sein. Erst im Zuge der Pathologie des Krieges zerreißen Bindungen an Religion, Moral und Ethik und enthüllen den machtgierigen Antrieb der menschlichen Natur. Furcht, Ehrgeiz, Sicherheit und Prestige in Verbindung mit M. bleiben für Thukydides als dem Vater des außenpolitischen Realismus zentral und beeinflussen bis heute das Denken und Handeln in der IB (→ Realismus als IB-Theorie).

Bei Platon hingegen wird das Machtstreben nicht als anthropologische Eigenschaft, sondern als tierischer Ausdruck eines ungebremsten Luststrebens zum Gegenpol zur sophistischen bzw. realistischen Einstellung des Thukydides erklärt. Platons Gleichsetzung von Lust und M., seine Polarisierung zwischen M. und Vernunft bzw. zwischen M. und Ethik wirken seit der griechischen Antike bis heute fort: In Platons idealistischer Interpretation wird Machtstreben *per definitionem* mit Unvernunft gleichgesetzt und zugleich der realistischen These widersprochen, dass Machtstreben ‚vernünftig' legitimiert werden kann. Nach Machiavelli hingegen beruht der Staat allein auf M., nicht auf Gerechtigkeit oder Vernunft. Der Souverän besitzt allumfassende M. und setzt diese rücksichtslos gegen alle Gesetze der Moral und Ethik durch. Sein pessimistisches Bild des nach M. strebenden Menschen überträgt Machiavelli auf die Staatenwelt und prognostiziert ein ewiges Machtstreben der Staaten. In Anlehnung an Thukydides und Machiavelli ist Politik für Thomas Hobbes ein immer währender Kampf um M. Jeder Mensch ist permanent bemüht, Begehrtes zu erreichen und Abgelehntes fern zu halten. Zu diesem Zweck versucht der Mensch beständig, M. zu akkumulieren. Hobbes vergleicht M. mit Geld: Geld ist die Währung unseres Wirtschaftslebens, das Tauschmedium. M. ist die Währung der Politik, denn M. besitzt wie das Geld eine universale Äquivalenzfunktion: So wie in der Geldperspektive alles käuflich und zur Ware wird, wird in der Machtperspektive alles brauchbar und verwendbar. „Alles kann in Machtwährung ausgedrückt, verglichen, übersichtlich geordnet und miteinander verrechnet werden" (Hobbes).

In ganz anderem, im abstrakten Sinne, individualisiert Nietzsche das Problem der M. und versteht die Psychologie der M. als Kern seiner Machttheorie. M. ist für Nietzsche Ausdruck individueller Handlungskraft und im sophistischen Sinne Grundlage für historische Größe, Wagemut und Eroberung. Er positioniert sich ausdrücklich antiplatonisch: Der Melier-Dialog, die klassische machtpolitische Parabel aus Thukydides ‚Peloponnesischem Krieg', in dem die notwendige Unterwerfung des Schwächeren unter den Stärkeren skizziert wird, bedeutet für Nietzsche die Unterordnung von Recht gegenüber M. Diese im Spätwerk Nietzsches erfolgte Verabsolutierung und Radikalisierung des sophistischen Verständnisses zum unbedingten Willen zur M. bildet den perfekten Hintergrund für die platonisch-idealistische Demaskierung der M. und die

Forderung nach ihrer Abschaffung, wie vielfach in den Sozialwissenschaften bis ins 21. Jh. deutlich wird.

3. Macht in den internationalen Beziehungen

M. in den internationalen Beziehungen unterscheidet sich von der M. in innergesellschaftlichem oder innerstaatlichem Zusammenhang. Internationale Beziehungen werden durch das realistische Verständnis von Machtpolitik einzelner Mächte gegeneinander als Ausfluss potenzieller Gewalt und Unsicherheit in einer anarchischen Staatenwelt wahrgenommen, während im innerstaatlichen Bereich die machtpolitische Untersuchung sich vor allem auf Legitimität von Herrschaft und auf das pluralistische Ringen um die politische M. konzentriert: Paradigmatische Differenzen – hier Realismus, dort Pluralismus – und inhaltliche Differenzen – Gewalttätigkeit versus staatliches Gewaltmonopol – bestimmen also das Machtverständnis dieser beiden Zweige der Politikwissenschaft. Der anarchische Grundcharakter der internationalen Beziehungen birgt für alle Akteure ein Sicherheitsdilemma, zwingt also zu einem machtorientierten Verhalten, weil ständig einzelne Akteure versuchen, Sicherheit und Einfluss zum Teil auf Kosten anderer zu erhöhen. Folglich bleibt internationale Politik primär ein nationalstaatlich organisiertes Ringen um M., darauf gerichtet, entweder M. zu erhalten, zu vermehren oder M. zu demonstrieren. Im Sinne der Selbsterhaltung und der Verteidigung erscheint dieses Machtstreben legitim, moralisch und vernünftig. Deshalb haben alle Staaten ein Interesse daran, M. zu erhalten und anzuhäufen (→ Realismus als IB-Theorie). Das konkrete Interesse kann sich je nach Konstellation verändern, bleibt aber dem Prinzip des Machterhalts verpflichtet. M. ist folglich Mittel und Gegenstand des Interesses, kann aber im Extremfall zum Selbstzweck werden. Für Realisten bleibt M. die zentrale Kategorie außenpolitischen Handelns, da im anarchischen internationalen System kein übergeordnetes Gewaltmonopol existiert und die Konfliktträchtigkeit des Systems die Staaten zwingt, Sicherheit durch Machtakkumulation herzustellen.

Über-Macht soll jenes Quäntchen an mehr Sicherheit im Vergleich zu anderen organisieren, das auch Fehler gefahrlos gestattet. Die Relationen der M. regeln die Beziehungen, umgekehrt haben die Akteure auf diese Relationen Einfluss, indem sie Machtdifferenzen organisieren. Die Akteure treten also mit unterschiedlichen Machtpotenzialen in Wettbewerb, sodass in der Tradition des klassischen Staatenwelt-Modells Machtpolitik als eine Fähigkeit verstanden wird, anderen den eigenen Willen aufzuzwingen. Dabei verlässt man sich auf wirksame Sanktionen gegenüber einer unnachgiebigen anderen Seite. Die Realisierung des nationalen Eigeninteresses kann Rücksichtslosigkeit verlangen. Mächtige Staaten können auch hierfür andere Akteure und → internationale Organisationen nutzen, solange dies in ihrem eigenen Interesse ist. Arnold Wolfers hat hierfür den Vergleich zu Billardkugeln oder Machtfiguren gezogen, die mit gleichen Intentionen, nämlich ihre M. zu vergrößern, sich nach einheitlichen Regeln, nämlich denen eines unausweichlichen Daseinskampfes, verhalten. Die innere Verfassung der Akteure wird hierbei vernachlässigt und nur dann interessant, wenn sie sich auf die unterschiedliche Mobilisierungskraft für Machtpotenziale bezieht.

Für Machttheoretiker sind alle Konstellationen internationaler Politik ein bestimmter Ausdruck von M. Stellt man ihre Ausübung und Kontrolle, ihre Mehrung und Minderung in den Mittelpunkt der internationalen Beziehungen, so muss man nach dem Wesen der M. fragen: Was ist M. in den internationalen Beziehungen? Wer hat M.? Wie bändigt man M.? (Schwarz 1985). Mit Blick auf den Konfliktcharakter der internationalen Beziehungen definiert Karl W. Deutsch (1968: 35) M. als „Fähigkeit, im Konflikt zu obsiegen und Widerstände zu überwinden" und unterschiedet dabei vier Dimensionen von M.: Ihr Gewicht, ihre Domäne, ihre Sanktionsspanne und ihren Wirkungsbereich. Das Gewicht lässt sich bei sich wiederholenden Abläufen, z.B. bei Abstimmungen in der VN-Generalversammlung messen, bleibt bei Einzelereignissen oder Einzelentscheidungen aber grundsätzlich schwierig zu erfassen. Negativ gesehen ist Vetomacht als Möglichkeit, einem Akteur gewünschte Ergebnisse zu verweigern, in den internationalen Beziehungen bedeutend geworden. Raymond Aaron unterscheidet M. in Friedenszeiten von M. in Kriegszeiten: Während im → Krieg Militärkraft dominiert, haben im → Frieden Mittel der Gewaltlosigkeit mehr Bedeutung.

Ausgehend vom anarchischen Grundcharakter der internationalen Beziehungen und dem Nationalstaat als zentralem Akteur betont Nicholas Spykman (1942) den relationalen Charakter von M und teilt in drei Kategorien auf:

- Politische Faktoren wie geographische Lage, Bevölkerungsdichte, Organisationsfähigkeit und kulturelles Niveau.
- Psychologische Faktoren wie Selbstbehauptungswillen, diplomatische Geschicklichkeit, politische Klugheit und Prestigebewusstsein.
- Wirtschaftliche Faktoren wie die Fähigkeit zur technologischen Innovation.

Überdies lässt sich M. in ‚harte' und ‚weiche' Faktoren unterteilen. Unter *hard power* versteht man vor allem militärische und wirtschaftliche M., während *soft power* im Sinne von Joseph Nye den Einfluss von Kultur, Werten und anderen ideellen Faktoren beschreibt, die gerade im Medienzeitalter und im Zeitalter der Globalisierung ansteigen, da universale Rechte, Kulturgüter, Werte und religiöse Überzeugungen schnell und intensiv verbreitet werden können. Interdependenzanalytiker (→ Interdependenz) wie Robert Keohane, Joseph Nye, James Rosenau und Karl Kaiser interpretieren M. nicht nach Maßgabe von *hard power*, sondern mit Blick auf die neue gegenseitige Verwundbarkeit und Empfindlichkeit, also die neue Vernetzung zwischen den Staaten und ihren Gesellschaften.

Die Position eines Akteurs des Internationalen Systems wird durch seine materiellen und immateriellen Mittel und durch seine Fähigkeiten und den Willen zum Einsatz bestimmt. Da Quellen geopolitisch, psychologisch und materiell unterschiedlich verteilt sind, ergibt sich eine zum Teil vorgegebene Hierarchisierung der internationalen Politik, wobei zwischen großen, mittleren und kleineren Mächten unterschieden werden kann. Diese Rangordnung bringt nicht alle Machtverhältnisse zum Ausdruck, aber ohne diese Unterscheidung ist M. kaum differenzierbar. Die mächtigsten Akteure prägen die Struktur der internationalen Beziehungen, können aber, wie groß ihre M. auch sein mag, die internationalen Beziehungen nicht vollständig kontrollieren. Die Ausübung von Machtpolitik kann nach Methoden, Instrumenten und Strategien unterschieden werden. Der Methodenpluralismus zum Machterhalt oder zur Machtausdehnung umfasst konfrontative und kooperative Strategien, Ziele wie Rüstungskontrolle und kollektive Sicherheit, aber auch konfrontative Strategien von Einschüchterungsdiplomatie bis hin zu Krieg. Benötigt werden dazu Machtinstrumente, die außer dem Einsatz eigener Militärmacht, Wirtschaftsmacht, Propaganda, Allianzpolitik, Einflusssphärenpolitik, Gleichgewichtspolitik auch die Mitarbeit an Gemeinschaftsinstitutionen regionaler oder universeller Art beinhaltet.

Wirtschaftsmacht kann als politisches Mittel z.B. durch Wirtschaftshilfe, → Entwicklungszusammenarbeit, Einwanderungspolitik (→ Migration), entgegenkommende Zollpolitik oder staatliche Hilfe bei Umschuldung bzw. Schuldenerlass (→ Handelspolitik) positiv eingesetzt werden. Eine negative Politisierung wirtschaftlicher Maßnahmen wird erzielt durch die Verweigerung von Wirtschafts- und Entwicklungshilfe, Verweigerung von Einwanderung oder durch Druck, Sanktionen, Embargos, Export- und Einfuhrbehinderungen, ja schließlich durch Blockadepolitik mit der bewusst die Interessen des Anderen durchkreuzt werden. Zu den meist vernachlässigten Instrumenten der Machtpolitik gehören auch Subversion, Propaganda, Nachrichtenmanipulation und Bestechung. Die bevorzugten machtpolitischen Strategien zielen auf Machterhalt bzw. Machterweiterung durch Allianzpolitik, Neutralität, Gleichgewichtspolitik und Rüstungskontrolle. Dahinter steht die machtpolitische Überlegung der Ausdehnung der Einflusssphären, die entweder durch direkte militärische Mittel oder durch indirekte ökonomische Durchdringung erzielt werden soll.

M. als relatives Gut definiert sich erst in seiner vollen Wirkung im Verhältnis zur M. anderer Staaten, wobei der Machtzuwachs des einen mit dem entsprechenden Machtverlust des anderen einhergeht. M. ist in den internationalen Beziehungen ein Knappheitsbegriff. Jedoch darf Realpolitik nicht gleichgesetzt werden mit rücksichtsloser Außenpolitik. Im Gegenteil, die Bindung machtpolitischer Interessen an Vernunft und Moral sowie die Berücksichtigung der Interessen anderer Staaten eröffnen rationale Handlungsspielräume (→ Liberalismus als IB-Theorie). Da die Geschichte dennoch zu genüge das Gegenteil bewiesen hat, können und müssen exzessive Machtaspirationen einzelner verhindert bzw. eingedämmt werden, beispielsweise durch Gegenmacht, internationale Normen und Institutionen, durch kollektive Sicherheitssysteme, → Völkerrecht/internationales Recht und Moral. Gegenmacht, Recht, doch vor allem die Bindung der M. an Moral, Ethik und Klugheit sollen machtdisziplinierend wirken. Diese nach Max Weber getroffene Unterscheidung zwischen idealistischer Gesinnungsethik und realistischer Verantwortungsethik bedeutet, dass Machtpolitik nicht so sehr durch universale Moralansprüche, sondern vielmehr durch das Gebot der politischen Klugheit eingehegt werden kann. Im Sinne souveräner, personalisierter M. spielt der macht- und verantwortungsbewusste Staatsmann eine zentrale Rolle. Realisten finden ihre Vorbilder bei Staatsmännern des 19. Jhs. wie Bismarck und Metternich oder charismatischen Staatslenkern des 20. Jhs. wie Churchill, die durch situativ kluge Handlungskompetenz im Sinne von außenpolitischer Führungsstärke überzeugten.

4. Machtverteilung im internationalen System der Gegenwart

Zur Übersicht bietet sich eine Dreiteilung des internationalen Systems in eine ‚postmoderne', ‚klassisch-moderne' und ‚rückständige', d.h. ‚vormoderne ‚Zone an (Hacke 2006):

- Die postmoderne Welt der EU-Mitgliedstaaten, zu der die nordamerikanischen Demokratien gehören, ist durch offene Grenzen, hohe Integrationsdichte, Wohlstand und Frieden charakterisiert. M. ist hier vorrangig ökonomisiert, polarisiert, also *softpower*-orientiert. Amerikas Machteinbußen und wirtschaftspolitischen Schwächen, sowie die schweren Krisen innerhalb der → Europäischen Union verweisen auf eine nicht zu unterschätzende problematische Entwicklung der postmodernen Welt, die sich lange als zivilisatorisch vorbildlich verstand.
- In der zweiten weltpolitischen Zone, der klassischen Moderne, dominiert Machtpolitik nach Maßgabe nationaler Interessen, des Gleichgewichts und des Rechts auf Kriegsführung, also *hard power* orientiert. Hier finden zwei zentrale Machtverlagerungen statt: erstens der Aufstieg der großen, überwiegend autoritären Mächte, wie der VR China aber auch anderer wie der BRIC-Staaten (→ Aufstieg der Schwellenländer) und der relative Machtverlust der USA (→ transatlantische Beziehungen). Zum zweiten eine Machtdiffusion, die horizontal gesehen von der Uni- zur Multipolarität führt, bzw. zu einem entsprechenden Mischsystem mit unübersichtlicher Diffusion (→ Weltordnungsmodelle). Vertikal gesehen wird der Gegensatz zwischen Arm und Reich in der Welt immer größer (→ Nord-Süd-Beziehungen). Und schließlich findet regional gesehen eine Machtverschiebung von West nach Ost-Asien statt. Gleichzeitig nehmen die Rivalitäten zwischen den asiatischen Mächten zu. Derzeit erscheint deshalb die regionale Machtverteilung in Asien hochexplosiv.
- Die dritte Weltzone, fast identisch mit der sog. ‚Dritten Welt', ist geprägt durch Machthohlräume, verursacht durch geschwächte und gescheiterte Staaten in Afrika, Latcinamerika sowie dem Mittleren Osten. Hier liegen wiederum die Wurzeln und Zentren von → internationalem Terrorismus und Gewalt und die Verbindungslinien zwischen Terrorismus, neuen Kriegen sowie neuen globalen Problemen wie Flucht, Hunger, → organisierte Kriminalität/Korruption und Menschenhandel. Religiös motivierte (Bürger-)Kriege verschärfen die Auseinandersetzungen und erschweren interessenorientierte Lösungen. Das gilt für den Krieg gegen IS wie auch für die Auseinandersetzung zwischen Schiiten und Sunniten in der muslimischen Welt. In diesem Zusammenhang gehören Afrika und der Nahe- bzw. Mittlere Osten zu den am schlimmsten betroffenen Gebieten.

Die Unterschiede zwischen den drei Zonen zeigen sich auch im unterschiedlichen Charakter der M. *Hard power* dominiert in der zweiten und besonders in der dritten Weltzone, während *soft power* in der ersten zu dominieren schien. Im Zuge des Krieges in und um die Ukraine (→ europäische Sicherheitsstruktur) zeigt sich, dass Europa sich jedoch in seiner *soft-power* Idylle zu bequem eingerichtet hat. Zumal auch die globale Machtverteilung in zwei Richtungen verläuft: Zum einen in Richtung → Globalisierung, Zivilisierung und Säkularisierung, zum anderen in Richtung Fragmentierung, staatliche Zersplitterung, Refundamentalisierung, Militarisierung und Totalitarismus. Alle Staaten in allen drei Zonen werden von diesen widersprüchlichen und gegensätzlichen Machtentwicklungen – wenn auch unterschiedlich – berührt. Sie müssen strukturell und situativ im Sinne von Selbsterhaltung also auch mit *hard power* reagieren können. Zudem werden sie durch neue Konfrontationen beim Zusammenstoß von Kulturen und Religionskreisen, aber auch innerhalb der Kultur- und Religionskreise berührt.

Vor diesem Hintergrund ist die Aufrechterhaltung oder Wiederherstellung von internationaler Ordnung, Stabilität, Gerechtigkeit und Freiheit in Form von verantwortungsbewusster Machtpolitik außerordentlich schwierig geworden. Gleichgewichte entstehen nicht mehr automatisch, deshalb hat die Formel vom Mächtegleichgewicht keine selbstregulierende Funktion zur Erhaltung des Friedens mehr. Schon die Geschichte des 19. und 20. Jhds. beweist, dass das Verständnis eines ‚selbstverständlichen' Gleichgewichts im Sinne einer unsichtbaren Hand trügerisch ist. Die großen Imperien der Antike, das Römische Reich, die Kolonial- und Imperialreiche bis ins 20. Jhd., zwangen Staaten in eine Systemhierarchie und ließen selten Machtbalance zu. Doch zu Beginn des 21. Jhds. ist es offen, ob das Weltsystem durch Unipolarität, d.h. amerikanische Vorherrschaft bestimmt sein wird. Außerdem sind → internationale Organisationen zu wichtigen Akteuren aufgestiegen. Hinzu kommen die → transnationalen Akteure/Nichtregierungsorganisationen. Auch sie vergrößern das Netz von globaler → Interdependenz und gemeinschaftlichen Initiativen mit Blick auf globale, regionale oder sektorale Problemlösungen. Sie alle entwickeln M. und Einfluss und suchen staatsübergreifend Einfluss auf die Staaten und das internationale System als Ganzes. Global organisierte Religionen (→ Religionen und internationale Politik), regional oder international operierende Terrororganisationen sowie transnationale Vereinigungen im Bereich der Kultur, Wirtschaft und Technik führen zu einer weiteren Differenzierung der internationalen Beziehungen und zu vermehrter Diffusion von M. Machtpotentiale international operierender Terrororganisationen wie IS stärken im Zuge neuer religiös-kultureller Konfliktlinien die sog. ‚Chaosmacht' im internationalen System, insbesondere wenn sie in zusammenbrechenden oder zerfallenen Staatsstrukturen Unterstützung finden und von dort aus Regionen und das internationale System in Frage stellen. Konfliktträchtig erscheint auch der Kampf um Rohstoffe zu Beginn des 21. Jhds. (→ Ressourcenpolitik).

5. Fazit

Arnold Wolfers (1966: 367ff) hat die Handlungsmaxime eines Staates auf die gegensätzlichen Pole ‚Machtstreben' und ‚machtpolitische Indifferenz' abgestellt. Hans-Peter Schwarz (1985) spricht in diesem Sinne von den beiden Polen der ‚Machtbesessenheit' und ‚Machtvergessenheit'. In Zeiten der Machtbesessenheit in der internationalen Politik muss man der M. Grenzen setzen, in Zeiten der Machtvergessenheit wird deren Relevanz betont. Dem Ziel der Machterweiterung stellt Wolfers das Ziel der nationalen Selbstverleugnung gegenüber. Diese entsteht seiner Meinung nach, wenn nationale Interessen geopfert und stattdessen höhere Werte wie internationale Solidarität und → Frieden verfolgt werden. Neben den Gefahren und sittlichen Fragwürdigkeiten von Machtpolitik existiert ein verantwortlicher Einsatz von M., ohne den die internationale Ordnung im Chaos versinken würde (→ Weltordnungsmodelle). *Soft power*, nicht zuletzt in Form von *good governance* und zivilisatorischer Vorbildfähigkeit, hat in den vergangenen Jahren dazu beigetragen, dass die Welt z.T. kooperations- und lernfähiger geworden ist. Die Erfahrungen zweier Weltkriege, die Dialektik des Nuklearzeitalters, gestärkter → Multilateralismus, die Wirkung von Gemeinschaftsinstitutionen sowie eine gewisse Lernfähigkeit bei der Lösung der neuen globalen Fragen scheinen einer verantwortlichen Machtpolitik förderlich. M. bedeutet also nicht nur Krise und Konfrontation im internationalen System, sondern bewirkt auch Ordnung und Verantwortungsbewusstsein, die sich allerdings nur entfalten können, wenn M. rational gemäßigt und mit Verständnis für die Pluralität der Staatenwelt und die Verschiedenheit der Werte und Interessen eingesetzt wird. Verantwortliche Machtpolitik der liberalen Demokratien zielt vor allem darauf ab, unverantwortliche Gewaltpolitik demokratiefeindlicher Staaten zu verhindern. In diesem Sinne stabilisiert Machtpolitik die internationale Ordnung und sucht Chaos oder die Vorherrschaft von Diktatur und Tyrannei zu vermeiden. Andererseits ist unübersehbar, dass *soft power* allein keine Ordnungsstruktur –weder regional, noch global, garantieren kann. Mit harter, ja rücksichtsloser Machtpolitik wird auch Europa wieder konfrontiert. Nach 1990 gab es in der postmodernen Welt zu viel naiven Optimismus und liberale Selbstgefälligkeit. Dabei wurden die ehernen Gesetze von M., Einfluss und Interesse im Sinne von *hard power* übersehen bzw. als unzeitgemäß betrachtet. Aber die politische Wirklichkeit unterscheidet nicht nach moralisch-sittlichen Kriterien allein. Sie jedoch gänzlich ohne M. erklären zu wollen, erweist sich politisch und wissenschaftlich als realitätsfremd. Auch diese Lehre wird aus der Ukraine Krise ab 2014 zu ziehen sein.

Bei der Analyse des Gewichts und der Struktur der internationalen Machtverhältnisse geht es nicht nur um die sozial-ethische Betrachtung des Machtfaktors und seiner Wirkung auf die Qualität des menschlichen Zusammenlebens. Das Machtphänomen zeigt sich grundsätzlich ambivalent als Chance und als Gefahr. M. kann fortschrittshemmend wirken, doch auch das Gegenteil von zu viel M., nämlich Machtverlust und Machtlosigkeit kann zu Funktionsverlust, Ineffektivität, Unordnung und Chaos in den internationalen Beziehungen führen. Nichts ist gefährlicher für die Position und Sicherheit eines Staates und für das System selbst, als die Unterschätzung der M. – vor allem die des anderen. Grundsätzlich gilt in der internationalen Politik, dass der Wert der M. davon abhängt, ob sie klug und verantwortungsbewusst gehandhabt wird

→ Ergänzende Beiträge

Interdependenz, Krieg, Multilateralismus, Realismus als IB-Theorie, Sicherheitspolitik, Staat/Staatlichkeit im Wandel, Weltordnungsmodelle, weltpolitische Zyklen,

Literatur

Aaron, Raymond (1986): Krieg und Frieden. Eine Theorie der Staatenwelt, Frankfurt/M.
Deutsch, Karl. W. (1968): Die Analyse Internationaler Beziehungen, Frankfurt/M..
Gilpin: Robert (1981) War and Change in World Politics, Cambridge 1981.

Hacke, Christian (1996): Mehr Bismarck, weniger Habermas, in: Internationale Politik (6), S.68-76.
Mann, Michael (1994): Geschichte der Macht, Frankfurt/M.
Nye. Joseph S. (2011): Macht im 21. Jhd., München.
Schwarz, Hans-Peter (1985): Die Gezähmten Deutschen – Von der Machtbesessenheit zur Machtvergessenheit, Stuttgart.
Spykman, Nicolas (1942): America's Strategy in World Politics, New York.
Thukydides (1960): Geschichte des Peloponnesischen Krieges, eingel. und übertr. von Georg Peter Landmann, Zürich/Stuttgart.
Weber, Max (1922): Wirtschaft und Gesellschaft, Tübingen.
Wolfers, Arnold (1962): Discord and Collaboration. Essays on International Politics, Baltimore/London.

33 – Menschenrechte (*Sven Bernhard Gareis*)

1. Menschenrechte und Internationale Politik

Die Menschenrechte (M.) und ihr wirksamer Schutz sind bereits seit einiger Zeit zu einem wichtigen Handlungsfeld der internationalen Politik geworden – bleiben jedoch angesichts einer nicht abreißenden Zahl gravierender Verstöße in zahlreichen Ländern und Regionen der Welt ein oft vergebliches Unterfangen. Ein Blick in die Kriegs- und Konfliktgebiete (→ Krieg) von Syrien bis in den Südsudan, in zahlreiche autokratische Regime aber auch in demokratisch verfasste Länder, in denen grundlegende Standards aus vermeintlichen Sicherheitsgründen zurückgefahren werden, zeigt, dass die M. auch im noch jungen 21. Jhd. keinen leichten Stand haben.

- Dies liegt einerseits an den Schwierigkeiten, ein universales, Nationen, Kulturen, Religionen und Traditionen übergreifendes Verständnis des rechtlichen und politischen Gehalts von M.n und deren Reichweite zu entwickeln: Welches sind die grundlegenden M., deren Schutz besondere Anstrengungen nicht nur durch jeden einzelnen Staat, sondern eben auch seitens der internationalen Gemeinschaft verlangt?
- Hier kommt eine weitere bedeutsame Schwierigkeit ins Spiel: nach wie vor leiten die meisten Staaten aus dem traditionellen Souveränitätsdenken die Vorstellung ab, dass das Verhältnis zwischen Regierung und Bürgern, aber auch die Beziehungen zwischen sozialen Gruppen und Individuen zu den klassischen ‚inneren Angelegenheiten' eines Staates gehören, die sich externer Einflussnahmen entziehen (→ Staat/Staatlichkeit im Wandel).

Andererseits verdeutlichten die unvorstellbaren Menschenrechtsverletzungen des 20. Jhds., vom während des Zweiten Weltkriegs durch das Deutsche Reich verübten Genozid an den europäischen Juden über die Tragödien von Kambodscha, Ruanda, Ex-Jugoslawien oder Sierra-Leone, dass das Schicksal von Menschen nicht einfach der Willkür einer (Gewalt-)Herrschaft unterworfen sein darf. In dieser Perspektive stellt die Beachtung humanitärer Standards ein gemeinsames Anliegen der gesamten

Menschheit dar, das auch das innerstaatliche Handeln einer Regierung bindet und das dem legitimen Anspruch von Staaten auf Achtung ihrer Souveränität Grenzen setzt.

Mit der (noch eher programmatischen) Verankerung der M. in der Charta der → Vereinten Nationen begann ein bis in die Gegenwart fortdauernder Prozess, in dessen Verlauf sich immer mehr Staaten – nicht zuletzt auch dank des Drucks einer immer stärker sich artikulierenden Zivilgesellschaft – in zahlreichen Erklärungen, Konventionen und völkerrechtlich bindenden Verträgen zur Anerkennung und Wahrung eines umfassenden Bestandes menschenrechtlicher Schutznormen verpflichteten. Beschleunigt durch die 1993 in Wien durchgeführte Weltkonferenz zu den M.n wurden zudem kollektive Mechanismen zu Schutz und Durchsetzung grundlegender M. in einem Spektrum geschaffen, das von der Schaffung internationaler Aufmerksamkeit über Berichtspflichten, Untersuchungen und gerichtliche Verfahren bis hin zur Anwendung von Zwang oder – wie im Falle Libyens 2011 – gar militärischer Gewalt zur Abwendung schwerster Verbrechen gegen die Menschlichkeit reicht (→ Typen militärischer Interventionen). M. fallen nicht länger unter die ‚inneren Angelegenheiten' der einzelnen Staaten, sondern sind zu einer wichtigen Messgröße für deren internationale Reputation geworden. Schließlich bilden sie den Kern des am Wohl von Individuen, Volksgruppen und Gesellschaften orientierten Konzepts der ‚menschlichen Sicherheit' (*human security*), das sich seit den späten 1990er Jahren erfolgreich neben der klassischen zwischenstaatlichen Sicherheit als wichtige Orientierungslinie der internationalen Politik etablieren konnte (→ Schutzverantwortung/R2P, → Sicherheitspolitik). Trotz allen Fortschrittes stehen die M. und ihr Schutz jedoch weiterhin vor einer Reihe schwieriger Fragen:

- Wer ist befugt, menschenrechtliche Normen aufzustellen und ihre internationale Beachtung einzufordern?
- Mittels welcher Mechanismen können diese wirkungsvoll überwacht werden? Wie kann die Einhaltung von M.n durch internationale Unterstützung gefördert werden?
- Welche Maßnahmen kann die internationale Gemeinschaft im Falle gravierender Menschenrechtsverletzungen ergreifen, wenn die verantwortlichen Regierungen zu deren Abstellung nicht in der Lage oder nicht willens sind?

2. Was sind Menschenrechte? Begriffliche und konzeptionelle Erfassung

Eine Definition von M.n, die auf universale Akzeptanz und Verständnis trifft, fällt schwer. Der Begriff suggeriert eine größere materielle Eindeutigkeit, als dies beim näheren Hinsehen gegeben ist. Tatsächlich unterliegen M. zahllosen politischen, gesellschaftlichen, kulturellen und religiösen Interpretationen, die nicht nur ihren universellen Anspruch begrenzen, sondern auch die Bereitschaft vieler Staaten zum gemeinsamen Einsatz für dieses Gut. Diese teils kategorialen Unterschiede im Menschenrechtsverständnis kommen in verschiedenen Gruppen von Rechten zum Ausdruck, zu deren Erfassung sich ein an die historische Entwicklung des Menschenrechtsdiskurses angelehntes Generationenmodell eingebürgert hat:

- Dabei umfasst eine erste Generation die klassischen liberalen Schutzrechte des Individuums gegenüber staatlicher bzw. gesellschaftlicher Willkür und Gewalt, also etwa das Recht auf Leben, auf Meinungs-, Rede- und Religionsfreiheit oder auf Rechtsstaatlichkeit.

- Die M. der zweiten Generation erstrecken sich dagegen auf individuelle Anspruchs- und Teilhaberechte im wirtschaftlichen, sozialen und kulturellen Bereich, wie sie im Recht auf Arbeit, auf menschenwürdige Arbeitsbedingungen, auf eine materiell gesicherte Existenz oder auf Gesundheit zum Ausdruck kommen.
- Dagegen nehmen die M. der dritten Generation kollektive Ziele in den Blick. Beim Recht auf Entwicklung, auf eine saubere Umwelt oder auf Frieden handelt es sich denn auch eher um Solidarrechte, die das Individuum als originären Träger der M. allenfalls indirekt berücksichtigen.

Diese Differenzen haben zudem das Potenzial, die Menschenrechtsidee selbst zu ideologisieren und zu politischen Zwecken zu instrumentalisieren. Während die westlichen Industriestaaten traditionell die Einhaltung bürgerlicher Freiheitsrechte der ersten Generation einfordern, versuchen insbesondere Entwicklungsländer (→ Entwicklungszusammenarbeit) die Verwirklichung von Teilhaberechten und kollektiven Rechten zur Voraussetzung für die Gewährung weitergehender Individualrechte zu erklären. Marktwirtschaftliche Demokratien kritisieren gern die Menschenrechtspraxis vieler Entwicklungsländer und erklären deren Verweis auf kulturelle Prägungen ihres Menschenrechtsverständnisses (beispielsweise die ‚asiatischer Werte‘) zur Legitimationsfigur für die Machtstabilisierung autoritärer Regime. Andererseits jedoch können sich Industriestaaten dem Vorwurf doppelter Standards nicht entziehen, wenn sie Entwicklungshilfen an die Erfüllung menschenrechtlicher Forderungen knüpfen, dann aber über gravierende Verfehlungen hinwegsehen, wenn sich diese in wirtschaftlich oder politisch relevanten Ländern ereignen.

Welches ist vor diesem Hintergrund das gemeinsame Fundament eines universellen Menschenrechtsbegriffs? Hier kann als wichtigste Referenzgröße gelten, dass jedem Menschen eine einzigartige, staatlicher und gesellschaftlicher Regelungsmacht vorgelagerte Würde zukommt. In einem wiederum möglichst allgemein gehaltenen Minimalverständnis gebietet diese Würde einige fundamentale Rechte wie das auf Leben und verbietet zugleich eine rein instrumentelle Verwendung des Menschen. Diese Grundannahme widerspiegelt sich in den unterschiedlichen Begründungen für die Existenz von M.n, die von der Ebenbildlichkeit des Menschen mit Gott im christlich-abendländischen Verständnis (→ Religionen und internationale Politik) über vernunft- und naturrechtliche Vorstellungen der Aufklärung bis hin zu philosophischen Betrachtungen etwa des chinesischen Konfuzianismus reichen, wo unter dem Begriff des *‚ren’* eine sittliche Verpflichtung zum guten zwischenmenschlichen Umgang postuliert wird. Der hieraus resultierende Schutzanspruch für das Individuum wiederum bildet die zentrale Voraussetzung der Menschenrechtsidee überhaupt. Denn aus dieser Idee ergibt sich ein Verständnis von M.n als einem *set* angeborener, unveräußerlicher, individueller und egalitärer Rechte, die einem Individuum unbeschadet seiner persönlichen Merkmale wie Alter, Geschlecht, ethnischer Zugehörigkeit, Bildungsstand, religiöser Überzeugung, sexueller Orientierung oder gesundheitlicher bzw. körperlicher Verfassung diskriminierungsfrei zustehen und die es gegenüber seiner staatlichen und sozialen Umgebung geltend machen kann. M. regeln demnach in elementarer Weise politische, soziale, wirtschaftliche und kulturelle Beziehungen zwischen den Personen und Gruppen einer Gesellschaft wie auch zwischen Personen und dem Staat.

Des Weiteren dürfte zu einem universalen Verständnis von M.n auch die Einsicht gehören, dass die oben angesprochenen Generationen von M.n nicht isoliert betrachtet werden können. Dem Anspruch westlicher Industriestaaten auf Verbreitung und Beachtung liberaler Schutzrechte gesellt sich in wachsendem Maße die Erkenntnis hinzu, dass – wie Johan Galtung es einmal ausgedrückt hat – der Mensch von der Freiheit allein nicht leben kann, sondern Ansprüche auf Teilhabe am sozialen, kulturellen und politischen Leben hat. Nach Jahrzehnten der Debatte gerade um die kollektiven Solidarrechte der dritten Generation hat sich mit der Schlusserklärung der Wiener Menschenrechtskonferenz 1993 zumindest auf der normativ-konzeptionellen Ebene die Erkenntnis durchgesetzt, dass die verschiedenen Menschenrechtsgenerationen eine eng verflochtene und interdependente Einheit bilden.

3. Universeller Menschenrechtsschutz

Wie eingangs erwähnt, waren es die Erfahrungen der *Shoah* und weiterer Verbrechen Deutschlands und seiner Verbündeten im Zweiten Weltkrieg, die die dynamische Entwicklung im Menschenrechtsschutz anstießen. Doch selbst angesichts dieser Menschheitskatastrophen zeigten sich die Staaten wenig geneigt, die neu geschaffenen → Vereinten Nationen zu einer starken Menschenrechtsorganisation zu machen. Vielmehr blieben sie bestrebt, die Ausgestaltung internationaler Menschenrechtsnormen und deren Umsetzung so gut wie möglich unter ihrer souveränen Kontrolle zu halten. Gleichwohl ist es im Zusammenspiel von VN, Staatenwelt und zahllosen → Transnationalen Akteuren/Nichtregierungsorganisationen gelungen, einen sehr weitreichenden Kodex menschenrechtlicher Schutzvorschriften zu erarbeiten und in Völkerrecht sowie staatlichen Rechtsordnungen zu verankern (→ Völkerrecht/Internationales Recht). Den Ausgangspunkt bildete die dabei die ‚Internationale Menschenrechtscharta' (*International Bill of Human Rights*), mit deren Erarbeitung die neugeschaffene Menschenrechtskommission der VN 1946 ihre Arbeit aufnahm.

3.1 Die Internationale Menschenrechtscharta

Um den Grundwiderspruch zwischen der Staatssouveränität und der zunehmenden Verbindlichkeit internationaler Menschenrechtsnormen zu entschärfen, wurde zunächst mit der am 10. Dezember 1948 durch die VN-Generalversammlung verabschiedeten ‚Allgemeinen Erklärung der Menschenrechte' (AEMR) eine zwar rechtlich unverbindliche, politisch aber äußerst wirkungsvolle Bestandsaufnahme der zu schützenden Rechtsgüter vorgelegt. Nach der Festschreibung des Gleichheitsgrundsatzes und des Diskriminierungsverbotes in den ersten beiden Artikeln der AEMR legt ihr Art. 3 als erster entscheidender Pfeiler des Menschenrechtsschutzes fest: „Jedermann hat das Recht auf Leben, Freiheit und Sicherheit der Person." In den nachfolgenden Artikeln wird dieses Fundamentalrecht durch zahlreiche weitere bürgerliche und politische Rechte präzisiert. Art. 22 bildet den zweiten Grundpfeiler der Erklärung, indem er bestimmt, dass jedermann als Mitglied einer Gesellschaft das Recht auf soziale Sicherheit sowie auf die zur Entwicklung seiner Persönlichkeit nötigen wirtschaftlichen, sozialen und kulturellen Teilhaberechte hat. Art. 28 eröffnet einen Anspruch aller Menschen darauf, in einer sozialen und internationalen Ordnung zu leben, in der die in der Erklärung verbrieften Rechte verwirklicht werden können. Neben der Berücksichtigung der erst später sog. beiden ersten Generationen, klingt hier bereits die Vorstellung kollektiver Rechte der dritten Generation an. Aufgrund ihres umfassenden Charakters ist dieses erste Element der ‚Internationalen Menschenrechtscharta' auch nach fast siebzig Jahren das zentrale Bezugsdokument des internationalen Menschenrechtsschutzes. Zugleich jedoch widerspiegelt die AEMR die große Bandbreite der weltweit bestehenden Menschenbilder und Menschenrechtsauffassungen, deren effektive Ausgestaltung in Form justiziabler Normen sich ungleich schwieriger gestaltete und weiterhin gestaltet.

Dies zeigte sich in den beiden grundlegenden Menschenrechtsverträgen, die erst nach langwierigen Verhandlungen unter den Vorzeichen des Ost-West-Konflikts am 16. Dezember 1966 durch die Generalversammlung verabschiedet werden konnten: dem ‚Internationalen Pakt über bürgerliche und politische Rechte' (IPBPR, kurz Zivilpakt) sowie dem ‚Internationalen Pakt über wirtschaftliche, soziale und kulturelle Rechte' (IPWSKR, kurz Sozialpakt). Ihr Inkrafttreten 1976 nach zehnjähriger Ratifikationsphase belegt, wie schwer den Staaten auch danach die Akzeptanz internationaler Kontrolle ihrer Menschenrechtspolitik fiel. All ihren Schwächen und Defiziten zum Trotz bildet die ‚Internationale Menschenrechtscharta' jedoch das entscheidende Fundament für den Menschenrechtsschutz. Die in den Pakten und ihren Zusatzprotokollen verankerten M. konnten sich mit den ab 1990 einsetzenden Ratifizierungswellen als kollektives Gut fest im Bewusstsein der Weltöffentlichkeit etablieren. Gerade diese beiden Pakte ermöglichen es Staaten, internationalen Institutionen und Nichtregierungsorganisationen, sich der Menschenrechtssituation in den einzelnen Ländern anzunehmen, ohne dass sich diese auf das Nichteinmischungsgebot berufen können.

3.2 Globale Menschenrechtsabkommen

Im Fokus des umfassenden Menschenrechtsschutzes stehen bis heute die Bemühungen, Personengruppen, die besonders häufig Opfer von gravierenden Menschenrechtsverletzungen waren bzw. sind, adäquate Hilfe zukommen zu lassen. Diese Abkommen können insofern als ‚globale Menschenrechtsverträge' bezeichnet werden, weil sie auf der Ebene der VN ausgehandelt und anschließend durch die Generalversammlung verabschiedet wurden. Sie standen bzw. stehen sodann allen Staaten der Welt zu Unterzeichnung und Ratifikation bzw. Beitritt offen; die entsprechenden Dokumente werden durch die Staaten beim VN Generalsekretär hinterlegt. Gleichwohl besitzen die Abkommen keine universelle Gültigkeit, sondern entfalten ihre Bindungskraft nur gegenüber ihren jeweiligen Vertragsparteien. Tab. 12 zeigt, dass die Staatenwelt diese Verträge in durchaus unterschiedlichem Maße angenommen hat.

Tab. 12: Die wichtigsten globalen Menschenrechtsabkommen

Vertragswerk	Angenommen	In Kraft getreten	Vertragsparteien
Internationaler Pakt über wirtschaftliche, soziale und kulturelle Rechte (IPWSKR, Sozialpakt)	16.12.1966	03.01.1976	164
1.Fakultativprotokoll zum Sozialpakt zur Individualbeschwerde	10.12.2008	05.05.2013	20
Internationaler Pakt über bürgerliche und politische Rechte (IPBPR, Zivilpakt)	16.12.1966	23.03.1976	168
1. Fakultativprotokoll zum Zivilpakt zur Individualbeschwerde	16.12.1966	23.03.1976	115
2. Fakultativprotokoll zum Zivilpakt zur Abschaffung der Todesstrafe	15.12.1989	15.12.1989	81
Internationales Übereinkommen zur Beseitigung jeder Form von Rassendiskriminierung	21.12.1965	04.01.1969	177
Übereinkommen zur Beseitigung jeder Form von Diskriminierung der Frau	18.12.1979	03.09.1981	189
Fakultativprotokoll zur Frauenrechtskonvention zur Individualbeschwerde	10.12.1999	22.12.2000	106
Übereinkommen gegen Folter und andere grausame, unmenschliche oder erniedrigende Behandlung oder Strafe	10.12.1984	26.06.1987	158
Fakultativprotokoll zu Vor-Ort-Inspektionen	18.12.2002	22.06.2006	78
Übereinkommen über die Rechte des Kindes	20.11.1989	02.09.1990	195
Fakultativprotokoll zur Kinderrechtskonvention zu Kindern in bewaffneten Konflikten	25.05.2000	12.02.2002	159
Fakultativprotokoll zur Kinderrechtskonvention zum Schutz von Kindern vor Kinderhandel, Kinderprostitution und Kinderpornographie	25.05.2000	18.01.2002	169
Fakultativprotokoll betreffend ein Mitteilungsverfahren (Individualbeschwerde)	19.12.2011	14.04.2014	17
Übereinkommen zum Schutz der Rechte von Wanderarbeitern	18.12.1990	01.07.2003	48
Übereinkommen über die Rechte von Menschen mit Behinderungen	13.12.2006	03.05.2008	154
Fakultativprotokoll zur Individualbeschwerde	13.12.2006	03.05.2008	86
Internationales Übereinkommen zum Schutz aller Personen gegen das Verschwindenlassen	20.12.2006	23.12.2010	46

Quelle: Amt des Hochkommissars für die Menschenrechte, Stand Mai 2015; laufend aktualisierter Stand unter www.ohchr.org

Zudem sind die Staaten den jeweiligen Konventionen häufig nur unter politisch, religiös, kulturell oder anderweitig begründeten Einschränkungen (*reservations*) beigetreten. Daher ergeben sich für jeden Staat individuelle Konstellationen hinsichtlich der zu befolgenden Pflichten wie auch der Ausschlüsse. So gesehen existieren nicht nur neun globale Menschenrechtsverträge mit ihren Zusatzprotokollen, sondern eigentlich Tausende von maßgeschneiderten Vorschriften, deren Gültigkeit und Reichweite bei der Bewertung möglicher Verstöße dann immer fallweise überprüft werden müssen.

Insgesamt jedoch dürfte sich die Phase des *standard setting* und der Kodifikation ihrem Ende nähern. Es gibt kaum einen Bereich der M., für den nicht internationale Normen entwickelt und die von der übergroßen Mehrheit der Staaten akzeptiert wurden. Genauso deutlich muss jedoch gesehen werden, dass in fast allen Bereichen die Verwirklichung der M. dem universellen Bekenntnis zu ihnen hinterherhinkt.

3.3 Regionale Menschenrechtsverträge
Die globalen Menschenrechtsverträge können als eine Art gemeinsames Grundverständnis der Staaten- und Völkergemeinschaft bezüglich der zu schützenden Rechtsgüter und Verfahren betrachtet werden. Sie bilden ein Fundament, welches interessierten Staaten jedoch die Möglichkeit offen lässt, sehr viel weiterreichende, präzisere und auch wirksamere Menschenrechtsverträge abzuschließen. Deren Bindungskraft bleibt dann aber auf eine kleinere Teilmenge der Staatengemeinschaft begrenzt. Unter den wichtigen regionalen Abkommen wie der ‚Afrikanischen Charta der M. und Rechte der Völker' (Banjul-Charta, 1981, in Kraft 1986) oder der ‚Amerikanischen Menschenrechtskonvention' (1969, in Kraft 1978) ragt die europäische ‚Konvention zum Schutze der Menschenrechte und Grundfreiheiten' (auch Europäische Menschenrechtskonvention, EMRK) heraus. Dieses grundlegende europäische Menschenrechtsdokument wurde am 4. November 1950 in Rom durch die Mitgliedsstaaten des Europarats unterzeichnet und trat am 3. September 1953 in Kraft, die Bundesrepublik Deutschland ratifizierte die EMRK am 7. August 1952. Der Beitritt zur EMRK ist im Laufe der Jahre zur Voraussetzung für die Mitgliedschaft im Europarat geworden; die derzeit (Mai 2015) 47 Vertragsparteien der EMRK sind also mit den Mitgliedern des Europarats identisch. Anders als die Allgemeine Erklärung der Menschenrechte, an welche die EMRK ideell wie inhaltlich anknüpft, stellt die europäische Konvention mit ihren 14 bislang in Kraft getretenen Zusatzprotokollen ein völkerrechtliches Vertragswerk mit bindender Kraft für Mitgliedstaaten dar. Dies kommt insbesondere durch die starke Stellung des ebenfalls durch die Konvention geschaffenen und 1959 konstituierten und seit 1998 als ständiges Gericht tagenden Europäischen Gerichtshofs für Menschenrechte (EGMR) zum Ausdruck: Während der Europarat vor allem mit der politischen Überwachung der in der Konvention sowie den Zusatzprotokollen verbrieften M. befasst ist, obliegt dem in Straßburg ansässigen Gerichtshof deren rechtliche Durchsetzung gegenüber den Mitgliedstaaten. Mit mehr als 18000 Urteilen seit seiner Gründung ist der EGMR das aktivste und wirkungsvollste internationale Gericht der Welt.

4. Verfahren und Instrumente des Menschenrechtsschutzes
Menschenrechtsschutz kann sich nicht auf die Festlegung von Normen und den ethischen Appell zu ihrer Beachtung beschränken, sondern bedarf vielmehr wirksamer Überprüfung. Eine der ersten und wichtigsten Aufgaben dabei ist die Herstellung von Öffentlichkeit und Transparenz. Auf diesem Gebiet engagieren sich tausende internationaler, regionaler und auch nationaler → transnationaler Akteure/Nichtregierungsorganisationen, zu deren weltweit aktivsten Repräsentanten *Amnesty International* oder *Human Rights Watch* gehören. NGOs können – ohne durch staatliche oder wirtschaft-

liche Interessen gebunden zu sein – die Menschenrechtssituation in den Ländern untersuchen, gegebenenfalls auch anprangern und auf diese Weise zumindest dazu beitragen, dass Menschenrechtsverletzungen nicht einfach ignoriert oder vergessen werden (*naming and shaming*). Nichtregierungsorganisationen sind so zu einem zentralen Faktor in der internationalen Menschenrechtspolitik geworden. Aber auch Regierungen oder Institutionen wie das VN-Hochkommissariat für Menschenrechte (OHCHR) können durch öffentliche Behandlungen von Menschenrechtsverfehlungen dazu beitragen, Staaten an ihre eingegangenen Verpflichtungen zu erinnern und erforderliche Verhaltensänderungen einzuleiten. Zumindest die überwiegende Mehrheit der auf ihre internationale Reputation bedachten Staaten kann solche öffentlichen Forderungen nicht einfach ignorieren.

4.1 Überwachung durch Vertragsorgane

Grundsätzlich sind die Staaten für die Garantie und Justiziabilität der verbrieften Grund- und M.s zuständig. Um die Staaten hierbei zu überwachen verfügen die beiden Menschenrechtspakte wie auch die weiteren sieben oben angesprochenen Verträge über eigene Vertragsorgane, sog. Ausschüsse. Diese setzen sich aus 10 bis 23 Experten zusammen, die zur unparteiischen Wahrnehmung ihres Amtes verpflichtet sind und daher keine Staatenvertreter sein dürfen. Für ihre Arbeit stehen den Ausschüssen eine Reihe von Instrumenten und Mechanismen zur Verfügung: Im Staatenberichtsverfahren legen die Vertragsparteien regelmäßig Berichte über den Stand der Normenimplementierung vor. Mit der meist durch Zusatzprotokolle ermöglichten Individualbeschwerde können sich Einzelpersonen und Personengruppen direkt an den Ausschuss wenden. Keine Rolle spielt bislang das Staatenbeschwerdeverfahren, das es Staaten erlaubt, die Menschenrechtslage anderer Vertragsparteien vor den Ausschuss zu bringen. Die Anwendbarkeit dieser drei Instrumente variiert indes zwischen den verschiedenen Vertragsausschüssen. Die Berichte und Vorbringungen (*communications*) werden durch die Ausschüsse geprüft und das Ergebnis (je nach Ausschuss) in Form von ‚abschließenden Bemerkungen', eigenen Berichten oder Empfehlungen öffentlich gemacht. Wegen ihrer Verankerung in den Menschenrechtsverträgen werden diese Mechanismen oft auch als ‚juristische Verfahren' bezeichnet.

4.2 Schutz durch Organe der Vereinten Nationen

Das ranghöchste internationale Organ des Menschenrechtsschutzes ist der am 15. März 2006 durch die Generalversammlung (VN-Dokument A/RES/60/251) als Nachfolger der zuvor aufgelösten Menschenrechtskommission (MRK) geschaffene VN-Menschenrechtsrat. Ihm gehören 47 Staaten an, wobei um einer ausgewogenen geographischen Verteilung der Sitze willen die fünf Regionalgruppen feste Kontingente erhalten: Afrika und Asien halten je 13 Sitze, Osteuropa verfügt über sechs, Lateinamerika und die Karibischen Staaten haben acht, die Westeuropäischen und anderen Staaten sieben Sitze. Die Dauer der Mitgliedschaft beträgt drei Jahre mit der Möglichkeit einer einmaligen direkten Wiederwahl. Wie schon bei der MRK werden Mitgliedstaaten während der Sitzungen und Konsultationen des Menschenrechtsrates durch Regierungsdelegationen vertreten. Seit Aufstellung seiner Verfahrensregeln am 18. Juni 2007 (VN-Dokument A/HRC/5/21) ist der Rat ganzjährig arbeitsfähig. Zu seinen wichtigsten Instrumenten gehören das schon durch die MRK praktizierte Berichterstatterwesen, bei dem unabhängige Experten länder- (z.B. Nordkorea) bzw. themenbezogene (z.B. Folter) Untersuchungsberichte vorlegen, sowie die Individualbeschwerde (sog. 1503-Verfahren), die es Einzelpersonen erlaubt, sich direkt an den Rat zu wenden. Als wesentliche Neuerung wurde die schrittweise Überprüfung der Menschenrechtssituation in allen VN-Mitgliedstaaten im Rahmen des *Universal Periodic Review*-Verfahrens hinzugefügt. Hier fließen neben den Staatenberichten auch Stellungnahmen des Hochkommissars für M. sowie seitens (internationaler) Nichtregierungsorganisationen ein. Zudem kann sich der Rat auf Sondersitzungen mit jedem menschenrechtlich relevanten Thema befassen.

Eine ganz andere Rolle als der Menschenrechtsrat spielt der Hochkommissar für die Menschenrechte (*Office of the High Commissioner for Human Rights*, OHCHR). Das Amt, welches seit dem 1. September 2014 Prinz Zeid Ra'ad Al Hussein aus Jordanien bekleidet, wurde nach der Wiener Menschenrechtskonferenz 1993 als eine Institution zur Stärkung der VN-eigenen Menschenrechtskapazitäten geschaffen. Es ist zwar der Generalversammlung und dem Generalsekretärs unterstellt, verfügt aber über ein hohes Maß an Autonomie, die vor allem in seinem weitreichenden Initiativrecht zum Ausdruck kommt. So kann der Hochkommissar aus eigener Kompetenz in den Dialog mit Regierungen eintreten, ihnen Hilfen anbieten, Empfehlungen an VN-Organe richten und die öffentliche Aufmerksamkeit auf bestehende Probleme und Defizite lenken. Von besonderer Bedeutung sind die Feldaktivitäten des Büros des UNHCHR, deren Zahl sich in den letzten zwei Jahrzehnten signifikant erhöht hat. Ende Dezember 2014 betrieb das OHCHR 66 Feldaktivitäten in Gestalt von Regional- und Länderbüros, Menschenrechtskomponenten in Friedenmissionen oder Menschenrechtsberatern in VN-Mitgliedstaaten. Mit dem OHCHR haben die VN eine Institution geschaffen, die dem Anliegen der M. globale Publizität und Aufmerksamkeit verleiht, und zugleich eine ebenbürtige Ansprechpartnerin für Regierungen wie auch internationale NGOs ist.

5. Neuere Entwicklungen: Die internationale Schutzverantwortung (R2P)

Das Ende des → Ost-West-Konflikts gab nicht nur den M.n weiteren Auftrieb, sondern bescherte dem VN-Sicherheitsrat eine bis dahin ungekannte Handlungsfähigkeit, die er dezidiert auch im Interesse der Menschen in innerstaatlichen Konflikten einzusetzen begann. Ab 1991 autorisierte der Sicherheitsrat vom Nordirak über Somalia, Sierra-Leone, Ost-Timor bis ins ehemalige Jugoslawien hinein militärische Einsätze zur Abwendung humanitären Leids. Zugleich zeigten sich aber auch neue Grenzen des Sicherheitsrates, wenn – wie in Ruanda, in Srebrenica oder Kosovo – unter seinen Ständigen Mitgliedern kein gemeinsamer Wille zu geeigneten Maßnahmen zu erreichen war. In Ruanda und Srebrenica vollzogen sich unter den Augen der Weltöffentlichkeit Völkermorde, im Kosovo schritt die → NATO zu einer nicht durch den Sicherheitsrat legitimierten Militäraktion. Diese humanitär-menschenrechtlich begründeten Interventionen befeuerten wiederum die alte Debatte um die Balance zwischen Staatensouveränität und den Ansprüchen der internationalen Gemeinschaft auf Befolgung ihrer Regeln. Das Konzept der → Schutzverantwortung/R2P stellt dabei die ‚Souveränität als Verantwortung' in den Mittelpunkt und verlangt von den Staaten, ihre Einwohner zu schützen. Wenn diese dazu nicht in der Lage sind, sollen externe Hilfen geleistet werden. Im Falle des Unwillens bzw. staatlich organisierter Menschenrechtsverbrechen soll die Schutzverantwortung auf die internationale Gemeinschaft übergehen. Dieses Konzept, das die Staats- und Regierungschefs auf ihrem Weltgipfel 2005 in einer auf schwerste Menschheitsverbrechen wie Genozid, Kriegsverbrechen, Verbrechen gegen die Menschlichkeit und ethnische Säuberungen begrenzten Fassung akzeptierten, befindet sich seither in einem Prozess der Normwerdung. Immer wieder bezog sich der Sicherheitsrat in Resolutionen auf die Schutzverantwortung, der VN-Generalsekretär legte eine Reihe von Berichten zu ihrer Implementierung vor. Das größte Problem bleibt dabei die Frage nach der (auch gewaltsamen) Intervention zur Abwendung humanitärer Katastrophen. Im März 2011 erlaubte der Sicherheitsrat unter ausdrücklichem Bezug auf die Schutzverantwortung militärische Maßnahmen zum Schutz der Zivilbevölkerung in Bengasi/Libyen. Die sich daran anschließende internationale Militäraktion unter Führung der NATO endete mit einem forcierten Regimewechsel und dem Tod des libyschen Machthabers Muammar al-Gaddafi.

Seither können sich die Ständigen Mitglieder des Sicherheitsrates in vergleichbaren Fällen wie etwa in Syrien nicht mehr auf ein gemeinsames Vorgehen verständigen. Das große Verdienst der Schutzverantwortung besteht darin, dass großflächige Menschenrechtsverletzungen als eine für die Staaten– und Völkergemeinschaft nicht hinnehmbare Zumutung betrachtet werden. Die Schutzverantwortung ist zu einem global akzeptierten Referenzprinzip geworden, an dem sich abgestufte Maßnahmen der internationalen Gemeinschaft auf der Grundlage des bestehenden Völkerrechts ausrichten können, jedoch keine neue Norm, die bestehende Regeln zur Anwendung von Gewalt in den internationalen Beziehungen verändert.

6. Weitere Herausforderungen und Ausblick

Insgesamt kann die Entwicklung der Menschenrechtsidee durchaus auf eine beeindruckende Erfolgsgeschichte zurückblicken. Sie steht aber weiterhin vor der Herausforderung, ein universal akzeptiertes Verständnis zu schützenden Menschenrechtsgüter hervorzubringen. Konkret bedeutet dies, die in den internationalen Verträgen und Pakten errichteten Standards in mehr Ländern und in größerer Tiefe in den nationalen Rechtsordnungen zu verankern und so mit Leben zu erfüllen. Dies verlangt auch, die bestehenden Instrumente zu ihrer Durchsetzung für den Fall der Nichtbeachtung weiter auszubauen und entschlossen anzuwenden. Was es herauszubilden gilt, ist die Akzeptanz einer hierarchiefreien Interdependenz aller drei Generationen von M.n. Dies setzt Dialog und Lernbereitschaft bei allen am Menschenrechtsdiskurs beteiligten Staaten und Kulturen voraus.

In der praktischen Politik bedeutet dies aber auch ein fortschreitendes Überdenken des klassischen Souveränitätsgrundsatzes. Die immer engere Verbindung von M.n und → Frieden in der globalisierten Welt erlegt den Staaten Verpflichtungen auf, die auf einer Stufe mit denjenigen zur friedlichen Konfliktaustragung und Kriegsverhütung stehen. Die globale Akzeptanz dieser Verpflichtungen gestaltet sich weiterhin schwierig. Den demokratischen Staaten kommt dabei eine Vorbildrolle zu. Daher muss es nachdenklich stimmen, wenn es im Zuge der Terrorismusbekämpfung (→ internationaler Terrorismus) gerade in diesen Ländern zur Relativierung – und auch Aufhebung – von so gesicherten Standards wie dem Folterverbot, rechtsstaatlichen Gerichtsverfahren oder dem Verbot des Verschwindenlassens kommt. Auch die faktische Aufhebung der Privatsphäre und aller mit dieser zusammenhängenden Menschen-, Bürger- und Freiheitsrechte durch überbordende Geheimdienstaktivitäten wirft die Frage auf, wie ernst es den westlichen Demokratien mit den von ihnen stets hoch gehaltenen und gegenüber anderen Staaten eingeforderten Standards tatsächlich ist. Ausgangspunkt liberaler Menschenrechtsvorstellungen ist, dem Individuum einen Schutzraum vor willkürlichen Zugriffen und Verfolgungen durch Staat und Gesellschaft zu garantieren. Dies droht sich in sein Gegenteil zu verkehren, wenn die alltäglichsten und privatesten Verhaltensweisen von Menschen einer fortdauernden Überwachung unterworfen werden. Damit wird auch jenen autoritären Systemen in die Hände gespielt, die Kritik an ihrer Menschenrechtspolitik mit Verweis auf die Verfehlungen der USA und ihrer Partner immer selbstbewusster zurückweisen. Wenn die westlichen Demokratien ihre normative Deutungshoheit im Bereich der M. aufrechterhalten wollen, sollten sie sich wieder ihrer eigenen Standards besinnen. Erst dann kann das Ringen um ein universales Verständnis von M.n in eine neue Runde gehen.

→ Ergänzende Beiträge

Frieden, Krieg, Schutzverantwortung/R2P, Transnationale Akteure/Nichtregierungsorganisationen, Vereinte Nationen, Völkerrecht/Internationales Recht

Literatur

Amnesty International (Hrsg.) (2015): Amnesty Report 2014/15. Zur weltweiten Lage der Menschenrechte, Frankfurt a.M..

Evans, Gareth (2008): The Responsibility to Protect. Ending Mass Atrocity Crimes Once and For All, Washington.

Gareis, Sven Bernhard/Varwick, Johannes (^{5}2014): Die Vereinten Nationen, Opladen.

Grabenwarter, Christoph/Pabel, Katharina (^{5}2012): Europäische Menschenrechtskonvention, München/Basel/Wien.

Morsink, Johannes (1999): The Universal Declaration of Human Rights. Origins, Drafting and Intent, Philadelphia.

Pollmann, Arnd/Lohmann, Georg (Hrsg.) (2012): Menschenrechte. Ein interdisziplinäres Handbuch, Stuttgart/Weimar.

Verlage, Christopher (2009): Responsibility to Protect, Tübingen.

Internetadressen

Hochkommissars der Vereinten Nationen für die Menschenrechte: www.ohchr.org
Deutsches Institut für Menschenrechte: www.institut-fuer-menschenrechte.de
Deutsche Sektion von Amnesty International: www.amnesty.de, www.blog.amnesty.de

34 – Migration (*Dietrich Thränhardt*)

1. Begriff

Seit der *homo sapiens* sich aus Afrika über die ganze Welt verbreitet hat, gehört Migration (M.) zur menschlichen Entwicklung. In der Moderne wird M. ebenso wie Handel und weltweite Kommunikation technisch immer einfacher, die internationalen Beziehungen in der → Globalisierung dichter. Eine andere menschliche Grundeigenschaft ist die Bildung sozialer Gemeinschaften, die sich durch Sprache, Religion, Rituale und andere Merkmale voneinander unterscheiden und abgrenzen. Seit sich in der Welt das Prinzip der Nationalstaaten durchgesetzt hat (→ Staat/Staatlichkeit im Wandel), wird M. definitorisch als Wanderung zwischen Nationalstaaten verstanden. Sie wird von den Staaten geregelt, während innerhalb der Nationalstaaten von Mobilität gesprochen wird. Nationalstaaten formulieren Identitäten, die oft statischen Charakter haben und sich auf Abstammung oder bestimmte Eigenschaften beziehen, sie definieren sich vielfach gegenüber Nichtzugehörigen und insbesondere Neuankömmlingen.

2. Staatliche Souveränität und weltweite Öffnung

Entgegen dem Eindruck in vielen öffentlichen Debatten lag der Anteil der Menschen in der Welt, die im Ausland geboren sind, 2013 nur bei 3,2%. Seit 1990 ist er um 0,3% angestiegen, die Steigerungsrate war damit weit geringer als beim internationalen Handel oder beim Tourismus. Allerdings unterscheiden sich die Verhältnisse in den Ländern stark. Während Indien nur 0,4% und Japan nur 1,7% Ausländer zählt, sind es in Katar 87%, in den Vereinigten Arabischen Emirate 70% und in Saudi-Arabien 28%. Auch in Europa sehen wir große Unterschiede: In Luxemburg hatten 43% der Einwohner eine andere Staatsangehörigkeit, in der Schweiz 22%, in Polen dagegen nur 0,1%. Deutschland nimmt mit 9% eine Mittelstellung ein. M. kann nach unterschiedlichen Kriterien statistisch erfasst werden. Die USA und andere traditionelle Einwanderungsländer heben auf die Geburt im Ausland ab. In Europa ging man lange Zeit von der Staatsangehörigkeit aus. 2005 wurde in Deutschland zusätzlich die Definition ‚M.shintergrund' eingeführt. Darunter werden Menschen bezeichnet, die nicht deutsche Staatsangehörige sind, im Ausland geboren wurden oder ein Elternteil haben, das im Ausland geboren worden ist. Insgesamt ergibt sich dabei ein Anteil von 20% der Gesamtbevölkerung. Die traditionellen Unterscheidungen in Ausländer, Aussiedler, Eingebürgerte, Flüchtlinge und Asylbewerber treten damit in den Hintergrund.

Nach wie vor bestimmen die Staaten souverän, wer einreisen und wer bleiben darf. M. bleibt in der Entscheidungshoheit der einzelnen Staaten, auch wenn die Welt immer offener wird und weltweiter Handel (→ Handelspolitik), weltweite Produktionszusammenhänge (→ Weltwirtschaftssystem), Finanztransfers (→ internationale Finanzarchitektur) und Tourismus immer alltäglicher werden. Nur den jeweiligen Staatsangehörigen sind volle Zugangs- und Beteiligungsrechte garantiert. Die Staaten verfügen souverän auch über die Verleihung ihrer Staatsangehörigkeit und koordinieren sich dabei gegenseitig nur in geringem Maße. Auch wenn Staaten Ausländern Zugangs- und Freiheitsrechte gewähren, bleibt dies immer an die innerstaatliche Ordnung oder an staatliche Interessen gebunden und ist revidierbar, wie in der Reaktion der amerikanischen Regierung auf die Anschläge vom 11. September 2001 deutlich wurde. Die Idee garantierter *rights across borders* und eines Bedeutungsverlustes der nationalen Souveränität, wie sie in den 1990er Jahren vertreten wurde, ist zwar in Menschenrechtspakten verankert, bleibt in der Realität aber von den einzelnen Staaten abhängig. Sie besteht im Staatenverbund der → Europäischen Union, der aber wiederum auf den einzelnen Nationalstaaten und ihrem gemeinschaftlichen Interesse ruht.

Sieht man M. als einen Faktor in der Entwicklung (→ Entwicklungszusammenarbeit) der zusammenwachsenden Welt und als Korrelat der internationalen Arbeitsteilung, so erscheinen steigende M.szahlen als notwendig und fruchtbar. In der Tat bemühen sich Staaten und Städte vielfach um bestimmte Migranten: um Unternehmen, Investoren, Führungskräfte, Studierende oder Touristen. Großbritannien, die Schweiz und andere Staaten haben besondere Steuerbedingungen für sehr reiche Zuwanderer geschaffen, um von diesen zu profitieren. Südostasiatische Länder haben besondere Visa für zahlungsfähige Rentner eingeführt. Die EU-Staaten haben eine „Blaue Karte" für qualifizierte Einwanderer eingeführt, insbesondere für Ärzte und mathematisch-naturwissenschaftliche Spezialisten. Wirtschaftliche Entwicklung, Innovation und der Transfer von Erkenntnissen sind auf die Wanderung von Menschen angewiesen und Migranten gelten wegen ihrer Mobilität und ihrer Arbeitsbereitschaft als besonders leistungsfähig. Andererseits sind die Medienaufmerksamkeit und die öffentliche Debatte überwiegend auf krisenhafte Entwicklungen und Ängste fixiert, auch in Ländern, in denen es sehr wenig Migranten gibt. Nationalstaatliche Identitäten werden gegen Zuwanderer abgegrenzt und es entstehen Ängste vor Überfremdung, Überlastung der Sozialsysteme oder → internationaler Terrorismus.

All dies ist auf dcn Nationalstaat bzw. Gruppen von Nationalstaaten wie Europa oder die ‚westliche Welt' bezogen, denen eine bestimmte Identität zugeschrieben wird. Populistische Erfolgsautoren wie Huntington oder Sarrazin und populistische Politiker wie Geert Wilders schüren diese Abgrenzungsgefühle. In den meisten westlichen Ländern lehnt eine Mehrheit der Bevölkerung ein Mehr an Einwanderung ab, gleichwohl verstärken sich auf Grund von wirtschaftlichen Verflechtungen und Interessen, von Kettenmigrationen oder von rechtlichen Ansprüchen die Einwanderungsprozesse. Im historischen Vergleich kann man erkennen, dass sich in den USA und in Europa sowohl im 19. wie im 20. Jhd. Negativstereotypen von Einwanderergruppen gebildet haben, die eher den ideologischen Prädispositionen und Feindbildern der Zuwandererländer entsprachen als den Charakteristika der Einwanderer. Gleichwohl integrierten sich die Einwanderergruppen und es bildeten sich neue Bedrohungsszenarien und -ängste aus. In den vergangenen Jahren hat sich beispielsweise in den xenophoben Parteien Europas ein Übergang vom traditionellen Antisemitismus zum modernen Antiislamismus vollzogen, markant zu beobachten in der Auseinandersetzung zwischen Jean-Marie Le Pen und seiner Tochter und Nachfolgerin Marine Le Pen im April 2015.

3. Migrationsströme, demografisches Ungleichgewicht und Abschottung

Ganz im Gegensatz zur Kolonialzeit, in der Europäer auswanderten und Amerika, Australien, Neuseeland, Algerien und Südafrika eroberten und besiedelten, verlaufen die Wanderungsströme heute eher aus den ärmeren in die reicheren Länder. Teilweise werden damit die demografischen Ungleichgewichte ausgeglichen, die zwischen dem ‚Süden' und dem ‚Norden' entstehen (→ Nord-Süd-Beziehungen). Während Europa und Ostasien ein wachsendes demografisches Defizit konstatieren und Länder wie Italien, Spanien, Deutschland, Polen, Russland und Japan ihre Bevölkerung nur noch zu zwei Dritteln reproduzieren, gibt es in einigen Entwicklungsländern noch ein starkes Bevölkerungswachstum, mit der Folge, dass auch bei dynamischer Wirtschaftsentwicklung ein Überschuss an Arbeitskräften existiert, der auswandern kann (→ Entwicklungszusammenarbeit). Die Geburtenraten pro Frau innerhalb der EU lagen 2014 zwischen 1,3 in Litauen auf der einen Seite und 2,1 in Frankreich auf der anderen, im EU-Durchschnitt waren es 1,6. Singapur hielt weltweit den Minusrekord mit 0,8, Niger, Burundi und Somalia hatten mit über sechs Geburten pro Frau die höchsten Werte. Asien und Lateinamerika befinden sich im demografischen Übergang von einer traditionellen zu einer modernen Gesellschaft. Mit dem Übergang zu einer marktförmigen Wirtschaft wird die Gesellschaft im Inneren und nach außen mobiler, gleichzeitig werden Arbeitskräfte durch wirtschaftlichen Konkurrenzdruck freigesetzt und zu Veränderungen gezwungen. Es gibt zwei große Ausnahmen in Hinsicht auf die demografische Süd-Nord-Diskrepanz: einerseits die USA, wo auf Grund der kontinuierlichen starken Einwanderung eine ausgeglichene Geburtenrate von 2,0 besteht und die Bevölkerungszahl insgesamt steigt und andererseits China, wo auf Grund der rigiden Ein-Kind-Politik das Bevölkerungswachstum weit geringer ist als in anderen Entwicklungsländern (Geburtenrate 1,6) und deshalb wie in den alten Industrieländern damit zu rechnen ist, dass die Bevölkerungspyramide in den nächsten Jahrzehnten auf dem Kopf stehen wird.

Motiviert ist die M. aus der armen in die reiche Welt durch die enormen Diskrepanzen bei den Pro-Kopf-Einkommen und im Lebensstandard (→ Nord-Süd-Beziehungen). Ein marktmäßiger Ausgleich dieser Diskrepanzen wird zudem durch die hoch subventionierte Agrarpolitik Europas und Amerikas erschwert, die Exportchancen untergräbt. Hinzu kommen vor allem in einigen afrikanischen Ländern Staatsversagen oder sogar Staatszerfall. Es wandern aber nicht so sehr die allerärmsten Menschen. Um migrieren zu können, benötigt man ein Mindestmaß an Ressourcen, Verbindungen oder Beziehungen. Zudem versuchen viele Einwanderungsländer eine Auslese zu treffen und gut ausgebildete Einwanderer anzuwerben, um ihre wirtschaftliche Konkurrenzfähigkeit zu optimieren. Eine besonders stark wachsende Kategorie ist die Bildungsmigration, vor allem aus Ländern wie China und Indien (→ Aufstieg der Schwellenländer).

Die weltweite M. wird von den reichen Ländern nach ihren eigenen Bedürfnissen und politischen Prioritäten gesteuert. Das hat zur Folge, dass M. heute stärker als im 19. oder 20. Jhd. innerhalb der Kontinente stattfindet. Alle zehn größten Einzelmigrationen zwischen Staaten fanden 2010-2013 innerhalb der Kontinente statt. Größte Einzelbewegung war nach wie vor die M. von Mexiko in die USA, die aber gegenüber der Zeit zwischen 1980 und 2010 nachgelassenen hat.

Tab. 13: Eingewanderte Menschen nach Kontinenten in Mio.

Zielkontinent	Herkunftskontinent Europa	Amerika	Asien	Afrika	Welt
Europa	37,9	5,5	18,7	8,7	72,4
Amerika	9,1	33,8	16,0	2,0	61,6
Asien	7,6	1,3	54,0	4,4	70,8
Afrika	0,8	0,1	1,1	15,3	18,6

Quelle: UN, International Migration Report 2013, S.2; eigene Berechnungen, Stand 2013.

In Europa ist eine Re-Europäisierung der M. in den Grenzen der EU zu konstatieren. Während im 20. Jhd. viele Migranten aus Ländern wie Marokko, Algerien, Tunesien, der Türkei, Pakistan, Indien und aus der Karibik nach Frankreich, Großbritannien, Deutschland und die Niederlande einwanderten und Anfang des 21. Jhds. Spanien viele Migranten aus Lateinamerika anzog, hat die Erweiterung der EU neue große innereuropäische Mobilitäten ermöglicht, insbesondere aus Polen nach Großbritannien und Deutschland und aus Rumänien nach Spanien und Italien. Die Wirtschaftskrise führt auch zu neuen M.en aus den Mittelmeerländern in die nördlicheren EU-Länder, nun allerdings nicht mehr von Arbeitskräften für die Industrie und die Landwirtschaft wie in den Nachkriegsjahrzehnten, sondern eher von gut ausgebildeten Menschen. Demgegenüber ist die M. aus der Türkei in die EU zum Stillstand gekommen. Aus Deutschland gibt es seit 2010 einen wachsenden Auswanderungsüberschuss in Richtung Türkei. Deutschland ist seit 2013 wieder das zweitwichtigste Einwanderungsland weltweit nach den USA. Wichtigstes Herkunftsland war bis 2013 Polen und seit 2014 Rumänien, außerdem weitere EU-Länder wie Italien, Ungarn und Bulgarien. Migranten aus diesen Ländern sind hochmobil, im Unterschiede zu den Einwanderern aus der Türkei, die seit Jahrzehnten in Deutschland leben. Allerdings ist abzusehen, dass die M. aus den EU-Ländern wegen der demographischen Probleme in den nächsten Jahrzehnten an Bedeutung verlieren wird. Wenn Deutschland weiterhin wirtschaftlich attraktiv ist und der Arbeitsmarkt aufnahmefähig bleibt, wird die Zuwanderung dann aus Nicht-EU-Ländern kommen müssen.

4. Grenzregime und Asyl

Während Mauern in der Zeit des → Ost-West-Konflikts als Symbol der Repression totalitärer Staaten gegenüber ihrer Bevölkerung galten, haben in den vergangenen 20 Jahren immer mehr demokratische Staaten elaborierte Grenzbefestigungen errichtet, um Migranten abzuschrecken. Größtes und teuerstes Beispiel sind die amerikanischen Grenzanlagen gegenüber Mexiko. Die EU hat in den vergangenen Jahren an der Grenze der spanischen Exklaven im Norden Marokkos und an den griechischen und bulgarischen Grenzen zur Türkei begonnen, massive Zäune zu errichten. Die israelischen und indischen Grenzanlagen, die gegenüber allen Nachbarstaaten errichtet werden, sind eher von Sicherheitserwägungen motiviert, dienen aber ebenfalls der M.skontrolle. Gleiches gilt für die Rundum-Sicherheitsanlagen Saudi-Arabiens. Diese großtechnischen Anstrengungen haben spezielle Zweige von Sicherheitsindustrien hervorgebracht. Flankiert werden sie von Kontrollen im Innern der Staaten und von Ausweisungen, die in den USA 2014 eine Zahl von 400.000 erreicht haben.

Die Grenzregime greifen tief in das M.sgeschehen ein, erreichen aber oft nicht die beabsichtigten Effekte. Sie zerstören nachbarschaftliche Beziehungen in den Grenzregionen und veranlassen Migranten, sich Schleppern anzuvertrauen. In Nordamerika hat dies zur Entstehung eines Marktes beigetragen, in dem sich die Drogenkartelle etabliert haben. Die Befestigung der Grenzen hat zudem den kontraproduktiven Effekt, dass Menschen an ihren Aufenthalt auch dann festhalten, wenn sie eigentlich in das Ausgangsland zurückkehren könnten, und zwar aus Sorge, nie mehr in das eingezäunte Land gelangen zu können.

Besonders prekär ist das Verhältnis zwischen den verstärkten Grenzsicherungen und der Aufnahme von Flüchtlingen. 144 Länder haben die Genfer Flüchtlingskonvention ratifiziert, die ‚*non refoulement*', die Nichtabschiebung politisch Verfolgter garantiert. Dieses Regime wurde ursprünglich geschaffen, um Flüchtlinge zu sichern und unterzubringen, die nach dem Zweiten Weltkrieg nicht in ihre kommunistisch gewordenen Länder zurückkehren wollten. Heute ist es permanent und universalistisch ausgestaltet. Allerdings betreiben nur wenige Länder wie Schweden eine zielgerichtete Flüchtlingsaufnahmepolitik, die meisten Länder schotten sich eher ab und erschweren Flüchtlingen die Einreise. Überlastet ist das Flüchtlingsregime durch die große Zahl der Opfer repressiver Regime, die eine Aufnahme aller Unterdrückten erschwert. Es ist faktisch aber oft auch die einzige legale Möglichkeit, in ein reiches Land zu gelangen. Mit der Ausweitung der Fluchtgründe auf geschlechtspezifische Verfolgung, Verfolgung wegen sexueller Neigung und nichtstaatliche Verfolgung ist die Zahl potentieller Asylberechtigten noch einmal angestiegen. Sie steht in großer Diskrepanz zur tatsächlichen Aufnahmebereitschaft der Staaten, die wiederum sehr unterschiedlich ausgeprägt ist. Die Extreme sind einerseits die weitgehende Vermeidung jeglicher Aufnahme in Japan und andererseits hohe Aufnahmebereitschaft in Schweden und Norwegen. Am Beispiel der Syrien-Krise werden die Probleme besonders deutlich. Ende 2014 hatten die Nachbarstaaten insgesamt 3,8 Mio. Syrien-Flüchtlinge aufgenommen, Deutschland dagegen 59.529, Schweden 54.980, Großbritannien 6.196, Frankreich 5.171, Italien 1.987 und Griechenland 1.810.

Während in der Zeit des → Ost-West-Konflikts große Aufnahmebereitschaft in der westlichen Welt für Opfer des Kommunismus bestand (Ungarn-Aufstand 1956, Prager Frühling 1968, Boat People aus Vietnam 1975ff.), schwand diese, als verstärkt Flüchtlinge aus Asien und Afrika nach Europa und Amerika kamen. Von daher wurde nach 1990 in der westlichen Welt vielfach eine Asyl- und M.skrise konstatiert. Die VN-Flüchtlingskommissarin konzentrierte sich in der Folge auf das Management der Flüchtlingsbewegungen, vor allem für Flüchtlinge aus Afghanistan, Äthiopien und in Zentralafrika, aber während des Jugoslawien-Konflikts auch in Europa. In begrenztem Umfang nehmen einige westliche Länder Kontingentflüchtlinge aus den Lagern in den Nachbarstaaten dieser Länder auf. Der UNHCR organisiert zudem Rückführungsprogramme in befriedete Regionen wie etwa in Südafrika, Namibia und Mozambique.

Die Schiffskatastrophen im Mittelmeer konfrontieren die EU mit den Flüchtlingsproblemen, von denen sie sich abzuschotten versucht hatte. Da die Grenzen geschlossen sind und die Botschaften in den Nachbarländern Syriens und anderer Fluchtstaaten unzugänglich bleiben (auch für Menschen, die für die ‚Blaue Karte' in Frage kommen), versuchen die Flüchtlinge, über Libyen auf Schiffen nach Europa zu kommen. Da der libysche Staat weitgehend zusammengebrochen ist, besteht dort eine Lücke im Kontroll-Regime. Italien hat 2014 mit der Aktion *Mare Nostrum* reagiert und Schiffe bis vor die Küste Libyens geschickt, um möglichst alle Schiffbrüchigen zu retten. 2015 ist sie durch das ‚Triton-Programm' der EU ersetzt worden, das schlechter ausgestattet war und nur EU-nahe Gewässer kontrollieren sollte. Erst nach der weiteren großen Katastrophe im April 2015 wurde beschlossen, ‚Triton' in etwa auf das Niveau zu bringen, das *Mare Nostrum* gehabt hatte. Die europäische Politik schwankt zwischen humanitären Impulsen und der Logik der Abschottung.

5. Migrationsregime

Die wohlhabenden Länder haben unterschiedliche M.sregime ausgebildet. Die einzige große Region der Welt, in der die Menschen volle Bewegungs- und Niederlassungsfreiheit über den Nationalstaat hinaus genießen, ist die → Europäische Union. Dieses Gleichberechtigungsmodell gilt allerdings nur im Inneren und nicht für den Zuzug von außen. Vergleicht man mit der nordamerikanischen Freihandelszone NAFTA, innerhalb derer mit Milliardenaufwand Grenzanlagen gebaut werden, so wird der humanitäre und soziale Fortschritt deutlich, den die EU-Freiheiten im Inneren beinhalten. Mit der internen Öffnung der Grenzen sind auch viele kontraproduktive Phänomene verschwunden, wie sie bis 1990 etwa an der deutsch-polnischen Grenze zu beobachten waren. Andere regionale Zusammenschlüsse wie etwa ASEAN haben keinerlei Abbau der Grenzen zustande gebracht und keine Rechtsgrundlagen geschaffen, um Bürgern anderer Staaten einen stabilen rechtlichen Status zu geben.

Die USA, Kanada und Australien haben sich in den vergangenen 40 Jahren von den rassistischen Beschränkungen gelöst, die ihre Einwanderungspolitiken traditionell charakterisiert hatten. Stattdessen stellen sie auf Qualifikation, Sprachkenntnisse und auf Familienbindungen ab. Auch Interessengruppen wie Großagrarier, Nahrungsmittelproduzenten, IT-Industrie und Hochschulen nehmen Einfluss. 1986-1996 kam es zu einer wesentlichen Ausweitung der Planzahlen für die Einwanderung und einer umfangreichen Amnestie für ‚Illegale', andererseits aber zur Streichung aller wohlfahrtsstaatlichen Leistungen in den ersten fünf Jahren und einer Verstärkung der Haftung der Sponsoren für Familieneinwanderer. Dies prägt heute das amerikanische Einwanderungsregime: es kann als expansives Marktzugangsmodell beschrieben werden. Arbeitseinwanderer sind in den ersten fünf Jahren stark von ihren Arbeitgebern abhängig, haben aber später Chancen in einer wenig regulierten wachsenden Wirtschaft.

Europa ist in den letzten Jahrzehnten zum zweiten großen Einwanderungsraum nach Nordamerika geworden. Europas Einwanderungs- und Integrationsregime bewegen sich zwischen dem umfassenden Wohlfahrtsstaat in Schweden, in dem die Einwanderer zügig alle Rechte einschließlich der Staatsbürgerschaft erhalten, und der unregulierten Einwanderung in den Mittelmeerländern. In Italien, Spanien, Portugal und Griechenland arbeiten Einwanderer oft in Nischenökonomie und auf dem informellen Arbeitsmarkt. In hoch regulierten Systemen dagegen behindern Arbeitsverbote oder die

Nichtanerkennung von Qualifikationen vielfach die Arbeitsaufnahme. Die europäischen Wohlfahrtsstaaten haben auf diese Probleme in den vergangenen Jahren unterschiedlich reagiert. Während die Niederlande und Dänemark den Zuzug moslemischer Einwanderer durch Sprachtests und Heiratsbeschränkungen einschränken, hat Deutschland ein großes staatlich finanziertes Sprach- und Integrationsprogramm gestartet.

Extrem anders ist Einwanderung in Asien organisiert. In den Golfstaaten werden manuelle Arbeiten von ausländischen Arbeitskräften erledigt, die einen sehr prekären Rechtsstatus haben. Sie hängen von Sponsoren ab, die über sie verfügen und ihre Pässe an sich nehmen (*Kafala-System*). In Israel entspricht dem die Abhängigkeit von privaten Arbeitsvermittlern. In Singapur ist die Beschäftigung ausländischer Haushaltskräfte mit einer Steuer belegt, was zu einer Halbierung der ohnehin niedrigen Einkommen führt. Auch in Malaysia werden ausländische Arbeitskräfte konsequent nach anderen Maßstäben behandelt als Einheimische. In Privathaushalten arbeitende Migrantinnen sind von derartigen Abhängigkeitsverhältnissen in besonderer Weise betroffen. Diese Trennungen zwischen Staatsangehörigen und ausländischen Migranten können als Diskriminierungsmodelle charakterisiert werden. Japan hat sich als einziges großes Industrieland organisierter Einwanderung verweigert, nur Spezialisten haben Zutritt.

Unterschiedlich ist auch der Zugang zur Staatsbürgerschaft geregelt. Die USA und andere traditionelle Einwanderungsländer kennen neben der Vererbung der Staatsbürgerschaft (*ius sanguinis*) den Erwerb durch Geburt im Land (*ius soli*). Viele europäische Länder haben in den letzten Jahrzehnten ebenfalls Geburtsrechte eingeführt, in Deutschland beispielsweise für Kinder mit einem Elternteil, der seit acht Jahren einen legalen Status hat. Anderswo ist auch die Anknüpfung an die Abstammung verstärkt worden. So bekommt man beispielsweise in Italien und Großbritannien die Staatsbürgerschaft, wenn man von einem Großelternteil mit entsprechender Staatsangehörigkeit abstammt. Deutschland hat andererseits Präferenzen für Menschen mit deutscher Abstammung auslaufen lassen. In den asiatischen Einwanderungsländern erwirbt man durch Einwanderung dagegen keinerlei Statusrechte, in Hongkong ist sogar das Abstammungsrecht eingeschränkt.

6. Migration und Entwicklung

Jahrzehntelang war der M.sdiskurs durch die Befürchtung von *brain drain* charakterisiert. Das Argument war, dass den armen Ländern des Südens nicht die wenigen gut ausgebildeten Kräfte weggenommen werden sollten, die mit hohen Kosten ausgebildet worden waren. Für einige Bereiche und Sektoren, wie die starke Abwanderung von Ärzten aus Afrika nach Großbritannien, Kanada und Australien, ist diese Gefahr nach wie vor gegeben. Mit der verstärkten Ausbildung qualifizierter Kräfte in Ländern wie China und Indien, dem Aufbau personeller Netzwerke zwischen den Entwicklungs- und den Industrieländern, dem Entstehen großer Diaspora-Gemeinschaften von Emigranten aus Diktaturen und *failed states* und der eindrucksvollen Zunahme von Rücküberweisungen in die ärmeren Länder durch Emigranten haben sich die Perspektiven jedoch verändert. Die Beträge der Rücküberweisungen sind in den vergangenen Jahren auf mehr als das Doppelte der staatlichen Entwicklungshilfe angewachsen und treffen zudem zielgenauer bei den Empfängern ein. In Bezug auf China rechnet man mit 30-40

Mio. Auslandschinesen, die 45% der ausländischen Investitionen in China getätigt haben. Deswegen tritt die VN-Weltkommission für internationale M. für eine fortschreitende Öffnung der Arbeitsmärkte für Migranten aus den ärmeren Ländern ein, ebenso die Weltbank. Der Software-Sektor in Indien und die Computerindustrie in Taiwan sind besonders eindrucksvolle Beispiele für positive Zusammenhänge zwischen M.en aus diesen Ländern in die USA und den Aufbau von Netzwerken, mit denen Wissen und Kapital in die Entwicklungsländer transferiert und dort eine dynamische wirtschaftliche Entwicklung angestoßen wurde. Hier spricht man von *brain gain* oder *brain circulation*.

Abb. 19: Rücküberweisungen (*remittances*) im Vergleich zu staatlicher Entwicklungshilfe (ODA) und Investitionen (FDI)

Quelle: World Bank: Migration and Development Brief (23) 2014, S. 3.

7. Ausblick

Mit der weiteren Integration der Weltwirtschaft (→ Weltwirtschaftssystem) und der sich öffnenden Schere in der Geburtenentwicklung wird sich das M.sgeschehen in den kommenden Jahrzehnten intensivieren. Auf Grund der hohen Bevölkerungszahlen und der zunehmenden wachsenden Bildungsstandards wird ein immer größerer Teil der Migranten aus Asien stammen. Wie schon in vielen bisherigen M.en werden dabei M.s-Netzwerke und Kettenmigrationen eine große Rolle spielen, d.h. Migranten werden vielfach in die Länder gehen, in denen schon viele ihrer Landsleute leben und aktiv sind. Wie die USA und Kanada es schon heute tun, werden auch die europäischen Länder zunehmend weltweite M. aufnehmen, und zwar im Interesse ihrer eigenen wirtschaftlichen Dynamik.

→ Ergänzende Beiträge

Entwicklungszusammenarbeit, Globalisierung, internationale Finanzarchitektur, Nord-Süd-Beziehungen, Staat/Staatlichkeit im Wandel, Weltwirtschaftssystem,

Literatur

Fitzgerald, David/ Cook-Martin, David (2014): Culling the Masses. The Democratic Origins of Racist Immigration Policies in the Americas, Cambridge.

Global Commission on International Migration (2006): Migration in einer interdependenten Welt: Neue Handlungsprinzipien. Bericht der Weltkommission für internationale Migration, Berlin.

Hollifield, James F./Martin, Philip L./ Orrenius, Pia M. ([3]2014): Controlling Immigration. A Global Perspective, Stanford.

Huntington, Samuel P. (2006): Who are We? Die Krise der amerikanischen Identität, München.

Lucassen, Leo (2005): The Immigrant Threat. Old and New Migrants in Western Europe since 1850, Urbana.

OECD (2014): International Migration Outlook, Paris.

Thränhardt, Dietrich/ Hunger, Uwe (Hrsg.) (2003): Migration im Spannungsfeld von Globalisierung und Nationalstaat, Wiesbaden.

United Nations Department of Economic and Social Affairs, Population Division (2013): International Migration Report, New York.

35 – Militärbündnisse (*Wichard Woyke*)

1. Begriff

Militärbündnisse, auch Regionalpakte genannt, heben sich durch ihren Zweck von anderen → internationalen Organisationen ab, da sie primär zur Sicherheit ihrer Mitglieder vor kriegerischen Angriffen auf ihre Unabhängigkeit geschlossen werden. Militärbündnisse bestehen seit Menschengedenken, da seit den ältesten Zeiten Menschen sich miteinander verbinden und Gruppen von Menschen sich zusammenschließen. Bündnisse sind völkerrechtliche, zeitlich begrenzte oder unbegrenzte, kündbare, organisierte oder nicht-organisierte Zusammenschlüsse zweier oder mehrerer Staaten zur Erreichung eines bestimmten Ziels. Staaten schließen sich zu Bündnissen zusammen, weil ihre Gesellschaftsordnungen auf gemeinsamen Wertvorstellungen oder Ideologien basieren, weil sie das Gleichgewicht der Kräfte erhalten wollen oder weil sie Bedrohungen ausbalancieren wollen. Ein Bündnis ist ein spezifisch politisches Mittel, das zugleich ein potenziell militärisches Mittel darstellt, da alle Bündnisse letztlich für den Fall des Krieges gedacht sind. Gemäß der juristisch-völkerrechtlichen Vertragstheorie steht zu Beginn eines jeden Bündnisses der politische Wille zweier oder mehrerer Staaten, eine engere Verbindung einzugehen, die unter Umständen zu einer rechtlichen Kodifizierung, zu einem Vertrag zwischen den Bündnispartnern führen kann (→ Völkerrecht/Internationales Recht). Der Wortlaut dieses Bündnisvertrages sollte alle wesentlichen Bestimmungen enthalten und eine klare Aussage über Ziel und Zweck des Bündnisses formulieren. Die Unterschrift ist der erste verpflichtende Schritt zum

Bündnis, für dessen Rechtsgültigkeit darüber hinaus meist noch die Ratifizierung des Vertrages in den Bündnis-Mitgliedstaaten erforderlich ist. Ein Bündnis ist gekennzeichnet durch seine Organisation, durch seine Gültigkeitsdauer, durch seine geographische Ausdehnung wie auch durch das Verhältnis von Mitgliedstaat zum Bündnis. Bezüglich des Aufbaus des Bündnisses gibt es keine allgemeinen völkerrechtlichen Regelungen, so dass jedes Bündnis seine eigene Satzung entwerfen kann, die wiederum die wichtigste Rechtsquelle für das Bündnis darstellt.

- In der Bündnissatzung wird eine Aussage darüber getroffen, wie das Bündnis aufgebaut ist, ob es über gemeinsame Organe verfügt, sowohl im politischen als auch im militärischen Bereich, wie sich die Organe zusammensetzen und wie das Verhältnis zwischen den Organen, den Mitgliedern und dem Bündnis geregelt ist. Zu fragen ist vor allem, ob die Organe des Bündnisses auf die Bündnismitglieder direkt einwirken können, d.h. ob das Bündnis supranationalen Charakter besitzt oder ob ein gemeinsames intergouvernementales Organ die Souveränität bei den einzelnen Bündnismitgliedern belässt. Die gemeinsamen Organe des Bündnisses können den Zweck haben, die einheitliche Aktion der Mitglieder auf das Ziel des Bündnisses zu lenken. Unterschiedliche Möglichkeiten bieten sich hier an, wie Beobachtung und Berichte, also moralische Einwirkung, gemeinsame Beratung von Maßnahmen und Richtlinien, schließlich verbindliche Beschlüsse, die bei supranationalen Bündnissen mit der Mehrheit der Mitglieder verabschiedet werden können.
- Ein zweites wesentliches Merkmal eines Bündnisses ist die Rangstellung seiner Mitglieder. Wenngleich formal, von den Vertragstexten her gesehen, ein Bündnis sich in der Regel auch durch die völkerrechtliche Gleichheit der Mitglieder auszeichnet, gibt es in der politischen Praxis durchaus das Problem der Rangabstufung der Mitglieder eines Bündnisses, insbesondere, wenn sich Staaten unterschiedlicher politischer und militärischer Potenz zu einem Bündnis zusammenschließen (→ transatlantische Beziehungen).
- Neben der Organisation ist die Dauer ein weiteres Charakteristikum von Bündnissen. Besonders in der Vergangenheit waren Bündnisse durch ihre begrenzte Dauer charakterisiert, während in der Zeit nach dem Zweiten Weltkrieg die großen Bündnisse durch ihren permanenten Charakter bestimmt waren. Entweder wird ihre Auflösung durch die Kündigung ihrer Mitglieder bewirkt oder dadurch, dass Entwicklungen in der internationalen Politik eintreten, die ihre Auflösung als politisch notwendig oder durch Vertragsaussage zwingend erforderlich erscheinen lassen.
- Schließlich ist als weiteres völkerrechtliches Kriterium für ein Militärbündnis sein territorialer Geltungsbereich zu nennen. Entweder gibt es keine territorialen Schranken und bleibt es der politischen Intention der Vertragspartner überlassen, ob ein Bündnis für einen bestimmten, nicht in unmittelbaren, d.h. durch Bündnismitglieder abgedeckten Raum, Zuständigkeit beansprucht, oder es wird aufgrund bestehender unterschiedlicher Interessen der Mitgliedsländer schon bei Vertragsgründung eine territoriale Begrenzung des Bündnisses vorgenommen.

Wie auch immer Militärbündnisse geschlossen werden, sie sind völkerrechtliche oder partiell völkerrechtliche Subjekte (→ Völkerrecht/Internationales Recht), die für die internationale Politik große Bedeutung erreichen können.

2. Ausgewählte Militärbündnisse nach dem Zweiten Weltkrieg

Bei der Diskussion um die Friedensordnung nach dem Zweiten Weltkrieg hat auch die Idee von Militärbündnissen ihren Niederschlag gefunden. Zwar fußte grundsätzlich die Idee der → Vereinten Nationen wie auch die Idee des Völkerbundes auf den Prinzipien der kollektiven Sicherheit (→ Sicherheitspolitik), jedoch haben die negativen Erfahrungen mit der kollektiven Sicherheit in der Zwischenkriegszeit dazu geführt, dass Regionalpakte eine zusätzliche Säule zur Gewährleistung der internationalen Sicherheit bilden sollten. In den Artikeln 51 bis 54 der VN-Charta wird das rechtliche Rahmenwerk für die Gründung bi- und multilateraler Militärbündnisse geliefert. Gemäß der VN-Charta erhalten regionale Militärbündnisse eine Doppelfunktion:

- einmal sollen sie dazu berufen sein, eine friedliche Regelung der Beziehungen geographisch benachbarter Staaten, nicht zuletzt auf ökonomischem und kulturellem Gebiet, zu erleichtern und bei der friedlichen Schlichtung eventuell aufkommender Konflikte mitwirken;
- zum anderen sollen sie als Vollzugsorgane der VN, genauer des Sicherheitsrats, auf dessen Anweisung und unter dessen Kontrolle Sanktionen gegen einen Aggressor einleiten, wenn der Sicherheitsrat die dafür in der VN-Charta vorgesehenen Maßnahmen festgestellt hat.

Angesichts der Herausbildung einer ideologischen und später strategischen Bipolarität in der zweiten Hälfte des 20. Jhs. zwischen den beiden Supermächten USA und UdSSR (→ Ost-West-Konflikt) bildete sich ein System von Militärallianzen, das auf westlicher Seite besonders durch die → NATO (die in diesem Beitrag ausgeblendet wird) und auf östlicher Seite vor allem durch den Warschauer Pakt gekennzeichnet war.

2.1 Warschauer Pakt

Der Warschauer Pakt (WVO) wurde am 14.5.1955 von der UdSSR, Albanien, Bulgarien, Polen, CSSR, DDR, Rumänien und Ungarn geschlossen und am 1.7.1991 aufgelöst. Die Unterzeichnerstaaten verstanden dieses zunächst auf 20 Jahre angelegte M. als Antwort auf den am 9.5.1955 erfolgten Beitritt der Bundesrepublik Deutschland zur NATO. Ziele des von der UdSSR angeregten Pakts waren die Gewährleistung militärischer Sicherheit und verbesserte politische Zusammenarbeit und Kontrolle. Außerdem verfolgte die UdSSR mit der Gründung der WVO noch das Ziel, eine neue Rechtsgrundlage für die Stationierung ihrer Truppen in Ungarn und Rumänien zu schaffen, da der österreichische Staatsvertrag (15.5.1955) diese Rechtsgrundlage entzog. Der territoriale Geltungsbereich der WVO beschränkte sich auf Osteuropa bis hin zum Ural. Auch die WVO verstand sich als ein politisches Bündnis mit gemeinsamen Werten. Art. 3 des Vertrages sah die Koordination der Außenpolitik der Mitgliedstaaten vor. Einen besonderen Stellenwert nahm die kollektive Verantwortung der WVO-Staaten für die Bewahrung des Sozialismus im territorialen Geltungsbereich des Vertrages ein. War in einem Vertragsland der Sozialismus bedroht, so waren die anderen WVO-Staaten nicht nur berechtigt, sondern geradezu verpflichtet, den Sozialismus durch ‚brüderliche Hilfe' aufrechtzuerhalten. Die Hilfe schloss als äußerstes Mittel die Anwendung militärischer Gewalt ein. 1956 wurden sowjetische Truppen eingesetzt, um in Ungarn die Reformprojekte in Richtung auf ein Mehrparteiensystem zu unterdrücken, 1968 intervenierten die Streitkräfte der UdSSR, Polens, Bulgariens und Ungarns in der Tschechoslowakei, um dem ‚Prager Frühling' ein gewaltsames Ende zu bereiten. Für das sozialistische Interventionsrecht wurde der Begriff ‚Breshnew-Doktrin' gebräuchlich. Die WVO gliederte sich wie auch die NATO in eine politische und eine militärische Ebene. Oberstes Organ der politischen Ebene war der Politisch Beratende Ausschuss (PBA), der aus den Regierungschefs bzw. ihren Vertretern der Mitgliedsländer gebildet wurde. Im PBA wurde die gesamte Leitung der WVO koordiniert. Auf militärischer Ebene bildete das Vereinte Oberkommando das höchste Organ. An seiner Spitze stand immer ein sowjetischer General, dem in Friedenszeiten die sowjetischen Truppen in der DDR, Polen, der CSSR und Ungarn sowie die DDR-Truppen einschließlich der Grenztruppen ständig unterstellt waren. Nachdem 1975 kein Mitgliedsstaat die Kündigung ausgesprochen hatte – Albanien war 1968 nach der CSSR-Intervention durch die WVO-Staaten ausgetreten –, galt die WVO für weitere 10 Jahre und wurde 1985 erneut um 20 Jahre verlängert. Mit der Reformpolitik von Michail Gorbatschow setzte auch ein Wandel in den sowjetisch-osteuropäischen Beziehungen ein, die für den Warschauer Pakt zwei Folgen hatte: Zum einen eine Verringerung der Bedrohung für Westeuropa durch Betonung des Verteidigungscharakters des Bündnisses, zum anderen die sowjetische Abstinenz in den osteuropäischen Ländern zu intervenieren bzw. die Aufgabe der ‚Breshnew-Doktrin'. Im Zuge der Systemwechsel in den osteuropäischen Ländern wurde die Militärstruktur der WVO noch vor der Schaffung eines Systems kollektiver Sicherheit in Europa zum 1. Juli 1991 aufgelöst.

2.2 Westeuropäische Union

Die Westeuropäische Union (WEU) entstand 1954 durch die Erweiterung des Brüsseler Vertrags von 1948 mit dem Beitritt der Bundesrepublik Deutschland und Italiens. Weitere Gründungsmitglieder sind die Benelux- Staaten, Frankreich und Großbritannien. 1988 traten ihr Spanien und Portugal und 1992 Griechenland als 10. Mitglied bei. Nach dem Ende des → Ost-West- Konflikts hatten sich der WEU darüber hinaus folgende Beobachter-Staaten: Dänemark, Finnland, Irland, Österreich und Schweden hinzu gesellt. Dazu kamen die drei assoziierten Mitglieder Island, Norwegen und Türkei sowie die zehn assoziierten Partner Bulgarien, Estland Lettland, Litauen, Polen, Rumänien, Slowakei, Slowenien, Tschechische Republik und Ungarn. Ziele der WEU waren die Aufrechterhaltung des Friedens in Europa sowie die Förderung der wirtschaftlichen, kulturellen und politischen Zusammenarbeit aller Mitgliedsländer. Die auf 50 Jahre geschlossene WEU wurde durch eine automatische militärische Beistandspflicht gekennzeichnet. Die WEU verfügte über keine eigene Militärorganisation, da sie ihre militärische Aufgabe der → NATO übertragen hatte. Inzwischen gab es aber erste Bewegung in diesem Bereich, denn seit 1997 war auch ein Einsatz der *Combined Joint*

Forces der NATO unter der Führung der WEU möglich. Auch das EUROKORPS konnte grundsätzlich unter WEU-Führung eingesetzt werden, denn es war seit 1993 als FAWEU-Verband (*Forces Answerable to the Western European Union*) der WEU zugeordnet. Zu Beginn der 1980er Jahre, vor allem seit der Zunahme der Interessendivergenzen zwischen Westeuropa und der Reagan-Administration, erfuhr die WEU eine Aufwertung. In der Erklärung von Rom bekräftigten die WEU-Partner im Herbst 1984 „die fortbestehende Notwendigkeit, die westeuropäische Sicherheit zu stärken“ sowie die WEU besser zu nutzen, um „die Zusammenarbeit der Mitgliederstaaten in der Sicherheitspolitik zu verstärken und einen Konsens zu fördern“. Die letzten sicherheitspolitischen Einschränkungen für Deutschland wurden 1984 aufgehoben, um es besser in die westlichen Gemeinschaften integrieren zu können. Angesichts der ablehnenden Haltung vieler politischer, vor allem außerparlamentarischer, Kräfte zum NATO- Doppelbeschluss zu Beginn der 1980er Jahre galt die Bundesrepublik als unsicherer Kantonist des Westens. Die Haager Plattform von 1987 präzisierte die Ziele der WEU, nämlich die Ergänzung des Prozesses der europäischen Integration um eine eigene Sicherheitsdimension und Nutzung dieser Sicherheitsdimension zur Vertiefung der atlantischen Solidarität. Im Vertrag von Maastricht wurde 1991 eine Gemeinsame Außen- und Sicherheitspolitik (GASP) für die EG-Staaten innerhalb der zu schaffenden → Europäischen Union vorgesehen, wodurch die WEU mittelfristig zum verteidigungspolitischen Arm der EU werden sollte (→ EU als internationaler Akteur). In dessen Rahmen hatte die EU mit der Europäischen Sicherheits- und Verteidigungspolitik (ESVP), begonnen 1998 mit der Initiative in St. Malo, Streitkräfte in Höhe von 60.000 Soldaten für EU-Operationen bereitzustellen. Damit sollen die von der WEU 1992 verabschiedeten Petersberg-Aufgaben (humanitäre Aufgaben und Rettungseinsätze, friedenserhaltende Aufgaben sowie Kampfeinsätze bei der Friedensbewältigung, einschließlich Maßnahmen zur Herbeiführung des Friedens), die inzwischen von der EU übernommen wurden, durchgeführt werden (→ Typen militärischer Interventionen). Somit waren die Aufgaben der WEU faktisch auf die EU übergegangen, bevor sie 2011 auch offiziell aufgelöst wurde.

2.3 Die Collective Security Treaty Organization

Die *Collective Security Treaty Organization* (CSTO), wurde im Oktober 2002 in der moldauischen Hauptstadt Chişinău gegründet. Hervorgegangen ist sie aus einer mit dem *Collective Security Treaty* (CST) von 1992 begründeten Staatenkooperation. Mitglieder der CSTO sind: Armenien, Kasachstan, Kirgisistan, Russland, Tadschikistan, Weißrussland und von 2006 bis 2012 Usbekistan. Aufgabe des Bündnisses ist die Gewährleistung der Sicherheit, Souveränität und territorialen Integrität der Mitgliedstaaten. Mit Hilfe einer engen Zusammenarbeit in der Außenpolitik, in militärischen Angelegenheiten, in der Erforschung neuer militärischer Technologien sowie in der Bekämpfung grenzübergreifender Bedrohungen durch Terroristen und Extremisten sollen diese Ziele erreicht werden (→ Europäische Sicherheitsstruktur).

2.4 Shanghai Organisation für Zusammenarbeit

Erwähnt sei schließlich noch die 2001 als Nachfolgerin der 1996 gegründeten ‚Shanghai 5' gegründete ‚Shanghai Organisation für Zusammenarbeit' (SCO), bestehend aus Russland, China, Kazachstan, Kirgistan, Tadschikistan und Usbekistan. Sie strebt militärische, wirtschaftliche und kulturelle Zusammenarbeit an. Seit Dezember 2004 hat die SCO Beobachterstatus bei den VN. Es bestehen außerdem Kooperationsvereinbarungen mit der Gemeinschaft Unabhängiger Staaten (GUS) und der ASEAN. Der ursprüngliche Schwerpunkt der SCO lag auf der sicherheitspolitischen Zusammenarbeit in den Grenzregionen der Mitgliedsstaaten. Mittlerweile spielen aber auch andere Bereiche sowie Wirtschafts- und Handelsfragen eine Rolle. Schwerpunkte der SCO sind Themen wie Stabilität in der Region, Kampf gegen Terrorismus, Separatismus und Extremismus und Fragen der Energiesicherheit. Auf dem SCO-Gipfel in Taschkent (2004) wurde beschlossen, eine regionale Antiterrorzusammenarbeit einzurichten (*Regional Anti-Terrorism Structure*). Mitglieder der SCO führten in den vergangenen Jahren mehrfach gemeinsame Militärmanöver durch. Derzeit wird über einen Beitritt Indiens und Pakistans diskutiert.

2.5 Südostasiatische Paktsysteme

Die multilateralen Verteidigungsbündnisse im südostasiatischen Raum entstanden Anfang der 1950er Jahre gegen eine mögliche neue japanische Aggression bzw. zur Eindämmung der damals unter Moskauer Führung stehenden kommunistischen Weltbewegung. Der Pazifik-Pakt (ANZUS, Mitglieder sind Australien, Neuseeland und die USA) wurde 1951 gegründet. Seine politischen Ziele sind die gegenseitige Sicherheits- und Beistandsgarantie für den Fall einer territorialen äußeren Bedrohung. Das ursprüngliche Ziel von ANZUS, Sicherheit gegen Japan zu erreichen (jedenfalls im australischen Sicherheitsverständnis), wurde durch die Einbeziehung Japans in das US-amerikanische Sicherheitssystem hinfällig. Die ungenau formulierte Beistandsverpflichtung und der ebenfalls nicht klar definierte territoriale Geltungsbereich beeinträchtigen die Wirksamkeit dieses Bündnisses im Konfliktfall. Die USA suspendierten 1984 ihre Beistandspflicht gegenüber Neuseeland, nachdem die bei den Wahlen von 1984 erfolgreiche *Labour Party* US-Schiffen mit atomarer Bewaffnung das Anlaufen der neuseeländischen Häfen untersagt hatte. 1986 zogen die USA ihre Sicherheitsgarantien für Neuseeland zurück, da die neuseeländische Regierung eine antinukleare Politik verfolgte. Ähnliche Ziele wie der ANZUS-Pakt verfolgt der 1971 gegründete ANZUK-Pakt. Dieser von Australien, Neuseeland, Großbritannien, Malaysia und Singapur gegründete Pakt dient der gemeinsamen Verteidigung der Mitgliedstaaten. Seine Bedeutung ist jedoch gering. Im Rahmen der Ausformung des US-Sicherheitssystems wurde 1954 die Südostasiatische Verteidigungsgemeinschaft (SEATO) von Australien, Frankreich, Großbritannien, Neuseeland, den Philippinen und den USA gegründet. Ihr Ziel war die Eindämmung des unter Moskauer Führung als bedrohlich perzipierten Weltkommunismus. Die SEATO sah eine Beistandspflicht für die sog. Vertragszone vor wie auch für die von den Vertragsstaaten einstimmig benannten Gebiete. Aufgrund der zu stark differierenden geographischen, politischen und wirtschaftlichen Gegebenheiten scheiterte jedoch die SEATO und wurde 1977 offiziell aufgelöst.

2.6 Rio-Pakt

Der RIO-Pakt wurde 1947 von 21 amerikanischen Staaten, einschließlich den USA, unterzeichnet. Er sieht eine unmittelbare automatische Beistandspflicht im Falle von Angriffen vor, die von außen auf das Vertragsgebiet geführt werden. Das gemeinsame Vertragsgebiet umfasst die gesamte westliche Hemisphäre vom Süd- bis zum Nordpol einschließlich der Nichtmitglieder Kanada und Grönland. Im Konfliktfall zwischen amerikanischen Staaten ist ein Streitschlichtungsverfahren vorgesehen. Der Rio-Pakt stellte eine der wichtigsten Demonstrationen des Zusammenhalts zwischen den Staaten der westlichen Hemisphäre dar.

2.7 Arabische Liga

Die Arabische Liga (AL) wurde 1945 gegründet mit dem Ziel, die politischen, kulturellen, sozialen und wirtschaftlichen Beziehungen zwischen den Mitgliedstaaten zu fördern. Weitere Ziele waren die Wahrung der Unabhängigkeit und Souveränität der Mitgliedstaaten und der arabischen Außeninteressen; Anerkennung Palästinas als unabhängiger Staat (zentrales politisches Ziel); Verhütung und Schlichtung von Streitfällen der Mitglieder untereinander. 1950 wurde ein Zusatzabkommen über die kollektive Verteidigung und wirtschaftliche Zusammenarbeit geschlossen. In diesem Abkommen wird für den Fall eines Angriffs auf einen Vertragspartner individuelle oder gemeinsame Hilfe, einschließlich militärischer Hilfe, zugesagt. Die Anwendung des kollektiven Verteidigungspakts blieb jedoch bisher ohne Wirkung. Heute verfolgt die AL vor allem die Zusammenarbeit in Wirtschaft, Finanzwesen, Transport, Kultur und Gesundheit. Der AL gehören 22 Mitgliedstaaten an. Als Wegbereiterin der arabischen Einheit konnte die AL nationalstaatliche Interessen nicht überwinden, so dass eine Realisierung der Charta-Ziele nicht erreicht wurde. Höhepunkt der Streitigkeiten innerhalb der Liga war der ägyptisch-israelische Camp-David-Frieden von 1978/79, der zur Suspendierung der Mitgliedschaft Ägyptens 1979-89 und der Verlegung des Liga-Sekretariats von Kairo nach Tunis 1979-90 führte. Angesichts der zahlreichen gewaltsamen Konflikte in der Region seit 2011 hat die AL im März 2015 die Gründung einer gemeinsamen militärischen Eingreiftruppe beschlossen. Sie soll etwa 40.000 Mann umfassen und dabei, von Kampfjets und Kriegsschiffen unterstützt, als gemeinsame Streitmacht gegen extremistische Gefahren in der Region vorgehen können.

3. Zur Fortentwicklung der Theorie von Bündnissen

Vor dem Hintergrund der Bündnisgründung nach dem Zweiten Weltkrieg entwickelte sich auch die Theorie der Bündnisse fort. Gemäß der ‚realistischen Schule' (→ Realismus als IB-Theorie) wurden Militärbündnisse früher hauptsächlich aus folgenden Gründen geschlossen:

- um einen Zuwachs an Macht, insbesondere militärischer Macht, zu erreichen. Je mehr Partner ein Bündnis umfasste, desto stärker war seine potenzielle Macht;
- um keinen Zweifel an einem bestimmten Kräftezusammenschluss aufkommen zu lassen;

- und um ein stillschweigend bestehendes Interesse an wechselseitigem Beistand in eine förmliche Verpflichtung umzuwandeln.

Die Ziele, zu denen sich Bündnispartner bekennen, können aufgrund der weltweiten Akzeptanz der VN-Charta nur noch defensiver Natur sein, wenngleich der Bündnisgegner im Vertragstext durchaus genannt sein kann. Der Beistand für den Kriegsfall (→ Krieg) kann automatischer Art sein oder er kann der souveränen Entscheidung eines Mitglieds überlassen bleiben, wobei Art und Ausmaß des Beistands wiederum unterschiedlich gehandhabt werden können. Die Ziele, die mit einem Bündnis von den Vertragsparteien verfolgt werden, sind nicht immer konvergent, sollten allerdings komplementär sein. Sie lassen sich in militärische und politische Ziele unterteilen. Während die militärischen Ziele für die Bündnispartner in erster Linie den Zweck verfolgen, Sicherheit für die Bündnispartner zu implementieren, wobei gleichzeitig eventuell damit verbundene politische Kosten in Kauf genommen werden, können politische Ziele eines Bündnisses die diplomatische Unterstützung für eine besondere Politik beinhalten, z.B. die Verteidigung des *Status quo* gegen eine friedliche Revision. Ein Bündnis kann also für einen Partner seine Sicherheit Gewähr leisten helfen, während es für einen anderen Partner durch die Einbindung des Partners die Gewähr bietet, unerwünschte sicherheitspolitische Konstellationen zu vermeiden (→ Sicherheitspolitik). Ein Bündnis ist damit nicht nur ein Instrument zur → Abschreckung, zur Bewältigung einer plötzlichen Krise, sondern auch ein Teil einer größeren politischen Strategie, um gefährliche potenzielle Machtkonstellationen (→ Macht) zu kontrollieren. Somit eröffnet ein Militärbündnis jedem Partner die Aussicht, die Politik seiner Verbündeten in eine für ihn günstige Richtung zu beeinflussen. Ein formaler Bündnisvertrag gibt ihm das Recht, konsultiert zu werden, mitzubestimmen und entsprechend seiner Involvierung in ein bündnispolitisches Problem am Bündnisentscheidungsprozess beteiligt zu werden. Ein Bündnis bringt somit allen Mitgliedern gemeinsame Vorteile durch das Bündeln der nationalen Ressourcen. Es erfolgt eine Nutzbarmachung von Ressourcen der Partner für eigene außenpolitische Interessen, die allerdings mit dem Verlust von Autonomie und Gefahr des ‚*entrapment*' (Risiko durch Bündnispartner in Konflikte hineingezogen zu werden, ohne dass eine akute Bedrohung der eigenen Interessen vorliegt) erworben werden muss.

→ Ergänzende Beiträge

Abschreckung, EU als internationaler Akteur, Europäische Sicherheitsstruktur, internationale Organisationen, Krieg, NATO, Realismus als IB-Theorie, Sicherheitspolitik, Vereinte Nationen

Literatur

Andersen, Uwe/Woyke, Wichard (Hrsg.) (^{2}1995): Handwörterbuch Internationale Organisationen, Opladen.

Berber, Friedrich (^{2}1977): Lehrbuch des Völkerrechts, Bd. 3, München.

Buchbender, Ortwin u.a. ([2]1985): Sicherheit und Frieden. Handbuch der weltweiten sicherheitspolitischen Verflechtungen: Militärbündnisse, Rüstungen, Strategien. Analysen zu den globalen und regionalen Bedingungen unserer Sicherheit, Herford.
Haas, Marcel de (2015): The Collective Security Treaty Organization, on its way to a 'NATO of the East'? Washington.
Saat, J. H. (2005): The Collective Security Treaty Organization, Camberley.
Umbach, Frank (2005): Das rote Bündnis. Entwicklung und Zerfall des Warschauer Paktes 1955-1991, Berlin.
Varwick, Johannes (1998): Sicherheit und Integration in Europa. Zur Renaissance der Westeuropäischen Union, Opladen.
Wallander, Celeste A./Keohane, Robert O. (1999): Risk, Threat, and Security Institutions, in: Haftendorn, Helga/Keohane, Robert O./Wallander Celeste A. (Hrsg.): Imperfect Unions. Security Institutions over Time and Space, Oxford, S. 21-47.

36 – Multilateralismus (*Johannes Varwick*)

1. Begriff

Der Begriff Multilateralismus (M.) leidet an seiner Unschärfe und bringt zahlreiche Definitions- und Abgrenzungsprobleme mit sich. Nach einer formal-deskriptiven Definition bezeichnet M. die Praxis der Koordination nationaler Politiken von drei oder mehr Staaten durch *Ad-hoc*-Vereinbarungen oder Institutionen (Keohane 1990, Ruggie 1993). Damit ließe sich aber nahezu jede Form staatlicher Zusammenarbeit jenseits von Uni- und Bilateralismus als ‚multilateral' bezeichnen. Auf der anderen Seite stehen daher normativ gehaltvolle Konzepte, die M. beispielsweise als Politikstil verstehen, bei dem die zwischenstaatlichen Beziehungen auf der Basis bestimmter allgemein akzeptierter Verhaltensregeln und Prinzipien ablaufen (Kahler 1992). Kennzeichnend ist in dieser Perspektive eine „Kultur der Reziprozität" (Keohane 1986), der gegenseitigen Verlässlichkeit und des prinzipiellen Verzichts auf nicht abgestimmtes Verhalten. Bei dem konzeptionellen Gegenmodell – dem Unilateralismus – ginge es dann darum, dass einzelne Staaten sich vorbehalten, je nach eigener Interessenlage alleine und wenn notwendig auch gegen andere Staaten zu handeln. In der politischen Praxis neigen vor allem große und mächtige Staaten zu unilateralem Vorgehen, weil sie sich davon ihre eigene Interessenmaximierung versprechen. Selbst wenn solche mächtigen Staaten nach dem Prinzip ‚so viel M. wie möglich, so viel Unilateralismus wie nötig' verfahren würden (d.h. nur im ‚Notfall' unilateral handelten), würde eine wichtige Voraussetzung für internationale Kooperation zumindest beschädigt. Denn wer im Einzelfall auch allein und gegen den Willen seiner potentiellen Partner handelt, der darf sich nicht wundern, wenn es ihm andere Staaten gleichtun. Anders gewendet: Nur wer sich selbst den Normen der internationalen Kooperation unterwirft, der kann dies auch von anderen erwarten und einfordern.

Zu den Grundsätzen multilateraler Politik gehören das Verbot von Gewalt zur Durchsetzung politischer Ziele und die Erkenntnis, dass nationale Interessen durch Zusammenarbeit besser durchgesetzt werden können als in einem nationalstaatlichen Gegeneinander. Die gemeinschaftliche Identifikation und Betonung gemeinsamer Interessen ist mithin entscheidend für eine multilaterale Politik. In diesen unterschiedlichen Konzepten spiegeln sich theoretische Grundannahmen über die Beschaffenheit des internationalen Systems wider, wie sie z.B. im Institutionalismus oder auch in zahlreichen konstruktivistischen Ansätzen anzutreffen sind (→ Begriff und Funktion von IB-Theorie). Es wird schnell deutlich, dass der Unilateralismus enge Bezüge zum Realismus aufweist (→ Realismus als IB-Theorie), während der M. bzw. seine Phänomene in verschiedenen Theorien thematisiert werden.

Unterstellt das multilaterale Konzept bei zentralen Akteuren das Bewusstsein einer interdependenten Welt, die als ein dichtes Netz formeller und informeller Normen handlungsleitend wird, so hebt das unilaterale Konzept stärker auf den anarchischen Grundzustand des internationalen Systems ab. In der unilateralistischen Sichtweise sind zudem Staaten die zentralen Akteure der internationalen Arena und internationalen Organisationen wird nur eine untergeordnete Bedeutung zugemessen. Die multilaterale Gegenposition unterstellt hingegen, dass zahlreiche internationale Prozesse nur im Hinblick auf die Motive und Verhaltensweisen von → internationalen Organisationen erklärt werden können. Unilateralisten sehen internationale Politik als Ergebnis einzelstaatlicher Aktionen. Die mit Gewaltanwendung verbundene Verletzung von Regeln zur eigenen, kurzfristigen Nutzenmaximierung (manchmal sogar wider besseres Wissen) wird als ‚ehernes Gesetz der Weltpolitik' betrachtet, und es ist in dieser Sichtweise nicht zu erwarten, dass internationale Politik langfristig normgeleitet, friedlich, interdependenz- und konsensorientiert abläuft. Selbst wenn sich ein Akteur an multilaterale Spielregeln halten würde, hieße dies noch lange nicht, dass er sich darauf verlassen kann, dass dies alle anderen Akteure auch tun. M. wird insofern als ‚Schönwetterveranstaltung' gesehen, die der Natur internationaler Politik nicht gerecht wird. Im Extremfall helfe nur ein unilaterales Verhalten weiter. Multilateralisten zielen hingegen auf internationale Politik als Ergebnis grenzüberschreitender Aktionen zahlreicher Akteure und sehen internationalen Einfluss als Resultante des gekonnten Umgangs mit den Banden der → Interdependenz.

Unterhalb der prinzipiellen Unterscheidungen zwischen Multi-, Bi- und Unilateralismus kann weiter differenziert werden, etwa hinsichtlich einer universalen oder geographisch begrenzten Reichweite oder in Bezug auf die Breite des abgedeckten Themenspektrums, den Verbindlichkeitsgrad der Zusammenarbeit, interne Machtdimension (hierarchischer *versus* egalitärer M.) oder auch inklusive und exklusive Erscheinungsformen (bezogen auf Umfang der Mitgliedschaft sowie die zugehörigen Selektionsmechanismen).

Tab. 14: Die Unilateralismus-Multilateralismus-Debatte

Unilaterale Prämisse	Multilaterale Gegenposition
Anarchie ist das vorherrschende Grundmuster und Strukturprinzip der internationalen Beziehungen.	Interdependenz ist das vorherrschende Grundmuster und Strukturprinzip der internationalen Beziehungen.
Die Staaten sind die einzigen bedeutsamen Akteure der internationalen Politik, anderen Akteuren kommt allein in ihrer Funktion als Mittel, Agent oder Auftragnehmer der Staaten Bedeutung zu.	Zahlreiche internationale Prozesse können nur im Hinblick auf die Motive und Verhaltensweisen von IGOs und INGOs erklärt werden.
Internationale Politik ist das Ergebnis einzelstaatlicher (Inter-)Aktionen, die als Ziel die Machterhaltung im Sinne klassischer nationaler Sicherheit haben.	Internationale Beziehungen sind das Ergebnis grenzüberschreitender Interaktionen zahlreicher internationaler Akteure, die umfassende Sicherheit als Ziel haben.
Die internationalen Beziehungen sind ein Nullsummenspiel, d. h. der Machtgewinn eines Akteurs kann nur zulasten eines anderen Akteurs gehen. Austragungsmodus ist der Konflikt.	Die internationalen Beziehungen sind ein Nicht-Nullsummenspiel, d. h. Gewinne der Akteure resultieren aus der Vermehrung der Gesamtmenge an zu verteilenden Gütern. Dominierend analysierter Handlungsmodus ist die Kooperation.
Internationaler Einfluss resultiert aus dem Einsatz oder der Drohung mit dem Einsatz von Macht, die als aktuelle oder potentielle militärische und/oder ökonomische Handlungsbefähigung definiert ist.	Internationaler Einfluss resultiert aus dem Vermögen, Normen mitzugestalten und zu verbreiten sowie die Kooperationspotenziale der interdependenten Beziehungen zwischen den Akteuren zu realisieren. Der bevorzugte Mechanismus für die Verbreitung von Normen ist Überzeugung.
Internationale Politik gleicht einem Spiel von jeweils geschlossenen, eigenständigen Billardbällen, die sich auf der internationalen Bühne permanent anziehen, abstoßen und in Bewegung halten (‚Billardkugel-Modell').	Internationale Beziehungen gleichen einem spinnwebartigen Netzwerk von verschiedenartigen Entscheidungsverflechtungen, die die Staatenwelt sukzessiv überlagern (‚Spinnweb-Modell').

Quelle: eigene Darstellung

2. Wandel von Multilateralismus

In der jüngsten Zeit ist vor allem ein Unterscheidungskriterium bzw. ein Bündel von Kriterien immer deutlicher zutage getreten: die Differenzierung zwischen ‚klassischem' und ‚neuem' M. Unter klassischem M. wird der institutionalisierte, formalisierte M., symbolisiert insbesondere durch das System der → Vereinten Nationen, verstanden. Der neue M. hingegen ist der selektive M. eines Zusammenschlusses Gleichgesinnter zur Lösung bestimmter Probleme. Dementsprechend lassen sich die beiden Kategorien vereinfachend auch als inklusiver vs. exklusiver M. kennzeichnen (Cooper 2010: 751).

Die Bilanz klassischer multilateraler Zusammenarbeit ist gemischt. Einerseits ist bei bestimmten Problemkonstellationen unstrittig, dass nur ein solcher, inklusiver Ansatz Erfolg versprechend sein kann. In zahlreichen Politikfeldern hat die Diskrepanz zwischen einer zunehmend globaler werdenden Problemstellung und den nach wie vor hauptsächlich auf den Nationalstaat bezogenen Handlungsansprüchen und Entscheidungskompetenzen zu einer Zuständigkeitslücke geführt (→ Globalisierung). Andererseits ist eine fortschreitende Erosion von klassischen multilateralen Formaten zu beobachten. Rinke/Schneckener (2012) geben für diese drei Gründe an:

- Erstens stellen die sog. *emerging powers* etablierte Mechanismen infrage bzw. erfordern zumindest deren Anpassung. Zwar wird nicht aktiv versucht, eine antiwestliche Koalition zu formen oder einen radikal gegensätzlichen Gegenentwurf zu erarbeiten, aber die aufstrebenden Staaten betonen markant ihre nationalstaatliche Souveränität (→ Aufstieg der Schwellenländer, Staat/Staatlichkeit im Wandel).
- Zweitens hatte die zeitweilige US-amerikanische Abkehr vom M. negative Signalwirkung nach außen, ähnliches gilt aus anderen Gründen auch für die gegenwärtig mit internen Herausforderungen beschäftigte EU. Beide Punkte fassen Rinke/Schneckener (2012: 23) als „renaissance of ‚classic' sovereignty policy" zusammen.
- Drittens verschärft der anhaltende Reformstau innerhalb der etablierten Organisationen als Binnenkrise die äußeren Herausforderungen noch zusätzlich. Auch das verbreitete Misstrauen gegenüber den → Vereinten Nationen sowie deren durch Blockadepolitiken ausgehebelte Problemlösungsfähigkeit waren Faktoren, die den institutionalisierten M. geschwächt haben.

Jenseits etablierter multilateraler Formate haben sich – als Folge und Symptom der Krise des M. zugleich – in den vergangenen Jahren neue Formate entwickelt bzw. an Bedeutung gewonnen. Die Begriffe selektiver M. und ‚*Club Governance*' beschreiben das Phänomen solcher informeller Kooperations- und Abstimmungsmechanismen. Der Begriff des ‚Clubs' findet hierbei Verwendung, weil die dort produzierte Politik Ähnlichkeit zu sogenannten Club-Gütern aufweist: es besteht zwar keine Rivalität im Konsum (z.B. profitieren alle Staaten davon, wenn eine kleine Gruppe Maßnahme zur Beilegung eines militärischen Konfliktes ergreift), aber die Mitglieder der entsprechenden Politikformate (z.B. G-7) sind sehr wohl in der Lage, Nicht-Mitglieder auszuschließen. Dies gilt teilweise für die Nutzung des Gutes (i. d. R. dadurch, dass die Ressourcen entsprechend der partikularen Interessen der Club-Mitglieder verwendet werden und nicht etwa für die Projekte, die der Präferenz der Mehrheit aller Staaten entspräche), fast jedoch immer für die Erstellung und damit die Gestaltung des Gutes.

Während das klassische Verständnis größtenteils dem hergebrachten deutschen Verständnis entspricht, zeichnet sich der ‚neue M.' durch eine lockerere Form von *Ad-hoc*-Koalitionen und eine größere Betonung der *Output*-Legitimität aus. Im Gegensatz zu den institutionalisierten Formen internationaler Kooperation ist eine derartige Zusammenarbeit geprägt durch einen schwachen Institutionalisierungsgrad, um die Informalität und Flexibilität dieser Formate zu gewährleisten. Während im klassischen M. eine starke Formalisierung und Institutionalisierung vorliegt, mit einer inklusiven Mitgliederstruktur, geregelten Verfahren, konsensorientierten Entscheidungsprozessen, z.T. auch der Entwicklung von Regimen und Sanktionsmöglichkeiten, stehen beim neuen M. häufig gemeinsame Interessen und/oder Werte einer Gruppe ‚Gleichgesinnter' im Mittelpunkt, die dann, häufig unmittelbar problembezogen, zeitweise gemeinsam verfolgt werden. Cooper (2010: 752) spricht deshalb auch von instrumentellem M. Solche Formate sind also keine klassischen → internationalen Organisationen oder Regime, sondern informelle oder/und schwach institutionalisierte Zusammenkünfte von Staatenvertretern in einem beschränkten Teilnehmerkreis (wobei sie durchaus einige formelle Elemente wie eine Präsidentschaft oder die Herausgabe von Dokumentationen aufweisen können). Diese Kooperationsformen werfen u.a. zwangsläufig die Frage auf, ob eine zunehmende Abkehr von klassischen völkerrechtlichen Rechtsinstrumenten, die die maßgebliche Zusammenarbeit bestimmen, und eine Dominanz informeller, rechtlich kaum oder gar nicht einzuordnender Steuerungsinstrumente zu rechtsstaatlichen Problemen führen (→ Völkerrecht/internationales Recht). Das gilt für die internationale *rule of law* ebenso wie für die innerstaatliche Rechtsebene, die regelmäßig mit der Umsetzung internationaler Kooperationsinstrumentarien betraut ist.

Für die Frage, welche Legitimität *Club Governance* beanspruchen kann, ist es zentral, ob tatsächlich Club-Güter bereitgestellt werden und Drittstaaten grundsätzlich von diesem Arrangement profitieren können, oder ob die Durchsetzung der Partikularinteressen für die teilnehmenden Staaten im Mittelpunkt steht. Rinke/Schneckener (2012: 32-34) unterscheiden in dieser Hinsicht ‚*clubs of the relevant*' von ‚*clubs of the willing*'. Während die erstere Gruppe also in Anspruch nehmen kann, für das Wohl aller einzutreten und damit Legitimitätsdefizite, die durch exklusive Mitgliederstrukturen und Prozesse entstehen, auszugleichen, fordert die zweite Gruppe die klassische normative Basis des M. direkt heraus, weil es letztlich um eine Umgehung, wenn nicht gar ein Abschütteln der anderen Staaten, ihrer Interessen und Rechte geht.

3. Bilanz

Während sich argumentieren lässt, dass mit Formen des selektiven M. unter Umständen effektiver agiert werden kann, erscheint die Legitimität aufgrund geringerer Transparenz, verstärkter Selektivität/Exklusivität, einer wachsenden Kluft zwischen Regelsetzern und Regelnnehmern, Exekutivlastigkeit, sinkender Bereitschaft zur grundsätzlichen Anerkennung konstitutiver multilateraler Regeln etc. fraglich. Gleichwohl kommt es dabei auf die Frage an, ob man eher auf die sog. *output*-Legitimität oder eher auf *input*-Legitimität zielt. Bei Effektivität, Kohärenz und Ressourcenmobilisierung dagegen lässt sich vermuten, dass Club-Formate im Verhältnis eher ein größeres Potential aufweisen (Schneckener 2009: 5f.), bspw. aufgrund der geringeren Anzahl an zu koordinierenden Akteuren, deren besserer Leistungsfähigkeit und des tendenziell kleineren Aktionsspektrums. Während also insgesamt betrachtet Clubs eine eher positive Bilanz hinsichtlich des Faktors Zielerreichung aufweisen, ist nicht immer klar, ob sie tatsächlich zur globalen Problemlösung beitragen (wollen) oder doch eher einer einvernehmlichen Sicherung von Partikularinteressen dienen. Zudem ergibt sich aus der Vielfalt der Foren, dem häufigen Wechsel der Formate und zahlreichen Überschneidungen die Herausforderung, dieses unübersichtliche Nebeneinander zumindest in Ansätzen zu koordinieren, um ein sektorübergreifendes Vorgehen zu ermöglichen.

In der Vergangenheit hat sich gezeigt, dass die Verwirklichung globaler Normen stark durch den klassischen M. gefördert wurde. Schechter (2011: 28) weist darauf hin, dass Normativität nicht nur ein Aspekt des M. ist, sondern dass insbesondere der klassische M. maßgeblich bei der Etablierung internationaler Normen war. Will man den Versuch unternehmen, die Leistungsfähigkeit, die Grenzen und Chancen der *Club Governance* im Vergleich zum klassischen M. auszuloten, dann lassen sich mit Ulrich Schneckener (2009) die Parameter Legitimität, Effektivität, Kohärenz und Ressourcenmobilisierung unterscheiden.

- Legitimität: Wer ist an Entscheidungen beteiligt und wer hat Zugang zum Club?
- Effektivität: Sind die Gremien in der Lage, ihre Ziele zu erreichen und zu ‚liefern'?
- Kohärenz: Sind die Beschlüsse einigermaßen widerspruchsfrei und aufeinander abgestimmt?
- Ressourcenmobilisierung: Können finanzielle und politische Ressourcen zur Umsetzung der gefassten Beschlüsse mobilisiert werden?

Daraus lässt sich ein ‚magisches Viereck multilateraler Politik' konstruieren, mit dessen vier Ecken Legitimität, Effektivität, Kohärenz und Ressourcenmobilisierung die Relevanz solcher Foren zu einem großen Teil determiniert wird. Es lässt sich argumentieren, dass mit Formen des selektiven M. unter Umständen effektiv agiert werden kann, die Legitimität aber nicht besonders hoch ist, während gerade das faktisch universale VN-System eine ungleich höhere Legitimität vorweisen kann. Die informellen Elemente sind dabei für die Lösung aktueller Krisen und Konflikte zuständig. Die formellen Elemente konzentrieren sich auf die Implementierung und vor allem die Legitimation der Ergebnisse der informellen Gruppen. So ein *‚multilateralism light'* oder *‚messy multilateralism'* erinnert aber eher an das Konzert der europäischen Mächte im 19. Jhd.: keine formalen Regeln oder Verträge, keine permanenten Strukturen, Entscheidungen fallen immer auf Konsensbasis und sind selektiv und exklusiv.

Es ist also eine offene Frage, ob diese neuen Formate potentiell in konkreten Fällen zur Problemlösung beitragen, oder eben auch das Potential haben, etablierte Formate und insbesondere die Vereinten Nationen zu schwächen bzw. zu untergraben, womit dann auch eine Abkehr vom Universalismusgedanken einherginge.

→ Ergänzende Beiträge

Aufstieg der Schwellenländer, Globalisierung, Global Commons, Handelspolitik, Interdependenz, internationale Finanzarchitektur, internationale Organisationen, Vereinte Nationen, Völkerrecht/Internationales Recht

Literatur

Cooper, Andrew F. (2010): The G20 as an improvised crisis committee and/or a contested "steering committee", in: International Affairs (2), S. 741-57.

Kahler, Miles (1992): Multilateralism with small and large numbers, in: International Organization (3), S. 681-708.

Keohane, Robert O. (1986): Reciprocity in International Relations, in: International Organization (1), S. 1-27.

Keohane, Robert O. (1990): Multilateralism: an agenda for research, in: International Journal (4), S. 731–764.

Rinke, Bernhard; Schneckener, Ulrich (2012): Informalisierung der Weltpolitik? Globales Regieren durch Clubs, in: Stiftung Entwicklung und Frieden / Institut für Entwicklung und Friedens (Hrsg.): Globale Trends 2013. Frieden-Entwicklung-Umwelt, Frankfurt, S. 27-42.
Ruggie, John Gerald (1993): Multilateralism Matters, New York.
Schechter, Michael G. (2011): Systemic Change, International Organizations, and the Evolution of Multilateralism, in: Muldoon, James P. et al. (Hrsg.): The New Dynamics of Multilateralism. Diplomacy, International Organizations, and Global Governance, Boulder, S. 23-41.
Schneckener, Ulrich (2009): Globales Regieren durch Clubs. Definition, Chancen und Grenzen von Club Governance, Berlin.

37 – Nahostkonflikt (*Rüdiger Robert*)

1. Begriff und Entstehung

Der zentrale Konflikt, von dem der Nahe Osten überschattet wird, ist der israelisch-arabisch-palästinensische Konflikt. Er wird als Nahostkonflikt (NOstK.) bezeichnet. Die Wurzeln des Konflikts reichen in die Zeit der Entstehung des Staates Israel zurück. Ende des 19. Jhs. kam es in Europa zur Herausbildung einer national-jüdischen Bewegung – des Zionismus. Ursachen waren einerseits die Furcht vor einem Verlust jüdischer Identität durch Assimilation, andererseits die Zunahme des Antisemitismus in West- und Osteuropa. Zum primären Ziel des Zionismus wurde die Errichtung eines eigenständigen jüdischen Staates in Palästina, einem Gebiet, das 1919 von etwa 515.000 Muslimen, 65.000 Juden und 62.000 Christen bewohnt wurde, in seinen Grenzen aber noch nicht eindeutig bestimmt war.

Bis zum Ende des Ersten Weltkriegs stand Palästina unter osmanischer Herrschaft. 1922 fiel es als Völkerbundsmandat an Großbritannien. Dieses verpflichtete sich in der Mandatsakte wie bereits zuvor in der Balfour-Deklaration 1917, die Errichtung einer jüdischen nationalen Heimstätte zu fördern und zu diesem Zweck auch die Einwanderung von Juden nach Palästina zu erleichtern. In den 20er und 30er Jahren des 20. Jhs. gelang es der zionistischen Bewegung, unter dem Schutz Großbritanniens in Palästina einen weitgehend eigenständigen Staat im Staate zu errichten. Er stellte zunehmend nicht nur die semi-feudalistische Struktur, sondern auch den arabischen Charakter des Landes in Frage. Ausschlaggebend für den zionistischen Erfolg waren systematische Bodenaufkäufe, hohes technologisches Wissen, im Vergleich zur arabischen Seite überlegene Finanzkraft sowie eine die Juden einseitig bevorzugende Arbeitsmarktpolitik. Nicht zuletzt trug die durch den Hitler-Faschismus emporschnellende Zahl von Immigranten zur Festigung des jüdischen Gemeinwesens in Palästina bei.

Der arabische Widerstand gegen den zionistischen Siedlungskolonialismus formierte sich mit dem Erwachen des arabischen Nationalismus. Er lehnte die historischen, rechtlichen, moralischen und machtpolitischen Ansprüche der Juden auf das Land ihrer Väter ab und forderte die Schaffung eines unabhängigen, der arabischen Mehrheit des Landes Rechnung tragenden Staates Palästina. Großbritannien reagierte auf Unruhen, Streiks und Aufstände der Araber mit der Abspaltung Transjordaniens, der Anwendung von Repressalien, der Einsetzung von Sachverständigenkommissionen und am Vorabend des Zweiten Weltkriegs mit der Reduzierung der jüdischen Nationalheimpolitik.

Als es der britischen Administration auch nach 1945 nicht gelang, in dem Anspruch zwischen Juden und Arabern auf Palästina zu vermitteln und der judeo-arabische zu einem anglo-zionistischen Konflikt zu werden drohte, kündigte Großbritannien die Rückgabe des Mandats an die → Vereinten Nationen als Nachfolger des Völkerbundes an. Am 29.11.1947 beschlossen die UN die Teilung Palästinas in einen jüdischen und einen arabischen Staat sowie in eine internationale Zone von Jerusalem. Der Teilungsplan scheiterte an mangelnder Durchsetzbarkeit. Daraufhin konstituierte sich der Staat Israel am 14.5.1948 aus eigener Machtvollkommenheit (→ Macht). Im Gegenzug besetzte Jordanien die sog. Westbank, Jerusalem wurde geteilt. Der Gazastreifen geriet unter ägyptische Verwaltung. Mehr als 750.000 Palästinenser wurden heimatlos.

2. Ebenen des Konflikts

Der NOstK. wird auf drei Ebenen ausgetragen. Auf der ersten Ebene stehen sich der Staat Israel und die arabischen Palästinenser gegenüber. Als Kleinstaat mit einer Fläche von 21.946 qkm und 8,37 Mio. Einwohnern (2014) – darunter ca. 75% Juden und ca. 20% Araber (zumeist Muslime, aber auch Christen und Drusen) – verfügt Israel über ein erhebliches Kräftepotenzial. Das gilt in politischer, wirtschaftlicher und militärischer Hinsicht. Trotz innergesellschaftlicher Spannungen und Zersplitterung des Parteiensystems ist das politische System Israels als parlamentarische Demokratie das einzige funktionierende westliche Regierungssystem im Nahen Osten. Ökonomisch gehört Israel zu den Ländern der industrialisierten Welt. Das BIP belief sich 2014 auf 305,7 Mrd. USD, das Pro-Kopf-Einkommen auf 38.005 USD. Die Dynamik der israelischen Wirtschaft zeigt sich insbesondere in dem mit ca. 4% hohen Anteil des BIP, der jährlich in Forschung und Entwicklung investiert wird. Militärisch ist Israel hochgerüstet. Die Streitkräfte des Landes sind die schlagkräftigsten des Nahen Ostens. Vermutlich verfügen sie auch über Atomwaffen (→ Proliferation). Die Truppenstärke beläuft sich auf ca. 170.000 Aktive und 450.000 Reservisten. Die Militärausgaben Israels beliefen sich 2013 auf schätzungsweise 16,2 Mrd. US-Dollar (ca. 6% des BIP).

Im Unterschied zu den Juden fehlt den Palästinensern ein eigener Staat, auch wenn seine virtuelle Existenz von über 135 Staaten anerkannt wird. Die Palästinensische Autonomiebehörde mit Sitz in Ramallah verfügt im israelisch besetzten Westjordanland – 5.655 qkm – bestenfalls über nominelle Regierungsgewalt. Ostjerusalem steht uneingeschränkt unter der Kontrolle Israels. Der Gazastreifen – 365 qkm – wird seit 2006 von der radikal-islamischen Hamas beherrscht. Der Konflikt zwischen Autonomiebehörde und Hamas verhindert ein geschlossenes Auftreten der Palästinenser gegenüber Israel. Die Bildung einer palästinensischen Einheitsregierung im Juni 2014 hat an dieser Situation kaum etwas geändert. Wirtschaftlich ist die Lage der rund 4,42 Mio. Palästinenser desolat. Die Arbeitslosigkeit im Westjordanland liegt bei 15 bis 20%, im Gazastreifen bei 50%. Die Hälfte der Palästinenser lebt in extremer Armut. Das BIP belief sich 2013 auf lediglich 10,72 Mrd. USD, das durchschnittliche Pro-Kopf-Einkommen betrug mit 2.557 USD gerade einmal 1/15 des durchschnittlichen israelischen Pro-Kopf-

Einkommens. Angesichts der Balkanisierung des Westjordanlandes, der weitgehenden Zerstörung der Infrastruktur des Gazastreifens sowie der Kontrolle des palästinensischen Außenhandels durch Israel sind die wirtschaftlichen und sozialen Aussichten schlecht. Über eine anerkannte militärische Streitmacht verfügen die Palästinenser nicht. Es gibt aber militärische Gruppierungen, die den jeweiligen politischen Strömungen der Palästinenser nahestehen und teilweise vom Ausland unterstützt werden. Beispiele sind die Al-Aksa-Märtyrer-Brigaden und die Qassam-Brigaden. In dem asymmetrischen Konflikt mit Israel stellen sie durchaus eine Gefahr für den jüdischen Staat dar.

Die palästinensische Autonomiebehörde verfolgt einen im Wesentlichen säkularen politischen Kurs. Dominiert wird sie von der 1964 gegründeten Palästinensischen Befreiungsorganisation (PLO) – insbesondere der Fatah. Das ursprüngliche Ziel einer Vernichtung des Staates Israel ist von dieser Organisation zugunsten der Schaffung eines Palästinensischen Staates neben Israel im Westjordanland, im Gazastreifen und in Ostjerusalem aufgegeben worden. An der Spitze der Autonomiebehörde steht in der Nachfolge von Yassir Arafat Mahmut Abbas. Er ist zugleich Vorsitzender der PLO, die als alleinige legitime Interessenvertreterin des palästinensischen Volkes in den 1990er Jahren erste Verträge über eine wechselseitige Anerkennung und einen Frieden mit Israel ausgehandelt hat. Die 1987 aus der Muslimbruderschaft hervorgegangene Hamas leugnet im Unterschied zur PLO das Existenzrecht des Staates Israel und wendet sich gegen die angebliche Verschwörung der Juden zum Zweck der Erlangung der Weltherrschaft. Das offizielle Ziel der Hamas besteht in der Befreiung ganz Palästinas, auf dessen Territorium ein islamischer Staat als Voraussetzung für das friedliche Zusammenleben aller Religionen entstehen soll. Obwohl erhebliche Unklarheit über die Unverrückbarkeit dieser Position besteht, haben Israel, die USA und die Europäische Union die Hamas als terroristische Organisation verurteilt. Damit fehlt es an der Möglichkeit für einen fruchtbaren Dialog zwischen Israel und den Palästinensern.

Auf der zweiten, der regionalen Ebene des NOstK. stehen sich Israel, die arabischen Staaten und Iran gegenüber. Primäres Ziel der israelischen Außenpolitik ist die Sicherheit des Landes. Dazu gehört die militärische Überlegenheit Israels gegenüber seinen Nachbarn ebenso wie der unausgesprochene Anspruch auf den alleinigen Besitz von Atomwaffen. Als Zielsetzung kommt die Abwehr äußerer terroristischer Bedrohungen etwa durch die schiitischen Hizbollah-Milizen im Libanon hinzu. Darüber hinaus ist Israel durchaus an einem Friedensschluss und an einer Zusammenarbeit mit seinen Nachbarstaaten – einschließlich der Türkei – interessiert. In sein Verhalten gegenüber den Palästinensern lässt sich Israel dabei allerdings nicht hineinreden. Das gilt neben der Teilannektion palästinensischer Gebiete auch für die unter Premierminister Benjamin Netanyahu (seit 2009) fortgesetzte Siedlungspolitik im Westjordanland, den jüdischen Wohnungsbau in Ostjerusalem und die Fertigstellung des sog. Schutzwalls zwischen Israel und dem Westjordanland.

Die arabischen Staaten sind seit den 1980er Jahren in ihrer überwiegenden Zahl zu einem Friedensschluss mit Israel bereit. Erklärtes Ziel ist dabei die uneingeschränkte Wiederherstellung der nationalen Rechte des palästinensischen Volkes. Verstanden wird darunter eine Zweistaatenlösung der Palästinafrage, d.h. das Recht auf Errichtung eines palästinensischen Staates in den 1967 von Israel besetzten Gebieten unter Einschluss Ostjerusalems. Zu den Kernforderungen der arabischen Staaten gehört auch die Anerkennung des Rechts der vertriebenen Palästinenser und ihrer Nachkommen – nach UN-Angaben ca. 5 Mio. Menschen – auf Rückkehr in ihre Heimat.

Bei näherem Zusehen verfolgen die arabischen Staaten im Konflikt mit Israel allerdings unterschiedliche Zielsetzungen. Ägypten setzt seit dem Friedensschluss mit Israel und der Rückgewinnung des Sinai 1979 auf eine Vermittlerrolle im NOstK., wobei die Gazafrage und das Verhältnis zur Hamas eine besondere Rolle spielen. Für Jordanien stehen die Erhaltung seiner staatlichen Existenz sowie die Sicherung der Herrschaft des haschemitischen Königshauses im Vordergrund seines Verhältnisses zu Israel. Offiziell hat Jordanien 1994 mit Israel Frieden geschlossen. Saudi-Arabien sucht im NOstK. vor allem seine Position als Hüter der Heiligen Stätten des Islams zu festigen. Für Syrien geht es primär um die Rückgewinnung der Golanhöhen. Als Failed State ist es ähnlich wie der Libanon aber nicht mehr in der Lage, mit Bezug auf die Palästinenser eine eigenständige Politik zu betreiben (→ Staat/Staatlichkeit im Wandel).

Insgesamt hat der NOstK. an Stellenwert für die arabischen Staaten verloren. Ursächlich für die partielle Überlagerung des Konflikts mit Israel sind die Zunahme regionaler Konflikte und innerstaatliche Umwälzungen. Dazu gehören der iranisch-irakische Krieg 1980-1988, der Kuwait-Konflikt 1990/91 und die US-Intervention im Irak 2003 ebenso wie die Ende 2010 beginnende Arabellion, die Fragmentierung eines Teils der arabischen Staaten und die Zunahme des Terrorismus durch Al-Qaida und die Bewegung des Islamischen Staates. Für Iran, der eine Sonderstellung im NOstK. einnimmt, ist ein Verständigungsfrieden mit Israel ausgeschlossen. Der Kampf gegen den zionistischen Feind gilt als ein Kampf ums Dasein und nicht als ein Kampf um Grenzen. Das erklärt die Furcht und den Widerstand Israels gegen das iranische Nuklearprogramm.

Auf der dritten Ebene des israelisch-arabisch-palästinensischen Konflikts agieren die Groß- bzw. die Supermächte. An die Stelle Großbritanniens und Frankreichs sind seit Mitte der 1950er Jahre die USA und die UdSSR getreten. Seit dem Zusammenbruch des Sowjetimperiums sind die USA jedoch zur stärksten, wenn auch keineswegs unumstrittenen Macht im Nahen Osten aufgestiegen.

Während die Vereinigten Staaten stets fundamentale Sympathie für die jüdisch-israelische Sache gezeigt haben, hat die UdSSR im Kontext des → Ost-West-Konflikts eher den Standpunkt der arabischen Staaten und der Palästinenser vertreten. Beide Supermächte haben aber stets in der Anerkennung des Existenzrechts des Staates Israel übereingestimmt. Im Übrigen haben sie im Nahen Osten geostrategische Interessen verfolgt. Diese betrafen und betreffen vor allem Fragen der Beherrschung des östlichen Mittelmeers, des Persisch/Arabischen Golfs und des Zugangs zum Indischen Ozean (Suez-Kanal). Von besonderer Brisanz war und ist die Frage des Zugangs zu den Erdölvorräten am Persisch/Arabischen Golf (→ Geopolitik). Das ist im Zusammenhang mit der Destabilisierung der Golfregion im Gefolge der schiitisch-islamischen Revolution im Iran 1979 sowie des US-amerikanischen Einmarsches im Irak 2003 deutlich geworden.

Im Ringen um → Macht und Einfluss im Nahen Osten haben die USA und die UdSSR wechselnde Erfolge erzielt. Bis Anfang der 1970er Jahre hat die Sowjetunion ihre Stellung in der Region ausbauen können. Als Konsequenz des Oktoberkrieges 1973 sind die sowjetischen Positionsgewinne jedoch wieder verloren gegangen. Wichtigster Partner der UdSSR im Nahen Osten war in den 1980er Jahren Syrien. Der Zerfall des Ostblocks und die Auflösung der Sowjetunion haben Russland an die Stelle der ehemaligen östlichen Supermacht treten lassen. Trotz Wiederaufnahme der diplomatischen Beziehungen zu Israel 1991, Teilnahme an der anti-irakischen Koalition im Kuwait-Konflikt und Mitwirkung am sog. Nahostquartett spielt Russland zu Beginn des 21. Jhs. im israelisch-arabisch-palästinensischen Konflikt eher eine mittelbare Rolle. Deutlich sind die Parteinahme für das Assad-Regime im syrischen Bürgerkrieg sowie der Ausbau der politischen und militärischen Zusammenarbeit mit Iran einschließlich einer Vermittlerrolle im Streit um das iranische Nuklearprogramm.

Für die USA als einzige in der Region verbliebene Supermacht geht es im Nahen Osten auch nach den Anschlägen auf das World-Trade-Center und das Pentagon am 11.9.2001 um die Sicherstellung der Existenz und der Stabilität Israels als verbündeter Macht. Hinzu kommen als konkrete Zielsetzungen in der Region die Wahrung der Öl- und Erdgasinteressen des Westens (→ Energiepolitik), die Nichtweiterverbreitung von Massenvernichtungswaffen und die Bekämpfung des → internationalen Terrorismus. Angesichts der Herausforderung durch die „Achse des Bösen" ist die Lösung des israelisch-arabisch-palästinensischen Konflikts für die USA jedoch zeitweise in den Hintergrund getreten. Anders als die Administration von George W. Bush, die Israel vor allem als Partner im Krieg gegen den Terrorismus gesehen hat und im Konflikt des jüdischen Staates mit den Palästinensern weitgehend passiv geblieben ist, hat Präsident Barack Obama bei seinem Amtsantritt 2009 nicht nur eine veränderte Haltung der USA gegenüber der arabisch-islamischen Welt, sondern auch aktive Bemühungen um eine Beilegung des NOstK. angekündigt. Trotz Bekenntnisses zum Recht des palästinensischen Volkes auf Selbstbestimmung und Forderung nach Beendigung der israelischen Siedlungspolitik haben diese Bemühungen jedoch zu keinem Erfolg geführt. Das trifft auch auf den Versuch zu, die Palästinenser – insbesondere die Hamas und ihre Anhänger – zu einem Verzicht auf terroristische Anschläge zu bewegen. Nach wie vor wird den USA von arabischer Seite eine unausgewogene Nahostpolitik unterstellt. Der Vorwurf lautet: Doppelmoral und Anwendung von Doppelstandards bei der Anwendung internationalen Rechts zum Vorteil Israels.

3. Formen der Konfliktaustragung

Ausgetragen wird der NOstK. mit politischen, wirtschaftlichen und militärischen Mitteln. Zu den bevorzugten politischen Mitteln gehören die Inanspruchnahme der → Diplomatie und der Einsatz von Propaganda und Massenmedien zur Beeinflussung der Weltöffentlichkeit. Letzteres geschieht in USA und in Westeuropa vielfach zugunsten Israels, in Osteuropa und den Staaten der ehemals Dritten Welt eher zugunsten der Palästinenser. Auf diplomatischer Bühne ist in den vergangenen drei Jahrzehnten ein deutliches Abrücken von einseitigen Positionen im NOstK. festzustellen. Die → Vereinten Nationen befassen sich seit ihrem Bestehen intensiv mit dem israelisch-arabisch-palästinensischen Konflikt. Die PLO hat seit 1974 als völkerrechtlich anerkannte Vertretung Beobachterstatus bei den UN, seit 2012 hat sie den Status eines non member observer states. In einem Gutachten hat der Internationale Gerichtshof der UN 2004 den Bau des israelischen Schutzwalls gegenüber dem Westjordanland für mit dem Völkerrecht unvereinbar erklärt. Die → Europäische Union (EU) ist in ihrer Politik gegenüber Israel und den Palästinensern deutlich um Ausgewogenheit bemüht. Sowohl die Haltung der UN als auch die Haltung der EU haben auf israelischer Seite wiederholt zu Kritik wegen nicht ausreichender Berücksichtigung der Interessen des jüdischen Staates geführt.

Wirtschaftlich wird der NOstK. zum einen im direkten Verhältnis zwischen Israel und den Palästinensern ausgetragen. Die strikte Kontrolle der palästinensischen Wirtschaft durch Israel zementiert den Zustand struktureller Unterentwicklung auf palästinensischer Seite. Energieabhängigkeit und Wasserknappheit sind zumindest teilweise das Ergebnis des Machtgefälles zwischen Israel und den Palästinensern. Das trifft auch auf die unzureichenden Bedingungen des Arbeitsmarktes und die Kontrolle des palästinensischen Außenhandels zu. Zum anderen geht es im NOstK. um den Zugang zu weltweit bedeutsamen Rohstoffreserven wie Erdöl und Erdgas, um Handelsinteressen, wissenschaftlich-technisches Know-how und den Zugang zu Kapitalquellen. Israel zeigt sich auch hier besser aufgestellt als die Palästinenser. Seit 2000 ist der jüdische Staat mit der EU im Rahmen der Mittelmeerpolitik durch ein Assoziierungsabkommen verbunden. Es zielt auf einen freien Handelsverkehr gemäß WTO-Regeln, will aber über den Gedanken der Konditionalität auch die Einhaltung von Menschenrechten befördern.

Militärisch ist der NOstK. durch eine breite Palette physischer Gewaltanwendung gekennzeichnet. Sie reicht von zwischenstaatlichen Kriegen, einseitigen militärischen Interventionen und Luftschlägen über terroristische Aktionen, Selbstmordanschläge und Kollektivstrafen bis zur gezielten Tötung einzelner Personen. Im ersten Nahostkrieg 1947/48 hat Israel seine staatliche Existenz und eine erhebliche Ausweitung seines Territoriums durchgesetzt. Im zweiten Nahostkrieg 1956 hat es Ägypten eine schwere militärische Niederlage beigebracht, sich im Verbund mit Frankreich und Großbritannien aber auch als imperialistischer Aggressor diskreditiert. Im dritten Nahostkrieg 1967 hat es das Westjordanland einschließlich Ostjerusalems, die Sinai-Halbinsel, den Gazastreifen und die Golanhöhen erobert. Im vierten Nahostkrieg 1973 haben die arabischen Staaten erstmals militärische, vor allem aber politisch-psychologische Erfolge gegen den jüdischen Staat errungen. Der Nimbus der israelischen Unbesiegbarkeit ist verloren gegangen. Zu den Formen klassischer militärischer Auseinandersetzungen gehören auch die Luftangriffe Israels auf den Irak und Syrien in den Jahren 1981 und 2007. In beiden Fällen ging es um die Ausschaltung als Bedrohung empfundener Atomanlagen.

Die fortschreitende Entgrenzung des NOstK., die Zersplitterung der arabischen und palästinensischen Akteure, die Entstehung immer neuer Widerstandsgruppen und Terrororganisationen sowie ihre Unterstützung durch Länder wie den Iran haben den Konflikt zunehmend asymmetrisch werden lassen. Waffentechnisch, organisatorisch, finanziell und strategisch, aber auch politisch-ideologisch stehen sich im NOstK. zusehends Parteien unterschiedlichen Gewichts und unterschiedlicher Stärke gegenüber. Die Position absoluter militärischer Überlegenheit Israels ist durch die damit einhergehenden Veränderungen der Konfliktaustragung in Frage gestellt. Gelang es den israelischen Streitkräften 1982 noch, die PLO gewaltsam aus Beirut zu vertreiben, so war es Israel 2006 nicht mehr möglich, die Hizbollah-Milizen im Libanon militärisch dauerhaft auszuschalten. Der Versuch, die Qassam-Brigaden und damit die Hamas im Gazastreifen niederzuringen, ist trotz massiver Luftschläge und des Einsatzes von Bodentruppen sowohl 2008/09 als auch 2014 gescheitert. Immer mehr nähert sich der NOstK. einer Situation, in der sich militärisch eine wenn auch ungleichgewichtige Pattsituation abzeichnet. Das haben auch die Aufstandsbewegungen der Palästinenser, die 1. und die 2. Intifadah 1988 bis 1993 bzw. 2000 bis 2005, gezeigt. Die Auseinandersetzungen zwischen der israelischen Armee und den Palästinensern im Westjordanland und im Gazastreifen haben zwar auf beiden Seiten des Konflikts tausende Opfer gefordert, aber weder Sieger noch Besiegte hinterlassen.

4. Friedensbemühungen

Die Bemühungen um eine Friedensregelung im Nahen Osten reichen bis in die Zeit vor der Entstehung des Staates Israel zurück. Sie haben immer wieder neue Formen angenommen. Grundsätzlich sind für das Verhältnis zwischen Israel und den Palästinensern drei Lösungen denkbar:

- Erstens die sog. Zweistaatenlösung, die neben Israel die Schaffung eines unabhängigen palästinensischen Staates in der Westbank, dem Gazastreifen und Ostjerusalem vorsieht.
- Zweitens die Schaffung eines binationalen Staates mit Schutz vor Mehrheitsentscheidungen durch Garantie von Gruppenrechten.
- Drittens eine Einstaatenlösung in Form eines postnationalen demokratischen Staates mit gleichen bürgerlichen und politischen Rechten für alle.

Konkreter Ausgangspunkt der Friedensbemühungen sind seit dem dritten Nahostkrieg 1967 die Resolutionen des UN-Sicherheitsrats Nr. 242 vom 22.11.1967 und Nr. 338 vom 22.10.1973. Resolution 242 fordert zur Herstellung eines gerechten und dauerhaften Friedens u.a. den Abzug der israelischen Streitkräfte aus (den) Gebieten, die während des Juni-Krieges 1967 besetzt worden sind, sowie die Achtung und Anerkennung der Souveränität, territorialen Integrität und politischen Unabhängigkeit aller Staaten des Nahen Ostens einschließlich ihres Rechts, in Frieden zu leben. Die legitimen Rechte des palästinensischen Volkes werden in der Resolution nur in Form einer gerechten Regelung des Flüchtlingsproblems (→ Migration) angesprochen.

Nach dem Oktoberkrieg 1973 gelang zunächst ein militärisches Disengagement zwischen Israel und Ägypten (Abkommen vom 18.1.1974 und 4.9.1975) sowie zwischen Israel und Syrien (Abkommen vom 31.5.1974). Ende 1977 besuchte der ägyptische Präsident Anwar as-Sadat in einer kühnen Aktion Jerusalem. Der israelische Ministerpräsident Menachem Begin reagierte mit einem Gegenbesuch in Ismailia. In Camp David verständigten sich schließlich beide Staaten unter amerikanischer Vermittlung am 17.9.1978 auf einen Rahmen für den Abschluss eines Friedensvertrages zwischen Ägypten und Israel und einen Rahmen für den Frieden im Nahen Osten.

Während der israelisch-ägyptische Friedensvertrag am 26.3.1979 zustande kam, blieb das Kernproblem des NOstK., die Palästinenserfrage, ungelöst. Die zunächst angestrebte Autonomie für die Palästinenser in der Westbank und im Gazastreifen wurde nicht verwirklicht. Dementsprechend negativ war die Reaktion in der arabischen Welt auf den israelisch-ägyptischen Separatfrieden. Die Mitgliedschaft Ägyptens in der Arabischen Liga wurde vorübergehend ausgesetzt. Israel führte seine Siedlungspolitik in den besetzten Gebieten fort, am 30.7.1980 annektierte es Ostjerusalem, am 14.12.1981 die Golanhöhen. Mit dem Fahd-Plan bekannte sich Saudi-Arabien 1981 erstmals indirekt zur Anerkennung des Existenzrechts des Staates Israel und zu einer Zweistaatenlösung. Die 12. Arabische Gipfelkonferenz in Marokko machte sich den Plan in leicht geänderter Fassung 1982 als Charta von Fez zu Eigen. Unterstützung für das Zweistaatenkonzept erhielt die Arabische Liga durch die UdSSR, die allerdings die Notwendigkeit einer Sicherheitsgarantie für Israel stärker betonte als die arabische Seite. Die USA verweigerten sich demgegenüber einer Zweistaatenlösung. Als Reaktion auf den Einmarsch Israels im Libanon schlug Präsident Ronald Reagan am 1.9.1982 volle Autonomie für die Westbank und den Gazastreifen sowie eine Assoziierung mit Jordanien vor. Israel sollte sich aus den besetzten Gebieten zurückziehen. Das Konzept scheiterte nach langwierigen Verhandlungen, als Jordanien unter dem Eindruck der 1. Intifadah 1988 eine definitive politische und administrative Trennung von seinen Gebieten westlich des Jordan vollzog.

Die am 30.10.1991 in Madrid eröffnete multilaterale Friedenskonferenz war eine Reaktion auf den Kuwait-Konflikt von 1990/91 und die seinerzeitige indirekte Koalition Israels mit den irakischen Kriegsgegnern. Die herausragende Vermittlungsposition der USA auf dieser Konferenz war aber nicht mit einem klaren Konzept zur Lösung des israelisch-palästinensischen Konflikts verbunden. Die Palästinenser konnten auf Druck Israels nur als Teil einer palästinensisch-jordanischen Delegation ohne offizielle Verbindung zur PLO an der Konferenz teilnehmen. Verhandlungen über einen möglichen Endstatus wurden zugunsten einer möglichen Interimsvereinbarung zurückgestellt.

Trotz des Scheiterns der Madrider Friedenskonferenz kam es in der Folgezeit zu einer Annäherung zwischen Israel und der PLO. Nach Geheimverhandlungen in Norwegen verständigten sich beide Seiten am 13.9.1993 auf eine wechselseitige Anerkennung und Gewaltverzicht. Mit dem Gaza-Jericho-Abkommen vom 4.5.1994 erhielten die Palästinenser erstmals begrenzte Autonomierechte. Die Vereinbarung wurde durch ein weiteres Autonomieabkommen am 28.9.1995 ergänzt. Größter Mangel war der Verzicht auf klare Aussagen über eine endgültige Friedensregelung im Nahen Osten. Während die PLO eine Zweistaatenlösung anstrebte, stießen die Autonomierechte für die Palästinenser zunehmend auf innerisraelischen Widerstand. Mit der Ermordung Yitzhak Rabins am 4.11.1995 geriet der Friedensprozess ins Stocken. Shimon Peres gelang es nicht, bei den Wahlen am 29.5.1996 die israelische Bevölkerung hinter sich zu bringen. Ministerpräsident Benjamin Netanjahu – seinerzeit erstmals ins Amt gekommen – und der von ihm geführte Likud-Block lehnten die Bildung eines palästinensischen Staates, den Rückzug von den Golanhöhen und jede Änderung des Status von Jerusalem kategorisch ab. Die Sicherheit Israels sollte auch nicht durch eine großzügige Autonomieregelung für die Palästinenser und den Verzicht auf weitergehende Siedlungspolitik in der Westbank gewährleistet werden, sondern in erster Linie durch umfassende Kontrolle der Palästinenser und militärische Stärke.

Die am 17.5.1999 gewählte Regierung Ehud Barak weckte erneut Hoffnungen auf eine Friedensregelung im Nahen Osten. Nach dreijähriger Unterbrechung wurden die Verhandlungen über eine Konfliktregelung mit Syrien wieder aufgenommen. Ein Friedensschluss mit Jordanien war bereits am 26.10.1994 zustande gekommen. Am 25.5.2000 räumte Israel die seit 1978 besetzte Sicherheitszone im Südlibanon. Ein schwerer Rückschlag war das Scheitern des trilateralen Gipfels zwischen US-Präsident Bill Clinton, Ministerpräsident Ehud Barak und dem Vorsitzenden der PLO Yassir Arafat in Camp David vom 11. bis 25.7.2000. Der erhoffte Durchbruch in Richtung auf eine Zweistaatenlösung gelang nicht. Die Verhandlungen wurden ohne greifbares Ergebnis abgebrochen.

Seitdem hat sich der Friedensprozess im Nahen Osten in einen Prozess mehr oder minder andauernder kriegerischer Auseinandersetzungen verwandelt. Der Versuch von Ministerpräsident Ariel Sharon 2004, den NOstK. durch Abkoppelung von den Palästinensern in Form eines Rückzugs aus dem Gazastreifen und gleichzeitige dauerhafte Okkupation großer Teile des Westjordanlandes zu lösen, hat sich innen- wie außenpolitisch trotz anfänglicher Unterstützung durch die USA als Sackgasse erwiesen. Ein Frieden im Nahen Osten als einseitiges Diktat ist nicht durchsetzbar. Es bedarf vielmehr zwingend eines Einvernehmens zwischen den Konfliktparteien.

Zu diesem Zweck verfolgt die Weltgemeinschaft seit 2002, dem Jahr der Gründung des Nahostquartetts, verstärkt den Gedanken einer Zweistaatenlösung. Mit der 2003 präsentierten Roadmap schlagen die Mitglieder USA, Russland, die UN und die EU einen Drei-Stufen-Plan zur Lösung des NOstK. vor. Die Regelung – so heißt es wörtlich – „will result in the emergence of an independent, democratic, and viable Palestinian state living side by side in peace and security with Israel and its other neighbours". Bereits die erste Stufe des Plans – Beendigung von Gewalt und Terror, Normalisierung der Lebensumstände für die Palästinenser und Reform der palästinensischen Institutionen – konnte bislang nicht in die Wirklichkeit umgesetzt werden. Bemühungen von US-Außenminister John Kerry 2013 und 2014, den Friedensprozess auf der Basis der Roadmap zu reanimieren, blieben erfolglos.

Ursache für das Scheitern sind zum einen grundsätzliche Vorbehalte gegen eine Zweistaatenlösung auf israelischer wie auf palästinensischer Seite, zum anderen das wachsende Problem einer klaren Grenzziehung zwischen der jüdischen und der palästinensischen Bevölkerung. Hinzu kommt als Schwierigkeit die zunehmende religiöse Aufladung des NOstK. Das macht ein Einvernehmen über den künftigen Status Jerusalems nahezu unmöglich. Zudem führt es zu einer Verhärtung des Streites über das Rückkehrrecht der palästinensischen Flüchtlinge und die Zukunft der jüdischen Siedler in den besetzten Gebieten. Andere Aspekte des NOstK. sind ebenfalls ungelöst. Dazu zählen die Verteilung und Nutzung der knappen Wasservorräte an Jordan und Yarmuk, die Bewältigung gemeinsamer Umweltprobleme, die wirtschaftliche Entwicklung der Region und die Friedenssicherung durch kollektive Sicherheit.

Das wirft insgesamt die Frage nach der Praktikabilität der Zweistaatenlösung auf. Zeitlich erst spät von der Mehrzahl der nahöstlichen Akteure akzeptiert, entspricht sie in vielerlei Hinsicht nicht (mehr) den Gegebenheiten vor Ort. Als Alternative könnte das Konzept eines binationalen Staates dienen. Für die palästinensische Seite war es zumindest vor der Gründung des Staates Israel ein denkbares Konzept. Für Israel mit seinem Selbstverständnis als jüdischer und nicht jüdisch-palästinensischer Staat ist es hingegen unannehmbar. Auch das Konzept einer postnationalen, Religion und Ethnizität in ihrer Bedeutung zurückstellenden Demokratie erweist sich nicht als brauchbare Alternative zur Zweistaatenlösung. Solange eine solche Demokratie den Palästinensern lediglich bürgerliche Rechte neben den Juden einräumt, ist sie unvollständig und muss den Palästinensern als fortgesetzte Unterwerfung unter israelische Herrschaft erscheinen. Umgekehrt stellt sie sich aus der Sicht Israels als ein trojanisches Pferd auf dem Weg zur Binationalität dar.

Fehlende Lösungsvorschläge mit einer ausreichenden Schnittmenge an Gemeinsamkeiten für alle Konfliktparteien, fortgesetztes gegenseitiges Misstrauen und hohe Gewaltbereitschaft lassen einen Frieden im NOstK. gegenwärtig wenig wahrscheinlich erscheinen. Eher realistisch ist ein Szenario, wie es ähnlich der palästinensische Philosoph Sari Nusseibeh (2012: 16) beschrieben hat: Danach werden Juden und Palästinenser weiterhin gemeinsam als Feinde unter einem Dach leben, eingeengt in einen geographischen Raum mit begrenzten natürlichen Ressourcen – stets getrieben von gegenseitiger Angst und stets kämpfend um die Verwirklichung ihrer nationalen und religiösen Ambitionen.

→ Ergänzende Beiträge

Diplomatie; Europäische Union als internationaler Akteur; Energiepolitik; Internationaler Terrorismus; Migration; Proliferation; Prägende Konflikte nach dem Zweiten Weltkrieg; Staat/Staatlichkeit im Wandel; Typen militärischer Interventionen; Religionen und internationale Politik

Literatur

Baumgarten, Helga (2013): Kampf um Palästina – Was wollen Hamas und Fatah? Freiburg.

Hacke, Christian ([3]2005): Zur Weltmacht verdammt. Die amerikanische Außenpolitik von Kennedy bis Bush, Berlin.

Johannsen, Margret ([3]2011): Der Nahost-Konflikt, Wiesbaden.

Krämer, Gudrun ([5]2006): Geschichte Palästinas. Von der osmanischen Eroberung bis zur Gründung des Staates Israel, München.

Nusseibeh, Sari (2012): Ein Staat für Palästina? Plädoyer für eine Zivilgesellschaft in Nahost, München.

Robert, Rüdiger / Schlicht, Daniela / Saleem, Shazia (Hrsg.) (2010): Kollektive Identitäten im Nahen und Mittleren Osten. Studien zum Verhältnis von Staat und Religion, Münster/New York/München/Berlin.

Wolffsohn, Michael ([7]2007): Israel. Geschichte, Politik, Gesellschaft, Wirtschaft, Wiesbaden.

38 – NATO (*Patrick Keller*)

1. Entstehung

Die Nordatlantische Vertragsorganisation (*North Atlantic Treaty Organization* – NATO) ist ein politisch-militärisches Verteidigungsbündnis, dem gegenwärtig 28 Staaten aus Europa und Nordamerika angehören. Sie wurde am 4. April 1949 von zwölf Staaten gegründet: Belgien, Dänemark, Frankreich, Großbritannien, Island, Italien, Kanada, Luxemburg, Niederlande, Norwegen, Portugal und USA. Gegenüber der am 17. März 1948 von Frankreich, Großbritannien und den BENELUX-Staaten mit dem Brüsseler Vertrag ins Leben gerufenen Westeuropäischen Union (WEU) ist die NATO also vor allem durch ihre transatlantische Dimension charakterisiert. Wie die WEU (→ Europäische Sicherheitsstruktur), die durch die NATO augenblicklich an Relevanz verlor, aber sich erst 2011 auflöste, ist die NATO als Bündnis kollektiver Verteidigung konzipiert, dessen Mitglieder sich im Falle externer Aggression gegen einen oder mehrere Mitgliedstaaten alle zum Beistand verpflichten. Damit fußt die NATO auf der Charta der → Vereinten Nationen, die in Art. 51 die individuelle oder kollektive Selbstverteidigung im Falle eines Angriffs zur Ausnahme vom grundsätzlichen Gewaltverbot erklärt (→ Militärbündnisse). Zugleich sind jedoch *de facto* von Beginn an auch Züge eines Systems kollektiver Sicherheit in der NATO gegeben, weil das Bündnis nicht nur gegen Aggression von außen gerichtet ist, sondern auch zwischen den Mitgliedstaaten befriedend wirkt – eine Rolle, die mit der Aufnahme der Türkei und Griechenlands (1952) sowie der Bundesrepublik Deutschland (1955) noch deutlicher werden sollte und die weitere europäische Integration erst ermöglicht hat. Die Gründerstaaten trafen die Entscheidung, sich zu einem Bündnis zusammenzuschließen, vor dem Hintergrund der Erfahrungen des Zweiten Weltkrieges und dem heraufziehenden → Ost-West-Konflikt. Den westeuropäischen Mitgliedern versprach die formale Allianz mit den Vereinigten Staaten von Amerika Schutz vor der Expansion des Sowjetkommunismus sowie eine Rückversicherung gegenüber möglicherweise erneuter Aggression Deutschlands. Für die amerikanische Seite bedeutete die Mitgliedschaft in der NATO, dass die USA sich entgegen ihrer isolationistischen Impulse zu einer europäischen Macht erklärten und im eigenen Interesse Verantwortung für die Stabilität des Kontinents übernahmen (→ transatlantische Beziehungen). Der Zweck der Allianz war demnach, wie der erste NATO-Generalsekretär Lord Ismay gesagt haben soll, ‚*to keep the Russians out, the Americans in, and the Germans down*'.

2. Vertragswerk

Der NATO-Vertrag besteht aus einer Präambel und 14 Artikeln. Seit 1949 praktisch unverändert geblieben, enthält er – neben formaljuristischen Elementen – drei zentrale Aspekte.

- Der wichtigste Aspekt findet Ausdruck in Art. 5, wonach der bewaffnete Angriff auf ein NATO-Mitglied den Bündnisfall auslöst, also alle NATO-Mitglieder zur individuellen und kollektiven Selbstverteidigung ermächtigt werden. Geographisch beschränkt Art. 6 den Bündnisfall auf bewaffnete Angriffe auf alliiertes Territorium oder alliierte Truppen im nordatlantischen Raum, das heißt in Europa und Nordamerika „nördlich des Wendekreises des Krebses". Art. 3 verpflichtet die Mitgliedstaaten, ihre (militärischen) Fähigkeiten zum Widerstand gegen solch einen Angriff weiterzuentwickeln. Bemerkenswert ist, dass der Vertrag die genaue Ausgestaltung des Beistands im Bündnisfall offenlässt. Weil die USA auf ihre souveräne Entscheidungsgewalt über den Einsatz ihrer Streitkräfte bestanden, gibt es keinen militärischen Automatismus wie noch im Brüsseler Vertrag (WEU) vorgesehen; theoretisch ist der Beistandsverpflichtung auch mit einer diplomatischen Protestnote genüge getan. Daraus ergibt sich die für die NATO-Strategie typische Ambivalenz: Rhetorisch und in der Aufstellung der Streitkräfte müssen Bereitschaft und Fähigkeit zum geschlossenen militärischen Handeln deutlich gemacht werden, um eben nicht kriegerisch handeln zu müssen (→ Abschreckung). Potentielle Angreifer durch Kampfbereitschaft abzuschrecken bedeutet also auch, den Ernstfall zu vermeiden, der den Zusammenhalt der Allianz auf die Probe stellen würde.

- Der zweite zentrale Aspekt des NATO-Vertrages ist die Unterordnung unter das → Völkerrecht/internationale Recht und die Anerkennung der vorrangigen Rolle der VN als Hüter der internationalen Ordnung (→ Weltordnungsmodelle). Die VN werden in der Präambel und vier Artikeln explizit genannt. Die NATO ist weder als Konkurrenz zur dieser, noch als ihr globales Instrument konzipiert. Der Vertrag skizziert eine Regionalorganisation, die im Geiste der VN und gewissermaßen in ihrer Stellvertretung Stabilität im nordatlantischen Raum wahrt.
- Drittens tritt zu diesen militärischen und völkerrechtlichen Aspekten eine politische Dimension. Schon in der Präambel heißt es über die Mitgliedstaaten: „Sie sind entschlossen, die Freiheit, das gemeinsame Erbe und die Zivilisation ihrer Völker, die auf den Grundsätzen der Demokratie, der Freiheit der Person und der Herrschaft des Rechts beruhen, zu gewährleisten". In Art. 2 werden die Förderung freiheitlicher Institutionen und die wirtschaftliche Zusammenarbeit der NATO-Mitgliedstaaten zum Ziel erklärt, und in Art. 4 wird das Bündnis zum zentralen Ort der politischen Konsultation der Mitglieder in Fragen der politischen Unabhängigkeit bestimmt. Vor diesem Hintergrund überrascht die Gründungsmitgliedschaft Portugals, das 1949 noch keine liberale Demokratie war – allerdings als ‚Brückenkopf' für amerikanische Truppen herausragende Bedeutung besaß.

Damit ist die NATO nicht nur ein militärisches, sondern in erster Linie ein politisches Bündnis. Die deutliche Berufung auf liberale Prinzipien und politisch-ideologische Zusammengehörigkeit erklärt sowohl den Beitrag, den die Gründung der NATO zur Blockbildung im Ost-West-Konflikt leistete, als auch ihre für → Militärbündnisse untypische Langlebigkeit nach dem Ende der Bedrohung durch den geostrategischen Gegner. Dazu passt auch die in Art. 10 festgeschriebene grundsätzliche Offenheit der NATO für jeden europäischen Staat, der „in der Lage ist, die Grundsätze dieses Vertrages zu fördern und zur Sicherheit des nordatlantischen Gebiets beizutragen". In der Gesamtschau lässt sich sagen, dass die Gründungsstaaten der NATO interessengeleitet und wertebasiert gehandelt haben. Die Gleichzeitigkeit von realpolitischem Kalkül und idealistischer Überzeugung ist für das Bündnis ebenso charakteristisch wie die zweigliedrige militärische und politische Struktur.

3. Struktur

Der NATO-Vertrag lässt viel Spielraum zur strukturellen Ausgestaltung der Organisation. Nur zwei Elemente sind (in Art. 9) vorgeschrieben: der NATO-Rat, dem die Umsetzung des Vertrages obliegt, und ein Ausschuss, der militärpolitische Maßnahmen im Zusammenhang mit Art. 3 und 5 vorschlagen soll. Dennoch hat sich im Laufe der Zeit eine vielschichtige Organisationsstruktur gebildet, die stets zwei Prämissen folgt. Erstens besitzt die NATO intergouvernementalen Charakter. Das heißt, die Mitgliedstaaten treten keinerlei Souveränitätsrechte an die Institution ab. Daher unterliegen alle Entscheidungen dem Prinzip der Einstimmigkeit – wobei Enthaltungen möglich sind bzw. als Zustimmung gewertet werden. Zweitens gibt es eine deutliche Aufteilung in eine zivile und eine militärische Struktur. Die zivile Seite hat den Vorrang und übt die politische Entscheidungsgewalt und Kontrolle aus.

Das wichtigste Gremium ist der Nordatlantikrat (*North Atlantic Council* – NAC). Hier fällen die Mitgliedstaaten alle politischen Entscheidungen der NATO und können über alle Fragen beraten, die ihre Sicherheit betreffen. Der NAC sitzt im NATO-Hauptquartier in Brüssel (von 1949 bis 1952 in Washington, DC, von 1952 bis 1967 in Paris). Er tritt in der Regel einmal wöchentlich zusammen, und zwar auf Ebene der Ständigen Vertreter (Botschafter) der Mitgliedstaaten. Er kann auch auf der Ebene der Außen- oder Verteidigungsminister oder der Staats- und Regierungschefs zusammentreten. Den Vorsitz führt der NATO-Generalsekretär. Ihm kommt zwar gegenüber den Mitgliedstaaten keine Entscheidungsgewalt zu, aber er spielt eine bedeutende Rolle bei der Formulierung und Herbeiführung von konsensfähigen Positionen. Außerdem vertritt er die NATO nach innen und außen. Es hat sich daher etabliert, für diesen Posten – der traditionell von einem Europäer besetzt wird – erfahrene und hochrangige Politiker auszuwählen, zuletzt sogar ehemalige Premierminister: 2009 2014 Anders Fogh Rasmussen, Dänemark, und seit 2014 Jens Stoltenberg, Norwegen. Dem Generalsekretär untersteht der Internationale Stab, der die Delegationen der Mitgliedstaaten beratend unterstützt und dabei hilft, politische Entscheidungen umzusetzen. Zu den wichtigsten Aufgaben des Stabes gehört die Koordination von über zwanzig Gremien und Ausschüssen, die an den NAC berichten und in denen die Mitgliedstaaten ihre politischen Entscheidungen vorbereiten.

Eines der beiden wichtigsten dieser Gremien ist die Nukleare Planungsgruppe (*Nuclear Planning Group* – NPG). Sie ist die einzige dem NAC formal gleichgestellte Entscheidungsinstanz, allerdings nur mit Blick auf ihre Zuständigkeit für die Nuklearpolitik des Bündnisses. Ihr gehören unter Vorsitz des Generalsekretärs alle NATO-Staaten mit Ausnahme Frankreichs an, das seine Nuklearwaffen nicht als Teil der NATO-Struktur versteht. Das andere der beiden wichtigsten Gremien ist der Militärausschuss (*Military Committee* – MC), der das oberste Element der militärischen Struktur der NATO darstellt. Hier treffen die Ständigen Militärischen Vertreter der Mitgliedstaaten zusammen, die den jeweiligen Generalstabschef (oder vergleichbaren Posten) repräsentieren. Sie beraten den NAC in militärischen Fragen und legen ihm militärische Richtlinien sowie Analysen und Handlungsempfehlungen im Krisenfall vor. Die Mitgliedstaaten wählen einen Vorsitzenden des MC, welcher damit zum höchstrangigen NATO-Offizier wird. Dem MC unterstehen seit der Reform 2004 zwei strategische Hauptquartiere. Das *Allied Command Operations* (ACO) in Belgien und das *Allied Command Transformation* (ACT) in den USA. ACO obliegt die Planung und Durchführung aller militärischen Operationen der NATO, wobei zu beachten ist, dass die NATO keine eigenen Streitkräfte unterhält – sie werden im Krisenfall von den Mitgliedstaaten dem ACO-Kommando unterstellt. Geführt wird das ACO vom *Supreme Allied Commander Europe* (SACEUR), traditionell ein amerikanischer Offizier. ACO sind streitkräftegemeinsame (also Heer, Marine und Luftwaffe umfassende) operative Hauptquartiere in den Niederlanden und Italien unterstellt, denen wiederum nachgeordnete Hauptquartiere der Teilstreitkräfte unterstehen. Aufgrund des wechselnden militärischen Anforderungsprofils unterliegt diese Organisationsstruktur ständigen Reform- und Anpassungsprozessen. Dem ACT obliegt die Transformation der militärischen Fähigkeiten der Mitgliedstaaten, also vor allem die Förderung eines für die Aufgaben der NATO geeigneten Streitkräftearsenals. Bessere Interoperabilität der individuellen nationalen Streitkräfte, also die Fähigkeit zum gemeinsamen Einsatz, steht hierbei an erster Stelle. Dem ACT unterstehen keine nachgeordneten Hauptquartiere.

4. Entwicklung

Das grundsätzliche Ziel der NATO, die Sicherheit ihrer Mitgliedstaaten zu gewährleisten, ist seit ihrer Gründung unverändert geblieben. Um diesem Ziel angesichts der veränderten Bedrohungslage gerecht zu werden, musste sich allerdings die strategische Ausrichtung des Bündnisses wandeln. Solche Anpassungsprozesse laufen in einer auf Konsens angewiesenen Allianz von inzwischen 28 souveränen Staaten mit individuellen politischen Traditionen und unterschiedlichen Wahrnehmungen der Bedrohungslage nicht ohne Reibungen ab. So gesehen, ist die regelmäßig beschworene Krisenanfälligkeit der NATO eigentlich Ausdruck ihrer Vitalität und fortdauernden Relevanz.

Die strategische Entwicklung der NATO lässt sich, grob vereinfacht, in drei Phasen beschreiben (Varwick 2008: 31-44):

- In der ersten Phase, von 1949 bis 1989/90, lag die strategische Priorität der NATO auf der Eindämmung des Sowjetkommunismus.

Das erste Strategische Konzept, wie die grundlegenden Dokumente zu Zweck, Aufgaben und Mitteln der NATO heißen, formulierte die → Abschreckung als zentrale Aufgabe der Allianz. Im Fokus stand dabei Europa – und insbesondere das geteilte Deutschland und Berlin –, aber schon damals hatte die NATO einen globalen Horizont. So wirkte z.B. der Koreakrieg (1950-1953) als Katalysator für die Entwicklung der NATO-Kommandostruktur, der Nuklearstrategie und der Vorneverteidigung, also der Begegnung möglicher sowjetischer Aggression so weit östlich im Bündnis wie möglich. In diesem Zusammenhang wurde 1957 im dritten Strategischen Konzept das Prinzip der Massiven Vergeltung (*massive retaliation*) zur offiziellen NATO-Doktrin. Damit erklärt die Allianz ihre Bereitschaft, auf jedweden militärischen Angriff auch mit einem nuklearen Gegenschlag zu reagieren. Damit sollte die Sowjetunion davon abgehalten werden, ihre konventionelle (d.h. nicht-nukleare Streitkräfte betreffende) militärische Überlegenheit in Europa auszuspielen. Erst 1968 gab die NATO diese Strategie zugunsten des Prinzips der Flexiblen Erwiderung (*flexible response*) auf. Nun sollte Abschreckung durch abgestufte Reaktionen und eine jeweils angemessene Kombination konventioneller und nuklearer Fähigkeiten erreicht werden. Angesichts der nuklearen Aufrüstung der Sowjetunion und den Erfahrungen der Kuba-Krise (1962) erschien dieser Ansatz, den die USA schon 1962 zu ihrer nationalen Doktrin machten, glaubwürdiger und daher effektiver als die Drohung mit massiver Vergeltung. Voraussetzung für diesen Strategiewandel war der 1967 vom NATO-Rat verabschiedete Bericht des belgischen Außenministers Pierre Harmel, wonach im Umgang mit der Sowjetunion Verteidigungs- und Verhandlungsbereitschaft zusammengehörten, um Sicherheit für den Westen zu erreichen. Diese Einsicht war die strategische Grundlage für die Entspannungspolitik insbesondere der USA (*détente*) und der Bundesrepublik (Ostpolitik), aber auch für den NATO-Doppelbeschluss, der 1979 (endgültiger Umsetzungsbeschluss des Bundestages 1983) neue sowjetische Raketenstationierungen in Europa sowohl mit eigener Nachrüstung, als auch mit neuen Verhandlungsangeboten beantwortete und so einen wichtigen Beitrag zur Beendigung des → Ost-West-Konflikts leistete.

- Die zweite Phase der NATO begann mit dem Ende der Blockkonfrontation 1989/90. Die strategische Priorität des Bündnisses lag nun auf der Stabilisierung des Kontinents durch die Unterstützung der neu entstehenden liberalen marktwirtschaftlichen Demokratien in Mittel- und Osteuropa.

Das geschah vor allem durch die Erweiterung der NATO, denn die Aufnahme in das Bündnis nahm den ehemaligen Staaten des Warschauer Paktes die Furcht vor russischem Revisionismus. Erst die Schutzgarantie der NATO (und in letzter Konsequenz der USA) verschaffte Staaten wie Polen und Tschechien die Beruhigung, sich ganz ihren politisch-ökonomischen Reformen widmen zu können. Es ist daher kein Zufall, dass für alle osteuropäischen Staaten die Aufnahme in die NATO der EU-Mitgliedschaft vorausging. Die Erweiterung wurde gegen den Widerstand westlicher Realpolitiker durchgesetzt, die eine Verstärkung russischer Einkreisungsängste vermeiden wollten und um die politische Steuerungsfähigkeit einer immer größeren Allianz fürchteten. Den Ausschlag gab aber die moralische Autorität der demokratischen Revolutionäre wie Vaclav Havel und Lech Walesa, die ihre Staaten in den Westen und ein geeintes Europa führen wollten. Hinzu kam das Sicherheitsbedürfnis jener Staaten, die nicht (mehr) die Ostflanke des Bündnisses darstellen wollten: So war der deutsche Verteidigungsminister Volker Rühe 1993 der erste hochrangige Politiker eines NATO-Staates, der für die Erweiterung plädierte. Zugleich wurde Russland – dem entgegen eines weit verbreiteten Irrglaubens nie im Gegenzug für die deutsche Einheit zugesagt worden war, auf die Erweiterung der NATO zu verzichten – eine besonders tiefe und breite Zusammenarbeit mit der NATO angeboten, zum Beispiel in der ‚Partnerschaft für den Frieden' (1994) und im ‚NATO-Russland-Rat' (2002 aus dem 1997er *Permanent Joint Council* weiterentwickelt), der Russland privilegierten Zugang zu den NATO-Konsultationen gab. Gegenwärtig befinden sich Mazedonien, Montenegro und

Bosnien-Herzegowina in einem formalisierten Reformprozess (*Membership Action Plan*), der ihre Aufnahme ins Bündnis erleichtern soll. Außerdem hat die NATO 2008 erklärt, dass sowohl Georgien als auch die Ukraine Mitglieder werden sollen, allerdings keinen Zeitpunkt der Aufnahme genannt. Dieser Kompromiss ist Ausdruck der inneren Zerstrittenheit des Bündnisses über nächste Erweiterungsschritte. Angesichts des Ukraine-Krieges 2014 dürfte die Aufnahme dieser beiden Aspiranten in weite Ferne gerückt sein (→ europäische Sicherheitsstruktur).

- Die dritte Phase der NATO begann mit dem Kosovo-Krieg 1999. Strategische Priorität war nun, durch militärische Operationen außerhalb des Bündnisgebietes (Stabilitätsprojektion *out of area*) Bedrohungen der Sicherheit der Bündnispartner zu bekämpfen.

Auch wenn die NATO schon ab 1993 auf Bitten der VN im Bosnien-Krieg eine begleitende militärische Rolle spielte, kommt dem Luftkrieg gegen Serbien 1999 in mehrfacher Hinsicht wegweisende Bedeutung zu: Es war das erste Mal, dass die Allianz (und die Bundesrepublik Deutschland) einen Krieg führte. Sie tat dies nicht unter Berufung auf Selbstverteidigung (Art. 5), sondern als ‚humanitäre Intervention' (→ Schutzverantwortung/R2P) zum Schutz der kosovarischen Bevölkerung vor serbischer Aggression – selbst wenn die Sorge vor Flüchtlingsströmen und der politischen Destabilisierung Mittelosteuropas das sicherheitspolitische Kalkül beeinflusste. Und sie führte diesen Krieg ohne VN-Mandat, das an der russischen Blockade scheiterte. In der Fachwelt hat sich daher mehrheitlich die Einschätzung etabliert, dass der Krieg zwar legitim, aber völkerrechtswidrig war.

Mit den Terrorangriffen vom 11. September 2001 und dem anschließenden Krieg in Afghanistan verfestigte sich dieses neue Selbstverständnis der NATO. Es hatte sich die Erkenntnis durchgesetzt, dass sich → Sicherheitspolitik im Zeitalter der → Globalisierung nicht auf die Abwehr militärischer Aggression an den eigenen Grenzen beschränken darf, wenn sie Bürger und Staatsgebiet der Allianz wirksam schützen will. Folglich wurde in Reaktion auf 9/11 zum bislang einzigen Mal der Bündnisfall nach Art. 5 ausgerufen. 2003 übernahm die NATO die Führung der VN-mandatierten *International Security Assistance Force* (ISAF) in Afghanistan. Sie folgte dem Ziel, die Sicherheitslage im Land durch eigene Operationen und den Aufbau geeigneter afghanischer Sicherheitskräfte zu verbessern, um auf diese Weise sicherzustellen, dass von Afghanistan keine Gefahr wie vor 9/11 mehr ausgeht. Mit rund 130.000 Soldaten aus fünfzig Staaten (90.000 davon aus den USA) erreichte ISAF 2012 ihren Höchststand. 2014 wurde sie durch die viel weniger umfängliche und ohne Kampfauftrag ausgestattete Ausbildungsmission *Resolute Support* ersetzt. Zu weiteren prominenten Missionen der NATO in dieser Phase zählen die *Operation Ocean Shield* zur Bekämpfung der Piraterie vor der Küste Somalias (seit 2009) und die *Operation Unified Protector* in Libyen zur Umsetzung des VN-Beschlusses zum Schutz der Zivilbevölkerung vor den Truppen des Diktators Gaddafi (2011).

Das Drei-Phasen-Modell verdeutlicht nicht nur die Entwicklung der NATO, sondern zeigt auch, warum das Bündnis heute ein breiteres Aufgabenspektrum denn je erfüllen muss. Denn keine Phase hat die vorherige ersetzt – Abschreckung und territoriale Verteidigung bleiben Kernauftrag der Allianz, während die Stabilisierung Europas (auch durch die Erweiterung der NATO) weiter vorangetrieben wird und auch Operationen außerhalb des Bündnisses zur Sicherheit der Mitgliedstaaten beibehalten werden bzw. möglich bleiben müssen. Dies bekräftigt das derzeit gültige Strategische Konzept von 2010. Darin wird der Zweck der NATO anhand dreier Kernaufgaben definiert:

- Kollektive Verteidigung, also das Prinzip von Art. 5, wie es vor allem in der ersten Phase im Vordergrund stand.
- Krisenmanagement, also die Fähigkeit zur Stabilitätsprojektion außerhalb des Bündnisgebietes, wie sie in der dritten Phase im Vordergrund stand.
- Kooperative Sicherheit, also die Zusammenarbeit mit Partnerstaaten, internationalen Institutionen und Beitrittswilligen, wie sie vor allem in der zweiten Phase im Vordergrund stand.

Spätestens seit der russischen Aggression in der Ukraine 2014 erfährt die NATO eine Rückbesinnung auf die erste Kernaufgabe. Der Gipfel von Wales 2014 hat ein Maßnahmenpaket (*Readiness Action Plan*) beschlossen, das insbesondere die östlichen Verbündeten versichern soll, dass ihnen nicht das gleiche Schicksal droht wie Georgien 2008 oder der Ukraine. Dazu gehört auch die Schaffung einer multinationalen Schnellen Eingreiftruppe (*Very High Readiness Joint Task Force* – VJTF), die im Krisenfall besonders rasch verlegbar und kampfbereit ist. Diese Rückbesinnung auf europäische Landesverteidigung wird auch durch die umstrittene Erfolgsbilanz der NATO-Operationen im Kosovo, Libyen und insbesondere Afghanistan begünstigt. Grundsätzlich zeigen die Mitgliedstaaten heute weniger Bereitschaft, die vielfältigen Kosten solcher Einsätze in der Ferne zu tragen, wenn die Bedrohungslage in Europa selbst wieder beunruhigender wird. Es bleibt daher abzuwarten, ob 2014 den Beginn einer vierten Phase der NATO-Entwicklung markiert, in der sich das Bündnis von einer Allianz im Einsatz zu einer Allianz in Einsatzbereitschaft wandelt.

5. Zukunftsfragen

Die NATO ist gegenwärtig von einer Vielzahl von Spannungen gekennzeichnet; die meisten davon begleiten das Bündnis seit Jahren, wenn nicht schon seit seiner Gründung. Diese Probleme werden daher kaum die Existenz der Allianz in Frage stellen, wohl aber ihre Effizienz beeinträchtigen und ihre zukünftige Entwicklung bestimmen. Abschließend sollen daher die fünf wichtigsten Zukunftsfragen der NATO genannt werden.

- An erster Stelle steht die Spannung zwischen Art. 5 und globalem Krisenmanagement. Jüngste Entwicklungen führen zu einer Neubetonung der klassischen Landesverteidigung in Europa. Zugleich bleibt die Analyse aus der dritten Phase richtig, wonach Sicherheit im Zeitalter der → Globalisierung umfassend verstanden werden muss und mitunter Stabilitätsprojektion *out of area* erfordert. Beides gleichermaßen zu leisten, wird die finanziellen und politischen Ressourcen der Mitgliedstaaten vermutlich überfordern; die Prioritätensetzung bleibt allerdings umstritten.

- Zweitens wird der Zusammenhalt zwischen Europäern und Amerikanern eine Herausforderung für die NATO bleiben. Strategische Prioritäten sowie militärische Fähigkeiten beider Seiten drohen insbesondere seit Ende des Ost-West-Konflikts immer weiter auseinanderzudriften. Dazu gehört seit jeher die Debatte über eine faire Lastenteilung (*burden sharing*) im Bündnis. Amerikanische Verantwortliche klagen, dass die USA einen übermäßig großen Anteil der Kosten in der NATO tragen, vor allem die Investitionen in militärische Mittel betreffend. Das Ungleichgewicht ist heute sogar größer als während des Ost-West-Konflikts, obwohl die USA inzwischen ein weniger ausgeprägtes strategisches Interesse an der europäischen Sicherheitslage haben. Spaltungen zumindest impliziter Natur – etwa in die ‚kriegführenden' USA und die ‚zivilen Wiederaufbau leistenden' Europäer – bleiben eine ständige Gefahr für die Einigkeit und Belastbarkeit des Bündnisses.
- Drittens ist die Frage nach den militärischen Fähigkeiten des Bündnisses akut. Seit der Finanz- und Wirtschaftskrise 2008 schrumpfen die Verteidigungshaushalte in fast allen NATO-Staaten, obwohl sie in den meisten europäischen Staaten ohnehin auf niedrigem Niveau angekommen waren. Den in der NATO vereinbarten Verteidigungshaushalt von 2% des Bruttoinlandsproduktes erreichten 2013 nur die USA, Großbritannien, Griechenland und Estland. Auch die moderate Erhöhung ihrer Verteidigungsausgaben in Reaktion auf den Ukraine-Krieg 2014, die manche Mitglieder vorgenommen haben, wird an der weitverbreiteten Verfehlung des 2%-Ziels nichts Grundsätzliches ändern. Es ist fraglich, ob die NATO unter diesen Bedingungen mittelfristig noch glaubwürdige → Abschreckung leisten und ihre internationalen Ambitionen erfüllen kann. Effizienzsteigerung durch bessere militärische Kooperation (*Smart Defense Initiative*) und zusätzliche Ausgaben für Verteidigung bleiben aber politisch schwierig.
- Viertens bleibt die Aufnahme neuer Mitglieder innerhalb der NATO aus den erwähnten Gründen umstritten. Angesichts der ungelösten Territorialkonflikte mit Russland wird die Aufnahme Georgiens und der Ukraine vorerst nicht auf die Tagesordnung zurückkehren. Aber neben den Kandidaten Mazedonien, Montenegro und Bosnien-Herzegowina gibt es auf dem Balkan ebenso wie im Kaukasus oder in Schweden und Finnland Erwägungen einer Mitgliedschaft. Es gibt in der Allianz sehr unterschiedliche Haltungen im Grundsatz und mit Blick auf den jeweiligen Kandidaten, was dies für das Verhältnis der NATO zu Russland, für die Glaubwürdigkeit von Art. 5, die Stabilität Europas und die politische Steuerbarkeit der NATO bedeuten würde.
- Fünftens stellt sich die Frage nach der Rolle der NATO im globalen Institutionengeflecht. Angesichts des Aufstiegs nicht-westlicher Schwellenländer wie China, Brasilien und Indien verlieren die NATO-Staaten relativ gesehen an Einfluss auf die Gestaltung internationaler Ordnung (→ Aufstieg der Schwellenländer). Ob die NATO nun ein wichtiger Baustein in dieser Ordnung bleibt oder eher einer den Verhältnissen angemessenen neuen Ordnung im Wege steht, wird unterschiedlich bewertet. Festzustellen ist allerdings, dass sich die NATO in den vergangenen Jahren immer mehr in Richtung eines ‚Drehkreuzes' für internationale Sicherheit entwickelt hat und inzwischen ein weltweites Netz von Partnerschaften zu anderen

Staaten und Institutionen unterhält. In einer Zeit, die von der Erosion etablierter Ordnungsstrukturen (→ Weltordnungsmodelle) gekennzeichnet ist, bleibt die Atlantische Allianz damit ein Anker internationaler Stabilität.

→ Ergänzende Beiträge

Abschreckung, EU als internationaler Akteur, Europäische Sicherheitsstruktur, Militärbündnisse, Prägende Konflikte nach dem Zweiten Weltkrieg, Ost-West-Konflikt, Sicherheitspolitik, transatlantische Beziehungen, Typen militärischer Interventionen, Vereinte Nationen

Literatur

Giegerich, Bastian (2012): Die NATO, Wiesbaden.

Keller, Patrick (2014): Germany's New Role in NATO: Status Quo as Strategy, in: Allers, Robin et al. (Hrsg.): Common or Divided Security? German and Norwegian Perspectives on Euro-Atlantic Security, Frankfurt/Main, S. 183-197.

Matlé, Aylin/Scheffler, Alessandro (2014): Nach dem Gipfel in Wales: Die Strategische Agenda der NATO, in: Analysen & Argumente (162) Berlin.

Overhaus, Marco (2009): Die deutsche NATO-Politik. Vom Ende des Kalten Krieges bis zum Kampf gegen den Terrorismus, Baden-Baden.

Thies, Wallace J. (2009): Why NATO Endures, New York.

Varwick, Johannes (2008): Die NATO. Vom Verteidigungsbündnis zur Weltpolizei?, München.

Varwick, Johannes (Hrsg.) (2005): Die Beziehungen zwischen NATO und EU – Partnerschaft, Konkurrenz, Rivalität?, Opladen.

Yost, David (2014): NATO's Balancing Act, Washington D.C.

Internetadressen

Homepage der NATO: www.nato.int/

Homepage des NATO Defense Colleges, der wichtigsten Forschungseinrichtung der Allianz: www.ndc.nato.int/

Unabhängige, NATO-kritische Website: www.natowatch.org/

39 – Nord-Süd-Beziehungen (*Christof Hartmann*)

1. Begriff

Auch wenn es seit jeher Industrieländer auf der Südhalbkugel und Entwicklungsländer (→ Entwicklungszusammenarbeit) im Norden gab, werden die geografischen Begriffe des ‚Nordens' und ‚Südens' traditionell zur Charakterisierung der Industrieländer einerseits und der Entwicklungsländer andererseits genutzt, insbesondere seitdem eher politische Begriffe wie derjenige der ‚Dritten Welt' obsolet wurden. Die Nord-Süd-Beziehungen (N-S-B.) – also das Verhältnis zwischen dem globalen Norden und Süden – unterlag historisch einem starken Wandel. Die unterschiedlichen wirtschaftlichen und gesellschaftlichen Entwicklungschancen von Industriegesellschaften und Entwicklungsgesellschaften im internationalen System führten dabei zu einem strukturellen Konflikt zwischen Norden und Süden, der zeitweilig auch in Form einer stärkeren Polarisierung und politischen Konfrontation klar erkennbarer Konfliktakteure des Nordens und Südens eskalierte. Auch wenn verteilungspolitische, ökologische, oder sicherheitspolitische Interessenskonflikte zwischen Industrie- und Entwicklungsländern fortbestehen, scheint die Relevanz des Nord-Süd-Verhältnisses für die Dynamik des internationalen Systems nachzulassen. Vor allem der Aufstieg Chinas, aber auch anderer ‚südlicher' Ökonomien wie Brasilien stellen grundlegende Klassifizierungen von ‚Industrieländern' einerseits und ‚Entwicklungsländern' andererseits in Frage (→ Aufstieg der Schwellenländer). In unterschiedlichen Foren des globalen Regierens, aber auch im Rahmen von regionalen Handelsabkommen kommt es zu neuen Formen der politischen Koordination zwischen Staaten des Nordens und Südens (→ internationale Finanzarchitektur). Innergesellschaftliche Verteilungskonflikte prägen die Entwicklungsdynamik sowohl vieler *emerging economies* wie China, Indien oder Südafrika als auch von Industriegesellschaften mit ihrer sich weiter öffnenden Schere zwischen Arm und Reich (deutlich sichtbar in den großstädtischen Ballungsgebieten) mehr als die Zugehörigkeit zum Norden oder Süden.

2. Die Genese des Südens und die Entstehung des Nord-Süd-Konflikts

Die Entstehung des ‚Südens' hängt ursächlich mit dem Prozess der Entkolonialisierung der meisten Staaten Asiens, Afrikas, und der Arabischen Welt nach Ende des Zweiten Weltkriegs zusammen. Zwar waren insbesondere die meisten Staaten Lateinamerikas bereits im 19. Jhd. unabhängig geworden, und auch in einzelnen Staaten in Asien und der arabischen Welt erfolgte die Entkolonialisierung bereits in der ersten Hälfte des 20. Jhds. Aber erst mit der Auflösung der britischen und französischen Kolonialreiche zwischen 1945 und 1965 entstand eine kontinentübergreifende kritische Masse an Staaten, die sich als kollektiver Akteur mit gemeinsamen Interessen konstituierte. Im Mittelpunkt standen dabei drei Anliegen.

- Erstens ging es darum, die noch von kolonialen Regimen unterdrückten Völker zu befreien (Portugal entließ seine Kolonien erst 1975 in die Unabhängigkeit) bzw. die auf Rassentrennung basierenden Regime im südlichen Afrika zu überwinden.
- Zweitens wurde die aus dem Kolonialismus resultierende Form der internationalen Arbeitsteilung als ungerechte Ordnung und als strukturelles Hindernis für die wirtschaftliche Entwicklung der vielen neuen Staaten betrachtet. Viele Ökonomien waren auf die Produktion spezifischer Güter festgelegt worden, die für die Industrieproduktion oder Nahrungsmittelversorgung der entwickelten Länder zentral waren, aber kaum zur Wertschöpfung im Land beitrugen und die Erwirtschaftung von Erlösen bzw. Devisen von den Launen der Preisentwicklung für diese Güter auf dem Weltmarkt abhängig machte. Mit der Gründung der Bretton Woods Institutionen und des GATT war eine im Prinzip liberale Weltwirtschaftsordnung geschaffen worden, in der durch reziproke zwischenstaatlich vereinbarte Handelsliberalisierung Wohlstand generiert werden sollte (→ Weltwirtschaftssystem). Im Rahmen einer solchen Ordnung konnte die strukturelle Benachteiligung der südlichen Länder aber nicht berücksichtigt und entsprechend auch kaum vermindert werden.

- Das dritte Anliegen der südlichen Länder bestand im Versuch, sich aus der globalen Konfrontation zwischen dem westlichen und östlichen Block herauszuhalten. In diesem Zusammenhang wurde 1947 erstmals von der ‚Dritten Welt' gesprochen, um sich sowohl von den kapitalistischen und sozialistischen Industrieländern der ‚ersten' und ‚zweiten' Welt abzugrenzen (→ Ost-West-Konflikt).

Zur Durchsetzung dieser Anliegen schlossen sich die Länder des Südens in unterschiedlichen Foren und Organisationen zusammen. Hierzu gehörten insbesondere die Bewegung der Blockfreien (1961) und die Gruppe der 77 (1964). Die zunächst ideologische und politisch-militärische Mission der Blockfreienbewegung geriet aber zunehmend in den Sog der entwicklungspolitisch und außenwirtschaftlich organisierten G-77, die sich als Gewerkschaft der Dritten Welt sah, und nun versuchte, im Rahmen der VN-Organisationen konkrete Forderungen gegenüber der Gruppe der Industrieländer zu formulieren (→ Vereinte Nationen). Theoretisch fundiert wurden diese Forderungen durch Arbeiten der sog. Dependenztheorie, die seit den 1950er Jahren u.a. in Lateinamerika entstanden war, und eine Überwindung der Unterentwicklung unter den Rahmenbedingungen der fortgesetzten Einbindung südlicher Länder in die gegebenen Weltmarktstrukturen für illusorisch hielt. Neben Hoffnungen auf eine Transformation des internationalen Weltwirtschaftssystems setzte die Theorie und ihre politischen Anhänger auf verstärkte Süd-Süd-Kooperation, d.h. eine stärkere Zusammenarbeit der südlichen Staaten im wirtschaftlichen, politischen und technologischen Bereich. Innerhalb des VN-Systems hatte die große Zahl der inzwischen unabhängig gewordenen Staaten Afrikas und Asiens zu einer Veränderung der Mehrheitsverhältnisse geführt. Die Länder der Dritten Welt versuchten daher die VN-Organisationen zur Verfolgung ihrer Interessen einzusetzen. So wurden im Rahmen der ersten UNCTAD Konferenz 1964 in Genf Forderungen nach Veränderungen bei Handel und Entwicklungsfinanzierung lautstark formuliert, während aufgrund der Stimmgewichtung bei IWF und Weltbank die absolute Vetoposition der westlichen Industrieländer in den Entscheidungsprozessen nicht gefährdet werden konnte.

Erst mit der Ölpreiskrise 1973 zeigte sich sowohl der konfliktive Charakter der N-S-B. als auch das Bedrohungspotenzial eines geschlossen agierenden Blocks von südlichen Ländern für die Versorgungssicherheit mit wichtigen Rohstoffen. Das Preiskartell der OPEC war zwar primär darauf gerichtet, die Haltung westlicher Staaten im Nahostkonflikt zu beeinflussen, hatte aber weitreichende Implikationen für die N-S-B. Denn die Dritte-Welt-Staaten nutzen ihre neue Macht, um seit 1974 im Rahmen der VN ihre Forderung nach einer ‚Neuen Weltwirtschaftsordnung' (NWWO) zu lancieren. In diese Agenda flossen ganz unterschiedliche Forderungen ein, die sich zum einen auf eine stärkere Regulierung der Preise für alle wichtigen Rohstoffe, u.a. durch direkte Interventionen in den Markt, bezogen, zum anderen auf einen erleichterten Technologietransfer, höhere garantierte direkte finanzielle Zuwendungen aus dem Norden und eine Reform jener Organisationen, in denen Entwicklungsländer bisher unterrepräsentiert waren, denen aber eine zentrale Steuerungsfunktion für die Entwicklungsfinanzierung zukam, der Weltbank und dem Internationalen Währungsfonds. 1974 wurden in der VN-Generalversammlung die Erklärung zur Errichtung der NWWO sowie eine

Charta über die wirtschaftlichen Rechte und Pflichten der Staaten verabschiedet mit der Mehrheit der Stimmen der Entwicklungsländer. In der Folge kam es zu einem starken Anstieg der internationalen Entwicklungshilfe, und in den Lomé-Abkommen, die die Europäische Gemeinschaft mit ihren früheren Kolonien in Afrika, der Karibik und Pazifik 1975 abschloss, auch zu völkerrechtlich garantierten Vereinbarungen über finanzielle Zahlungen, Handelsvorteile und die Einrichtung eines Fonds zur Stabilisierung der Erlöse aus Rohstoffexporten (Stabex).

3. Von der Schuldenkrise zur Auflösung der Dritten Welt

Sieht man einmal von der Erhöhung der Entwicklungshilfeleistungen ab, konnten sich die Entwicklungsländer mit den vielen anderen Kernforderungen der NWWO freilich nicht durchsetzen. In abgeschwächter Form wurden zwar für einzelne Rohstoffe wie z.B. Zinn Abkommen abgeschlossen (→ Ressourcenpolitik), mit denen eine Preisstabilisierung (innerhalb gewisser Bandbreiten) garantiert werden sollte. Sofern diese Abkommen aber überhaupt umgesetzt wurden, hatten sie nur eine geringe Lebensdauer. Das Zinnabkommen wurde 1985 als letztes von ursprünglich fünf Rohstoffabkommen aufgelöst, nachdem sich weder alle wichtigen Produzenten noch wichtigen Abnehmer daran gebunden sahen, und die Aufrechterhaltung von garantierten Preisen bei der Steuerungsagentur des Abkommens zu erheblicher Verschuldung geführt hatte. Beim Technologietransfer, den Forderungen nach Nationalisierung ausländischer Unternehmen, bzw. stärkerer Regulierung von ausländischen Direktinvestitionen und dem nichtreziproken Zugang zu den Märkten der Industrieländer gab es keine signifikanten Veränderungen (beim erleichterten Marktzugang wäre auch hier das Lomé-Abkommen und mit Einschränkungen das Allgemeine Präferenzsystem im GATT als Ausnahmen zu nennen). Die Industrieländer waren auch nicht bereit, über veränderte Entscheidungsregeln in den internationalen Finanzinstitutionen nachzudenken.

Für das Scheitern der NWWO und die Wiederherstellung der Dominanz des Nordens seit den frühen 1980er Jahren lassen sich mehrere Gründe anführen. Die politische Mobilisierung im Rahmen der G-77 und der UNCTAD hatte bereits zuvor die große Heterogenität der Dritten Welt verdeckt. Diese trat nun immer deutlicher hervor und mit ihr die Interessengegensätze innerhalb der Gruppe der Entwicklungsländer, z.B. zwischen Rohstoffimporteuren und -exporteuren. Die sog. Tigerstaaten in Ostasien zeigten mit spektakulären Wachstumsraten und einer breitabgestützten Wohlstandssteigerung, dass nachholende Entwicklung innerhalb des bestehenden weltwirtschaftlichen Systems möglich war und der Sprung zur Industriegesellschaft gelingen konnte (→ Aufstieg der Schwellenländer). Zugleich entstand insbesondere im subsaharischen Afrika eine ‚Vierte Welt' von besonders armen Staaten, die vom Weltmarkt unfreiwillig ‚abgekoppelt' wurden, für die sich transnationale Konzerne nicht interessierten und die auch von einem verbesserten Zugang zu den Märkten der Industrieländer kaum profitieren konnten. Der Verfall der Rohstoffpreise in den 1980er Jahren führte unmittelbar zu rasant wachsender Verschuldung und zur Krise des staatszentrierten Entwicklungsmodells. Vor diesem Hintergrund mussten die staatlichen Eliten in vielen Ländern eher mit individuellen Anpassungsstrategien ums Überleben kämpfen, statt als Teil einer Solidargemeinschaft südlicher Länder für die weitere Durchsetzung von Prinzipien zu kämpfen.

Die Verschuldungskrise vieler Entwicklungsländer, angetrieben von der euphorischen Wachstumszuversicht der 1970er Jahre und dem Überfluss an Kapital im internationalen Finanzsystem im Gefolge der Ölpreisbooms, endete in einer nachhaltigen Schwächung der Entwicklungsländer (→ internationale Finanzarchitektur). Denn die in den internationalen Finanzinstitutionen dominierenden westlichen Industrieländer machten nun die Reform der Wirtschaftspolitik in den Schuldnerländern zu einer Vorbedingung für die Umschuldung der Verbindlichkeiten. An die Stelle der von den Entwicklungsländern ursprünglich geforderten Reform der internationalen Wirtschaftsordnung trat nun die durch Kreditauflagen durchgesetzte Anpassung der nationalen Wirtschaftsordnungen in den Entwicklungsländern. Ganze Bündel von Reformen, die unter dem Begriff der ‚Strukturanpassung' seit den frühen 1980er Jahren weltweit von Weltbank und IWF propagiert wurden, umfassten u.a. eine Liberalisierung des Außenhandels, eine Abwertung der nationalen Währungen zur Verbesserung der Wettbewerbsfähigkeit der jeweiligen Exportsektoren, Reduktion der öffentlichen Ausgaben, Privatisierung von Staatsbetrieben sowie weitere Reformen des öffentlichen Sektors, z.B. durch Dezentralisierung von staatlichen Dienstleistungen. Viele Regierungen empfanden die Strukturanpassung als illegitime Einschränkung ihrer nationalen Souveränität.

In der Entwicklungsforschung bestanden wenig Zweifel an der Relevanz unterschiedlicher interner Entwicklungsblockaden, und in vielen Staaten wurden die erzwungenen Anpassungsreformen auch nur unvollständig implementiert. Zugleich musste überraschen, wie ausschließlich die mit der Strukturanpassung verbundene Entwicklungsstrategie auf eine noch stärkere und vollständigere Integration der südlichen Länder in die liberale Weltwirtschaftsordnung setzte. Die Strukturanpassungsprogramme vermochten tatsächlich in einigen Ländern wichtige Reformen initiieren, die mittelfristig zu nachhaltigem Aufschwung beitrugen. Zugleich konnten sie den weiteren Absturz vieler anderer Länder in immer massivere Formen der Unterentwicklung nicht aufhalten.

Mit dem Ende des → Ost-West-Konflikts 1989-90 verschob sich das Machtgleichgewicht zwischen Norden und Süden weiter zugunsten des Nordens. Die Konkurrenz von West und Ost um die strategische Kontrolle von Gebieten aber auch die Sicherung von militärisch wichtigen Rohstoffen hatte es einer Reihe von Staaten ermöglicht, die beiden Lager gegeneinander auszuspielen und eine geostrategische Rente zu erwirtschaften. Das Ende des Ost-West-Konflikts verhieß zwar ein Ende der durch die Großmächte geschürten Gewaltkonflikte, der Süden verlor aber auch seine Bedeutung als Austragungsort der Systemkonkurrenz. Mit dem Verschwinden des Ostblocks gab es nun zunächst nur noch ein konkurrenzloses Leitbild wirtschaftlicher und gesellschaftlicher Entwicklung, auch wenn einige Großtheoretiker statt eines ‚Ende der Geschichte' (Fukuyama) auch neue Konflikte um Kultur am Horizont auftauchen sahen (Huntington). Westlichen Staaten war es nun möglich, die Einhaltung von → Menschenrechten und Rechtsstaatlichkeit sowie die Einführung demokratischer Institutionen zu einem zusätzlichen Gegenstand der N-S-B. zu machen, gerade vor dem Hintergrund der sich rasch ausbreitenden Demokratisierungswelle in Mittel- und Osteuropa sowie Teilen Afrikas (→ Demokratisierungs- und Stabilisierungspolitik). Wie zuvor bei der Wirtschaftspolitik wurden entsprechende Forderungen nach einer Reform der politischen Systeme zum Teil mit weiteren Zusagen bei der Entwicklungshilfe verknüpft (sog. politische Konditionalität). Das theoretische Argument lautete hier, dass Rechenschaftspflicht von politischen Führern, politische Partizipation und Transparenz positive Auswirkungen auf Entwicklungsprozesse hätten. Forderungen nach einer Demokratisierung der politischen Systeme griffen in die Souveränität der Entwicklungsländer jedoch noch weitaus stärker ein als Auflagen im makroökonomischen Bereich, und viele Staatschefs mussten diese Forderungen als direkte Bedrohung ihrer politischen Karrieren ansehen.

Das Ende der globalen Konfrontation bedeutete schließlich auch das Ende der Idee einer ‚Dritten Welt' jenseits von Ost und West. Die Gründung der Welthandelsorganisation (WTO) im Jahr 1995 brachte im Wesentlichen alle Länder des Nordens und Südens in einer einzigen, der weiteren Liberalisierung des Welthandels verpflichteten Organisation zusammen. Die Idee der Süd-Süd-Kooperation wurde parallel im regionalen Rahmen weiterverfolgt, wodurch auch der sich verstärkten Heterogenität der Entwicklungsländer Rechnung getragen wurde (→ Regionalisierung/Regionalismus). Zugleich änderte sich durch diesen Aufschwung des Regionalismus kaum die grundsätzliche Art der Integration von südlichen Ländern in das Weltwirtschaftssystem.

4. Die Versicherheitlichung der Nord-Süd-Beziehungen

Aus dem Süden waren nach dem Ende des Ost-West Konflikts folglich zunächst keine ordnungspolitischen Herausforderungen mehr zu erwarten. Angesichts der weiterhin bestehenden, bzw. sich tendenziell verstärkenden Entwicklungsunterschiede, wurde der Süden nun stärker als Chaosmacht (Senghaas 1988) wahrgenommen, der durch Pandemien, ungesteuerte Migration, ökologische Katastrophen und die → Proliferation von Massenvernichtungswaffen und Trägersystemen das Gesellschaftsmodell der nördlichen Industriegesellschaften herausforderte. Der Süden wurde nun zu einem Sicherheitsproblem, bzw. Risiko, ein Prozess, der in den der Lehre von den Internationalen Beziehungen als ‚Versicherheitlichung' bezeichnet wird (→ Sicherheitspolitik). Mit den Terroranschlägen vom 11. September 2001 erfuhr dieser Trend zur Versicherheitlichung der Nord-Süd Beziehungen eine stärkere Dynamik, indem → internationaler Terrorismus ursächlich als aus dem Süden stammendes Entwicklungsproblem definiert wurde (Maihold 2005).

Bereits zuvor hatten → Migration und die unkontrollierbare Verbreitung von Pandemien die Wahrnehmung des Südens als einer Quelle von Chaos und Bedrohung geprägt. Insgesamt kam es seit den 1980er Jahren zu einer stetigen Zunahme von Migrationsströmen, primär innerhalb und zwischen den südlichen Ländern. Zugleich stieg auch der Migrationsdruck aus den Entwicklungsländern nach USA, Kanada und nach Europa, was in vielen Aufnahmestaaten zu einer Verschärfung der Gesetzgebung führte. Niemals zuvor arbeiteten so viele Menschen aus dem Süden in den nördlichen Ländern, mit ganz unterschiedlichem Status (eingebürgert oder nicht, dauerhaft oder vorübergehend, hoch- oder geringqualifiziert) und führten zu einer immer intensiveren Verschränkung der Ökonomien und Gesellschaften. Zugleich wird hierdurch eine neue

Konfliktdimension in den Nord-Süd Beziehungen erkennbar. Während Industriegesellschaften aufgrund ihrer Bevölkerungsdynamik auf Zuwanderung angewiesen sind und danach streben, besonders gut qualifizierte Zuwanderer zu gewinnen, führt diese Abwanderung zu einem *brain drain*, der die Entwicklungsmöglichkeiten südlicher Länder weiter schwächt. Die nüchterne Wahrnehmung eines auch in Zukunft stark wachsenden Bedarfs an Zuwanderung in den meisten Industrieländern wird allerdings überlagert durch die Wahrnehmung von Migration als ‚Bedrohung' und eine restriktive politische Praxis, die legale Zuwanderungsmöglichkeiten weiter einschränkt. Mit Migration unmittelbar verbunden scheint die Ausbreitung von Krankheiten wie AIDS, SARS oder Ebola-Fieber, die ihren Ursprung zwar nicht immer im Süden haben, aber unter den Rahmenbedingungen ineffizienter Gesundheitssysteme dort weniger gut bekämpft und eingedämmt werden können (→ Globale Gesundheitspolitik). Ähnlich wie bei der Migration markiert die stark asymmetrische Verwundbarkeit von Bevölkerungen gegenüber diesen neuen (aber auch vielen alten) Gesundheitsrisiken einen wesentlichen Unterschied zwischen den Entwicklungschancen der Bevölkerungen im Süden und Norden.

Umweltfragen waren seit Veröffentlichung des Brundtlandt-Berichts 1987 in den Mittelpunkt der N-S-B. gerückt (→ internationale Umweltpolitik). Einerseits war deutlich geworden, dass eine Übernahme der Konsumgewohnheiten in den Industrieländern auf alle Entwicklungsgesellschaften die ökologische Belastungsfähigkeit der Erde überfordern würde. Der Versuch der Industrieländer, im Rahmen unterschiedlicher VN-Konferenzen internationale Umweltstandards (z.B. bei Treibhausgasen) durchzusetzen, wurde jedoch gerade von den aufstrebenden Ökonomien als Versuch wahrgenommen, deren immer kompetitiver werdende Industrien auszubremsen. Der Süden wies den Industrieländern nicht nur die Verantwortung für den globalen Umweltschutz zu, sondern forderte auch technische und finanzielle Unterstützung für die Anpassungsleistungen an den Klimawandel (→ Klimapolitik). Viele südliche Länder monierten, dass sie die Hauptlast des globalen Klimawandels zu tragen hätten, und dies durch lokale Umweltzerstörung verstärkt werde, die sich oft aus der spezifischen Einbindung der Länder in den Weltmarkt ergäbe (etwa bei der Abholzung von Tropenwäldern oder der Entsorgung von Giftmüll). Während es also kaum Anzeichen gibt, dass sich die nördlichen Länder tatsächlich auf eine nachhaltigere Form des Wachstums verpflichten, kommt es in Teilen des Südens bereits zu Gewaltkonflikten, die auch durch Umweltkatastrophen und Klimawandel induziert sind.

Seit den 1990er Jahren rückte schließlich auch die unkontrollierte Verbreitung von Massenvernichtungswaffen auf die Agenda der N-S-B. (→ Proliferation von Massenvernichtungswaffen und Trägersystemen). Im Kontext des Ost-West Konflikts hatten die Großmächte die Aufrüstung von Staaten im Süden bewusst geduldet, bzw. durch Waffenexporte oder Militärhilfe an aufständische Gruppen massiv dazu beigetragen. Gerade die Auflösung der Sowjetunion und die fehlende Kontrolle über ihr gewaltiges Militärarsenal erhöhten die Sorgen über Technologietransfer z.B. von Nukleartechnik, in südliche Länder. In den jahrelangen Verhandlungen mit dem Iran über die Kontrolle seines Nuklearprogramms spiegelt sich einerseits die universal nachvollziehbare Sorge um die Etablierung eines weiteren Staates, der über Nuklearwaffen verfügt. Zugleich findet sich eine für die N-S-B. typische Konstellation, in der südliche Länder unter Verweis auf ihre staatliche Souveränität Rechte beanspruchen, die einige nördliche Länder und ständige Mitglieder des UN-Sicherheitsrats seit langem besitzen und keineswegs bereit sind, aufzugeben. Im sicherheitspolitischen Bereich spielen zudem regionale Dynamiken wie im Fall Irans das Ringen mit Saudi-Arabien um Vorherrschaft im Mittleren Osten sowie der Nahostkonflikt eine große Rolle. Historisch haben die Großmächte durch direkte Militärintervention oder Bündnispolitik in viele dieser regionalen Konfliktherde eingegriffen, wobei geostrategische Interessen des Nordens z.B. an der Ressourcensicherung, in einigen Fällen eine wesentliche Bedeutung hatten (→ Typen militärischer Interventionen). Der islamistische Terrorismus, der sich je nach Auffassung eher als ein Konflikt um die politische und ideologische Hegemonie in den islamischen Ländern oder aber als asymmetrischer Konflikt zwischen islamistischen Gruppen und dem Westen manifestiert, lässt sich kaum als Nord-Süd-Konflikt deuten. Zum einen werden große Teile des Südens (Lateinamerika, Asien) von diesem Konflikt nicht erfasst, zum anderen ist eher zu bezweifeln, dass die Islamisten in irgendeiner Weise den ‚Süden' repräsentieren, selbst wenn sie sehr deutlich dem Westen gegenüber ein alternatives Gesellschaftsmodell vertreten.

Die hier skizzierten Problemfelder haben zu einer schrittweisen Verdrängung handels- und entwicklungspolitischer Fragen in den N-S-B. geführt. Die zunehmende Wahrnehmung einer sicherheitspolitischen Bedrohung aus dem Süden hat jedoch nicht zu einer neuen konfliktiven Zuspitzung im Nord-Süd-Verhältnis geführt. Migration, Pandemien, ökologische Gefährdungen und selbst terroristische Netzwerke schwächen zunächst den Süden selbst und lassen sich anders als etwa während des Konflikts um die Neue Weltwirtschaftsordnung auch nicht intentional von den Regierungen südlicher Länder als politisches Druckmittel einsetzen.

5. Der Aufstieg Chinas und die Perspektiven der Nord-Süd-Beziehungen

Zu den wichtigsten Zukunftsfragen der N-S-B. gehört jedoch die zukünftige Rolle der Volksrepublik China im globalen Regieren (→ Aufstieg der Schwellenländer). Chinas Aufstieg hat die Weltpolitik und Weltwirtschaft bereits maßgeblich verändert, auch wenn China selbst weiterhin vor riesigen Herausforderungen in seiner sozioökonomischen und politischen Entwicklung steht (und Mio. von absolut armen Menschen in China leben). China ist zu einer Großmacht avanciert, verweigert sich aber weitgehend der Rolle eines Repräsentanten des Südens in der Weltpolitik (diese Rolle würde weitaus mehr von Staaten wie Indien, Südafrika oder Malaysia beansprucht). Einerseits vertritt China auf der globalen Ebene durchaus zentrale Normen und Grundsätze, die der Süden und die Dritte Welt in den vergangenen 60 Jahren immer wieder verfochten haben. Hierzu gehört das grundsätzliche Beharren auf dem Prinzip staatlicher Souveränität über die eigene Regimeform und die wirtschaftspolitische Grundordnung. Daher wird der universale Menschenrechtsschutz, insbesondere in seinen radikalen Varianten wie der → Schutzverantwortung/R2P genauso abgelehnt wie politische Konditionalitäten. In vielen Fragen des globalen Regierens versucht China auch eine eigene, vom OECD-Standard abweichende Linie, zu verfolgen. Andererseits wird China zu Recht vorgeworfen, sich gegenüber anderen südlichen Ländern eher wie ein neuer Kolonialherr aufzuführen, die Industrialisierung gerade der afrikanischen Länder massiv zu behindern und ihre Rolle als Rohstofflieferanten für den Weltmarkt noch zu verstärken. In den organisatorischen Foren der ‚Dritten Welt' hatte sich China entsprechend bedeckt gehalten, und tritt erst in neuen Foren wie BRICS oder der G-20 stärker in den Vordergrund. Brasilien, Russland, China und Indien hatten seit Beginn der 2000er Jahre eine eher lose Form der Politikkoordinierung aufgenommen, die nach dem Beitritt Südafrikas 2010 (daher BRICS) sich stärker zu formalisieren begann. BRICS stellt den Versuch dar, Interessen der wichtigsten aufstrebenden Ökonomien in globalen Problemlagen miteinander abzustimmen. Inwiefern die BRICS-Länder, in denen 40% der Weltbevölkerung lebt, und die einen Anteil von ca. 22% des Weltbruttosozialprodukts auf sich vereinen, in ordnungspolitischer Hinsicht einen Gegenentwurf zu den in der G7 organisieren Gruppe der führenden Industrieländer hervorbringen kann, muss nach heutigem Stand eher bezweifelt werden. Zwar sind aus dem BRICS-Kontext auch konkrete Politikinitiativen wie etwa die Gründung einer BRICS-Entwicklungsbank (2013) hervorgegangen, aber bisher trennt die fünf Länder weit mehr als sie eint, und in zentralen Fragen des globalen Regierens wie etwa der Regulierung des Handels, der Reform des internationalen Finanzsystems, oder der globalen Klimapolitik gelang eine Abstimmung gemeinsamer Positionen weit weniger als den in der G7 zusammengeschlossenen Gruppe der Industrieländer. Die Hoffnung, durch BRICS könne ‚der Süden' Verhandlungsmacht in den N-S-B. zurückgewinnen, hat sich daher aus einer ganzen Reihe von Gründen nicht erfüllt (die unklare Zugehörigkeit von Russland und China zum Süden als ein aber nicht der einzige Grund).

BRICS ist vielmehr genau wie andere neue Formen der Zusammenarbeit (etwa die G20, die neben den G7 und BRICS-Staaten noch sieben andere wichtige Ökonomien wie Südkorea, Mexiko, Indonesien oder Saudi-Arabien miteinschließt) eher ein Indiz für die weiter voranschreitende Ausdifferenzierung des Südens, in politischer, gesellschaftlicher und ökonomischer Sicht. Während einige südliche Länder z.B. auf Augenhöhe mit den Industrieländern in der WTO um handelspolitische Vorteile ringen und diese im Schiedsgerichtsverfahren regelmäßig verklagen, fehlen anderen südlichen Ländern grundlegende personelle Kapazitäten und finanzielle Ressourcen, um an solchen Verhandlungen überhaupt teilzunehmen und eigene handelspolitische Positionen abzustimmen und zu definieren. Die seit vielen Jahren blockierte WTO-Verhandlungsrunde, 2001 in Doha als ‚Entwicklungsrunde' gestartet, kann daher einerseits als Indiz für den Niedergang der Hegemonie des Nordens im globalen Regieren aufgefasst werden, insofern aus den Kompromissen zwischen den Industrieländern kein global akzeptiertes Verhandlungsergebnis mehr resultiert und ein Land wie Indien seine Vetomacht gezielt einsetzen konnte (→ Handelspolitik). Andererseits ergibt sich aus der Blockade der Doha-Runde aber auch eine Tendenz zur Regionalisierung und bilateralen Abkommen, die den Industrieländern weniger Kosten verursacht und die gerade die besonders armen Länder noch schlechter stellt, bzw. die im WTO-Rahmen festgeschriebenen Vergünstigungen für arme Länder weiter entwertet.

Tab. 15: Interessengruppierungen der Entwicklungs- und Schwellenländer

Gruppierung oder Allianz	Anliegen	Beteiligte Länder und Gruppen
AKP	Interessen unterentwickelter Staaten aus allen Weltregionen, ehemalige Kolonien von Frankreich, Großbritannien und Portugal	Staaten Afrikas, der Karibik und des Pazifiks (insgesamt 79 Länder), basiert auf Lomé-Abkommen (1975) mit der EU
G-20	Informeller Zusammenschluss der 20 wichtigsten Industrie- und Schwellenländer zur Abstimmung im Politikfeld Weltfinanz- und Welthandelsordnung	Brasilien, Argentinien, Südafrika, China, Indien, Indonesien, Südkorea, Mexiko, Saudi-Arabien, Türkei, Russland sowie die G7-Staaten, die EU, Australien.
BRICS-Staaten	Club der fünf aufstrebenden Volkswirtschaften	Brasilien, Russland, Indien, China und Südafrika
Gruppe der 77	Die wirtschaftlichen Interessen von Entwicklungsländern sollen in internationalen Organisationen (z.B. Weltbank und Internationaler Währungsfond), aber auch im VN-System besser vertreten werden.	Die Gruppe der 77 schloss sich 1964 zur ersten Welthandelskonferenz zusammen. Heute sind 134 Entwicklungs- und Schwellenländer Afrikas, Asiens, Mittel- und Südamerikas Mitglied.

Quelle: eigene Darstellung

In gesellschaftspolitischer Hinsicht hat gerade der wirtschaftliche Aufschwung in vielen aufstrebenden Ökonomien entweder die demokratischen Institutionen gestärkt (etwa in Brasilien oder Indonesien), in jedem Fall aber zur Entwicklung einer starken Zivilgesellschaft beigetragen, die sich in den N-S-B. als eigenständiger Akteur neben den Regierungen der südlichen Länder zu etablieren weiß. Das regelmäßig stattfindende Weltsozialforum ist der deutlichste Ausdruck dieser Entwicklung einer transnationalen Zivilgesellschaft des Südens, in der die fortgesetzte Bedeutung einer Reform globaler Strukturen zugunsten der Länder und Gesellschaften des Südens betont wird. Gerade für die autoritär regierten Länder des Südens stellt dies eine große Herausforderung dar (dort tagt das Weltsozialforum allerdings auch nicht), weil die politische Mobilisierung gegen das internationale Finanzsystem oder die Folgen von Nahrungsmittelspekulationen auch eine Eigendynamik gewinnen kann, die die innenpolitischen Debatten in südlichen Ländern beeinflusst.

Der Süden hat insofern seine Bedeutung als effektiver Rahmen politischer Koordinierung weitgehend eingebüßt, zugunsten einer Vielfalt unterschiedlicher Allianzen, in denen sich die Interessen der südlichen und nördlichen staatlichen und gesellschaftlichen Akteure besser abbilden und verhandeln lassen. Als Idee bleibt der Süden in seiner Abgrenzung gegenüber den westlichen Industrieländern hingegen von großer Bedeutung (Alden/Morphet/Vieira 2010). Die gemeinsame Vergangenheit als Objekt von Kolonialismus und wirtschaftlicher Marginalisierung, der Verweis auf die Solidarität der südlichen Länder untereinander, sowie die Betonung der Notwendigkeit von politischer Unabhängigkeit und Souveränität gegenüber den früheren Kolonisatoren, bildet eine mächtige Komponente der politischen Identität sowohl der staatlichen wie gesellschaftlichen Eliten in vielen südlichen Ländern, und zwar solange wie die wirtschaftliche und gesellschaftliche Realität durch unterschiedliche Formen ausbleibender Entwicklung und fehlender Entwicklungsperspektiven geprägt sind.

→ Ergänzende Beiträge

Aufstieg der Schwellenländern, Entwicklungszusammenarbeit, Handelspolitik, internationale Finanzarchitektur, Ressourcenpolitik, Sicherheitspolitik, Weltwirtschaftssystem

Literatur

Alden, Chris; Morphet, Sally; Vieira, Marco Antonio (2010): The South in World Politics, Houndmills/New York.

Braun, Gerald ([4]1994): Nord-Süd Konflikt und Dritte Welt, Paderborn.

Maihold, Günther (2005): Die sicherheitspolitische Wendung der Entwicklungspolitik: Eine Kritik des neuen Profils, Internationale Politik und Gesellschaft (4), S. 30-48.

Messner, Dirk (2011): Drei Wellen globalen Wandels: Global Governance. Dynamiken in der ersten Hälfte des 21. Jhds., in: Welzer, Harald /Wiegandt, Klaus (Hrsg.): Perspektiven nachhaltiger Entwicklung, Frankfurt, S. 275-307.

Nohlen, Dieter (Hrsg.) ([12]2002): Lexikon Dritte Welt, Reinbek.

Sangmeister, Hartmut (2009): Entwicklung und internationale Zusammenarbeit, Baden-Baden.

Senghaas, Dieter (1988): Konfliktformationen im internationalen System, Frankfurt.

40 – Organisierte Kriminalität/Korruption (*Tobias Hecht*)

1. Begriffe

Organisierte Kriminalität (o.K.) und Korruption (K.) haben seit Ende des → Ost-West-Konflikts und der damit einhergehenden → Globalisierung erhöhte Aufmerksamkeit erhalten. Beide Begriffe und Tathandlungen sind eng miteinander verwoben. Die Grade o.K. und K. in einem Land sind Indikatoren für Stabilität und gute Regierungsführung geworden. Dabei ist K. nicht nur als eine Facette o.K. zu sehen. Einschlägige Indizes und Risikoanalysen wie der *Fragile States Index* (FSI) des *Fund for Peace* oder der *Global Risk Report des World Economic Forum* (WEF) messen K. einen eigenständigen Platz bei. Während der FSI auf die innenpolitische Verfasstheit eines Staates abzielt, werden beim WEF-Index K. und o.K. als geopolitische Risikofaktoren aufgeführt. Diese Beispiele zeigen auf, dass o.K. und K. zwar lokal stattfinden, aber internationale Auswirkungen haben. Über beide Phänomene lassen sich keine abschließenden oder verlässlichen Statistiken heranziehen, da die mit o.K. und K. einhergehenden Handlungen im Verborgenen stattfinden und die Dunkelziffer als sehr hoch vermutet wird. Steigende Aufklärungszahlen sagen daher wenig Definitives über das tatsächliche jeweilige Ausmaß der Phänomene aus. Allerdings werden allein monetäre Schäden durch Korruption auf 2,6 Billionen US-Dollar jährlich geschätzt. An dieser Stelle sei nur auf die Verbindung beider Phänomene zum → Terrorismus hingewiesen, das heißt, seine Finanzierung und praktische Ermöglichung. Damit werden die Handlungsnotwendigkeiten internationaler Politik unterstrichen.

1.1. Organisierte Kriminalität

Die Definitionen der o.K. sind mannigfaltig, da sich die Straftaten und Methoden, der Aufbau und die Ziele der Organisationen deutlich unterscheiden können. Selbst eine Auflistung von Straftaten ist nicht abschließend und allgemeingültig vorzulegen. Legalität und Illegalität kann von kulturellen Eigenheiten einer Region abhängen oder sich durch das sicherheitspolitische Umfeld ergeben. Des Weiteren bewegen sich Handlungen oftmals in einem Graubereich zwischen Legalität und Illegalität. Organisiertes Verbrechen ist außerdem nicht regional gebunden, auch wenn die Häufigkeit steigt, wenn der Staat sein Gewaltmonopol nicht (mehr) ausüben kann (→ Staat/ Staatlichkeit im Wandel). Das Bundeskriminalamt greift auf folgende Arbeitsdefinition o.K. zurück: „die von Gewinn- oder Machtstreben bestimmte planmäßige Begehung von Straftaten, die einzeln oder in ihrer Gesamtheit von erheblicher Bedeutung sind, wenn mehr als zwei Beteiligte auf längere oder unbestimmte Dauer arbeitsteilig a) unter Verwendung gewerblicher oder geschäftsähnlicher Strukturen, b) unter Anwendung von Gewalt oder anderer zur Einschüchterung geeigneter Mittel oder c) unter Einflussnahme auf Politik, Medien, öffentliche Verwaltung, Justiz oder Wirtschaft zusammenwirken." Kriminellen Organisationen kann insbesondere eine Rationalität zur wirtschaftlichen Gewinnmaximierung attestiert werden. Einflussnahmen auf und Kontrolle von staatlichen Schaltstellen ordnen sich dieser Zielsetzung unter und sind Mittel zum Zweck, keine Ziele an sich. Die Bandbreite o.K. erstreckt sich über Aufsehen erregende Straftaten wie Drogenhandel, Kinderpornographie oder die Machenschaften von Schleuserbanden hinaus. Identitätsdiebstahl, Produktpiraterie, Geldwäsche und Cyberkriminalität sind weitere Beispiele, die gerade in einer von neuen Informationstechnologien dominierten Welt immer stärker an Gewicht gewinnen. Kriminelle Vereinigungen lassen sich jedoch in den wenigsten Fällen auf nur eine dieser ‚Unternehmensmodelle' verengen. Vielmehr streben sie eine gewinnbringende und absichernde Diversifizierung der Einnahmen an. Auch legale Unternehmungen werden bei dieser polykriminellen Ausrichtung mit in Betracht gezogen. Die Wahl der kriminellen Handlung wird in großem Maße von der jeweiligen, aktuellen Umweltsituation bestimmt. So sind in Konfliktzonen beispielsweise wenige Kontrollen gegen die Plünderung historischer Artefakte vorhanden, in urbanen Räumen kann der Drogenhandel aufgrund hoher Nachfrage florieren. Dies weist auf die globale Heterogenität o.K. hin. Ebenso heterogen ist der Aufbau der Gruppen. Während weiterhin hierarchische Strukturen fortexistieren, bewegen sich kriminelle Organisationen auf immer flexiblere Formen zu, sodass auf der anderen Seite des Spektrums von Netzwerken gesprochen werden kann. Letzteres ist vor allem im Rahmen der Transnationalen Organisierten Kriminalität eine logische Konsequenz. Laut dem *EU Serious and Organised Crime Threat Assessment* aus dem Jahr 2013 sind 40% der 3.600 in der → EU aktiven kriminellen Organisationen netzwerkartig organisiert.

1.2. Korruption

K. entzieht dem Staat wichtige Ressourcen, schwächt das Vertrauen in staatliche Institutionen und/oder fördert Kriminalität und → Terrorismus. K. wird deshalb schon lange nicht mehr nur als eine Begleittat organisierter Verbrechen abgetan, sondern als ein zentrales Entwicklungshemmnis und eine sicherheitspolitische Bedrohung angesehen. Bei der Betrachtung von K. ergibt sich somit ein duales Bild. Zum einen wird K. unter o.K. subsumiert, da es selbst eine Straftat mit potentiell weitreichenden Konsequenzen ist. Zum anderen ist K. ein wichtiger *enabler* (Ermöglicher) anderer Verbrechen. Im Jahr 2011 war K. auf dem eingangs erwähnten WEF-Index an dritter Stelle der globalen Risiken zu finden. Nicht zuletzt zeigt die Entwicklung der 1993 gegründeten und mittlerweile in über 100 Ländern tätigen zivilgesellschaftlichen Organisation *Transparency International* wie prominent das Thema geworden ist. Es brauchte vor allem der Debatte und den Anstoß auf internationaler Ebene bis beispielsweise auch in Deutschland erst Ende der 1990er Jahre die Bestechung ausländischer Amtsträger im internationalen Geschäftsverkehr verboten wurde und somit nicht länger als „nützliche Aufwendungen" von der Steuer absetzbar war. Sog. Compliance-Strukturen in Unternehmen als auch staatliche Antikorruptionsmechanismen haben seitdem kontinuierlich an Bedeutung und Professionalität gewonnen. Definitorisch verhält es sich noch schwieriger als bei der o.K. Während sich auf internationaler Ebene zur o.K. zumindest eine verklausulierte Definition gefunden hat, ist dies für den Begriff der K. nicht der Fall. *Transparency International* verwendet folgende Definition: Der Missbrauch anvertrauter Macht zum privaten Nutzen oder Vorteil. Mit dieser Definition lassen sich nahezu alle Missbrauchstaten fassen, von Gruppen und Individuen, die sich gegen das Gemeinwohl richten. Andere Definitionen verengen beispielsweise auf den Missbrauch im öffentlichen Amt. Unstrittig sind jedoch die Merkmale von K. Im Gegensatz zur o.K. sind an der Handlung immer zwei Seiten beteiligt: ein Geber und ein Nehmer. Entsprechend setzen rechtliche Maßnahmen auch auf beiden Seiten an, und sowohl die Bestechung/Vorteilsgewährung als auch die Bestechlichkeit/Vorteilsannahme sind mittlerweile kriminalisiert. Zudem rückt ein dritter Akteur stärker ins Visier: der ‚Verschleierer', der unrechtmäßig erlangte Vermögenswerte versteckt, etwa sog. Schattenfinanzzentren. Die Formen von Korruption reichen von Gelegenheitskorruption/alltäglichen Schmiergeldern (*petty corruption*) bis hin zur Einflussnahme auf hoher politischer Ebene (*grand corruption*) – bei letztem wird der Zusammenhang zu o.K. deutlicher. Auch bei der K. sind nationale und kulturelle Unterschiede prägend. Zudem ist, wie bei der o.K., die sicherheitspolitische Umgebungslogik prägend. So ist Ämterpatronage nicht in jedem Land negativ besetzt und das *prisoner's dilemma* (welche Konsequenzen hat das Verweigern von Korruption) unterschiedlich stark ausgeprägt.

1.3. Transnationalität von Organisierter Kriminalität und Korruption

Organisierte internationale Kriminalität wird auch als Transnationale Organisierte Kriminalität bezeichnet, da sie Grenzen überschreitet. Die Globalisierung hat hier als Katalysator fungiert. Technologien, Kommunikation und Finanzwesen haben sich digitalisiert und erlauben eine einfache Vernetzung – sie spiegeln die erhöhte Mobilität von Menschen und Waren. Innenpolitische Strafverfolgung bedarf deshalb der Rückkoppelung und Koordination auf internationaler Ebene. Völkerrechtliche Verträge und Einrichtungen wie die Internationale kriminalpolizeiliche Organisation Interpol sind hierfür sichtbare Reaktionen (→ Völkerrecht/Internationales Recht). Die Transnationalität ergibt sich zudem durch die geographischen Distanzen von Angebot und

Nachfrage. Transportrouten für Drogen aus Lateinamerika nehmen den Umweg über Westafrika bevor sie nach Europa gelangen, Geld kann auf dem weitgehend unregulierten asiatischen Wettspielmarkt gewaschen werden. Konzepte der Inneren Sicherheit sind daher nie autark zu sehen. So nennt auch die EU in ihrer Strategie Innere Sicherheit o.K., Geldwäsche, K., Menschenhandel und mobile organisierte Verbrechergruppen sowie Cyberkriminalität als Gefahren für alle Mitgliedsstaaten, die ein gemeinsames Handeln erfordern. Zur zentralen Herausforderung wird dabei die Kontrolle von staatlichen Grenzen und des Cyberspace (→ Digitale Souveränität).

International sind in vielerlei Hinsicht auch die Akteure der ‚Lieferketten' krimineller Taten. Kriminelle Organisationen können im Sinne einer Arbeitsteilung auf die Expertise und Dienstleistungen anderer zurückgreifen. Dabei profitieren sie von der internationalen Vernetzung und stärken sie zugleich. Außerdem sind nur noch die wenigsten Organisationen homogen national, welches wiederum Verbindungen in die jeweiligen Heimatländer ermöglicht. Mehr als 70% der in der EU aktiven Organisationen werden als multinational charakterisiert. K. spielt bei Transnationalität eine zentrale Rolle: Zum einen ermöglicht sie die Überschreitung staatlicher Grenzen und unterminiert auch darüber hinaus staatliche Kontrolle. Zum anderen ist sie selbst internationalisiert worden, in dem Handel und Finanzwesen global wurden.

2. Zentrale völkerrechtliche Instrumente

Das Büro der Vereinten Nationen für Drogen- und Verbrechensbekämpfung (*United Nations Office on Drugs and Crime*, UNODC) setzt sich seit dem Jahr 1997 für den internationalen Kampf gegen Organisierte Kriminalität und Korruption ein. Es ist auch zum Sekretariat für die beiden unten genannten Übereinkommen der → Vereinten Nationen gegen Transnationale o.K. und gegen K. geworden. Wichtige Abkommen wurden zudem vom Europarat und der Organisation für wirtschaftliche Zusammenarbeit und Entwicklung (OECD) beschlossen sowie Empfehlungen von der *Financial Action Task Force* zum Kampf gegen die Geldwäsche und die Terrorismusfinanzierung entwickelt. Auf → EU-Ebene ist die Generaldirektion für Migration und Inneres für die Themen zuständig, zusammen mit denen ihrem Aufgabenbereich zugeordneten Agenturen wie dem Europäischen Polizeiamt Europol und der Einheit für justizielle Zusammenarbeit Eurojust. Seit dem Inkrafttreten des Lissabonner Vertrags am 1.12.2009 sind weitere Kompetenzen der EU-Mitgliedsländer an die supranationale Organisation übertragen worden, sodass die Rechtssetzung immer weniger national erfolgt. Außerdem ist die 190 Mitgliedsstaaten umfassende Organisation Interpol zu nennen, die sich um die Koordination und Weiterbildung im kriminalpolizeilichen Bereich bemüht und eng mit der EU und den VN zusammenarbeitet.

2.1. Übereinkommen der Vereinten Nationen gegen die grenzüberschreitende organisierte Kriminalität

Das Übereinkommen (*United Nations Convention against Transnational Organized Crime*, UNTOC) wurde am 15.11.2000 von der Generalversammlung der → Vereinten Nationen angenommen und auf einer Konferenz in Palermo, Italien im Dezember 2000 (deshalb auch ‚Übereinkommen von Palermo') zur Unterzeichnung eröffnet, in der Überzeugung, „dass das Übereinkommen (...) ein wirksames Mittel und den notwendigen rechtlichen Rahmen für die internationale Zusammenarbeit darstellen wird, wenn es darum geht, solche kriminellen Tätigkeiten wie unter anderem die Geldwäsche, die K., den unerlaubten Handel mit gefährdeten Arten freilebender Tiere und Pflanzen, die gegen das Kulturerbe gerichteten Straftaten und die zunehmenden Verbindungen zwischen der grenzüberschreitenden organisierten Kriminalität und terroristischen Verbrechen zu bekämpfen (...)". Das Übereinkommen trat am 29.9.2003 in Kraft und wurde bis zum März 2015 von 185 Staaten ratifiziert. Der Vertragstext wird ergänzt durch drei Zusatzprotokolle: das Protokoll zur Verhütung, Bekämpfung und Bestrafung des Menschenhandels, insbesondere des Frauen- und Kinderhandels (in Kraft seit dem 25.12.2003; 166 Vertragsstaaten); das Protokoll gegen die Schleusung von Migranten auf dem Land-, See- und Luftweg (28.1.2004; 141); das Protokoll gegen die unerlaubte Herstellung von Schusswaffen, dazugehörigen Teilen und Komponenten und Munition und den unerlaubten Handel damit (3.7.2005; 113). Nach dem Vertragstext der UNTOC ist „eine Straftat grenzüberschreitender Natur, wenn sie a) in mehr als einem Staat begangen wird; b) in einem Staat begangen wird, jedoch ein maßgeblicher Teil ihrer Vorbereitung, Planung, Leitung oder Kontrolle in einem anderen Staat stattfindet; c) in einem Staat begangen wird, jedoch eine organisierte kriminelle Gruppe an ihr beteiligt ist, die in mehr als einem Staat kriminellen Tätigkeiten nachgeht oder d) in einem Staat begangen wird, jedoch erhebliche Auswirkungen in einem anderen Staat hat." Im Vordergrund des Übereinkommens steht die Harmonisierung der Bekämpfung o-K. und die internationale Zusammenarbeit (insbesondere die Rechtshilfe). Weitere Bereiche befassen sich mit Geldwäsche und K. sowie mit der Prävention von o.K. Das Übereinkommen von Palermo formuliert Mindeststandards an die Vertragsstaaten, deren Umsetzung durch eine Konferenz der Vertragsparteien überprüft werden soll. Diese Überprüfung ist zentral, da eine formale Ratifizierung wenig über die tatsächliche Implementierung in Ländern wie Mexiko oder den Balkanstaaten aussagt, welche als Hersteller beziehungsweise wichtige Transitländer von Drogen vom UNODC selbst hervorgehoben werden. Es konnte aber immer noch keine Einigung über einen solchen Überprüfungsmechanismus erzielt werden. Angesichts des rasanten Wandels o.K., des umfassenden Anwendungsbereichs und der Kosten, welche mit einer Überprüfung einhergehen, wird die Effektivität der UNTOC offen bleiben.

2.2. Übereinkommen der Vereinten Nationen gegen Korruption

Zwar wird K. auch schon im UNTOC erwähnt, doch zeigt sich die hervorgehobene Rolle von K. durch ein separates Abkommen gegen Korruption (*United Nations Convention against Corruption*, UNCAC). Dass die Unterzeichnerkonferenz im Dezember 2003 in Mérida, Mexiko stattfand, hatte wie bei der UNTOC in Palermo Symbolwert. Zusammen mit der Annahme der Resolution zum ‚Übereinkommen von Mérida' durch die Generalversammlung am 31.10.2003, wurde der 9. Dezember zum Internationalen Tag gegen die K. erklärt. Am 14.12.2005 trat das Vertragswerk in Kraft, im März 2015 hatten es 174 Staaten ratifiziert. „Die Zwecke dieses Übereinkommens sind a) die Förderung und Verstärkung von Maßnahmen zur effizienteren und wirksameren Verhütung und Bekämpfung von K.; b) die Förderung, Erleichterung und Unterstützung der internationalen Zusammenarbeit und technischen Hilfe bei der Verhütung und Bekämpfung von K. einschließlich der Wiedererlangung von Vermögenswerten; c) die Förderung der Integrität, der Rechenschaftspflicht und der ordnungsgemäßen Verwaltung öffentlicher Angelegenheiten und öffentlicher Vermögensgegenstände." Entsprechend liegen die inhaltlichen Schwerpunkte (Kapitel) der UNCAC in den Bereichen der Prävention, Kriminalisierung und Strafverfolgung, der internationalen Zusammenarbeit und der Wiedererlangung von Vermögenswerten. Insbesondere das Kapitel V zur Wiedererlangung von Vermögenswerten gilt als wichtiger Erfolg des Übereinkommens, da es auf die Rückführung finanzieller Ressourcen in Herkunftsländer zielt und somit zur ökonomischen Grundlage für Entwicklung beiträgt. Zwar verzichtet die UNCAC auf eine Definition von K., doch empfiehlt sie den Unterzeichnern unter anderem Bestechung inländischer und ausländischer Amtsträger sowie im privaten Sektor, missbräuchliche Einflussnahme (aktiv oder passiv) und unerlaubte Bereicherung als Straftaten auf nationaler Ebene zu umschreiben. Wie bei der UNTOC war es Aufgabe der Konferenz der Vertragsstaaten einen Mechanismus zur Überprüfung der Umsetzung des Übereinkommens einzurichten. Ein solcher Überprüfungsmechanismus wurde im Jahr 2009 beschlossen. Zivilgesellschaftliche Organisationen haben wiederholt die mangelnde Transparenz des Verfahrens kritisiert. Auch eine stärkere Mitwirkung dieser Organisationen wird nicht von allen Staaten gewünscht, obwohl oder weil es gerade zivilgesellschaftlichen Akteure sind, die vor Ort zu unabhängigen Beobachtungen beitragen könnten.

3. Auswirkungen auf internationale Sicherheitspolitik

Instabilität, K. und o.K. stehen in einem wechselseitigen Verhältnis. Somit sind die Phänomene auch bei internationalen Friedens- und Krisenpräventionseinsätzen wichtige Faktoren, die langfristige Stabilität und Sicherheit beeinflussen (→ Sicherheitspolitik). Ein nachhaltiger (Wieder)Aufbau legitimer staatlicher Institutionen bedarf daher eines umfassenden Ansatzes, der in seiner gesamten Bandbreite frühzeitig zum Tragen kommt. Dies gilt auch für zunächst primär militärische Handlungen, da sich die Phänomene sonst verfestigen und den Einsatz selbst unterminieren können. Konsequenterweise wird die zivile Dimension vernetzter Sicherheit immer stärker berücksichtigt. Doch auch militärische Akteure ziehen aus den Lehren vergangener Einsätze Konsequenzen für die eigenen Ansätze. Der richtige Mix, ein langer Atem und stetige Anpassung repressiver und präventiver Mittel werden auch in Zukunft zentrale Herausforderungen für die internationale Politik bleiben, um die geopolitischen Risikofaktoren K. und o.K. einzudämmen. Nicht zuletzt erfordert wirksame Prävention den Aufbau einer funktionierenden Zivilgesellschaft, die eine langfristige Kontrolle sicherstellen kann.

→ Ergänzende Beiträge

Internationaler Terrorismus, Sicherheitspolitik, Staat/Staatlichkeit im Wandel

Literatur
Laurence Cockcroft (2012), Global Corruption. Money, Power and Ethics in the Modern World, London.
European Police Office (2013), SOCTA 2013. EU Serious and Organised Crime Threat Assessment, Van Deventer.
Heinrich-Böll-Stiftung/Regine Schönenberg (Hg.) (2013), Transnational Organized Crime. Analyses of a Global Challenge to Democracy, Bielefeld.
Louise I. Shelley (2014), Dirty Entanglements. Corruption, Crime, and Terrorism, New York.
Transparency International Deutschland e.V. (2014), Corruption as a Threat to Stability and Peace, Berlin.
Transparency International Deutschland e.V. (2015), Korruptionsrisiken bei Stabilisierungsmissionen und beim Aufbau von Verteidigungsfähigkeiten. Ein Beitrag zur Optimierung der Politischen Rahmenbedingungen, Berlin.

Internetadressen
Anti-Corruption Resource Center: http://www.u4.no
The Global Initiative Against Transnational Organized Crime: http://www.globalinitiative.net
Transparency International: http://www.transparency.org
VN-Büro für Drogen- und Verbrechensbekämpfung: http://www.unodc.org

41 – Ost-West-Konflikt (*Wilfried Loth*)

1. Ursprünge
Grundlage des Ost-West-Konflikts waren gegensätzliche Vorstellungen von der Ordnung des menschlichen Zusammenlebens, die im Laufe der Industrialisierung des 19. und frühen 20. Jh.s manifest wurden: Der Gegensatz zwischen dem Pluralismus der „westlichen“ Zivilisation, die eine Vielzahl von Lebensformen und Machtkonfigurationen zuließ, und dem zwangsstaatlichen Zentralismus „asiatischer“ Prägung; der Gegensatz zwischen kapitalistischer Produktionsweise und sozialistischen Alternativentwürfen; der Gegensatz zwischen parlamentarischem Rechtsstaat und totalitärem Mobilisierungsstaat (→ Weltordnungsmodelle). Die Eroberung der russischen Staatsgewalt durch die Bolschewisten hat diese Gegensätze seit 1917 zu einem Problem internationaler Politik werden lassen: Indem die Führung der Sowjetunion den Anspruch erhob, an der Spitze einer historisch notwendigen weltrevolutionären Bewegung zu stehen, verband sie eine Kombination sozialistischer und antiwestlicher Vorstellungen mit der Förderung der sowjetischen Staatsinteressen. So wurde ein spezifischer Konflikt zwischen westlichen Industriestaaten und Sowjetstaat in das internationale System eingeführt.

Seine dominierende Rolle in der internationalen Politik erhielt dieser Konflikt im Zuge der Entwicklung des Zweiten Weltkrieges: Zum einen brach mit diesem Krieg die traditionelle europäisch dominierte Staatengesellschaft zusammen, und mit dem Untergang des Dritten Reiches entstand ein Machtvakuum in Europa. Zum anderen brachte dieser Krieg der Sowjetunion einen gewaltigen Machtzuwachs in Europa; gleichzeitig stieg jene Nation zur führenden Weltmacht auf, die die westlichen Prinzipien besonders offensiv vertrat: die USA. Damit mündete der Ost-West-Gegensatz in einen Antagonismus der beiden Haupt-Siegermächte, von deren Willen die Gestaltung der Nachkriegsordnung in erster Linie abhing.

Trotz ihrer Gegensätze strebten die Führer der beiden Haupt-Siegermächte zunächst eine einvernehmliche Regelung der Friedensordnung nach dem Zweiten Weltkrieg an. Der sowjetische Diktator Josef W. Stalin wollte die Einflusssphären in Europa und Asien sichern, die er militärisch errungen hatte; eine weitere Expansion des Kommunismus sollte warten, bis die gesellschaftliche Entwicklung in den westlichen Ländern dafür „reif" sein würde. Der amerikanische Präsident Franklin D. Roosevelt war davon überzeugt, dass der Frieden nur zu sichern war, wenn man die militärischen Gewinne der Sowjetunion anerkannte. Im Übrigen hoffte er darauf, dass die Einbindung der Sowjetunion in die → Vereinten Nationen ihre Entwicklung zu einer „normalen", nicht mehr vorrangig ideologisch bestimmten Großmacht befördern würde. In den Konferenzen von Jalta (Februar 1945) und Potsdam (Juli/August 1945) verständigten sich die sowjetische und die amerikanische Führung auf die Grundzüge einer kooperativen Nachkriegsordnung. Dazu gehörten die gemeinsame Besetzung des besiegten Großdeutschen Reiches (in je vier Besatzungszonen für Deutschland und Österreich, unter Beteiligung Großbritanniens und Frankreichs), die Übernahme besonderer Verantwortung in den Vereinten Nationen (als permanente Mitglieder des Sicherheitsrates, zusammen mit Großbritannien, Frankreich und China) sowie eine stillschweigende Übereinkunft über besondere Interessengebiete in Europa.

2. Kalter Krieg und Blockbildung

Die Übereinkünfte von Jalta und Potsdam erwiesen sich jedoch als nicht sehr belastbar. Bald nach Kriegsende gerieten die westlichen Siegermächte und die Sowjetunion in eine Auseinandersetzung, die von der wechselseitigen Furcht vor dem Übergreifen der Gegensätze auf die eigene Sicherheitssphäre geprägt wurde. Diese Auseinandersetzung, für die sich im Laufe des Jahres 1947 der Begriff „Kalter Krieg" einbürgerte, führte dazu, dass an die Stelle des zerstörten europäisch dominierten Staatensystems der Antagonismus zweier Machtblöcke trat, der Europa spaltete, das weltpolitische Gewicht der beiden Haupt-Siegermächte weiter stärkte und die Abwehr der befürchteten Dominanz der Gegenseite zum vorherrschenden Gebot der → Sicherheitspolitik beider Seiten werden ließ. Daraus resultierten sowohl ein beständiges Ringen um Einflusssphären und Ressourcen, der immer mehr Regionen der Welt in den Sog der Ost-West-Spannung geraten ließen, als auch das permanente Wettrüsten, das mit der Entwicklung der Nukleartechnik die Gefahr globaler Vernichtung heraufbeschwor (→ Proliferation).

Nachdem die Sowjetunion den von der Roten Armee befreiten Ländern 1945 größtenteils sowjetfreundliche Regime aufgezwungen hatte (Polen, Rumänien, Bulgarien, teilweise auch schon Ungarn), ging die amerikanische Regierung 1946 zu einer Politik der ‚Eindämmung' sowjetischer Expansion über: Die Versuche sowjetischer Machtausweitung im Nahen Osten (Iran, Türkei) wurden gestoppt; westeuropäische Länder wurden zur Abwehr kommunistischer Subversionsversuche finanziell unterstützt; in Deutschland fiel mit der Entscheidung zur Gründung der britisch-amerikanischen Bizone im Juli 1946 eine Weichenstellung zur Schaffung eines westdeutschen Staates. Im März 1947 übernahmen die USA die britische Schutzmachtrolle in Griechenland und der Türkei; gleichzeitig gingen sie mit der Verkündung der „Truman-Doktrin" zur ideologischen Mobilisierung des Westens gegen kommunistische Subversion über. Wenig später entschloss sich die Truman-Administration mit dem „Marshall-Plan" zum beschleunigten Wiederaufbau der westlichen Besatzungszonen Deutschlands, zur Intensivierung der Wirtschaftshilfe für die europäischen Länder und zur Schaffung eines europäischen Integrationsrahmens zur Kontrolle des neuen deutschen Staates.

Die damit erreichte Blockbildung wurde entscheidend vertieft, als Stalin nach einigem Zögern eine Beteiligung der Sowjetunion und der osteuropäischen Länder am Marshall-Plan ablehnte und mit der Gründung des Kominform im September 1947 zu einer Politik dogmatischer Verhärtung und ideologischer Mobilisierung überging. Im östlichen Europa einschließlich der sowjetischen Besatzungszone in Deutschland trat an die Stelle der bisherigen pragmatischen Vielfalt von Kontrollen eine strikte Ausrichtung am sowjetischen Vorbild, dramatisch zugespitzt in der Ausschaltung aller nichtkommunistischen Kräfte in der Tschechoslowakei im Februar 1948. Im westlichen Europa nutzten die Kommunisten soziale Unruhen zur Propaganda gegen den „Dollarimperialismus" des Marshall-Plans. Die westlichen Europäer flüchteten unter dem Eindruck dieser Radikalisierung des sowjetischen Kurses erschreckt in die Arme der amerikanischen Schutzmacht, rückten innenpolitisch nach rechts und bestürmten die USA, ihnen militärischen Beistand gegen eine sowjetische Aggression zu gewähren. Am 17.3.1948 schlossen sich Großbritannien, Frankreich, Belgien, die Niederlande und Luxemburg zum „Brüsseler Pakt" zusammen; am 7.6.1948 einigten sich die USA, Großbritannien, Frankreich und die Benelux-Staaten auf die „Londoner Empfehlungen" zur Einberufung einer Verfassunggebenden Versammlung für den westdeutschen Staat.

Stalin beschleunigte die westliche Blockbildung noch, indem er im Juni 1948 die Zufahrtswege der Westalliierten nach Berlin blockieren ließ: Er wollte damit die Gründung des westdeutschen Staates und einer westlichen Militärallianz im letzten Moment verhindern, erreichte aber nur, dass noch verbliebene Widerstände gegen beide Maßnahmen überwunden wurden. Am 4.4.1949 unterzeichneten die Brüsseler Paktstaaten zusammen mit den USA und Kanada den Nordatlantikpakt (→ NATO). Als weitere Gründungsmitglieder kamen hinzu: Italien (auf Drängen Frankreichs), Norwegen, Dänemark (mit Grönland), Island (das selbst über keine Armee verfügte) und Portugal (mit den Azoren). Am 23.5.1949 verabschiedete der Parlamentarische Rat das „Grundgesetz" für die Bundesrepublik Deutschland. Am 12.5.1949 wurde die Berliner Blockade aufgehoben, am 7.10.1949 wurde in der sowjetischen Besatzungszone die Verfassung für eine „Deutsche Demokratische Republik" in Kraft gesetzt.

Mit dem Korea-Krieg, den das kommunistische Nordkorea im Juni 1950 in der Hoffnung auf einen schnellen Sieg begann, gewann das westliche Lager weiter an Geschlossenheit. Die USA fanden sich, durch die Nachricht von der Explosion der ersten sowjetischen Atombombe im August 1949 zusätzlich aufgeschreckt, zur Beteiligung an einer integrierten NATO-Streitmacht für Europa bereit (19.12.1950); und ihre europäischen Verbündeten akzeptierten die Aufstellung westdeutscher Streitkräfte im

Rahmen der westlichen Verteidigungsgemeinschaft. Am 18.2.1952 wurden Griechenland und die Türkei in das Bündnis aufgenommen. Ein Vertrag über die Schaffung einer „Europäischen Verteidigungsgemeinschaft“ (EVG) aus Frankreich, der Bundesrepublik, den Benelux-Staaten und Italien, der am 27.5.1952 unterzeichnet wurde, scheiterte am 30.8.1954 durch die Ablehnung in der französischen Nationalversammlung. Daraufhin wurde in den Pariser Verträgen vom 23.10.1954 der Brüsseler Pakt durch Aufnahme der Bundesrepublik in die Westeuropäische Union (WEU) umgewandelt; gleichzeitig wurde die Bundesrepublik nach einer Verzichterklärung auf ABC-Waffen als NATO-Mitglied akzeptiert. Am 5.5.1955 traten diese Verträge in Kraft.

3. Koexistenz, Konfrontation und Entspannung

Die Universalisierung der westlichen Eindämmungspolitik ging so weit, dass die ersten Entspannungsinitiativen der sowjetischen Seite weitgehend ins Leere liefen. Im Frühjahr 1952 signalisierte Stalin mit Noten zur Wiedervereinigung Deutschlands seine Bereitschaft, das SED-Machtmonopol in der DDR preiszugeben, wenn dadurch der Aufbau einer starken westlichen Militärmacht unter Einschluss der Bundesrepublik verhindert werden konnte. Im Frühjahr 1953 bereiteten die Nachfolger Stalins eine Initiative vor, die noch deutlicher auf Wiederherstellung eines „bürgerlichen“ Deutschlands zielte. 1954 und 1955 präsentierten sie Vertragsentwürfe für kollektive Sicherheit und Abrüstungspläne; 1956 bekannte sich Nikita Chruschtschow zur Doktrin der „friedlichen Koexistenz“. Auf der westlichen Seite lösten diese Initiativen zwar Auseinandersetzungen über die richtige Antwort aus, doch blieben dabei die Verfechter eines „harten“ Kurses – insbesondere Bundeskanzler Konrad Adenauer und der amerikanische Außenminister John Foster Dulles – in der Oberhand. Dem Angebot einer Neutralisierung Deutschlands wurde die Forderung nach Entlassung der DDR in die westliche Welt entgegengesetzt. Die übrigen Verhandlungsofferten blieben weitgehend ungenutzt; lediglich über die Rückkehr zum *Status quo ante* in Korea, die Teilung Indochinas und die Neutralisierung Österreichs konnte man sich verständigen.

Das Bemühen um eine Anerkennung der DDR und der Blockgrenzen, auf die sich die sowjetische Diplomatie nach der Ablehnung ihres Neutralisierungsprojekts konzentrierte, blieb ohne Erfolg; und auch die verschiedenen Disengagement-Pläne scheiterten. Als sich die Westmächte stattdessen anschickten, Atomwaffen auf westdeutschem Boden zu stationieren, ging Chruschtschow zu einer Politik der offenen Drohungen über. Am 10.11.1958 kündigte er an, einen Friedensvertrag mit der DDR zu schließen und damit die Kontrolle der alliierten Zufahrtswege nach West-Berlin an die DDR zu übertragen, wenn die Westmächte nicht innerhalb von sechs Monaten zu einer gemeinsamen Friedensregelung mit Deutschland und zur Umwandlung West-Berlins in eine „Freie Stadt“ ohne westliche Truppen bereit wären. Der Erfolg dieses Berlin-Ultimatums blieb jedoch begrenzt: Die Westmächte bewegten sich zwar allmählich auf eine Anerkennung der DDR zu; gleichzeitig bauten die USA aber ihren Vorsprung in der atomaren Rüstung aus. Am 13.8.1961 signalisierte Chruschtschow mit dem Bau der Berliner Mauer, dass ihm die Stabilisierung der DDR wichtiger war als die Vertreibung der Westmächte aus Berlin. Nach der Kuba-Krise im September/Oktober 1962, die mit dem Abzug der sowjetischen Raketenanlagen von der Karibik-Insel endete, hörten die sowjetischen Drohungen ganz auf.

Im Juni 1963 vereinbarten Chruschtschow und der amerikanische Präsident John F. Kennedy die Einrichtung eines „heißen Drahts“ zwischen beiden Regierungszentralen, durch den zukünftig einer Kriseneskalation vorgebeugt werden sollte. Ein Atomteststopp-Abkommen vom August 1963 verbot zumindest die Zündung von Sprengköpfen in der Atmosphäre. In weiteren Verhandlungen einigten die Nachfolger Kennedys und Chruschtschows 1965 auf die Grundzüge eines Vertrags über die Nichtverbreitung von Kernwaffen. Im März 1966 stimmte die sowjetische Führung der amerikanischen Forderung nach Verhandlungen über das Verbot von Raketenabwehrsystemen zu, allerdings nur unter der Bedingung, dass gleichzeitig Verhandlungen über eine Begrenzung der ‚strategischen‘ Rüstung, d.h. mit Interkontinentalraketen und Atomraketen auf U-Booten, geführt wurden. Im Juni 1969 erklärte sich die Präsident Richard M. Nixon mit diesem Junktim einverstanden; darauf hin konnten im November 1969 die *Strategic Arms Limitation Talks* (abgekürzt: SALT) beginnen.

Die jetzt einsetzende Entspannung setzte voraus, dass die Sowjetunion die Kontrolle über ihr Imperium in Europa behielt. Nachdem sie schon im Juni 1953 Truppen zur Niederschlagung eines Volksaufstands in der DDR eingesetzt und im Oktober 1956 gegen den Austritt Ungarns aus dem Warschauer Pakt interveniert hatte, beendete sie im August 1968 auch den „Prager Frühling“ in der Tschechoslowakei mit einer militärischen Invasion. Dessen ungeachtet steuerte die Bundesrepublik auf eine Politik des „Wandels durch Annäherung“ (Egon Bahr) zu, mit der die innerdeutsche Grenze geöffnet und eine Liberalisierung der Regime des Ostblocks gefördert werden sollte. Die Regierung von Willy Brandt und Walter Scheel akzeptierte im Moskauer Vertrag vom 12.8.1970 die „Unantastbarkeit“ der bestehenden Grenzen in Europa, einschließlich der Grenze zwischen der BRD und der DDR. Die Sowjetregierung nahm einen Brief der Bundesregierung entgegen, in sie erklärte, weiter „auf einen Zustand des Friedens in Europa hinzuwirken, in dem das deutsche Volk in freier Selbstbestimmung seine Einheit wiedererlangt.“ Entsprechende Verträge der Bundesrepublik mit Polen (Dezember 1970) und der Tschechoslowakei (Dezember 1973) folgten, ebenso ein Abkommen der Vier Mächte über die Regelung der Zufahrtswege nach West-Berlin, das weiterhin von der Bundesrepublik international vertreten werden sollte (September 1971). Im November 1972 schlossen die beiden deutschen Regierungen einen „Vertrag über die Grundlagen der Beziehungen“, bei dem die DDR die internationale Anerkennung mit einer Ausweitung des innerdeutschen Verkehrs bezahlte.

Parallel zur ‚neuen Ostpolitik‘ der Bundesrepublik unterzeichnete Nixon bei einem Gipfeltreffen mit Generalsekretär Leonid Breschnew am 26.5.1972 in Moskau ein erstes Vertragspaket zur Begrenzung der strategischen Rüstung (SALT I), das die wechselseitige Garantie der Zweitschlagskapazität sowie die Festlegung von Obergrenzen für die Ausstattung mit Interkontinentalraketen beinhaltete (→ Rüstungskontrolle/Abrüstung). 1973 begann man in einer multilateralen „Konferenz über Sicherheit und Zusammenarbeit in Europa“ (→ Europäische Sicherheitsstruktur) über eine Verbesserung der Ost-West-Beziehungen im europäischen Bereich zu verhandeln. Sie führten zur Unterzeichnung einer Schlussakte in Helsinki am 1.8.1975, die die Anerkennung der bestehenden

Grenzen mit der Verpflichtung auf das Selbstbestimmungsrecht und die Förderung des Austauschs von „Menschen, Informationen und Meinungen“ verband.

4. Die Krise der Entspannung

Diese Agreements stellten allerdings nicht den Auftakt zu einem kontinuierlichen Abbau der Ost-West-Spannungen dar. Vielmehr sorgten mangelnde Geduld und mangelnde Disziplin auf beiden Seiten dafür, dass sich die Beziehungen zwischen den beiden Supermächten bald wieder verschlechterten und die Entspannung in Europa nur noch mühsam vorankam. In den USA wirkten Kritik an der sowjetischen Menschenrechtspraxis (→ Menschenrechte) und am Prinzip der strategischen Parität dem Ausbau der Beziehungen entgegen: Ende 1974 machte der Senat die Gewährung der Meistbegünstigungsklausel an die Sowjetunion von Garantien für die freie Auswanderung sowjetischer Juden abhängig („Jackson-Vanik-Amendment“). Anfang 1976 lehnte Präsident Gerald Ford einen von den Außenministern Henry Kissinger und Andrej Gromyko erzielten Kompromiss über die Einbeziehung von Mittelstreckenwaffen in das nächste Rüstungskontrollabkommen (SALT II) ab. 1977 begann Präsident Jimmy Carter seine Amtszeit mit einer lautstarken Kampagne gegen die Verletzung der Menschenrechte im sowjetischen Machtbereich. Die Sowjetführung unter Leonid Breschnew gab daraufhin ihre Zurückhaltung bei der Unterstützung prosowjetischer Kräfte in Randregionen auf (so in Portugal und in Angola) und nutzte die Modernisierung ihres Mittelstreckenarsenals (SS-20-Raketen) dazu, die Glaubwürdigkeit der atomaren Garantie der USA für Europa zu erschüttern.

Dank der Bemühungen der weiter an Entspannung interessierten Europäer konnte eine Eskalation des Konflikts noch eine Zeitlang verhindert werden. Am 18.6.1979 wurde das SALT-II-Abkommen unterzeichnet und damit der Rüstungswettlauf noch einmal etwas gedrosselt. Als aber die NATO im Dezember 1979 die Stationierung neuer Mittelstreckenraketen in Europa beschloss (wenn auch unter dem Vorbehalt, dass es nicht zu einem Abbau der sowjetischen Mittelstreckenwaffen kommen würde) und die Sowjetarmee kurz darauf in Afghanistan einmarschierte, brach der Entspannungsdialog nahezu vollständig zusammen. Carter setzte die Ratifizierung des SALT-II-Vertrages aus und leitete ein neues, weitreichendes Aufrüstungsprogramm ein. Sein Nachfolger Ronald Reagan, der im November 1980 auf einer Woge der Kritik an der Entspannung gewählt wurde, konzentrierte sich vorerst auf öffentliche Attacken gegen die Sowjetunion und die weitere Aufrüstung des amerikanischen Arsenals. Nur mit Mühe gelang es den europäischen Verbündeten, Reagan zur Wiederaufnahme der Verhandlungen über die Mittelstreckenraketen zu bewegen. In den Verhandlungen über die strategische Rüstung beharrte die Reagan-Administration auf einem Ausbau der amerikanischen Überlegenheit. Im März 1983 kündigte Reagan eine „Strategic Defense Initiative“ (abgekürzt SDI) zur Installierung eines Raketenabwehrsystems im Weltraum an, das die atomare → Abschreckung einseitig aufzukündigen drohte.

Die zunehmende Gefährlichkeit der neuen Waffen und das aggressive Auftreten der Reagan-Regierung riefen eine gewaltige Friedensbewegung auf den Plan, sowohl im westlichen Europa als auch in den USA. Sie konnte freilich nicht verhindern, dass die Stationierung der neuen Mittelstreckenraketen nach einem komplizierten Verhandlungsmarathon im November 1983 tatsächlich beschlossen wurde. Lediglich der Ausbau der innereuropäischen und innerdeutschen Beziehungen wurde fortgesetzt, auch über die Verhängung des Kriegsrechts in Polen im Dezember 1981 hinweg.

5. Das Ende des Ost-West-Konflikts

Zu einer umfassenden Entspannung in den Ost-West-Beziehungen kam es erst, als sich der sowjetische Generalsekretär Michail Gorbatschow bald nach seinem Amtsantritt im März 1985 zu radikalen Abrüstungsvorschlägen entschloss. Zunächst bot er eine Halbierung der strategischen Offensivwaffen an, dann eine „Null-Lösung" bei den Mittelstreckenraketen, d.h. ihre vollständige Abschaffung, und ein Programm zur Abschaffung aller Atomwaffen bis zum Jahr 2000. Schließlich erklärte er sich auch bereit, über eine substantielle Reduzierung der konventionellen Waffen „vom Atlantik bis zum Ural" zu verhandeln und dabei auch Kontrollen vor Ort zuzulassen. Reagan konnte sich diesen Angeboten nicht entziehen. Angesichts des Eindrucks, unterdessen die Stärke der USA wiederhergestellt zu haben, wollte er es auch nicht mehr. So stimmte er den Grundsätzen des sowjetischen Programms bei einer Begegnung mit Gorbatschow in Reykjavik am 11./12.10.1986 im Prinzip zu; und nach irritierenden Auseinandersetzungen über die Zukunft des SDI-Projekts wurde bei einem weiteren Gipfeltreffen in Washington am 8.12.1987 ein Abkommen über die vollständige Beseitigung der Mittelstreckenraketen unterzeichnet, das Kontrollinspektionen vor Ort einschloss (INF-Vertrag), ebenso eine Verständigung über den Grundsatz einer Halbierung der strategischen Offensivwaffen.

Die Absprachen über die Halbierung des strategischen Arsenals konnten erst nach Überwindung der Einwände amerikanischer Experten verwirklicht werden. Am 31.7.1991 unterzeichneten Gorbatschow und Reagans Nachfolger George Bush einen Vertrag über die Reduzierung der strategischen Rüstung (*Strategic Armaments Reduction Treaty*, abgekürzt START). Er sah eine Begrenzung der Zahl der Sprengköpfe auf 6.000 für beide Seiten vor, was einer Reduzierung von 20 bis 35 Prozent entsprach, und beinhaltete ebenfalls präzise Verifikationsbestimmungen.

In der Frage der Begrenzung der konventionellen Rüstung kam man dagegen schneller voran. In den „Verhandlungen über konventionelle Streitkräfte in Europa", die im März 1989 in Stockholm begannen, gestanden die sowjetischen Vertreter sowohl eine überproportionale Reduzierung der Streitkräfte des Warschauer Paktes zu als auch die Verifikation der Vereinbarungen durch ein detailliertes Inspektionssystem. Auf einem Gipfeltreffen der KSZE vom 19. bis 21.11.1990 in Paris wurde ein Vertrag unterzeichnet, der ein Gleichgewicht der Waffensysteme auf niedrigem Niveau festschrieb. Weiter beschlossen die Gipfelteilnehmer den Ausbau der Konferenz für Sicherheit und Zusammenarbeit in Europa zu einer Organisation für Sicherheit und Zusammenarbeit in Europa (OSZE) mit einem Sekretariat, Zentren zur Wahlbeobachtung und Konfliktverhütung und einem parlamentarischen Gremium.

Unterdessen war freilich der Warschauer Pakt in Auflösung begriffen, das Machtmonopol der KPdSU in der Sowjetunion war gebrochen, und die Deutschen in der DDR hatten für einen Beitritt zur Bundesrepublik votiert. Die Verhängung des Kriegsrechts in Polen am 12.12.1981 hatte den Widerstand eines ganzen Volkes gegen die

Herrschaft der kommunistischen Partei nicht brechen können. Da Gorbatschow davon überzeugt war, dass ein erneuter Einsatz von militärischer Gewalt gegen Volksbewegungen nur kontraproduktiv sein würde, und die kommunistischen Führer in den Satellitenstaaten folglich keine „brüderliche Hilfe" von der Sowjetunion mehr erwarten konnten, fand sich die polnische Führung im April 1989 zu einem Wahlkompromiss mit der Solidarność-Bewegung bereit. Bis zum September 1989 führte dieser Kompromiss zur Bildung einer Allparteienregierung unter Führung des Solidarność-Politikers Tadeusz Masowiecki. Durch das polnische Beispiel ermuntert, setzten Reformbewegungen auch in den anderen Ostblockstaaten bis Ende 1989 die Ablösung der kommunistischen Machthaber durch. In der DDR führte die bedingungslose Öffnung der Grenzübergänge am 9.11.1989 („Fall der Mauer") zur Auflösung der SED-Herrschaft und zur Entstehung einer Volksbewegung für den Beitritt zur Bundesrepublik. In der Sowjetunion bildete ein im März 1989 gewählter „Kongress der Volksdeputierten" ein Forum für Demokratisierungsbestrebungen. Die Parlamente von Litauen, Lettland und Estland votierten für die Souveränität ihrer Republiken; in Georgien, Turkmenistan, Usbekistan und Kasachstan brachen national gefärbte Unruhen aus.

Die Verbindungen zwischen politischen und militärischen Führern in Ost und West, die Zuge der Entspannungsbemühungen geknüpft worden waren, sorgten dafür, dass diese Selbstauflösung des sowjetischen Imperiums von einer Stärkung der kooperativen Beziehungen begleitet wurde. In den Verhandlungen über den Beitritt der DDR zur Bundesrepublik, die im April 1990 begannen und zu Vertragsunterzeichnungen am 12. und 13.9.1990 führten, gestand Bundeskanzler Helmut Kohl eine Reduzierung der Bundeswehr und einen Verzicht auf die Stationierung von alliierten Streitkräften und Nuklearwaffen auf dem Gebiet der ehemaligen DDR zu, ebenso eine beträchtliche finanzielle Unterstützung für den Abzug der sowjetischen Truppen.

Die Unterstützung aus dem Westen genügte aber nicht, um die Sowjetunion auf demokratischen Prinzipien neu zu gründen. Als Gorbatschow einen neuen „Unionsvertrag" ankündigte, der die Sowjetunion in eine echte Föderation von Republiken umwandeln sollte, unternahmen Anhänger des alten Systems am 19.8.1991 einen Putschversuch. Der unterdessen schon demokratisch gewählte Präsident der Russischen Föderation Boris Jelzin mobilisierte dagegen die Öffentlichkeit, erließ ein Verbot der KPdSU und zwang Gorbatschow, als Generalsekretär der Partei zurückzutreten. Am 8.12.1991 bildete er mit den Vertretern Weißrusslands und der Ukraine die „Gemeinschaft Unabhängiger Staaten" (GUS). Eine Reihe weiterer Republiken schloss sich am 21.12.1991 mit der Erklärung von Alma-Ata an. Gorbatschow blieb nur noch, als Staatspräsident der Sowjetunion zurückzutreten. Mit seinem Rücktritt vom 25.12.1991 endete die Geschichte des Staates, der als vermeintlich erster Staat der künftigen Weltrevolution gemäß der marxistischen Lehre ins Leben getreten war.

Der Ost-West-Konflikt ging damit, gemessen an dem Krisenjahrzehnt 1975-1985, für alle Beteiligten überraschend schnell zu Ende. Die Überlegenheit der westlichen Zivilisation ließ sich im Zeitalter der Digitalisierung nicht mehr kaschieren, und ein Reformer an der Spitze des Sowjetstaates fand den Mut, daraus die Konsequenzen zu ziehen. Dank der Verbindungen zwischen Ost und West, die im Zuge der Entspannung entstanden waren, gelang ihm die Selbstbefreiung von den Fesseln der kommunistischen Ideologie.

→ **Ergänzende Beiträge**

Abschreckung, Diplomatie, Krieg, Militärbündnisse, NATO, Proliferation, Rüstungskontrolle/Abrüstung, Sicherheitspolitik, Weltordnungsmodelle

Literatur

Dülffer, Jost (2004): Europa im Ost-West-Konflikt 1945-1990, München.

Dülffer, Jost (2013): Ost-West-Konflikt und Globalisierung. Neue Forschungen zum Kalten Krieg, in: Mittelweg (4) 2013, S. 57-76.

Leffler, Melvyn P. (2007): For the Soul of Mankind. The United States, the Soviet Union and the Cold War, New York.

Leffler, Melvyn P. / Westad Odd Arne (eds.) (2010): The Cambridge History of the Cold War, 3 vols., Cambridge.

Loth, Wilfried (2002): Die Teilung der Welt. Geschichte des Kalten Krieges 1941-1955, München 1980, überarbeitete Neuausgabe.

Loth, Wilfried (1998): Helsinki, 1. August 1975. Entspannung und Abrüstung, München.

Loth, Wilfried (2013): Staaten und Machtbeziehungen im Wandel, in: Akira Iriye (Hrsg.), 1945 bis heute. Die globalisierte Welt (= Geschichte der Welt, Bd. 6), München, S. 15-181, 829-832, 893-896.

Stöver, Bernd (2004): Der Kalte Krieg. Geschichte eines radikalen Zeitalters, München.

42 – Politikvermittlung und internationale Politik (*Christian Stock*)

1. Grundproblematik

Es überrascht nicht, dass die internationale Politik als Gegenstand des (wissenschaftlichen) Interesses heutzutage einen prominenten Stellenwert besitzt. Die modernen Medien liefern zeitnah Informationen auch aus entlegenen Winkeln der Erde. Politische Ereignisse werden durch die von Augenzeugen bereitgestellten Bilder und Videos in einer neuen Qualität erlebbar. Damit und auch durch die wirtschaftliche → Interdependenz, die den Großteil der Welt einschließt, gewinnt das internationale Geschehen zunehmend an Relevanz für den Alltag der Menschen. Die Tatsache, dass die internationalen Politik ebenso wie ihre Auswirkungen auf die nationale Politik mittlerweile alltägliche Themen geworden sind, ist jedoch kein Garant für ein profundes Verständnis der zugrundeliegenden Problemlagen. An dieser Stelle ist die wissenschaftliche Disziplin der Internationalen Beziehungen (IB) gefordert. Es gehört zu ihren Aufgaben, Inhalte und Strukturen ihres Fachbereichs (auch für Nicht-Fachwissenschaftler) analytisch aufzubereiten und Zugänge zu schaffen, um die qualifizierte politische Meinungsbildung zu unterstützen. Wenn die klassischen – und konstituierenden – Themen der IB → Krieg und → Frieden und die jeweiligen Ursachen waren, ist es gegenwärtig vor allem der Versuch, eine komplexe und damit scheinbar immer unübersichtlicher werdende internationale Lage besser verstehen und Ordnungsmuster entwickeln zu können. Das breite Spektrum und das heute dominierende Megaphänomen der Unübersichtlichkeit legen zwei Schlüsse nahe.

- Zum einen, dass die Trennung von nationalen und internationalen Themen nach ihrer Alltagsrelevanz für die Bürgerinnen und Bürger erodiert.
- Zum andern, dass damit auch die Gefahr steigt, die zwar für den Alltag relevanten, aber im Alltag nicht greifbaren Themen der internationalen Politik aufgrund ihrer Komplexität nicht mehr hinreichend zu verstehen.

Die potenziellen negativen Folgen sind vielfältig: vom Spinnen von Verschwörungstheorien über einen irrationalen Umgang mit internationalen Aspekten bis hin zu einer Ablehnung des Fremden, die in aggressiven Nationalismus umschlagen kann.

2. Hürden für das Verständnis der internationalen Beziehungen

Im Folgenden sollen einige exemplarische Aspekte herausgearbeitet werden, die das Verständnis besonders erschweren: Anarchie als Strukturmerkmal, die geringere Bedeutung von Demokratie in den internationalen Beziehungen, komplexe Strukturen, das Phänomen der → Interdependenz und Eigentümlichkeiten der medialen Vermittlung.

2.1 Anarchie als Strukturmerkmal

Traditionell wurde in den IB-Theorien die Anarchie in der Staatenwelt als ihr zentrales Merkmal angesehen, insbesondere dann, wenn es um das zentrale Thema ‚Sicherheit' geht. Eine erste potenzielle Hürde für das richtige Verständnis hierbei ist die negative umgangssprachliche Konnotation des Begriffes Anarchie. Darüber hinaus impliziert Anarchie die Unmöglichkeit autoritativen Handelns. Eine gängige Definition internationaler Politik beschreibt diese jedoch als „Gesamtheit aller Interaktionen, die auf die autoritative Verteilung von Werten jenseits staatlicher Grenzen gerichtet sind" (Schimmelfennig 2008: 22). Insbesondere die ökonomische → Globalisierung, aber auch einzelne international agierende Akteure wie große Konzerne oder terroristische Organisationen, haben den Ruf nach einer Stärkung des Primats der Politik auch im internationalen Raum lauter werden lassen. Das → Völkerrecht/internationale Recht als das potenzielle Vehikel solcher ordnungspolitischen Vorstellungen ist jedoch nur in wenigen Ausnahmen – nämlich den Resolutionen des Sicherheitsrats der → Vereinten Nationen – von ähnlicher Wirkungskraft wie dies Gesetze im Nationalstaat sind. Der Grund hierfür ist v.a. der Mangel an Sanktionierungsmöglichkeiten, wie er auf nationaler Ebene z.B. in Form von Polizei und Justizvollzug besteht. Neben eher grundsätzlichen Überlegungen zeigt aber auch ein Blick auf die real existierenden politischen Strukturen, dass sie mit dem Begriff Anarchie nicht zutreffend beschrieben sind. Um eine Metapher zu gebrauchen: fasste man die Staatenwelt als ein hölzernes Rad auf, das um die hohle Nabe der Anarchie rotierte, könnte man durchaus fragen, ob nicht an Stelle der Nabe die Verbindung der einzelnen Streben des Rades für die Stabilität des Systems verantwortlich sei. Konzepte wie die → Interdependenz nehmen Abstand von einer eindeutigen Verortung von → Macht, Multipolarität (v.a. in Abgrenzung zur Bipolarität des → Ost-West-Konflikts zwischen der Sowjetunion und den USA) hingegen lokalisiert sie sehr deutlich. Ein anderes Konzept, die Heterarchie, betont hingegen die Existenz von Machtstrukturen, vermeidet aber eine Lokalisierung und unterstreicht damit die Komplexität des internationalen Systems. Rittberger/Kruck/Romund 2010: 308) beschreiben eine heterarchische Ordnung als „ein dichtes Netz von Institutionen des Weltregierens, die von öffentlichen und privaten Akteuren zur kollektiven regelgeleiteten Bearbeitung von transsouveränen Problemen durch horizontale Politikkoordination und -kooperation geschaffen und aufrecht erhalten werden". Zwar ist die Anarchie als eine Standardannahme der IB nach wie vor nicht wegzudenken (→ Realismus als IB-Theorie). Doch die vielgestaltige Verwobenheit der Staaten und Gesellschaften nimmt viel von dem Bedrohlichen weg, was im Standardgebrauch des Begriffes der Anarchie mitschwingt.

2.2 Die geringere Bedeutung von Demokratie in den internationalen Beziehungen

Für den primären politischen Bezugsrahmen der meisten Menschen, der kommunal, regional oder national aufgespannt ist, ist Demokratie ein konstitutives Element. Das gilt jedoch nur sehr begrenzt für die Sphäre der internationalen Beziehungen. Zwar kann man durchaus von einer Demokratisierung dahingehend sprechen, dass Werte und Elemente aus der demokratischen Kultur Einzug in die internationalen Beziehungen gehalten haben. Herausragend ist hier die Transparenz als wichtige demokratische Sekundärtugend zu nennen. Sie wird insbesondere durch die moderne Berichterstattung ermöglicht und führt immer häufiger über eine informierte und handlungswillige Zivilgesellschaft zum Aufbau öffentlichen Drucks für bestimmte politische Anliegen. Auch Werte wie die → Menschenrechte werden in den internationalen Beziehungen immer wichtiger, wie oben bereits angesprochen. Und dennoch bleiben die internationalen Beziehungen eine Domäne des Regierungshandelns. Auch wenn Ansätze von Parlamentsbeteiligung (wie die Parlamentarische Versammlung der → NATO) oder bisweilen sogar Parlamente (wie das Europäische Parlament) auf internationaler Ebene existieren, stellen diese die Ausnahmen dar und sind in ihren Befugnissen kaum mit nationalen Parlamenten vergleichbar. Für die → Europäische Union gilt überdies, dass der zunehmende Einfluss der nationalen durch supernationalen Politik den Exekutiven ‚über Bande' national größere Einflussräume eröffnet.

Die Regierungslastigkeit der internationalen Politik zeigt sich überdies in der Vielzahl unterschiedlicher Konferenzen und Zusammenkünfte ‚auf Regierungsebene': seien es die verschiedenen ‚G-Formate' (z.B. G-7/G-8 und G-20), die verschiedenen Gremien der VN oder das wichtigste Gremium der EU, der Europäische Rat – überall sind Vertreter nationaler Regierungen die Akteure. Die sog. ‚Club-Formate', zu denen auch die genannten G-7/G-8 und G-20 zu zählen sind, können mit Blick auf den Mangel an demokratischer Legitimität und Transparenz als eine Steigerung des Vorgenannten aufgefasst werden. Institutionalisierte Formen des → Multilateralismus, wie beispielsweise die → Vereinten Nationen, stellen dennoch in Bezug auf die Legitimität eine Verlängerung der nationalstaatlichen Systeme dar: das Staatsvolk bestimmt eine Regierung als Vertretung, diese Vertreter kommen wiederum zusammen und entscheiden gleichberechtigt in der Generalversammlung der VN. Die Club-Formate hingegen sind selektiv und wählen die Mitglieder nach ihrer Relevanz für jenes Thema aus, das Anlass zur Gründung war. Damit geht ein noch geringeres Maß an Transparenz einher als in anderen Formaten des Multilateralismus. Mit Blick auf die Erfordernisse einer demokratischen politischen Kultur ist dies durchaus nicht unproblematisch.

Zu der Ausweitung des Regierungshandelns in den internationalen Beziehungen kommt die Zunahme der – häufig ökonomischen – → Macht international agierender nicht-staatlicher Akteure wie den großen Konzernen hinzu (→ transnationale Akteure/Nichtregierungsorganisationen). Dies ist kein neues Phänomen, aber das heutige Ausmaß wirtschaftlichen Einflusses einzelner Großkonzerne ist dennoch beispiellos. Aber auch andere nicht-staatliche Akteure, die nicht aus der Wirtschaft stammen, üben heute einen umfassenden Einfluss aus. Ein Beispiel wären die Nichtregierungsorganisationen in den Bereichen humanitäre Hilfe und Menschenrechtsschutz. Auch diese nicht-staatlichen Akteure sind nicht an demokratisch gewählte Vertretungen des Souveräns zurückgebunden, sondern allenfalls eher diffus über ‚die Öffentlichkeit' an die (interessierte) Gesellschaft. All dies lässt den Schluss zu, dass die Bedenken Ralf Dahrendorfs, dass mit der Internationalisierung (oder in seiner Diktion: der Globalisierung) die Demokratie in ihrer bekannten Form an ihre Grenzen stößt, ernst zu nehmen sind (Dahrendorf 2002: 17-18). Für das Verständnis der internationalen Beziehungen bedeutet dies, dass neue Zugänge des Verstehens gefunden werden müssen. Es bleibt aber dennoch richtig, die demokratischen Maßstäbe aus der nationalen Ebene auch an die internationale Ebene anzulegen. Zugleich bedarf es zum einen der Offenheit, alternative Handlungs- und Regelsysteme anzunehmen, wenn sie durch die spezifische Struktur der internationalen Sphäre gegeben sind. Und zum anderen der Kreativität, neue Formen der Verwirklichung demokratischer Werte zu finden.

2.3 Komplexe Strukturen

Trotz oder vielleicht auch gerade wegen der überbordenden zur Verfügung stehenden Informationen scheint die Undurchsichtigkeit der Abläufe und Problemstrukturen in den internationalen Beziehungen größer zu werden. Dieser Transparenzmangel ist nicht nur auf die oben beschriebene Regierungslastigkeit zurückzuführen, sondern auch auf die Komplexität des internationalen Systems und die Interdependenz der verschiedenen Bereiche.

Die Unübersichtlichkeit des internationalen Systems lässt sich beispielhaft an den → Vereinten Nationen ablesen. Die oft als ‚Weltorganisation' bezeichneten VN verfügen über eine geradezu labyrinthische Struktur. Unter den sechs Hauptorganen (dem eigentlichen Kern der VN) verfügt allein die Generalversammlung zusätzlich zu ihren fünf regulären Hauptausschüssen über 68 ihr direkt zugeordnete Gremien, die in nicht weniger als 18 funktionale Typen unterscheidbar sind. Unter diesen Gremien finden sich zahlreiche in der Öffentlichkeit wohl eher unbekannte wie z.B. der ‚Ausschuss zur Ausübung der unveräußerlichen Rechte des palästinensischen Volkes', aber auch bekanntere wie der ‚Menschenrechtsrat' oder die ‚Kommission zur Friedenskonsolidierung'. Dies ist natürlich nur ein winziger Ausschnitt des gesamten VN-Systems; er illustriert jedoch treffend die strukturelle Unüberschaubarkeit der internationalen Beziehungen.

Eine wichtige strukturelle Ursache für die Weitverzweigtheit des internationalen Systems ist die Abwesenheit eines gemeinsamen Ordnungsrahmens. Zwar regelt die

Charta der VN einen zentralen Bereich der internationalen Beziehungen. Sie entspricht aber zum einen in vielen Bereichen nicht mehr der heutigen politischen Realität und zum andern ist ihr Geltungsbereich auf den Kern der VN beschränkt. Die Charta und die mehr als 40.000 multilateralen und bilateralen Verträge bilden gemeinsam das kodifizierte → Völkerrecht/internationale Recht. Diese Struktur ist jedoch gewachsen und in sich selbst weder hierarchisch noch organisiert. Im Gegensatz hierzu finden sich auf der nationalen Ebene die jeweiligen Verfassungen, auf die alle weiteren politischen Begebenheiten zurückgeführt werden können.

Für Außenstehende ebenfalls schwer zu durchdringen ist die Komplexität internationaler politischer Prozesse. Beispielsweise spiegeln die Gipfeltreffen, die medial aufwändig inszeniert und bewusst als Symbolpolitik konstruiert werden, bedeutende Entscheidungshandlungen vor. In Wahrheit sind diesen Konferenzen aber immer zahlreiche kleine Vorbereitungsschritte auf der Arbeitsebene vorangegangen. Zudem erschweren die große Anzahl unterschiedlicher Akteure (staatliche und zunehmend auch nichtstaatliche), der Mehrebenen-Charakter der Verhandlungen (Normbildungsprozesse ‚von unten' und die Wirksamkeit globaler Normen auf lokaler Ebene) sowie der Wandel der Steuerungsmodi (zunehmend horizontales statt hierarchisches Regieren) (Brühl 2015: 37-38) das Verstehen durch Außenstehende. Ein anderes Beispiel für die prozessuale Undurchsichtigkeit in den internationalen Beziehungen ist das weit verbreitete Phänomen der Paketlösung bei internationalen Verhandlungen. Eine Paketlösung ist zunächst ein interessantes Verhandlungsinstrument, weil es den Akteuren ermöglicht, Präferenzen bezüglich mehrerer verschiedener Themen auszudrücken und in einer für sie weniger wichtigen Materie Zugeständnisse machen und dafür an anderer Stelle Unterstützung zu erhalten. Dies ist aber unvermeidbar mit einem Transparenzdefizit verbunden. Ein Beispiel hierfür sind die Verhandlungen über den ‚Vertrag über eine Verfassung für Europa' (VVE) (→ Europäische Union). Trotz der zahlreichen Bemühungen um Transparenz und die Einbindung der Zivilgesellschaft scheiterte der Verfassungsvertrag an den Referenden in Frankreich und den Niederlanden im Jahr 2005. Auch wenn eine detaillierte Analyse des Scheiterns hier nicht geleistet werden kann, lassen sich daran jedoch zwei problematische Eigenschaften von Paketlösungen erkennen: die Möglichkeit der Verschleierung von Interessen und Zugeständnissen seitens der verhandelnden Akteure und die Möglichkeit der Opponenten des Verhandlungsobjekts, einzelne Aspekte des Paketes zu überspitzen und damit die komplette Verhandlung scheitern zu lassen. Beim VVE waren dies beispielsweise der Vorwurf der Militarisierung der EU oder das Schüren der Furcht vor einer ‚Fernsteuerung aus Brüssel'.

2.4 Das Phänomen der Interdependenz

Das Phänomen der → Interdependenz ist eine weitere Hürde für das Verständnis. Diese meint hier die Verwobenheit verschiedener Akteure, Strukturen, Prozesse und Themen. Bis auf ökonomische Interdependenzen, die sich beispielsweise durch Waren- und Kapitalströme nachzeichnen lassen, ist der Begriff der Interdependenz in der Regel eher eine Beschreibung als eine Erklärung. Das gilt auch in den IB. Die mangelhafte analytische Qualität ergibt sich aus dem Wesen des Begriffs: gegenseitige Abhängigkeit lässt zunächst offen, in welche Richtung eine Kausalkette oder Handlungsfolge vorwiegend läuft. Zwar können einzelne Punkte herausgegriffen werden; die Erklärung eines Musters – gewissermaßen eine Erklärungsebene tiefer oder konkreter als der Begriff ‚Interdependenz' – ist jedoch oft schwierig. In der Regel lassen sich nur ökonomische Daten präzise auswerten, und die Triebkräfte dahinter sind oft unbekannt (Zürn 2008: 237–239).

2.5 Die mediale Vermittlung der internationalen Politik

Die Wahrnehmung der internationalen Politik erfolgt überwiegend über Informationsmedien, wobei die bildgestützten ihre ohnehin große Bedeutung immer weiter ausbauen. Bilder entfalten aufgrund der scheinbaren Augenzeugenschaft zumindest kurzfristig eine größere Überzeugungskraft als verbale Versuche, komplexe Zusammenhänge abstrakt zu erfassen und zu erklären. Daher wird u.a. durch Bemühung des sog. ‚CNN-Effekts' häufig auf das Einfluss- und auch Manipulationspotenzial der Medienakteure hingewiesen, die in der Lage seien, nicht nur die Wahrnehmung der Öffentlichkeit zu beeinflussen, sondern sogar direkt außenpolitische Handlungen auszulösen. Während dieser Effekt wohl überbewertet wird, beeinflussen die Gesetzmäßigkeiten der Medienwirtschaft – insbesondere der Fokus auf Erzählbarkeit und das Interesse an, oft krisenhaften, ‚*events*' – zweifellos auch die Außenpolitik. Die Wahrnehmung der Politik als reaktives Handlungsmuster wird durch den Krisenfokus unterstützt und in Einzelfällen (nämlich dann, wenn die Politik nicht schnell mit passenden Antworten auf Probleme aufwarten kann oder ein Legitimitätsdefizit besteht) kann die Berichterstattung durchaus auch gestaltenden Einfluss nehmen (Wesel 2010). Allein das Wissen um diese möglichen Effekte und das Unwissen über den Grad ihrer Ausprägung erweitern jedoch bereits den Akteurs- und Interessenkosmos, den der Beobachter in den Blick nehmen muss und erhöhen damit wiederum die Hürden für das Verständnis der internationalen Politik.

3. Individuelle Rezeptionsprobleme

Alle der diskutierten potenziellen Hürden stammen entweder direkt aus der inhaltlichen Materie oder deren wissenschaftlichen Behandlung durch die IB. Hinzu kommen aber auch Hindernisse auf Seite der Rezipienten, die hier nur angerissen werden können. Bei der Analyse internationaler Politik spielt der politisch-kulturelle Kontext der Ausführenden eine nicht zu vernachlässigende Rolle. Exemplarisch beim Thema → Menschenrechte: hier können nicht einfach die eigenen Wertvorstellungen unreflektiert herangezogen und die eigene Praxis zum Maßstab der Dinge erhoben werden. Ähnliches gilt für die Konfliktlinie zwischen Staatlichkeit in laizistischen Gesellschaften und solchen mit ausgeprägter Religiosität. Es bedarf umfangreicher kultureller, aber darüber hinaus auch geographischer und wirtschaftlicher Kenntnisse, um von der eigenen nationalen Perspektive den für die Analyse notwendigen Abstand gewinnen zu können. Eine simple, aber oft zu Unrecht ignorierte Hürde ist die Sprache. Sehr wahrscheinlich wird heute mehr Literatur in einer (globalen) *lingua franca*, dem Englischen, publiziert, als je zuvor. Und dennoch stellt die Sprache nach wie vor ein Nadelöhr dar, sind wir doch beispielsweise bei der umfangreichen und wichtigen Literatur aus Ostasien oder dem arabischen Raum in der Regel auf Mittler angewiesen. Die Globalisierung im medialen Bereich lässt jedoch hoffen, dass die Durchlässigkeit von Informationen von einem in den anderen Sprachraum größer werden wird. Diese Verständnishürden auf der individuellen Ebene vermag die IB natürlich nicht zu überwinden. Aber jenseits davon sollte sie die Aufgabe ernst nehmen, Erklärung auch für jene zu bieten, die nicht am fachwissenschaftlichen Diskurs teilnehmen wollen oder können. Daher muss sie von Zeit zu Zeit eine Alltagsperspektive einnehmen, um die relevanten Themen auch abseits der eigenen wissenschaftlichen Erzählstränge zu erkennen.

4. Fazit

Die internationalen Beziehungen laufen trotz ihrer zunehmenden Präsenz im Alltag – via medialer Vermittlung oder den verschiedenen greifbaren Manifestationen der Globalisierung – Gefahr, für einen Teil der nicht-fachwissenschaftlichen Gesellschaft ein Buch mit sieben Siegeln zu werden. Dies liegt an Strukturmerkmalen wie der (von der Theorie unterstellten) Anarchie und den Einschränkungen bei der Übertragung politischen Alltagswissens von der nationalen Ebene, aber auch an der inhaltlichen Komplexität und der damit verbundenen Intransparenz, die in vielen Bereichen der internationalen Beziehungen vorherrschen. Weder die aktive Politik, noch die Politikvermittler und -analytiker aus Lehre und Forschung sollten die Gefahren unterschätzen, die bei einer kritischen Masse an Unwissen über das internationale Geschehen und die internationale Politik im Besonderen drohen. Angst und Ablehnung, Anfälligkeit für Nationalismus und Xenophobie sind dabei ebenso ein Risiko wie ein mangelndes Interesse, sich ausreichend auch für die politischen Entwicklungen jenseits der eigenen Landesgrenzen zu interessieren. Denn Letzteres wiederum verschärft die ungleiche Entwicklung zwischen Demokratisierung und Internationalisierung, wie sie hier angesprochen worden ist. Es bedarf einer informierten Zivilgesellschaft, um die Verantwortlichkeit ihrer Regierungsvertreter auf der Grundlage des demokratischen Wertekanons einzufordern. Informiertheit setzt aber ein analytisches Grundverständnis voraus. Dies ist angesichts der Unübersichtlichkeit und der zeitgleich zunehmenden Bedeutung der internationalen Beziehungen für den individuellen Alltag der Menschen eine ernstzunehmende Herausforderung für die Forschung und insbesondere die Lehre in den IB.

→ Ergänzende Beiträge

Globalisierung, Interdependenz, Internationale Organisationen, Multilateralismus, Völkerrecht/internationales Recht

Literatur

Brühl, Tanja (2015): Konferenzdiplomatie in der Global Governance, in: APuZ (22-24), S. 33-38.

Dahrendorf, Ralf (2002): Die Krisen der Demokratie, München.

Rittberger, Volker/Kruck, Andreas/Romund, Anne (2010): Grundzüge der Weltpolitik. Theorie und Empirie des Weltregierens, Wiesbaden.

Schimmelfennig, Frank (2008): Internationale Politik, Paderborn.

Wesel, Reinhard (2010): Medien, in: Masala, Carlo/Sauer, Frank/Wilhelm, Andreas (Hrsg.): Handbuch der Internationalen Politik, Wiesbaden, S. 477-492.

Zürn, Michael (2008): From Interdependence to Globalization, in: Carlsnaes, Walter u.a. (Hrsg.): Handbook of International Relations, London, S. 235-254.

43 – Prägende Konflikte nach dem Zweiten Weltkrieg (*Wichard Woyke*)

1. Einleitung

Vierzig Jahre lang war der → Ost-West-Konflikt der das internationale System prägende strukturelle Weltkonflikt. Er bestimmte weitgehend die Gruppierung der Staaten im internationalen System. Es handelte sich um einen antagonistischen ideologischen und ordnungspolitischen Machtkonflikt, der vornehmlich durch die beiden Blöcke → NATO und Warschauer Pakt (→ Militärbündnisse) ausgetragen wurde. In seinem Schatten entstanden jedoch zahlreiche internationale Konflikte, → Kriege und Krisen, die Auswirkungen auf die Entwicklung des internationalen Systems hatten. Aus der Vielzahl an prägenden Konflikten sollen in diesem Beitrag die Berlin-Krise, der Korea-Krieg, der Ungarn-Aufstand, der Suez-Konflikt, die Kuba-Krise, die CSSR-Intervention, der Vietnamkrieg, der Afghanistan-Krieg, die Golfkriege und die Jugoslawienkriege behandelt werden. Strukturelle Konflikte wie der Nord-Süd-Konflikt (→ Nord-Süd-Beziehungen), der → Ost-West-Konflikt oder der → Nahostkonflikt sowie andere gravierende Konflikte (→ internationaler Terrorismus, → Klimapolitik, → internationale Umweltpolitik, → Organisierte Kriminalität/Korruption) werden an dieser Stelle ebenfalls nicht behandelt.

2. Berlin-Krise

Fast drei Jahrzehnte war Berlin der Hauptkrisenpunkt des Ost-West-Konflikts. In den Londoner Protokollen vom 12.9.1944 wurde Berlin, getrennt von den drei Besatzungszonen, als besonderes, den Siegermächten gemeinsam unterstelltes Gebiet bezeichnet. Durch die Änderung des Londoner Protokolls vom 26.7.1945 erhielt Frankreich eine eigene Besatzungszone und Berlin einen Vier-Mächte-Status, d.h., es wurde in vier Sektoren aufgeteilt, aber gemeinsam von einem Kontrollorgan, dem Kontroll-Rat, verwaltet. Zur Organisation der Verwaltung wurde eine dem Kontrollrat rechenschaftspflichtige Kommandantur errichtet. Nach der Zusammenlegung der britischen und der amerikanischen Besatzungszone zur Bizone 1947 und ihrer Einbeziehung in den Marshallplan sowie der zunehmenden Staatswerdung der Westzonen verließ die Sowjetunion im März 1948 den Kontrollrat. Im Juni 1948 folgte der Auszug aus der Kommandantur. Die Einführung der westdeutschen Währungsreform in den Westsektoren Berlins war der Anlass für die UdSSR, die Sperrung der Land- und Wasserwege am 24.6.1948 vorzunehmen. Stalins Ziel war es, mit Hilfe der Blockade den Vier-Mächte-Status auszuhebeln und West-Berlin der Sowjetischen Besatzungszone (SBZ) zuzuschlagen. Jedoch erfolgte eine kaum für möglich gehaltene Solidarität der westlichen Besatzungsmächte mit den Berlinern, als eine Luftbrücke zwischen den westlichen Besatzungszonen und Berlin eingerichtet und die Bevölkerung aus der Luft mit allen Gütern versorgt wurde. Die Besatzer wurden nun zu Beschützern. Nach Geheimverhandlungen mit den drei Westmächten und der Erkenntnis, das angestrebte Ziel verfehlt zu haben, wurde die Blockade durch die UdSSR am 12.5.1949 aufgehoben und der *Status quo ante* wieder hergestellt. Die Auseinandersetzungen über Berlin wurden jedoch auch danach fortgesetzt. Im November 1958 leitete KPdSU-Generalsekretär Chruschtschow die zweite Berlin-Krise ein, als er in einer Note an die Westmächte die früheren Abmachungen für Berlin als ‚außer Kraft gesetzt' erklärte. Der KPdSU-Parteichef forderte in einem Ultimatum die Umwandlung West-Berlins in eine freie und entmilitarisierte Stadt innerhalb von sechs Monaten. Chruschtschow verlieh seinem Ultimatum Nachdruck, indem im Falle einer Nichteinigung mit den Westmächten der Abschluss eines separaten Friedensvertrages mit der DDR innerhalb von sechs Monaten angekündigt wurde.

Berlin war inzwischen zum Symbol der deutschen Teilung, gleichzeitig aber auch zum Symbol der Behauptung des westlichen Freiheitswillens geworden und verhinderte die endgültige Konsolidierung der DDR. Mehr als zwei Mio. Bürger waren bereits aus der DDR seit ihrer Gründung geflohen, und Berlin bildete das einzige Schlupfloch, um den Arbeiter- und Bauernstaat verlassen zu können. Die Westmächte blieben jedoch standhaft, die UdSSR nahm Abstand von einem separaten Friedensvertrag – wie von Chruschtschow angekündigt – mit der DDR. US-Präsident Kennedy formulierte im Juni 1961 die drei unabdingbaren Grundsätze (*essentials*) der westlichen Alliierten für Berlin: Recht auf Anwesenheit der Alliierten in West-Berlin, ‚Zugang durch Ostdeutschland' und die Möglichkeit für die Bevölkerung von West-Berlin, ihre eigene Zukunft zu bestimmen und ihre eigene Lebensform zu wählen. Die Krise eskalierte mit dem Bau der Mauer in Berlin am 13.8.1961. Damit entstand kurzfristig eine gefährliche Situation, die in militärische Auseinandersetzungen zu eskalieren drohte, längerfristig aber auch eine weltpolitische Beruhigung im Ost-West- Konflikt bewirkte. Der Bau der Mauer legte die Grundlage für eine wirtschaftliche und psychologische Konsolidierung der DDR. Die DDR wie auch die UdSSR suchten den Status von Berlin auch in der Folgezeit zu ihren Gunsten zu ändern. Erst das im Zuge der Entspannungspolitik 1971 geschlossene Vier-Mächte-Abkommen von Berlin beruhigte die Situation. In diesem Abkommen über ‚das betreffende Gebiet' – die Westmächte interpretierten diese Formulierung für den Viersektorenbereich, die Sowjetunion für West-Berlin – wurde die Lebensfähigkeit West-Berlins gesichert. Das Abkommen bekräftigte die Vier-Mächte-Verantwortung für Berlin. Zum ersten Mal gab es eine schriftlich formulierte Garantie der UdSSR für den ungehinderten Transitverkehr zwischen West-Berlin und der Bundesrepublik. Darüber hinaus wurde der Reiseverkehr deutlich erleichtert, die Schikanen abgebaut. Die Bindungen zwischen Berlin und der Bundesrepublik wurden aufrechterhalten, wenngleich Berlin auch weiterhin kein konstitutiver Bestandteil der Bundesrepublik war. Das Vier-Mächte-Abkommen entschärfte das Berlinproblem deutlich. Mit Öffnung der Mauer am 9.11.1989, der deutschen Wiedervereinigung im Oktober 1990 und dem zeitgleich ausgesprochenen Verzicht der vier Mächte auf ihre Rechte und Verantwortlichkeiten für Berlin und Deutschland als Ganzes war die Berlinfrage endgültig von der internationalen Agenda verschwunden.

3. Korea-Krieg

Nach dem Abzug der amerikanischen und sowjetischen Truppen aus Korea und einer Häufung von Grenzzwischenfällen am 38. Breitengrad begann am 25.6.1950 der Korea-Krieg mit einem Angriff nordkoreanischer Truppen auf Südkorea. Zwei Tage später setzte Unterstützung für Südkorea durch amerikanische Streitkräfte ein. Der VN-Sicherheitsrat verurteilte Nordkorea als Aggressor und beschloss am 27. Juni 1950 – in Abwesenheit des sowjetischen Delegierten – eine militärische Hilfe für Südkoreaner. Die im Auftrag der VN kämpfenden Truppen konnten die Nordkoreaner, die inzwischen von 300.000 ‚Freiwilligen' aus der Volksrepublik China unterstützt wurden, nach anfänglichen Niederlagen über den 38. Breitengrad zurückdrängen. Im Juli 1951 begannen zweijährige Waffenstillstandsverhandlungen, die im Juli 1953 zum Abkommen von Panmunjon führten. Der 38. Breitengrad wurde als Grenze zwischen Nord- und Südkorea festgelegt und um ihn herum eine entmilitarisierte Zone geschaffen. Der Korea-Krieg löste in Westeuropa große Befürchtungen über einen möglichen sowjetischen Angriff auf Westeuropa aus und führte zu einem wachsenden Antikommunismus. Der Schock des massiven Angriffs sowie die hartnäckige und zunächst erfolgreiche kommunistische Kriegsführung führten in den USA zu der Überzeugung, dass im Umgang mit dem kommunistischen Lager immer vom schlimmstmöglichen Fall auszugehen sei.

Wenn der Koreakrieg auch ein Produkt des Kalten Krieges war, so wirkte er gleichzeitig als Katalysator des Kalten Krieges. Er beschleunigte die Wiederbewaffnung Deutschlands, beseitigte die Widerstände gegen die Westintegration der Bundesrepublik Deutschland, besonders in Frankreich, und führte zu einer konventionellen Wiederaufrüstung der USA wie auch zu einer Änderung der bis dahin gültigen Militärstrategie. Nach dem Waffenstillstand von 1953 kam es immer wieder zu Spannungen und gefährlichen Situationen in Korea, jedoch nicht zu Erfolg versprechenden Wiedervereinigungsverhandlungen. Letztlich aber trugen auch die Koreaner dem Ende des Ost-West-Konflikts Rechnung. 1992 schlossen Nord- und Südkorea einen Nichtangriffs- und Versöhnungspakt. Auch erklärten sich beide Länder für atomwaffenfrei. Für Nordkorea wird diese Erklärung aber von der internationalen Staatenwelt in Frage gestellt. Inzwischen hat Nordkorea die Arbeit an einem Atomprogramm eingestanden und ist 2003 aus dem Atomwaffensperrvertrag ausgeschieden. Im Oktober 2006 nahm Nordkorea einen ersten Atomtest vor und beunruhigte damit nicht nur die Anrainerstaaten, sondern auch die übrige Welt (→ Proliferation von Massenvernichtungswaffen und Trägersystemen). In sog. ‚Sechsländergesprächen' versuchen die Vertreter von Nord- und Südkorea, USA, Russland, Japan und China das nordkoreanische Atomproblem zu lösen Im Juni 2000 kam es zu einer ersten offiziellen Begegnung der beiden Staatschefs in Nord-Korea. Bei den Olympischen Spielen in Sydney im Herbst 2000 gab es erstmals eine gemeinsame Mannschaft.

4. Doppelkrise von Suez und Ungarn 1956

Der XX. Parteitag der KPdSU im Feb. 1956 bestätigte Chruschtschow und seine Politik der Entstalinisierung, die zu größerem Freiraum im Denken, Sprechen und Handeln im Ostblock führte. In Polen und Ungarn bewirkte der Entstalinisierungsprozess mit seinen Enthüllungen über die Verbrechen Stalins eine Verstärkung des Unabhängigkeitsstrebens sowie die Auflehnung gegen die Vorherrschaft der KPdSU. In Ungarn strebten politische Führer wie Imre Nagy und Pal Maleter einen Kommunismus in nationalen Farben an, der aber von sowjetischen Panzern im November aufgrund der

Blockdisziplin von der Sowjetunion blutig niedergeschlagen wurde. Zeitgleich zum Ungarn-Aufstand hatte der ägyptische Präsident Nasser den Suezkanal verstaatlicht. In einer koordinierten Militäraktion versuchten die beiden den Suezkanal bis dahin kontrollierenden Kolonialmächte England und Frankreich die Verstaatlichung des Suezkanals rückgängig zu machen, um ihre Machtposition zu festigen. Israel nutzte die Situation für einen Angriff auf Ägypten mit der Besetzung von Teilen des Sinai. Doch wurden Engländer und Franzosen im Wesentlichen von ihrem NATO-Verbündeten USA zum Rückzug aus Ägypten gezwungen. Die Verurteilung sowohl der Suez-Mission als auch der Intervention der Sowjetunion in Ungarn durch die VN führte dazu, dass sich die Wirkung der Doppelkrise vom Herbst 1956 gegenseitig aufhob. Sowohl der Westen als auch der Osten hatten ein jeweiliges Desaster erlebt und konnten aus der Schwäche des Gegners keinerlei Vorteil ziehen. Noch heute beeinflusst gerade das US-Verhalten während dieser Krise die amerikanisch-französischen Beziehungen.

5. Kuba-Krise

Der Bau der Mauer in Berlin bildete die europäische *Ouvertüre* für den weltpolitischen Vorstoß der UdSSR in den Nahen Osten, nach Asien und Afrika. Am bedeutsamsten aber war die Installierung sowjetischer Mittelstreckenraketen auf Kuba, unmittelbar vor der amerikanischen Haustür. Fidel Castro hatte nach längeren Guerillakämpfen 1959 die Macht in Havanna übernommen, Kuba nach sozialistischem Muster umgestaltet und das Land zu einem Verbündeten der UdSSR gemacht. Ein Konflikt zwischen den beiden Blockführungsmächten war damit vorprogrammiert. Ein militärischer Zusammenstoß, ein dritter Weltkrieg mit der Gefahr einer nuklearen Eskalation, schien nicht ausgeschlossen. US-Präsident Kennedy forderte am 22.10.1962 KPdSU-Generalsekretär Chruschtschow ultimativ auf, die auf Kuba installierten sowjetischen Mittelstreckenraketen abzuziehen. Um dieser Forderung Nachdruck zu verleihen, verfügte Kennedy eine Quarantäne für Kuba, die mit Hilfe einer Seeblockade durchgesetzt werden sollte. Am 28.10.1962 lenkte Chruschtschow ein und gab den Abzug der sowjetischen Mittelstreckenraketen aus Kuba bekannt. Die bisher schwerste Krise nach dem Zweiten Weltkrieg war beendet. Die Kuba-Krise bildete den gefährlichsten Versuch der Sowjetunion, das Verhältnis zwischen den beiden Blockführungsmächten zu ihren Gunsten zu verändern.

6. CSSR-Intervention

Ab März 1968 unternahm die neue kommunistische Führung unter dem slowakischen KP-Chef Dubcek eine Wende zum Reformkommunismus (Prager Frühling). Unter dem neuen Parteisekretär sollten Reformen in der Wirtschaft, im Staat sowie der kommunistischen Partei vorgenommen werden. Gleichzeitig beteuerten die Reformer, vor allem Politiker, Intellektuelle und Wirtschaftsexperten, ihre Bündnistreue. Dieser neue Ansatz beschwor im Verständnis der sowjetischen Führung große Gefahren für den Warschauer Pakt und das sozialistische Lager herauf. Dessen ‚sozialistischer Internationalismus‘ bildete die Basis für die zwischenstaatlichen Beziehungen der sozialistischen Länder. Er war gekennzeichnet durch

- eine ‚gleichartige' ökonomische Grundlage, d.h. vor allem durch das gesellschaftliche Eigentum an Produktionsmitteln;
- eine ‚gleichartige' Staatsordnung mit der Arbeiterklasse an der Spitze;
- eine einheitliche Ideologie des Marxismus-Leninismus;
- gemeinsame Interessen bei der Verteidigung ‚revolutionärer Errungenschaften' gegen Anschläge des ‚imperialistischen Lagers' und
- das gemeinsame große Ziel der Entwicklung des Kommunismus im Weltmaßstab.

Das Prinzip des sozialistischen Internationalismus diente ebenso wie in Ungarn 1956 auch 1968 zur Rechtfertigung des Einsatzes militärischer Gewalt. Die CSSR drohte mit ihrem Reformkommunismus von den gemeinsamen Zielen des Sozialismus abzuweichen, und der Sozialismus war nach Auffassung der Sowjetunion und anderer Warschauer-Pakt-Staaten insgesamt gefährdet. Zur Legitimation der im August 1968 erfolgten Intervention der Warschauer-Pakt-Staaten – mit Ausnahme Rumäniens – wurde später die ‚Breshnew- Doktrin' entwickelt. Ihr zufolge waren die sozialistischen Staaten im Fall der Abweichung eines sozialistischen Staates nicht nur berechtigt, sondern verpflichtet, durch ‚brüderliche Hilfe', notfalls mit Waffengewalt, den abirrenden Staat auf den Weg zum Sozialismus zurückzuholen. Somit wurde eine begrenzte Souveränität des einzelnen Landes und eine kollektive Souveränität des sozialistischen Lagers postuliert. Faktisch bedeutete das Prinzip des sozialistischen Internationalismus die Anerkennung der Hegemonialposition der Sowjetunion. Die militärische Intervention demonstrierte die Bereitschaft der Sowjetunion, ihre Vormachtstellung in Osteuropa notfalls auch mit militärischen Mitteln zu behaupten. Die CSSR-Krise führte zu einer kurzfristigen Verschärfung in den Ost-West-Beziehungen, bedeutete sie doch blockpolitisch das Ende des in den 1960er Jahren eingeleiteten Polyzentrismus und eine Konsolidierung der sowjetischen Interessen- und Einflusszonen. Die für die zweite Jahreshälfte 1968 vorgesehenen Gespräche über Abrüstung von Interkontinentalwaffen wurden auf das Jahr 1969 vertagt. Die CSSR-Intervention konnte den Entspannungszug zwar verlangsamen, jedoch nicht aufhalten.

7. Vietnamkrieg

Zwischen 1946 und 1975 fanden in Vietnam zwei Kriege statt. Frankreich unterlag 1954 nach einem längeren Guerillakrieg den Vietminh, einer vietnamesischen Befreiungsorganisation. Das Genfer Indochina-Abkommen von 1954 beendete den ersten Vietnamkrieg und teilte Vietnam durch eine Demarkationslinie am 17. Breitengrad. Freie Wahlen sollten 1956 zur Wiedervereinigung des Landes führen. Doch die südvietnamesische Führung unter Diem widersetzte sich dem Abkommen und verfolgte die Kommunisten. Nordvietnam strebte die Wiedervereinigung unter kommunistischem Vorzeichen an, nachdem unter Präsident Ho Chi Min im Nordteil des Landes ein straff organisiertes kommunistisches Regime eingeführt worden war. Bereits unter Präsident Kennedy entsandten die USA zu Beginn der 60er Jahre die ersten Militärberater nach Vietnam. Im Frühjahr 1965 bahnte sich eine militärische Katastrophe in Südvietnam an, woraufhin die USA Truppen entsandten, die 1969 mit 540.000 Mann ihren Höchststand erreichten. Den USA ging es um die Bewahrung des nicht-kommunistischen Systems, um die Zurückschlagung einer Aggression des Weltkommunismus, der zu jener Zeit von der US-amerikanischen Führung als monolithisch und expansiv perzipiert wurde. Die politische Führung in den USA befürchtete, dass – entsprechend der Dominotheorie – ein Land nach dem anderen in Südostasien in kommunistische Hände fallen musste, wenn erst einmal Vietnam aufgegeben würde. Auch glaubten die USA eine Vertrauenslücke in Bezug auf ihre Zuverlässigkeit bei ihren Verbündeten zu erkennen, vor allem in Westeuropa. Schließlich stand das Prestige der Weltmacht USA auf dem Spiel. Trotz aller massiven Operationen – Flächenbombardierung in Südvietnam, Einsatz chemischer Kampfstoffe und Entlaubungsmittel, Bombardierung Nordvietnams – konnten die USA, die von ca. 70.000 Soldaten aus Südkorea, Thailand und Australien unterstützt wurden, den Guerillakrieg gegen die Vietcong nicht gewinnen. Präsident Nixon leitete die Wende des Vietnamkrieges ein, indem er zunächst eine ‚Vietnamisierung' des Krieges anstrebte. Dies bedeutete in der Praxis Übertragung der Kampfrollen auf die massiv aufgerüsteten Vietnamesen, Thais und Kambodschaner, eine Ausweitung des Krieges nach Kambodscha und Laos sowie verstärkte amerikanische Luftangriffe auf Nordvietnam in der Endphase der Verhandlungen. 1973 verließen die letzten US-Soldaten Vietnam. Im gleichen Jahr wurde in Paris ein Waffenstillstandsabkommen unterzeichnet. 1974 wurde Saigon von Nordvietnam besetzt und 1976 – unter Brechung der geschlossenen Verträge – die Wiedervereinigung Vietnams zur Sozialistischen Republik Vietnam (SRV), einer kommunistischen Volksrepublik, vollzogen.

Der Vietnamkrieg war der nach dem Zweiten Weltkrieg die internationale Politik am nachhaltigsten bestimmende Krieg. Er war ein internationaler Krieg, ein Regionalkrieg wie auch ein Guerillakrieg. Die USA, einst gegen den Kolonialismus angetreten, wurden zum Hauptträger dieses Kolonialkrieges und hatten den Verlust von mehr als 55.000 Toten zu beklagen. Die Kosten des amerikanischen Engagements wurden auf 350 Mrd. US-Dollar geschätzt. Der Vietnamkrieg führte zu scharfen Auseinandersetzungen zwischen den USA und einigen ihrer Verbündeten sowie zu verheerenden innenpolitischen Verwerfungen. Die amerikanische Gesellschaft spaltete sich in Kriegsgegner und Befürworter, ein Vorgang, der auch Jahrzehnte nach Ende des Krieges noch seine Nachwirkungen hat. International bedeutete das Ende des Vietnamkrieges das Ende der US-Vormachtstellung im asiatisch-pazifischen Raum.

8. Afghanistan-Konflikt/Krieg

Afghanistan als Durchgangsland zwischen Ost und West, an der Nahtstelle zwischen russischem Imperium und früherem britischen Kaiserreich in Indien gelegen, entwickelte nach dem Zweiten Weltkrieg enge Beziehungen zur Sowjetunion, da der Westen Pakistan im Konflikt mit Afghanistan unterstützt hatte. Als unter der Führung von Ministerpräsident Daud seit Mitte der 1970er Jahre eine Abwendung von der UdSSR vorgenommen wurde, kam es 1978 zu einem blutigen Umsturz, der die Kommunistische Partei an die Macht brachte. Die UdSSR unterstützte nun die neue Regierung unter Taraki und schloss 1978 einen Freundschaftsvertrag mit Afghanistan. Innere Entwicklungen in der afghanischen Kommunistischen Partei sowie ethnische Konflikte stellten bald die sowjetische Kontrolle in Afghanistan in Frage. Auf ein angebliches afghanisches Hilfeersuchen – sein Absender konnte nicht ermittelt werden – intervenierte die Sowjetunion im Dezember 1979 und ließ 100.000 Mann bis zum Frühjahr 1989 nach Afghanistan marschieren. Die UdSSR intervenierte nicht zuletzt, um ein mögliches Übergreifen fundamentalistischer Ideen auf die südlichen Republiken zu vermeiden, in denen etwa 55 Mio. Muslime leben. Weitere Motive mögen ein territorial näherer Zugang zum Indischen Ozean sowie zu den Erdölregionen des Nahen Ostens, ein machtpolitischer radikaler Opportunismus – die USA waren durch die Watergate- Affäre, die Teheraner Geiselaffäre etc. gelähmt – ermuntert durch ein zunehmendes Desinteresse der UdSSR an der Fortsetzung der Entspannungspolitik und die allgegenwärtige Einkreisungsfurcht der Russen, gewesen sein. Die sowjetische Invasion rief weltweit ein so negatives Echo hervor, wie es die politische Führung in Moskau kaum vorausgesehen hatte. Nahezu alle internationalen Organisationen – die → Vereinten Nationen, die Islamische Konferenz, die → NATO, die EG, die OAU u.a.m. – verurteilten das sowjetische Vorgehen. Die Sowjetunion verstrickte sich jedoch immer mehr in diesen Krieg und musste einen ähnlich hohen Preis wie die USA in Vietnam zahlen. Auch sie machte die Erfahrung, dass eine militärische Supermacht einen Guerillakrieg nicht gewinnen kann. 1988 kündigte der neue KPdSU-Generalsekretär Gorbatschow den sowjetischen Rückzug an. Die UdSSR musste erkennen, dass das militärische Patt nicht überwunden werden konnte; die finanziellen Kosten sowie der Blutzoll wurden zu hoch. Außerdem suchte Gorbatschow mit dem Rückzug aus Afghanistan Vertrauen und Glaubwürdigkeit im Westen für seine neue Außenpolitik zu erhalten. So wurde im April 1988 unter Vermittlung der → Vereinten Nationen der Vertrag über Afghanistan unterzeichnet, in dem der Rückzug der sowjetischen Truppen bis zum 15.2.1989 vereinbart und schließlich auch durchgeführt wurde. Sowohl die USA als auch die UdSSR verpflichteten sich zur Nichteinmischung in Afghanistan, belieferten gleichwohl ihre Klientel mit Waffen, so dass der Bürgerkrieg erneut aufbrach. Auch der 1991 von den VN ausgearbeitete Plan zur Beendigung des Bürgerkriegs konnte nicht zur Befriedung des Landes führen. Der Afghanistankonflikt verschärfte den bereits in der zweiten Hälfte der 1970er Jahre eingesetzten Niedergang der Entspannungspolitik. Er führte zu einer Verschärfung der amerikanisch-sowjetischen Beziehungen und zur Ausrufung der ‚Carter-Doktrin‘ im Januar 1980. Präsident Carter erklärte die Nahostregion zur strategischen Schutzzone der USA und drohte, einem weiteren Vorrücken der UdSSR im persisch-arabischen Raum notfalls auch mit Waffengewalt zu begegnen. Der Afghanistankonflikt wies zwar nicht die Gefahrendimension der Kuba-Krise auf, war jedoch ein großes Hindernis für eine positive Gestaltung der Ost-West-Beziehungen.

Mitte der 1990er Jahre übernahmen die Taliban die Macht in Afghanistan und setzten ihre radikalen Interpretationen islamischer Gesetze mit großer Brutalität durch. Insbesondere die Unterdrückung der Frauen in allen Lebensbereichen kennzeichnete ihre Herrschaft. Trotz internationaler Isolierung hatten die Taliban Zulauf von radikalen Islamisten, die sich ihnen anschlossen. Zudem gewährten sie Terroristen der *Al-Qaida* Unterschlupf, die das Land zielstrebig zur Operationsbasis ausbauten (→ internationaler Terrorismus). Unter anderem errichtete *Al-Qaida* eine Reihe von Ausbildungslagern, in denen tausende Islamisten aus verschiedenen Ländern eine militärische Schulung durchliefen Die Taliban verweigerten eine Auslieferung Osama Bin Ladens an die USA und wurden 2001, nach dem Anschlag gegen des World Trade Center und das Pentagon, von einer Koalition unter Führung der USA im Oktober 2001 sehr schnell geschlagen. Der Afghanistan-Konflikt ging in den Afghanistan-Krieg der USA und ihrer Verbündeten im Jahr 2001 über, der eine erste militärische Reaktion auf die Terroranschläge am 11. September 2001 in den USA war und den Beginn des weltweiten → Krieg der USA gegen den → internationalen Terrorismus darstellt. Der Krieg richtete sich neben der für die Anschläge verantwortlich gemachten Terrororganisation *Al-Qaida* auch gegen das seit 1995 die Macht ausübende islamisch-fundamentalistische Taliban-Regime, das der Beherbergung und Unterstützung Osama bin Ladens und anderer hochrangiger Mitglieder von *Al-Qaida* bezichtigt wurde. Die Hauptphase des Krieges endete mit dem Fall der Hauptstadt Kabul und der Provinzhauptstädte Kandahar und Kunduz im November und Dezember 2001. Es folgten die Einsetzung einer Interimsregierung unter Präsident Hamid Karzai auf der parallel stattfindenden ersten Petersberger Afghanistan-Konferenz sowie die Erteilung eines Mandats zur Unterstützung des Wiederaufbaus an die von NATO-Staaten und mehreren Partnerländern gestellte ‚*International Security Assistance Force*' (ISAF) durch den VN-Sicherheitsrat im Dezember 2001. Zehntausende NATO-Soldaten versuchten zeitweise im Rahmen von ISAF in Afghanistan *nation-bulding* zu betreiben (→ Demokratisierungs- und Stabilisierungspolitik).

Auf dem NATO-Gipfel in Lissabon im November 2010 verkündete die → NATO, ab 2011 die Verantwortung über die Sicherheit der ersten afghanischen Provinzen an die Afghanische Nationalarmee zu übergeben. Ende 2014 lief das Mandat für die NATO-geführte ISAF-Truppe aus, womit formal die Souveränität Afghanistans wieder hergestellt wurde. Dennoch bleiben die NATO-Nachfolgemission ‚*Resolute Support*' (RS) sowie eine gesonderte US-Mission vorerst im Land. Diese Truppe wird aus etwa 13.500 Soldaten bestehen und soll vor allem die afghanischen Streitkräfte (ANSF) weiter ausbilden und logistisch unterstützen. An diesem Programm beteiligen sich die 28 NATO-Mitgliedsländer sowie 14 andere Staaten, wobei Deutschland bis zu 850 Bundeswehr-Angehörige stellen wird. Die internationale Gemeinschaft hat sich verpflichtet, bis Ende 2016 die jährlichen Unterhaltskosten für die rund 352.000 Mann starke afghanische Armee von rund 4 Mrd. US-Dollar zu übernehmen. Aus Kostengründen sollen diese dann bis 2017 jedoch wieder auf 230.000 verringert werden. Die Taliban und andere Aufständische sind in unterschiedlicher Intensität weiter in allen Landesteilen aktiv, deren Strukturen trotz erheblicher Verluste auf mittlerer Kommandeursebene ungebrochen sind.

9. Golfkriege

Unter Golfkriege werden zwei militärische Konflikte am Persisch-Arabischen Golf (→ Nahostkonflikt) in den 1980er und 1990er Jahren verstanden, die vom Irak mit dem Ziel territorialer Expansion, wirtschaftlicher Bereicherung und machtpolitischen Gewinns ausgelöst wurden. Dazu kommt ein dritter militärischer Konflikt im Frühjahr 2003, der zu einer Invasion einer von den USA und Großbritannien geführten Koalition führte und die Zerschlagung des Saddam-Regimes zur Folge hatte. Der erste Golfkrieg (1980-1988) begann im September 1980 mit dem irakischen Angriff auf einen durch die Revolutionswirren geschwächten Iran (Khomeinis Revolution war erfolgreich, und der Gottesstaat löste im Januar 1979 das Kaiserreich Reza Pahlewis ab). Der erste Golfkrieg entzündete sich aufgrund irakischer Gebietsansprüche im Bereich des Flusses Schatt-el Arab. Neben den reichen Ölvorkommen waren traditionelle machtpolitische Rivalitäten, Religionskonflikte sowie der Versuch der Vorherrschaft am Golf die wichtigsten Gründe für den Kriegsausbruch. In diesem längsten konventionell geführten Krieg des 20. Jhs. gab es mehr als 400.000 Tote und über 1 Mio. Verwundete. Die Kosten des Krieges beliefen sich auf ca. 350 Mrd. US-Dollar. Keiner der Kriegspartner konnte einen entscheidenden Vorteil in diesem Abnutzungskrieg erzielen, so dass 1988 die VN einen Waffenstillstand zwischen den Kriegspartnern erreichen konnte. Im Rahmen des zweiten Golfkriegs kam es Ende 1990 zu einem Friedensschluss auf der Grundlage des *status quo ante*.

Der zweite Golfkrieg begann am 2.9.1990 mit der Annexion Kuwaits durch den Irak, mit der sich Saddam Hussein den besseren Zugang zum strategisch wichtigen Persisch-Arabischen Golf sowie die Kontrolle über das kuwaitische Öl sichern wollte, und endete im März 1991. Der irakische Überfall auf Kuwait spaltete nicht nur das arabische Lager, sondern führte auch zur Bildung einer Anti-Irak-Koalition sowie zu Gegenmaßnahmen der VN. Nicht nur galt es, dem → Völkerrecht/internationales Recht zur Anerkennung und Kuwait zur Befreiung zu verhelfen, sondern gleichzeitig stellte sich eine Koalition aus 29 Staaten einem wirtschaftlich und militärisch starken Irak entgegen, der zusammen mit dem Iran Khomeinis über 40% des im Nahen Osten geförderten Öls kontrolliert hätte. In der Resolution 660 verurteilte der VN-Sicherheitsrat am 2.8.1990 die Besetzung Kuwaits und beschloss einen Katalog von Maßnahmen, der u.a. ein weltweites Wirtschafts- und Waffenembargo gegen den Irak beinhaltete. Parallel dazu erfolgte der größte Truppenaufmarsch der USA seit dem Vietnamkrieg. Bis Ende Oktober 1990 war eine Anti-Irak-Koalition aus 28 Staaten entstanden. In der SR-Resolution 678 vom 29.11.1990 wurde der Irak vor das Ultimatum gestellt, seine Truppen aus Kuwait bis zum 15.1.1991 zurückziehen. Da sich Saddam Hussein verweigerte, begann am 18.1.1991 eine alliierte Streitmacht unter US-Führung mit der ‚Operation Wüstensturm'. Nach den massivsten Luftangriffen der Kriegsgeschichte wurde Kuwait am 28.2.1991 befreit, ein Großteil des irakischen Militärpotenzials zerstört und ein Waffenstillstand unter VN-Bedingungen am 2.3.1991 erzwungen. Der Irak musste die Souveränität von Kuwait und seine Grenzen anerkennen, auf die Herstellung und den Erwerb von Nuklearwaffen verzichten sowie der Zerstörung seiner B- und C-Waffen zustimmen. Aufgrund der VN-Resolution 688 entstand im Nordirak eine Schutzzone für die Kurden, die von den VN kontrolliert wird. Trotz des Erfolges der Anti-Irak-Koalition konnten die wichtigsten Kriegsziele der Alliierten nicht erreicht werden. Zwar wurde die territoriale Integrität Kuwaits wiederhergestellt, jedoch handelt es sich nicht um ein demokratisches politisches System, wie es die USA ursprünglich beabsichtigt hatten. Saddam Hussein blieb weiterhin Diktator im Irak und sorgte immer noch für Unruhe in der Region. Die VN überwachen weiterhin den Irak; die Lockerung der Blockaden erfolgt nur jeweils sporadisch, so dass insbesondere die irakische Bevölkerung unter den Sanktionen sehr stark zu leiden hat. Der zweite Golfkrieg hat dazu geführt, dass die Ideen der eingeschränkten Souveränität wie auch der Intervention eine neue Bedeutung erfahren haben. Im Oktober 1998 verabschiedete der US-Kongress den *Iraq Liberation Act*, der den Sturz Sadam Husseins zum offiziellen Ziel amerikanischer Politik erklärte. Die Terroranschläge auf das World Trade Center und das Pentagon am 11. September 2001 (→ internationaler Terrorismus) führten bei der neuen Administration Bush zu der Überzeugung, dass es eine Verbindung von Massenvernichtungswaffen und Terrorismus gab (→ Proliferation von Massenvernichtungswaffen und Trägersystemen), und dass Saddam in diese Angelegenheiten involviert wäre. Im Herbst 2002 legte Präsident Bush die neue US-Strategie der präemptiven Selbstverteidigung dar, die auch im US-Verständnis ein präventives militärisches Vorgehend erfordern kann. Doch die Mehrzahl der VN-Mitglieder und große Teile der Weltöffentlichkeit widersetzten sich einem von den USA angestrebten Feldzug gegen den Irak, so dass in der VN-Resolution 1441 im November 2002 eine letzte Warnung an den Irak gerichtet wurde. Darin wurde dem Irak gedroht, dass schwerwiegende Verletzungen der früheren Sicherheitsresolutionen zu ernsten Konsequenzen führen würden. Die VN-Inspektoren setzten die Kontrollen im Irak im Herbst/Winter 2002/2003 fort, fanden jedoch keine Massenvernichtungswaffen. Im März 2003 begannen Amerikaner und Briten mit Luftangriffen auf den Irak. In weniger als einem Monat gab es einen militärischen Sieg und den Sturz Saddam Husseins. Doch der Frieden ließ auf sich warten. Die Amerikaner, Briten und inzwischen auch andere Nationen nahmen im Auftrag der VN die Schutzfunktion seit dieser Zeit im Irak wahr und versuchten die Sicherheit zu garantieren. Nach anfänglicher Zustimmung im Irak zur Befreiung von der Saddam-Diktatur entwickelte sich immer größerer Widerstand im Land. Täglich finden Bombenanschläge im Irak statt, so dass durchaus von einem Bürgerkrieg gesprochen werden kann. Auch sind inzwischen mehr US-Soldaten Anschlägen von Widerstandsgruppen zum Opfer gefallen als während der eigentlichen Kampfhandlungen. Ende Juni 2004 wurde dem Irak unter der provisorischen Regierung Allawi die Souveränität übergeben; doch müssen Amerikaner, Briten und andere Nationen weiter die Sicherheit des Landes garantieren. Mit dem Irakkrieg setzten sich Amerikaner und Briten über geltendes Völkerrecht hinweg und schufen einen Präzedenzfall, auf den sich auch andere Länder berufen können und schwächten auch die Autorität und Handlungsfähigkeit der → Vereinten Nationen. Auch wurde durch dieses Vorgehen die Atlantische Allianz gespalten. So votierten besonders Frankreich und Deutschland vehement gegen das anglo-amerikanische Vorgehen, ohne es verhindern zu können.

Im Jahr 2008 schlossen die USA mit dem Irak ein Truppenstatut ab, das auf die schrittweise Wiederherstellung der irakischen Souveränität abzielte. Es ersetzte jene VN-Resolution, die bisher die rechtliche Basis für die Koalitionstruppen auf irakischem Boden bildete und den Rückzug der Besatzungstruppen aus irakischen Ballungsgebieten bis 2009 und den Abzug aller Kampftruppen bis zum 31. Dezember 2011 vorsah. Alle Einsätze der US-Truppen waren nun von der Zustimmung der irakischen Regierung abhängig. Im August 2010 verließen die letzten US-Kampftruppen den Irak. Die verbliebenen ca. 56.000 US-Soldaten im Irak wurden vor allem zur Ausbildung der irakischen Armee eingesetzt. Im Oktober 2011 kündigte US- Präsident Barack Obama den Abzug der Soldaten zum Jahresende 2011 an, der mit dem Grenzübertritt eines 500 Soldaten umfassenden Truppenkonvois von Irak nach Kuwait am 18. Dezember 2011 offiziell abgeschlossen wurde. Symbolisch hatte Obama bereits vier Tage zuvor in einer Zeremonie im Militärstützpunkt Fort Bragg den Einsatz für beendet erklärt. Formal war der Irak damit wieder souverän, doch bedarf er weiterhin internationaler Unterstützung, um die gewaltigen Aufbauleistungen, die durch die riesigen Zerstörungen des Krieges verursacht wurden, durchführen zu können.

Der Rückzug der Amerikaner kam sowohl in militärischer als auch politischer Hinsicht zu früh. Die bis zu diesem Zeitpunkt aufgebaute irakische Armee war noch nicht in der Lage, verantwortlich für Stabilität und Sicherheit im Land zu sorgen. Darüber hinaus waren die neu gegründeten Institutionen sehr fragil. Es mangelte an Vertrauen zwischen den verschiedenen gesellschaftlichen Gruppierungen; mehr noch, es gab eine offene Rivalität zwischen den ethnischen und religiösen Gruppierungen. Zusätzlich führten permanente Anschläge das Land nahezu in einen Bürgerkrieg. In dieses zerrissene Land drangen im Juni 2014 Kämpfer der Terrorgruppe ISIS und eroberten Teile des Nord- und Nordwestirak und nahmen die Millionenstadt Mossul im Sturm. Die militärischen Erfolge des ISIS, die sich auch in einigen Teilen des durch Bürgerkrieg heimgesuchten Nachbartstaats Syrien zeigten, führte zur Ausrufung eines Kalifats und zur Umbenennung von ISIS in Islamischer Staat (IS). Da der heutige Irak nicht in der Lage ist, sich allein der IS-Milizen zu erwehren, wurde ausländische Unterstützung erforderlich. So unterstützen seit 2014 die USA den Irak mit militärischen Aufklärungsflügen und der Entsendung von Militärbeobachtern. Weiterhin hat sich US-Präsident Obama dazu entschlossen, auch Luftangriffe zu erlauben. Mit gezielten Schlägen aus der Luft gehen die USA gegen die Terrorgruppe ‚Islamischer Staat' vor. Vier Jahre nach Abzug der US-Amerikaner aus dem Irak ist dort noch immer keine Stabilität hergestellt; ja, es gibt nach wie vor zahlreiche Terroranschläge in dem Land. Inzwischen hat sich im Norden Iraks mit der Terrororganisation IS eine Bewegung eingerichtet, die das Krisengebiet Irak/Syrien unter ihre Kontrolle zu bringen versucht und dabei recht erfolgreich ist. Die Lage im Rest-Irak bedeutet, dass die innere Befriedung von unterschiedlichen religiösen Gruppen nicht mit dem Einsatz ausländischen Militärs herzustellen ist. Potentielle Interventionsmächte werden in Zukunft noch stärker darüber nachdenken, ob eine militärische Intervention für sie sinnvoll ist. Aber auch eine anhaltende Staatenlosigkeit birgt Gefahren für die regionale Sicherheit. Die Lehren aus dem Fall Libyen zeigen, dass bei einem Staatszerfall Waffen frei zirkulieren. Die meisten dieser Waffen befinden sich heute in den Händen von Terroristen und bilden nicht nur eine Bedrohung für die Region, sondern auch für Europa.

10. Jugoslawienkriege

Unter ‚Jugoslawienkriege' werden der 10-Tage-Krieg mit Slowenien 1991, der Kroatienkrieg (1991-1995), der Bosnienkrieg (1992-1995), der kroatisch-bosnische Krieg im Rahmen des Bosnienkrieges sowie der Kosovokrieg 1999 verstanden. Seit Gründung des Staates Jugoslawien nach dem Ersten Weltkrieg lebten jahrzehntelang die verschiedenen Volksgruppen aus den Teilrepubliken Slowenien, Kroatien, Serbien, Montenegro, Mazedonien und Bosnien-Herzegowina sowie den zwei autonomen Provinzen Kosovo und Woivodina innerhalb Serbiens in Jugoslawien friedlich miteinander. Mit dem Zusammenbruch des Sozialismus Ende der 1980er Jahre und der Renationalisierung in Osteuropa wurden auch in Jugoslawien nationalistische Strömungen stärker. Sie breiteten sich in allen Landesteilen aus, besonders die Vorbehalte gegenüber der scheinbaren oder tatsächlichen serbischen Dominanz wuchsen bei den anderen Volksgruppen. Nach mehr als sieben Jahrzehnten zerbrach der Vielvölkerstaat Jugoslawien. Als Tito 1980 starb, wurde bereits der Sezessionsprozess eingeleitet. 1981 forderten die Albaner im Kosovo eine eigenständige Republik. Als der Führer der serbischen Kommunisten, Milosević, seit 1986 der großserbischen Idee neuen Auftrieb gab und die Autonomierechte der Provinzen Kosovo und Woiwodina aufhob, provozierte er dadurch Spannungen und heizte die nationalistischen Stimmungen weiter an. Slowenen, Kroaten, Bosnier und Makedonier strebten verstärkt nach Selbstständigkeit und Unabhängigkeit und verloren mehr und mehr das Vertrauen in den Gesamtstaat, der auch nicht mehr handlungsfähig war, da das Staatspräsidium sich gegenseitig blockierte. Nach positiv verlaufenen Volksabstimmungen erklärten zunächst Slowenien und Kroatien im Juni 1991 ihre Unabhängigkeit, worauf die Jugoslawische Volksarmee (JVA) in Slowenien einmarschierte. Doch bei den Gefechten mit slowenischen Truppen und Polizeiverbänden ergaben sich viele kroatische und bosnische JVA-Soldaten kampflos, da sie mit den Unabhängigkeitsbewegungen sympathisierten. Nach Vermittlung der Europäischen Gemeinschaft wurde ein Waffenstillstand ausgehandelt, so dass der Slowenienkrieg nach zehn Tagen mit einem Kompromiss, der Brioni-Erklärung, endete: Slowenien und Kroatien garantierten, ihre Unabhängigkeitsbemühungen drei Monate lang einzustellen, dafür verpflichteten sich die JVA-Truppen zum Rückzug. Das schnelle und relativ unblutige Ende dieses Krieges lag u.a. daran, dass Sloweniens Bevölkerungsstruktur vergleichsweise homogen ist – lediglich zwei Prozent der Einwohner waren Serben.

Nach der Beendigung des Slowenienkriegs verlagerte sich der Krieg auf das Territorium Kroatiens. Die Teilrepublik hatte sich am 19. Mai 1991 bei einem Referendum mit 93% für die Trennung vom jugoslawischen Bund ausgesprochen, was von der serbischen Minderheit im Land jedoch boykottiert wurde. Trotz eines von der EG ausgesprochenen Waffenembargos hatte sich der inzwischen zum offenen Krieg eskalierte Konflikt in das mehrheitlich von Serben bewohnte Gebiet der Krajina verlagert. Im Januar 1992 erklärte der serbische Präsident Milosevic den Krieg mit Kroatien für beendet, da die Kriegsziele der JVA-Truppen erreicht worden wären. Die Teilrepublik Bosnien-Herzegowina erklärte am 3. März 1992 ihre Unabhängigkeit, nachdem bereits die bosnischen Serben am 9. Januar 1992 die Serbische Republik in Bosnien und Herzegowina proklamiert hatten. So kam es zu militärischen Auseinandersetzungen zwischen Bosniern und Serben, die in den Krieg um Bosnien-Herzegowina mündeten. Der bis 1995 andauernde Krieg verlief unvorstellbar grausam und forderte vor allem auf bosnischer Seite eine große Anzahl an Opfern. Besonders die Vertreibungen der jeweils anderen Gruppen aus eroberten Gebieten – ethnische Säuberungen – führten zu großer internationaler Empörung. Bis 1994 gelang es Serbien, fast 70% des Territoriums von Bosnien-Herzegowina unter seine Kontrolle zu bringen.

Zum Ende der blutigen Auseinandersetzungen kam es erst, als die → NATO unter Führung der USA mit ihren Militärschlägen begann und die Einigung von Kroaten und

Bosniern zu einer gemeinsamen Föderation auf dem Staatsgebiet von Bosnien-Herzegowina forderte. Im März 1994 beendeten Kroaten und Bosniaken ihren separaten Konflikt in der Herzegowina und vereinbarten unter US-Vermittlung eine Föderation. Auch wurde ein erneuter Waffenstillstand zwischen den Krajina-Serben und Kroatien vereinbart, der sich aber als brüchig erwies. Nach 33 Monaten Krieg in Bosnien wurde am 31.12.1994 ein Waffenstillstandsabkommen geschlossen, dem Ende 1995 mit dem Abkommen von Dayton eine Friedensregelung zwischen den Kriegsteilnehmern folgte. Eine Regelung des Konfliktgebiets Kosovo erfolgte nicht, so dass der nächste Krieg schon programmiert war. Bosnien und Herzegowina wurden durch das Abkommen von Dayton zu einem föderativen Staat mit zwei Entitäten, welche die muslimisch-kroatische Föderation mit 51 Prozent des Territoriums von Bosnien-Herzegowina und die serbische Republik mit 49 Prozent bildeten. Die Demilitarisierung des Gebietes und die Rückkehr der Flüchtlinge sollte für die Dauer eines Jahres von einer eigens aufgestellten ‚*Implementation Force*' (IFOR) der NATO im Auftrag der VN geleistet werden. Sie umfasste zunächst 57.000 Soldaten. Ifor sollte die Einhaltung des Waffenstillstandes sichern. Der Vertrag wurde am 14.12.1995 in Paris von den drei Präsidenten Izetbegović, Milošević und Tuđman unterzeichnet.

Ende der 1990er Jahre begannen kriegerische Auseinandersetzungen zwischen den serbischen Streitkräften und der kosovarischen Befreiungsarmee (UÇK). Die kosovarische Zivilbevölkerung wurde Opfer systematischer Überfälle, von Vertreibungen und Massenmorden. Im September 1998 verurteilte der VN-Sicherheitsrat in der Resolution 1199 die Gewalt durch serbische Polizisten und Soldaten. Nach dem Scheitern der Verhandlungen in Rambouillet (Frankreich) zwischen den Konfliktparteien unter Führung der USA kam es zum vierten Jugoslawienkrieg, dem Kosovokrieg, vom 24. März bis zum 10. Juni 1999. Ohne direkte Legitimation einer VN-Resolution nahm die → NATO für sich das Recht in Anspruch, eine Intervention zugunsten der Verhinderung einer humanitären Katastrophe vorzunehmen (→ Schutzverantwortung/R2P, Typen militärischer Interventionen). Am 3. Juni 1999 stimmte Milosevic dem internationalen Friedensplan zu, der den Rückzug serbischer Truppen aus dem Kosovo, die Rückkehr von Flüchtlingen und die Stationierung einer bewaffneten internationalen Einheit (KFOR) vorsah. Auch Deutschland entsandte in Spitzenzeiten mehr als 6000 Soldaten, heute (2015) noch siebenhundert. Mit der VN-Resolution 1244 vom 10. 6. 1999 blieb das Kosovo zwar völkerrechtlich Teil der Bundesrepublik Jugoslawien, wurde jedoch zugleich unter die Verwaltungshoheit einer VN-Mission (UNMIK) gestellt. Seit dieser Zeit steht eine internationale Truppe – die KFOR – im Kosovo und überwacht die innere Entwicklung des Gebiets. Auch wenn insgesamt eine Befriedung im Kosovo weitgehend erreicht wurde, kommt es sporadisch immer wieder zu Auseinandersetzungen zwischen Kosovo-Albanern und Serben. Das Kosovo versteht sich seit 2008 als eine unabhängige Republik in Südosteuropa, die allerdings keine durchgängige internationale Anerkennung gefunden hat. Ohne internationale Streitkräfte wäre das Kosovo auch nicht existenzfähig.

Der Kosovokrieg wird bis heute höchst kontrovers beurteilt. Von Verteidigern dieses Vorgehens wird er als einer der ersten ‚humanitären Kriegseinsätze' angesehen (→ Schutzverantwortung/R2P), mit denen auf Menschenrechtsverletzungen der jugoslawischen Armee reagiert wurde. Kritiker sehen im Kosovokrieg einen Angriff der NATO ohne VN-Mandat. Eine der Konsequenzen des Kosovokriegs war die Schaffung des ‚Internationalen Strafgerichtshofs für das ehemalige Jugoslawien' (→ internationale Strafgerichtsbarkeit) im Mai 1993. Mit ihm werden vier Hauptziele verfolgt: Kriegsverbrecher zu bestrafen; den Opfern Gerechtigkeit widerfahren zu lassen; künftige Verbrechen abzuschrecken und zum Frieden beizutragen, indem die für Kriegsverbrechen Verantwortlichen zur Rechenschaft gezogen werden. Gegen 161 Personen, darunter Milošević, Karacic und Mladic, wurde Anklage erhoben. Bis zum 31.12.2014 wurden in 141 Fällen die Verfahren abgeschlossen.

→ Ergänzende Beiträge

Internationaler Terrorismus, Nahostkonflikt, Nord-Süd-Beziehungen, Ost-West-Konflikt, Sicherheitspolitik, Typen militärischer Intervention

Literatur

Bierling, Stephan (2010): Geschichte des Irakkriegs, München.

Calic, Marie-Janine (2010): Geschichte Jugoslawiens im 20. Jhd., München.

Deutsches Orient-Institut (1991): Der Golfkonflikt. Konsequenzen, Perspektiven, Opladen 1991.

Henke, Klaus-Dietmar (Hrsg.) (2011): Die Mauer. Errichtung, Überwindung, Erinnerung, München.

Krech, Hans (2004): Der Afghanistan-Konflikt (2002-2004). Fallstudie eines asymmetrischen Konflikts, Berlin.

Loth, Wilfried (⁸1990): Die Teilung der Welt 1941-1955, München.

McWilliams, Wayne C./Piotrowski, Harry (⁸2014): The World since 1945. A History of International Relations, Boulder.

Tapper, Richard (ed.) (1983): The Conflict of Tribe and State in Iran and Afghanistan, London.

44 – Proliferation von Massenvernichtungswaffen und Trägersystemen (*Joachim Krause*)

1. Definition

Unter Proliferation (P.) von Massenvernichtungswaffen (M.) versteht man die Ausbreitung des Besitzes von oder der Kontrolle über Nuklearwaffen, Biologische Waffen und Chemiewaffen (auch ABC-Waffen genannt). Der Begriff P. stammt aus der Medizin und bedeutet das unkontrollierte Wachstum von bösartigen Zellen. Dieser Begriff ist nicht ganz unproblematisch, vielleicht sollte man eher von der Verbreitung von M. sprechen. Die Kategorisierung von Kernwaffen, Chemiewaffen und Biologischen Waffen als M. ist nicht unumstritten. Chemiewaffen haben bei weitem nicht das gleiche Potential der ‚Massenvernichtung' wie Kernwaffen oder Biologische Waffen. Hingegen hat es sich eingespielt, dass zu den M. auch die entsprechenden Trägersysteme (zumindest solche für den weiträumigen Gebrauch dieser Waffen) gerechnet werden. In der internationalen Debatte werden in der Regel die folgenden Definitionen für M. gebraucht:

- ‚Kernwaffen' sind Waffen, bei denen die Explosionswirkung und die Sekundäreffekte (Strahlung, radioaktive Verseuchung, elektromagnetischer Impuls) von Kernspaltung oder von Kernfusion für militärische Zwecke genutzt werden. Kernwaffen, die nach dem Prinzip der Kernspaltung funktionieren, benötigen bestimmte Ausgangsstoffe (in der Hauptsache Uran 235 oder Plutonium 239), die bei Erreichen einer kritischen Masse eine explosionsartige Kettenreaktion auslösen. Kernwaffen, die auf dem Prinzip der Kernspaltung beruhen, sind bezüglich ihrer Sprengkraft wenig variabel. Wenn sie gut funktionieren, erzeugen sie Detonationen in der Größenordnung von 10 bis 20 Kilotonnen (das entspricht der Sprengkraft von 10.000 bis 20.000 Tonnen herkömmlichen Sprengstoffs). Durch aufwendige Verfahren lassen sich die Detonationswerte reduzieren, selten aber über die Grenze von 20 Kilotonnen erhöhen. Fusionswaffen bauen auf Kernspaltung als Zünder auf, die eigentliche Wirkung erfolgt durch einen Prozess der Kernverschmelzung. Fusionswaffen können entweder kleinere Sprengungen erzeugen (teilweise weit unter einer Kilotonne), sie können aber auch Sprengungen in der Größenordnung von bis zu 100 Megatonnen (das entspricht der Sprengkraft von 100 Million Tonnen herkömmlichen Sprengstoffs) und mehr verursachen. Die ersten Kernwaffen funktionierten nach dem Prinzip der Kernspaltung, die modernen Kernwaffen der Supermächte basieren überwiegend auf dem Prinzip der Kernverschmelzung.
- ‚Chemische Waffen' sind solche, bei denen überwiegend die toxischen (sowie erstickenden, reizerregenden, lähmenden oder die menschliche Psyche verändernden) Eigenschaften synthetischer Verbindungen für Zwecke der Kriegführung genutzt werden. Eine Liste der relevanten toxischen Chemikalien und Vorprodukte ist im Chemischen Annex des Übereinkommens zum Verbot des Besitzes und der Herstellung von Chemiewaffen (CWÜ) enthalten. Zu den chemischen Waffen werden

oft auch Herbizide und Tränengase gerechnet, wenn diese für Zwecke der Kriegführung genutzt werden.

- ‚Biologische Waffen' sind Waffen, die lebende Krankheitserreger zum Zwecke der Kriegführung ausbringen, um Menschen, Tiere oder die Umwelt zu schädigen. Zu den Biologischen Waffen werden auch Toxinwaffen gezählt. Toxinwaffen sind toxische Substanzen organischen Ursprungs, die für Zwecke der Kriegführung verwandt werden. Für biologische Waffen und für Toxinwaffen gibt es keine international akzeptierte Legaldefinition.
- Unter ‚Raketenwaffen' versteht man sowohl ballistische Raketen (Flugkörper mit einer ballistischen Bahn) wie Marschflugkörper (*Cruise Missiles*, Flugkörper, die keine ballistische Bahn verfolgen) mit unterschiedlichen Reichweiten. Die wichtigsten Trägerwaffen für Kernwaffen sind ballistische Raketen kurzer (300 bis 1000 km), mittlerer (1000 bis 5500) und größerer Reichweite (ab 5 500 km) sowie Marschflugkörper (*Cruise Missiles*) und moderne Kampfflugzeuge. Biologische Waffen werden am effektivsten mit Marschflugkörpern und mit Flugzeugen ausgebracht sowie auch mit ballistischen Raketen. Chemiewaffen werden zumeist durch Artillerie (insbesondere Mehrfachraketenwerfer) am effektivsten ausgebracht, weniger durch Raketen oder Marschflugkörpern.

Die militärische Nützlichkeit und die strategische Bedeutung von M. werden je nach Waffenkategorie unterschiedlich beurteilt. Während Kernwaffen als Waffen gelten, mit denen eine Vielzahl von militärischen Aufgaben erfüllt werden können (von der Bekämpfung gegnerischer Truppen auf dem Schlachtfeld bis zur Zerstörung ganzer Städte und industrieller Komplexe), ist die militärische Nützlichkeit von Chemiewaffen auf bestimmte Einsatzformen bei militärischen Auseinandersetzungen begrenzt: in der Regel dienen sie der Bekämpfung ungeschützter, infanteristischer Verbände oder sie werden genutzt, um schnelle Vorstöße mechanisierter Einheiten zu verlangsamen (→ Krieg). Die militärische Nützlichkeit von biologischen Waffen ist weitgehend auf die Zerstörung der gegnerischen Kampfkraft durch die Ausbringung von ansteckenden Krankheiten beschränkt – ein Vorhaben, welches wegen der damit verbundenen Gefahr der Selbstansteckung dazu beigetragen hat, dass es Einsätze biologischer Waffen bislang kaum gegeben hat.

Alle M. haben das Potenzial große Massen von Menschen zu töten oder zu verletzten und gelten wegen ihrer indiskriminierenden Wirkung (die Unterscheidung zwischen Kombattanten und Zivilisten wird unmöglich) und der hohen Leiden, die sie hervorrufen, weitgehend als nicht legitime Mittel der Kriegsführung. Allerdings gibt es hier große Unterschiede, was den Grad der Delegitimierung betrifft: Biologische Waffen gelten ebenso wie Chemiewaffen als heimtückisch und ihr Einsatz wird als mit keinem legitimen Zweck mehr vereinbar angesehen. Von daher sind Besitz und Einsatz beider Waffenkategorien mittlerweile völkerrechtlich verboten (→ Völkerrecht/internationales Recht). Kernwaffen gelten zwar auch als heimtückische und grausame Waffen, aber sie sind auch „ultimative Waffen" (Bernard Brodie) und es wird ihnen das Potenzial zuerkannt, Kriege zu beenden bzw. diese zu verhindern (→ Abschreckung). Von daher gab und gibt es Widerstand gegen Bemühungen zur Schaffung eines umfassenden Verbotsregimes für Kernwaffen.

2. Die Doppeldeutigkeit moderner Technologien

Allen M. sowie den Trägertechnologien ist gemein, dass sie auf Technologien basieren, die militärische wie zivile Anwendungsmöglichkeiten bieten und für Wirtschaft und Forschung von zentraler Bedeutung sind. Daraus resultiert ein hohes industrielles und wissenschaftliches Risikopotenzial in praktisch allen Industriestaaten sowie in Schwellenländern.

Dieses Risiko ist besonders im Bereich der Kernenergie ausgeprägt. Zentrale nukleare Technologien (Anreicherung, Wiederaufarbeitung abgebrannter Brennstäbe) und Materialien (Hochangereichertes Uran 235, Plutonium 239) finden sowohl im zivilen wie im militärischen Bereich Verwendung. Die seit Mitte der 1950er Jahre zunehmende Verbreitung der zivilen Nutzung nuklearer Technologie und Materialien (meistens zur Energiegewinnung) hat damit die Voraussetzungen für die Ausbreitung der militärischen Nutzung von Kernenergie vergrößert. Theoretisch droht die Gefahr der militärischen Anwendung der Kernenergie überall dort, wo Kerntechnologie und Kernbrennstoffe Verwendung finden.

Was Chemiewaffen betrifft, so ist die Lage ähnlich. Der größte Teil der weltweiten chemischen Industrieanlagen wäre theoretisch in der Lage Chemiewaffen herzustellen. Das gleiche gilt für eine Vielzahl wissenschaftlicher Forschungseinrichtungen und Entwicklungszentren. Vergleichbar ist die Lage bei der pharmazeutischen Industrie sowie in vielen Branchen der Medizinforschung, Biotechnologie und Gentechnik. Auch hier werden Technologien und Ausgangsstoffe genutzt, die theoretisch zur Herstellung von biologischen Waffen geeignet wären. Selbst Brauereien könnten genutzt werden, um biologische Waffen herzustellen. Nicht viel anders ist das Bild bei den Trägertechnologien: Die Technologie zur Herstellung einer Rakete, die Nutzlasten ins All bringen soll, ist im Prinzip nicht viel anders als die Technologie zur Herstellung einer ballistischen Trägerrakete für Kernwaffen.

3. Der heutige Stand der Ausbreitung von Massenvernichtungswaffen und Trägertechnologien

Grob geschätzt dürften heute etwa 50 Staaten in der Lage sein, Kerntechnologie so weit zu beherrschen, dass sie im Rahmen eines überschaubaren Zeitraumes (von bis zu zehn Jahren) Kernwaffen herstellen könnten. Etwa 70 bis 80 Staaten verfügen über die Fähigkeit der Herstellung von Chemiewaffen und eine noch größere Zahl von ihnen könnte biologische Waffen (und sei es nur in kleiner Zahl) herstellen. Die Zahl derjenigen, die in der Lage wären Trägerraketen oder Marschflugkörper herzustellen, dürfte unter 40 liegen. Führt man sich diese Zahlen vor Augen und vergleicht sie mit den Angaben über den Stand der P. von Kernwaffen, biologischen Waffen, Chemiewaffen und Trägermitteln, so fällt auf, dass die Zahl der wirklichen P.skandidaten eigentlich gering ist, d.h. dass die P. keinesfalls so weit vorangeschritten ist, wie man vermuten könnte.

Im Bereich der Kernwaffen gibt es fünf etablierte Mächte, die deshalb ‚etabliert' genannt werden, weil sie laut dem Nuklearen Nichtverbreitungsvertrag (NVV) von

1968 das Recht haben, Kernwaffen zu besitzen: Dies sind die USA, Russland (früher die Sowjetunion), Frankreich, Großbritannien und China. Vor allem die USA und Russland haben die mit Abstand größten und am weitesten entwickelten Kernwaffenarsenale. Anfang 2015 besitzen die USA etwa 1.640 einsetzbare strategische Kernwaffen, die auf knapp 800 Trägersysteme (landgestützte Interkontinentalraketen, U-Boot-gestützte Langstreckenraken sowie strategische Bomber) verteilt sind. Daneben verfügen die amerikanischen Streitkräfte über knapp 500 einsatzbereite taktische Atomwaffen (weitgehend Flugzeugbomben). Russland hat etwa 1.640 strategische Kernwaffen ebenfalls auf die drei oben genannten Trägersysteme verteilt, sowie mindestens 2.000-3.000 einsatzfähige taktische Kernwaffen, weitgehend Kurzstreckenraketen und Artillerie. Beide haben mehrere Tausend Sprengköpfe, die ausrangiert sind und auf ihre Zerstörung warten. China dürfte etwa 250 bis 300 Kernwaffen besitzen, Frankreich verfügt über 290 Kernwaffen und Großbritannien über 120 Kernwaffen, von denen in der Regel nur 40 auf hoher See stationiert sind, weitere 125 Kernwaffen befinden sich in Reserve. In den 1980er Jahren hatten die USA und die Sowjetunion Kernwaffenarsenale, die weitaus größer waren: 1986 etwa 45.000 in der Sowjetunion und etwa 25.000 in den USA. Allen diesen fünf Mächten ist gemein, dass sie über recht anspruchsvolle Kernwaffentypen verfügen. Ihre Kernwaffen dürften in der Regel Fusionswaffen sein. Dieses Potenzial besitzen nur die fünf etablierten Mächte, und unter ihnen heben sich die USA und Russland deutlich von den anderen bezüglich des technischen Niveaus ihrer Kernwaffen ab. Von ihnen dürfte die VR China noch über die am wenigsten sophistizierten Kernwaffen verfügen.

Neben diesen fünf Kernwaffenmächten gibt es zwei Staaten, die sich 1998 als Kernwaffenmächte deklarierten: dies sind Indien und Pakistan. Beide verfügen über Bestände an einfachen Kernwaffen. Die Zahl der indischen und der pakistanischen Kernwaffen dürfte sich in der Größenordnung von jeweils 100 bis 130 bewegen. Neben Indien und Pakistan dürfte Israel ein weiterer Kernwaffenstaat sein. Allerdings ist es Politik des Staates Israel, den Besitz von Kernwaffen weder zuzugeben noch zu dementieren. Schätzungen zufolge dürfte Israel etwa 100 Kernwaffen besitzen, die technologisch weitaus fortgeschrittener sein dürften als diejenigen, die Indien und Pakistan besitzen. Zuletzt ist noch Nordkorea zu erwähnen, welches sich im Jahre 2005 zum Kernwaffenstaat erklärte und später mehrere Kernwaffentests unternahm, die allerdings technische Probleme offenkundig werden ließen. Neben diesen Staaten gibt es einige, die bereits im Besitz von Kernwaffen waren, diese aber wieder aufgegeben haben. Dazu zählt die Republik Südafrika, die in den 1980er Jahren mehrere Kernwaffen herstellte (einfache Uran-Bomben), mit denen die Apartheid-Republik ein Abschreckungspotenzial gegen eine sowjetisch-kubanische Invasion aufbauen wollte. Diese Waffen wurden 1990 zerstört. Des Weiteren sind Belarus, die Ukraine und Kasachstan zu nennen, die nach dem Zerfall der Sowjetunion über teilweise mehr als tausend Kernwaffen verfügten, diese aber an Russland abgaben. Zu erwähnen ist in diesem Zusammenhang auch, dass mehrere Staaten in den 1950er, 1960er, 1970er und 1980er Jahren ernsthafte Überlegungen in Richtung Kernwaffenherstellung angestellt hatten, diese dann wieder aufgaben. Dazu gehörten Schweden, die Schweiz, Kanada und auch

Brasilien und Argentinien. Gegenwärtig wird zudem befürchtet, dass der Iran ein als ziviles Nuklearprogramm getarntes Kernwaffenprogramm unterhält.

Die Zahl der Chemiewaffen besitzenden Staaten war während des Ersten Weltkriegs und in den Jahrzehnten danach recht hoch. Chemiewaffen waren während des Ersten Weltkriegs massiv eingesetzt worden und nahezu jede ernsthafte Militärmacht wollte diese besitzen. In den 1920er und 1930er Jahren galten Chemiewaffen als die wichtigsten und modernsten ihrer Zeit. Allerdings zeigte sich bereits im Zweiten Weltkrieg, dass dieser Nimbus übertrieben war und dass Chemiewaffen sich wenig mit jener Form der mobilen und mechanisierten Form der Kriegführung vertrugen, die von den wichtigsten Militärmächten verfolgt wurden. Während des Zweiten Weltkriegs wurden Chemiewaffen nicht ein einziges Mal als Kriegswaffe eingesetzt – die millionenfache Vernichtung von Menschen in Auschwitz und anderen Vernichtungslagern erfolgte allerdings unter Verwendung chemischer Giftstoffe. Nach dem Zweiten Weltkrieg kam es zu einer vorübergehenden ‚Renaissance' der Rolle von Chemiewaffen in den Militärdoktrinen der USA und vor allem der Sowjetunion, die die neuesten technologischen Innovationen reflektierten. Mit der Entdeckung der Substanzen Tabun, Sarin, Soman und VX war es gelungen, chemische Kampfstoffe herzustellen, die alle bis dahin bekannten Substanzen in ihren Wirkungen bei weitem übertrafen. Dennoch kann man ab den 1970er Jahren einen Bedeutungsverlust chemischer Waffen in den Doktrinen erst der USA und dann auch der Sowjetunion und anderer Mächte feststellen. Chemiewaffen wurden auch kaum eingesetzt. Der einzige Krieg, in dessen Verlauf wiederholt und in massiver Weise letale Chemiewaffen eingesetzt wurden, war der zwischen dem Irak und dem Iran (1980-1988). Im Vietnam-Krieg wurden Herbizide zur Urwaldentlaubung im großen Maßstab eingesetzt.

Im Jahr 1997 trat das 1993 vereinbarte Übereinkommen über das Verbot der Entwicklung, Herstellung, Lagerung und des Einsatzes chemischer Waffen und über die Vernichtung solcher Waffen (CWÜ) in Kraft. Diesem Abkommen sind mittlerweile 190 Staaten beigetreten, darunter sieben Staaten, die den Besitz von Chemiewaffen angaben (USA, Russland, Frankreich, Großbritannien, China, Indien, Syrien) und die sich derzeit im Prozess der Zerstörung dieser Waffen befinden. Die irakischen Chemiewaffen wurden 1992 und 1993 durch die Sonderkommission der → Vereinten Nationen (UNSCOM) zerstört. Von daher scheint es realistisch zu sein davon auszugehen, dass das Problem der Verbreitung von Chemiewaffen einer Lösung zugeführt wird. Die Anschläge mit Sarin-Kampstoffen in der Tokioter U-Bahn vom Frühjahr 1995 durch eine extremistische Sekte (*Aum Shirenko*) haben allerdings die Gefahr deutlich gemacht, dass derartige Waffen auch durch terroristische Organisationen (→ Internationaler Terrorismus) hergestellt und eingesetzt werden können. Auch kam es während des Syrien-Krieges 2013 und 2014 zum begrenzten Einsatz von Chemiewaffen.

Was biologische Waffen betrifft, so setzte sich schon früher die Überzeugung durch, dass deren militärische Nützlichkeit gering sei und diese daher verboten werden können. Im Jahre 1972 wurde das Übereinkommen über das Verbot der Entwicklung, Herstellung und Lagerung bakteriologischer (biologischer) Waffen und von Toxinwaffen sowie über die Vernichtung solcher Waffen vereinbart (BWÜ), dem mittlerweile 155 Staaten beigetreten sind. Im Gegensatz zum CWÜ sah dieses Abkommen allerdings keine Deklarierungspflicht und keine Überprüfung der Vernichtung vor. In den 1970er und 1980er Jahren ist das BWÜ mehrfach von der Sowjetunion massiv verletzt worden, ohne dass dies zu einer Kündigung oder Infragestellung des Abkommens geführt hat. Diese Vertragsverletzung ist mittlerweile vorbei, aber Unsicherheiten bleiben bestehen. Diese Unsicherheiten werden noch durch die Entwicklungen der Biotechnologie und der Gentechnik verschärft. Heute ist es möglich, biologische Agenzien herzustellen, die jene Eigenschaften der klassischen Agenzien relativieren können, die seinerzeit gegen deren militärische Nützlichkeit sprachen, wie die unkontrollierbare Ansteckungswirkung, die geringe Haltbarkeit und die Probleme bei der Ausbringung dieser Agenzien in Waffensysteme. Es ist heute nicht möglich festzustellen, wie viele Staaten Programme zur Herstellung biologischer Waffen haben. Schätzungen gibt es über die Zahl derjenigen, die im defensiven Bereich Forschung betreiben (das dürften mindesten 20 sein). Bekannt ist, wie viele Staaten theoretisch über Fähigkeiten zur Herstellung von biologischen Kampfstoffen verfügen (das dürften mehr als hundert sein), aber eine klare Aussage darüber, wer welche Waffenprogramme konkret verfolgt, ist schwer zu treffen. Vermutlich liegt diese Zahl gar nicht so hoch, aber es gibt strategische Unsicherheiten.

Die Ausbreitung militärischer Raketen ist deutlich besser zu bestimmen, weil es sich hier um Systeme handelt, die relativ groß ausfallen und daher sichtbar sind für heutige Mittel der Aufklärung. Neben den etablierten Kernwaffenstaaten (USA, Russland, Frankreich, Großbritannien, China) verfügen heute eine Reihe von Industriestaaten und Schwellenländern über Raketen kurzer, mittlerer und großer Reichweite, die zum Transport von Kernwaffen – sofern diese miniaturisiert werden konnten – und anderer M. geeignet wären. Die Verfügbarkeit über Raketen großer Reichweite – damit sind Raketen gemeint, die praktisch jeden Punkt der Erde erreichen können (wie land- oder seegestützte Raketen mit Reichweiten über 5.500 km) – ist allerdings noch auf die fünf genannten Kernwaffenstaaten sowie einige wenige Industriestaaten (Japan, Israel) und Schwellenländer (Indien) beschränkt. Die technologischen Fähigkeiten Chinas und Indiens bleiben hinter denen der USA und Russlands noch zurück. Was Raketen mittlerer Reichweiten (1.000 bis 5.500 km) betrifft, so sieht das Bild schon gemischter aus. Während die USA und Russland in diesem Bereich vertraglich auf den Besitz von Raketenwaffen verzichtet haben (INF-Abkommen vom Dezember 1987), besitzt China weiterhin Mittelstreckenraketen dieser Reichweiten (→ Rüstungskontrolle und Abrüstung). In den vergangenen Jahren war zu beobachten, dass Länder wie Israel, Indien, Argentinien, Iran, Irak (unter Saddam Hussein) und Nordkorea Raketen entwickelt haben, die Reichweiten von über 1000 km erzielen konnten. In einigen Fällen sind Raketen mit Reichweiten von über 2000 km in der Testphase (Iran, Indien, Nordkorea). China hat in den 1980er Jahren zudem Saudi Arabien Raketen mit einer Reichweite von 2500 km verkauft. Bei den kürzeren Reichweiten (300 bis 1000 km) gibt es mittlerweile mehr als ein Dutzend Staaten, die über entsprechende Systeme verfügen. Dabei handelt es sich meistens um Staaten, die Raketen des sowjetischen Typs Scud besitzen oder diese fortentwickelt haben sowie aber auch zunehmend um Eigenentwicklungen.

4. Instrumente der Nichtverbreitungspolitik

4.1 Entwicklung internationaler Normen

Ein wirksames internationales Nichtverbreitungsregime muss auf anerkannten gemeinsamen Normen beruhen und es muss Mechanismen enthalten, die die Beibehaltung des Regimes auch in Krisenzeiten garantieren. Bei der Herausbildung von Normen kann man generell sagen, dass allgemeine Verbotsnormen einfacher zu rechtfertigen sind als Normen, die ein Regime begründen, bei dem zwischen jenen Staaten diskriminiert wird, die diese Waffen oder Technologien besitzen und solchen, die das nicht dürfen. Verbotsnormen zu verhandeln, ist allerdings nicht einfach, weil viele Staaten aus Unsicherheit über die künftige Natur von Bedrohungen nicht von vornherein auf solche Waffen verzichten möchten. Bei biologischen Waffen und bei Chemiewaffen ist es gelungen, derartige Verbotsnormen verbindlich werden zu lassen, weil in Politik und Öffentlichkeit die Meinung vorherrschte, dass diese Waffen heimtückisch und ihre militärische Bedeutung nachrangig seien. Bei Kernwaffen ist die Lage anders. Zwar gibt es in der Öffentlichkeit der meisten demokratischen Länder eine negative Haltung gegenüber Kernwaffen und auch im Völkerrecht (→ Völkerrecht/internationales Recht) ist ihr Stellenwert eher problematisch, dennoch sind die etablierten Kernwaffenmächte aus strategischen Gründen heraus nicht bereit, auf diese zu verzichten. Sowohl diese Kernwaffenmächte als auch die überwiegende Zahl der Nichtkernwaffenstaaten stimmen aber darin überein, dass es keine weiteren Kernwaffenstaaten geben soll, da ansonsten negative Sicherheitseffekte befürchtet werden. Dieser Zustand ist und bleibt prekär und wird nur solange aufrechterhalten werden können, wie die bestehenden Regime zur Verhinderung der Nichtverbreitung von Kernwaffen und zum Verbot der anderen M. effektiv bleiben und solange den Nichtkernwaffenstaaten aus ihrem Status keine negative Folgen für ihre Sicherheit entstehen. Von daher sind die Effektivität der Abrüstungsregime sowie der Nichtherstellungskontrolle für M. und Raketen ebenso entscheidend wie Export- und Technologiekontrollen sowie Sicherheitsgarantien für Nichtkernwaffenstaaten.

4.2 Verbotsabkommen

Das sicherste Mittel der Nichtverbreitungspolitik ist ein Verbotsabkommen für eine gesamte Kategorie von Waffensystemen. Derartige Verbotsregime existieren für biologische Waffen und für Chemiewaffen. Bei Kernwaffen gibt es ein gespaltenes Regime: während fünf Staaten Kernwaffen besitzen dürfen, ist dieses den übrigen Mitgliedstaaten des Nuklearen Nichtverbreitungsvertrags von 1968 verboten. Drei Staaten – Indien, Pakistan und Israel – sind dem Vertrag nicht beigetreten, einer – Nordkorea – ist aus dem Vertrag ausgetreten. Strittig ist, inwieweit der NVV eine Verpflichtung der fünf etablierten Kernwaffenstaaten zur unbedingten Abschaffung ihrer Kernwaffen enthält. Der Vertragstext sieht in Art. 6 die Verpflichtung „aller Vertragsparteien" vor (d.h. auch der Kernwaffenmächte) „in redlicher Absicht Verhandlungen zu führen über wirksame Maßnahmen zur Beendigung des nuklearen Wettrüstens in naher Zukunft und zur nuklearen Abrüstung sowie über einen Vertrag zur allgemeinen und vollständigen Abrüstung unter strenger und wirksamer internationaler Kontrolle". Diese Bestimmung ist so formuliert, dass sie unterschiedliche Interpretationen erlaubt, bzw. Konditionalitäten ermöglicht. Die Blockfreien Staaten wollen diese Bestimmung als Verpflichtung der Kernwaffenstaaten interpretiert sehen, Verhandlungen über die vollständige Abschaffung von Kernwaffen so rasch wie möglich zu beginnen. Für sie bedeutet der NVV, dass die einen Staaten sofort, die anderen später auf Kernwaffen verzichten. Die Kernwaffenstaaten (vor allem die USA, Russland, Frankreich und Großbritannien) stimmen mit dieser Interpretation nicht überein und weisen darauf hin, dass sie Abrüstung praktizieren. Abrüstung könne aber nicht mit dem totalen Verzicht auf Kernwaffen gleichgesetzt werden. Letzteres wäre erst dann möglich, wenn die in dem Art. geforderte allgemeine Abrüstung unter strenger und wirksamer internationaler Kontrolle stattfindet. Für Raketen war es bislang unmöglich, sowohl ein vollständiges als auch ein differenziertes Verbotsregime zu entwerfen. Dem steht der Weltraumvertrag von 1967 entgegen, der das Recht auf friedliche Nutzung des Weltraums für alle Mitgliedstaaten festschreibt – und da Raketen das wichtigste Mittel zur Ausübung dieses Rechts sind, kann man schwerlich ein Verbotsregime für Raketen vereinbaren.

4.3. Nichtherstellungskontrollen/Industrieverifikation

Aufgrund der oben beschriebenen Doppeldeutigkeiten der Technologien stellen sich für alle Verbotsregime Herausforderungen im Bereich der Industrieverifikation sowie der Kontrolle von Forschungs- und Entwicklungsaktivitäten. Das CWÜ hat einen umfangreichen Anhang zur Verifikation, welcher vor allem die Überwachung industrieller Aktivitäten umfasst. Dieses Regime baut darauf auf, dass die gefährlichsten Chemikalien oder deren Vorläufer entweder wenige oder kaum industrielle Verwendung finden, so dass relativ feste Deklarations- und Nachweispflichten für jeden bestehen, der diese Substanzen herstellen oder nutzen will. Da darüber hinaus aber Hunderttausende von chemischen Anlagen weltweit theoretisch zur Herstellung verbotener Substanzen geeignet wären, gibt es noch ein relativ lockeres, eher auf Vertrauensbildung basierendes Regime, welches darauf hinaus läuft, dass diese Anlagen deklariert werden müssen und dass zumindest theoretisch die Möglichkeit einer Inspektion besteht. Viel schwieriger sieht es bei Biologischen Waffen aus. Das BWÜ von 1972 sah keine Verifikationsregelung für Industrie und Forschung vor, weil so etwas für unmöglich erachtet wurde. Nach Abschluss des CWÜ gab es über mehrere Jahre Verhandlungen über ein Protokoll zum BWÜ, welches ein ähnliches Überwachungsregime in Industrie und Forschung vorsah. Die Verhandlungen wurden 2003 abgebrochen.

Im Bereich der Verifikation der Nichtherstellung von Kernwaffen ist die Lage deutlich komplexer. Die weltweite Verbreitung der zivilen Nutzung der Kernenergie wurde von Seiten der USA schon in den 1950er Jahren in eine Richtung gesteuert, die deren Kontrolle erleichtern sollte. Die USA koppelten alle Kooperationsvorhaben mit dem Verlangen nach Inspektionen, mit deren Hilfe verhindert werden sollte, dass spaltbares Material abgezweigt wird. Nach Gründung der Internationalen Atomenergieorganisation (IAEO) übernahm diese die Inspektionsaufgaben, erst auf individueller Basis, dann – nach Inkrafttreten des NVV im Jahre 1970 – auf der Basis von Sicherungsabkommen, die den gesamten Brennstoffkreislauf eines Landes einbezogen. Seither müssen alle Nichtkernwaffenstaaten mit der IAEO ein Abkommen schließen, in dem sie sich verpflichten, die Herstellung, den Verbrauch und den Verbleib radioaktiver Materialien unter Nennung der entsprechenden Anlagen zu deklarieren und dafür Sorge zu tragen, dass Inspektoren der IAEO diese Angaben überprüfen und eigene Messungen durchführen und Siegel und Fernsehkameras anbringen können (*Safeguardsabkommen*). Dieses System zur Steuerung der zivilen Nutzung der Kernenergie befindet sich seit den 1970er Jahren in einem ständigen Prozess der Infragestellung und Anpassung. Das Hauptproblem war dabei die mit der Verbreitung sensitiver Technologien (Uran-Anreicherung, Wiederaufbereitung von Plutonium, Schwerwasserbetriebene Natururanreaktoren) verbundenen Probleme in den Griff zu bekommen. Seit 1997 besteht daher ein verbessertes Regime der Sicherheitsabkommen (welches allerdings noch nicht von allen Staaten akzeptiert wird. Hinzu kommen Sonderregelungen für Länder, die sensitive Technologien auf ihrem Territorium im großen Umfang betreiben (wie Japan).

4.4 Technologiekontrolle und -verweigerung

Ein zentrales Element von Nichtverbreitungspolitik war und ist die Verweigerung oder die Kontrolle der Weitergabe von Technologien zur Herstellung von M. Technologiekontrolle und noch weniger Technologieverweigerung sind bei Technologien dauerhaft kaum möglich, die mehr als sechzig Jahre alt sind – und das sind heute viele zur Herstellung von M. notwendige Technologien. Dennoch stellen Technologieverweigerung und Exportkontrollen noch wichtige Bausteine der Nichtverbreitungspolitik dar. Die Details moderner Nuklearwaffen gehören ebenso zu den streng gehüteten Geheimnissen der Kernwaffenstaaten wie die Technologien zur Anreicherung von Uran und zur Aufarbeitung abgebrannter Brennstäbe. Allerdings lässt die Effektivität derartiger Kontrollen im Laufe der Zeit nach, das ist zurzeit im Bereich der Anreicherungstechnologien festzustellen. Lange Zeit konnten die USA die Technologiekontrolle entweder unilateral oder mit Hilfe internationaler Institutionen (IAEO) ausüben. Seit dem Ende der 1970er Jahre haben die USA ihr Anreicherungsmonopol verloren. Es kam zum Verlust der technologischen Steuerungsfähigkeit der USA, weil Japan, die europäischen zivilen und militärischen Nuklearmächte sowie die Sowjetunion sensitive nukleare Technologien (Anreicherung, Wiederaufarbeitung von Plutonium) für den zivilen Bereich entwickelten und als Anbieter von Anreicherungs- und Wiederaufarbeitungstechnologien auftraten. Aufgrund der gestiegenen Nutzung von Kernenergie wurde der Anfall an abgebranntem Plutonium so groß, dass die USA sich seit den späten 1970er Jahren für einen Stopp der Plutoniumwirtschaft aussprachen und selber keine Wiederaufarbeitung abgebrannter Brennstäbe aus Leichtwasserreaktoren mehr anboten. Sie begründeten die Notwendigkeit des Ausstiegs aus der Plutoniumwirtschaft auch damit, dass die Technologie des ‚Schnellen Brüters' zu riskant sei und nicht die erhofften Wirkungen zeitige. Mittlerweile verfügen auch Schwellenländer wie Indien, Pakistan, Irak (bis 1991), Iran und Nordkorea über Technologien zur Urananreicherung und Wiederaufarbeitung von abgebrannten Brennstäben und verschärfen somit die Probleme der Kontrolle der Nichtherstellung von Kernwaffen. Diese Probleme konnten nicht im Rahmen der multilateralen *Safeguards* der IAEO gelöst werden, sondern wurden in informellen Gremien (*Nuclear Suppliers Group, International Fuel Cycle Evaluation*) behandelt. Dabei gelang es Ende der 70er Jahre unter den damaligen Kernenergie betreibenden Staaten eine Einigung darüber herzustellen, dass sensitive Technologien wie die Anreicherung von Uran und die Wiederaufarbeitung abgebrannter Brennstäbe nicht mehr exportiert werden sollten.

Exportkontrollen sind seit dieser Zeit ein wichtiges Instrument der Hersteller von wichtigen Technologien mit sowohl ziviler wie militärischer Eignung (*dual-use*) sich gemeinsam davor zu schützen, dass staatliche oder auch nicht-staatliche Akteure Technologien und Materialien für vorgeblich zivile Zwecke erwerben, die dann in militärischen Programmen Verwendung finden. Zu diesem Zweck bedarf es einer klaren Absprache zwischen den Herstellerstaaten über die Prinzipien nach denen Exporte genehmigt oder verweigert werden sowie über Listen mit Gegenständen und Technologien, deren Export entweder gar nicht, nur unter Auflagen oder nur mit gesonderten Prüfverfahren gestattet werden sollen. Es gibt derzeit vier solcher Exportkontrollgruppen:

- Die *Zangger Group*, eine unter dem NVV gebildete Gruppe, welche Kriterien und Listen für den erlaubten Export von *dual-use Technologie* im Bereich der Kerntechnik für Staaten außerhalb des NVV erstellt und die den Export dieser Güter reguliert.
- Die *Nuclear Suppliers Group* (NSG), die weitgehend ein mit der Zangger Gruppe identisches Mandat hat (einschließlich der Listen), die sich aber darüber hinaus darum bemüht, auch den Export sensitiver Technologien, wie Anreicherung und Wiederaufarbeitung, generell zu vermeiden.
- Die Australien-Gruppe, die Grundsätze und Listen für den Export von chemischen Substanzen, biologischen Agenzien sowie für Herstellungseinrichtungen vereinbart hat.
- Das *Missile Technology Control Regime* (MTCR), welches Grundsätze festgelegt hat, nach denen Exporte von Raketen und Raketentechnologien verboten sind bzw. unter welchen Bedingungen sie erlaubt werden.

Diese Exportkontrollregime befinden sich in einem ständigen Prozess der Anpassung an die jeweiligen Entwicklungen. Zu diesem Zweck finden regelmäßige Treffen statt. Auch wurden Sekretariate eingerichtet, die der Unterstützung der Arbeit dienen. Alle Regime haben sich als relativ erfolgreich erwiesen, wenngleich ihr Wert im Laufe der Zeit abnimmt.

4.5 Sicherheitsgarantien

Ein wichtiges Instrument der nuklearen Nichtverbreitungspolitik ist die Abgabe von Sicherheitsgarantien. Hier ist zwischen negativen und positiven Garantien zu unterscheiden. Mit negativen Sicherheitsgarantien verpflichten sich die Nuklearwaffenstaaten dazu, keine Kernwaffen gegen Staaten einzusetzen, die auf deren Besitz oder Kontrolle verzichtet haben. Positive Sicherheitsgarantien sind Zusagen von Kernwaffenstaaten für Nichtkernwaffenstaaten, für deren Sicherheit einzutreten, sollten sie Gegenstand einer bewaffneten Aggression werden. Negative Sicherheitsgarantien sind von allen fünf etablierten Kernwaffenmächten mit unterschiedlichen Einschränkungen seit

1968 ausgesprochen worden, die Glaubwürdigkeit derartiger Zusagen war stets umstritten. Im Jahr 1994 erhielt die Ukraine zudem umfassende negative Sicherheitsgarantien von Russland, den USA, Frankreich und Großbritannien für ihren Verzicht auf Kernwaffen. Zu diesen Garantien gehörten auch die Wahrung der territorialen Integrität der Ukraine sowie der Verzicht auf den Einsatz militärischer und wirtschaftlicher Zwangsmittel gegen die Ukraine. Im Frühjahr 2014 hat Russland mit der Besetzung und Annexion der Krim sowie der Anstiftung und massiven militärischen Unterstützung eines angeblichen Volksaufstands diese Garantien gebrochen (→ Europäische Sicherheitsarchitektur). Die Konsequenzen für das Nichtverbreitungsregime sind absehbar katastrophal. Positive Sicherheitsgarantien wurden vor allem von den USA ausgesprochen – entweder im Rahmen des Nordatlantikpakts oder im Rahmen bilateraler Zusagen. Positive Sicherheitsgarantien haben dazu geführt, dass wichtige nuklearfähige Staaten der westlichen Welt den Weg zur Nuklearbewaffnung nicht gegangen sind.

Weitere Instrumente der Nichtverbreitungspolitik sind die technische Kooperation bei der Abrüstung und der Sicherung sensitiver Materialien, die Schaffung kernwaffenfreier Zonen sowie die Nutzung des Systems der kollektiven Sicherheit (→ Militärbündnisse) beim Umgang mit Staaten, die – mutmaßlich oder tatsächlich – bestehende Verträge im Bereich der Abrüstung und Nichtverbreitung gebrochen haben (→ Rüstungskontrolle und Abrüstung). In den vergangenen Jahren sind neben den diplomatischen Mitteln (→ Diplomatie) auch zunehmend militärische Instrumente der Nichtverbreitungspolitik ins Auge gefasst worden. Vor allem in den USA stellt man sich auf Bedrohungen mit M. durch sog. Schurkenstaaten ein, die das Territorium der USA bedrohen könnten. Der Aufbau eines nationalen Raketenabwehrsystems sowie die verbesserte Ausrüstung amerikanischer Streitkräfte mit Mitteln der ABC-Abwehr gehören hierzu. Aber auch die verstärkte Einbeziehung militärischer Präemption (d.h. die Durchführung einzelner militärischer Schläge zur Zerstörung von gegnerischen Kernwaffen oder entsprechender Infrastruktur) gehört hierzu (→ Sicherheitspolitik).

5. Die Krise der Nichtverbreitungspolitik

In den vergangenen 10 Jahren sind die Erwartungen auf eine dauerhafte Stabilisierung der Nichtverbreitungspolitik bei Kernwaffen eher gesunken. Positiv gesehen ist festzuhalten, dass die Zahl der Kernwaffenstaaten nicht so groß ist wie noch in den 1960er Jahren befürchtet. Die Fälle Irak (unter Saddam Hussein), Libyen (bis 2003), Nordkorea und Iran ebenso wie die Nukleartests von Indien und Pakistan zeigen aber, dass das nukleare Nichtverbreitungsregime einem Prozess der Erosion ausgesetzt ist. Dies alles sind Staaten, die unter Umgehung von Exportkontrollen mehr oder weniger erfolgreich nukleare Waffenprogramme durchgeführt haben (oder noch durchführen) und die auch durch die Mechanismen der kollektiven Sicherheit davon nicht abgehalten werden konnten. Die Reaktionen der Staatengemeinschaft sind unterschiedlich und lassen erkennen, dass darüber der internationale Konsens über Nichtverbreitungspolitik schwer beizubehalten ist. Immerhin gelang es 2015 eine prinzipielle Einigung mit dem Iran darüber herzustellen, dass dessen Urananreicherungsaktivitäten auf ein bestimmtes Niveau reduziert und andere sensitive Aktivitäten eingestellt werden. Der Erfolg oder

Nicht-Erfolg dieses Rahmenabkommens wird mit darüber entscheiden, ob das internationale Nichtverbreitungsregime Bestand haben wird.

→ **Ergänzende Beiträge**

Abschreckung, Krieg, Rüstungskontrolle und Abrüstung, Sicherheitspolitik

Literatur

Campbell, Kurt M./Robert J. Einhorn/Mitchell B. Reiss (Hrsg.) (2004): The Nuclear Tipping Point: Why States Reconsider Their Nuclear Choices, Washington.

Cirincione, Joseph/Wolfsthal, Jon/Rajkumar, Miriam ([2]2005): Deadly Arsenals: Nuclear, Biological, and Chemical Threats, Washington.

Corera, Gordon (2006): Shopping for Bombs, Oxford.

International Institute for Strategic Studies (2007): Nuclear Black Markets, London.

Krause, Joachim (1998): Strukturwandel der Nichtverbreitungspolitik, München.

Office of Technology Assessment (1993): Proliferation of Weapons of Mass Destruction: Assessing the Risks, Washington.

Reed, Thomas C./Danny B. Stillman (2009): The Nuclear Express: A Political History of the Bomb and Its Proliferation. New York.

Internetadressen

Arms Control Association: www.armscontrol.org
International Atomic Energy Agency (IAEA): www.iaea.org
International Campaign against Nuclear Weapons: www.icanw.org

45 – Realismus als IB-Theorie (*Jana Puglierin*)

1. Entstehungsgeschichte

Der Realismus (R.) als Theorie der IB entstand während des Zweiten Weltkriegs und löste den Idealismus nach 1945 als dominierende Denkschule ab. Während es die Idealisten (→ Liberalismus als IB-Theorie) angesichts der schrecklichen Ereignisse des Ersten Weltkriegs für möglich hielten, mit Hilfe → internationaler Organisationen eine friedliche, rationale und gerechte Weltordnung zu schaffen, wurden ihre Kernprämissen kurz darauf durch das Aufkommen eines aggressiven Faschismus und Nationalsozialismus in Europa und den beginnenden Zweiten Weltkrieg überholt. In Reaktion auf den historischen Optimismus des Idealismus war es das erklärte Anliegen der Gründungsväter der realistischen Schule, die internationalen Beziehungen nüchtern und wirklichkeitsnah zu betrachten. In diesem Sinne schrieben Hans J. Morgenthau, Edward H. Carr, Reinhold Niebuhr sowie John H. Herz explizit gegen den in den amerikanischen Sozialwissenschaften der Zwischenkriegszeit herrschenden Trend des utopischen Wunschdenkens an und versuchten, ihm die harten Fakten der Macht- und Realpolitik gegenüberstellen. Aus dieser intellektuellen Auseinandersetzung, auch *first great debate* genannt, ging der R. als Theorie der IB hervor. Die geistesgeschichtlichen Wurzeln des R. reichen jedoch über die Entstehung moderner Nationalstaaten und den Beginn der Neuzeit bis weit in die Antike zurück (→ Staat/Staatlichkeit im Wandel).

In diesem Sinn haben bereits Thukydides, Niccoló Machiavelli und Thomas Hobbes das Menschenbild und das Staatsverständnis des R. in ihren Werken skizziert und gelten daher als ‚Ahnherren' dieser Theorie.

2. Zentrale Prämissen

Unter dem Oberbegriff R. werden heute unterschiedlichste Ansätze und Argumentationen subsumiert, die mitunter recht wenig miteinander gemein haben. Es gibt ebenso viele unterschiedliche realistische Theorien, wie es realistische Theoretiker gibt. Die Spannbreite reicht von Hans J. Morgenthau, Kenneth N. Waltz und John J. Mearsheimer über Henry Kissinger, Arnold Wolfers, und George F. Kennan, um nur einige der prominentesten Vertreter zu nennen. Versteht man R. jedoch als Paradigma der internationalen Beziehungen ist es trotz aller Unterschiede möglich, Kernelemente realistischer Denktradition zu identifizieren:

- Der R. richtet den Blick auf das Sein, nicht auf das Sollen. Er akzeptiert die unausweichlichen Kräfte, die das Zusammenleben der Staaten im internationalen System bestimmen, als gegeben und unveränderbar.
- Die grundlegendste Kraft im internationalen System ist dessen anarchische Struktur. In der Anarchie muss jeder Akteur sein Überleben individuell sichern. Dabei gelten die Gesetzte des Nullsummenspiels – die Gewinne des Einen sind die Verluste des Anderen. Daraus ergibt sich ein grundsätzlicher Pessimismus bezüglich internationaler Kooperation oder der Mediation von Konflikten.
- In den internationalen Beziehungen sind Konflikte die Regel. Um aus Konflikten erfolgreich hervor zu gehen und so sein Überleben zu sichern, ist → Macht letzten Endes der entscheidende Faktor. Das oberste Ziel allen politischen Handelns ist daher das Streben nach Macht.
- Ein Akteur ist dabei umso mächtiger, je mehr Ressourcen er zur Verfügung hat. Denn desto eher kann er andere Akteure dahingehend beeinflussen (durch militärische Gewalt, Erpressung, Sanktionen, usw.) nach seinem Willen zu handeln und desto autonomer ist er selbst. Welches Verhalten ein Staat im internationalen System zeigt, ist also durch die zwischenstaatliche Machtverteilung innerhalb des Systems bestimmt.
- Staaten sind die zentralen Akteure in den internationalen Beziehungen. Sie handeln rational im Sinne der eigenen Überlebenssicherung und ordnen ihre zentralen Interessen keiner übergeordneten Instanz oder Organisation unter. Ihre innere Verfasstheit spielt für ihr außenpolitisches Verhalten keine Rolle.

3. Varianten/Spielarten

Jenseits der geschilderten zentralen Grundprämissen gibt es eine große Bandbreite realistischer bzw. neorealistischer Spielarten, die bis heute stetig erweitert und reinterpretiert werden.

3.1 Der klassische Realismus

Mit seinem 1939 veröffentlichten Buch *The Twenty Years' Crisis* legte der britische Historiker Edward H. Carr die erste fundierte Kritik an der bis dahin vorherrschenden idealistischen Betrachtungsweise der internationalen Beziehungen vor. Carr kritisierte darin vor allem deren normativen Charakter: Im Idealismus triumphierten Wunschvorstellungen über Realität, Verallgemeinerungen über Beobachtungen. Den zentralen Irrtum des Idealismus sah Carr in der illusorischen Annahme, es gebe eine Harmonie der Interessen oder gar eine gemeinsame Moral jenseits der Staatsgrenze, an deren Maßstab sich politisches Handeln orientierte.

Das grundlegendste Werk des klassischen R. veröffentlichte der in die USA emigrierte deutsche Politikwissenschaftler Hans J. Morgenthau im Jahr 1948. In *Politics among Nations* ging es ihm darum, eine realistische Theorie zu entwickeln, die einer empirischen und logischen Überprüfung standhalten sollte. Er postulierte sechs grundlegende Prämissen, die ‚Sechs Grundsätze des politischen R.'. Seine Ausgangshypothese war, dass internationale Politik von objektiven Gesetzen beherrscht wird, die ihre Gültigkeit auch jenseits von Zeit und Raum bewahren und ihren Ursprung in der menschlichen Natur haben. In der philosophischen Tradition von Machiavelli, Hobbes und Nietzsche stehend vertraute Morgenthau nicht auf das humanistische Menschenbild. Er argumentierte, im Banne seiner fundamentalen Leidenschaften und Triebe denke der Mensch ausschließlich an die Maximierung seiner eigenen → Macht und neige bei seinen Taten eher zum Bösen als zum Guten. Die Gier der Menschen nach Macht und Herrschaft kenne keine Grenzen, sei unstillbar und unersättlich. Immer und überall versuche der Mensch, Macht über andere Menschen zu bewahren und zu begründen. Es gebe keine Chance diesen beständigen Kampf jemals zu überwinden, denn das menschliche Verlangen werde immer größer sein als die Möglichkeit, dieses zu befriedigen. Für Morgenthau ist alle Politik Ergebnis menschlichen Handelns, daher muss Politik zwangsläufig Machtpolitik sein. Dies gelte besonders für die internationale Politik: Denn dem Machtgewinn eines Staates stehe immer der gleichzeitige Machtverlust eines anderen Staates gegenüber. Dieses ‚Nullsummenspiel' werde durch die anarchische Struktur des internationalen Systems noch begünstigt: So seien alle Staaten im internationalen System souveräne Akteure. Während jeder Staat intern über ein Gewaltmonopol verfüge und seine Autorität durchsetzen könne, seien Staaten im internationalen System keiner übergeordneten Instanz unterworfen, die verbindlich Recht setzen und durchsetzen könne. Jeder Staat sei sich dementsprechend selbst überlassen und müsse allein für seine eigene Sicherheit Sorge tragen. Das erklärte außenpolitische Ziel eines jeden Staates könne es demzufolge nur sein, seine ureigensten nationalen Interessen durchzusetzen. Aufgrund dieses „Sicherheitsdilemmas" (Herz 1951) ziele das primäre Interesse eines jeden Staates darauf ab, Macht zu erwerben und zu erhalten, zu herrschen, um nicht selber beherrscht zu werden. Diesem obersten Interesse seien alle weiteren nationalen Interessen untergeordnet.

Interessen geben dem treibenden Element ‚Macht' nach Morgenthau eine gestaltende Form. Sie sind der alles überdauernde Maßstab, an dem politisches Handeln gemessen und nach dem es gelenkt werden soll. Interessen – nicht moralische Grundsätze – beherrschen unmittelbar die Außenpolitik der Nationalstaaten. Morgenthau war der

Ansicht, dass sich der immerwährende Kampf um die Verteilung von Macht im internationalen System mit Hilfe von Moral nicht gewinnen lässt. Die einzige Möglichkeit, diesen Kampf zumindest zu kontrollieren, sah er darin, die Interessen der politischen Akteure anzuerkennen, auszugleichen und ihre Handlungsfreiheit durch die hemmende Wirkung eines ‚Gleichgewichts der Mächte' einzuschränken. Moralische Grundsätze ließen sich niemals voll verwirklichen. Politische Ethik bestand für Morgenthau primär in der verantwortlichen Wahl des geringsten Übels.

3.2 Der Neorealismus

Die überragende Bedeutung des klassischen R. für die Disziplin der Internationalen Beziehungen wurde erst mit dem massiv einsetzenden Globalisierungsprozess und dem damit verbundenen Aufkommen neuer transnational agierender Akteure mit Beginn der 1970er Jahre ernsthaft in Frage gestellt. Als Reaktion auf die neuen Herausforderungen entwickelten sich neorealistische Theoriemodelle, die sich zwar ausdrücklich in die Tradition des klassischen Ansatzes stellten, diesen aber theoretisch und methodisch entscheidend relativierten und weiterentwickelten. Einer der größten Kritikpunkte am klassischen R. Morgenthaus war, dass dieser von einem angeborenen Machttrieb des Menschen ausging und individual-psychologisch argumentierte. 1979 unternahm Kenneth N. Waltz in seinem Buch *Theory of International Politics* den Versuch, eine Theorie zu entwickeln, die das außenpolitische Verhalten von Staaten nicht durch deren individuelles Streben nach Macht, sondern durch die Struktur des internationalen Systems erklärte. Er argumentierte somit anders als Morgenthau nicht mehr auf der Akteursebene, sondern machte den Zwang des internationalen Systems für das Verhalten von Staaten verantwortlich. Die Grundthesen des von Waltz entwickelten sog. strukturellen R. wurden im weiteren Verlauf der Theorieentwicklung vor allem von Joseph M. Grieco und John J. Mearsheimer aufgenommen und weiterentwickelt. Waltz wandte sich in der Hauptsache gegen die Annahme, der Staat habe seine zentrale Relevanz als Akteur in den internationalen Beziehungen verloren. Nach seiner Auffassung wurden die internationalen Beziehungen auch im Zeitalter zunehmender → Globalisierung von souveränen Staaten bestimmt, welche die Regeln und Gesetze der internationalen Beziehungen definierten.

Waltz' zentrales Anliegen war es, die Wirkung der Struktur des internationalen Systems als übergeordnetes Ganzes auf die Außenpolitik der einzelnen Staaten als Systemeinheiten zu identifizieren und zu erklären. In einem anarchisch strukturierten System, in dem jeder Staat auf das Prinzip der Selbsthilfe angewiesen sei, musste es das erklärte außenpolitische Interesse eines jeden Staates sein, das eigene Überleben zu sichern. Die Verfolgung aller anderen nationalen Interessen sei nur auf der Grundlage eines hinreichenden Maßes an Sicherheit gewährleistet. Überleben sei die *conditia sine qua non* allen staatlichen Handelns. Je mächtiger ein Staat im Vergleich zu anderen Staaten sei, desto sicherer und unabhängiger könne er sich fühlen und desto erfolgreicher könne er seine Interessen durchsetzen; alle Staaten strebten daher nach möglichst viel Macht. Waltz teilte allerdings nicht Morgenthaus Verständnis von Macht als in der menschlichen Natur triebhaft angelegtes expansives Streben nach Herrschaft. Er ging davon aus, dass Staaten nicht darauf aus waren, ihre Macht zu maximieren, sondern es ihnen darauf ankam, ihre Position im internationalen System zu erhalten.

Aus dem Sicherheitsdilemma gab es aber auch für Waltz keinen Ausweg: In einem anarchischen System sei die Existenz von Staaten immer bedroht, da ein heute noch befreundeter Staat morgen schon ein Feind sein konnte. Jeder Staat müsse aus diesem Grunde zwingend nach Autonomie streben, um seine Handlungsfähigkeit nicht durch andere Staaten und internationale Institutionen kontrollieren und beschränken zu lassen. Allerdings sah Waltz wie Morgenthau die Möglichkeit, die Gefahren des Sicherheitsdilemmas durch eine Politik des Gleichgewichts abzumildern, zu der das anarchische System alle Staaten unmittelbar zwinge, ob diese es nun wussten und wollten, oder nicht. Die Politik der Gleichgewichtsbildung schalte das Sicherheitsdilemma nicht aus; sie erkenne es vielmehr an, stelle sich ihm, trage ihm Rechnung. Konsequenterweise bewertete Waltz die nach 1945 rasant entstandene bipolare Struktur des internationalen Systems positiv (→ Ost-West-Konflikt). Er argumentierte, wenn alle Staaten gleich stark oder in gleich starken Allianzen zusammengeschlossen seien, herrsche auf der jeweils anderen Seite eine relative Gewissheit über ihre Verteidigungsfähigkeit. Dies wiederum führte in seinen Augen zu Stabilität durch → Abschreckung, bzw. einem Gleichgewicht des ‚Schreckens'.

Abgesehen von einer Allianzbildung im Sinne von Gleichgewichtspolitik sehen realistische Konzepte die Möglichkeiten für internationale Kooperation allerdings äußerst skeptisch. → Internationale Organisationen gelten alleine als Instrumente staatlicher Macht- und Interessenpolitik. Sie dienen dazu, Entscheidungen anderer Staaten oder Kollektiventscheidungen innerhalb der Organisationen im eigenen Sinne zu beeinflussen. Auch wenn Kooperation im internationalen System für Realisten nicht unmöglich ist, ist sie demnach kein dauerhaftes Strukturelement. Kooperation kann es immer nur temporär und unter Vorbehalten und Rückversicherungen geben. Internationalen Institutionen werden dabei nur solche Funktionen übertragen, die der staatlichen Eigenentwicklung und den nationalen Interessen nicht entgegenwirken (Grieco 1995). Sie werden vor allem als Beschränkungen der staatlichen Autonomie betrachtet, derer sich die Staaten nach Möglichkeit entziehen.

Besonders der ‚offensive R.', den John J. Mearsheimer Anfang der 1990er Jahre begründete, schließt zwischenstaatliche Kooperation quasi aus. In seinem Buch *The Tragedy of Great Power Politics* argumentierte Mearsheimer, Staaten seien niemals saturierte Mächte, denen der vorhandene *Status quo* genüge. Stattdessen müssten Staaten aufgrund des Sicherheitsdilemmas immer danach streben, das internationale System zu dominieren. Ihr oberstes Ziel hieße Hegemonie (→ weltpolitische Zyklen). Kein Staat, zumindest keine Großmacht, gebe sich mit einer relativen Position zufrieden, sondern strebe immer danach, absolute Macht zu erreichen. Es sei demnach nicht ausreichend, wenn alle beteiligten Staaten durch Kooperation absolute Gewinne erzielten; de facto kooperiere ein Staat nur, wenn er das Gefühl habe, einen relativ größeren Gewinn als die anderen Staaten davonzutragen.

Auch wenn die Zusammenarbeit mit einem anderen Staat durchaus Erfolg verspricht, kann es folglich dazu kommen, dass ein Staat aus einer bestehenden Kooperation ausschert, wenn seine Partner größere Erfolge erzielen und auf seine Kosten Gewinne realisieren. In anderen Spielarten innerhalb der neorealistischen Theorielandschaft wird dieser Pessimismus jedoch entscheidend relativiert. Nach Ansicht der Vertreter eines ‚defensiven R.' ergibt sich die vom ‚offensiven R.' behauptete Priorität von Autonomie vor Einfluss nicht notwendigerweise aus den realistischen Annahmen über die anarchische Struktur des internationalen Systems. Ihrer Auffassung nach lässt auch ein anarchisches System dauerhafte Kooperation zu, wenn die beteiligten Staaten ihre Sicherheit nur in vergleichsweise geringem Maße unmittelbar bedroht sehen. Stephen Walt, als führender Vertreter eines defensiven R., argumentiert beispielsweise, ein Staat müsse einen anderen nicht unbedingt als Bedrohung ansehen, wenn dieser geographisch weit genug entfernt liege, über begrenzte militärisch offensiv einsetzbare Machtressourcen verfüge und/oder schon seit langem ein Verbündeter sei (Walt 1987). Vertreter eines defensiven Neorealismus gehen also sehr wohl davon aus, dass ein Staat bewusst auf Teile seiner Autonomie verzichten kann, um seine nationalen Interessen besser durchzusetzen und die internationale Umwelt nach seinen Vorstellungen zu formen. Der defensive R. prognostiziert allerdings nicht unbedingt eine kooperative Politik im Rahmen internationaler Institutionen – diese ist nur möglich, wenn die einzelnen Mitgliedstaaten ihre eigene Sicherheit nicht unmittelbar bedroht sehen. Solange er sich verhältnismäßig sicher fühlt, wird jeder Staat versuchen, Machtpolitik innerhalb der Institutionen zu betreiben, um Macht in Einfluss zu transformieren. In diesem Sinne dienen internationale Institutionen als ‚Arenen', um Machtpolitik zu betreiben und die nationalen Positionen durchzusetzen.

3.3 Neoklassischer und postklassischer Realismus

Die oben skizzierten Vertreter des Neorealismus haben allesamt Theorieansätze entwickelt, welche die anarchische Struktur des internationalen Systems in den Mittelpunkt stellen. Anders als der klassische R. verstehen sich die meisten neorealistischen Ansätze daher explizit nicht als Außenpolitiktheorien, die den Anspruch erheben, die Handlungen einzelner Akteure innerhalb des Systems erklären oder prognostizieren zu wollen, sondern als Theorien des internationalen Systems. In den jüngeren Entwicklungen innerhalb des realistischen Paradigmas versuchen die Vertreter eines ‚neoklassischen' oder ‚postklassischen' R. – in der angelsächsischen Literatur auch *contingent*, oder *generalist realism* genannt – genau hier anzuknüpfen und diese Lücke zu schließen (Rose 1998). Diese neuesten Spielarten des R. stellen dabei gleichzeitig eine Erweiterung des R. und eine Rückbesinnung auf dessen Ursprünge dar. Bezug nehmend auf die klassischen Realisten wollen neoklassische bzw. postklassische Realisten den R. wieder aus seinem strukturellen Korsett befreien und zeigen, dass R. mehr zur Entstehung, Prägung und Gestaltung von Außenpolitik zu sagen hat, als der Neorealismus vermuten lässt. Obwohl sie die anarchische Struktur sowie die relativen Machtressourcen weiter zur Ausgangsbedingung ihrer Analyse machen, halten sie diese Variablen nicht für alleine entscheidend, um außenpolitisches Verhalten zu erklären. Stattdessen wollen sie die strukturelle Perspektive des neorealistischen Erklärungsmodells durch intervenierende Variablen auf internationaler oder innenpolitischer Ebene ergänzen, um differenzierte Aussagen über Außenpolitik zu ermöglichen. So untersuchen neoklassische R. beispielsweise die Rolle der innerstaatlichen Eliten für das Erreichen außenpolitischer

Ziele oder zeigen, dass innenpolitische Instabilitäten Staaten oftmals daran hindern, die systemisch adäquaten Antworten im Mächtegleichgewichtssystem durchzusetzen. Sie verstehen innenpolitische Prozesse und Strukturen mithin als ‚Filter', durch den sich die Zwänge des internationalen Systems in außenpolitisches Verhalten übersetzen.

4. Rezeption und Kritik

Nach 1945 wurde der R. zur dominanten Theorie der IB. Viele der anderen Denkschulen sind in Reaktion auf seine Kernprämissen entstanden und haben sich an ihnen abgearbeitet. Hauptpunkte der Kritik am klassischen R. nach Morgenthau waren insbesondere dessen individual-psychologische Ausgangshypothese sowie die Annahme, es gebe objektive und universell gültige Gesetze, die das Handeln von Staaten bestimmten. Damit einher ging der Vorwurf nach mangelnder wissenschaftlicher Methodik (→ englische Schule als IB-Theorie). Als Reaktion auf die wachsende Verflochtenheit der Weltwirtschaft (→ Weltwirtschaftssystem) und die steigende Anzahl → transnationaler Akteure/Nichtregierungsorganisationen im Rahmen der Globalisierung wurde der R. ab den späten 1960er Jahren dafür kritisiert, nicht-staatliche Akteure auszublenden und soziale, wirtschaftliche und kulturelle Erklärungsfaktoren zu ignorieren. Auch die Annahme von Staaten als rationale Akteure im Sinne der *Rational-Choice*-Theorie geriet heftig in die Kritik. Insbesondere der → Konstruktivismus als IB-Theorie bezweifelte, dass Anarchie im internationalen System zwangsläufig zu dem vom R. angenommenen Sicherheitsdilemma führen müsse – schließlich sei Anarchie eine soziale Kondition. In diesem Sinne gebe es auch nicht die von den Realisten angenommenen materialistischen Ressourcen als ‚objektiven' Grundlagen, sondern Realität sei eine Frage der Perzeption. Der → Liberalismus als IB-Theorie wiederum bemängelte mit Verweis auf die Theorie des demokratischen Friedens, dass die innere Verfasstheit von Staaten im R. fälschlicherweise keine Rolle spiele. Obwohl die dritte Generation des Realismus in Form des neoklassischen oder postklassischen Realismus genau diesen Mangel aufgreifen und die Perspektive des Realismus weiten will, wird jenen Vertretern im Gegenzug vorgeworfen, zur Degeneration des Realismus beizutragen, indem sie dessen Grundannahmen bis zur Unkenntlichkeit verwässern.

→ Ergänzende Beiträge

Abschreckung, Außenpolitikforschung, Englische Schule, Konstruktivismus, Liberalismus als IB-Theorie, Macht, Weltordnungsmodelle, weltpolitische Zyklen

Literatur

Carr, Edward H. (2001): The TwentyYears' Crisis 1919-1939. An Introduction to the Study of International Relations, New York [1939].

Grieco, Joseph M. (1995): Anarchy and the Limits of Cooperation: A Realist critique of the newest Liberal Institutionalism, in: Kegley, Charles W. (Hrsg.), Controversies in International Relations Theory. Realism and the Neoliberal Challenge, New York, S. 151-172.

Herz, John H. (1951): Political Realism and Political Idealism. A Study in Theories and Realities, Chicago.

Mearsheimer, John J. (2001): The Tragedy of Great Power Politics, New York/London.

Morgenthau, Hans J. ([6]1985): Politics Among Nations. The Struggle for Power and Peace, New York [1948].[Deutsche Ausgabe: Macht und Frieden. Grundlegung einer Theorie der internationalen Politik, Gütersloh 1963].

Puglierin, Jana (2011): John H. Herz: Leben und Denken zwischen Idealismus und Realismus, Deutschland und Amerika, Berlin.

Rose, Gideon (1998): Neoclassical Realism and Theories of Foreign Policy, in: World Politics 51: 1, S. 144-172.

Walt, Stephen M. (1987): The Origins of Alliances, Ithaca/London.

Waltz, Kenneth N. (1979): Theory of International Politics, Reading.

46 – Regionalisierung/Regionalismus (*Bernhard Rinke*)

1. Begriff

Regionale Kooperation zwischen Staaten und die damit einhergehende Ausbreitung von Regionalorganisationen wie etwa der ASEAN (Verband Südostasiatischer Nationen), der AU (Afrikanische Union), der → Europäischen Union oder der OAS (Organisation Amerikanischer Staaten) stellt eines der strukturbestimmenden Merkmale des heutigen internationalen Systems dar (→ internationale Organisationen): Vor dem Hintergrund zunehmender (sicherheits-)politischer, wirtschaftlicher, technologischer, kulturell-gesellschaftlicher und ökologischer → Globalisierung und → Interdependenz sowie der damit einhergehenden Erosion nationalstaatlicher Steuerungs- und Problemlösungsfähigkeit, haben sich Prozesse der Regionalisierung (R.) und Phänomene des Regionalismus in den zurückliegenden Dekaden immer mehr zu einem Ordnungselement internationaler Organisation entwickelt. Die Prozesse von Globalisierung und Interdependenz einerseits sowie R. andererseits bedingen demnach einander; sie sind sich wechselseitig ergänzende Seiten ein und der derselben Medaille.

Dabei umfasst das Begriffspaar ‚Regionalisierung/Regionalismus' ein breites Spektrum sehr unterschiedlicher Prozesse und Entwicklungen. Ihrem Wesen nach verweisen beide Begriffe zunächst auf eine bestimmte Raumeinheit: die Region. Traditionell wird unter einer Region ein nach objektiven Kriterien bestimmbarer, homogener Teilraum innerhalb eines Gesamtraumes verstanden, der sich administrativ, geografisch, sprachlich-kulturell, ethnisch-landsmannschaftlich, religiös und/oder funktionell bzw. wirtschaftlich von seinen anders geprägten Nachbarräumen unterscheidet und sich dadurch von diesen abgrenzt bzw. abgrenzen lässt. Nicht selten wirft die Frage nach den exakten Grenzen einer Region jedoch beträchtliche Probleme von teils erheblichem Konfliktpotential auf. Angesichts der Ukraine-Krise (vereinfacht gesprochen orientiert sich der westliche Teil der Ukraine an der EU, der östliche Teil hingegen an Russland) sowie einer möglichen Aufnahme der (traditionell betrachtet, geographisch teils zu Europa, teils zu Asien gehörenden) Türkei in die EU sei hier exemplarisch auf die Debatten über die Grenzen einer nicht objektiv nach Osten und Südosten abgrenzbaren ‚Region Europa' bzw. die ‚Identität Europas' oder das Wesen des ‚Projekts Europas' und damit einhergehend die Außengrenzen der EU verwiesen. Die Antwort auf die Frage, ob und inwiefern die genannten Staaten zu ‚Europa' gehören (und was daraus politisch folgt), hängt mithin davon ab, anhand welcher Faktoren und Kriterien ‚Europa als Region' bestimmt wird. Probleme wirft die Frage nach dem Wesen einer Region jedoch auch im Falle sich in ihrer Mitgliedschaft überlappender Regionalorganisationen auf; etwa im Falle der ECOWAS (Westafrikanische Wirtschaftsgemeinschaft) und der AU oder der Arabischen Liga und der AU.

Postmoderne, insbesondere konstruktivistische und poststrukturalistische Theorien (→ Konstruktivismus als IB-Theorie) heben denn auch auf die Prozesse sozialer Raumkonstruktion ab, wonach Regionen als soziale Konstrukte erst durch menschliche Wahrnehmung – häufig auf der Grundlage politisch-kultureller und/oder sozio-ökonomischer Interessen – als scheinbar einheitliche Gebiete (diskursiv) konstruiert werden. Mithin suchen Vertreter dieser Denkrichtungen etwa die jüngst wieder intensiver diskutierte These Huntingtons vom ‚Kampf der Kulturen' zu Grunde liegende Kulturkreistheorie als Renaissance geostrategischer Raumbilder (→ Geopolitik) zu dekonstruieren (Albert/Reuber/Wolkersdorfer 2010).

- Im weiteren Sinne bezeichnen R. und Regionalismus gleichwohl zumeist und zunächst die Gesamtheit der zwischen den Staaten einer bestimmten Weltregion existierenden Wechselbeziehungen, die sich in der Verdichtung ökonomischer, politischer und gesellschaftlicher Interaktionen manifestieren (Roloff 2001: 18).
- Enger gefasst dient der Begriff der R. zur beschreibenden Erfassung der Entwicklung institutioneller Kooperation zwischen Staaten einer Region. Die Entstehung von Regionalorganisationen als institutionalisierter Form zwischenstaatlicher Zusammenarbeit basiert demnach auf der Entwicklung bzw. Existenz grenzüberschreitender politischer, sicherheitspolitischer, ökonomischer oder ökologischer Probleme in einer Region, die von den einzelnen Nationalstaaten nur noch durch Kooperation im regionalen Verbund gelöst werden können. Im Mehrebenenmodell der *Global Governance* bilden Regionalorganisationen und die von ihnen ausgeübte *regional governance* insofern eine intermediäre – zwischen der nationalen und der globalen Ebene – angesiedelte Handlungsebene.
- Unter Interregionalisierung wird derweil die Intensivierung der Beziehungen zwischen zwei Weltregionen im globalisierten internationalen System verstanden, sodass Interregionalismus als „politisches Gestaltungsmittel von Regionalstaaten zur aktiven Steuerung und weiteren Intensivierung interregionaler Interdependenzen" (Loewen 2003: 19) dient.
- Von transregionaler Kooperation wird gesprochen, wenn in die Bemühungen um die Steuerung und Verregelung interregionaler Interdependenzen auch Staaten mit einbezogen werden, „die nicht notwendigerweise Mitglieder der jeweiligen regionalen Organisation sein müssen und die ferner mehr als zwei Regionen zugeordnet werden können" (ebd.: 23).

2. Entwicklung

Zumal keine spezifische ‚regionale Dimension' in der Theorie der Internationalen Beziehungen existiert (Hurrell 2005: 39), ist hier nicht der Ort, die unterschiedlichen Theorien internationaler Kooperation und Verflechtung im Einzelnen auf ihr Erklärungspotential hinsichtlich der Gründe, Anlässe, Prozesse, Strukturen, Ziele und Ergebnisse regionaler Kooperation und/oder Integration von Staaten zu durchmustern (→ Integrationstheorien). Zumindest kursorisch seien jedoch einige Erfolgsbedingungen von regionalen Organisationen angeführt: Von Relevanz ist zunächst die Qualität des zu bearbeitenden Politikproblems sowie die institutionelle Organisationsform. Demnach ist eine Regionalorganisation umso erfolgreicher, „je spezifischer und dringender das Problem ist und je angemessener die gewählte Organisationsform ist" (Haftendorn 2000: 557). Voraussetzung ist jedoch ein Mindestmaß an Interessendivergenz zwischen den Regionalstaaten, welche politikfeldspezifische Kompromisslösungen überhaupt erst ermöglichen sowie „das Vertrauen, dass die anderen Mitglieder Zugeständnisse honorieren und eingegangene Verpflichtungen einhalten werden" (ebd.). Weitere Bedingungen scheinen die Rolle einer starken intraregionalen Führungsmacht und die wohlwollende Förderung oder zumindest Duldung durch zur globalen Machtprojektion fähige Großmächte zu sein (vgl. ebd.).

In der wissenschaftlichen Literatur werden derweil zwei Wellen internationaler R. seit Ende des Zweiten Weltkrieges, bzw. „Alter" und „Neuer Regionalismus" (Farrell 2005: 7ff.) unterschieden, wobei beide Wellen eine ökonomische und eine sicherheitspolitische Dimension aufweisen.

- Die erste Welle vollzog sich vor dem Hintergrund des → Ost-West-Konflikts von den späten 1940er bis zu den 1970er Jahren: Angesichts der diese Epoche der Weltpolitik bestimmenden Blockkonfrontation zweier antagonistischer Gesellschaftssysteme kam es einerseits zur Gründung regionaler Militär- bzw. Verteidigungsbündnisse (→ Militärbündnisse). Als Beispiele sicherheitspolitischer R. zu nennen sind in diesem Kontext etwa die Gründung der → NATO (am 4.4.1949) und des Warschauer Paktes (am 14.5.1955; aufgelöst am 1.4.1991) auf der nördlichen Halbkugel sowie des ANZUS-Paktes zwischen Australien, Neuseeland und den USA (gegründet am 1.9.1951), mit dem diese im Rahmen ihrer *containment*-Politik auch das Ziel verbanden, die Ausbreitung des Kommunismus in Südostasien einzudämmen. Mit der Entstehung dieser Allianzsysteme trat zugleich das universalistische Ordnungskonzept der → Vereinten Nationen in den Hintergrund, da die Verantwortung für die Aufrechterhaltung von Frieden und Sicherheit nun bei den nuklearen Weltmächten und den von ihnen dominierten Bündnissystemen, und nicht beim durch die VN repräsentierten weltweiten System kollektiver Sicherheit lag (Haftendorn 2000: 541).
- Analog zum Befund der R. des jüngeren internationalen Konfliktgeschehens seit dem Ende des Ost-West-Konflikts prägt inzwischen eine zweite Welle sicherheitspolitischer R. – hier verstanden als institutionelle (Re-)Organisation der sicherheitspolitischen Architektur auf regionaler Basis – die Entwicklung der Strukturen des internationalen sicherheitspolitischen Regierens: (Gewalt-)Konflikte werden zunehmend durch die Ausweitung regionaler Zusammenarbeit im Politikfeld Sicherheit bearbeitet. Jedenfalls lassen sich mittlerweile weltweit Bemühungen feststellen, zu einer stärkeren regionalen Integration auch und gerade im Politikfeld der Sicherheit zu finden, um die Vielzahl neuer sicherheitspolitischer Risiken und Kon-

flikte auf regionaler Basis gemeinsam eindämmen bzw. bearbeiten zu können (Tavares 2010).

Zudem haben sich verschiedene Regionalorganisationen wie etwa die AU, die Arabische Liga oder die Westafrikanische Wirtschaftsgemeinschaft im Rahmen institutioneller Reformprozesse ein sicherheitspolitisches Mandat zugelegt und damit begonnen, Institutionen und Fähigkeiten zur Implementierung von Maßnahmen zur Konfliktprävention und zur (teils robusten) Konfliktbearbeitung aufzubauen. Damit kommt den genannten Regionalorganisationen bei der institutionellen Ausgestaltung der internationalen Sicherheitsarchitektur sowie bei der Friedenssicherung, Friedenskonsolidierung und Friedenserzwingung inzwischen eine wichtige Rolle neben den VN zu (→ Typen militärischer Intervention).

Neben die im Rahmen der ersten R.swelle gegründeten Militärbündnisse traten indes von Beginn an auch ökonomisch fundierte Regionalorganisationen, die im Schatten ersterer im internationalen System ordnungsstiftend wirkten. So setze in den 1950er Jahren der europäische Integrationsprozess ein, mit dem der Grundstein für die heutige → Europäische Union gelegt wurde. Regionalorganisationen entstanden im Rahmen dieser Welle jedoch auch außerhalb Europas. Zu nennen sind in diesem Kontext etwa die Organisation Amerikanischer Staaten (OAS), welche als erste regionale Mehrzweckorganisation im Rahmen der VN am 30.4.1948 in Bogotá gegründet wurde sowie die Organisation für Afrikanische Einheit (OAU). Gegründet am 25.5.1963 in Addis Abeba war sie die größte Regionalorganisation der Welt, die im Rahmen der bis heute anhaltenden zweiten R.swelle inzwischen von der Afrikanischen Union (AU) abgelöst wurde. Offiziell ins Leben gerufen wurde die AU mit der förmlichen Verabschiedung einer Gründungscharta anlässlich eines Gipfeltreffens in der sambischen Hauptstadt Lusaka (9.-11. Juli 2002). Eingesetzt hat die zweite R.swelle – der ‚Neue Regionalismus' – jedoch bereits in den 1980er Jahren, in deren Verlauf Strukturveränderungen der Weltwirtschaft zu einem verstärkten technologie- und handelspolitischen Konkurrenzkampf zwischen den Industrienationen Europas, den USA und Japan (der sog. Triade) führten. Regionale Arrangements von Staaten können damit als Ergebnis ökonomischer Gegenmachtbildung und Multipolarisierung gedeutet werden. Die Europäische Gemeinschaft reagierte auf die Herausforderung vermehrter ökonomischer Konkurrenz durch die Vertiefung ihres regionalen Integrationsprojektes im Rahmen der Einheitlich Europäischen Akte (EEA) von 1986, in der u.a. das Ziel der Vollendung des Europäischen Binnenmarktes bis Ende des Jahres 1992 verankert wurde. 1992 wurde dann innerhalb der 1. Säule des Maastrichter Vertrages die Schaffung der Wirtschafts- und Währungsunion vorgesehen. Als Folge dieser Entwicklung nahmen nun Staaten in anderen Weltregionen die EU als ökonomische Herausforderung wahr und gründeten ihrerseits wirtschaftlich orientierte Regionalorganisationen wie etwa den Gemeinsamen Markt des Südens (MERCOSUR) oder die Nordamerikanische Freihandelszone (NAFTA). Zugleich vertieften bzw. erweiterten bereits bestehende Organisationen wie etwa der Verband südostasiatischer Staaten (ASEAN), der 1969 gegründete Andenpakt (1997 zur Andengemeinschaft weiter entwickelt), oder die 1980 gegründete Südafrikanische Entwicklungskonferenz (1992 umgewandelt in die Südafrikanische

Entwicklungsgemeinschaft) ihre Kooperation; wenn auch im Ergebnis nicht mit der gleichen Integrationstiefe wie die EU. Herausragendes Merkmal dieser zweiten R.swelle ist in ökonomischer Hinsicht jedoch der dynamische Aufstieg neuer wettbewerbsstarker Konkurrenten aus der asiatisch-pazifischen Region, zunächst Japans und Chinas sowie dann ehemaliger ostasiatischer Entwicklungsländer bzw. ‚Neu-industrialisierter Länder', z.B. Singapur, Malaysia oder Südkorea (→ Aufstieg der Schwellenländer). Die alte, aus der EG, Japan und den USA bestehende Triade wurde infolge dieser ökonomischen R. von einer tripolaren Struktur abgelöst, die sich vornehmlich auf die EU, die NAFTA sowie die ASEAN im Verbund mit China, Japan und Südkorea gründete. Zwar handelt es sich bei diesen drei Regionalorganisationen im globalen Vergleich noch immer um die wichtigsten Wirtschaftsverbände. Durch den ökonomischen Aufstieg der Schwellenländer, die zumal in Form des Clubs der BRICS-Staaten (Brasilien, Russland, Indien, China und Südafrika), auch zunehmenden weltpolitischen Mitgestaltungsanspruch anmelden, wird diese tripolare Struktur jedoch zunehmend herausgefordert.

Zugleich manifestierte sich die zunehmende Ausdifferenzierung der regionalen Ebene im Mehrebenensystem globalen Regierens in der Entstehung flexibler inter- und transregionaler Kooperationsstrukturen als neuer Akteursqualität in den internationalen Beziehungen. Dabei fallen interregionalen Dialogen wie etwa zwischen der EU und der ASEAN und der EU und MERCOSUR sowie transregionalen Institutionen wie z.B. der *Asia Pacific Economic Cooperation* (APEC) und dem *Asia-Europe Meeting* (ASEM) in erster Linie „Vermittlungsfunktionen zwischen globaler und regionaler Politikebene sowie der politischen Regelung interregionaler Kooperationsprobleme unter Einbeziehung transnationaler ökonomischer Akteure zu" (Loewen 2003: 17). Die APEC, deren Gründung 1989 auf Initiative Australiens erfolgte, hat sich zum Ziel gesetzt, im pazifischen Raum eine Freihandelszone zu errichten. Mit Verdichtung der Kooperation wurden nicht nur gemeinsame, inzwischen jährlich stattfindende Gipfeltreffen als zentrales Entscheidungs- und Diskussionsforum institutionalisiert. Über rein wirtschaftliche Fragen hinaus beschäftigt sich die APEC unterdessen auch mit Fragen wie Zukunftstechnologien, Bildung, Frauen und Jugend sowie dem Kampf gegen den internationalen Terrorismus. Derweil zielt der von Singapur initiierte und 1996 gegründete mehrdimensionale ASEM-Prozess vor allem auf die Bearbeitung der ökonomischen Interdependenzen zwischen Europa und Ostasien ab. Darüber hinaus dienen die zweijährlichen Gipfeltreffen als informelles Dialogforum für Fragen der politischen und kulturellen Zusammenarbeit. Neben APEC und ASEM sind in der Zwischenzeit noch weitere Foren transregionaler Kooperation ins Leben gerufen worden, so etwa das Ostasien-Lateinamerika Forum (EALAF), oder der Europa-Lateinamerika-Gipfel.

3. Regionalismus und Universalismus

Der Regionalismus gilt „als Baustein einer kooperativen Global-Governance-Architektur" (Hummel 2006: 69). Zwischen der globalen und der regionalen Ebene dieser Architektur besteht jedoch ein Spannungsverhältnis, dass zu „Friktionen zwischen den unterschiedlichen Ebenen und Dimensionen des globalen Multilateralismus" führt und auf diesem Wege zu einer weiteren „Fragmentierung des Multilateralismus" beiträgt

(Hummel 2006: 66ff.). In ökonomischer Hinsicht ist etwa der MERCOSUR (s.o.) auch als lateinamerikanischer Versuch gedeutet worden, „Widerstand gegen die neoliberale Strukturanpassungspolitik des IWF" zu organisieren (ebd.: 70).

Besonders deutlich tritt das Spannungsverhältnis zwischen Regionalismus und globalem Universalismus jedoch in der → Sicherheitspolitik und der Konfliktbearbeitung zu Tage. Zwar schließt die VN-Charta „das Bestehen regionaler Abmachungen oder Einrichtungen zur Behandlung derjenigen die Wahrung des Weltfriedens und der internationalen Sicherheit betreffenden Angelegenheiten" explizit „nicht aus" (Art. 52 Abs. 1 VN-Charta). Gleichwohl hat die bereits anlässlich der Gründung des Völkerbundes und später der → Vereinten Nationen geführte Debatte zwischen Regionalisten und Universalisten im Zuge der zweiten Welle sicherheitspolitischer R. eine abermalige Neuauflage erfahren (Tavares 2010).

Universalisten, die die universelle, weltweite Organisation der Friedenssicherung im Rahmen der VN befürworten, vertreten die Auffassung, dass bei der Konfliktbearbeitung durch regionale Zusammenschlüsse vor allem partikulare Sonderinteressen zum Tragen kommen würden. Sicherheitspolitischer Regionalismus führt demnach zum Aufleben einer machtbasierten Außen- und Sicherheitspolitik (*balance of power*) und darüber vermittelt zum Scheitern des universellen Ansatzes der Konfliktbearbeitung. Diesem Trend soll durch eine Stärkung des multilateralen sicherheitspolitischen Universalismus im Rahmen der VN entgegengewirkt werden. Gemäß der universalistischen Kritik am Regionalismus sind Regionalorganisationen zudem konzeptionell und strukturell letztlich ungeeignet, Friedensmissionen erfolgreich durchzuführen, da es ihnen an Erfahrung, bürokratischen Strukturen und Ressourcen zu effektiver Konfliktbearbeitung mangele. Für diese These spricht etwa der Entwicklungsstand der Afrikanischen Friedens- und Sicherheitsarchitektur (AFSA). Zwar sind die im Rahmen der AFSA entwickelten Instrumente inzwischen in einer Reihe von Fällen zum Einsatz gelangt. Gleichwohl mangelt es der Afrikanischen Union noch immer am politischen Willen, vor allem aber an den notwendigen Ressourcen, um den Wunsch nach einer ‚Afrikanisierung der afrikanischen Sicherheitspolitik' glaubhaft zu untermauern. Aus Sicht des Universalismus wird ferner unterstellt, dass regionale Organisationen durch ihre enge Verbundenheit mit den jeweiligen Konfliktparteien möglicherweise nicht zu einer unabhängigen Lagebeurteilung fähig seien. Auch wird die Gefahr gesehen, dass regionale Vormächte die Aktivitäten der Regionalorganisation zu ihrem Vorteil beeinflussen und so die Legitimität dieser Organisationen untergraben würden. Und schließlich wird auf die Konkurrenz verschiedener, einander überlappender Internationaler Organisationen hingewiesen (*interblocking* statt *interlocking institutions*), die eine effektive Konfliktbearbeitung weiter erschweren würden.

Für friedens- und sicherheitspolitischen Regionalismus sprechen demgegenüber die komparativen Vorteile der Regionalorganisationen bei der Konfliktbearbeitung. Geteilte bzw. gemeinsame Werte in einer Region erleichtern den Mitgliedern einer Regionalorganisation demnach die Bearbeitung eines Konflikts, zumal die regionalen Akteure ‚ihre Region' und deren politische und kulturelle Charakteristika einschließlich der (Konflikt-)Akteure besser als regionale *outsider* kennen. Des Weiteren gilt die Gewährleistung regionaler Stabilität aus dieser Perspektive als besonderes Interesse von

Regionalstaaten, denen entsprechend ihrer unmittelbaren Betroffenheit – etwa in Form grenzüberschreitender Flüchtlingsströme oder dem *spill-over* gewaltsam ausgetragener Konflikte – zugleich ein besonderes Interesse an einer Konfliktlösung unterstellt bzw. zugewiesen wird. Friedensmissionen durch Regionalorganisationen könnten im Ernstfall denn auch hinreichend schnell mobilisiert und implementiert werden. Die ernüchternden Erfahrungen insbesondere mit der Unfähigkeit der Afrikanischen Union, solche Missionen tatsächlich in gebotener Schnelle zu mobilisieren und zu implementieren, deuten allerdings in eine andere Richtung. Gleichwohl kommt der R. von Frieden und Sicherheit im Sinne von *regional ownership* – also der Eigenverantwortung regionaler Akteure bei der Konfliktbearbeitung (etwa im Sinne ‚afrikanischer Lösungen für afrikanische Probleme') – zunehmende Bedeutung zu. Denn insgesamt ist eine eher nachlassende Interventionsbereitschaft der internationalen Gemeinschaft zu beobachten, da die abnehmende innenpolitische Unterstützung von militärischen Auslandseinsätzen und schrumpfende Verteidigungsbudgets in den westlichen Staaten offenkundig zu einer größeren Zurückhaltung zumindest gegenüber langfristigen Friedensmissionen geführt haben. Diesem Befund entspricht schließlich auch der Trend zu einem vermehrten sicherheitspolitischen Interregionalismus. Angesichts etwa der oben benannten Probleme und Defizite der Afrikanischen Union beim Aufbau einer effektiven Afrikanischen Friedens- und Sicherheitsarchitektur unterstützt beispielsweise die EU im wohlverstandenen Eigeninteresse die AU bei ihren friedens- und sicherheitspolitischen Aktivitäten; u.a. durch die Finanzierungsinstrumente der Afrikanischen Friedensfazilität und das Instrument für Stabilität. Auch hat die EU im Rahmen der Gemeinsamen Sicherheits- und Verteidigungspolitik (→ EU als internationaler Akteur) Friedensoperationen der AU durch Transport- und Logistikoperationen unterstützt.

Dessen unbenommen wird sich das Spannungsverhältnis zwischen Regionalismus und Universalismus im Bereich der Friedenssicherung und Konfliktbearbeitung auch in Zukunft als ein von Kooperation und Konkurrenz geprägtes Beziehungsgeflecht zwischen den Vereinten Nationen einerseits und den sicherheitspolitischen Regionalorganisationen andererseits darstellen.

→ Ergänzende Beiträge

EU als internationaler Akteur, Globalisierung, Institutionalismus als IB-Theorie, Integrationstheorien, Internationale Organisationen, Konstruktivismus als IB-Theorie, Militärbündnisse, Multilateralismus, Sicherheitspolitik, Weltwirtschaftssystem

Literatur

Albert, Mathias/Reuber, Paul/Wolkersdorfer, Günter ([3]2010): Kritische Geopolitik, in: Schieder, Siegfried/Spindler, Manuela (Hrsg.): Theorien der Internationalen Beziehungen, Opladen, S. 551-578.

Farrell, Mary (2005): The Global Politics of Regionalism: An Introduction, in: Farrell, Mary et al. (eds.): Global Politics of regionalism. Theory and Practice, London/Ann Arbor, S. 1-17.

Haftendorn, Helga (2000): Der Beitrag regionaler Ansätze zur internationalen Ordnung nach dem Ende des Ost-West-Konflikts, in: Kaiser, Karl/Schwarz, Hans-Peter (Hrsg.): Weltpolitik im neuen Jhd., Bonn, S. 540-558.

Hummel, Hartwig (2006): Bedeutungswandel des Multilateralismus, in: Debiel, Tobias et al. (Hrsg.): Globale Trends 2007, Bonn, S. 61-80.
Hurrell, Andrew (2005): The Regional Dimension in International Relations Theory, in: Farrell, Mary et al. (eds.): Global Politics of regionalism. Theory and Practice, London/Ann Arbor, S. 38-53.
Loewen, Howard (2003): Theorie und Empirie transregionaler Kooperation am Beispiel des Asia-Europe-Meeting (ASEM), Hamburg.
Roloff, Ralf (2001): Europa, Amerika und Asien zwischen Globalisierung und Regionalisierung, Paderborn.
Tavares, Rodrigo (2010): Regional Security. The capacity of international organizations, London/New York.

47 – Religionen und Internationale Politik (*Michael Bongardt*)

1. Religionen: Facts and Figures

89% der Weltbevölkerung geben an, einer Religion (R.) zuzugehören. Spielte diese demographische Zahl über einige Jahrzehnte politisch kaum eine Rolle, wurde „Religion“ spätestens mit den Terroranschlägen am 11.9.2001 (→ Internationaler Terrorismus) wieder zu einem zentralen Thema der Politik. Die in den 1960er Jahren aufgestellte Säkularisierungsthese, mit einer zunehmenden Modernisierung von Gesellschaften werde die R. zunächst aus dem öffentlichen in den privaten Bereich verschoben und schließlich ganz verschwinden, hat sich – noch – nicht bewahrheitet. Nicht nur, dass außerhalb Westeuropas ein Rückgang von R. kaum empirisch nachweisbar ist; Entwicklungen wie im Iran, der Türkei und Israel belegen sogar, dass eine fortschreitende Säkularisierung politischer Systeme umkehrbar ist. Deshalb wird politisches Handeln zumindest mittelfristig mit R. und ihren Dynamiken zu rechnen haben.

1.1.Definition

Der Begriff ‚R.‘ ist abstrakt und in seiner Bedeutung wie Reichweite heftig umstritten. Für den hier interessierenden Zusammenhang sind zwei Elemente von besonderer Bedeutung: die institutionelle und die individuelle Dimension von R. Jede konkrete Religionsgemeinschaft hat einen gemeinschaftlichen und damit institutionellen Charakter. Sie muss, um existieren zu können, Grundregeln für die Zugehörigkeit zu ihr, vor allem aber für Riten, Glaubenssätze und die Lebensformen ihrer Mitglieder festlegen. Zudem muss geklärt sein, wer über diese Regeln wie zu entscheiden hat und wie die für das religiöse Leben notwendigen Strukturen zu sichern sind. Der Grad institutioneller Verfasstheit variiert in und zwischen den R.en erheblich. Zwischen der hoch differenzierten Hierarchie der römisch-katholischen Kirche und dem auf Regeln fast vollkommen verzichtenden Alevitentum; zwischen den strengen Ordensregeln des Buddhismus und dem Leben eines liberalen Juden; zwischen dem Gewicht muslimischer Rechtsschulen und dem freien Zusammenschluss charismatischer Pfingstkirchen könnten die Unterschiede kaum größer sein. Doch geben all diese Religionsgemeinschaften ihre Antworten auf die genannten strukturellen Grundfragen. Nicht zu unterschätzen ist die Wirkung von R.en auf die Kulturen, in denen sie lebendig sind. Diese Wirkung kann noch anhalten, wenn die R. selbst längst an Einfluss verloren hat.

1.2.Zahlen

Die weltweit mitgliederstärksten R.en sind das Christentum (33% der Weltbevölkerung), der Islam (22,5%), der Hinduismus (13,6%) und der Buddhismus (6,7%). Ihnen gehören rund Dreiviertel aller Menschen an. Die Migrationsbewegungen, vor allem aber die Bevölkerungsentwicklung haben dazu geführt, dass Angehörige dieser – und auch kleinerer – R.en überall auf der Welt anzutreffen sind und dass sich die regionalen Schwerpunkte ihrer Präsenz verschoben haben. So lebt seit 2004 die Mehrheit der Christen nicht mehr in Europa und Nordamerika, sondern in anderen Ländern. Nur 20% der Muslime sind im Nahen und Mittleren Osten zuhause, 60% dagegen in Asien. Während in Europa die religiöse Bindung der Menschen deutlich abnimmt, steigt weltweit die absolute Mitgliederzahl der genannten R.en weiterhin. Doch nur der Islam erhöht auch kontinuierlich den prozentualen Anteil seiner Mitglieder an der Weltbevölkerung. Dies ist dem durchschnittlich deutlich höheren Bevölkerungswachstum in Ländern mit vorrangig muslimischer Bevölkerung geschuldet. Die mit weitem Abstand am schnellsten wachsende Religionsgruppe aber sind die sog. evangelikalen Christen, die eine weltweit erfolgreiche Mission betreiben.

Tab. 16: Verteilung der Weltbevölkerung nach Religionen

	Anzahl im Jahr 1900 (in Mio.)	Anteil im Jahr 1900 (in Prozent)	Anzahl im Jahr 2010 (in Mio.)	Anteil im Jahr 2010 (in Prozent)
Weltbevölkerung	1.526	–	6.909	–
Christen	558	36,6	2.281	33
Muslime	200	13,1	1.553	22,5
Hindus	203	13,3	943	13,6
Buddhisten	127	8,3	463	6,7
Juden	12	0,8	15	0,2
Sonstige Religionen	422	27,7	857	12,4
Religionslos	3	0,2	797	11,5

Quelle: FAZ vom 8.3.2013, S. 6f.

Keine Religionsgemeinschaft ist eine homogene Gruppe. Dem steht schon die unaufhebbare Vielfalt ihrer Mitglieder entgegen. In den meisten R.en bildeten und bilden sich Konfessionen mit eigenständiger institutioneller Gestalt. Die sich so verfestigenden Unterschiede haben eine Vielzahl kultureller, machtpolitischer und ethnischer Ursachen – die Trennungen werden aber in der Regel mit kultischen oder dogmatischen Gründen legitimiert. Die weltweit größte religiöse Konfession ist die römisch-katholische Kirche, die jedoch trotz ihrer streng hierarchischen Struktur eine hohe interne Pluralität aufweist. Selbst in einer so kleinen Religionsgemeinschaft wie dem Judentum (0,2% der Weltbevölkerung) besteht eine konfliktreiche Vielfalt. Wo immer, vor allem in politischen Kontexten, diese Pluralität und interne Diversität von R.en übersehen wird, besteht die Gefahr ideologischer Vereinfachungen – in der Verteidigung wie der Abwehr von R.en (s.u. 2.3.).

2. Religion als Gegenstand von Politik

Weil sich fast 90% der Weltbevölkerung als religiös bezeichnen, hat es politisches Handeln auf nationaler wie internationaler Ebene zwangsläufig mit religiösen Menschen und Institutionen zu tun. Auch wenn religiöse Zugehörigkeiten bei weitem nicht in jedem politischen Prozess von Belang sind, so gibt es doch grundlegende Fragen bezüglich der R.en, die auf nationaler wie internationaler Ebene beantwortet werden müssen. Denn aus ihnen entstehen Konflikte, in denen selbst eine Urteilsenthaltung eine folgenreiche Entscheidung wäre.

2.1 Religionsfreiheit

Unter den Vorzeichen der Globalisierung gibt es heute faktisch keine konfessionell homogenen Gesellschaften und Staaten mehr (→ Globalisierung). Zu dieser Pluralität muss sich die Politik verhalten. Angesichts dieses Phänomens, das nicht neu, sondern nur von gesteigerter Dringlichkeit ist, hat sich auf verschlungenen Wegen die Idee der Religionsfreiheit entwickelt. Sie ist heute als ein fundamentales Menschenrecht definiert, demzufolge jeder Mensch das Recht hat, frei über seine Religionszugehörigkeit – oder auch seine Areligiosität – zu entscheiden. Dieses Recht, das den R.en doch Freiheit zugesteht, musste und muss nicht zuletzt gegen solche R.en durchgesetzt werden, die darin eine Verletzung ihres von Gott legitimierten Wahrheitsanspruches sehen. Vertreter von R.en setzen sich oft erst dort für die Religionsfreiheit ein, wo die Mitglieder der eigenen R. als Minderheit unterdrückt werden – so etwa die römisch-katholische Kirche erst 1965 auf Drängen der Bischöfe aus der Sowjetunion und arabischen Ländern.

Nominell bekennen sich heute nahezu alle Staaten in ihrer Verfassung zur Religionsfreiheit. Die praktische Umsetzung dieses Rechts weist aber große Unterschiede auf. Verboten sind vielerorts die öffentliche Bekundung des eigenen Glaubens, der Bau von Gebets- und Gotteshäusern, die Bildung religiöser Gemeinschaften. Einige islamische Staaten vollstrecken bis heute die Todesstrafe an Menschen, die vom Islam zu einer anderen Religionsgemeinschaft übergetreten sind. Während das Strafgesetzbuch Indonesiens die Bürger verpflichtet, einer von fünf definierten Religionsgemeinschaften anzugehören, herrscht in Nordkorea – trotz formaler Anerkennung der Religionsfreiheit – eine staatliche Religionsfeindlichkeit.

2.2 Staat und Religionsgemeinschaften

Vom individuellen Recht auf Religionsfreiheit wird das Recht auf Bildung religiöser Vereinigungen abgeleitet. Weil und wenn institutionalisierte Religionsgemeinschaften in einer Gesellschaft anzutreffen sind, ist das Verhältnis des Staates zu diesen Institutionen zu klären. In diesem Verhältnis sind mehrere Aspekte von Belang:

2.2.1 Legitimation von Herrschaft und Recht

Jede politische Herrschaft und jedes sanktionsbewehrte Recht stehen unter Legitimationsdruck. Lange Zeit hatte diese Legitimation eine religiöse Gestalt. So gab es die Vorstellung, die Götter selbst seien die wahren Herrscher über ein Land bzw. der jeweilige König sei göttlich; weniger unmittelbar verläuft die Herrscherlegitimation, wenn der Regent als von Gott bevollmächtigt angesehen wird – als „König von Gottes Gnaden". Auch das in einem Volk geltende Recht kann sehr unterschiedlich auf Gott bezogen werden: Es kann unmittelbar als Gottes Gesetz angesehen werden, dessen Übertretung auch von Gott geahndet wird; andere Vorstellungen – so schon der „Codex Hammurabi" (1750 B.C.E.) – gehen von der menschlichen Setzung des Rechts aus, dessen Befolgung gleichwohl von den Göttern überwacht wird. Aktuell ist das Verhältnis zwischen dem traditionellen religiösen Recht und staatlicher Gesetzgebung vor allem in Staaten mit vorrangig muslimischer Bevölkerung Gegenstand massiver Auseinandersetzungen. Doch selbst in demokratischen Staaten, die auf dem Prinzip der Volkssouveränität aufbauen, wird die Legitimation von Herrschaft und Recht immer wieder diskutiert – erinnert sei nur an die Auseinandersetzungen über eine Bezugnahme auf Gott in dem schließlich gescheiterten europäischen Verfassungsvertrag. Hier steht in Frage, ob der sich selbst legitimierende politische Prozess noch einen Bezugspunkt außerhalb seiner selbst haben muss oder überhaupt haben kann. Aufschlussreich für den je konkreten politischen Umgang mit solchen Legitimationsfragen sind die Riten, die für die Inauguration von Staatsoberhäuptern vorgesehen sind. Nicht nur die vorgesehenen Vereidigungsformeln, auch der Ausschluss oder die aktive Beteiligung von Repräsentanten der im Staat wichtigen R.en geben ein beredtes Zeugnis davon, welche Bedeutung ein Staat der R. zumisst.

2.2.2 Institutionelle Ausgestaltung

Für den politischen und gesellschaftlichen Alltag viel wichtiger als die grundlegenden Legitimitätsfragen ist die konkrete institutionelle Ausgestaltung des Verhältnisses zwischen Staaten und Religionsgemeinschaften. Die mit dem Begriff „Säkularisierung" bezeichnete strikte institutionelle Trennung zwischen einem weltanschaulich neutralen Staat und den in der Gesellschaft präsenten Religionsgemeinschaften ist das Ergebnis einer langen Konfliktgeschichte. Sie hat ihre Wurzeln unter anderem in dem Machtkampf zwischen dem Papst als dem Repräsentanten göttlicher und dem Kaiser als dem Repräsentanten irdischer Macht, der das gesamte europäische Mittelalter prägte. Die spätestens durch die konfessionellen Spaltungen im 16. Jhd. forcierten Differenzierungsprozesse führten zunächst zu durch konfessionelle Homogenität definierten Kleinstaaten. Die historisch erste und bis heute eine der striktesten Trennungen zwischen dem Staat und den Religionsgemeinschaften wurde mit der Verfassung der USA vollzogen – auf Betreiben streng religiöser Gruppen, die der staatlichen Repression gegen ihre Konfession in Europa gerade entkommen waren. Die wenig später in Frankreich realisierte „Laizität" hatte dagegen ihre ganz anderen Wurzeln im Antiklerikalismus der Revolutionäre. Im Gegensatz dazu wurde noch 30 Jahre später der preußische König zum obersten Repräsentanten der unierten evangelischen Kirche Preußens eingesetzt – in eine Rolle, die die englische Königin im Blick auf die anglikanische Kirche bis heute innehat. In den nach dem Zweiten Weltkrieg entstandenen Verfassungen europäischer Staaten wurde die Säkularisierung schließlich insofern durchgesetzt, als eine direkte Beteiligung der Religionsgemeinschaften an der staatlichen Macht ausgeschlossen wird. Die Teilhabe religiöser Menschen an demokratischen Entscheidungsprozessen ist dagegen umfassend gesichert. Die konkreten Verträge zwischen dem Staat und den Religionsgemeinschaften sind zudem nicht selten vom Interesse des Staates an gesellschaftlich starken und aktiven religiösen Institutionen geleitet. Nicht nur in Deutschland erfahren Religionsgemeinschaften und andere weltanschaulich gebundene Gruppen vielfältige Unterstützung durch den Staat. Für solche Kooperationen wurde der Begriff einer „hinkenden Säkularisierung" geprägt, wie sie in Frankreich und vor allem den USA undenkbar wäre.

Diese kurz skizzierte Entwicklung des Verhältnisses von Staat und Kirche in Europa und den USA ist unübersehbar verflochten mit der institutionellen und theologischen Entwicklung des westkirchlichen Christentums. Dies wird besonders deutlich im Vergleich mit anderen Traditionslinien: Schon die Ostkirchen haben eine vollkommen andere Entwicklung genommen und sich aus einem ursprünglich stärker theokratischen Herrschaftsverständnis transformiert in ein nationalkirchlich geprägtes Christentum. Noch einmal deutlich anders stellen sich muslimisch geprägte Formen von Herrschaft und staatlicher Organisation dar. Die im Westen verbreitete Auffassung, dem Islam sei die Differenzierung zwischen religiöser und staatlicher Macht fremd, hält aber einer genaueren Prüfung nicht stand. Schon die frühen islamischen Großreiche lassen ein hoch differenziertes Herrschaftssystem erkennen. Wieder anders verlief die Entwicklung in Asien: In China stellt der Konfuzianismus seit dem 6. Jhd. B.C.E. eine ganz eigene Mischung aus einer Staatslehre und religiösen Elementen dar; Japan hat in den Jhd.en seiner Isolierung ganz eigene, vor allem shintoistische Religionsformen entwickelt und, als es sich als Nation weltpolitisch zu positionieren suchte, nicht zuletzt auf buddhistische Traditionen zurückgegriffen. Aus den in globaler Perspektive so unterschiedlichen Formen der Verhältnisbestimmung zwischen staatlichen und religiösen Institutionen erwachsen heute nicht nur Konflikte, sondern auch Entwicklungspotentiale. Dies gilt etwa für die höchst produktive aktuelle Auseinandersetzung um das Verhältnis von privater und öffentlicher Religionsausübung.

2.2.3. Religionskonflikte

Vor einer besonderen Herausforderung steht die nationale Politik, wenn das eigene Territorium Schauplatz von religiös oder konfessionell bedingten Konflikten oder gar Kriegen wird. Für ein Reich oder einen Staat kann die politische Einhegung von religiösen Konflikten zur Überlebensfrage werden. Kaiser Konstantin berief 325 C.E. das erste ökumenische Konzil ein, weil er die drohende Spaltung des Christentums als Gefahr für die Einigung des Römischen Reiches sah. Den verheerenden Konfessionskriegen des 17. Jhds. vermochte erst der hoch komplexe Friedensschluss in Westfalen Einhalt zu gebieten. Bis in die Gegenwart sind religiös begründete oder auch nur religiös gedeutete Konflikte eine ständige Gefahr für den – nicht nur nationalen – Frieden. In Nordirland dauerte es Jahrzehnte, bis der national und konfessionell geprägte Bürgerkrieg beendet werden konnte. In Indien bleibt das Verhältnis zwischen Hindus und

Muslimen hoch explosiv. Die aktuellen Auseinandersetzungen im Nahen und Mittleren Osten haben eine wichtige Ursache in den jahrhundertealten Konflikten zwischen Sunniten, Schiiten und anderen muslimischen Denominationen (→ Nahostkonflikt). Nicht ohne Grund erkennen Kommentatoren in diesen Auseinandersetzungen Analogien zu den europäischen Konfessionskriegen.

2.3 Religion als Gegenstand internationaler Politik

Mit Bedacht wurden die Aspekte, unter denen R. zum Gegenstand von Politik wird, hier zunächst weitgehend im Blick auf innerstaatliche Zusammenhänge betrachtet. Denn die Kompetenz, die notwendigen Entscheidungen zu treffen, lag und liegt oft vorrangig auf der nationalstaatlichen Ebene. Doch nicht erst in der Gegenwart stellte sich die Frage nach dem wechselseitigen Einfluss von R. und Politik auch auf internationaler, dann auch globaler Ebene. So werden Konfessions- und Religionskonflikte zu einer internationalen Angelegenheit, sobald sie, wie oben schon erwähnt, nationale Grenzen überschreiten. Nicht selten werden die religiös konnotierten Konflikte auch in nicht unmittelbar beteiligten Staaten virulent, indem die dort lebenden Mitglieder der involvierten Religionsgemeinschaften die auswärtigen Konflikte zu einem innerstaatlichen Problem werden lassen.

Doch auch unterhalb der Schwelle offener Konflikte zwischen Mitgliedern verschiedener R.en oder Konfessionen können Aktivitäten von Religionsgemeinschaften als Einmischung in die inneren Angelegenheiten eines Staates aufgefasst werden. Der sog. „Kulturkampf" gegen die Katholiken im deutschen Kaiserreich war wesentlich getrieben von der Sorge, dass die gegenüber Papst und Kirche loyalen Katholiken politische Optionen vertreten könnten, die dem deutschen Kaiserreich schaden würden. Heute drängt die deutsche Politik darauf, dass die Amtsträger muslimischer Gemeinden in Deutschland auszubilden seien, und das neue „Islamgesetz" in Österreich verbietet eine aus dem Ausland kommende Finanzierung muslimischer Institutionen. Die darin zum Ausdruck gebrachte Sorge vor Identitätsgefährdungen findet ihr Pendant in der Entscheidung Ägyptens und anderer arabischer Staaten, westliche Bildungs- und Kulturinstitutionen mit Arbeits- und Aufenthaltsverboten zu belegen.

All diese Konflikte können auch auf internationaler Ebene erst gelöst werden, wenn es gelungen ist, einvernehmliche Entscheidungen über das Verhältnis zwischen Religionsgemeinschaften und politischen Institutionen zu treffen. Dabei kommt der Frage, ob und wie es gelingt, dem Recht auf Religionsfreiheit weltweit zu Akzeptanz und Achtung zu verhelfen, zentrale Bedeutung zu. Dessen Verletzung wird schon heute auf internationaler Ebene zum Thema, wenn es zu besonders eklatanten Verletzungen dieses Rechts kommt – etwa bei der Ermordung von Muslimen, die sich vom Islam abgewandt haben, oder bei Massakern an religiösen Minderheiten.

Eine ganz neue und verhängnisvolle Dimension erreicht das problematische Verhältnis zwischen R. und internationaler Politik, wenn die aktuellen Kriege und Konflikte als Erscheinungen eines grundlegenden Antagonismus zwischen „dem Islam" und „dem Westen" gedeutet werden – was auf beiden Seiten der so konstruierten Grenze geschieht. Ganz abgesehen von der bemerkenswerten Tatsache, dass dabei eine R. einer Region gegenübergestellt wird, die sich selbst als säkular rühmt und von der anderen Seite als ungläubig diffamiert wird: Eine solch pauschalisierende Charakterisierung verkennt die innere, auch religiöse Diversität aller beteiligten Staaten und Gesellschaften. Die aus ihr entstehenden Konflikte lassen sich nur befrieden in der politischen wie religiösen Wahrnehmung und Anerkennung dieser Pluralität.

3. Religiöse Akteure in der Politik

Es fällt schwer, religiöse Akteure und deren Aktivitäten zu identifizieren. Denn es ist nicht nur immer damit zu rechnen, dass eine religiöse Überzeugung das unausgesprochene Hauptmotiv einer politischen Strategie sein kann; umgekehrt können aber Macht- und Gewinninteressen auch hinter vorgeblich religiösen Legitimationsversuchen verborgen werden. Um hier möglichst klar zu sehen, bietet es sich an, zunächst die verschiedenen Ebenen der gesellschaftlichen und politischen Wirklichkeit zu unterscheiden.

3.1 Handlungsebenen

3.1.1 Die Individuen

Die konkreteste Wirklichkeit einer R. sind die Menschen, die ihr angehören. Deshalb sind auch als religiöse Akteure zunächst und vor allem gläubige Menschen zu bezeichnen, die ihr Handeln durch ihre religiöse Haltung bestimmen lassen. Viele von ihnen sehen sich durch ihren Glauben motiviert, wenn nicht gar verpflichtet, in ihrer gesellschaftlichen und politischen Umgebung aktiv zu werden. Sie setzen sich für Ziele und Werte ein, die ihnen ihre religiöse Überzeugung vorgibt. Immer wieder erweisen sich einzelne solcher Menschen als so kompetent und wirkungsvoll, dass sie nicht wegen ihrer religiösen Überzeugung, aber mit dieser in politische Ämter gewählt oder berufen werden. Stellvertretend für viele seien genannt John F. Kennedy, George W. Bush, Joachim Gauck. Für wie wirkungsvoll man die religiöse Überzeugung von Menschen hält, die politisch aktiv sind, ließ sich in den USA mehrfach beobachten: im späten 19. Jhd. sah man das spezifisch amerikanische Verhältnis von Politik und Religionsgemeinschaften in Gefahr, als der Anteil römisch-katholischer Bürger stark wuchs. Die gleiche Angst wurde wieder wach, als mit John F. Kennedy erstmals ein Katholik amerikanischer Präsident wurde. Die in Barak Obamas erstem Wahlkampf hartnäckig vertretene These, Obama sei in Wahrheit ein Muslim, suchte analoge Ängste politisch zu instrumentalisieren. Die Wahl eines ehemaligen kirchlichen Amtsträgers zum deutschen Bundespräsidenten begründete – je nach eigener Positionierung – ein besonderes Vertrauen oder eine besondere Skepsis ihm gegenüber. Unter den aus religiöser Motivation politisch aktiven Personen sind auch die zu nennen, die auf eine grundlegende Veränderung der politischen Verhältnisse drängten. Ganz unabhängig vom Erfolg oder Misserfolg ihrer Vorhaben verschaffte ihnen ihr Engagement eine ebenso bewundernde Anhängerschaft wie erbitterte Gegner – aus religiösen und politischen Gründen. Dies gilt etwa für Mahatma Gandhi, die Mitglieder des Kreisauer Kreises, Martin Luther King oder Ajatollah Khomeini.

3.1.2 Die Gesellschaft

Die vorrangige Ebene, auf der religiöse Akteure tätig werden, ist die Gesellschaft – genauer und soweit vorhanden: die Zivilgesellschaft. Schon jeder Gottesdienst ist nicht nur eine genuin religiöse Handlung, sondern auch eine gesellschaftliche Aktivität. Doch darauf beschränken sich religiös motivierte Handlungen nicht: Sie erstrecken sich auf all jene gesellschaftlichen Bereiche, in denen die religiösen Akteure ihre Ziele verfolgen. Sie reichen vom Gesundheits- bis zum Bildungswesen, vom Einsatz für gesellschaftlich Benachteiligte bis zu vielfältigen Freizeitaktivitäten, vom interreligiösen Gespräch bis zur Missionskampagne. Wo immer dafür rechtliche Voraussetzungen bestehen, werden Religionsgemeinschaften oder selbständige Gruppen von Gläubigen Institutionen aufbauen, die ihnen bei der Verwirklichung ihrer Ziele helfen und dann auch selbst als – institutionelle – Akteure auftreten. Hierbei kann es sich um Vereine, Stiftungen, Gesellschaften, Interessenvertretungen handeln, die national wie international tätig werden (→ Internationale Organisationen). Solche Initiativen sind in nahezu allen R.en und Konfessionen zu finden.

Gesellschaft und Staat sind keine strikt getrennten Sphären. Aus dieser Einsicht ist während der vergangenen Jahrzehnte in den Religionsgemeinschaften und religiösen Institutionen das Bewusstsein dafür gewachsen, dass ihr gesellschaftliches Engagement unausweichlich auch politische Implikationen und Konsequenzen hat. So lässt sich etwa zeigen, dass die politischen und ideologiekritischen Reflexionen der Studentenbewegung im Europa der 1960er und 1970er Jahre über die beteiligten internationalen Studierenden sehr direkt Einfluss auf die lateinamerikanische Befreiungstheologie wie auf muslimische revolutionäre Bewegungen hatten.

3.1.3 Die intermediäre Ebene

Wo immer auf nationaler wie internationaler Ebene dafür Raum ist, bemühen sich religiöse Personen wie Institutionen, im Bereich zwischen gesellschaftlichem und politischem Handeln aktiv zu werden. Beispiele dafür sind etwa konfessionell profilierte Parteien, wie sie sich in Nordirland gegenüberstanden oder in der Türkei, in Indien oder Israel zu finden sind. Interkonfessionelle, mitunter sogar interreligiöse Organisationen setzen sich auf internationaler Ebene für Frieden, Ökologie und nicht zuletzt eine gerechtere Wirtschaftsordnung ein. Institutionelle wie individuelle religiöse Akteure suchen als Berater und Lobbyisten auf politische Meinungsbildung und Entscheidungen Einfluss zu nehmen. Wo immer national wie international Strukturen etabliert werden, die verschiedensten Interessengruppen und unter ihnen religiösen Gruppierungen solche Formen der Mitwirkung eröffnen, kann das oft so konfliktreiche Verhältnis von Politik und R. produktiv gestaltet werden.

3.1.4 Der Staat

So unterschiedlich die nationalen Ausprägungen des Verhältnisses zwischen Staat und Religionsgemeinschaften auch sind: Es gibt so gut wie keine Staaten, die selbst als religiöse Akteure auftreten. Dies gilt selbst für diejenigen, bei denen man dies vermuten könnte: Der Vatikan firmiert völkerrechtlich als Staat. Dies eröffnet ihm – seinen Gesandten wie seinem Oberhaupt – einen für R.en ungewöhnlichen Zugang zu politischen

Entscheidungsträgern. Er wird von den Päpsten der Neuzeit aber nicht für die Belange des kleinsten Staates der Welt genutzt. Vielmehr melden sie sich mit ihrer religiösen und moralischen Autorität zu Wort, die ihnen nicht als Staatsmännern, sondern als Oberhaupt der weltweit größten Religionsgemeinschaft zugesprochen wird. Nicht selten versuchen sie eine Vermittlerrolle einzunehmen – so jüngst im Nahostkonflikt, und dem Vernehmen nach auch bei der Annäherung zwischen den USA und Kuba.

Der Iran bezeichnet sich seit der Revolution von 1979 als „Islamische Republik". Anders als in anderen „islamischen Republiken" – wie etwa Afghanistan oder Pakistan, in denen der Islam Staatsreligion ist – liegt die oberste politische Autorität im Iran bei einem aus schiitischen Geistlichen zusammengesetzten „Wächterrat". Diesem stand der Revolutionsführer Khomeini bis zu seinem Tod im Jahr 1989 vor. Die anfänglichen Versuche, die islamische Revolution auch in andere arabische Staaten zu tragen, scheiterte. Gleichwohl trat Khomeini als autoritativer Sprecher nicht nur für den Iran, sondern auch für den – zumindest schiitischen – Islam auf. Heute jedoch agiert der Iran, in dem nach Einschätzung vieler Beobachter der Wächterrat deutlich an Einfluss verloren hat, als Nationalstaat mit eigenen Interessen, nicht aber mit dem Anspruch auf religiösen Einfluss im engeren Sinne.

Einen weiteren Sonderfall stellt Israel dar, das sich seit seiner Gründung 1948 als „jüdischer Staat" und damit als nationale Heimat des jüdischen Volkes versteht. Doch Israel ist kein von religiösen Autoritäten regierter Staat, sondern eine Demokratie mit strikter Gewaltenteilung und dem Bekenntnis zur Religionsfreiheit. 20% der Bevölkerung sind nicht jüdischen Glaubens, denen allerdings nicht in jeder Hinsicht die gleichen Rechte zuerkannt werden wie jüdischen Bürgern. Das Verhältnis des Staates zum jüdischen Religionsgesetz war von Beginn an umstritten. Weil darüber noch keine Einigung erzielt werden konnte, hat der Staat bis heute keine Verfassung. Ein 2014 vom israelischen Kabinett beschlossener Gesetzentwurf sieht allerdings eine deutlich engere Verbindung zwischen dem Staat Israel und der jüdischen R. vor. Kritiker sehen darin die Gefahr, dass Israel als Staat zu einem religiösen Akteur werden und die Diskriminierung nichtjüdischer Bürger verstärken könnte.

3.1.5 Religion und Terrorismus

Am 29.06.2014 erklärte sich Abu Bakr al-Baghdadi zum Kalifen des „Islamischen Staates", der sich mit militärischer Gewalt große Gebiete in Syrien und dem Nordirak unterworfen hat. Mit dem Kalifat ist nach islamischer Tradition der Anspruch religiöser und weltlicher Herrschaft über alle Muslime und ggf. darüber hinaus verbunden (→ Internationaler Terrorismus). Bis heute hat kein Staat den Anspruch des „IS" anerkannt. Die Organisation des „IS", die gleichwohl auf viele Muslime weltweit eine große Anziehungskraft ausübt, ist damit der jüngste Fall einer langen Reihe terroristischer Bewegungen, die sich für ihre gewaltsamen Aktionen auf religiöse Motive berufen. Die von ihnen angestrebte Destabilisierung nationaler und internationaler Ordnungssysteme bleibt eine Herausforderung nicht zuletzt für die internationale Politik.

3.2 Politische Ziele religiöser Akteure

Selbstverständlich sind religiös motivierte Akteure an all den Gegenständen interessiert, von denen oben (2.) die Rede war. In den Debatten um religionsbezogene politische Entscheidungen suchen sie ihre Interessen zu artikulieren und durchzusetzen. Dabei geht es im Blick auf die eigene Religionsgemeinschaft darum, die Gesetzgebung so zu gestalten, dass die Gläubigen tun dürfen, was ihr religiöses Regelsystem von ihnen verlangt, und nichts tun müssen, was ihnen aus religiösen Gründen verboten ist. Wiederkehrende Themen solcher Debatten sind das Recht, sich zu versammeln, Institutionen aufzubauen, sakrale Gebäude zu errichten. Die persönliche Lebenspraxis ist berührt, wenn es etwa um die Beschneidung von Kindern, um das Tragen von religiös vorgeschriebenen Symbolen und Kleidungsstücken, um die Einhaltung von Gebetszeiten geht. Die ambivalente Haltung vieler Religionsgemeinschaften zur Religionsfreiheit wurde bereits dargestellt. Doch über diese, auf das eigene religiöse Leben bezogenen Interessen hinaus verfolgen religiöse Menschen auch häufig das Ziel, die eigenen Wertvorstellungen gesamtgesellschaftlich, möglichst auch in der Gesetzgebung durchzusetzen. Aktuell werden international etwa die staatliche Anerkennung der in vielen R.en verbotenen Homosexualität, das Recht auf Schwangerschaftsabbruch und Sterbehilfe, die Stellung der Frau in Gesellschaft und Familie kontrovers diskutiert. Umstritten sind aber auch Vorstellungen von der angemessenen Form eines Staats- und Rechtssystems, die Frage des Verhältnisses von R. und Gewalt etc. Dabei darf die Tatsache, dass heute sehr viele religiöse Menschen das Gewaltmonopol des Staates und den demokratischen, liberalen Rechtsstaat anerkennen und verteidigen, nicht den Blick darauf verstellen, dass es gegen diese Formen politischer Organisation in allen Religionsgemeinschaften auch massiven Widerstand gab und gibt.

Zu berücksichtigen ist nicht zuletzt, dass zu den genannten Themen zwischen, vor allem aber auch in den einzelnen Religionsgemeinschaften häufig kontroverse Meinungen vertreten werden. So schließen sich immer wieder thematisch Gleichgesinnte aus verschiedenen R.en zusammen, um ihre Interessen durchzusetzen. Dabei kommt es – wie im gesellschaftlichen und politischen Diskurs insgesamt – stets darauf an, die eigenen Ziele auch denen plausibel zu machen, die die spezifischen religiösen Vorstellungen der Initiatoren nicht teilen, weil sie einer anderen oder gar keiner R. angehören.

4. Bilanz

Religiöse Überzeugungen prägen das Handeln und die Haltungen von Menschen deutlich stärker als andere Weltsichten dies vermögen. Denn sie beziehen sich auf eine Transzendenz, die das eigene Leben und die erfahrbare Wirklichkeit übersteigt und von der sich Gläubige unmittelbar beansprucht wissen. Dabei erweist sich religiös konnotiertes Handeln als höchst ambivalent: Von ihrem Glauben motiviert, sind religiöse Menschen zu humanitären Meisterleistungen genauso fähig wie zu menschenverachtender Gewalt. Die meisten von ihnen aber beteiligen sich in weit weniger extremen Formen an gesellschaftlichen und politischen Prozessen.

So enthalten religiöse Traditionen für die nationale wie internationale Ordnung und deren Entwicklung mobilisierendes, aber auch destruktives Potential. Deshalb werden die vielen Menschen, die sich von ihren religiösen Überzeugungen leiten lassen, als

Akteure und Adressaten der Politik auf absehbare Zeit bedeutsam bleiben. Die religiösen Menschen und Institutionen bilden dabei keine homogene Gruppe, die für die politisch Verantwortlichen als Gegenüber zu adressieren wäre. Vielmehr sind sie ein erheblicher, in sich selbst vielfältiger und widersprüchlicher Teil jener vielstimmigen Öffentlichkeit, die es politisch zu gestalten gilt.

→ Ergänzende Beiträge

Globalisierung, Internationale Organisationen, Internationaler Terrorismus, Nahostkonflikt

Literatur

Essen, Georg (2004): Sinnstiftende Unruhe im System des Rechts. Religion im Beziehungsgeflecht von modernem Verfassungsstaat und säkularer Zivilgesellschaft, Essen.
Fox, Jonathan (2008): A World Survey of Religion and the State, Cambridge.
Groschopp, Horst (Hrsg.) (2013): Humanismus – Laizismus – Geschichtskultur, Berlin.
Haynes, Jeffrey (2007): Introduction to International Relations and Religion, New York.
Joas, Hans / Wiegandt, Klaus (Hrsg.) (2007): Säkularisierung und die Weltreligionen, Frankfurt/M.
Krämer, Gudrun (2011): Demokratie im Islam. Der Kampf für Toleranz und Freiheit in der arabischen Welt, München.
Leininger, Julia (Hrsg.) (2013): Religiöse Akteure in Demokratisierungsprozessen. Konstruktiv, destruktiv, obstruktiv, Wiesbaden.

48 – Ressourcenpolitik (*Raimund Bleischwitz/Rüya Perincek*)

1. Relevanz, Entstehung und zentrale Prämissen

Ressourcenpolitik (R.) ist *en vogue*, wenn man in die Medien blickt. Großmächte sichern sich ihre Rohstoffe, Unternehmen klagen über hohe und schwankende Rohstoffpreise und Umweltschützer weisen auf negative Folgen einer übermäßigen Rohstoffnutzung hin. Menschenrechtsorganisationen warnen vor den Folgen der Armut und dem mangelnden Zugang zu Wasser, Nahrungsmitteln und Energie (→ Energiepolitik). Das alles könnte eine R. beflügeln. In der politischen Realität ist die R. jedoch relativ neu. Man kann sogar sagen, dass sie noch gar nicht als eigenständiges Politikfeld existiert, sondern je nach Interessen unterschiedlich definiert und im Regelfall unter anderen Vorzeichen mit diskutiert wird. In Deutschland sind beispielsweise einschlägige Kompetenzen im Wirtschafts- und im Umweltministerium angesiedelt. In anderen Ländern gibt es teils eigene Ministerien (Bergbau), teils sind sicherheitspolitische Erwägungen stärker sichtbar. Insofern kann man feststellen, dass die hohe Relevanz des Themas nicht zwingend zur Konstituierung eines einheitlichen Politikfeldes führt.

Diese bisherige Fragmentierung der R. hängt eng mit ihrer Entstehung zusammen. Nach dem Ende des Zweiten Weltkriegs waren Rohstoffe kurzfristig knapp, doch der folgende technische Fortschritt konnte diese Knappheit relativ rasch überwinden. Die politisch induzierten Ölpreiskrisen der 1970er Jahre hatten zwar kurzfristige Preissprünge zur Folge und wurden unter dem Stichwort ‚Grenzen des Wachstums' kritisch diskutiert. Diese kurze Phase wurde jedoch rasch wieder abgelöst von einem Zeitalter relativ niedriger Rohstoffpreise mit einer guten Verfügbarkeit. Das Auseinanderfallen der damaligen Sowjetunion in den 1990er Jahren führte dann zu einem zusätzlichen Angebot auf den internationalen Märkten, so dass das neue Wachstum von China und anderen Ländern zunächst keine nennenswerten Auswirkungen hatte (→ Aufstieg der Schwellenländer). In diesen Jahrzehnten gab es kaum Bedarf nach einer Ressourcenpolitik. Das Jahr 2000 markiert jedoch eine Zeitenwende. Seitdem ziehen die Rohstoffpreise deutlich an. Märkte signalisieren Knappheiten, Unternehmen geraten unter Kostendruck, kleinere Länder geraten in den Fokus der rohstoffhungrigen Großmächte und Bodenschätze bieten Chancen zum schnellen Reichtum.

Die zentralen Prämissen zur R. lauten insofern:

- Für rohstoffarme Länder mit hohem Umweltbewusstsein wie Deutschland gilt in besonderem Maße, dass ein schonender Umgang mit Ressourcen wirtschaftlich und umweltpolitisch geboten sein kann.
- Wer die R. verstehen will, muss den Zugang zu Eigentumsrechten an Bodenschätzen sowie die Wirkungen von Preismechanismen auf den internationalen Rohstoffmärkten untersuchen.
- Für wirtschaftlich arme, aber rohstoffreiche Länder können sich Chancen auf eine nachhaltige Entwicklung ergeben, wenn die Politik in den Bereichen Umwelt, Soziales, Eigentumsordnung und Preismechanismen institutionell kluge Weichen stellt.

2. Unterschiedliche Ansätze der Ressourcenpolitik

Im Ländervergleich lassen sich entsprechend sehr unterschiedliche Ansätze in der R. feststellen. Konstituierende Merkmale sind die Ausstattung eines Landes, d.h. die Frage ob ein Land Rohstoffe importieren muss oder exportieren kann, die oft damit zusammenhängende Wirtschaftsstruktur, und ob es über ein hohes Umweltbewusstsein verfügt. Insofern lassen sich die folgenden drei Ansätze unterscheiden:

- R. als ökologische Modernisierung
- R. als Sicherung des Zugangs zu Rohstoffen
- R. als Exportmotor.

Selbstverständlich schließen sich diese Ansätze nicht gegenseitig aus. Es ist nicht zufällig, dass diese Ansätze eher auf einen Ländervergleich abzielen als auf die internationalen Beziehungen. Eigentumsrechte über den Zugang zu Rohstoffen und den Umgang mit ihnen gehören zu den fundamentalen Bestandteilen der nationalen Souveränität. Alle internationalen Verträge und Organisationen betonen dieses Grundrecht staatlicher Ordnung, so etwa die Atlantik-Charta, die Welthandelsorganisation und die Erklärungen der Erdgipfel von Rio de Janeiro 1992 und 2012.

2.1 Ökologische Modernisierung – Ressourceneffizienz

Der R. als ökologischer Modernisierung liegen zwei Antriebsmechanismen zugrunde. Zum einen sind Ressourcen für die gewerbliche Wirtschaft kostenrelevant. Nach Aussagen des Statistischen Bundesamtes liegt der Anteil der Materialkosten in der gewerblichen Industrie in der Größenordnung von 40 Prozent, d.h. höher als der Anteil der Personalkosten. Jeder eingesparte Euro in der Ressourcenbilanz macht sich insofern in der Unternehmensbilanz positiv bemerkbar. Zum anderen sind Ressourcen umweltrelevant. Hier sind folgende Erkenntnisse der Umweltforschung zu nennen (→ Klimapolitik):

- Die Umweltbelastungen der Inanspruchnahme von Ressourcen, die entlang des Lebenszyklus von der Extraktion über zahlreiche Umwandlungsschritte, Transporte, der Nutzung bis hin zur Entsorgung relevant sind. Nach Analysen des Weltressourcenrates sind metallische Basisrohstoffe und Agrargüter ähnlich umweltbelastend wie fossile Energieträger. Insofern ist die gesamte materielle Basis unserer Wirtschaft im Fokus der Ressourcenpolitik.
- Die Endlichkeit von nicht-erneuerbaren Ressourcen sowie Nutzungskonkurrenzen hinsichtlich der erneuerbaren Rohstoffe. Angesichts der allgemeinen Belastung der Ökosysteme, von der Umweltforschung als ‚planetarische Grenzen' (*planetary boundaries*) analysiert, ist eine Hinwendung zu nachwachsenden Rohstoffen mit Vorsicht zu betrachten. Man darf ergänzen, dass auch erneuerbare Energien im Regelfall nicht-erneuerbare Ressourcen wie Stahl und Kupfer benötigen. Letztlich geht es also um eine nachhaltige Nutzung aller Ressourcen (→ internationale Umweltpolitik).
- Die häufig grenzüberschreitenden Ressourcenströme und ökologischen Rucksäcke und die damit verbundenen Schwierigkeiten der Regulierung sozialer und Umweltauswirkungen in anderen Ländern.

Die Theorie der ökologischen Modernisierung ist eng mit der Forschungsstelle für Umweltpolitik an der FU Berlin (Martin Jänicke, Klaus Jacob) verknüpft. Aber auch die Arbeiten des Wuppertal Instituts und anderer Einrichtungen haben empirisch und konzeptionell aufgezeigt, dass Deutschland, die EU und andere Länder damit umweltpolitische und wirtschaftliche Erfolge erzielen können. International wird dies häufig mit den Stichworten *First Mover Advantage* (Michael Porter) und *Environmental Kuznets Curve* (Weltbank) verbunden. Darunter versteht man zum einen die Effizienzvorteile, gepaart mit Exportchancen für überlegene Produkte. Die Erfolge von Wasser- und Recyclingtechnologien mögen als Beispiel dienen. Zum anderen wird abgeleitet, dass Entwicklungs- und Schwellenländer die Verschmutzungssünden der Frühindustrialisierung nicht wiederholen müssen, weil sie moderne Umwelttechnologien anwenden können. Solche Länder müssten also keine ‚nachholende' Entwicklung (→ Entwicklungszusammenarbeit) betreiben, sondern könnten die schmutzigen Phasen überspringen (*leap frogging*).

Was ist davon zu halten? Die Umweltforschung diskutiert seit mehr als zwanzig Jahren den Zusammenhang zwischen Umwelt, Ressourcennutzung und Entwicklungspfaden. Einige Forscher argumentieren für einen starken Zusammenhang zwischen den

Ressourcenmengen und Umweltbelastungen (Friedrich Schmidt-Bleek, Stefan Bringezu), andere weisen auf die vielen Umweltprobleme hin, die aus der Überdosierung von Kleinstpartikeln entstehen (Sachverständigenrat für Umweltfragen). Letztlich lässt sich ein Grundkonsens festhalten, wonach eine Steuerung von Ressourcenmengen als Grobsteuerung sinnvoll ist, jedoch durch eine umweltpolitische Feinsteuerung ergänzt werden muss. Dieser im Grundsatz für die Ressourceneffizienz sprechende Konsens wird auch durch Erkenntnisse zur *Environmental Kuznets Curve* bekräftigt. Empirisch lässt sich nämlich zeigen, dass nur einige typische Umweltschadstoffe (z.B. Schwefeldioxide) im Entwicklungsverlauf zurückgehen, jedoch nicht die Massenstoffe wie Kohlendioxid oder die Nutzung von umweltintensiven Agrargütern (insb. Fleisch), Metallen oder Baustoffen. Im Ergebnis wird also von der Umweltforschung her eine derartige Strategie befürwortet. In Deutschland lässt sich dies am *‚ProgRess Programm'* der Bundesregierung ablesen, mehr noch in der → Europäischen Union, die Ressourceneffizienz zu einem Flaggschiff-Thema für ihre Europa 2020 Strategie gemacht hat.

Von der wirtschaftspolitischen Forschungsseite her sind die Ergebnisse tendenziell ähnlich positiv, aber weniger eindeutig. Haben Länder, die auf Ressourceneffizienz und ökologische Modernisierung setzen, mehr wirtschaftliche Erfolge als andere? Folgende Faktoren gilt es zu bedenken:

- Unternehmen favorisieren Einsparungsinvestitionen gegenüber den riskanteren Produktinnovationen. Empirisch zeigt sich, dass viele (wenn auch längst nicht alle) Unternehmen durch Material- und Energieeinsparungen Kostenvorteile erschließen, jedoch neue ressourceneffiziente Produkte und Dienstleistungen oft in Nischenmärkten steckenbleiben.
- Volkwirtschaften haben Vorteile, wenn ihre heimischen Märkte groß genug sind, um neue ressourceneffiziente Produkte und Dienstleistungen zunächst selber überzeugend anwenden zu können. Zugleich müssten jedoch andere Länder zeitnah ihre Nachfrage mobilisieren. Rahmenbedingungen, wonach die Rohstoffpreise sinken und Länder ihr umweltpolitisches Engagement zurückfahren, sind demgegenüber ungünstig.

Insofern hat die empirische, international vergleichende Forschung viel Zustimmung für das Konzept der Ressourceneffizienz erarbeitet, aber auch offene Fragen nach den künftigen Rohstoffpreisen, nach geeigneten Strategien für rohstoffreiche Länder und einer internationalen Ressourceneffizienzstrategie.

2.2 Zugang zu Rohstoffen – Konflikte oder Kooperation

Ein zweiter Ansatz der R. ist stark von der Außenwirtschafts- und → Sicherheitspolitik geprägt. Hier geht es vor allem um den Zugang zu Rohstoffen, die im eigenen Land nicht verfügbar sind, um die damit verbundenen Eigentums- und Nutzungsrechte, um Verteilungskonflikte, und um den Umgang mit Importabhängigkeiten. In seinem Buch *Resource Wars* und Folgepublikationen stellt Michael Klare (2001) die These auf, dass nach dem Ende des → Ost-West-Konflikts die Kontrolle über wertvolle natürliche Ressourcen zum Machtfaktor (→ Macht) wird und ein primärer Grund für künftige Konflikte und → Kriege werden kann. Die Konfliktmechanismen reichen dabei von der einseitigen Vertragsaufkündigung hin zu Drohungen über die Ausdehnung der Einflusssphäre bis hin zu bewaffneten Auseinandersetzungen und militärischer Gewalt. Ein aktuelles Beispiel für potentielle Ressourcenkonflikte sind Staudammprojekte zur Energieerzeugung und Wasserregulierung. So wollen beispielsweise Äthiopien und Sudan auf dem Nil Staudämme bauen. Das Nachbarland Ägypten hat jedoch mehrmals die Auffassung mitgeteilt, dass ein Eingriff flussaufwärts als Akt der Aggression angesehen wird. Ob und unter welchen Voraussetzungen Staaten und andere Akteure eine Konfliktstrategie einschlagen und sich Kooperationen entziehen, ist Gegenstand der Forschung. Ein allgemeines Merkmal, das Konflikte begünstigt, sind asymmetrische Machtbeziehungen zwischen politisch-militärisch starken und schwachen Ländern, in denen das stärkere Land besseren Zugriff auf bestimmte Ressourcen hat (z.B. einen Wasseroberlauf). Aber beobachtbar sind auch wachsende Konfliktkonstellationen zwischen starken Nachbarn, so zwischen China und Japan, oder Indien und Pakistan. Zunehmend geht es nicht allein um eine strategische Ressource (z.B. Erdöl), sondern um das Wechselgeflecht im Ressourcen-Nexus, wenn eine Nutzergruppe z.B. das Wasser für die Landwirtschaft und andere das Wasser für die Energieerzeugung nutzen wollen (→ Energiepolitik).

Der → Aufstieg der Schwellenländer geht mit einem allgemeinen Anstieg des Ressourcennationalismus einher, der Ressourcen als Teil der Sicherheitsstrategie betrachtet. China und Indonesien entschieden sich für ein Ausfuhrverbot auf unverarbeitete Rohstoffe, um die Entwicklung der inländischen Raffinerien und die Verarbeitung zu fördern. Das hat insbesondere die Länder getroffen, die stark vom Import abhängig sind, und ruft Handelskonflikte hervor (→ Handelspolitik). China ist insbesondere im Fokus der internationalen R. und hat sich seit 1990 von einem Entwicklungsland in eine Wirtschafts- und Militärmacht mit einer wachsenden Mittelschicht verwandelt. Chinas starke Nachfrage hat Folgen für die internationale Politik, die Menschen und die globale Umwelt. Die chinesische Außenwirtschaftsstrategie umfasst aktive Handelskooperationen, die auf die Wiederbelebung der ‚Seidenstraße' abzielen, eine aktive Präsenz im Pazifischen und Indischen Ozean und etliche Rohstoffpartnerschaften in Afrika, Lateinamerika und mit Australien. Kritisch betrachtet werden die Territorialansprüche im Chinesischen Meer, die durchaus militärisches Konfliktpotenzial bergen, die Nichtanerkennung internationaler Wasserabkommen, und die bisherige Nichtbeteiligung an Regelungen über einen verantwortlichen Handel mit sog. Konfliktmineralien, d.h. einen Herkunftsnachweis für bestimmte Stoffe aus Bürgerkriegsregionen Zentral- und Ostafrikas. Auf der anderen Seite übernimmt China zunehmend Umweltregelungen und trifft Vorkehrungen für einen verbesserten Bergbau und eine Kreislaufwirtschaftspolitik. Experten wie z.B. Dambisa Moyo argumentieren, dass China das → Völkerrecht/internationales Recht und die Regeln des Marktes respektiert und die Partnerschaften auf Gegenseitigkeit und einer umfassenden Kooperation aufbaut. In den kommenden Jahren wird es entscheidend sein, ob China in großem Umfang Nettoimporteur von agrarischen Rohstoffen und Futtermitteln wird, ob es seine umfangreichen eigenen Reserven von Bodenschätzen auf nachhaltige Weise erschließen kann, und ob es gelingt geeignete Kooperationsmechanismen zu entwickeln.

Neben potentiellen zwischenstaatlichen Konflikten lassen sich auch Konfliktmechanismen innerhalb fragiler Staaten beobachten (→ Staat/Staatlichkeit im Wandel).

Zugangs- und Verteilungskonflikte vertiefen und verlängern bestehende Bürgerkriege und bewaffnete Auseinandersetzungen. Die Konfliktspirale resultiert aus dem Interesse an Einnahmen aus der Ressourcennutzung, die der dauerhaften Finanzierung von bewaffneten Gruppen und → organisierter Kriminalität/Korruption dienen. Diese Aktivitäten gehen über in → Terrorismus und Sezessionismus. Länderbeispiele sind die Demokratische Republik Kongo, Jemen und der Sudan. Fragile Regionen können auch in größeren Ländern entstehen, z.B. in Indien. In all diesen Ländern vernetzen sich einzelne Rohstoffkonflikte mit Wasser-, Landnutzungs- und Nahrungsmittelkonflikten. Zudem sind internationale Lieferketten mit betroffen, aber auch Mitverursacher der Konflikte.

Europa, das keine einheitliche R. hat, trifft sowohl auf europäischer Ebene als auch auf internationaler Ebene auf Herausforderungen. Die Entwicklungen auf den globalen Rohstoffmärkten sowie Fragen der Lieferung und des Zugangs sind die Haupttreiber der europäischen Ressourcenpolitik. Die → Europäische Union hat 2008 eine Rohstoffinitiative initiiert und sie 2011 konsolidiert. Diese integrierte Strategie der Außen- und Innenpolitik beruht auf drei Säulen: Gewährleistung des Zugangs zu den Ressourcen in Drittländern; Förderung einer nachhaltigen Versorgung aus europäischen Quellen; Steigerung der Ressourceneffizienz und Förderung von Recycling. Zudem hat die EU Freihandelsabkommen mit Kolumbien, Peru und der Ukraine geschlossen, um sich einen privilegierten Zugang zu Rohstoffen zu verschaffen. Es besteht zudem ein Assoziierungsabkommen mit Zentralamerika und Kooperationsabkommen mit der Mongolei, Australien, Kasachstan, Russland und Kanada. Derzeit verhandelt die EU bilateral mit Indien, Malaysia und Singapur. Innerhalb der EU sind die skandinavischen Länder stark im Bergbau und verfügen über erhebliche Reserven. Es gibt viele Beispiele der bilateralen Zusammenarbeit von EU-Mitgliedsstaaten, die jedoch selten miteinander koordiniert sind. Manche importabhängige europäische Industrieländer haben auf die globale Nachfrage- und Preisentwicklung mit der Verabschiedung nationaler Rohstoffstrategien reagiert, wie z.B. Deutschland, das eigene Abkommen mit Kasachstan und der Mongolei geschlossen hat. Zudem sind mit der Rohstoffallianz und der Deutschen Rohstoffagentur neue Unterstützungsmechanismen für Unternehmen gegründet worden.

Die internationale R. kann dabei auf Kooperationen, Handel und gegenseitige Abhängigkeiten setzen. Während viele Industrieländer Interesse am Zugang zu Rohstoffen haben, haben rohstoffreiche Exportländer Interesse an *Know-how*, Technologien und Innovation. Da die Extraktion von Rohstoffen mit schwerwiegenden Folgen für die Umwelt verbunden sind und obendrein viele Länder Wasser- und Landnutzungsprobleme haben, könnte Europa seine Vorteile in Umwelttechnologien und -politik in neue Kooperationsmechanismen übersetzen. Eine Möglichkeit wäre die Erweiterung der Rohstoffpartnerschaften um die Themen nachhaltiger Bergbau und Regionalentwicklung. Eine integrierte Strategie, die Ressourcen, Umwelt und nachhaltige Entwicklung gleichzeitig umfasst, wäre erstrebenswert. Sie kann durchaus auch Kooperationen mit China umfassen.

Tab. 17: Ausgewählte Länder der internationalen Ressourcenpolitik

Australien	Bergbauland vor allem für Kohle und Eisenerz, wachsender Gasproduzent und Agrarexporteur. Hat erhebliche Lieferungen mit China vereinbart, die innenpolitisch umstritten sind.
Brasilien	Wichtiger Exporteur von Eisenerz. Ausbauender Ölproduzent mit erheblichen Reserven. Großer Erzeuger in Land- und Forstwirtschaft. Die aktuelle Wasserkrise bedroht die Energieversorgung und einige wirtschaftliche Ambitionen.
Chile	Größter Kupferproduzent (ein Drittel der Weltproduktion). Große Investitionen zum nachhaltigen Wassermanagement der Mine.
China	Schnell wachsender Kohle-, Metall-, und Lebensmittelanbieter. Top Importeur von Kohle, Erdöl, Metallen und forstwirtschaftlichen Erzeugnissen und einigen landwirtschaftlichen Produkten. Großer Exporteur von verarbeiteten Metallen, landwirtschaftlichen und Fischereierzeugnissen und Produkten. Umstrittene Außenpolitik. Potentieller *Game Changer*, wenn es künftig mehr Erdgas und landwirtschaftliche Erzeugnisse importiert.
Deutschland	Große Industrienation, die abhängig von Importen insbesondere fossiler Energieträger, Metalle und Mineralien ist. Weltmarktposition in der Ressourceneffizienz.
Europäische Union	Verbraucher und Importeur von fossilen Energieträgern und Metallen. Wesentliche Metall-Reserven im nördlichen Skandinavien und Nachbarregionen. Bedeutender Produzent, Exporteur, und Importeur von landwirtschaftlichen und Fischereierzeugnissen und Produkten.
Großbritannien	Rückläufige Öl- und Gasproduktion. Großimporteur von fossilen Energieträgern und Metallen, insbesondere Gold.
Indonesien	Produzent und Exporteur von Kohle, ausgewählten Metalle und vielen land- und forstwirtschaftlichen Produkten wie Palmöl. Großimporteur von fossilen Brennstoffen trotz Eigenproduktion. Zunehmende Anzahl an Verbrauchern. Großes Wachstumspotenzial aufgrund der Größe seiner Bevölkerung. Maritime Schlüsselstellung an der Straße von Malakka. Regionale Fragilitäten.
Kanada	Wichtige Landwirtschaft und traditionelles Bergbauland. Großimporteur von Metallprodukten und Öl. Kann Exportnation für unkonventionelle Energieträger werden.
USA	Importeur fossiler Brennstoffe mit deutlich fallender Importabhängigkeit aufgrund von steigender Schiefergasproduktion. Kann Exportnation für unkonventionelle Energieträger werden.

Quelle: eigene Darstellung

2.3 Rohstoffe als Export- und Wachstumsmotor

Die reichhaltige Verfügbarkeit einheimischer Ressourcen wird oft als Segen interpretiert. Wirtschaftliche Herausforderungen in ressourcenreichen Ländern werden jedoch auch als ‚Ressourcenfluch' und ‚*Dutch Disease*' (Richard Auty, Jeffrey Sachs) beschrieben. Der Ressourcenfluch beschreibt eine Situation, in der rohstoffreiche Länder ihr Potenzial nicht in Entwicklungsfortschritte übersetzen können. Ein negatives Wachstum in nicht-Bergbau Exportbranchen infolge eines hohen Wechselkurses wird als *Dutch Disease* bezeichnet. Die *Prebisch-Singer-These* besagt, dass die Einbindung von Ressourcenexporteuren in das internationale Handelssystem für sie von Nachteil ist. Der These nach kommt es bei der Eingliederung der Ressourcenexporteure in die

Weltwirtschaft zur Verschlechterung der internationalen Handelsbedingungen für die Rohstoffanbieterländer, insbesondere für die Entwicklungsländer.

Die vorherrschende Meinung in der akademischen Debatte konstatiert mittlerweile, dass *Good Governance* der wichtigste Faktor für Wirtschaftswachstum und Wohlstand ist. Länder können Lehren aus der Vergangenheit ziehen und erfolgreiche Rezepte anwenden. Viele rohstoffreiche Länder mit niedrigem oder mittlerem Einkommen haben durch den Anstieg der Rohstoffpreise steigende Exporte erlebt und konnten diese in hohe Wachstumseffekte umsetzen (→ Aufstieg der Schwellenländer). Die jüngere Erfahrung zeigt, dass Bergbauländer hohe Steuereinnahmen erzielen und diese zu klugen Investitionen nutzen. Chile verzeichnet seit zwei Dekaden hohe Wachstumsraten und die besten Ergebnisse der Region im *Human Development Index*. Viele Rohstoffexporteure und die Zivilgesellschaft in diesen Ländern engagieren sich für weiterführende Ziele von Korruptionsbekämpfung und Transparenz, z.B. im Rahmen der *Extractive Industries Transparency Initiative* (EITI). Ferner sind Lernforen wie das *Natural Resource Governance Institute* zu nennen.

Für die Zukunft dürfte bedeutsam sein, wie sich der Bergbau als ressourcenintensive Schlüsselindustrie in rohstoffreichen Ländern positioniert. Einerseits sieht man selbst OECD-Länder wie Kanada und Australien mit aktiven Rückschritten in der Umweltpolitik. Andererseits sind z.B. die skandinavischen Länder aktiv bei der Weiterentwicklung des Bergbaus mit Prinzipien einer umweltschonenden Kreislaufwirtschaft. Die Rolle von Öko-Innovationen und Ressourceneffizienz im Bergbau ist insofern eine Schlüsselfrage der künftigen Entwicklung. Dabei geht es etwa um die Anwendung von erneuerbaren Energien im Bergbau, um nachhaltiges Wassermanagement, aber auch um die gezielte Förderung von Materialien, die für eine umweltschonende Wirtschaft benötigt werden (Kupfer, Seltene Erden etc.) und um einen Rückbau von der umweltintensiven und klimaschädlichen Förderung fossiler Energieträger (→ Energiepolitik). Eine offene Frage ist zudem, wie rohstoffreiche Länder ihre Einkommen aus der Bergbauindustrie als Katalysator für industrielle Diversifizierung, Innovationsförderung und Förderung der Ressourceneffizienz in der gesamten Wirtschaft nutzen und ihre Zivilgesellschaft beteiligen können. Von großem Interesse wären internationale Allianzen, in denen Bergbauländer mit der EU und anderen Schritte für eine deutliche Erhöhung der Ressourcenproduktivität einschlagen und zum Ressourcen-Nexus kooperieren. Insofern sind Fragen einer verbesserten Weltwirtschaft eng mit Fragen der R. verknüpft.

3. Anknüpfungspunkte zu benachbarten Bereichen

3.1 Umwelt-Klima

Ressourcen, Umwelt und Klima sind vielfältig miteinander verbunden. Eine Strategie der Ressourceneffizienz bietet aktive Unterstützung für klimapolitische Ziele (→ Klimapolitik), auch mit der gewerblichen Wirtschaft und potenziell auch mit rohstoffreichen Entwicklungs- und Schwellenländern. Diese Chancen werden von der internationalen Klimapolitik erst ansatzweise genutzt. Die Folgen des Klimawandels werden sich in Wasser- und Nahrungsmittelstress für viele Regionen ausdrücken. Insofern dürften Fragestellungen zu den Wechselwirkungen im Ressourcen-Nexus an Bedeutung gewinnen, insbesondere auch im Hinblick auf sozio-ökonomische und politische Sicherheitsrisiken und Konflikte. Zu den Folgen des Klimawandels gehören Folgerisiken der Infrastrukturen für Wasser, Energie und Verkehr. Deshalb muss sich die Ressourcenindustrie (Bergbau und gewerbliche Wirtschaft) mit einer neuen Innovations- und Resilienzstrategie neu aufstellen. Sie könnte eine progressive Rolle übernehmen, in der Synergien mit Entwicklern und Anbietern innovativer und ökologisch nachhaltiger Technologien entlang von Wertschöpfungsketten im Verbund mit umweltbewussten Verbrauchern geschaffen werden.

3.2 Energie- und Geopolitik

Seit etwa im Jahr 2000 die internationalen Energie- und Rohstoffpreise (→ Energiepolitik) angezogen sind, ist eine Renaissance der → Geopolitik festzustellen, die eng mit den Großmächten und ihren Beziehungen untereinander und zu Liefer- bzw. Transitländern zusammenhängt. Die R. ergänzt diese Themen, indem sie erstens mineralische Rohstoffe (Metalle, mineralische Düngemittel), agrarische Rohstoffe, und Wasser sowie die Interaktionen im Ressourcen-Nexus als Themen einbringt und zweitens etwas stärker von einer Mehrebenenanalyse ausgeht, in der die Verhältnisse ‚vor Ort' und entlang von Wertschöpfungsketten mit betrachtet werden. Von Interesse für eine Analyse der internationalen Politik sind insofern Themen einer Ressourcen-Governance im lokalen Politikkontext, der zwischenstaatlichen Kooperation unter Einbeziehung nichtstaatlichen Akteure sowie die Strategien von Unternehmen und eine aktive Marktgestaltung.

3.3 Global Governance

R. ist ein globales Thema ohne eine vorhandene *Global Governance* Architektur. Es gibt weder → internationale Organisationen mit Regelungsbefugnissen noch rechtlich bindende internationale Abkommen. Die internationalen Rohstoffabkommen der 1970er Jahre sind ohne Nachfolgeregelungen ausgelaufen. Die Welthandelsorganisation und die GATT-Regelungen (→ Weltwirtschaftssystem) enthalten wichtige Regelungen zu Streitschlichtungsverfahren, die beispielsweise im Handelskonflikt zu seltenen Erden zur Anwendung kamen, und Regelungen zur gegenseitigen Anerkennung von Produktionsstandards. Angesichts des Regelungsbedarfs bei der Transparenz und Standards für internationale Wertschöpfungsketten, den erheblichen Preisvolatilitäten, des ansteigenden Ressourcennationalismus und Ressourcenkonflikten steht jedoch zu erwarten, dass eine R. mit Themen einer *Global Governance* und der Weltwirtschaft verknüpft wird. Vermutlich wird es dabei um themenbezogene und schrittweise Prozesse in Richtung polyzentrischer Governance-Strukturen gehen, um Informationen und Wissen sowie um Artikulierung von Interessen. Ob Vorschläge zu einer *Earth System Governance* (Frank Biermann) oder zu einem internationalen Ressourcenabkommen (Raimund Bleischwitz) angenommen werden, ist gegenwärtig noch nicht absehbar.

4. Rezeption, Kritik und Ausblick

R. ist ein Thema von hoher und zunehmender Relevanz. Als Forschungsgegenstand wird es interdisziplinär von der Umweltforschung, der Konfliktforschung und der Entwicklungsforschung mitbearbeitet; es hat eine hohe wirtschaftliche Bedeutung. Als Politikfeld ist es noch nicht ausgeprägt. Interessante Ansätze liegen in der international vergleichenden Forschung und der Anwendung neuerer quantitativer Ansätze, um Fragestellungen nach Antriebsmechanismen und erfolgsversprechenden Kooperationsmodellen beantworten zu können. Die hier skizzierten Ansätze einer ökologischen Modernisierung, der Konfliktanalyse und der Nutzung von Bodenschätzen als Exportmotor werden sich eigenständig weiter entwickeln. Zunehmend wird es jedoch auch um Verknüpfungen zwischen ihnen gehen, insbesondere wenn es um das Wirkungsgeflecht im Ressourcen-Nexus geht. Insofern wagen wir die Prognose, dass R. für die internationale Politikforschung an Bedeutung gewinnt.

→ Ergänzende Beiträge

Aufstieg der Schwellenländer, Energiepolitik, Geopolitik, Handelspolitik, Internationale Umweltpolitik, Klimapolitik, Nord-Süd-Beziehungen, Weltwirtschaftssystem

Literatur

Andrews-Speed, Philip. u.a. (2014): Want, waste, or war? The Global Resource Nexus and the Struggle for Land, Energy, Food, Water and Minerals, London.

Bleischwitz, Raimund (2015): Der Ressourcen-Nexus als Frühwarnsystem für zukünftige zwischenstaatliche Konflikte, in: Zeitschrift für Außen- und Sicherheitspolitik (1) 2015, S. 9-22.

Bringezu, Stefan/Bleischwitz, Raimund (Hrsg.) (2009): Sustainable Resource Management. Global Trends, Visions and Policies, Sheffield.

Collier, Paul (2010): The Plundered Planet. Why we must and how we can manage nature for Global Prosperity, Allen Lane.

Economy, Elizabeth C./Levi, Michael A. (2014): By all means necessary. How China's resource quest is changing the world, Oxford.

Lee, Bernice u.a. (2012): Resources futures, London.

Reder, M./Pfeifer, H. (Hrsg.) (2012): Kampf um Ressourcen. Weltordnung zwischen Konkurrenz und Kooperation, Stuttgart.

Reller, Armin u.a. (Hrsg.) (2013): Ressourcenstrategien. Eine Einführung in den nachhaltigen Umgang mit Ressourcen, Darmstadt.

Internetadressen

Extractive Industries Transparency Initiative: www.eiti.org
Natural Resource Governance Institute: www.resourcegovernance.org
UNEP International Resource Panel: www.unep.org/resourcepanel
World Resources Forum: www.wrforum.org

49 – Rüstungskontrolle und Abrüstung (*Joachim Krause*)

1. Definition und Geschichte der Konzepte

Unter Rüstungskontrolle (R.) versteht man Maßnahmen und Arrangements, die den Zweck haben, militärische, strategische und politische Risiken (vor allem Instabilitäten) zu reduzieren, die aus Waffen, Rüstung und/oder Rüstungstechnologien resultieren. R. unterscheidet sich von dem Ziel der Abrüstung (A.) in der Hinsicht, dass nicht in jedem Fall die Abschaffung von Waffen das beste Mittel sein muss, um rüstungsbedingten Risiken zu begegnen. R. kann man als pragmatische Alternative zur utopischen Idee der Abrüstung verstehen, ohne dass damit ausgeschlossen werden soll, dass A. tatsächlich machbar ist (etwa wie bei Chemiewaffen).

Die Vorstellung, dass Waffen, Rüstungstechnologie und Rüstungsdynamik destabilisierende Effekte haben können und dass die Beherrschung der Dynamik des Rüstens und Gegenrüstens entscheidend für die internationale Stabilität sind, ist nicht neu. Sie lässt sich bis in das späte 19. Jh. zurückverfolgen. In den 1920er und 1930er Jahren wurde das ‚Rüstungsproblem' in der politikwissenschaftlichen und friedenswissenschaftlichen Literatur wiederholt als eine der wichtigsten Gründe für das Ausbrechen von Kriegen und das Fortbestehen von internationalen Konflikten genannt (Noel-Baker 1961). Auch für den → Ost-West-Konflikt wurde von vielen Autoren behauptet, dass die Dynamik der Rüstung – insbesondere der Kernwaffenrüstung – ein wesentlicher Faktor der Konfliktentstehung und Konfliktverschärfung sei (Senghaas 1972). Die heute bekannt gewordenen Umstände der Entstehung und der Beendigung des Ost-West-Konflikts widersprechen allerdings dieser Annahme: Waffen und Rüstung sind generell nicht Ursache von Kriegen (→ Krieg, → Frieden) oder Konflikten. Dies bedeutet aber nicht, dass Rüstung und Rüstungsprozesse allgemein irrelevant sind für das Entstehen, die Verschärfung und vor allem für den Verlauf von internationalen Konflikten (gerade in Krisenzeiten). Die Erfahrungen aus über 40 Jahren Ost-West-Konflikt haben gezeigt, dass die Struktur der Rüstungskonkurrenz – insbesondere der nuklearen – ganz entscheidenden Einfluss darauf hat, ob ein Konflikt in stabilen Bahnen verläuft oder aber in einen Krieg einmündet.

In der politischen wie in der wissenschaftlichen Debatte hat es immer zwei ‚Lager' oder theoretische Denkschulen bezüglich der Aufgaben und Funktionen von R. gegeben: eine strategische (realistische) Denkschule, die vor allem auf konkrete Gefährdungspotentiale blickt und die diesen durch wirksame technische, strategische oder diplomatische Maßnahmen und Arrangements entgegenwirken will, die auch der politischen Interessenlage entsprechen müssen (Bull 1961). Demgegenüber steht eine eher politische oder auch institutionalistische Denkschule, die R. als ein Instrument unter anderen sieht, mit deren Hilfe internationale Beziehungen stärker geregelt und verrechtlicht werden können und für die R. auch als nur symbolische Politik eine wichtige Funktion hat (etwa als Symbol der Bereitschaft, Konfrontation zu beenden). R. war dort immer am effektivsten, wo sie beiden Zielen verpflichtet war.

2. Rüstungskontrolle während des Ost-West-Konflikts

In den Jahren nach dem Zweiten Weltkrieg bis zur Zeitenwende von 1989/1990 hat R. unterschiedliche Funktionen gehabt, mal überwog die strategische Logik, mal die politisch-symbolische. Dabei lassen sich unterschiedliche Perioden unterscheiden.

In den Jahren unmittelbar nach dem Zweiten Weltkrieg bis in die Mitte der 1950er Jahre hinein hatte R. zwei klar umrissene strategische Ziele: die Verbreitung von Kernwaffen und der dazu gehörigen Technologie über die USA hinaus zu verhindern und die Westintegration der Bundesrepublik und den deutschen Verteidigungsbeitrag abzusichern. Was die Verhinderung der Verbreitung von Kernwaffen betraf, bestand R. ursprünglich weitgehend aus einseitigen Maßnahmen der USA zur Unterbindung nukleartechnischer Transfers. Als das nicht mehr möglich schien und zudem die Ausbreitung doppeldeutiger nuklearer Technologie über andere Staaten (Kanada, Großbritannien, Frankreich) drohte, schwenkten die USA 1953 auf eine Politik ein, die die kontrollierte Weitergabe von Kerntechnologie und Kernmaterialien vorsah.

In der Mitte der 1960er Jahre wurde R. zu einem Instrument der Krisenbewältigung und der Krisenvermeidung im Ost-West-Kontext. Vordergründig war es die Erfahrung der Kuba-Krise von 1962 – als die USA und die Sowjetunion fast in einen Krieg hineinschlitterten – und die damit verbundene Gefahr eines thermonuklearen Krieges, die Washington und Moskau zur Kooperation antrieb. Tatsächlich war aber eine Verschiebung im strategischen Kräfteverhältnis eingetreten, die die R. zu einem zentralen Instrument der amerikanisch-sowjetischen Beziehungen werden ließ. Die absehbare Entwicklung der nuklearstrategischen Konkurrenz hin zu einer Gleichgewichtigkeit zwischen den USA und der Sowjetunion bei Bestehen massiver Risiken (Erstschlagsrisiko, Gefahr des Rüstungswettlaufs) führten dazu, dass durch einseitige Maßnahmen wie durch beiderseitig vereinbarte Verträge Schritte zur Minderung dieser Risiken unternommen wurden:

- Durch einseitige Maßnahmen (Härtung von Silos für Interkontinentalraketen, Einsatz von Unterseebooten mit Raketen, Beibehaltung von Bomberflotten als drittes Element einer strategischen Streitmacht) sollte die Unverwundbarkeit von nuklearen Angriffskräften gesichert und somit jeder Anreiz für einen Erstschlag genommen werden (Wohlstetter 1959) (→ Abschreckung).
- Durch vereinbarte Obergrenzen für Angriffssysteme sowie durch ein Verbot der Aufstellung von Raketenabwehrsystemen (ABM-Vertrag) sollte ein Rüstungswettlauf verhindert werden, der viele Ressourcen verschlungen hätte und der die Krisenstabilität hätte gefährden können. Dies wurde im Rahmen des SALT-I-Vertrages 1972 festgelegt.

Ein weiterer Bereich der amerikanisch-sowjetischen Kooperation war der der nuklearen Nichtverbreitung. Beide kamen darin überein, dass es geboten sei, einen multilateralen Vertrag zu schaffen, der die Zahl der Kernwaffenstaaten festschreibt und die Nichtkernwaffenstaaten – insbesondere die Bundesrepublik Deutschland und Japan – dazu veranlasst, ihre zivilen kerntechnischen Aktivitäten internationaler Kontrolle zu unterwerfen. Nach Vorlage eines gemeinsamen Vertragsentwurfs der USA und der UdSSR im Jahre 1967 kam es ein Jahr später zur Unterzeichnung des Nuklearen

Nichtverbreitungsvertrages (NVV) im Rahmen des Genfer Abrüstungsausschusses. Im Gegensatz zu den SALT-1-Verträgen handelte es sich um ein multilaterales Abkommen, welches mittlerweile 192 Mitgliedstaaten hat (Krause 1998).

In den späten 1970er Jahren und den 1980er Jahren kam es zu einer Krise dieser Rüstungskontrollpolitik. In dieser Zeit wurde R. unter den Bedingungen eines wechselhaften, im Grunde aber unbeweglichen Ost-West-Konfliktes zu einem Instrument, in dem begrenzte Kooperation und Konfliktmanagement möglich wurden. Allerdings blieben Ergebnisse von Verhandlungen entweder aus oder blieben unbefriedigend, es überwog der Prozesscharakter der R. Die erhoffte Vermeidung eines strategischen Rüstungswettlaufs trat nicht ein, zwar gab es keinen Wettlauf zwischen offensiven und defensiven Systemen, aber die Nukleararsenale beider Seiten wuchsen in einem Maße, dass die innenpolitische Akzeptanz von Nuklearwaffen in den westlichen Ländern schwand – was seinerseits für die sowjetische Führung die Option eröffnete, diese Angst zu nutzen, um von den USA einseitige Vorteile bei den Verhandlungen herauszuhandeln. Die 1979 verhandelten SALT-II-Verträge waren daher in den USA so umstritten – und ihr tatsächlicher Ertrag war tatsächlich begrenzt und fragwürdig – dass nicht zuletzt vor dem Hintergrund der Verschlechterung der Ost-West-Beziehungen (Afghanistan Invasion der Sowjetunion) diese Phase der R. zum Ende kam. Ohne Erfolg blieben auch die Bemühungen um eine Reduzierung der konventionellen Streitkräfte in Europa (*Mutual Balanced Force Reductions* – MBFR). In den 80er Jahren kam es zu dem Versuch, R. wieder stärker auf Rüstungsreduzierung zu beziehen (START-Verhandlungen), aber letztendlich kam es zu keinen Fortschritten vor dem Amtsantritt von Michail Gorbatschow und der von ihm eingeleiteten Beendigung des Ost-West-Konfliktes.

In den Jahren zwischen 1987 und 1992 wurde R. dann zu einem zentralen Instrument, um die militärische Dimension des Ost-West-Konfliktes ‚abzuwickeln'. Dies erfolgte durch verabredete einseitige Maßnahmen (so die von den USA und der Sowjetunion bzw. Russland durchgeführten Ausmusterungen von weitgehend fast allen taktischen Kernwaffen), durch bilaterale Verträge (INF-Abkommen von 1987; START I Abkommen von 1991 und das START II Abkommen von 1993, in deren Rahmen die strategischen Angriffsarsenale beider Seiten drastisch reduziert wurden) und durch multilaterale Verträge. Letzteres fand in Europa seinen Niederschlag in dem Vertrag über konventionelle Streitkräfte (KSE-Vertrag von 1990), in dessen Rahmen Obergrenzen für konventionelle Waffensysteme vereinbart wurden. Durch den KSE-Vertrag wurde der strategisch wichtige Rückzug der sowjetischen Armee aus der Mitte Europas in ein multilaterales Rahmenabkommen eingebettet.

3. Rüstungskontrolle nach dem Ende des Ost-West-Konflikts

Nach dem Ende des Ost-West-Konflikts hat sich der Aufgabenbereich von R. verändert. Es gab keine ‚rüstungstreibende' Dynamik auf dem Sektor der nuklearstrategischen Waffen mehr, die eine dominierende, strukturbildende Rolle haben könnte – dafür gab es andere Rüstungsentwicklungen. In der Folge hat sich eine Aufgabenverschiebung der R. ergeben, die zum einen die Anpassung bestehender Regime und Verträge an die geänderten Umstände umfasste, und die zum zweiten neue Aufgabenbereiche beinhaltete. Zu den neuen Aufgabenbereichen gehörte die Bekämpfung der → Proliferation von Massenvernichtungswaffen und Trägersystemen. Aber auch die Bemühungen um regionale R. in Europa und um vertrauensbildende Maßnahmen gehörten dazu. Seit einigen Jahren ist allerdings eine Erosion der R. zu beobachten, die insbesondere durch die Verschlechterung des Verhältnisses zwischen Russland und dem Westen verursacht worden ist.

3.1. Konventionelle Rüstungskontrolle in Europa

Der oben erwähnte, 1990 abgeschlossene Vertrag über Konventionelle Streitkräfte in Europa (KSE) war eines der erfolgreichsten Beispiele von Abrüstungsdiplomatie. Mit dem Vertrag wurde die Möglichkeit groß angelegter strategischer Überraschungsangriffe in Europa weitgehend ausgeschlossen. Der Vertrag basierte auf der Annahme, dass zwei entgegengesetzte Paktsysteme sich in einer Konfrontation befänden. Mit dem Ende des Warschauer Paktes und der Auflösung der Konfrontation wurden Anpassungen vorgenommen:

- Im Sommer 1992 wurde der KSE-Vertrag durch gemeinsame Erläuterungen und durch eine abschließende Akte über Personalstärken an die Tatsache angepasst, dass die Sowjetunion in mehrere Teile zerfallen war.
- Im Mai 1996 wurde eine Veränderung der Flankenregelung vorgenommen, die es Russland erlaubte, im nordwestlichen und im südlichen Landesteil Truppenverlegungen flexibler zu handhaben.
- Im Jahr 1999 wurde der KSE-Vertrag umfassend revidiert und die Blockstruktur des ursprünglichen Vertrags durch ein neues System von nationalen Obergrenzen und territorialen Obergrenzen ersetzt.

Der angepasste KSE-Vertrag von 1999 ist aber wegen Unstimmigkeiten zwischen Russland und der NATO über die Verknüpfung mit der Präsenz russischer Truppen in Georgien sowie in Moldavien nie in Kraft getreten. Russland hat seit 2010 den KSE-Vertrag suspendiert und diesen Anfang 2015 aufgekündigt. Die Perspektiven der konventionellen R. bleiben gering (Zellner/Schmidt 2009).

3.2. Nuklear-strategische Rüstungskontrolle

Die komplexen und hochgradig technischen START Verträge von 1991 und 1993 erwiesen sich in den 1990er Jahren als viel zu schwerfällig, um dem beiderseitigen Wunsch nach weitgehender Reduzierung der Kernwaffen gerecht zu werden. Zudem erforderte der Ratifikationsprozess mehr Zeit als die Verhandlungen. Um eine Reduzierung auf niedrigere Mindestbestände vorzunehmen, wurde im Mai 2002 ein russisch-amerikanischer Vertrag über die Reduzierung strategischer Offensivsysteme vereinbart (*Strategic Offensive Reduction Treaty*), der die Zahl der verbleibenden Offensivwaffen auf 1700-2200 bis zum Jahr 2012 beschränkte. Da der SORT-Vertrag keine Verifikationsbestimmungen vorsah, vereinbarten die USA und Russland im Jahr 2010 den NEW-START Vertrag, der beide Seiten zur Reduzierung auf maximal 1.550 (tatsächlich etwa 2.000) strategische Nuklearsprengköpfe verpflichtete und eine Reihe von Bestimmungen zur Kooperation zur Umsetzung der Verpflichtungen vorsah.

Trotz aller Bemühungen um A. besteht die nuklear-strategische Duellsituation zwischen den USA und Russland damit noch immer fort. Die USA und Russland richten derzeit über 1.500 Kernwaffen aufeinander, die sich in relativ hohem Bereitschaftsgrad befinden und zum Teil in Alarmbereitschaft sind. Damit sind enorme Risiken von Fehlalarmen verbunden, die besonders in Krisensituationen gefährlich sein können. Diese Duellsituation besteht deshalb fort, weil nuklearstrategische Stabilität weiterhin auf der Logik gegenseitig gesicherter Zerstörungsfähigkeit beruht (*Mutual Assured Destruction* – MAD). MAD schafft Stabilität bei großen Arsenalen, bei kleinen nimmt die Stabilität deutlich ab und kann kollabieren. Wollte man etwa massiv unter eine Grenze von 1.000 Kernwaffen auf beiden Seiten gehen, würde man sehr schnell in einen Bereich gelangen, wo eine stabile Duellsituation nicht mehr garantiert ist. Derzeit gibt es kaum überzeugende Konzeptionen für strategische Stabilität jenseits von MAD, wenngleich in den USA über Alternativen zu MAD nachgedacht wird. Eine Überlegung ist der vollständige Abbau von Kernwaffen, eine Option (*Global Zero*). die in den USA und international für realisierbar gehalten wird (Perkovich/Acton 2009). Das 2009 erfolgte Angebot der USA in Richtung auf Global Zero zu arbeiten, ist von Russland nicht aufgenommen worden. Für die russische Führung ist die nuklearstrategische Konkurrenz offenbar zentraler Ausweis ihres Großmachtanspruches. Kernwaffen haben in der russischen Militärdoktrin noch an Bedeutung gewonnen.

Ein weiterer Streitpunkt zwischen USA und Russland ist dabei die Rolle von Raketenabwehr. Der ABM-Vertrag von 1972, der ein Verbot strategischer Abwehrsysteme enthält, galt zu Zeiten des Ost-West-Konflikts als ein Element strategischer Stabilität. Nach dem Ende des Ost-West-Konfliktes wurden in den USA die Stimmen derjenigen immer lauter, die die Aufkündigung dieses Vertrages forderten, weil er strategisch gesehen im Verhältnis zu Russland keinen Sinn mehr mache und weil der Verzicht auf Raketenabwehr mit Blick auf neue Gefährdungen durch ‚Schurkenstaaten' oder andere problematische Akteure eine Form der Verwundbarkeit gegen Erpressung und Terror schaffe, die man nicht riskieren dürfe. Die Debatte über den ABM-Vertrag wurde in den USA zwischen Vertretern eines politisch-institutionalistischen Denkens auf der einen und Vertretern eines strategischen Denkansatzes auf der anderen Seite geführt. Für die einen galt der Vertrag als fester Bestandteil der R. und war daher sakrosankt, für die anderen galt er als Hindernis für eine notwendige Reform der strategischen Politik. Der damalige US-Präsident Bush und der Kongress beendeten diesen Streit im Dezember 2001 mit der formellen Aufkündigung des Vertrages und dem Aufbau eines begrenzten Raketenabwehrsystems. Die USA haben bislang kein umfassendes strategisches Raketenabwehrsystem eingeführt und es sieht auch nicht danach aus, dass so etwas in den kommenden Jahren beabsichtigt ist. Hingegen wurde ein begrenztes Raketenabwehrsystem aufgestellt, welches es erlauben würde, eine kleine Anzahl nordkoreanischer Interkontinentalraketen abzufangen. Auch wurde im Rahmen der NATO beschlossen, in Europa ein kleines Raketenabwehrsystem gegen die absehbare Bedrohung durch iranische Langstreckenraketen aufzubauen. Besonders gegen dieses System hat die russische Regierung wiederholt protestiert, weil es angeblich die Wirksamkeit der gegenseitig gesicherten Abschreckung zerstören würde. Angesichts der technischen Parameter der seinerzeit geplanten (und mittlerweile nicht mehr verfolgten) Pläne, wäre das lediglich eine theoretische Möglichkeit gewesen, die zudem erhebliche Investitionen in anderen Bereichen der Raketenabwehr erforderlich gemacht hätte. Wie sich die amerikanischen Pläne im Bereich der Raketenabwehr entwickeln werden ist offen. Derzeit beschränken sich die USA auf begrenzte Abwehrfähigkeiten und verzichten auf umfassende strategische Raketenabwehr. Ob und wie lange diese Zurückhaltung bestehen bleibt, hängt davon ab, wie sich die nukleare Bedrohung Seitens Russlands und vor allem Chinas und anderer Mächte entwickelt. Eine Wiederauflage des in den 1990er Jahren aufgegebenen Programms der Strategischen Verteidigungsinitiative (SDI) lässt sich auf Dauer nicht ausschließen. Die Bereitschaft, den Zustand gegenseitig gesicherter Zerstörungsfähigkeit bei einer wachsenden Zahl an strategischen Herausforderern beizubehalten, ist in den USA nicht konsensfähig.

3.3. Substrategische nukleare Rüstungskontrolle

Die Ende der 1980er und Anfang der 1990er Jahre eingeleitete Reduzierung substrategischer Nuklearwaffen durch den INF-Vertrag und die einseitigen Reduzierungen Seitens der USA und der Sowjetunion bzw. Russlands sind heute gefährdet. Ursache ist vor allem die erhöhte Betonung, die Russland diesen Waffen in seiner Verteidigungsdoktrin von 2010 (revidiert 2014) zukommen lässt. Besonders taktische Kernwaffen gelten als zentrales Element regionaler Kriege, womit Kriege gemeint sind, die an der Grenze Russlands mehrere Staaten einbeziehen. Aber auch der INF-Vertrag steht in Russland zur Debatte, mit einzelnen Waffensystemen gehen die russischen Streitkräfte bereits in Grenzbereiche vor (etwa mit der Rakete Iskander-M). Die Verlegung russischer taktischer Kernwaffen während der Krise im Jahr 2014 in die westlichen Grenzregionen und die teilweise unverhohlenen Drohungen mit dem Einsatz von Kernwaffen lassen deutlich werden, dass neben der konventionellen R. auch die Erfolge der nuklearen R. in Europa auf dem Spiel stehen.

3.4. Präventive Nuklearwaffenkontrolle

In den 1990er Jahren und in den ersten zehn Jahren des 21. Jhds. hat sich eine Form der präventiven Kontrolle zur Verhinderung der Verbreiterung von Kernwaffen herausgebildet, die vor allem zu einer engen Kooperation zwischen den USA und Russlands geführt hat (→ Proliferation von Massenvernichtungswaffen und Trägersystemen). Derzeit spielt diese Kooperation keine Rolle mehr, zum einen weil die meisten Probleme gelöst worden sind, bzw. weil mit der Verschlechterung der russisch-amerikanischen Beziehungen die politische Grundlage nicht mehr gegeben ist. In erster Linie wäre hier das *Cooperative Threat Reduction* Programm zu nennen. Dabei handelte es sich um ein Bündel von Programmen zur technischen und finanziellen Unterstützung für Nachfolgestaaten der Sowjetunion (FSU), um technische Proliferationsrisiken zu vermindern. Im Wesentlichen bestand dieses Programm aus einer Vielzahl von gemeinsam betriebenen Projekten, die sicherstellen sollten, dass

- die A. nuklearer Waffen und die damit verbundenen Transportaktivitäten nuklearer Waffen in Russland auch tatsächlich stattfinden und ohne zusätzliche Risiken verlaufen;

- aus der A. hervorgehende nukleare Materialien (Plutonium, hochangereichertes Uran) sicher gelagert und zerstört oder unschädlich gemacht werden;
- Risiken der Entwendung nuklearer Materialien bei bestehenden zivilen und militärischen Einrichtungen beseitigt werden;
- militärische nukleare Einrichtungen auf zivile oder nicht nicht-nukleare Zwecke konvertiert werden;
- frühere Experten für Massenvernichtungswaffen ihre Expertise nicht an staatliche oder nicht-staatliche Akteure weitergeben; und
- die neuen Staaten der GUS an den internationalen Bemühungen um Nichtverbreitung und Exportkontrollen mitwirken.

Im Laufe der Jahre wandelten sich die Schwerpunkte des Projektes und der Kreis der Adressaten wurde größer. Waren die ursprünglichen Ziele des Programms die Vornahme von Sicherungsmaßnahmen für den Transport von Nuklearwaffen und die Zerstörung der strategischen Trägersysteme einschließlich der Vernichtung von nuklearen und chemischen Waffen, so rückten nach und nach die Unterstützung zur Sicherung, Bilanzierung und Kontrolle von Spaltmaterialien in den Vordergrund. Waren die ersten Empfänger Russland, Ukraine, Weißrussland und Kasachstan, so wuchs im Laufe der Zeit der Kreis der Kooperationspartner deutlich an und umfasste auch Moldavien, Usbekistan, Georgien, Armenien, Aserbaidschan, Kirgisistan und Turkmenistan. Auch weitere Mitgliedstaaten der G7/G8 haben sich an diesen Projekten beteiligt (*Global Partnership*).

4. Die Abrüstung chemischer und biologischer Waffen

Im Bereich der biologischen und chemischen Waffen bestehen zwei Abrüstungsregime, d.h. Regime, die die Abschaffung beider Waffenkategorien vorsehen. Das Übereinkommen zum Verbot biologischer und Toxinwaffen (BWÜ) stammt aus dem Jahr 1972 und ist angesichts der Abwesenheit jeglicher Verifikationsregelung heute praktisch bedeutungslos geworden. Das Übereinkommen zum Verbot chemischer Waffen (CWÜ) ist seit dem 29. April 1997 in Kraft. Im Gegensatz zum BWÜ hat es ein hochkomplexes, nahezu die gesamte chemische Industrie einbeziehendes Überprüfungsregime, für das eigens die Organisation für das Verbot Chemischer Waffen (OPCW) mit Sitz in Den Haag eingerichtet wurde.

5. Globale multilaterale Rüstungskontrolle

Es hat in den vergangenen Jahrzehnten auf globaler Ebene eine Vielzahl von Bemühungen zur R. und A. gegeben, die sich auf verschiedene Bereiche konzentrierten. Das primär dafür zuständige Verhandlungsgremium, die in Genf befindliche Abrüstungskonferenz (*Conference on Disarmament*) ist allerdings seit den späten 1990er Jahren weitgehend inaktiv.

5.1. Nukleare Nichtverbreitungsdiplomatie

Ein Kernbereich der multilateralen Rüstungskontrolldiplomatie sind die alle fünf Jahre stattfindenden Überprüfungskonferenzen des Nuklearen Nichtverbreitungsvertrags sowie deren Vorbereitungsausschüsse. Hier geht es vor allem um die Auseinandersetzung zwischen Kernwaffenstaaten und Nicht-Kernwaffenstaaten darüber wie schnell und radikal die im Nichtverbreitungsvertrag angekündigten Verhandlungen über Kernwaffenabrüstung stattfinden sollen.

5.2. Umfassendes Kernwaffentestverbot

Im Jahre 1996 wurde der von der Abrüstungskonferenz der Vereinten Nationen erarbeitete Vertrag über ein vollständiges Verbot von Kernwaffentests von der Generalversammlung der Vereinten Nationen angenommen (*Comprehensive Test Ban Treaty* – CTBT). Seitdem haben den Vertrag 183 Staaten unterschrieben und 163 ratifiziert. Der Vertrag soll das Nichtverbreitungsregime für Kernwaffen weiter festigen und die Modernisierung von Kernwaffen behindern. Da der Vertrag erst dann in Kraft treten kann, wenn 44 namentlich genannte Staaten ihm beigetreten sind, ist er angesichts der Abwesenheit einiger Schlüsselstaaten noch nicht rechtskräftig. Allerdings halten sich alle Kernwaffenstaaten seit 1997 an ein freiwilliges Testmoratorium. In Wien besteht bereits eine Organisation zur Implementierung und Überwachung des Vertrags (OCTBT), die daran arbeitet ein weltweites System seismischer Überwachungsstationen zu etablieren.

5.3. Landminenverbot

Seit dem Jahr 1997 existiert eine internationale Konvention zum Verbot von Antipersonenminen (*Ottawa-Convention*). Diese Konvention wurde vor allem auf Betreiben von Nicht-Regierungsorganisationen (→ Internationale Organisationen) im Zusammenwirken mit einer Reihe westlicher Regierungen (Norwegen, Kanada) betrieben. Das ‚Übereinkommen über das Verbot des Einsatzes, der Lagerung, der Herstellung und der Weitergabe von Antipersonenminen und über deren Vernichtung' stellt nicht nur einen Vertrag über die Ächtung dieser Minen dar, er schreibt auch die Vernichtung von Lagerbeständen innerhalb von vier Jahren, die Räumung minenverseuchter Gebiete innerhalb von zehn Jahren sowie die Bereitstellung finanzieller Mittel für die Minenopferhilfe vor. Die von Minen nicht betroffenen Staaten werden außerdem verpflichtet, minenverseuchten Staaten bei der Minenräumung zu helfen. Der Konvention sind derzeit (Anfang 2015) 162 Staaten beigetreten, über 30 jedoch nicht, darunter die USA, Russland, China, Indien, Iran, Israel, Saudi Arabien und Pakistan. Trotz der Abwesenheit dieser Staaten ist es gelungen, die weltweite Produktion von Antipersonenminen und den Handel mit ihnen deutlich abzusenken. Zudem sind erhebliche Fortschritte im Bereich der Minensäuberung in früheren Kriegsgebieten und Bürgerkriegsgebieten gemacht worden.

5.4. Rüstungsexportkontrollen

Seit einer Reihe von Jahren wird internationalen Bemühungen um die Kontrolle von Rüstungsexporten mehr und mehr Aufmerksamkeit geschenkt, wobei das Hauptziel weniger die Verringerung des Volumens der weltweiten Transfers ist als vielmehr der Gewinn an Transparenz sowie die Entwicklung gemeinsamer Normen. Das seit 1991 bestehende Waffentransferregister der → Vereinten Nationen dient primär diesem

Zweck und ist Teil der allgemeinen Bemühung in Richtung auf ‚*transparency in armaments*'. Am 2. April 2013 wurde ein Vertrag über den Waffenhandel (*Arms Trade Treaty* – ATT) verabschiedet, der am 24. Dezember 2014 in Kraft getreten ist. Der Vertrag stellt Richtlinien auf, unter denen Exporte von Kriegswaffen in andere Länder zulässig bzw. nicht zulässig sein sollen. Die Bestimmungen enthalten relativ viel Spielraum für nationale Entscheidungsträger, verpflichten diese aber dazu sich an die gemeinsam definierten Prinzipien zu halten. Der Vertrag ist von 130 Staaten unterzeichnet worden, Anfang 2015 waren ihm 63 Staaten beigetreten.

6. Regionale multilaterale Rüstungskontrolle
Auch auf regionaler Ebene gab und gibt es Versuche der R. Außerhalb Europas, wo vor allem in den 1990er Jahren mit dem KSE-Vertrag ein wichtiger Schritt in Richtung regionaler R. gemacht wurde, gab es Bemühungen um die Einrichtung von kernwaffenfreien Zonen. Eine kernwaffenfreie Zone ist dadurch gekennzeichnet, dass die dort befindlichen Staaten auf den Besitz und den Einsatz von Kernwaffen verzichten und sich die Kernwaffenstaaten verpflichten, dort keine Kernwaffen zu stationieren oder zu transportieren. Derartige Zonen gibt es in Lateinamerika, in Afrika, in Südostasien, in Teilen des Pazifiks und in Teilen Zentralasiens. Bemühungen derartige Zonen auch im Mittleren Osten oder in Nordostasien einzurichten sind bislang gescheitert. Der operative Effekt dieser Zonen ist allerdings gering, weil es in der Regel keine wirksamen Mechanismen zur Verifikation gibt.

7. Schlussfolgerungen
R. (und teilweise auch A.) hat in den vergangenen Jahrzehnten unter unterschiedlichen Bedingungen eine Vielzahl wichtiger stabilisierender Funktionen wahrgenommen. Mit der Verschlechterung des Verhältnisses zu Russland und anderen Staaten, die sich als strategische Gegner des Westens begreifen (wie Iran, Nordkorea und andere) oder die nur partiell die Partnerschaft suchen (wie China) wird die Bedeutung der bisherigen Formen der R. abnehmen. Die vollständige A. von Kernwaffen wird immer unwahrscheinlicher. Wesentliche Parameter stehen heute in Frage (wie etwa die gegenseitig gesicherte Abschreckungsfähigkeit, die Grundlagen des KSE-Vertrags oder die prinzipielle Geschäftsgrundlage des Nuklearen Nichtverbreitungsvertrags). Hingegen tauchen neue sicherheitspolitische Gefährdungen auf, für die es keine Rüstungskontrollinstrumentarien gibt (etwa die Streitigkeiten über Seegebiete in Ostasien, zerfallende Staaten, Terrorismus, Cyberwar etc.) und wo man neue Überlegungen beobachten kann (Anthony 2001; Cooper/Mutimer 2013). R. und A. könnten rapide an Bedeutung zu verlieren, sofern sich die entsprechenden Anstrengungen auf die Beibehaltung des erreichten Stands konzentrieren. Viel wichtiger wäre es angesichts der sich verändernden Weltlage Risiken zu identifizieren und zu fragen, ob mit neuen oder tradierten Instrumenten der R. oder der Abrüstungsdiplomatie Stabilitätsgewinne zu erzielen sind.

→ Ergänzende Beiträge

Abschreckung, Diplomatie, Frieden, Krieg, Ost-West-Konflikt, Proliferation von Massenvernichtungswaffen und Trägersystemen, Sicherheitspolitik

Literatur

Bull, Hedley (1961): The Control of the Arms Race, London.
Cooper, Neil/Mutimer, David (Hrsg) (2013): Reconceptualising Arms Control – Controlling the Means of Violence, Abington.
Ian Anthony (Hrsg.) (2001): A future arms control agenda, Oxford.
Krause, Joachim (1998): Strukturwandel der Nichtverbreitungspolitik, München.
Noel-Baker, Philip (1961): Wettlauf der Waffen, München.
Perkovich, George/Acton, James M. (2009): Abolishing Nuclear Weapons. A Debate. Washington
Senghaas, Dieter (1972): Abschreckung und Frieden. Studien zur Kritik organisierter Friedlosigkeit, Frankfurt/M.
Wohlstetter, Albert (1959): The delicate balance of terror, in: Foreign Affairs (1), S. 211-234.
Zellner, Wolfgang/Schmidt, Hans-Joachim (Hrsg.) (2009): Die Zukunft konventioneller Rüstungskontrolle in Europa. The Future of Conventional Arms Control in Europe, Baden-Baden.

Internetadressen

Dokumentation zur Abrüstung und Sicherheit des Instituts für Sicherheitspolitik an der Universität zu Kiel (ISPK): www.darusi.ispk.uni-kiel.de/
Stockholm International Peace Research Institute (SIPRI): www.sipri.org/yearbook
International Institute for Strategic Studies (IISS): www.iiss.org/en/publications/military-s-balance

50 – Schutzverantwortung/R2P (*Manuel Fröhlich*)

1. Hintergrund und Problemstellung

Hintergrund und Anlass der Entwicklung des Konzepts der Schutzverantwortung (*responsibility to protect*/R2P) sind eine Reihe von Krisenerfahrungen der 1990er Jahre, die besonders zugespitzt einen politischen, rechtlichen und ethischen Zielkonflikt der internationalen Gemeinschaft zum Ausdruck gebracht haben, der allerdings schon seit Jhd.en in der internationalen Politik vorhanden ist:

- Auf der einen Seite steht das Bemühen um den Schutz staatlicher Souveränität (→ Staat/Staatlichkeit im Wandel) als Grundstein der internationalen Ordnung. Wenn auch nicht dem Wort nach, so doch zumindest der Sache nach hat spätestens der Westfälische Frieden von 1648 staatliche Souveränität und die mit ihr einhergehenden Interventionsschranken als Friedensformel etabliert. Souveränität steht damit gegen ungerechtfertigte Vereinnahmung, Beeinflussung oder Dominanz von außen und für die Aufrechterhaltung der von Staaten und Gesellschaften jeweils unterschiedlich beantworteten Fragen nach ihrer politischen, sozialen und rechtlichen Verfasstheit. Dieses Verständnis von Souveränität wird jedoch in dem Maße problematisch, in dem Regierungen eine als Status der Unhinterfragbarkeit verstandene Souveränität als Abwehrschild gegen durchaus berechtigte Schutzbedürfnisse ihrer Bevölkerungen missbrauchen, die sie nicht erfüllen können oder wollen (→ Menschenrechte).

- Neben dem Ziel der Wahrung staatlicher Souveränität findet sich also auf der anderen Seite auch das Ziel der Verhinderung von Massenverbrechen, das sich ebenfalls auf eine lange geschichtliche Tradition stützen kann und gerade auch in der Grundlegung des Begriffs der Souveränität bei Jean Bodin als Rechtfertigung staatlicher → Macht (vor dem Hintergrund der Schrecken der Konfessionskriege) deutlich präsent ist. Das Ziel der Verhinderung von Massenverbrechen wurde nach dem Ende des → Ost-West-Konflikts u.a. durch eine höhere mediale und gesellschaftliche Aufmerksamkeit für Gräueltaten zu einem deklaratorischen und auch handlungsleitenden Imperativ der internationalen Politik.

Die Handlungsoptionen der internationalen Gemeinschaft in diesem Zielkonflikt wurden in den 1990er Jahren durch zwei Erfahrungen markiert. Die Erfahrung des Völkermordes in Ruanda, bei dem 1994 innerhalb kurzer Zeit etwa 800.000 Menschen getötet wurden, steht für den mangelnden Willen und die mangelnde Fähigkeit der internationalen Gemeinschaft, Massenverbrechen entschlossen zu verhindern oder zu beenden. Ruanda zeigt die katastrophalen Konsequenzen des Nicht-Handelns. Demgegenüber steht die Erfahrung ethnischer Säuberung im Kosovo, die 1999 durch eine militärische Intervention der → NATO beendet wurde. Wenngleich der Einsatz von Gewalt zur Verhinderung weiterer Massenverbrechen sein Ziel erreichte, war der Einsatz mit dem Makel behaftet, dass er nicht durch einen Beschluss des VN-Sicherheitsrates autorisiert wurde und auf diesem Wege nicht nur eine Infragestellung staatlicher Souveränität, sondern möglicherweise auch des Systems kollektiver Sicherheit der → Vereinten Nationen implizierte. Der beschriebene Zielkonflikt stellte mithin die internationale Gemeinschaft wiederholt vor ein Dilemma, das in den gewohnten Begrifflichkeiten von humanitärer Intervention oder traditionell verstandener Sicherheit und Souveränität nur schwerlich aufzulösen war. Der Ruf nach einer neuen konzeptionellen Grundlage zur Abwägung solcher Situationen führte über eine Initiative des VN-Generalsekretärs Kofi Annan und der kanadischen Regierung zur Beauftragung einer Expertenkommission, die sich dieses Problems annehmen sollte, die *International Commission on Intervention and State Sovereignty* (ICISS). Der von ihr vorgelegte Bericht aus dem Jahr 2001 trägt den programmatischen Titel der R2P als einer Formel, die den Zielkonflikt mildern und die Anzahl der dilemmabehafteten Situationen verringern will. Die Kommission sah sich von ihrem Anspruch her durchaus der Brundtland-Kommission ähnlich, der es 1987 mit dem Begriff der ‚Nachhaltigkeit' gelungen war, die vormals als gegensätzliche Pole verstandenen Ziele von Entwicklung der Wirtschaft und Schutz der Umwelt neu miteinander zu verbinden. R2P sollte Ähnliches für die Pole von Souveränität und Intervention leisten. Gesucht war eine Formel, die sowohl gewaltlimitierend als auch gewaltlegitimierend wirken könnte.

2. Der Bericht zur Schutzverantwortung

Das im ICISS-Bericht niedergelegte Konzept der R2P weist in diesem Sinne vier besondere Merkmale auf:

- Erstens erkennt die R2P durchaus an, dass es zuvorderst die jeweiligen staatlichen Regierungen sind, die in Ausübung ihrer Souveränität den Schutz ihrer Bürger gewährleisten (sollen). Der Verantwortung zum Schutz auf der nationalen Ebene ist jedoch auch eine internationale Verantwortung zum Schutz an die Seite gestellt, die dann greift, wenn ein Staat ‚nicht willens oder nicht in der Lage ist' Schaden von seiner Bevölkerung abzuwenden. Diese Verantwortung sieht der Bericht in einer ganzen Reihe von bestehenden völkerrechtlichen Strukturen begründet (→ Völkerrecht/internationales Recht).

- Zweitens wird – auch im Gegensatz zu einer *ad hoc* gedachten humanitären Intervention – die Verantwortung zum Schutz sozusagen horizontal geweitet: Sie umschließt nicht nur die Verantwortung zur Reaktion auf einmal ausgebrochene Gräueltaten, sondern auch die Verantwortung zur Prävention vor sowie ggf. zum Wiederaufbau nach einem solchen Ausbruch.
- Drittens führt der Bericht ein Schwellenkriterium für den Einsatz von militärischer Gewalt ein, das relativ allgemein gefasst ist, da es um ‚Verlust von Menschenleben in großem Maßstab' gehen muss – und zwar egal, ob dieser tatsächlich eintritt oder sein Eintreten mit hoher Wahrscheinlichkeit angenommen werden muss. Völkermord und ethnische Säuberungen werden konkret benannt; grundsätzlich ist aber nach dem Bericht auch eine R2P-Situation etwa bei unzureichenden Schutzmaßnahmen nach einer Naturkatastrophe vorstellbar. Die wichtige Gedankenwendung in diesem Punkt ist die konsequente Fokussierung der Debatte auf die Perspektive des Schutzanspruchs von (potentiellen) Opfern von Massenverbrechen und nicht auf die Perspektive des Rechtsanspruchs von intervenierenden Staaten oder den Staaten, in denen eine Intervention stattfinden könnte. Das Konzept der R2P zeigt sich hier wesentlich verbunden mit einem Sicherheitsbegriff, der nicht nur der staatlichen, sondern auch der menschlichen Sicherheit verpflichtet ist (→ Sicherheitspolitik).
- Viertens bemüht der Bericht mit Blick auf militärische Maßnahmen ein Set an Vorsorgeprinzipien, die vor und bei einem Einsatz von Gewalt bedacht sein müssen. Hierzu gehören: a. die rechte Absicht, die in der Abwendung menschlichen Leidens liegen müsse; b. die Ausschöpfung nichtmilitärischer Maßnahmen, sodass der Einsatz als letztes Mittel erscheint; c. die Bindung der gewählten Mittel an das Prinzip der Verhältnismäßigkeit, sowie nicht zuletzt d. eine vernünftige Chance auf Erfolg der gewählten Maßnahmen. Dieses Set an Prinzipien erinnert deutlich an die klassische Lehre vom gerechten → Krieg, der seinerseits schon *recta intentio, ultima ratio* oder *debitus modus* im Einsatz von Gewalt gefordert hatte.

Dass R2P gleichwohl mehr ist, als eine Wiederbelebung dieser klassischen Lehre, die ja durch ihre Instrumentalisierung und gegenseitige Reklamationen gerechter Kriege von mehreren Konfliktparteien desavouiert wurde, liegt in einem Punkt begründet, den der Bericht anders als die klassische Lehre deutet. Während es bei der *legitima auctoritas* noch um die Vorstellung einer weisen Herrscherpersönlichkeit ging, die in Übereinstimmung mit einer authentischen Deutung des religiös Gebotenen oder göttlich Gewollten agiert, geht die R2P von einer Autorität aus, die notwendigerweise multilateral (→ Multilateralismus) strukturiert ist. Nicht mehr ein Herrscher alleine kann eine solche Entscheidung fällen, sondern eine Vielzahl von Regierungsverantwortlichen müssen übereinstimmend zu einem Urteil kommen. Der Bericht sieht diese Konstellation idealerweise im VN-Sicherheitsrat repräsentiert. Sollte dieser jedoch seine Verantwortung nicht wahrnehmen können oder wollen, werden zwei Alternativwege beschrieben: Zum einen wäre dies die ersatzweise Beauftragung von Maßnahmen durch die VN-Generalversammlung im Sinne der ‚Vereint für den Frieden'-Resolution, wie sie etwa im Korea-Krieg 1950 eine Anwendung fand. Zum anderen diskutiert der Bericht die nachträgliche Anerkennung bzw. Legitimation des Sicherheitsrates von Maßnahmen, die zuvor durch regionale Organisationen durchgeführt wurden, wie sie etwa im Kosovo-Einsatz 1999 zu erkennen ist. So sehr der Bericht die zentrale Rolle des Sicherheitsrates betont, so deutlich plädiert er auch für eine Reform seiner Verfahrensweise: Die ständigen Mitglieder sollten in Fällen von Interventionen zum Schutz von Menschenleben nicht ihr Veto einlegen. R2P steht nicht nur an dieser Stelle in enger Verbindung zu einer weitreichenderen VN-Reform.

3. Die Schutzverantwortung und die Vereinten Nationen

Tatsächlich hat das Konzept der Schutzverantwortung (S.) in dem als Reformgipfel angekündigten Zusammentreffen der Staats- und Regierungschefs bei der VN-Generalversammlung im Jahr 2005 Eingang in das dort verabschiedete Abschlussdokument gefunden. Aus dem Vorschlag einer Expertenkommission wurde auf diesem Wege eine politische Positionsbekundung der internationalen Gemeinschaft – freilich ohne unmittelbare Rechtswirkung oder die Verbindlichkeit einer Resolution des VN-Sicherheitsrates. Der Vergleich der Aushandlungsdokumente der Abschlussresolution zeigt, dass das Konzept sehr umstritten war. Die schlussendlich angenommene Version weist denn auch signifikante Unterschiede zu dem Ursprungskonzept der ICISS auf, die es durchaus rechtfertigen, zwischen der Kommissionsvariante und der VN-Variante zu unterscheiden. Nicht übernommen wurde der gesamte Kriterienkatalog aus den Vorsorgemaßnahmen sowie der Appell zur Zurückhaltung bei Ausübung des Vetos. In bemerkenswerter Einmütigkeit argumentierten die USA, China und Russland, dass der Rat keinerlei Festlegungen oder Einschränkungen seiner Entscheidungsbefugnis akzeptieren werde. Auch die Trias einer Verantwortung zur Prävention, zur Reaktion und zum Wiederaufbau wird nur ansatzweise übernommen. Der Grundgedanke einer zunächst bei den staatlichen Autoritäten liegenden S. für die eigene Bevölkerung sowie die Möglichkeit, wenn diese ‚offenkundig versagen', einer ersatzweisen internationalen S., wird im Dokument aufgenommen. An die Stelle des sehr allgemeinen Schwellenkriteriums des ICISS-Berichts sind nun konkrete Tatbestände getreten, nach denen die S. in Fällen von Völkermord, Kriegsverbrechen, ethnische Säuberung und Verbrechen gegen die Menschlichkeit greifen kann. Zusammen mit der Betonung, dass sich alle Maßnahmen in diesem Kontext strikt an den Vorgaben der Charta orientieren müssen und der Sicherheitsrat als entscheidendes Gremium hervorgehoben wird, das ‚im Einzelfall' entscheidet, wird deutlich, dass das Abschlussdokument neben der Aufnahme des Grundgedankens aus dem ICISS-Bericht darum bemüht ist, dieses Konzept als kompatibel mit bzw. begrenzt auf schon bestehende rechtliche Grundlagen der Charta und des → Völkerrechts/Internationales Recht darzustellen. Die VN-Generalversammlung wird jedoch aufgefordert, das Konzept weiter zu prüfen. Dem VN-Generalsekretär kommt dabei eine impulsgebende Rolle zu, da er über das eigens eingerichtete Amt eines Sonderberaters zu Fragen der S. dem Staatenplenum seit 2009 jährliche Berichte vorlegt, in denen verschiedene Aspekte des Problems akzentuiert werden (etwa Unterstützungsmaßnahmen für nationale Behörden, Frühwarnkapazitäten und Prävention oder die Rolle regionaler Organisationen). Mit dem ersten dieser Berichte wurde ein Drei-Säulen-Modell der S. etabliert. Danach hat erstens jeder Staat die S. für seine Bevölkerung vor den genannten Massenverbrechen. Die internationale Gemeinschaft hat, zweitens, die Verantwortung einzelne Staaten in dieser Aufgabe zu unterstützen. Drittens schließlich verpflichtet sich die internationale Gemeinschaft, selbst tätig zu werden, wenn es zum offenkundigen Versagen der staatlichen Autoritäten kommt. Klar tritt hier eine Bevorzugung der souveränitätsfreundlichen Lesart von R2P hervor, die ihrerseits noch einmal unterstreicht, dass das Konzept weiterhin kontrovers ist.

4. Anwendungen der Schutzverantwortung

Dies hat auch mit der Verwendung und Anwendung des Konzepts der R2P zu tun. Die Wahrnehmung und Nutzung des Konzeptes hat von Beginn an unter verschiedenen Einflüssen gestanden. So erschien der Bericht im Dezember 2001 nur wenige Wochen nach den Anschlägen des 11. September und geriet so in die Auseinandersetzungen um die Begründungen des ‚Kriegs gegen den Terror'. Wortmeldungen des damaligen britischen Premierministers Tony Blair stellten den Krieg gegen den Irak 2003 in die Nähe des Konzeptes der R2P. Auf der anderen Seite wurde gerade dieser Krieg eine Bestätigung jener, die skeptisch bis ablehnend mit dem Konzept der R2P nur einen weiteren Versuch der Einmischung primär westlicher Staaten in Angelegenheiten von Ländern des Südens erblickten (→ Nord-Süd-Beziehungen). Die Gefahr einer Instrumentalisierung zeigte sich aber auch 2008, als Vertreter der russischen Regierung im Konflikt mit Georgien auf die S. (für russische Bürger) verwiesen. Die Debatte wird auch intensiv durch Nichtregierungsorganisationen geführt, die sich u.a. für ein stärkeres Engagement der internationalen Gemeinschaft gegen die Verbrechen gegen die Menschlichkeit im sudanesischen Darfur einsetzen. Tatsächlich hat auch der Sicherheitsrat im Fall des Sudan einen Verweis auf die S. in seine Resolutionen aufgenommen – allerdings im Sinne eines Appells an die staatlichen Autoritäten, dieser nachzukommen. Ähnliche Formulierungen finden sich auch in Resolutionen zu etwa einem Dutzend weiterer Fälle (u.a. Georgien, Elfenbeinküste, Südsudan, Jemen, Mali, Somalia) und einer Reihe von thematischen Resolutionen, die sich allgemein mit dem Schutz von Zivilisten in bewaffneten Konflikten beschäftigen. Die bislang eingehendste Behandlung des Themas der S. in einer Resolution, die zudem nach Kapitel VII militärische Zwangsmaßnahmen anordnete, findet sich in Resolution 1973 vom März 2011 zur Situation in Libyen.

Hier findet sich zunächst wieder der Verweis auf die S. der Autoritäten in Libyen (zu diesem Zeitpunkt war die Frage der Anerkennung der Regierung unter Gaddafi schon in Frage gestellt). Bereits in den einleitenden Absätzen spricht die Resolution davon, dass die weit verbreiteten Angriffe auf die Zivilbevölkerung in Libyen Verbrechen gegen die Menschlichkeit darstellen könnten. Damit wird eines der Tatbestandsmerkmale der R2P nach dem Abschlussdokument 2005 benannt. Neben der staatlichen

S. wird nicht explizit von einer internationalen S. gesprochen. Stattdessen findet sich aber unter einer eigenen Überschrift ‚Schutz von Zivilisten' die Autorisierung an Mitgliedstaaten, alle notwendigen Maßnahmen zu ergreifen, um Zivilisten und ihre Wohngebiete zu schützen. Dies schließt die Einrichtung einer Flugverbotszone ein – während die Entsendung von Besatzungstruppen ausgeschlossen ist. Jenseits einer direkten Erklärung einer internationalen S. finden sich gleich mehrere Elemente einer Bezugnahme auf die S., die die Libyen-Resolution als eine besondere Manifestation und praktische Anwendung des Konzepts erscheinen lassen – und dies nur 10 Jahre, nachdem es theoretisch begründet wurde. Ein näherer Blick auf die Lage in Libyen bzw. in Bengasi Mitte März 2011 zeigt, dass auch die Prinzipien und Kriterien des ICISS-Berichts weitgehend vorhanden bzw. erfüllt waren. Zur besonderen Situation in Libyen gehört sicher auch, dass eine Reihe von weiteren Begleitumständen das sehr schnelle Handeln des Sicherheitsrates ermöglichten: Im Rat gab es eine Mehrheit von Staaten, die zum Handeln bereit waren und der Regierungschef hatte seine Absichten im Umgang mit den Regimekritikern vor laufenden Kameras deutlich gemacht. Sogar die libysche Delegation bei den VN hatte sich von der Regierung losgesagt und ein Eingreifen gefordert – ebenso wie (in unterschiedlichem Ausmaß) die Arabische Liga, die Organisation der Islamischen Konferenz oder der Golf-Kooperationsrat. In dieser Situation entschlossen sich China und Russland, die Resolution nicht mit einem Veto aufzuhalten. Ebenso wie die zu dieser Zeit nichtständigen Mitglieder Deutschland und Indien enthielten sie sich der Stimme. Die nachfolgende Militäraktion, die wesentlich durch die NATO umgesetzt wurde, konnte tatsächlich den befürchteten Sturm auf Bengasi verhindern und groß angelegte Angriffe gegen die Zivilbevölkerung unterbinden. Die Intervention drehte jedoch auch die Machtverhältnisse zugunsten der Rebellen, die nun ihrerseits in Gebiete vordrangen, die von Regierungstruppen gehalten wurden. Das Vorrücken der Rebellen und die Tötung Gaddafis führten zu einem Regimewechsel in Libyen, dessen Zustandekommen und Konsequenzen im Nachhinein nochmals zur kritischen Debatte über die Resolution Anlass gab. Diese Debatte verhärtete die Fronten zwischen Befürwortern und Skeptikern der S. und ist ein Element der Erklärung, wieso sich die internationale Gemeinschaft im Falle des nunmehr seit Jahren andauernden und vielfach verlustreicheren Bürgerkriegs in Syrien nicht in vergleichbarer Weise zum Einschreiten (militärisch oder nicht-militärisch) oder zur Berufung auf die R2P hat durchringen können.

5. Die Debatte zur Schutzverantwortung

Die aktuelle Debatte um die S. ist aber nicht nur davon bestimmt, ob sie

- eine authentische Motivationslage intervenierender Staaten darstellt,
- explizit oder nur implizit in Resolutionen des Sicherheitsrates bemüht wird oder
- neben der Autorisierung auch in der Umsetzung von entsprechenden Militärmaßnahmen genügend Berücksichtigung findet (was unter anderem auf den vernachlässigten Aspekt der Verantwortung zum Wiederaufbau verweist).

Die S. ist zugleich zum Kampfbegriff in der Auseinandersetzung um Fragen der Weltordnung zwischen partikularistischem Festhalten am Prinzip der staatlichen Souveränität und der Forderung nach universaler Gültigkeit von Prinzipien menschlicher Sicherheit geworden (→ Weltordnungsmodelle). Die S. wird dabei abseits ihres ideengeschichtlichen Gehaltes, ihrer konkreten konzeptionellen Ausgestaltung und des sie tragenden normativen Anliegens gelegentlich von Vertretern beider Seiten als zynisches Schlagwort instrumentalisiert und in ihrem Gehalt karikiert. In einem fast schon tragisch zu nennenden Echo stehen wiederum die Konsequenzen des Handelns (Libyen) gegen die Konsequenzen des Nicht-Handelns (Syrien).

In der Forschung wird vor diesem Hintergrund vielfach diskutiert, inwiefern die S. ein Beispiel normativen Wandels der Weltpolitik darstellt. Insoweit auch die Infragestellung und Problematisierung eines neuen normativen Konzepts notwendigerweise zur Herausbildung einer neuen Norm dazugehört, bietet das Beispiel der S. sicher vielerlei Material zur Illustration der unterstützenden und hemmenden Faktoren weltpolitischen Wandels. Nach nur wenigen Jahren hat das Konzept sich als Berufungsgrundlage in der politischen Debatte bei Kritikern und Befürwortern etabliert. Auch wenn das Konzept eng mit bestehenden völkerrechtlichen Grundlagen wie dem Verbot des Völkermordes verbunden ist (→ internationale Strafgerichtsbarkeit), ging es den Initiatoren der Debatte nicht primär um die Etablierung neuen Rechts, sondern um die Beeinflussung der politischen Debatte um Intervention und Souveränität. Die Kritik an der R2P ist von Enttäuschung über hoch gesteckte Erwartungen angesichts weiterhin offener Fragen ebenso gespeist wie von der Befürchtung, dass R2P schon mehr als dienlich die Parameter in dieser Debatte verschoben habe und das bestehende Völkerrecht zu unterwandern drohe. Erwartungen und Befürchtungen werden hier weiter aufeinander treffen und auch weiter davon bestimmt sein, dass eine konzeptionelle Formel für sich genommen keinen Automatismus der Problembehandlung liefert, sondern nur eine mögliche Rationalisierung für den entscheidenden politischen Willen ist, mit dem Handeln und Nicht-Handeln in solchen Situationen möglich und verantwortet wird.

→ Ergänzende Beiträge

Frieden, Krieg, Menschenrechte, Sicherheitspolitik, Typen militärischer Interventionen, Vereinte Nationen, Völkerrecht/Internationales Recht

Literatur

Bellamy, Alex J. (2009): Responsibility to Protect. The Global Effort to End Mass Atrocities, Cambridge u.a.

Bellamy, Alex J. (2015): The Responsibility to Protect: A Defense, Oxford.

Evans, Gareth (2008): The Responsibility to Protect. Ending Mass Atrocity Crimes Once and for All, Washington.

Fröhlich, Manuel (2006): Responsibility to protect – Zur Herausbildung einer neuen Norm der Friedenssicherung, in: Varwick, Johannes/Zimmermann, Andreas (Hrsg.): Die Reform der Vereinten Nationen – Bilanz und Perspektiven, Berlin, S. 167-186.

Fröhlich, Manuel (2015): The responsibility to protect. Foundation, transformation, and application of an emerging norm, in: Klose, Fabian (Hrsg.): The emergence of humanitarian intervention. Concepts and Practices in the Nineteenth and Twentieth Century, Cambridge, S. 299-330.

Hehir, Aidan (2012): The Responsibility to Protect: Rhetoric, Reality and the Future of Humanitarian Intervention, London u.a.
International Commission on Intervention and State Sovereignty (ICISS) (2001): The Responsibility to Protect, 2 Bände, Ottawa.
Knight, W. Andy/Frazer Egerton (Hrsg.) (2012): The Routledge Handbook of the Responsibility to Protect, New York.

51 – Sicherheitspolitik (*Stephan Böckenförde*)

1. Begriff und zentrale Probleme

Das sicherheitspolitische Bild von der Welt wird entscheidend von den Kategorien ‚Bedrohung' und ‚Gefährdung' geprägt. ‚Sicherheit' kann allgemein verstanden werden als die Abwesenheit von negativen, katastrophal-zerstörerischen Wirkungen und von gefährdenden und bedrohlichen Erscheinungen, die solche Wirkungen auslösen könnten. Als soziales Phänomen bezieht sich Sicherheit üblicherweise auf Gemeinwesen und die jeweilige selbstgewählte Form ihres Zusammenlebens; der Begriff kann sich aber in seinem Bezug auch über größere Gruppen hinunter bis auf die Ebene des Individuums und seines Wohlergehens erstrecken. In seiner unmittelbarsten Form ist Sicherheit durch physische Gewalt gefährdet, Bedrohung kann sich aber auch in sehr viel mehr oder weniger offensichtlichen Formen des Zwanges und der Zerstörung bis hinunter zu gravierenden Störungen des Zusammenlebens manifestieren. Was konkret gefährdet ist, ist jeweils von gesellschaftlichen Faktoren abhängig, von der Struktur des sozio-ökonomischen Systems und von dem gesellschaftlichen Diskurs über Sicherheit und Sicherheitspolitik (S.). Das Sicherheitsverständnis ist also nicht statisch, sondern es unterliegt historischen Entwicklungen. S. wiederum ist diejenige Politik, die die Gemeinwesen in die Lage versetzen soll, den Sicherheitsbedrohungen erfolgreich zu begegnen, sei es durch die Fähigkeit zur Risikovorsorge oder zur präventiven Verhinderung, zur Abwehr, durch Schutzmaßnahmen oder zumindest durch die Fähigkeit zu einem ‚Folgenmanagement'.

Aus einer westlich-europäischen Perspektive ist der Sicherheitsbegriff eng mit dem Territorialstaat (→ Staat/Staatlichkeit im Wandel) verbunden, der sich als bestimmendes gesellschaftliches Ordnungssystem zunächst im 17. Jhd. in Europa durchsetzte, bevor er in zwei Wellen – von der zweiten Hälfte des 18. Jhds. bis in das erste Viertel des 19. Jhds. hinein und dann wieder in der Folge des Zweiten Weltkrieges bis in die 1960er Jahre – die europäischen Kolonialgebiete ablöste und so zur global bestimmenden politischen Organisationsform von Gemeinwesen wurde. Eine der wesentlichen Funktionen des Territorialstaates besteht darin, als Macht- und Zwangsorganisation (→ Macht) durch das von ihm ausgeübte Gewaltmonopol die verschiedenen Formen der gewaltsamen Selbsthilfe auf dem von ihm jeweils beanspruchten Gebiet und gegenüber dem jeweiligen Staatsvolk zu unterdrücken. Damit besitzt der Territorialstaat die Voraussetzung, Konflikte innerhalb der Gemeinwesen gewaltlos, zumindest jedoch gewaltarm zu bearbeiten und so ‚Sicherheit' zu gewährleisten. Dies betraf ursprünglich vor allem physische Sicherheit – also Schutz vor der Gewaltandrohung bzw. vor dem Gewalthandeln anderer –, wurde aber im Laufe der Zeit auch auf weitere Politikfelder ausgedehnt, in denen der Staat zentrale Aufgaben für sich reklamierte und dabei andere Akteure verdrängte (z.B. auf dem Feld der Sozialpolitik, indem der Staat ein Mindestmaß an ‚materieller Sicherheit' garantiert und in dieser Rolle an die Stelle früherer Akteure, vor allem an die der Familie oder der Kirchen, getreten ist). Der Territorialstaat ermöglicht im Idealfall nach innen mit seinen unterschiedlichen Organen also durch die Aufrechterhaltung einer stabilen politischen, gesellschaftlichen und wirtschaftlichen Ordnung ein friedliches, gewalt- und repressionsarmes, aber auch auf sozialem Ausgleich beruhendes Zusammenleben der Staatsbürger untereinander und stellt Schutz und Gefahrenabwehr für das Individuum bereit. Im zwischenstaatlichen Raum wiederum gewährleistet er äußere Sicherheit. Diese wird klassisch als die Fähigkeit von Staaten verstanden, weitgehend ohne äußeren Druck oder Zwang, also autonom politische Entscheidungen fällen und sich gesellschaftlich frei und selbstbestimmt entwickeln zu können, also: politische Autonomie und Souveränität zu erhalten und durchzusetzen. In einer – in realistischer Perspektive – anarchischen internationalen Umwelt, in der sich Staaten untereinander in letzter Instanz feindlich gegenüberstehen, haben sich Staaten gegen Bedrohungen in der Regel durch die Fähigkeit zur militärischen Verteidigung ihrer Außengrenzen geschützt. Sicherheit ist in diesem engen Verständnis also vor allem durch den Erhalt der territorialen Integrität definiert, S. durch die Fähigkeit, diese territoriale Integrität im Extremfall mit allen Mitteln auch verteidigen zu können (→ Realismus als IB-Theorie).

Je stärker jedoch die transnationalen Verbindungen zunehmen, desto weniger ist Sicherheit ausschließlich eindimensional als Sicherung der Außengrenzen gegen mögliche militärische Angriffe jeweils benachbarter Staaten zu verstehen, sondern umfasst den Erhalt zahlreicher weiterer, für das gesellschaftliche Leben wichtiger Faktoren. Vor dem Hintergrund immer weiter wachsender politischer, vor allem aber auch gesellschaftlicher und wirtschaftlicher Abhängigkeiten (→ Interdependenz) wird der Erhalt äußerer Sicherheit damit analog der inneren Sicherheit zunehmend als multidimensionale Aufgabe im internationalen Maßstab betrachtet. Zugleich kommt es in der Folge eines Wechsels von konfrontativer zu kooperativer Ausrichtung zu einer Ergänzung der S. um Elemente der Kooperation (→ Handelspolitik) und ggf. Integration, wodurch eine Umwelt geschaffen wird, die die Staatenanarchie überwindet und durch Interdependenz und kooperative Vernetzung eine gewaltsame Konfliktaustragung (in bislang allerdings bestenfalls regionalem Maßstab, z.B. im ‚europäischen Stabilitätsraum' der → Europäische Union) verhindert. Parallel kam es zu drei Entwicklungen:

- Erstens haben mit den abnehmenden Kontrollmöglichkeiten der Staaten im Zuge einer breiten → Globalisierung parallel zu dieser Entwicklung Zahl und Natur der die Sicherheit gefährdenden als auch die der in ihrer Sicherheit gefährdeten Akteure erheblich zugenommen.
- Zweitens hat sich das Spektrum dessen vergrößert, was heute als mögliche Bedrohung von Sicherheit aufgefasst wird, indem die Gemeinwesen erheblich verletzbarer (vulnerabler) geworden sind, indem nicht mehr nur ganze Staaten, sondern zunehmend kleinere Gruppen oder gar Individuen zum potenziellen Ziel von Angriffen werden.

- Drittens weisen viele Gesellschaften auch eine wesentlich geringere ‚Störungstoleranz' als früher auf. So wird heute als sicherheitsgefährdend aufgefasst, was auch über die bloße Bedrohung der territorialen Integrität hinaus erhebliche negative oder zerstörerische Wirkungen auf ein Gemeinwesen ausüben könnte. Dazu gehören neben der unmittelbaren Gewalteinwirkung (→ Krieg, → internationaler Terrorismus) lokale und regionale Instabilitäten oder unkontrolliert ablaufende Veränderungen in großen Dimensionen, selbst wenn diese für die meisten Gesellschaften lediglich mittelbare Wirkungen entfalten oder krisenbeschleunigend wirken können (beispielsweise die Effekte, die aus der globalen Erderwärmung resultieren), auch zunehmend Fragen der Versorgungssicherheit (→ Energiepolitik, → Ressourcenpolitik) bis hin zu Störungen in der industriellen Produktion durch Angriffe auf das ‚Internet der Dinge' (→ Digitale Souveränität) oder, in den Augen vieler, die gezielte Unterminierung des gesellschaftlichen Zusammenhalts durch Desinformationskampagnen, bei denen vor allem die kommunikativ-interaktiven Elemente des Internets benutzt werden.

Angesichts dieser Erweiterung des Bedrohungs- und Gefährdungsspektrums, das sich im Rahmen eines heute als ‚umfassend' verstandenen Sicherheitsbegriffs entwickelt hat, werden unterschiedlichste Politikfelder aus einem sehr stark sicherheitspolitisch dominierten Blickwinkel gesehen. Damit kommt es zu einer Verschiebung von einer territorial definierten hin zu einer breiter funktional verstandenen, am Schutz von Personen, Objekten und Räumen orientierten S., der sich der traditionelle territoriale Aspekt unterordnet.

Von dieser Entwicklung des Verständnisses von Sicherheit und von S. betroffen ist wiederum auch die klassische, vor allem an territorialer Landesverteidigung ausgerichtete Militärpolitik, die im Verlauf dieses Prozesses in den vergangenen Jahrzehnten als Teilaspekt der S. immer weiter in den Hintergrund getreten ist, während funktionale Aspekte – Streitkräfte als insbesondere für Einsätze in Gewalträumen geeigneter Dienstleister und Bereitsteller spezifischer, über Landesverteidigung hinausgehender Teilfähigkeiten – nun bestimmend werden.

2. Das traditionelle Sicherheitsverständnis: Äußere Sicherheit als militärische Landesverteidigung

Unter den Bedingungen der klassischen, von Staaten dominierten Struktur des internationalen Systems ist Sicherheit vor allem an die Fähigkeit der Staaten gebunden, einen Aggressor mit militärischen Mitteln abzuschrecken, ihm also für den Fall eines Angriffs unkalkulierbar hohe Kosten anzudrohen, indem man ausreichend Mittel vorhält und glaubhaft den deutlichen Willen demonstriert, diese Mittel im Notfall – also im Fall, dass die → Abschreckung versagt – auch unter Inkaufnahme eigener Kosten einzusetzen, um die eigene territoriale Integrität und politische Souveränität zu verteidigen. Entsprechend wird Sicherheit traditionell als Bereitschaft und Fähigkeit zur militärischen Verteidigung gegen andere Staaten an den Staatsgrenzen organisiert. Dieses sicherheits- bzw. militärpolitische Prinzip besitzt praktisch universale Gültigkeit; nur wenige Staaten in der Welt verfügen heute nicht über eigene Streitkräfte (beispielsweise Costa Rica oder das NATO-Mitglied Island).

Die Bedrohungen, die in der Staatenwelt von Staaten ausgehen, sind dabei in Bezug auf die Sicherheitsinteressen (Überleben von Gesellschaft und Gesellschaftsform in den bestehenden territorialen Grenzen), in Bezug auf die Handlungsstrategien und vor allem in Bezug auf den militärisch-technologischen und gesellschaftlichen Entwicklungsstand der Staaten qualitativ weitgehend symmetrischer Art. Von dieser qualitativen Symmetrie muss die quantitative Symmetrie bzw. Asymmetrie unterschieden werden, die sich auf Kräfteverhältnisse, also Über- und Unterlegenheitsverhältnisse zwischen den Parteien bezieht. In der Regel sind Staaten dabei bestrebt, durch ‚Re-Symmetrierung' quantitative Unterlegenheit (aber auch technologische Rückstände oder gesellschaftliche Nachteile wie eine fehlende Massenmobilisierbarkeit durch die Einführung der *levée en masse* bzw. einer allgemeinen Wehrpflicht) auszugleichen. Durch wechselseitige Rüstungsanstrengungen geraten Staaten dadurch schnell in einen Rüstungswettlauf und in eine Rüstungsspirale. Diese Entwicklung wird zusätzlich durch das ‚Sicherheitsdilemma' befeuert, dessen Kern in dem Doppelcharakter von Streitkräften liegt: Da Militär sowohl zur Verteidigung als auch zum Angriff dienen kann, können die Parteien nie vollkommen sicher sein, ob ein ‚Rüstungsfortschritt' des Gegenübers nun einem defensiven oder einem offensiven Zweck dienen soll, und daher neigen sie selbst – einem *si vis pacem para bellum* folgend – zu eigenen weiteren Rüstungsschritten. Im Rahmen eines Nullsummenspiels erhöht dies jedoch letztlich die Sicherheit keiner Partei.

Eine andere Form, Unterlegenheitsverhältnisse auszugleichen, besteht in der Bildung von Allianzen und Bündnissen (z.B. die → NATO), die als ‚Systeme kollektiver Verteidigung' ihren Mitgliedern sowohl nach außen (in konfrontationsbereiter Haltung) als auch nach innen (durch Kooperation) Sicherheit bieten (→ Militärbündnisse). Noch weiter gehen ‚Systeme kollektiver Sicherheit', die ausschließlich dazu dienen, ihren Mitgliedern Sicherheit unter- und voreinander zu bieten. Das System kollektiver Sicherheit stellen die → Vereinten Nationen dar, für deren Mitglieder ein sehr weit gehendes Verbot von Gewaltandrohung und -anwendung besteht, das lediglich zwei Ausnahmen zulässt: Zum ersten das Recht zu individueller sowie zu kollektiver Selbstverteidigung gegen einen Aggressor, zum zweiten das Recht zu einem gewaltsamen Vorgehen, das allerdings zuvor vom fünfzehnköpfigen VN-Sicherheitsrat mit einer Mehrheit von mindestens neun Stimmen ohne Veto eines der fünf ständigen Mitglieder USA, Russland, China, Großbritannien und Frankreich mandatiert worden sein muss (→ Völkerrecht/Internationales Recht). Mit dieser in Anlehnung an den Ausgang des Zweiten Weltkriegs gewählten Struktur einer egalitären Territorialstaatengemeinschaft in Kombination mit dem realpolitisch begründeten hierarchischen, selektiv-repräsentativen Element des Sicherheitsrates und insbesondere der fünf ständigen, mit einem Vetorecht ausgestatteten Mitglieder als arbiträr-exklusivem Kreis beabsichtigte man, den sich 1945 abzeichnenden Machtrivalitäten Rechnung zu tragen und eine unmittelbare Blockkonfrontation aus den VN herauszuhalten. Tatsächlich war die Blockkonfrontation das struktur- und handlungsbestimmende als auch die Handlungen in einen größeren Verständniszusammenhang bringende Element in der internationalen Politik zwischen 1945 und 1990 (→ Ost-West-Konflikt). Und so wurden Gewaltmonopol und die Aufgabe der weitgehenden Unterdrückung des Selbsthelfertums im internationalen Raum nach 1945 auch nicht durch die VN wahrgenommen, wie ursprünglich beabsichtigt. Statt dessen lag die Antwort auf die Frage nach Gewaltanwendung in der Logik des global-ordnenden, symmetrisch-bipolaren Ost-West-Konfliktes mit seinem Allianzbildungs- und Einflusssphärenkonzept, in dem sich beide Seiten durch ihre hochgerüsteten Nuklearpotenziale in Schach hielten. Dass dieses System bis 1990 nicht außer Kontrolle geriet, lag im Wesentlichen an der Kombination von nuklearer Nichtweiterverbreitung (→ Proliferation von Massenvernichtungswaffen und Trägersystemen) und vertraglich garantierter wechselseitiger Zerstörbarkeit der beiden Supermächte. Erst auf dieser Grundlage war letztlich der Bau eines verzweigten bi- und multilateralen Rüstungskontroll- und Abrüstungsvertragssystems, also ein Stopp der Re-Symmetrierungsdynamik und sogar ein partielles Zurückdrehen der Rüstungsspirale möglich (→ Rüstungskontrolle und Abrüstung).

Insgesamt war die Zeit von 1945 bis 1990 sicherheitspolitisch also gekennzeichnet durch das Nebeneinander eines globalen, blockübergreifenden, völkerrechtlich verankerten Systems des Gewaltverbotes, wahrgenommen durch die VN, das aber in seiner sicherheitspolitischen Bedeutung *de facto* verschwand hinter der Logik des bipolaren, hochkonfrontativen, auf vollkommener Zweitschlagzerstörungsfähigkeit beruhenden Systems des bipolaren Blockantagonismus. Paradoxerweise wiederum wirkte dieses System in seinen Epizentren (Europa, vor allem Deutschland, und Ostasien, vor allem Korea) ausgesprochen stabilisierend, während in anderen Weltregionen (Afrika, Mittelamerika, Südostasien) zahlreiche lokale oder regionale Konflikte gewaltsam ausgetragen wurden, die entweder unmittelbar im Zusammenhang des Ost-West-Konfliktes standen oder die zumindest in diesen Bedeutungskontext interpretativ hineingezogen wurden. Auf regionaler Ebene gelang es in Westeuropa, auf der einen Seite als Teil des euro-atlantischen Bündnisses einen vermeintlichen Aggressor erfolgreich abzuschrecken, innerhalb Europas jedoch über die Attraktions-, Assimilations- und Integrationsfähigkeit des ‚Europäischen Projektes' einen Stabilitätsraum zu schaffen, in dem die Konfrontationshaltung unter den Mitgliedern von Kooperation abgelöst wurde (→ Europäische Sicherheitsstruktur).

3. Der sicherheits- und militärpolitische Paradigmenwechsel

Mit dem Ende des → Ost-West-Konflikts und der Auflösung des Warschauer Paktes kam es zu einer Reihe von sicherheitspolitisch relevanten Entwicklungen: Offensichtlich ist, dass mit dem Ende der Sowjetunion eine multipolare Welt entstanden ist. Zwar vollzieht sich der Aufstieg der neuen ‚Gestaltungsmächte' nicht auf allen Politikfeldern gleichmäßig, so dass die Machtpotenziale ungleich verteilt bleiben, aber deutlich ist, dass sich neue Regional-, im Falle Chinas sogar Weltmächte herausbilden (→ Aufstieg der Schwellenländer). Zugleich verschwand mit dem Ende des Ost-West-Konfliktes jene Klammer, die bis dahin auch die regionalen und lokalen Konflikte eingebunden hatte. Ohne dieses beherrschende, ordnende System kam es in kurzer Zeit zu erheblichen Umbrüchen

- Nicht nur verselbstständigten sich die bereits existierenden Konflikte, weil sie nun nicht mehr im Zusammenhang des alles zuvor überwölbenden Großkonfliktes gesehen werden konnten und der Blick vielmehr auf lokale und regionale Ursachen frei wurde.

- Gleichzeitig glaubten einige Staaten, ungestraft alte Ansprüche durchsetzen zu können (beispielsweise überfiel der Irak 1990 Kuwait).
- Schließlich zerfiel die Sowjetunion in fünfzehn Nachfolgestaaten, womit es zum Teil zu schwerwiegenden Grenzziehungs- und Minderheitenproblemen kam (etwa in Georgien oder zwischen Armenien und Aserbaidschan). Solche sezessions- und irredentismusgetriebenen Konflikte führten auch zum Zerfall Jugoslawiens und zu einem jahrelangen Bürgerkrieg in der Balkanregion, in dessen Verlauf die OSZE angesichts des Scheitern ihrer Befriedungsversuche zugleich die Funktion als Ordnungsstruktur für die Nordhalbkugel verlor, die man ihr ursprünglich in der Charta von Paris im Jahr 1990 zugedacht hatte.

Diese Entwicklung hatte wiederum drei Konsequenzen:

- Zum einen sahen sich die USA nun in der Rolle der neuen alleinigen Weltordnungs-, zumindest aber Weltführungsmacht (mit deren Ausübung sie sich jedoch spätestens mit dem Doppelkrieg in Afghanistan und dem Irak überfordert zeigten).
- Zum zweiten rückte ab Ende der 1990er Jahre die NATO als Staaten integrierende und stabilisierende Ordnungsstruktur an die Stelle der OSZE und entwickelte dabei nicht nur ein umfangreiches Geflecht unterschiedlicher inklusiv und kooperativ angelegter Dialog- und Konsultationsforen mit zahlreichen Partnerstaaten (so ist der Euro-Atlantische Partnerschaftsrat praktisch deckungsgleich mit dem OSZE-Raum), sondern verschob in der Folge der Aufnahme von sechs Staaten des früheren Warschauer Paktes sowie der drei aus der Sowjetunion herausgelösten baltischen Staaten auch die Grenzen ihrer Kern-Verteidigungsgemeinschaft expansiv nach Osten und damit in Richtung Russland.
- Parallel dazu entwickelte die EU eigene Fähigkeiten, die sich durch den stärker zivilen Ansatz von dem militärischen Ansatz der NATO abhoben (→ EU als internationaler Akteur).

Jenseits dieser Fortentwicklung der bekannten, stark zwischenstaatlich verstandenen Konfliktmuster kam es aber auch zu einer tiefgreifenden, grundsätzlichen Veränderung des Sicherheitsverständnisses. Eine wesentliche Ursache dafür besteht darin, dass hochkomplexe und in globalem Maßstab interdependente, sozio-ökonomisch betrachtet eher spätindustrielle Staaten bzw. Gesellschaften am partiellen Übergang zu postindustriellen Strukturen auf offene, reibungslos grenzüberschreitende Austauschprozesse angewiesen sind; dies gilt auch für den Cyberraum als neue, ‚menschengemachte' Sphäre (→ Global Commons). In dieser kooperativen Vernetzung ist zunächst eine der Ursachen für den Umstand zu sehen, dass die Zahl klassischer zwischenstaatlicher Kriege in den vergangenen zwei Jahrzehnten abgenommen hat. Gleichzeitig führt diese Entwicklung aber auch dazu, dass disruptive Effekte unterschiedlicher Art – nicht mehr nur bloße Gewalteinwirkungen, sondern vielmehr ein breites Spektrum von Störungen, die sich unmittelbar genauso wie lediglich mittelbar auswirken – erhebliche negative Wirkungen auf Gesellschaften und ihre Lebensweise besitzen können, zumal innerhalb zumindest der westlichen Gesellschaften die Schadensakzeptanz- und Schadenstoleranzgrenze sinkt.

Das Spektrum von bedrohlichen Phänomenen schließt also die klassische unmittelbare Gewalteinwirkung zwar nicht aus, geht aber weit darüber hinaus und nimmt nun auch Störungen in den Blick, die gemeinhin als ‚Instabilitäten' bezeichnet werden. Diese können höchst unterschiedliche, meist multikausale Ursachen besitzen: wirtschaftliche Knappheiten, Angebotsrückgänge oder Verteilungsprobleme bzw. gesellschaftlich dysfunktionale Ressourcenallokation und -zuweisung, Preissteigerungen bei Gütern des täglichen Bedarfs oder Finanzkrisen als Ergebnis wirtschaftlicher und finanzpolitischer Volatilitäten (→ Internationale Finanzpolitik), mangelhafte gesellschaftliche Inklusion (→ Menschenrechte), fehlende Repräsentanz und unzureichender Ausgleich von Partikular- und Kollektivinteressen, eine perzipierte Verletzung des eigenen Ehrgefühls, möglicherweise selbst individuelle psychopathologische Faktoren, Binnenmigration (→ Migration) mit starker Urbanisierungstendenz und der damit u. U. verbundenen Bildung von sich abschirmenden gesellschaftlichen Mikrokosmen, deren Gewaltniveau möglicherweise noch durch die Existenz eines hohen Anteils junger Männer potenziert wird (*angry young men*-Syndrom) und in denen die öffentliche Ordnung partiell oder vollständig infrage gestellt ist. Weitere Ursachen können aber auch in den Folgen von Pandemien (→ Globale Gesundheitspolitik) oder von Klimaveränderungen (beispielsweise durch das Ansteigen des Meeresspiegels oder Versteppung u.a.) liegen (→ Internationale Umweltpolitik, → Klimapolitik).

Der Zusammenbruch von vormals territorialstaatlichen Ordnungssystemen, insbesondere das Erodieren staatlicher Gewaltmonopole, kann in das Phänomen der ‚neuen Kriege' münden (→ Krieg): Dabei werden die ‚ordnungslosen Räume' zum Schauplatz oft kleinräumiger Konkurrenzkämpfe zwischen alten politisch-gesellschaftlichen Eliten und neuen ‚Gewalteliten' um Vorherrschaft, in deren Verlauf es den Gewalteliten durchaus gelingen kann, in den ‚gewaltoffenen Räumen' nicht nur ein neues Gewaltmonopol zu etablieren, sondern partiell, möglicherweise auch selektiv auf einen bestimmten Personenkreis bezogen rudimentäre Staatsordnungs- und Sozialstaatfunktionen wahrzunehmen, aus denen sie wiederum weitere eigene Macht und Autorität, sogar in gewissem Maße Legitimität beziehen können und damit die Rolle des Staates und das Vertrauen in dessen Leistungsfähigkeit zusätzlich unterminieren. Mit dem ungebremsten Fortschreiten der Konflikte kommt es in diesen Räumen oft zur Ausprägung von ‚Gewaltökonomien', in denen Gewaltanbieter als neue Unternehmertypen und Gewaltnachfrager auf einen Gewaltmarkt drängen. Von besonderer Bedeutung und anders als in den lokalen Kriegen vorterritorialstaatlicher Prägung ist nun, dass diese neuen Gewaltmärkte an den Weltmarkt angebunden sind und aus diesem die lokale Ressourcenvernichtung durch Ressourcenzufluss kompensiert wird, beispielsweise durch illegalen Handel mit Menschen (Menschenschmuggel), mit ‚Blutdiamanten', mit Drogen, neuerdings auch mit antiken Kunstgegenständen u.a., aber auch durch Zuwendungen von Unterstützern, etwa aus der jeweiligen ethnischen Diaspora in Wohlstandsregionen oder durch an bestimmten Konfliktentwicklungen interessierte externe politische Eliten. Da die Kriegführung selbst oft billig ist (niedrige Arbeitskosten, etwa durch den Einsatz von Kindersoldaten, und billige Betriebsmittel, etwa Rüstungsgüter *off the shelf*), neigen diese ‚neuen Kriege' in einem Oszillieren zwischen Eskalation und Deeskalation zur Perpetuierung, sofern sie nicht bestenfalls in langwierige Befriedungs- und Aussöhnungsprozesse übergehen, an deren Ende wiederum oft hochfragile Ordnungsstrukturen stehen.

Mit der Zunahme der Räume ‚diffuser' Ordnungsstrukturen, wie sie sich in Teilen Afrikas, insbesondere Nordafrikas, und des Nahen und Mittleren Ostens unter dem Vorzeichen eines ‚radikalen Islamismus' herausbilden, entsteht auf globaler Ebene offenbar eine neue bestimmende Struktur der Bipolarität von quasi-territorialstaatlicher Ordnung einerseits (‚quasi', weil auch post-territorialstaatliche Formationen an die Stelle der ursprünglichen Territorialstaaten treten können und die identischen Sicherheitsfunktionen wahrnehmen) und Regionen andererseits, die sich aktuell in einem Zustand großer, gewaltsamer Unordnung befinden und in denen sich noch keine neue übergreifende Form der Ordnungsstrukturen entwickelt hat. Dabei wird es nicht bei einem Nebeneinander bleiben, sondern die Effekte werden in die ‚Räume klassischer Ordnung' hineinstrahlen. Dabei sind die Auswirkungen vor allem auf drei Feldern erkennbar:

- Erstens werden die ‚Unordnungsregionen' von außen zunehmend unzugänglich, fallen damit auch als Teilnehmer eines globalen Weltmarktes als Anbieter (insbesondere für Rohstoffe, vor allem Energierohstoffe) und Nachfrager aus und besitzen darüber hinaus die Tendenz, auch die unmittelbaren Anrainer aufgrund deren geographischer Nähe, aber möglicherweise auch aufgrund deren eigener gesellschaftlicher Anfälligkeit und geringer gesellschaftlich-politischer Resilienz in diesen Strudel der Unordnung hineinzuziehen oder zumindest – wie im Falle Europas mit Blick auf die Entwicklungen im nahen Afrika – vor erhebliche Adaptionsherausforderungen zu stellen.
- Zweitens werden in den Umordnungsregionen Mio. zu Binnenflüchtlingen, diese Entwicklung ist aber auch mitverantwortlich für transnationale *push- und pullfaktorgetriebene* Migration in die Ordnungs- und Wohlstandsregionen hinein mit daraus folgenden Integrations- und Inklusionsproblemen in den jeweiligen Aufnahmegesellschaften; dies wiederum hat Auswirkungen auf deren Gesellschaftsordnungen und birgt die Gefahr eines möglichen Neo-Nationalismus mit einem entsprechenden Aggressionspotenzial nach innen als auch nach außen.
- Drittens ist der Territorialstaat mit seiner Verschiebung und Bedeutungsrelativierung gegenüber den Individuen nicht nur durch die Bedeutungszunahme der Zivilgesellschaft unter Druck geraten. Vielmehr werden die einzelnen Territorialstaaten auch untereinander auf der Basis ihrer Fähigkeiten, Sicherheit und Schutz für alle zu gewährleisten, auf den Prüfstand gestellt. Dies wird unter dem Stichwort *Responsibility to Protect* diskutiert, ist allerdings als gültige Norm noch nicht allgemein anerkannt (→ Schutzverantwortung/R2P).

Die Frage des Folgenmanagements hat – vor allem nach den Erfahrungen mit den Einsätzen in Afghanistan, im Irak und in Libyen – dazu geführt, dass westliche Staaten zunehmend zurückhaltend das Mittel der Militärinterventionen einsetzen (→ Typen militärischer Interventionen) und stattdessen vielmehr daran interessiert sind, an der

Sicherung halbwegs westlichen Menschen- und Bürgerrechtsvorstellungen entsprechender Systeme mitzuwirken, die über ein hohes Maß an Resilienz verfügen, und ihnen entsprechende Fähigkeiten an die Hand zu geben (→ Weltordnungsmodelle).

Die ‚Räume der Unordnung' stellen für die ‚Räume der Ordnung' zusätzlich ein Problem dar, weil sie als Brutstätten, Rekrutierungs- und Rückzugsräume für sog. terroristische Gewaltakteure dienen können, die zum einen für Gewaltakte in ihrem lokalen und regionalen Umfeld verantwortlich sind, die aber mit Formen ‚asymmetrischer Kriegsführung' auch Ziele in den Stabilitätsregionen angreifen. Dabei bezieht sich ‚Asymmetrie' in diesem Fall nicht auf quantitative, sondern auf qualitative Unterschiede: Im Gegensatz zu den Gemeinwesen, deren primäres Interesse im Erhalt ihrer Lebensweise und ihres gesellschaftlichen Systems auf einem angestammten Territorium besteht, handelt es sich bei diesen Gruppen um lose, netzwerkartig organisierte Zusammenschlüsse unterschiedlicher Größe, die u. U. auch temporär opportunitätsbezogen kooperieren können und deren Mitglieder als ‚individualisierte Aggressoren' nicht notwendigerweise am eigenen Überleben interessiert sind, sondern durchaus die Selbstopferung als Konsequenz des Einsatzes bestimmter taktischer Mittel einkalkulieren oder sogar beabsichtigen. Entsprechend unterliegen diese Akteure auch vollkommen anderen Vulnerabilitätsmustern als territorial verfasste Gemeinwesen; in der Konsequenz laufen klassische Abschreckungs- und Vergeltungsstrategien, die vor allem auf einer Akkumulation symmetrischer Potenziale beruhen, auch ins Leere, so dass die gewalttätigigen Nichtregierungsorganisationen auf diese Weise ihre quantitative (und ggf. auch qualitative) Unterlegenheit nivellieren.

Gleichzeitig handeln die Akteure *klandestin*, überwinden, sich zwischen den Welten bewegend und die Offenheit der westlichen Gesellschaften ausnutzend, die permeablen Grenzen (sofern sie ihre Agenten aufgrund der schwindenden Bindungskräfte der Staaten nicht bereits in den Zielgesellschaften selbst finden und rekrutieren), nutzen IT-Technologie zur Kommunikation und eliminieren so die Reichweitendimension. Des Weiteren verleihen Klandestinität, Anonymität und eine scheinbare Arbitrarität bzw. eine tatsächlich willkürliche Vorgehensweise dem Handeln ein Überraschungsmoment, nehmen ihm die aus der symmetrischen Kriegführung abgeleitete Vorhersagbarkeit und eliminieren auf diese Weise die Zeitdimension. Und schließlich profitieren die Akteure von der Proliferation von Wissen und (erschwinglicher marktgängiger) Technologie, wodurch ihnen insgesamt erhebliche Zerstörungspotenziale an die Hand gegeben sind.

Asymmetrisch geführte Kriege kennen die westlichen Staaten bisher vor allem aus den Dekolonisierungskriegen; dort allerdings blieben die Konflikte im Wesentlichen lokal, allenfalls regional begrenzt. Nun aber sehen sich die Staaten mit global geführten asymmetrischen Kriegen konfrontiert, die auch ihre Kernterritorien erreichen. Etablierte, gefestigte Staatswesen sind – im Gegensatz zu geschwächten oder anfälligen, unter erheblichem Stress stehenden und entsprechend gefährdeten Strukturen – bisher zwar nicht in ihren Grundfesten zu erschüttern. Die Zerstörung, für die die asymmetrisch vorgehenden Akteure verantwortlich sind, sind jedoch gewaltig und erreichen bisweilen Dimensionen, die aus Staatenkriegen bekannt sind, wie die Anschläge von New York 1993 und Dar-es-Salaam und Nairobi 1998, selbstverständlich die Anschläge des

11. September 2001 in New York und Washington, durch die der globale Charakter dieser neuen Herausforderung allgemein im gesellschaftlichen Diskurs ankam, von Bali 2002 und als Anschlagserie von Mumbai und Delhi seit 1993, die Anschläge von London und Madrid 2005 sowie zahllose andere zeigen. Elemente einer solchen asymmetrischen Kriegführung finden sich in dem Phänomen der ‚hybriden' Kriege wieder, in denen Staaten (oder staatsähnliche Akteure wie die Hisbollah im Krieg gegen Israel im Jahr 2006) in einem komplexen Vorgehen konventionelle Mittel mit ‚unkonventionellen', aus der asymmetrischen Kriegführung bekannten Mitteln kombinieren und um Formen der medialen Desinformation anreichern, um auf diese Weise Urheberschaft und Zusammenhänge zu verschleiern und um die Muster der klassischen Kriegführung (→ Abschreckung und Vergeltung u.a.) zu unterlaufen.

Als Konsequenz auf diese verschiedenen Entwicklungen haben die westlichen Staaten erhebliche Anstrengungen der *Re-Symmetrierung* unternommen, um ihre Sicherheitsdefizite, die sich auf Strukturen und Fähigkeiten beziehen, zu kompensieren. Dabei lassen sich die Staaten zunehmend von einem ‚fähigkeitsorientierten Ansatz' (*capabilities based)* leiten, der im Gegensatz zum klassischen ‚bedrohungsorientierten Ansatz' (*threat based)* nicht nach den Kapazitäten konkreter bekannter Aggressoren fragt, sondern nach möglichen Bedrohungen allgemein, ungeachtet der Frage, von wem sie ausgehen mögen. Es wird also nicht nach einem ‚wer', sondern vielmehr nach einem unspezifischen ‚was' gefragt. Dies geht mit einer teilweise Auflösung der klassischen territorialstaatlichen Trennung zwischen ‚Innen' und ‚Außen' einher, vielfach auch mit einem Neuzuschnitt der Ressorts, und wenn nicht gleich vollkommen neue Ministerien geschaffen werden, wie im Jahr 2002 im Fall des US-amerikanischen *Department of Homeland Security*, wird S. doch zunehmend zu einer Querschnittaufgabe, bei der sich die Ressorts übergreifend abstimmen und zusammenarbeiten. Gleichzeitig wird die ‚innere Sicherheitsarchitektur' reformiert, indem die Sicherheitsbehörden – um den Preis eines tiefen Eindringens in die Sphäre bürgerlicher Freiheitsrechte – neue, weitreichende Kompetenzen erhalten, um auf diese Weise zu versuchen, die eigene Vulnerabilität durch eine präventive Verhinderung von Verbrechen und Gewalthandeln zu reduzieren. Nach außen wiederum bemühen sich die Staaten um ein partielles Imitieren der Strategien und Taktiken der nichtstaatlichen Aggressoren. So dient der Einsatz von Spezialkräften oder von privaten Sicherheitsunternehmen (*Private Military Companies*, PMCs), vor allem aber von nichtbemannten Systemen (in der Regel derzeit noch Drohnen, *Unmanned Aerial Vehicles*, UAVs) der Eliminierung von Zeit- und Distanzfaktor und imitiert so funktional die Anonymität und Mobilität der nichtstaatlichen Aggressoren. Zugleich imitieren die relativ niedrigen finanziellen und geringen – aufgrund der Klandestinität auch gegenüber den eigenen Gesellschaften, sofern dies von Regierungsseite für nötig (und möglich) gehalten werden sollte – politischen Kosten funktional die Bereitschaft zur individuellen Selbstopferung jener Akteure.

Streitkräfte in ihrer traditionellen Form treten in dieser Situation in den Hintergrund. Sie werden vielmehr als ‚Gewaltspezialisten' vor allem eingesetzt, um im Rahmen eines multifunktionalen Ansatzes und mit breitem Fähigkeitsportfolio bedrohliche Phänomene in potenziellen und tatsächlichen Gewalträumen zu bekämpfen. Dabei übernehmen sie – ohnedies aus Kostengründen in Zukunft verstärkt multinational *'gepoolt'* – als variabel und vielseitig einsetzbarer 'Sicherheitsdienstleister' im Rahmen von MOOTW-Missionen (*Military Operations other that War*) situationsbedingt oft ein breites Spektrum an Aufgaben mit polizeilichem oder gar entwicklungspolitischem Charakter. In diesem Sinne sind Streitkräfte nicht notwendigerweise das letzte, vielmehr das äußerste Mittel, das dem Staat zur Verfügung steht. Die klassische, eindimensional an der grenzbezogenen Landesverteidigung ausgerichtete Fähigkeit der Streitkräfte ist unter den neuen Bedingungen nach dem Ende des Ost-West-Konflikts damit vorerst zur Residualfunktion geworden.

Die weitere Entwicklung der S. wird im Wesentlichen von vier Faktoren abhängen:

- Erstens ist zu fragen, ob die Konfliktbearbeitung entsprechend der völkerrechtlichen Regeln erfolgt oder ob die Entwicklung in Richtung Hybridisierung fortschreiten wird.
- Einen weiteren Faktor stellt zweitens die Überwindung konfrontativer Beziehungen und deren Umwandlung in kooperativ-integrative Verhältnisse sowie der Erhalt der bestehenden Rüstungskontrollstrukturen und deren Ausweitung auf Räume (insb. den Cyberraum) und Waffenarten (insb. Cyberwaffen) dar, die bislang noch keinen Kontrollen unterliegen.
- Eine herausragende Frage wird drittens sein, ob der Zerfall der territorialstaatlichen Ordnungen gestoppt oder ggf. umgekehrt werden kann oder ob zumindest funktionale Äquivalente gesellschaftsordnender Strukturen an ihre Stelle gesetzt werden können, durch die Gewaltniveaus gesenkt, Interessenausgleich bewirkt, Menschenrechtsschutz ermöglicht und ein Mindestmaß an materiellem Wohlstand geschaffen werden kann, so dass auf diese Weise zugleich zentrale migrationsfördernde Faktoren eliminiert werden.
- Und schließlich wird viertens zu fragen sein, ob wichtige krisenfördernde Effekte – etwa die aus der Erderwärmung resultierenden oder die Folgen ungebremster Urbanisierung – kompensiert werden können, um so insgesamt ein friedliches und im Sinne der sicherheitspolitischen Grundkategorien sicheres, bedrohungs- und gefährdungsarmes Miteinander zu ermöglichen.

→ Ergänzende Beiträge

Abrüstung und Rüstungskontrolle, Abschreckung, Frieden, internationaler Terrorismus, Krieg, Militärbündnisse, NATO, Proliferation von Massenvernichtungswaffen und Trägersystemen, Realismus als IB-Theorie, Staat/Staatlichkeit im Wandel, Typen militärischer Interventionen

Literatur

Brooker, Paul (2010): Modern Stateless Warfare, London.

Buzan, Barry/Hansen, Lene (Hrsg.) (2007): International Security. Vol. III (Widening the Agenda of International Security), Los Angeles u.a.

Elwert, Georg (1997): Gewaltmärkte. Beobachtungen zur Zweckrationalität der Gewalt, in: von Trotha, Trutz (Hrsg.): Soziologie der Gewalt, Opladen, S. 86-101.

Kaldor, Mary ([3]2012): New and Old Wars. Organised Violence in a Global Era, Cambridge.

Kaldor, Mary/Rangelov, Iavor (Hrsg.) (2014): The Handbook of Global Security Policy, Chichester.
Münkler, Herfried (2006): Der Wandel des Krieges. Von der Symmetrie zur Asymmetrie, Weilerswist.
Strachan, Hew/Scheipers, Sibylle (Hrsg.) (2011): The Changing Character of War, Oxford.
von Trotha, Trutz (1995): Ordnungsformen der Gewalt oder Aussichten auf das Ende des staatlichen Gewaltmonopols, in: Nedelmann, Birgitta (Hrsg.): Politische Institutionen im Wandel, Opladen, S. 129-166.

52 – Staat/Staatlichkeit im Wandel (*Hanns W. Maull*)

1. Staaten als Akteure in den internationalen Beziehungen

Gegenwärtig gibt es weltweit rund 200 unabhängige Staaten (S.). Die allermeisten davon (193) sind Mitglieder der → Vereinten Nationen; das jüngste Mitgliedsland ist der Südsudan, der 2011 beitrat. Einige S. stehen – aus unterschiedlichen Gründen – außerhalb: Der Vatikanstaat (er zieht es vor, eigenständig zu bleiben), Palästina oder die Republik China (Taiwan) – beiden fehlt breite internationale Anerkennung und/oder die Zustimmung aller ständigen Mitglieder des Sicherheitsrates, die für die Aufnahme neuer Mitglieder in die VN erforderlich ist. Dies verweist bereits darauf, dass die Erfüllung der klassischen Voraussetzungen von Staatlichkeit, nämlich ein eigenes, klar umrissenes Territorium und Staatsvolk sowie eine Regierung, deren Verfügungsgewalt auf ihrem Territorium im Inneren wie international anerkannt wird, nicht immer eindeutig erfüllt sind: Es gibt Grenzfälle von Staatlichkeit, bei denen entweder die effektive und unbestrittene Kontrolle über Territorium und Staatsvolk (wie bei Palästina) oder die internationale Anerkennung der Eigenstaatlichkeit unvollständig sind (wie bei Taiwan).

1.1 Grundlagen

S. sind nach wie vor die mächtigsten Akteure der Weltpolitik, auch wenn große Unternehmen es an wirtschaftlicher Stärke inzwischen manchmal selbst mit größeren S. aufnehmen können. Aber nur S. verfügen bislang über das Zerstörungspotenzial, große Teile der Menschheit innerhalb weniger Stunden auszulöschen, wie dies die USA, Russland und die Volksrepublik China, aber auch Frankreich und Großbritannien mit ihren umfangreichen Kernwaffenarsenalen und weitreichenden Trägersystemen könnten (→ Proliferation von Massenvernichtungswaffen und Trägersystemen). Allerdings sind S. keine real existierenden Akteure, sondern Abstraktionen. ‚Der Staat' ist in Wirklichkeit ein komplexes Gebilde aus zumeist hierarchisch und bürokratisch strukturierten Institutionen, in denen und für die Individuen agieren, die in ihrem Handeln neben ihren Rollen als Repräsentanten des Staates auch persönliche und bürokratische Interessen verfolgen. Ob und in welchem Umfang das Machtpotenzial von S. realisiert werden kann, hängt deshalb nicht nur von den jeweils verfügbaren Machtressourcen ab (→ Macht), sondern auch davon, wie gut es den Entscheidungsträgern gelingt, die eigene Bevölkerung, aber auch andere Akteure in den internationalen Beziehungen für ihre Ziele und Strategien zu gewinnen und ihre Unterstützung zu erhalten.

Der Begriff der ‚Staatsgewalt' verdeutlicht es: Staat und Gewalt sind seit je eng miteinander verknüpft. Herrschaft entstand und entsteht noch immer häufig durch überlegene Gewalt, und sie behauptet sich nach innen wie nach außen unter anderem durch die Androhung und Anwendung von Zwang auf der Basis des Gewaltmonopols des Staates. Dies macht den Staat zu einer Bedrohung für das Individuum, vielleicht sogar zur größten Quelle der Gefahr für Freiheit, Leib und Leben der Menschen. Aber dies ist nur die eine Seite der Medaille: Wohlgeordnete S. bieten ihren Bürgern Schutz voreinander und vor Übergriffen von außen, sie ermöglichen und begünstigen Wohlfahrt und freiheitliche Entfaltungsmöglichkeiten des einzelnen und erlauben ihm, sich politisch selbst zu bestimmen.

1.2 Staaten als wichtigste Akteure in den internationalen Beziehungen

S. beziehen ihr Machtpotenzial also aus der Herrschaft von Menschen über Menschen im Kontext einer als Staat politisch verfassten Gesellschaft; diese Herrschaft wiederum beruht auf einer je spezifischen Mischung von Anerkennung der Herrschaftsordnung und freiwilliger Gefolgschaft durch die Beherrschten (Legitimität) und der Möglichkeit des Staates, mithilfe seines Gewaltmonopols Gefolgschaft zu erzwingen. Somit vermag der Staat individuelle Anstrengungen zu bündeln, durch Abgaben und Steuern einen Teil des erwirtschafteten Wohlstandes einer Gesellschaft abzuzweigen und von seinen Untertanen bzw. seinen Bürgern Opfer zu verlangen – bis hin zur Bereitschaft, das Leben für den Staat zu opfern. Dieses Machtpotenzial des Staates ist grundsätzlich noch immer den anderen Möglichkeiten, Macht auszuüben – nämlich durch Tausch über Märkte oder durch freiwillige Assoziation auf der Grundlage von Überzeugung – überlegen. Kein anderer Akteur in den internationalen Beziehungen verfügt bislang über ein vergleichbares Potenzial: → Internationale Organisationen, aber auch nichtstaatliche Akteure wie Nichtregierungsorganisationen (→ transnationale Akteure/Nichtregierungsorganisationen), islamistische Terrornetzwerke (→ Terrorismus), transnationale Unternehmen oder die organisierte Kriminalität (→ Organisierte Kriminalität/Korruption) sind letztlich auf Unterstützung durch S. angewiesen.

1.3 Formen von Staatlichkeit im Wandel der Zeiten

Die Welt der S. weist historisch eine große Vielfalt von Erscheinungsformen auf, sie zeigt aber auch einen bemerkenswerten Trend zur Homogenisierung. Die Geschichte der internationalen Beziehungen kennt eine Vielzahl unterschiedlicher Ausprägungen von Staatlichkeit: Stammesstaaten, Großreiche, Fürstentümer, Stadtstaaten und religiös begründete S. Seit dem 16. Jhd. hat sich freilich eine bestimmte Form der staatlichen Organisation durchgesetzt: Der moderne (National)staat. Der Siegeszug dieses Staatsmodells begann im Europa des Mittelalters, als sich die Herrschaftsordnungen in einigen großen Flächenstaaten konsolidieren und ihre grundsätzlich überlegenen Ressourcenpotenziale mit Blick auf Territorium und Bevölkerungszahlen nutzten konnten, um sich so gegen Konkurrenten wie das Heilige Römische Reich deutscher Nation oder mächtige Stadtstaaten durchzusetzen.

Mit dem Westfälischen Frieden von 1648 gilt die Genese dieses Typus des Staates in Europa als weitgehend abgeschlossen. Damit beginnt auch die moderne internationale Politik als Mit- und Gegeneinander souveräner S. Grundlage dieses Triumphs der Flächenstaaten war ihre überlegene Fähigkeit, wirtschaftliche Ressourcen zu generieren und diese in militärische und technologische Macht umzumünzen. Dies nutzten sie vom 16. Jhd. an dazu, ihren Einfluss über Europa hinaus auszudehnen und ihre Konkurrenten zu dominieren. Heute finden sich weltweit nur noch wenige Relikte anderer Staatsformen, wie der Vatikanstaat als weltlicher Repräsentant einer weltumspannenden Religionsgemeinschaft und Sitz ihres Oberhauptes, des Papstes, Kleinstaaten wie San Marino oder Andorra oder Stadtstaaten wie Singapur oder Monaco. Die Russische Föderation und die Volksrepublik China können als überlebende Großreiche, also als Imperialstaaten betrachtet werden. Seit seiner Entstehung hat sich der moderne Staat in mehrerer Hinsicht grundlegend verändert.

- Erstens kam es zu einer immer umfassenderen Durchsetzung des Herrschaftsanspruchs des Staates in der Gesellschaft (innere Souveränität) und damit zu einer dramatischen Steigerung seiner Machtmöglichkeiten, nach innen gegenüber der eigenen Gesellschaft wie nach außen gegenüber anderen.
- Zweitens verschmolz seit der französischen Revolution die Idee des modernen Staates mit der der Nation und dem Gedanken der Volkssouveränität zum Konzept des modernen Nationalstaat, das sich über die dominierende Position der europäischen Mächte in der Weltpolitik im Verlauf des 19. und vor allem des 20. Jhds. – zunächst durch Nachahmung (Beispiel: Japan), dann im Kontext des Zusammenbruchs alter Großreiche nach dem Ersten und der Entkolonialisierung nach dem Zweiten Weltkrieg – weltweit verbreitete.
- Drittens entwickelte sich aus dem umfassenden Herrschaftsanspruch des Staates in der Gesellschaft und der Idee der Machtausübung des Staates im Namen und zum Wohle des Volkes eine immer breitere und umfassende Palette von Staatstätigkeiten und damit auch die Idee und Praxis des Wohlfahrtsstaates.

1.4 Der moderne Nationalstaat als Baustein und universal verbindliches Modell der internationalen Ordnung

Heute weist die Staatenwelt dementsprechend formal eine bemerkenswerte Homogenität auf: Das Modell des modernen Nationalstaates hat sich grundsätzlich weltweit durchgesetzt; die wenigen Ausnahmen bestätigen die Regel. Die nunmehr bereits ‚klassisch' zu nennenden Attribute dieses Staates sind

- seine Territorialität (also ein Staatsgebiet mit eindeutigen, allgemein anerkannten Grenzen),
- eine Herrschaftsordnung mit einer handlungsfähigen Regierung, Souveränität nach außen (Anerkennung durch andere S.) und innen (effektive Staatsgewalt, Gewaltmonopol) und schließlich
- das Staatsvolk, die ‚Nation' – konzipiert entweder als die Gemeinschaft der Bürger eines Staates, also all derer, die in den Grenzen des Staates leben, oder als eine vorgängige Kultur- und Schicksalsgemeinschaft, begründet durch gemeinsame Sprache, Kultur oder Geschichte, die sich mittels ‚ihres' Staates selbst bestimmt (nationales Selbstbestimmungsrecht).

Zu diesen herkömmlichen Attributen, die sich insgesamt als die materielle Basis des Staates und seiner Institutionen konzipieren lassen, tritt jedoch als weiteres wichtiges Attribut auch die jeweilige ‚Idee' des Staates, seine Begründung in religiösen, historischen, ideologischen oder anderen politischen Mythen. Der moderne Nationalstaat ist zudem idealtypisch ‚repräsentativ' verfasst, seine Regierung verkörpert danach den Willen des Volkes. Selbst in einem so totalitären und brutal repressiven System wie dem Nordkoreas firmiert der Staat offiziell als ‚Volksdemokratie'. In der politischen Praxis wird dieser Anspruch inzwischen häufig nicht nur formal, sondern faktisch durch mehr oder minder effektive Formen der politischen Partizipation umgesetzt. Das belegt der Vormarsch der Demokratie als politischer Organisationsform im Weltmaßstab, wenngleich diese Entwicklung sich keineswegs geradlinig, sondern in an- und abschwellenden Wellen zu vollziehen scheint. Schließlich ist der moderne Nationalstaat inzwischen – wiederum idealtypisch und dem Anspruche nach – in umfassendem Sinne zum Vorsorgestaat geworden, der durch seine Aktivitäten nicht nur die innere und äußere Sicherheit der Bevölkerung, sondern auch ihre Gesundheit, ihren Bildungsstand und ihre materielle und kulturelle Wohlfahrt befördert.

In der modernen Staatenwelt und im → Völkerrecht/internationales Recht gelten alle S. in ihrer Souveränität als formal gleich. In der Realität wurde diese Norm freilich immer wieder durchbrochen und verletzt, was Stephen Krasner (1999) dazu veranlasst hat, die moderne internationale Ordnung als *„organised hypocrisy"* zu charakterisieren. Problematisch ist aber auch der Begriff der ‚Nation' bzw. des Staatsvolkes, solange dieser Begriff nicht ganz pragmatisch einfach auf diejenigen bezogen wird, die zu einem gegebenen Zeitpunkt innerhalb der bestehenden Grenzen eines Staates leben (Staatsbürgerschaft). Konzipiert man Nation als eine wie immer definierte ‚Gemeinschaft', dann stellt sich damit einerseits sofort die – heikle und konfliktträchtige – Frage nach den Kriterien der Zugehörigkeit bzw. der Ausgrenzung von Individuen und Kollektiven, andererseits die nach den Grenzen des politischen ‚Selbstbestimmungsrechtes' der Völker.

Diese Idee des Selbstbestimmungsrechtes ist heute konstitutiver Teil der internationalen Ordnung. Doch was ist ein Volk, und wer gehört dazu? In der Praxis hat sich die Staatengemeinschaft darauf verständigt, das Selbstbestimmungsrecht grundsätzlich nur ehemaligen Kolonien und den Zerfallsprodukten zuzugestehen, die aus der Konkursmasse implodierender ‚Reiche' (wie der ehemaligen Sowjetunion oder Jugoslawiens) entstanden: Selbstbestimmungsrechte also für die Kroaten, Tadschiken oder die Bevölkerung von Osttimor, aber nicht für die Kurden oder Basken. Dabei wurde die Existenz von Staatsvölkern gelegentlich auch dann postuliert, wenn dies in der gesellschaftlichen Realität im Sinne klarer, geteilter Gemeinschaftsvorstellungen dubios war. Weltweit existieren Hunderte von politisierten Ethnien, die plausibel Forderungen auf einen eigenen Staat erheben könnten und dies z.T. auch tun. In der Praxis handhabt die Staatengemeinschaft das Selbstbestimmungsrecht restriktiv: Es ist – mit wenigen Ausnahmen – ein Recht der Besitzenden geworden, das anderen verwehrt wird, und zwar mit guten Gründen: Die umfassende Verwirklichung dieses Rechtes würde vermutlich zahllose neue binnen- und zwischenstaatliche Konflikte heraufbeschwören und damit auch die gegenwärtige internationale Ordnung sprengen.

Auch die Homogenität der Staatengesellschaft ist in der Realität in mehrfacher Hinsicht eine Fiktion. Zum einen sind die meisten S. erkennbar keine Nationalstaaten, sondern politische Gebilde, die – aus der Sicht ihrer Bürger wie in der Wahrnehmung von außen – mehrere ethnische Gruppen umfassen, sei es nun als Mehrheit, gar als Staatsvolk, und als Minderheiten (wie in der VR China oder in Russland), sei es im Sinne mehrerer Staatsvölker, die in einem Staat zusammen leben, wie etwa in der Schweiz.

1.5 Wie agieren Staaten in den internationalen Beziehungen?

In den internationalen Beziehungen – also in der Interaktion mit anderen (staatlichen wie nichtstaatlichen) Akteuren – nutzen S. ihre Machtpotenziale, um sich selbst und ihre Bevölkerung zu schützen, zu stärken und zu bereichern und um andere Staatszwecke (etwa ideologischer Art) zu verfolgen. Grundlegend ist dabei historisch das Streben nach Sicherheit und → Macht mit militärischen Mitteln; der → Krieg war zumeist das wichtigste Regulativ der zwischenstaatlichen Beziehungen und der internationalen Ordnung. Ohne erfolgreiche Monopolisierung bzw. ohne effektive normative Tabuisierung von Gewaltanwendung tendiert die internationale Politik strukturell dazu, S. mit Macht- und Sicherheitsdilemmata zu konfrontieren: Um sich subjektiv effektiv zu schützen und ihre Chancen zu verbessern, ihre Staatsziele zu realisieren, ergreifen S. Maßnahmen (wie etwa Aufrüstung), die andere dazu veranlassen, ihrerseits ähnliche Maßnahmen zu treffen (→ Rüstungskontrolle und Abrüstung).

Dieses Sicherheits- und Machtdilemma (→ Realismus als IB-Theorie) impliziert grundsätzlich jedoch nicht nur konfliktförmige Verhaltensmuster (wie Rüstung und Drohungen bzw. Warnungen), sondern auch Formen der Kooperation, etwa durch Allianzen mit anderen S. gegen einen gemeinsamen Gegner oder durch Bemühungen, die Dilemma-Situation – etwa durch kooperative → Sicherheitspolitik – gemeinsam aufzulösen. Zudem ist die regulative Funktion des Krieges historisch kontingent, also abhängig etwa von spezifischen technologischen und kulturellen Gegebenheiten, die durchaus implizieren können, dass Kriegführung zwischen S. nicht mehr als zweckdienlich oder gar als tabu gilt. Einiges spricht dafür, dass Krieg unter den gegenwärtigen technologischen, gesellschaftlichen und kulturellen Bedingungen diese Regulativfunktion jedenfalls für die Beziehungen zwischen den Mächten eingebüßt haben könnte. Die Chancen der Kooperation zur Verbesserung der eigenen Sicherheit wie zur Bearbeitung gemeinsamer oder globaler Problemlagen werden dabei aber gemindert durch Souveränitätsvorbehalte der beteiligten S. und durch die bekannten Probleme kollektiven Handelns unter den Rahmenbedingungen fehlender Zentralgewalt – wie z.B. die Trittbrettfahrer-Problematik, der zufolge S. u.U. auch dann in den Genuss von Kooperationsvorteilen kommen können, wenn sie selbst dazu keine Beiträge geleistet haben (→ Global Commons).

Durch die Muster ihrer – kooperativen wie konfrontativen – Interaktionen untereinander gestalten die S. (und insbesondere die Großmächte) die internationale Staatengesellschaft und ihre Ordnung, also die Prinzipien, Normen und Regeln, die das Verhalten der S. bestimmen. Die internationale Ordnung kann dabei rudimentär oder hoch entwickelt, gewaltanfällig oder befriedet, formal institutionalisiert und stark verrechtlicht oder informell sein. Wie sie sich jeweils konkret darstellt, darüber entscheidet das Verhalten ihrer Mitglieder (→ Weltordnungsmodelle).

1.6. Was bestimmt das Verhalten von Staaten?
Aber was bestimmt dieses Verhalten? Grob skizziert, finden sich in den IB-Theorien auf diese Frage drei verschiedene Antworten, die jeweils unterschiedliche Denkschulen repräsentieren (→ Institutionalismus, Konstruktivismus, Liberalismus und Realismus als IB-Theorie).

- Die erste Antwort, für die vor allem die Denkschule des Realismus bzw. des Neo-Realismus steht, sieht das Verhalten von S. im Wesentlichen bestimmt durch die (grundsätzlich unveränderlichen) Eigengesetzlichkeiten der internationalen Politik bzw. durch die Strukturen der Machtverteilung im Staatensystem. (Militärische) Machtpotenziale sowie das Streben nach Sicherheit und Macht sind die zentralen Kategorien dieser Sichtweise.
- Die zweite, liberalistische Richtung sieht das Verhalten von S. dagegen als das Ergebnis innergesellschaftlicher Strukturen und Aushandlungsprozesse.
- Die dritte Antwort, die vor allem von konstruktivistischen Theoretikern gegeben wird, hebt auf internationale Normen ab: S. verhalten sich danach nicht nur zweckdienlich, also mit Blick auf die möglichen Folgen ihres Handelns im Sinne der eigenen Interessen, sondern auch 'angemessen', also in Übereinstimmung mit bestimmten Normen und den damit verbundenen Verhaltenserwartungen anderer.

Während die realistische Schule generell strukturellen und systemischen Faktoren einen hohen erklärenden Stellenwert einräumt, geben die beiden anderen Richtungen den wirklichen Akteuren – den außenpolitischen Entscheidungsträgern – größere Bedeutung, ohne freilich systematisch Handlungstheorien zu integrieren.

2. Staaten als Objekte in den internationalen Beziehungen
In den internationalen Beziehungen erscheinen S. freilich nicht nur als Subjekte, sondern auch als Attribute bzw. Objekte: Das Konzept der Staatlichkeit umreißt eine Qualität, die Akteure – wie etwa gegenwärtig die kurdischen Minderheit in Syrien und Irak oder die albanische Bevölkerung im Kosovo – für sich zu erreichen suchen; ihr Verhalten zielt darauf ab, diese Qualität bzw. dieses Attribut zu erhalten. Dabei handelt es sich bei dieser Qualität nicht um eine Konstante, sondern – wie bereits angedeutet – eine historischen Wandlungsprozessen unterliegende Größe. Im Kontext dieser Veränderungen kann Staatlichkeit wachsen, sich verändern, aber auch zerfallen; wo prekäre bzw. verlorene Staatlichkeit negative Auswirkungen hat, kann ihre Wiederherstellung zum Gegenstand internationaler Bemühungen werden: Der (Wieder-)Aufbau von S. wird zu einer Aufgabe der internationalen Politik.

2.1 ‚Just about through'? Zur Position und Bedeutung des Staates als Akteur in den internationalen Beziehungen
Zunächst allerdings gilt es zu fragen, ob S. unter den gegenwärtigen Voraussetzungen in der Tat noch die Bedeutung haben, die wir ihnen bislang zugeschrieben haben. Dies

ist keineswegs unumstritten: Nach einem geflügelten Wort des amerikanischen Soziologien Daniel Bell (1977: 132) „*the national state has become too small for the big problems in life, and too big for the small problems*"; er wäre somit, mit einem anderen berühmten Zitat des Nationalökonomen Charles Kindleberger (1969: 207) als wichtiger politischer Akteur „*just about through*". Diese (immerhin bereits beinahe ein halbes Jhd. zurückreichende) skeptische Diagnose zu den Zukunftschancen des Staates wurde seither in immer neuen Varianten wiederholt und fortgeführt. In der Tat ist unübersehbar, dass im Verlauf des vergangenen Jhds. S. als die zentralen Akteure der internationalen Politik allein durch ihre stark angestiegene Zahl, vor allem aber durch die exponentielle quantitative Zunahme und das wachsende Gewicht anderer, nichtstaatlicher Akteure zunehmend in die Defensive gedrängt wurden und um ihren Einfluss ringen mussten. Zu diesen ‚neuen' Akteuren gehörten → Internationale Organisationen, Nicht-Regierungsorganisationen und Transnationale Unternehmen (TNCs). Heute stellen TNCs unter den hundert größten Wirtschaftseinheiten der Welt bereits die Mehrheit, vergleicht man das Bruttosozialprodukt der S. mit dem Umsatz der Unternehmen (→ Globalisierung). Diese Zahlen sind keineswegs nur ökonomisch, sondern auch politisch bedeutsam: Die mit der starken Zunahme der Zahl, der Töchter und der Aktivitäten von TNCs einhergehende Globalisierung der Produktion entzieht den S. Einfluss über die Wirtschaftsaktivitäten auf ihrem Territorium.

Insgesamt reflektiert der Aufstieg der nichtstaatlichen Akteure (→ Transnationale Akteure/Nichtregierungsorganisationen) das wachsende Gewicht der – nach Susan Strange (1996) – drei anderen zentralen Strukturen der internationalen Beziehungen neben der Sicherheitsstruktur: Der Produktionsstruktur, der Finanzstruktur und der Wissensstruktur, in denen S. keine Schlüsselpositionen einnehmen. Durch die Proliferation von Akteuren und die damit verbundene Machtdiffusion wird die formale Souveränität des Staates in wichtigen Bereichen (wie etwa der Praxis der Einhaltung bzw. Nichteinhaltung der → Menschenrechte gegenüber der eigenen Bevölkerung) herausgefordert und seine faktische Fähigkeit, die Lebensverhältnisse auf dem eigenen Territorium autonom zu gestalten, durch → Völkerrecht/internationales Recht und → internationale Organisationen mit supranationalen Kompetenzen eingeschränkt und durch gutartige wie bösartige NGOs (von der Menschenrechtsorganisation Amnesty International bis zu den Mafias und dem Terrornetzwerk al-Qaida) bedroht. Dennoch erscheint die oben zitierte These von Daniel Bell überzogen.

- Darauf deutet erstens die Tatsache, dass sich – trotz der erwähnten, ausgeprägten Vorbehalte der Staatengemeinschaft gegen neue Staatsgründungen – die Zahl der S. im Verlauf der vergangenen 50 Jahre auf derzeit 200 rund verdreifacht hat. Dies belegt die ungebrochene Nachfrage nach Staatlichkeit, und in der Tat ist der Staat als Vehikel für die politische Selbstbestimmung eines Kollektivs, für gemeinsame Problemlösungen und als Garant der Sicherheit gegen äußere Gewalt bislang und bis auf weiteres ohne wirkliche Alternative: Selbst die einem Staat am nächsten kommende → Europäische Union entwickelt sich keineswegs in Richtung einer Auflösung der nationalstaatlichen Fundamente der Integration, sondern bestenfalls im Sinne einer zunehmend ausdifferenzierten und vertieften supranationalen Einbindung und Überwölbung der Mitgliedsstaaten (→ Integrationstheorien).

- Zum zweiten besitzt der Staat durchaus auch strategische Antworten auf die Herausforderungen durch zunehmende Interdependenzen und Machtdiffusion (→ Interdependenz). Denn nach wie vor verfügen allein S. über ein Gewaltmonopol auf ihrem Territorium und damit über Autorität gegenüber ihrer Bevölkerung: Sie definieren die Normen und Regeln gesellschaftlicher Aktivitäten und setzen diese notfalls auch gegen Widerstand durch. Sie gewähren und gewährleisten Eigentumsrechte und bestimmen damit wesentliche inhaltliche Aspekte der jeweiligen Ordnung. Damit sind sie auch in der Lage, Rahmenbedingungen für die Interaktion der Akteure in den internationalen Beziehungen zu setzen, und sie haben die Möglichkeit, über Zusammenarbeit mit anderen S. und nichtstaatlichen Akteuren ihre Macht zu steigern und ihre Einflusschancen zu mehren.

Kurz: Der Staat ist aus all diesen und anderen Gründen zwar nicht mehr unumstritten der einzig wichtige, aber doch nach wie vor der bedeutsamste Akteur der Weltpolitik, weil es zu ihm als Vehikel zu politischer Selbstbestimmung keine erkennbare Alternative gibt.

2.2 Staatlichkeit unter den Rahmenbedingungen der Globalisierung: Souveränität und Territorialität

Staatlichkeit ist historisch kontingent: Ihre Erscheinungsformen sind in vielfältiger Hinsicht Prozessen des Wandels unterworfen. Dabei spielen jene Phänomene des sozialen Wandels, die früher als ‚Modernisierung‘ und heute als → Globalisierung bezeichnet werden, die wichtigste Rolle. Ihre Dynamik beruht auf technologischer Innovation, also auf neuen (wissenschaftlichen) Erkenntnissen und ihrer (technischen) Umsetzung bei der Lösung sozialer Aufgaben. Dabei verlieren selbst sehr mächtige S. zunehmend die Chance, Entwicklungen alleine und ausschließlich selbstbestimmt zu beeinflussen. Diese Autonomieverluste – die nicht zu verwechseln sind mit der kaum je gegebenen Gefährdung der formalen Souveränität des Staates – führen zum Paradoxon der gegenwärtigen Staatlichkeit: Obwohl der moderne Nationalstaat grundsätzlich im Vergleich zu seinen Vorläufern über eine ausgeprägte Machtfülle verfügt, führen steigende Anforderungen von innen, von außen und aus dem transnationalen Raum faktisch zunehmend zu Symptomen und Problemen der Überlastung und der Verwundbarkeit. Zwar hat der Staat versucht, auf die veränderten Rahmenbedingungen der Globalisierung zu reagieren, indem er seine Steuerungspotenziale auszuweiten suchte, aber die Anforderungen an moderne Staatlichkeit wuchsen und wachsen noch rascher als diese Anpassungsbemühungen. Die Folge ist eine sich öffnende Schere zwischen den Anforderungen an den Staat und seiner Leistungsfähigkeit.

Ein wichtiger Strang der sich verändernden Qualität von Staatlichkeit betrifft die Souveränität des Staates sowie seine territorialen und gesellschaftlichen Grundlagen. Der Begriff der Souveränität unterlag historisch einem weit reichenden Bedeutungswandel; aktuell geht es bei der Frage ‚Was bedeutet Souveränität heute?‘ vor allem um die Beschränkungen staatlicher Hoheitsrechte und -ansprüche durch (völkerrechtlich nicht selten legitimierte oder gar normierte Einmischungsrechte) anderer S. und internationaler Organisationen; in diesem Zusammenhang ist die Unterscheidung von formaler bzw. rechtlicher und effektiver Souveränität bzw. Autonomie bedeutsam. Ob, wie und unter welchen Voraussetzungen andere S. das Recht und möglicherweise sogar die Pflicht haben, im Namen der Völkergemeinschaft militärisch in anderen S. zu intervenieren, um dort massive Menschenrechtsverletzungen und Völkermorde zu verhindern, wurde zunächst unter dem Stichwort ‚Humanitäre Intervention', dann unter dem der → Schutzverantwortung (*responsibility to protect*, R2P) diskutiert. Schließlich verändert und relativiert sich unter den Rahmenbedingungen der → Globalisierung die Bedeutung von Grenzen und damit auch von Territorialität: Die harte Schale des modernen Staates bricht auf, sie wird durchlässig. Wie dies geschieht und welche Folgerungen daraus abzuleiten sind, ist umstritten. Ähnlich vollziehen sich auch – etwa durch → Migration und Ethnisierung von Gesellschaften – Veränderungen in dem, was traditionell als Staatsvolk und damit als ‚souverän' im Sinne der letztendlichen Entscheidungskompetenz bezeichnet wird. Die Globalisierung stellt deshalb auch eine Herausforderung für den demokratischen Verfassungsstaat dar.

2.3 Wandel, Perversion und Zerfall von Staatlichkeit

Bei der Untersuchung von Auswirkungen der Globalisierung auf die Erscheinungsformen von Staatlichkeit erwies sich die Unterscheidung zwischen prämodernen, modernen und postmodernen S. als fruchtbar. Ausgehend von der Kluft zwischen dem Idealtypus des modernen Nationalstaates und einer vielschichtigen und facettenreichen Wirklichkeit, differenziert diese Sichtweise zwischen

- „Quasi-S." (Jackson 1990) (dies sind ehemalige Kolonien der ‚Zweiten' (sozialistischen) und der ‚Dritten' Welt, die dem Idealtypus nur formal entsprechen, in denen faktisch die tatsächliche Präsenz des Staates in der Gesellschaft und seine Leistungsfähigkeit aber recht begrenzt blieb),
- modernen S. (etwa den erfolgreichen S. der Dritten Welt wie Brasilien, Indien oder die Volksrepublik China, aber auch den USA, die die Leistungsfähigkeit von Wirtschaft und Staat dramatisch steigern konnten, in ihrem Staatsverständnis jedoch noch fest in der Moderne und damit in der Welt der Souveränität und des Nationalismus verhaftet sind) und schließlich
- postmodernen S., die sich an den neuen, gegenwärtigen und zukünftigen Anforderungsprofilen an Staatlichkeit orientieren (hierzu gehören viele Mitgliedsstaaten der EU, aber auch andere S. wie etwa Singapur). Kennzeichnender Aspekt postmoderner Staatlichkeit ist eine Souveränitätskonzeption, die sich vom traditionellen, auf Autonomie zielenden Souveränitätsanspruch unterscheidet und mit weit reichenden regionalen und globalen Souveränitätsübertragungen vereinbar ist.

In dem Maße, in dem die Leistungsfähigkeit des Staates nicht ausreicht, um die Gesellschaft von den Chancen der Globalisierung profitieren zu lassen und sie gegen Globalisierungsrisiken und -gefahren zu schützen, kann es zu Staatsschwäche (*failing, fragile, precarious states*) und Staatszerfall (*failed states*) kommen. In der Regel überdauern Restelemente von Staatlichkeit freilich auch unter diesen Bedingungen, werden aber dann zumeist zweckentfremdet und zugunsten bestimmter Gruppen und Partikularinteressen instrumentalisiert.

Staatlichkeit kann jedoch auch pervertieren, wenn es machtbewussten Cliquen gelingt, die Kontrolle über den Staat zu gewinnen und ihn dann ausschließlich zur Sicherung der eigenen Machtposition und zur persönlichen Bereicherung ohne Rücksicht auf die Interessen der Bevölkerung auszubeuten (*state capture*). Die in der amerikanischen Außenpolitik bereits von der ersten Clinton-Administration eingeführte Kategorie des ‚Schurkenstaates' (*rogue state*) ist insofern nicht ohne reale Begründung, wenngleich die Bestimmung der Liste dieser S. im Einzelnen natürlich außenpolitischen Kalkülen der USA entsprang. Verknüpft mit dieser Problematik pervertierter Staatlichkeit ist die Frage nach den Bedingungen, unter denen einzelne S. oder die Staatengemeinschaft insgesamt, notfalls auch mit militärischen Mitteln, intervenieren können und dürfen, um eine von einem solchen Staat ausgehende Bedrohung der eigenen Bevölkerung oder anderer abzuwenden. Durch die Ausbreitung von Massenvernichtungswaffen erhält diese Frage zusätzliches Gewicht (→ Proliferation von Massenvernichtungswaffen und Trägersystemen).

2.4 State-building als Herausforderung für die internationale Politik

Werfen ‚Schurkenstaaten' die Frage nach legitimen Möglichkeiten der antizipatorischen Selbstverteidigung und der militärischen Durchsetzung zentraler internationaler Ordnungsprinzipien auf, so sind es im Gefolge von Prozessen des Staatszerfalls oft humanitäre Katastrophen und/oder Genozide an Minderheiten, die zu ‚humanitären Interventionen' der Staatengemeinschaft oder einzelner S. führen (→ Schutzverantwortung/R2P). Zudem erwiesen sich zerfallende und zerfallene S. immer wieder als Operationsbasen transnationaler terroristischer Organisationen, allen voran die Netzwerke von al-Qaida und anderer islamisch-fundamentalistischer Gruppierungen wie der ‚Islamische Staat' in Syrien, in Afghanistan, in Pakistan, in Nord-, Ost- und Westafrika (→ internationaler Terrorismus). Sie wurden damit zur Herausforderung für die Sicherheit dieser Regionen und des Westens. Nach den Terroranschlägen des 11. September 2001 setzte sich im Westen deshalb die Einschätzung durch, dass prekäre bzw. gescheiterte Staatlichkeit zu den drängendsten sicherheitspolitischen Herausforderungen zähle. Der Aufbau von Staatlichkeit durch konzertiertes Zusammenwirken von S., nichtstaatlichen Akteuren und internationalen Organisationen unter dem Dach der → Europäischen Union, der → NATO oder der → Vereinten Nationen wurde so zu einer wichtigen Aufgabe der → Sicherheitspolitik erklärt und in seiner Bedeutung nicht selten dramatisiert. Freilich: Gleichviel ob die Bemühungen um den Aufbau zerfallende oder zerfallene Staatlichkeit nun humanitär oder sicherheitspolitisch motiviert waren – sie erwiesen sich in der Praxis als außerordentlich schwierig, mühevoll und langwierig (→ Typen militärischer Intervention). Diese Erfahrungen mit derartigen Interventionen deuten darauf hin, dass die unmittelbaren Ziele der Intervention (Entmachtung eines ‚Schurkenregimes', Befriedung eines zerfallenen Staates) zwar oft aufgrund überlegener Militärtechnologien der Intervenierenden vergleichsweise leicht zu erreichen sind. Die dauerhafte Befriedung und damit auch eine effektive Konfliktprävention setzen jedoch den Aufbau tragfähiger staatlicher Strukturen voraus. Zudem impliziert die Intervention auch die Verantwortung, den betroffenen Gesellschaften zu helfen, sich selbst erfolgreich zu regieren. Dies erfordert, so der Befund der entsprechenden Untersuchungen, Risikobereitschaft, politisches Stehvermögen, Geduld und Klugheit und nicht zuletzt umfangreiche Ressourcen. Zwar sind die Erfahrungen mit derartigen Bemühungen um Staatsaufbau nicht durchwegs negativ, aber doch insgesamt außerordentlich gemischt.

Wie die Staatengemeinschaft unter den Bedingungen zerfallener bzw. zerstörter Staatlichkeit ‚Staat machen' kann, wie sich Staatlichkeit unter internationaler (und das heißt in der Regel: durch die VN) Regie dauerhaft aufbauen lässt, bildet einen weiteren wichtigen Forschungsschwerpunkt im Kontext von Staat und Globalisierung. Diese Diskussion ist deutlich abzugrenzen von jener um die Herausforderungen des *nation-building* in den 1950er und 1960er Jahren. Stand damals die wirtschaftliche und gesellschaftliche Entwicklung von Gesellschaften im Mittelpunkt, deren Staatlichkeit kaum problematisiert wurde, so geht es heute darum, essentielle Staatsleistungen dort zu entwickeln, wo diese nicht mehr funktionieren (und vielleicht noch niemals existierten). Zu den elementarsten Staatsfunktionen gehören dabei die Durchsetzung des Gewaltmonopols, die Steuerhoheit und die Fähigkeit, Recht zu setzen und durchzusetzen. Darüber hinaus braucht dauerhaft funktionierende Staatlichkeit wirtschaftliche und gesellschaftliche Entwicklung.

3. Fazit

Der Staat verliert also auch im Kontext der → Globalisierung seine zentrale Bedeutung als Akteur in den internationalen Beziehungen keineswegs, und er ist in seiner Existenz nicht gefährdet. Nach wie vor stellt er die wichtigste Quelle politischer Autorität und der Legitimierung von Herrschaft dar; beides bleibt auch unter den Rahmenbedingungen der Globalisierung unverzichtbare Voraussetzung für die Ordnung der internationalen Politik und die Bewältigung der aktuellen und zukünftigen Herausforderungen, im Inneren der S. wie international. Die Autonomie des Staates wird freilich weltweit durch die Folgen der Globalisierung zunehmend eingeschränkt, und die Ausgestaltung von Staatlichkeit nimmt neue, deutlich veränderte Formen an. Hierzu gehört auch die Rekonfiguration von Staatlichkeit in neuen territorialen (→ Regionalisierung/Regionalismus) und global-funktionalen Zusammenhängen (Strukturen der *Global Governance*). Staatlichkeit löst sich damit tendenziell von den fest umrissenen territorialen Bezügen der modernen, nationalstaatlichen Welt. Noch ist freilich offen, ob und wie diese Rekonfiguration von Staatlichkeit jenseits herkömmlicher territorialer Formen in einer Weise geschehen kann, die den veränderten Anforderungen an die Politik unter den Rahmenbedingung der Globalisierung entspricht.

→ Ergänzende Beiträge

Globalisierung, Internationale Organisationen, Schutzverantwortung/R2P, Völkerrecht/internationales Recht

Literatur

Bell, Daniel (1977): The Future World Disorder, in: Foreign Policy (27), S. 109-135.

Berdal, Mats (ed.) (2013): The Political Economy of State Building, Power after Peace, Abingdon.

Buzan, Barry (1983): People, States and Fear. The National Security Problem in International Relations, Brighton.
Fukuyama, Francis (2011): The Origins of Political Order, From Prehuman Times to the French Revolution, New York.
Jackson, Robert H. (1990): Quasi-States: Sovereignty, International Relations, and the Third World, Cambridge.
Kindleberger, Charles P. (1969): American Business Abroad, New Haven.
Krasner, Steven D. (1999): Sovereignty: Organized Hypocrisy, Princeton.
Reinhard, Wolfgang (1999): Geschichte der Staatsgewalt, Eine vergleichende Verfassungsgeschichte Europas von den Anfängen bis zur Gegenwart, München.

Internetadressen
Fragile State Index: http://library.fundforpeace.org/fsi

53 – Strategische Wissenschaft (*Joachim Krause*)

1. Definition

Strategische Wissenschaft (s.W.), im englischen *Strategic Studies* genannt, ist die wissenschaftliche Beschäftigung mit Fragen der internationalen Sicherheit (→ Sicherheitspolitik). Sie behandelt politische Prozesse und Ereignisse, bei denen infolge des direkten oder indirekten Einsatzes von → Macht wesentliche politische Weichenstellungen erfolgen. S.W. befasst sich mit Kriegen (→ Krieg), Interventionen (→ Typen militärischer Intervention), der Anwendung militärischer Mittel bzw. deren Zähmung durch → Rüstungskontrolle oder Abrüstung sowie mit anderen Formen von *coercive diplomacy* (bis hin zur Rolle von *soft power*) und präventiver → Diplomatie (Kriegsverhinderung, Friedenskonsolidierung).

2. Die Entwicklung der Strategic Studies

Als Urväter der s.W. kann man die Klassiker des strategischen Denkens ansehen, wenngleich deren Interesse zumeist auf der Kriegführung und der bedeutenden Rolle von militärischer (=strategischer) Führung sowie der geschickten Nutzung von Technologien, Terrain und auch Bündnispolitik lag (Paret 1986, Heuser 2010). Der erste Versuch einer allgemein wissenschaftlichen Analyse nicht nur von Kriegen, sondern auch von den Prozessen, die zu Kriegen führen, den Ursachen von Siegen und Niederlagen, den Bedingungen unter denen Kriege beendet werden können sowie den Voraussetzungen der Friedensschaffung war Carl von Clausewitz‘ Buch ‚Vom Kriege‘, welches 1832 posthum erstmals erschien. Für Clausewitz standen nicht nur allgemeine Prinzipien der Kriegführung im Vordergrund, sondern auch die Abhängigkeit des Kriegswesens von den jeweiligen gesellschaftlichen, politischen und technischen Umständen. Das Streben von Clausewitz nach Objektivität und Berechenbarkeit, seine tiefe Abneigung gegen die Gefahr der Entartung des Krieges und der damit einhergehenden Dynamik hin zu dem was man heute den totalen Krieg nennt, wurde in der zweiten Hälfte des 19. Jhds. immer weniger beachtet. Im Zeitalter des aufkommenden und dann überschäumenden Nationalismus und Imperialismus verkam die wissenschaftliche Beschäftigung mit strategischen Fragen zur parteilichen Kriegshistorie. Erst nach dem Zweiten Weltkrieg entwickelte sich vor allem in Großbritannien eine s.W., die von Militärhistorikern, Journalisten sowie pensionierten Soldaten geprägt wurde und deren Ziel es war, aus der Geschichte Lehren zu ziehen über den Einsatz und den Gebrauch militärischer Macht, die Bedeutung von Führung, Waffentechnik und das Zusammenspiel von Politik und Militär.

Bei ihnen war eine an Clausewitz anknüpfende Skepsis bezüglich der Gefahren des Krieges stark ausgeprägt, aber auch das Bewusstsein, dass Kriege nicht einfach aus der Welt verschwinden werden und dass es sich lohnt Kriege und den Gebrauch militärischer Macht generell zu studieren, wollte man diese vermeiden. In Großbritannien waren es vor allem Basil Liddell Hart und J.F.C Fuller, die als Begründer einer s.W. galten (Danchev 1998). Einen weiteren Impuls erhielten die Strategischen Studien durch das nukleare Zeitalter. Vor allem in den USA setzte eine eigenständige Befassung mit strategischen Fragen ein, die aus dem Motiv genährt wurde, die Folgen der Einführung von Kernwaffen für die internationalen Beziehungen zu verstehen und den sich ab 1947 abzeichnenden → Ost-West-Konflikt zu begreifen (→ Proliferation von Massenvernichtungswaffen und Trägersystemen).

Damit veränderte sich das Gesicht der s.W., sie wurde stärker politisiert und erhielt ihr Profil mehr und mehr durch amerikanische Debatten. Aber auch in Frankreich regten sich mit dem Soziologen Raymond Aron und dem General André Beaufre ernst zu nehmende Autoren, die an der internationalen strategischen Debatte partizipierten (Aron 1963; Beaufre 1964). In Großbritannien blieb eine starke *community* bestehen, die nicht zuletzt unter dem Einfluss von Liddell Hart (der 1970 starb) zusammenwuchs und politisch und akademisch Früchte trug. Besonders wichtig war die Gründung des *Institute for Strategic Studies* (ISS) in London durch den ebenfalls von Liddell Hart beeinflussten Journalisten und Labour Politiker Alastair Buchan, den Labour Politiker (und späteren Ministerpräsidenten) Denis Healey und den britischen Militärhistoriker Michael Howard (Skaggs 1985). Das ISS wurde bald zu einem internationalen Institut (*International Institute for Strategic Studies* – IISS).

3. Themenfelder der Strategischen Wissenschaft

S.W. befasst sich heute mit einem breiten Spektrum von Fragestellungen. In den Jahren nach dem Ende des Zweiten Weltkrieges lag das Hauptaugenmerk auf der Rolle nuklearer Waffen für die westliche Verteidigung sowie auf der Analyse der strategischen Ziele der Sowjetführung und deren Umsetzung im Rahmen der Militärpolitik. Auch wurde die Neuorganisation des Westens zu einem eigenen Gegenstand der Analyse (Atlantische Allianz, Europäische Integration). Die Konsequenzen des ab Ende der 1950er Jahre absehbaren nuklearstrategischen Patts zwischen den USA und der Sowjetunion für die internationale Stabilität und für die Verteidigung des Westens führten dazu, dass die Beschäftigung mit → Rüstungskontrolle und Abrüstung zu einem zentralen Themenbereich der s.W. wurde. Aus dem breiten Bereich der s.W. ragen eine Reihe von Themen hervor, die mit einer gewissen Regelmäßigkeit Gegenstand wissenschaftlicher Analyse waren und sind. Die wichtigsten Themen sind:

- Strategie und Technologie: Hierbei stehen Fragen im Mittelpunkt, die den Zusammenhang zwischen Strategie (das heißt den direkten und indirekten Gebrauch militärischer Machtmittel) und technologischer Entwicklung behandeln.
- Strategietheorie: Strategietheorien beziehen heute die Analyse strategischer Herausforderungen mit ein, die auf ein breites, sowohl militärische wie nicht-militärische Herausforderungen einbeziehendes Risiko- und Gefahrenspektrum abzielen. In diesem Zusammenhang wurde auch der Begriff der *Grand Strategy* entwickelt, der alle politischen und militärischen Maßnahmen eines Staates umfasst, die dazu geeignet sind, das Überleben dieses Staates in der Auseinandersetzung mit internationalen Herausforderungen zu gewährleisten.
- Umgang mit totalitären Diktaturen und autoritären Staaten: Früher bedeutete dies die Auseinandersetzung mit totalitären Diktaturen und deren Nutzung militärischer Instrumente zur Durchsetzung ihrer Ziele. Heute stehen autoritäre Staaten, Kleptokratien, Militärdiktaturen und andere Formen problematischer (auch fragiler) Staatlichkeit sowie neue Akteure mit totalitären und gewaltsamen Ideologien im Mittelpunkt.
- Abschreckungstheorie: Ein ganz wesentlicher Bereich der s.W. ist die Auseinandersetzung mit der Frage, mit welcher politisch-militärischen Strategie westliche Demokratien militärischen Bedrohungen entgegen wirken können. → Abschreckung gilt als Strategie westlicher Demokratien, um mit einem relativ geringen Aufwand gegenüber Gegnern demonstrieren zu können, dass man zum einen nicht an einem Krieg interessiert sei, zum anderen aber auch nicht bereit ist, gegenüber einem gewaltbereiten Staat nachzugeben (Beaufre 1964, Brodie 1973).
- Rüstungskontrolle und Nichtverbreitungspolitik: Ein wichtiges Feld der s.W. ist immer der Bereich der Rüstungskontrolle und Nichtverbreitungspolitik bei Massenvernichtungswaffen gewesen. Es ist typisch für die *Strategic Studies*, dass sie Rüstungskontrolle und nicht Abrüstung in den Vordergrund stellen. Rüstungskontrolle ist die pragmatische Alternative zur utopischen Idee der Abrüstung (→ Rüstungskontrolle und Abrüstung, → Proliferation von Massenvernichtungswaffen und Trägersystemen).
- Coercive diplomacy: Mit *coercive diplomacy* sind im Prinzip alle Maßnahmen umschrieben, mit denen Staaten versuchen auf andere staatliche (oder auch manchmal nichtstaatliche) Akteure einzuwirken, die eine Bedrohung der internationalen Sicherheit oder des Friedens darstellen oder darstellen werden. Dazu können Maßnahmen militärischer Art gehören, vor allem solche, die auf dem Prinzip der Abschreckung aufbauen (Freedman 2004), und solche, die nicht-militärischer Art sind, die aber erhebliche Zwangselemente enthalten, wie ökonomische, finanzielle, politische und auf Individuen bezogene Sanktionen.
- Analysen regionaler Konflikte: Regionale Konflikte (→ Krieg) haben stets einen großen Stellenwert in der s.W. eingenommen. Gegenstand der meisten Studien waren lokale und regionale Konfliktursachen – die häufig mit post-kolonialen Verwerfungen zu tun hatten – sowie die Rolle auswärtiger Interventionsmächte. Vor allem nach dem Ende des → Ost-West-Konflikts hat die Bedeutung regionaler Studien im Rahmen der s.W. deutlich zugenommen.

- Konfliktprävention, -regelung und Friedenskonsolidierung: Dieses Thema ist vor allem seit Beginn der 1990er Jahre des vergangenen Jhds. eine wichtige Sparte der s.W. Die meiste Aufmerksamkeit liegt mittlerweile im Bereich der Friedenskonsolidierung, d.h. den Versuchen nach einem Konflikt (insbesondere nach einem Bürgerkrieg) Staatlichkeit herzustellen oder wieder zu etablieren (→ Staat und Staatlichkeit im Wandel).
- Globalisierung und der Aufstieg oder Abstieg von Staaten und Regionen: Ein weiteres Feld der s.W. sind die regionalen und globalen wirtschaftlichen, technologischen und demographischen Entwicklungsprozesse und deren strategische Konsequenzen (→ Globalisierung). Besonders das seit mehr als 30 Jahren anhaltende gewaltige wirtschaftliche Wachstum der VR China stachelt derzeit die Phantasie vieler strategischer Experten an (→ Aufstieg der Schwellenländer).
- Asymmetrische Kriegführung und Terrorismus: Seit dem Vietnam-Krieg, aber spätestens seit dem 11. September 2001 gibt es ein starkes Interesse der s.W. an Fragen der asymmetrischen Kriegführung und des → internationalen Terrorismus. Heute beschäftigen sich strategische Experten in vielen Ländern mit den Denkweisen und Strategien vorwiegend salafistischer Dschihadisten, den Strukturen und dem Aufbau der entsprechenden Organisationen und Milizen sowie mit Strategien zu ihrer Bekämpfung, insbesondere in Staaten, die Gegenstand internationaler Bemühungen zur Friedenskonsolidierung sind.
- Analysen ‚neuer Kriege': Die s.W. reagiert auch auf die Tatsache, dass es immer weniger klassische, große Kriege gibt und dass neue Formen von Kriegen vornehmlich in Afrika und Asien zu beobachten sind (→ Krieg). Dies sind vornehmlich Kriege geringer Intensität, die dennoch jahrzehntelang andauern und zum Verfall ganzer Staaten und Regionen (vor allem in Afrika) führen können.
- Maritime Sicherheit: In der heutigen s.W. nehmen Fragen maritimer Sicherheit und Strategie einen zunehmend größeren Stellenwert ein. Hierzu gehören vor allem die Auseinandersetzung mit den wachsenden maritimen Fähigkeiten Chinas, Indiens und anderer Schwellenmächte (Yoshihara/Holmes 2013) sowie die Bedrohungen der Seefahrt durch Piraterie und die Bemühungen der internationalen Staatengemeinschaft um die Sicherung der Seefahrtswege.
- Management von Allianzbeziehungen: Ein wichtiger Bereich der heutigen s.W. ist das Management von Allianzbeziehungen. Dies reflektiert die besondere Rolle der → NATO als einem Bündnis, für das es in der Geschichte keine Parallele gibt. Mit dem Ende des Ost-West-Konflikts haben sich die Fragestellungen und Herausforderungen der s.W. im Bereich des Allianzmanagements verschoben.
- Probleme internationaler Ordnungsbildung: In den vergangenen Jahren hat die Beschäftigung mit grundsätzlichen Fragen internationaler Ordnung deutlich zugenommen (→ Weltordnungsmodelle). Im Wesentlichen geht es darum, international eine Form des geregelten Miteinanders zu finden, die den → Frieden sichern kann. Von ‚internationaler Ordnung' kann man dann sprechen, wenn die Mitglieder eines internationalen Systems einen gewissen Grad an Gemeinsamkeit entwickelt haben, so dass sie zu einer Art ‚anarchischer Gesellschaft' werden.

4. Theoretische und methodische Einordnung

Die theoretische Einordnung der s.W. ist schwierig, weil die meisten Wissenschaftler sich einer Zuordnung zu theoretischen Schulen verschließen. Am ehesten dürfte die → Englische Schule die theoretische Basis für s.W. abgeben, aber auch die verschiedenen Varianten des → Realismus (neo-klassischer Realismus, struktureller Realismus) sowie auch institutionalistische und liberale Theorien (→ Institutionalismus als IB-Theorie, → Liberalismus als IB-Theorie) werden immer wieder herangezogen. Die meisten Vertreter der s.W. haben die szientistische Wende der Politikwissenschaft nicht oder nur partiell mitgemacht. Bei vielen steht das Bemühen im Vordergrund, mit hermeneutischen Methoden ein umfassendes und komplexes Verständnis politischer und historischer Entwicklungen zu entwickeln. Insbesondere gilt es, das komplexe Ineinanderwirken von sozialen, wirtschaftlichen, politischen und technologischen Entwicklungen zu erschließen (strategische Bewertung) und auf dieser Basis politische Optionen zu formulieren (→ Außenpolitikforschung). Dabei wird durchaus auch mit formalen Verfahren gearbeitet, etwa mit der Systemanalyse oder auch mit Verfahren der *Operations Research*.

5. Zentren der strategischen Forschung

Strategische Forschung findet heute hauptsächlich in angelsächsischen Ländern statt, in erster Linie in den USA, Großbritannien und Australien. Das unbestrittene Zentrum der s.W. ist das IISS in London. Das IISS ist eine Mitgliedervereinigung, die über 3000 individuelle und fördernde Mitglieder hat und deren Veröffentlichungen, Konferenzen und sonstigen Aktivitäten den Kern der s.W. in einem globalen Verbund darstellen. Das Institut gibt die jährlich erscheinende Reihe *Military Balance* heraus, ein Überblick über die Streitkräfte aller Staaten der Welt, ihrer Verteidigungsausgaben sowie andere relevante Daten. Außerdem veröffentlicht es jedes Jahr einen strategischen Überblick (*Strategic Survey*), der die wichtigsten strategischen Ereignisse des vergangenen Jahres zusammenfasst. Das IISS gibt außerdem eine Zeitschrift (*Survival*) sowie verschiedenen Schriftenreihen (A*delphi Papers, Strategic Comments*) heraus.

Was die USA betrifft, so hat die s.W. Schwierigkeiten, sich an Universitäten zu halten, weil hier die szientistische Revolution in den vergangenen drei Jahrzehnten dazu geführt hat, dass Lehrstühle und Institute verschwunden sind oder heute Inhalte in der Forschung verfolgt werden, die nichts mehr mit *Strategic Studies* zu tun haben. Lediglich an Ivy League-Universitäten finden sich heute noch Schulen, die zumeist mit privaten Geldern finanzierte s.W. in großem Maße und auf hohem Niveau anbieten. In der Hauptsache werden *Strategic Studies* heute an Forschungsinstituten in den USA betrieben, die zumeist privat, teilweise aber auch staatlich finanziert werden. Hier sind vor allem die in Washington, D.C. ansässigen *think tanks* wie die Brookings Institution, das *Center for Strategic and International Studies* (CSIS) und die Carnegie Endowment zu nennen. Die RAND Corporation (Santa Monica und Washington, D.C.) ist der größte think tank in den USA, aber hier ist nur ein Teil der Wissenschaftler mit s.W. beschäftigt.

Im kontinentalen Europa hat s.W. nur in wenigen Ländern an Universitäten Fuß fassen können, dafür gibt es aber eine Reihe von *think tanks* und Forschungsinstitutionen, an denen strategische Wissenschaft betrieben wird. In Deutschland ist an erster Stelle das Institut für Internationale Politik und Sicherheit der Stiftung Wissenschaft und Politik (SWP) zu nennen, welches für Jahrzehnte den wesentlichsten deutschen Beitrag zur internationalen strategischen Debatte leistete. Ähnliches gilt für das Ende der 1950er Jahre von Wilhelm Cornides gegründete Forschungsinstitut der Deutschen Gesellschaft für Auswärtige Politik. In Frankreich gibt es seit 1993 ein kleines Forschungsinstitut, welches sich mit strategischen Fragestellungen befasst und die Regierung berät, die *Fondation pour la recherche stratégique* in Paris. In anderen europäischen Ländern gibt es außenpolitische *think tanks*, die unter anderem auch Fragen strategischer Natur aufgreifen. In Skandinavien gibt es sicherheitspolitische Forschungsinstitute, die teilweise vom Militär finanziert werden.

→ Ergänzende Beiträge

Abschreckung, Englische Schule und Realismus als IB-Theorie, Krieg, Macht, Proliferation, Rüstungskontrolle und Abrüstung, Sicherheitspolitik, Typen militärischer Intervention, Weltordnungsmodelle

Literatur

Aron, Raymond (1963): Frieden und Krieg. Eine Theorie der Staatenwelt, Frankfurt, a.M.

Beaufre André (1964): Dissuasion et stratégie, Paris.

Brodie, Bernard (1973): War and Politics, London.

Danchev, Alex (1998): Alchemist of War: The Life of Basil Liddell Hart, London.

Freedman, Lawrence (2004): Deterrence, Cambridge.

Heuser, Beatrice (2010): Den Krieg denken. Die Entwicklung der Strategie seit der Antike, Paderborn.

Paret, Peter (1986): Makers of Modern Strategy: From Machiavelli to the Nuclear Age, Princeton, NJ.

Skaggs, David Curtis (1985): Of Hawks, Doves, and Owls: Michael Howard and Strategic Policy, in: Armed Forces and Society (4), S. 609-626.

Yoshihara, Toshi/Holmes, James R. (2013): Red Star Over the Pacific: China's Rise and the Challenge of U.S. Maritime Strategy, Rhode Island.

Internetadressen

Center for Strategic and International Studies: www.csis.org
Deutsche Gesellschaft für Auswärtige Politik: www.dgap.org
International Institute for Strategic Studies: www.iiss.org
Stiftung Wissenschaft und Politik: www.swp-berlin.org

54 – Transatlantische Beziehungen (*Johannes Varwick/Aylin Matlé*)

1. Begriff und Problematik

Der Begriff transatlantische Beziehungen (t.B.) kann in dreifacher Weise definiert werden: geografisch, materiell und ideell. Geografisch betrachtet umfassen die t.B. die

Vereinigten Staaten von Amerika (USA) und die 28 Mitgliedstaaten der → Europäischen Union. In einem weiteren Sinne ließen sich auf Seiten Nordamerikas auch Kanada, auf europäischer Seite die nicht der EU angehörigen Staaten hinzuzählen, welche allerdings in diesem Beitrag ausgeklammert werden. Die Partner diesseits und jenseits des Atlantiks sind materiell eng durch gemeinsame Interessen (Politik, Wirtschaft und Kultur) und ideell durch gemeinsame Grundwerte (etwa das Bekenntnis zu Demokratie, Rechtsstaatlichkeit, Marktwirtschaft) verbunden. Nichtsdestotrotz nehmen gleichzeitig die Reibungsflächen und damit auch potentielle Konflikte zu. EU-Europa (sofern hier überhaupt von einem einheitlichen Akteur gesprochen werden kann, → EU als internationaler Akteur) und die USA haben in den vergangenen Jahren zunehmend konkurrierende Vorstellungen in Hinblick auf wichtige Zukunftsfragen der internationalen Politik entwickelt. Hinter diesen Konflikten stehen zum einen tagesaktuelle Meinungsverschiedenheiten, zum anderen strukturelle Unterschiede hinsichtlich der Wahrnehmung und Durchsetzung von Interessen in einer interdependenten, komplexen Welt, die zunehmende Unsicherheit über die Zukunft der t.B. berechtigt erscheinen lassen. Der vermeintliche *pivot towards Asia* (→ Aufstieg der Schwellenländer) seitens der USA, die Entfremdung auf beiden Seiten des Atlantiks im Zuge der NSA-Affären (→ Digitale Souveränität) und die dabei deutlich werdenden unterschiedlichen Philosophien über die Rolle von Geheimdiensten sowie die andauernden Klagen in Washington über eine ungleiche sicherheitspolitische Lasten- und Aufgabenteilung, sind Anzeichen für das Ende der Selbstverständlichkeiten im transatlantischen Verhältnis. Wer die Entwicklung der transatlantischen Beziehungen seit längerer Zeit beobachtet, wird zwar deutlich entspannter mit diesen Aufgeregtheiten umgehen, allerdings ist durchaus festzuhalten, dass der Grad an Entfremdung erheblich ist.

Um die Triebfeder zur Durchsetzung von Interessen, Macht, in diesem Kontext systematisch zu betrachten, ist ein Rückgriff auf das von Joseph Nye (2011) entwickelte dreidimensionale Schachspiel mit Blick auf Machtverteilung und dem damit einhergehenden Willen, Macht zu nutzen, sinnvoll. Die erste Dimension bildet die militärische Macht ab. Diese Ebene dominieren die USA weiterhin unangefochten, was sich auf absehbare Zeit nicht ändern dürfte. Anders gestaltet es sich hingegen mit Blick auf die zweite Dimension, die ökonomische Sphäre. Die Machtverhältnisse auf dieser Ebene sind annährend gleich zwischen den USA und ihren europäischen Partnern verteilt, hinzukommen allerdings auch Akteure wie China, Brasilien und Japan. Diese Ebene ist im Vergleich zur militärischen Dimension eindeutig multipolar strukturiert. Die dritte Ebene, geprägt von transnationalen Akteuren, Entwicklungen und Gefahren, wird an dieser Stelle ausgespart (→ transnationale Beziehungen). Die Bereiche *soft* und *hard power* sind mithin ungleich verteilt. Die Europäer sind zwar durchaus machtbewusst und durchsetzungsfähig, klassisches machtpolitisches Handeln (→ Macht) in Form militärischer Interventionen (→ Typen militärischer Intervention) ist jedoch in Europa (obgleich es hier durchaus Unterscheide etwa zwischen Großbritannien, Frankreich und Deutschland gibt) weniger ausgeprägt. Gewöhnlich wird den USA eine Dominanz im Bereich der militärischen Fähigkeiten, also der *hard power*, zugeschrieben, wohingegen die Europäer auf Grundlage ihrer ideellen und kulturellen Attraktivität Macht ausübten – häufig durch das Einbinden → internationaler Organisationen und einem multilateralen Politikstil (→ Multilateralismus). Diese Kategorisierung scheint spätestens seit der Präsidentschaft Barack Obamas seit 2009 weniger erklärungskräftig. Folgt man dem Modell von Nye, so ist allerdings eine Annäherung mit Blick auf *hard power* und *soft power* zu erkennen. So ist zu beobachten, dass die USA immer häufiger die *soft* der *hard power* vorziehen, wohingegen die Europäer – nicht zuletzt Deutschland – die Nützlichkeit militärischer Mittel zur Durchsetzung (nationaler) Interessen zunehmend, wenn auch fallweise, anerkennen. Demzufolge ist eine allmähliche Konvergenz in der Frage, mit welchem Instrumentarium Interessen verfolgt werden sollten, durchaus denkbar.

2. Entwicklung der Beziehungen

Die t.B. erstrecken sich auf kulturelle, politische, sicherheitspolitische und ökonomische Aspekte und sind dadurch gekennzeichnet, dass beide Seiten für den jeweils anderen der wichtigste internationale Partner sind. Die Haltung der Vereinigten Staaten, der einzig verbliebenen Supermacht, hatte bisher wegweisenden Einfluss auf die Herausbildung der t.B., was sich während des Ost-West-Konflikts in einer starken Asymmetrie zugunsten der Amerikaner äußerte. Die USA – die 1945 noch eine Wirtschaftskraft hatten, die zusammengenommen nahezu dem Rest der Welt entsprach – sahen sich nach dem Ende des Zweiten Weltkriegs gezwungen, als europäische Macht aufzutreten. Das hatte zur Folge, dass sie maßgeblich einen marktwirtschaftlichen Aufschwung in Westeuropa (Marshall-Plan) initiierten, trotz anfänglicher (innenpolitischer) Zweifel die Führung innerhalb der 1949 gegründeten Nordatlantischen Allianz (→ NATO) übernahmen und dem nichtkommunistischen Teil Europas dadurch Schutz vor einer sowjetischen Aggression boten. Der transatlantische Kompromiss (*transatlantic bargain*) besteht seit Ende des Zweiten Weltkrieges im Wesentlichen darin, dass die USA die Sicherheit der Europäer garantieren, dafür allerdings den Status eines *primus inter pares* gegenüber ihren Partnern beanspruchen. Gleichzeitig erwarten die Amerikaner von ihren Alliierten, dass diese verstärkt in die eigene Verteidigung (sowie inzwischen globale, auch militärische Handlungsfähigkeit).

Dieser Kompromiss war nie konfliktfrei. So versuchten die USA im sicherheitspolitischen Bereich mitunter ihre Überlegenheit gegenüber den europäischen (Junior-)Partnern herauszustellen und auch in ökonomischen Angelegenheiten entwickelte sich zunehmend ein Konkurrenzverhältnis. Des Weiteren führten die globale Orientierung der USA und die z.T. unterschiedlichen Interessen an einer Entspannungspolitik mit der Sowjetunion zu transatlantischen Auseinandersetzungen, die aber letztlich aufgrund einer gemeinsamen Bedrohungsperzeption nicht in nachhaltige Konflikte oder gar einen offenen Bruch mündeten.

Mit dem Ende des → Ost-West-Konflikts haben sich neue Rahmenbedingungen ergeben. Die einigende Bedrohung ist weggefallen, die ökonomische Konkurrenz hat sich verstärkt und zudem wird auf beiden Seiten ein Generationenwechsel sichtbar, in dessen Folge sich die durch den Ost-West-Konflikt geprägten „Atlantiker“ aus den politischen und ökonomischen Führungspositionen zurückziehen werden. Die Asymmetrie hält an und die USA sind nach wie vor der mit weitem Abstand stärkste militärische, ökonomische und politische Akteur im transatlantischen Verhältnis. So betragen die Rüstungsausgaben der Amerikaner durchschnittlich mehr als das zweifache der Europäer zusammengenommen.

Tab. 18: Machtpotentiale zwischen den USA und EU im Vergleich

	USA	**EU-28**
Bevölkerung (2014)	318 Mio.	506 Mio.
BIP (2014)	15,62 Bill. EUR	13,58 Bill. EUR
Anteil an den Weltexporten (ohne Binnenhandel, 2013)	12,9%	15,0%
Staatliche Entwicklungshilfe (ODA, 2012)	28,21 Mrd. EUR	55,2 Mrd. EUR
Militärausgaben (2014)	549 Mrd. EUR	194 Mrd. EUR
Militärausgaben in Prozent des BIP (2014)	3,5%	1,4%

Quelle: Deutsche Auslandshandelskammern, Eurostat, SIPRI, Statistisches Bundesamt, eigene Berechnungen

Um möglichen Fliehkräften im transatlantischen Verhältnis etwas entgegenzusetzen, wurden in den vergangenen 25 Jahren eine Reihe politischer Initiativen unternommen. Bereits im Jahr 1990 einigten sich die USA und die EU bzw. die damalige EG im Rahmen der ‚Transatlantischen Erklärung' auf einen regelmäßigen Informationsaustausch, dessen politischen Höhepunkt jährlich der ‚EU-USA-Gipfel' bildet. Auch wenn die Agenda in den USA und den EU-Staaten oftmals unterschiedlich ausfällt, tragen diese Treffen dazu bei, sich mit den Vorstellungen der anderen Seite auseinanderzusetzen. 1995 wurde mit der ‚Neuen Transatlantischen Agenda' beschlossen, die Beziehungen noch breiter zu verankern. Die Themenpalette des transatlantischen Dialogs wurde erweitert und auch gesellschaftliche Akteure stärker einbezogen. Die seit 2013 verhandelte Transatlantische Handels- und Investitionspartnerschaft (TTIP) soll diese Beziehungen nochmals vertiefen (→ Handelspolitik, → internationale Finanzarchitektur).

3. Die transatlantischen Wirtschaftsbeziehungen

Ein wichtiges Element im transatlantischen Beziehungsgeflecht wie auch Basis für gemeinsame Interessen und Konflikte sind die Wirtschaftsbeziehungen. Die Verflechtung im ökonomischen Bereich ist enorm. Die EU und die USA sind die am stärksten miteinander verbundenen Wirtschaftsregionen der Welt (→ Weltwirtschaftssystem). So flossen 2013 rund 1652 Mrd. EUR an Direktinvestitionen von den USA in die EU und an die 1686 Mrd. EUR aus der EU in die USA. Die transatlantische Wirtschaft zeichnet für mehr als 50 Prozent der addierten weltweiten Bruttoinlandsprodukte sowie für etwa ein Drittel des Welthandels verantwortlich. 1998 wurde eine ‚Transatlantische Wirtschaftspartnerschaft' errichtet, die sich für Marktöffnung und Handelsliberalisierung zwischen den transatlantischen Partnern einsetzt. Das ehrgeizige Ziel einer transatlantischen Freihandelszone (TTIP) wird seit 2013 zwischen der EU und den USA verhandelt. Durch den Abbau von Zöllen sollen Handelshemmnisse verringert werden, wovon die Wirtschaften beider Seiten profitieren könnten. Zu den umstrittensten Punkten zählt unter anderen die Befürchtung der Gegner, dass durch das Abkommen der Verbraucher- und Umweltschutz vor allen Dingen in Europa gesenkt würden. Auch ein Mangel an Transparenz in den Verhandlungen sowie die unklare Beteiligung der nationalen Parlamente daran wird von Kritikern ins Feld geführt. Die Verhandlungsführer auf beiden Seiten bekennen sich jedoch zu einem erfolgreichen Abschluss des Abkommens.

Neben dem angesichts der o.g. Zahlen eindrucksvollen und für beide Seiten vorteilhaften Wirtschaftsaustausch belasten immer wieder transatlantische Handelskonflikte die gegenseitigen Beziehungen. Im Mittelpunkt der Konflikte stehen dabei insbesondere der Agrarbereich und Verbraucherschutz (u.a. der Import von Bananen, hormonbehandelten Tieren, genetisch veränderten Lebensmitteln oder die Subventionierung der europäischen Landwirtschaft). Diesen Auseinandersetzungen soll mit TTIP entschieden entgegengetreten werden. Die Europäer ordnen sich im ökonomischen Bereich selten amerikanischen Vorstellungen unter und sind in vielen Fragen zu Rivalen der US-Sichtweise geworden. Auch die Einführung der gemeinsamen europäischen Währung (Euro) birgt einiges an Konfliktpotential. Die USA befürchten eine Konkurrenz für die weltweite Leitwährung, den US-Dollar, während die EU sich damit auch erhofft, einen stärkeren Einfluss auf das Weltwährungs- und Finanzgefüge zu nehmen und die US-Dominanz in diesem Bereich abzumildern.

4. Die transatlantischen Sicherheitsbeziehungen

Die Frage nach dem Grad der europäischen Eigenständigkeit in der Sicherheits- und Verteidigungspolitik hat das transatlantische Verhältnis seit der Initiierung der europäischen Gemeinsamen Sicherheits- und Verteidigungspolitik (GSVP) immer wieder auf eine Belastungsprobe gestellt (→ EU als internationaler Akteur). Die Frage, ob die Europäer und die USA in der Sicherheits- und Verteidigungspolitik einander brauchen und wenn ja, ob aus dieser Interdependenz gemeinsames Handeln resultiert, oder ob ein Auseinanderdriften erwartet werden muss, ist seit spätestens Mitte der 1990er Jahre von einem doppelten Widerspruch auf beiden Seiten des Atlantiks geprägt. Einerseits erwarten die USA spätestens seit Ende des Ost-West-Konflikts von den Europäern, dass diese mehr Lasten (finanzielle und militärische) innerhalb der → NATO schultern. Gleichzeitig wollen sie aber nicht ihre dominante Rolle im Bereich der transatlantischen Sicherheitspolitik aufgeben. Die europäischen Partner sollen aus Sicht der Amerikaner also mehr zur gemeinsamen Sicherheit beitragen ohne ihnen jedoch ein gewichtigeres Mitspracherecht einräumen zu wollen, so die Vorstellungen der Europäer jenen der USA entgegenstehen. Im Kern ist dieser Widerspruch im *tranasatlantic bargain* abgebildet und wurde bis zur Auflösung der Sowjetunion, dem einenden Feind, nicht angefochten. Die Haltung der Europäer ist nicht weniger von Widersprüchen geprägt. Zwar fordern sie das von den USA weitestgehend verweigerte größere strategische Stimmgewicht. Zugleich sind sie jedoch nicht bereit, die beanspruchte politische Verantwortung in tatsächliche Handlungsfähigkeit umzuwandeln. Insbesondere der Bereitstellung militärischer Fähigkeiten – ganz zu schweigen von Führungsanstrengungen im Bereich des Krisenmanagements – stehen die Europäer in der Regel verhalten gegenüber. Dieser zweifache transatlantische Gegensatz ist in besonderer Weise in den Zerwürfnissen über den Irakkrieg 2003 zum Vorschein getreten. Darüber hinaus haben diese Auseinandersetzungen innereuropäische Konfliktlinien mit Blick auf die Haltung gegenüber der GSVP (damals noch Europäische Sicherheits- und Verteidigungspolitik) offengelegt, nachdem sich die EU-Staaten keineswegs einig waren, wie auf den Feldzug der Amerikaner reagiert werden sollte. Dabei ging dieser Streit weit über den Krieg im Irak hinaus und legte zukunftsweisende Strukturfragen der transatlantischen (Sicherheits-) Politik frei.

Im Zentrum dessen steht nach wie vor das Verhältnis zwischen GSVP und NATO und damit einhergehend die Frage, ob die USA weiterhin eine Ordnungsmacht auf dem europäischen Kontinent bleiben wollen oder, ob die Europäer sich autonomer aufstellen sollten. Anknüpfend daran ist weiterhin unklar, ob die EU und NATO in einem Konkurrenzverhältnis zueinander stehen. Um sich diesen strategischen Fragen anzunähern, ist ein Blick auf die Haltung der USA gegenüber den sicherheitspolitischen Bemühungen der Europäer unabdingbar – immerhin sind die Amerikaner nicht nur weiterhin die Führungsmacht im euroatlantischen Gefüge, sondern bleiben darüber hinaus für viele EU-Staaten ein Garant ihrer Sicherheit. Von Bush Senior Anfang der 1990er über die Clinton-Administration und Bush Junior zu Beginn der 2000er Jahre bis hin zu Obama, lässt sich trotz zwischenzeitlicher Akzentverschiebungen, eine weitgehende Kontinuität in der amerikanischen Position mit Blick auf die sicherheitspolitischen Ambitionen der Europäer ausmachen. Die Amerikaner forderten von Europa zuallererst, ein leistungsfähiger Partner zu werden. Diese Forderung war und ist allerdings mit dem Vorbehalt versehen, diese Macht nicht gegen die USA zu wenden und keine Strukturen außerhalb der NATO zu errichten, sondern der Allianz in sicherheitspolitischen Fragen stets den Vorrang einzuräumen. Kurz gesprochen, sollten die Europäer nach Auffassung der Amerikaner bei all ihren Vorhaben drei wesentliche Prämissen im Verhältnis zur NATO beachten: *no decoupling, no duplication, no discrimination* – drei Bedingungen, welche alle US-Administrationen seit 1990 in der ein oder anderen Weise gegenüber den Europäern formuliert haben.

Nachdem die USA diese Vorbehalte an den Aufbau einer europäischen Sicherheitspolitik stets deutlich artikulierten und mit diesen Forderungen auf Resonanz stießen, wurden die Beziehungen zwischen der NATO und EU im Rahmen der ‚Berlin-plus-Vereinbarungen' 2003 formalisiert. Grundgedanke der Berliner Vereinbarung aus dem Jahr 1996 war seinerzeit die Schaffung militärischer Strukturen der Europäer, die *„separable but not separated"* sein sollten. Eine eigene und permanente militärische EU-Führungsstruktur war demnach nicht geplant. Allerdings scheint es unterschiedliche Interpretationen auf beiden Seiten des Atlantiks über den Gehalt der Vereinbarung zu geben. Unstrittig ist, dass die EU nur dann aktiv wird, wenn die NATO als Ganzes nicht handelt. Strittig bleibt hingegen, ob die EU die NATO um Erlaubnis bitten muss, wenn sie eine eigene Operation plant und ob die NATO über eine Art Vetorecht verfügt. Dabei hätte der am 1.12.2009 in Kraft getretene Vertrag von Lissabon neue Akzente in diesem Zusammenhang setzen können. Ziel des Vertrages ist es, u.a. durch die Installierung eines Hohen Vertreters für Außen- und Sicherheitspolitik die europäische Vielstimmigkeit zu bündeln und die EU als gewichtigeren globalen Akteur zu positionieren. Es ergibt sich somit sowohl das Potential für eine gleichberechtigte transatlantische Partnerschaft als auch für verstärkte Konkurrenz – zumindest auf dem Papier. Allerdings lässt sich mittlerweile feststellen, dass die an den Vertrag geknüpften Erwartungen bisher hinter der Realität zurückstehen. Nicht zuletzt die Intervention in Libyen als Krisenherd in der unmittelbaren europäischen Nachbarschaft, hätte aufgrund der zögerlichen Haltung der USA als eine EU-Operation angelegt werden können. Stattdessen wurde wie bereits im Kosovo auf die Strukturen der NATO zurückgegriffen.

Wendet man den Blick von der institutionellen auf die nationalstaatliche Ebene, lassen sich auch bei den wichtigsten Akteuren der transatlantischen Sicherheitsbeziehungen unterschiedliche Vorstellungen hinsichtlich des zukünftigen Verhältnisses von NATO und EU ausmachen. Während Großbritannien traditionell eine enge Anlehnung an die USA bevorzugt und mit einem *bandwagoning* versucht, Einfluss auf und durch die Amerikaner auszuüben, war es bisher traditionelle französische Politik, im Sinne eines *balancing* eine Gegenmacht zu den USA aufzubauen. Polen tendiert eindeutig zur britischen Position, ähnliches gilt für die meisten anderen mittel- und osteuropäischen Mitgliedstaaten der NATO. Die deutsche Präferenzordnung bestand herkömmlich in einer eher vermittelnden Rolle zwischen französischen und britischen Extrempositionen. Angesichts des Spannungsverhältnisses zwischen dem Ausbau der GSVP und dem Bestand der NATO sind im Grundsatz drei Modelle für die zukünftige Entwicklung der transatlantischen Sicherheitsbeziehungen denkbar.

- Im ersten Modell würde sich zwischen den USA und Europa – wie im Übrigen schon seit den 1960er Jahren angedacht – eine gleichberechtigte Zwei-Pfeiler-Allianz entwickeln. Der europäische Pfeiler würde Sicherheitsprobleme im eigenen regionalen Umfeld eigenständig lösen können, notfalls stünden US-Kräfte bereit, um unterstützend eingreifen zu können. Friedenssicherungseinsätze wie im Kosovo oder in Bosnien-Herzegowina, könnten von dem europäischen Pfeiler nach einem vereinbarten Verfahren ohne US-Beteiligung übernommen werden. Bei globalen Sicherheitsproblemen würde von Fall zu Fall entschieden, ob ein gemeinsames Vorgehen konsensfähig ist oder nicht. Voraussetzung wäre einerseits, dass die GSVP erfolgreich ist und mehr eigene Anstrengungen für die Gewährleistung ihrer Sicherheit unternimmt. Eine gewisse Duplizierung militärischer Fähigkeiten und Entscheidungsstrukturen ist dabei unvermeidlich, sie erfolgt aber in Absprache mit den USA. Weitere Voraussetzung wäre andererseits, dass die USA partnerschaftsfähig bleiben und anerkennen, dass sie Verbündete bei der Lösung vieler sicherheitspolitischer Herausforderungen brauchen. Aus diesem Grund müssten die Amerikaner Situationen hinnehmen, in denen die NATO nicht handeln will und stattdessen die EU unter der GSVP die Initiative übernimmt – im Zweifel auch entgegen den Willen der USA. Vorstellbar wäre auch, dass entweder der Beschlussfassung im NATO-Rat auf allen Ebenen ein ‚*Europäischer Caucus*' vorgeschaltet oder der Nordatlantikrat umgestaltet wird, sodass dort nur noch eine nordamerikanische und eine europäische Stimme (dann wohl inklusive der Türkei) abgegeben werden würde. Element einer solch radikalen Lösung wäre dann auch eine deckungsgleiche EU-NATO-Mitgliedschaft der europäischen Staaten und/oder eine ‚Mitgliedschaft' der EU in der NATO.

- Im zweiten Modell würde es mittel- bis langfristig zu einem Bruch in den transatlantischen Beziehungen kommen und die NATO langsam erodieren oder gar konfliktträchtig zerfallen. Die sicherheitspolitischen Grundannahmen und Bedrohungsanalysen würden sich mittelfristig immer weiter auseinander entwickeln und die EU und USA längerfristig strategische Rivalen werden. Die relative Stabilität einer Weltordnung unter dem Vorzeichen amerikanischer Dominanz würde ersetzt werden durch einen konfliktträchtigen Wettbewerb um die Vorherrschaft zwischen den weltpolitischen Polen, die bei weitem nicht auf die USA und Europa begrenzt blieben. Im Moment ist die EU zwar noch nicht in der Lage, eine solche Rolle als politischer Rivale zu spielen, wenn sie aber eines Tages in der Lage wäre, ihr ökonomisches Gewicht in politisch-strategische Macht umzusetzen, könnte dieses Szenario schneller Realität werden, als transatlantische Europäer (und europäische Transatlantiker) befürchten und europäische Autonomisten erhoffen.
- Im dritten Modell wenden sich die USA zunehmend und einseitig von ihren Partnern ab, nachdem ihren Forderungen nach einer gewichtigeren Lastenteilung seitens der Europäer nicht nachgekommen wird. Diskussionen rund um das *burden-sharing* sind im Prinzip seit Gründung der NATO zu beobachten, haben sich allerdings nach dem Ende des Ost-West-Konflikts sichtbar verstärkt. Zwar gilt es als sehr unwahrscheinlich, dass sich Washington formal aus der NATO verabschiedet, angesichts sinkender Verteidigungshaushalte auf beiden Seiten des Atlantiks, ist es jedoch durchaus denkbar, dass sich die USA materiell aus der transatlantischen Sicherheitsarchitektur zurückziehen werden. Auch wenn die Erwartungen an den amerikanischen *pivot to Asia* bisher hinter der Rhetorik zurückblieben, kann diese politisch-strategische Neuorientierung zumindest als Anzeichen für einen Rückzug aus dem atlantischen Bündnis gewertet werden. In solch einem Szenario wären die Europäer sicherheitspolitisch auf sich alleine gestellt. Dies könnte entweder zur Folge haben, dass die EU-Staaten enger kooperieren und die GSVP mit Leben füllen oder aber die Europäer werden auf Dauer verteidigungslos sein.

5. Ausblick

Die Konflikte im transatlantischen Verhältnis haben in den vergangenen Jahren zugenommen und die Liste der Meinungsverschiedenheiten erstreckt sich auf eine Reihe unterschiedlicher Themengebiete (u.a. NSA-Skandal, Foltermethoden der CIA, Bedeutung des Internationalen Strafgerichtshofs). Die USA haben insbesondere unter der Regierung George W. Bush (2001 bis 2009) nach den Terroranschlägen vom 11. September 2001 in vielen Fragen der internationalen Beziehungen einen Strategiewechsel vorgenommen, der nicht bei allen europäischen Staaten auf ungeteilte Zustimmung gestoßen war. Diese Spannungsverhältnisse in den t.B. existieren in der Amtszeit Präsident Barack H. Obamas seit Januar 2009 weiterhin. Zwar haben sich Ton und Stil erheblich geändert, die Auffassung wie mit globalen Problemen umzugehen ist und welchen Rang diese auf der transatlantischen Agenda einnehmen sollen, ist aber zum Teil von grundlegenden Unterschieden auf beiden Seiten des Atlantiks geprägt.

Allerdings treten insbesondere zwei Entwicklungen immer deutlicher hervor, welche dem transatlantischen Verhältnis neuen Impetus verleihen könnten.

- Erstens zeichnet sich eine Konvergenz mit Blick auf die Ausübung von (militärischer) Macht im atlantischen Bündnis ab, was nicht zuletzt durch die Aggression Russlands gegenüber der Ukraine seit dem Frühjahr 2014 verstärkt werden dürfte.
- Anknüpfend an diese Entwicklung, ist zweitens ein *rebalancing* auf dem europäischen Kontinent, herausgefordert durch Moskau, auszumachen. Der Versuch der Machtverschiebung richtet sich zweifelsohne gegen das transatlantische Bündnis. Erneut vereint durch eine gemeinsame Bedrohungskulisse, ist daher denkbar, dass Amerikaner und Europäer künftig verstärkt ihre Gemeinsamkeiten hervorheben werden, statt sich durch Differenzen auseinandertreiben zu lassen, um den geopolitischen Realitäten (sicherheitspolitische) Impulse entgegensetzen zu können.

Zweifelsfrei werden die t.B. auch künftig Belastungsproben zu bestehen haben, die insbesondere daraus resultieren, dass die USA in vielen Fragen in der Lage sind, im Extremfall auch ohne die europäischen Partner zu handeln. In anderen Fragen werden sich die USA daran gewöhnen müssen, dass ihnen in einer zunehmenden Zahl transatlantischer Themengebiete (aber längst nicht allen) eine einheitliche europäische Position gegenüber stehen wird. Trotz aller aktuellen und strukturellen Meinungsverschiedenheiten sollte dabei das Gesamtbild nicht aus den Augen verloren werden. Nordamerika und Europa verbinden gemeinsame Werte und Interessen und kaum ein Problem der Welt dürfte lösbar sein, wenn Europa und die USA gegeneinander statt miteinander arbeiten. Die transatlantische Partnerschaft ist vielmehr eine Schlüsselvoraussetzung für weltweite Stabilität und Sicherheit.

→ Ergänzende Beiträge

Europäische Union als internationaler Akteur, Handelspolitik, internationale Finanzarchitektur, Macht, Multilateralismus, NATO, Typen militärischer Intervention

Literatur

Dorman, Andrew M./Kaufman, Joyce P. (ed.) (2011): The Future of Transatlantic Relations. Perceptions, Policy and Practice, Standford.

Fröhlich, Stefan (2012): The New Geopolitics of Transatlantic Relations. Coordinated Responses to Common Dangers, Washington.

Hallams, Ellen (2013): A Transatlantic Bargain for the 21st Century. The United States, Europe, and the Transatlantic Alliance, Carlisle.

Lundestad, Geir (2003): The United States and Western Europe since 1945. From „empire" by invitation to transatlantic drift, Oxford.

Nye, Joseph S. Jr. (2011): The future of power, New York.

Varwick, Johannes (2008): Die NATO. Vom Verteidigungsbündnis zur Weltpolizei?, München.

Varwick, Johannes (2014): Erneuerung der transatlantischen Sicherheitsbeziehungen im Dreieck NATO-EU-USA, Mittler-Brief, Informationen zur Sicherheitspolitik (4).

55 – Transnationale Akteure/Nichtregierungsorganisationen (*Andrea Liese*)

1. Begriff

Die Gruppe transnationaler Akteure (t.A.) umfasst ein breites Spektrum von Individuen, nichtstaatlichen Organisationen und Bewegungen. Innerhalb des Spektrums finden sich so unterschiedliche Akteure wie gemeinwohlorientierte Nichtregierungsorganisationen, multinationale Konzerne, Interessengruppen, kriminelle Vereinigungen oder terroristische Vereinigungen. T.A. sind sowohl Subjekte als auch Objekte der Weltpolitik, d.h. sie gestalten inter- und transnationale Politik mit, sind aber gleichzeitig Adressaten trans- und internationaler Regulierungen und Regulierungsbestrebungen. Kennzeichnend für t.A. sind ihr nichtstaatlicher Charakter und ihr Aktionsradius. Als t.A. werden *per definitionem* solche nichtstaatliche Akteure in den internationalen Beziehungen bezeichnet, die grenzüberschreitend agieren, also staatliche Grenzen überschreitend politisch tätig sind. ‚Nichtstaatlich' bedeutet, dass diese Akteure weitestgehend unabhängig von staatlicher Kontrolle bestehen und entweder der Zivilgesellschaft, dem Markt oder politischen Impulsen entstammen. Dies schließt nicht aus, dass sie von staatlichen Stellen unterstützt werden, verlangt aber ein großes Maß an Autonomie hinsichtlich ihrer Strukturen, Ressourcen, Entscheidungen und Aktivitäten. Der Begriff des ‚Akteurs' verdeutlicht bereits, dass es nicht nur um Strukturen geht, sondern Aktivitäten bestehen müssen, die intentional auf eine politische Wirkung abzielen.

Traditionell wurden darunter zum einen über nationale Grenzen hinweg aktive Nichtregierungsorganisationen (*non-governmental organizations*, NGOs) und zum anderen transnationale Unternehmen gefasst (Risse 2013: 426). Spätestens seit den Anschlägen des 11. September 2001 werden von vielen Autoren auch transnationale terroristische Vereinigungen hinzugezählt (→ internationaler Terrorismus), im Zuge der Globalisierungsproteste zudem soziale Bewegungen. Doch auch Kirchen und religiöse Vereinigungen (→ Religionen und internationale Politik), Migrationsbewegungen (→ Migration), private Sicherheitsunternehmen, Gewerkschaften, Medien, kriminelle Vereinigungen (→ Organisierte Kriminalität/Korruption) Privatpersonen u.v.m. engagieren sich politisch über Grenzen hinweg und müssen zur Gruppe transnationaler Akteure hinzugezählt werden.

Der Begriff ist eng mit dem Begriff der transnationalen Beziehungen verknüpft. Letzter grenzt sich bewusst vom Begriff der internationalen Politik oder der internationalen Beziehungen ab, indem er grenzüberschreitende Interaktionen kennzeichnet, an denen mindestens ein nichtstaatlicher Akteur beteiligt ist (Keohane/Nye 1971: 332). Zum einen verdeutlicht die Definition der transnationalen Beziehungen, dass nichtstaatliche Akteure etwa an handels- und wirtschaftsbezogenen Interaktionen beteiligt sind, die in die internationale Umwelt von Staaten hineinwirken. Zum Ausdruck kommt hier andererseits, dass Staaten kaum mehr alleine über Fragen der internationalen Beziehungen entscheiden, sondern nicht-staatliche Akteure als Experten, Dienstleister, Vertreter der Zivilgesellschaft u.v.m. am globalen Regieren beteiligen.

2. Unterschiedliche Typen: Forschungsinteressen, Befunde und Kategorisierungsversuche

In der Literatur findet sich die Unterscheidung einiger grundlegender Typen: So werden profitorientierte privatwirtschaftliche Akteure und nicht am Profit orientierte Nichtregierungsorganisationen unterschieden und gesondert analysiert (Liese 2012), zudem nicht-staatliche Gewaltakteure. Es finden sich sowohl Forschungsarbeiten und Überblicksartikel, die den Begriff explizit oder implizit auf die ersten beiden Typen begrenzen (etwa: Jönsson/Tallberg 2010), als auch solche die nicht-staatliche Gewaltakteure explizit einschließen (Nölke 2010).

- Die Gruppe der Nichtregierungsorganisationen umfasst nach weitläufigem Verständnis Organisationen, die nicht direkt von der Regierung kontrolliert werden und nicht profitorientiert sind. Nicht als NGOs gelten zudem politische Parteien, kriminelle Vereinigungen oder gewaltsame Gruppierungen. Diesem Verständnis folgend lassen sich die meisten Nichtregierungsorganisationen weiter danach unterscheiden, welche Ziele sie verfolgen: in eine Gruppe der dienstleistungsorientierten oder in eine Gruppe der anwaltlichen NGOs. Dienstleistungsorientierte und damit operative NGOs sind in besonderem Maße auf materielle und finanzielle Ressourcen zur Durchführung ihrer Projekte (etwa in der humanitären Hilfe oder der Entwicklungszusammenarbeit) angewiesen, während anwaltliche NGOs (etwa in der internationalen Menschenrechts- und Umweltpolitik) stärker auf kognitive Ressourcen und politische Gelegenheitsstrukturen angewiesen sind. Von Regierungen, etwa im Bereich der Entwicklungszusammenarbeit, werden die dienstleistungsorientierten NGOs in der Regel als Partner geschätzt. Demgegenüber sind die anwaltlichen NGOs, etwa im Bereich der Menschenrechtspolitik, als unbequeme Mahner und Kritiker vor allem in nicht-demokratischen Staaten häufig Schikanen ausgesetzt.

Das Gros der Forschung zu transnationalen Akteuren hat sich mit dem Beitrag von NGOs zu einer Verrechtlichung der internationalen Beziehungen befasst (→ Völkerrecht/internationales Recht) und dabei vornehmlich in Einzelfallstudien analysiert, unter welchen Bedingungen NGOs zur weiteren Verregelung von Politikfeldern und zur verbesserten transnationalen aber auch zwischenstaatlichen Kooperation beitragen können. Mehrfach beklagt wurde der Umstand, dass sich die Forschung einseitig mit solchen Aktivitäten oder NGOs befasst, die in der Perspektive des Forschenden hehre und progressive, etwa liberal-kosmopolitische, Ziele verfolgen. Nicht unerwähnt bleiben darf daher an dieser Stelle der Hinweis auf NGOs, die globale Verrechtlichungsversuche zu unterbinden suchen und sich für partikulare Interessen oder konservative Ziele einsetzen.

Ein weiterer Strang der Forschung fragt nach dem normativen Beitrag von Nichtregierungsorganisationen zur Weltpolitik. Hiermit verbindet sich häufig die Hoffnung auf eine stärkere Demokratisierung von Entscheidungen, auf mehr Transparenz und Rechenschaftspflicht. Angenommen wird, dass über die Beteiligung von NGOs letztlich Bürger stärker beteiligt werden und die externe Rechenschaftslegung von Organisationen gesteigert werden kann. Hier gilt es zu bedenken, dass die Beteiligungsmuster von NGOs je nach Politikfeld, Herkunftsregion und Phase im Politikzyklus große Unterschiede aufweisen: Im Politikfeld Sicherheit (→ Sicherheitspolitik) ist die Beteiligung geringer als bei → Menschenrechten und Entwicklung (→ Entwicklungszusammenarbeit). NGOs aus dem globalen Süden sind eindeutig unterrepräsentiert und in den zentralen Phasen des Politikzyklus (Entscheidungsfindung) sind NGOs weniger beteiligt als in den frühen (Agendasetzen, Analyse) oder späten (Implementierung) Phasen. Eine Antwort auf die grundsätzliche Frage nach einem Mehr an Demokratisierung ist daher schwer zu treffen, deutlich ist aber, dass etwa die Bürger des globalen Südens mangels ressourcenstarker und professionalisierter NGOs nicht mit erweiterten Partizipationschancen rechnen sollten (→ Nord-Süd-Beziehungen). Demgegenüber ließe sich zwar einwenden, dass transnational tätige NGOs keine Bevölkerungen oder Mitglieder, sondern Ideen und Positionen vertreten (Keck/Sikkink 1998). Dennoch: Der Vorwurf der Repräsentanz einer Elite, der strukturelle Ungleichheit auf der Grundlage von Klasse, Religion, Ethnizität u.a. reproduziert, bleibt – berechtigterweise – im Raum.

Grundsätzlich lässt sich beobachten, dass NGOs in der Lehre von den Internationalen Beziehungen (IB) überwiegend positiv betrachtet werden – das unterscheidet sie von den nachfolgend skizzierten Akteurstypen. Ihre Rolle als Kooperationsverhinderer und ordnungspolitischer Störenfried wird zugunsten anderer Störenfriede (Drogenkartelle, Terroristen, zum Teil auch Unternehmen) weiterhin eher vernachlässigt.

- Die Gruppe privatwirtschaftlicher Akteure umfasst transnationale Konzerne und andere Wirtschaftsunternehmen, darunter auch private Sicherheitsfirmen, die an Gewinnmaximierung interessiert sind. Die Forschung hat sich zunächst (und bis heute) mit der Frage befasst, wie ihre Aktivitäten reguliert werden können. Dabei standen lange (gescheiterte) zwischenstaatliche Regulierungsversuche im Zentrum der Analyse. Ausgehend von der These eines voranschreitenden staatlichen Steuerungsverlustes (→ Staat/Staatlichkeit im Wandel), ging es um Schadensbegrenzung und den Rückgewinn von (zwischen-)staatlicher Regulierungsfähigkeit angesichts von Missständen bei umweltschädigenden oder Arbeitnehmerrechte verletzenden Tätigkeiten oder der ökonomischen Entwicklung ganzer Volkswirtschaften. Später rückten private und privat-öffentliche Regulierungsformen in den Blick, etwa sektorweite Standards und öffentlich-private Standards. Vor allem in jüngerer Zeit wird gefragt, welchen Beitrag privatwirtschaftliche Akteure zur globalen, regionalen oder (sub-) staatlichen Ordnung leisten. Somit wird ihre eigenständige Rolle als *Governance*-Akteure betrachtet. Insgesamt ist auch Forschung zu dieser Akteursgruppe durch eine stärkere Feinzeichnung geprägt, die diesen nicht mehr pauschal eine einheitliche Rolle im Globalisierungsprozess zuweist, sondern konkret danach fragt, wann transnationale Unternehmen sich anspruchsvolle Standards setzen bzw. sich Standards anschließen bzw. wann sie als *Governanceakteure* auf transnationaler Ebene und auch in Räumen begrenzter Staatlichkeit auftreten.
- Die Gruppe nicht-staatlicher Gewaltakteure umfasst u.a. Rebellenorganisationen, die Mafia und andere transnationale kriminelle Vereinigungen (→ Organisierte Kriminalität/Korruption) sowie terroristische Organisationen (→ internationaler Terrorismus). Die Zuschreibung einer einheitlichen Rolle ist auch hier zu vereinfachend.

Einerseits gelten sie als wesentlicher Störfaktor in der internationalen und nationalen Politik, weil sie das staatliche Gewaltmonopol missachten, Gräuel verantworten, Entwicklungszusammenarbeit und Konfliktbearbeitung erschweren, Versöhnungsprozesse aufhalten und ganze Länder und Regionen destabilisieren. Andererseits musste sich die Forschung auch bei diesem Akteurstyp mit ihrer Rolle als *Governance*-Akteur befassen. Dies berücksichtigt, dass etliche dieser Akteure Dienstleistungen erbringen und an der Norm- und Regelsetzung beteiligt sind. Als Beispiele können die Verteilung von Gütern und Dienstleistungen (Gesundheit, Bildung) und der Schutz der Bevölkerung in kontrollierten Gebieten gelten – Leistungen, die in der Regel allerdings als *Clubgut*, das heißt selektiv für die eigene Klientel bereitgestellt werden (→ Weltordnungsmodelle).

Wie deutlich wurde, weisen die Typen unterschiedliche Orientierungen auf. Sie verfügen zudem über unterschiedliche Mittel bzw. setzen diese unterschiedlich ein. Stark vereinfacht lassen sich die Mittel danach unterscheiden, ob sie auf politikfeldspezifischer Expertise und anderen immateriellen Ressourcen (NGOs), finanziellen Ressourcen (Unternehmen), auf diskursiver Macht (NGOs, Unternehmen), Gewalteinsatz und Gebietskontrolle (nicht-staatliche Gewaltakteure) beruhen. Eine Zuweisung guter und schlechter Motive oder der Rolle als Störenfried und Ordnungshüter ist verlockend, jedoch nicht immer treffend. Damit stellt sich die Frage nach alternativen Unterscheidungsmerkmalen zwischen und innerhalb der drei am häufigsten unterschiedenen Typen.

Das breite Feld der transnationalen Akteure lässt sich mit Hilfe von Merkmalen der Handlungsreichweite, der Politikfeldspezifik, des Formalisierungsgrades, der Ressourcen und Strategien und der Handlungsmotivation vermessen. Dabei muss bedacht werden, dass es sich teilweise wiederum um idealtypische Unterscheidungen handelt, die vor allem dazu geeignet sind, einzelne Akteure zu kategorisieren, ihren Wandel in den Blick zu nehmen, ihren Einfluss zu erklären und Strategien zum Umgang mit ihnen zu entwickeln oder zu analysieren. Eine deutliche Zuschreibung einzelner Kategorien zu den genannten Typen (Nichtregierungsorganisationen, Unternehmen, nicht-staatliche Gewaltakteure) ist angesichts deren Ausdifferenzierung und Vielfalt jedoch häufig falsch und daher nur bedingt sinnvoll. Sie eignet sich womöglich eher zur Bildung von Subtypen.

- Das grenzüberschreitende Engagement transnationaler Akteure kann sowohl global als auch regional ausgerichtet sein. Wir finden bei allen drei Typen Ausrichtungen mit unterschiedlicher Reichweite, wenngleich wir mehr Unternehmen unter den Akteuren mit globaler Reichweite finden als nicht-staatliche Gewaltakteure.
- Es kann sich sowohl auf ein einzelnes Thema (etwa Landminen, Verbot der Kinderarbeit, Recht auf angemessene Ernährung) und Politikfeld (etwa Umweltpolitik) oder aber allgemeine Fragen der internationalen Politik beziehen. Die themenspezifische Verregelung in internationalen Regimen verlangt häufig Spezialwissen und legt eine (temporäre) Spezialisierung von NGOs und Netzwerken nahe, ist aufgrund der Interdependenz der Themen auch übergreifendes Wissen gefragt, weshalb viele NGOs mehrere Spezialgebiete in einem Themenfeld aufweisen. Als bedeutend hat sich die Unterscheidung nach Politikfeldern vornehmlich vor dem Hin-

tergrund politikfeldspezifischer Interessen, Verrechtlichungsgrade und transnationaler Ressourcenbedarfe erwiesen.

- Auch in ihrer Struktur und ihrem Formalisierungsgrad unterscheiden sich diese Akteure stark. Manche verfügen über ein Statut und eindeutige Regeln zur Mitgliedschaft, Finanzierung, ihren Zielen und Entscheidungsverfahren, andere sind lose und informell strukturiert. Der Grad der Formalisierung ist dabei nicht an den Akteurstyp gekoppelt, vielmehr haben sich viele Bewegungen über Zeit formalisiert, das gilt für Nichtregierungsorganisationen ebenso wie für Rebellengruppen. Ungeachtet formaler Regeln zeigt sich ein Trend bzw. eine Notwendigkeit für nichtstaatliche Akteure auf transnationale (wie lokale) Normen Rücksicht zu nehmen – und sei es zunächst nur rhetorisch –, also Standards angemessenen Verhaltens auch in ihrer Arbeit zugrunde zu legen.
- T.A. nutzen eine Vielzahl von Strategien, die sich je nach Organisationstyp jedoch stark unterscheiden. Während Unternehmen über hohe materielle Ressourcen verfügen, die sie zur Politikgestaltung einsetzen können, verfügen Nichtregierungsorganisationen vor allem über immaterielle Ressourcen (Wissen, moralische Autorität). Entsprechend finanzieren Unternehmen gezielt Wahlkämpfe oder investieren in einzelne Regionen und ihre Entwicklung. Nichtregierungsorganisationen stellen demgegenüber häufig Expertise bereit, mobilisieren breite Bevölkerungsteile, führen Kampagnen durch und setzen Projekte um. Doch auch Unternehmen beteiligen sich an öffentlichen Debatten, erneut ist die Zuordnung zu Strategien also nicht exklusiv und konstitutiv. Nicht-staatliche Gewaltakteure nutzen vorwiegend den Einsatz oder die Androhung von Gewalt, um ihre Ziele zu erreichen. Doch auch sie mobilisieren Bevölkerungsgruppen, auch sie investieren in lokale Regionen. Während manche, etwa Rebellen, politisch motiviert sind, wird bei anderen, etwa kriminellen Vereinigungen und Warlords, eine deutliche Profitorientierung sichtbar.
- Insbesondere NGOs und Unternehmen wurden gerne anhand einer Orientierung am Profit und dem Grad der Gemeinwohlorientierung unterschieden. Während die Unterscheidung von nicht-profitorientierten Nichtregierungsorganisationen und profitorientierten Unternehmen in der Regel treffend ist, gilt umgekehrt weder, dass Unternehmen nur gewinn- und nicht gemeinwohlorientiert handeln, noch, dass Nichtregierungsorganisationen stets gemeinwohlorientiert handeln und keine partikularen Interessen vertreten. Entsprechend lassen sich Zuweisungen von ‚öffentlich' und ‚privat' häufig nicht widerspruchsfrei treffen. Auch zur Kategorisierung von Befreiungsbewegungen, Terrornetzwerken und Guerillagruppen hilft diese Kategorisierung nicht. Die genannten Gruppen sind in der Regel nicht in erster Linie an der Generierung von wirtschaftlichen Gewinnen interessiert, dennoch verfolgen sie in der Regel partikulare Interessen, auch wenn sie dies rhetorisch anders darstellen.

Die vorgenommenen Unterscheidungen können für vergleichende Analysen genutzt werden, bleiben für sich genommen jedoch unbefriedigend, wenn die zentrale Frage nach den Bedingungen des Einflusses transnationaler Akteure beantwortet werden sollen. Während sich beklagen lässt, dass es keine allgemeine Theorie über t.A. gibt

(Nölke 2010: 398) oder t.A. zu selten mit anderen, etwa staatlichen Akteuren, vergleichend analysiert werden (Risse 2013), kann auch die Position eingenommen werden, dass generalisierbare Ergebnisse eher auf einer Taxonomie transnationaler Akteure beruhen sollten, welche bestehende Annahmen typologisch überprüfen lässt.

Die IB-Theorien legen nahe, weitere Erklärungsfaktoren zu berücksichtigen, die auf der Ebene des internationalen Systems und seiner Mitgliedstaaten angesiedelt sind (→ Begriff und Funktion von IB-Theorie). In den vergangenen Jahren sind Beiträge entstanden, die mehr oder weniger komplexe Erklärungsmodelle formulieren. Festgehalten werden kann, dass diese häufig noch nicht systematisch überprüft wurden, vor allem weil es an systematischen, vergleichenden Fallstudien mit hoher Fallzahl und an einer Analyse abweichender Fälle (etwa: gescheiterter Versuche der Einflussnahme) mangelt.

3. Transnationale Akteure und die Theorien Internationaler Beziehungen

Die theoriegeleitete Diskussion in der IB entdeckte t.A. zu Beginn der 1970er Jahre. Zum damaligen Zeitpunkt ließ sich erstmals ein deutlicher Anstieg an internationalen Nichtregierungsorganisationen beobachten (Liese 2012). So stieg die Zahl internationaler NGOs nach Angaben des *Yearbook of International Organizations* von 832 im Jahre 1951 auf 3.733 im Jahre 1972. 1970 ersuchte zudem der Wirtschafts- und Sozialrat der → Vereinten Nationen (ECOSOC) erstmals die Beteiligung von Nichtregierungsorganisationen an der VN-Konferenz über die menschliche Umwelt, die 1972 in Stockholm stattfand. Zudem stieg zwischen 1965 und 1980 die Zahl transnationaler Unternehmen stark an. Zählungen des Weltinvestitionsberichts verzeichnen ein Wachstum von 7000 transnationalen Unternehmen im Jahre 1970 auf über 50.000 im Jahre 1997 und über 82.000 im Jahre 2008. Sogar der Beginn des transnationalen Terrorismus wird auf einen ähnlichen Zeitraum, 1968, datiert. Die steigende globale und regionale → Interdependenz, der Anstieg der Telekommunikation und des Luftverkehrs, verbesserte Handelswege und der Staatszerfall in vielen Ländern begünstigten das Tätigwerden transnationaler Akteure, weil sie grenzüberschreitende Kontakte erleichterten.

Dessen ungeachtet ist sich die Forschung einig, dass es t.A. bereits in früheren Jhd.en gab. So gelten etwa die im Mittelalter grenzüberschreitend tätigen Kaufleute der Familie Fugger als Vorläufer heutiger transnationaler Unternehmen. Und die 1839 gegründete *British and Foreign Anti-Slavery Society* gilt als älteste internationale Nichtregierungsorganisation. Parallel zu den geschilderten Entwicklungen ab den 1970er Jahren stieg das Interesse an transnationalen Akteuren im Zuge der → Globalisierung und nahm nach dem Ende des → Ost-West-Konflikts nochmals deutlich zu. Dabei lassen sich unterschiedliche Phasen und Trends identifizieren (Risse 2013). Lange stand die Frage nach ihrem Einfluss auf die Außen- und internationale Politik und damit die Politik von Staaten und zwischenstaatlichen Organisation im Mittelpunkt. In jüngerer Zeit interessieren zudem das Miteinander staatlicher und nichtstaatlicher Akteure in Netzwerken und in öffentlich-privaten Partnerschaften sowie ihr eigenständiger Beitrag zur Politik im Sinne einer verbindlichen Wertezuweisung. Dieses Interesse spiegelt den sich wandelnden Charakter der *Global Governance* von zwischenstaatlicher Kooperation hin zu komplexeren Formen der *Governance*, an denen t.A. entscheidend mitwirken. Und es weist auf eine veränderte Sicht auf t.A. hin, die sie zunehmend als eigenständigen *Governanceakteur* wahrnimmt.

In einigen IB-Theorien werden t.A. vernachlässigt, in anderen stehen sie hingegen im Zentrum (Schimmelfennig 2010; Nölke 2010). Grundsätzlich kann festgehalten werden, dass der ausgeprägte Staatszentrismus der Teildisziplin Internationale Beziehungen bzw. Internationale Politik zu einer Privilegierung staatlicher Akteure führt(e), wobei unter Staatszentrismus letztlich ein Regierungszentrismus zu verstehen ist, weil der Fokus auf die Beziehung zwischen Regierungen gelegt wird (Nölke 2010: 396). Vor allem (neo-)realistische Ansätze (→ Realismus als IB-Theorie) betrachten Staaten als die zentralen Akteure der internationalen Politik. Da sie diese zudem als unitarische Akteure konzeptualisieren, geraten nichtstaatliche Akteure aus dem Blick. Auch in liberalen Ansätzen (→ Liberalismus als IB-Theorie) steht das Handeln staatlicher Akteure, etwa liberaldemokratischer Staaten, im Mittelpunkt der Analyse. Hier werden aber substaatliche Präferenzkonstellationen berücksichtigt, also etwa das Stärkeverhältnis von Staat und Gesellschaft und davon abhängig die Interessen von innerstaatlichen Interessengruppen, die staatliches Handeln in der Außenpolitik und der internationalen Politik prägen (Schimmelfennig 2010: 141). Demgegenüber begrenzt der Transnationalismus seine Sicht auf nichtstaatliche Akteure nicht auf innerstaatliche Organisationen, sondern betrachtet den Einfluss transnationaler Akteure auf staatliches Handeln und das Zusammenwirken staatlicher und nichtstaatlicher Akteure in sog. transnationalen Netzwerken (Schimmelfennig 2010: 115ff.). Konstruktivistische Perspektiven fokussieren sich ebenfalls auf transnationale Netzwerke (→ Konstruktivismus als IB-Theorie).

Zur Analyse der am häufigsten gestellten Fragen nach den Bedingungen der Einflussnahme oder Teilhabe am Politikprozess sowie zur Bewertung der Rolle und der Chancen und Risiken transnationaler Akteure tragen die IB-Theorien nur begrenzt bei. Für die vergleichende Analyse zu Bedingungen der Einflussnahme haben sich solche Erklärungsfaktoren als fruchtbar erwiesen, die sich aus den großen Theorieschulen zwar ableiten und diesen zuordnen lassen, jedoch eher der empirischen Forschung über Kooperation, Regelbefolgung und Normwirkung entspringen. Diese legen nahe, dass der Einfluss von transnationalen Akteuren von der materiellen und sozialen Verwundbarkeit von Staaten abhängt, von der Resonanz ihrer Tätigkeiten mit global anerkannten Normen, aber auch von den Ressourcenbedarfen ihrer Adressaten. Für Bewertungen ihrer Tätigkeiten ist ein Blick in die politische Theorie unerlässlich. Kriterien, etwa für Transparenz oder demokratische Teilhabe, werden von den IB-Theorien konzeptionell nicht abgedeckt. Auch bei anderen Konzepten, etwa über → Macht, die zudem zur Operationalisierung von Erklärungsfaktoren benötigt werden, hat sich ein Blick in die breitere sozialwissenschaftliche Literatur als fruchtbar erwiesen. Ähnliches gilt für Erklärungsfaktoren allgemein: Die in der aktuellen IB-Forschung genutzten Erklärungen werden häufig um Annahmen der vergleichenden Regierungslehre und der Organisationsforschung, zum Teil der Literatur über soziale Bewegungen oder den Wirtschaftswissenschaften, ergänzt.

3.1 Bedingungen der Einflussnahme

Ungeachtet der oben genannten und fortbestehenden, recht unterschiedlichen theoretischen Annahmen über die relevanten Akteure der internationalen Politik, wird die Frage, ob t.A. die internationale Politik beeinflussen, kaum noch gestellt. Untersucht wird stattdessen, unter welchen Bedingungen t.A. Einfluss nehmen oder unter welchen Bedingungen sie Zugang zu Entscheidungen → internationaler Organisationen erhalten (Jönsson/Tallberg 2010). Zu den am besten erforschten Bedingungen der Einflussnahme zählen der Grad internationaler Institutionalisierung, der Zugang zu Institutionen, die inneren Strukturen von Staaten und die organisationalen Merkmale und Strategien von transnationalen Akteuren. Diese Annahmen und die dazugehörigen Befunde beziehen sich jedoch im Wesentlichen auf Nichtregierungsorganisationen und nicht etwa auf kriminelle Vereinigungen. Eine stärker vergleichende Analyse der Bedingungen für die Einflussnahme verschiedener Typen transnationaler Akteure steht somit ebenfalls noch aus.

- Internationale Institutionen verleihen den Anliegen transnationaler Akteure Legitimität und bilden einen Ansatzpunkt für ihre Aktivitäten. Vor allem konstruktivistische Analysen haben die Bedeutung der Institutionalisierung herausgestellt, die sowohl Sozialisierungs- und Adaptionsprozesse auf Basis der ‚Logik der Angemessenheit' ermöglicht, als auch Überzeugen auf Basis einer ‚Logik kommunikativen Handelns' erleichtert. In Zweifel gezogen werden muss, ob die Anliegen aller transnationalen Akteure gleichermaßen legitimiert werden. Es werden eher jene solcher Politiknetzwerke und Nichtregierungsorganisationen sein, deren Anliegen mit den internationalen Institutionen übereinstimmen und auf die sie sich berufen können. Ähnliches gilt für Unternehmen, die als *Governanceakteure* tätig werden und unter Verweis auf globale Normen *Governanceleistungen* bereitstellen. T. A. nutzen das Wissen um die normative Anschlussfähigkeit ihrer Anliegen, in dem sie gezielt und strategisch Themen so rahmen, dass sie sie an bestehende, für das Thema günstige Weltbilder, Ideen und institutionelle Strukturen anpassen. Des Weiteren begrenzt die generelle Verrechtlichung der internationalen Beziehungen staatliche Entscheidungshoheit, delegiert Aufgaben an internationale Organisationen, weicht staatliche Grenzen auf und erleichtert dadurch allen Typen transnationaler Akteure eine Einflussnahme auf staatliche Politik. Beispielsweise macht es die Verrechtlichung der → Menschenrechte Staaten nahezu unmöglich, die Tätigkeiten einer Nichtregierungsorganisation als Einmischung in interne Angelegenheiten abzuwerten und zu verhindern. Und: Unternehmen haben durch internationale Abkommen Zugang zu Märkten erhalten.
- Es wird weithin davon ausgegangen, dass sich der Bedeutungszuwachs transnationaler Akteure am gestiegenen direkten Zugang zu Institutionen ablesen lässt und dass ein Mehr an Zugang auch zu einem Mehr an Einfluss führt (Jönsson/Tallberg 2010: 5). So hänge eine direkte Einflussnahme auf internationale Politikentscheidungen davon ab, ob t.A. – dies gilt insbesondere für Nichtregierungsorganisationen – an Konferenzen und Verhandlungsforen teilnehmen können, auf denen Entscheidungen getroffen, Abkommen verhandelt und politische Ziele definiert wer-

den. Über diesen Zugang verfügen etwa nicht-staatliche Organisationen, die beim Wirtschafts- und Sozialrat der VN (ECOSOC) akkreditiert sind und somit Zugang zu Sitzungen erhalten. Dies sind vornehmlich humanitäre und anwaltliche NGOs, Parteienstiftungen, Verbände, aber auch religiöse Vereinigungen. Die vom ECOSOC akkreditierten nicht-staatlichen Organisationen repräsentieren überproportional den transatlantischen Raum (Nordamerika und Europa), während andere Regionen im globalen Süden unterrepräsentiert sind. Mittlerweile haben viele internationale Organisationen eigene Verfahren entwickelt, die den Zugang von Nichtregierungsorganisationen und privatwirtschaftlichen Akteuren zu ihren Entscheidungsforen regeln. Analog gilt, dass ein Zugang zu Sitzungen, auf denen die Einhaltung staatlicher Verpflichtungen kontrolliert und bewertet wird oder ein Zugang zu Projekten internationaler Organisationen die Einflussnahme t.A. auf Regeldurchsetzung und Politikimplementierung erhöht.

- Je nach innerer Struktur von Staaten stehen t.A. andere Einflusskanäle und Koalitionspartner zur Verfügung. So wird davon ausgegangen, dass t.A. eher in fragmentierten denn in zentralisierten Strukturen Einfluss nehmen können, weil hier die Macht und die Mittel der Exekutive weniger stark ausgeprägt sind und t.A. zudem eher Möglichkeiten vorfinden, um verschiedene Koalitionäre adressieren zu können (Risse 2013).
- Den organisationalen Merkmalen von NGOs widmet sich ein eigener Forschungsstrang. Dieser nutzt Annahmen über institutionelles Design, Ressourcen und Kapazitäten aus der rationalistischen Institutionentheorie und kombiniert diese (teilweise) mit Annahmen des soziologischen Institutionalismus (→ Institutionalismus als IB-Theorie), die mit dem IB-Konstruktivismus überlappen. Zu einzelnen Merkmalen (etwa: Formalisierungsgrad) lassen sich aufgrund widersprüchlicher Befunde keine konsensfähigen Aussagen treffen, zu anderen hingegen schon. Als gesichert gilt der Befund, demzufolge immaterielle Ressourcen wie Wissen, Zugang zu Regelungsadressaten und ‚*beneficiaries*' sowie die Reputation als Vertreter des Allgemeinwohls (im Gegensatz zu Partikularinteressen) den Einfluss von NGOs bedingen: Es sind diese Ressourcen, die ihnen Zugang und Gehör verschaffen, insbesondere wenn sie Staaten und internationalen Organisationen fehlen, und ihre Autorität begründen.

4. Ausblick

Es ist unstrittig, dass t.A. das Wesen der internationalen Politik verändert haben und weiter verändern. Sie spielten eine zentrale Rolle bei der → Globalisierung aller Politikbereiche und sie haben die Strukturen und Prozesse des internationalen Systems maßgeblich verändert. Nach dem Ende des Zweiten Weltkrieges wandelte sich das internationale System von einem kaum institutionalisierten zu einem deutlich verregelten System, was sich etwa an der Zahl geschlossener Verträge und gegründeter Organisationen ablesen lässt. Kooperation blieb zunächst eine Domäne der Staaten. Der Anstieg transnationaler Akteure hat nunmehr eine Fülle an privaten Regulierungen hervorgebracht, öffentlich-private Kooperationen befördert und die Beteiligung nichtstaatlicher Akteure an der Gestaltung der globalen Ordnung erhöht. Die internationalen Beziehungen sind, um mit Ernst-Otto Czempiel zu sprechen, keine reine ‚Staatenwelt‘ mehr, sondern auch eine ‚Wirtschafts- und Gesellschaftswelt‘ (Liese 2012). Daraus ergeben sich Konsequenzen für die Rolle des Staates (sowohl des in seiner staatlichen Autorität konsolidierten als auch des begrenzten) und die Theorien der internationalen Beziehungen.

→ Ergänzende Beiträge

Begriff und Funktion von IB-Theorie, Globalisierung, Internationale Kriminalität/Korruption, Internationale Organisationen, Staat/Staatlichkeit im Wandel, Völkerrecht/internationales Recht

Literatur

Jönsson, Christer/Tallberg Jonas (Hrsg.) (2010): Transnational Actors in Global Governance. Patterns, Explanations, and Implications, Basingstoke.

Keck, Margaret E./ Sikkink, Kathryn (1998): Activists Beyond Borders. Advocacy Networks in International Politics, Ithaca.

Keohane, Robert O./Nye Joseph S. (1971): Transnational Relations and World Politics, in: International Organization (3), S. 329-349.

Liese, Andrea ([5]2012): Wirtschafts- und Gesellschaftswelt. Nicht-staatliche Akteure in den internationalen Beziehungen, in: Staack, Michael (Hrsg.): Einführung in die Internationale Politik, München, S. 419-454.

Nölke, Andreas (2010): Transnationale Akteure, in: Masala, Carlo/Sauer, Frank / Wilhelm, Andreas (Hrsg.): Handbuch der Internationalen Politik, Wiesbaden, S. 394-402.

Risse, Thomas ([2]2013): Transnational Actors and World Politics, in: Carlsnaes, Walter/Risse, Thomas/Simmons Beth A. (Hrsg.), Handbook of International Relations, London u.a., S. 426-452.

Schimmelfennig, Frank ([2]2010): Internationale Politik, Paderborn.

Willets, Peter ([6]2008): Transnational Actors and International Organizations in Global Politics, in: Baylis, John/Smith, Steve/Owens, Patricia (Hrsg.): The Globalization of World Politics, Oxford, S. 330-347.

56 – Typen militärischer Interventionen (*Christian Stock*)

1. Interventionsbegriff

Auch wenn der zwischenstaatliche → Krieg keinesfalls verschwunden ist, so überwiegt doch heute ein anderes Muster der bewaffneten Auseinandersetzung: innerstaatliche bewaffnete Konflikte und die militärische Intervention (I.) von außen in diese Konflikte. Die Anzahl dieser I. hat seit den 1990er Jahren beträchtlich zugenommen. Darüber hinaus ist der Anteil der sog. robusten Friedensmissionen gemessen an der Gesamtzahl der I. gestiegen. Dabei handelt es sich um Operationen, die nach Kapitel VII der VN-Charta durch den Sicherheitsrat mandatiert sind (→ Vereinte Nationen). Dies gestattet den eingesetzten Kräften, ihr Mandat zur Not auch mit (militärischem) Zwang durchzusetzen.

Neben der Zunahme von I. mit militärischen Mitteln sowie der Intensität der (potenziellen) Gewaltausübung, ist als Großtrend eine Veränderung der Beweggründe zu beobachten. An Stelle klassischer machtpolitischer Motive wird die Notwendigkeit von I. heute fast ausschließlich mit der Durchsetzung humanitärer Normen bzw. dem Schutz der Zivilbevölkerung begründet (→ Menschenrechte, → Schutzverantwortung/R2P). Dies impliziert, dass die traditionell im Staatensystem dominierende Norm der staatlichen Souveränität (→ Staat/Staatlichkeit im Wandel) zu Gunsten menschenrechtlicher Normen an Bedeutung eingebüßt hat (Meyers 2014: 26). Aus dieser Entwicklung resultiert eine Kaskade von Aufgaben moderner I., die überwiegend die Stärkung des Staates zum Ziel haben. Dieser soll in die Lage versetzt werden, den Schutz der Bevölkerung selbst zu gewährleisten und existenziell wichtige öffentlicher Güter bereitzustellen.

Nach einer klassischen völkerrechtlichen Definition (→ Völkerrecht/Internationales Recht) ist die I. eine „Einwirkung von Staaten in ihnen fremde Angelegenheiten von Staaten durch Eingriff in deren Rechtssphäre unter Anwendung oder Androhung von Zwang“ (Haedrich 1961: 145). Dennoch ist diese Definition angesichts der Praxis in den heutigen internationalen Beziehungen zu eng gefasst, die Anzahl alternativer Definitionen daher groß. Für das Folgende werden daher drei Eingrenzungen vorgenommen:

- I. werden hier erstens als intergouvernementales Phänomen aufgefasst. Das Handeln nicht-staatlicher Akteure und internationaler Organisationen wird demnach im Kontext staatlicher Politik verstanden.
- Zweitens wird unter einer militärischen I. kein gleichförmiges Handlungsformat verstanden. Stattdessen ist eine Vielzahl unterschiedlicher Operationsmuster zu beobachten, die sich durch unterschiedliche Aufgaben – von der Bekämpfung explizit benannter Konfliktparteien bis hin zur temporären Übernahme staatlicher Exekutivbefugnisse – und eine funktional bedingte spezifische Zusammensetzung militärischer und nicht-militärischer Kräfte (Polizei, Experten für Entwicklung, Wahlen, Verwaltung usw.) unterscheiden. Um sich allerdings für das Folgende als militärische I. zu qualifizieren, muss eine Operation Angehörige staatlicher Streitkräfte umfassen.
- Schließlich soll für den Zweck dieser Typologisierung die in der Definition von Haedrich angelegte Kontinuität bezüglich der Mittel begrenzt werden. Natürlich stellt auch die Setzung von Normen oder die Beeinflussung von Handels- und Finanzströmen (z.B. durch Sanktionen) eine Möglichkeit zur Beeinflussung nationalstaatlicher Politiken dar. Diese Form der I. soll hier jedoch mit Verweis auf den militärischen Charakter der I. ausgeschlossen werden.

Militärische I. sollen daher im Folgenden nach Akteur bzw. Plattform sowie dem Operationszweck (inklusive des Ausmaßes der potenziellen oder aktuellen militärischen Gewalt) unterschieden werden. Motive der Intervenierenden sowie Quellen und Ausmaß der Legitimität, die ebenfalls zur Unterscheidung herangezogen werden könnten, werden in dieser funktionalen Typologie nicht berücksichtigt.

2. Ausführende von Interventionen

2.1 Unilaterale Interventionen

Die I. einzelner Staaten ist in der jüngeren Vergangenheit eine Seltenheit. In einigen wenigen Fällen sind sie die einzige Operation im Konfliktgebiet (z.B. die *Indian Peacekeeping Force* in Sri Lanka (1987-1990)). Meistens jedoch unterstützen sie andere, bereits existierende Missionen (z.B. die britische Operation Palliser in Sierra Leone, 2000) oder gehen diesen voraus (z.B. die französische Operation Serval in Mali ab 2013). Wesentlich ist diesen Einsätzen, dass ihnen eine formelle Einladung der Regierung vorausgehen muss. Ist dies der Fall, unterstützen sie den betreffenden Staat bei der Ausübung seines Rechts zur Selbstverteidigung, weshalb rechtlich kein Mandat des VN-Sicherheitsrates notwendig ist.

2.2 Multinationale Koalitionen

Im Unterschied zu internationalen Organisationen finden sich multinationale bzw. ad-hoc-Koalitionen speziell für eine bestimmte I. zusammen. In der Regel übernimmt ein Staat als *lead nation* die Führung des Einsatzes (z.B. Australien in INTERFET, 1999-2000). Für diese Operationen streben die beteiligten Staaten in der Regel ein Mandat des VN-Sicherheitsrates an, auch wenn es hier ebenfalls Ausnahmen gibt (z.B. die *South Ossetia Joint Peacekeeping Force*, 1992-2008). Die Finanzierung muss in den meisten Fällen von den ausführenden Staaten getragen werden (auch wenn die Mission vom VN-Sicherheitsrat mandatiert wurde), weshalb es vor allem militärisch und finanziell potente Staaten sind, die sich in diesen I. engagieren.

2.3 Internationale Organisationen/Regionalorganisationen

Die meisten der heutigen I. werden von internationalen Organisationen durchgeführt. Der wichtigste Akteur sind hier die → Vereinten Nationen (VN). Seit 1948 wurden unter ihrer Führung 69 sog. Blauhelm-Missionen durchgeführt, die Mehrzahl davon nach 1990. Daneben haben sich aber auch einige Regionalorganisationen regelmäßig als Ausführende von Friedensoperationen betätigt (→ Regionalisierung/Regionalismus). Hervorzuheben sind hier die Afrikanische Union (AU) und ihr Vorgänger, die Organisation Afrikanischer Einheit (OAU) und einige andere afrikanische Subregionalorganisationen (z.B. ECOWAS in Westafrika), die Europäische Union sowie die → NATO. Neben den VN und der NATO sind acht Regionalorganisationen als Träger von Friedensoperationen in Erscheinung getreten. Die Mehrzahl von ihnen stammt aus Afrika (CEMAC, CEEAC, ECOWAS und AU), zwei aus Europa (EU und OSZE), eine aus Asien (GUS) und eine aus Amerika (OAS).

Mit Blick auf den hier verwendeten Interventionsbegriff muss berücksichtigt werden, dass Regionalorganisationen nicht nur Operationen mit Kampftruppen ausführen, sondern auch sog. politische Missionen sowie Ausbildungs- und Beratungsmissionen. So sind derzeit (Frühjahr 2015) nur fünf von sechzehn EU-Operationen militärischer Natur. Die anderen sind zwar nach der eingangs verwendeten weiten Definition (Kriterium: Beteiligung militärischen Personals) ebenfalls Militärmissionen, haben jedoch explizit einen Beratungs- bzw. Unterstützungsauftrag, im Rahmen dessen Militärs als

Ausbilder, Trainer oder Berater fungieren (z.B. EUCAP Sahel in Niger oder EUCAP Nestor am Horn von Afrika).

3. Funktionale Unterscheidung von Interventionen
Die spezifischen Muster verschiedener Missionen ergeben sich durch die funktionale Arbeitsteilung, die in vielen heutigen Konflikten zwischen den internationalen Akteuren vorherrscht. Dabei können präventive Missionen, traditionelle Friedenssicherung (das klassische *peacekeeping*), komplexe Friedenssicherung, Friedenserzwingung, Unterstützungsmissionen für den Übergang in einer Post-Konflikt-Situation und Friedensunterstützungsmissionen unterschieden werden (die Begrifflichkeiten werden allerdings innerhalb der wissenschaftlichen Literatur ebenso wie in den einschlägigen Dokumenten der Regierungen und Streitkräfte unterschiedlich verwendet bzw. andere Unterscheidungen vorgenommen).

3.1 Präventive Missionen
Präventive Missionen – verstanden als kollektiv beschlossene konfliktverhütende Maßnahme und nicht als Begründungsmuster für eine Zwangsmaßnahme wie im Irakkrieg 2003 – sind die Ausnahme geblieben (UNPREDEP 1995 in Mazedonien). Auch wenn die Vorteile auf der Hand liegen – u.a. die Möglichkeit, einen noch existierenden Frieden zu schützen, anstatt ihn erst schaffen zu müssen, eine geringere Gefahr für die eingesetzten Kräfte u.v.m. – ist es offenkundig schwer, finanzielle und politische Ressourcen zu mobilisieren, so lange die (internationale) Öffentlichkeit den Handlungsbedarf noch nicht durch blutige Tatsachen vor Augen geführt bekommen hat.

3.2 Traditionelle Friedenssicherung
Die traditionelle Friedenssicherung erfasst begrifflich – und meist idealiter – das charakteristische Aufgabenprofil fast aller VN-Missionen zwischen 1948 und 1990: die Sicherung eines Friedens oder Waffenstillstandes durch Beobachter, die sich zwischen den Konfliktparteien positionieren. Die drei ehernen Prinzipien der VN-Friedenssicherung – Zustimmung der Konfliktparteien, Unparteilichkeit und die Anwendung von Gewalt nur zur Selbstverteidigung – finden hier am ehesten nahe der Reinform Anwendung. I. dieses Typs sind heute immer noch gängig, aber in der Unterzahl.

3.3 Komplexe Friedenssicherung
Komplexe Friedenssicherung ist sowohl funktional ein Mischtyp als auch ein begrifflicher Versuch, die Mehrheit der gegenwärtigen Operationen zu beschreiben. Diese sind zwar dem Ursprung nach traditionelle *Peacekeeping*-Missionen (gekennzeichnet durch die Betonung der zuvor genannten drei Prinzipien), in der Praxis jedoch viel facettenreicher. Wesentliches Unterscheidungsmerkmal zu den traditionellen Missionen ist das Verlassen der (bildlich und teilweise auch real) erhöhten Beobachterposition zu Gunsten eines tiefergehenden Engagements bei der Bekämpfung struktureller Konfliktursachen bzw. der Konfliktnachsorge (*peacebuilding*). Ein weiteres Charakteristikum ist der Einsatz in Staaten (anstatt zwischen verfeindeten Staaten) und häufig in gefährlichen Umgebungen, in denen das Risiko eines Rückfalls in den aktiv-gewaltsamen Konflikt hoch ist.

3.4 Friedenserzwingung (peace enforce4ment)
Operationen im Rahmen der Friedenserzwingung unterscheiden sich von den vorgenannten Typen am markantesten durch die Abwesenheit der Zustimmung der Konfliktparteien. Solche Operationen, die fast ausschließlich unter einem Mandat nach Kapitel VII der VN-Charta ausgeführt werden, haben aufgrund des zentralen Elements des Zwangs einen ausgeprägt militärischen Charakter, der auf die Projektion militärischer Offensivkraft und nicht etwa auf defensive Aufgaben ausgerichtet ist. In den meisten Fällen reicht der limitierte Einsatz von Gewalt (wenn es auch in der Regel nicht bei seiner Androhung bleibt) aus, um die Ziele zu erfüllen (z.B. INTERFET); in manchen Fällen sind es jedoch auch umfangreichere und verlustreiche Operationen (z.B. AMISOM seit 2007).

3.5 Unterstützungsmissionen (transitional operations)
Unterstützungsmissionen für den Übergang in eine Post-Konflikt-Situation setzen nach der Einhegung des akuten Konfliktes an und haben zum Ziel, die staatlichen Strukturen bzw. die aus dem Friedensprozess hervorgegangene (Übergangs-)Regierung dabei zu unterstützen, das Land in einen nachhaltig friedlichen Zustand zu führen. Militär ist hierbei häufig notwendig, um die öffentliche Sicherheit zu gewährleisten oder z.B. Entwaffnungsmaßnahmen durchzusetzen. Der Schwerpunkt liegt jedoch auf zivilen bzw. polizeilichen Aufgaben. Ein Beispiel für eine solche Mission ist die UNTAG in Namibia 1989-1990. Strukturell sehr ähnlich sind Übergangsverwaltungen, die aber nicht nur unterstützend tätig sind, sondern temporär souveränitätsähnliche Verantwortung für die jeweiligen Territorien übernehmen. Dieser Typ ist sehr selten und kann im Grunde nicht als militärische I. zählen, da eine militärische Komponente in den eigentlichen Übergangsverwaltungen in der Regel nicht vorhanden ist. Dies gilt auch für das bekannteste Beispiel der UNMIK im Kosovo.

3.6 Friedensunterstützungsmissionen (peace support operations)
Der Begriff der Friedensunterstützungsmission ist v.a. in den Militärdoktrinen westlicher Staaten (insbesondere USA und Großbritannien) gebräuchlich. Der Form nach sind diese Operationen der komplexen Friedenssicherung ähnlich. Ein wichtiger Unterschied ist jedoch die deutliche Abgrenzung des Prinzips der Unparteilichkeit von Neutralität: „impartiality simply means treating everyone according to the same principles, whereas neutrality means opting not to take a position" (Bellamy und Williams 2010: 281). Ein weiterer Aspekt, der mit der Zuordnung dieses Interventionstyps zu überwiegend westlichen Akteuren zusammenhängt, ist die dezidierte Ausrichtung auf eine Friedensordnung, die sich am Konzept des liberalen Friedens orientiert. Dies umfasst eine liberale Demokratie nach westlichem Vorbild, Rechtsstaatlichkeit und Marktwirtschaft (→ Liberalismus als IB-Theorie).

4. Arbeitsteilung
Die Zuständigkeit für einen Konflikt hängt nicht nur an der geographischen Lage des Krisenherds. Stattdessen geht es bei der Frage, wer für eine I. in Frage kommt auch um die Faktoren Fähigkeiten, Einsatzbereitschaft und Ausdauer. Dies führt zu einer dop-

pelten Arbeitsteilung: jener nach Akteuren und jener im Feld. Als Faustregel kann gelten: je mehr Robustheit, also das Potenzial zur Gewaltprojektion, benötigt wird und je schneller eine Mission vor Ort sein sollte, desto eher bieten sich andere Akteure als die VN an. Aus diesem Grund werden *enforcement*-Aufgaben und Friedensunterstützungsoperationen überwiegend von multinationalen Koalitionen unter der Führung westlicher Staaten oder aber von Regionalorganisationen wie der NATO oder der EU ausgeführt. Bei komplexen Aufgaben, die die Integration von zivilen Fähigkeiten in die Operation erforderlich machen und wenn eine längere Verweildauer absehbar ist, sind VN-Missionen am besten geeignet. Dies ergibt sich hinsichtlich der Komplexität aus der langen Erfahrung im *peacekeeping* und *peacebuilding* sowie der Möglichkeit, potenziell das komplette Spektrum der Herausforderungen im Rahmen der Konfliktnachsorge mit Akteuren aus dem weiteren VN-System bestreiten zu können. Die Ausdauer der VN zeigt sich an der Existenz von aktiven Operationen, deren Wurzeln teilweise bis ins Jahr 1948 (UNTSO im Nahen Osten) zurückreichen. Der Grund hierfür ist wohl der Umstand, dass weit weniger Aufmerksamkeit in der Öffentlichkeit für VN-Missionen besteht als für Operationen in anderen Formaten, in denen nationale Streitkräfte mit in der Regel größeren Kontingenten deutlicher sichtbar sind. Exemplarisch kann man hierfür auf die unterschiedlich intensiv geführten innenpolitischen Diskussionen über die deutsche Beteiligung an ISAF in Afghanistan und der deutschen Beteiligung an der VN-Operation UNIFIL vor der Küste des Libanon verweisen.

Die Arbeitsteilung im Feld ist daran erkennbar, dass oftmals verschiedene Operationen unterschiedlicher Akteure im gleichen Konflikt im Einsatz sind. Entweder geschieht dies parallel oder sequenziell. So wurde die VN-Mission im Kongo, MONUSCO, zeitweise von der Operation Artemis der EU unterstützt, was sie vorübergehend deutlich robuster machte. Ein Beispiel für sequenzielle Missionen ist die bereits erwähnte Mission INTERFET, die von Australien angeführt wurde. Nachdem sie die drohende Gefahr einer weiteren Eskalation der Gewalt abgewendet hatte, folgte eine VN-Mission (UNTAET), die erfolgreich die Friedenskonsolidierung übernahm.

Tab. 19: Beispiel für parallele Operationen: Kosovo

Akteur	Operation	Aufgabe
Vereinte Nationen	UNMIK (1999 bis heute)	Übergangsverwaltung
NATO	KFOR (1999 bis heute)	Schaffung eines sicheren Umfelds
OSZE	OSZE Mission im Kosovo (1999 bis heute)	u.a. Unterstützung beim Aufbau demokratischer Institutionen
Europäische Union	EULEX Kosovo (2008 bis heute)	Unterstützung beim Aufbau rechtsstaatlicher Institutionen

Quelle: eigene Darstellung

Tab. 20: Beispiel für sequenzielle Operationen: Mali

Akteur	Operation	Aufgabe
ECOWAS	AFISMA (2012-2013)	Unterstützung der Regierung gegen die Rebellion im Norden
Frankreich	Operation Serval (2013 bis 2014, Truppen in Operation Barkhane überführt)	Robuste Unterstützung für AFISMA
Vereinte Nationen	MINUSMA (2013 bis heute)	Übernahme der Aufgaben von AFISMA

Quelle: eigene Darstellung

Auf der einen Seite ist eine funktionale Spezialisierung und infolgedessen eine Intensivierung dieser Arbeitsteilung zu beobachten. Westliche Staaten halten sich weitgehend davon fern, mit Personal und Gerät an VN-geführten Operationen (den Blauhelmmissionen) teilzunehmen. Dafür finden sich regelmäßig multinationale Koalitionen unter Führung westlicher Staaten bereit, *enforcement*-Aufgaben oder andere spezialisierte Unterstützungsleistungen für Blauhelmmissionen bereitzustellen – aber eben operativ außerhalb der VN-Strukturen.

Auf der anderen Seite sind auch gegenläufige Tendenzen zu beobachten. Die → NATO, eigentlich das Paradebeispiel für einen robusten Akteur, hat als Lehre aus dem Einsatz in Afghanistan und maßgeblich auf deutsche Initiative hin begonnen, der zivil-militärischen Zusammenarbeit (*comprehensive approach*) und sogar dem Aufbau begrenzter ziviler Fähigkeiten für das Konfliktmanagement mehr Beachtung zu schenken. Die → EU hat sich, nach der anfänglichen Entsendung mehrerer robuster Missionen, mittlerweile auf Unterstützungsmissionen spezialisiert. Die → VN hingegen haben in der Mission MONUSCO 2013 zum ersten Mal eine offensive Komponente, die sog. *Intervention Brigade*, integriert, die aktiv (und erfolgreich) verschiedene Milizen im Ost-Kongo bekämpft hat. Schließlich sind einige westliche Staaten mittlerweile doch wieder bereit, sich in Blauhelmmissionen zu engagieren, obwohl viele Beobachter seit Jahren davon ausgegangen waren, dass der Ruf der VN weiterhin und auf absehbare Zeit ungehört verhallen würde. Ein Beispiel hierfür bieten die Niederlande, die sich in Mali u.a. mit Kampfhubschraubern und Spezialkräften engagieren.

5. Bilanz

Das hier aufgezeigte breite Spektrum heutiger militärischer I. und die Differenzierung von Akteuren und Funktionen erscheint als notwendige und – strukturell erfolgreiche – Antwort auf die Veränderungen der internationalen Konfliktlandschaft, die sich vom zwischenstaatlichen Krieg hin zu einer Dominanz innerstaatlicher, asymmetrisch geführter Konflikte gewandelt hat. Verschiedene Probleme bleiben jedoch bestehen:

- In einigen Fällen erscheint die rasche Entsendung einer militärischen Operation als Mittel erster Wahl, um gravierenden Fällen von Menschenrechtsverletzungen Einhalt zu gebieten. Zu oft wurde jedoch schon bald deutlich, dass weder ein Konzept für die nachhaltige Konfliktlösung noch ausreichend politischer Wille dafür vorhanden war.

- Zahlreiche Konflikte werden eher gemanagt als gelöst. Das liegt nicht zuletzt daran, dass die Konfliktparteien daran gehindert werden, ihren Streit auszutragen, bis sie eine Verhandlungslösung gefunden oder eine Partei obsiegt hat. Dagegen kann zu Recht eingewendet werden, dass rivalisierende Machtansprüche nicht zu Gewaltexzessen an der Zivilbevölkerung führen dürfen. Die Folge davon ist jedoch häufig ein fragiler Frieden, in dem sich die Konfliktparteien keinesfalls auf eine Versöhnung einzulassen bereit sind. Stattdessen schonen sie ihre verbliebenen Ressourcen für ein Comeback und versuchen sich in der international stabilisierten temporären Post-Konflikt-Situation in Stellung zu bringen, um bei passender Gelegenheit ihre Ansprüche erneut (gewaltsam) geltend zu machen. Dies ist allerdings ein grundlegendes Problem, hervorgerufen durch den Widerspruch zwischen ‚natürlicher Ordnungsbildung' zwischen Konfliktparteien und den moralischen und politischen Imperativen Dritter.
- Die zur Gewohnheit gewordene militärische Einmischung von außen unter dem Banner der kollektiven internationalen Konfliktbewältigung stellt nicht nur eine Aufweichung des Souveränitätsprinzips dar. Dieses Phänomen ist als postwestfälische Ordnung bereits hinreichend diskutiert worden (→ Staat/Staatlichkeit im Wandel). Ein eher vernachlässigter Effekt ist aber die Marginalisierung domestischer Lösungsansätze, sofern sie nicht mit dem Konzept des liberalen Friedens vereinbar erscheinen. Eine mögliche Konsequenz ist der Widerstand lokaler Gesellschaften gegen die von außen oktroyierten Reformen.
- Keine I. wird nur von einem Motiv getrieben, und schon gar nicht ausschließlich von einem humanitären (Meyers 2014: 30). Das muss auch nicht problematisch sein, sofern man andere Interessen neben dem humanitären als Begründung für internationales Engagement für statthaft hält. Allerdings werden regelmäßig Interessen durch humanitäre Begründungen verschleiert. Besonders begehrt ist das Etikett Peacekeeping. Je stärker das politische Marketing und die Realität von I. auseinanderklaffen, desto schwieriger ist es, militärischen Zwang als äußerstes Mittel zur Aufrechterhaltung der internationalen Ordnung und zur Verhinderung schwerster Menschenrechtsverletzungen verfügbar zu halten.
- Die Kluft zwischen dem Anspruch, militärische Gewalt im äußersten (Not-)Fall einzusetzen und der Existenz zahlreicher vernachlässigter Konflikte legt eine weitere Facette des Problems offen, I. ausschließlich auf humanitäre Begründungen stützen zu wollen. Gerade wenn man vom Notfall spricht, impliziert dies aus ethischer Sicht einen Imperativ zum Handeln (ansonsten wäre es eine unterlassene Hilfeleistung). Ein Blick auf die Empirie macht jedoch deutlich, dass die humanitäre Dimension von Konflikten einen hinreichenden, aber keinesfalls einen notwendigen Grund für eine I. darstellt.
- Aus einer friedensethischen Perspektive lässt sich kritisieren, dass die implizite (‚Mandatierung nach Kapitel VII') oder explizite (*peace enforcement*) Androhung und Anwendung von Gewalt sowohl konzeptionell als auch operativ zu eng mit Entwicklung und humanitären Aspekten verwoben sind (→ Frieden). Reinhard Meyers (2014: 24) spricht in diesem Kontext von einer „paradoxen Dialektik", weil der Begriff der erweiterten Sicherheit nicht stärker von einer zivilen an Stelle einer

militärischen Sichtweise geprägt wird, sondern vielmehr Entwicklung nicht mehr ohne eine sicherheitspolitische Dimension denkbar erscheint.

- Die zuvor dargestellten Spezialisierungstendenzen lassen sich durchaus auch als Fragmentierungstendenzen interpretieren. Aus dieser Sichtweise ist es fraglich, ob eine Ansammlung mehr oder minder gut koordinierter Akteure tatsächlich noch ein kohärentes System kollektiver Sicherheit darstellt. Überdies zeigt diese Entwicklung die Schattenseiten von Konzepten wie der *local* bzw. *regional ownership* auf. Zwar gibt es gute Gründe, regionale Mächte und Organisationen mit der primären Verantwortung für die Konflikte in ihrer Nachbarschaft zu betrauen (u.a. das Eigeninteresse an einem sicheren regionalen Umfeld und die bessere Kenntnis der Situation vor Ort). In der Realität hat dies jedoch häufig, insbesondere in Afrika, dazu geführt, dass man finanziell, technisch und militärisch unqualifizierten Akteuren die Verantwortung für Konflikte überlassen hat, obwohl das Risiko des Scheiterns von Beginn an sehr hoch war.

→ Ergänzende Beiträge

Europäische Union, Frieden, Krieg, Menschenrechte, NATO, Schutzverantwortung/R2P, Staat/Staatlichkeit im Wandel, Strategische Wissenschaft, Vereinte Nationen, Völkerrecht/Internationales Recht

Literatur

Bellamy, Alex J./Williams, Paul D. (22010): Understanding Peacekeeping, Cambridge/Malden.

Binder, Martin (2012): Militärische Interventionen in Krisen und Gewaltkonflikte nach 1990, in: Tobias Debiel/Jochen Hippler/Michèle Roth/Cornelia Ulbert (Hrsg.): Globale Trends 2013. Frieden-Entwicklung-Umwelt, Frankfurt am Main, S. 93-110.

Haedrich, Heinz (21961): Intervention, in: Hans-Jürgen Schlochauer (Hrsg.): Wörterbuch des Völkerrechts. Bd. 2, Berlin, S. 144-147.

Meyers, Reinhard (2014): Interventionen als Instrument der internationalen Politik: Entwicklung, Anspruch, Wirklichkeit, in: Rinke/ Lammers/Meyers /Simonis (2014), S. 21-85.

Münkler, Herfried/Malowitz, Karsten (Hrsg.) (2008): Humanitäre Intervention. Ein Instrument außenpolitischer Konfliktbearbeitung. Grundlagen und Diskussion, Wiesbaden.

Rinke, Bernhard/Formella, Olivia/Ludemann, Mathias (2014): Interventionen, Militärische Interventionen und Humanitäre Interventionen – Terminologische Differenzen in einem umstrittenen Begriffsfeld, in: Rinke/ Lammers/Meyers /Simonis (2014), S. 87-114.

Rinke, Bernhard/Lammers, Christiane/Meyers, Reinhard/Simonis, Georg (Hrsg.) (2014): Interventionen Revisited. Friedensethik und Humanitäre Interventionen, Wiesbaden.

Varwick, Johannes/Stock, Christian (2012): Keine Partner zweiter Klasse: Die Truppenstellerstaaten der Vereinten Nationen verdienen Deutschlands Unterstützung, Berlin (DGVN Policy Paper).

Internetadressen

Hauptabteilung Friedenssicherung des VN-Sekretariats: http://www.un.org/en/peacekeeping/

Providing For Peace (International Peace Institute/George Washington University): http://www.providingforpeacekeeping.org/profiles/

Stockholm International Peace Research Institute: http://www.sipri.org/databases/pko

Uppsala Conflict Data Program: http://www.ucdp.uu.se/gpdatabase/search.php

57 – Vereinte Nationen (*Johannes Varwick*)

1. Ziele und Grundsätze

Die Organisation der Vereinten Nationen (VN) hat 70 Jahre nach ihrer Gründung (am 24. Okt. 1945 trat die am 26. Juni 1945 in San Franzisco unterzeichnete Charta der VN in Kraft) ihre Zusammensetzung und Tätigkeitsfelder erheblich ausgeweitet, ohne dass es bisher zu grundlegenden Änderungen in der Charta selbst gekommen wäre. Von damals 51 Gründerstaaten ist sie auf 193 Staaten angewachsen (Stand: 2015) und von einer Organisation, die in erster Linie den → Krieg als Mittel der Politik ächten sollte, ist sie zu einem globalen Forum geworden, in dem alle grundlegenden Weltprobleme diskutiert und zum Teil einer Lösung näher gebracht werden. In der internationalen Politik besteht gleichwohl weitgehender Konsens darüber, dass die VN reformiert werden müssen, weil Strukturen und Verfahren nicht mehr den weltpolitischen Realitäten des 21. Jhs. entsprechen. Gleichzeitig wird von den VN zunehmend das Füllen einer ordnungspolitischen Lücke in der globalisierten Welt verlangt, und dieser Widerspruch zwischen den realen Möglichkeiten und den hochgesteckten Erwartungen erzeugt ein Klima der Überforderung und bewirkt oft ungerechte Bewertungen der wichtigen Arbeit der VN.

Die multidimensionale Arbeit der VN lässt sich – abgesehen von Zuständigkeiten in weiteren Materien samt angrenzender Politikfelder – in insgesamt drei Hauptfelder einteilen: erstens Aufgaben im Bereich der Sicherung des Weltfriedens und der internationalen Sicherheit, zweitens Aufgaben im Bereich des Menschenrechtsschutzes (→ Menschenrechte) und der Fortentwicklung des Völkerrechts (→ Völkerrecht/Internationales Recht) und drittens Aufgaben in den Bereichen Wirtschaft, Entwicklung und Umwelt (→ Weltwirtschaftssystem, → Entwicklungspolitik, → Klimapolitik, → internationale Umweltpolitik). Nach den Erfahrungen mit dem Völkerbund, vor dem Hintergrund zweier Weltkriege, massiver Verletzungen der Menschenrechte sowie der fatalen Folgen der Weltwirtschaftskrise wurde mit den VN ein neuer Versuch zur Regulierung des internationalen Systems und zur Schaffung von dauerhafter Sicherheit unternommen. „Fest entschlossen, künftige Geschlechter von der Geißel des Krieges zu befreien“, sollten Bedingungen geschaffen werden, unter denen „Gerechtigkeit und die Achtung vor den Verpflichtungen aus Verträgen [...] gewahrt werden können, den sozialen Fortschritt und einen besseren Lebensstandard in größerer Freiheit zu fördern“ (Präambel der VN-Charta). In Art. 1 der Charta, die insgesamt 111 Art. in 19 Kapiteln umfasst, setzt sich die Weltorganisation vier programmatische Hauptziele:

- den Weltfrieden und die internationale Sicherheit zu wahren und zu diesem Zweck wirksame Kollektivmaßnahmen zu treffen, um Bedrohungen des Friedens zu verhüten und zu beseitigen, Angriffshandlungen und andere Friedensbrüche zu unterdrücken und internationale Streitigkeiten oder Situationen, die zu einem Friedensbruch führen könnten, durch friedliche Mittel nach den Grundsätzen der Gerechtigkeit und des Völkerrechts zu bereinigen oder beizulegen;
- freundschaftliche, auf der Achtung vor dem Grundsatz der Gleichberechtigung und Selbstbestimmung der Völker beruhende Beziehungen zwischen den Nationen zu

entwickeln und andere geeignete Maßnahmen zur Festigung des Weltfriedens zu treffen;

- eine internationale Zusammenarbeit herbeizuführen, um internationale Probleme wirtschaftlicher, sozialer, kultureller und humanitärer Art zu lösen und die Achtung vor den Menschenrechten und Grundfreiheiten für alle ohne Unterschied der Rasse, des Geschlechts, der Sprache oder der Religion zu fördern und zu festigen;
- ein Mittelpunkt zu sein, in dem Bemühungen der Nationen zur Verwirklichung dieser gemeinsamen Ziele aufeinander abgestimmt werden.

Neben diesen allgemeinen Zielen schreibt die Charta eine Reihe von Grundsätzen vor, die eng mit den dargestellten Zielen verschränkt sind. So beruhen die VN auf dem Grundsatz der souveränen Gleichheit aller ihrer Mitglieder, dem Prinzip der friedlichen Beilegung von Streitigkeiten und dem Gewaltverbot (von dem lediglich die vom Sicherheitsrat autorisierten Zwangsmaßnahmen und die individuelle bzw. kollektive Selbstverteidigung ausgenommen sind), der grundsätzlichen Beistandspflicht gegenüber der Weltorganisation und dem – inzwischen umstrittenen – Verbot der Einmischung in „die Angelegenheiten, die ihrem Wesen nach zur inneren Zuständigkeit eines Staates gehören" (Art. 2 Abs. 7). Die rechtliche Einordnung der Ziele und Grundsätze ist in mehrfacher Hinsicht unklar. Erstens ist der Grad an Verbindlichkeit bzw. sind die Folgen bei Verstößen nicht präzise beschrieben, zweitens ist eine Prioritätensetzung hinsichtlich der Ziele aus der Charta nicht direkt ableitbar und drittens ist die Kompetenzzuweisung an einzelne Organe und damit die Zuständigkeitsregelung interpretationsfähig. So ist die flexible Formulierung der Ziele und Grundsätze Chance und Gefahr zugleich.

2. Entscheidungsprozesse

Das System der Vereinten Nationen besteht aus verschiedenen z.T. selbstständigen, dezentralen Organisationen und Programmen mit jeweils eigenen Satzungen, Mitgliedschaften, Strukturen und Haushalten. Die meisten Darstellungen über die VN enthalten ein Organigramm mit einer Art zentraler Blüte in der Mitte, deren Ausgangspunkt die Generalversammlung ist und deren Blütenblätter die fünf weiteren Hauptorgane darstellen. Von der Blüte gehen strahlenförmige Linien ab, die die Abhängigkeit einer Vielzahl kleiner Einheiten von diesem Ausgangspunkt anzeigen sollen. Eine solche Darstellung erweckt jedoch den falschen Eindruck, die VN lenkten eine Vielzahl kleinerer, untergeordneter Organisationen. Wenn in der Fachliteratur vom ‚VN-System' oder gar von der ‚VN-Familie' gesprochen wird, so ist dies richtig hinsichtlich der Beschreibung des umfangreichen Netzes von Institutionen, das die VN im Laufe ihrer Geschichte ausgebildet haben, es verschleiert jedoch die mangelnde Abstimmung innerhalb und zwischen diesen Einheiten sowie die realen Machtstrukturen, bei denen die Mitgliedstaaten eine entscheidende Rolle spielen. Gemäß der Charta hat sich die Kernorganisation im System der VN, die eigentliche internationale Organisation ‚VN', fünf Hauptorgane gegeben (ein weiteres Hauptorgan, der Treuhandrat, hat seine Arbeit inzwischen eingestellt), die für die Entscheidungsprozesse maßgeblich sind:

- Die Generalversammlung (GV) ist das einzige Hauptorgan, das aus Regierungsvertretern der inzwischen 193 Mitgliedstaaten der Organisation besteht, die je eine Stimme haben (Prinzip des *one state – one vote*). Sie nimmt eine organisatorisch-institutionelle Zentralstellung im System der VN ein und entscheidet über die Zusammensetzung der anderen Hauptorgane, übt Kontrolle über Haushalt (Doppelhaushalt 2014/2015: 5,8 Mrd. US-Dollar ohne Ausgaben für Sonderorganisationen und Friedenstruppen) und Administration der VN aus und kann nach Art. 10 der Charta alle Fragen und Angelegenheiten erörtern, die – sofern sie nicht im Sicherheitsrat anhängig sind – in den Rahmen der Charta fallen oder die Befugnisse und Aufgaben der Sonderorganisationen betreffen. Sie kann entsprechende Empfehlungen an die Mitglieder der VN oder an den Sicherheitsrat oder an beide richten. Von besonderer Bedeutung sind die zahlreichen Nebenorgane der Generalversammlung, die von ihr zur Wahrnehmung spezieller Tätigkeiten eingesetzt werden. Größtenteils handelt es sich um Spezialorgane zur Finanzierung (die über freiwillige Beitragsleistungen erfolgt) und Durchführung von entwicklungspolitischen Hilfsprogrammen, von humanitären und umweltpolitischen Programmen sowie von Ausbildungs- und Forschungsaktivitäten.
- Der Sicherheitsrat (SR) – bestehend aus 15 Mitgliedern, davon fünf Ständige (China, Frankreich, Großbritannien, Russland, USA) und zehn Nichtständige, von denen jeweils fünf alljährlich nach einem regionalen Schlüssel für zwei Jahre von der GV mit Zweidrittelmehrheit gewählt werden – hat die Hauptverantwortung für die Wahrung des Weltfriedens und der internationalen Sicherheit (Art. 24 Abs. 1 Charta). Die politische Bedeutung der fünf ständigen Mitglieder ist verstärkt durch das Veto-Recht. Mit Ausnahme von Verfahrensfragen bedürfen Beschlüsse des Sicherheitsrats der Zustimmung von neun Mitgliedern einschließlich sämtlicher ständiger Mitglieder. Der Sicherheitsrat ist das einzige Organ, das Entscheidungen treffen kann, die formal für alle VN-Mitglieder bindend sind. Der SR kann zudem Nebenorgane einsetzen.
- Der Wirtschafts- und Sozialrat (ECOSOC) besteht aus 54 Mitgliedern, von denen alljährlich 18 von der Generalversammlung für eine dreijährige Amtszeit gewählt werden, wobei ausscheidende Mitglieder unmittelbar wiedergewählt werden können. Die Aufgaben des Rats (Art. 62-66 Charta) sind äußerst vielfältig und umfangreich: Er kann international vergleichende Untersuchungen u.a. zu wirtschaftlichen, sozialen, kulturellen, humanitären Fragen durchführen oder anregen sowie Empfehlungen an die Generalversammlung, die VN-Mitglieder oder an zuständige Sonderorganisationen der VN richten. Er stellt das Bindeglied zu diesen Sonderorganisationen mit eigener Mitgliedschaft und eigenem Haushalt (u.a. FAO, UNESCO, IBRD, ILO, WHO, IWF) dar. Diese Sonderorganisationen sind durch Abkommen mit der VN verbunden und bilden zusammen mit den fünf Hauptorganen und den Spezialorganen das VN-System. Um seine umfangreichen Aufgaben bewältigen zu können, besitzt der Rat eine Vielzahl von Nebenorganen, zu denen u.a. ständige Ausschüsse, fünf regionale Wirtschaftskommissionen, funktionale Kommissionen (z.B. die Menschenrechtskommission) sowie Experten-Gremien gehören.

- Der Internationale Gerichtshof (IGH) mit Sitz in Den Haag ist zwar den anderen Hauptorganen gleichgestellt (Art. 7 Charta), besitzt aber innerhalb des VN-Systems eine unabhängige Stellung. Der IGH besteht aus 15 unabhängigen Richtern verschiedener Staatsangehörigkeit, die von der Generalversammlung und vom Sicherheitsrat in getrennten Wahlgängen auf neun Jahre gewählt werden, wobei die Vertretung der großen Kulturkreise und der hauptsächlichen Rechtssysteme der Welt zu gewährleisten ist. Der IGH ist ein Gericht (mit einer Instanz) zur Entscheidung von Rechtsstreitigkeiten zwischen Staaten; er kann nur dann tätig werden, wenn die Staaten seine Gerichtsbarkeit gegenseitig anerkannt haben. Sie können dies allgemein oder für bestimmte Fälle tun (Art. 36 IGH-Statut). Ferner kann er Rechtsgutachten auf Ersuchen des Sicherheitsrats, der Generalversammlung oder von Sonderorganisationen (mit Genehmigung durch die Generalversammlung) erstellen.
- Das Sekretariat ist das fünfte Hauptorgan der VN und steht damit auf der gleichen Stufe wie die anderen Hauptorgane. Der Generalsekretär (Trygve Lie (Norwegen), 1946-1953; Dag Hammarskjöld (Schweden), 1953-1961; U Thant (Burma), 1961-1971; Kurt Waldheim (Österreich), 1972-1981; Javier Pérez de Cuéllar (Peru), 1982-1991; Boutros Boutros-Ghali (Ägypten), 1992-1996; Kofi Annan (Ghana), 1997-2006; Ban Ki-Moon (Südkorea), seit 2007) ist der höchste Verwaltungsbeamte der Organisation (Art. 97 Charta). Darüber hinaus erstattet er der Generalversammlung alljährlich einen Bericht über die Tätigkeit der VN, der ihm die Möglichkeit bietet, die aktuellen Weltprobleme im Rahmen der Organisation zu thematisieren. Ferner kann er nach Art. 99 Charta die Aufmerksamkeit des Sicherheitsrats auf jede Angelegenheit lenken, die seiner Meinung nach die Wahrung des Weltfriedens und der internationalen Sicherheit gefährdet. Er hat damit eine enorm wichtige Rolle in der Weltpolitik. Das in der Phase des → Ost-West-Konflikts entwickelte Instrumentarium der friedenserhaltenden Aktionen (,Blauhelme'), das in der Charta nicht enthalten ist, macht ihn schließlich verantwortlich für die VN-Friedensoperationen.

3. Reformbemühungen

Die Frage, ob und wie die VN reformierbar sind, richtet sich an erster Stelle an die Mitgliedstaaten, weil nur sie die → Macht haben, Veränderungen durchzusetzen. Die VN sind insofern eine klassische intergouvernementale Organisation, d.h. sie können nur so weit agieren, wie es die sie tragenden Staaten nach Abwägung der eigenen Interessen gestatten. Zu unterscheiden ist zwischen internen Organisationsrechtsreformen, die sich ohne Änderungen der Charta verwirklichen lassen und ,Verfassungsänderungen', die eine Chartaänderung erfordern. Die Hürden für Letztere sind extrem hoch – neben einer Zweidrittelmehrheit in der GV und der Ratifizierung durch eine entsprechende Mehrheit von Mitgliedstaaten hat jedes der ständigen Mitglieder im SR ein Vetorecht gegen Chartaänderungen. Viele der seit Jahren diskutierten Themen sind deshalb vertagt und damit auf die lange Bank geschoben worden. In verlässlicher Regelmäßigkeit steht deshalb immer wieder ein Teil der Reformvorschläge auf der Tagesordnung diverser Arbeitsgruppen der Generalversammlung und des Sicherheitsrates, ohne dass ein Konsens in Sicht wäre. Jede Reformdebatte muss zudem mit einer Analyse der globalen Herausforderungen und der Beantwortung einiger grundlegender Fragen nach der Ordnung des internationalen Systems beginnen:

- Bis zu welchem Grad kann den Staaten die Erosion ihrer Souveränität zugunsten kollektiver Mechanismen zugemutet werden?
- Inwieweit halten sich die Staaten an gemeinsam verabredete Beschlüsse und in welchem Maße ist deren Verletzung, Missachtung oder mangelnde Unterstützung hinnehmbar?
- Wie können Macht und Recht in ein ausgewogenes Verhältnis zueinander gebracht und widerstreitende Interessen in konstruktiver Weise ausgeglichen werden?
- Wie gestalten sich → *Global-Governance*-Prozesse mit Staaten, → internationalen Organisationen, → transnationalen Akteure/Nichtregierungsorganisationen und der globalen Wirtschaft als zentralen Akteuren?

In verschiedenen Reformberichten forderte bereits der damalige Generalsekretär Kofi Annan, die Mitgliedstaaten müssten die VN besser auf die Herausforderungen der → Globalisierung einstellen, und nannte dabei insbesondere drei strategische Prioritätsbereiche: Freiheit vor Not (‘Entwicklungsagenda‘), Freiheit vor Furcht (‚Sicherheitsagenda‘) und Schaffung einer ökologisch bestandsfähigen Zukunft (‚Umweltagenda‘). Doch von den Berichten blieb nach den Diskussionen in den Mitgliedstaaten sowie den Entscheidungen anlässlich des 60-jährigen Jubiläums der VN im Herbst 2005 in der Generalversammlung nicht viel übrig. Politische Bedeutung in dem Sinne, als dass die zahlreichen Ideen in ganz unterschiedlichen Tätigkeitsfeldern aufgegriffen und umgesetzt worden wären, haben sie auch zum 70-jährigen Jubiläum im Herbst 2015 nicht.

Die Reformdebatte konzentriert sich seit Jahren mit unterschiedlichen Realisierungschancen auf vier Bereiche (umfassende Darstellung bei Gareis/Varwick 2014 und Varwick/Zimmermann 2006).

3.1 Reform des Sicherheitsrates

Unabhängig von der Zielvorstellung formulieren sämtliche Reformvorschläge deutliche Kritik an der Zusammensetzung dieses zentralen Gremiums, das nach Art. 24 der Charta zuständig für die Wahrung des Weltfriedens und der internationalen Sicherheit ist. Die Mehrheit der VN-Staaten hält die Zusammensetzung und die Privilegien der fünf ständigen Mitglieder für nicht mehr legitim und angesichts der weltpolitischen Realitäten des neuen Jahrtausends auch für anachronistisch. Eine Erweiterung ist aber aus mindestens zwei Gründen schwierig: Zum einen gibt es zwischen ‚Nord‘ und ‚Süd‘ keinen Konsens über die Kriterien für einen ständigen Sitz (obgleich die Charta in Art 23 Abs. 1 solche für die nichtständigen Mitglieder nennt). Insbesondere Deutschland und Japan argumentieren mit ihrer Wirtschaftskraft, während andere auf die Größe ihrer Bevölkerung hinweisen (so hat allein Indien dreimal mehr Einwohner als die gesamte EU). Zum anderen bedarf eine veränderte Zusammensetzung nach Art. 108 und 109 einer Chartaänderung, die nur mit zwei Dritteln der Stimmen der Generalversammlung und der Zustimmung aller ständigen Mitglieder des Sicherheitsrates erreichbar ist. Trotz einer erheblichen Intensivierung der Reformdebatte seit Beginn der 1990er Jahre ist bislang keine Formel gefunden worden, die eine konsensfähige Grundlage für eine Reform des Sicherheitsrats beinhaltet. Die Suche nach einer konsensfähigen Grundlage wird neben hohen institutionellen Erfordernissen der Charta durch eine dreifache inhaltliche Anforderung erschwert: Erstens soll die Repräsentativität verbessert werden (Erhöhung der Mitgliederzahl, um einen repräsentativen Querschnitt aller Weltregionen zu erreichen), zweitens soll die Legitimität verbessert werden (Schaffung eines möglichst ‚legitimen' Entscheidungsfindungsmechanismus), und drittens soll die Effektivität erhöht werden (Verbesserung der Entscheidungsfindung und der Chance auf Befolgung der Beschlüsse).

3.2 Kompetenzausweitung, Schaffung neuer Organe und Einbeziehung neuer Akteure

Für die Schaffung neuer Organe wird angeführt, dass in den bestehenden Strukturen kein wirkungsvolles Organ zur Koordinierung der Aktivitäten in Wirtschafts-, Finanz- und Sozialfragen vorhanden ist. Vor allem die *Bretton-Woods*-Organisationen Weltbank und IWF (→ Internationale Finanzarchitektur, Weltwirtschaftssystem) sind bisher unzureichend in die VN-Politik der nachhaltigen Entwicklung (*sustainable development*) eingebunden. Der ECOSOC hat nur geringe Kompetenzen entfalten dürfen und die ihm in der Charta zugewiesene Funktion einer zentralen Koordinierungsinstanz im Bereich der Weltwirtschaft, der Umwelt und der Entwicklung nicht erfüllt. Weder er noch die ihm zugeordneten Sonderorganisationen haben effektive Beiträge zur Bekämpfung des Nord-Süd-Gefälles und der globalen Umweltzerstörung (→ internationale Umweltpolitik) leisten können. Mehrere Reformvorschläge zielen darauf ab, anstelle des ECOSOC – analog zum Sicherheitsrat – einen Wirtschaftsrat zu gründen, der die Probleme zwischen Nord und Süd mit hoher Kompetenzzuweisung und Legitimation entschärfen soll (→ Nord-Süd-Beziehungen). Ziel einer grundlegenden Reform in diesem Bereich müsste es sein, dass Staaten aus allen Erdteilen an den Beratungen und Entscheidungen teilnehmen können, die heute in der G-7 stattfinden. Ähnliche Zusammenlegungen werden für einen Sozialrat gefordert, der konzentriert Gesundheits-, Bildungs- und Bevölkerungsfragen behandeln könnte. Schließlich wird Analoges für den Umweltbereich vorgeschlagen. So hatte Generalsekretär Annan angeregt, den Treuhandrat in ein Forum zum kollektiven Schutz der weltweiten Umwelt umzugestalten. Zu fragen ist allerdings, ob es nicht eine Überdehnung und Überforderung des VN-Systems bedeutet, es mit allen gravierenden Menschheitsproblemen zu befrachten. Außerdem wäre die rein deklaratorische Einrichtung von Umwelt-, Wirtschafts-, und Sozialräten nicht hinreichend: Es käme einzig und allein auf die Kompetenzen, die Finanzausstattung und die Art der Legitimation an, die man ihnen zuweisen würde. Mittel- bis langfristig eröffnet eine solche ‚institutionalisierte Interaktion' allerdings durchaus die Perspektive, die VN als eine Art globales Steuerungsinstrument für Weltprobleme zu etablieren. Diesem Ziel dient auch die Absicht, den Einfluss von Nichtregierungsorganisationen im VN-System zu stärken.

Ein erfolgreich vollzogener Reformschritt ist die Gründung des ‚Internationalen Strafgerichtshofes der VN zur Ahndung von Menschheitsverbrechen' (ICC) im Sommer 1998 (→ Internationale Strafgerichtsbarkeit). Mehr als 120 Staaten hatten sich in Rom auf die Etablierung dieses ‚Weltgerichtes' geeinigt, das Menschheitsverbrechen wie Völkermord, Angriffskrieg, Kriegsverbrechen und schwere Menschenrechtsverletzungen ahnden soll. Zwar gehören wichtige Staaten wie etwa die USA bisher nicht zu den Signatarstaaten, allerdings erhofft man sich von der Gründung dieser ständigen Einrichtung ausreichenden politischen Druck auf alle Staaten, den Strafgerichtshof aktiv zu unterstützen. Zum 1. Juli 2002 ist das ICC-Statut in Kraft getreten. Auch im Bereich des Menschenrechtsschutzes hat es eine wichtige Veränderung gegebenen. Mit Gründung des Menschenrechtsrates im Jahr 2006 (als Nachfolger der Menschenrechtskommission) soll diesem Bereich mehr Aufmerksamkeit geschenkt und eine bessere Durchsetzung der → Menschenrechte versucht werden. Es bleibt allerdings abzuwarten, ob sich mit dem Menschenrechtsrat substanzielle Fortschritte hinsichtlich seiner Legitimität (Wahl der Mitglieder durch die Generalversammlung) und seiner Effektivität (ständiges arbeitendes Gremium statt kurzer Sitzungsperioden; kleinere Mitgliederzahl) einstellen.

3.3 Reform der Friedenssicherung und Friedenserzwingung

Eine offene Frage bleibt, ob der SR tatsächlich das Monopol im Bereich der Friedenssicherung hat oder ob es akzeptabel ist, wenn in Sonderfällen – wie etwa beim Einsatz der → NATO in Jugoslawien im Jahr 1999 – auch ohne eindeutiges Mandat des SR eingegriffen wird. Unabhängig davon hat sich die ursprüngliche und durchaus erfolgreiche Ausrichtung der VN auf die Verhinderung zwischenstaatlicher Kriege mit dem Wandel des Kriegsbildes (→ Krieg) in Richtung innerstaatlicher Auseinandersetzungen radikal verändert. Spektakuläre Fehlschläge wie Ruanda, Srebrenica oder Sierra Leone haben den Reformdruck in diesem Bereich erhöht. Gemäß Kapitel VII der Charta stünde den VN ein hinreichendes Instrumentarium an Maßnahmen bei Bedrohung oder Bruch des Friedens zur Verfügung, in der Praxis wurde aber von diesen Bestimmungen bisher kaum Gebrauch gemacht. Nach den Vorschlägen einer wegweisenden Expertengruppe unter dem Vorsitz des ehemaligen algerischen Außenministers Lakhdar Brahimi vom August 2000 sollten die VN-Truppen in Zukunft grundsätzlich ein robustes Mandat erhalten und nur in Einsätze geschickt werden, wenn die Regeln dafür eindeutig sind, sie hinreichend geführt werden können und gut ausgerüstet sind. Zudem sollte gemäß dem Konzept des *Standby-Arrangement-Systems* eine schlagkräftige multinationale Streitkraft bereitgestellt werden, auf die bei Bedarf schnell zugegriffen werden kann. Insgesamt sollte damit das System der Friedenssicherung effektiver werden und auch der vorbeugenden → Diplomatie sowie der Friedenskonsolidierung mehr Aufmerksamkeit geschenkt werden. In diesem Zusammenhang wird auch über die Frage nach der → Schutzverantwortung/R2P bei innerstaatlichen Bedrohungen diskutiert.

Die Gesamtzahl der VN-Friedensmissionen beläuft sich seit Gründung der VN auf 69, derzeit (2015) sind in 16 VN-geführten Friedensoperationen mehr als 122.000 militärische und zivile Friedensschützer im Einsatz. Vor allem aber veränderte sich die Qualität der Einsätze. Die frühen Missionen waren überwiegend als Puffer zwischen den regulären Armeen von Staaten eingesetzt. Doch seit mehr als zwei Jahrzehnten müssen die ‚Blauhelme' vor allem die Folgen von innerstaatlichen Auseinandersetzungen wie Bürgerkriegen, Vertreibungen und großflächigen Menschenrechtsverletzungen bis hin zum Völkermord bewältigen. Ob sie zu diesem Zweck passend aufgestellt sind, wird intensiv diskutiert und ist Gegenstand von zahlreichen Reformberichten (so etwa der im Jahr des 70. VN-Jubiläums tagenden Expertenkommission zur Überprüfung der VN-Friedenssicherung). Eine Wunderheilung der VN-Krisenpolitik ist von all dem kaum zu erwarten – eher, wie Torsten Benner (2015) es formuliert, ein ‚Weiterhumpeln'.

3.4 Verwaltungs- und Finanzreform

Beim Thema Verwaltungsreform ist die VN in den vergangenen Jahren ein gutes Stück vorangekommen. So ist die Stelle eines Untergeneralsekretärs für effizienteres Management geschaffen worden, was im Ergebnis das VN-System straffen wird. Allerdings sind Probleme wie Korruption und Überbürokratisierung nie ganz zu vermeiden. Außerdem darf man die VN nicht mit einer nationalen Bürokratie gleichsetzen. Die Akzeptanz der Entscheidungen hängt auch davon ab, dass an der Entscheidungsfindung Menschen aus derzeit 193 Staaten aus allen Erdteilen mit unterschiedlichen Erfahrungshorizonten mitwirken. Effizienz darf also nicht allein im Sinne betriebswirtschaftlicher Rationalität verstanden werden. Dennoch sind insbesondere unter der Leitung des Generalsekretärs Annan im Managementbereich umfassende Verbesserungen eingeleitet worden. Auch in den Bereichen Rechnungsprüfung, Beschaffung, Evaluierung und Überwachung ist der anerkannte Reformbedarf bereits umgesetzt worden. Das VN-System spiegelt dennoch in seiner Vielfalt, in der großen Zahl seiner Sonder- und Spezialorganisationen, seiner Fonds und Programme und seiner hochkomplexen Struktur die häufig an Trends und Gruppeninteressen orientierte Willensbildung seiner Mitgliedstaaten wider. Anstöße für eine grundsätzliche Verwaltungsreform sind sicherlich durch die Absicht motiviert, überlappende Zuständigkeiten, Doppelarbeit und damit Ressourcenverschwendung zu verringern. So sind unzählige Untergliederungen mit Umweltfragen befasst, für humanitäre Aktivitäten in Krisengebieten sind gleich mehrere Hilfswerke zuständig.

Finanziert werden die Aufgaben der VN durch Pflichtbeiträge der Mitglieder zum ordentlichen Haushalt (für die Zweijahresperiode 2014/15 5,7 Mrd. US-Dollar) und zu den gesonderten Haushalten für Friedensoperationen (gemäß Beitragsskala zahlt Deutschland z. Z. 7,14 Prozent) sowie durch freiwillige Leistungen an einzelne Programme, Sonderorganisationen und Spezialorgane. Die Beiträge müssen formal *on time, in full and without preconditions* von den Mitgliedstaaten gezahlt werden. Auch wenn dem gesamten VN-System jährlich etwa 10 Mrd. US-Dollar zur Verfügung stehen, besteht ein krasses Missverhältnis zwischen den der VN übertragenen Aufgaben und der Bereitschaft, dafür finanzielle Ressourcen zu mobilisieren. So leiden die VN unter ausstehenden Mitgliedsbeiträgen und Beiträgen zur Friedenssicherung in beträchtlicher Höhe. Als Weg aus der permanenten Finanzkrise wird etwa die Einrichtung von Reservefonds diskutiert, auf die bei Bedarf schnell zurückgegriffen werden kann. Andere Vorstellungen gehen in Richtung einer Art ‚Weltsteuer' für die VN, die etwa von Abgaben auf Waffengeschäfte und Devisentransaktionen oder die Nutzung des Weltraumes bzw. der Ozeane bezahlt werden könnten. Die auf den Nobelpreisträger für Wirtschaftswissenschaften, James Tobin, zurückgehende sog. ‚Tobin-Steuer' auf internationale Währungstransaktionen könnte bei einer Besteuerung von nur einem halben Prozent solcher meist rein spekulativer Transaktionen Einnahmen von mehreren Mrd. US-Dollar bringen. Wegen der Ablehnung wichtiger VN-Staaten werden diesen Plänen aber kaum Realisierungschancen eingeräumt.

3.5 Die Vereinten Nationen und Club Governance

Es ist inzwischen Allgemeingut, dass sich die machtpolitischen Gewichte in dieser Welt massiv verschoben haben (→ Aufstieg der Schwellenländer). Jenseits etablierter multilateraler Formate haben sich – als Folge und Symptom der Krise des → Multilateralismus zugleich – in den vergangenen Jahren neue Formate entwickelt bzw. an Bedeutung gewonnen. Ausgehend von der Beobachtung, dass der klassische Multilateralismus häufig mit langwierigen Entscheidungsprozessen, Konsensfindung auf Basis des kleinsten gemeinsamen Nenners, mangelhafter Umsetzung der Beschlüsse, Überbürokratisierung und Verselbstständigung des Apparates, mangelnder Kohärenz usw. einhergeht, sind vielfältige neue Konstellationen entstanden. Die Begriffe selektiver Multilateralismus und ‚Club Governance' beschreiben das Phänomen solcher informellen Kooperations- und Abstimmungsmechanismen. Während das klassische Verständnis größtenteils dem hergebrachten deutschen Verständnis entspricht, zeichnet sich der ‚neue Multilateralismus' durch eine lockerere Form von *Ad-hoc*-Koalitionen und eine größere Betonung der *output*-Legitimität aus. Im Gegensatz zu den institutionalisierten Formen internationaler Kooperation ist eine derartige Zusammenarbeit geprägt durch einen schwachen Institutionalisierungsgrad, um die Informalität und Flexibilität dieser Formate zu gewährleisten. Während im klassischen Multilateralismus eine starke Formalisierung und Institutionalisierung vorliegt, mit einer inklusiven Mitgliederstruktur, geregelten Verfahren, konsensorientierten Entscheidungsprozessen, z.T. auch der Entwicklung von Regimen und Sanktionsmöglichkeiten, stehen beim neuen Multilateralismus häufig gemeinsame Interessen und/oder Werte einer Gruppe ‚Gleichgesinnter' im Mittelpunkt, die dann, häufig unmittelbar problembezogen, zeitweise gemeinsam verfolgt werden. Solche Formate sind also keine klassischen internationalen Organisationen oder Regime, sondern informelle oder/und schwach institutionalisierte Zusammenkünfte von Staatenvertretern in einem beschränkten Teilnehmerkreis.

In den vergangenen Jahren ist eine Art ‚Proliferation von Clubs' auszumachen. Club-Formate, die bestimmte Interessen oder auch Werte verfolgen und auf die Bearbeitung konkreter Probleme zielen, sind eine Form des selektiven Multilateralismus. Denkbar sind dabei verschiedene *Ad-hoc*-Formate und informelle Netzwerke, die keine klassischen internationalen Organisationen oder Regime darstellen, sondern Zusammenkünfte von Staatenvertretern in einem beschränkten Teilnehmerkreis. Deren Institutionalisierungsgrad wird bewusst niedrig gehalten, um die Informalität und Flexibilität dieser Formate zu gewährleisten. Beobachten lässt sich dieser Trend an der wachsenden Anzahl entsprechender Kooperationsformate. Die G7/G8/G20 samt der von ihr angestoßenen Formate wie Heiligendamm-Prozess und *Major Economies Forum* ist dabei nur ein besonders prominentes Beispiel, wobei die ursprüngliche G7/G8-Konstellation aufgrund ihrer mangelnden Repräsentativität und fraglichen globalen Problemlösungsfähigkeit zunehmend fallweise erweitert wird und Vorschläge zu einer dauerhaften Umstrukturierung (in der Regel Erweiterung, aber auch Verkleinerung oder vollständige Ersetzung durch ein neues Format) diskutiert werden. Weitere Beispiele wären etwa die *Financial Action Taskforce*, das *Financial Stability Board*, das Internationale Energieforum, die G4 im Zusammenhang mit der Doha-Runde, das Nahostquartett, auf regionaler Ebene das ASEAN Regional Forum, ASEAN+3, die *Shanghai Cooperation Organisation* (als Gremium der Süd-Süd-Kooperation), das IBSA-Dialogforum (Indien, Brasilien, Südafrika) oder das *BRICS* Format.

4. Szenarien zur Rolle der VN

Welche Rolle werden die VN in der Welt des 21. Jhs. spielen? Es lassen sich in idealtypischer Weise drei Szenarien für die Entwicklung ‚der' VN in den verschiedenen Politikfeldern und damit ihrer Rolle in der internationalen Politik ableiten.

- Das erste Szenario (‚Titanic') geht von einer substantiellen Gefährdung bis hin zu einem mittel- bis längerfristigen Untergang der VN aus. Wichtige Staaten würden sich nicht mehr im VN-Rahmen engagieren, sondern andere Problemlösungsforen bevorzugen, sei es auf *Ad-hoc*-Basis, in wechselnden *coalitions of the willing* oder im Rahmen anderer Organisationen bzw. internationaler Regime (→ Multilateralismus). Andere Staaten würden diesem Beispiel folgen, und es würde ein schleichender Zerfall der VN eingeleitet, ohne dass es zwangsläufig zu einem formalen Auflösungsbeschluss kommen müsste. Ausgangspunkt für eine solche Entwicklung könnten spektakuläre Fehlschläge im Bereich der Friedenssicherung oder ein systematisches Übergehen des Sicherheitsrats seitens wichtiger Staaten sein. Diese Fehlschläge würden sich auf die Bereitschaft auswirken, den VN in anderen Bereichen Regelungskompetenz zu übertragen. Im Bereich des Menschenrechtsschutzes blieben zwar die verschiedenen Pakte und Konventionen bestehen, es stünde aber kein globales Forum mehr zur Verfügung, in dem debattiert und kontrolliert werden kann. In den Bereichen Wirtschaft, Entwicklung und Umwelt entstünden jenseits der VN problemspezifische Gremien und Organisationen, einige der Sonderorganisationen, Spezialorgane und Programme würden möglicherweise bestehen bleiben (wie z.B. das Kinderhilfswerk UNICEF), sie wären aber völlig vom VN-System abgekoppelt. Die VN würden in der internationalen Politik keine Rolle mehr spielen. Folge einer solchen Entwicklung wäre aller Wahrscheinlichkeit nach, dass die Kriegshäufigkeit zunimmt und sich das Sicherheitsdilemma in der internationalen Politik verschärfen würde. Auch die Probleme in den Bereichen Menschenrechtsschutz, Wirtschaft, Entwicklung und Umwelt ließen sich ohne die VN kaum effektiver in Angriff nehmen. Die Eintreffwahrscheinlichkeit dieses Szenarios ist zwar gering, aber nicht völlig ausgeschlossen.
- Das zweite Szenario (‚Weltregierung') nimmt an, dass sich die VN längerfristig als eine Art Weltregierung etablieren könnten. Als zentraler Akteur einer subsidiären und föderalen Weltrepublik müssten die VN Koordinations- und Sanktionsbefugnisse erhalten, die je nach Falltyp durch zivile, polizeiliche oder militärische Maßnahmen auszuüben wären. Die Organisation wäre zunächst zentrale Koordinierungsstelle im *Global Governance*-Prozess und würde dann sukzessive ihre Kompetenzen zulasten der Mitgliedstaaten ausweiten. Vorstellbar sind u.a. das Recht

zur Erhebung von Steuern und die Entwicklung und Durchsetzung einer weltweiten Rechts- und Friedensordnung sowie die Entwicklung eines ‚Weltbürgerrechts'. Im Bereich des Menschenrechtsschutzes würden die zahlreichen Abkommen und Konventionen nicht nur kodifiziert, sondern auch mit einem wirksamen Durchsetzungsmechanismus versehen. Im Bereich der Friedenssicherung würde dies die Ausübung des Gewaltmonopols sowie die Entstehung eines funktionsfähigen kollektiven Sicherheitssystems implizieren. In den Bereichen Wirtschaft, Entwicklung und Umwelt wären die VN das institutionelle Zentrum einer globalen Strukturpolitik. Folge einer solchen Entwicklung wäre allerdings aller Wahrscheinlichkeit nach eine für demokratische Kontrollmöglichkeiten äußerst problematische Machtkonzentration. Die Eintreffwahrscheinlichkeit dieses Szenarios ist als überaus gering einzuschätzen.

- Das dritte Szenario (‚*Muddling Through*') geht davon aus, dass die VN im Großen und Ganzen das bleiben, was sie bisher sind: eine unvollkommene, reformbedürftige, aber doch in vielen Bereichen eminent wichtige internationale Organisation. Innerhalb dieses Szenarios bleibt offen, ob sie sich vorwiegend in Richtung eines Instruments der mitgliedstaatlichen → Diplomatie mit geringer Akteursqualität, als Arena zur Behandlung unterschiedlicher Politikfelder auf unterschiedlichen Kooperationsniveaus oder aber fallweise als eigenständiger Akteur entwickeln werden (→ internationale Organisationen). Im Bereich der Friedenssicherung werden die VN in manchen Fällen übergangen, in anderen aber einbezogen. Wenn sie ihre Handlungsfähigkeit beweisen und es die Interessen der Mitgliedstaaten zulassen, können sie eine wichtige Rolle spielen, ist dies nicht der Fall, werden sie vollständig an den Rand gedrängt. Von einem Gewaltmonopol kann in der politischen Praxis nicht die Rede sein, allenfalls könnte sich der moderate und von Rückschlägen betroffene Trend zum ‚Gewaltlegitimierungsmonopol' verstärken. Im Bereich des Menschenrechtsschutzes müsste weiterhin hingenommen werden, dass eine Lücke zwischen Kodifizierung und Durchsetzung der Normen besteht und dass sich die Mitgliedstaaten nur in Einzelfällen zwingen lassen, Normen gegen ihren Willen zu beachten. In den Bereichen Wirtschaft, Entwicklung und Umwelt wären die VN ein Akteur unter vielen anderen und nur sehr unzureichend in der Lage, die ambitionierten Ziele zu erreichen. Die Mitgliedstaaten könnten nur sehr bedingt davon überzeugt werden, mehr finanzielle Mittel in das System zu stecken, sondern würden verstärkt auf bilaterale Maßnahmen setzen.

5. Ausblick

Es ist heute offen, in welche Richtung sich die VN entwickeln werden. Einerseits lässt sich argumentieren, dass in den vergangenen Jahren in der internationalen Politik ein Milieu entstanden ist, in dem zentrale Bestimmungen und Normen der Charta Referenzpunkte geworden sind. Sie werden zwar nicht immer eingehalten, der Rechtfertigungsdruck im Falle der Regelverletzung hat aber enorm zugenommen. Selbst große Mächte können sich diesem durch die internationale Öffentlichkeit verstärkten Druck kaum entziehen. Andererseits gilt es, sich von unrealistischen Erwartungen an die VN zu verabschieden. So ist das Spannungsverhältnis zwischen den Zielen und Grundsätzen der VN-Charta auf der einen und der politischen Realität auf der anderen Seite offenkundig. Wesentliche Grundsätze der Charta basieren mithin auf Regeln, die in der Praxis internationaler Politik immer aufs Neue relativiert, verändert oder schlichtweg systematisch missachtet werden. Der souveränen Gleichheit aller Staaten steht ein ausgeprägtes Machtgefälle, der Pflicht zur friedlichen Streitbeilegung allgegenwärtige Gewalt im internationalen System gegenüber und trotz des Allgemeinen Gewaltverbots nehmen sich Staaten immer wieder das Recht auf unilaterale Gewaltanwendung. Zudem erzwingt die → Globalisierung grundlegender Problembereiche eine Neudefinition staatlicher Souveränität, die aber gemäß der Charta und dem festgeschriebenen Verbot der Einmischung in die inneren Angelegenheiten der Staaten letztlich untersagt ist.

Der anhaltende Reformbedarf der Weltorganisation sollte aber nicht den Blick dafür verstellen, dass die VN für die Stabilität des internationalen Systems unverzichtbar sind. Tragfähige Antworten auf die zentralen Menschheitsprobleme sind im 21. Jh. allenfalls multilateral zu geben, und in dem Geflecht multilateraler Regime und Organisationen spielen die VN eine herausragende Rolle. Einer erneuerten Weltorganisation kommt daher die Aufgabe zu, die in der Charta formulierten Ziele und Grundsätze einzulösen. Wenn die Mitgliedstaaten die VN darin nicht stärker unterstützen, wird der Erfolg allerdings ausbleiben.

→ Ergänzende Beiträge

Diplomatie, Entwicklungszusammenarbeit, Globalisierung, Frieden, internationale Organisationen, internationale Umweltpolitik, Krieg, Menschenrechte, Multilateralismus, Sicherheitspolitik, Typen militärischer Intervention, Völkerrecht/Internationales Recht, Weltordnungsmodelle

Literatur

Benner, Torsten (2015): Hilflos und irrelevant? Die Krisendiplomatie der Vereinten Nationen, in: Vereinte Nationen (1), S. 10-14.

Brühl, Tanja/Rosert, Elvira (2014): Die UNO und Global Governance, Wiesbaden.

Gareis, Sven-Bernhard/Varwick, Johannes (^{5}2014): Die Vereinten Nationen: Aufgaben, Instrumente und Reformen, Opladen.

Scheuermann, Manuela (2014): Die Vereinten Nationen. Eine Einführung, Wiesbaden.

Varwick, Johannes (Hrsg.) (2006): Die Reform der Vereinten Nationen. Bilanz und Perspektiven, Berlin.

Volger, Helmut (Hrsg.) (^{2}2008): Geschichte der Vereinten Nationen, München/Wien.

Weiss, Thomas G./Daws, Sam (eds.) (2008): The Oxford Handbook on the United Nations, Oxford.

Weiss, Thomas G./Thakur, Ramesh (2010): Global Governance and the UN: An Unfinished Journey, Bloomington.

Internetadressen

Webportal der Deutschen Gesellschaft für die Vereinten Nationen: www.dgvn.de
Zugang zu VN-Dokumenten: www.unric.org/en/databases
Zeitschrift Vereinte Nationen: www.dgvn.de/publikationen/zeitschrift-vereinte-nationen/

58 – Völkerrecht/internationales Recht (*Norman Weiß*)

1. Begriff und Entwicklung

Das Völkerrecht (V.) „ist ein schwierig zu bestimmendes Rechtsgebiet". So lautet der erste Satz in einem seit 1997 in sechs Auflagen erschienenen Lehrbuch des V. (Graf Vitzthum/Proelß: 2013). Bereits 40 Jahre zuvor hatte ein Autor eingeräumt, dass sich der „Begriff des [V.] in der modernen Welt kompliziert" habe, weswegen es sich „besser in seinen Erscheinungsformen beschreiben als formal-abstrakt definieren" lasse (Dahm 1958: 2f). Deutlich bestimmter hatte es weitere vierzig Jahre früher geheißen: „Völkerrecht (richtiger Staatenrecht) ist der Inbegriff der Rechtsregeln, durch welche Rechte und Pflichten der zur internationalen Staatengemeinschaft (Völkerrechtsgemeinschaft) gehörenden Staaten untereinander, und zwar in Bezug auf die Ausübung der staatlichen Hoheitsrechte, bestimmt werden" (von Liszt 1918: 1). Vor allem die seither zu beobachtende Erweiterung des Kreises der Völkerrechtssubjekte, die Ausweitung der völkerrechtlich geregelten Rechtsgebiete, die Etablierung zahlreicher internationaler Gerichte (→ internationale Strafgerichtsbarkeit) und die gestiegene Bedeutung des V. für den innerstaatlichen Rechtsraum machen diesen Wandel deutlich. Jeremy Bentham brachte 1789 den Begriff des ‚Internationalen Rechts' auf, der ihm besser geeignet schien, den tatsächlichen Gegenstand zu erfassen, als die nationalsprachlichen Adaptionen des lateinischen *ius gentium* (deutsch V., engl. *law of nations*, franz. *droit des gens*). Der Begriff ist im angelsächsischen Sprachgebrauch schon lange, inzwischen auch im Deutschen geläufig, hat hier den des V. aber bislang noch nicht abgelöst.

Die Auffassungen vom V. sind weltweit keineswegs einheitlich. Eine starke Akzentuierung staatlicher Souveränität (→ Staat/Staatlichkeit im Wandel) geht häufig einher mit der Bevorzugung einer nur minimalistisch ausgestalteten Völkerrechtsordnung, in der den Staaten genug Handlungsspielraum verbleibt und die Belange anderer Akteure nur von nachrangiger Bedeutung sind. Diese Auffassung ist vor allem bei starken Staaten, wie den USA, China oder Russland anzutreffen. Demgegenüber halten kleine Staaten häufiger an der Herrschaft des Rechts fest und befürworten tendenziell eine Ausweitung der rechtlich geregelten Bereiche. Eine besonders intensive Form der Kooperation stellt die Integration in der → Europäischen Union dar. Hier wurde eine regionale Teilrechtsordnung *sui generis* geschaffen, die sich von ihren völkerrechtlichen Grundlagen weitestgehend abgelöst hat. Auch diese ist aber nicht frei von inneren Anfechtungen und, wie die Erfahrung lehrt, kein Selbstläufer.

Rechtsbeziehungen zwischen Herrschaftsgebilden datieren in der Menschheitsgeschichte relativ weit zurück, wichtige überlieferte Zeugnisse sind etwa der ägyptisch-hethitische Friedensvertrag zwischen dem Pharao Ramses II. und dem Hethiterkönig Hattusili III. (ca. 1259 v. Chr.) oder der Friedensvertrag zwischen Sparta und Athen aus dem Jahre 412 v. Chr. Man wird aber davon ausgehen müssen, dass es sich bei den Völkerrechtsordnungen der Antike nur um regionale und zeitlich begrenzte Systeme handelte. Nach seiner Etablierung hat das *Imperium Romanum* mit den Völkern an seinen Rändern, wenn man von den Parthern absieht, keine gleichberechtigten Rechtsbeziehungen gepflegt, sondern Eroberungs- bzw. Abwehrkämpfe geführt. Auch im mittelalterlichen und frühneuzeitlichen Europa, bei dem stets der Mittelmeerraum mitgedacht werden muss, gab es Rechtsbeziehungen zwischen Herrschern, zwischen Reichen und Herrschaftsgebilden. Eine auf den modernen Staat fixierte Betrachtung, die ein mittelalterliches V. komplett negierte, ist inzwischen überholt. Die moderne Völkerrechtsordnung beginnt mit dem Westfälischen Frieden (1648). Auch sie ist im Kern eine regionale Ordnung, die sich freilich im Zuge von Entdeckung, Kolonialisierung und Unterwerfung der übrigen Welt durch die Europäer immer weiter ausbreitet und spätestens seit dem Ende des Ersten Weltkriegs universelle Geltung beansprucht. Das moderne V. ist also aus dem *ius publicum europaeum* hervorgegangen und bis heute stark von den dort entwickelten Annahmen und Lösungsmustern geprägt. Hieran hat sich im Laufe des 20. Jhds. vielfach Kritik entzündet und etwa zu einer marxistischen, einer postkolonialen und einer feministischen Lesart des V. geführt.

Die üblichen Einteilungen der völkerrechtlichen Epochen orientieren sich an der während der jeweiligen Periode dominierenden Macht (→ Weltpolitische Zyklen), sodass von einem

- spanischen (1494-1648),
- einem französischen (1648-1815) und
- einem englischen Zeitalter (1815-1919) die Rede ist.
- Hernach wird von der Völkerbundsära und der bis heute andauernden Epoche der → Vereinten Nationen gesprochen (Grewe 1984).

Tatsächlich bietet es sich an, mit der Gründung der VN einen deutlichen Einschnitt zu markieren. Grundvorstellungen und Strukturen des bis dahin entwickelten *ius publicum europaeum* werden in eine ‚neue Weltordnung' (→ Weltordnungsmodelle) überführt und in den folgenden Jahrzehnten der Dekolonisierung von allen neu entstandenen Staaten übernommen. Gleichzeitig wird die bis dahin übliche – mehr oder minder deutliche – weltweite Dominanz einer europäischen → Macht abgelöst durch das Gleichgewicht zweier Weltmächte, die zudem nicht (USA) oder zumindest nicht vollständig (UdSSR) in Europa liegen. Allerdings kann das völkerrechtlich durchaus fortschrittliche Angebot der VN-Charta – absolutes Gewaltverbot, System kollektiver Sicherheit, Selbstbestimmungsrecht der Völker – unter den Gegebenheiten des → Ost-West-Konflikts nur eingeschränkt seine Wirkung entfalten. Erst mit dem Ende der Blockkonfrontation nach dem Zusammenbruch der UdSSR im Jahre 1991 können die Möglichkeiten dieses Systems voll genutzt werden. Der Wandel vom Konsens- zum Kooperationsvölkerrecht findet statt. Die Entwicklung gibt Anlass zu Diskussionen über eine mögliche Konstitutionalisierung des V., verstanden als Prozess einer fortschreitenden Verflechtung von völkerrechtlichen Teilrechtsordnungen unter gemeinsamen, starken Prinzipien. Doch nicht zuletzt die USA verspielen diese Chance, als sie ihre Antworten auf die Terroranschläge im Jahre 2001 überziehen und einen unilateralen Moment erkennen, in dem sie vermeintlich die Welt nach ihren Vorstellungen gestalten können. Hiergegen regt sich seither Widerstand politisch selbstbewusster und wirtschaftlich erstarkter Konkurrenten (→ Aufstieg der Schwellenländer). Maßgebliche staatliche Akteure werten Kooperation seither als verschleierten Dominanzversuch des Westens und propagieren eine Rückkehr zu einem schwächer verrechtlichten System mit mehr Freiräumen für die staatliche Souveränität.

2. Völkerrechtssubjekte

Völkerrechtssubjekt ist, wer Träger völkerrechtlicher Rechte und Pflichten ist und dessen Verhalten unmittelbar durch das V. geregelt wird. Der Kreis der Völkerrechtssubjekte hat sich zwar bereits erkennbar erweitert, seit die europäischen Mächte in Art. 7 des Friedensvertrags von Paris (30. März 1856), der den Krim-Krieg beendete, das Osmanische Reich in ihre Reihen aufnahmen. Doch nicht alle heute relevanten internationalen Akteure – wie → transnationale Akteure/Nichtregierungsorganisationen – haben den Status eines Völkerrechtssubjekts erreicht. Die aktuelle Diskussion kreist daher eher darum, ob sie gleichwohl an V. gebunden werden können.

2.1 Staaten

Staaten sind die klassischen Völkerrechtssubjekte, gleichsam die natürlichen Personen des V., aus sich heraus Träger völkerrechtlicher Rechte und Pflichten. Sie werden auch als ‚geborene' oder ‚primäre' Subjekte des V. bezeichnet. Das Prinzip der souveränen Gleichheit aller Staaten führt zu einer gleichen Rechtssubjektivität aller Staaten (→ Staat/Staatlichkeit im Wandel). Die Feststellung der Staatsqualität erfolgt anhand der sog. ‚Drei-Elementen-Lehre' (Staatsgebiet, Staatsvolk, Staatsgewalt) nach Georg Jellinek.

2.2 Historische Sonderfälle

Hierbei handelt es sich um drei bekannte Fälle: den Heiligen Stuhl, den Souveränen Malteser Ritterorden und das Internationale Komitee vom Roten Kreuz (IKRK). Der Heilige Stuhl – also der Papst als das Oberhaupt der römisch-katholischen Kirche (→ Religionen und internationale Politik), unterstützt von der römischen Kurie – ist historisch aus dem Kirchenstaat hervorgegangen. Er besteht heute neben dem Kleinststaat Vatikanstadt und ist nicht territorialisiert. Der Heilige Stuhl schließt mit den Staaten die sog. ‚Konkordate' ab, in denen kirchenrechtliche und religionspolitische Fragen geregelt werden; außerdem entsendet er Botschafter, die Apostolischen Nuntien. Der Heilige Stuhl trat auch häufig als Vermittler in zwischenstaatlichen Konflikten auf. Der souveräne Malteser Ritterorden ist eine heute vorwiegend karitativ tätige Organisation, die ursprünglich die Insel Rhodos und später bis 1798 die Insel Malta beherrschte, deren Völkerrechtssubjektivität vom Verlust eines Herrschaftsgebiets aber unberührt blieb. Beim IKRK handelt es sich um einen Verein des schweizerischen Rechts, der aus 25 Schweizer Bürgern besteht. Die Genfer Konventionen von 1949 und das Erste Zusatzprotokoll von 1977 weisen dem IKRK wichtige Aufgaben zu, etwa den Besuch von Kriegsgefangenen, die Durchführung von Rotkreuztransporten oder humanitäre Hilfeleistungen. Alle drei Fälle sind von der Staatengemeinschaft als Völkerrechtssubjekte anerkannt.

2.3 Internationale Organisationen

Aus den Verwaltungsunionen des 19. Jhds. – Allgemeiner Telegraphenverein (1865), heute *International Telecommunication Union*, und Weltpostverein/*Universal Postal Union* (1878) – haben sich die modernen → internationalen Organisationen entwickelt: 1919 wurde der Völkerbund gegründet, 1945 die → Vereinten Nationen. Diese Organisationen werden von Staaten gegründet und betrieben, haben also nur eine abgeleitete, von den Staaten herrührende Völkerrechtssubjektivität. Insofern sind sie den juristischen Personen des deutschen Zivilrechts vergleichbar. Sie werden auch als ‚gekorene' Subjekte des V. bezeichnet. Die Völkerrechtssubjektivtät internationaler Organisationen ist in sachlicher Hinsicht begrenzt und bezieht sich nur auf ihren Aufgabenbereich; man spricht von partieller Völkerrechtssubjektivität. Sie besteht nach traditioneller Auffassung überdies nur gegenüber denjenigen Staaten, die eine internationale Organisation als Völkerrechtssubjekt anerkannt haben (relative Völkerrechtssubjektivität); etwas anderes gilt für die VN, denen der Internationale Gerichtshof bereits im Bernadotte-Gutachten (1949) eine gegenüber allen Staaten wirkende objektive Völkerrechtssubjektivität zuerkannt hatte. Mit Blick auf die faktische Bedeutung internationaler Organisationen im V. spricht einiges dafür, das Kriterium der Anerkennung durch die Staaten aufzugeben und von ihrer objektiven Völkerrechtssubjektivität auszugehen.

2.4 Individuen

Nach der traditionellen Sichtweise war der einzelne Mensch im V. ‚mediatisiert', das bedeutet, dass er nur über den Staat und dessen Rechtsordnung mit dem V. in Berührung kam. eine unmittelbare Berechtigung und Verpflichtung aus dem V. selbst – Kennzeichen der Völkerrechtssubjektivität – gab es nicht. Dies hat sich im Laufe des 20. Jhds. zumindest teilweise geändert. Zunächst haben die → Menschenrechte das Individuum berechtigt, später dann legte das Völkerstrafrecht ihm Pflichten auf. Rechte wie Pflichten des Einzelmenschen sind allerdings auf wenige Rechtsbereiche begrenzt und führen deshalb auch im Falle des Individuums nur zu einer partiellen Völkerrechtssubjektivität.

2.5 Weitere Subjekte

Das in dem jeweiligen Art. 1 der Menschenrechtspakte von 1966 gewährleistete Selbstbestimmungsrecht der Völker wirft die Frage auf, ob auch Völker Subjekte des V. sind. Es ist einerseits nicht immer einfach, ein Volk objektiv zu bestimmen und als Träger des Selbstbestimmungsrechts auszumachen, und andererseits ist die Reichweite dieses Rechts fraglich – nach allgemeiner Meinung besteht ein Recht auf Ausscheiden aus einem bestehenden Staatsverband nur als Reaktion auf schwerste Verletzung von Menschen- und Minderheitenrechten. Daher geht die überwiegende Meinung der Staaten und der Doktrin davon aus, dass das Selbstbestimmungsrecht nur den Staaten eine Verpflichtung auferlegt, ohne die Völker zu Rechtssubjekten zu machen. Die Staaten sind also verpflichtet, das Selbstbestimmungsrecht der Völker intern, also innerhalb des bestehenden Staatsverbandes, möglichst weitgehend, etwa durch Autonomieregelungen, zu verwirklichen. Sog. stabilisierte *De-facto*-Regime, die im Rahmen einer Abspaltung oder eines Aufstandes dauerhafte Herrschaft über einen Gebietsteil erlangt haben, werden als partielle Völkerrechtssubjekte anerkannt. Sie stehen damit unter dem

Schutz des Gewaltverbots, weshalb eine gewaltsame Wiedereingliederung unrechtmäßig wäre. Stabilisierte *De-facto*-Regime sind für Völkerrechtsbrüche verantwortlich und können, soweit vorgesehen, Verträge schließen oder Mitglieder in internationalen Organisationen werden. Keine Völkerrechtssubjektivität kommt bislang Nichtregierungsorganisationen und transnationalen Unternehmen zu, obwohl beide wichtige Akteure etwa im Bereich der Menschenrechte oder Umweltfragen sind.

3. Rechtsquellen des Völkerrechts

Unter Rechtsquellen versteht man die Gesamtheit der Rechtssätze des V., die von den Staaten als den primären Völkerrechtssubjekten ausdrücklich oder stillschweigend im Konsens als rechtsverbindlich angesehen werden.

- Neben das Völkervertragsrecht und das Völkergewohnheitsrecht treten die von allen Völkern anerkannten allgemeinen Rechtsgrundsätze, bei denen es sich um wahrhaft basale Grundregeln wie *pacta sunt servanda* handelt. Diesen Rechtsquellen erster Ordnung stellt Art. 38 IGH-Statut, der regelt, auf welcher Rechtsgrundlage der Internationale Gerichtshof seine Entscheidungen zu treffen hat, Entscheidungen internationaler Gerichte und prominente Lehrmeinungen als Rechtserkenntnisquellen zur Seite.
- Unter völkerrechtlichen Verträgen werden schriftliche Vereinbarungen zwischen mindestens zwei Völkerrechtssubjekten verstanden, die vom V. bestimmt und von einem Rechtsbindungswillen getragen sind (Art. 2 Abs. 1 lit. a WVK). Ein klassisches Beispiel für eine Vereinbarung, bei der der Rechtsbindungswille fehlt, ist die Schlussakte von Helsinki (1975). Diese konnte in der damaligen weltpolitischen Situation nur als (bloß) politisch wirksame Absichtserklärung unterzeichnet werden, weil ein weitergehender Rechtsbindungswille auf beiden Seiten fehlte.
- Das Recht der völkerrechtlichen Verträge ist in der Wiener Vertragsrechtskonvention (WVK) von 1969 geregelt; hier finden sich Bestimmungen etwa über den Abschluss, die Änderung oder Beendigung von Verträgen sowie zu Vorbehalten. Der Inhalt der WVK stellt kodifiziertes Gewohnheitsrecht dar und gilt auf dieser Grundlage auch für Staaten, die nicht Parteien der Konvention sind. Völkergewohnheitsrecht entsteht nach Art. 38 Abs. 1 lit. b IGH-Statut als Ausdruck einer allgemeinen, als Recht anerkannten Übung. Es besteht also aus dem objektiven Element der Übung, die allgemein und von einiger Dauer sein muss, sowie der diese Übung tragenden Rechtsüberzeugung (*opinio iuris*) als subjektivem Element. Insbesondere die Feststellung der Rechtsüberzeugung kann schwierig sein; hierfür ist zum Beispiel auf diplomatische Verlautbarungen, das Abstimmungsverhalten in internationalen Organisationen oder den Protest gegen Völkerrechtsverletzungen anderer Staaten abzustellen.
- Einzelne Normen des Völkergewohnheitsrechts haben zwingenden Charakter (*ius cogens*), was bedeutet, dass kein Vertrag oder kein anderes, schlichtes Völkergewohnheitsrecht davon abweichen darf (vgl. Art. 53 WVK). Zum völkerrechtlichen *ius cogens* zählen beispielsweise das Verbot der Sklaverei, das Verbot der Apartheid, das Gewaltverbot, das Folterverbot und das Genozidverbot.

Während bis weit in das 19. Jhd. hinein das Völkergewohnheitsrecht die wichtigere Rechtsquelle darstellte, hat die im 20. Jhd. in der Völkerbundszeit und vor allem nach 1945 einsetzende Kodifikationsbewegung im V. dazu geführt, dass völkerrechtliche Verträge heute die bedeutendere Rechtsquelle sind. Multilaterale Verträge werden heute überwiegend im Schoße → internationaler Organisationen vorbereitet. Art. 13 Abs. 1 lit. a VN-Charta weist der Generalversammlung eine entsprechende Kompetenz zu, die diese mit Hilfe ihrer Ausschüsse (insbesondere dritter und sechster Hauptausschuss) sowie der Völkerrechtskommission (*International Law Commission* – ILC) ausübt. Dabei wird sowohl bereits bestehendes Völkergewohnheitsrecht konkretisiert und auch gelegentlich fortentwickelt, als auch rechtsschöpferisch neues Völkervertragsrecht geschaffen (Klein 2007). Zunehmend werden diese Rechtsschöpfungsprozesse von der Zivilgesellschaft begleitet, zum Teil auch angestoßen.

Die Inhalte von sog. *soft law*, von Resolutionen der VN-Generalversammlung, aber auch von völkerrechtlichen Verträgen können zu Völkergewohnheitsrecht werden. Voraussetzung für letzteres ist, dass es sich um Regelungen mit einem grundlegenden normbildenden Charakter handelt, die eine nahezu einheitliche Staatenpraxis zur Folge haben und sich aus einem Vertrag mit umfassender und repräsentativer Beteiligung ergeben. Die allgemeinen Rechtsgrundsätze schließlich sind Normen, die grundlegende Vorstellungen von Recht und Gerechtigkeit zum Ausdruck bringen und in allen Rechtsordnungen anerkannt sind. Neben Grundsätzen der Rechtslogik und von Rechtsordnungen an sich zählen auch völkerrechtsspezifische Grundsätze zu dieser Kategorie. Hierunter ist etwa die souveräne Gleichheit der Staaten zu rechnen. Beschlüsse internationaler Organisationen bilden keine eigene Kategorie der Rechtsquellen. Als ‚Sekundärrechtsakte' beruhen sie auf den vertraglichen Rechtsquellen wie der VN-Charta; ihre Bindungswirkung – soweit eine solche besteht – ist auf die Mitglieder der jeweiligen Organisation beschränkt. Beschlüsse des VN-Sicherheitsrates sind nach Art. 25 der Charta verbindlich, Resolutionen der Generalversammlung hingegen nicht. Als *soft law* kommt ihnen jedoch gleichwohl eine hohe Bedeutung zu. *Soft law* kann nachfolgende Verrechtlichungsprozesse anstoßen, indem es einerseits als Keimzelle einer späteren vertraglichen Regelung dient. So verabschiedete die VN-Generalversammlung z.B. Resolution 2263 (XXII) – die *Declaration on the Elimination of all Forms of Discrimination against Women* (1967) – die im Jahre 1979 die Verabschiedung der *Convention on the Elimination of all Forms of Discrimination against Women* folgte. Andererseits kann *soft law*, das zunächst nur aus politischen Gründen befolgt wird, im Lauf der Zeit auch von einer Rechtsüberzeugung getragen werden und auf diese Weise zu Völkergewohnheitsrecht erstarken. Hiervon ist mittlerweile bei der Allgemeinen Erklärung der Menschenrechte aus dem Jahr 1948 auszugehen.

4. Grundprinzipien der Völkerrechtsordnung

Hierzu rechnen aus heutiger Sicht neben der souveränen Gleichheit der Staaten auch das Gewaltverbot und die Achtung der → Menschenrechte. Dieses dreipolige Verhältnis deckt Errungenschaften und offene Fragen des gegenwärtigen V. gleichermaßen ab. In der *Friendly Relations Declaration* (GA Res. 2625 (XXV) vom 24. Oktober 1970) werden die Prinzipien eines friedlichen Zusammenlebens der Staaten unter Beachtung der VN-Charta unter Beteiligung zahlreicher neu entstandener Staaten und ehemaliger Kolonien konkretisiert. Hiernach prägen das Gewaltverbot, das Gebot der friedlichen Streitbeilegung, das Interventionsverbot, das Gebot der Kooperation, der Grundsatz der Gleichberechtigung und Selbstbestimmung der Völker, die souveräne Gleichheit der Staaten und die Pflicht aller Staaten, ihre Pflichten aus der Charta zu erfüllen, das V. der Gegenwart. Hierzu bekennen sich die Organe und Mitgliedstaaten der VN seither immer wieder. Die unter der Geltung der VN-Charta stark gestiegene Bedeutung des völkerrechtlichen Menschenrechtsschutzes, angefangen bei der Allgemeinen Erklärung der Menschenrechte von 1948 bis hin zu den heute zehn Hauptmenschenrechtsverträgen auf internationaler Ebene, hat das V. in zweifacher Hinsicht entscheidend geprägt.

- Erstens ist die Bedeutung des Individuums im V. stark angestiegen,
- zweitens war staatliche Souveränität neu zu denken.

Dies bedeutet einerseits, dass Menschenrechtsprobleme keine innere Angelegenheit eines Staates mehr sind, also nicht mehr zum von der Souveränität geschützten Kernbereich der inneren Angelegenheiten (*domaine réservé*) zählen. Andererseits bedeutet Souveränität heute auch Verantwortung des Staates; dies kommt im Konzept der → Schutzverantwortung/R2P zum Ausdruck, die die VN 2005 grundsätzlich anerkannt haben. Das Gewaltverbot ist im Laufe des 20. Jhds. zu zwingendem V. erstarkt (→ Krieg) und gilt nach der VN-Charta nur mit den Ausnahmen der Selbstverteidigung (Art. 51) und von Maßnahmen der kollektiven Sicherheit nach Kapitel VII. Die sog. humanitäre Intervention – Anwendung militärischer Gewalt zum Schutze von Menschenrechten in anderen Staaten – hat sich trotz gelegentlicher Anwendung nicht durchsetzen können. Auch das R2P-Konzept stellt in seiner letzten Stufe, bei der die Anwendung militärischer Gewalt vorgesehen ist, keine Ausnahme vom Gewaltverbot dar, weil es in seiner Adaption durch die VN einer Ermächtigung durch den Sicherheitsrat im Rahmen von Kapitel VII bedarf.

Aus der souveränen Gleichheit der Staaten folgt u.a. die Immunität von Staaten und Staatsorganen. Staaten oder ihre obersten Repräsentanten sollen sich nicht vor den Gerichten anderer Staaten verantworten müssen. Der früher absolut geltende Grundsatz der Immunität ist mittlerweile gelockert. Ehemalige Staatsoberhäupter müssen heute damit rechnen, für während ihrer Amtsausübung geschehene Menschenrechtsverletzungen auch vor Gerichten anderer Staaten (Pinochet-Fall) oder vor internationalen Strafgerichten (Habré-Fall) zur Verantwortung gezogen zu werden (→ Internationale Strafgerichtsbarkeit). Während der Amtszeit ist die Verfolgung von Staatsorganen durch internationale Strafgerichte möglich (Yerodia-Fall). Einer vielfach geforderten Einschränkung auch der Staatenimmunität bei schweren Menschenrechtsverletzungen hat der IGH im Fall Deutschland/Italien (2012) zunächst einen Riegel vorgeschoben. Nationale Schadenersatzprozesse und Vollstreckungsverfahren gegen die Bundesrepublik Deutschland in Italien (und zuvor in Griechenland) wegen Verbrechen gegen die Menschlichkeit und Kriegsverbrechen während des Zweiten Weltkriegs sind demzufolge völkerrechtswidrig. Da auch internationale Organisationen Immunität vor nationalen Gerichten genießen, müssen sie selbst, beispielsweise in arbeitsrechtlichen Streitigkeiten, einen rechtsstaatlichen Grundsätzen entsprechenden internen Rechtsschutz anbieten. Sollte dies nicht der Fall sein, wäre ein Staat zumindest aus der Europäischen Menschenrechtskonvention verpflichtet, ein Arbeitsgerichtsverfahren anzubieten (Fall Waite und Kennedy/Deutschland 1999).

Staaten wie internationale Organisationen sind für das von ihnen begangene Unrecht völkerrechtlich verantwortlich – wovon die individuelle Verantwortlichkeit der jeweils handelnden Person zu unterscheiden ist, die sich bei schweren Verstößen nach dem Völkerstrafrecht bemisst – und haben hierfür Wiedergutmachung zu leisten. Dieser Rechtskomplex ist noch nicht kodifiziert, es gibt bislang lediglich rechtlich unverbindliche Katalogisierungen durch die ILC zur Staatenverantwortlichkeit (ASR) und zur Verantwortlichkeit internationaler Organisationen (DARIO). Hierbei kommt den ASR, die überwiegend Völkergewohnheitsrecht wiedergeben, dank einer empfehlenden Zurkenntnisnahme durch die VN-Generalversammlung und mehrfache Inbezugnahme durch den IGH eine höhere Autorität zu als den DARIO. Besonders schwierige Abgrenzungsfragen ergeben sich dann, wenn Staaten einer internationalen Organisation eigene Staatsorgane zur Verfügung stellen, etwa Soldaten für VN-Friedensmissionen. Weisungs- und Kontrollbefugnisse sind dann genau zu ermitteln, um eine Zurechnung eventuellen Fehlverhaltens zu ermöglichen und die Verantwortlichkeit zu bestimmen (z.B. Niederlande und das Massaker von Srebrenica 1995).

5. Durchsetzbarkeit des Völkerrechts

Da es keinen Weltstaat und auf internationaler Ebene auch kein – innerstaatlichen Rechtsdurchsetzungsmechanismen vergleichbares – Gewaltmonopol gibt, gilt die Durchsetzung des V. gemeinhin als defizitär. Diese Einschätzung wird in ihrer Pauschalität dem Charakter des V. als einer nach wie vor konsensualen Rechtsordnung aber nicht gerecht und übersieht Fortschritte, die in den vergangenen Jahrzehnten gemacht wurden. Die Rechtsdurchsetzung ist primär, aber längst nicht mehr ausschließlich den Staaten, also den Rechtsunterworfenen selbst, überantwortet. Die Zahl der internationalen Gerichte hat sich seit 1945 stark erhöht (→ internationale Strafgerichtsbarkeit); neben den IGH sind spezielle Gerichte für Teilbereiche des V. getreten: der Seegerichtshof (ITLOS), der Internationale Strafgerichtshof (IStGH), regionale Menschenrechtsgerichtshöfe in Afrika, den Amerikas und Europa. Hinzu kommen der ausgefeilte Streitbeilegungsmechanismus der Welthandelsorganisation (→ Weltwirtschaftssystem) und eine gewachsene Zahl von Schiedsgerichten. Friedliche Streitbeilegung ist heute völkerrechtlicher Alltag. Das heißt nicht, dass Staaten nicht versuchen würden, durch entschlossenes Handeln den eigenen Vorteil zu suchen. Die völkerrechtswidrige Annexion der Krim durch Russland (→ europäische Sicherheitsstruktur) ist hierfür ein frappierendes Beispiel, das gleichzeitig die nach wie vor bestehende Durchsetzungsschwäche des V. offenlegt. Wo es am Rechtsbefolgungswillen (*compliance*) der einen Seite fehlt, kommt es auf den Rechtsdurchsetzungswillen und die Rechtserzwingungsfähigkeit der anderen Seite an. Das Instrument der völkerrechtlichen Gegenmaßnahmen erlaubt eine Reaktion unterhalb der Schwelle des Gewaltverbots durch betroffene Staaten, bei Gefährdungen oder Störungen des Weltfriedens oder der internationalen Sicherheit ist auch eine kollektive Reaktion nach Kapitel VII der VN-Charta möglich. In allen Fällen bedarf es einer politischen Entscheidung von Staaten – für sich oder im Gremium des VN-Sicherheitsrates –, die rechtlich möglichen Entscheidungen zu treffen, zulässige Maßnahmen zu ergreifen und die daraus resultierenden Konsequenzen zu tragen.

Auch staatliche Institutionen können zu einer Einhaltung des V. beitragen, indem sie regelmäßig den eigenen Staat disziplinieren. Die Gerichtsbarkeit der → Europäischen Union hat in einer Reihe von Entscheidungen zu den sog. Sanktionslisten im Zusammenhang mit der Terrorismusbekämpfung dazu beigetragen, dass Entscheidungen des VN-Sicherheitsrates grundlegende Menschenrechte beachten müssen (Fall Kadi). Schließlich kommt der Zivilgesellschaft als kritischer Öffentlichkeit eine zwar rechtlich schwache, aber unter Umständen politisch starke Kontrollfunktion zu (→ transnationale Akteure/Nichtregierungsorganisationen).

→ Ergänzende Beiträge

Globalisierung, internationale Organisationen, internationale Strafgerichtsbarkeit, Menschenrechte, Schutzverantwortung/R2P, Staat/Staatlichkeit im Wandel, transnationale Akteure/Nichtregierungsorganisationen, Vereinte Nationen

Literatur

Arnauld, Andreas von (²2014): Völkerrecht, Heidelberg et al.
Bentham, Jeremy (1789): Introduction to the Principles of Morals and Legislation, Oxford.
Cassese, Antonio (²2005): International Law, Oxford.
Dahm, Georg (1958): Völkerrecht, Band I, Stuttgart.
Graf Vitzthum, Wolfgang/Proelß, Alexander (Hrsg.) (⁶2013): Völkerrecht, Berlin.
Grewe, Wilhelm G. (1984): Epochen der Völkerrechtsgeschichte, Baden-Baden.
Klein, Eckart (2007): Die Vereinten Nationen und die Entwicklung des Völkerrechts, in: Volger, Helmut (Hrsg.) (2007): Grundlagen und Strukturen der Vereinten Nationen, Potsdam, S. 21-66.
Malanczuk, Peter (⁷2008): Akehurst's Modern Introduction to International Law, New York.
von Liszt, Franz (¹¹1918): Das Völkerrecht. Systematisch dargestellt, Berlin.

59 – Weltkulturerbe (*Sabine von Schorlemer*)

1. Einführung und Begriff

Das kulturelle Erbe hat für die in den jeweiligen Ländern lebenden Menschen, Gemeinschaften und Gruppen wichtige Funktionen: es vermittelt kulturelle Identität, dient der Selbstvergewisserung und befördert gesellschaftliche Kohäsion. Für Minderheiten und indigene Völker ist das von den Vorfahren überlieferte Kulturerbe heute, gerade auch weil es in der kolonialen Vergangenheit vielfacht zerstört und geraubt wurde, zugleich eine Art „einigendes Band" und wird konstitutiv für das eigene Überleben bzw. den Fortbestand als Gemeinschaft angesehen. Kunst- und Kulturschätze (engl. *cultural property*, frz. *biens culturels*), die sich als Ausdruck der schöpferischen Schaffenskraft in einem bestimmten Hoheitsgebiet befinden, wurden traditionell von den souveränen Territorialstaaten als ihr ‚nationales Eigentum' beansprucht, was sich auch an einer ganzen Reihe von zum Teil bis heute strittigen Rückgabefällen ablesen lässt (etwa *Elgin Marbles/Parthenon-Fries* im British Museum in London oder *Nofretete* im Ägyptischen Museum in Berlin).

Parallel zu dieser Kunstschätze als ‚Eigentum' beanspruchenden Linie des „kulturellen Nationalismus" konnte sich eine zweite einflussreiche Linie des „kulturellen Internationalismus" (Merryman 1986: 831) etablieren, wonach bestimmte bedeutsame Kulturgüter als universelles, allen Menschen gehörendes Weltkulturerbe (W.) anzusehen sind, das im Interesse der Weltgemeinschaft zu schützen ist. Aufgrund der großen Bedeutung bestimmter Kunstschätze, Denkmäler oder Stätten – so die Vorstellung – sind nicht nur die Territorialstaaten, auf deren Gebiet die Objekte gelegen sind, für deren Erhalt und den Schutz zuständig, sondern auch dritte Staaten und → internationale Organisationen. Eine weitere den Diskurs über das kulturelle Erbe prägende Linie wird in „cultural indigenism" gesehen, also dem Versuch der internationalen Gemeinschaft „to acknowledge the indigenous perspective on cultural property" (Kuprecht 2010: 201).

Was aber macht Kunst- und Kulturschätze – bewegliche oder unbewegliche Kunst- und Kulturgüter, seien sie materieller (Denkmäler, Monumente, etc.) oder immaterieller Natur (Traditionen, Bräuche, Fertigkeiten, etc.) zum W.? Nach vertretener Ansicht ist der Terminus ‚Erbe' ein soziales Konstrukt, das aus einem dynamischen Prozess heraus entsteht, welcher den symbolischen Wert des Erbes bestimmten beweglichen oder auch unbeweglichen Objekten zumisst; das heißt, es muss zu einem bestimmten Zeitpunkt einen Akt einer ‚Erklärung' durch eine bestimmte soziale Gruppe zum W. geben (Dormaels 2013: 107ff).

Unter dem Eindruck der massiven und mit unvergleichlicher Skrupellosigkeit durchgeführten Zerstörungen und Plünderungen im Zweiten Weltkrieg, insbesondere von jüdischem Kulturgut, wurde die Vorstellung eines allen Menschen gehörenden und zu schützenden W.s maßgeblich von der in Paris ansässigen, für Bildung, Wissenschaft und Kultur zuständigen VN-Sonderorganisation (→ Vereinte Nationen), UNESCO, befördert. UNESCOs führende Rolle beim Erhalt des W.s spiegelt sich in einer Reihe von Empfehlungen, Erklärungen und internationalen Konventionen.

- Die 1954 unter der Ägide der UNESCO angenommene sog. ‚Haager Konvention zum Schutz von Kulturgut im Falle des bewaffneten Konfliktes' (1954) gilt als eine unmittelbare Reaktion auf die Zerstörungen und Plünderungen des Kulturerbes im Zweiten Weltkrieg. Sie normiert die Sicherung und Respektierung von beweglichem oder unbeweglichem „Gut, das für das kulturelle Erbe aller Völker von großer Bedeutung ist, wie z.B. Bau-, Kunst- oder geschichtliche Denkmale religiöser oder weltlicher Art, archäologische Stätten, Gebäudegruppen, die als Ganzes von historischem oder künstlerischem Interesse sind, Kunstwerke, Manuskripte, Bücher und andere Gegenstände von künstlerischem, historischem oder archäologischem Interesse sowie wissenschaftliche Sammlungen [...]" (Art.1 a).
- In den 1970er Jahren begann der Terminus W. mit der Ausarbeitung des am 23.11.1972 angenommenen ‚Übereinkommens zum Schutz des Kultur- und Naturerbes der Welt' (Welterbekonvention) feste Wurzeln zu schlagen. Dieses verbindli-

che Vertragswerk stellte sich die zentrale Aufgabe, das Kulturerbe, also Denkmäler, Ensembles und Stätten von „außergewöhnlichem universellen Wert" (*outstanding universal value*, OUV) zu erfassen, zu schützen und in Bestand und Wertigkeit zu erhalten sowie „seine Weitergabe an künftige Generationen sicherzustellen" (Art. 1; Art. 4). Die Vertragsstaaten ließen sich dabei von der Vorstellung leiten, dass der „Verfall oder der Untergang jedes einzelnen Bestandteils des Kulturerbes eine beklagenswerte Schmälerung des Erbes aller Völker der Welt darstellt" (Präambel Abschnitt 3). Folglich erkannten sie unter voller Achtung ihrer Souveränität und unbeschadet der innerstaatlichen Eigentumsordnung an, „dass dieses Erbe ein Welterbe darstellt, zu dessen Schutz die internationale Staatengemeinschaft als Gesamtheit zusammenarbeiten muss" (Art. 6).

- Ein weiterer wesentlicher Schritt in der Entwicklung des UNESCO- Vertragsrechts bestand in dem Einschluss des immateriellen Kulturerbes in die Schutzbemühungen der internationalen Staatengemeinschaft: Im „Bewusstsein des allgemeinen Willens und des gemeinsamen Anliegens, das immaterielle Kulturerbe der Menschheit zu erhalten" (Präambel Abs. 6), sind dem 2003 abgeschlossenen ‚Übereinkommen zur Bewahrung des immateriellen Kulturerbes' (IKE) zufolge mündlich überlieferte Traditionen und Ausdrucksformen, darstellende Künste, gesellschaftliche Bräuche, Rituale und Fest sowie traditionelle Handwerkstechniken zu erhalten und ihre Achtung zu gewährleisten, und zwar sowohl auf nationaler als auch auf internationaler Ebene (Art. 1; Art. 2).
- Eine solchermaßen moderne Kulturpflege akzentuiert nicht nur die Bedeutung volkstümlicher Traditionen für die zeitgenössische Kunst, sondern fördert auch die Sensibilität für kulturelle Diversität und Toleranz, wie die 2005 angenommene UNESCO ‚Konvention zum Schutz und zum Erhalt der Vielfalt kultureller Ausdrucksformen' (2005) deutlich macht.

Vor diesem Hintergrund ist der Begriff des (Welt-)'Erbes' (engl. *cultural heritage*; frz. *patrimoine culturel*), welcher die von Generation zu Generation weiterzugebenden materiellen wie immateriellen Zeugnisse der Menschheit einschließt, seien sie an Land oder am Meeresboden befindlich (siehe auch die UNESCO ‚Konvention zum Schutz des Unterwassererbes' 2001), in einem weiteren Sinn zu verstehen als die übliche Kategorisierung in objektbezogene ‚Kulturgüter' (engl. *cultural property*; frz. *biens culturels*).

2. Die institutionelle Ausgestaltung des Erhalts des Welterbes in Friedenszeiten

Um den Schutz des Kulturerbes zu gewährleisten, wurden bestimmte Instrumentarien auf internationaler Ebene entwickelt. Dazu gehören typischerweise (und lediglich mit geringfügigen Unterschieden im Falle der genannten UNESCO Übereinkommen) eine Ausschuss- und Fondstruktur sowie ein Listen- und *Monitoringsystem*. Diese institutionelle Ausgestaltung sei im Folgenden mit Schwerpunkt auf die Welterbekonvention von 1972 skizziert.

2.1 Der Zwischenstaatliche Ausschuss

Das ‚Komitee für das Erbe der Welt' umfasst Repräsentanten aus 15 Vertragsstaaten, wobei bei ihrer Wahl auf eine ausgewogene Verteilung der verschiedenen Regionen und Kulturen der Welt zu achten ist. Das Welterbekomitee kann für Objekte, die zuvor in den entsprechenden Listen aufgenommen sind Anträge auf Unterstützung entgegennehmen, um die Erhaltung dieser Objekte zu sichern (Art. 13 Welterbekonvention; Art. 23 IKE). Hand in Hand mit den Staatenvertretern, die Mitglieder des Welterbekomitees sind und alle zwei Jahre mit ihren Entscheidungen maßgebliche Verantwortung für die Verleihung bzw. den Entzug des ‚Welterbetitels' übernehmen, ist es der UNESCO gelungen, für das Anliegen des Erhalts bedeutsamer Kunst- und Kulturschätze eine breite Öffentlichkeit zu mobilisieren. Folgt man den Prognosen der Tourismus-Organisation der VN (UNTWO), die von einem Wachstum des Tourismus zu Welterbestätten von durchschnittlich acht bis zwölf Prozent pro Jahr ausgeht, dürften die Zahl der Besucher der heute über 1000 Welterbestätten weit über 500 Mio. Besuchern liegen.

2.2 Der Fonds für das Erbe der Welt

Zur praktischen Umsetzung der Konventionszwecke wurde ein internationaler Fonds (Fonds für das Erbe der Welt) geschaffen (Art. 15; vgl. auch Art. 25ff. IKE). Das Vermögen des Welterbe-Fonds setzt sich zusammen aus verpflichtenden und freiwilligen Beiträgen der Vertragsstaaten sowie aus privaten Spenden. Das Welterbekomitee vergibt, mit Priorität für besonders gefährdete Stätten, jährlich rund vier Mio. USD um verschiedene Maßnahmen zum Schutz von Welterbestätten zu unterstützen. Insgesamt sind bis heute 2297 Anträge beim Welterbekomittee eingegangen, 2102 davon wurden genehmigt (Stand 2015).

2.3 Das Listensystem zur Aufnahme

Jeder Vertragsstaat ist angehalten, dem Welterbekomitee ein Verzeichnis der auf seinem Hoheitsgebiet befindlichen, bedeutenden Kultur- und Naturerbe (von außergewöhnlichem universellen Wert) vorzulegen. Auf Basis dieser Tentativliste kann der Vertragsstaat Stätten für die Aufnahme in die Welterbeliste nominieren. Das Welterbekomitee entscheidet einmal pro Jahr über die Aufnahme neuer Welterbestätten in die Liste. 2014 wurden 26 Stätten neu aufgenommen, insgesamt umfasst die Liste 1007 Welterbestätten, darunter 39 in Deutschland (Stand April 2015). Um die Kriterien für eine Auswahl von Welterbestätten, die dazugehörigen Regeln und Verfahren, die Finanzierung und Unterstützung sowie den Listenprozess für die Eintragung selbst festzulegen, wurden bereits 1977 die ersten sog. *Operational Guidelines* angenommen. 1978 wurden die ersten 12 Welterbetitel verliehen. Das damit verbundene große Renommee und Prestige, welches von einer Eintragung in die UNESCO Welterbeliste ausgeht, fungierte im Folgenden ganz offensichtlich als Anreiz für eine bald einsetzende Flut von Bewerbungen (seit 2006 rund 60-80 Bewerbungen pro Jahr). Eine ähnliche Beobachtung lässt sich für das Übereinkommen zum Schutz des immateriellen Kulturerbes machen. Auch hier gibt es eine steigende Zahl von Bewerbungen, inzwischen auch aus Deutschland, das 2015 seine erste internationale Nominierung eingereicht hat. Auf der repräsentativen Liste des immateriellen Kulturerbes der Menschheit stehen derzeit 314 immaterielle kulturelle Ausdrucksformen; das bundesweite Verzeichnis umfasst 27 Einträge.

2.4 Monitoring und Berichterstattung

Zunehmend wurde seitens der UNESCO Wert auf die systematische Überwachung der nominierten Objekte gelegt: dies betrifft insbesondere die Welterbestätten, obgleich diese für den Erhalt der Objekte zentrale Aufgabe im Vertragstext der Welterbekonvention selbst nicht erwähnt war. Auf Basis von sog. *state of conservation reports* der betreffenden Staaten sowie zusätzlichen Informationen von Expertenorganisationen wird das in Paris ansässige Welterbezentrum speziell zum Schutz von gefährdeten Welterbestätten tätig. Der Mechanismus ist Teil eines der umfassendsten Monitoring-Mechanismen von internationalen Übereinkommen. Ein weiterer entscheidender Schritt zum Erhalt des Welterbes ist die Umsetzung von Art. 29 Welterbekonvention, wonach von den Staaten Berichte zur Implementierung (*Periodic Reporting*) eingefordert werden. In diesem seit der 7. Welterbekomiteesitzung in Florenz 1983 praktizierten Verfahren erweist sich die Expertise sowohl der *International Union for Conservation of Nature* (IUCN) als auch des Internationalen Rates für Denkmalpflege (ICOMOS) als wesentlich. Die regelmäßige Berichterstattung, die alle sechs Jahre vorgesehen ist, wird bis heute als das entscheidende Instrument angesehen, um dem Welterbekomitee einen vollständigen Überblick über Stand und Tendenzen der Erhalts der Welterbestätten zu geben, aber auch über den Stand der Implementierung des Abkommens als solche. Auf diese Weise ist es sukzessive gelungen, weltweit international gültige Standards für die Konservierung des W.s zu implementieren.

2.5 Rote Liste und Verlust des Welterbetitels

Zu den klassischen Faktoren der Gefährdung von Welterbestätten zählen:

- die traditionellen Verfallsursachen (natürliche Gefahren wie Erdbeben, Vulkanausbrüche, Feuersbrünste, Überschwemmungen; Umwelteinflüsse wie Witterung, Licht, Feuchtigkeit/Trockenheit),
- sich ändernde soziale Bedingungen (Migration, Bevölkerungswachstum, Überalterung)
- sowie wirtschaftliche Bedingungen (Urbanisierungs-und Industrialisierungsprojekte, Brücken- und Straßenbau etc.).

Daneben rechnen auch bewaffnete Konflikte und damit vielfach eng verbunden, illegaler Handel ebenfalls zu den Hauptfeldern potentieller Gefahren. Das Welterbekomitee führt dementsprechend auf einer „Liste des gefährdeten Erbes der Welt Objekte“, zu deren Erhaltung umfangreiche Maßnahmen erforderlich sind und für die Unterstützung angefordert wurde (Art. 11 Welterbekonvention). Derzeit stehen 46 Stätten auf der sog. Roten Liste, mit steigender Tendenz. Insbesondere die Gefährdung von Welterbestätten im Zusammenhang mit bewaffneten Konflikte sowie unzureichende Managementmaßnahmen einiger Natur- und Kulturerbestätten lassen die Zahl der Eintragungen in die Rote Liste seit einigen Jahren kontinuierlich ansteigen. Liegen die Voraussetzungen für die Aufnahme in die Welterbeliste nicht mehr vor, dann kann es zum Verlust des Welterbetitels kommen. Internationales Aufsehen erregte der weltweit erste und bislang einzige Entzug eines W.titels in der Folge der in Dresden errichteten Waldschlösschenbrücke. Damit geriet ausgerechnet ein Staat, dessen Denkmalschutz in vielerlei Hinsicht ein hohes Ansehen genießt und der weit mehr finanzielle und technische Möglichkeiten zum Erhalt seiner Welterbestätten besitzt, als manch anderes, ressourcenschwache außereuropäische Land, in die negativen Schlagzeilen (Schorlemer 2008). Daneben gibt es nur einen weiteren Fall des Entzugs des Welterbetitels, der auch gleichzeitig die erste Streichung überhaupt war, nämlich das Wildschutzgebiet der Arabischen Oryxantilope im Oman. Diese Naturerbestätte wurde 2007 von der Liste des W.s gestrichen, nachdem Oman das Schutzgebiet wegen Plänen zur Ölförderung um 90 Prozent verkleinert hatte und die Oryxpopulation drastisch zurückgegangen ist.

3. Die Bedrohung des Weltkulturerbes durch bewaffnete Konflikte

Als Beispiele für Zerstörungen seit den 1990er Jahren seien folgende genannt: 1979 war die Altstadt von Dubrovnik in die Welterbeliste aufgenommen worden. 12 Jahre später, von Herbst 1991 bis Herbst 1992, wurde die Region Dubrovniks von der jugoslawischen Volksarmee belagert, und erlitt als Ergebnis der serbischen Attacken schwerste Schäden obwohl, wie der VN-Sicherheitsrats feststellte, es praktisch „keine Verteidigung" (*no defence*) gab und weder die Zerstörung noch die Plünderungen als „militärische Notwendigkeit" gerechtfertigt werden konnten. Bestürzend war auch zu sehen, dass unmittelbar nach der im Juli 2008 erfolgten Eintragung des im 11. Jhd. erbauten Tempels von *Preah Vihear* als Welterbestätte die Kämpfe zwischen Thailand und Kambodscha in einer Weise aufflammten, die zu einer unmittelbaren Gefährdung der Stätte führten, auch durch die Stationierung von Soldaten im und um den Tempel sowie durch Gefechte mit Toten und Verletzten. Angesichts der Dringlichkeit der Vorgänge forderte der von Kambodscha angerufene Internationale Gerichtshof (IGH) die Streitparteien auf, sämtliche Kampfhandlungen im Umkreis der Welterbestätte zu beenden und aus dieser Zone militärisches Personal abzuziehen. Gravierend sind derzeit insbesondere die dramatischen Verluste von W. im Kontext der Kämpfe von extremistischen Gruppen im Umfeld von *al-Qaida* und dem sog. Islamischen Staat (→ internationaler Terrorismus). Eine Vielzahl archäologischer Fundstätten in Syrien und Irak, die vielfach noch unerforscht und damit (noch) nicht als W. deklariert wurden, sind in den letzten Monaten unwiederbringlich zerstört bzw. vorsätzlich mit Baggern und Bulldozern buchstäblich ‚pulverisiert' worden. Erfahrungen zeigen, dass von den massiven und systematischen Zerstörungen durch IS und mit Al-Qaida verwandter Gruppen selbst renommierte und als Touristenattraktionen wirtschaftlich bedeutsame Welterbestätten nicht verschont bleiben (→ internationaler Terrorismus).

Die verheerende Zerstörungen der Welterbestätten von Timbuktu (Mali) oder Aleppo (Syrien), aber auch der bereits erwähnte Verlust von weiteren Welterbestätten in Syrien und im nördlichen Irak, zeigen, dass sich vor unseren Augen ein dramatischer Paradigmenwechsel in den internationalen Beziehungen anbahnt: Die Zerstörung von Kulturerbe wird von den Konfliktparteien nicht länger als ‚militärisch notwendig' oder als vermeintlich unvermeidlicher ‚Kollateralschaden' gerechtfertigt, sondern ist Gegenstand gezielter und planmäßiger Angriffe, insbesondere von nicht-staatlichen extremistischen Kräften. Hinzu kommt ein florierender illegaler Handel mit aus Museen und archäologischen Fundstätten geplünderten Artefakten und Antiken aus dem ehemaligen mesopotamischen Raum sowie mit den in der Grauzone organisierter Kriminalität entstandenen zahlreichen Fälschungen (→ Organisierte Kriminalität/Korruption). Der illegale Kunsthandel nimmt heute Platz 3 in der Statistik nach dem internationalen Waffen- und dem Drogenschmuggel ein und wird durch die anhaltende große Nachfrage auf dem internationalen Kunstmarkt weiter befeuert. Mit der zunehmenden Zahl bewaffneter Konflikte weltweit steigt die Zahl der Zerstörungen bedeutsamen und vielfach unersetzlichen W.s. Dies führte dazu, dass der VN-Sicherheitsrat innerhalb des letzten Jahrzehnts verschiedentlich bindende Resolutionen nach Kapitel VII VN-Charta verabschiedete, in denen er die Zerstörungen des kulturellen Erbes verurteilte und die Parteien zur Respektierung desselben aufrief bzw. des weilen auch ein Handelsembargo verhängte, um den illegalen Handel mit Antiken zu unterbinden.

3.1 Verantwortliche Akteure

Für die Schädigungen am Weltkulturererbe im bewaffneten Konflikt verantwortlich sein können zum einen die Streitkräfte der kriegführenden Staaten. Immer wieder nehmen Angehörige von staatlichen Armeen – trotz des im humanitären Völkerrecht normierten Schutzes ziviler Objekte – in völkerrechtwidriger Weise militärische Schädigungshandlungen an kulturellen Stätten, Monumenten, Denkmälern etc. vor oder verursachen im Rahmen von Angriffen auf zulässige militärische Ziele sog. Kollateralschäden an nahegelegenen Kulturdenkmälern (→ Völkerrecht/Internationales Recht). Durch die weltweit in zahlreichen Vorschriften und Regularien vorgesehene Ausbildung der Truppen, wissen diese allerdings in aller Regel, welche Regeln zur Respektierung von Kulturgut sie im bewaffneten Konflikt zu beachten haben. Auch helfen sog. *no strike lists*, die unter anderem mit Hilfe des Internationalen Komitees vom Blauen Schild erstellt werden, den westlichen Bündnispartnern zum Teil dabei, bei ihren Angriffen das Unterscheidungsgebot zu beachten und Kulturgut zu schonen (z.B. in Libyen). Weitaus schwieriger ist die Respektierung von kulturgutschützenden Vorschriften, wenn nichtstaatliche Akteure, also bewaffnete Oppositionskräfte am Werk sind, wie in der Mehrzahl der derzeit aktuellen Konflikte. Gleich ob es sich um Aufständische, um Rebellen, Söldner oder andere private Gewaltakteure handelt, ist zumeist entweder davon auszugehen, dass sie in weitgehender Unkenntnis von völkerrechtlichen Schutzbestimmungen handeln oder sich für diese schlicht nicht interessieren. Für entsprechende Instruktionen, etwa durch das Internationale Komitee vom Roten Kreuz (IKRK) sind sie, wie die Erfahrungen zeigen, wenig offen. Umso wichtiger ist es, auch unter dem Aspekt der Abschreckungswirkung (→ Abschreckung), Täter strafrechtlich zur Verantwortung zu ziehen.

3.2 Strafrechtliche Verantwortung für Akte der Zerstörung

In Bezug auf justiziable strafbare Handlungen wurden in den vergangenen beiden Jahrzehnten neue Handlungsmöglichkeiten für Internationale Gerichte eröffnet (→ internationale Strafgerichtsbarkeit). Sowohl das Statut des Internationalen Strafgerichtshofes für das ehemalige Jugoslawien (ICTY) als auch das Römische Statut des Internationalen Strafgerichtshofes (IStGH) in Den Haag ermöglichen es, langjährige Haftstrafen zu verhängen, zum Beispiel bei Kriegsverbrechen (→ Krieg), die sich vorsätzlich gegen Gebäude der Kunst und Wissenschaft sowie geschichtliche Denkmäler richten oder bei Verbrechen gegen die Menschlichkeit (→ Menschenrechte). Wenngleich es erste, durchaus bemerkenswerte Urteile gibt, die strafwürdiges Unrecht an Kulturgütern in bewaffnetem Konflikt ahnden, so lässt die schiere Zahl von Verbrechen eine konsequente internationale Ahndung in Zukunft zu einer großen Herausforderung werden. Eine stärkere Unterstützung der Tätigkeit nationaler und internationaler Straftribunale, insbesondere des IStGH in Den Haag, bei der Verfolgung von Tätern, die Verbrechen am Kulturerbe begehen, ist dringend erforderlich.

4. Schlussfolgerungen und Perspektiven

Das im Völkerrecht etablierte Konzept des W.s zeugt von einer idealistischen Position, die eine durch die Weltgemeinschaft getragene und auf das Gemeinwohl ausgerichtete Erhaltungspolitik, nicht unähnlich der der → Global Commons, befürwortet. Darin liegt zweifelsohne eine Chance. Um sie zu nutzen, bedarf es allerdings weiterer erheblicher Anstrengungen aller Akteure, um die vorhandenen Schutzbestimmungen auch tatsächlich durchzusetzen – Staaten, internationale Organisationen, NGOs, Sammler und Kunsthändler eingeschlossen.

→ **Ergänzende Beiträge**

Global Commons, Internationale Strafgerichtsbarkeit, Internationaler Terrorismus, Völkerrecht/Internationales Recht

Literatur

Dormaels Mathieu (2013): The Concept Behind the Word, Translation Issues in Definitions of Heritage, in: Albert, Marie-Theres/Bernecker, Roland/Rudolf, Britta (Hrsg.): Understanding Heritage. Perspectives in Heritage Studies, Berlin/Boston, S. 107-115.

Francioni, Francesco (2008): The 1972 World Heritage Convention. A Commentary, Oxford.

Merryman, John Henry (1986): Two Ways of Thinking About Cultural Property, in: American Journal of International Law (80), S. 831-853.

Nafziger, James/Stoel, Thomas B. (Hrsg.) (2012): Cultural Heritage Law, Cheltenham/Northampton,

Kuprecht, Karolina (2010): Aspects of Indigenous Cultural Property Repatriation, in: Odendahl, Kerstin/Weber, Peter Johannes (Hrsg.) Kulturgüterschutz – Kunstrecht – Kulturrecht, Baden-Baden, S. 191-226.

Odendahl, Kerstin (2005): Kulturgüterschutz. Entwicklung, Struktur und Dogmatik eines ebenenübergreifenden Normensystems, Tübingen.

Lenzerini, Federico (2011): Intangible Cultural Heritage. The Living Culture of Peoples, in: European Journal of International Law (22), S. 101-120.

Schorlemer, Sabine von (2008) Compliance with the UNESCO World Heritage Convention: Reflections on the Elbe Valley and the Dresden Waldschlösschen Bridge, in: German Yearbook of International Law (51), S. 321-380.

Internetadressen

Deutsche UNESCO Kommission e.V.: www.unesco.de/home.html
UNESCO: www./en.unesco.org
UNESCO Welterbezentrum: www.whc.unesco.org
Global Heritage Fund: www.globalheritagefund.org

60 – Weltordnungsmodelle (*Ulrich Menzel*)

1. Anarchie versus Hierarchie der Staatenwelt

Die ‚Anarchie der Staatenwelt' als Konsequenz des Souveränitätsprinzips gilt als nicht weiter hinterfragbares Axiom in der Lehre von den Internationalen Beziehungen (IB). Alle Staaten stehen gleichberechtigt nebeneinander und sind keiner überstaatlichen Instanz untergeordnet oder rechenschaftspflichtig. Wie dennoch der zwischenstaatliche Regelungsbedarf bedient wird, wie trotz der Anarchie eine Ordnung der Welt zustande kommt, ist eine der grundlegenden Fragen, mit der sich die IB auseinandersetzen. Die Antworten, die Idealismus und Realismus (→ Liberalismus und Realismus als IB-Theorie) liefern, lauten Kooperation (Spinnweb-Modell) bzw. Selbsthilfe (Billardball-Modell). Die Kooperation der Staaten durch Verträge, → internationale Organisationen, die Regeln des → Völkerrecht/internationales Recht stößt besonders in Krisenzeiten immer wieder an Grenzen, wenn es um die großen Fragen von → Krieg und → Frieden, Protektionismus und Freihandel (→ Handelspolitik) sowie Ausbeutung und Schutz der globalen Allmende geht (→ Global Commons). Die Selbsthilfe mittels Rüstung und Protektionismus schließt sich für kleine Staaten aus, weil Ihnen dazu die → Macht und die Ressourcen fehlen. Wenn große Mächte zur Selbsthilfe greifen, führt diese zu konfliktträchtigen Konstellationen, in denen die Anarchie aufgrund diverser Dilemmata wie z.B. des Sicherheitsdilemmas weiter angefacht wird.

Um die Anarchie zu überwinden, mindestens deren Folgen einzudämmen, bietet sich an, auf ein strukturalistisches Axiom der IB, die ‚Hierarchie der Staatenwelt' (Schichttortenmodell), zurückzugreifen. Als Konsequenz des sich seit dem Westfälischen Frieden (1648) herausbildenden Westfälischen Staatenmodells, bei dem interdynastische durch internationale Beziehungen ersetzt werden, gibt es zwar keine den Staaten übergeordnete Instanz, die über ein internationales Gewaltmonopol verfügt, doch sind die Staaten keineswegs gleich (→ Staat/Staatlichkeit im Wandel). In Wirklichkeit waren und sind sie ungleich in jeder Hinsicht, gleichviel ob man ihre Macht, ihren Wohlstand, ihre Bevölkerung, ihre wissenschaftlich-technische Leistungsfähigkeit, ihre Ressourcenausstattung (→ Ressourcenpolitik), ihre geopolitische Lage (→ Geopolitik), ihre Geschichte, ihre Kultur betrachtet. Die Staaten stehen nicht nur nebeneinander, sondern auch übereinander und bilden eine pyramidenförmige Hierarchie. Damit besitzen sie ganz unterschiedliche Möglichkeiten, das Selbsthilfeprinzip zu verfolgen, ihre Interessen gegenüber anderen Staaten wahrzunehmen, den Bedarf nach internationalen Beziehungen zu decken, gar für die Ordnung der Welt zu sorgen. Dies schließt nicht aus, dass es innerhalb der Hierarchie eine Aufwärts- und Abwärtsmobilität gerade der großen Mächte gibt, die alle einem Zyklus von relativem (ggf. sogar von absolutem) Auf- und Abstieg gegenüber anderen Mächten unterworfen sind (→ weltpolitische Zyklen).

2. Begriffe und Idealtypen

Die beiden Varianten des Strukturalismus, die vom Axiom der Hierarchie der Staatenwelt ausgehen und darauf eine Theorie über die Ordnung der Welt begründen, lauten Hegemonie- und Imperiumstheorie (→ Begriff und Funktion von IB-Theorie). Letztere ist nicht zu verwechseln mit der Imperialismustheorie, die Imperiumsbildung kritisch betrachtet. Der Unterschied ergibt sich aus der Klärung der Begriffe. Hegemonie kommt aus dem Griechischen und meint ‚Führung'. Imperium stammt aus dem Lateinischen und meint ‚Herrschaft'. Führung setzt Gefolgschaft voraus und beinhaltet Akzeptanz und Freiwilligkeit. Der Gegenbegriff zu Herrschaft lautet Knechtschaft, der ein Zwangsverhältnis voraussetzt, das auf Befehl und Gehorsam beruht. Die Hierarchie der Staatenwelt bietet in der hegemonialen wie in der imperialen Variante die Möglichkeit, die Anarchie der Staatenwelt zu überwinden, weil die großen Mächte zu ihrer großen Zeit in der Lage sind, stellvertretend für den nicht vorhandenen Weltstaat für internationale Ordnung zu sorgen. Sie sind dazu in der Lage, weil sie über die notwendigen Ressourcen verfügen und dazu bereit, weil sie selber das größte Interesse an internationaler Ordnung haben. Würden sie diese Funktion nicht wahrnehmen, täte es keiner. Insofern befinden sich große Mächte im klassischen Freiwilligendilemma.

Große Mächte können sich allerdings der globalen Ordnungsfunktion verweigern, weil sie aufgrund ihrer Bevölkerung, ihrer Ressourcenausstattung, ihres Binnenmarkts, ihres Machtpotentials über die Alternative des Isolationismus verfügen. Insofern hängt die Frage, ob große Mächte eine internationale Ordnungsfunktion wahrnehmen, auch davon ab, ob ihre Interessen eher durch eine isolationalistische oder eine internationalistische Orientierung bedient werden. Da es in der Regel eine heterogene Interessenlage und Anhänger beider Positionen gibt, hängt die Wahrnehmung einer internationalen Ordnungsfunktion letztlich von den Kräfteverhältnissen im Innern ab. Gerade die USA und China bieten Beispiele für harte innenpolitische Kontroversen und radikale Kurswechsel zwischen Isolationalismus und Internationalismus. Ein möglicher Kompromiss ist eine selektive Form des Isolationalismus, wie von den USA bis 1917 bzw. 1941 praktiziert wurde – isolationistisch gegenüber Europa und expansiv in Lateinamerika und im Pazifik.

Das Außenverhalten beider Typen großer Mächte lässt sich differenzieren. Spricht man von *Pax Romana, Pax Britannica, Pax Mongolica* oder *Pax Osmanica*, meint man die pazifierenden Aspekte des Imperiums. Auch für die Beherrschten kann es attraktiv sein, Teil eines Imperiums zu sein, weil unter dessen Schutz Rechtssicherheit und innerer Friede gewährleistet sind und Handel und Wandel gedeihen. Spricht man von tributären Imperien, steht im Vordergrund, dass die Kosten imperialer Expansion und Herrschaft den Unterworfenen in Form von Tribut auferlegt werden. Auch Hegemonie lässt sich durch die Attribute *benevolent* und *malevolent* differenzieren. Der *benevolen-*

te Hegemon orientiert sich (auch) an den Interessen der Gefolgschaft, der *malevolente* Hegemon (nur) am Eigeninteresse.

Ob große Mächte eine radikale oder eine selektive Variante des Isolationalismus verfolgen, welche Variante von imperialer oder hegemonialer Politik sie praktizieren, hängt davon ab, ob sie sich in der Aufstiegs-, Zenit- oder Abstiegsphase ihres Machtzyklus befinden. Damit ergeben sich sechs Idealtypen großer Mächte mit fließenden Grenzen, die ein Spektrum abbilden über das Ausmaß, in dem sie in der Welt agieren. Aus der Perspektive der Rangordnung in der Hierarchie der Staatenwelt könnte man auch dem Imperium die Mittelposition und der Hegemonie die rechte Außenposition zuweisen. Diese Perspektive ist wichtig für das Ausmaß der Hierarchie sowie die Reichweite und Dimensionen der Ordnungsfunktion.

Abb. 20: Idealtypen großer Mächte

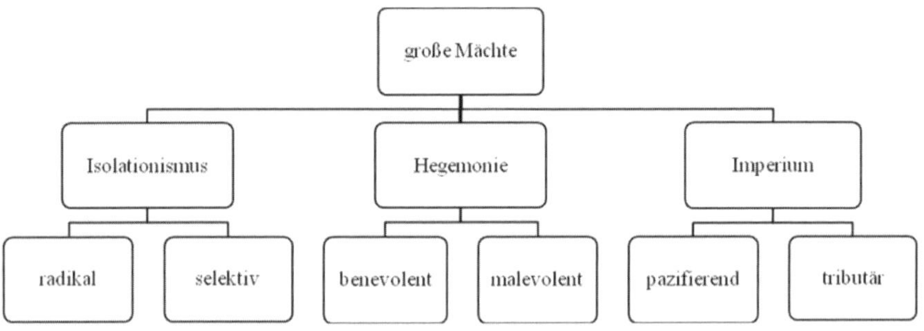

Quelle: eigene Darstellung

Kleine Mächte haben diese Alternativen in der Regel nicht, sind aufgrund ihrer geringen Bevölkerung, ihrer inkompletten Ressourcenausstattung, ihres kleinen Binnenmarkts, ihres beschränkten Machtpotentials immer auf Außenorientierung, auf Eingliederung in die internationale Arbeitsteilung, auf die Kooperation mit den anderen, auf die Gefolgschaft zu einem Hegemon, im Extremfall sogar auf die Unterordnung unter ein Imperium angewiesen. Isolationismus kann in ihrem Fall nur mit außerordentlichen gesellschaftlichen Kosten erkauft werden, wie aktuelle (Nordkorea) oder historische Beispiele belegen. Selbsthilfe führt für kleine Mächte trotz hohen Aufwands zu schlechteren Politikergebnissen, es sei denn, es handelt sich um kleine Mächte, die zu ihrer großen Zeit eine außerordentliche Leistungsfähigkeit und eine sehr spezialisierte Interessenlage besitzen, die einen solchen Aufwand möglich und auch vertretbar machen. Aus der Hierarchie der Staatenwelt resultiert demnach ein Angebot internationaler Ordnung auf Seiten der Großen wie eine Nachfrage nach internationaler Ordnung auf Seiten der Kleinen.

Im historischen Verlauf lässt sich zeigen, dass die Zyklen von Auf- und Abstieg der großen Mächte sich überlappen, die idealtypisch eine Kette der großen Zeiten der großen Mächte bilden (→ weltpolitische Zyklen). Deren Glieder markieren die Phasen der großen Mächte im Zenit, wenn sie ihre größte Macht entfaltet haben, ihre größte Leistungsfähigkeit und die größte Bereitschaft besitzen, für internationale Ordnung zu sorgen. Wenn die Abstiegsphase einer großen Macht sich kreuzt mit der Aufstiegsphase einer anderen, kommt es zum imperialen bzw. hegemonialen Übergang, bei dem die Ordnungsfunktion weitergereicht wird. Dieser Übergang kann friedlichen wie kriegerischen Charakter haben. Je länger die Übergangsphase dauert und je weniger friedlich sie verläuft, desto weniger kann die alte absteigende bzw. die neue aufsteigende große Macht ihre Ordnungsfunktion wahrnehmen. Deshalb gibt es immer wieder Phasen, in der die Kette unterbrochen wird, in der die Anarchie der Staatenwelt zurückkehrt. Am Ende solcher Ausscheidungskämpfe wird die Macht, die an die Spitze aufgerückt ist, eine ‚neue Weltordnung' errichten, die ihren Fähigkeiten und Interessen entspricht. Deshalb kommt es am Ende der großen Kriege, hier als imperiale und/oder hegemoniale Transformationskriege bezeichnet, zu Konferenzen, die weit mehr sind als bloße Friedenskonferenzen, weil auf ihnen Weltordnungen verabredet werden.

3. Internationale öffentliche Güter und regionale Clubgüter
Wie große Mächte für internationale Ordnung sorgen, lässt sich anhand der Gütertheorie demonstrieren (→ Global Commons). Hegemonialmächte nehmen ihre Ordnungsfunktion über die Bereitstellung internationaler öffentlicher Güter mit globaler Reichweite wahr, Imperialmächte über die Bereitstellung von Clubgütern mit regionaler Reichweite. Die Gütertheorie unterscheidet Private Güter, Öffentliche Güter, Clubgüter und Allmende- bzw. Kollektivgüter. Diese sind definiert durch die Kriterien Rivalität und Ausschließbarkeit. Rivalität heißt, dass der Konsum eines Gutes durch den einen zu Lasten eines anderen geht. Ausschließbarkeit liegt vor, wenn jemand vom Konsum eines Gutes ausgeschlossen werden kann. Wenn man die beiden Kriterien in ihren Varianten ‚ja' oder ‚nein' kombiniert, ergibt sich eine Vierfeldertafel.

Tab. 21: Die vier Güterarten

		Rivalität	
Ausschließbarkeit		ja	nein
	ja	Private Güter	Clubgüter
	nein	Allmendegüter	Öffentliche Güter

Quelle: eigene Darstellung

Bei der Kombination Rivalität und Ausschließbarkeit handelt es sich um Private Güter. Die Flasche Milch, die jemand getrunken hat, steht einem anderen nicht mehr zur Verfügung. Hat jemand kein Geld, eine Flasche Milch zu kaufen, ist er vom Konsum ausgeschlossen. Bereitgestellt werden Private Güter von privaten Akteuren. Regelungsinstanz für Angebot und Nachfrage ist der Markt. Bei der Kombination Nichtrivalität und Nichtausschließbarkeit handelt es sich um Öffentliche Güter. Niemand kann von der Nutzung einer Verkehrsampel ausgeschlossen werden. Die Nutzung durch den einen Verkehrsteilnehmer schmälert nicht die Nutzung durch den anderen. Bereitgestellt werden Öffentliche Güter durch den Staat, der auch die Regeln ihrer Nutzung, in diesem Fall die Straßenverkehrsordnung, bestimmt. Finanziert werden sie aus der Steuerleistung der Nutzer. Liegt Ausschließbarkeit, aber keine Rivalität vor, spricht man von Clubgütern. Die Sauna eines Vereins kann nur von den Mitgliedern genutzt werden. Die Nutzung des einen Mitglieds beeinträchtigt nicht die Nutzung durch ein anderes Mitglied. Sie wird durch die Satzung des Vereins geregelt. *Pay TV* ist ein anderes Beispiel. Liegt Rivalität vor aber keine Ausschließbarkeit, handelt es sich um Allmende- oder Kollektivgüter. Sie werden von der Natur als freie Gabe bereitgestellt. Die Alm einer Talschaft kann von allen Talbauern genutzt werden. Das Gras, das das Vieh des einen Bauern gefressen hat, steht dem Vieh des anderen nicht mehr zur Verfügung. Die Verregelung von Allmendegütern basiert auf historisch gewachsenen Kollektivvereinbarungen.

Komplexer zu bewerkstelligen ist die Bereitstellung von internationalen Gütern. Im ersten Fall handelt es sich um internationale Unternehmen, ist der Weltmarkt die Regelungsinstanz. Im zweiten Fall müsste es analog der Weltstaat sein. An dessen Stelle tritt der Hegemon, der für Internationale (globale) Öffentliche Güter wie die Sicherheit auf den Seerouten vor Piraterie, einen Nuklearschirm, die Garantie einer liberalen Weltwirtschaftsordnung, die Funktion des letzten Kreditgebers, die Bereitstellung eines internationalen Zahlungsmittels (Weltgeld) oder eines GPS-Systems sorgt. Würde er es nicht tun, täte es keiner. Dafür kann er immerhin die Regeln der Nutzung, die Ordnung der Welt, bestimmen und vorrangig die eigenen Interessen bedienen. Alle anderen Staaten sind, anders als bei nationalen öffentlichen Gütern, *freerider* oder zumindest *cheaprider*, weil sie keine oder nur geringe Beiträge zur Bereitstellung leisten. Aus dem Kalkül, eine solche Aufgabe nicht wahrnehmen zu können bzw. dafür einen außerordentlichen Aufwand treiben zu müssen, resultiert die Akzeptanz des Hegemons von Seiten der Gefolgschaft.

Internationale Clubgüter werden von Imperien bereitgestellt. Da hier das Kriterium Ausschließbarkeit vorliegt, stehen sie nicht allen offen, sondern nur denjenigen, die zum ‚Club' des Imperiums gehören. Insofern handelt es sich nicht um globale Güter, sondern um Güter mit regionaler Reichweite, die an den Grenzen des Imperiums endet. Die Clubmitglieder sind keine *freerider* wie die freiwillige Gefolgschaft des Hegemons, sondern zwangsweise Mitglieder des Imperiums und haben ‚Mitgliedsbeiträge' in Form des Tributs zu errichten, der zur Finanzierung der von der imperialen Macht errichteten Ordnung verlangt wird. Die Hegemonialmacht nimmt ihre internationale Rolle aufgrund eigener überragender Leistungsfähigkeit wahr, die imperiale Macht, weil sie in der Lage ist, die Beherrschten zu substantiellen Beiträgen zu zwingen. Imperien stoßen deshalb nicht per se auf Akzeptanz und bedürfen nicht der Freiwilligkeit, weil sie auf Zwang setzen können. Dennoch kann es vorteilhaft sein, zu einem Imperium zu gehören, weil es eine Gegenleistung in Form der Clubgüter offeriert. Die kollaborierende Elite der Clubmitglieder zieht aus der Mitgliedschaft zudem besondere Privilegien.

Besonders komplex ist der Fall der internationalen Allmendegüter wie die Hohe See, die grenzüberschreitenden Flusssysteme, die Polargebiete, der Luftraum, der erdnahe Weltraum und als Grenzfall der Cyberspace. Sie werden von der Natur als freie Gabe bereitgestellt und sind für alle nutzbar. Eine kooperative Verregelung auf lokaler Ebene, die die Nachhaltigkeit der Bewirtschaftung einer Alm gewährleistet, ist möglich. Insofern greift hier das idealistische Ordnungsmodell. Auf globaler Ebene ist Kooperation zur nachhaltigen Nutzung der Umwelt kaum zu erzielen, wie die mühsamen und wenig erfolgreichen Verhandlungen in der globalen Umweltpolitik deutlich machen. Die Privatisierung der Allmende, die im nationalen Rahmen praktiziert wurde (z.B. Einhegung des Gemeindelandes) ist genauso wenig praktikabel wie deren Verstaatlichung, die in den sozialistischen Ländern die Tragödie des Gemeindelandes noch verschärft hat (z.B. Austrocknen des Aralsees durch die Übernutzung der ihn speisenden grenzüberschreitenden Flusssysteme für den Baumwollanbau). Wenn aufgrund der fatalen Kombination Rivalität und Nichtausschließbarkeit Kooperation zur Verregelung der globalen Allmende so wenig Erfolge zeigt, wenn die Selbsthilfe zur Tragödie führt, wenn das Imperium als Regelungsinstanz ausfällt, weil es sich nicht um ein Clubgut handelt, dann bleibt nur noch die Hoffnung auf den Hegemon als Ordnungsinstanz. Jedenfalls ist er als einziger in der Lage, die globalen Allmenden durch seine Flotte, seine Luftwaffe, seine Satelliten und Rechenzentren zu kontrollieren. Eine imperiale Macht wäre dazu nur in der Lage, wenn sie die globale Allmende beherrschte, also den Weltstaat auf Welteroberung begründet hätte.

4. Typologische Unterschiede von Imperium und Hegemonie

Aus dieser Feststellung resultiert eine erste typologische Unterscheidung von Land- und Seemächten. Landmächte erobern Territorien und kontrollieren deren Grenzen, ggf. sogar durch besondere Befestigungen wie den Römischen Limes oder den Eisernen Vorhang. Dabei stützen sie sich auf die Armee, deren Operationsfähigkeit durch entsprechende Infrastruktur flankiert werden muss. Dennoch ist die Armee ein schwerfälliges Vehikel mit begrenzter Reichweite. Alle Logistik kann letztlich die Unbilden der Natur nicht überwinden. Die Grenze der mongolischen Kavallerie war erreicht an der Grenze der eurasischen Steppe, da es jenseits der Steppe am Futter für die Pferde mangelte. Die Grenze des Operationsradius der französischen oder deutschen Armeen in Russland war erreicht durch die Tiefe des Raums, die Härte des Winters und die Probleme des Nachschubs. Seemächte hingegen stützen sich auf die Flotte und überseeische Stützpunkte. Sie besetzen nicht die Fläche, sie erobern keine Räume, sondern kontrollieren, da sie in der globalen Allmende der Hohen See operieren, die Verbindungslinien und Knoten eines Netzes. Armeen kosten viel und nützen im Frieden wenig. Flotten kosten zwar auch viel, nützen aber auch im Frieden, weil sie für die Handelsschifffahrt das internationale öffentliche Gut Sicherheit gewährleisten. Deshalb sind Hegemonialmächte immer Seemächte, weil sie eine globale Reichweite beanspruchen. Luftmächte sind typologisch die Weiterentwicklung von Seemächten, weil sie eine zweite globale Allmende, den Luftraum, kontrollieren, der sich wie die Hohe See nicht beherrschen lässt. Der Flugzeugträger ist die konsequente Hybridisierung von See- und Luftmacht. Der erdnahe Weltraum ist die nächste Allmende, die ins Visier geriet, und durch Satelliten und Raumstationen kontrolliert wird. Mittlerweile gehört dazu auch der Cyberspace, der nicht nur wirtschaftliche, sondern auch militärische Perspektiven eröffnet. Zur Kontrolle des Cyberspace ist die Vernetzung von Rechnern und Satelliten notwendig. Wieder geht es um Ströme und Netzknoten und nicht um die Fläche und deren Grenzen (→ Digitale Souveränität).

Eine zweite typologische Unterscheidung leisten die Begriffe Handelsmacht und Militärmacht. Handelsmächte (→ Handelspolitik) sind international besonders wettbewerbsfähig, sind in der Lage, die internationale Arbeitsteilung zu bestimmen. Militärmächte sind militärisch besonders leistungsfähig, verfügen über eine große Armee, eine militärische Infrastruktur, sind ggf. auch in den Waffengattungen stark, die die Armee unterstützen. Hegemonialmächte sind immer beides, Handels- und Militärmächte, weil sie überall besonders leistungsfähig sind. Imperiale Mächte können, müssen aber nicht beides sein, sind aber immer Militärmächte.

Tab. 22: Typologie von Imperium und Hegemonie

	Imperium	**Hegemonie**
geopolitische Dimension	Landmacht	Seemacht, Luftmacht, Weltraummacht, Cybermacht
Region	Eurasien	„äußerer Halbmond", Welt, globale Allmende
Reichweite	begrenzt	offen
Kontrolle von	Räumen, Grenzen	Strömen, Netzknoten
Dimensionen	eindimensional (militärisch)	mehrdimensional (alle)
Herrschaftskosten	hoch	niedrig
Zahl der Akteure	wenige	viele
Aufstiegs- und Niedergangsphase	kurz	lang
Ursachen des Aufstiegs	militärische Innovationen	breite Innovationstätigkeit
Ursachen des Niedergangs	imperiale Überdehnung	nachlassende Innovationskraft
Leistungen	Clubgüter	Öffentliche Güter
finanzielle Grundlage	Rente	Profit
Wirtschaftspolitik	protektionistisch, autark, selbstbezogen	liberal, arbeitsteilig, offen
Finanzierung der intern. Ordnung	Tribut	eigene Ressourcen
Dilemma	zwischen Aufwand und Ertrag	zwischen Positions- und Statusverlust
Mechanismus der Ordnung	Zwang, Hardpower	Vorbild, Akzeptanz, Softpower
Status der Mitglieder	Untertanen, Kollaborateure	Cheaprider, Freerider, Gefolgschaft
Motive der Mitglieder	Opportunismus, Furcht, Privilegien	Eigennutz, Faszination, Loyalität
Wechsel der Ordnung	gewaltsam, schnell	friedlich, langsam
Wiederaufstieg	ausgeschlossen	möglich

Quelle: eigene Darstellung

Eine dritte typologische Unterscheidung leisten die Begriffe *hardpower* und *softpower*. *Hardpower* meint harte Macht im Sinne von militärischer und/oder wirtschaftlicher Macht. *Softpower* meint zivilisatorische Ausstrahlungskraft, die sich auf die Hochkultur der Eliten wie die populäre Massenkultur erstrecken kann. Die Akzeptanz von Hegemonialmächten resultiert nicht nur aus dem rationalen Kosten-Nutzen-Kalkül des *Freeriders*, sondern auch aus der Attraktivität, die der Konfuzianismus, die *civilisation française* oder der *american way of life* auf andere ausübten. Das Beispiel des *Imperium Romanums* zeigt, dass auch Imperien zivilisatorische Ausstrahlungskraft besitzen können, dass es attraktiv ist, Teil des Imperiums zu sein, weil damit Clubgüter wie z.B. die Vorteile des römischen Bürgerrechts verbunden waren. Softpower ist für imperiale Mächte im Unterschied zu Hegemonialmächten keine Bedingung, sondern nur eine Möglichkeit. Aufgrund dieser Überlegungen lässt sich eine Typologie von Imperium und Hegemonie aufstellen.

5. Die Weltordnung seit dem Zweiten Weltkrieg

Die globale Konstellation seit dem → Zweiten Weltkrieg lässt sich wie folgt interpretieren: Deutschlands kurzlebiger Versuch, ein Imperium zu erobern und in Europa eine ‚neue Ordnung' zu errichten, ist an der imperialen Überdehnung gescheitert, obwohl es gewaltsam und mit äußerster Brutalität versucht hat, die Ressourcen der Unterworfenen in den eigenen Dienst zu stellen. Der absteigende Hegemon Großbritannien wurde durch die deutsche imperiale Herausforderung genauso geschwächt wie das konkurrierende sowjetische Imperium. Ein paralleler Vorgang ereignete sich im asiatisch-pazifischen Raum, wo Japan nachholende Kolonialmacht und imperiale Macht werden wollte. Lachender Dritter waren auf beiden Schauplätzen die USA, die zur neuen Hegemonialmacht aufzusteigen und in einer Serie von Konferenzen während und im Anschluss an den Zweiten Weltkrieg eine neue Weltordnung zu errichten vermochten. Dazu musste allerdings zuvor der Widerstand der Isolationisten im eigenen Land überwunden werden. Die Kosten dieser Ordnung wurden von den USA anfänglich nahezu allein getragen.

Die US-Hegemonie fand ihre Grenze am Machtbereich der Sowjetunion, die ihr Imperium nach 1945 in Europa wie in Asien beträchtlich ausweiten konnte und zwischen 1957 (Sputnik-Schock) und 1962 (Kuba-Krise) eine weitere Expansion in der damals sog. Dritten Welt (→ Nord-Süd-Beziehungen) verfolgte. Der Ausgang der Kuba-Krise markierte den Wendepunkt. Der Ost-West-Konflikt war so gesehen ein Ausscheidungskampf zwischen US-Hegemonie und SU-Imperium, in dem sich die USA behaupten konnten, weil die Sowjetunion ihn als Imperium nur militärisch als Landmacht zu führen vermochte, während die USA als Seemacht und Landmacht, als Handelsmacht und Militärmacht operieren konnte, weil ihr *hardpower* und *softpower* zur Verfügung standen. Die Asymmetrie des Ost-West-Konflikts versinnbildlicht nichts besser als die deutsch-deutsche Grenze. Der ‚Eiserne Vorhang' war ein Grenzwall gegen den Ausbruch aus dem Imperium. Die Grenze der US-Hegemonie markierte ein bloßer Grenzpfahl. Die Sowjetunion ist in diesem Ausscheidungskampf unterlegen, das sowjetische Imperium überstürzt auseinandergebrochen (→ Ost-West-Konflikt). Die Reformen Gorbatschows hatten keine Zeit und vermutlich auch keine Chance, sobald der Deckel der Pandora geöffnet war. Der Machtzuwachs der USA war ein relativer aufgrund des Machtverlusts des Konkurrenten. Der Fall der Mauer führte zur Ausdehnung der US-Hegemonie auf die ‚Clubmitglieder' des ehemaligen sowjetischen Imperiums.

Der Wiederaufstieg Japans ist erklärbar aus der Konstellation des *freeriders*, der seine imperialen Ambitionen aufgegeben hat und den Hegemon nur wirtschaftlich herausfordert. In diesem eindimensionalen hegemonialen Ausscheidungskampf haben die USA Blessuren davongetragen. Deshalb sprach man in den 1980er Jahren vom *american decline*. Japan konnte sich aber nicht als neue Hegemonialmacht etablieren, weil die militärische Dimension und die kulturelle Attraktivität fehlten und weil es seinerseits durch neue Aspiranten, die asiatischen Schwellenländer, herausgefordert wurde, die ebenfalls *freerider* der US-Hegemonie waren (→ Aufstieg der Schwellenländer).

Seit 1990 sind die USA erstmals in der Weltgeschichte eine wirklich globale Hegemonialmacht in allen Dimensionen, weil sie die militärische Herausforderung von Seiten der Sowjetunion wie die wirtschaftliche Herausforderung von Seiten Japans abgewehrt haben. Die USA konnten nach 1990 einen zweiten Zyklus beginnen und eine ‚Neue Weltordnung' (Bush) zum Programm machen, die auf alle Dimensionen setzt, die einer Hegemonialmacht zur Verfügung stehen. Sie kontrollieren die neuen Allmenden (Weltraum, Cyberspace) und offerieren immer neue globale öffentliche Güter wie z.B. den Kampf gegen → Terrorismus und organisiertes Verbrechen. Allerdings – der neue Herausforderer steht bereits in den Startblöcken. Auch China nutzt die Konstellation des *freeriders*. Im Unterschied zu Japan beansprucht China aber auch die politische und militärische Komponente. Der zweite *american decline* ist die Folge. Ein hegemonialer Übergang um das Jahr 2030/35 ist denkbar. Alles hängt an der künftigen Innovationsfähigkeit der beiden Kontrahenten. China ist allerdings noch weit davon entfernt, in gleichem Maße wie die USA internationale öffentliche Güter bereitzustellen und für internationale Ordnung zu sorgen. Doch Ansätze wie die Rolle des letzten Kreditgebers dank des hohen Leistungsbilanzüberschusses gibt es bereits. Auch macht China erhebliche Anstrengungen zur Kontrolle der globalen Allmenden, wie die Indienststellung einer ersten Trägerflotte, das Raumfahrtprogramm oder der Versuch, eine virtuelle große Mauer zur Kontrolle des Internets zu errichten, zeigen. Nicht der chinesische Verdrängungswettbewerb auf den Weltmärkten, nicht die chinesische Position als Kapitalexporteur, sondern die Frage, ob es China gelingt, in die eigentliche Domäne der USA, die Kontrolle der globalen Allmenden, einzudringen, entscheidet darüber, ob es in der Lage sein wird, diese als Hegemonialmacht abzulösen.

→ Ergänzende Beiträge

Aufstieg der Schwellenländer, Geopolitik, Global Commons, Krieg, Macht, Staat/Staatlichkeit im Wandel, weltpolitische Zyklen

Literatur

Ikenberry, G. John (2011): Liberal Leviathan: The Origins, Crisis and Transformation of American World Order, Princeton.

Kennedy, Paul (1987): The Rise and Fall of the Great Powers: Economic Change and Military Conflict from 1500 to 2000, New York.

Kocks, Alexander (2010): Die Theorie der globalen öffentlichen Güter, in: Zeitschrift für Internationale Beziehungen (2), S. 235-266.

Leitner, Ulrich (2011): Imperium. Geschichte und Theorie eines politischen Systems, Frankfurt.

Menzel, Ulrich (2015): Die Ordnung der Welt. Imperium oder Hegemonie in der Hierarchie der Staatenwelt, Berlin.
Münkler, Herfried (2005): Imperien. Die Logik der Weltherrschaft vom Alten Rom bis zu den Vereinigten Staaten, Berlin.
Stein, Arthur A. (1984): The Hegemon´s Dilemma: Great Britain, the United States, and the International Economic Order, in: International Organization (2), S. 355-386.
Topp, Stefan (2004): Qualifikationsattribute von Hegemonialmächten. Internationale und innerstaatliche Voraussetzungen der Bereitstellung internationaler Kollektivgüter durch hegemonial geführte Kooperationsstrukturen, Frankfurt.

Internetadressen

Die Ordnung der Welt: www.ulrich-menzel.de

61 – Weltpolitische Zyklen (*Nik Milosevic*)

1. Begriff

Unter dem Begriff weltpolitische Zyklen (w.Z.) ist ein periodisierter, zyklischer und weltpolitischer Prozess zu verstehen, aus dem Hegemonialstaaten hervorgehen, die die Fähigkeit besitzen, ein globales Ordnungsmodell zu prägen bzw. durchzusetzen. Die sog. *long-cycle theory* beschreibt einen holistischen Zusammenhang zwischen Kriegszyklen, ökonomischer Vorherrschaft und globaler Hegemonie. Die Theorie wurde maßgeblich von George Modelski (1987) entwickelt und kann in die politikwissenschaftliche Zyklenforschung eingeordnet werden, die ihren Höhepunkt in den 1970er und 1980er Jahren des 20. Jhds. erreichte (Goldstein 1988: 131), in den vergangenen 25 Jahren jedoch weniger Beachtung gefunden hat. Vor allem im angelsächsischen Raum erfuhr die Theorie von Modelski in einschlägigen Bänden zu den internationalen Beziehungen, der Außen- und Weltpolitik immer wieder Beachtung (Hudson 2014: 177-178, Levy 2010: 48-50). Im deutschsprachigen Raum dagegen erlangte die Theorie bisher kaum Aufmerksamkeit.

2. Theorie-Gerüst

Modelski geht in seiner Theorie davon aus, dass die w.Z. seines Modells ein Produkt der Moderne sind und ihren Ursprung ca. gegen Ende des 15. Jhds. haben. Seitdem durchläuft das internationale System einen sich immer wiederholenden Zyklus, der eine Zeitdauer von ca. 120 Jahren umfasst. Demnach befindet sich das internationale System aktuell in der fünften Wiederholung. Zu Beginn eines Zyklus gelingt es einem staatlichen Akteur die hegemoniale Vormachtstellung auf der Welt zu erringen und sie innerhalb eines Zyklus als globaler Hegemon auszufüllen. Modelski identifiziert für sein Modell Portugal, die Niederlande, Großbritannien zweimal hintereinander und die USA als die bisherigen hegemonialen Akteure, die das internationale Weltgeschehen je Zyklus maßgeblich beeinflusst haben (Modelski 1987: 40).

Tab. 23: Phasen im Modell weltpolitischer Zyklen

Phase			
Globaler Krieg	**Globale Vorherrschaft**	**Delegitimierung**	**Dekonzentration**
Zentraler Kriegsschauplatz	*Nationalstaat*		*Herausforderer*
	Portugiesischer Zyklus		
1494-1516 Kriege im Mittelmeer und im indischen Ozean	1516-1539 Portugal	1540-1560	1560-1580 Spanien
	Niederländischer Zyklus		
1580-1609 Spanisch-niederländischer Krieg	1609-1639 Niederlande	1640-1660	1660-1688 Frankreich
	Erster britischer Zyklus		
1688-1713 Kriege des Königs Louis XIV	1714-1739 Großbritannien	1740-1763	1764-1792 Frankreich
	Zweiter britischer Zyklus		
1792-1815 Kriege zurzeit der franz. Revolution und Napoleons	1815-1849 Großbritannien	1850-1873	1874-1914 Deutschland
	Amerikanischer Zyklus		
1914-1945 Der Erste und Zweite Weltkrieg	1945-1973 Vereinigte Staaten von Amerika	1973-2000	2000-2030? ?

Quelle: eigene Darstellung

Jeder Zyklus umfasst vier Phasen, die ein Zeitintervall von ca. 30 Jahren einnehmen. Der Ablauf eines Zyklus beginnt in der (1) Phase mit einer längeren kriegerischen Periode (→ Krieg), deren Auswirkungen das internationale System verändern. In diesem Zeitraum bilden sich mindestens zwei große Koalitionsblöcke in der Weltpolitik heraus, die jeweils rivalisierende Agenden vertreten und dadurch in Konflikt zueinander stehen. Ziel der beteiligten Akteure ist es, eine in ihrem jeweiligen Interesse liegende Weltordnung durchzusetzen (→ Weltordnungsmodelle). In dieser Auseinandersetzung wird eine *macrodecision* getroffen, aus der der Sieger des *global war* als globaler Hegemon hervorgeht. Es setzt in der (2) Phase eine post-kriegerische Periode ein, in der der globale Hegemon aufgrund des gewonnenen Krieges und der Unterstützung durch die zuvor gebildete Koalition die Fähigkeit besitzt und Legitimität erhält, ein weltpolitisches Ordnungsmodell als *world power* durch *execution* durchzusetzen und die Spielregeln der Weltpolitik im eigenen Interesse maßgeblich zu beeinflussen. Im Laufe der Zeit erodiert jedoch das hegemoniale Machtmonopol durch die Entstehung neuer Konkurrenten im internationalen System, die das bestehende Ordnungsmodell in der (3) Phase in Frage stellen, wodurch ein Prozess der *deligitimization* einsetzt. In dieser Phase nimmt die Bedeutung der alten Ordnungsstrukturen des globalen Hegemons ab, während sich die Weltakteure im internationalen System neuen Problemen gegenübersehen, für die weltweit Lösungsansätze durch *agenda-setting* angeboten werden. Durch die Auseinandersetzung mit neuen Themen in der Weltpolitik ordnen sich die alten Koalitionsstrukturen der Weltakteure durch *coalition-building* in der (4) Phase neu. In dieser Phase entstehen neue Mächte in der Welt, die zunehmend an Macht und Bedeutung gewinnen und beginnen, eigene Ordnungsvorstellungen zunächst regional durchzusetzen (→ Macht). Durch den Prozess der *deconcentration* entsteht ein multipolares System mit einer schwachen internationalen Ordnung, das allmählich erneut auf einen globalen Konflikt hinsteuert, aus dem sich wiederum ein globaler Krieg entwickelt (→ Multilateralismus). Nach Abschluss des Krieges beginnt der nächste Zyklus wie der zuvor beschriebene von neuem (Modelski 1987: 29ff, Modelski 1999: 12-20, Hudson 2014: 177-178).

Tab. 24: Zustand der Weltordnung und Verhaltensweise der Akteure

Phase	Zustand der Weltordnung	Verhaltensweise der Akteure
1	Globaler Krieg (global war)	Makroentscheidung (macrodecision)
2	Globale Vorherrschaft (world power)	Globale Durchsetzung (execution)
3	Delegitimierung (deligitimization)	Globales Agenda-Setting (agenda-setting)
4	Dekonzentration (deconcentration)	Koalitionsbildung (coalition-building)

Quelle: eigene Darstellung

2.1 Strukturelle Grundlagen für weltpolitische Zyklen

W.Z. finden im Rahmen einer regional-globalen Desynchronisation statt, durch die Macht im internationalen System entweder auf einen globalen Hegemon konzentriert oder regional auf verschiedene staatliche Akteure verteilt ist (→ Macht). Dabei wird zwischen Seemächten und Kontinentalmächten unterschieden. Seemächte konzentrieren sich in der Weltpolitik langfristig auf die Umsetzung von wirtschaftlichen Zielen, während Kontinentalmächte regionalpolitisch versuchen, eine hegemoniale Vormachtstellung einzunehmen. So konzentrieren sich Seemächte vornehmlich auf den internationalen Handel und später auf den Ausbau der eigenen Industrie, während Kontinentalmächte nach territorialer Expansion streben. In der Phase der Delegitimierung und besonders in der Phase der Dekonzentration nehmen Kontinentalmächte gegenüber Seemächten durch die Fragmentierung von politischer Macht in der Weltpolitik eine, relativ gesehen, stärkere Position ein. Seemächte sehen sich daher in dieser Situation gegenüber dem Streben nach einer Vormachtstellung durch Kontinentalmächte bedroht, wodurch sich im Rahmen der w.Z. ein globaler Krieg um die Weltvorherrschaft entwickelt.

Um sich weltweit durchsetzen zu können, muss der globale Hegemon vier Eigenschaften aufweisen, die seine Kontrahenten nicht besitzen. Dazu zählen, eine Seemacht zu sein, die führenden Wirtschaftszweige zu kontrollieren, eine offene Gesellschaft als Voraussetzung für die Bildung von Koalitionen zu besitzen und im Rahmen des geschaffenen Ordnungsmodells Verantwortung gegenüber globalen Problemen zu übernehmen. So entwickeln Seemächte politische, wirtschaftliche und militärische Kapazitäten von globaler Reichweite, die ihnen verschiedene Vorteile gegenüber Kontinentalmächten verschaffen. Während sich Kontinentalmächte um territoriale Expansion und regionale Vormachtstellungen bemühen, erreichen Seemächte durch die Konzentration auf den Welthandel eine Vormachtstellung im Bereich der führenden Wirtschaftszweige (→ Handelspolitik). Dadurch können sie Wohlstand und Kapazitäten aufbauen, die es ihnen erlauben, ein globales Ordnungsmodell durchzusetzen. Hierzu zählt insbesondere die Sicherung dieses Modells durch die Fähigkeit der globalen Machtprojektion durch die Marine. Eine offene Gesellschaft ermöglicht dem globalen Hegemon zum einen mehr wirtschaftliche Innovationen zu generieren, die wiederum die wirtschaftliche Vormachtstellung fördern und zum anderen in der Phase der Dekonzentration genügend Koalitionspartner zu gewinnen, um sich in einem globalen Krieg durchzusetzen. In der Phase der globalen Weltvorherrschaft befasst sich der globale Hegemon zusammen mit den Koalitionspartnern mit den globalen Problemen, die das eigene Ordnungsmodell bedrohen und schafft dadurch das Maß an politischer Legitimität, die er zur Aufrechthaltung seiner Macht und seines Status in der Weltpolitik benötigt. Aus diesen Gründen waren es bisher auch immer Seemächte, die die w.Z. dominierten (Rosecrance 1987: 289f; Modelski 1996: S.52-55).

2.2 Kondratjew-Zyklen

Modelski geht des Weiteren davon aus, dass die w.Z. eng mit ökonomischen Zyklen in Zusammenhang stehen. Er bezieht sich dabei auf den russischen Wissenschaftler Nikolai Kondratjew, der angenommen hatte, dass wellenartige Entwicklungen in der Weltwirtschaft stattfinden. Dessen Modell beschreibt, dass langfristiges ökonomisches Wachstum global diskontinuierlich verläuft. So entsteht durch technologische Innovationen ein wirtschaftlicher Aufschwung, aus dem neue Industrien hervorgehen, die wiederum die wirtschaftlichen Rahmenbedingungen der Gesellschaften weltweit maßgeblich beeinflussen (→ Globalisierung). Auf diesen Aufschwung folgt ein Abschwung durch nachlassende Investitionen in neue Technologien. Jede Welle nimmt dabei ein Zeitintervall von ca. 50-60 Jahren ein. Während Kondratjew mit seiner um 1926 verfassten Theorie drei Zyklen seit Ende des 18. Jhds. bis Anfang des 20. Jhs. feststellt, hat Modelski das Modell bis zum Beginn des 16. Jhds. erweitert. Die jüngste Kondratjew-Welle bezieht sich auf die technologische Revolution in der Kommunikations- und Informationstechnologie unserer Zeit, die die heutige Weltwirtschaft maßgeblich verändert und beeinflusst hat. Die Wellen davor umfassten beispielsweise Innovationen wie die Entwicklung der Elektronik und der Kunststoffe um 1950, der Elektrizität, des Automobils und der Chemie um die 1900, der Eisenbahn und des Stahls um 1850 und der Dampfmaschine sowie Textilindustrie um 1800 (Modelski 1987: 61f, Rosecrance 1987: 286, Modelski & Thompson 1996: 4-8 & 70ff, Modelski 2006: 301).

Das Kondratjew-Modell, in das Modelski w.Z. integriert, stellt einen engen Zusammenhang zwischen dem Aufstieg und Fall von führenden Industriesektoren in der Weltwirtschaft und dem Aufstieg und Fall von globalen Hegemonen her. Daraus ergibt sich ein komplexes Geflecht aus politischen, militärischen und ökonomischen Prozessen, die sich gegenseitig beeinflussen. Tab. 25 veranschaulicht diese Zusammenhänge beispielhaft und verknüpft sie mit den vier Phasen der *long-cycle theory* seit dem Ende des 18 Jhds. (Modelski 1996: 66, Hudson 2014: 177-178):

Tab. 25: Kondratjew-Zyklen

Zeitraum	Phase	Militär	Weltwirtschaft
1763 - 1792	Dekonzentration	Aufbau	Aufschwung
1792 - 1815	Globaler Krieg	Abbau	Abschwung
1815 - 1848	Globale Vorherrschaft	Aufbau	Aufschwung
1848 - 1873	Delegitimierung	Abbau	Abschwung
1873 - 1913	Dekonzentration	Aufbau	Aufschwung
1913 - 1946	Globaler Krieg	Abbau	Abschwung
1946 - 1973	Globale Vorherrschaft	Aufbau	Aufschwung
1973 - 2001	Deligitimation	Abbau	Abschwung
2001 - 2030?	Dekonzentration	Aufbau	Aufschwung
2030 - 2060?	Globaler Krieg	Abbau	Abschwung

Quelle: eigene Darstellung

Konkret bedeutet dies, dass die führenden Volkswirtschaften im Zeitraum ihrer Dominanz zwei weltwirtschaftliche Wachstumsschübe durchlaufen. Der erste Schub destabilisiert das bestehende globale Ordnungsmodell in der multipolaren Phase durch Schaffung von neuen Märkten, Technologien und durch das Konkurrenzverhalten aller beteiligten Akteure in der Weltpolitik. Im Rahmen dieser Entwicklung bauen der globale Hegemon und die Herausforderer gleichzeitig militärische Kapazitäten in der Absicht auf, das jeweils eigene Ordnungsmodell weltweit durchzusetzen. In der Kriegsphase sinken aufgrund der Auseinandersetzungen die militärischen und wirtschaftlichen Kapazitäten der Akteure wiederum. Durch den Sieg im globalen Krieg geht ein neuer Hegemon als führende Volkswirtschaft hervor. Dabei besitzt er in diesem Modell ein Monopol auf die größten und wichtigsten wirtschaftlichen und technologischen Sektoren, die die Weltwirtschaft maßgeblich verändern und beeinflussen (→ Weltwirtschaftssystem). Aus dieser vorteilhaften wirtschaftlichen und technologischen Position heraus schöpft der Sieger des globalen Krieges seine weltpolitische Macht, kann großen Wohlstand generieren und erhält dadurch die Fähigkeit, sein ordnungspolitisches Modell global durchzusetzen. Militärische Fähigkeiten spielen in dieser Phase insofern eine Rolle, als dass der Hegemon die politisch-militärische Macht benötigt, um die erreichte Stellung im internationalen System zu halten, durchzusetzen und zu verteidigen. Um das bestehende weltpolitische Ordnungsmodell aufrecht zu halten, bedarf es dann aber im Laufe der Zeit eines immer größer werdenden finanziellen Aufwandes. Dies liegt vor allem daran, dass durch den geschaffenen Wohlstand andere Akteure profitieren, Macht erlangen und das vom globalen Hegemon geschaffene Modell sukzessive infrage stellen. In der Phase der Delegitimierung steigen für den Hegemon dadurch die Kosten der Aufrechthaltung des Systems schneller, als es dessen wirtschaftliche Kapazität für den status quo zulässt. Investitionen in nötige Innovationen zur Stimulierung der Wirtschaft bleiben daher weigehend aus. Dies führt wiederum zu einem sinkenden Wirtschaftswachstum, das gleichzeitig zu geringeren Militärausgaben zwingt. Mit Beginn der multipolaren Phase beginnt der Zyklus von neuem (Levy 2010: 49-50, Rosecrance 1987: 283-301).

3. Evolutionärer Prozess und die Gegenwart

Die *long-cycles theory* beschreibt ein sich wiederholendes Muster in der weltpolitischen Geschichte, bei der mit jedem Durchlauf der Zyklen auch ein evolutionärer Prozess einhergeht, der zu gesellschaftlichen Lernprozessen führt. Obwohl sich nach der Theorie die Welt in der gefährlichen Phase der Dekonzentration befindet, die schließlich wieder in einer kriegerischen Periode münden müsste, lässt nach Modelskis Ansicht der Prozess der politischen Globalisierung auch eine friedliche Transition zu. Dabei versteht er die Globalisierung als einen längerfristigen, korrigierenden und höherrangigen Prozess, als den der w.Z. (→ Globalisierung). Dieser Prozess führt immer wieder mit jedem Durchlauf eines Zyklus zu strukturellen Veränderungen in der Weltpolitik, die einen integrativen Charakter für die Gesellschaften der Erde besitzen. Für Modelski spielen hinsichtlich dieser Annahme besonders internationale Organisationen und die Gemeinschaft der heutigen Demokratien eine große Rolle (→ internationale Organisationen). Die voranschreitende Verflechtung durch internationale Organisationen zwischen Staaten und das vermehrte Aufkommen von Demokratien, denen untereinander eine eher friedliche Koexistenz zugesprochen wird, bieten quasi die Möglichkeit, die Theorien der bisherigen w.Z. zu durchbrechen. Dabei kann die gegenwärtige Kondratjew-Welle durch die Revolution in der Informationstechnologie unterstützend wirken, indem globale Kommunikation möglich und dadurch die Ausbreitung von offenen und demokratischen Gesellschaften begünstigt wird (Modelski, 1999: 28-37).

Für Modelski steht die Welt zu Beginn des 21. Jhds. vor einer Makroentscheidung zwischen einer stabilen, globalisierten, demokratischen und einer instabileren, multipolaren Weltordnung. Die Entwicklung eines multipolaren Systems als Gegenmodell einer demokratisch-liberalen Weltordnung, mit den USA als globalen Hegemon, kann dabei als bevorstehende Alternative angesehen werden. An die Stelle demokratischer Transition und internationaler Institutionen treten autonome Machtzentren mit dem Fokus auf die eigene Kultur (Zivilisation), auf eigene Einflusssphären und eigene Systemmodelle (→ Aufstieg der Schwellenländer). Es ist daher auch möglich, dass sich ein globaler Konflikt um eine neue Weltordnung im 3. Jahrzehnt des neuen Jhds. anbahnt. Diese Prognose ist umso wahrscheinlicher, je länger ein weltpolitischer Zyklus anhält, je mehr Konflikte die bestehende Ordnung infrage stellen und je mehr autonome Möglichkeiten der Entscheidungsfindung für Akteure in der Weltpolitik entstehen. Modelski sieht neben den USA vor allem China, Indien, Russland und die Europäische Union als die wichtigsten Akteure in dieser skizzierten multipolaren Welt. Ebenso nimmt Modelski an, dass bereits Prozesse in Gang gesetzt worden sind, die die beschriebenen Akteure dazu treiben, Koalitionen zu formen, um sich für künftige Konflikte zu wappnen. Dies macht sich derzeit durch ad hoc Koalitionen oder *coalitions of the willing* bereits bemerkbar.

Für Modelski gilt der Irak-Krieg ab dem Jahr 2003 als ein besonderer Friktionspunkt, mit dem die alleinige Weltvorherrschaft des aktuellen globalen Hegemons, die USA, beendet wurde. Der Krieg kann als ein imperialer Rückfall verstanden werden, der den weltweiten hegemonialen Führungsanspruch der USA delegitimiert hat. Den Grund hierfür sieht Modelski in dem Bestreben hegemonialer Akteure, ihr Weltordnungsmodell aufrecht zu halten. Besonders in der Phase, in der die Kosten für das Aufrechthalten einer solchen Ordnung besonders hoch sind, tendieren hegemoniale Akteure dazu, sich in territoriale Konflikte zu verwickeln, um den eigenen Machtanspruch aufrechtzuhalten oder zu erweitern. Kolonialkriege, militärische Interventionen und *nation-building* bewirken jedoch das Gegenteilige; die Kosten für das bestehende Weltordnungsmodell steigen, die Verwicklung in Konflikte weltweit schafft neue Rivalen und Feinde, was letztendlich zu einer langsamen Erosion der Legitimität der USA als globaler Hegemon führt (Modelski, 1996: 138, Modelski, 2006: 293-302).

4. Kritik und Ausblick

Die Theorie der w.Z. ist ein komplexes Konstrukt, das aus der Beobachtung von verschiedensten politischen, ökonomischen und militärischen Prozessen entstanden ist. Die Theorie ist der Versuch, ein weltpolitisches Muster über die Jhd.e abzubilden, um Weltpolitik zu erklären und die weitere weltpolitische Entwicklung zu prognostizieren. Es lassen sich aber auch verschiedenste kritische Fragen zum Modellaufbau stellen. Während dieser vor allem auf empirischen Beobachtungen beruht, werden Erklärungen vernachlässigt, warum es zu den in der Theorie beschriebenen Prozessen kommt. Auch scheint die Dominanz wirtschaftlicher Initialzündungen für einen Zyklus vor dem Hintergrund von gesellschaftlichen und kulturellen Faktoren zu kurz zu greifen, zumal die Theorie der Kondratjew-Zyklen bis heute sehr kritisch reflektiert wird. Zur Weiterentwicklung des Modells gilt es daher zu untersuchen, ob weitere Faktoren die w.Z. beeinflussen. Für die Gegenwart gilt es zu beobachten, ob es wirklich einen Zusammenhang zwischen Aufstieg und Fall von Hegemonen und wirtschaftlichen sowie kriegerischen Entwicklungen gibt. Auch wurden bisher die Ursachen des evolutionären Prozesses der Zyklen unzureichend erklärt und untersucht. Gleichwohl stellt das Theoriegerüst eine sehr detaillierte und passende Abbildung der weltpolitischen Entwicklungen der vergangenen 500 Jahre dar. Da die Welt aktuell in eine multipolare Phase hineinsteuert, so der allgemeine Tenor in den internationalen Beziehungen, scheint es umso wichtiger, zu überprüfen, ob die Substanz der Theorie auch weiteren wissenschaftlichen Prüfungen standhält.

→ Ergänzende Beiträge

Geopolitik, Globalisierung, Krieg, Macht, Multilateralismus, internationale Organisationen, Realismus als IB-Theorie, Staat/Staatlichkeit im Wandel, Strategische Wissenschaft, Weltordnungsmodelle

Literatur

Goldstein, Joshua (1988): Long Cycles, Proserity and War in thc modern Age, New Haven. S. 123-146.

Hudson, Valerie (2014): Foreign Policy Analysis. Classic and contemporary Theory, Lanham. S. 177-178.

Modelski, George (1987): Long Cycles in World Politics, London.

Modelski, George/Thompson, William (1996): Leading Sectors and World Powers. The Coevolution of Global Politics and Economics, Columbia.

Modelski, George (1999): From Leadership to Organization: The Evolution of Global Politics, in: Bornschier, Volker/Chase-Dunn, Christoper: The Future of Global Conflict. London, S. 109-140.

Modelski, George (2006): Global political evolution, long cycles, and K-waves, in: Kondratiefff Waves, Warfare and World Security. NATO Security through Science Series. E: Human and Societal Dynamics – Vol. 5, Amsterdam, S. 293-302.

Levy, Jack/Thompson, William (2010): Causes of War, Malden. S. 48-50.

Rosecrance, Richard (1987): Long Cycle Theory and international Relations, in: International Organization (2), S. 283-301.

62 – Weltwirtschaftssystem (*Martin Klein/Jan Engelhardt*)

1. Begriff

Der Begriff Weltwirtschaftssystem (W.) bezeichnet die Gesamtheit aller nationalen Volkswirtschaften auf der Welt mit ihren realökonomischen und finanziellen Aktivitäten und ihrer wirtschaftlichen Verflechtung. Durch fortschreitende Arbeitsteilung und die Internationalisierung der Produktion und der Finanzsysteme erhält das Weltwirtschaftssystem einen immer größeren Stellenwert (→ Globalisierung). Zusammengehalten wird das W. durch Weltmärkte für Waren, Dienstleistungen und Produktionsfaktoren (Kapital, Arbeit) sowie durch eine Vielzahl → internationaler Organisationen und Institutionen, welche mit ihren vertraglichen Grundlagen die rechtliche Basis des W.s bilden. Allerdings darf die Bezeichnung ‚System' nicht darüber hinwegtäuschen, dass der modernen Weltwirtschaft eine kohärente Systematik abgeht. Neben systematisch durchorganisierten Teilen enthält die Weltwirtschaft weitgehend ungeregelte, teilweise sogar chaotische Bereiche. Initiativen zur Systematisierung und Organisation koexistieren mit Tendenzen der Auflösung und Desorganisation.

2. Wirtschaftskreislauf

Charakteristisch für das moderne W. ist das permanente Wachstum des weltweiten Bruttoinlandsprodukts (BIP) und des Welthandels (→ Handelspolitik). Das weltweite BIP (inflationsbereinigt, d.h. in konstanten Preisen) ist seit Beginn der 1960er Jahre mit einer mittleren jährlichen Rate von 3,5% gewachsen, der Welthandel (Summe der Exporte aller Länder, ebenfalls inflationsbereinigt) mit 7,1% pro Jahr, also fast mit der doppelten Rate. Die Statistik der WTO verzeichnet für das Jahr 1948 einen Exportwert von 59 Mrd. US-Dollar weltweit, im Jahr 2013 dann 18826 Mrd. US-Dollar, mehr als das dreihundertfache. Die enorme Dynamik des Handels im Vergleich zum BIP spiegelt verschiedene Prozesse wider, darunter Internationalisierungsprozesse der Produktion (*outsourcing*), das Auftreten neuer Akteure im Welthandel (z.B. China), aber auch die Verteuerung wichtiger Rohstoffe (Öl), die zu einer Aufblähung der Handelswerte geführt haben (→ Ressourcenpolitik). Im Welthandel erfolgreiche Länder gehören in der Regel auch zu den wirtschaftlich erfolgreichsten Ländern in der Weltwirtschaft. Die Bedeutung von Ländern im W. kann an verschiedenen Messgrößen festgemacht werden; häufige Messgrößen sind das BIP, der Anteil am Welthandel, die Bedeutung der Währung an den internationalen Devisenmärkten sowie der Bestand an nationalen Währungsreserven.

Tab. 26: Ausgewählte Kennzahlen G7 und BRIC-Staaten

Land	Bevölkerung 2013 (in Mio.)	BIP 2013 (laufende Preise, Bill. US$)	BIP/Kopf 2013 (laufende Preise, in US$)	Güterexporte 2013 (Anteil am Welthandel in %)	Güterimporte 2013(Anteil am Welthandel in %)	Direktinvestitionen 2013 (Bestand, Inward in Mrd. US$)	Direktinvestitionen 2013 (Bestand, Outward in Mrd. US$)	Währungsreserven 2015 (In Mrd. US$)	Anteil der Währung am globalen Devisenhandel in %*
EU	507,0	17,5	34500	15,3	14,8	8582	10616	.	33,4
USA	316,4	16,8	53001	8,6	12,7	4935	6349	123	87,0
China	1360,8	9,5	6959	12,1	10,6	956	613	3889	2,2
Japan	127,3	4,9	38468	3,9	4,5	170	992	1245	23,0
Deutschland	80,8	3,6	44999	7,9	6,5	851	1710	190	.
Frankreich	63,7	2,8	44099	3,2	3,7	1081	1637	147	.
GB	64,1	2,5	39372	3,0	3,6	1605	1884	153	11,8
Brasilien	201,0	2,2	11173	1,3	1,4	724	293	363	1,1
Russland	143,7	2,1	14591	2,8	1,8	575	501	360	1,6
Italien	59,7	2,1	34715	2,8	2,6	403	598	143	.
Indien	1243,3	1,9	1509	1,7	2,5	226	119	338	1,0
Kanada	35,1	1,8	52037	2,5	2,6	644	732	78	4,6
Quelle	WEO	WEO	WEO	WTO	WTO	UNCTAD	UNCTAD	IWF	BIZ

* Die Gesamtsumme kumuliert sich auf über 100%, da beide Richtungen des Devisenhandels berücksichtigt werden

Quelle: eigene Darstellung, Datenmaterial siehe untere Spalte der Tab.

Die Grundlage der Weltwirtschaft bildet der Kreislauf der Waren, Dienstleistungen und des Kapitals. Wie in einer nationalen Volkswirtschaft fließen reale Ströme (Waren, Dienstleistungen) und finanzielle Ströme (Kapital) in entgegengesetzter Richtung. Der Wirtschaftskreislauf der Welt hat jedoch einige Besonderheiten, die ihn vom nationalen Wirtschaftskreislauf abheben. Grundlegend ist die Nord-Süd-Strukturierung der Welt (→ Nord-Süd-Beziehungen). Die weitaus größte Zahl der Entwicklungsländer (→ Entwicklungszusammenarbeit) liegt im Süden des Erdballs, die wirtschaftlich stärksten Länder und fast alle Industrieländer liegen im Norden. Dies führt zu einer charakteristischen Struktur des Warenverkehrs. Exporte des industriellen Nordens sind Industriegüter (technisch höherwertige Konsumgüter, Investitionsgüter), die von anderen Ländern im Norden sowie vom ‚globalen Süden' importiert werden. Der Süden exportiert vornehmlich Rohstoffe mit geringer Fertigungstiefe und fossile Energieträger in den Norden, wo diese als Vorprodukte in komplexe Wertschöpfungsketten eingehen. Der intra-industrielle Handel findet fast ausschließlich zwischen den Industrieländern des Nordens statt. Bei manchen Ländern (insbesondere in Asien) machen industrielle Vor- und Zwischenprodukte 90% des Außenhandels aus. Die Ausweitung industrieller Wertschöpfungsketten über nationale Grenzen hinaus hat globale Wertschöpfungsketten entstehen lassen, in denen nach letzten Schätzungen ein Anteil von 80% des internationalen Handels stattfindet.

Abb. 21: Struktur des Weltgüterhandels

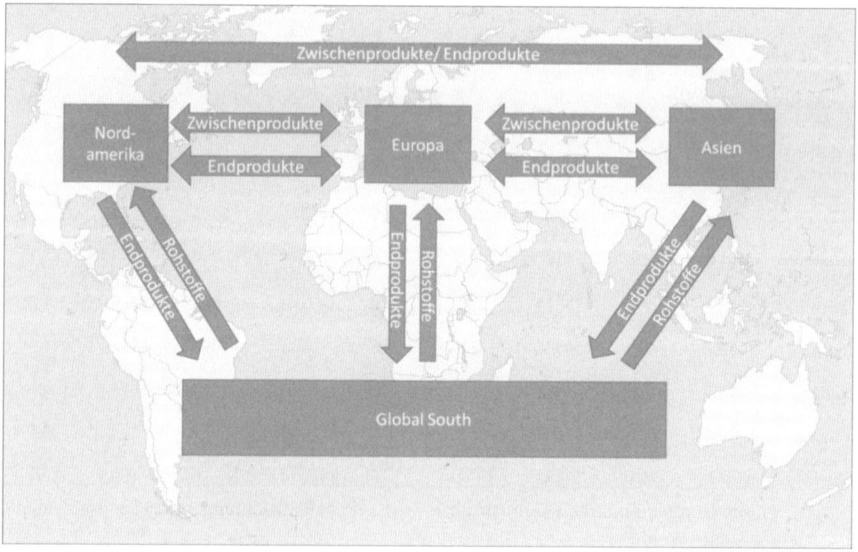

Quelle: eigene Darstellung

Auch der Handel mit Dienstleistungen ist Teil der modernen Weltwirtschaft. Der wachsende Welthandel und insbesondere globale Wertschöpfungsketten gingen mit einem starken Anwachsen der globalen Logistik einher. Hiervon waren alle Transportmittel betroffen, insbesondere haben Flug- und Schiffsverkehr zugelegt. Engpässe in diesen Bereichen (z.B. nicht umgehbare Meerengen oder Kanäle) führen zu Anstrengungen der Erschließung neuer Transportwege, wie zum Beispiel der *New Silk Road*, einer durchgehenden Bahnverbindung von China durch Asien bis nach Westeuropa, die die Logistik des Warenhandels zwischen China und Europa sichern soll.

Als Spiegelbild der Realströme (Waren und Dienstleistungen) ist die Weltwirtschaft auch durch charakteristische Kapitalbewegungen gekennzeichnet. Direktinvestitionen sind ein enges Substitut für Warenverkehr; mit zunehmenden Handelsvolumen besteht eine starke Tendenz, vom reinen Exportgeschäft zur Produktion vor Ort durch Niederlassungen oder Partnerunternehmen überzugehen. Direktinvestitionen (*outgoing, incoming*) führen zu grenzüberschreitender Unternehmensverflechtung und tragen zur Ausbreitung globaler Wertschöpfungsketten bei. Auch grenzüberschreitende Ströme von Finanzkapital (Bankkredite, Wertpapiere, Derivate, Devisen) finanzieren die weltweiten Waren- und Dienstleistungsströme (→ internationale Finanzarchitektur). Die Umsätze an den globalen Devisenmärkten übersteigen die Umsätze im Warenhandel um ein Vielfaches. Es entstehen charakteristische internationale Verflechtungsmuster. China empfängt im Rahmen grenzüberschreitender Wertschöpfungsketten Designs, Technologien und Vorprodukte aus den USA und anderen Industrieländern, führt damit industrielle Produktion durch und exportiert die fertigen Produkte wieder in diese Länder. China erwirtschaftet durch diese Handelsgeschäfte große finanzielle Überschüsse, die es als Währungsreserven hauptsächlich in Form von Staatsanleihen der USA anlegt. So sind China und die USA realwirtschaftlich und finanziell aufs engste verbunden (‚*Chimerica*‘). Der europäische Aufklärer Montesquieu (‚Vom Geist der Gesetze‘) stellte schon 1748 die These auf, dass solche gegenseitigen Abhängigkeiten im internationalen Handel den Frieden sichern.

Die Weltwirtschaft wird in zunehmendem Maße auch durch die Mobilität von Menschen gekennzeichnet. In der globalen Migrationsbilanz (→ Migration) wandern Menschen im Süden ab und im Norden zu. Innerhalb des Nordens findet eine Wanderung von Ost nach West statt. Die größten Wanderungsströme werden aber innerhalb Afrikas beobachtet. Migration wird durch *Push*- und *Pull*-Faktoren beeinflusst. Zu den wichtigsten *Push*-Faktoren gehören Bürgerkriege, ethnische Verfolgung und Entrechtung, Naturkatastrophen (Dürre) und Überbevölkerung. Wichtigste *Pull*-Faktoren sind Unterschiede im Pro-Kopf-Einkommen und die Perspektive auf ein besseres materielles Leben im Zielland. Migration erzeugt von den verschiedenen internationalen Strömen (Waren, Dienstleistungen, Kapital) die größten politischen und sozialen Probleme.

3. Akteure

Das W. umfasst eine Vielzahl von Akteuren im wirtschaftlichen, politischen und gesellschaftlichen und sogar im militärischen Bereich. Große multinationale Unternehmen und in zunehmendem Maße auch grenzüberschreitende Unternehmensnetzwerke, die im Rahmen von globalen Wertschöpfungsketten zusammenarbeiten, sind die wichtigsten Akteure im wirtschaftlichen Bereich (W. im engeren Sinne). In zunehmendem Maße treten aber auch mittlere und kleinere Unternehmen im internationalen Handel auf. Sie tun dies als Zulieferer großer multinationaler Unternehmen oder als selbstständige Außenhändler. Durch Verbesserungen im IT-Bereich (Internet) und in der weltweiten Logistik sind die Marktzutrittsschranken für den Einstieg in das internationale Geschäft auch für kleinere Unternehmen deutlich gesunken.

Die sichtbarsten Akteure im politischen Bereich sind Staaten, allen voran die großen Wirtschaftsmächte USA, China, Japan, Deutschland und andere, und die großen internationalen Wirtschaftsorganisationen Weltwährungsfonds (IWF), Weltbank, Welthandelsorganisation (WTO) und andere. Die Frage, ob der Primat den Staaten zukommt oder den internationalen Organisationen und Institutionen, demarkiert eine klassische und auch heute noch andauernde Debatte in der Politikwissenschaft (→ Staat/Staatlichkeit im Wandel). Der Realismus in seinen verschiedenen Spielarten (→ Realismus als IB-Theorie) sieht Nationalstaaten, ausgestattet mit Souveränität, → Macht und wohldefinierten Interessen (*national interest*) als die entscheidenden Akteure der internationalen Beziehungen. Der Institutionalismus (→ Institutionalismus als IB-Theorie) sieht dagegen → internationale Organisationen als selbständige Akteure auf internationaler Ebene und sieht außerdem internationale Institutionen und Rechtsregeln als den verbindlichen Rahmen, der dem Handeln von Staaten Grenzen setzt. Die Debatte in den Wirtschaftswissenschaften ist weniger polarisiert, sie lässt sich durchaus als Kompromiss zwischen diesen beiden Positionen verstehen. Zwar werden verbindliche internationale Verhaltensnormen durch die großen Wirtschaftsorganisationen und ihre Rechtsnormen vorgegeben, aber innerhalb dieser Organisationen wird der Einfluss von Staaten ganz entscheidend durch ihre wirtschaftliche und politische Macht bestimmt. Bei den *Bretton Woods Organisationen* IWF und Weltbank ist dies expliziter Teil der Architektur (Stimmgewichte nach zugeteilten Quoten). Bei der Welthandelsorganisation gilt *de jure* das Prinzip ‚ein-Land-eine-Stimme', doch *de facto* hängen der Einfluss eines Landes und die Vorteile, die es aus der Welthandelsordnung ziehen kann, von seiner Wirtschaftsmacht ab.

Ländergruppierungen wie G7, G8, G20 usw. sowie OPEC haben sich im Laufe der Nachkriegszeit zu wichtigen Akteuren der Weltwirtschaftsordnung entwickelt. Hervorgegangen aus der durch Helmut Schmidt und Giscard d'Estaing initiierten G5 (USA, Japan, Deutschland, Frankreich, Großbritannien), haben sie sich zu wichtigen Bestandteilen der *Global Governance* entwickelt. Die klassische politikwissenschaftliche Kontraposition von Staaten und Organisationen/Institutionen wird durch diese Ländergruppierungen abgemildert, denn sie erfüllen wichtige *Governance*-Funktionen im Zwischenbereich zwischen Staaten und internationalen Organisationen.

Seit längerem schon sind Nichtregierungsorganisationen (NGOs) und internationale Nichtregierungsorganisationen (INGOs) wie zum Beispiel *Attac, Campac, Greenpeace* oder *Oxfam* zu wichtigen Akteuren im Rahmen des W.s geworden, die von den traditionellen Akteuren (Staaten, internationale Organisationen) nicht mehr ignoriert werden können (→ Transnationale Beziehungen/Rolle NGOs). Insbesondere bei Fragen der Welthandelsordnung sind NGOs die entscheidenden Gegenspieler von Staaten und Organisationen. NGOs können als Mittler zwischen Politik und Gesellschaft angesehen werden, doch ihre Rolle ist komplex und in Fragen des Weltwirtschaftssystems noch wenig erforscht. Öffentlich begründen sie ihre Tätigkeit vorwiegend mit ethischen oder ökologischen Zielen, doch nicht selten spielen sie den protektionistischen Bestrebungen wirtschaftlicher Interessengruppen in die Hände.

Fragile Staaten treten im W. in zunehmendem Maß in Erscheinung. Hier sind auch die Zerfallsprodukte fragiler Staaten zu erwähnen, insbesondere Terrorgruppen wie *al-Quaida*, ISIS, *Boko Haram* und *al-Shabab* (→ internationaler Terrorismus). Keine dieser Gruppen könnte ohne ein gewisses Maß von weltwirtschaftlicher Integration bei Handels- und Finanzgeschäften dauerhaft überleben. Die wirtschaftliche Grundlage des ISIS ist (abgesehen von der Einziehung von Zwangsabgaben bei der Bevölkerung) der Handel mit Erdöl aus den besetzten Gebieten. Die somalische Terrormiliz *al-Shabab* finanziert sich über den Handel mit Holzkohle vor allem mit arabischen Ländern. In beiden Fällen können Handelskontrollen in Kollaboration mit Geschäftspartnern oder politischen Unterstützern in anderen Ländern problemlos unterlaufen werden. In diese Wirtschaftskreisläufe sind auch die Industrieländer involviert, die Wirtschaftssanktionen gegen diese Terrorgruppen verhängt haben. Auch innerhalb der Industrieländer selbst gibt es Investoren, die wirtschaftliche und politische Sanktionen ignorieren bzw. bewusst unterlaufen. Ein bekanntes Beispiel ist der israelische Investor Dan Gertler, der im rechts- und staatsfreien Raum des Ostkongo Kupferminen ausbeutet. Terrorgruppen, ‚Schurkenstaaten‘ (*rogue states*) und ‚Schurkeninvestoren‘ (*rogue investors*) schaffen so einen Wirtschaftskreislauf, der teilweise an das offizielle W. angedockt ist, teilweise auch parallel zu ihm in der internationalen Schattenwirtschaft abläuft.

4. Rechtsrahmen

Den Rechtsrahmen des W.s bilden Abkommen, Statuten und Verträge, die in drei Ebenen unterteilt werden können. Der Aufbau des Rechtsrahmens ist in Abb. 22 schematisch dargestellt.

- Auf der obersten Ebene sind die internationalen Organisationen mit ihren Beschlüssen, Abkommen und Verträgen anzusiedeln. Zu erwähnen sind hier die Welthandelsorganisation, der Internationale Währungsfond und die Weltbank, als zentrale internationale Organisationen. Diese drei Organisationen sind in erster Linie dafür zuständig, handels- und wirtschaftspolitische Themen auf globaler Ebene zu verhandeln und zu kontrollieren. Zu den Hauptabkommen der WTO gehören das GATT, das GATS und TRIPS, die für die Mitglieder der WTO jeweils rechtsverbindlichen Charakter haben. Diese Abkommen regeln den Handel zwischen den Mitgliedsstaaten, sowie den Schutz geistigen Eigentums.
- Eine Ebene darunter anzusiedeln sind regionale und interregionale Abkommen, welche die Handels- und Wirtschaftspolitik innerhalb und zwischen Regionen regeln. Dazu zählen bestehende Freihandelsabkommen, wie das Nordamerikanische Freihandelsabkommen (NAFTA), welches seit 1994 besteht und in Form eines Wirtschaftsverbands eine Freihandelszone auf dem nordamerikanischen Kontinent begründet. Weiteres Beispiel ist die Europäische Freihandelsassoziation (EFTA), die zusammen mit der EU den Europäischen Wirtschaftsraum und damit den größten in-

tegrierten Binnenmarkt der Welt darstellt. Größte Freihandelszone im Hinblick auf Bevölkerungszahlen umfasst die Vereinigung Südostasiatischer Staaten (AFTA) mit der Volksrepublik China. Mit 1,8 Mrd. Einwohnern wurde diese ASEAN-China *Free Trade Area* im Jahr 2010 gegründet. Weitere Beispiele auf dieser Ebene sind die *Greater Arab Free Trade Area* (GAFTA) sowie der *Common Market for Eastern and Southern Africa* (COMESA). Ebenfalls auf dieser zweiten Ebene anzusiedeln sind regionale Kooperationen und ihr Vertragswerk, wie die Ostafrikanische Gemeinschaft (EAC), die Afrikanische Union (AU) und der Verband Südostasiatischer Staaten (ASEAN), deren Zusammenarbeit häufig über rein wirtschaftliche Belange hinausgeht. Diese Kooperationen weisen unterschiedliche Stufen der Integration auf, bis hin zum Staatenverbund, wie im Beispiel der Europäischen Union.

- Auf der dritten Ebene schließlich sind bilaterale Abkommen und Verträge anzusiedeln. Beispiele dafür sind Investitionsschutzabkommen und bilaterale Handels- und Zahlungsabkommen. Trotz eines von den internationalen Organisationen unterstützten Trends zur Hinwendung zu → Multilateralismus, kommt dem Bilateralismus in Verträgen weiterhin eine große Bedeutung zu. Allein Deutschland unterhält beispielsweise mehr als 130 bilaterale Investmentschutzabkommen. Auch in Handelsangelegenheiten kommt bilateralen Abkommen weiter eine große, sich im Zuge der Verhandlungskrise in der aktuellen WTO-Verhandlungsrunde wieder verstärkende Bedeutung zu. Die Vorteile im Vergleich zu multilateralen Abkommen liegen in der häufig schnelleren Verhandlungsführung und der möglichen Durchsetzung von Regelungen, für die es in der globalen Gemeinschaft keine Mehrheit gäbe.

Abb. 22: Rechtsrahmen des Weltwirtschaftssystems

Quelle: eigene Darstellung

Den Querschnitt durch alle drei Ebenen bilden sektorale Abkommen. Diese existieren in verschiedenen Bereichen. Beispiele hierfür sind der Telekommunikationssektor, der Post- sowie der Energiesektor. Konkretes Beispiel im Energiesektor ist der Energiecharta-Vertrag (ECT), der im Jahr 1994 unterzeichnet und 1998 in Kraft getreten ist. Er regelt für den Energiesektor Fragestellungen zum Schutz von Auslandsinvestitionen, zur Lösung von Streitfällen und zum Handel. Bestandteil der Regelungen zum Handel sind unter anderem Nichtdiskriminierungsgrundsätze, die auf Regeln der WTO fußen.

Globale oder auch regionale Abkommen sind auch ein Herd für potenzielle Streitigkeiten. Daher ist der gesamte Rechtsrahmens des W.s auf Organe und Möglichkeiten zur Streitbeilegung angewiesen. Zur Veranschaulichung sind daher in Abb. 3 alle drei Ebenen in die Streitschlichtung eingebettet. Zu erwähnen sind hier insbesondere der *Dispute Settlement Body* (DSB) der WTO, welcher Streitigkeiten zwischen WTO-Mitgliedsstaaten regelt, die unter Regelungen der WTO fallen. Eine weitere bedeutende Institution, die besonders im Bereich von Investitionsschutzabkommen und damit verbundenen Streitigkeiten aktiv ist, ist das Internationale Zentrum zur Beilegung von Investitionsstreitigkeiten (ICSID). Kritiker bemängeln bei internationalen Institutionen zur Streitbeilegung insbesondere die fehlende Transparenz und den im Vergleich zu nationalem Recht fehlenden Instanzenzug.

5. Regimes

Da die *Governance* durch das Recht im internationalen Raum große Lücken aufweist, haben Regimes im W. eine große Bedeutung. Sie erfüllen *Governance*-Funktionen dort, wo keine verbindlichen Rechtsregeln vorliegen. Aus der Geschichte des W.s sind zahlreiche Regimes ohne explizite rechtliche Grundlage bekannt. Ein Beispiel dafür war das sog. *Canton System*, mit dem unter der Qing-Dynastie vom Ende des 17. bis in die Mitte des 19. Jhds. der Handel zwischen China und Europa abgewickelt wurde. Auch in der modernen Weltwirtschaft findet man Regimes, die in ihrem jeweiligen Regelungsbereich wichtige Steuerungsfunktionen erfüllen. Viele Regimes sind der breiteren Öffentlichkeit unbekannt und werden erst bei Problemen oder Regimewechseln wahrgenommen.

Aus wirtschaftlicher Sicht gehören Wechselkursregimes zu den wichtigsten Regimes. Dabei geht es in formaler Hinsicht um Entscheidungen zur Wechselkurspolitik eines Landes. Die zur Verfügung stehenden Alternativen sind flexible Wechselkurse (*Floating*), feste Wechselkurse, *Currency Boards* und ein ganzes Spektrum von Zwischenformen wie etwa *Managed Floating* oder *Crawling Pegs*. In materieller Hinsicht bestehen Wechselkursregimes aus einer Vielzahl von offiziell oder inoffiziell abgestimmten Verfahrensweisen von Notenbanken und anderen staatlichen Stellen, die mit privaten Akteuren (Banken, *Broker*) abgestimmt sind und in hohem Maße zu entsprechender Erwartungsbildung führen. Deshalb sind Regimewechsel, wie zum Beispiel die Aufgabe der Wechselkursbindung einer Währung, dramatische Ereignisse, die meist mit krisenhaften Entwicklungen an den Devisen- und Finanzmärkten einhergehen und tiefgreifende Wirkungen auf die Realwirtschaft haben können. Der mit Abstand tiefgreifendste weltwirtschaftliche Regimewechsel der Nachkriegszeit war der

Zusammenbruch des Währungsregimes von *Bretton Woods*, als im März 1973 die feste Wechselkursbindung der meisten Mitgliedswährungen an den US-Dollar aufgegeben wurde. Damals begann die europäische Währungszusammenarbeit, die 1999 zur Einführung des Euro führte. Ein weiterer währungspolitischer Regimewechsel war die Pfundkrise im September 1992, die die Mitgliedschaft des britischen Fonds im Europäischen Währungssystem (EWS) beendete und damit die Weichen stellte für die Grundsatzentscheidung Großbritanniens, trotz Erfüllung der notwendigen Beitrittskriterien der Eurozone nicht beizutreten.

Auch die Arbeit der großen internationalen Wirtschaftsorganisationen, wie des Weltwährungsfonds, der Weltbank, der WTO und vieler anderer, sind zusätzlich zur rechtlichen Grundlage (die bei solchen Organisationen immer gegeben ist) durch eine Vielzahl von Regimes gekennzeichnet, die einzelne Teilbereiche ihrer Organisation oder ihrer Arbeit regeln. Zu den Klassikern gehört die seit Gründung der *Bretton Woods Organisationen* IWF und Weltbank geltende Absprache, dass der Präsident der Weltbank von den Vereinigten Staaten und der geschäftsführende Direktor von Europa nominiert wird. Der historische Hintergrund dieser nirgendwo rechtsverbindlich festgelegten Absprache war der, dass ein US-amerikanischer Präsident der Weltbank das nötige *Standing* am New Yorker Finanzmarkt geben sollte, der in der Nachkriegszeit die überwiegende Kapitalquelle der Weltbank war; zum geopolitischen Ausgleich wurde dann vereinbart, dass die Leitung des IWF den Europäern zustehen sollte. Die sog. ‚Dritte Welt' spielte in der damaligen *Global Governance* keine nennenswerte Rolle, weil viele Länder noch in kolonialer Abhängigkeit waren. Wie lange dieses aus der Nachkriegszeit stammende atlantische Regime noch fortdauern kann, gehört zu den Kernfragen des modernen W.s. (→ Aufstieg der Schwellenländer). Die Welthandelsordnung der WTO ist im Vergleich zu den *Bretton Woods Organisationen* in viel stärkerem Maße auf explizit verschriftlichtes Recht gegründet, doch insbesondere bei der Weiterentwicklung der Welthandelsordnung, bei der Kompromissfindung und bei der Aushandlung von Konflikten spielen Verfahrensregimes eine wichtige Rolle. Ob ein Land bei einem *Green Room Meeting* zu *Amber Box Problemen* mit dabei ist oder nicht, kann für die Wahrnehmung seiner Interessen einen entscheidenden Unterschied machen, ist aber nirgendwo in den Vertragstexten der WTO geregelt. Außerhalb der großen bekannten Weltwirtschaftsorganisationen spielen Regimes ebenfalls eine wichtige Rolle. Zu nennen ist hier der sog. *Paris Club*, in dem seit 1956 offizielle Kreditgeber die Schuldenregulierung für in Zahlungsnot geratene Entwicklungsländer koordinieren. Die Verfahrensweisen des *Paris Club* sind über die Jahrzehnte in der Praxis gewachsen und können als internationales Gewohnheitsrecht gedeutet werden.

6. Ausgewählte Einzelfragen

Ein Dauerthema, das die weltwirtschaftlichen Debatten seit Jahrzehnten beherrscht, sind die globalen Ungleichgewichte (*global imbalances*, oft auch *macroeconomic imbalances*). Dabei geht es im engeren Sinne um Ungleichgewichte (Defizite, Überschüsse) in den Leistungsbilanzen großer Länder. Defiziten in den Vereinigten Staaten standen lange Zeit Überschüsse in China, Japan und Deutschland gegenüber. Nach wirtschaftspolitischen Korrekturen in China und Japan ist die Bundesrepublik als größtes

Überschussland verblieben, zuletzt auch angetrieben durch die Schwäche des Euro-Wechselkurses als Folge der Euro-Krise. Überschussländer sehen sich wachsendem politischem Druck ausgesetzt, ihre Binnennachfrage (Verbrauch, Investition) zu steigern, um ihre Überschüsse abzubauen und einen positiven Beitrag zur Stützung der Weltkonjunktur zu leisten.

Regionale Integration und ihr Verhältnis zu multilateralen Organisationen und Institutionen sind ein weiteres Problemfeld im W. Vorreiter der regionalen Integration ist die → Europäische Union, die trotz ihrer derzeitigen Krise weltweites Vorbild ist und bleibt. Schwerpunkt der Bemühungen (→ Regionalisierung/Regionalismus) zu mehr regionaler Integration ist Afrika, wo zahlreiche Initiativen in diese Richtung gehen. Am weitesten gediehen sind die Integrationsvorhaben der *East Africa Community* (EAC), bestehend aus Kenia, Tansania, Uganda, Ruanda und Burundi. Beseitigung aller Barrieren für den Binnenhandel, Schaffung eines gemeinsamen Binnenmarktes, Einführung einer gemeinsamen Währung und schließlich der Übergang zu einer politischen Union sind die erklärten Ziele der EAC. Auch die *Southern African Development Community* (SADC) hat sich diese Ziele gesetzt, ist jedoch in der Umsetzung weniger vorangekommen. Die Arbeit multilateraler Organisationen (WTO, IWF) wird durch zunehmende regionale Integration schwieriger. Wenn regionale Integration von der tolerierten Ausnahme zur Regel wird, dann wird die Architektur multilateraler Organisationen zu überdenken sein. Dazu gehört auch die Debatte über die Veränderung der *Governance* der *Bretton Woods Organisationen* mit der konkreten Frage, ob nicht die Vertreter einzelner EU-Länder im Exekutivrat durch einen einzigen Vertreter der EU mit entsprechend höherem Stimmgewicht ersetzt werden sollten.

Eine weitere Frage im W. betrifft das relative Gewicht von Politik, Recht und Wirtschaft bei der *Governance.* Damit ist auch der wissenschaftliche Dialog zwischen den Fächern Politik-, Rechts- und Wirtschaftswissenschaft angesprochen. Nach dem Zusammenbruch der Sowjetunion und dem Ende der bipolaren Welt (→ Ost-West-Konflikt) kam die Vorstellung auf, dass die *Governance* des W.s von nun an durch die Herrschaft des internationalen Rechts (→ Völkerrecht/internationales Recht) und Gesetze des Weltmarktes (wirtschaftliche → Globalisierung) erschöpfend beschrieben werden könnte. Der Politik verblieb – zumindest in der Vorstellung der beiden anderen Disziplinen – der Bereich der Ordnungspolitik. Sie konnte die ‚Spielregeln‘ der Weltwirtschaft festlegen und deren Einhaltung überwachen. Es war nur eine Frage der Zeit, bis sich diese westliche ordnungspolitische Vision weltweit endgültig durchsetzen würde (so Francis Fukuyama mit seiner These vom ‚Ende der Geschichte‘ aus dem Jahre 1992).

Inzwischen hat sich die Politik mit Macht in der Weltwirtschaft zurückgemeldet. Mehrere Entwicklungen haben dazu beigetragen, insbesondere auch der wirtschaftliche Wiederaufstieg Chinas, welches als derzeit zweitgrößte Volkswirtschaft der Welt seine Wirtschaftskraft zunehmend für politische Ziele einsetzt (→ Aufstieg der Schwellenländer). Mit der in 2015 entstandenen *Asian Infrastructure Investment Bank* (AIIB) begibt sich China in direkte Konkurrenz zu den US-dominierten *Bretton Woods Institutionen* IWF und Weltbank. So steht der Westen vor der Herausforderung, das Verhältnis von Politik und Wirtschaft im globalen Rahmen neu zu überdenken. Die Ukraine-Krise mit der russischen Annexion der Krim (→ Europäische Sicherheitsarchitektur) hat dieser Frage besondere Dringlichkeit verliehen. Wirtschaftssanktionen sind in der Welthandelsordnung der WTO nicht befriedigend geregelt und zeigen somit auch die Lücken in der westlich konzipierten Weltwirtschaftsordnung auf. Die → Sicherheitspolitik hat sich ebenfalls mit Macht in der Weltwirtschaftspolitik zurückgemeldet. Der Umbruch in der arabischen Welt (arabischer Frühling, ‚*Arabellion*'), die Zunahme fragiler Staaten (Somalia, Syrien, Lybien, Jemen), wachsender Migrationsdruck aus Afrika nach Europa sind weitere Faktoren, die die saubere ordnungspolitische Trennung zwischen Wirtschaft und Politik mehr und mehr zur Illusion werden lassen. Es lässt sich durchaus von einer Rückkehr der → Geopolitik sprechen (Mead 2014).

→ Ergänzende Beiträge

Aufstieg der Schwellenländer, Entwicklungszusammenarbeit, Globalisierung, Handelspolitik, internationale Organisationen, internationale Finanzarchitektur, Institutionalismus, Liberalismus und Realismus als IB-Theorie, Weltordnungsmodelle

Literatur

Krugman, Paul/Obstfeld, Maurice/Melitz, Marc ([9]2011): Internationale Wirtschaft. Theorie und Politik der Außenwirtschaft, Hallbergmoos.

Thompson, Henry (2011): Internationale Economics. Global Markets and Competition, World Scientific.

James, Paul/Palan, R. (Hrsg.) (2007): Globalization and Economy, Volume 3: Globalizing Economic Regimes and Institutions, London.

Mead, Walter R. (2014): The Return of Geopolitics: The Revenge of the Revisionist Powers, in: Foreign Affairs (3), S. 69-79.

Koch, Eckart (2014): Globalisierung: Wirtschaft und Politik, Berlin.

Allen, Robert C. (2015): Geschichte der Weltwirtschaft, Stuttgart.

Internetadressen

International Monetary Fund: www.imf.org
World Trading Organization: www.wto.org
World Bank Group: www.worldbank.org
G20: http://g20.org

Anhang

1. Liste empfehlenswerter Einführungen/Grundlagenwerke/Theorieüberblicke
2. Liste empfehlenswerter Fachzeitschriften (deutsch, englisch und französisch)
3. Liste empfehlenswerter Recherchetools
4. Liste einschlägiger Internetadressen
5. Verzeichnis der wichtigsten im Text verwendeten Abkürzungen
6. Autorenverzeichnis
7. Sachregister
8. Personenregister

1. Liste empfehlenswerter Einführungen/Grundlagenwerke/Theorieüberblicke

(Liste von 30 Empfehlungen des Lehrstuhls internationale Beziehungen und europäische Politik an der Universität Halle-Wittenberg nach den Maßstäben (1) fachliche Substanz, (2) Breite der Darstellung, (3) Verständlichkeit und (4) Brauchbarkeit in der akademischen Lehre bei Einführungsveranstaltungen in die IB)

Titel (alphabetisch)

Ainley, Kirsten/Brown, Chris (^{4}2009): Understanding International Relations, Houndmills.

Auth, Günther (2014): Theorien der Internationalen Beziehungen kompakt. Die wichtigsten Theorien auf einen Blick, München.

Baylis, John/Smith, Steve/Owens, Patricia (ed.) (^{6}2013): The Globalization of World Politics. An Introduction to International Relations, Oxford.

Blanton, Shannon L./Kegley, Charles W. (^{15}2014): World Politics. Trend and Transformation, Boston.

Brummer, Klaus/Oppermann, Kai (2014): Außenpolitikanalyse, München.

Carlsnaes, Walter/Risse, Thomas/Simmons, Beth A (ed.) (^{2}2013): Handbook of International Relations, Los Angeles.

Davies, Michael/Woodward, Richard (2014): International Organisations. A Companion, Cheltenham.

Dunne, Tim/Hadfield Amelia/Smith, Steve (ed.) (^{2}2012): Foreign Policy. Theories, Actors, Cases, New York.

Dunne, Tim/Kurki, Milja/Smith, Steve (ed.) (^{3}2013): International Relations Theories. Discipline and Diversity, Oxford.

Gareis, Sven Bernhard/Varwick, Johannes (^{5}2014): Die Vereinten Nationen. Aufgaben, Instrumente und Reformen, Opladen.

Jackson, Robert/Sørenson, Georg (^{5}2012): Introduction to International Relations. Theories and Approaches, Oxford.

Jørgensen, Knud Erik (2010): International Relations Theory. A new introduction, Basingstoke.

Kinsella, David/Russett, Bruce/Starr, Harvey (^{10}2012): World Politics. The Menu for Choice, Boston.

Krell, Gert (^{4}2009): Weltbilder und Weltordnung. Einführung in die Theorie der Internationalen Beziehungen, Baden-Baden.

Kruck, Andreas/Rittberger, Volker/Zangl, Bernhard (^{4}2013): Internationale Organisationen, Wiesbaden.

Lawson, Stephanie (^{2}2012): International Relations, Cambridge.

Lemke, Christiane (^{3}2011): Internationale Beziehungen. Grundkonzepte, Theorien und Problemfelder, München.

Masala, Carlo/Sauer, Frank (Hrsg.) (^{2}2015): Handbuch der Internationalen Politik, Wiesbaden.

Menzel, Ulrich (2015): Die Ordnung der Welt, Berlin.

Mingst, Karen A./Snyder, Jack L. (^{5}2013): Essential readings in World Politics, New York.

Neyer, Jürgen (2013): Globale Demokratie. Eine zeitgemäße Einführung in die Internationalen Beziehungen, Baden-Baden.

Reus-Smit, Christian/Snidel, Duncan (ed.) (2010): The Oxford Handbook of International Relations, Oxford.

Rittberger, Volker/Kruck, Andreas/Romund, Anne (2010): Grundzüge der Weltpolitik. Theorie und Empirie des Weltregierens, Wiesbaden.

Schieder, Siegfried/Spindler, Manuela (Hrsg.) (^{3}2010): Theorien der Internationalen Beziehungen, Opladen.

Schimmelfennig, Frank (^{3}2013): Internationale Politik, Paderborn.

Spindler, Manuela (2013): International Relations. A self-study guide, Opladen.

Staack, Michael (Hrsg.) (^{5}2012): Einführung in die internationale Politik, München.

Stahl, Bernhard (2014): Internationale Politik verstehen. Eine Einführung, Stuttgart.

Stiftung Entwicklung und Frieden/Institut für Entwicklung und Frieden/Käte Hamburger Kolleg/Centre for Global Cooperation Research (Hrsg.) Globale Trends. Perspektiven für die Weltgesellschaft, Frankfurt a.M. (erscheint zweijährig).

Weber, Cynthia (^{4}2013): International Relations Theory. A Critical Introduction, Abingdon.

2. Liste empfehlenswerter Fachzeitschriften (deutsch, englisch und französisch)

(Empfehlungen des Lehrstuhls internationale Beziehungen und europäische Politik an der Universität Halle-Wittenberg nach den Maßstäben (1) eigene Nutzung für Forschung und Lehre)

Titel (alphathetische Reihung)	Erscheinungsweise
American Journal of Political Science	Vierteljährlich
Aus Politik und Zeitgeschichte	Wöchentlich
Blätter für deutsche und internationale Politik	Monatlich
Commentary	Monatlich
Contemporary Security Policy	Dreimal jährlich
Die Friedens-Warte. Journal of International Peace and Organization	Vierteljährlich
Entwicklung und Zusammenarbeit	Monatlich
European Journal of International Relations	Vierteljährlich
European Journal of Political Research	Vierteljährlich
Foreign Affairs	Zweimonatlich
Foreign Policy	Zweimonatlich
Global Governance	Vierteljährlich
Hamburger Beiträge zur Friedensforschung und Sicherheitspolitik	Unregelmäßig
International Affairs	Zweimonatlich
International Organization	Vierteljährlich
International Peacekeeping	Fünfmal jährlich
International Political Science Review	Fünfmal jährlich
International Political Sociology	Vierteljährlich
International Security	Vierteljährlich
International Studies Quarterly	Vierteljährlich
International Studies Review	Vierteljährlich
International Theory	Dreimal jährlich
Internationale Politik	Zweimonatlich
Internationale Politik und Gesellschaft	Online Zeitschrift
Journal of Peace Research	Zweimonatlich

Journal of Common Market Studies	Sechsmal jährlich
KAS Auslandsinformationen	Monatlich
Leviathan	Vierteljährlich
Peace, Conflict and Development	Halbjährlich
Politique étrangère	Vierteljährlich
Politique internationale	Vierteljährlich
politikum	Vierteljährlich
Politische Vierteljahresschrift	Vierteljährlich
Review of International Studies	Vierteljährlich
Revue française de science politique	Zweimonatlich
Security Studies	Vierteljährlich
Sicherheit und Frieden	Vierteljährlich
Survival	Zweimonatlich
The British Journal of Politics & International Relations	Vierteljährlich
The National Interest	Zweimonatlich
Vereinte Nationen: Zeitschrift für die Vereinten Nationen und ihre Sonderorganisationen	Zweimonatlich
Welt-sichten	Monatlich
WeltTrends: Zeitschrift für internationale Politik und vergleichende Studien	Monatlich
World Politics	Vierteljährlich
Zeitschrift für Außen- und Sicherheitspolitik	Vierteljährlich
Zeitschrift für Internationale Beziehungen	Halbjährlich
Zeitschrift für Politik	Vierteljährlich

3. Liste empfehlenswerter Recherchetools

(Empfehlungen des Lehrstuhls internationale Beziehungen und europäische Politik an der Universität Halle-Wittenberg nach den Maßstäben (1) eigene Nutzung für Forschung und Lehre)

Institution (alphabetische Reihung	**Internetadresse**
Bibliothek und Zentrum für elektronische Ressourcen der Europäischen Kommission	http://ec.europa.eu/libraries/index_de.htm

Congressional Research Service Reports	https://www.fas.org/sgp/crs/
Fachdatenbank Vifapol	www.vifapol.de
Fachportal Internationale Beziehungen und Länderkunde Online	www.ireon-portal.de
Gemeinsamer Verbundkatalog der deutschen Bibliotheken	http://gso.gbv.de/
International Affairs Ressources	http://www2.etown.edu/vl/
International Political Science Abstracts	http://iab.sagepub.com/
Internationale Beziehungen und Länderkunde online	https://www.ireon-portal.de/
Literatursuchmaschine JSTOR	http://www.jstor.org
Literatursuchmaschine Worldcat	https://www.worldcat.org

4. Liste einschlägiger Internetadressen

(Empfehlungen des Lehrstuhls internationale Beziehungen und europäische Politik an der Universität Halle-Wittenberg nach den Maßstäben (1) eigene Nutzung für Forschung und Lehre)

Institution (alphabetische Reihung	Internetadresse
Carnegie Endowment for International Peace	http://carnegieendowment.org/
Centre for European Policy Studies	www.ceps.de
Centre for Strategic and International Studies	www.csis.org
Chatham House	http://www.chathamhouse.org/
Council on Foreign Relations	http://www.cfr.org/
Deutsche Gesellschaft für Auswärtige Politik (DGAP)	https://dgap.org/de
Deutsche Gesellschaft für die Vereinten Nationen (DGVN)	www.dgvn.de
Deutsche Welle	www.dw.de
Deutsches Institut für Entwicklungspolitik (DIE)	https://www.die-gdi.de/
Euractiv	www.euractiv.de
Facts on International Relations and Security Trends	http://first.sipri.org/

German Institute of Global and Area Studies (GIGA)	http://www.giga-hamburg.de/
Global Public Policy Institute	http://www.gppi.net/home/
Institut für Entwicklung und Frieden (INEF)	www.inef.uni-due.de/
International Crisis Group	http://www.crisisgroup.org/
International Institute for Strategic Studies	https://www.iiss.org/
International Relations and Security Network	http://www.isn.ethz.ch/
New York Times	http://www.nytimes.com
Peace Research Institute Oslo	https://www.prio.org/)
Portal Politikwissenschaft	http://www.pw-portal.de
Reports out of Europe	www.cosmopublic.eu
Royal United Services Institute	https://www.rusi.org/
Security Council Report	http://www.securitycouncilreport.org/
Stiftung Wissenschaft und Politik (SWP)	http://www.swp-berlin.org/
The Stimson Center	http://www.stimson.org/

5. Verzeichnis der wichtigsten im Text verwendeten Abkürzungen

AA	Auswärtiges Amt
ABM	ABM-Vertrag = Anti Ballistic Missile Treaty
ACO	Allied Command Operations = Alliiertes Kommando Operationen
ACT	Allied Command Transformation = Alliiertes Kommando Operationen
ADB	Asian Development Bank = Asiatische Entwicklungsbank
AdR	Ausschuss der Regionen
AEMR	Allgemeine Erklärung der Menschenrechte
AEUV	Vertrag über die Arbeitsweise der Union
AfDB	African Development Bank = Afrikanische Entwicklungsbank
AFSA	Afrikanische Friedens- und Sicherheitsarchitektur
AFTA	ASEAN Free Trade Area = ASEAN Freihandelszone
AGGG	Advisory Group on Greenhouse Gases
AIIB	Asian Infrastructure Investment Bank
AILAC	Association of Independent Latin America and Caribbean States = Vereinigung lateinamerikanischer und karibischer Staaten
AL	Arabische Liga

ANSF	Afghan National Security Forces = Afghanische Nationalstreitkräfte
ANZUS-Pakt	Australia, New Zealand, United States = Pakt zwischen Australien, Neuseeland und den Vereinigten Staaten
AOSIS	Alliance of Small Island States
APEC	Asia-Pacific Economic Cooperation = Asiatisch-Pazifische Wirtschaftsgemeinschaft
Art.	Artikel
ASEAN	Association of Southeast Asian Nations = Verband Südostasiatischer Staaten
ASEM	Asia-Europe Meeting = Asien-Europa-Treffen
ATT	Arms Trade Treaty = Vertrag über den Waffenhandel
AU	Afrikanische Union
BIC	Brasilien, Indien, China
BIZ	Bank für Internationalen Zahlungsausgleich
BMGF	Bill & Melinda Gates Foundation = Bill & Melinda Gates Stiftung
BRD	Bundesrepublik Deutschland
BRICS	Brasilien, Russland, Indien, China und Südafrika
BWÜ	Übereinkommen über das Verbot biologischer Waffen
CAC	Collective Action Clauses = Kollektivhandel-Klausel
CCS	Carbon Capture and Storage = CO_2 –Abscheidung und Abspeicherung
COMESA	Common Market for Eastern and Southern Africa = Gemeinsame Markt für das Östliche und Südliche Afrika
CRA	Contingency Reserve Arrangement
CSIS	Center for Strategic and International Studies = Center for Strategic and International Studies
CSSR	Tschechoslowakische Sozialistische Republik
CSTO	Collective Security Treaty Organization = Organisation des Vertrags über kollektive Sicherheit
CTBT	Comprehensive Test Ban Treaty = Kernwaffenteststopp-Vertrag
CWÜ	Chemiewaffenübereinkommen
DAC	Development Assistance Committee = Ausschuss für Entwicklungshilfe
DALY	Disease-adjusted Life Years Concept = behinderungsbereinigte Lebensjahr
DARIO	Draft Articles on the Responsibility of International Organizations = Verantwortlichkeit internationaler Organisationen
DDR	Deutsche Demokratische Republik
DNS	Domain Name System
DSB	Dispute Settlement Body
DWM	Debt Workout Mechanism

EAC	East African Community = Ostafrikanische Gemeinschaft
EAD	Europäischer Auswärtiger Dienst
EAG	Europäische Atomgemeinschaft
EALAF	East Asia Latin America Forum = Ostasien-Lateinamerika Forum
EAWU	Eurasische Wirtschaftsunion
EBRD	European Bank for Reconstruction and Development = Europäische Bank für Wiederaufbau und Entwicklung
ECOSOC	Economic and Social Council = Wirtschafts- und Sozialrat der VN
ECOWAS	Economic Community of West African States = Westafrikanische Wirtschaftsgemeinschaft
ECT	Energy Charter Treaty = Energiecharta-Vertrag
EEA	Einheitliche Europäische Akte
EFTA	European Free Trade Association = Europäische Freihandelsassoziation
EG	Europäische Gemeinschaften
EGKS	Europäische Gemeinschaft für Kohle und Stahl
EGMR	Europäischer Gerichtshof für Menschenrechte
EGV	Vertrag zur Gründung der Europäischen Gemeinschaften
EIG	Environmental Integrity Group
EITI	Extractive Industries Transparency Initiative
EMRK	Konvention zum Schutze der Menschenrechte und Grundfreiheiten
ENP	Europäische Nachbarschaftspolitik
EP	Europäisches Parlament
ESVP	Europäische Sicherheits- und Verteidigungspolitik
EU	Europäische Union
EuGH	Europäischer Gerichtshof
EUR	Euro
EURATOM	Europäische Atomgemeinschaft
EUV	Vertrag über die Europäische Union
EVG	Europäische Verteidigungsgemeinschaft
EVP	Europäische Volksparteien
EWG	Europäische Wirtschaftsgemeinschaft
EWS	Europäisches Währungssystem
FAO	Food and Agriculture Organization = Ernährungs- und Landwirtschaftsorganisation der VN
FAWEU	Forces Answerable to the Western European Union
FCKW	Fluorchlorkohlenwasserstoffe
FdF	Financing for Development

FDI	Foreign Direct Investments = Ausländische Direktinvestitionen
FSAP	Financial Sector Assessment Program
FSB	Financial Stability Board
FSF	Financial Stability Forum
FSI	Fragile States Index
GAD	Gesetz über den Auswärtigen Dienst
GAFTA	Greater Arab Free Trade Area
GAL	Global Administrative Law
GASP	Gemeinsame Außen- und Sicherheitspolitik der EU
GATS	General Agreement on Trade in Services = Allgemeine Abkommen über den Handel mit Dienstleistungen
GATT	General Agreement on Tariffs and Trade = Allgemeines Zoll- und Handelsabkommen
GAVI	Global Alliance for Vaccination and Immunisation
GECF	Gas Exporting Countries Forum = Forum Gasexportierender Länder
GFTAM	Global Fund to Fight AIDS, Tuberculosis and Malaria = Globale Fonds zur Bekämpfung von Aids, Tuberkulose und Malaria
GIS	Gemeinschaft Integrierter Staaten
GSVP	Gemeinsame Sicherheits- und Verteidigungspolitik
GUS	Gemeinschaft unabhängiger Staaten
GV	Generalversammlung der VN
HDI	Human Development Index = Index für menschliche Entwicklung
IAEA/IAEO	International Atomic Energy Agency/Internationale Atomenergieorganisation
IAEO	Internationale Atomenergieorganisation
IASB	International Accounting Standards Board
IB	Internationale Beziehungen
IBRD	International Bank for Reconstruction and Development = Internationale Bank für Wiederaufbau und Entwicklung
IBSA	Indien, Brasilien und Südafrika
ICANN	Internet Corporation for Assigned Names and Numbers
ICAO	International Civil Aviation Organization = Internationale Zivilluftfahrtorganisation
ICISS	International Commission on Intervention and State Sovereignty
ICOMOS	International Council on Monuments and Sites = Internationaler Rat für Denkmalpflege
ICSID	International Centre for Settlement of Investment Disputes = Internationales Zentrum zur Beilegung von Investitionsstreitigkeiten
ICTR	International Criminal Tribunal for Rwanda = Internationaler Strafgerichtshof für Ruanda

ICTY	International Criminal Tribunal for the former Yugoslavia = Internationaler Strafgerichtshof für das ehemalige Jugoslawien
IDA	International Development Agency = Internationale Entwicklungsagentur
IDB	Islamic Development Bank = Islamische Entwicklungsbank
IEA	Internationale Energieagentur
IEF	Internationales Energie Forum
IFF	Illicit Financial Flows
IFOR	Implementation Force = Umsetzungstruppe (Multilaterale Friedenstruppe in Bosnien-Herzegowina)
IFS	International Financial Standard
IGH	Internationaler Gerichtshof
IGO	intergouvernementale Organisation
IHME	Institute of Health Metrics and Evaluation
IHR	International Health Regulation
IISS	International Institute for Strategic Studies
IKE	Immaterielles Kulturerbe
IKRK	Internationales Komitee vom Roten Kreuz
ILC	International Law Commission
ILO	International Labour Organization = Internationale Arbeitsorganisation
INGO	Internationale Nichtregierungsorganisation
IPBPR	Internationaler Pakt über bürgerliche und politische Rechte
IPCC	Intergovernmental Panel on Climate Change
IPWSKR	Internationalen Pakt über wirtschaftliche, soziale und kulturelle Rechte
IRENA	International Renewable Energy Agency = Internationale Agentur für Erneuerbare Energien
IS	Islamischer Staat
ISAF	International Security Assistance Force
ISIS	Islamischer Staat in Irak und Syrien
ISO	International Organization for Standardization = Internationale Organisation für Normung
ISS	Institute for Strategic Studies
IStGH	Internationaler Strafgerichtshof
ITLOS	International Tribunal for the Law of the Sea = Internationaler Seegerichtshof
IUCN	International Union for Conservation of Nature
IWF	Internationaler Währungsfond
JUSSCANNZ	Japan, USA, Schweiz, Kanada, Australien, Norwegen und Neuseeland
JVA	Jugoslawische Volksarmee

KFOR	Kosovo Force = Kosovo-Truppe
KPdSU	Kommunistische Partei der Sowjet-Union
KRK	Klimarahmenkonvention
KSZE	Konferenz für Sicherheit und Zusammenarbeit in Europa
LDC	least developed countries
LMDC	Like-Minded Developing Countries
LTA	Leadership Trait Assessment
MAD	Mutual Assured Destruction
MBFR	Mutual Balanced Force Reductions
MC	Military Committee = Militärausschuss
MDG	Millennium Development Goals = Millenniumentwicklungsziele
MEF	Major Economies Forum on Energy and Climate Change
MERCOSUR	Gemeinsamer Markt Südamerikas
Mio.	Millionen
MOOTW	Military Operations other that War
Mrd.	Milliarden
MRK	Menschenrechtskommission
MTCR	Missile Technology Control Regime
NAC	North Atlantic Council = Nordatlantikrat
NAFTA	North American Free Trade Agreement = Nordamerikanische Freihandelszone
NAMA	Nationally Appropriate Mitigation Action
NATO	North Atlantic Treaty Organization = Nordatlantische Vertragsorganisation
NCD	nicht-übertragbare (Zivilisations)Krankheiten
NDB	New Development Bank = Neue Entwicklungsbank
NGO	Non-Governmental Organization = Nichtregierungsorganisationen
NIC	newly industrializing countries
NIE	newly industrializing economies
NIFA I	New International Financial Architecture I
NPG	Nuclear Planning Group
NRR	NATO-Russland-Rat
NSA	National Security Agency
NSG	Nuclear Suppliers Group
NSNW	nichtstrategische Nuklearwaffen
NVV	Nuklearer Nichtverbreitungsvertrag
NWWO	Neue Weltwirtschaftsordnung
OAS	Organisation Amerikanischer Staaten

OAU	Organisation of African Unity = Organisation für Afrikanische Einheit
ODA	Official Development Assistance = Öffentliche Entwicklungszusammenarbeit
OECD	Organization for Economic Co-operation and Development = Organisation für wirtschaftliche Zusammenarbeit und Entwicklung
OHCHR	Office of the High Commissioner for Human Rights = Hochkommissariat für Menschenrechte der VN
OIC	Organization of Islamic Cooperation = Organisation Islamischer Kooperation
OPC-Ansatz	Operational Code-Ansatz
OPCW	Organisation for the Prohibition of Chemical Weapons = Organisation für das Verbot Chemischer Waffen
OPEC	Organization of the Petroleum Exporting Countries = Organisation erdölexportierender Länder
OSZE	Organisation für Sicherheit und Zusammenarbeit in Europa
PBA	Politisch Beratender Ausschuss
PfP	Partnership for Peace = Partnerschaft für den Frieden
PHT	Polyheuristische Theorie
PIC	Potsdam Institute for Climate Impact Research = Potsdam Institut für Klimafolgenforschung
PMC	Private Military Companies
PPP	Public Private Partnerships
PSK	Politisches und Sicherheitspolitisches Komitee
R2P	Responsibility to protect = Schutzverantwortung
RCP	Representative Concentration Pathway
REDD-PLUS	Reducing Emissions from Deforestation and Forest Degradation and the role of conservation, sustainable management of forests and enhancement of forest carbon stocks in developing countries = Waldschutzprogramm
ROSC	Report of the Observance of Standards and Codes
RS	Resolute Support
SAARC	South Asian Association for Regional Cooperation = Südasiatische Wirtschaftsgemeinschaft
SACEUR	Supreme Allied Commander Europe
SADC	Southern African Development Community
SAP	Strukturanpassungsprogramm
SBZ	Sowjetische Besatzungszone
SCO/SZO	Shanghai Cooperation Organization/Schanghai Organisation für Zusammenarbeit
SDGs	Sustainable Development Goals

SDI	Strategic Defense Initiative = Strategische Verteidigungsinitiative
SE4ALL	Sustainable Energy for All = Nachhaltige Energie für Alle
SEATO	Southeast Asia Treaty Organisation = Südostasiatische Verteidigungsgemeinschaft
SORT	Strategic Offensive Reduction Treaty = Vertrag zur Reduzierung Strategischer Offensivwaffen
SR	Sicherheitsrat der VN
SRU	Sachverständigenrat für Umweltfragen
SRV	Sozialistische Republik Vietnam
SSNW	Substrategische Nuklearwaffen
SWP	Stiftung Wissenschaft und Politik
TNCs	Transnational Companies = Transnationale Unternehmen
TNK	Transnationale Konzerne
TPP	Trans-Pacific Partnership = Transpazifische strategische wirtschaftliche Partnerschaft
TRIPS	Agreement on Trade-Related Aspects of Intellectual Property Rights = Übereinkommen über handelsbezogene Aspekte der Rechte des geistigen Eigentums
TTIP	Transatlantic Trade and Investment Partnership = Transatlantische Handels- und Investitionspartnerschaft
UAVs	Unmanned Aerial Vehicles
UÇK	Befreiungsarmee des Kosovo
UdSSR	Union der Sozialistischen Sowjetrepubliken
UHC	Universal Health Coverage
UIA	Union of International Associations
UNCAC	United Nations Convention against Corruption
UNCTAD	United Nations Conference on Trade and Development
UNDP	United Nations Development Programme = VN-Entwicklungsprogramm
UNEP	United Nations Environment Programme = Umweltprogramm der VN
UNESCO	United Nations Educational, Scientific and Cultural Organization = Organisation der VN für Erziehung, Wissenschaft und Kultur
UNFCCC	United Nations Framework Convention on Climate Change
UNFPA	United Nations Population Fund
UNHCR	United Nations High Commissioner for Refugees = Hoher Flüchtlingskommissar der VN
UNICEF	United Nations International Children's Emergency Fund = Kinderhilfswerk der VN
UNMIK	United Nations Interim Administration Mission in Kosovo = Interimsverwaltungsmission der VN im Kosovo

UNODC	United Nations Office on Drugs and Crime = Büro der VN für Drogen- und Verbrechensbekämpfung
UNSCOM	United Nations Special Commission = Sonderkommission der VN
UNTOC	United Nations Convention against Transnational Organized Crime = Übereinkommen gegen die grenzüberschreitende organisierte Kriminalität
UNTWO	World Tourism Organization = Weltorganisation für Tourismus
VJTF	Very High Readiness Joint Task Force
VN	Vereinte Nationen
VVE	Vertrag über eine Verfassung für Europa
WEF	World Economic Forum = Weltwirtschaftsforum
WEU	Westeuropäische Union
WHO	World Health Organization = Weltgesundheitsorganisation
WMO	World Meteorological Organization = Weltorganisation für Meteorologie
WSA	Wirtschafts- und Sozialausschuss der EU
WTO	World Trade Organization = Welthandelsorganisation
WVK	Wiener Vertragsrechtskonvention
WVO	Warschauer Vertragsorganisation

6. Autorenverzeichnis

Thorsten Benner ist Mitgründer und Direktor des *Global Public Policy Institute*, Berlin. Zu seinen Forschungsschwerpunkten zählen globale Institutionen und (Un)Ordnung, Sicherheitspolitik sowie globale Internet- und Technologiepolitik – Verfasser des Stichworts **Digitale Souveränität.**

Prof. Dr. Hans-Jürgen Bieling lehrt Politikwissenschaft an der Eberhard Karls Universität Tübingen und war zuvor an den Universitäten Marburg, Hamburg sowie Darmstadt und der Hochschule Bremen tätig. Zu seinen Forschungsschwerpunkten zählen Politische Ökonomie, Europäische Integration, Staats-, Politik und Gesellschaftstheorien – Verfasser des Stichworts **Integrationstheorien.**

Prof. Dr. Raimund Bleischwitz lehrt global nachhaltige Ressourcen am *University College London* und war zuvor u.a. am Wuppertal Institut für Klima, Umwelt, Energie. Zu seinen Forschungsschwerpunkten zählen Ressourceneffizienz, Rohstoffmärkte und -konflikte – Verfasser des Stichworts **Ressourcenpolitik.**

Prof. Dr. Michael Bongardt lehrt Ethik an der Freien Universität Berlin und war zuvor u.a. Dekan des Ökumenischen Studienjahres an der *Dormition Abbey* in Jerusalem. Zu seinen Forschungsschwerpunkten zählen die Religionsphilosophie, Fragen der Interreligiosität und Interkulturalität, vor allem aber die Transformation von Gesellschaften und Religionen im Prozess der Säkularisierung – Verfasser des Stichworts **Religionen und internationale Politik.**

Dr. Stephan Böckenförde ist wissenschaftlicher Mitarbeiter am Zentrum Informationsarbeit Bundeswehr in Strausberg. Zu seinen Forschungsschwerpunkten zählen deutsche und internationale Sicherheitspolitik – Verfasser des Stichworts **Sicherheitspolitik.**

Prof. Dr. Tanja Brühl lehrt Politikwissenschaft an der Goethe Universität Frankfurt und war zuvor u.a. an den Universitäten Duisburg, Tübingen und der FU Berlin. Zu ihren Forschungsschwerpunkten zählen internationales Regieren (*Global Governance*), Friedens- und Konfliktforschung und internationale Umweltpolitik – Verfasserin des Stichworts **Internationale Umweltpolitik.**

Prof. Dr. Tobias Debiel ist Geschäftsführender Direktor des Instituts für Entwicklung und Frieden (INEF) und des Käte Hamburger Kollegs/*Centre for Global Cooperation Research* an der Universität Duisburg-Essen und war zuvor u.a. am Zentrum für Entwicklungsforschung (ZEF) der Universität Bonn tätig. Zu seinen Forschungsschwerpunkten zählen u.a. *Peacebuilding*, fragile Staatlichkeit sowie *Governance* und Korruption in Nachkriegsgesellschaften – Verfasser des Stichworts **Entwicklungszusammenarbeit.**

Jan Engelhardt LL.M.oec. ist wissenschaftlicher Mitarbeiter an der Universität Halle-Wittenberg und hat zuvor Empirische Ökonomik und Wirtschaftsrecht studiert. Zu seinen Forschungsschwerpunkten zählen Subventionen, Klimapolitik und Investitionsschutzabkommen – Verfasser der Stichwörter **Handelspolitik, Weltwirtschaftssystem.**

Dr. Hans-Georg Erhart ist Mitglied der Institutsleitung des Instituts für Friedensforschung und Sicherheitspolitik, Hamburg und war zuvor u.a. *Fellow* in der Studiengruppe Sicherheit und Abrüstung des Forschungsinstituts der Friedrich-Ebert-Stiftung. Zu seinen Forschungsschwerpunkten zählen Friedens- und Konfliktforschung, internationale Organisationen und internationale Ordnungsfragen – Verfasser des Stichworts **Europäische Sicherheitsstruktur.**

Dr. Cornelia Frank ist wissenschaftliche Mitarbeiterin an der Goethe-Universität Frankfurt und war zuvor u.a. an der Universität Trier, am Zentrum für Internationale Beziehungen in Warschau und der Forschungsstelle ‚Kriege, Rüstung und Entwicklung' der Universität Hamburg tätig. Zu ihren Forschungsschwerpunkten zählen psychologische Ansätze in den Internationalen Beziehungen und vergleichende Außen- und Sicherheitspolitikforschung – Verfasserin des Stichworts **Außenpolitikforschung.**

Dr. Katja Freistein ist Leiterin des Forschungsbereichs ‚Die (Un-)Möglichkeit von Kooperation' am Käte Hamburger Kolleg/*Centre for Global Cooperation Research* in Duisburg und war zuvor u.a. an der Universität Bielefeld, an der Goethe-Universität

Frankfurt am Main und an der Hessischen Stiftung Friedens- und Konfliktforschung tätig. Zu ihren Forschungsschwerpunkten zählen soziologische Ansätze in den Internationalen Beziehungen, globale Ungleichheiten und internationale Organisationen – Verfasserin des Stichworts **Internationale Organisationen.**

Prof. Dr. Manuel Fröhlich lehrt Politikwissenschaft an der Universität Trier und war zuvor u.a. an den Universitäten Jena und Kiel tätig. Zu seinen Forschungsschwerpunkten zählen internationale Organisationen, Probleme der Globalisierung und der *Global Governance* sowie die politische Philosophie der internationalen Beziehungen – Verfasser des Stichworts **Schutzverantwortung/R2P.**

Prof. Dr. Sven Bernhard Gareis, ist *Deputy Dean* am George C. Marshall Center in Garmisch-Partenkirchen und lehrt Politikwissenschaft an der Westfälischen Wilhelms-Universität Münster. Er war zuvor u.a. Leitender Wissenschaftlicher Direktor an der Führungsakademie der Bundeswehr in Hamburg. Zu seinen Forschungsschwerpunkten zählen internationale Organisationen/Ordnung, deutsche und europäische Außenpolitik sowie die Politik Chinas – Verfasser des Stichworts **Menschenrechte.**

David Groten ist wissenschaftlicher Mitarbeiter an der Helmut Schmidt-Universität der Bundeswehr in Hamburg und war zuvor u.a. tätig bei *dimap communications* in Berlin. Zu seinen Forschungsschwerpunkten zählen chinesische Außenpolitik, Kooperationsformate in Ostasien, Gemeinsame Sicherheits- und Verteidigungspolitik der EU – Verfasser des Stichworts **Liberalismus als IB-Theorie.**

Prof. em. Dr. Christian Hacke lehrte Politikwissenschaft an der Rheinischen Friedrich-Wilhelms Universität Bonn und war zuvor unter anderem an der Universität der Bundeswehr in Hamburg tätig. Zu seinen Forschungsschwerpunkten zählen Theorie und Geschichte der internationalen Politik sowie deutsche und amerikanische Außenpolitik – Verfasser des Stichworts **Macht.**

Prof. Dr. Christof Hartmann lehrt Politikwissenschaft, insbesondere Internationale Politik und Entwicklungspolitik, an der Universität Duisburg-Essen. Zu seinen Forschungsschwerpunkten zählen politische Reformprozesse und regionale Kooperation im Süden mit besonderem Schwerpunkt auf Sub-Sahara Afrika – Verfasser des Stichworts **Nord-Süd-Beziehungen.**

Dr. Tobias Hecht ist Referent bei *Transparency International Deutschland* in Berlin und war zuvor für die Universität Bonn und die Deutsche Atlantische Gesellschaft tätig. Zu seinen Forschungsschwerpunkten zählen transatlantische Beziehungen und Sicherheitspolitik – Verfasser des Stichworts **Organisierte internationale Kriminalität/Korruption.**

Dr. Kai Hirschmann lehrt Politikwissenschaft an der Rheinischen Friedrich-Wilhelms Universität Bonn und ist stellv. Direktor am Institut für Krisenprävention, Essen. Seine

Forschungsschwerpunkte sind Staatszerfallsprozesse, Extremismus- und Terrorismusforschung sowie nationale und internationale Sicherheitspolitik – Verfasser des Stichworts **internationaler Terrorismus**.

Dr. Patrick Keller ist Koordinator für Außen- und Sicherheitspolitik der Konrad-Adenauer-Stiftung, Berlin und war zuvor u.a. an der Universität Bonn tätig. Zu seinen Forschungsschwerpunkten zählen die Außen- und Sicherheitspolitik der USA und der Bundesrepublik Deutschland – Verfasser des Stichworts **NATO.**

Prof. Dr. Ilona Kickbusch leitet das Programm Globale Gesundheit am *Graduate Institute* in Genf und war zuvor u.a. an der Yale University und bei der Weltgesundheitsorganisation tätig. Zu ihren Forschungsschwerpunkten zählen globale Gesundheitspolitik, Gesundheitsaußenpolitik, Gesundheitsdiplomatie und politische Determinanten von Gesundheit – Verfasserin des Stichworts **Globale Gesundheitspolitik.**

Dr. Dagmar Kiyar ist wissenschaftliche Mitarbeiterin am Wuppertal Institut für Klima, Umwelt, Energie GmbH. Zu ihren Forschungsschwerpunkten zählen Energieeffizienzpolitik und Klimapolitik – Verfasserin des Stichworts **Klimapolitik.**

Prof. Dr. Martin Klein lehrt Wirtschaftswissenschaften an der Universität Halle-Wittenberg und war zuvor u.a. als Ökonom am IWF tätig. Zu seinen Forschungsschwerpunkten zählen der internationale Handel, das internationale Finanzsystem sowie die *Global Governance* durch internationale Organisationen – Verfasser der Stichwörter **Handelspolitik, Weltwirtschaftssystem**.

Dr. Wilhelm Knelangen lehrt Politikwissenschaft an der Christian-Albrechts Universität zu Kiel und ist dort Akademischer Oberrat. Er war zuvor an den Universitäten Münster und Osnabrück tätig. Zu seinen Forschungsschwerpunkten zählen Europäische Integration, Sicherheitspolitik, Geschichte der Politikwissenschaft – Verfasser der Stichwörter **Demokratisierungs- und Stabilisierungspolitik, Europäische Union, Institutionalismus als IB-Theorie**.

Prof. Dr. Joachim Krause lehrt Politikwissenschaft an der Christian-Albrechts Universität zu Kiel und ist Direktor des dortigen Instituts für Sicherheitspolitik (ISPK); zuvor war er u.a. stellv. Direktor des Forschungsinstituts der Deutschen Gesellschaft für Auswärtige Politik und wissenschaftlicher Mitarbeiter bei der Stiftung Wissenschaft und Politik. Zu seinen Forschungsschwerpunkten zählen internationale Sicherheit, strategische Trends, Terrorismus und dessen Bekämpfung, Nichtverbreitung und Rüstungskontrolle, Theorien der internationalen Beziehungen – Verfasser der Stichwörter **Englische Schule als IB-Theorie, Proliferation von Massenvernichtungswaffen und Trägersystemen, Rüstungskontrolle und Abrüstung, Strategische Wissenschaft.**

Dr. Ulf von Krause ist Politikwissenschaftler in Königswinter und war Generalleutnant der Bundeswehr. Zu seinen Forschungsschwerpunkten zählen das Verhältnis zwischen

Politik und Militär, insbesondere die Parlamentsbeteiligung beim Einsatz von Streitkräften – Verfasser des Stichworts **Abschreckung.**

Dr. Julia Leininger ist Leiterin der Abteilung Governance, Staatlichkeit, Sicherheit am Deutschen Institut für Entwicklungspolitik, Bonn. Sie lehrt an den Universitäten Duisburg-Essen und Konstanz. Zu ihren Forschungsschwerpunkten zählen politischer Wandel in Sub-Sahara Afrika, Fragilität sowie das Verhältnis zwischen Politik und Religion – Verfasserin des Stichworts **Internationale Organisationen.**

Prof. Dr. Andrea Liese lehrt Politikwissenschaft an der Universität Potsdam und war zuvor u.a. an der Humboldt-Universität zu Berlin, der Freien Universität Berlin und der Universität Bremen tätig. Zu ihren Forschungsschwerpunkten zählen internationale Institutionen und Normen, internationale Organisationen, transnationale Menschenrechts- und Entwicklungspolitik sowie *Governance* in Räumen begrenzter Staatlichkeit – Verfasserin des Stichworts **Transnationale Akteure/Nichtregierungsorganisationen.**

Prof. em. Dr. Wilfried Loth lehrte Geschichtswissenschaft an der Universität Duisburg-Essen und war zuvor u.a. Professor für Politikwissenschaft an der Freien Universität Berlin und an der Universität Münster. Zu seinen Forschungsschwerpunkten zählen die Geschichte Frankreichs, die Geschichte des Kalten Krieges und der Europäischen Einigung – Verfasser des Stichworts **Ost-West-Konflikt.**

Prof. em. Dr. Hanns W. Maull lehrte Politikwissenschaft an der Universität Trier und ist *Senior Distinguished Fellow* bei der Stiftung Wissenschaft und Politik, Berlin sowie Adjunct *Professor of International Relations* am Johns Hopkins University Bologna Center. Zu seinen Forschungsschwerpunkten zählen deutsche Außenpolitik, vergleichende Außenpolitikforschung, Außenpolitiken und regionale Ordnung in Ostasien-Pazifik sowie internationale Sicherheit und internationale Ordnung – Verfasser des Stichworts **Staat/Staatlichkeit im Wandel.**

Aylin Matlé M.A. ist wissenschaftliche Mitarbeiterin an der Universität Halle-Wittenberg. Zu ihren Forschungsschwerpunkten zählen transatlantische Beziehungen, NATO und Sicherheitspolitik, insb. Abschreckungstheorie – Verfasserin des Stichworts **Transatlantische Beziehungen.**

Prof. em. Dr. Dr. h.c. mult. Reinhard Meyers lehrte Politikwissenschaft an der Westfälischen-Wilhelms-Universität Münster und war zuvor an der Universität Bonn tätig. Zu seinen Forschungsschwerpunkten zählen Theorie und Geschichte der internationalen Beziehungen, Friedens- und Konfliktforschung, Balkan – Verfasser der Stichwörter **Begriff und Funktionen von IB-Theorien, Frieden, Krieg.**

Nik Milosevic M.A. promoviert an der Universität Halle-Wittenberg. Zu seinen Forschungsschwerpunkten zählen deutsche Außen- und Sicherheitspolitik, internationale Ordnungsfragen und Kriegstheorie – Verfasser des Stichworts **Weltpolitische Zyklen.**

Prof. em. Dr. Ulrich Menzel lehrte Politikwissenschaft an der Universität Braunschweig. Zu seinen Forschungsschwerpunkten zählen Theorie und Geschichte des internationalen Systems, Internationale Politische Ökonomie, Fragen von Globalisierung und *Global Governance*, Entwicklungstheorie und Nord-Süd-Beziehungen – Verfasser des Stichworts **Weltordnungsmodelle.**

Prof. Dr. Andreas Nölke lehrt Politikwissenschaft an der Goethe-Universität Frankfurt und war zuvor u.a. in Kuala Lumpur, Konstanz, Leipzig, Amsterdam und Utrecht tätig. Zu seinen Forschungsschwerpunkten zählen u.a. die Eurokrise, die Politik der Finanzialisierung und die politische Ökonomie der großen Schwellenländer – Verfasser des Stichworts **Aufstieg der Schwellenländer.**

Dr. Nicolai von Ondarza ist wissenschaftlicher Mitarbeiter der Stiftung Wissenschaft und Politik, Berlin und war zuvor u.a. am Sozialwissenschaftlichen Institut der Bundeswehr sowie der Europa-Universität Viadrina in Frankfurt/O. tätig. Zu seinen Forschungsschwerpunkten zählen die EU Außen- und Sicherheitspolitik, das politische System der EU und die britische Europapolitik – Verfasser des Stichworts **EU als internationaler Akteur**.

Rüya Perincek ist wissenschaftliche Mitarbeiterin am *University College London*. Zu ihren Forschungsschwerpunkten zählen nachhaltige Entwicklung in Bergbauländern, *Ressourcengovernance*, industrielle Transformation und Innovation – Verfasserin des Stichworts **Ressourcenpolitik.**

Dr. Jana Puglierin ist wissenschaftliche Mitarbeiterin im Berliner Forum Zukunft bei der Deutschen Gesellschaft für Auswärtige Politik, Berlin und war zuvor u.a. an der Universität Bonn und im Deutschen Bundestag tätig. Zu ihren Forschungsschwerpunkten zählen deutsche Außen- und Sicherheitspolitik, GSVP und NATO/transatlantische Beziehungen – Verfasserin des Stichworts **Realismus als IB-Theorie.**

Dr. Bernhard Rinke lehrt am Institut für Sozialwissenschaften der Universität Osnabrück und ist Mitglied am dortigen Zentrum für Demokratie- und Friedensforschung. Zuvor war er u.a. am Institut für Friedensforschung und Sicherheitspolitik an der Universität Hamburg sowie an der Universität Münster tätig. Zu seinen Forschungsschwerpunkten zählen Friedens- und Konfliktforschung, Europäische Außen- und Sicherheitspolitik sowie *Global Governance* und regionale Integrationsprozesse – Verfasser des Stichworts **Regionalisierung/Regionalismus.**

Prof. em. Dr. Rüdiger Robert lehrte Politikwissenschaft an der Westfälischen Wilhelms-Universität Münster. Zu seinen Forschungsschwerpunkten zählen der Vordere Orient, das Verhältnis von politischem System und Globalisierung sowie die Kommunal- und Regionalpolitik – Verfasser des Stichwortes **Nahostkonflikt.**

Prof. Dr. Elke Schäffner lehrt Epidemiologie und *Public Health* an der Universitätsmedizin Charité, Berlin und war zuvor u.a. an der Universitätsklinik Freiburg sowie in Boston tätig. Zu ihren Forschungsschwerpunkten zählen chronische Erkrankungen im Alter (u.a. die chronische Niereninsuffizienz) sowie demographische Veränderungen in einer alternden Gesellschaft – Verfasserin des Stichworts **Globale Gesundheitspolitik.**

Prof. Dr. Dr. Sabine von Schorlemer lehrt Völkerrecht, Recht der EU und Internationale Beziehungen an der TU Dresden und war 2009-2014 Staatsministerin für Wissenschaft und Kunst im Freistaat Sachsen. Sie ist u.a. Mitglied der Detuschen UNESCO-Kommission und ehem. Vorstandsvorsitzende der Stiftung Entwicklung und Frieden. Zu ihren Forschungsschwerpunkten zählen u.a. internationales Kulturgüterschutzrecht, Kulturelles Erbe und Kulturelle Vielfalt sowie Recht und Politik der Vereinten Nationen – Verfasserin des Stichworts **Weltkulturerbe.**

Elena Sondermann ist wissenschaftliche Mitarbeiterin am Institut für Entwicklung und Frieden (INEF) an der Universität Duisburg-Essen. Zu ihren Forschungsschwerpunkten zählen u.a. Entwicklungstheorien und internationale Entwicklungspolitik sowie Geberpolitiken, v.a. britische Entwicklungspolitik – Verfasserin des Stichworts **Entwicklungszusammenarbeit.**

Prof. Dr. Manuela Spindler lehrt internationale Beziehungen und internationale Ökonomie an der *German open Business School Berlin*, der *German-Chinese Graduate School of Global Politics* (FU Berlin) und an der Universität Zürich. Zuvor war sie u.a. an den Universitäten Mannheim und Erfurt tätig. Zu ihren Forschungsschwerpunkten zählen Theorie und Wissenschaftsphilosophie der Internationalen Beziehungen sowie Fragen der regionalen Organisation globaler Politik – Verfasserin des Stichworts **Interdependenz**.

Prof. Dr. Michael Staack lehrt Politikwissenschaft, insb. Internationale Beziehungen, an der Helmut Schmidt-Universität der Bundeswehr, Hamburg und war zuvor u.a. an der Universität der Bundeswehr in München und der Freien Universität Berlin tätig. Zu seinen Forschungsschwerpunkten zählen deutsche Außenpolitik, Kooperation und Konflikt in Ostasien sowie die *Responsibilty to Protect* in Theorie und Praxis – Verfasser des Stichworts **Liberalismus als IB-Theorie.**

Christian Stock M.A. ist wiss. Mitarbeiter an der Universität Halle-Wittenberg und war zuvor an der Universität Erlangen-Nürnberg tätig. Zu seinen Forschungsschwerpunkten zählen (UN-)Friedensoperationen, Konflikte in Westafrika und der Theoriediskurs in den Internationalen Beziehungen – Verfasser der Stichwörter **Politikvermittlung und internationale Politik, Typen militärischer Interventionen.**

Prof. em. Dr. Dietrich Thränhardt lehrte Politikwissenschaft an der Westfälischen-Wilhelms-Universität Münster und an der *International Christiaa University Tokyo*. Zu seinen Forschungsschwerpunkten zählen Vergleichende Asyl-, Migrations- und Integrationspolitik – Verfasser des Stichworts **Migration.**

Prof. Dr. Christian Tietje lehrt internationales Wirtschaftsrecht an der Universität Halle-Wittenberg und war zuvor u.a. an der Universität Kiel tätig. Zu seinen Forschungsschwerpunkten zählen die Gemeinsame Handelspolitik der Europäischen Union, Welthandelsrecht, globale Finanzmärkte sowie Investitionsschutz und Schiedsgerichtsbarkeit – Verfasser des Stichworts **Internationale Finanzarchitektur.**

Dr. Cornelia Ulbert ist wissenschaftliche Geschäftsführerin des Instituts für Entwicklung und Frieden (INEF) an der Universität Duisburg-Essen und war zuvor u.a. an der FU Berlin, dem Europäischen Hochschulinstitut Florenz sowie an den Universitäten Konstanz und Mannheim tätig. Zu ihren Forschungsschwerpunkten zählen u.a. *Global Governance* und transnationale Akteure sowie globale Gesundheitspolitik – Verfasserin des Stichworts **Konstruktivismus als IB-Theorie.**

Prof. Dr. Johannes Varwick lehrt Politikwissenschaft an der Universität Halle-Wittenberg und war zuvor u.a. an den Universitäten Kiel und Nürnberg-Erlangen, der Bundeswehruniversität Hamburg sowie im Forschungsinstitut der Deutschen Gesellschaft für Auswärtige Politik in Berlin tätig. Zu seinen Forschungsschwerpunkten zählen internationale Sicherheit, internationale Organisationen und internationale Ordnungsfragen – Verfasser der Stichwörter **Diplomatie, Globalisierung, Multilateralismus, Transatlantische Beziehungen, Vereinte Nationen.**

Dr. Julian Voje ist wissenschaftlicher Mitarbeiter im Deutschen Bundestag und war zuvor als Autor und Mitherausgeber des Internationalen Magazins für Sicherheit in Bonn tätig. Zu seinen Forschungsschwerpunkten zählen Geopolitik, transatlantische Beziehungen und Cybersicherheit – Verfasser des Stichworts **Global Commons.**

Dr. Kirsten Westphal ist Wissenschaftlerin an der Stiftung Wissenschaft und Politik in Berlin und war zuvor u.a. an der Universität Gießen und in der Energieindustrie tätig. Zu ihren Forschungsschwerpunkten zählen internationale Energiebeziehungen, Energiesicherheit und Entwicklungen der Energiemärkte – Verfasserin des Stichworts **Energiepolitik.**

Prof. Dr. Norman Weiß lehrt Staats- und Völkerrecht an der Universität Potsdam und war zuvor u.a. an der Helmut-Schmidt-Universität der Bundeswehr Hamburg tätig. Zu seinen Forschungsschwerpunkten zählen das Recht der internationalen Organisationen und der internationale Menschenrechtsschutz sowie Fragen der Rechtsstaatlichkeit – Verfasser der Stichwörter **internationale Strafgerichtsbarkeit, Völkerrecht/Internationales Recht.**

Prof. Dr. Niels Werber lehrt Germanistik an der Universität Siegen und war zuvor u.a. Fellow des HKFZ der Uni Trier und des Exzellenzclusters ‚Kulturelle Grundlagen der

Integration‘ der Universität Konstanz. Zu seinen Forschungsschwerpunkten zählen Geopolitik der Literatur, Literatur und ihre Medien. Soziale Insekten, Szenarien und Selbstbeschreibungsformeln der Gesellschaft – Verfasser des Stichworts **Geopolitik.**

Prof. em. Dr. Dr. h.c. Wichard Woyke lehrte Politikwissenschaft an der Westfälischen-Wilhelms-Universität Münster und ist derzeit u.a. an der *Andrássy Universität Budapest* tätig. Zu seinen Forschungsschwerpunkten zählen europäische Integration, Sicherheitspolitik, französische Außenpolitik und politisches System Deutschlands – Verfasser der Stichwörter **Militärbündnisse, Prägende Konflikte nach dem Zweiten Weltkrieg.**

7. Sachregister

8. Personenregister